漢語同源詞大典

中册

殷寄明 著

復旦大學出版社

國家出版基金項目
上海高校服務國家重大戰略出版工程項目
復旦大學中文學科高峰學科建設項目
資助出版

"十三五"國家重點出版物出版規劃項目
教育部哲學社會科學研究後期資助項目（11JHQ060）

作者介紹

殷寄明　男，1956年生。漢語史專業博士研究生畢業。復旦大學中文系教授，博士生導師。主要研究領域爲文字學和語源學。已出版著作：《曲盡物情 存古垂後——中國文字》、《現代漢語文字學》（與汪如東合作）、《〈説文〉研究》、《〈説文解字〉精讀》、《漢語語源義初探》、《中國語源學史》、《語源學概論》、《漢語同源字詞叢考》。

内容提要

　　這是一部據源繫聯單音節同源詞的大型詞典,是特殊類型的辭書。辭書史上,據形繫聯的字典、據義繫聯的詞典、據音繫聯的音書皆已有之,獨闕據源繫聯的詞典,因此,本詞典是一部填補空白之作。

　　詞與詞之間的同源關係有遠有近,猶人倫之親有遠親,有近親,本詞典繫聯同源詞的原則是據"近親"關係繫聯。絶大多數單音詞的書面形式都表現爲形聲格局的文字,聲符是標音示源構件。本詞典從各種典籍中考得漢字系統聲符1260個,凡無同源"夥伴"者去之,剩餘879個。根據這些聲符繫聯成聲系形聲字子族,加以詞義的對比分析,凡義同或相通的繫爲一個同源詞詞組。在推源過程中,則衝破字形束縛,據音義綫索繫聯其他同源詞來互證。研究方法上,綜合汲取了傳統語源學"聲訓""語轉說""右文說"諸流派的精髓,而將同源詞的考釋納入了現代科學語源學的軌道。

　　全典考釋同源詞共2225組,收單字凡7217個。其中聲符字879個,根據879個聲符字形體綫索繫聯的形聲字6885個,根據聲符字的音義綫索繫聯的文字332個。

　　本詞典分爲三册十卷,前九卷爲2225組同源詞的考釋,第十卷爲索引。

　　本詞典爲語言文字工作者案頭必備工具書。

中　册

條文目錄

第四卷條文目錄

301. 束聲 ··· 633
　(821) 㑛敕　△肅　（謹慎義）·· 633
　(822) 悚涑觫　△怔　（恐懼義）·· 634
　(823) 楝疎　△秝　（稀疏義）·· 634
　(824) 諫駷　△促　（督促義）·· 635

302. 吾聲 ··· 635
　(825) 語峿峿捂牾（相交義）·· 635
　(826) 梧悟牾逜捂（違逆義）·· 636
　(827) 齬峿　△齲　（參差不齊義）··· 637
　(828) 敔圄御　△捍　（止義）·· 638
　(829) 鼯狋　△舉　（飛行義）·· 639
　(830) 晤寤悟　△覺　（知覺義）··· 640

303. 豆聲 ··· 640
　(831) 桓錏　△盛　（容納義）·· 640
　(832) 逗誳脰歈　△止　（止義）··· 641
　(833) 豎胆侸豋　△陡　（直立義）··· 642
　(834) 短䇂痘豉剅　△柴　（小義）··· 643

304. 酉聲 ··· 644
　(835) 酋廇酒　△聚　（積義）·· 644

305. 夾聲 · · · · · · 645

(836) 荚唊䀹梜頰挾㭜鋏陜筴袷洃浹狹硖挾䀹(合義) · · · · · · 645

(837) 㚒颭赽 △駣 (迅速義) · · · · · · 647

(838) 挾㢉唊 △鼸 (藏匿義) · · · · · · 648

306. 夾聲 · · · · · · 649

(839) 䀹/閃(閃動義) · · · · · · 649

307. 尨聲 · · · · · · 649

(840) 牻厖駹狵哤 △鬆 (雜亂義) · · · · · · 649

(841) 蛖痝䳭胧厖 △龐 (大義) · · · · · · 650

308. 坒聲 · · · · · · 651

(842) 陛/比(比次義) · · · · · · 651

(843) 梐/避(防止義) · · · · · · 652

(844) 綼/敝(破敗義) · · · · · · 652

309. 巠聲 · · · · · · 653

(845) 脛桱頸涇娙經蛏鋞徑牼脛莖甄勁 △杠 (長、直義) · · · · · · 653

(846) 痙硜勁 △硜糾 (堅、急義) · · · · · · 655

(847) 剄陘 △隔 (斷義) · · · · · · 656

310. 步聲 · · · · · · 657

(848) 跙駇(行走義) · · · · · · 657

311. 叞聲 · · · · · · 657

(849) 婄粲 △善 (美好義) · · · · · · 657

312. 肖聲 · · · · · · 658

(850) 梢䂕稍霄媟睄鮹魈(小義) · · · · · · 658

(851) 艄弰稍槊髾 △題 (末梢義) · · · · · · 660

(852) 削消揱銷睄 △熄 (除、滅義) · · · · · · 660

(853) 梢陗鞘鮹䂕 △直 (直義) · · · · · · 661

313. 旱聲 · · · · · · 662

(854) 嵃焊(乾旱義) · · · · · · 662

(855) 捍戰埠銲 △護 (護衛義) · · · · · · 663

(856) 駻悍捍諢婞趕 △彊 (強悍義) · · · · · · 664

(857) 稈桿(長而直義) · · · · · · 665

314. 吳聲 · · · · · · 665

(858) 誤/忤(違逆義) · · · · · · 665

(859) 俣/俉(大義) 666

(860) 娛/歡(歡樂義) 666

315. 見聲 667

(861) 哯睍晛靦現 △顯 (出義) 667

(862) 睍蜆涀峴䰓霓䀹覴 △蜎 (小義) 668

(863) 硯垷捾 △滑 (滑動義) 669

(864) 梘絸 △糠 (中空義) 670

316. 助聲 670

(865) 耡/佐(相助義) 670

(866) 鋤/誅(去除義) 671

317. 里聲 672

(867) 裏埋桿瘒 △內 (內義) 672

318. 甹聲 673

(868) 俜騁 △放 (放任義) 673

(869) 聘娉 △訪 (問義) 673

(870) 聘偋 △派 (派遣義) 674

(871) 娉俜 △美 (美好義) 675

319. 足聲 675

(872) 促趗䠿躅 △小 (小義) 675

(873) 娖躅跞 △整 (整齊義) 676

(874) 捉促趗 △蹙 (迫促義) 677

(875) 浞/濡(沾濕義) 677

320. 困聲 678

(876) 稇捆綑梱 △混合 (混合義) 678

(877) 顑齫 △隕 (脫落義) 679

321. 肙聲 679

(878) 蜎涓鋗 △楬 (小義) 679

(879) 鞘胃琄 △挂 (懸挂義) 680

(880) 圓削蜎鋗梢 △圓卷 (圓、曲義) 681

(881) 鋗捐 △棄 (厭膩、捨棄義) 682

(882) 狷悁 △忦 (急躁義) 682

(883) 睊悁 △恨 (忿怒義) 683

322. 邑聲 ··· 683
 (884) 悒唈茵 △鬱 （抑鬱義） ··· 683
 (885) 浥裛䏓 △沾 （沾濕義） ··· 684

323. 別聲 ··· 685
 (886) 莂/分(分別義) ··· 685

324. 呈聲 ··· 686
 (887) 桯侱軠(曲、圓義) ·· 686
 (888) 䴿旺 △疆 （興旺義） ··· 687
 (889) 狂㹴詿 △慌 （狂亂義） ··· 687
 (890) 匩軠 △巨 （方形義） ··· 688

325. 告聲 ··· 689
 (891) 祰誥 △教 （告訴義） ··· 689
 (892) 牿梏 △械 （限制義） ··· 690
 (893) 鵠浩頀峼陪 △高宏 （高、大義） ······································· 691
 (894) 晧齰鵠 △皎 （白義） ··· 692

326. 我聲 ··· 692
 (895) 峨硪鬖䰩騀莪䴺俄 △屼渾 （高大義） ··································· 692

327. 利聲 ··· 694
 (896) 颲痢浰俐 △颮 （迅速義） ··· 694
 (897) 鴛鶒犁 △紫 （雜色義） ··· 695

328. 禿聲 ··· 696
 (898) 鴉/䎧(空義) ·· 696

329. 秀聲 ··· 696
 (899) 誘挦(引義) ·· 696
 (900) 莠銹 △醜 （壞義） ·· 697
 (901) 透/跳(跳躍義) ·· 698
 (902) 琇良(美好義) ··· 698

330. 每聲 ··· 699
 (903) 敏緐霉莓 △茂 （繁多義） ··· 699
 (904) 晦海黣 △昧 （不明義） ··· 700
 (905) 誨姆(教誨義) ··· 700
 (906) 敏莓 △孽 （外義） ·· 701
 (907) 梅莓(酸義) ·· 702

331. 攸聲 · 702
- (908) 婋倏儵 △速 （迅速義） · 702
- (909) 條修儵翛庲 △長 （長義） · 703
- (910) 修鋚 △飾 （修飾義） · 704
- (911) 悠浟浟(悠然義) · 705
- (912) 翛/蕭(凋敝義) · 706

332. 余聲 · 706
- (913) 徐賒悇畬 △緩 （緩義） · 706
- (914) 捈斜 △舀 （抒出義） · 707
- (915) 餘瘉 △盈 （殘餘義） · 708

333. 希聲 · 708
- (916) 悕睎 △祈 （希望義） · 708
- (917) 唏欷稀誶 △音 （發出聲音義） · 709
- (918) 絺/細(細義) · 710
- (919) 晞/曦(日光義) · 711

334. 坐聲 · 711
- (920) 莝睉剉痤銼矬桂脞硾 △碎 （碎、小義） · 711
- (921) 剉挫銼 △傷 （挫傷義） · 713

335. 谷聲 · 713
- (922) 容裕 △宥 （寬容義） · 713

336. 孝聲 · 714
- (923) 敩/效(仿效義) · 714

337. 孚聲 · 715
- (924) 垺捊 △鷟 （斑駁義） · 715
- (925) 垺畔 △際 （界限義） · 715

338. 孚聲 · 716
- (926) 莩筟桴郛稃浮殍珨蜉孵醅 △膚 （外表、外層義） · 716
- (927) 孵罦桴 △覆 （覆蓋、遮擋義） · 718
- (928) 桴脬 △包 （圓義） · 718
- (929) 桴鴾孵垺 △秒 （小義） · 719

339. 妥聲 · 720
- (930) 嶞鬌 △長 （長義） · 720
- (931) 胺餒𦠁(腐敗義) · 720

(932) 緌綏(平、安義) ………………………………………… 721

340. 含聲 ……………………………………………………… 721

(933) 琀答餄硍菳浛唅欱峆 △嗛 (銜含、容納義) …… 721

341. 昏聲 ……………………………………………………… 723

(934) 惛髻姡 △會 (會合義) …………………………… 723

(935) 刮括 △干 (搜求義) ……………………………… 724

342. 奐聲 ……………………………………………………… 724

(936) 渙焕暎 △疆 (盛義) ……………………………… 724

(937) 渙痪 △潰 (散義) ………………………………… 725

(938) 奐/環(環繞義) ……………………………………… 726

(939) 喚/嘑(呼喚義) ……………………………………… 727

(940) 換/化(變易義) ……………………………………… 727

343. 免聲 ……………………………………………………… 728

(941) 鞔綩挽 △縣 (牽引義) …………………………… 728

(942) 娩菟 △蕃 (蕃殖義) ……………………………… 728

344. 角聲 ……………………………………………………… 729

(943) 桷确捔斛(角義) …………………………………… 729

345. 夆聲 ……………………………………………………… 730

(944) 峯鋒桻烽犖 △杪 (高而尖義) …………………… 730

(945) 髼葑 △駁 (散亂義) ……………………………… 731

(946) 逢縫 △符 (相合義) ……………………………… 732

(947) 莑/棚(棚義) ………………………………………… 732

346. 言聲 ……………………………………………………… 733

(948) 唁誾狺䚻 △語 (聲、言義) ……………………… 733

347. 吝聲 ……………………………………………………… 734

(949) 恡/嗇(吝嗇義) ……………………………………… 734

348. 辛聲 ……………………………………………………… 735

(950) 莘莘辫弈 △星 (眾多義) ………………………… 735

(951) 羍𦏾 △細 (細小義) ……………………………… 736

(952) 騂骍㹼 △紫 (赤色義) …………………………… 736

(953) 莘鮮 △蚰 (長義) ………………………………… 737

(954) 䇎犀 △橸 (堅硬義) ……………………………… 737

349. 兌聲 · 738

(955) 挩蜕脱毤䀴䞐(脱離義) · 738

(956) 銳頒㕞鮵桧 △稚 （小義） · 739

(957) 挩悦 △擦 （拭義） · 740

(958) 帨帨 △遮 （蒙覆義） · 741

(959) 悦／懌(愉悦義) · 741

350. 肖聲 · 742

(960) 敝／敗(破敗義) · 742

351. 沙聲 · 742

(961) 魦痧(沙義) · 742

(962) 挲㢖 △挈 （動義） · 743

(963) 魦鈔縩 △細 （小義） · 743

352. 完聲 · 744

(964) 梡俒㝎 △皆 （完全義） · 744

(965) 脘筦鯇綄捖睆 △宛 （圓義） · 745

353. 弟聲 · 746

(966) 第梯娣悌 △次 （次第義） · 746

(967) 苐稊睇梯娣蛦 △䡖 （小義） · 748

(968) 鬀剃㴟 △剔 （除去義） · 749

354. 良聲 · 749

(969) 琅朗硠俍娘粮 △精 （良好義） · 749

(970) 閬桹朗浪粮踉䫅俍埌䑕䮫鋃 △長 （長、高、大義） · 750

(971) 㮿閬峎 △洞 （空義） · 752

(972) 浪誏 △蕩 （放浪義） · 753

355. 君聲 · 753

(973) 群宭帬輑崐 △連 （相連義） · 753

(974) 莙頵 △鯤 （大義） · 754

356. 即聲 · 755

(975) 節蝍柳 △次 （多而次比義） · 755

(976) 脚㾜 △脂 （光澤、滑溜義） · 756

357. 尾聲 · 756

(977) 粍㞓 △微 （碎小義） · 756

358. 局聲 ··· 757
    (978) 桐踘 △跔（曲義）··· 757
    (979) 挶鋦 △拘（執、持義）··· 758

359. 壯聲 ··· 758
    (980) 莊奘奘泱 △張（盛、大義）·· 758
    (981) 裝泱 △盛（包裝義）··· 759
    (982) 裝粧䩞莊 △飾（裝飾義）··· 760

360. 忍聲 ··· 761
    (983) 荵䚽 △任（承受義）··· 761
    (984) 認/識（認識義）··· 761

361. 甬聲 ··· 762
    (985) 筩桶瓺捅衚銿通 △峒（中空義）································ 762
    (986) 踊涌 △溢（上義）··· 763

362. 矣聲 ··· 764
    (987) 埃/灰（灰塵義）··· 764
    (988) 竢/待（等待義）··· 765

363. 夋聲 ··· 765
    (989) 逡竣踆朘 △退（退却、收縮義）································ 765
    (990) 俊駿畯 △出（傑出義）··· 766
    (991) 俊駿陵 △大（高大義）··· 767
    (992) 酸痠（酸義）··· 768
    (993) 趀朘駿逡 △迅（迅速義）··· 768
    (994) 逡梭 △轉（往復義）··· 769
    (995) 悛竣 △止（停止義）··· 770

364. 奉聲 ··· 770
    (996) 捧唪埄棒犎 △烽（高揚義）·· 770

365. 青聲 ··· 771
    (997) 菁精倩靚婧晴睛腈 △良（精良義）···························· 771
    (998) 靚彭靖精 △朗静（净、静義）···································· 772

366. 表聲 ··· 773
    (999) 裱婊錶 △膚（外義）··· 773
    (1000) 俵/受（散發義）··· 774

中册・條文目錄

367. 長聲 775
    （1001）張脹　△增　（擴大義） 775
    （1002）悵伥　△怊　（失意義） 775
    （1003）韔／藏（藏義） 776

368. 者聲 776
    （1004）書箸　△從　（附著義） 776
    （1005）鯺都奢　△大　（大義） 777
    （1006）都褚渚㩜　△積　（貯藏義） 778
    （1007）褚赭　△朱　（赤色義） 779
    （1008）𥩟堵　△遮　（遮擋義） 779

369. 坴聲 780
    （1009）陸鵱騼(高大義) 780

370. 夌聲 781
    （1010）棱菱　△隆　（棱角義） 781
    （1011）陵崚(高大義) 782

371. 亞聲 782
    （1012）椏婭迓埡偓　△貫　（相連義） 782
    （1013）惡蚅誣　△蠍　（惡毒義） 783
    （1014）窀啞　△掩　（閉義） 784
    （1015）稏㩙　△晃　（搖動義） 785

372. 其聲 785
    （1016）萁惎　△忌　（忌義） 785

373. 取聲 786
    （1017）諏掫娶(取義) 786
    （1018）聚堅冣菆諏掫　△積　（聚集義） 786
    （1019）𩹇猠　△小　（小義） 788
    （1020）趣／趨(趨向義) 788

374. 昔聲 789
    （1021）造䶦錯磋鰭䰾　△攪　（交錯、錯雜義） 789
    （1022）錯皵　△粗　（粗義） 790
    （1023）厝錯踖　△磋　（磨義） 790
    （1024）醋祏譜　△酬　（相酬義） 791
    （1025）𥩟／遮(遮攔義) 792

  (1026) 斬/斫(斬義) ······ 792

375. 若聲 ······ 793
  (1027) 惹喏 △觸 （觸犯義） ······ 793
  (1028) 惹閣搻 △延 （引義） ······ 794
  (1029) 偌/如(如義) ······ 794

376. 苗聲 ······ 795
  (1030) 緢媌 △杪 （細義） ······ 795
  (1031) 描/摹(描摹義) ······ 796

377. 英聲 ······ 796
  (1032) 韺瑛媖 △華 （精英義） ······ 796

378. 直聲 ······ 797
  (1033) 植稙置 △竪 （竪直義） ······ 797
  (1034) 埴膱 △糯 （黏義） ······ 798
  (1035) 值悳 △當 （恰當義） ······ 799
  (1036) 揰值 △持 （持義） ······ 800

379. 林聲 ······ 800
  (1037) 婪惏 △貪 （貪婪義） ······ 800
  (1038) 淋霖(連續義) ······ 801
  (1039) 崊/崚(高峻義) ······ 801
  (1040) 琳/惏(欲知義) ······ 802

380. 析聲 ······ 802
  (1041) 晳晰 △皪 （白義） ······ 802
  (1042) 淅/濯(洗義) ······ 803

381. 來聲 ······ 803
  (1043) 倈徠 △到 （到來義） ······ 803
  (1044) 徠/勞(慰勞義) ······ 804

382. 東聲 ······ 804
  (1045) 凍重 △篤 （厚義） ······ 804
  (1046) 棟崠 △長 （長義） ······ 805
  (1047) 棟崠 △頂 （極端義） ······ 806

383. 或聲 ······ 807
  (1048) 國域(地域義) ······ 807

(1049) 閾緎埴　△限　（界限義） …… 807

(1050) 械莢緘　△匯　（叢聚義） …… 808

(1051) 減緘　△霍　（迅速義） …… 809

(1052) 蜮毈颭喊欯窫　△氣　（風氣義） …… 809

(1053) 聝/獲(獲取義) …… 810

384. 臤聲 …… 811

(1054) 緊堅掔鋻賢繄(堅勁、優良義) …… 811

385. 兩聲 …… 813

(1055) 緉輛脼倆裲　△雙　（雙義） …… 813

386. 厓聲 …… 814

(1056) 涯捱(邊義) …… 814

387. 奄聲 …… 814

(1057) 腌淹醃　△洽　（浸漬義） …… 814

(1058) 晻罨闇掩罨唵　△蓋　（遮蔽義） …… 815

388. 豕聲 …… 817

(1059) 琢啄椓涿諑　△斫　（擊義） …… 817

389. 妻聲 …… 818

(1060) 凄悽　△清　（涼義） …… 818

(1061) 棲霋　△停　（止義） …… 819

390. 戔聲 …… 819

(1062) 虦棧賤俴淺綫琖　△點　（小義） …… 819

(1063) 殘賤俴　△餘　（殘餘義） …… 821

391. 非聲 …… 821

(1064) 蠢斐斐輩酰鯡琲霏　△繁　（繁多義） …… 821

(1065) 翡緋(紅色義) …… 823

(1066) 韠扉厞　△蔽　（蔽義） …… 823

(1067) 徘悱(猶豫義) …… 824

(1068) 辈騑(對偶義) …… 824

(1069) 排輩排　△比　（排比義） …… 824

392. 叔聲 …… 825

(1070) 寂俶踧　△靜　（平、靜義） …… 825

(1071) 諔俶　△異　（異義） …… 826

393. 卓聲 ··· 827

    (1072) 趠踔穛　△超（高超義） ························· 827

    (1073) 焯晫　△昭（明義） ····································· 827

394. 尚聲 ··· 828

    (1074) 㽞掌鐴當　△司（支撐、執掌義） ······················· 828

    (1075) 堂敞　△綽（寬義） ····································· 829

    (1076) 當／等（相等義） ·· 830

    (1077) 嘗／試（嘗試義） ·· 830

395. 果聲 ··· 831

    (1078) 踝稞窠裹顆菓輠蜾粿堁瘰碌瓢　△鐶（圓義） ··········· 831

    (1079) 稞窠裸瘰　△康（空義） ································ 833

    (1080) 棵惈　△敢（斷義） ····································· 834

    (1081) 裸／灌（澆灌義） ·· 834

396. 昆聲 ··· 835

    (1082) 混鯤　△宏（大義） ····································· 835

    (1083) 混餛硍　△渾（混沌義） ································ 835

    (1084) 輥棍硍　△圓（圓義） ··································· 836

397. 昌聲 ··· 836

    (1085) 唱倡　△導（倡導義） ··································· 836

    (1086) 焻猖　△盛（盛義） ······································ 837

    (1087) 裯／敞（敞開義） ·· 838

398. 易聲 ··· 838

    (1088) 敡睗傷埸　△徙（改變義） ································· 838

    (1089) 鬄剔　△除（除去義） ··································· 839

    (1090) 緆／細（細義） ·· 840

    (1091) 煬／燥（乾燥義） ·· 840

    (1092) 裼／露（顯露義） ·· 841

399. 典聲 ··· 841

    (1093) 腆錪筻腆（厚、重、大義） ··································· 841

    (1094) 悂覥　△赧（慚愧義） ···································· 842

400. 固聲 ··· 843

    (1095) 錮痼涸塪崮姻　△鞏（固義） ································ 843

第五卷條文目錄

401. 困聲 ·· 847
    (1096) 菌麏稇胭綑(多而相聚義) ······················· 847
    (1097) 蜠／顐(大義) ·· 848

402. 岡聲 ·· 849
    (1098) 崗掆棡 △高 （高義） ···························· 849
    (1099) 剛鋼 △彊 （堅義） ································ 849

403. 罔聲 ·· 850
    (1100) 惘誷 △亡 （失義） ································ 850

404. 沓聲 ·· 851
    (1101) 錔荅帋楮磁諮 △疊 （重疊、重復義） ··· 851
    (1102) 揨鍩 △袋 （套義） ································ 852
    (1103) 踏鞜 △踩 （踐踏義） ···························· 853

405. 咼聲 ·· 853
    (1104) 楇堝蝸骷腡渦鍋瘑笴碢髁餶窩 △果 （圓義） ··· 853
    (1105) 喎／歪(歪斜義) ·· 855

406. 制聲 ·· 856
    (1106) 製覮 △作 （製作義） ···························· 856
    (1107) 懛瘈 △怍 （驚義） ································ 856
    (1108) 猘瘈 △瘨 （狂義） ································ 857

407. 知聲 ·· 858
    (1109) 智／識(知曉義) ·· 858

408. 垂聲 ·· 859
    (1110) 唾睡陲種硾(下垂義) ································ 859
    (1111) 厜崜 △尖 （尖義） ································ 859

409. 委聲 ·· 860
    (1112) 萎痿 △瘺 （萎縮義） ···························· 860
    (1113) 矮䭸緌(低義) ·· 861
    (1114) 諉矬捼 △挼 （推義） ···························· 861

410. 隹聲 ·· 862
    (1115) 萑雛魋稚 △鶵 （細、小義） ················· 862

(1116) 趡睢奞膗頠崔陮淮維雔堆 △峻大（高、長、大義）……… 863
(1117) 堆錐雖 △銳（尖義）……… 865
(1118) 推碓椎 △捶（擊義）……… 866
(1119) 娷/娸(醜陋義) ……… 867

411. 臾聲 ……… 867
(1120) 腴庾 △餘（豐饒義）……… 867

412. 兒聲 ……… 868
(1121) 覞倪麑鯢婗蜺堄 △子（小義）……… 868
(1122) 說睨觬睨況 △戾（不正義）……… 870
(1123) 說睨 △伺（窺探義）……… 870
(1124) 鯢霓 △雌（雌義）……… 871
(1125) 呪羖觬(曲義) ……… 871

413. 欣聲 ……… 872
(1126) 掀焮肵伙鍁 △興（高義）……… 872

414. 舍聲 ……… 873
(1127) 捨/置(捨棄義) ……… 873
(1128) 騇/雌(雌性義) ……… 874

415. 金聲 ……… 874
(1129) 唫捡 △急（急義）……… 874
(1130) 黅䤪(黃色義) ……… 875

416. 侖聲 ……… 875
(1131) 論倫淪綸 △理（條理義）……… 875
(1132) 輪䡪 △旋（圓義）……… 877
(1133) 淪輪掄(依次義) ……… 877
(1134) 淪陯 △鑽（陷義）……… 878

417. 肴聲 ……… 878
(1135) 殽淆(混雜義) ……… 878

418. 采聲 ……… 879
(1136) 菜埰採 △摘（採取義）……… 879
(1137) 綵彩(彩色義) ……… 880
(1138) 睬踩 △觸（相觸義）……… 880

419. 㸒聲 ……… 881
(1139) 婬淫(過多義) ……… 881

中册・條文目録

420. 受聲 ·········· 882
   - (1140) 授㤅　△售　（授予義）·········· 882
   - (1141) 綏/索(繩索義) ·········· 882

421. 朋聲 ·········· 883
   - (1142) 棚輣掤㡇　△覆　（蔽義）·········· 883
   - (1143) 嘣漰　△迸　（迸發義）·········· 884
   - (1144) 繃㮰掤　△縛　（緊繃義）·········· 885

422. 周聲 ·········· 885
   - (1145) 稠彫鬝蜩綢啁碉　△衆　（多義）·········· 885
   - (1146) 雕貂鯛　△驟　（猛義）·········· 887

423. 昏聲 ·········· 888
   - (1147) 惛殙俖(昏惑義) ·········· 888

424. 匋聲 ·········· 888
   - (1148) 陶/樂(歡樂義) ·········· 888

425. 臽聲 ·········· 889
   - (1149) 啗鵮窞悇焰閻陷錎埳掐䐓菡餡　△銜　（陷入、包含義）·········· 889
   - (1150) 䏝欿啗　△忨　（貪婪義）·········· 891

426. 咎聲 ·········· 892
   - (1151) 䯤㝩(大義) ·········· 892
   - (1152) 晷/規(規範義) ·········· 893

427. 匊聲 ·········· 893
   - (1153) 趜鞠駶麴(曲、圓義) ·········· 893

428. 京聲 ·········· 894
   - (1154) 景麖鯨　△宏　（大義）·········· 894
   - (1155) 椋䣞䳢　△殽　（雜義）·········· 895
   - (1156) 涼飇　△寒　（寒涼義）·········· 896
   - (1157) 勍/彊(强義) ·········· 897
   - (1158) 掠/奪(奪義) ·········· 897

429. 卒聲 ·········· 898
   - (1159) 窣猝焠　△突　（猝然義）·········· 898
   - (1160) 顇稡萃　△集　（聚集義）·········· 898
   - (1161) 粹睟　△純　（純粹義）·········· 899
   - (1162) 悴瘁顇(憔悴義) ·········· 899

430. 庚聲 · · · · · · 900

 (1163) 康唐 △空（空義）· · · · · · 900

 (1164) 賡/更(補償義) · · · · · · 901

431. 音聲 · · · · · · 901

 (1165) 剖部掊踣倍 △分（分義）· · · · · · 901

 (1166) 棓餢毩培陪錇倍 △龐膨（大、增大義）· · · · · · 902

 (1167) 培陪倍 △旁（邊側義）· · · · · · 904

 (1168) 醅/肧(未成形義) · · · · · · 904

432. 妾聲 · · · · · · 905

 (1169) 椄接綾踥 △連（接續義）· · · · · · 905

433. 於聲 · · · · · · 906

 (1170) 瘀淤閼飫 △汙（鬱積、阻滯義）· · · · · · 906

434. 卷聲 · · · · · · 907

 (1171) 圈捲菤埢踡痯蜷棬綣睠港錈餋 △拳（圓、曲義）· · · · · · 907

 (1172) 睠綣惓(眷念、懇切義) · · · · · · 909

 (1173) 鬈婘 △娟（美好義）· · · · · · 910

435. 炎聲 · · · · · · 910

 (1174) 琰剡惔炎痰 △援（上引義）· · · · · · 910

 (1175) 覢晱燄睒跾睒 △晃（迅速、閃動義）· · · · · · 912

 (1176) 談啖淡醶酨 △歠（清淡義）· · · · · · 913

 (1177) 佟惔淡 △安（安義）· · · · · · 914

 (1178) 錟頰 △延（長義）· · · · · · 915

436. 宗聲 · · · · · · 916

 (1179) 賨崇綜粽艨 △總（總義）· · · · · · 916

 (1180) 崇崈鬃 △尚（高義）· · · · · · 917

437. 定聲 · · · · · · 918

 (1181) 錠碇椗(定義) · · · · · · 918

 (1182) 顁腚淀 △頂底（頂、底義）· · · · · · 919

438. 官聲 · · · · · · 919

 (1183) 逭管涫綰輨琯裙輨 △圜（圓義）· · · · · · 919

 (1184) 倌管綰輨(統轄義) · · · · · · 921

 (1185) 痯悹 △患（憂義）· · · · · · 922

 (1186) 婠琯 △婉（美好義）· · · · · · 922

　　　　(1187) 掐／挖（挖義）·· 923

439. 空聲 ·· 923

　　　　(1188) 桱悾悾埪倥莖崆蛭鞚腔箜　△孔　（空義）············· 923

　　　　(1189) 控鞚　△拘　（控制義）·· 925

440. 宛聲 ·· 926

　　　　(1190) 琬婉蜿踠袩豌碗涴腕䩸　△脘　（圓、曲義）············· 926

441. 宓聲 ·· 927

　　　　(1191) 密宻　△比　（細義）·· 927

　　　　(1192) 蜜泌蜜　△泌　（溢出義）··· 928

442. 戾聲 ·· 929

　　　　(1193) 荔綟（雜色義）··· 929

　　　　(1194) 唳俍淚　△厲　（勁疾義）··· 929

　　　　(1195) 捩棙　△擰　（扭轉義）·· 930

　　　　(1196) 淚悷颲唳　△冷　（涼義）··· 931

　　　　(1197) 跰捩（彎曲、迴旋義）··· 932

443. 建聲 ·· 932

　　　　(1198) 鞬楗鍵　△關　（藏、閉義）··· 932

　　　　(1199) 健騝　△剛　（強義）·· 933

444. 門聲 ·· 933

　　　　(1200) 悶／懣（煩悶義）··· 933

　　　　(1201) 閽／温（温和義）··· 934

445. 录聲 ·· 934

　　　　(1202) 逯睩　△僂　（謹慎義）·· 934

　　　　(1203) 趢碌盝　△簍　（小義）·· 935

　　　　(1204) 漉盝　△濾瀝　（過濾義）··· 936

　　　　(1205) 綠録　△青　（綠色義）·· 936

　　　　(1206) 祿醁（美好義）··· 937

446. 隶聲 ·· 938

　　　　(1207) 逮隸罧　△即　（相及義）··· 938

447. 居聲 ·· 939

　　　　(1208) 踞宭　△據　（佔據義）·· 939

　　　　(1209) 鋸鶋（鋸義）··· 940

　　　　(1210) 賸居　△蓄　（儲存義）·· 940

(1211) 倨/傲(傲慢義) ······ 941

448. 刷聲 ······ 941

(1212) 唰涮(清理義) ······ 941

449. 屈聲 ······ 942

(1213) 鷗崛裾　△褐　（短義） ······ 942

(1214) 窟剧蝈　△圓　（圓、曲義） ······ 943

(1215) 倔/堅(强義) ······ 944

450. 孟聲 ······ 944

(1216) 猛蜢　△炮　（猝然義） ······ 944

451. 亟聲 ······ 945

(1217) 駏悈　△急　（急義） ······ 945

(1218) 極殛(極端義) ······ 946

452. 叕聲 ······ 946

(1219) 綴醊畷畷(連義) ······ 946

(1220) 剟掇　△奪　（取義） ······ 947

453. 奏聲 ······ 948

(1221) 湊輳　△積　（聚集義） ······ 948

454. 春聲 ······ 949

(1222) 賰椿膞　△醇　（厚義） ······ 949

(1223) 鬊惷騞　△雜　（亂義） ······ 949

(1224) 偆惷蠢騞　△鈍　（愚義） ······ 950

455. 封聲 ······ 951

(1225) 犎/峰(高義) ······ 951

456. 甚聲 ······ 952

(1226) 湛黮媅覘戡醓　△深　（深義） ······ 952

(1227) 碪椹　△墊　（墊義） ······ 953

457. 茸聲 ······ 954

(1228) 髶輯　△叢　（多義） ······ 954

(1229) 揖輯　△揉　（推義） ······ 955

458. 枽聲 ······ 955

(1230) 葉腈箂屜鍱牒蝶堞碟　△楔　（片狀義） ······ 955

(1231) 渫媟　△點　（污義） ······ 957

(1232) 慄僷　△惴　（恐懼義） ······ 957

(1233) 揲葉　△集　（積聚義） …… 958

459. 荅聲 …… 959

(1234) 踏褡搨　△黏　（連義） …… 959

460. 荒聲 …… 959

(1235) 䊼䵋　△虛　（空無義） …… 959

(1236) 㠩胱慌䀮　△怳　（不明義） …… 960

(1237) 慌／惶(驚懼義) …… 961

461. 胡聲 …… 961

(1238) 湖葫　△宏　（大義） …… 961

462. 南聲 …… 962

(1239) 㘝／攔(遮攔義) …… 962

463. 相聲 …… 963

(1240) 廂箱　△鑲　（旁邊義） …… 963

464. 疌聲 …… 964

(1241) 捷倢徒淓　△疾　（迅速、敏捷義） …… 964

(1242) 萐箑蟜　△扇散　（散開義） …… 965

(1243) 褋睫楪捷　△緣接　（邊緣、連接義） …… 966

465. 匽聲 …… 967

(1244) 偃堰　△安　（止義） …… 967

(1245) 揠褗　△援　（上引義） …… 968

466. 刺聲 …… 969

(1246) 㓨𥎊　△烈　（辛辣義） …… 969

467. 畐聲 …… 970

(1247) 富幅堛輻(聚積義) …… 970

(1248) 菖副逼楅煏　△附迫　（依附、迫近義） …… 971

468. 垔聲 …… 972

(1249) 煙䕍　△䨼　（煙義） …… 972

(1250) 煙䍃黫　△黯　（黑色義） …… 973

(1251) 湮堙　△隱　（泯滅義） …… 974

469. 要聲 …… 974

(1252) 腰褑䙅　△約　（約義） …… 974

(1253) 腰鷕　△高　（長、遠義） …… 975

(1254) 闄／隔(遮蔽義) …… 975

· 19 ·

470. 柬聲 ... 976
(1255) 煉練揀　△華　（精義）... 976

471. 咸聲 ... 977
(1256) 感搣　△掀　（動義）... 977
(1257) 械緘　△篋　（封閉義）... 978
(1258) 鍼鹹（針義）... 978
(1259) 羬羷喊鹹（强、大義）... 979

472. 面聲 ... 979
(1260) 偭婂脜　△臉　（臉面義）... 979
(1261) 䩬楒麪　△緜　（柔軟義）... 980
(1262) 緬/緜(遠義) ... 981
(1263) 湎/迷(沉迷義) ... 981
(1264) 勔/勉(勤勉義) ... 982

473. 㚒聲 ... 982
(1265) 㚒腋㚒偞㚒㚒㚒㚒㚒㚒㚒㚒㚒㚒　△若　（柔義）... 982

474. 皆聲 ... 985
(1266) 諧鬻偕騢　△龢　（和諧義）... 985
(1267) 楷鍇稭偕　△堅　（堅義）... 986
(1268) 甄鶛(雄性義) ... 987

475. 韭聲 ... 987
(1269) 韮/久(長久義) ... 987

476. 貞聲 ... 988
(1270) 禎/徵(徵兆義) ... 988
(1271) 赬/橙(淺紅義) ... 988

477. 省聲 ... 989
(1272) 惺/醒(醒悟義) ... 989
(1273) 瘖渻　△縮　（減少義）... 990

478. 昊聲 ... 990
(1274) 瞁/瞿(驚視義) ... 990
(1275) 闃/虛(空虛義) ... 991

479. 是聲 ... 991
(1276) 諟睼褆(正義) ... 991
(1277) 褆堤媞隄(安義) ... 992

(1278) 騠湜(明顯義) …… 993

480. 眇聲 …… 994
(1279) 篎緲莎(細小義) …… 994

481. 則聲 …… 994
(1280) 側/仄(偏義) …… 994
(1281) 厠/雜(雜義) …… 995
(1282) 垍/障(障礙義) …… 995

482. 易聲 …… 996
(1283) 暘陽煬湯暢䉬楊揚颺喝傷颺楊崵 △長 （強、大、高、長義） …… 996
(1284) 惕瘍 △傷 （傷害義） …… 999
(1285) 腸暢 △通 （通義） …… 999
(1286) 鶨鯣(赤色義) …… 1000

483. 咠聲 …… 1000
(1287) 訐揖葺緝輯戢緝緝 △集 （聚集義） …… 1000

484. 冒聲 …… 1002
(1288) 瑁帽 △冢 （冒蒙義） …… 1002

485. 禺聲 …… 1003
(1289) 偶耦遇喁髃 △抗 （相對義） …… 1003
(1290) 隅/區(曲義) …… 1004

486. 昷聲 …… 1005
(1291) 煴温瘟 △晏 （温暖義） …… 1005
(1292) 醖愠揾輼褞韞 △蘊 （藏義） …… 1006

487. 星聲 …… 1007
(1293) 腥鯹 △臊 （腥義） …… 1007
(1294) 醒悻(醒悟義) …… 1008
(1295) 瞠瑆煋暒 △晢 （光明義） …… 1008
(1296) 胜/瘜(增生義) …… 1009

488. 曷聲 …… 1009
(1297) 遏羯鶡歇愒渴堨鬣 △竟 （止、盡義） …… 1009
(1298) 餲鶡暍竭渴 △菸 （敗壞義） …… 1011
(1299) 楬褐獦𤡅蝎鬫(短小義) …… 1012
(1300) 揭秸嵑齃碣(高、長義) …… 1014
(1301) 遏堨 △界 （相及義） …… 1014

(1302) 餲遏　△奄（遮義）……………………………………………… 1015

(1303) 偈騔趨　△快（迅速義）……………………………………… 1016

489. 昱聲 …………………………………………………………………… 1016

(1304) 喔煜　△焞（盛義）…………………………………………… 1016

490. 畏聲 …………………………………………………………………… 1017

(1305) 騩椳渨隈嵔　△彎（曲義）………………………………… 1017

(1306) 煨偎　△隱（隱義）…………………………………………… 1018

491. 胃聲 …………………………………………………………………… 1019

(1307) 喟颶煟菁　△偉（大、盛義）……………………………… 1019

492. 恖聲 …………………………………………………………………… 1020

(1308) 諰禗㥾(恐懼不安義)…………………………………………… 1020

(1309) 顋鰓　△雙（雙義）…………………………………………… 1020

(1310) 總崽　△絲小（細小義）……………………………………… 1021

(1311) 偲懇　△眾（多義）…………………………………………… 1022

(1312) 摋/塞(塞入義)………………………………………………………… 1022

493. 咢聲 …………………………………………………………………… 1023

(1313) 愕遻　△訝（驚義）………………………………………… 1023

(1314) 鶚鰐　△惡（凶猛義）………………………………………… 1023

494. 耑聲 …………………………………………………………………… 1024

(1315) 稀剬觸端　△顛底（端部義）……………………………… 1024

(1316) 喘遄湍　△疾（急義）………………………………………… 1025

(1317) 偳鍴偳膅(小義)……………………………………………………… 1026

(1318) 端瑞　△示（徵兆義）………………………………………… 1027

(1319) 揣圖(聚積義)………………………………………………………… 1027

495. 骨聲 …………………………………………………………………… 1028

(1320) 滑猾鰭磆　△巜（滑義）…………………………………… 1028

(1321) 搰繘榾滑愲　△昏（亂義）………………………………… 1029

(1322) 鶻螖(小義)……………………………………………………………… 1030

(1323) 勖搰(努力義)………………………………………………………… 1031

496. 臿聲 …………………………………………………………………… 1031

(1324) 插錨　△扎（插入義）……………………………………… 1031

497. 秋聲 …………………………………………………………………… 1032

(1325) 愁愀　△悄（憂義）………………………………………… 1032

  (1326) 湫摮揪　△湊（聚集義）⋯⋯⋯⋯⋯⋯⋯⋯⋯⋯⋯⋯⋯⋯⋯⋯⋯⋯⋯⋯⋯ 1032

  (1327) 䎳瘶摮　△小（小義）⋯⋯⋯⋯⋯⋯⋯⋯⋯⋯⋯⋯⋯⋯⋯⋯⋯⋯⋯⋯⋯ 1033

  (1328) 篍甃萩鰍　△裒（圓義）⋯⋯⋯⋯⋯⋯⋯⋯⋯⋯⋯⋯⋯⋯⋯⋯⋯⋯⋯⋯⋯ 1034

498. 重聲 ⋯⋯⋯⋯⋯⋯⋯⋯⋯⋯⋯⋯⋯⋯⋯⋯⋯⋯⋯⋯⋯⋯⋯⋯⋯⋯⋯⋯⋯⋯⋯⋯⋯⋯ 1035

  (1329) 緟褈䮔腫踵　△增（緟益、重複義）⋯⋯⋯⋯⋯⋯⋯⋯⋯⋯⋯⋯⋯⋯⋯⋯ 1035

  (1330) 種恒偅（遲緩義）⋯⋯⋯⋯⋯⋯⋯⋯⋯⋯⋯⋯⋯⋯⋯⋯⋯⋯⋯⋯⋯⋯⋯⋯⋯ 1036

499. 复聲 ⋯⋯⋯⋯⋯⋯⋯⋯⋯⋯⋯⋯⋯⋯⋯⋯⋯⋯⋯⋯⋯⋯⋯⋯⋯⋯⋯⋯⋯⋯⋯⋯⋯⋯ 1036

  (1331) 複楅鰒瘦　△秠（重複義）⋯⋯⋯⋯⋯⋯⋯⋯⋯⋯⋯⋯⋯⋯⋯⋯⋯⋯⋯⋯⋯ 1036

  (1332) 復愎　△背（反義）⋯⋯⋯⋯⋯⋯⋯⋯⋯⋯⋯⋯⋯⋯⋯⋯⋯⋯⋯⋯⋯⋯⋯⋯ 1037

  (1333) 鞛／縛（縛義）⋯⋯⋯⋯⋯⋯⋯⋯⋯⋯⋯⋯⋯⋯⋯⋯⋯⋯⋯⋯⋯⋯⋯⋯⋯⋯ 1038

500. 段聲 ⋯⋯⋯⋯⋯⋯⋯⋯⋯⋯⋯⋯⋯⋯⋯⋯⋯⋯⋯⋯⋯⋯⋯⋯⋯⋯⋯⋯⋯⋯⋯⋯⋯⋯ 1039

  (1334) 鍛碫鍛腶　△椎（壓義）⋯⋯⋯⋯⋯⋯⋯⋯⋯⋯⋯⋯⋯⋯⋯⋯⋯⋯⋯⋯⋯⋯ 1039

  (1335) 椴瑖　△散（解散義）⋯⋯⋯⋯⋯⋯⋯⋯⋯⋯⋯⋯⋯⋯⋯⋯⋯⋯⋯⋯⋯⋯⋯ 1039

第六卷條文目錄

501. 便聲 ⋯⋯⋯⋯⋯⋯⋯⋯⋯⋯⋯⋯⋯⋯⋯⋯⋯⋯⋯⋯⋯⋯⋯⋯⋯⋯⋯⋯⋯⋯⋯⋯⋯⋯ 1043

  (1336) 緶／編（編織義）⋯⋯⋯⋯⋯⋯⋯⋯⋯⋯⋯⋯⋯⋯⋯⋯⋯⋯⋯⋯⋯⋯⋯⋯⋯ 1043

  (1337) 箯／翩（輕便、輕巧義）⋯⋯⋯⋯⋯⋯⋯⋯⋯⋯⋯⋯⋯⋯⋯⋯⋯⋯⋯⋯⋯⋯ 1043

502. 保聲 ⋯⋯⋯⋯⋯⋯⋯⋯⋯⋯⋯⋯⋯⋯⋯⋯⋯⋯⋯⋯⋯⋯⋯⋯⋯⋯⋯⋯⋯⋯⋯⋯⋯⋯ 1044

  (1338) 緥堡（保護義）⋯⋯⋯⋯⋯⋯⋯⋯⋯⋯⋯⋯⋯⋯⋯⋯⋯⋯⋯⋯⋯⋯⋯⋯⋯⋯ 1044

503. 皇聲 ⋯⋯⋯⋯⋯⋯⋯⋯⋯⋯⋯⋯⋯⋯⋯⋯⋯⋯⋯⋯⋯⋯⋯⋯⋯⋯⋯⋯⋯⋯⋯⋯⋯⋯ 1045

  (1339) 艎煌鰉　△彊洪（强、大義）⋯⋯⋯⋯⋯⋯⋯⋯⋯⋯⋯⋯⋯⋯⋯⋯⋯⋯⋯⋯ 1045

  (1340) 惶／恐（恐懼義）⋯⋯⋯⋯⋯⋯⋯⋯⋯⋯⋯⋯⋯⋯⋯⋯⋯⋯⋯⋯⋯⋯⋯⋯⋯ 1046

504. 昇聲 ⋯⋯⋯⋯⋯⋯⋯⋯⋯⋯⋯⋯⋯⋯⋯⋯⋯⋯⋯⋯⋯⋯⋯⋯⋯⋯⋯⋯⋯⋯⋯⋯⋯⋯ 1046

  (1341) 輿／攣（舉義）⋯⋯⋯⋯⋯⋯⋯⋯⋯⋯⋯⋯⋯⋯⋯⋯⋯⋯⋯⋯⋯⋯⋯⋯⋯⋯ 1046

505. 泉聲 ⋯⋯⋯⋯⋯⋯⋯⋯⋯⋯⋯⋯⋯⋯⋯⋯⋯⋯⋯⋯⋯⋯⋯⋯⋯⋯⋯⋯⋯⋯⋯⋯⋯⋯ 1047

  (1342) 線／細（細義）⋯⋯⋯⋯⋯⋯⋯⋯⋯⋯⋯⋯⋯⋯⋯⋯⋯⋯⋯⋯⋯⋯⋯⋯⋯⋯ 1047

506. 鬼聲 ⋯⋯⋯⋯⋯⋯⋯⋯⋯⋯⋯⋯⋯⋯⋯⋯⋯⋯⋯⋯⋯⋯⋯⋯⋯⋯⋯⋯⋯⋯⋯⋯⋯⋯ 1047

  (1343) 傀瘣膇頯嵬隗䰠魏（高、大義）⋯⋯⋯⋯⋯⋯⋯⋯⋯⋯⋯⋯⋯⋯⋯⋯⋯⋯⋯⋯ 1047

  (1344) 磈塊瘣膇　△癌（塊義）⋯⋯⋯⋯⋯⋯⋯⋯⋯⋯⋯⋯⋯⋯⋯⋯⋯⋯⋯⋯⋯⋯ 1048

  (1345) 傀塊　△鰥（孤獨義）⋯⋯⋯⋯⋯⋯⋯⋯⋯⋯⋯⋯⋯⋯⋯⋯⋯⋯⋯⋯⋯⋯⋯ 1049

  (1346) 瑰傀　△詭（奇怪義）⋯⋯⋯⋯⋯⋯⋯⋯⋯⋯⋯⋯⋯⋯⋯⋯⋯⋯⋯⋯⋯⋯⋯ 1050

507. 禹聲 ·· 1050

    （1347）瑀瑀　△驚愕　（驚義）·· 1050

    （1348）蠫嫗　△曲　（曲義）·· 1051

    （1349）瑀/玉(美義)·· 1052

    （1350）踽/孤(孤獨義)·· 1052

508. 追聲 ·· 1053

    （1351）縋磓搥　△墜　（下墜義）·· 1053

    （1352）槌鎚鎚　△囷　（圓義）·· 1054

509. 盾聲 ·· 1055

    （1353）循揗䢔　△遵　（遵循義）·· 1055

510. 俞聲 ·· 1055

    （1354）逾窬匬劊腧輸　△洞　（空義）·· 1055

    （1355）瑜褕愉緰　△俏　（美好義）·· 1056

    （1356）瀹瀹　△焦　（黑色義）·· 1057

511. 弇聲 ·· 1058

    （1357）黤渰拸　△曖　（遮掩義）·· 1058

512. 爰聲 ·· 1059

    （1358）援媛蝯褑湲　△牽　（引義）·· 1059

    （1359）瑗暖䴮鶢　△元　（大義）·· 1060

    （1360）鍰鰀　△圓　（圓義）··· 1061

    （1361）煖㬉　△咊　（温和、緩和義）··· 1062

513. 叕聲 ·· 1062

    （1362）楤稯嵏猣驄緵　△總　（聚義）·· 1062

    （1363）葼鯼(小義)·· 1064

514. 矦聲 ·· 1064

    （1364）俟堠鄇(守候義)·· 1064

515. 風聲 ·· 1065

    （1365）颪嵐颳飇飆(風義)·· 1065

516. 悤聲 ·· 1066

    （1366）蔥惚聰鏓惚窓　△洞　（中空通達義）·· 1066

    （1367）廯熜總鬉輴　△叢　（聚集義）·· 1067

    （1368）蔥樬稯　△釘　（尖義）·· 1068

    （1369）謥傯憁(匆忙義)··· 1069

(1370) 葱驄蓯　△青　（青色義） ······ 1069

517. 胤聲 ······ 1070

    (1371) 亂酳　△引　（繼義） ······ 1070

518. 亭聲 ······ 1071

    (1372) 停渟　△止　（止義） ······ 1071

519. 度聲 ······ 1072

    (1373) 殬墿　△堵　（堵塞義） ······ 1072

    (1374) 踱鞼　△掉　（往復義） ······ 1073

    (1375) 鍍/涂(涂抹義) ······ 1073

520. 音聲 ······ 1074

    (1376) 暗窨黯闇　△陰　（黑暗、幽深義） ······ 1074

    (1377) 暗瘖窨闇醅揞窨　△掩　（閉義） ······ 1075

521. 彥聲 ······ 1076

    (1378) 巘嵃　△岸　（長、高義） ······ 1076

    (1379) 傿/偽(假義) ······ 1077

522. 帝聲 ······ 1077

    (1380) 蒂蹄　△底　（底部義） ······ 1077

    (1381) 諦/細(仔細義) ······ 1078

    (1382) 渧/瀝(滴下義) ······ 1078

523. 斿聲 ······ 1079

    (1383) 游遊蝣　△流　（動義） ······ 1079

524. 施聲 ······ 1080

    (1384) 箷屣謑　△長　（長義） ······ 1080

    (1385) 驰/徐(緩義) ······ 1081

525. 差聲 ······ 1081

    (1386) 縒嵯齹篖瑳　△亂　（紛亂不齊義） ······ 1081

    (1387) 瑳醝　△皠　（白義） ······ 1083

    (1388) 甐搓磋髊鎈　△擦　（磨義） ······ 1083

    (1389) 樝瘥劙艖荖　△點　（小義） ······ 1084

526. 前聲 ······ 1085

    (1390) 翦剪揃　△殲　（滅義） ······ 1085

    (1391) 箭/尖(尖義) ······ 1086

527. 酋聲 1086
(1392) 艏艒 △繹 （相連義） 1086

528. 枲聲 1087
(1393) 隊緣 △墮垂 （落、垂義） 1087

529. 兹聲 1088
(1394) 滋孶穊 △字 （滋生義） 1088
(1395) 慈黢蟴磁糍镃 △嗣 （相連義） 1089

530. 染聲 1090
(1396) 㲆/𦊚(沾染義) 1090

531. 恒聲 1091
(1397) 𥑎𡊏 △群 （相連義） 1091
(1398) 捆絚 △急 （引急義） 1091

532. 宣聲 1092
(1399) 瑄喧煊渲 △大 （大義） 1092
(1400) 愃暄 △㬉 （溫和義） 1093
(1401) 鵍渲蝖 △穉 （小義） 1094
(1402) 愃峘揎楦館 △盧填 （空、填空義） 1094

533. 客聲 1096
(1403) 額/垎(界限義) 1096
(1404) 喀/欬(嘔吐義) 1096
(1405) 搦/掐(掐義) 1097

534. 叜聲 1097
(1406) 搜獀庾 △索 （搜索義） 1097
(1407) 廈庾 △匿 （隱義） 1098
(1408) 瘦溲 △小 （小義） 1099
(1409) 搜蔮 △積 （聚集義） 1100
(1410) 謏/誘(誘義) 1100

535. 軍聲 1101
(1411) 運翬餫揮旞(動義) 1101
(1412) 喗睴翬䳆渾 △元 （大義） 1102
(1413) 餫暈渾緷韗瘒覭 △混 （混沌義） 1103
(1414) 暈揮翬 △渙 （散義） 1104
(1415) 楎輑 △卷 （曲義） 1105

(1416) 齻顈幝　△穴（空義）……………………………… 1106

536. 扁聲 …………………………………………………………… 1106

　　　(1417) 徧篇(周遍義) ……………………………………… 1106
　　　(1418) 蹁瘺偏碥牑　△頗（偏義）…………………………… 1107
　　　(1419) 翩媥騗　△便（輕巧義）…………………………… 1108
　　　(1420) 萹楄牑匾鯿稨　△瘺（扁義）………………………… 1109
　　　(1421) 褊甂匾惼輻(狹小義) ……………………………… 1110
　　　(1422) 艑猵　△磐（大義）………………………………… 1111
　　　(1423) 骗編　△辮（交織義）……………………………… 1112
　　　(1424) 瑞竮　△斑（斑駁義）……………………………… 1113

537. 旣聲 …………………………………………………………… 1113

　　　(1425) 慨嘅　△感（感慨義）……………………………… 1113
　　　(1426) 概蔇　△夥（多義）………………………………… 1114
　　　(1427) 溉摡　△盥（洗滌義）……………………………… 1115

538. 叚聲 …………………………………………………………… 1115

　　　(1428) 瑕騢鰕霞(雜色義) ………………………………… 1115
　　　(1429) 徦嘏椵煆遐蝦鰕　△高（遠、長、大義）…………… 1116
　　　(1430) 瑕暇假　△隙（空隙義）…………………………… 1118
　　　(1431) 豭麚　△雄（雄性義）……………………………… 1119
　　　(1432) 瘕/痂(鬱結義) ……………………………………… 1119
　　　(1433) 鍜/鞎(鞋義) ………………………………………… 1120

539. 屋聲 …………………………………………………………… 1120

　　　(1434) 楃幄　△宮（屋義）………………………………… 1120
　　　(1435) 渥腛　△厚（厚義）………………………………… 1121

540. 屛聲 …………………………………………………………… 1122

　　　(1436) 偋摒　△僻（偏義）………………………………… 1122

541. 韋聲 …………………………………………………………… 1122

　　　(1437) 圍樟幃湋緯　△回（包圍義）……………………… 1122
　　　(1438) 違諱皟　△暌（違反義）…………………………… 1123
　　　(1439) 韡偉煒暐韉　△恢興（盛、大義）………………… 1124
　　　(1440) 圍衛闈　△捍（護衛義）…………………………… 1125
　　　(1441) 韠褘媁瑋韡偉煒　△瑰（美義）…………………… 1126

542. 眉聲 1127
    (1442) 湄楣　△邊　（邊義） 1127

543. 胥聲 1128
    (1443) 醑/濾（過濾義） 1128
    (1444) 諝/智（才智義） 1128

544. 盈聲 1129
    (1445) 楹/柱（支柱義） 1129

545. 癸聲 1129
    (1446) 睽暌　△乖　（相違義） 1129
    (1447) 骙猤（壯勇義） 1130

546. 蚤聲 1131
    (1448) 騷慅瘙　△動　（動義） 1131
    (1449) 瑤搔瘙　△抓　（抓撓義） 1132

547. 柔聲 1133
    (1450) 鞣煣瑈鍒　△腝　（柔軟義） 1133
    (1451) 揉蹂　△拭　（搓磨義） 1134

548. 彖聲 1134
    (1452) 㺊颰遂　△迅　（迅速義） 1134
    (1453) 篆瑑剝　△珇剸　（雕刻、削減義） 1135
    (1454) 緣褖　△檐　（邊緣義） 1136
    (1455) 蝝錄隊㩧　△短　（小義） 1136

549. 甾聲 1137
    (1456) 緇緇鯔（黑色義） 1137

550. 秦聲 1138
    (1457) 蓁榛臻溱臻　△萃　（眾多、聚集義） 1138
    (1458) 螓獉籑　△碎　（小義） 1139
    (1459) 臻/襯（襯墊義） 1140

551. 敖聲 1141
    (1460) 嗷傲謷熬驁獒勞鼇璈聱磝　△高　（高、大、強義） 1141
    (1461) 傲謷驁　△拗　（不順義） 1143

552. 素聲 1144
    (1462) 塐/鑄（定型製造義） 1144
    (1463) 愫/誠（真誠義） 1144

553. 冓聲 ······ 1145
    (1464) 構遘講篝購覯溝媾斠搆 △交 （相交義） ······ 1145
    (1465) 購鞲韝 △句 （彎曲義） ······ 1147
    (1466) 講構 △畫 （謀劃義） ······ 1148

554. 馬聲 ······ 1148
    (1467) 禡瑪鎷(馬義) ······ 1148

555. 袁聲 ······ 1149
    (1468) 遠褑猿 △遐 （長義） ······ 1149
    (1469) 園／淵(匯聚義) ······ 1150

556. 彀聲 ······ 1150
    (1470) 穀骰穀縠 △廓 （外皮義） ······ 1150
    (1471) 穀慤 △確 （堅義） ······ 1151
    (1472) 穀彀縠(小義) ······ 1152
    (1473) 穀慤 △厚 （純樸義） ······ 1153
    (1474) 穀穀穀穀 △育 （養育義） ······ 1153

557. 耆聲 ······ 1154
    (1475) 鬐鰭蓍 △頎 （長、久義） ······ 1154
    (1476) 榰搘 △捍 （支撐義） ······ 1155
    (1477) 嗜／噬(貪求義) ······ 1156

558. 盍聲 ······ 1156
    (1478) 蓋闔嗑溘盧搕瞌 △合 （掩蔽義） ······ 1156
    (1479) 豔匌 △霞 （艷麗義） ······ 1158
    (1480) 磕嗑厰搕(碰撞義) ······ 1158

559. 華聲 ······ 1159
    (1481) 鞾驊 △姣 （華麗義） ······ 1159
    (1482) 蟬譁 △元 （大義） ······ 1160

560. 葡聲 ······ 1160
    (1483) 備犕糒 △份 （備義） ······ 1160

561. 莽聲 ······ 1161
    (1484) 蟒漭 △龐 （大義） ······ 1161
    (1485) 漭懞 △茫 （茫然義） ······ 1162

562. 莫聲 ······ 1163
    (1486) 嘆夣墓膜暮 △亡 （無義） ······ 1163

(1487) 謨募摸摹　△謀（求義）……………………………………… 1164

　　(1488) 膜幕　△幔（遮擋義）……………………………………… 1165

　　(1489) 模慕摹　△仿（仿效義）……………………………………… 1166

　　(1490) 募漠　△漫（廣義）………………………………………… 1167

563. 真聲…………………………………………………………… 1167

　　(1491) 顛驥槙鎮磌　△頂底（頂、底義）……………………… 1167

　　(1492) 禛顒　△誠（真義）………………………………………… 1169

　　(1493) 填瑱(填入義)………………………………………………… 1169

　　(1494) 嗔謓瞋膩滇闐(盛、大義)………………………………… 1170

　　(1495) 趁蹎槙瘨顛　△頓（顛倒義）…………………………… 1171

　　(1496) 稹愼縝鬒槙　△芊（密義）……………………………… 1173

564. 倝聲…………………………………………………………… 1174

　　(1497) 翰䎝榦輨　△赧（赤色義）……………………………… 1174

　　(1498) 翰鼾軘(長毛義)…………………………………………… 1174

　　(1499) 韓幹　△丸（圓義）……………………………………… 1175

565. 索聲…………………………………………………………… 1176

　　(1500) 索搙　△搜（求取義）…………………………………… 1176

566. 連聲…………………………………………………………… 1177

　　(1501) 謰槤慩漣鏈璉僆褳糎婕璉　△聯（相連義）…………… 1177

567. 尃聲…………………………………………………………… 1179

　　(1502) 博敷榑溥鎛尃　△普（廣、大義）……………………… 1179

　　(1503) 博蟳簿　△繁（多義）…………………………………… 1180

　　(1504) 膊煿　△脯（乾燥義）…………………………………… 1181

　　(1505) 傅賻　△輔（輔助義）…………………………………… 1181

　　(1506) 縛稈轉縳　△綁（束縛義）……………………………… 1182

　　(1507) 溥/邊(邊義)………………………………………………… 1183

568. 哥聲…………………………………………………………… 1183

　　(1508) 歌猢鴚苛(長、大義)……………………………………… 1183

569. 鬲聲…………………………………………………………… 1184

　　(1509) 隔礌䰙膈槅謌嗝　△阻（阻隔義）……………………… 1184

570. 栗聲…………………………………………………………… 1185

　　(1510) 㮚鵹　△韇（黃色義）…………………………………… 1185

　　(1511) 㻻/列(序列義)……………………………………………… 1186

571. 辱聲 1187

 (1512) 蓐溽縟 △濃 （繁密義）.. 1187

 (1513) 蓐褥 △藉 （墊義）.. 1187

 (1514) 䴏/濁(污義) 1188

572. 烕聲 1189

 (1515) 滅搣 △没 （消除義）.. 1189

573. 夏聲 1189

 (1516) 廈/嘏(大義) 1189

574. 原聲 1190

 (1517) 源嫄 △淵 （源頭義）.. 1190

 (1518) 傆諢 △圓 （隨和義）.. 1191

 (1519) 纁騵 △玄 （赤色義）.. 1192

 (1520) 願羱 △寬 （大義）.. 1192

575. 致聲 1193

 (1521) 緻儊緊 △萃 （密集義）.. 1193

576. 晉聲 1194

 (1522) 搢/進(進義) 1194

 (1523) 戩/剪(滅義) 1194

577. 虔聲 1195

 (1524) 趝/蹇(行動遲緩義) 1195

 (1525) 撍/援(相援義) 1195

578. 貲聲 1196

 (1526) 䃘瑣磧 △碎 （碎、小義）.. 1196

579. 時聲 1196

 (1527) 蒔榯 △豎 （豎直義）.. 1196

580. 瞿聲 1197

 (1528) 戄瞿𢢞 △恐 （驚懼義）.. 1197

581. 弱聲 1198

 (1529) 榻蹋闒傝搨塌 △搭 （低、下義）............................ 1198

 (1530) 蒻諞遢 △諝 （不精潔義）....................................... 1199

 (1531) 䝙𦐂 △大 （大義）.. 1200

582. 員聲 1200

 (1532) 圓瘨顚湏霣韻塤 △圜 （圓義）................................ 1200

  (1533) 隕磒霣殞　△刊　（墜落義） …………………………………… 1202

  (1534) 損隕殞　△毀壞　（毀壞義） ………………………………… 1203

  (1535) 顨焜　△金　（黃色義） ……………………………………… 1204

583. 圂聲 …………………………………………………………………… 1204

  (1536) 棞棍溷㔷　△混　（混沌、混濁義） ……………………… 1204

584. 豈聲 …………………………………………………………………… 1205

  (1537) 愷顗闓颽　△孩　（安樂和順義） ………………………… 1205

  (1538) 荳顗噅䏽(美義) ……………………………………………… 1207

  (1539) 䶞剴磑　△揩　（摩義） …………………………………… 1207

  (1540) 皚磑　△皢　（潔白光亮義） ……………………………… 1208

  (1541) 壒剴隑鎧磑(高、大、長義) ………………………………… 1208

  (1542) 覬騩　△希　（企望義） …………………………………… 1209

585. 䕺聲 …………………………………………………………………… 1210

  (1543) 溦/米(小義) ………………………………………………… 1210

586. 巠聲 …………………………………………………………………… 1211

  (1544) 埕挃　△高　（高義） ……………………………………… 1211

  (1545) 剄鏗　△勁　（堅義） ……………………………………… 1212

587. 眾聲 …………………………………………………………………… 1213

  (1546) 邆諁翻　△集　（多而聚集義） …………………………… 1213

588. 氣聲 …………………………………………………………………… 1213

  (1547) 愾鎎氣䉪(氣息義) …………………………………………… 1213

589. 造聲 …………………………………………………………………… 1214

  (1548) 遭/湊(聚集義) ……………………………………………… 1214

  (1549) 糙/粗(粗糙義) ……………………………………………… 1215

  (1550) 慥/躁(急躁義) ……………………………………………… 1215

590. 乘聲 …………………………………………………………………… 1216

  (1551) 剩騬　△餘　（殘餘義） …………………………………… 1216

591. 條聲 …………………………………………………………………… 1217

  (1552) 篠鰷(深、長義) ……………………………………………… 1217

  (1553) 樤篠(小義) ………………………………………………… 1217

  (1554) 滌篠　△蕩　（除去義） …………………………………… 1218

592. 臭聲 …………………………………………………………………… 1219

  (1555) 殠齅糗溴餀　△呼　（氣息義） ………………………… 1219

593. 息聲 ······ 1220
   (1556) 瘜媳餿　△生　(滋生義) ······ 1220
   (1557) 熄/消(滅義) ······ 1221

594. 烏聲 ······ 1222
   (1558) 鷌/黑(黑義) ······ 1222
   (1559) 鎢隖螐蔦　△涓　(小義) ······ 1223
   (1560) 隖/窪(凹義) ······ 1223
   (1561) 輺熓搗　△蓄　(藏義) ······ 1224
   (1562) 歍/惡(惡心義) ······ 1224

595. 毘聲 ······ 1225
   (1563) 膍梐媲笓(相比、相連義) ······ 1225
   (1564) 貔磇勔　△羆　(猛義) ······ 1226
   (1565) 幎/閟(遮蔽義) ······ 1226

596. 虒聲 ······ 1227
   (1566) 觬褫願傂(不正、不齊義) ······ 1227
   (1567) 褫歋匜　△紙　(薄義) ······ 1228
   (1568) 驪榹　△絲　(小義) ······ 1229
   (1569) 遞/替(更替義) ······ 1229
   (1570) 褫/卸(卸下義) ······ 1230

597. 般聲 ······ 1230
   (1571) 肇盤槃鬆媻磐繁(圓義) ······ 1230
   (1572) 肇幋磐嫛　△伴　(大義) ······ 1232
   (1573) 瘢螌　△斑　(斑駁義) ······ 1233
   (1574) 盤鬆　△白　(白色義) ······ 1234
   (1575) 搬/販(遷移義) ······ 1234

598. 殺聲 ······ 1234
   (1576) 槃撒　△洒　(抛撒義) ······ 1234

599. 季聲 ······ 1235
   (1577) 齤睠菤葊棬卷豢拳紾益叄(圓、曲義) ······ 1235

600. 䍃聲 ······ 1238
   (1578) 窯謠遙(空義) ······ 1238
   (1579) 搖榣飆遙　△躍　(動義) ······ 1238
   (1580) 颻搖鰩歊蹈(上升義) ······ 1239
   (1581) 瑤婬瞺　△瑜　(美義) ······ 1240

第四巻

第四卷相關數據

　　本卷共考釋同源詞 275 組。
　　本卷收録聲符字 100 個,據聲符字形體綫索繫聯的形聲字共 819 個。根據聲符的音義綫索繫聯的其他文字即帶"∕"符號者 47 個。推源欄所繫聯的即《條文目録》中帶"△"符號的文字 204 個(俱爲本字形式,假借字未計在内)。《條文目録》所列即此三數之和,凡 1070 單字。

301 束聲

(821) 婡敕（謹慎義）

婡 謹慎。《説文・女部》：“婡，謹也。从女，束聲。讀若謹敕數數。”清朱駿聲《通訓定聲》：“字亦作'姝'。《史記・張丞相傳》：'姝姝廉謹。'《集解》：'持整之皃。'《漢書》作'齺齺，'按，亦重言形況字。”《廣韻・覺韻》：“婡，恭謹皃。”《集韻・覺韻》：“婡，或作姝。”《遼史・蕭奉先張琳等傳・論》：“嗚呼！天祚之所倚毗者若此，國欲不亡，得乎？張琳姝姝守位，余覩反覆自困，則又何足議哉？”按，朱駿聲所稱“齺”，乃《齒部》字，从足得聲者，故又作“齱”。字从足聲，則與“姝”同。《廣韻・屋韻》：“齱，廉謹皃。”《新唐書・杜佑傳附杜牧》：“牧剛直有奇節，不爲齱齱小謹。”

敕 告誡。《説文・攴部》：“敕，誡也。从攴，束聲。”《廣韻・職韻》：“敕，誡也。”《資治通鑒・漢獻帝建安五年》：“原敕執事，勿復聽受。”引申爲謹慎義。《廣雅・釋言》：“敕，謹也。”《漢書・郊祀志下》：“武宣之世，奉此三神，禮敬敕備，神光尤著。”又《禮樂志》：“敕身齊戒，施教申申。”唐顏師古注：“敕，謹敬之皃。”

〔推源〕 此二詞俱有謹慎義，爲束聲所載之公共義。聲符字“束”所記録語詞謂束縛。《説文・束部》：“束，縛也。”《詩・小雅・白華》：“白華菅兮，白茅束兮。”引申之，則有約束義。《玉篇・木部》：“束，約束。”《商君書・畫策》：“行間之治連以五，辨之以章，束之以令；拙無所處，罷無所生。”《莊子・秋水》：“曲士不可以語於道者，束於教也。”按，凡人自我約束，則即謹慎行事，其義相通。束聲可載謹慎義，則“肅”可證之。

束：書紐屋部；

肅：心紐覺部。

書（審三）心準雙聲，屋覺旁轉。“肅”，嚴肅，謹慎。《説文・聿部》：“肅，持事振敬也。”《史記・夏本紀》：“翕受普施，九德咸事，俊乂在官，百吏肅謹。”按，“肅”“謹”同義連文。《後漢書・樂成靖王黨傳》：“（劉萇）不惟致敬之節，肅穆之慎，乃敢擅損犧牲，不備苾芬。”

(822) 悚竦觫（恐懼義）

悚 恐懼。《廣韻·腫韻》："悚，怖也。"《廣雅·釋詁二》："怖，懼也。"《三國志·吳志·張溫傳》："臣自遠境，及即近郊，頻蒙勞來，恩詔輒加，以榮自懼，悚怛若驚。"《文選·王延壽〈魯靈光殿賦〉》："魂悚悚其驚斯，心㥖㥖而發悸。"唐吕延濟注："悚悚、㥖㥖，皆恐懼貌。"

竦 恐懼。《爾雅·釋詁下》："竦，懼也。"《說文·立部》："竦，敬也。从立，从束。束，自申束也。"沈兼士《廣韻聲系·審類》："竦，从《說文》小徐本，束聲。"按，恐懼義、肅敬義相通。"竦"字之上古音心紐東部，"束"者書紐屋部，心書（審三）准雙聲，東屋對轉。"竦"字从束得聲無疑。《詩·商頌·長發》："不戁不竦，百禄是總。"漢毛亨傳："竦，懼也。"《漢書·敘傳上》："定襄聞伯素貴，年少，自請治劇，畏其下車作威，吏民竦息。"

觫 觳觫，恐懼顫抖貌。字亦作"簌"。《集韻·屋韻》："觫，觳觫，懼死皃。"《孟子·梁惠王上》："王曰：'舍之。吾不忍其觳觫，若無罪而就死地。'"漢趙岐注："觳觫，牛當到死地處恐貌。"晉葛洪《抱朴子·仁明》："垂惻隱於昆蟲，雖見犯而不校，覩觳觫而改性，避行葦而不蹈者，仁之事也。"明徐禎卿《雜謠》："東市街，西市街，黃符下，使者來。狗觫觫，雞鳴飛上屋，風吹門前草肅肅。"

〔推源〕 諸詞俱有恐懼義，爲束聲所載之公共義。聲符字"束"所記録語詞之本義、引申義系列與恐懼義不相涉，其恐懼義乃束聲所載之語源義。束聲可載恐懼義，"怔"可證之。

束：書紐屋部；
怔：章紐耕部。

書（審三）章（照）旁紐，屋耕旁對轉。"怔"，恐懼。《玉篇·心部》："怔，怔忪，懼兒。"漢蔡邕《表賀録换誤上章謝罪》："臣邕怔營慚怖，屏氣累息，不知自投處。"唐黄滔《代陳蠲謝崔侍郎書》："某又名礙龍頭，跡乖豹變，都由薄命，翻負至公，以此怔忪莫寧，惶惑無已。"按，"怔忪"本可分訓，《玉篇·心部》："忪，心動不定，驚也。"其字之上古音章紐東部，"束"者書紐屋部，章（照）書（審三）旁紐，東屋旁對轉。然則亦相近且相通者。

(823) 綀疎（稀疏義）

綀 稀疏的織物。《廣韻·魚韻》："綀，綀葛。"清朱駿聲《說文通訓定聲·需部·附〈說文〉不録之字》："綀，《玉篇》：'綀，紡纑絲也。'《集韻》：'綌屬。'引'後漢禰衡著綀巾。'"《說文·糸部》："綌，粗葛也。"按，粗葛所織之物則稀疏。徽歙及浙江臨安有以苧布爲衣者，蓋亦此類，其布稀疏，多洞眼。《後漢書·逸民傳·戴良》："初，良五女並賢，每有求姻，輒便許嫁，綀裳布被，竹笥木屐以遣之。"《南史·任昉傳》："西華冬月著葛帔綀裙，道逢平原劉孝標，泫然矜之。"

疎 稀疏，字亦作"跾""踈"，"疎""踈"俱以束聲載稀疏義。《玉篇·足部》："踈，慢也，不密。"《廣韻·魚韻》："踈，稀踈。""疏，俗作踈。"《玉篇·疋部》："疏，稀也。"漢韓嬰《韓詩外傳》卷九："與人以實，雖疏必密；與人以虛，雖戚必疏。"宋洪邁《夷堅乙志·無縫船》："女子齒白如雪，眉亦踈秀，但色差黑耳。"

〔推源〕 此二詞俱有稀疏義，爲束聲所載之公共義。聲符字"束"所記錄語詞之本義、引申義系列與稀疏義不相涉，其稀疏義乃束聲所載之語源義。束聲可載稀疏義，"秝"可證之。

束：書紐屋部；
秝：來紐錫部。

書(審三)來准旁紐，屋錫旁轉。甲骨文"秝"象二禾中有空間稀疏形。《説文·禾部》："秝，稀疏適也。从二禾。"清朱駿聲《通訓定聲》："吾鄉江艮庭先生云'適'下脱'秝'字。《廣雅·釋詁三》：'秝，疏也。'"清段玉裁注："蓋凡言歷歷可數、歷録束文，皆當作'秝'。'歷'行而'秝'廢矣。"按，徽歙方言有"稀秝秝"之三字格派生詞，詞根、詞綴之義同，與"暖烘烘"相類。

(824) 諫駗(督促義)

諫 督促。《説文·言部》："諫，鋪旋促也。从言，束聲。"清朱駿聲《通訓定聲》："言之促也……《廣雅·釋言》：'諫，督促也。'"清桂馥《義證》："經典借'數'字。《釋詁》：'數，疾也。'《樂記》：'衛音趨數煩志。'注云：'趨數讀爲促速，聲之誤也。'《史記·賈誼傳》：'淹數之度兮。'徐廣曰：'數，速也。''鋪旋促也'者，'鋪'義未聞。《廣雅》：'諫，督促也。'"

駗 掣動馬嚼督促馬行。《廣韻·腫韻》："駗，何休云：'馬摇銜走也。'"《公羊傳·定公八年》："臨南駗馬，而由乎孟氏。"漢何休注："捶馬銜走。"清陳立《義疏》："鄂本'捶'作'摇'。"唐元稹《蠻子朝》："匈奴互市歲不供，雲蠻通好轡長駗。"

〔推源〕 此二詞俱有督促義，爲束聲所載之公共義。聲符字"束"所記録語詞本有"促"訓。《釋名·釋言語》："束，促也，相促近也。"束聲可載督促義，則"促"可相證。

束：書紐屋部；
促：清紐屋部。

疊韻，書(審三)清鄰紐。"促"，急速，緊迫。《説文·人部》："促，迫也。"清朱駿聲《通訓定聲》："《莊子·庚桑楚》：'外韄者不可繁而促，將内揵。'〔聲訓〕《漢書·高帝紀》注：'促，速也。'"引申爲催促、督促義。《字彙·人部》："促，催也。"《晉書·宣帝紀》："達與魏興太守申儀有隙，亮欲促其事，乃遣郭模詐降，過儀，因漏泄其謀。"《資治通鑑·漢順帝陽嘉二年》："大司農劉據以職事被譴，召詣尚書，傳呼促步。"元胡三省注："促步，催使速行也。"

302　吾聲

(825) 語啎悟捂寤(相交義)

語 交談。《説文·言部》："語，論也。从言，吾聲。"清朱駿聲《通訓定聲》："《詩·公劉》：'於時語語。'傳：'論難曰語。'《大司樂》：'興道諷誦言語。'注：'答述曰語。'"按，許書同部"言"篆下云"直言曰言，論難曰語"，然則"語"謂相交談，與"言"相殊異。《論語·鄉黨》："食不語，寢不言。"宋朱熹《集傳》："答述曰語，自言曰言。"唐張鷟《遊仙窟》："十娘共少府語話。"

牾 相逢，交合。南唐徐鍇《説文繫傳·午部》："牾，相逢也。《楚辭》曰：'重華不可牾兮。'"按，所引爲《九章·懷沙》文，其"牾"字異文作"遻""遌。"漢王逸注云："遌，逢。一作遻。"宋洪興祖《補注》："當作遻。"《集韻·鐸韻》："遌，《説文》：'相遇驚也。'隸作'遻'。"清朱駿聲《説文通訓定聲·豫部》："牾，〔假借〕爲'仵'。《管子·七臣七主》：'不仵則國失勢。'注：'謂耦合也。'"按，"仵"乃"牾"之或體。又，"牾"之本義《説文》訓"逆"，"逆"有違逆義，亦有迎合義，蓋迎接則二人相向、相交合。故"牾""仵"表交合義無煩假借，乃引申。

牾 抵觸。字从牛，謂牛或以角相牴。牴觸則相交合，故有相逢、交合義。《正字通·牛部》："牾，與遻通。"《史記·屈原賈生列傳》："重華不可牾兮，孰知余之从容。"南朝宋裴駰《集解》："牾，逢也。"按，《正字通》所謂"牾與遻通"當爲通用意，"牾"非假借字。

捂 相逢而受，有交合義。《儀禮·既夕禮》："若無器，則捂受之。"唐賈公彦疏："捂即逆也，對面相逢受也。"按，"捂"又有捂蓋義，實亦二物交合之意。張恨水《啼笑因緣》第十二回："連咳嗽起來，都掏出手絹來捂住了嘴。""捂"又有抵觸義，亦與交合義通。

焐 焐熱，二物相交合而使熱。元李文蔚《燕青博魚》第三折："你便殺了我，到那寒冬臘月里害脚冷，誰與你焐脚？"按，"焐"字晚出，其語源則當與上述諸詞同。

〔推源〕 諸詞俱有相交義，爲吾聲所載之公共義。吾聲字"晤"亦得以假借字形式載相逢、相交義，亦爲吾聲、相交義之一證。《詩·陳風·東門之池》："彼美淑姬，可與晤歌。"漢毛亨傳："晤，遇也。"唐韓愈《甄月喜張十八員外以王六秘書至》："君來晤我時，風露渺無涯。"按，後世以"晤"爲會晤字，然非本字。"晤"字从日，其本義《説文》訓"明"，即明瞭義。日爲光明之物，故以喻人之聰明、明瞭。然與相遇、交合義不相屬，其遇合義乃吾聲另載之假借義。聲符字"吾"《説文·口部》云："我自稱也。从口，五聲。"即第一人稱代詞之記録文字。其義與相交義無涉，然其字从五得聲，"五"則有交錯、交合義。《説文·五部》："乂，五行也。从二，陰陽在天地間交午也。×，古文五省。"清朱駿聲《通訓定聲》："《周禮》故書《壺涿氏》：'五貫象齒。'杜注：'五貫當爲午貫。'"張舜徽《約注》："五當以×爲初文，而×又以交午爲本義，實象交錯之形。"南朝梁蕭衍《河中之水歌》："頭上金釵十二行，足下絲履五文章。"

（826）梧牾悟遻捂（違逆義）

梧 木名，又指梁上斜柱，則爲套用字。斜柱爲支撑之物，故引申爲支撑、抵觸、違逆義。《説文·木部》："梧，梧桐木。从木，吾聲。"清朱駿聲《通訓定聲》："〔假借〕爲'牾'。《儀禮·既夕》：'梧受。'疏：'梧即逆也。'《漢書·司馬遷傳·贊》：'或有抵梧。'注：'相支柱不安也。'《史記·項羽紀》：'莫敢枝梧。'《集解》：'邪柱爲梧。'《後漢·方術·徐登傳》：'梧鼎而爨。'注：'支也。'……《釋名》：'梧，柱梁上兩頭相觸牾也。'"按，"梧"表違逆義非假借，乃引申。

牾 違逆。其字亦作右形左聲而爲"許"。《説文·午部》：'牾，逆也。从午，吾聲。"清朱駿聲《通訓定聲》："《吕覽·明理》：'長短頡許百疾。'注：'逆也。'……《高唐賦》：'陬互横牾。'注：'牾，逆也。'"《廣韻·暮韻》："許，逆也。牾，上同。"《漢書·酷吏傳·嚴延年》："莫敢與牾。"唐顔師古注："牾，逆也。"《後漢書·桓典傳》："賊破，還，以牾宦官賞不行。"按，朱氏所引《高唐賦》之"牾"異文作"悟"。

悟 抵觸，違逆。漢焦贛《易林·訟之異》："行觸大忌，與司命悟。"《漢書·王莽傳上》："財饒勢足，亡所悟意。"唐顔師古注："悟，逆也。"按，"悟"字从牛，牛有角，時或以角相牴觸；復以吾聲載牴觸、違逆義。

逜 違逆。《爾雅·釋言》："逜，寤也。"晉郭璞注："相干寤。"《廣韻·暮韻》："逜，干逜。"明焦竑《焦氏筆乘續集·寤生》："《左傳》：'莊公寤生，驚姜氏。'……'寤'當作'逜'，音同而字訛。逜者，逆也。《鶡冠子·近迭》："逜下蔽上，使事兩乖。"又《天則》："下之所逜，上之可蔽。"宋陸佃注："逜之言午也。"今按，會晤字作"晤"，其字从日，本義爲"明"，表會晤義實爲借字。疑"逜"爲會晤義本字。蓋其字从辵，凡兩人相向而行則會晤。相背而行爲逆行，相向而行亦爲逆行。故有違逆之義。

捂 字从手，所記録語詞有撑持義，引申爲抵觸、違逆義。《正字通·手部》："捂，相抵觸也。"清朱駿聲《説文通訓定聲·豫部》："《儀禮·既夕》疏：'捂即逆也。'"南朝宋裴駰《史記集解·序》："人心不同，聞見異辭，班氏所謂'疏略抵捂'者，依違不悉辯也。"按，"抵捂"亦作"抵許"，"許"則爲許逆字。漢荀悅《漢書·武帝紀五》："至於採摭經傳，分散百家之事，甚多疏略，或有抵許。"

〔推源〕 諸詞俱有違逆義，爲吾聲所載之公共義。聲符字"吾"所記録語詞與違逆義不相涉，其違逆義乃吾聲所載之語源義。《廣韻》《説文通訓定聲》皆以爲"牾"爲"許"之或體，"許"爲許逆字。然則"牾"字形符"午"所表義類亦爲違逆。《説文·午部》："午，牾也。"乃以母釋子。《禮記·哀公問》："午其衆以伐有道，求得當欲，不以其所。"漢鄭玄注："午其衆，逆其族類也。"又，从午得聲之字所記録語詞"迕""仵""赶"俱有相逆義（見本典第一卷"午聲"第240條）。"吾"與"午"音本相同，疑紐雙聲，魚部疊韻。

(827) 齬牾（参差不齊義）

齬 牙齒不整齊。《説文·齒部》："齬，齒不相值也。从齒，吾聲。"清朱駿聲《通訓定聲》："按，齟齬，亦疊韻連語。"《廣韻·模韻》："齬，齟齬。"又《魚韻》："齬，齒不相值也。"又《語韻》："齬，齟齬，不相當也。"漢焦贛《易林·比之既濟》："精華消落，形體醜惡，齬齚挫頓，枯槁腐蠹。"明徐渭《秦望山花蕊峰》："宛如齒齟齬，張吻訟所苦。"按，"齬"亦單用。宋蘇轍

《和子瞻鳳翔八觀·石鼓》:"亦如老人遭暴橫,頤下髭禿口齒齬。"

峿 山高低不齊。字亦作"硴"。《集韻·模韻》:"峿,嶇峿,山皃。"《子華子·晏子》:"豫章梗枏之可以大斲者,必在夫大山窮谷屛顏嶇峿之區。"明徐弘祖《徐霞客遊記·滇遊日記三》:"盤江自橋頭南下,爲越州後橫亘山所勒,轉而東流,遂截此山南麓而斷之,故下皆岨硴。"按,"岨峿"又有不相符合義,當爲山高低不齊義之直接引申。晉陸機《文賦》:"或妥貼而易施,或岨峿而不安。"

〔推源〕 此二詞俱有參差不齊義,爲吾聲所載之公共義。吾聲字"鋙"亦得以假借字形式表此義。《廣韻·語韻》:"齬,齟齬,或作'鉏鋙'。""鋙,鉏鋙,不相當也。"《楚辭·九辯》:"圓鑿而方枘兮,吾固知其鉏鋙而難入。"宋洪興祖《補注》:"鋙,音語,不相當也。"按,"鋙"字從金,《說文》訓"鋤",同部"鉏"篆訓"鉏鋤",其義同上述之"鉏鋙",然當爲其假借字。《廣韻》云"鋙"爲鋤屬,蓋其本義。本條諸詞記錄文字之共同聲符"吾",謂"我自稱",與參差不齊義不相涉,其參差不齊義乃吾聲所載之語源義。吾聲可載參差不齊義,"齲"可證之。

吾:疑紐魚部;

齲:疑紐侯部。

雙聲,魚侯旁轉。"齲",牙齒參差不齊,引申之,亦指其他事物參差不齊。《説文·齒部》:"齲,齒不正也。"清朱駿聲《通訓定聲》:"《蒼頡篇》:'齒重生也。'謂齒不齊平者。《考工·輪人》:'察其菑蚤不齲。'注:'人之牙齒參差謂之齲。'"《荀子·君道》:"天下之變,境内之事,有弛易齲差者矣。"清王先謙《集解》:"齲差,參差不齊。"

(828) 敔圄衙(止義)

敔 樂器,雅樂將終,擊以止樂。《説文·攴部》:"敔,禁也。一曰樂器,椌楬也,形如木虎。从攴,吾聲。"清朱駿聲《通訓定聲》:"按,樂器柷爲椌,敔爲楬,如伏虎狀,以木爲之。《書·益稷》:'合止柷敔。'鄭注:'狀如伏虎,背有刻鉏鋙,以物櫟之,所以止樂。'《周禮·小師》:'掌教鼓鼗柷敔。'《禮記·月令》:'飭鐘磬柷圄。'以'圄'爲之。《白虎通·禮樂》:'敔,終也。'〔聲訓〕《釋名》:'敔,衙也;衙,止也,所以止樂也。'按,敔,禦也,禦止也。"

圄 守禦。凡守禦之地皆禁止擅自出入,故引申爲囚禁義。亦指監獄,監獄則爲囚禁人犯之地,其義皆同條共貫。《説文·口部》:"圄,守之也。从口,吾聲。"清朱駿聲《通訓定聲》:"經傳皆以'圉'爲之。〔假借〕爲'圉'。《左宣四傳》:'圉伯嬴於轑陽。'注:'囚也。'《禮記·月令》:'省囹圄。'注:'所以禁守繫者,若今別獄矣。'《獨斷》:'周曰囹圄。'〔聲訓〕《釋名·釋宮室》:'圄,禦也。'"按,"圄"表囚禁、監獄義無煩假借,此二義皆守禦義之引申。《戰國策·趙策三》:"告以理則不可,說以義則不聽,王非戰國守圄之具,其何以當之?"漢高誘注:"圄亦守。"

衙 迎面阻止。清朱駿聲《説文通訓定聲·豫部》:"衙,〔假借〕爲'御'。《釋名·釋樂器》：'衙，止也。'《周禮·田僕》注：'逆，衙還之。'"今按，"衙"之基本義，即《廣韻·麻韻》所訓"衙府"，後世所謂"衙門"。衙門爲不可輕入之地，人於衙門之外，恒受阻止。故"衙"之迎面阻止義爲其衍義，非假借。又，"衙內"可指宫禁之内；唐代天子之禁衛兵稱"衙兵"，其"衙"皆禁止義。

〔推源〕 諸詞俱有止義，爲吾聲所載之公共義。聲符字"吾"所記録語詞與止義不相涉，其止義當爲吾聲所載之語源義。吾聲可載止義，"捍"可證之。

　　吾：疑紐魚部；
　　捍：匣紐元部。

疑匣旁紐，魚元通轉。"捍"，捍衛。《集韻·翰韻》："扞，衛也。或作'捍'。"《後漢書·逸民傳·逢萌》："行至勞山，人果相率以兵弩捍禦。"引申之，則有阻止之義。《集韻·潜韻》："捍，止也。"按，从旱得聲之字所記録語詞"戟"亦有"止"訓。《禮記·祭法》："能禦大菑則祀之，能捍大患則祀之。"按，"禦""捍"對文同義。《續資治通鑒·宋太宗端拱元年》："此精卒，止可令守城，萬一寇至，城中誰與捍敵？"

(829) 鼯猱（飛行義）

鼯 飛鼠。《爾雅·釋鳥》："鼯鼠，夷由。"晉郭璞注："狀如小狐，似蝙蝠，肉翅。"《廣韻·模韻》："鼯，似鼠。一曰：飛生。亦作'鸋''鴼'。"《集韻·模韻》："鼯，鼠名。狀如小狐，似蝙蝠肉翅，亦謂之飛生。或作'鸋'。"《文選·左思〈吳都賦〉》："狖鼯猓然，騰趠飛超。"唐李善注："鼯，肉翅若蝙蝠，其飛善從高集下，聲如人號，一名飛生。"漢馬融《長笛賦》："猨雌晝吟，鼯鼠夜叫。"

猱 猿屬，行走樹杪，其疾如飛，故有"飛猱"之稱。《廣韻·模韻》："猱，猿屬。"南朝梁劉峻《東陽金華山棲志》："玄猿薄霧清囀，飛猱乘煙永吟。"按，"飛猱"猶"飛猱"，"猱"爲獮猴，行如飛者。三國魏曹植《白馬篇》："仰手接飛猱，俯身散馬蹄。"

〔推源〕 此二詞俱有飛行義，爲吾聲所載之公共義。聲符字"吾"所記録語詞與飛行義不相涉，其飛行義乃吾聲所載之語源義。吾聲可載飛行義，"舉"可證之。

　　吾：疑紐魚部；
　　舉：見紐魚部。

疊韻，見疑旁紐。"舉"，飛舉。《吕氏春秋·論威》："知其不可久處，則知所免起鳧舉死殖之地矣。"漢高誘注："舉，飛也。"《文選·張衡〈西京賦〉》："鳥不暇舉，獸不得發。"唐李善注："舉，飛也。"按，"舉"字之本形作"擧"，从手，《説文》訓其本義爲"對舉"，即雙手托物以上舉義。引申之，則有升起、飛舉義，故由低飛高稱"冲舉"。宋岳飛字"鵬舉"，即鵬鳥飛舉義，與名中之"飛"同義。

(830) 晤寤悟（知覺義）

晤 知曉，覺悟。《説文·日部》："晤，明也。从日，吾聲。"《廣韻·暮韻》："晤，明也。"唐孟郊《壽安西渡奉別鄭相公》："病深理方晤，悔至心自燒。"《宋史·真宗紀·贊》："真宗英晤之主。"按，"英晤"即英明，謂其明大義。"晤"字从日，日爲最光明之物，以喻人之知曉事理，此蓋即"晤"之構形理據；復以吾聲載知覺義。

寤 睡醒。凡人睡醒則有知覺，故引申爲覺悟義。《説文·㝱部》："寤，覺而有信曰寤。从㝱省，吾聲。"清朱駿聲《通訓定聲》："《小爾雅·廣言》：'覺也。'《詩·下泉》：'愾我寤嘆。'〔假借〕爲'悟'。《東京賦》：'盍亦覽東京之事以自寤乎？'《後漢·班彪傳》注：'寤猶曉也。'《淮南·要略》：'欲一言而寤。'"按，"寤"表知曉、覺悟義無煩假借，乃本義之引申。《廣韻·暮韻》："寤，覺寤。"《楚辭·離騷》："哲王又不寤。"漢王逸注："寤，覺也。"

悟 覺悟，知曉。《説文·心部》："悟，覺也。从心，吾聲。"清朱駿聲《通訓定聲》："《聲類》：'悟，心解也。'《素問·八正神明論》：'慧然獨悟。'注：'猶了達也。'"《廣韻·暮韻》："悟，心了。"《書·顧命》："今天降疾殆，弗興弗悟。"《史記·秦始皇本紀》："三主惑而終身不悟，亡，不亦宜乎？"

〔推源〕 諸詞俱有知覺義，爲吾聲所載之公共義。聲符字"吾"所記録語詞與知覺義不相涉，其知覺義乃吾聲所載之語源義。吾聲可載知覺義，"覺"可證之。

吾：疑紐魚部；
覺：見紐覺部。

疑見旁紐，魚覺旁對轉。"覺"，覺悟，知曉。《説文·見部》："覺，寤也。"唐慧琳《一切經音義》卷二十四引《玉篇》："覺，謂知曉也。"《公羊傳·昭公三十一年》："有珍怪之食，盱必先取足焉。夏父曰：'以來，人未足，而盱有餘。'叔術覺焉。"漢何休注："覺，悟也。"唐劉知幾《史通·暗惑》："密言臺上，猶懼覺知；群議沙中，何無避忌！"

303 豆聲

(831) 梪鈄（容納義）

梪 食器，容納食物之物。《説文·木部》："梪，木豆謂之梪。从木、豆。"清段玉裁注："豆亦聲。"清朱駿聲《通訓定聲》："古豆以瓦爲之，後世易以木，乃製此字……《廣雅·釋器》：'升四曰梪。'僞《武成》：'執豆籩。'《釋文》：'本作梪。'《爾雅·釋器》釋文：'本作梪。'"《廣韻·候韻》："梪，籩豆。或作'䇺'。古食肉器也。"按，盛放祭祀貢品則稱"䇺"，渾言則亦稱"梪"。《隸釋·漢魯相韓敕造孔廟禮器碑》："君於是造立禮器……爵鹿相梪。"

鈄 酒器，盛酒者。《集韻·厚韻》："鈄，《説文》：'酒器也。'或从豆。"《説文·金部》：

"鎦,酒器也。从金;䰜象器形。"清王筠《釋例》:"䰜象形,必古文,其形似壺之下半。壺有蓋、有頸、有腹,䰜則無蓋也。"清朱駿聲《通訓定聲》:"小篆加金旁。"

〔推源〕 此二詞俱有容納義,爲豆聲所載之公共義。聲符字"豆"所記錄語詞本指陶製食器,其字即"梪"之分別文。《說文·豆部》:"豆,古食肉器也。从口,象形。"清朱駿聲《通訓定聲》:"《詩·生民》:'卬盛於豆。'傳:'豆薦菹醢也。'《考工記》:'食一豆肉,中人之食也。'按,《禮圖》:豆口員,徑尺,黑漆飾,朱中,大夫以上,畫以雲氣,諸侯以象,天子以玉,皆謂飾豆口也。"然則本條二詞之容納義爲其聲符"豆"所載之語源義。又,豆聲可載容納義,則"盛"可證之。

豆:定紐侯部;

盛:禪紐耕部。

定禪準旁紐,侯耕旁對轉。"盛",盛裝,以器容納物。《廣韻·清韻》:"盛,盛受也。"《詩·召南·采蘋》:"於以盛之,維筐及筥。"《水滸傳》第四十回:"今上自要他看,可令牢固陷車盛載,密切差的當人員連夜解上京師。"

(832) 逗誁䁠欨(止義)

逗 逗留,停止。《說文·辵部》:"逗,止也。从辵,豆聲。"清朱駿聲《通訓定聲》:"《方言》七:'偙、眙,逗也。'……《(漢書)匈奴傳》:'逗遛不進。'《思玄賦》:'逗華陰之湍渚。'"《廣韻·候韻》:"逗,逗遛。又住也,止也。"《晉書·陸雲傳》:"初,雲嘗行,逗宿故人家,夜暗迷路,莫知所從。"

誁 誁譳,不能言,即言而常止之意。其字亦以"娷"爲之。《玉篇·女部》:"娷,娷譳,詀謓也。亦作'誁'。"《廣韻·候韻》:"誁,誁譳,不能言也。"按,字亦作"䚯",猶"鎦"亦作"䰜"。清朱駿聲《說文通訓定聲·需部·附〈說文〉不錄之字》:"譳,《埤蒼》:'䚯譳,不能言也。'按,亦作'嚅'。"《正字通·口部》:"嚅,囁嚅,欲言復縮也。"唐韓愈《南山》:"或如貪育倫,賭勝勇前購。先強勢已出,後鈍嗔誁譳。"

䁠 䁠䁯,目汁凝止不流而成者,即俗云眼屎。《玉篇·目部》:"䁠,䁠䁯,目汁凝。"《廣韻·候韻》:"䁠,䁠䁯,目汁凝。"《集韻·候韻》:"䁢,《說文》:'目蔽垢也。'或作'䁠'。"南唐徐鍇《說文繫傳·見部》:"䁢,䁯。目汁凝也。"清朱駿聲《說文通訓定聲·需部》:"䁢,蘇俗謂之眼䁯。"《急就篇》第四章:"癉熱瘻痔眵䁯眼。"唐顏師古注:"䁯謂眵䁢,目之蔽垢也。"

欨 相與語唾而不受,即拒止之義。字亦作"音""哣"。《廣韻·候韻》:"欨,《說文》同'音'。俗又作'哣'。"《說文·丶部》:"音,相與語唾而不受也。从丶,从否,否亦聲。欨,音或从豆,从欠。"清朱駿聲《通訓定聲》:"按,此字據或體从欠、豆聲,則小篆當从否、丶聲。然音讀如丕,今蘇俗尚有此語詞……《左傳》:'不顧而唾。'《趙策》:'老婦必唾其面。'皆所謂否也,非涕洟之洟。"《集韻·候韻》:"音,或作哣。"按,今作"呸"。

〔**推源**〕 諸詞俱有止義,爲豆聲所載之公共義。聲符字“豆”所記録語詞之本義、引申義系列與止義不相涉,其止義乃豆聲所載之語源義。豆聲可載止義,“止”可證之。

豆:定紐侯部;
止:章紐之部。

定章(照)準旁紐,侯之旁轉。“止”,甲骨文象人足形,本義即脚,後起本字作“趾”。《廣韻·止韻》:“止,足也。”清朱駿聲《説文通訓定聲·頤部》:“止,當以足止爲本義,象形也。三出者,止之列多,略不過三,與𠂇𠂇手同意。字爲借義所專,因加‘足’傍作‘趾’。《儀禮·士昏禮》:‘北止。’注:‘足也。’”按,當云字爲衍義所專而重造本字“趾”。人行以足,故有“舉止”之語;凡人行則時止之,故有停止之衍義。《廣雅·釋詁二》:“止,逗也。”《廣韻·止韻》:“止,停也。”《易·艮》:“時止則止,時行則行,動静不失其時,其道光明。”《史記·項羽本紀》:“漢王乃追項王至陽夏南,止軍。”

(833) 豎脰侸荳(直立義)

豎 牢固地直立。《説文·臤部》:“豎,豎立也。从臤,豆聲。豎,籀文豎从殳。”清段玉裁注改解釋文爲“堅立”,並注云:“堅立,謂堅固立之也。”清朱駿聲《通訓定聲》:“豎,堅立也……《廣雅·釋詁四》:‘豎,立也。’”《廣韻·麌韻》:“豎,立也。”《後漢書·靈帝紀》:“冬十月壬午,御殿後槐樹自拔倒豎。”《三國志·魏志·鍾繇傳》:“司徒王朗議,以爲繇欲輕減大辟之條,以增益刖刑之數,此即起偃爲豎,化屍爲人矣。”

脰 頸項,直立者。《説文·肉部》:“脰,項也。从肉,豆聲。”清朱駿聲《通訓定聲》:“《左襄十八傳》:‘兩矢夾脰。’《爾雅·釋鳥》:‘燕白脰烏。’《釋獸》:‘麐麚短脰。’《考工·梓人》:‘以脰鳴者。’注:‘蛙黽屬。’《莊子·德充符》:‘其脰肩肩。’《史記·司馬相如傳》:‘解脰陷腦。’”《廣韻·候韻》:“脰,項脰。”唐韓愈《元和聖德詩》:“取之江中,枷脰械手。”

侸 直立。《説文·人部》:“侸,立也。从人,豆聲。讀若樹。”清朱駿聲《通訓定聲》:“字亦作‘侸’,俗作‘住’。……《後漢·鄧禹傳》:‘輒停車住節。’”《玉篇·人部》:“侸,《説文》作‘侸’,立也。”明方以智《物理小識·器用類·起重法》:“凡運重石,先立稱杆,以木作架,架立衡輪,下復以輪轉之,隨所置而審之,其省力多。今之侸牌坊,造橋,皆如是也。”劉師培《與人論文書》:“故翰藻之難,惟在析理,是必侸尌恉要,怞朖夙疑,揄穎擢鐸,匪義弗發。”按,此“侸”爲抽象性“立”義。

荳 同“樹”,樹爲直立之物。樊增祥《與翰臣論詩用差字韻》:“水里着鹽知有味,荳頭剪綵不爲花。”

〔**推源**〕 諸詞俱有直立義,爲豆聲所載之公共義。聲符字“豆”所記録語詞之本義、引申義系列與直立義不相涉,其直立義乃豆聲所載之語源義。豆聲可載直立義,“陡”可證之。

豆：定紐侯部；

陡：端紐侯部。

疊韻，定端旁紐，音極相近。"陡"，山勢峻峭，如直立。《集韻·厚韻》："阧，峻立也。或从走。"《玉篇·阜部》："阧，峻也。"唐林滋《望九華山》："虛中始訝巨靈擘，陡處乍驚愚叟移。"明蔣一葵《長安客話·居庸關》："太行山南起山西澤州，迤邐北出數百里，山脉不斷。自麓至脊，皆陡峻不可登越。"

（834）短恧痘毭剅（小義）

短 不長，即長度小。《說文·矢部》："短，有所長短，以矢爲正。从矢，豆聲。"清朱駿聲《通訓定聲》："不長也……《素問·至真要大論》：'短而濇。'注：'往來不遠是謂短也。'《吕覽·長見》：'以其長見與短見也。'注：'近也。'《楚辭·國殤》：'車錯轂兮短兵接。'注：'刀劍也。'此从矢之義。《荀子·非相》：'帝堯長，帝舜短；文王長，周公短；仲尼長，子弓短。'"《廣韻·緩韻》："短，促也，不長也。"按，"短"又有少義，少即數之小。

恧 小怒。《廣韻·有韻》："恧，小怒。"又《宥韻》："恧，小怒也。"《集韻·宥韻》："愘，怒也。或作恧。"《玉篇·心部》："愘，怒也。"

痘 痘瘡，皮膚上的小點。《字彙·疒部》："痘，痘瘡。"宋周密《齊東野語·小兒痘瘡》："痘瘡切不可多服升麻湯，只須以四君子加黄芪一味爲穩耳。"明李時珍《本草綱目·草部·升麻》："升麻能解痘毒。惟初發熱時，可用解毒；痘已出後，氣弱或泄瀉者，亦可少用。"

毭 細毛所織毯類物。細義、小義相通。《集韻·鐸韻》："毭，氈屬，極細，可以禦雨。"《說文·毛部》："氈，撚毛也。"清段玉裁注："蹂毛成氈也。"《廣韻·候韻》："毭，氈屬。"唐白居易《青氈帳二十韻》："軟暖圍氊毯，鎗樅束管弦。"

剅 堤壩下用來灌水、排水的小孔。《廣韻·候韻》："剅，小穿。"明焦竑《俗用雜字》："水道小穿曰剅，一作剆。"《玉篇·刀部》："剆，穿也。"《廣韻·侯韻》："剆，頭剆，小穿。"清顧祖禹《讀史方輿紀要·湖廣四·沔陽州》："剅河口在州西北六十里。剅與穴同，蓋水流分洩處。"

〔**推源**〕 諸詞俱有小義，爲豆聲所載之公共義。豆聲字"豎"亦可以假借字形式，以其豆聲表小義，此亦爲豆聲、小義相關聯之一證。清朱駿聲《說文通訓定聲·需部》："豎，〔假借〕爲'孺'。《周禮》'内豎'注：'未冠者之官名。'《史記·酈生傳》：'沛公罵曰：豎儒。'《索隱》：'豎者，童僕之稱。'《淮南·人間》：'豎陽穀奉酒而進之。'注：'豎，小使也。'江文通《雜體詩注》：'豎，猶小也。'《史記·秦始皇紀》：'寒者利豎褐。'《集解》：'小褐也。'"按，未必均爲"孺"之借。本條諸詞之記錄文字均从豆聲，聲符字"豆"所記錄語詞本謂食肉器，圓形物，故"豆"又爲豆角類植物之總名，蓋比喻引申。《廣韻·候韻》："豆，穀豆。《物理論》云：'菽者，衆荳之名也。'"清朱駿聲《說文通訓定聲·需部》："豆，《說文》：'尗，豆也。'《廣雅》：'大豆,尗也;小豆,荅也;天豆,云實也。'皆漢時稱名,古謂之尗。"《戰國策·韓策一》:"韓地險惡,山居,五穀所生,非麥而豆,民之所食,大抵豆飯藿羹。"按,豆角義爲"豆"之基本義。凡豆角皆有角而内中皆有豆子,此即複音詞"豆角"之構詞理據。豆子爲形小之物,然則本條諸詞之小義爲其聲符"豆"所載之顯性語義。豆聲可載小義,則"玭"可相證。"玭"謂玉之小瑕,即小斑點。又此聲字所記録語詞"柴""髭""鉴""玭""枇""齜""佌""貲""疵""觜"俱有小義(參本典第三卷"此聲"第653條)。豆聲、此聲本相近且相通。

豆:定紐侯部;
此:清紐支部。

定清鄰紐,侯支旁轉。

304　酉聲

(835) 酋庮櫼(積義)

酋　久釀之酒,積久而成者。引申爲久熟義。《説文·酋部》:"酋,繹酒也。从酉,水半見於上。《禮》有'大酋',掌酒官也。"清段玉裁注:"謂日久之酒。"清朱駿聲《通訓定聲》:"按,酉亦聲。俗字作'醔'。凡一宿酒疾孰者曰醴,曰酤,曰畚;其日久者,《周禮》曰昔酒,《禮記》曰舊澤之酒,後世謂之醇酒。'釋',俗字。……《周禮·酒正》'昔酒'注:'今之酋久白酒。'《方言》七:'酋,熟也,久熟曰酋。'《鄭語》:'毒之酋臘者。'注:'精熟曰酋。'"晉潘尼《火賦》:"和羹酋酢,旨酒醲醇。"按,"酋"爲"酉亦聲"説可從。"酋"之上古音從紐幽部,"酉"字余紐幽部,二者疊韻,從余(喻四)鄰紐。

庮　久屋朽木,寓積久義。《説文·广部》:"庮,久屋朽木。从广,酉聲。"《廣韻·有韻》:"庮,久屋木也。《周禮》曰:'牛夜鳴則庮。'鄭司農曰:'庮,朽木臭也。'"按,木朽則臭,義相通。明劉基《靈丘丈人》:"剡木以爲籩之宮,不鏟不庮。"

櫼　積木燃燒以祭,字亦作"櫼""栖""燓"而皆从酉聲,乃以酉聲載其積義。《説文·木部》:"櫼,積火燎之也。从木,从火,酉聲。《詩》曰:'薪之櫼之。'《周禮》:'以櫼燎祠司中、司命。'櫼,柴祭天神。或从示。"清朱駿聲《通訓定聲》:"嚴可均云:'當作積木。'"按,許慎所引《詩·大雅·棫樸》文漢鄭玄箋:"豫斫以爲薪,至祭皇天上帝及三辰,則聚積以燎之。"《廣韻·有韻》:"櫼,積木燎以祭天也。"沈兼士《聲系》:"内府本《王韻》作'栖'。《集韻》:'櫼',或作'栖'。"《改併四聲篇海·火部》引《川篇》:"燓,積木燎祭天。"

〔推源〕諸詞俱有積義,爲酉聲所載之公共義。聲符字"酉"一作"卣",郭沫若《甲骨文字研究》云象壺尊形,可從。壺尊爲聚積水、酒類物之物,與積義或相通。酉聲可載積義,則"聚"可證之。

酉：余紐幽部；

聚：從紐侯部。

余(喻四)從鄰紐，幽侯旁轉。"聚"，聚積字。《說文·似部》："聚，會也。"《玉篇·似部》："聚，積也。"《左傳·哀公十七年》："楚白公之亂，陳人恃其聚而侵楚。"晉杜預注："聚，積聚也。"《國語·楚語下》："古者聚貨不妨民衣食之利。"

305　夾聲

(836) 莢唊睞梜頰挾戛鋏陝筴袷浹冹鋏梜睞(合義)

莢　豆角，殼二片夾合其豆。故稱"莢"。《說文·艸部》："莢，艸實。从艸，夾聲。"清朱駿聲《通訓定聲》："《廣雅·釋草》：'豆角謂之莢。'《呂覽·審時》：'得時之菽，其莢二七，以為族。'又《周禮·大司徒》：'其植物宜莢物。'注：'薺莢王棘之屬。'"按，朱氏所引《廣雅》文清王念孫《疏證》："莢之言夾也，兩旁相夾，豆在其中也。豆莢長而端銳，如角然，故又名豆角。"宋梅堯臣《田家》："南山嘗種豆，碎莢落風雨。"

唊　蠶胸下兩側之絲腺，"唊"之名寓夾合義。明宋應星《天工開物·乃服·老足》："(蠶)老足者，喉下兩唊通明。"按，"唊"又有閉合其口之義。元柯丹丘《荊釵記·受釵》："(外)'你那婆子曉得什麼？一家女子百家求，求了一家便罷休。'(淨)'唊了嘴！一家女子百家求，九十九家不罷休。'"

睞　閉合其目。亦指眨眼，即開合交替。《韓非子·說林上》："惠子見鄒君曰：'今有人見君，則睞其一目，奚如？'君曰：'我必殺之。'"王煥鑣注："睞，閉目；睞其一目，故意閉一目，是輕蔑人的態度。"《集韻·洽韻》："眨，目動也。或从夾。"又《葉韻》："瞸，目動皃。或作睞。"《廣韻·葉韻》："瞸，目動之皃。"按，夾物之鉗稱"鋏"，从聶得聲，與"瞸"同，可證眨眼稱"瞸"亦寓合眼義。魯迅《野草·秋夜》："他仿佛要離開人間而去，使人們仰面不再看見。然而現在卻非常之藍，閃閃地睞着幾十個星星的眼，冷眼。"

梜　檢柙，即書夾，夾合書本之物。《說文·木部》："梜，檢柙也。从木，夾聲。"宋沈遼《德相惠新茶復次前韻奉謝》："修竹為之規，黃金為之梜。形摹各精妙，製作易妥帖。"按，"梜"亦指木製之筯，竹筯稱"筴"，則"梜""筴"為分別文。筯即夾取食物之物，"梜"亦寓夾合義。《廣韻·怗韻》："筴，箸筴。梜，上同。"清朱駿聲《說文通訓定聲·謙部》："梜，《禮記·曲禮》：'羹之有菜者用梜。'注：'猶箸也，今人或謂箸為梜提。'《史記·龜策傳》：'象箸而羹。'《索隱》：'梜者，筯也。'"《玉篇·竹部》："筯，匙箸。與箸同。"又"箸，筴也，飯具也。"清厲鶚等《十二月八日食臘八粥聯句》："甘芳滑流匙，磊塊利用梜。"

頰　雙頰，分布於兩側夾合顏面者。漢史游《急就篇》卷三"頰頤頸項肩臂肘"唐顏師古注："面兩旁曰頰。"《說文·頁部》："頰，面旁也。从頁，夾聲。"清朱駿聲《通訓定聲》："《廣雅·釋親》：'輔謂之頰。'按，頤曰頰曰䩉，頤內之牙牀骨曰頰車。《易·咸》：'咸其輔、頰、舌。'虞注：'耳目之間稱輔頰。'"《廣韻·怗韻》："頰，頰面也。"宋蘇軾《紅梅》："丹鼎奪胎那是寶，玉人頩頰更多姿。"按，字亦从肉作"脥"。宋宋慈《洗冤録·驗尸》："左右腮脥……有無他故。"

挾 挾合。漢劉熙《釋名·釋姿容》："挾，夾也。"《左傳·隱公十一年》："公孫閼與穎考叔爭車，穎考叔挾輈以走，子都拔棘以逐之。"漢王粲《登樓賦》："挾清漳之通浦兮，倚曲沮之長洲。"按，"挾"又有夾雜義，夾雜即混合。晉葛洪《抱朴子·博喻》："日月挾蟲鳥之瑕，不妨麗天之景。"

䵽 赤黃色，即赤、黃二色相混合之色。《說文·黃部》："䵽，赤黃也。从黃，夾聲。"清朱駿聲《通訓定聲》："䵽，赤黃色。"《玉篇·黃部》："䵽，赤黃色。"《廣韻·添韻》："䵽，赤黃色。"

鋏 鉗類物，"鋏"之名寓夾合義。引申之，亦指雙刃鈹。《說文·金部》："鋏，可以持冶器鑄鎔者。从金，夾聲。"清朱駿聲《通訓定聲》："按，誼與'鉗'、與'鑽'略同。蘇俗炊爨之火夾亦其類也。〔別義〕《管子·問篇》：'衣夾鋏。'注：'兩刃鈹也。'"按，漢許慎所訓蓋指鐵匠所用之物。炊爨所用者，徽歙人稱爲"火鉗"。北周庾信《對燭賦》："銅荷承泪蠟，鐵鋏染浮煙。"

陝 兩阜相夾合處，引申爲狹隘義。乃狹隘義正字，後世以"狹"爲之。"陝"，一作"厭"。《說文·阜部》："陝，隘也。从阜，夾聲。"清朱駿聲《通訓定聲》："字亦作'陿'、作'峽'、作'硤'，與陝州之'陝'迥別。《漢書·地理志》：'武威郡蒼松。'注：'南山松陝水所出。'師古曰：'陝，兩山之間也；松陝，陝名。'"按，漢許慎所訓蓋爲引申義。《廣韻·洽韻》："狹，隘狹。陝，上同。"《墨子·備穴》："連版以穴高下、廣陝爲度。"又《親士》："是故谿陝者速涸，逝淺者速竭。"

筴 箱類物，其名寓夾合義。《廣韻·洽韻》："筴，箸也。"又《怗韻》："筴，箸筴。"唐陸羽《茶經·四之器》："火筴，一名筯。"按，"箸""筯"亦指竹製筷子(見本條"梜"字說解)，"筴"字从竹，當以竹筴爲本義。火鉗義當以"鋏"爲本字。竹畏火，"筴"指火鉗，乃引申義。宋王安石《遊土山示蔡天啓秘校》："雖無膏污鼎，尚有羹濡筴。"

袷 夾衣，即兩層布相夾合之衣。或體作"裌"，則其夾合義益顯。《玉篇·衣部》："袷，同裌。"《廣韻·洽韻》："袷，同裌。"《說文·衣部》："袷，衣無絮。"南唐徐鍇《繫傳》："夾衣也。"按，布二層、中無絮之衣。唐杜甫《雲安九日鄭十八攜酒陪諸公宴》："地偏初衣袷，山擁更登危。"清仇兆鰲《杜詩詳注》："袷、裌同。"宋蘇軾《初秋寄子由》："子起尋袷衣，感嘆執我手。"按，"袷"蓋古之秋時衣，冬季則衣有絮之袄。

浹 浸漬，水與他物相合。《爾雅·釋言》："浹，徹也。"晉郭璞注："謂霑徹。"《說文新附·水部》："浹，洽也。从水，夾聲。"《廣韻·怗韻》："浹，洽也，徹也。"《說文·水部》："洽，霑也。"按,即浸漬,"洽"从合聲,聲兼義。《漢書·禮樂志》:"於是教化浹洽,民用和睦;災害不生,禍亂不作。"唐顔師古注:"浹,徹也;洽,霑也。"《後漢書·獻帝伏皇后傳》:"(曹)操出,顧左右,汗流浹背。"

冹 水凝成冰,即合爲一體。《玉篇·久部》:"冹,冰凍相著也。"《廣韻·怗韻》:"冹,冹渫。"又《狎韻》:"冹,冹渫,冰凍相著。"

餄 餅屬,合爲一體之物。《玉篇·食部》:"餄,餅也。"按,稱"餅"謂合併爲一。宋林洪《山家清供·廣寒糕》:"采桂英,去青蔕,灑以甘草,和米,舂粉,炊作糕。大比歲,士友咸作餄子食之。"

帢 便帽,以整塊布縫合而成,其名寓合義;字之或體作"帢",則其合義益顯。《廣韻·洽韻》:"帢,同帢。""帢,士服,狀如弁,缺四角,魏武帝制。"晉崔豹《古今注·輿服》:"帢,魏武帝所製,初以章身服之輕便,又作五色幍,以表方面也。"按,"幍"即"帢""帢"之或體。《集韻·洽韻》:"帢,或作幍。"唐蘇鶚《蘇氏演義》卷下:"幍,魏武帝所製也。初以軍中服之輕便,又作五色幍,以表方面也。"《宋書·禮樂志五》:"其素服,白帢單衣。"

畖 字亦作"畖",謂溝相接合。《玉篇·甲部》:"畖,相著也。"《廣韻·洽韻》:"畖,相著。"《集韻·洽韻》:"畖,溝相接。"按,字从田,謂田皆有溝而相接合。从甲,猶肩臂相連合處稱"甲",後起本字作"胛"。"畖"之形符、聲符所載之義同,此爲形聲字一大通例。

〔推源〕 諸詞俱有合義,爲夾聲所載之公共義。夾聲字"郟""俠""狹"亦可以假借字形式載合義,亦爲夾聲與合義相關聯之一證。"郟",字从邑,本爲地名。《説文·邑部》:"郟,潁川縣。从邑,夾聲。"清朱駿聲《通訓定聲》:"〔假借〕爲'夾'。《大戴·諸侯釁廟》:'郟室,割雞於室中。'注:'門郟之室。一曰東西廂。'又《任伯嗣碑》:'郟河阻山。'""俠",字从人,本謂俠義。《説文·人部》:"俠,俜也。从人,夾聲。"清朱駿聲《通訓定聲》:"〔假借〕爲'夾'。《華山亭碑》:'吏卒俠路。'……又爲'梜'。《吴都賦》:'俠棟陽路。'注:'棟相俠也。'""狹"字从犬,同"狎",即戲狎義,以其从夾得聲,乃爲狹隘字。《韓非子·難一》:"凡對問者,有因問大小緩急而對也,所問高大而對以卑狹,則明主弗受也。"按,凡二物間距離小、相夾合即狹隘。按,本條諸詞記録文字之共同聲符"夾"象兩人相向夾一人形,其本義即夾合而相持。《説文·大部》:"夾,持也。从大,俠二人。"清王筠《句讀》:"大,受持者也;二人,持之者也。"清朱駿聲《通訓定聲》:"《儀禮·既夕》:'圉人夾牽之。'注:'在左右曰夾。'《穆天子傳》:'左右夾佩。'注:'左右兩佩也。'"《禮記·檀弓下》:"使吾二婢子夾我。"然則本條諸詞之合義,爲其聲符"夾"所載之顯性語義。

(837) 翜颬趃(迅速義)

翜 飛行迅速。《説文·羽部》:"翜,捷也,飛之疾也。从羽,夾聲。"清桂馥《義證》:"'捷也'者,《(爾雅)釋詁》文:'翜,捷。'聲相近。'飛之疾也'者,《晉書音義》引《字林》同。"《廣韻·狎韻》:"翜,捷也。"又《緝韻》:"翜,疾飛。"

颯 風疾,即迅速義。《廣韻·狎韻》:"颯,風疾。"《集韻·洽韻》:"颯,風急兒。"按,疾風亦稱"颯",爲心紐字,"颯"爲山紐字,心山準雙聲。

趀 行走迅速。《廣韻·狎韻》:"趀,行趀趀。"《集韻·洽韻》:"趀,趀趀,行疾兒。"清吴省欽等《食蟹聯句》:"鉗蘆走蹣跚,執穗行超趀。"按,"趀"字之音《廣韻》載"所甲切",今杭州方言有"急趀火辣"語,或即此"趀"字。

〔推源〕 諸詞俱有迅速義,爲夾聲所載之公共義。聲符字"夾"所記録語詞之本義、引申義系列與迅速義不相涉,其迅速義乃夾聲所載之語源義。夾聲可載迅速義,曷聲字所記録語詞"偈""騔""趈"等可相證。"偈",迅速奔馳;"騔",馬疾行;"趈",怒走,即疾行。夾聲、曷聲本相近且相通。

夾:見紐葉部;
曷:匣紐月部。

見匣旁紐,葉(盇)月通轉。

(838) 挾匧㼎(藏匿義)

挾 夾在指間或腋下。《説文·手部》:"挾,俾持也。从手,夾聲。"清朱駿聲《通訓定聲》:"《吴語》:'挾經秉枹。'注:'在腋曰挾。'《楚辭·天問》:'何馮弓挾矢。'注:'持也。'"引申爲藏匿義。《爾雅·釋言》:"挾,藏也。"《廣韻·怗韻》:"挾,藏也。"《管子·任法》:"是以群臣百姓,人挾其私而幸其主。"《漢書·董仲舒傳》:"秦繼其後,獨不能改,又益甚之,重禁文學,不得挾書。"

匧 箱屬,藏物之物。或作"篋"。《説文·匚部》:"匧,藏也。从匚,夾聲。篋,匧或从竹。"《字彙·匚部》:"匧,張翰《豆羹賦》:'是刈是穫,充單盈匧。'"《廣韻·怗韻》:"匧,藏也。"又"篋,箱篋"。清朱駿聲《説文通訓定聲·謙部》:"匧,《文選》注引《説文》:'笥也。'凡三見。或又从竹。《儀禮·士冠禮》:'同篋。'注:'隋方曰篋。'《莊子》:'將爲胠篋、探囊、發匱之盜。'《史記·老莊傳》正義:'篋,箱類也。'"

㼎 老鼈胸下絲腺(見前第836條),本寓藏義。又指猴以頰藏食。《集韻·琰韻》:"㼎,猴頰藏食曰㼎。"

〔推源〕 諸詞俱有藏匿義,爲夾聲所載之公共義。第836條夾聲字所記録語詞俱有夾合、相合義,與藏匿義或相通。夾聲可載藏匿義,則兼聲字所記録語詞"嗛""鼸""臁""膁""餡"等可相證。"嗛",口含物,即物藏於口;"鼸",以頰藏食之鼠;"臁",豆餡,藏於糕餅内中之物;"膁",肉餡,構詞理據同"臁";"餡",泛指餡子(詳見本典"兼聲")。夾聲、兼聲本相近且相通。

夾:見紐葉部;
兼:見紐談部。

雙聲,葉(盍)談對轉。

306 夾聲

(839) 䀹/閃(閃動義)

䀹 不停地眨眼睛,眼皮閃動。《集韻·琰韻》:"䀹,䀹䀹,目兒。"《正字通·目部》:"䀹,䀹䀹,目數動貌。"趙樹理《李有才板話》一:"這人的相貌不大好看,臉像個葫蘆瓢子,説一句話䀹十來次眼皮。"按,"䀹"即眼皮閃動,故有"䀹閃"之複音詞。楊沫《青春之歌》第一部第十九章:"他依然風趣橫生,大眼睛滴溜溜地䀹閃着,拳頭不停地揮動着。"

閃 从門中偷窺。《説文·門部》:"閃,闚頭門中也。从人在門中。"《三國志·魏志·梁習傳》"思亦能吏"南朝宋裴松之注引三國魏魚豢《魏略·苛吏傳》:"(劉類)性又少信,每遣大吏出,輒使小吏隨覆察之,白日常自於墻壁間闚閃,夜使幹廉察諸曹。"按,凡偷窺稍聞聲響輒急速避開,故"閃"有閃動之衍義。元戴侗《六書故·工事一》:"閃,人在門中閃忽乍見也。"清朱駿聲《説文通訓定聲·謙部》:"閃,《禮記·禮運》'故魚鮪不淰'注:'淰之言閃也。'疏:'閃是忽有忽無,故字从門中人也。'"南朝梁王僧孺《中寺碑》:"日流閃爍,風度清鏘。"《佛本行集經·剃髮染衣品下》:"如芭蕉心,無有真實;如秋雲起,乍布還收;如閃電光,忽出還滅。"

〔推源〕 此二詞俱有閃動義,其音亦同,書紐雙聲,談部疊韻。其語源當同。其"䀹"字乃以夾聲載閃動義,聲符字"夾"所記錄語詞謂竊物藏於懷,本有躲閃之義。《説文·亦部》:"夾,盜竊褱物也。从亦,有所持。俗謂蔽人俾夾是也。"清徐灝《注箋》:"'夾'與'閃'音同義近……盜竊懷物,慮爲人所見,行蹤隱蔽謂之夾。"按,徐説可從。"閃"即躲而視之,聞聲則閃開義。

307 尨聲

(840) 牻厖駹狵哤(雜亂義)

牻 雜色牛。《説文·牛部》:"牻,白黑雜毛牛。从牛,尨聲。"《廣韻·江韻》:"牻,牛白黑雜。"許書同部:"䵷,牻牛也。从牛,京聲。《春秋傳》曰:'牻䵷'。"《廣韻·陽韻》:"䵷,牻牛,駁色。"按"牻"又引申爲雜亂義。《玉篇·牛部》:"牻,亂也。"章炳麟《訄書·相宅》:"其志賊,則其言牻䵷,其行前却。"又《正名雜義》:"寧以牻䵷無常之辭,恣其狂舉者乎?"

厖 雜亂。字亦作"龐"。《正字部·廣部》:"厖,俗龐字。"清朱駿聲《説文通訓定聲·豐部》:"厖,《詩·小戎》'蒙伐有苑'箋:'畫雜羽之文於伐,故曰厖伐。《四子講德論》:'厖眉耇者之老。'注:'雜也。'"《書·周官》:"庶官乃和,不和政厖。"僞孔傳:"厖,亂也。"《新唐書·李吉甫傳》："方今置吏不精,流品厖雜,存無事之官,食至重之稅。"

駹 雜色馬,引申爲雜色義。《說文·馬部》:"駹,馬面顙皆白也。从馬,龍聲。"《玉篇·馬部》:"駹,馬黑,白面。"《廣韻·江韻》:"駹,黑馬白面。"唐卻昂《岐邠涇寧四州八馬坊頌碑》:"有駹,有騾,有𩢰,有驦。"清朱駿聲《說文通訓定聲·豐部》:"駹,《易·說卦》:'震爲駹。'干注:'雜色。'……《周禮·犬人》:'用駹可也。'疏:'謂雜色牲。'"

狵 多毛犬。按,毛多則雜亂,"狵"之名本寓雜亂義。《玉篇·犬部》:"狵,犬多毛也。"《廣韻·江韻》:"狵,犬多毛。"唐柳宗元《答劉連州邦字》:"負弩啼寒狖,鳴枹驚夜狵。"

哤 言語雜亂。《說文·口部》:"哤,哤異之言。从口,龍聲。一曰雜語。"清朱駿聲《通訓定聲》:"《小爾雅·廣訓》:'雜言曰哤。'《齊語》:'雜處則言哤。'注:'亂兒。'《長笛賦》:'哤聒其前後者。'注:'雜聲。'"《廣韻·江韻》:"哤,語雜亂曰哤。"唐韓愈《病中贈張十八》:"將歸乃徐謂,子言得無哤。"引申之,亦泛指雜亂。清陳康祺《郎潛紀聞》卷一:"泰西諸國均於都城列使幕,事言哤襍,部族蕃多,戢暴馴頑,頗非易易。"

〔推源〕 諸詞俱有雜亂義,爲龍聲所載之公共義。聲符字"尨"爲"狵"之初文,謂多毛犬,本有"雜亂"之衍義。《廣韻·江韻》:"狵,亦作尨。"《說文·犬部》:"尨,犬之多毛者。从犬,从彡。"清朱駿聲《通訓定聲》:"《詩·野有死麕》:'無使尨也吠。'又《穆天子傳》:'天子之尨狗。'注:'尨,尨茸也。'〔轉注〕《周禮·牧人》:'用尨可也。'注:'謂雜色不純。'"《左傳·僖公五年》:"狐裘尨茸,一國三公,吾誰適從?"唐柳宗元《貞符》:"魏晉而下,尨亂鈎裂。厥符不貞,邦用不靖,亦罔克久,駮乎無以議爲也。"然則本條諸詞之雜亂義爲其聲符"尨"所載之顯性語義。至龍聲可載雜亂義,則"髼""苯"可相證。"髼"謂頭髮多而散亂;"苯"指草木多而雜亂,散亂(見本卷第841條)。其字从夲得聲,龍聲、夲聲本相近且相通。

尨:明紐東部;

夲:並紐東部。

疊韻,明並旁紐。

(841) 蛖尨𩪱朧痝(大義)

蛖 大蛤。《集韻·講韻》:"蚌,或作蛖。"清李調元《卍齋瑣録》卷八:"蛖,與蚌同。"《淮南子·說林訓》:"蛖象之病,人之寶也。"漢高誘注:"蛖,大蛤。中有珠。象牙邊以自疾,故人得以爲寶也。"今按,俗云老蚌出珍珠,蚌之老者則大。《爾雅·釋魚》:"蚌,含漿。"宋邢昺疏:"謂老産珠者也。"《文選·左思〈吳都賦〉》:"剖巨蚌於廻淵。"唐李善注:"巨蚌,育明珠者。"

痝 腫大。《素問·風論》:"腎風之狀,多汗惡風,面痝然浮腫。"又《評熱病論》:"有病腎風者,面胕痝然壅,害於言。"唐王冰注:"痝然,腫起貌。"虛化引申爲大義。宋歐陽修《諫議大夫楊公墓誌銘》:"天下痝裂,焚蕩蔚薈,而唐之名臣之後盡矣。"

鵬　大目鳥。《廣雅·釋鳥》："鵝鴟，鵬也。"清王念孫《疏證》："《御覽》引孫炎《爾雅注》云：'茅鴟，大目䳇鵬也。'如孫注則亦怪鴟之屬，但目大爲異耳。"北齊劉晝《新論·知人》："公輸之刻鳳也，冠距未成，翠羽未樹，人見其身者，謂之鵬鴟。"

朧　字從肉，《集韻·講韻》訓"豐肉"，即肉多豐滿義，又《董韻》訓"腫"，即腫大義，二義相通。《廣韻·腫韻》："朧，豐大。"《集韻·江韻》："朧，身大也。"

厖　大。其字亦以"庬"爲之。《説文·厂部》："厖，石大也。从厂，龙聲。"清朱駿聲《通訓定聲》："〔轉注〕《爾雅·釋詁》：'厖，大也。'《方言》一：'厖，深之大也。'二：'豐也，秦晉之間，凡大貌或謂之厖。'……《左成十六傳》：'民生敦厖。'《周語》：'敦厖純固。'注皆訓'大'。"按，所引《周語》之"厖"異文作"庬"。《漢書·司馬相如傳下》："湛恩厖洪，易豐也。"唐顔師古注："厖、洪，皆大也。"唐韓愈《元和聖德詩》："天錫皇帝，厖臣碩輔。"

〔推源〕　諸詞俱有大義，爲龙聲所載之公共義。聲符字"龙"單用，本可表大義。唐柳宗元《三戒·黔之驢》："黔無驢，有好事者船載以入。至則無可用，放之山下。虎見之，龙然大物也，以爲神。"然"龙"本謂多毛犬，與大義不相涉，其大義乃龙聲所載者。龙聲可載大義，則"厖"可證之。

龙：明紐東部；

龐：並紐東部。

疊韻，明並旁紐。"龐"，龐大。《國語·周語上》："敦龐純固，於是乎成。"三國吳韋昭注："龐，大也。"漢張衡《靈憲》："道根既建，自無生有。太素始萌，萌而未兆，並氣同色，渾沌不分。故道志之言云：'有物渾成，先天地生。'其氣體固未可得而形，其遲速固未可得而紀也。如是者又永久焉，斯謂龐鴻。"

308　坒聲

(842)　陛／比（比次義）

陛　臺階，相比次者。《説文·阜部》："陛，升高階也。从阜，坒聲。"清朱駿聲《通訓定聲》："按，天子之階九級。《獨斷》：'陛，階也，所由升堂也。'《楚辭·大招》：'舉傑壓階。'《漢書·五行志》：'陛者皆聞焉。'注：'謂執兵列于陛側者。'《高帝紀》：'大王陛下。'按，臣與至尊言不敢指斥，故評在陛下者告之。"按，"陛下"之"陛"特指帝王宮殿之臺階，"陛"亦泛指臺階。《廣韻·薺韻》："陛，階陛也。"漢賈誼《新書·階級》："若堂無階級者，堂高殆不過尺矣。"唐陸龜蒙《野廟碑》："其居處則敞之以庭堂，峻之以階級。"

比　並列，相比次。《説文·比部》："比，密也。二人爲从，反从爲比。秕，古文比。"清朱駿聲《通訓定聲》："《書·費誓》：'比爾干。'兩兩相併，故爲合併叙次之誼……《史記·天官書》:'危東六星兩兩相比曰司空。《周禮·世婦》:'比其具。'注:'次也。'……《禮記·祭統》:'身比焉。'釋文:'次比也。《景福殿賦》:'綺錯鱗比。'注:'相次也。'《漢書·食貨志》:'比其音律。'注:'謂次之也。'"《廣韻·質韻》:"比,比次。"

〔推源〕 此二詞俱有比次義,其音亦同,並紐雙聲,脂部疊韻,語源當同。"陛"字乃以坒聲載比次義,聲符字"坒"所謂語詞本有比次之義。《說文·土部》:"坒,地相次比也。從土,比聲。"南唐徐鍇《繫傳》:"若今人言毗田也。"按,金文從郭,比聲。《廣韻·質韻》:"坒,相連。"清朱駿聲《說文通訓定聲·履部》:"《廣雅·釋詁三》:'坒,次也。'字亦作左形右聲。《太玄·玄首》:'都序陰陽坒參。'注:'比也。'"晉左思《吳都賦》:"士女伫眙,商賈駢坒。"然則"陛"之比次義爲其聲符"坒"所載之顯性語義。"坒"字從比得聲,則"比""陛"實亦母子關係,即源詞與同源滋生詞關係。

(843) 椑/避(防止義)

椑 椑柘,防止擅自闖入官署的障礙物。《說文·木部》:"椑,椑柘也。從木,陛省聲。"清段玉裁注:"當作坒聲。"清朱駿聲《通訓定聲》:"從木,坒聲。《周禮·掌舍》:'椑柘再重。'古謂之'行馬',後世謂之'擋衆'。"《廣韻·薺韻》:"椑,椑柘,行馬。"又:"椑,門外行馬。"又《暮韻》:"柘,門外行馬。"然則"椑""柘"可分訓者。唐元稹《夢遊春七十韻》:"石壓破欄干,門摧舊椑柘。"元宇術魯翀《真定路宣聖廟碑》:"自廟徂學,門垣椑柘,循序森立,瓦縵締築,堅麗於舊。"按,《說文》同部"柘"篆即訓"行馬",南唐徐鍇《繫傳》云:"此所以爲衛也。漢魏三公門施行馬。柘者,交互其木也。"

避 回避,引申爲避免、防止之義。《說文·辵部》:"避,回也。"清朱駿聲《通訓定聲》:"《漢書·胡建傳》注:'避,迴也。'《蒼頡篇》:'避,去也。'……《呂覽·直諫》:'桓公避席再拜。'注:'下席也。'《介立》:'拜請以避死。'注:'猶免也。'"《管子·霸言》:"折節事彊以避罪,小國之形也。"漢趙曄《吳越春秋·勾踐伐吳外傳》:"今寡人將助天威,吾不欲匹夫之小勇也。吾欲士卒進則思賞,退則避刑。"按,今語"避暑"即防止暑氣侵身;"避孕"即防止懷孕。

〔推源〕 此二詞俱有防止義,其音亦相近且相通。

椑:幫紐脂部;

避:並紐錫部。

幫並旁紐,脂錫通轉。則其語源當同。

(844) 緀/敝(破敗義)

緀 絲縷、布帛類物破敗披散。《廣韻·脂韻》:"紕,繒欲壞也。緀,上同。"《集韻·齊韻》:"緀,或作'紕'。"《陳書·宣帝紀》:"凡厥在位,風化乖殊,朝政紕蠹,正色直辭,有犯無隱。"按,"紕"即敗壞,當爲其虛化引申義。"紕"又有亂義,當爲另一引申義。漢桓寬《鹽鐵論·救匱》：" 而葛繹、彭侯之等，隳壞其緒，紕亂其紀，毀其客館議堂以爲馬厩婦舍。"

敝 破敗，敗壞。《説文·㡀部》：" 敝，敗衣。" 清朱駿聲《通訓定聲》：" 《左僖十傳》：'敝于韓。'注：'敗也。'《昭廿六傳》：'魯之敝室。'注：'壞也。'" 《史記·萬石張叔列傳》：" 仁爲人陰重不泄，常衣敝補衣溺袴，期爲不絜清，以是得幸。" 宋辛棄疾《水調歌頭·落日古城角》：" 長安路遠，何事風雪敝貂裘？"

〔推源〕 此二詞俱有破敗義，其音亦相近且相通。

緓：滂紐脂部；

敝：並紐月部。

滂並旁紐，脂月旁對轉。則其語源當同。

309　巠聲

(845) 脛桱頸涇婞經蛵鋞俓桱䅡莖甄勁（長、直義）

脛 小腿，長而直。字亦作"踁""䯒"。《説文·肉部》：" 脛，胻也。从肉，巠聲。" 清朱駿聲《通訓定聲》：" 字亦作'踁'、作'䯒'。《論語》：'以杖叩其脛。'皇疏：'脚脛也，膝上曰股，膝下曰脛。'《海内經》：'有赤脛之民。'《漢書·趙充國傳》：'聞苦脚脚脛寒泄。'" 《廣韻·迥韻》：" 脛，脚脛。踁，上同。"

桱 床前几，長而直者。《説文·木部》：" 桱，桱桯也，東方謂之蕩。从木，巠聲。" 清朱駿聲《通訓定聲》：" 實與'桯'同字。亦謂之㯍。" 《玉篇·木部》：" 桱，桯也。" 許書同部：" 桯，牀前几。" 朱氏《通訓定聲》：" 《方言》五：'榻前几，江沔之間曰桯。'"

頸 頸項，細而長、直者。《説文·頁部》：" 頸，頭頸也。从頁，巠聲。" 清朱駿聲《通訓定聲》：" 《廣雅·釋親》：'頑、頸，項也。'" 《廣韻·清韻》：" 頸，項也。頸在前，項在後。" 《左傳·定公十四年》：" 使罪人三行，屬劍於頸。" 又賈誼《新書·階級》：" 其中罪者，聞命而自弛，上不使人頸戾而加也。"

涇 水名，亦指直流的水波，則爲套用字。《釋名·釋水》：" 水直波曰涇。涇，徑也，言如道徑也。" 清朱駿聲《説文通訓定聲·鼎部》：" 涇，〔別義〕《詩》：'鳬鷖在涇。'……箋、注皆云水名。" 按，所引《詩·大雅·鳬鷖》文馬瑞辰《傳箋通釋》：" '在涇'正泛指水中有直波處，非涇渭之涇。" 《莊子·秋水》：" 秋水時至，百川灌河，涇流之大，兩涘渚崖之間，不辨牛馬。"

婞 女性身長，苗條。《説文·女部》：" 婞，長好也。从女，巠聲。" 《廣韻·青韻》：" 婞，女長皃。" 又《耕韻》：" 婞，身長好皃。" 唐韓愈孟郊《城南聯句》：" 海嶽錯口腹，趙燕錫媌婞。" 清葉廷琯《鷗陂漁話·雙貞圖詩》：" 致身原不媿烈士，通經那得繩媌婞。"

經 織布機上的縱綫。《説文·系部》：" 經，織也。从系，巠聲。" 清朱駿聲《通訓定聲》：

"從絲爲經,衡絲爲緯。凡織,經静而緯動。《御覽》引《説文》:'經,織從絲也。'"引申爲直行義。《文選·左思〈魏都賦〉》:"馳道周屈於果下,延閣胤宇以經營。"唐李善注:"直行爲經,周行爲營。"又引申而指南北向道路,南北向道路即直向者。《周禮·考工記·匠人》:"國中九經九緯。"唐賈公彦疏:"南北之道爲經,東西之道爲緯。"

蛵 蜻蜓,其形長而直者。《廣韻·青韻》:"蛵,虰蛵。"明李時珍《本草綱目·蟲部·蜻蛉》:"〔釋名〕蜻虰、蜻蝏、虰蠳、負勞。"清朱駿聲《説文通訓定聲·鼎部》:"蜓,〔别義〕《爾雅·釋蟲》:'蜓蚞,螇蟧。'注:'即蜺蝪也,一名蟪蛄。'又《吕覽·精諭》注:'蜻蜓,小蟲,細腰,四翅。'此疊韻連語,即蜻蛉也,或亦作蜻蝏。"明徐光啓《農政全書·種植》:"《種樹書》曰:果樹生小青蟲,虰蜻盼挂樹自無。"

鋞 温器,筒狀物,長且直者。《説文·金部》:"鋞,温器也,圜直上。从金,巠聲。"清朱駿聲《通訓定聲》:"可煖飲之器,如今酒肆參筒。"《廣韻·迥韻》:"鋞,似鐘而長。"唐陸龜蒙《奉酬襲美先輩初夏見寄次韻》:"村旆詫酒美,賒來滿鋞程。"按,"鋞"亦指長鐘。《集韻·徑韻》:"鋞,長鐘也。鏄謂之鋞。"《説文·金部》:"鏄,大鐘。"

徑 小路,捷徑,直達目的地者,故引申爲直徑義,又引申爲徑直義。字亦作"逕"。《説文·彳部》:"徑,步道也。从彳,巠聲。"清朱駿聲《通訓定聲》:"《字林》:'徑,小道也。'《(禮記)曲禮》:'送喪不由徑。'〔轉注〕《周髀算經》:'夏正日道之徑也。'注:'圓中之直者也。'……《文選·上書諫吴王》:'徑而寡失。'注:'直也。'"按,所稱"轉注"即引申。《楚辭·遠遊》:"陽杲杲其未光兮,凌天地以徑度。"宋洪興祖《補注》:"徑,直也。"《集韻·徑韻》:"徑,亦从辵。"漢王充《論衡·自紀》:"謂之飾文偶辭,或逕或迂,或屈或舒。"

牼 牛牼骨,長而直者,因引申爲長義。《説文·牛部》:"牼,牛䯒下骨也。从牛,巠聲。《春秋傳》曰:'宋司馬牼字牛。'"清朱駿聲《通訓定聲》:"人曰脛,牛曰牼。〔假借〕爲'䯒'。《考工·梓人》:'故書數目、牼脰。'"按,所引《周禮》文之"牼"異文作"䯒",漢鄭玄注云"長脰貌",然"牼"表長義非假借,乃引申。《廣韻·耕韻》:"牼,牛膝下骨。"清黄景仁《平定兩金川大功告成恭紀》:"斜攻閒發窮支撑,迎刃栦解無堅牼。"

䁬 直視。《玉篇·目部》:"䁬,直視也。"《廣韻·迥韻》:"䁬,直視貌。"

莖 草木莖杆,長而直者。《説文·艸部》:"莖,枝柱也。从艸,巠聲。"清朱駿聲《通訓定聲》:"謂衆枝之主。《玉篇》引《説文》:'艸木幹也。'《字林》:'莖,枝生也,亦小枝也。'《廣雅·釋詁三》:'莖,本也。'按,字从艸,艸曰莖,木曰幹,散文則草木枝亦皆曰莖。"《廣韻·耕韻》:"莖,草木幹也。"《楚辭·九歌·少司命》:"秋蘭兮青青,緑葉兮紫莖。"唐温庭筠《荷葉杯》:"緑莖紅艷兩相亂。"按,引申之,"莖"亦指竹木竿、柱及器物之柄,其所指,皆長而直之物。

鈃 長頸酒器。字亦作"鉶"。《廣韻·青韻》:"鈃,同鉶"。《説文·金部》:"鈃,似鐘而頸長。"清朱駿聲《通訓定聲》:"或曰酒器。《莊子·徐無鬼》:'其求鈃鐘也,以束縛。'"按,所引《莊子》文唐陸德明《釋文》："鈃似小鐘而長頸。""鈃"亦指温器,同"鋞"。《急救篇》第十三章："銅鐘鼎鋞銷銚銚。"唐顏師古注："鋞,温器,圓而直上也。鋞,字或作鈃。"

勁 字從力,所記録語詞之本義謂强勁(見後條),引申之,則有正直義,即抽象性直義。清朱駿聲《説文通訓定聲·鼎部》："勁,《禮記·樂記》:'廉直勁正莊誠之音作。'"《韓非子·孤憤》:"能法之士必强毅而勁直,不勁直不能矯奸。"《舊唐書·裴度傳》:"度勁正而言辯,尤長於政體,凡所陳諭,感動物情。"

〔推源〕諸詞俱有長、直義,爲巠聲所載之公共義。巠聲字"俓"亦可以假借字形式表此義,亦爲巠聲、長及直義相關聯之證。《爾雅·釋水》:"小波爲淪,直波爲俓。"按,"俓"字從人,此當爲"逕"字之借。《廣韻·耕韻》:"俓,直也。"《吳越春秋·勾踐伐吳外傳》:"如是三戰三北,俓至吳。"按,此"俓"當爲"徑"之借。聲符字"巠"本爲"經"之初文,謂織布機上之縱綾,本有長而直義。清吳大澂《〈説文〉古籀補·巛部》:"巠,古文以爲'經'字。"郭沫若《金文叢考》:"巠,余意'巠'蓋'經'之初字也。觀其字形……均象織機之縱綾形。從繫作之'經',字之稍後起者也。"然則本條諸詞之長、直義,爲其聲符"巠"所載之顯性語義。至巠聲可載長、直義,則"杠"可證之。

巠：見紐耕部；

杠：見紐東部。

雙聲,耕東旁轉。"杠",牀前横木,長而直之物。《急就篇》第十三章:"奴婢私隸之枕牀杠。"唐顏師古注:"杠者,牀之横木也。"漢桓寬《鹽鐵論·散不足》:"古者無杠樠之横之寢、牀杪之案。及其後世,庶人即采木之杠、葉華之樠。"引申之,"杠"亦指橋、棍、竹木竿等,其所指亦皆長而直之物。

(846) 痙磬勁(堅、急義)

痙 强急,即風强病。《説文·疒部》:"痙,彊急也。從疒,巠聲。"清朱駿聲《通訓定聲》:"即《急就篇》之'痊'。《本草》:'术主痙疸。'"按,今本《急就篇》第四章作"痕"。唐顏師古注:"痕,四體强急,難用屈申也。"《廣韻·静韻》:"痙,風强病也。"《醫宗金鑒·訂正〈金匱要略〉注·痙濕暍病脈證并治》:"病者身熱足寒,頸項强急,惡寒,時頭熱,面赤目赤,獨頭動摇,卒口噤,背反張者,痙病也。"

磬 作樂器之石,引申爲堅確、堅決、固執義。《説文·石部》:"磬,樂石也……硁,古文從巠。"清段玉裁注:"硁本古文'磬'字,後以爲堅確之意,是所謂古今字。"清朱駿聲《通訓定聲》:"《論語》:'硁硁然小人哉!'皇疏:'堅正難移之皃也。'……又'鄙哉硁硁乎。'"《廣韻·耕韻》:"硁,硁硁,小人兒。"明劉若愚《酌中志·忧危竑議後紀》:"豈可硁執小節,先求休致,反使奸計得肆,成何政體!"清汪熷《〈長生殿〉序》:"故知群推作者,洵爲唐帝功臣;事竟硁然,恐是玉妃説客。"

· 655 ·

勁 堅强,强健。《説文·力部》:"勁,彊也。从力,巠聲。"清朱駿聲《通訓定聲》:"《宋策》:'夫梁兵勁而權重。'……《荀子·非相》:'筋力越勁。'注:'勇也。'《素問·腹中論》:'其氣急疾堅勁。'注:'剛也。'……《淮南·説林》:'弓先調而後求勁。'注:'强也。'"《廣韻·勁韻》:"勁,勁健也。"按"勁"亦有急義。晉陶潛《飲酒》:"勁風無榮木,此蔭獨不衰。"

〔推源〕 諸詞俱有堅、急義,爲巠聲所載之公共義。巠聲字"踁""俓""誙"亦可以假借字形式表其堅、急,庶可證巠聲與堅、急義之相關聯。《廣韻·耕韻》:"踁,踁踁,小人皃。"《晉書·儒林傳·范弘之》:"以身嘗禍,雖有踁踁之稱,而非大雅之致,此亦下官所不爲也。"何超《音義》:"踁踁,字當作'硜'。"按,所謂"踁踁(硜硜)",褒義即堅決、耿直,貶義即固執,《廣韻》所訓,蓋即後者。"俓",有"急"訓。《玉篇·人部》:"俓,急也。"《廣韻·先韻》及《耕韻》:"俓,急也。"按,"俓"有徑直之義,其急義與之相通。又有"堅"訓。《集韻·徑韻》:"俓,堅也。""誙",可表急義。《莊子·至樂》:"吾觀夫俗之所樂,舉群趨者,誙誙然如將不得已。"唐成玄英疏:"誙誙,趨死貌也。已,止也。舉世之人,群聚趣競,所歡樂者,無過五塵,貪求至死,未能止息之也。"今按,聲符字"巠"所記録語詞之本義、引申義系列與堅、急義不相涉,其堅、急義乃巠聲所載之語源義。吉聲字所記録語詞"硈""黠""佶""鮚""結"俱有堅、健義,詳見本典第三卷"吉聲"第606條。丩聲字所記録語詞"糾"" 疒"" 舠"俱有急、緊義,詳見本典第一卷"丩聲"第33條。巠聲、吉聲、丩聲皆相近而相通,可相互爲證。

巠:見紐耕部;
吉:見紐質部;
丩:見紐幽部。

三者皆雙聲,耕質通轉,耕幽旁對轉。

(847) 剄陘(斷義)

剄 斷頭。《説文·刀部》:"剄,刑也。从刀,巠聲。"清段玉裁注:"謂斷頭也。"清朱駿聲《通訓定聲》:"《左定四傳》:'布裳剄而裹之。'注:'取其首。'〔聲訓〕《史記·項羽紀》:'皆自剄汜水上。'《集解》:'以刀割頸爲剄。'"《廣韻·迥韻》:"剄,斷首。"《漢書·賈誼傳》:"今令此道順而全安,甚易,不肯早爲,已爲墮骨肉之屬而抗剄之,豈有異秦之季世虖!"唐顏師古注:"剄,割頸也。"

陘 山脈中斷處,字亦作"徑"。《説文·阜部》:"陘,山絶坎也。从阜,巠聲。"清朱駿聲《通訓定聲》:"《爾雅·釋山》:'山絶,陘。'注:'連山中斷絶。'《史記·趙世家》:'趙與之陘。'《集解》:'常山有井陘,中山有苦陘。'《述征記》:'太行山首始於河内,北至幽州,凡有八陘。'是山凡中斷皆曰陘。"《廣韻·青韻》:"陘,連山中絶。"《古今韻會舉要·青韻》:"陘,通作徑。"唐蘇源明《小洞庭洄源亭譓四郡太守》:"牽方舟兮小洞庭,雲微微兮連絶徑。"

〔推源〕 此二詞俱有斷義,爲巠聲所載之公共義。"陘(徑)"謂山脈中斷,山脈中斷則如綫形。其音義當受諸"巠"。"巠"爲織機之縱綫,垂直者。織機縱綫亦細而長者,人之頸項似之,故頸項稱"頸",而斷其頸項則稱"剄"。質言之,"剄""陘(陘)"皆"巠"音義之分化。巠聲可載斷義,則"隔"可相證。

　　　　巠:見紐耕部;

　　　　隔:見紐錫部。

　　雙聲,耕錫對轉。"隔",阻隔,隔斷。《說文·皀部》:"隔,障也。"《廣韻·麥韻》:"隔,塞也。"《六書故·地理二》:"隔,障絶也。"漢蔡琰《胡笳十八拍》之十五:"子母分離兮意難任,同天隔越兮如商參。"《後漢書·鄭弘傳》:"帝問知其故,遂聽置雲母屏風,分隔其間。"唯"隔"有阻斷之義,故有"隔斷"之同義聯合式合成詞。《三國志·魏志·鮮卑傳》:"遂隔斷東夷,不得通於諸夏。"

310　步聲

(848) 跰駂(行走義)

跰　步行。《說文·足部》:"跰,蹈也。从足,步聲。"《廣韻·鐸韻》:"跰,蹈也。"唐慧琳《一切經音義》卷八十五:"蹈,行也。"明湯顯祖《與徐三秀才石梁觀水》:"與子跰飛梁,北斗正文昌。"明徐弘祖《徐霞客遊記·粵西遊日記一》:"既倦山跰,復厭市行。"

駂　溜馬。《玉篇·馬部》:"駂,習馬。"《廣韻·暮韻》:"駂,駂馬,習馬。案:《左傳》曰:'左師見夫人之步馬。'字不从馬。"按,所引《左傳·襄公二十六年》文晉杜預注:"步馬,習馬。"然則"駂"所記録之詞客觀存在,此字則爲習馬義之專字。

〔推源〕　此二詞俱有行走義,爲步聲所載之公共義。聲符字"步"所記録語詞之本義即行走。《說文·步部》:"步,行也。从止、少相背。"清朱駿聲《通訓定聲》:"按,止少相隨,會意。《小爾雅》:'度、跬,一舉足也,倍跬謂之步。'《禮記·祭義》:'跬步而不敢忘,孝也。'《釋文》:'再舉足爲步。'……《禮記·曲禮》:'步路馬必中道。'《少儀》:'執轡然後步。'"然則本條二詞之行走義爲其聲符所載之顯性語義。

311　叜聲

(849) 媭粲(美好義)

媭　美好。字亦省作"㚣"。《說文·女部》:"㚣,三女爲㚣。㚣,美也。从女,叜省聲。"清朱駿聲《通訓定聲》:"《周語》:'夫粲美之物也。'以'粲'爲之。"《廣韻·翰韻》:"媭,《詩》傳云:'三女爲媭'。又,美好皃。《說文》又作'㚣'。"《詩·唐風·綢繆》:"今夕何夕,見此粲者。"宋朱熹《集傳》:"粲,美也,此爲夫語婦之詞也。"按,所謂"粲者"即美女,當以"姿"爲正字;作"粲",乃取其引申義。

粲 精米,引申爲鮮明美好義。《説文·米部》:"粲,稻重一柘,爲粟二十斗、爲米十斗曰毇;爲米六斗太半斗曰粲。从米,奴聲。"清朱駿聲《通訓定聲》:"〔轉注〕《廣雅·釋詁三》:'粲,文也。'《四》:'明也。'《釋言》:'粲,鮮也。'《詩·伐木》:'於粲灑埽。'傳:'鮮明貌。'……《詩·大東》:'粲粲衣服。'傳:'鮮盛貌。'"按,朱氏所云"轉注"即引申。《廣韻·翰韻》:"粲,鮮好兒。"《後漢書·張衡傳》:"文章焕以粲爛兮,美紛紜以从風。"《文選·陸雲〈爲顧彦先贈婦二首〉》:"皎皎彼姝子,灼灼懷春粲。"唐李善注引賈逵語:"粲,亦美貌。"

〔推源〕 此二詞俱有美好義,爲奴聲所載之公共義。聲符字"奴"所記録語詞謂殘穿,許慎説。與美好義不相涉,其美好義乃奴聲所載之語源義。奴聲可載美好義,"善"可證之。

奴:從紐元部;

善:禪紐元部。

疊韻,從禪鄰紐。"善",《説文·誩部》云:"譱,吉也。从誩,从羊。此與義、美同意。"其本義即以吉祥之言對講。从羊者,蓋羊爲吉祥物,甲骨文、金文"吉祥"多作"吉羊",《説文》"羊"亦訓"祥",皆羊圖騰之遺迹。"善"之基本義即美好。《論語·八佾》:"子謂《韶》'盡美矣,又盡善也';謂《武》'盡美矣,未盡善也'。"《禮記·中庸》:"禍福將至,善,必先知之;不善,必先知之。故至誠如神。"

312 肖聲

(850) 梢鄛稍霄娋睄艄魈(小義)

梢 樹梢,尖小部分。《説文·木部》:"梢,木也。从木,肖聲。"清段玉裁注:"枝梢也。"清朱駿聲《通訓定聲》:"梢木也……《爾雅》:'梢,梢擢。'注:'謂木無枝柯,梢擢長而殺者。'按,梢擢猶纖挈也。"按,枝柯末端亦稱"梢"。《廣韻·肴韻》:"梢,枝梢也。"北周庾信《枯樹賦》:"森梢百頃,槎枿千年。"唐高駢《錦城寫望》:"不會人家多少錦,春來盡掛樹梢頭。"亦指小柴。《淮南子·兵略訓》:"曳梢肆柴。"漢高誘注:"梢,小柴也。"按,木之枝梢可斫取爲柴。

鄛 大夫的小封地。《説文·邑部》:"鄛,國甸,大夫稍稍所食邑。从邑,肖聲。《周禮》曰:'任鄛地在天子三百里之内。'"清桂馥《義證》:"'鄛''稍'聲相近,通作'稍'……《周禮》曰任鄛地'者,《地官·載師》文,彼云:'以家邑之田任稍地。'疏云:'名三百里地爲稍者,以大夫地少,稍稍給之,故云稍。'又通作'削'。《天官·大宰》:'家削之賦。'注云:'二百里家削。'疏云:'家削之賦者,謂二百里之内地名削,其中有大夫采地,謂之家,故名家削。'"《廣韻·效韻》:"鄛,大夫食邑。"

稍 禾末。"稍""梢",分別文。《周禮·天官·大府》:"四郊之賦,以待稍秣。"清孫詒讓《正義》:"謂給牛馬之禾穀也。"引申爲小義。《廣韻·效韻》:"稍,小也。"清朱駿聲《說文通訓定聲·小部》:"稍,此字當訓禾末。〔轉注〕爲小、少之誼。《廣雅·釋訓》:'稍稍,小也。'《漢書·郊祀志》集注:'稍,漸也。'《周禮·內宰》:'均有稍食。'注:'吏祿禀也。'按,謂祿之小者,亦以漸而給之意。……《膳夫》:'凡王之稍事。'注:'有小事而飲酒。'"按,朱氏素以"轉注"爲引申。

霄 小雪粒。《說文·雨部》:"霄,雨霓爲霄。从雨,肖聲。齊語也。"清朱駿聲《通訓定聲》:"《爾雅》:'雨霓爲霄雪。'注:'冰雪雜下者謂之霄雪。'"宋王安石《和吳沖卿雪》:"雲連晝已瞽,風助霄仍洶。"

娎 小侵,蠶食。《說文·女部》:"娎,小小侵也。从女,肖聲。"清朱駿聲《通訓定聲》:"按,稍稍者出物有漸,娎娎者侵物以漸,實皆重言形況字。"清王筠《句讀》:"謂稍稍蠶食之也。"《廣韻·效韻》:"娎,小娎,侵也。"

䁑 一目盲,謂少一目。少即數之小,二義相通。漢揚雄《太玄·晦》:"次七:䁑提明,或遵之行。《測》曰:'䁑提明,德將遵行也。'"清俞樾《諸子平議》:"䁑,當從小宋音'眇',云:'一目盲也。'"按,《篇海類篇》"眇"訓"偏盲",即一目盲義。"䁑"又有小視義。《集韻·效韻》:"䁑,小視。"《正字通·目部》:"䁑,同瞧。"按,"瞧"謂偷視,稍看一眼之意。《篇海類編·身體類·目部》:"瞧,偷視兒。"茅盾《林家鋪子》二:"眼睛望着那些鄉下人,又帶䁑着自己鋪子裏的兩個伙計。"按,此"䁑"謂匆匆一瞥,實亦小視義。

艄 物如角銳上,寓尖而小義。《集韻·效韻》:"艄,角銳上。"明徐光啟《農政全書》卷四十九:"(胡蒼耳)結實如蒼耳實,但長艄。"

魈 山魈,形小,故稱"魈"。《廣韻·宵韻》:"魈,山魈,出汀洲,獨足鬼。"晉葛洪《抱朴子·登涉》:"山精形如小兒,獨足向後,夜喜犯人,名曰魈。"按,"山魈"一稱"山㺒"。《太平御覽》卷九四二引《永嘉郡記》:"安國縣有山鬼,形體如人而一脚,裁長一尺許。"袁珂《中國神話傳說詞典·山㺒》:"山㺒即山魈。"

〔**推源**〕 諸詞俱有小義,爲肖聲所載之公共義。肖聲字"脂""趙""宵""銷""哨""悄"亦可以假借字形式表小義。"脂",物頂端尖小。《集韻·效韻》:"脂,凡物之殺銳曰脂。"按,"脂"字从肉,殺銳義爲肖聲所載者。"趙",字从走,其本義《說文》訓"趬趙",即疾行義,然可以肖聲表小、少義。漢揚雄《方言》卷十二"趙,小也。"《廣韻·小韻》:"趙,少也。"清朱駿聲《說文通訓定聲·小部》:"宵,〔假借〕爲'小'。《禮記·樂記》:'宵雅肄三。'注:'宵之言小也。'《莊子·利(列)禦寇》:'宵人之離外刑者,謂之宵人。'"按,"宵"字从宀,謂夜晚,小義爲肖聲另載之義。"銷",熔化金屬,然有"小"之借義。《莊子·則陽》:"其聲銷,其志無窮。"唐陸德明《經典釋文》:"銷,小也。""哨",無容,不正貌,然亦以肖聲載"小"之假借義。清朱駿聲《說文通訓定聲·小部》:"哨,《後漢·馬融傳》注:'哨,小也。'《考工·梓人》:'大胷燿後。'注：'頃小也。'以'燿'爲之。"按，所引《周禮》文漢鄭玄注並云"'燿'讀爲'哨'"。"悄"，字從心，謂憂愁，然可以肖聲載小聲義。宋蘇軾《蝶戀花》："笑漸不聞聲漸悄，多情却被無情惱。"按，聲符字"肖"單用，本可表小義。清朱駿聲《説文通訓定聲·小部》："肖，〔假借〕爲'小'。《方言》十二：'肖，小也。'"按，《廣韻》所訓同。《莊子·列御寇》："達生之情傀，達於知者肖。"清王念孫《讀書雜志》："'肖'與'傀'正相反，言任天則大，任智則小也。"按，"肖"字從肉，其本義爲相似。《説文·肉部》："肖，骨肉相似也。從肉，小聲。不似其先故曰不肖也。"然則"肖"無"小"之顯性語義，其字從小得聲，故可載小義。

（851）艄弰稍梢髾（末梢義）

艄 船尾。《集韻·爻韻》："艄，船尾。"明馮夢龍編《醒世恒言》之《黄秀才徼靈玉馬墜》："前艙貨物充滿，只可以艄頭存坐。"

弰 弓之末梢。《廣韻·肴韻》："弰，弓弰。"《北堂書鈔》卷一二四引晉庾翼《與燕王書》："今致朱漆弰弓一弄，丈八弰一枚。"北周庾信《擬詠懷》："輕雲飄馬足，明月動弓弰。"

稍 禾之末梢，見前條。

梢 木梢（見前條），亦引申而泛指物之末梢。《廣韻·肴韻》："梢，船舵尾也。"清朱駿聲《説文通訓定聲·小部》："梢，〔假借〕爲'杪'，今謂木末爲'梢'。又《赭白馬賦》：'垂梢植髮。'注：'尾之垂者。'"按，以"梢"指木末及他物之末梢非假借。《廣韻》所訓，亦"梢"之比喻引申義。唐柳宗元《遊朝陽巖遂登西亭二十韻》："所賴山水客，扁舟枉長梢。"清蔣之翹《柳河東集輯注》引宋童宗説《柳文音釋》："梢，船尾木。"

髾 頭髮末梢。《廣韻·肴韻》："髾，髮尾。"清朱駿聲《説文通訓定聲·小部·附〈説文〉不録之字》："髾，《漢書·司馬相如傳》：'蜚襳垂髾。'張揖曰：'髾後垂也。'"《宋史·外國傳五·占城國》："撮髮爲髾，散垂餘髾於其後。"

〔推源〕 諸詞俱有末梢義，爲肖聲所載之公共義。聲符字"肖"所記録語詞之本義、引申義系列與末梢義不相涉，其末梢義乃肖聲所載之語源義。肖聲可載末梢義，"題"可證之。

肖：心紐宵部；
題：定紐支部。

心定鄰紐，宵支旁轉。"題"，額頭。按，人之額頭猶樹之顛末。《説文·頁部》："題，額也。從頁，是聲。"《楚辭·招魂》："雕題黑齒，得人肉以祀，以其骨爲醢些。"漢王逸注："題，額也。"《漢書·司馬相如傳》："赤首圜題，窮奇象犀。"唐顏師古注："題，額也。"

（852）削消捎銷䏾（除、滅義）

削 以刀切削，引申爲删去、除去義。《廣韻·藥韻》："削，刻削。"清朱駿聲《説文通訓定聲·小部》："削，《曲禮·金工》疏：'削，書刀也。'〔轉注〕《漢書·禮樂志》：'削則削。'注：'謂有所删去，以刀削簡牘也。'"《莊子·胠篋》："削曾、史之行，鉗楊、墨之口，攘棄仁義，而天下之德始玄同矣。"晉郭象注："削,除也。"《史記·淮南衡山列傳》："當皆免官削爵爲士伍。"

消 除去,熄滅。《説文·水部》："消,盡也。从水,肖聲。"《廣韻·宵韻》："消,滅也,盡也,息也。"《易·泰》："内君子而外小人,君子道長,小人道消也。"《孟子·滕文公下》："險阻既遠,鳥獸之害人者消,然後人得平土而居之。"漢趙岐注："水去,故鳥獸害人者消盡也。"按,唯"消"有滅義,故有"消滅"之同義聯合式合成詞。《後漢書·劉陶傳》："臣敢吐不時之義於諱言之朝,猶冰霜見日,必至消滅。"

㧕 除去。《廣韻·肴韻》："㧕,芟也。"《説文·艸部》："芟,刈艸也。"清朱駿聲《説文通訓定聲·小部》："㧕,〔假借〕爲'箭'。《東京賦》:'㧕魑魅。'薛注:'殺也。'又爲'消'。《考工·輪人》:'以其圍之阞㧕其藪。'注:'除也。'"按,"㧕"之本義,《説文》訓"撟㧕",即擇取義,然表除去義爲套用字,非假借。《後漢書·馬融傳》："㧕罔兩,拂游光。"唐李賢注："㧕,除也。"三國魏曹植《野田黄雀行》："拔劍㧕羅網,黄雀得飛飛。"

銷 熔化金屬。字亦作"焇"。《説文·金部》："銷,鑠金也。从金,肖聲。"清朱駿聲《通訓定聲》："字亦作'焇'。"《廣韻·宵韻》："銷,鑠也。焇,上同。"《史記·秦始皇本紀》："收天下兵,聚之咸陽,銷以爲鐘鐻,金人十二。"引申爲消除、消滅義。《莊子·天地》："致命盡情,天地樂,而萬事銷亡,萬物復情,此之謂混冥。"唐元結《説楚何惜王賦下》："意君王不知忠正不植,姦佞駢生,能焇殂仁惠,冒蓋聰明。"

睄 一目盲(見前第850條),目盲則其視力失滅。又有幽暗義,亦同條共貫,源流可互證之。《楚辭·九思·疾世》："日陰曀兮未光,闃睄窕兮靡睹。"漢王逸注："睄窕,幽冥也。"

〔推源〕 諸詞俱有除、滅義,爲肖聲所載之公共義。聲符字"肖"所記録語詞之本義、引申義系列與除、滅義不相涉,其除、滅義乃肖聲所載之語源義。肖聲可載除、滅義,"熄"可相證。

肖:心紐宵部;
熄:心紐職部。

雙聲,宵職旁對轉。"熄",滅火,即除去火。《説文·火部》："熄,滅火。"《孟子·告子上》："猶以一杯水救一車薪之火也;不熄,則謂之水不勝火。"引申爲消除、消滅義。清朱駿聲《説文通訓定聲·頤部》："熄,〔轉注〕《孟子》:'安居而天下熄。'按,猶寒也。'王者之跡熄'。按,猶已也。《吕覽·本味》:'名號必廢熄。'注:'滅也。'"按,朱氏所稱"轉注"實即引申。又,所引《孟子·滕文公》文漢趙岐注："安居不用辭説,則天下兵革熄也。"

(853) 梢㮵鞘鮹稍(直義)

梢 樹梢,直而上者,故引申而指竿,竿則爲直挺之物。《漢書·禮樂志》："飾玉梢以舞歌,體招摇若永望。"唐顔師古注："梢,竿也,舞者所持。玉梢,以玉飾之也。"明馮夢龍編著

《古今譚概·王褒〈買僮券〉》:"持梢牧猪。"

陗 字亦作"峭",陡直而高。《説文·阜部》:"陗,陵也。从阜,肖聲。"清朱駿聲《通訓定聲》:"斗直曰陗。《廣雅·釋詁四》:'陗,高也。'字亦作'峭'。《淮南·脩務》:'上峭山。'《史記·李斯傳》:'峭塹之勢異也。'"《廣韻·笑韻》:"陗,山峻。亦作'峭'。"按,朱氏所引《史記》文之"峭"異文作"陗"。唐玄奘《大唐西域記》卷二:"伽藍西南,深澗陗絶,瀑布飛流。"

鞘 刀劍鞘,形直之物。字亦作"鞘"。《廣韻·笑韻》:"鞘,刀鞘。鞘,上同。"《説文新附·革部》:"鞘,刀室也。从革,肖聲。"晉張協《雜詩》:"長鋏鳴鞘中,烽火列邊亭。"王重民等編《敦煌變文集》之《漢將王陵變文》:"寶劍利拔長離鞘,彫弓每每换三弦。"

鮹 煙管魚,一名"馬鞭魚",形長而直。《廣韻·宵韻》:"鮹,魚名。"又《肴韻》:"鮹,海魚,形如鞭鞘。"明李時珍《本草綱目·鱗部·鮹魚》:"形似馬鞭,尾有兩歧,如鞭鞘,故名。"馮德培、談家楨等《簡明生物學詞典·煙管魚》:"魚綱,煙管魚科。體細長,呈亞圓筒形,長達1米餘……廣布於印度洋和西太平洋,我國産於南海和東海。"

矟 長矛,長而直之物。字亦作"槊"。《廣韻·覺韻》:"矟,矛屬。《通俗文》曰:'矛丈八者謂之矟。'槊,上同。"清朱駿聲《説文通訓定聲·小部·附〈説文〉不録之字》:"矟,《廣雅·釋器》:'矟,矛也。'《釋名》:'矛長八尺曰矟。'……字亦作'槊',見《説文新附》。"晉葛洪《抱朴子·漢過》:"躉馬弄矟,一夫之勇者,謂之上將之元。"晉庾翼《與燕王書》:"今致朱漆矟弱弓一弄,丈八矟一枚。"

〔推源〕 諸詞俱有直義,爲肖聲所載之公共義。聲符字"肖"所記録語詞之本義、引申義系列與直義不相涉,其直義乃肖聲所載之語源義。肖聲可載直義,"直"可相證。

肖:心紐宵部;
直:定紐職部。

心定鄰紐,宵職旁對轉。"直",不彎曲。《玉篇·乚部》:"直,不曲也。"清朱駿聲《説文通訓定聲·頤部》:"《書》:'木曰曲直。'《易·説卦》:'巽爲繩直。'"《詩·小雅·大東》:"周道如砥,其直如矢。"

313 旱聲

(854) 峷焊(乾旱義)

峷 峷山,其名寓乾旱望雨之義。《廣韻·旱韻》:"峷,山名,在南鄭。"清朱駿聲《説文通訓定聲·乾部》:"旱,託名幖識字。《詩》:'瞻彼旱麓。'《漢書·地理志》:'漢中郡南鄭縣旱山,沱水所出,東北入漢。'曹氏曰:'旱山在梁州之地,與漢廣相近。'"清顧祖禹《讀史方輿紀要·陝西五·漢中府》："旱山,在府西南六十五里,山高聳。雲起即雨,旱歲,人以爲望,因名。一名峅山。"按,"峅"當爲"旱"之累增字。唐岑參《梁州對雨懷麴二季才》："江上雲氣黑,峅山昨夜雷。"

焊 乾旱,字亦作"暵""熯"。《廣韻·旱韻》："焊,火乾也。熯,上同。"《集韻·旱韻》："暵,乾也。或作'焊'。"《說文·火部》："熯,乾皃。"又《日部》："暵,乾也。"《易·說卦》："撓萬物者莫疾乎風,燥萬物者莫熯乎火。"唐陸德明《經典釋文》："熯,徐本作'暵'。"《周禮·春官·女巫》："旱暵則舞雩。"

〔推源〕 此二詞俱有乾旱義,爲旱聲所載之公共義。聲符字"旱"所記録語詞之本義即乾旱。《說文·日部》："旱,不雨也。"清朱駿聲《通訓定聲》："《穀梁僖十一傳》:'不得雨曰旱。'《墨子·七患》:'二穀不收謂之旱。'《洪範·五行傳》:'旱所謂常陽。'《論衡·明雩》:'久暘爲旱。'〔聲訓〕《洪範·五行傳》:'旱之爲言乾。'"然則本條二詞之乾旱義爲其聲符"旱"所載之顯性語義。又,旱聲可載乾旱義,"乾"可相證。

旱:匣紐元部;

乾:群紐元部。

疊韻,匣群旁紐。"乾",乾燥。《集韻·寒韻》："乾,燥也。"清朱駿聲《說文通訓定聲·乾部》："乾,《字林》:'乾,燥也。'《易·噬》:'嗑噬乾肉。'注:'肉堅也。'《儀禮·士冠禮》:'有乾肉折俎。'注:'脯也。'……《淮南·說山》:'漆見蟹而不乾。'注:'燥也。'……《北山經》:'是水冬乾而夏流。'"

(855) 捍戟垾銲(護衛義)

捍 捍衛,護衛。字亦作"扞""敼"。《集韻·翰韻》："扞,衛也。或作捍。"《說文·手部》："扞,忮也。"清朱駿聲《通訓定聲》："字亦作'捍'。按,楷柱之意。《莊子·大宗師》《釋文》引《說文》:'抵也。'《左文六傳》:'親帥扞之。'注:'衛也。'"《商君書·賞刑》："千乘之國,若有以捍城者,攻將凌其城。"《說文·支部》："敼,止也。从支,旱聲。《周書》曰:'敼我於艱。'"清吳玉搢《引經考》："今《書·文侯之命》作'扞'。"

戟 盾牌,護衛身體之物。《說文·戈部》："戟,盾也。从戈,旱聲。"清朱駿聲《通訓定聲》："《廣雅·釋器》:'戟,楯也。'經傳皆以'干'爲之。《周禮·司兵》'五盾'注:'干櫓之屬。'按,小者曰戟,中者曰祓,大者曰櫓,總名曰盾。竿者,所以犯人;戟者,所以自衛。"《廣韻·寒韻》："戟,戟盾。"漢揚雄《方言》卷九："盾,自關而東或謂之祓,或謂之干,關西謂之盾。"

垾 小堤,防護物;又指以堤擋水,則即護衛義。《廣韻·翰韻》："垾,小堤。"宋葉適《華文閣待制知盧州錢公墓誌銘》："溝垾牛犁,踰月皆具。"明徐光啓《農政全書·開墾》："海潮日至,淤爲沃壤。用浙人之法,築堤垾水爲田。"

663

釬 臂鎧，護臂之物。字亦作"釬""鞍"。《玉篇·金部》："釬，同釬。"《說文·金部》："釬，臂鎧也。"清朱駿聲《通訓定聲》："按，平時之臂衣曰韝，射時著左臂之拾曰遂，戰陣所著者曰釬。《管子·戒》：'弛弓脱釬。'注：'所以扞弦。'"《太平御覽》卷三百五十引《魯連子》："弦釬相第而贈矢得高焉。"《廣韻·翰韻》："鞍、射鞍，以皮鞍臂。"按，護臂之物蓋有皮製者，亦有金屬製者。

〔**推源**〕 諸詞俱有護衛義，爲旱聲所載之公共義。聲符字"旱"所記錄語詞謂乾旱，與護衛義不相涉，其護衛義乃旱聲所載之語源義。旱聲可載護衛義，"護"可證之。

旱：匣紐元部；
護：匣紐鐸部。

雙聲，元鐸通轉。"護"，救助，護衛。《廣雅·釋詁二》："護，助也。"清朱駿聲《説文通訓定聲·豫部》："《史記·蕭何世家》：'數以吏事護高祖。'……《張良傳》：'煩公卒調護太子。'注：'謂保安之。'"《後漢書·梁竦傳》："辭語連及舞陰公主，坐徙新城，使者護守。"

(856) 馯悍捍諽婼趕（强悍義）

馯 馬凶悍。《説文·馬部》："馯，馬突也。从馬，旱聲。"清朱駿聲《通訓定聲》："字亦作'駻'。《淮南·氾論》：'而御駻馬也。'"按，《玉篇·馬部》云："駻，同馯。"所引《淮南子》之"馯"異文作"駻"。《韓非子·五蠹》："如欲以寬緩之政，治急世之民，猶無轡策而御駻馬。"又《外儲説右下》："馬退而却，策不能進前也；馬駻而走，轡不能正也。"

悍 强悍字。《説文·心部》："悍，勇也。从心，旱聲。"清朱駿聲《通訓定聲》："《蒼頡篇》：'悍，桀也。'《荀子·大略》：'悍戇好鬥。'注：'兇戾也。'《漢書·賈誼傳》：'雖有悍如馮敬者。'《霍去病傳》：'誅獷悍。'《陳湯傳》：'且其人剽悍。'《吴王濞傳》：'上患吴會稽輕悍。'《梁共王買傳》：'彭離驕悍。'《匈奴傳》：'饒燕王果悍。'"《廣韻·翰韻》："悍，猛悍。"

捍 有强悍義。《韓非子·五蠹》："無私劍之捍，從斬首爲勇。"梁啓雄《淺解》："捍，借爲'悍'。"按，"捍"表强悍義無煩假借，乃本義"捍衛"之引申。凡人有膽氣、性强悍則勇於捍衛。又"捍"有堅義，堅强、强悍，義皆相通。《管子·地員》："壤土之次曰五浮，五浮之狀，捍然如米。"唐尹知章注："捍，堅貌。"又，"凶悍"亦作"凶捍"，亦爲一證。《魏書·藝術傳·劉靈助》："時幽州流民盧城人最爲凶捍，遂令靈助兼尚書，軍前慰勞之。"

諽 大言、厲言。《廣韻·旱韻》："諽，大言。"《正字通·言部》："諽，厲言也。"按，實即强悍之言。

婼 驕悍。《玉篇·女部》："婼，嫯悍也。"《廣韻·諫韻》："婼，慢也。"按，《玉篇》同部"嫯"訓"侮慢"。《廣韻》同韻："慢，倨也。"《説文·人部》："倨，不遜也。"凡人性格强悍則多傲慢，二義相成相因。

趕 猛行，動作强烈。字亦作"赶"。《正字通·走部》："趕，追逐也。今作赶。"《説文·

走部》：" 赶，舉尾走也。"清朱駿聲《通訓定聲》："謂獸畜急走，字亦作'趕'。"唐張鷟《朝野僉載》卷二："時同宿三衛子被持弓箭，乘馬趕四十餘里，以弓箭擬之，即下驟乞死。"《水滸傳》第八十回："這里官軍，恐有伏兵，不敢去趕。"

〔推源〕 諸詞俱有強悍義，爲旱聲所載之公共義。聲符字"旱"所記録語詞之本義爲乾旱，強悍、乾旱二義相殊，然或相通。旱聲可載強悍義，則"彊"可相證。

旱：匣紐元部；
彊：群紐陽部。

匣群旁紐，元陽通轉。"彊"，硬弓，引申爲强勢、强盛等義。《説文·弓部》："彊，弓有力也。"清朱駿聲《通訓定聲》："《史記·絳侯世家》：'材官引彊。'注：'如今挽彊司馬也。'〔假借〕爲'勍'。《爾雅·釋詁》：'彊，暴也。''彊，當也。'《詩·載芟》：'侯彊侯以。'傳：'彊，彊力也。'《蕩》：'曾是彊禦。'傳：'彊梁禦善也。'《書·皋（陶）謨》：'彊而義。'傳：'無所屈撓也。'……《吕覽·審時》：'其米多沃而食之彊。'注：'有勢力也。'"按，實非假借，乃引申。

(857) 稈桿（長而直義）

稈 禾莖，長而直之物。《説文·禾部》："稈，禾莖也。从禾，旱聲。《春秋傳》曰：'或投一秉稈。'秆，稈或从干。"清朱駿聲《通訓定聲》："《小爾雅·廣物》：'藁謂之稈。'《廣雅·釋草》：'稻穰謂之稈。'《説文》引《左昭廿七傳》：'或投一秉稈。'今本作'或取一秉秆焉。'"《廣韻·旱韻》："稈，禾莖。秆，上同。"《孫子·作戰》："萁秆一石，當吾二十石。"漢曹操注："秆，禾藁也。"宋孟元老《東京夢華録·外諸司》："每遇冬月，諸鄉納粟稈草，牛車闐塞道路，車尾相銜，數千萬輛不絶。"

桿 木桿，長而直之物。字亦作"杆"。《正字通·木部》："桿，俗杆字。"《集韻·寒韻》："杆，僵木也。"漢王充《論衡·變動》："旌旗垂旒，旒綴於杆，杆束則旒隨而西。"金董解元《西廂記諸宫調》卷一："話兒不提朴刀桿棒，長槍大馬。"

〔推源〕 此二詞俱有長而直義，爲旱聲所載之公共義。聲符字"旱"从干得聲，又"稈""桿"之或體作"秆""杆"，亦从干聲。甲骨文"干"象椏杈之木棒形，爲原始兵器，故有干犯義，《説文》"干"訓"犯"，即此義。木棒則爲長而直之物，"稈""桿"之長而直義爲"干"所載之顯性語義。

314　吳聲

(858) 誤/悮（違逆義）

誤 謬誤，錯誤，即違逆情理之謂。字亦作"悮"。《説文·言部》："誤，謬也。从言，吳聲。"《廣韻·暮韻》："誤，謬誤。悮，上同。"《禮記·聘義》："使者聘而誤，主君弗親饗食也。"

唐孔穎達疏："誤，謂來聘使者行聘之時禮有錯誤。"《周書·寇儁傳》："惡木之陰，不可暫息；盜泉之水，無容悮飲。"唐李靖《李衛公問對》："後世誤傳，詭設物象，何止八而已乎？"

忤 違逆。《廣韻·暮韻》："忤，逆也。"《莊子·刻意》："無所於忤，虛之至也。"唐成玄英疏："忤，逆。"按，"忤"與"逆"可構成同義聯合式合成詞。《後漢書·陳蕃傳》："附從者升進，忤逆者中傷。"按，"忤"又有交錯義，此當與謬誤、錯誤義相通，凡人之知識與情理、事實相錯位則即錯誤。《春秋元命苞》："陰陽散忤。"漢宋均注："忤，錯也。"

〔推源〕 此二詞俱有違逆義，其音亦同，疑紐雙聲，魚部疊韻，語源當同。

(859) 俁/悟（大義）

俁 字从人，所記錄語詞本謂人大，魁偉。《說文·人部》："俁，大也。从人，吳聲。"清朱駿聲《通訓定聲》："《詩·簡兮》：'碩人俁俁。'傳：'容貌大也。'按，亦重言形況字。"《廣韻·麌韻》："俁，俁俁，容皃大也。"按，亦虛化引申爲大。清陳夢雷《抒哀賦》："悔弱齡而志俁兮，神營營於天宇。"

悟 魁悟，身材高大。《集韻·模韻》："悟，魁悟，壯大皃。"唐善感《李憨碑》："容儀迥拔，奇貌魁悟。"按，魁悟字多作"梧"，或亦作"吾"，皆借字，"悟"則爲其本字。

〔推源〕 此二詞俱有大義，其音亦同，疑紐雙聲，魚部疊韻，語源當同。其"俁"字乃以吳聲載大義，聲符字"吳"从口，所記錄語詞謂大言，即大聲喧嘩義。《說文·矢部》："吳，大言也。从矢、口。"《詩·魯頌·泮水》："烝烝皇皇，不吳不揚。"漢鄭玄箋："吳，譁也。"亦引申爲大義。漢揚雄《方言》卷十三："吳，大也。"《釋名·釋兵》："盾，大而平者曰吳魁。"《廣雅·釋器》："吳魁、干，盾也。"清王念孫《疏證》："吳者，大也，魁亦盾名也。吳魁猶言大盾。"

(860) 娛/歡（歡樂義）

娛 歡娛，歡樂。《說文·女部》："娛，樂也。从女，吳聲。"清朱駿聲《通訓定聲》："《詩·出其東門》：'聊可與娛。'《周書·程典》：'諸侯不娛。'《離騷》：'夏康娛以自縱。'張景陽《詠史詩》：'朝野多歡娛。'"《廣韻·虞韻》："娛，娛樂。"按，"娛"謂歡樂，故有"歡娛""娛樂"之複音詞。

歡 歡樂。《說文·欠部》："歡，喜樂也。"《廣韻·桓韻》："歡，喜也。"《戰國策·中山策》："長平之事，秦軍大尅，趙軍大破；秦人歡喜，趙人畏懼。"漢張衡《南都賦》："接歡宴於日夜，終愷樂之令儀。"

〔推源〕 此二詞義同，其音亦相近且相通。

娛：疑紐魚部；

歡：曉紐元部。

疑曉旁紐，魚元通轉。然則出諸同一語源。

315　見聲

(861) 哯睍晛靦現（出義）

哯　吐出。《説文·口部》："哯，不歐而吐也。从口，見聲。"清朱駿聲《通訓定聲》："謂喉間不作惡而吐者。字亦作'䀏'。"《廣雅·釋詁四》："'哯，吐也。'"《廣韻·銑韻》："哯，小兒歐乳也。又不顧而吐。"《集韻·銑韻》："哯，或作䀏。"明李時珍《本草綱目·虫部·蘆蠹虫》："乳飽後哯出者爲哯乳也。"又《石部·水銀粉》："幼兒哯乳不止，服此立效。"按，《廣韻》所訓"不顧而吐"，蓋即吐口水以示鄙視之義，所謂唾棄。其義亦同條共貫。《關尹子·一字》："匆匆乎似而非也，而争之，而介之，而哯之，而噴之，而去之，而要之。"

睍　眼睛突出。《説文·目部》："睍，出目也。从目，見聲。"清桂馥《義證》："'出目也'者，《一切經音義》引作'目出貌。'《玉篇》：'睍，目出貌。'"清段玉裁注："目出貌也。依（玄）應訂。"按，"睍"即徽歙人所謂"暴眼"。

晛　日光顯出。《説文·日部》："晛，日見也。从日，从見，見亦聲。"清朱駿聲《通訓定聲》："《詩·角弓》：'見晛曰消。'傳：'晛，日氣也。'"清段玉裁注："《毛詩》'見晛曰消'，毛云：'晛，日氣也。'《韓詩》'曣晛聿消'，韓云：'曣晛，日出也。'二解義相足。日出必有温氣也。"按，"曣"謂晴朗無雲。《説文》同部："曣，星無雲也。"清段玉裁注："姚氏鼐曰：'星即姓字。'"按，日間雨除亦曰姓。無雲，謂晴而無雲也。"按，"晛"又訓日光明亮，當爲直接引申義。《廣韻·銑韻》："晛，日出好皃。"明楊基《春風行》："今朝棠梨開一花，天氣自佳日色晛。"

靦　臉上顯出慚愧神色。《説文·面部》："靦，面見也。从面、見，見亦聲。"《廣韻·銑韻》："靦，面慚。"《文選·左思〈魏都賦〉》："吳蜀二客矘然相顧，瞭然失所，有靦瞢容。"唐吕向注："靦，面慚貌。瞢，愧也。"《舊唐書·德宗紀》上："痛心靦面，罪實在予，永言愧悼，若墜泉谷。"

現　出現，顯出。《廣韻·霰韻》："見，露也。現，俗。"晉葛洪《抱朴子·至理》："（山精）或形現往來，或但聞其聲音言語。"宋黄庭堅《懷安軍金堂縣慶善院大悲閣記》："維觀世音應物現形，或至於八萬四千手眼。"

〔推源〕　諸詞俱有出義，爲見聲所載之公共義。聲符字"見"所記録語詞之本義爲看見。有所顯現方可見，故引申爲出現、顯現義。其字則爲"現"之初文。《説文·見部》："見，視也。从儿，从目。"清朱駿聲《通訓定聲》："視知形也。《禮記·大學》：'視之而不見。'〔轉注〕《廣雅·釋詁四》：'見，示也。'《易·乾》：'見龍在田。'注：'出潛離隱，故曰見。'……《韓信傳》：'情見力屈。'注：'顯露也。'"按，朱氏所云"轉注"即引申。然則本條諸詞之出義爲其聲符"見"所載之顯性語義。又，見聲可載出義，則"顯"可相證。

見：見紐元部；
顯：曉紐元部。

疊韻，見曉旁紐。"顯"，頭上之飾物，顯露在外者，故引申爲顯出、顯現義。《說文·頁部》："顯，頭明飾也。"清朱駿聲《通訓定聲》："首飾之光明也，會弁充耳之屬。〔轉注〕《廣雅·釋詁四》：'顯，明也。'《釋訓》：'顯，顯明也。'"《廣韻·銑韻》："顯，明也。"《國語·吳語》："寡君勾踐使下臣郢，不敢顯然布幣行禮。"三國吳韋昭注："顯，猶公露也。"《漢書·禮樂志》："景星顯見，信星彪列，象載昭庭，日親以察。"唐顏師古注："謂彰著而爲行列也。"

(862) 睍蜆洈峴䉓霰䀏覞(小義)

睍 怯懦小視貌。唐韓愈《鱷魚文》："刺史雖駑弱，亦安肯爲鱷魚低首下心，伈伈睍睍，爲民吏羞，以偷活於此邪！"宋朱熹校注："睍，小目兒。"按，《廣韻》"睍"字亦訓"小目兒"，或即小視義。《廣雅·釋詁一》："目，視也。"所謂"伈伈睍睍"即心恐懼而稍稍偷視之義。韓愈文之"睍"異文作"䀏"。《玉篇·人部》："伈，伈伈，恐兒。"漢揚雄《方言》卷十："凡相竊視，自江而北謂之貼，或謂之䀏。"

蜆 蝶類幼蟲，極小之物。《說文·虫部》："蜆，縊女也。从虫，見聲。"清朱駿聲《通訓定聲》："《爾雅·釋蟲》：'蜆，縊女。'注：'小黑蟲，赤頭，喜自經死。'按，即今蘇俗所謂蓑衣蟲也，吐絲自裹，有時而懸，非真死。"漢焦贛《易林·井之隨》："蜆見不祥，禍起我鄉。"按，"蜆"亦指小蛤，則爲套用字。《廣韻·銑韻》："蜆，小蛤。"《隋書·文學傳·劉臻》："性好啖蜆，以音同父諱，呼爲扁螺。"

洈 小水溝。《集韻·銑韻》："洈，小溝。"宋韓拙《論水》："夫水有緩急淺深，此爲大體也。山上有水曰洈，山下有水曰淀。"按，水性趨低，山下有水稱"淀"即積淀義。山上之水則爲小水。又，"洈"本爲水名，指小水溝，爲套用字。

峴 山小而險峻。《集韻·銑韻》："峴，一曰山小而險。或作峴。"按，"峴"爲借字。《文選·謝靈運〈從斤竹澗越嶺溪行〉》："逶迤傍隈隩，苕遞陟陘峴。"唐李善注："《聲類》曰：'峴，山嶺小高也。'"明劉基《若耶溪杳郭深居精舍》："疎窗夜深啓，孤月掛遥峴。"

䉓 米屑，細碎微小之物。《廣韻·霰韻》："䉓，粉頭䉓子。"《集韻·霰韻》："䉓，米屑。"按，"䴹"謂麥屑，"䉓""䴹"二者當爲分別文，亦俱以見聲表碎小義。

霰 小雪珠，字亦作"䨘""䨙"。《說文·雨部》："霰，稷雪也。从雨，散聲。䨘，霰或从見。"清朱駿聲《通訓定聲》："或从見聲。亦曰米雪，曰粒雪。凡地面濕熱之氣爲雲而升，則散爲雨，雨已出雲，爲寒氣凝諸雨中者爲霰……其下必在雪前。《爾雅·釋天》：'雨霰爲霄雪。'注：'水雪雜下。'失之。《詩·頍弁》：'如彼雨雪，先集維霰。'傳：'暴雪也。'薛君《韓詩章句》：'霰，霙也。'"南朝梁何遜《七召》："冬霰積庭，室靡人聲。"宋蘇軾《與黃敷言二首》："衝涉雨霰，萬萬保練。"

鋗　小鑿。《集韻·銑韻》：“銑，銑鋗，小鑿也。”《陳書·蕭摩訶傳》：“摩訶遥擲銑鋗，正中其額，應手而僕。”按，“銑鋗”當爲同義連文，《説文·金部》：“銑，小鑿。”《正字通》“鋗”訓“小矟”，義亦相通，其物亦相類。

䴚　麥屑，細碎微小之物。《玉篇·麥部》：“䴚，麥屑也。”《集韻·禡韻》：“䴚，麥屑。”清唐甄《潛書·大命》：“吴西之民，非凶歲爲䴚粥，雜以苡稈之灰，無食者見之，以爲是天下之美味也。”

〔推源〕　諸詞俱有小義，爲見聲所載之公共義。聲符字“見”所記録語詞之本義、引申義系列與小義不相涉，其小義乃見聲所載之語源義。見聲可載小義，肙聲字所記録語詞“涓”“銷”“蜎”等可相證。“涓”，細小的水流；“銷”，金屬小盆；“蜎”，蚊子之幼蟲，極小之物（見本典第四卷“321. 肙聲”）。見聲、肙聲本相近且相通。

　　　　見：見紐元部；
　　　　肙：影紐元部。

叠韻，見影鄰紐。

（863）硯垷挸（滑動義）

硯　石頭光滑，觸之則滑動。又指硯臺，磨墨之物，磨墨即往復滑動。《説文·石部》：“硯，石滑也。从石，見聲。”清朱駿聲《通訓定聲》：“《江賦》：‘緑苔鬖鬖乎研上。’以‘研’爲之。〔轉注〕後世名所以磨墨者曰硯。《釋名·釋書契》：‘硯，研也。研墨使和濡也。’”《玉篇殘卷·石部》：“硯，所以研和，以研和墨，用爲書字者也。”《廣韻·霰韻》：“硯，筆硯。”晉陸雲《與平原書》：“筆亦如吴筆，硯亦爾。”唐李賀《楊生青花紫石硯歌》：“圓毫促點聲静新，孔硯寬頑何足云。”

垷　涂泥，往復滑動。《説文·土部》：“垷，涂也。从土，見聲。”清朱駿聲《通訓定聲》：“謂黝堊墻屋也……《廣雅·釋室》：‘垷，塗也。’”按，“釋室”當作“釋宫”。《廣韻·銑韻》：“垷，塗泥。”

挸　揩拭，往復滑動。《廣雅·釋詁二》：“挸，拭也。”清王念孫《疏證》：“‘挸’者，《玉篇》：‘與㨉同，拭面也。’”《廣韻·銑韻》：“挸，同㨉。”《集韻·銑韻》：“挸，《博雅》：‘拭也。’或作㨉。”

〔推源〕　諸詞俱有滑動義，爲見聲所載之公共義。聲符字“見”所記録語詞之本義、引申義系列與滑動義不相涉，其滑動義乃見聲所載之語源義。見聲可載滑動義，“滑”可證之。

　　　　見：見紐元部；
　　　　滑：匣紐物部。

見匣旁紐，元物旁對轉。“滑”，滑溜，不澀而易動。《説文·水部》：“滑，利也。”清朱駿聲《通訓定聲》："《周禮·瘍醫》：'以滑養竅。'注：'凡諸滑物通利往來似竅。'……《素問·六節藏象論》：'夫脈之大小，滑濇浮沉。'注：'滑者，往來流利。'"按，凡"滑行""滑冰""打滑"之"滑"皆滑動義。

(864) 梘絸（中空義）

梘 通水的竹木管，中空之物。字亦作"筧"。《集韻·銑韻》：""筧，通水器。或從木。"《廣韻·銑韻》：""筧，以竹通水。"唐白居易《錢唐湖石記》：""錢唐湖一名上湖，周迴三十里，北有石函，南有筧，凡放水溉田，每減一寸，可溉十五餘頃。"宋楊萬里《桑茶坑道中》八首之五："溪面祇消橫一梘，水從空裏過如飛。"按，徽歙舊式房屋承接屋檐水之管道亦稱"水梘"。

絸 蠶繭，中空之物。《說文·糸部》："繭，蠶衣也。絸，古文繭。"《廣韻·銑韻》："絸，古文繭。"唐李敬方《題黃山湯院》："氣燠勝重絸，風和敵一尊。"宋劉蒙山《春日田雜興》："村婦祈蠶分斸絸，老農占歲說泥牛。"

〔推源〕 此二詞俱有中空義，爲見聲所載之公共義。聲符字"見"所記錄語詞之本義、引申義系列與中空義不相涉，其中空義乃見聲所載之語源義。見聲可載中空義，"糠"可相證。

見：見紐元部；

糠：溪紐陽部。

見溪旁紐，元陽通轉。"糠"，穀皮，中空之物。《類篇·米部》："糠，穀皮也。"《呂氏春秋·審時》："大粒無芒，摶米而薄糠，舂之易而食之香。"宋蘇軾《少年遊》："伶倫不見，清香未吐，且糠粃吹揚。"

316 助聲

(865) 耡/佐（相助義）

耡 稅法名，本寓民相助作之義，因引申爲相助義。《說文·耒部》："耡，商人七十而耡。耡，耤，稅也。从耒，助聲。《周禮》曰：'以興耡利萌。'"清朱駿聲《通訓定聲》："《旅師》：'耡粟，屋粟，閑粟。'《孟子》：'殷人七十而助。'《考工·匠人》注作'莇'。〔轉注〕《周禮·里宰》：'以歲時合耦於耡。'注：'若今街彈之室。'疏：'漢時在街置室，檢彈一里之民，於此合耦，使相佐助，因放而名焉。'"按，朱氏所引《周禮·地官·旅師》文漢鄭玄注："耡粟，民相助作，一井之中，所出九夫之稅粟也。"又，所引《周禮·考工記·匠人》之"莇"漢鄭玄注云："莇者，借民之力以治公田，又使收斂焉。"《周禮·地官·遂人》："教甿稼穡以興耡，利甿以時器。"唐賈公彥疏："耡，助也，興起其民以相佐助。"

佐 相助。初文作"左"。《說文·左部》："左，手相左助也。"清朱駿聲《通訓定聲》："俗字作'佐'。《周禮·天官》:'以佐王均邦國。'《田僕》:'掌佐車之政。'注:'副也。'《禮記·少儀》:'乘貳車則式,左車則否。'注:'副車也,朝祀之副曰貳,戎獵之副曰佐。'"《詩·小雅·六月》:"王於出征,以佐天子。"

〔推源〕 此二詞俱有相助義,其音亦相近且相通。

耡:崇紐魚部;

佐:精紐歌部。

崇(牀)精準旁紐,魚歌通轉。則其語源相同。按,"耡"字乃以助聲載相助義,聲符字"助"所記錄語詞之本義即相助。《説文·力部》:"助,左也。"清朱駿聲《通訓定聲》:"《爾雅·釋詁》:'勴也。'《小爾雅·廣詁》:'佐也。'……《論語》:'非助我者也。'孔注:'猶益也。'"《詩·小雅·車攻》:"射夫既同,助我舉柴。"然則"耡"之相助義爲其聲符"助"所載之顯性語義。

(866) 鋤/誅(去除義)

鋤 鋤頭,除草工具。《廣韻·魚韻》:"鋤,同鉏。""鉏,田器。《釋名》曰:'鉏,助也,去穢助苗也。'《説文》曰:'立薅斫也。'"《尚書大傳》卷五:"穋鋤已藏,祈樂已入,歲事已畢,餘子皆入學。"引申爲鋤去雜草義。《楚辭·卜居》:"寧誅鋤草茅以力耕乎?將遊大人以成名乎?"又引申爲去除義。《廣韻·魚韻》:"鋤,誅也。"《漢書·異姓諸侯王表》:"内鋤雄俊,外攘胡粤。"唐韓愈《原道》:"爲之刑,以鋤其強梗。"

誅 討伐,殺滅,引申爲去除義。《説文·言部》:"誅,討也。从言,朱聲。"清朱駿聲《通訓定聲》:"《白虎通》:'誅伐,誅猶責也。'……《禮記·曲禮》:'齒路馬有誅。'注:'罰也。'又《晉語》:'小國傲,大國入焉,曰誅。'〔假借〕爲'殊'。《廣雅·釋詁一》:'誅,殺也。'《秦策》:'使復姚賈而誅韓非。'《淮南·時則》:'阿上亂法曰誅。'《易·雜卦傳》:'明夷誅也。'荀注:'誅,滅也。'《晉語》:'故以惠誅怨。'注:'誅,治也。'《荀子·仲尼》:'文王誅四。'注:'誅者,討伐殺戮之名。'"按,"誅"表討伐、殺戮義無煩假借,金文"誅"字从戈作"𢦏"。蓋討伐以兵,故其字从戈;討伐亦以言責之,故其字从言作"誅",且有指責、責備之義。又,殺戮則去除之,其義同條共貫。朱氏所引《國語·晉語六》文三國吳韋昭注:"誅,除也。"《史記·秦始皇本紀》:"誅亂除害,興利致福。"《後漢書·竇武傳》:"武既輔朝政,常有誅翦宦官之意。"

〔推源〕 此二詞俱有去除義,其音亦相近且相通。

鋤:崇紐魚部;

誅:端紐侯部。

崇(牀)端鄰紐,魚侯旁轉。則其語源同。其"鋤"字乃以助聲載去除義,助聲字"耡"亦可表去除義。宋范成大《吳船錄》卷下:"余囑主僧法才作亭,名曰過溪,呼山夫耡治作址。"

清龔自珍《己亥雜詩》三百一十五首之一百二十:"香蘭自判前因誤,生不當門也被耡。"又,古者常以"耡"爲"鋤",清朱駿聲以爲"耡"即"鉏"之或體。"鉏"則爲"鋤"之初文。按"耡"之本義爲税法名,其字从耒,耒爲田器,表鋤頭、去除義,乃套用字。"鋤""耡"俱以助聲載去除義,聲符字"助"从力,所記録語詞謂相助,與去除義不相涉,其去除義乃助聲另載之語源義。

317　里聲

(867) 裏埋梩㾄(内義)

裏　衣之内層。字亦作"裡"。虚化引申爲内義。《説文·衣部》:"裏,衣内也。从衣,里聲。"清朱駿聲《通訓定聲》:"衣外曰表。《穀梁宣九傳》注:'襦在裏也。'〔轉注〕《素問·至真要大論》:'裏急暴痛。'注:'腹脅之内也。'"按,所謂"轉注"即引申。《廣韻·止韻》:"裏,中裏。"《左傳·僖公十八年》:"若其不捷,表裏山河必無害也。"晉杜預注:"晉國外山而内河。"宋曾慥《類説》卷十五:"鸜鵒樓頭日暖,蓬萊殿裡花香。"

埋　置物於土内。《玉篇·土部》:"埋,瘞也。"《廣韻·皆韻》:"埋,瘞也,藏也。"《説文·土部》:"瘞,幽薶也。"按,"薶"及"貍"多借作"埋"。《儀禮·聘禮》:"又入取幣降,卷幣實於笲,埋於西階東。"《左傳·昭公十三年》:"乃與巴姬埋璧於大室之庭。"

梩　插入土内以挖掘之器,字亦作"相"。《説文·木部》:"相,臿也。从木,目聲。梩,相或从里。"清朱駿聲《通訓定聲》:"《方言》五:'臿,東齊謂之梩。'《周禮·薙氏》:'冬日至,而耜之。'注:'耜之,以耜側凍土劃之。'《鄉師》注:'一梩一鍬。'"按,"耜"爲"相"之或體。《孟子·滕文公上》:"蓋歸反虆梩而掩之。"漢趙岐注:"虆、梩,籠臿之屬,可以取土者。"按,"臿"之後起字作"鍤",插入字作"插",則"鍤"之名寓插入義。"梩"之名亦寓入於内裏之義。

㾄　憂,心内之病。字亦作"悝"。《爾雅·釋詁下》:"㾄,病也。"宋邢昺疏:"舍人云:'㾄,心憂懆之病也。'"又:"悝,憂也。"《廣韻·灰韻》:"悝,病也,憂也。"《詩·大雅·雲漢》"瞻卬昊天,云如何里"唐陸德明《釋文》:"里,如字,憂也。本亦作'㾄',《爾雅》作'悝',並同。"

〔推源〕　諸詞俱有内義,爲里聲所載之公共義。聲符字"里"所記録語詞謂故里,引申爲内裏義。《説文·里部》:"里,居也。从田,从土。"清朱駿聲《通訓定聲》:"《漢書·食貨志》:'在野曰廬,在邑曰里。'《周禮·遂人》:'五家爲隣,五隣爲里。'《詩·將仲子》:'無踰我里。'傳:'二十五家爲里。'〔假借〕又爲'裏'。《素問·刺腰痛篇》:'肉里之脈。'注:'裏也。'"按,"里"表内義非假借,當爲引申。人在故里,即不在外,"里"與"外"相對待。至里聲可載内義,則"内"可證之。

里:來紐之部;
内:泥紐物部。

來泥旁紐,之物通轉。"內",納入,即入其内,引申爲内里義,與"外"相對待。《説文·入部》:"内,入也。从口,自外而入也。"清朱駿聲《通訓定聲》:"《禮記·月令》:'無不務内。'注:'謂收斂入之也。'〔轉注〕《廣雅·釋言》:'裏也。'《莊子·内篇》《釋文》:'内者,對外立名。'《周禮》内宰、内司服、内小臣,皆宫中官。《槁人》:'掌共外内朝穴食者之食。'《閽人》:'凡外内命夫命婦出入。'"

318　甹聲

(868) 俜騁(放任義)

俜　任性,放任。字亦作"僫""竮",而皆从甹聲。《説文·人部》:"俜,使也。从人,甹聲。"清桂馥《義證》:"讀如使酒之使。"清朱駿聲《通訓定聲》:"鍇本:'俠也。'按,三輔謂輕財者爲俜。"按,輕財即任俠,漢許慎、南唐徐鍇所訓不悖。《字彙·人部》:"僫,使也。"《正字通·人部》:"僫,俗俜字。"《類篇·立部》:"竮,使也。"

騁　奔馳。《説文·馬部》:"騁,直馳也。从馬,甹聲。"清朱駿聲《通訓定聲》:"《廣雅·釋室》:'騁,犇也。'《詩·節南山》:'蹙蹙靡所騁。'……《左成十六傳》:'騁而左右何也?'注:'走也。'《定八傳》:'及衢而騁。'注:'馳也。'"引申爲放縱、放任義。《莊子·天地》:"時騁而要其宿,大小、長短、脩遠。"晉郭象注:"皆恣而任之,會其所極而已。"唐成玄英疏:"騁,縱也。"漢蔡邕《檢逸賦》:"書騁情以舒愛,夜託夢以交靈。"

〔推源〕　此二詞俱有放任義,爲甹聲所載之公共義。聲符字"甹"所記錄語詞本有任俠義。《説文·丂部》:"甹,亟詞也。从丂,从由。或曰:甹,俠也。三輔謂輕財者爲甹。"甹聲可載放任義,則"放"可證之。

甹:滂紐耕部;

放:幫紐陽部。

滂幫旁紐,耕陽旁轉。"放",放逐。《説文·放部》:"放,逐也。"清朱駿聲《通訓定聲》:"《周禮·大司馬》:'放弑其君則殘之。'《左襄二十九傳》:'放其大夫。'注:'宥之以遠。'"引申之,則有放棄、放任義。《小爾雅·廣言》:"放,棄也。"《廣雅·釋言》:"放,妄也。"《孟子·滕文公下》:"湯居亳,與葛爲鄰,葛伯放而不祀。"漢趙岐注:"放縱無道,不祀先祖。"宋司馬光《答景仁論養生及樂書》:"朝夕出入起居,未嘗不在禮樂之間,以收其放心,檢其慢志,此禮樂之所以爲用也。"又,"放浪""放縱""放蕩"之"放"皆放任義。

(869) 聘娉(問義)

聘　問候,訪問。《説文·耳部》:"聘,訪也。从耳,甹聲。"南唐徐鍇《繫傳》:"訪問之以耳也。"清朱駿聲《通訓定聲》:"《爾雅·釋言》:'聘,問也。'《詩·采薇》:'靡使歸聘。'《周禮·占夢》：'季冬聘王夢。'"《廣韻·勁韻》："聘,聘問也,訪也。"《吕氏春秋·季春紀》："勉諸侯,聘名士,禮賢者。"漢高誘注："聘,問之也。"

娉 論婚時男方請媒人問女方名字及出生時間。《説文·女部》："娉,問也。从女,甹聲。"清朱駿聲《通訓定聲》："《荀子·富國》：'婚姻娉内送逆無禮。'注：'問名也。'"《史記·滑稽列傳》："當其時,巫行視小家女好者,云是當爲河伯婦,即娉取。"《北史·列女傳·涇州貞女兒氏》："涇州貞女兒氏者,許嫁彭老生爲妻,娉幣既畢,未及成禮……老生輒往逼之。女曰：'與君娉命雖畢,二門多故,未及相見,何由不稟父母,擅見陵辱！'"

〔推源〕 此二詞俱有問義,爲甹聲所載之公共義。聲符字"甹"所記録語詞與問義不相涉,其問義乃甹聲所載之語源義。甹聲可載問義,"訪"可證之。

甹：滂紐耕部；
訪：滂紐陽部。

雙聲,耕陽旁轉。"訪",諮詢,問事。《説文·言部》："訪,汎謀曰訪。"南唐徐鍇《繫傳》："謂廣問於人也。"清朱駿聲《通訓定聲》："《書·洪範》：'王訪於箕子。'"按,所引《書》文唐孔穎達疏："武王訪問於箕子,即陳其問辭。"《左傳·昭公元年》："僑聞之,君子有四時,朝以聽政,晝以訪問,夕以脩令,夜以安身。"

(870) 聘伻（派遣義）

聘 訪問（見前條）,引申之,則指諸侯派遣使者訪問其他諸侯國,亦指天子派遣使者訪問諸侯。清朱駿聲《説文通訓定聲·鼎部》："聘,〔轉注〕《禮記·曲禮》：'諸侯使大夫問於諸侯曰聘。'《周禮·大行人》：'凡諸侯之邦交,歲相問也,殷相聘也。'《儀禮·聘禮記》：'久無事則聘焉,此常制也。'《左昭三傳》：'三歲而聘。'《十三傳》：'歲聘以志業。'《禮制·王制》：'比年一小聘,三年一大聘,此春秋時交伯主之制也。'又《周禮·大宗伯》：'時聘曰問,殷頫曰視。'注：'時聘無常期,天子有事乃聘之殷頫,謂一服朝之歲,諸侯乃使卿以大禮衆聘焉,在元年、七年、十一年。'"

伻 派遣,亦指使者,即接受派遣之人。《説文·亻部》："伻,使也。从亻,誩聲。"清朱駿聲《通訓定聲》："按,从亻、从言,會意,甹亦聲。字亦作'伻'。《書·洛誥》：'伻來來。'漢鄭玄注：'使二人也。'《多方》：'乃伻我有夏。'"《廣韻·青韻》："伻,使也。"沈兼士《聲系》："案'伻',《説文》：'誩聲。'今从段玉裁注作'甹聲'。"按,《説文》無"誩"字,清王筠《説文釋例》云許書通例"非字者不出於説解"。大徐本《説文》"伻,誩聲"殆非許書原文。《廣韻·耕韻》："伻,使人。"宋王安石《謝東府賜筵表》："發使禁闥之中,伻視魏闕之下。"

〔推源〕 此二詞俱有派遣義,爲甹聲所載之公共義。聲符字"甹"所記録語詞與派遣義不相涉,其派遣義乃甹聲所載之語源義。甹聲可載派遣義,"派"可證之。

粤：滂紐耕部；

派：滂紐錫部。

雙聲，耕錫對轉。"派"，水之支流，斜出者。《説文·水部》："派，別水也。"唐張喬《宿江叟島居》："數派分潮去，千檣聚月來。"引申之，則有派衍、流派、分配等義，又引申爲派出、派遣義。《三國演義》第三十九回："孔明遂聚集衆將聽令……派撥已畢，玄德亦疑惑不定。"《清史稿·選舉志六》："咸豐二年，黑龍江將軍英隆以俄兵窺伺，派將弁扼守要隘。"

(871) 娉俜（美好義）

娉 美女，美好。《字彙·女部》："娉，娉婷，美貌。"按，"娉婷"可分訓。《玉篇·女部》："婷，和色也。"漢辛延年《羽林郎》："不意金吾子，娉婷過我廬。"王重民等編《敦煌變文集》之《破魔變文》："東隣美女，實是不如；南國娉人，酌然不及。"

俜 美好，亦指美女。宋蘇軾《芙蓉城》："珠簾玉案翡翠屏，雲舒霞卷千俜停。"明湯顯祖《還魂記·詰病》："因何瘦壞了玉俜停，你怎生觸損了他嬌情性？"

〔推源〕 此二詞俱有美好義，爲甹聲所載之公共義。聲符字"甹"所記録語詞與美好義不相涉，其美好義乃甹聲所載之語源義。甹聲可載美好義，"美"可證之。

甹：滂紐耕部；

美：明紐脂部。

滂明旁紐，耕脂通轉。"美"，甲骨文象人飾羊首形。《説文·羊部》："美，甘也。從羊，從大。"按，"美"爲會意字不誤，然許氏所訓爲引申義。"美"之本義當爲裝飾之美，"義"謂己之威儀，後起字作"儀"，"䔽"指以吉言對講，其字後世作"善"。蓋皆羊圖騰之遺迹。"美"，基本義爲美好則無疑。《詩·邶風·静女》："匪女之爲美，美人之貽。"漢焦贛《易林·剝之晉》："虞夏美功，要荒賓服。"

319 足聲

(872) 促趚䞒蹜（小義）

促 有迫促、縮減義（見後第874條），引申爲小義。《後漢書·酈炎傳》："大道夷且長，窘路狹且促。"《三國志·魏志·袁紹傳》："良性促狹，雖驍勇不可獨任。"南朝宋劉義慶《世説新語·言語》："江左地促，不如中國。"

趚 趚趚，局小貌。《廣韻·屋韻》："趚，趚趚，局小皃。"《文選·張衡〈東京賦〉》："狹三王之趚趚，軼五帝之長驅。"唐薛綜注："趚趚，局小貌也。"按，"趚趚"二字皆從走，亦謂小步，當爲其本義，"局小皃"之義則爲引申義。《集韻·燭韻》："趚，趚趚，小步。"唐李賀《摩多樓子》："曉氣朔煙上，趚趚胡馬蹄。"

荳　小豆。《玉篇·豆部》：“荳,小豆名。”《廣韻·屋韻》：“荳,小豆。”

齪　小心,謹小慎微。其字亦作“齱”,左形右聲。《玉篇·齒部》：“齪,亦作齱。”《廣韻·屋韻》：“齪,廉謹皃。”《新唐書·杜牧傳》：“牧剛直有奇節,不爲齱齱小謹,敢論列大事,指陳病利尤切至。”明方以智《書壽明〈粵行紀〉後一百二十四韻》：“偶儻非常流,齪齪所不屑。”

〔推源〕　諸詞俱有小義,爲足聲所載之公共義。聲符字“足”所記録語詞謂人之下肢。《說文·足部》：“足,人之足也。”《左傳·文公十三年》：“履士會之足於朝。”此本義及引申義系列皆與小義不相涉,其小義乃足聲所載之語源義。足聲可載小義,“小”可證之。

足：精紐屋部；
小：心紐宵部。

精心旁紐,屋宵旁對轉。“小”,大小字,與“大”相對待。《說文·小部》：“小,物之微也。从八,丨見而分之。”《詩·小雅·吉日》：“發彼小豝,殪此大兕。”《書·康誥》：“怨不在大,亦不在小。”按,“小”字象小沙點形,許慎之形體分析不確,蓋篆文形體已訛變。

(873) 娖齪䞈(整齊義)

娖　整齊。宋梅堯臣《寄題知儀州太保蒲中書齋》：“他年不按清商樂,亦莫學種東陵瓜。老繫戰馬向庭下,廚架整娖齊籤牙。”清徐元潤《銅仙傳》：“内圍方矩,書十二支,篆法整娖,欸式與《博古圖》同。”清趙翼《讀書苦忘以詩自嘆》：“整娖牙籤奈老何,光陰漸少書正多。”按,“娖”有整頓、整理義,凡物整理則齊,故引申爲整齊義。

齪　或作“齱”。有持整義。《漢書·申屠嘉傳》：“皆以列侯繼踵,齪齪廉謹,爲丞相備員而已。”唐顏師古注：“齪齪,持整之貌也。”按,實即嚴謹、整齊義,“齪齪”爲“廉謹”之修飾語,《廣韻》“齱”正訓“廉謹皃”。“齱”又有整治使整齊義。《宋史·禮志二十四》：“重鼓三,馬軍下步,步人齱落旗槍,皆應規矩。”

䞈　整齊。《廣韻·屋韻》：“䞈,齊也。”沈兼士《聲系》：“案‘䞈’,《切韻》作‘跾’。”《集韻·屋韻》：“䞈,等齊也。”《改併四聲篇海·足部》引《餘文》：“跾,廉謹皃。”所訓與整齊義相通。清朱駿聲《說文通訓定聲·需部·附〈說文〉不録之字》：“䞈,《廣雅·釋詁四》：‘䞈,齊也。’”按,朱氏所引《廣雅》文清王念孫《疏證》：“今俗語謂整齊爲整䞈。”

〔推源〕　諸詞俱有整齊義,爲足聲所載之公共義。聲符字“足”所記録語詞之本義、引申義系列與整齊義不相涉,其整齊義乃足聲所載之語源義。足聲可載整齊義,“整”可證之。

足：精紐屋部；
整：章紐耕部。

精章(照)准雙聲,屋耕旁對轉。“整”,本義即整齊。《說文·攴部》：“整,齊也。从攴,从束,从正,正亦聲。"清朱駿聲《通訓定聲》:"从敕,正聲。許書無敕部,故附支部。《禮記・月令》:'整設於屏外。'注:'正列也。'《吕覽・簡選》:'行陣整齊。'注:'周旋進退也。'《淮南・覽冥》:'爲整齊爲斂諧。'注:'不差也。'"按,"整"字之形體結構當依清王筠《句讀》説:"从敕,从正,正亦聲。"凡物多正列而不亂則整齊。

(874) 捉促趗(迫促義)

捉 迫促。清朱駿聲《説文通訓定聲・需部》:"捉,《莊子・庚桑楚》:'内韄者不可繆而捉,將外揵。'〔聲訓〕《釋名・釋姿容》:'捉,促也,使相促及也。'"按,所引《莊子》文唐陸德明《釋文》:"'捉',崔作'促',云迫促也。"《宋元話本集・鄭意娘傳》:"思厚是夜與周義捉足而卧。"

促 迫促,急速。《説文・人部》:"促,迫也。从人,足聲。"清朱駿聲《通訓定聲》:"字亦作'趨'。《廣雅・釋詁三》:'促,近也。'〔聲訓〕《漢書・高帝紀》注:'促,速也。'"按,《説文新附》"趨"亦訓"迫"。《廣雅》所訓"近"即迫近義,亦相通。《廣韻・燭韻》:"促,近也,速也,迫也。"《三國志・魏志・武帝紀》:"(操)令軍中促爲攻具,進復攻之,與布相守百餘日。"《宋史・潘美傳》:"李煜危甚,遣徐鉉乞緩師,上不之省,仍詔諸將,促令歸附。"

趗 迫促。字亦作"歨",下形上聲。《玉篇・走部》:"趗,迫也,速也。"《廣韻・燭韻》:"趗,趗速。"清朱駿聲《説文通訓定聲・需部》:"《(廣雅)釋詁一》:'歨,急也。'"

〔推源〕 諸詞俱有迫促義,爲足聲所載之公共義。聲符字"足"所記録語詞謂人足,人行以足,時或急行,其義當相通。足聲可載迫促義,則"蹙"可相證。

足:精紐屋部;
蹙:精紐覺部。

雙聲,屋覺旁轉。"蹙",緊迫,迫促。《釋名・釋姿容》:"蹙,道也,道迫之也。"《説文新附・足部》:"蹙,迫也。从足,戚聲。"《詩・小雅・小明》:"曷云其還,政事愈蹙。"漢毛亨傳:"蹙,促也。"唐元稹《琵琶歌》:"去年御史留東臺,公私蹙促顔不開。"

(875) 浞/濡(沾濕義)

浞 沾濕。《説文・水部》:"浞,濡也。从水,足聲。"清朱駿聲《通訓定聲》:"《廣雅・釋詁二》:'漬也。'《詩・信南山》:'既霑既足。'以'足'爲之。"按,"足"爲借字。《廣雅》所訓"漬"亦浸潤、沾濕義。《廣韻・真韻》:"漬,浸潤。"又《覺韻》:"浞,水濕。"漢焦贛《易林・大過之隨》:"瀺瀺浞浞,塗泥至轂。"

濡 水名。亦有沾濕義,爲套用字。《集韻・虞韻》:"濡,霑溼也。"清朱駿聲《説文通訓定聲・需部》:"濡,〔假借〕爲需溼之需。《廣雅・釋詁二》:'漬也。'《易》:'賁如濡如。'《詩》:'濟盈不濡軌。''羔裘如濡。''六轡如濡。'皆潤澤之皃。《禮記・祭義》:'春雨露既濡。'《喪大記》:'濡濯棄於坎。'《曲禮》:'濡肉齒決。'"按,"濡"字从水,表沾濕義,無煩假借。

〔推源〕　此二詞俱有沾濕義，其音亦相近且相通。

泦：精紐屋部；

濡：日紐侯部。

精日鄰紐，屋侯對轉。其語源同。漢許慎以"濡"釋"泦"，實乃以同源詞相訓。

320　困聲

(876) 稇捆綑梱(混合義)

稇　以繩索捆扎，使物相混合成束。其字或誤作"稛"。《説文·禾部》："稇，絭束也。从禾，困聲。"清朱駿聲《通訓定聲》作"稛"，並云："或作从困聲，誤。《齊語》：'稇載而歸。'注：'絭也。'……《方言》三：'稇，就也。'《廣雅·釋詁三》：'稇，束也。'皆誤作'稛'。"宋梅堯臣《途中寄上尚書晏相公二十韻》："再拜膝前荷勤誨，垂橐稇載歸忘饑。"明徐光啓《農政全書·農事》："田家刈畢，稇而束之。"

捆　捆綁，捆扎，使物混合成束。《集韻·混韻》："捆，齊等也。"《吕氏春秋·士節》："齊有北郭騷者，結罘罔，捆蒲葦，織萉屨，以養其母。"引申爲束義，爲量詞。束即混合體。宋趙叔向《肯綮録·俚俗字義》："草束曰捆。"按，他物之束亦稱"捆"，今語猶然。清文康《兒女英雄傳》第三十一回："裏面包着三寸來長的一捆小箭兒。"

綑　編織，使物混合成一體。《集韻·混韻》："綑，織也。"《墨子·非樂上》："婦人夙興夜寐，紡績織紝，多治麻絲葛緒，綑布縿，此其分事也。"引申之，亦指捆扎，用法同"捆"。

梱　門框，亦指未劈開的大木頭，則爲套用字。按，木未析判，則爲囫圇渾一之物，此與上述諸詞之義微殊，然相通，俱以困聲載之，語源則同。《爾雅·釋木》："髡，梱。"清郝懿行《義疏》："與'楎'聲義近。"《説文·木部》："梱，梡木未析也。"清王筠《句讀》："梡、梱之音與'渾沌'近，故以'未析'通釋之。"

〔推源〕　諸詞俱有混合義，爲困聲所載之公共義。聲符字"困"象門限形，所記録語詞與混合義不相涉，其混合義乃困聲所載之語源義。困聲可載混合義，"混""合"皆可相證。

困：溪紐文部；

混：匣紐文部；

合：匣紐緝部。

溪匣旁紐，文緝通轉。"混"，混雜的大水。《説文·水部》："混，豐流也。"《集韻·混韻》："混，雜流。"北魏酈道元《水經注·漸江水》："其水分納衆流，混波東逝。"虛化引申爲混合、混雜義。《老子》第十四章："此三者不可致詰，故混而爲一。"河上公注："混，合也。"《後漢書·皇后紀上·和熹鄧皇后》："華夏樂化，戎狄混並。""合"，相合。《説文·亼部》："合，亼口也。"《廣韻·合韻》："合，合同。"按，漢許慎所訓蓋爲形體造意。《禮記·禮運》："後聖有作，然後脩火之利，范金合土，以爲臺榭、宮室、牖户。"《南史·隱逸傳下·鄧郁》："梁武帝敬信殊篤，爲帝合丹。"按，"合丹"即混合諸藥調爲丹藥。

(877) 頹齫（脱落義）

頹 頭髮脱落殆盡。字亦作"頯"，亦訛作"頹"。《玉篇·頁部》："頹，無髮也。"《廣韻·魂韻》："頹，頹頯。""頯，頹頯，秃也。"《正字通·頁部》："頹，本作'頹'。"《説文·頁部》："頹，無髮也。"清朱駿聲《通訓定聲》："頹，無髮也……字或誤從困。《玉篇》亦作'頯'。"《切韻·恩韻》："頯，秃也。"

齫 牙齒脱落。字或作"齭"，亦訛作"齫"。《正字通·齒部》："齫，同齭。俗省作'齫'。"《説文·齒部》："齭，無齒也。"清朱駿聲《通訓定聲》："《韓詩外傳》：'太公年七十二，齭然而齒墮矣。'"《廣韻·吻韻》："齭，無齒。齫，同齭。"《荀子·君道》："夫人行年七十有二，齫然兩齒墮矣。"清汪价《三儂贅人廣自序》："好齰齘剛物，未六十而齫然落其二。"

〔推源〕 此二詞俱有脱落義，爲困聲所載之公共義。聲符字"困"所記録語詞與脱落義不相涉，其脱落義乃困聲所載之語源義。困聲可載脱落義，"隕"可證之。

困：溪紐文部；
隕：匣紐文部。

疊韻，溪匣旁紐。"隕"，墜落。《説文·阜部》："隕，從高下也。"清朱駿聲《通訓定聲》："《爾雅·釋詁》：'隕，墜也。''隕，落也。'《易·姤》：'有隕自天。'《詩·氓》：'其黃而隕。'《左僖十六傳》：'隕石於宋五，隕星也。'《周語》：'馴而見隕霜。'"

321 肙聲

(878) 蜎涓鋗（小義）

蜎 孑孓，蚊之幼蟲，極小之物。《説文·虫部》："蜎，蜎也。从虫，肙聲。"清王筠《句讀》、清段玉裁注俱作"蜎，肙也"。清朱駿聲《通訓定聲》："蜎，肙也。按，即'蜎'之或體。"《廣韻·獮韻》："蜎，《爾雅》曰：'蜎，蠉。'郭璞云：'井中小蛣蟩，赤蟲。一名孑孓。'"沈兼士《聲系》："'孑孓，郭注原作'孑孒'。"《莊子·秋水》："還虷蟹與科斗，莫吾能若也。"唐陸德明《經典釋文》："虷，音寒。井中赤蟲也，一名蜎。"

涓 《説文·水部》："涓，小流也。从水，肙聲。《爾雅》曰：'汝爲涓。'"清段玉裁注："見《釋水》，亦大水溢出別爲小水之名也。"清朱駿聲《通訓定聲》："《海賦》：'涓流泱瀁。'《江賦》：'商搉涓澮。'《廣雅·釋訓》：'涓涓，流也。'《射雉賦》：'泉涓涓而吐溜。'"按，所引《文選·郭璞〈江賦〉》文唐李善注："涓澮，小流也。"《後漢書·酷吏傳·周紆》："夫涓流雖寡，浸成江河;爝火雖微,卒能燎野。"

鋗 小盆,亦指小鍋。《説文·金部》:"鋗,小盆也。从金,肙聲。"清朱駿聲《通訓定聲》:"《廣雅·釋器》:'鋗謂之銚。'《急就篇》:'銅鍾鼎鋞(鋞)鋗鍑銚。'顔注:'鋗,温器也。'《博古圖》有漢梁山鋗,容二斗,重十斤,元康元年造。《漢書·李廣傳》:'不擊刁斗自衛。'注:'鋗即銚也。'按,皆釜之有鐶者。"《廣韻·先韻》:"鋗,銅銚。"按,今徽歙人猶稱煮飯之大鍋爲"鍋",而稱炒菜之小鍋爲"銚"。肙聲字所記録語詞"挑""麸""魷""靴""玬"等俱有小義。又,漢許慎所訓,亦非無據。宋張世南《遊宦紀聞》卷五:"古器之名則有……盤、洗、盆、鋗。"明方以智《通雅·古器》:"盤、洗、盆、鋗,類洗。"《儀禮·士冠禮》"設洗直於東榮"漢鄭玄注:"洗,承盥洗者棄水器也。"

〔**推源**〕 諸詞俱有小義,爲肙聲所載之公共義。聲符字"肙"本爲"蜎"之初文。《説文·肉部》:"肙,小蟲也。"清朱駿聲《通訓定聲》:"即'蜎'之古文。"然則本條諸詞之小義爲其聲符"肙"所載之顯性語源義。肙聲可載小義,則"楬"可證之。

肙:影紐真部;

楬:群紐月部。

影群鄰紐,真月旁對轉。"楬",用作標志的小木樁。《説文·木部》:"楬,楬桀也。"《周禮·秋官·蠟氏》:"若有死於道路者,則令埋而置楬焉。"漢鄭玄注:"楬,欲令其識取之,今時楬櫫是也。"《廣雅·釋宫》:"楬,杙也。"按,"杙"即繫牲之小木樁。曷聲字"蝎"謂木中小蟲,"褐"指粗布短衣,"廅"謂房屋窄小,"猲"謂短嘴獵犬,俱有短小義,皆可相證。

(879) 鞙罥玬(懸挂義)

鞙 車上懸縛車軛的皮帶,引申爲懸挂義。《説文·革部》:"鞙,大車縛軛靻。从革,肙聲。"清段玉裁注:"鞙亦作'靬',《釋名》:'靬,懸也,所以懸縛軛也。'"清朱駿聲《通訓定聲》:"〔假借〕重言形況字。《詩·大東》:'鞙鞙佩璲。'傳:'玉貌。'"按,所引《詩》文清陳奂疏:"鞙鞙,謂佩玉鞙鞙然,非謂玉也。"得之。"鞙鞙"即懸挂貌。又"鞙"表懸挂義無煩假借,乃引申。晉成公綏《蜘蛛賦》:"挂翼繞足,鞙絲置圍。"《晉書·輿服志》:"衣兼鞙珮,衡載鳴和,是以閑邪屏棄,不可入也。"

罥 捕鳥獸之網。蓋繫於高處張而罩鳥獸者,故引申爲懸挂義。字亦作"羂"。《説文·网部》:"羂,網也。"清朱駿聲《通訓定聲》:"字亦作'罥'、作'羂'。《聲類》:'罥,繫也,以繩繫取鳥獸也。'《切韻》:'罥,挂也。'"《廣韻·銑韻》:"罥,挂也。羂,上同。"唐元稹《松樹》:"既無貞直幹,復有罥挂蟲。"清王士禎《浣溪紗》:"雨後蟲絲罥碧紗,朝來鵲語鬥簷牙。"

玬 佩玉懸挂貌。《集韻·銑韻》:"玬,珮玉皃。"南朝齊謝超宗《齊明堂樂歌·肅咸》:"璆縣凝會,玬朱玎聲。"清王闓運《桂陽州志·序》:"貴人佻佻,佩璲玬玬。"

〔**推源**〕 諸詞俱有懸挂義,爲肙聲所載之公共義。聲符字"肙"所記録語詞謂水中小赤蟲,與懸挂義不相涉,其懸挂義乃肙聲所載之語源義。肙聲可載懸挂義,"挂"可證之。

肙:影紐真部;
挂:見紐支部。

影見鄰紐,真支通轉。"挂",懸挂。《廣韻·卦韻》:"挂,懸挂。"《楚辭·招魂》:"砥室翠翹,挂曲瓊些。"漢王逸注:"挂,懸也。"按,字亦作"掛"。宋司馬光《資治通鑒·後周世宗顯德二年》:"禁僧俗捨身、斷手足、煉指、掛燈、帶鉗之類幻惑流俗者。"

(880) 圓剈蜎銷㮯（圓、曲義）

圓 圓規,畫圓工具。《說文·口部》:"圓,規也。从口,肙聲。"清朱駿聲《通訓定聲》:"《廣雅·釋詁三》:'圓,圓也。'按,渾圓曰圜,平圓曰圓,規圓之器曰圓。"《廣韻·仙韻》及《先韻》:"圓,規也。"《古文苑·蔡邕〈篆勢〉》:"摛華艷於紈素,爲學藝之範圓。"宋章樵注:"圓,音旋,規也,所以爲圓。"

剈 曲剪。《廣韻·先韻》:"剈,曲翦。"按,"翦"當爲"剪"之借。《集韻·霰韻》:"剈,曲刀。"按,《說文》"剈"訓"挑取",義亦相通。

蜎 蚊之幼蟲,卷曲者。清朱駿聲《說文通訓定聲·乾部》:"肙,〇象首尾可接之形,即'蜎'之古文。《爾雅·釋魚》:'蜎,蠉。'注:'井中小蛣蟩,赤蟲。一名孑孓。'按,今蘇俗謂之打拳蟲,揚州謂之翻跟兜蟲。生水中,久則化爲蚊……以其轉掉而行,首尾相接如環,故曰'蠉'。"按,徽歙人稱之爲"打滾蟲"。以其體曲,故引申爲彎曲義。《字彙·虫部》:"蜎,撓也。"按《說文·木部》:"橈,曲木。""撓"借作"橈"。《周禮·考工記·廬人》:"句兵欲無彈,刺兵欲無蜎。"漢鄭玄注:"蜎讀爲悁邑之悁,謂悁撓也。"

銷 小盆、小鍋(見前第878條),皆圓形物。

㮯 碗類器皿,圓形物。《廣雅·釋器》:"㮯,盂也。"《說文·皿部》:"盂,飯器也。"按,于聲字所記錄語詞"杅""軒""迂""紆""釬""㾗"俱有圓、曲義,參本典第一卷第59條。《廣韻·先韻》:"㮯,椀屬。"按,"㮯"又指圓形的盛穀器。《廣雅·釋詁三》:"㮯,圌也。"《釋名·釋宮室》:"圌,以草作之,團團然也。"清畢沅《疏證》:"《說文》:'篅,以判竹圜以盛穀也。'此作圌,亦俗字。"

〔**推源**〕 諸詞俱有圓、曲義,爲肙聲所載之公共義。聲符字"肙"爲"蜎"之初文,謂孑孓,卷曲之物,行則打滾,即作圓周運動。故本條諸詞之圓、曲義爲其聲符"肙"所載之顯性語義。肙聲可載圓、曲義,則"圜""卷"可相證。

肙:影紐真部;
圜:匣紐元部;
卷:見紐元部。

影與匣、見爲鄰紐,匣見旁紐,真元旁轉。"圜",天體。《説文・囗部》:"圜,天體也。"《楚辭・天問》:"圜則九重,孰營度之?"按,古人以爲天圓地方,"圜"之名本寓圓義,故引申爲圓。《廣雅・釋詁三》:"圜,圓也。"漢賈誼《惜誓》:"鴻鵠之一舉兮,知山川之紆曲;再舉兮,覩天地之圜方。"按,後世方圓字作"圓",其上古音匣紐文部,文真旁轉,文元旁轉。"圜"與"圓"及"卷"皆同源者。"卷",膝曲,引申爲卷曲義。《説文・卩部》:"卷,厀曲也。"清段玉裁注:"引申爲凡曲之偁。"《詩・大雅・卷阿》:"有卷者阿,飄風自南。"漢毛亨傳:"卷,曲也。"《淮南子・脩務訓》:"今劍或絶側嬴文,齧缺卷銋,而稱以頃襄之劍,則貴人爭帶之。"按,"卷"字从𢎥得聲,𢎥聲字所記録語詞"桊""帣""拳""眷""綣""夸""觠""捲""菤""蠸""豢"等皆有卷曲義,可相爲證。

(881) 餇捐(厭膩、捨棄義)

餇 飽食,厭膩。《説文・食部》:"餇,猒也。从食,肙聲。"清段玉裁注:"餇則有猒棄之意。"清朱駿聲《通訓定聲》:"伊尹曰:'食而不餇。'"《廣韻・霰韻》:"餇,饜飽。"《藝文類聚》卷八十七引三國魏曹丕《詔群臣》:"且説蒲萄,醉酒宿醒,掩露而食,甘而不餇,酸而不脆。"按,《説文》以"猒"訓"餇",《甘部》"猒"訓"飽",其字本爲"厭"之初文,又累增構件"食"作"饜",謂飽食,引申爲厭膩,正可與"餇"相印證。

捐 捨棄。《説文・手部》:"捐,棄也。从手,肙聲。"清朱駿聲《通訓定聲》:"《穀梁宣十八傳》:'捐殯。'注:'棄也。'……《荀子・賦》:'德厚而不捐。'注:'棄也。'"《廣韻・仙韻》:"捐,棄也。"《莊子・在宥》:"黃帝退,捐天下,築特室,席白茅,閒居三月。"

〔推源〕 此二語分別有厭膩、捨棄義。人之於物,凡厭膩則捨棄之,二義相成相因。俱以肙聲載之,語源則同。"餇"本寓厭棄義,"捐"則爲捐棄。其棄義,"棄"可相證。

肙:影紐真部;

棄:溪紐質部。

影溪鄰紐,真質對轉。"棄",捨棄。《説文・𠦒部》:"棄,捐也。从廾推𠦒棄之。从㐬,㐬,逆子也。"按,本謂棄嬰,引申爲捐棄。《書・大誥》:"厥考翼,其肯曰:'予有後,弗棄基。'"僞孔傳:"其肯言我有後不棄我基業乎?"《國語・晉語一》:"吾聞事君者從其義,不阿其惑也;惑則誤民,民誤失德,是棄民也。"

(882) 狷悁(急躁義)

狷 偏激,急躁。《玉篇・犬部》:"狷,急也。"《廣韻・線韻》:"狷,褊急。"又《霰韻》:"狷,急也。"《説文新附・犬部》:"狷,褊急也。从犬,肙聲。"《漢書・劉輔傳》:"明王垂寬容之聽,崇諫争之官,廣開忠直之路,不罪狂狷之言。"唐顏師古注:"狷,急也。"《舊唐書・王遂傳》:"遂性狷忿,不存大體。"

悁 急躁。《集韻・線韻》:"悁,躁急也。"唐陸龜蒙《甫里先生傳》:"先生性悁急,遇事發作,輒不含忍,尋復悔之。"清王士禛《香祖筆記》卷一:"鈍翁性悁急,不能容物。"

〔推源〕 此二詞俱有急躁義,爲肙聲所載之公共義。聲符字"肙"所記錄語詞與急躁義不相涉,其急躁義乃肙聲所載之語源義。肙聲可載急躁義,"忦"可證之。

肙:影紐真部;
忦:見紐質部。

影見鄰紐,真質對轉。"忦",急躁。《類篇・心部》:"忦,急也。"《集韻・鎋韻》:"忦,急也。"按,雙音詞有"獧忦",當爲同義聯合式合成詞,"忦"即其本字。

(883) 睊悁(忿怒義)

睊 忿怒而側目相視。《說文・目部》:"睊,視皃。从目,肙聲。"清朱駿聲《通訓定聲》:"《孟子》:'睊睊胥讒。'張音:'側目視貌。'……《廣雅・釋訓》:'睊睊,視也。'按,亦重言形況字。"按,所引《孟子・梁惠王下》文清焦循《正義》:"互相讒短,則其目亦互相忿視,故知睊睊爲側目相視。"梁啓超《論進取冒險》:"時則有一寠人子,子身萬里,四渡航海,舟人失望,睊怒之極,欲殺之而飲其血。"

悁 忿怒。《說文・心部》:"悁,忿也。从心,肙聲。"清朱駿聲《通訓定聲》:"《字林》:'悁,含怒也。'"《韓非子・亡徵》:"變褊而心急,輕疾而易動發,心悁忿而不訾前後者,可亡也。"《楚辭・九嘆・逢紛》:"腸憤悁而含怒兮。"宋洪興祖《補注》:"悁,忿也。"

〔推源〕 此二詞俱有忿怒義,爲肙聲所載之公共義。聲符字"肙"所記錄語詞與忿怒義不相涉,其忿怒義乃肙聲所載之語源義。肙聲可載忿怒義,"恨"可相證。

肙:影紐真部;
恨:匣紐文部。

影匣鄰紐,真文旁轉。"恨",怨恨,忿怒。《說文・心部》:"恨,怨也。"《廣韻・恨韻》:"恨,怨也。"唐李群玉《自澧浦東游江表途出巴丘投員外從公虞》:"中夜恨火來,焚燒九迴腸。"《新唐書・段秀實傳》:"朱泚反,以秀實失兵,必恨憤,且素有人望,使騎往迎。"

322 邑聲

(884) 悒唈莒(抑鬱義)

悒 憂愁,抑鬱。《說文・心部》:"悒,不安也。从心,邑聲。"清朱駿聲《通訓定聲》:"《蒼頡篇》:'悒悒,不舒之皃也。'《長門賦》:'舒息悒而增欷兮。'注:'悒,於悒也。'《大戴・曾子立事》:'君子終身守此悒悒。'注:'憂念也。'《素問・刺瘧》:'腹中悒悒。'注:'不暢之皃。'"《廣韻・緝韻》:"悒,憂悒。"《楚辭・天問》:"武發殺殷何所悒? 載尸集戰何所急?"宋洪興祖《補注》:"悒,音邑。憂也,不安也。"

唈 抑鬱,氣不舒暢。《廣韻·緝韻》:"唈,嗚唈,短氣。"又《合韻》:"唈,《爾雅》云:'僾,唈也。'"《荀子·禮論》:"祭者,志意思慕之情也,愌詭唈僾而不能無時至焉。"唐楊倞注:"唈僾,氣不舒憤鬱之貌。"按,《廣韻》所引《爾雅》文晉郭璞注:"嗚唈,短氣。"《詩·大雅·桑柔》:"如彼遡風,亦孔之僾。"漢毛亨傳:"遡,鄉。僾,唈。"漢鄭玄箋:"使人唈然如鄉疾風,不能息也。"

䓫 菸䓫,草木枯萎,如人之抑鬱而形容憔悴。《廣韻·緝韻》:"䓫,䓫菸,茹熟。"按,"茹"有腐敗義。《呂氏春秋·功名》"以茹魚去蠅"漢高誘注:"茹,臭也。"又,"䓫菸"當爲同義連文,本可分訓者。《說文·艸部》:"菸,鬱也。一曰痿也。"按,枯萎字亦从委聲,與"痿"同,在人曰"痿"。《集韻·緝韻》:"䓫,草傷壞也。"《文選·宋玉〈九辯〉》:"葉菸䓫而無色兮,枝煩挐而交橫。"唐李善注:"顏容變易而蒼黑也。"唐劉良注:"言草木殘瘁也。菸䓫,傷壞也。"

〔推源〕 諸詞俱有抑鬱義,爲邑聲所載之公共義。聲符字"邑"單用,本可表抑鬱義。清朱駿聲《說文通訓定聲·臨部》:"邑,〔假借〕爲'悒'。《荀子·解蔽》:'無邑憐之心。'注:'快也。'《漢書·谷永傳》:'忿邑非之。'注:'邑,於邑也。'"按,'於邑'猶'鬱抑'也。《楚辭·離騷》:"忳鬱邑余侘傺兮,吾獨窮困乎此時也!"按,朱氏"邑"借爲"悒"說可從,"邑"本謂城邑。《說文·邑部》:"邑,國也。从囗。先王之制,尊卑有大小,从卪。"《書·召誥》:"周公朝至於洛,則達觀於新邑營。"然則抑鬱義非"邑"之顯性語義,其抑鬱義乃邑聲所載者。邑聲可載抑鬱義,"鬱"可證之。

邑:影紐緝部;

鬱:影紐物部。

雙聲,緝物通轉。"鬱",樹木濃密、濃郁。《說文·林部》:"鬱,木叢生者。"《詩·秦風·晨風》:"鴥彼晨風,鬱彼北林。"唐孔穎達疏:"鬱者,林木積聚之貌。"按,樹木叢生、濃密則閉塞、阻滯,故引申爲阻滯義。《廣韻·物韻》:"鬱,滯也。"《呂氏春秋·達鬱》:"水鬱則爲污。"漢高誘注:"水淺不流曰污。"又引申爲憂愁、抑鬱義。《廣韻·物韻》:"鬱,悠思也。"《正字通·鬯部》:"鬱,愁思也。"《楚辭·離騷》:"曾歔欷余鬱邑兮,哀朕時之不當。"漢王逸注:"鬱邑,憂也。"又《九辯》:"豈不鬱陶而思君兮,君之門以九重。"漢王逸注:"憤念蓄積盈胸臆也。"

(885) 浥裛涺(沾濕義)

浥 濕潤。《說文·水部》:"浥,溼也。从水,邑聲。"清朱駿聲《通訓定聲》:"《詩·行露》:'厭浥行露。'傳:'厭浥,溼意也。'"引申爲沾濕義。《廣韻·業韻》:"浥,潤也。"《廣雅·釋詁二》:"潤,漬也。"唐王維《送元二使安西》:"渭城朝雨浥輕塵,客舍青青柳色新。"宋蘇軾

《連雨江漲》:"微明燈火耿殘夢,半濕簾帷浥舊香。"

浥 食物濕臭。《廣雅·釋器》:"浥,臭也。"清王念孫《疏證》:"《廣韻》:'䤃,䤃臭也。'䤃與浥同。"《集韻·業韻》:"浥,餲臭也。或从臭。"按,食物沾濕受潮則發臭,"浥"寓沾濕之義。

鮿 鹽漬魚,沾濕者。《廣韻·業韻》:"鮿,同腌。"《說文·肉部》:"腌,漬肉也。"清段玉裁注:"肉謂之腌,魚謂之饐。"明李時珍《本草綱目·鱗部·魚蝦》:"以鹽漬成者曰腌魚,曰鹹魚,曰鮿魚。"《南齊書·武陵昭王曄傳》:"尚書令王儉詣曄,曄留儉設食,盤中菘菜鮿魚而已。"

〔推源〕 諸詞俱有沾濕義,爲邑聲所載之公共義。聲符字"邑"所記錄語詞之本義、引申義系列與沾濕義不相涉,其沾濕義乃邑聲所載之語源義。邑聲可載沾濕義,"洽"可證之。

邑:影紐緝部;

洽:匣紐緝部。

疊韻,影匣鄰紐。"洽",浸潤,沾濕。《說文·水部》:"洽,霑也。"《雨部》:"霑,雨䨡也。"唐慧琳《一切經音義》卷十七引《考聲》:"霑,小淫也。"漢王充《論衡·自然》:"霑然而雨,物之莖葉根荄莫不洽濡。"唐李復言《續幽怪錄·木工蔡榮》:"母視榮,即汗洽矣。"

323　別聲

(886) 莂/分(分別義)

莂 分契,即將記載契約之竹簡剖分爲二,訂契約之雙方各執其一。《玉篇·竹部》:"莂,分。"《廣韻·薛韻》:"莂,分莂,一云分契。"按,牘有竹製者,亦有木製者。木製者稱"㭊",亦从別聲,謂可分別者。《類篇·木部》:"㭊,券契也。"按,"莂"所記之詞客觀存在,唯其字古者或以"莂"爲之。《釋名·釋書契》:"莂,別也,大書中央,中破別之也。"清王士禎《趙行健墓誌銘》:"舉逋欠契莂百紙悉焚之。"按,當以"莂"爲本字。

分 剖判,分開。《說文·八部》:"分,別也。从八,从刀,刀以分別物也。"清朱駿聲《通訓定聲》:"《禮記·月令》:'死生分。'注:'猶半也。'……《漢書·律曆志》:'分者自三微而成著,可分別也。'《春秋繁露》:'春秋分者,陰陽相半也。'……《論語》:'邦分崩離析。'孔注:'民有異心曰分。'《莊子·漁父》:'遠哉其分乎道也。'司馬注:'離也。'"按,分開、分別、分離,諸義皆同條共貫。

〔推源〕 此二詞俱有分別義,其音亦極相近且相通。

莂:幫紐月部;

分:幫紐文部。

雙聲，月文旁對轉，其語源當同。其"䉴"字乃以別聲載其分別義。別聲字所記錄語詞"莂""䛒"亦皆有分別義。"莂"，謂種密移栽，實即禾秧分離、分別義。《玉篇·艸部》："莂，種概移蒔也。"《廣韻》《集韻》所訓同。"䛒"，以言辯析事理，分辯、分析、分別義皆相通。《集韻·薛韻》："䛒，言析理也。"又，"䉴"之聲符"別"所記錄語詞之本義爲分剖、剖判，與"分"略同。《說文·冎部》："刖，分解也。从冎，从刀。"清朱駿聲《通訓定聲》："與'列'略同。《廣雅·釋詁一》：'別，分也。'〔轉注〕《周禮·小宰》：'聽稱責以傅別。'注：'傅別謂爲大手書於一札，中字分之。'司農注：'別別爲兩，兩家各得一也。'《管子·問》：'有別券者幾何家？'注：'謂分契也。'"然則"䉴"之分別義爲其聲符"別"所載之顯性語義。

324　㞷聲

(887) 枉尣軖 (曲、圓義)

枉　彎曲。《說文·木部》："枉，衺曲也。从木，㞷聲。"清朱駿聲《通訓定聲》："《廣雅·釋詁一》：'枉，曲也。'《四》：'詘也。'《禮記·曲禮》：'無或枉橈。'《少儀》：'毋循枉。'《論語》：'舉直錯諸枉。'《淮南·本經》：'矯枉以爲直。'《楚辭·惜誓》：'衆枉聚而矯直。'"《荀子·王霸》："辟之是猶立直木而求其景之枉也。"

尣　曲脛，引申之亦指曲脊。《說文·尢部》："尢，𨇨、曲脛也。从大，象偏曲之形。尣，古文从㞷。"清朱駿聲《通訓定聲》："又从㞷聲……《易·大有》虞本：'匪其尣。'注：'體行不正。'或作'尪'。《太玄·傒》：'傒尣尣。'〔別義〕《禮記·檀弓》：'吾欲暴尣而奚若。'注：'尣者面鄉天。'《左傳二十一傳》：'公欲焚巫尣。'注：'女巫也。或謂瘠病之人，其鼻上向，俗謂天哀其病，恐雨入其鼻，故爲之旱。'《呂覽·盡數》：'苦水所多尣與傴人。'注：'突胸卬向疾也。'"清段玉裁注："尢本曲脛之稱，引申爲曲脊之稱。"得之，朱氏所云"別義"當云引申。

軖　手搖繅絲車，圓轉者。《說文·車部》："軖，紡車也。一曰一輪車。从車，㞷聲。讀若狂。"清王筠《釋例》："今人抽棉爲線謂之紡，而繅繭爲絲謂之軖。"漢服虔《通俗文》："繅車曰軖。軖，筊也。"《廣雅·釋器》："軖謂之筊。"清王念孫《疏證》："軖，紡車也。紡車可以收絲，故亦謂之筊。"按，《說文·竹部》"筊"篆訓"可以收繩"，謂收繩器。元王禎《農書》卷二十："人在軖車氣少舒，緒縷均停堪絡織。"

〔推源〕　上述諸詞或有曲義，或有圓義，此二義本相通，俱以㞷聲載之，語源當同。聲符字"㞷"所記錄語詞謂草木妄生，與曲義、圓義不相涉，其曲義、圓義乃㞷聲所載之語源義。于聲字所記錄語詞"杅""軒""迂""紆""釪""盂""尪"亦俱有曲、圓義，詳見本典第一卷"20. 于聲"第59條，㞷聲、于聲本相近且相通，可互證。

㞷：群紐陽部；

于：匣紐魚部。

群匣旁紐,陽魚對轉。

(888) 韹旺(興旺義)

韹 草木茂盛,興旺。其字亦作"韹""韹""䒠"。《説文·舜部》:"韹,華榮也。从舜,坒聲。讀若皇。《爾雅》曰:'韹,華也。'䒠,韹或从艸、皇。"清朱駿聲《通訓定聲》:"或以(从)艸,皇聲……《(爾雅)釋言》:'華,皇也。'《詩》:'皇皇者華。'《廣雅·釋訓》:'䒠䒠,茂也。'亦重言形况字。"《廣韻·唐韻》:"韹,榮也。䒠,上同。"沈兼士《聲系》:"案'韹',《説文》作'韹',小徐本:'坒聲。'"《篇海類編·人物類·舜部》:"韹,榮也。又草木榮也。或作'䒠'。"《字彙補·舛部》:"韹,與'䒠'同,草榮也。"按,朱氏所引《廣雅》文清王念孫《疏證》:"此謂草木之盛也。"清王闓運《羅季子誄》:"園中之桃,窨雨初蔫,春華必達,霽則䒠然。"

旺 興旺。《廣韻·漾韻》:"旺,美光。䁪,上同。"《説文·日部》:"䁪,光美也。"清朱駿聲《通訓定聲》:"字亦作'旺'。"按,光明亮則美,故有"亮麗"語,光明亮即旺,故有興旺義。三國蜀諸葛亮《治軍》:"以衆待寡,以旺待衰。"唐柳宗元《龍城録·吳崤精明天文》:"時煬帝元年,過鄴中告其令曰:'中星不守太微,主君有嫌,而旺氣流萃於秦地。'"《水滸傳》第五十八回:"孔亮看見三關雄壯,槍刀劍戟如林,心下想道:聽得説梁山泊興旺,不想做下這等大事業。"

〔**推源**〕 此二詞俱有興旺義,爲坒聲所載之公共義。聲符字"坒"所記録語詞之本義《説文·之部》云"艸木妄生也",蓋即草茂盛、興旺而雜亂義,然則本條二詞之興旺義爲其聲符"坒"所載之顯性語義。又坒聲可載興旺義,"彊"可證之。"坒""彊"同音,群紐雙聲,陽部疊韻。"彊",弓有力,引申爲堅強、強勢,強勢義與興旺義極相近且相通。《説文·弓部》:"彊,弓有力也。"清朱駿聲《通訓定聲》:"《史記·絳侯世家》:'材官引彊。'注:'如今挽彊司馬也。'〔假借〕爲'勍'。《詩·載芟》:'侯彊侯以。'傳:'彊,彊力也。'……《吕覽·審時》:'其米多沃而食之彊。'注:'有勢力也。'《悔過》:'若是而擊可大彊。'注:'霸也。'《韓非子·喻老》:'自勝謂之彊。'"按,當爲引申,而非假借。《史記·老子韓非列傳》:"終申子之身,國治兵彊,無侵韓者。"

(889) 狂狅註(狂亂義)

狂 瘋狗,引申爲錯亂、紛亂、狂亂等義。《説文·犬部》:"狂,狾犬也。从犬,坒聲。忹,古文从心。"清朱駿聲《通訓定聲》:"移以言人,乃制'忹'字。《廣雅·釋詁三》:'狂,癡也。'〔轉注〕《詩·山有扶蘇》:'乃見狂且。'傳:'狂,狂人也。'《左昭二十三傳》:'幼而狂。'注:'無常也。'……《論語》:'其蔽也狂。'孔注:'妄抵觸人。'《漢書·昌邑王髆傳》:'清狂不惠。'注:'凡狂者陰陽脉盡濁。'……《韓非子·解老》:'心不能審得失之地謂之狂。'"按,唯"狂"有亂義,故有"狂亂"之同義聯合式合成詞。《漢書·五行志中之下》:"昌邑王賀嗣位,狂亂失道。光廢之。"

柾 彎曲(見前第887條),引申爲邪曲,又引申爲亂義。《廣韻·養韻》:"柾,邪曲也。"清朱駿聲《說文通訓定聲·壯部》:"柾,《楚辭·哀時命》:'概塵垢之柾攘兮。'注:'亂皃。'"唐段成式《酉陽雜俎·諾皋記上》:"有婦人渡此津者,皆壞衣柾粧,然後敢濟。"按,"柾"又有錯亂義,所謂"矯柾",其"柾"即錯亂義。《元典章·吏部八·案牘》:"詞理不可考視,情實不可悉知,伏慮其間柾誤必多。"

誆 欺騙,惑亂。其字亦作"誑"。聲符字"狂"从㞷得聲,實皆以㞷聲載亂義。《說文·言部》:"誑,欺也。从言,狂聲。"清朱駿聲《通訓定聲》:"字亦作'誆'。《禮記·曲禮》:'幼子常視無誑。'《周語》:'以誑劉子。'《晉語》:'天子誑之。'注:'猶惑也。'"《北史·藝術傳下·徐謇傳附徐之才》:"(徐之才)又嘲王昕姓云:'有言則誑,近犬便狂,加頸足而爲馬,施角尾而成羊。'"

〔推源〕 諸詞俱有狂亂義,爲㞷聲所載之公共義。聲符字"㞷"所記錄語詞本有亂義。《說文·之部》:"㞷,艸木妄生也。从之在土上。讀若皇。"清段玉裁注:"妄生猶怒生也。"清朱駿聲《通訓定聲》:"小徐本……以《左傳》門上生莠之類爲說。按,亂生。恐只叢襍意。"按,亂、怒生義兼有之。故"雞""旺"有興旺義,"狂""柾""誑"有亂義。《廣韻·陽韻》:"㞷,草木妄生。'狂''匡''往'皆从此。"㞷聲可載狂亂義,則"慌"可證之。

㞷:群紐陽部;
慌:曉紐陽部。

疊韻,群曉旁紐。"慌",模糊,慌亂。唐玄應《一切經音義》卷三:"慌忽,謂虛妄見也。惟悦惟忽,似有無有也。《漢書音義》:'慌忽,眼亂也。'"《廣韻·蕩韻》:"慌,慌懬。"漢枚乘《七發》:"忽兮慌兮,俶兮儻兮,浩瀇瀁兮,慌曠曠兮。"引申爲忙亂義。《水滸傳》第二十一回:"今早走得慌,不期忘了。"明馮夢龍編《醒世恒言》之《小水灣天狐貽書》:"(王媽媽)聽得外邊喧嚷,急走出來,撞見衆人,問道:'爲何這等慌亂?'"

(890) 匡軖(方形義)

匡 方形器具,引申爲方、方正義。其累增字作"筐"。《說文·匚部》:"匡,飲器,筥也。从匚,㞷聲。筐,匡或从竹。"清朱駿聲《通訓定聲》:"《易》:'女承筐無實。'鄭本作'匡'。《詩·采蘋》:'維筐及筥。'傳:'方曰筐,圓曰筥。'《鹿鳴》:'承筐是將。'〔假借〕爲'方',實爲'匚'。《莊子·齊物論》:'與王同筐牀。'崔注:'正牀也。'《淮南·主術》:'匡牀蒻席。'注:'安也。'《爾雅·釋言》:'匡,正也。'……《詩·六月》:'以匡王國。'"按,"匡"字本从匚,謂方形器,其方、方正義當爲衍義,非假借。《周禮·考工記·輪人》:"是故規之以眡其圜也,萭之以眡其匡也。"清孫詒讓《正義》:"匡,方也。"

軖 承接繰絲車車軸的床架,方形物。清朱駿聲《說文通訓定聲·壯部》:"軖,方車也。"民國二十四年修《臨朐續志·方言》:"今謂繰絲之架曰軖。"元王禎《農書》卷二十:"軖必以床,以承軒軸。軸之一端以錢爲臬掉,復用曲木攩作活軸。左足踏動,軒即隨轉,自下引絲上軒,總名曰繅車。"明徐光啓《農政全書》卷三十五:"詩云:八絟棉絲絡一軒,巧憑坐椅作軒床。"

〔推源〕 此二詞俱有方形義,爲坒聲所載之公共義。聲符字"坒"所記録語詞之顯性語義與方形義不相涉,其方形義乃坒聲所載之語源義。坒聲可載方形義,"巨"可證之。

坒:群紐陽部;

巨:群紐魚部。

雙聲,陽魚對轉。"巨",木工方尺,畫方形之工具,引申爲方義。其字後世作"矩"。《説文·工部》:"巨,規巨也。从工,象手持之。榘,巨或从木、矢。矢者,其中正也。"清朱駿聲《通訓定聲》:"《禮記·大學》:'是以君子有絜巨之道也。'今字作'矩'。《管子·宙合》:'成功之術,必有巨獲。'注:'矩矱也。'《孟子》:'規矩,方員之至也。'《離騷》:'求榘矱之所同。'《廣雅·釋詁一》:'榘,方也。'《世本》:'倕作規矩。'《周髀算經》:'員出于方,方出于矩,矩出于九九八十一。故折矩,以爲句廣三,股脩四,徑隅五。'"《玉篇·矢部》:"矩,圓曰規,方曰矩。"《吕氏春秋·序意》:"爰有大圜在上,大矩在下。"漢高誘注:"矩,方地也。"按,即所謂天圓地方。

325 告聲

(891) 祰誥(告訴義)

祰 告祭祖先。《説文·示部》:"祰,告祭也。从示,从告聲。"清朱駿聲《通訓定聲》:"从示,从告,會意,告亦聲。《廣雅·釋詁四》:'祰,謝也。'《周禮·大祝》:'二曰造。'以'造'爲之。《禮記·曾子問》:'諸侯適天子,必告於祖。'"按,"从告聲"説不符許書通例,疑"从"字爲衍文。典籍有借"造"爲"祰"之例。《禮記·王制》:"天子將出,類乎上帝,宜乎社,造乎禰。"漢鄭玄注:"類、宜、造,皆祭名,其禮亡。"然則"祰"所記録之語詞客觀存在,唯用借字而已,"祰"則爲告祭義專字、本字。至"告",告訴字,告訴於祖先,爲其引申義,"祰"字爲記録此義而造,則"告""祰"乃分别文。

誥 上告下。《説文·言部》:"誥,告也。从言,告聲。"清朱駿聲《通訓定聲》:"按,'告'亦意……誥者,上告下也。《列子·楊朱》注:'告上曰告,發下曰誥。'《爾雅·釋言》:'誥,謹也。'按,謹猶誠也。《廣雅·釋詁四》:'誥,教也。'《易·姤》:'後以施命誥四方。'虞注:'巽爲誥。'《〈書〉序》:'雅誥奧義。'《釋文》:'示也。'《周禮·大祝》:'三曰誥。'司農注:'謂康誥、盤庚之屬也。'《荀子·大略》:'誥誓不及五帝。'注:'誥誓,以言辭相誠約也。'"

〔推源〕 此二詞俱有告訴義,爲告聲所載之公共義。聲符字"告"爲告訴字,其基本義即告訴。《廣雅·釋詁一》："告,語也。"《書·盤庚下》:"今予其敷心腹腎腸,歷告爾百姓於朕志。"僞孔傳:"言輸誠於百官以告志。"唐裴鉶《傳奇·崑崙奴》:"生駭其言異,遂具告知。"按,"告"之本義《説文·告部》云:"牛觸人,角箸橫木,所以告人也。从口,从牛。《易》曰:'僮牛之告。'"清朱駿聲《通訓定聲》:"此字篆體小訛,當从口、从之會意,訓謁白;或曰从口,牢省聲,亦通。'牛角木'之訓,借'告'爲'牿';'牛馬欄'之訓,借'牿'爲'牢'也。誥者,上告下之辭,告者,下告上之辭。"按,"告"之本義訓釋及形體結構分析,許、朱之説皆未得肯綮。甲骨文、金文"告"同篆體,从牛、从口。許氏所訓,一如朱氏所言乃"牿"之義。然以下告上爲其義,與字形不相符。愚意"告"之本義爲馴牛。牛犢耕田負耒前行至田角不知轉彎,操耒者大聲喊"轉",凡千百次,牛始知悟,故徽歙人稱教笨學生爲"告牛"。綜言之,本條二詞之告訴義爲其聲符"告"所載之顯性語義。至告聲可載告訴義,則"教"可證之。

告:見紐覺部;
教:見紐宵部。

雙聲,覺宵旁對轉。"教",教誨,施教。字从攴,蓋爲古代教育體罰制之反映。《説文·教部》:"教,上所施下所效也。"《孟子·梁惠王上》:"謹庠序之教,申之以孝悌之義。"按,凡施教,必有所告訴,故"教"有"告訴"之衍義。《吕氏春秋·貴公》:"此大事也,願仲父之教寡人也。"漢高誘注:"教猶告也。"按,今徽歙方言、吳方言猶稱"教"爲"告"。"告""教"本皆有告訴、教誨二義。

(892) 牿梏(限制義)

牿 牛馬牢,限制牛馬者。《説文·牛部》:"牿,牛馬牢也。从牛,告聲。《周書》曰:'今惟牿牛馬。'"《廣韻·沃韻》:"牿,牛馬牢也。"清朱駿聲《説文通訓定聲·孚部》:"牿,《史記·魯世家》:'無敢傷牿。'《正義》:'牛馬牢也。'"《淮南子·齊俗訓》:"析天下之僕,牿服馬牛以爲牢。"按,"牿"亦指縛於牛角以防觸人之橫木。《易·大畜》:"童牛之牿,元吉。"宋朱熹《本義》:"牿,橫施木於牛角,以防其觸,《詩》所謂'楅衡'者也。"按,此亦限制牛之物。朱駿聲以爲此義爲"牿"之本義而牛馬牢義爲其假借義,實非,二義本相通者。

梏 木製手械,限制人身自由之物。《説文·木部》:"梏,手械也。从木,告聲。"清朱駿聲《通訓定聲》:"與'杽'略同。兩手共一木曰拲,在足曰桎。《易·蒙》:'用説桎梏。'《左襄六傳》:'以弓梏華弱於朝。'《周禮·掌囚》:'上罪梏拲而桎,中罪桎梏。'司農注:'桎梏者,兩手各一木也。'《釋文》:'參著曰梏,偏著曰桎。'"《廣韻·沃韻》:"梏,手械,紂所作也。"虛化引申爲限制義。明方孝孺《贈王時中序》:"括區區小智,梏於一技而不達變。"

〔推源〕 此二詞俱有限制義,爲告聲所載之公共義。聲符字"告"所記錄語詞之本義、引申義系列與限制義不相涉,其限制義乃告聲所載之語源義。告聲可載限制義,"械"可證之。

告：見紐覺部；

械：匣紐職部。

見匣旁紐，覺職旁轉。"械"，亦謂刑具，限制人身自由之物，見前第793條。

(893) 鵠浩頜峇陸(高、大義)

鵠 鴻鵠，天鵝，鳥類之大者。《説文·鳥部》："鵠，鴻鵠也。从鳥，告聲。"清朱駿聲《通訓定聲》："《西都賦》注引《説文》：'黃鵠也。'按，形似鶴，色蒼黃，亦有白者，其翔極高，一名天鵝。《齊策》：'黃鵠因是以游於江海。'……《莊子·天運》：'鵠不日浴而白。'《庚桑楚》：'越鷄不能伏鵠卵。'"明李時珍《本草綱目·禽部·鵠》："鵠大於雁，羽毛白澤，其翔極高而善步，所謂鵠不浴而白，一舉千里，是也。亦有黃鵠、丹鵠，湖海江漢之間皆有之。"按，"鴻"字本亦從工得聲，工聲字所記錄語詞"江""虹""仜""杠""舡"等俱有長、高、大義，詳見本典第一卷"21. 工聲"第64條。

浩 水勢盛大。引申爲大義。《説文·水部》："浩，澆也。从水，告聲。《虞書》曰：'洪水浩浩。'"清朱駿聲《通訓定聲》："按'澆'者，許以聲訓。《字林》：'浩，遶也，水大也。'字亦作'灝'。《廣雅·釋訓》：'浩浩，流也。灝灝，大也。'《書·堯典》：'浩浩滔天。'傳：'盛大。'《楚辭·懷沙》：'浩浩沅湘。'〔轉注〕《楚辭·東皇太一》：'陳竽瑟兮浩倡。'注：'大也。'《離騷》：'怨靈脩之浩蕩兮。'"按，亦引申爲高義。三國魏王彪《天賦》："溥爲地蓋，浩作星衢。"

頜 鼻高貌。《廣韻·沃韻》："頜，鼻高皃。"《集韻》所訓略同。

峇 山貌。《説文·山部》："峇，山皃。从山，告聲。"《廣韻·沃韻》："峇，山皃。"按，所謂山貌，即高於平地之義。

陸 大阜。《説文·阜部》："陸，大阜也。从阜，告聲。"《廣韻·屋韻》："陸，大阜。"

〔推源〕 諸詞俱有高、大義，爲告聲所載之公共義。告聲字"梏"亦可以假借字形式表高大義，此亦爲告聲、高大義相關聯之一證。清朱駿聲《説文通訓定聲·孚部》："梏，〔假借〕又爲'覺'，實爲'嚳'、爲'峇'。《禮記·緇衣》：'有梏德行。'注：'大也，直也。'《毛詩》作'覺'。"按，所引《禮記》文之"梏"《詩·大雅·抑》正作"覺"，漢鄭玄箋云："有大德行，則天下順從其政。"按，聲符字"告"所記錄語詞之本義、引申義系列與高、大義不相涉，其高、大義乃告聲所載之語源義。告聲可載高、大義，則"高""宏"可相證。

告：見紐覺部；

高：見紐宵部；

宏：匣紐蒸部。

見匣旁紐，覺宵、覺蒸、宵蒸皆旁對轉。"高"，上下距離大，與"低""矮"相對待。《説文·高部》："高，崇也。"《山部》："崇，嵬高也。"按，"崇"與"高"可組成同義聯合式合成詞。《國語·楚語上》："地有高下，天有晦明。"唐韓愈《同竇弁韋執中尋劉師尊不遇》："院閉青霞入,松高老鶴尋。"按,凡物高且長即大,故"高"有"大"之衍義。《戰國策·秦策五》:"家敦而富,志高而揚。"漢高誘注:"高,大也。"又,年紀大即年事高,亦稱"高齡"。"宏",宏大,廣大。《說文·宀部》:"宏,屋深響也。"清朱駿聲《通訓定聲》:"深大之屋,凡聲如有應響。《考工·梓人》:'其聲大而宏。'司農注:'謂聲音大也。'〔轉注〕《爾雅·釋詁》:'宏,大也。'《書·盤庚》:'用宏兹賁。'傳:'宏、賁,皆大也。'《酒誥》:'若保宏父。'傳:'大也,司空也。'《易·坤》:'含宏光大。'崔注:'含宥萬物爲宏。'"

(894) 晧齩鵠(白義)

晧 潔白,字亦作"皓"。《說文·日部》:"晧,日出皃。从日,告聲。"清朱駿聲《通訓定聲》:"俗字作'皓',从白。……《呂覽·本生》:'靡曼晧齒。'《魯靈光殿賦》:'晧璧皬曜以月照。'《幽通賦》:'晧爾太素。'"清段玉裁注:"天下惟潔白者最光明,故引申爲凡白之稱,又改其字从白作'皓'矣。"《隸釋·漢白石神君碑》:"巖巖白石,峻極大清;晧晧素質,因體爲名。"

齩 治象牙令白。《廣韻·沃韻》:"齩,治象牙也。"《集韻·茨韻》:"齩,治象齒令白也。"按,"齩"所記錄語詞客觀存在,唯典籍以"鵠"字爲之。清朱駿聲《說文通訓定聲·孚部》:"鵠,《爾雅·釋器》:'象謂之鵠。'《釋文》:'鵠,白也。本亦作齩。'"按,朱氏所引《爾雅》文晉郭璞注:"鵠,治樸之名。"

鵠 鴻鵠,其色有白者,故有白義。清朱駿聲《說文通訓定聲·孚部》:"鵠,〔假借〕又爲'皓',爲'顥',爲'翯',爲'隺'。《周禮·巾車》:'鵠纓。'《後漢·吳良傳》:'大儀鵠髮。'"按,"鵠"表白色義無煩假借,乃引申。南朝宋劉義慶《幽明錄》:"王大懼之,尋見迎官玄衣人及鵠衣小吏甚多。王尋病薨。"宋方岳《送劉仲子就試》:"鵠袍終脫須重讀,六籍久爲坏屋苦。"

〔**推源**〕 諸詞俱有白義,爲告聲所載之公共義。聲符字"告"所記錄語詞之本義、引申義系列與白義不相涉,其白義乃告聲所載之語源義。告聲可載白義,"皎"可證之。

告:見紐覺部;
皎:見紐宵部。

雙聲,覺宵旁對轉。"皎",月光潔白明亮,引申之,泛指潔白。《說文·白部》:"皎,月之白也。"《廣雅·釋器》:"皎,白也。"《廣韻·篠韻》:"皎,月光。《詩》云:'月出皎兮。'"《詩·小雅·白駒》:"皎皎白駒,食我場苗。"唐陸德明《釋文》:"皎皎,潔白也。"漢班婕妤《怨歌行》:"新裂齊紈素,皎潔如霜雪。"

326 我聲

(895) 峨硪峩峨䖃莪䖃俄(高大義)

峨 山高,虛化引申爲高。字或作"峩"。《說文·山部》:"峨,嵯峨也。从山,我聲。"清朱駿聲《通訓定聲》:"《廣雅·釋詁四》:'高也。'……《廣雅·釋訓》:'峨峨,高也。'《楚辭·惜賢》:'冠浮雲之峨峨。'《西京賦》:'神山峨峨。'"《廣韻·歌韻》:"峨,嵯峨。"唐劉商《姑蘇懷古送秀才下第歸江南》:"銀河倒瀉君王醉,灩酒峨冠眴西子。"宋王安石《和平甫舟中望九華山》:"峨然九女鬟,争出一鏡奩。"

硪 石崖,高聳之物。《說文·石部》:"硪,石巖也。从石,我聲。"清段玉裁注:"巖,厓也。"明楊慎《恩遣戍滇紀行》:"硪碌穿危磴,蜻蛉控絶谿。"亦引申而指山高。《廣韻·哿韻》:"硪,砯硪,山高皃。"《文選·郭璞〈江賦〉》:"陽侯砯硪以岸起,洪瀾涴演而雲迴。"唐張銑注:"砯硪,高大皃,言波高大如岸起也。"

髼 高大貌。《字彙補·彡部》:"髼,音義與'騀'同……《甘泉賦》:'崇丘陵之駊騀兮。'注云:'駊騀,高大皃。'髮髼當亦此意。"按,"駊騀"本義當爲馬高大,引申爲高大。"髮髼"字皆从彡,本可分訓。《說文·彡部》"髼"字訓"髻",謂假髮。古人有以假髮爲髻者。"髮髼"之本義當爲髮髻高,引申之則泛指高。唐李商隱《日高》:"水精眠夢是何人?欄藥日高紅髮髼。"

䈥 大船。《中華字海·舟部》:"䈥,大船。袁宏道《驪山懷古》:'䈥舸滿載稚芙蓉,堆珠積玉海波中。'"按,"䈥舸"當爲同義連文。漢揚雄《方言》卷九:"南楚江湘,凡船大者謂之舸。"宋黎德靖編《朱子語類·學四》:"看文字當如高䈥大舶,順風張帆,一日千里方得。"按,"䈥""舶"亦同義詞,皆大舟之稱。

騀 駊騀,馬搖頭。《說文·馬部》:"騀,馬搖頭也。从馬,我聲。"清段玉裁注:"騀,駊騀也。"《說文》同部:"駊,駊騀也。"《廣韻·哿韻》:"騀,駊騀,馬搖頭皃。"按,凡馬搖頭,則作低昂起伏狀,故有起伏不平之直接引申義。《楚辭·遠游》:"服偃蹇以低昂兮,驂連蜷以驕騖。"漢王逸注:"駟馬駊騀而鳴驤也。"故又引申爲高大義。《字彙補》所引漢揚雄《甘泉賦》之"駊騀"即其一例。清康有爲《六哀詩》:"密勿贊新猷,氣象皆駊騀。"

莪 莪蒿,其名當寓高義。《說文·艸部》:"莪,蘿莪,蒿屬。从艸,我聲。"清朱駿聲《通訓定聲》:"《廣雅·釋草》:'蘿莪,蘸蒿也。'《詩》:'菁菁者莪。''蓼蓼者莪。'"《廣韻·歌韻》:"莪,草名,似蒢蒿。"按,"蒿"爲菊科蒿物植物之總稱,其形高,故稱"蒿"。"莪"爲蒿屬,則以我聲載高義。

䳘 鴨科飛禽之形體高大者。《說文·鳥部》:"䳘,䲹䳘也。从鳥,我聲。"清朱駿聲《通訓定聲》:"《爾雅》:'舒鴈,鵝。'李注:'野曰鴈,家曰鵝。'按,飛行舒遲故曰舒雁。《孟子》:'則有饋其兄弟生鵝。'《左傳·昭公二十一年》:'鄭翩願爲鸛,其御願爲鵞。'"按,漢許慎以"䲹䳘"訓"䳘",其書同部"䲹"亦訓"䲹䳘"。此乃同義聯合式合成詞。高大之禽稱"䲹䳘",猶高大之舟稱"舸䈥"。

俄 高昂。《古今韻會舉要·歌韻》:"俄,仰也。"《說文·人部》:"仰,舉也。"按,謂舉首,凡仰則高,俯則低。清朱駿聲《説文通訓定聲·隨部》:"俄,《羽獵賦》:'俄軒冕。'注:'卬也。'"按,"卬"即"仰"之初文。《説文・匕部》:"卬,望欲有所庶及也。"所訓爲仰慕義,爲抽象性上、高義。《字彙・卩部》:"卬,翹首望也。"所訓之義則同"仰"。

〔推源〕 諸詞俱有高大義,爲我聲所載之公共義。聲符字"我"从戈,謂兵器,與高大義不相涉,其高大義乃我聲所載之語源義。我聲可載高大義,兀聲字所記録語詞"岉""芄""瓬""朼""阢"(見本典第一卷第79條)及軍聲字所記録語詞"暉""翬""暉""鶤""渾"(見本典第六卷"535. 軍聲")皆可相證。我聲、兀聲、軍聲本相近且相通。

我:疑紐歌部;

兀:疑紐物部;

軍:見紐文部。

疑見旁紐,歌物旁對轉,歌文旁對轉,物文對轉。

327　利聲

(896) 颲痢浰俐(迅速義)

颲　疾風,迅速者。《説文・風部》:"颲,風雨暴疾也。从風,利聲。"《玉篇・風部》:"颲,暴風。"《廣韻・至韻》:"颲,烈風。"按,當即"颲"之轉注字。"颲"字之上古音來紐質部,"颲"者來紐月部,雙聲,質月旁轉。《説文》同部"颲"篆訓"烈風"。《初學記》卷一引漢應劭《風俗通》:"猛風曰颲。"南朝梁武帝蕭衍《孝思賦》:"旅雁鳴而哀哀,朔風鼓而颲颲。"

痢　水瀉,來勢迅速之病。《玉篇・疒部》:"痢,瀉痢也。"《廣韻・至韻》:"痢,病也。"三國魏曹操《戒飲山水令》:"凡山水甚强寒,飲之皆令人痢。"唐權德輿《賈相公陳乞表》:"近染痢疾,綿歷旬時。"

浰　水流迅速,虚化引申爲迅速義。《廣韻・霽韻》:"浰,水疾流皃。"《字彙・水部》:"浰,淒浰,疾速貌。"宋蘇轍《答吳和二絶》之一:"三間浰水小茅屋,不比麻田新草堂。"《史記・司馬相如列傳》:"儵眒淒浰,雷動熛至。"南朝宋裴駰《集解》:"皆疾貌。"按,"浰"本爲水名,表水流迅速義,爲套用字。

俐　伶俐,反應迅速。《正字通・人部》:"俐,今方言謂點慧曰伶俐。"宋黎靖德等編《朱子語類》卷三十二:"仁,只似而今重厚底人;知,似今伶俐底人。"清曹雪芹《紅樓夢》第二十七回:"那里承望養出這麽個伶俐丫頭來!"

〔推源〕 諸詞俱有迅速義,爲利聲所載之公共義。聲符字"利"从刀,所記録語詞之本義爲鋒利。按,鋒利則斷物、削物迅速,義本相通。又今語稱刀具鋒利爲"快",迅速亦稱"快",亦爲一證。《説文・刀部》:"利,銛也。"清朱駿聲《通訓定聲》:"愚謂兵革堅利之利是本字……《易·繫辭》：'其利斷金。'《論語》：'必先利其器。'《孟子》：'兵革非不堅利也。'《老子》：'國之利器，不可以示人。'〔轉注〕《淮南·墜形》：'輕土多利。'注：'利，疾也。'"按，所謂"轉注"實即引申。《晉書·王濬傳》："濬將至秣陵，王渾遣信要令暫過論事。濬舉帆直指報曰：'風利，不得泊也。'"按，"颲"當爲緷益字。綜言之，本條諸詞之迅速義爲其聲符"利"所載之顯性語義。利聲可載迅速義，則列聲字所記錄語詞"冽""烈"及上述"颲"（見本典第三卷"228. 列聲"）可相證。利聲、列聲本相近且相通。

利：來紐質部；
列：來紐月部。

雙聲，質月旁轉。

(897) 鷅鸝犂（雜色義）

鷅 黃鸝，其色黃黑相雜。字亦作"鸝""翢"。《爾雅·釋鳥》："鷅黃，楚雀。"晉郭璞注："即倉庚也。"《玉篇·隹部》："翢，翢黃，楚雀。其色黎黑而黃。亦作'鷅'。"按，"鷅""翢"二字从鳥、从隹，所表義類同，俱从称聲，"称"爲"利"之古文。《廣韻·支韻》："鸝，黃鸝。鷅，同'鸝'。"《詩·周南·葛覃》"黃鳥于飛"晉陸璣疏："黃鳥，黃鸝留也，或謂之黃栗留。幽州人謂之黃鷪，或謂之黃鳥，一名倉庚，一名商庚，一名鷅黃。"周師曠《禽經》："鶬鶊，鸝黃，黃鳥也。亦曰楚雀，亦曰商庚。"原注："今謂之黃鶯、黃鸝是也。野民曰黃栗留，語聲轉耳。其色鸝黑而黃，故名鸝黃。"唐杜甫《絕句》四首之三："兩箇黃鸝鳴翠柳，一行白鷺上青天。"

鸝 黑與黃相混雜之色。《廣韻·齊韻》："鸝，黑而黃也。"《資治通鑒·晉穆帝升平元年》："姚襄所乘駿馬曰鸝眉䭿。"元胡三省注："黑而黃色曰鸝。"明屠隆《考槃餘事·印書》："閩中紙短窄鸝脆，刻又舛訛，品最下，而直最廉。"

犂 雜色牛。明李時珍《本草綱目·獸一·牛》："黑曰㹁，白曰㹊，赤曰㹑，駁曰犂。"《山海經·東山經》："其中鱅鱅之魚，其狀如犂牛。"晉郭璞注："牛似虎文者。"《淮南子·説山訓》："髡屯犂牛，既㸹以犅，決鼻而羈。"漢高誘注："犂牛，不純色。"

〔推源〕 諸詞俱有雜色義，爲利聲所載之公共義。聲符字"利"所記錄語詞之本義、引申義系列與雜色義不相涉，其雜色義乃利聲所載之語源義。利聲可載雜色義，"紫"可證之。

利：來紐質部；
紫：精紐支部。

來精鄰紐，質支通轉。"紫"，青赤色，則亦爲雜色。《説文·糸部》："紫，帛青赤色。"《論語·陽貨》："子曰：'惡紫之奪朱也，惡鄭聲之亂雅樂也。'"三國魏何晏《集解》："朱，正色；紫，間色之好者。"《漢書·百官公卿表上》："相國、丞相，皆秦官，金印紫綬。"

328　禿聲

(898) 鵚/㹀(空義)

鵚　鵚鶖,一名禿鶖,以其頭項禿而無毛而得名。《廣韻·屋韻》:"鵚,鵚鶖,鳥也。"《說文·鳥部》:"鴷,禿鴷也。从鳥,宋聲。鶖,鴷或从秋。"明李時珍《本草綱目·禽部·鵚鶖》:"長頸赤目,頭項皆無毛。"清蒲松齡《日用俗字·禽鳥章》:"杜宇可憐長吐血,鵚鶖堪愛在吞蝗。"

㹀　羊無角,其名亦寓空義。字亦作"羫"。《廣韻·東韻》:"㹀,同羫。""羫,無角羊。"明李時珍《本草綱目·獸部》:"無角曰羫。"清貝清喬《咄咄吟》:"結好㹀漿酪酒閑,還勞款送入舟山。"按,"㹀"字从同得聲,同聲字所記錄語詞"衕""迵""筒""洞""峒""瓨""硐""胴"俱有空義,見本典第三卷"237. 同聲"第 660 條。又,"㹀"之或體作"羫",从童得聲,與"犝"同,"犝"謂牛無角,則爲分別文。其聲符"童"可指山無草木,實亦空義。

〔推源〕　此二詞俱有空義,其音亦相近且相通。

鵚:透紐屋部;
㹀:定紐東部。

透定旁紐,屋東對轉。然則二詞出諸同一語源。其"鵚"字乃以禿聲載其空義,聲符字"禿"所記錄語詞謂人頭禿,空而無髮。《說文·禾部》:"禿,無髮也。从人,上象禾粟之形,取其聲。王育說,蒼頡出見禿人伏禾中,因以製字,未知其審。"清朱駿聲《通訓定聲》:"《禮記·問喪》:'禿者不免。'《喪服四制》:'禿者不髽。'《明堂位》注:'齊人謂無髮爲禿。'《呂覽·明理》:'盲禿傴尪。'《盡數》:'輕水所多禿與癭人。'《後漢書·匈奴傳》:'禿翁。'"

329　秀聲

(899) 誘挱(引義)

誘　引誘。《說文·厶部》:"羑,相誂呼也。从厶,从羑。誘,或从言、秀。"清朱駿聲《通訓定聲》:"或从言,秀聲。……《儀真》:'秦穆公以女樂誘之。'……《詩·野有死麕》:'吉士誘之。'"《廣韻·有韻》:"誘,引也。"《書·費誓》:"竊馬牛,誘臣妾,汝則有常刑。"按,唯"誘"之本義爲引,故有"引誘"之同義聯合式合成詞。金元好問《續夷堅志·石公陰德》:"(王八郎)謀作亂,因設詭計,籍鄉人姓名,未及引誘,爲人所告。"按,"誘"字之結構,从言、秀無所取義,朱氏从言、秀聲說可從。"秀"字上古音心紐幽部;"誘"者余紐幽部。二者疊韻,心余(喻四)鄰紐,"誘"從秀聲無疑。

搙 抽引,抽拔而上引,引出。《説文·手部》:"搊,引也。抽,搊或从由。搙,搊或从秀。"清朱駿聲《通訓定聲》:"或从由聲,或从秀聲。《廣雅·釋詁三》:'抽,拔也。''搙,縮也。'按,謂搯也。《左宣十二傳》:'每射,抽矢菆。'注:'擢也。'《莊子·天地》:'挈水若抽。'李注:'引也。'《太玄·玄攡》:'抽不抽之緒。'注:'出也。'"《廣韻·尤韻》:"搙,同'抽'。""抽,引也。"按,"抽""引"可組成同義聯合式複音語。《淮南子·要略》:"夫作爲書論者,所以紀綱道德,經緯人事,上考之天,下揆之地,中通諸理,雖未能抽引玄妙之中才,繁然足以觀終始矣。"

〔推源〕 此二詞俱有引義,爲秀聲所載之公共義。聲符字"秀"所記録語詞之本義爲穀類抽穗開花,本有上引之義。《廣韻·宥韻》:"秀,出也,榮也。"清朱駿聲《説文通訓定聲·孚部》:"秀,《詩·七月》:'四月秀葽。'《生民》:'實發實秀。'……《廣雅·釋詁一》:'秀,出也。'《釋名·釋天》:'秀者,物皆成也。'"《論語·子罕》:"苗而不秀者有矣夫!秀而不實者有矣夫!"宋朱熹《集注》:"穀之始生曰苗,吐華曰秀,成穀曰實。"然則本條二詞之引義爲其聲符"秀"所載之顯性語義。

(900) 莠銹(壞義)

莠 雜草,引申爲壞、惡義。《説文·艸部》:"莠,禾粟下生莠。从艸,秀聲。讀若酉。"清朱駿聲《通訓定聲》:"禾粟之穗,生而未成,墮地生莠,今之狗尾艸即薫蓈也。《詩·甫田》:'惟莠驕驕。'《大田》:'不稂不莠。'《左襄三十傳》:'其莠猶在乎?'《漢書·嚴延年傳》:'莠盛苗穢。'注:'粃穀所生也。'〔轉注〕《管子·版法》:'官處四體,而無禮者,流之爲莠命。'注:'謂穢亂命,若莠之穢苗也。'〔假借〕爲'醜'。《詩·正月》:'莠言自口。'傳:'醜也。'"按,所引《管子》之"莠"即敗壞義。又,"莠"表外、惡義無煩假借,乃引申。南朝梁劉勰《文心雕龍·諧隱》:"曾是莠言,有虧德音。"

銹 鐵銹,鐵受潮敗壞而生之物。字亦作"鏽"。《集韻·宥韻》:"鏽,鐵上衣也。或作'銹'。"又《屋韻》:"鏽,鐵鏉也。"清桂馥《札樸·鄉里舊聞·附鄉言正字》:"鐵生鏽曰銻鏉。"元戴侗《六書故·地理一》:"鏽,鐵器生衣也。或作'銹'。"宋陳翥《桐譜·器用》:"沙木鬻釘,久而可脱;桐木則粘而不鏽,久而益固。"清周亮工《射烏樓紀事》:"聞道捷書朝夕達,寶刀銹盡未堪藏。"又,危害植物之菌有"銹菌"者,"銹"即寓敗壞義。

〔推源〕 此二詞俱有壞義,爲秀聲所載之公共義。聲符字"秀"所記録語詞之本義、引申義系列與壞義不相涉,其壞義乃秀聲所載之語源義。秀聲可載壞義,"醜"可證之。

秀:心紐幽部;
醜:昌紐幽部。

疊韻,心昌(三等即穿)鄰紐。"醜",可惡,引申爲壞、惡義。《説文·鬼部》:"醜,可惡也。"清朱駿聲《通訓定聲》:"《易·本命》:'耗土之人醜。'〔轉注〕《詩·十月之交》:'亦孔之醜。'傳:'惡也。'《泮水》:'屈此群醜。'箋:'惡也。'《左文十八傳》:'醜類惡物。'注:'亦惡也。'"《漢書·項籍傳》:"今盡王故王於醜地,而王群臣諸將善地。"按,"善"與"醜"義相反,"善"即良好,"醜"即不良,亦即惡、壞。

(901) 透/跳(跳躍義)

透 跳躍。《廣韻·候韻》:"透,跳也。"《説文新附·辵部》:"透,跳也,過也。从辵,秀聲。"《南史·梁元徐妃傳》:"妃知不免,乃透井死。"元無名氏《殺狗勸夫》第二折:"這廝死時節定觸犯了刀砧殺,醉時節透入在餵猪坑。"

跳 跳躍。《説文·足部》:"跳,躍也。"清朱駿聲《通訓定聲》:"《列子·湯問》:'跳往助之。'《釋文》:'躍也。'"《廣韻·蕭韻》:"跳,躍也。"《楚辭·九辯》:"見執轡者非其人兮,故駶跳而遠去。"宋洪興祖《補注》:"跳,躍也。"明李時珍《本草綱目·獸部·麂》:"麂居大山中,似獐而小,牡者有短角,黧色豹脚,脚矮而力勁,善跳越。"

〔推源〕 此二詞義同,其音亦極相近且相通。

透:透紐幽部;
跳:透紐宵部。

雙聲,幽宵旁轉。其語源當同。

(902) 琇/良(美好義)

琇 次於玉之美石。《集韻·宥韻》:"琇,《説文》:'石之次玉者。'或省。"清朱駿聲《説文通訓定聲·孚部》:"琇,《詩》曰:'充耳琇瑩。'字亦作'璓'。《詩·淇澳》:'充耳琇瑩。'《都人士》:'充耳琇實。'傳皆訓'美石'。"唐蕭穎士《江有楓》:"我友于征,彼鄭之子,如琇如英,德音孔明。"元周巽《昭君怨》:"玉鳳搔頭金纏臂,琇瑩充耳雙明珠。"按,《廣雅·釋詁一》"琇"訓"美",當爲其引申義。

良 善良,良好,引申爲美好義。《説文·畗部》:"良,善也。"清朱駿聲《通訓定聲》:"《詩·日月》:'德音無良。'《黃鳥》:'殲我良人。'……《易·歸妹》:'不如其娣之袂良。'……《詩·綢繆》:'見此良人。'傳:'美室也。'"按,所引《易》文高亨注:"良,美也。"《楚辭·九歌·東皇太一》:"吉日兮良辰,穆將愉兮上皇。"南朝梁劉勰《文心雕龍·知音》:"良書盈篋,妙鑒迺訂。"

〔推源〕 此二詞俱有美好義,其音相近並相通。

琇:心紐幽部;
良:來紐陽部。

心來鄰紐,幽陽旁對轉。其語源當同。"琇"字乃以秀聲載美好義。秀聲字"誘"亦可以假借字形式表美好義,則亦秀聲、美好義相關聯之一證。清朱駿聲《説文通訓定聲·頤部》:

"《淮南·繆稱》：'誘然與日月争光。'注：'誘，美稱也。'"按，"琇"之聲符"秀"所記録語詞之本義爲穀類抽穗開花（見前第899條推源欄），花爲美麗之物，故"秀"有秀麗、美好之衍義。清朱駿聲《説文通訓定聲·孚部》："秀，〔轉注〕《素問·四氣調神大論》：'此謂蕃秀。'注：'華也，美也。'"《楚辭·大招》："容則秀雅，稚朱顔只。"漢王逸注："言美女儀容閑雅，動有法則，秀異於人。"南朝宋劉義慶《世説新語·言語》："顧長康從會稽還，人問山川之美，顧云：千巖競秀，萬壑争流，草木蒙籠其上，若雲興霞蔚。"然則"琇"之美好義爲其聲符"秀"所載之顯性語義。又，第900條"莠""銹"俱有壞、惡義，正相反，其壞、惡義乃秀聲另載之語源義，爲隱性語義，非"秀"之本義、引申義系列中固有者。

330　每聲

(903) 緐綖霉苺（繁多義）

緐　馬髦飾，引申爲繁多義。其字後世作"繁"。《説文·糸部》："緐，馬髦飾也。从糸，每聲。《春秋傳》曰：'可以稱旌緐乎。'"清段玉裁注："馬髦謂馬鬣也。飾亦裝飾之飾，蓋集絲條下垂爲飾曰緐……引申爲緐多，又俗改其字作'繁'，俗形行而本形廢，引申之義行而本義廢矣。"《廣韻·元韻》："緐，馬飾名也。緋，上同。"《集韻·桓韻》："繁，馬鬣上飾。《春秋傳》：'繁纓以朝。'或作緐、緋。"宋蘇軾《昇陽殿故址》："雕盤堆緐英，豔粉弱自戰。"清陳鱣《對策·拜禮》："一拜再拜，三拜四拜，九頓首百拜，或殺或緐。"

綖　亂絲。《玉篇·糸部》："綖，亂絲也。"按，絲多則易亂，"綖"當寓繁多義。

霉　雨繁多。字亦作"黴"。《説文·黑部》："黴，中久雨青黑也。"清朱駿聲《通訓定聲》："俗字作'霉'。"明李時珍《本草綱目·水一·雨水》："'梅雨'或作'霉雨'，言其沾衣及物皆生黑霉也。"今按，梅成熟於多雨季節，故又稱"梅雨"。"霉"則爲多雨之謂，雨多物濕發霉變黑乃引申義。明宋應星《天工開物·乃粒·麥災》："荆揚以南，唯患霉雨。"清曹寅《雨阻不得入城和梅岑》："霉雨疎還密，霉天暗復明。"

苺　草繁多，茂盛。《廣韻·灰韻》："苺，苺苺，美田也。"清朱駿聲《説文通訓定聲·頤部》："苺，字亦作'莓'。〔假借〕爲'每'。《魏都賦》：'蘭渚苺苺。'按，草盛貌。"今按，"苺"之本義固爲草苺，然表草多義非假借，乃套用字。宋王安石《别馬秘丞》："苺苺郊原青，漠漠風雨黑。"

〔推源〕　諸詞俱有繁多義，爲每聲所載之公共義。聲符字"每"，本作"毎"，隸變爲"每"。其所記録語詞之本義即草繁多、茂盛。《説文·屮部》："毎，艸盛上出也。从屮，母聲。"清朱駿聲《通訓定聲》："《左僖廿八傳》：'原田每每。'注：'原田之草每每然。'按，實重言形況字，猶《韓詩》之'周原膴膴'、《毛詩》之'周原膴膴'也，肥美貌。"然則本條諸詞之繁多義，爲其聲符"每"所承載之顯性語義。每聲可載繁多義，則"茂"可相證。

每：明紐之部；

茂：明紐幽部。

雙聲，之幽旁轉。"茂"，草木繁多，茂盛。《說文·艸盛》："茂，艸豐盛。"《廣韻·候韻》："茂，卉木盛也。"《楚辭·離騷》："冀枝葉之峻茂兮，願竢時乎吾將刈。"北魏酈道元《水經注·沁水》："小竹細筍，被於山渚，蒙籠茂密，奇爲翳薈也。"

(904) 晦海黴(不明義)

晦 月盡，引申爲昏暗、不明義。《說文·日部》："晦，月盡也。从日每聲。"清朱駿聲《通訓定聲》："《爾雅·釋言》：'晦，冥也。'《論衡·四諱》：'三十日日月合宿，謂之晦。'〔轉注〕《魯語》：'晦而休。'注：'冥也。'《左昭元傳》：'晦淫惑疾。'注：'夜也。'《詩》：'風雨如晦。'傳：'昏也。'……《漢書·高帝紀》：'是時雷電晦冥。'注：'晦、冥皆謂暗也。'"《廣韻·隊韻》："晦，冥也。又月盡也。"

海 大海。按，"海"即不明邊際之水域，其名寓不明義。徽歙有諺："江無底，海無岸。"《說文·水部》："海，天池也，以納百川者。从水，每聲。"《書·禹貢》："江、漢朝宗於海。"唐韓愈《南海神廟碑》："海於天地間爲物最鉅。"

黴 膚色黑，不明亮。《字彙補·黑部》："黴，面黑氣也。《六書索隱》與'黴'同。"《玉篇·黑部》："黴，面垢也。"《列子·黃帝》："焦然肌色皯黴，昏然五情爽惑。"唐陸龜蒙《甫里先生傳》："堯、舜黴瘠，大禹胼胝。"

〔推源〕 諸詞俱有不明義，爲每聲所載之公共義。聲符字"每"所記録語詞謂草木茂盛，此或與掩翳不明義相通。每聲可載不明義，則"昧"可證之。

每：明紐之部；

昧：明紐幽部。

雙聲，之幽旁轉。"昧"，昏暗不明。《說文·日部》："昧，昧爽，旦明也。从日，未聲。一曰闇也。"清朱駿聲《通訓定聲》："按，將明尚暗之時也。《小爾雅·廣詁》：'昧，冥也。'《廣雅·釋訓》：'昧昧，暗也。'《書·堯典》：'曰昧谷。'"《淮南子·原道訓》："氣不當其所充而用之則泄，神非其所宜而行之則昧。"漢高誘注："昧，不明也。"《漢書·嚴助傳》："地深昧而多水險。"唐顏師古注："昧，暗也。"

(905) 誨姆(教誨義)

誨 教誨。《說文·言部》："誨，曉教也。从言，每聲。"清朱駿聲《通訓定聲》："《書·無逸》：'胥教誨。'《詩·桑柔》：'誨爾序爵。'《禮記·檀弓》：'夫子誨之髽。'《左襄十四傳》：'師曹誨之琴。'"《廣韻·隊韻》："誨，教訓也。"《詩·小雅·綿蠻》："飲之食之，教之誨之。"

姆 教育未婚女子的婦人。字亦作"娒"。《說文·女部》："娒，女師也。从女，每聲。

讀若母。"清朱駿聲《通訓定聲》:"字亦作'姆'。《儀禮·士昏禮》:'姆纚、笄、宵衣,在其右。'注:'姆,婦人年五十無子,出而不復嫁,能以婦道教人者,若今時乳母。'《禮記·內則》:'姆教婉娩聽從。'《左襄三十傳》:'待姆也。'"《玉篇·女部》:"姆,女師也。"《廣韻·候韻》:"姆,女師。《說文》作'娒'。"按朱氏所引《左傳》文晉杜預注:"姆,女師。"唐韓愈《順宗實錄五》:"良娣王氏,家承茂族,德冠中宫,雅修彤管之規,克佩姆師之訓。"

〔推源〕 此二詞俱有教誨義,爲每聲所載之公共義。聲符字"每"从中,母聲。其教誨義當植根於"每"之聲符"母"。"母"爲母親,生育人者,亦爲教誨者。故指女師之"姆""娒"本亦作"母"。《集韻·厚韻》:"姆,女師也,亦作'母'。"清朱駿聲《說文通訓定聲·頤部》:"母,〔假借〕又爲'姆'。《公羊襄三十傳》:'不見傅、母。'《釋文》:'本作姆。'"按,朱氏所引《公羊傳》文漢何休注:"禮:后夫人必有傅、母,所以輔正其行,衛其身也。選老大夫爲傅,選老大夫妻爲母。"又,"母"表女師義無煩假借,乃本義之引申,"姆""娒"則爲記錄其引申義而製之專字。漢焦贛《易林·萃之益》:"童女無媒,不宜動摇,安其室廬,傅、母何憂!"綜言之,"母"爲源詞,"姆"及"娒"爲其同源派生詞。

(906) 悔莓(外義)

悔 外卦。《說文·卜部》:"悔,《易》卦之上體也。《商書》:'曰貞,曰悔。'从卜,每聲。"清朱駿聲《通訓定聲》:"今《洪範》作'悔',衛包所改。經傳皆以'悔'爲之。"又"悔,〔假借〕爲'悔'。《書·洪範》:'曰貞,曰悔。'鄭注:'外卦曰悔。'《左僖十五傳》:'蠱之貞,風也,其悔,山也。'"《玉篇·卜部》:"悔,外卦曰悔,內卦曰貞。今作'悔'。"《廣韻·隊韻》:"悔,《易》卦上體。"《正字通·心部》:"悔,《易》內卦爲貞,外卦爲悔。"按,"悔""悔"同从每聲,故"悔"借作"悔",乃以每聲載外義。

莓 苔蘚,地面外表之物。按,"莓"本指草莓、山莓(見後條),指苔蘚,則爲套用字。《古今韻會舉要·灰韻》:"莓,苔也。"《玉篇·艸部》:"落,生水中,綠色也。苔,同上。"按,非齊生於水,亦有生於地者。生於水面者俗稱"水衣",生於地面者則稱"地衣"。唐劉長卿《尋南溪常山道士隱居》:"一路經行處,莓苔見屐痕。"宋蘇舜欽《寄地堅覺初二僧》:"松下莓苔石,何年重訪尋。"

〔推源〕 此二詞俱有外義,爲每聲所載之公共義。聲符字"每"所記録語詞之本義、引申義系列與外義不相涉,其外義乃每聲所載之語源義。每聲可載外義,孚聲字所記録語詞"麩""琈""桴""蜉""荸""醅""垺""稃""浮"等皆可相證。"麩",麥之外皮;"琈",玉外表之色彩;"桴",筏,浮於水面之物;"蜉",蜉蝣,漂浮游蕩於水面之蟲;"荸",種子之外皮;"醅",漂浮於酒表面;"垺",外城;"稃",穀之外殼;"浮",浮於水面(詳見本典第四卷"338. 孚聲")。每聲、孚聲本相近且相通。

每:明紐之部;

孚:滂紐幽部。

明滂旁紐,之幽旁轉。

(907) 梅莓(酸義)

梅 酸果。《説文·木部》:"梅,枏也,可食。从木,每聲。楳,或从某。"清朱駿聲《通訓定聲》:"梅,〔假借〕爲'某'。《中山經》:'靈山,其木多桃李梅杏。'注:'似杏而酢也。'《詩·摽有梅》陸疏:'杏類也。'《夏小正》:'煮梅。'傳:'爲豆實也。'《左昭廿傳》:'水火醯醢鹽梅。'"按,以"梅"指酸果非假借。《説文》同部:"枏,梅也。"又"梅"之或體作"楳",其初文作"某"。《説文》同部:"某,酸果也。从木,从甘。"清徐灝《注箋》:"'某'即今酸果'梅'字。因假借爲'誰某',而爲借義所專,遂假'梅'爲之。"按,"某"字从甘,謂酸果熟而有甘甜味。"梅"亦指楠,然指酸果非假借,乃套用字。《類篇·木部》:"梅,酸果也。"《書·説命下》:"若作和羹,爾惟鹽梅。"僞孔傳:"鹽醎梅酸,羹須醎醋以和之。"

莓 草莓,山莓,味甘而酸之物。字亦作"苺"。《爾雅·釋草》"藨、麃"晉郭璞注:"麃,即莓也。今江東呼爲藨莓。子似覆盆而大,赤,酢甜可噉。"按,"酢"即酸味。漢史游《急就篇》卷三"酸醎酢淡辨濁清"唐顏師古注:"大酸謂之酢。"北魏賈思勰《齊民要術·莓》:"莓,草實,亦可食。"按,晉郭璞所云"藨莓"當即覆盆子,徽歙人因其大而稱之爲"牛奶莓",乃木本者。北魏賈思勰所云"草實"即草莓,草本者。又草本者尚有蛇莓,不可食。《説文·艸部》:"苺,馬苺也。"清朱駿聲《通訓定聲》:"字亦作'莓'。按,蔛屬,山莓之大者也。《類篇》:'即覆盆草。'《廣韻·厚韻》:'苺,苺子,即覆盆。'"

〔推源〕 此二詞俱有酸義,爲每聲所載之公共義。聲符字"每"所記録語詞之本義、引申義系列與酸義不相涉,其酸義乃每聲所載之語源義。按,今徽歙南鄉方言有"酸〔mēn〕〔mēn〕"之三字格派生詞。其詞根、詞綴之語義關係爲同義關係。此詞綴之語源當與"梅""莓"同。凡三字格派生詞之詞綴,有載其顯性語義者,如"暖烘烘""醉熏熏";亦有載其隱性語義者,如"乾巴巴"。"巴"字單用無乾義,然"豝""羓"謂臘屬,即乾羊肉、乾豬肉,音轉則爲"脯"。在單音詞"豝""羓"中,巴聲承載"乾"之義素,與"乾巴巴"之"巴"相對應。"梅""莓"之與"酸〔mēn〕〔mēn〕"蓋亦此類。

331 攸聲

(908) 跾倏儵(迅速義)

跾 迅速。《説文·足部》:"跾,疾也,長也。从足,攸聲。"清朱駿聲《通訓定聲》:"字亦作'悠'、作'逐'。《易·頤》劉表本:'其欲跾跾。'注:'遠也。'《廣雅·釋詁一》:'悠,疾也。'……按,疾義古皆以'倏'、以'儵'爲之;長義古皆以'脩'、以'修'爲之。"清段玉裁注:"二義相反而相成。《易》:'其欲逐逐。'薛云:'速也。'《子夏傳》作'攸攸';荀(爽)作'悠悠';劉(表)作'跾'。"《廣韻·屋韻》:"跾,疾也。"《龍龕手鑒·足部》:"跾,走疾也。"

倏 迅速,猝然。《説文·犬部》:"倏,走也。从犬,攸聲。"南唐徐鍇《繫傳》:"忽也。"清朱駿聲《通訓定聲》:"疾步曰走。《蜀都賦》:'鷹犬倏眒。'注:'倏眒,疾速也。'〔假借〕爲'儵'。《漢書·叙傳》:'辰倏忽其不再。'注:'倏忽,疾也。'《揚雄傳》:'電倏忽於牆藩。'注:'倏忽,電光也。'《東都賦》:'指顧倏忽。'注:'倏忽,疾也。'"按,非假借,乃引申。《後漢書·張衡傳》:"倏眩眃兮反常閭。"唐李賢注:"倏,忽也。"其字亦訛作"倐"。《廣韻·屋韻》:"倐,倏忽,犬走疾也。"沈兼士《聲系》:"《説文》作'儵'。"《字彙·人部》:"倐,俗倏字。"按,"突""猝""倏"字从犬,蓋古者犬从人居,常有猝然走竄行爲,故以"犬"表其猝然義。

翛 飛行迅速。《廣韻·屋韻》:"翛,飛疾之貌。"《古文苑·衛顗〈西嶽華山亭碑〉》:"神樂其境,翛翬無形。尊卑有序,絜心致誠。"宋章樵注:"翛翬,飛騰迅疾也。"按,《説文》"卂"篆訓"疾飛也。从飛而羽不見"。今之風扇,速轉則不見其扇頁,同理。"翛翬無形"當同意。"翛"亦泛指迅速。唐李德裕《牡丹賦》:"奪珠樹之鮮輝,掩非煙之奇色,翛忽摛錦,粉葩似纖。"

〔推源〕 諸詞俱有迅速義,爲攸聲所載之公共義。攸聲字"儵"亦可以假借字形式表迅速義,亦爲攸聲、迅速義相關聯之一證。清朱駿聲《説文通訓定聲·孚部》:"儵,〔假借〕爲'倏'。《廣雅·釋詁一》:'儵,疾也。'《史記·司馬相如傳》:'儵眒淒淋。'《集解》:'儵眒皆疾貌。'《莊子·大宗師》:'儵然而往。'司馬注:'疾貌。'《上林賦》:'儵夐遠去。'注:'儵忽長逝也。'"按,"儵"字从黑,其本義《説文》訓"青黑繒縫白色",表迅速義,或以爲乃"倏"字之借。"儵""倏""翛"之聲符攸單用本可表迅速義。《孟子·萬章上》:"昔者有饋生魚於鄭子產,子產使校人畜之池。校人烹之。反命曰:'始舍之,圉圉然,少則洋洋焉,攸然而逝。'"漢趙岐注:"攸然,迅走水趣深處也。"按,"攸"字之甲骨文形體从人、从攴,與迅速義不相符,其迅速義乃攸聲所載之語源義。攸聲可載迅速義,"速"可證之。

攸:余紐幽部;
速:心紐屋部。

余(喻四)心鄰紐,幽屋旁對轉。"速",迅速。《爾雅·釋詁下》:"速,疾也。"《説文·辵部》:"速,疾也。"《左傳·定公四年》:"子必速戰,不然不免。"晉葛洪《抱朴子·疾謬》:"凡彼輕薄之徒,雖便辟偶俗,廣結伴流,更相推揚,取達速易,然率皆皮膚狡澤,而懷空抱虚。"

(909) 條修儵翛篠(長義)

條 樹木細長的枝條,虚化引申爲長義。《説文·木部》:"條,小枝也。从木,攸聲。"清朱駿聲《通訓定聲》:"《爾雅·釋木》:'桑柳醜條。'《詩·汝墳》:'伐其條枚。'傳:'枝曰條。'〔轉注〕《詩·椒聊》:'遠條且。'傳:'長也。'"按,所稱"轉注"實即引申。《書·禹貢》:"厥草惟繇,厥木惟條。"僞孔傳:"條,長也。"

修 長。清朱駿聲《説文通訓定聲·孚部》:"修,〔假借〕爲'翛'。《廣雅·釋詁二》:

'修,長也。'《爾雅·釋宮》:'陝而修曲曰樓。'注:'長也。'……《史記·秦始皇紀》:'德惠修長。'《索隱》:'修亦長也。'"今按,"修"非借作"倄"而表長義。其本義雖訓"飾",然其字從彡,表長義,形義相符,無煩假借。漢蔡琰《胡笳十八拍》:"關山阻修兮行路難。"唐韓愈《縣齋有懷》:"寒空聳危闕,曉色曜修架。"

鯈 白條魚,形體狹長者。《説文·魚部》:"鯈,魚名。从魚,攸聲。"清朱駿聲《通訓定聲》:"字亦作'鮋'、作'鰷'、作'鰷',今之白餐鰷也……《爾雅·釋魚》:'鮋黑鰦。'注:'即白鯈魚。'《詩·潛》:'鰷鱨鰋鯉。'箋:'白鰷也。'"清徐珂《清稗類鈔·動物類》:"白鰷即鯈魚。産於淡水,大者長尺許,形狹長,背淡黑微青,腹白鱗細,好群游水面。一名鰺魚,亦稱鰺條魚。"《莊子·秋水》:"鯈魚出游從容。"唐成玄英疏:"鯈魚,白鯈。"按,稱"鯈",乃以攸聲表長義;稱"鰷""鰷",則其長義益顯,聲符字"條""修"皆從攸得聲。

鰷 蛇狀物,形長者。《廣韻·蕭韻》:"鰷,鰷蝙,狀如黃蛇,魚翼,出入有光,見則大旱。出《山海經》。"晉郭璞《山海經圖讚·東山經·鰷蝙》:"鰷蝙蛇狀,振翼灑光,憑波騰逝,出入江湘,見則歲旱,是維火祥。"

倄 《説文》訓"長"(見前條)。《廣韻·屋韻》:"倄,長也。"明湯顯祖《感士不遇賦》:"窮枯厝而無營兮,志倄倄之邈唐。"

〔推源〕 諸詞俱有長義,爲攸聲所載之公共義。攸聲字"脩""鯈"亦可以假借字形式表長義,則亦爲攸聲、長義相關聯之一證。清朱駿聲《説文通訓定聲·孚部》:"脩,〔假借〕爲'倄'。《小爾雅·廣言》:'脩,長也。'《詩·六月》:'四牡脩廣。'《韓奕》:'孔脩且張。'《禮記·投壺》:'頸脩七寸。'傳、注皆訓'長'。……《(淮南子)説山》:'朱儒問徑天高於脩人。'注:'長人也。'《周髀算經》:'股脩四。'注:'應方之匝,從者謂之脩,股亦脩。脩,長也。'"按,"脩"字從肉,其本義《説文》訓"脯",即乾肉。所表長義爲假借義。唐項斯《和李用夫栽小松》:"即聳凌空幹,翛翛豈易攀?"按,"翛翛"爲重言形況字,形容其高,高義、長義相通,縱曰高,橫曰長。"翛"字從羽,所記録語詞謂羽毛凋敝;所表高、長義,爲假借義,攸聲所載者。"條""修""鯈""鰷""倄"之聲符"攸",形體結構與長義不相符,其長義當爲攸聲所載之語源義。攸聲可載長義,"長"可證之。

攸:余紐幽部;

長:定紐陽部。

余(喻四)定準旁紐,幽陽旁對轉。"長",其字之甲骨文形體象人髮長皃,人年久則髮長,故有長久義,又有長短之長義。《説文·長部》:"長,久遠也。"《書·盤庚中》:"汝不謀長。"僞孔傳:"汝不謀長久之計。"漢張衡《西京賦》:"流長則難竭,柢深則難朽。"

(910) 修鋈(修飾義)

修 修飾。《説文·彡部》:"修,飾也。从彡,攸聲。"清朱駿聲《通訓定聲》:"'修'從彡,是文飾爲本義,芟除爲轉注……《禮記·禮運》:'義之修而禮之藏也。'注:'猶飾也。'"《商君書·靳令》:"修容而以言恥食,以上交以避農戰,外交以備,國之危也。"《楚辭·九歌·湘君》:"美要眇兮宜修。"宋朱熹注:"修,飾也。"按,唯"修"之本義爲飾,故有"修飾"之同義聯合式合成詞。《北齊書·崔季舒傳》:"文襄每進書魏帝,有所諫請,或文辭繁雜,季舒輒修飾通之,得申勸戒而已。"

鋚 字亦作"鞗",指馬轡首飾物。《説文·金部》:"鋚,轡首銅。从金,攸聲。"清朱駿聲《通訓定聲》:"《詩·蓼蕭》:'鞗革沖沖。'傳:'轡也。'《韓奕》:'鞗革金厄。'《載見》:'鞗革有鶬。'《采芑》:'鉤膺鞗。'箋:'鞗革,轡首垂也。'字亦變作'鋚'。"《玉篇·革部》:"鞗,轡也。亦作'鋚'。"《廣韻·蕭韻》:"鋚,紉頭銅飾。"清厲鶚《焦山古鼎》:"惟王酬庸錫册命,鑾斿鋚勒兼戈鍒。"

〔推源〕 此二詞俱有修飾義,爲攸聲所載之公共義。聲符字"攸"之形體結構與修飾義不相符,其修飾義乃攸聲所載之語源義。攸聲可載修飾義,"飾"可證之。

攸:余紐幽部;

飾:書紐職部。

余(喻四)書(審三)旁紐,幽職旁對轉。"飾",修飾。《説文·巾部》:"飾,㕞飾。"清朱駿聲《通訓定聲》:"盛飾也,或曰未冠笄者之首飾。愚意'㕞'者'緣'字之誤,釋回增美之意也……《大戴·勸學》:'遠而有光者,飾也。'……《書·大傳》:'然後得乘飾車駢馬。'"《玉篇·食部》:"飾,修飾、粧飾也。"《左傳·莊公元年》:"子晳盛飾入。"

(911) 悠㳠旒(悠然義)

悠 悠然,閑適。前蜀韋莊《對雨獨酌》:"荷鍤醉翁真達者,卧雲逋客競悠哉!"明吕天成《齊東絶倒》第四出:"幾日來與老親海濱遵處,終日悠閑,好樂也呵!"

㳠 水緩緩流動。《廣韻·尤韻》:"㳠,水流皃。"《文選·木華〈海賦〉》:"爾其爲狀也,則乃㳠溰瀲灩,浮天無岸。"唐李善注:"㳠溰,流行之貌。"按,"溰"亦作"浟"。《廣韻·昔韻》:"浟,㳠浟,水皃。"明何景明《原有楚》:"子涉渭矣,渭水㳠㳠。"按,凡水之流行,無風則不波,其行㳠㳠,如人之悠然閑適。

旒 旗斿,隨風飄動者。《説文·㫃部》:"旒,旌旗之流也。从㫃,攸聲。"南唐徐鍇《繫傳》:"今俗或作'斿'。"《漢書·五行志下之上》:"爲溴梁之會,諸侯在而大夫獨相與盟,君若綴旒,不得舉手。"唐顔師古注:"旒,旌旗之流,隨風動揺也。"按,字亦作"旒","流""旒"俱从㐬聲。苟無大風則旗斿緩緩飄動,如人之悠然閑適,故稱"旒"。

〔推源〕 諸詞俱有悠然義,爲攸聲所載之公共義。聲符字"攸"《説文·攴部》云:"行水也。从攴,从人,水省。"清段玉裁注:"水之安行爲攸。"《正字通·攴部》:"攸,自得貌。"按,甲骨文"攸"字初文不从水,其悠然義非其顯性語義,乃攸聲所載之語源義。攸聲字"儵"

"翛"亦可以假借字形式表悠然義。漢劉向《列女傳·齊管妾婧》:"古有《白水》之詩。詩不云乎:'浩浩白水,儵儵之魚。君來召我,我將安居。'"《莊子·大宗師》:"翛然而往翛然而來而已矣。"唐成玄英疏:"翛然,無係貌也。"宋陸游《老學庵筆記》卷一:"翛然一榻枕書卧,直到日斜騎馬歸。"按,悠然即輕、舒緩義。徽歙方言稱動作輕爲"悠悠",又稱清風徐來爲"風悠悠"。今語有"慢悠悠"之三字格派生詞,詞根、詞綴同義,"悠悠"即緩慢、舒緩。魏巍《東方》第一部第一章:"花軲轆馬車慢悠悠地走着。"

(912) 翛/蕭(凋敝義)

翛 羽毛凋敝貌。《詩·豳風·鴟鴞》:"予羽譙譙,予尾翛翛。"漢毛亨傳:"翛翛,敝也。"虛化引申爲凋敝義。明徐弘祖《徐霞客遊記·粤西遊日記一》:"陂塘高下,林木翛然。"

蕭 草木凋敝。晉劉伶《北芒客舍》:"蚊蚋歸豐草,枯葉散蕭林。"唐張九齡《郡舍南有園畦雜樹聊以永日》:"江城何寂歷,秋櫂亦蕭森。"按,"蕭"本爲草名,謂香蒿,表草木凋敝義,爲其套用字。

〔推源〕 此二詞俱有凋敝義,其音亦同,心紐雙聲,幽部疊韻,其語源當同。

332　余聲

(913) 徐賒忬畬(緩義)

徐 字从彳,謂緩行。《說文·彳部》:"徐,安行也。从彳,余聲。"《孫子·軍爭》:"故其疾如風,其徐如林。"唐杜牧注:"言緩行之時,須有行列如樹木也。"虛化引申爲緩慢義。《廣韻·魚韻》:"徐,緩也。"清朱駿聲《說文通訓定聲·豫部》:"徐,《廣雅·釋詁四》:'遲也。'……《宋策》:'徐其攻而留其日。'注:'緩也。'"《文選·成公綏〈嘯賦〉》:"徐宛約而優游,紛繁騖而激揚。"唐張銑注:"徐,緩也。"

賒 賒欠,取其物而暫緩付賬。《說文·貝部》:"賒,貰買也。从貝,余聲。"清朱駿聲《通訓定聲》:"在人曰貰,在我曰賒。《周禮·泉府》:'凡賒者,祭祀無過旬日。'"按,所引《周禮》之"賒"異文作"賒",清孫詒讓《正義》云:"賒者,先貰物而後償直。"《詩·小雅·甫田》"我取其陳,食我農人"漢鄭玄箋:"倉廩有餘,民得賒貰取食之。"按,"賒"字《廣韻·麻韻》訓"不交",或即暫緩交款義。《字彙·貝部》:"不交錢而買曰賒。"《正字通》以爲"賒"即"賒"之俗體。

忬 喜悦。《說文·心部》:"忬,《周書》曰:'有疾不忬。'忬,喜也。"清朱駿聲《通訓定聲》:"今本以'豫'爲之。《東京賦》:'膺多福以安忬。'注:'寧也。'"按,喜悦、舒適、安寧、舒緩,義皆相通。"忬"又有緩解義。《集韻·魚韻》:"紓,《說文》:'緩也。'一曰解也。或作'忬''悆',通作'舒'。"《新唐書·李勣傳》:"我似少忬,可置酒相樂。"

畬 三歲治田,田趨於和緩。《說文·田部》:"畬,三歲治田也。《易》曰:'不菑畬田。'

从田,余聲。"清朱駿聲《通訓定聲》:"按,一歲曰菑,二歲曰新田。《易·无妄》:'不菑畬凶。'董遇注:'悉耨曰畬。'……《詩·臣工》:'如何新畬。'〔聲訓〕《爾雅·釋地》孫注:'畬,和也,田舒緩也。'"《廣韻·魚韻》:"畬,田三歲也。畭,上同。"《玉篇·田部》:"畬,田三歲曰畬。畭,古文。"按,朱氏所引《詩》文漢毛亨傳:"田,二歲曰新,三歲曰畬。"今按,徽歙南鄉稱新開墾之地爲"生地",蓋未經施肥者,不利稼穡。三年則熟,趨於和緩。

〔推源〕 諸詞俱有緩義,爲余聲所載之公共義。聲符字"余"《説文·八部》訓"語之舒",爲語氣詞。或以爲甲骨文"余"象樹木支撐之房宇,與"舍"同義。然則與緩義不相涉,其緩義當爲余聲所載之語源義。余聲可載緩義,"緩"可證之。

余:余紐魚部;

緩:匣紐元部。

余即喻四,本有牙根音之一類,故余、匣爲鄰紐,魚元通轉。"緩",舒緩,寬綽。《説文·素部》:"繉,繉也。从素,爰聲。緩,繉或省。"清徐灝《注箋》:"綽與緩皆取義於纏約之寬裕,引申爲凡寬緩之稱。"《穀梁傳·文公十八年》:"一人有子,三人緩帶。"又有遲緩義。《管子·五行》:"昔者黄帝以其緩急作立五聲,以政五鍾。"

(914) 捈斜(抒出義)

捈 抒發。《廣雅·釋詁二》:"捈,抒也。"清王念孫《疏證》:"捈者,引之抒也。"《説文·手部》:"抒,挹也。"即舀出義。《廣韻·模韻》:"捈,捈引。"清朱駿聲《説文通訓定聲·豫部》:"捈,《法言·問神》:'捈中心之所欲。'"宋岳珂《桯史·吳畏齋謝贄啓》:"已不勝賈生痛哭之私,矧欲致臧宮鳴劍之議,試捈悶悶,毋謂平平。"

斜 舀出。《説文·斗部》:"斜,杼也。从斗,余聲。"清段玉裁注:"杼,各本从木,今正。凡以斗挹出之謂之斜,故字从斗。"清桂馥《義證》:"斜,抒也……'抒也'者,《篆文》:'抒,水斗也。'《集韻》:'捈,抒也。通作斜。'"清朱駿聲《通訓定聲》:"斜,抒也。〔假借〕爲'衺',今俗用爲斜正字。"《廣韻·麻韻》:"斜,《説文》:'抒也。'"章炳麟《新方言·釋言》:"今浙江謂自壺中注酒抒之佗器曰斜酒,讀如睒。"按,"斜"字爲借義所奪,所記録之本義唯存於方言。

〔推源〕 此二詞俱有抒出義,爲余聲所載之公共義。聲符字"余"之形體結構與抒出義不相符,其抒出義乃余聲所載之語源義。余聲可載抒出義,"舀"可證之。

余:余紐魚部;

舀:余紐幽部。

雙聲,魚幽旁轉。"舀",舀出。《説文·臼部》:"舀,抒臼也。从爪、臼。《詩》曰:'或簸或舀。'"清朱駿聲《通訓定聲》:"字亦作'掏'。《廣雅·釋詁二》:'掏,抒也。'凡舂畢於臼中挹出之曰舀,今蘇俗凡挹彼注茲曰舀,音如要,舀水其一耑也。三家《詩·生民》:'或舂或舀。'毛本以'揄'爲之。"唐張泌《粧樓記·半陽泉》："半陽泉,世傳織女送董子經此,董子思飲,(織女)舀此水與之。"宋釋道原《景德傳燈録·高沙彌》："高就桶内舀一杓飯,便出去。"

(915) 餘瘥(殘餘義)

餘 富足。《説文·食部》："餘,饒也。从食,余聲。"清朱駿聲《通訓定聲》："《廣雅·釋詁四》:'盈也。'《秦策》:'不得煖衣餘食。'《吕覽·辯士》:'亦無使有餘。'注:'猶多也。'"按,所引《吕覽》之"餘"乃剩餘義,故又引申爲殘餘義。《廣韻·魚韻》："餘,殘也。"《左傳·成公二年》："請收合餘燼,背城借一。"唐韓愈《落齒》："俄然落六七,落勢殊未已。餘存皆動摇,盡落應始止。"

瘥 瘡之痕迹,殘餘者。《玉篇·疒部》："瘥,瘢瘥。"《廣韻·麻韻》："瘥,瘢瘥,瘡痕。"又"瘥,瘡痕。"按,"瘢"之言"疤",聲之轉。《説文·疒部》："瘢,痍也。"南唐徐鍇《繫傳》："痍傷處已愈,有痕曰瘢。"

〔推源〕 此二詞俱有殘餘義,爲余聲所載之公共義。聲符字"余"之形體結構與殘餘義不相符,其殘餘義爲余聲所載之語源義。余聲可載殘餘義,"盈"可證之。

余:余紐魚部;
盈:余紐耕部。

雙聲,魚耕旁對轉。"盈",充滿。《説文·皿部》："盈,滿器也。"清朱駿聲《通訓定聲》："《墨子·經》:'盈莫不有也。'《廣雅·釋詁一》:'盈,滿也。'《四》:'盈,充也。'《易·坎》:'不盈。'虞注:'溢也。'"按,充滿則剩餘、多餘,故引申爲有餘義。《廣雅·釋詁四》："餘,盈也。"清王念孫《疏證》:"盈亦餘也。"《後漢書·桓鸞傳》："少立操行,褞袍糟食,不求盈餘。"《舊五代史·晉書·康福傳》："福鎮靈武凡三歲,每歲大稔,倉儲盈羨,有馬千駟。"按,"盈餘""盈羨"皆同義連文。《詩·小雅·十月之交》"四方有羨"漢毛亨傳:"羨,餘也。"按,有餘、殘餘二義雖有微殊,然亦相通,本條被釋詞"餘"之殘餘義本由盈餘義所衍生。

333 希聲

(916) 悕睎(希望義)

悕 心願,希望。《玉篇·心部》："悕,念也,願也。"《廣韻·微韻》："悕,願也。"《方言》卷一:"願,欲思也。"《北史·高允傳》："絶悕龍津,止分常科。"按,"絶悕"即絶望。唐玄覺《禪宗永嘉集》四:"不生憎愛,他物不悕。"

睎 視,望。按,凡人觀望常爲有所期盼之舉,故引申爲希望義。《説文·目部》："睎,望也。从目,稀省聲。海、岱之間謂眄曰睎。"南唐徐鍇《繫傳》："从目,希聲。"清朱駿聲《通訓定聲》："从目,希聲。《廣雅·釋詁一》:'視也。'又'望也。'《淮南·氾論》:'引而伸之可直而睎。'《西都賦》:'睎秦嶺。'"《廣韻·微韻》:"睎,望也。"按,"望"之具體性語義即以目視之,其抽象性語義即期盼、希望。漢揚雄《法言·學行》:"睎驥之馬,亦驥之乘也;睎顔之人,亦顔之徒也。"清李光地《蠟丸疏》:"臣今者,雖已爲樊鳥湯鷄,然葵藿之心,睎見太陽,尚幾幸於萬一。"

〔推源〕 此二詞俱有希望義,爲希聲所載之公共義。聲符字"希"單用本可表希望義。《廣韻·微韻》:"希,望也。"《管子·君臣上》:"上惠其道,下敦其業,上下相希,若望聲表,則邪者可知也。"北齊顔之推《顔氏家訓·文章》:"必有盛才重譽、改革體裁者,實吾所希。"按,《廣韻》以"望"訓"希",二者可組成同義聯合式合成詞。《後漢書·班固傳》:"(匈奴)徒以畏漢威靈,逼憚南虜,故希望報命,以安其離叛。"希聲可載希望義,則"祈"可證之。

希:曉紐微部;

祈:群紐文部。

曉群旁紐,微文對轉。"祈",求福,即希望獲福。《説文·示部》:"祈,求福也。"《書·召誥》:"我非敢勤,惟恭奉幣,用共王能祈天永命。"偽孔傳:"求天長命,將以慶王多福。"《宋史·樂志十二》:"青陽開動,土膏脈起,日練吉亥,爲農祈祉。"

(917) 唏欷齂誒(發出聲音義)

唏 笑,亦指哀嘆、啼哭、打鼾,皆謂發出聲音。《説文·口部》:"唏,笑也。从口,稀省聲。一曰哀痛不泣曰唏。"清朱駿聲《通訓定聲》:"从口,希聲……《史記·十二諸侯表》:'紂爲象箸而箕子唏。'《思玄賦》:'慨含唏而增愁。'《方言》一:'唏,痛也,哀而不泣曰唏。'"《廣韻·未韻》:"唏,啼也。"《集韻·怪韻》:"齂,《説文》:'臥息也。'或作'唏'。"按,"唏"有笑義不誤。《西遊記》第五回:"四個健將領衆叩迎大聖,哽哽咽咽大哭三聲,又唏唏哈哈大笑三聲。"

欷 欷歔。《説文·欠部》:"欷,歔也。从欠,稀省聲。"南唐徐鍇《繫傳》:"从欠,希聲。"朱駿聲《通訓定聲》:"从欠,希聲。《廣雅·釋詁三》:'欷,悲也。'《蒼頡篇》:'欷歔,泣餘聲也。'《漢書·中山靖王勝傳》:'悲者不可爲絫欷。'"《廣韻·未韻》:"欷,歔欷。"按,"欷"謂抽泣,亦謂嘆息。《楚辭·九辯》:"憯悽增欷兮,薄寒之中人。"宋朱熹《集注》:"欷,泣嘆貌。"清黄遵憲《送女弟》:"阿母開篋看,未看先長欷。"

齂 擤鼻涕,有聲;亦指打鼾。《廣韻·紙韻》:"齂,去涕也。"又《尾韻》:"齂,齂鼻也。"按,"齂""齂"實爲或體。《玉篇·鼻部》:"齂,出息聲。"《集韻·尾韻》:"齂,臥息。"《字彙補·鼻部》:"齂,即齂字。"明劉基《郁離子·枸櫞》:"王舌縮而不能噱,齒柔而不能咀,齂鼻顣頞以讓使者。"

誒 大語。《廣韻·迄韻》:"誒,語嗔聲。"又《真韻》:"瞋,怒也。"按,凡人怒其聲則大。清朱駿聲《説文通訓定聲·履部·附〈説文〉不録之字》:"誒,《通俗文》:'誒,大語也。'《廣雅·釋訓》：'諕諕,語也。'"《集韻·欣韻》："諕,大言也。"

〔推源〕　諸詞俱有發出聲音義,爲希聲所載之公共義。聲符字"希"所記錄語詞與發出聲音義不相涉,其發出聲音義乃希聲所載之語源義。希聲可載發出聲音義,"音"可證之。

希：曉紐微部；

音：影紐侵部。

曉影鄰紐,微侵通轉。"音",樂音,亦指語音。《説文·音部》："音,聲也。生於心而有節於外謂之音。宮、商、角、徵、羽,聲；絲、竹、金、石、匏、土、革、木,音也。从言含一。"清朱駿聲《通訓定聲》："《禮記·樂記》：'凡音之起,由人心生也,聲成文,謂之音；又變成方謂之音。'《左昭二十一傳》：'夫音,樂之輿也。'"按,所謂"聲成文",即音有節律,亦即樂音,無節律則爲噪音。凡樂音,藉樂器以發聲。"音"字从言,其本義當爲人發出之語音,音以載義,義亦生於心。樂音則爲其引申義。《南齊書·庾杲之傳》："杲之風範和潤,善音吐。"宋蘇軾《祭石幼安文》："竄流江湖,隻影自憐,聞人蜀音,回首粲然。"

(918) 絺/細(細義)

絺　細葛布。《説文·糸部》："絺,細葛也。从糸,希聲。"清朱駿聲《通訓定聲》："麤者曰綌。今之葛布其緝績之,一如麻枲也。《小爾雅·廣服》：'葛之精者曰絺。'《書·禹貢》：'厥貢,鹽、絺。'《詩·葛覃》：'爲絺爲綌。'《儀禮·大射儀》：'幂用錫若絺。'《禮記·曲禮》：'袗絺綌不入公門。'《月令》：'天子始絺。'"《廣韻·脂韻》："絺,細葛也。"按,許書同部"綌"篆訓"粗葛",然則"絺""綌"相對待。

細　粗細字,本形作"細"。《説文·糸部》："細,微也。从糸,囟聲。"清朱駿聲《通訓定聲》："絲之微也。"《廣韻·霽韻》："細,小也。細,古文。"按,絲之爲物細,故其字从糸；其本義即細、不粗,微、小皆爲直接引申義。《韓非子·二柄》："楚靈王好細腰,而國中多餓人。"南朝齊謝朓《咏兔絲》："輕絲既難理,細縷竟無織。"

〔推源〕　此二詞俱有細義,而其音亦相近並相通。

絺：透紐微部；

細：心紐脂部。

透心鄰紐,微脂旁轉。然則出諸同一語源。其"絺"字乃以希聲載細義,聲符字"希"單用本可表細義。其字从巾,或以爲即"黹"之古文。清朱駿聲《説文通訓定聲·履部》："希,此'黹'之古文也。从巾,从爻,象紩文。《説文》奪記。今據《書·益稷》鄭玄注、《周禮·司服》注知'黹''希'同字。……《周禮·司服》：'祭社稷五祀則希冕。'注引《書》曰'希繡'。《九章》：'藻粉米黼黻。'皆'希'以爲'繡',或作'黹'字之誤也,言古文不作今文'黹'字。"按,朱説可從。所引《周禮·春官·司服》文漢鄭玄注："希,讀爲絺。"唐陸德明《釋文》："希,本又作'締'。"

(919) 晞／曦（日光義）

晞 早晨,日光始露之時。《玉篇·日部》："晞,明不明之際也。"清朱駿聲《説文通訓定聲·履部》："晞,〔假借〕又爲'闓'。《詩》：'東方未晞。'傳：'明之始升。'"按,"晞"之本義,《説文·日部》訓"乾",即乾燥、曬乾義,雖然,其字从日,表晨曦義無煩假借。唐錢起《奉和聖制登朝元閣》："拂曙鑾輿上,晞陽瑞雪晴。"明夏完淳《端午賦》："晞光拂其蕙畹,皋陰沐於蒲塘。"

曦 日光。《廣韻·支韻》："曦,日光。"晉陶潜《閑情賦》："悲晨曦之易夕,感人生之長勤。"南朝梁沈約《上巳華光殿》："朱顔始洽景將移,安得壯志駐奔曦。"唐武瞾《唐享昊天樂》："捫天遂啓極,夢日乃昇曦。"

〔**推源**〕 此二詞俱有陽光義,其音亦相近且相通。

晞：曉紐微部；

曦：曉紐歌部。

雙聲,微歌旁轉。則其語源當同。

334　坐聲

(920) 莝睉剉痤銼矬桵脞硾（碎、小義）

莝 切碎的草。漢史游《急就篇》第二十一章："糟糠汁滓稾莝芻。"唐顔師古注："莝,細斫稾也。"《説文·艸部》："莝,斬芻。从艸,坐聲。"清朱駿聲《通訓定聲》："《漢書·尹翁歸傳》：'使斫莝。'《素問·湯液醪醴論》：'去菀陳莝。'"《史記·范雎蔡澤列傳》："范雎大供具,盡請諸侯使,與坐堂上,食飲甚設。而坐須賈於堂下,置莝豆其前,令兩黥徒夾而馬食之。"

睉 目小,引申爲細碎義。《説文·目部》："睉,目小也。从目,坐聲。"清朱駿聲《通訓定聲》："〔假借〕雙聲連語。《虞書》：'元首叢脞哉。'傳：'細碎無大略。'"按,"睉"表細碎義無煩假借,乃引申。清楊峴《燕下鄉脞録·序》："夫脞之爲言細碎也,箸書如君,而奚細碎之有邪？"

剉 切碎,剁碎。《玉篇·刀部》："剉,斫也。"南朝宋劉義慶《世説新語·賢媛》："侃母湛氏……剉諸薦以爲馬草。"亦指以刀具碎物。唐王昌齡《雜興》："握中銅匕首,粉剉楚山鐵。"

痤 癤子,小腫。《説文·疒部》："痤,小腫也。从疒,坐聲。"清朱駿聲《通訓定聲》："《廣雅·釋詁二》：'癰也。'《中山經》：'金星之山多天嬰,可以已痤。'《淮南·説林》：'潰小皰而發痤疽。'《管子·法》：'痤雎之礦石也。'注：'癤也。'《素問·生氣通天論》：'鬱乃痤。'注：'色赤瞋憤,内藴血膿,形小而大如酸棗,或如氣豆。此皆陽氣内鬱所爲。'"《廣韻·戈韻》："痤，癤也。"

銼 小鍋。《説文·金部》："銼，鍑也。从金，坐聲。"清朱駿聲《通訓定聲》："《聲類》：'銼鏂，小釜也，亦土釜也。'《廣雅·釋器》：'鎢錥謂之銼鏂。'"按，所引《廣雅》文清王念孫《疏證》："《太平御覽》引《纂文》云：'秦人以鈷鏻爲銼鏂。'案：物形之小而圓者謂之銼鏂，單言之則曰銼。"唐杜甫《聞斛斯六官未歸》："荆扉深蔓草，土銼冷疏煙。"清鄭燮《滿江紅·田家四時苦樂歌》："土爲銼，瓢爲杓。"

矬 身短，即長度小。《廣韻·戈韻》："矬，短也。"《字彙·矢部》："矬，身短。"清朱駿聲《説文通訓定聲·隨部·附〈説文〉不録之字》："矬，《通俗文》：'侏儒曰矬。'《廣雅·釋詁二》：'矬，短也。'"晉葛洪《抱朴子·内篇·塞難》："而或矬陋尫弱，或且黑且醜。"宋洪邁《夷堅丁志·江南木客》："新城縣中田村民李氏妾生子，軀幹矬小，面目睢盱如猴，手足僅寸，不類人。"按，徽歙方言稱身材矮小爲"矮矬矬"，爲三字格派生詞，詞根、詞綴之義同。

桵 麥李，李之小者。《爾雅·釋木》："桵，棫虑李。"清郝懿行《義疏》："《本草》陶注：'李類甚多，京口有麥李，麥秀時熟，小而肥甜。'"按，其字亦以"座""痤"爲之。《廣韻·戈韻》："桵，《爾雅》云：'棫虑李。'今麥李也。或从木。"沈兼士《聲系》："案'座'，《爾雅》作'痤'。"明徐光啓《農政全書·樹藝》："麥李，麥秀時熟，實小，有溝，肥甜。一名座，一名接虑。"按，"痤"本謂小癤，指麥李，則爲比喻引申義。"座"則爲假借字。

脞 碎，小。《廣韻·果韻》："脞，《書》傳云：'叢脞，細碎無大略也。'"按，所引《書》文唐陸德明《釋文》："脞，小也。"宋周密《齊東野語·自序》："迺參之史傳諸書，博以近聞脞説，務求事之實，不計言之野也。"明胡應麟《少室山房筆叢·經籍會通四》："脞言鄙事，時有足存；輒綴大都，附於簡末。"

硾 碎石。《廣韻·果韻》："硾，碎石。"按，其字从石，亦指雌黄，雌黄則爲石藥，與碎石義相通。

〔推源〕 諸詞俱有碎、小義，爲坐聲所載之公共義。聲符字"坐"爲坐立之坐。《説文·土部》："坐，止也。"清朱駿聲《通訓定聲》："《玉藻》：'退則坐，取屨。'《少儀》：'受立，授立，不坐。'"然則與碎、小義不相涉，其碎、小義乃坐聲所載之語源義。坐聲可載碎、小義，"碎"可證之。

坐：從紐歌部；
碎：心紐物部。

從心旁紐，歌物旁對轉。"碎"，破碎。《説文·石部》："碎，䃢也。"按"䃢"即石磨，碎物之物。《史記·廉頗藺相如列傳》："大王必欲急臣，臣頭今與璧俱碎於柱矣。"引申爲細碎、細小義。五代王仁裕《開元天寶遺事·占風鐸》："岐王宫中於竹林内懸碎玉片子，每夜聞玉片子相觸之聲即知有風，號爲'占風鐸'。"明施耐庵《水滸傳》第三回："（史進）只自收拾了些少碎銀兩,打拴一個包裹。"

(921) 剉挫銼(挫傷義)

剉 挫傷。《説文·刀部》:"剉,折傷也。从刀,坐聲。"清朱駿聲《通訓定聲》:"《莊子·山木》:'廉則剉。'《吕覽·必己》注:'剉,缺傷也。'"《廣韻·過韻》:"剉,破也。"宋毛滂《鵲橋仙·春院》:"紅摧綠剉,鶯愁蝶怨,滿院落花風緊。"元劉秉忠《南吕·乾荷葉》:"乾荷葉,色無多,不奈風霜剉。"

挫 摧折,挫傷。《説文·手部》:"挫,摧也。从手,坐聲。"清朱駿聲《通訓定聲》:"〔假借〕爲'剉'。《廣雅·釋詁一》:'挫,折也。'……《淮南·時則》:'鋭而不挫。'《脩務》:'頓兵挫鋭。'《荀子·解蔽》:'蚊䗈之聲,聞其挫其精。'注:'損也。'《吴語》:'而未嘗有所挫也。'注:'毁折也。'《秦策》:'挫我於内。'"按,挫傷以刀,亦以手,"挫"表挫傷義,非假借。《史記·屈原賈生列傳》:"兵挫地削,亡其六郡。"

銼 折傷,挫傷。《篇海類編·珍寶類·金部》:"銼,折也,摧也。"馬王堆漢墓帛書乙本《老子·德經》:"銼其兑(鋭)而解其紛。"或以爲"銼"借作"挫"方得表此義,實非。"銼"有銼刀之義,銼刀銼物實即傷其物。明金鉉《除戎記》卷三:"復以鐵銼細爲磋琢,銹將去八九矣。"按,"銼"本指小鍋,指銼刀,表挫傷義,則爲套用式本字。

〔**推源**〕 諸詞俱有挫傷義,爲坐聲所載之公共義。坐聲字"侳""砶"亦可以假借字形式表挫傷義,則亦爲坐聲、挫傷義相關聯之一證。《淮南子·説山訓》:"故君子不入獄,爲其傷恩也;不入市,爲其侳廉也。"按,"傷""侳"對文同義。"侳"之本義《説文》訓"安",聲符字"坐"所記録語詞謂坐止,凡人坐止則安定、安穩,其義相成相因。表挫傷義,爲借字。馬王堆漢墓帛書乙本《老子·道經》:"物或行、或隋,或熱,或砶。"其"砶"挫傷義,然其字从石,指碎石、雌黄,所表挫傷義爲假借義。今按,"剉""挫""銼"之聲符字所記録語詞謂坐止,與挫傷義不相涉,其挫傷義乃坐聲所載之語源義。坐聲可載挫傷義,則"傷"可相證。

坐:從紐歌部;

傷:書紐陽歌。

從書(審三)鄰紐,歌陽通轉。"傷",創傷,損傷。《説文·刀部》:"傷,創也。"《字彙·人部》:"傷,損也。"《書·説命上》:"若跣弗視地,厥足用傷。"《吕氏春秋·分職》:"任賢者則惡之,與不肖者議之,此功名之所以傷,國家之所以危。"

335 谷聲

(922) 容裕(寬容義)

容 容納,引申爲寬容義。《説文·宀部》:"容,盛也。从宀、谷。"南唐徐鍇《繫傳》:"從宀,谷聲。"清朱駿聲《通訓定聲》:"《易·師》:'君子以容民畜衆。'虞注:'寬也。'《書·洪範》:'思曰容。'《漢書·五行志》:'言寬大包容。'《春秋繁露》:'容者,言無不容。'按,宇宙之大,古今之遥,惟思能容。《秦誓》:'其心休休焉,其如有容。'《公羊傳》引作'能有容。'《荀子·解蔽》:'故曰心容。'注:'受也。'"南朝宋劉義慶《世説新語·方正》:"君性亮直,必不容於寇讎。"按,南唐徐鍇《説文解字繫傳》及沈兼士《廣韻聲系》"容"字從宀、谷聲説可從。"容"之或體作"㝐",從宀,公聲,亦爲形聲結構。又,"谷"字之上古音見紐屋部,"容"字余紐東部。余(喻四)有舌根音一類,與見紐爲旁紐,屋東對轉,"容"字从谷得聲無疑。

裕 富足,寬裕,引申爲寬容義。《説文·衣部》:"裕,衣物饒也。从衣,谷聲。《易》曰:'有孚裕无咎。'"清朱駿聲《通訓定聲》:"《廣雅·釋詁四》:'裕,容也。'《書·盤庚》:'裕汝衆。'……《吴語》:'裕其衆庶。'《詩·角弓》:'綽綽有裕。'傳:'饒也。'《周語》:'叔父若能光裕大德。'注:'寬也。'《易》:'裕父之蠱。'虞注:'不能争也。'……《賈子·道術》:'包衆容物謂之裕。'"按,所引《廣雅》文清王念孫《疏證》:"裕爲寬容之容。"《廣韻·遇韻》:"裕,容也,寬也。"《新唐書·張嘉貞傳》:"居位三年,善傅奏,敏於裁遣。然彊躁,論者恨其不裕。"

〔推源〕 此二詞俱有寬容義,爲谷聲所載之公共義。聲符字"谷"所記録語詞謂山谷。《説文·谷部》:"谷,泉出通川爲谷。"清朱駿聲《通訓定聲》:"《公羊僖三傳》:'無障谷。'〔轉注〕《易·井》:'谷射鮒。'《老子》:'曠兮其若谷。'皆謂空虛如谷也。"按,朱氏所稱"轉注"即引申。山谷空曠,則可容物,所謂"虛懷若谷"亦謂胸可容物,此與寬容義當相通。至谷聲可載寬容義,則"宥"可證之。

谷:見紐屋部;
宥:匣紐之部。

見匣旁紐,屋之旁對轉。"宥",寬待,寬容。《説文·宀部》:"宥,寬也。"《莊子·在宥》:"聞在宥天下,不聞治天下也。"唐成玄英疏:"宥,寬也。在,自在也。"《國語·吴語》:"昔者越國見禍,得罪於天王。天王親趨玉趾,以心孤勾踐,而又宥赦之。"

336 孝聲

(923) 敎/效(仿效義)

敎 教誨,使仿效。《説文·攴部》:"敎,上所施下所效也。从攴,从孝。𢽾,古文敎。敩,亦古文敎。"朱駿聲《通訓定聲》:"孝亦聲……《周禮·師氏》:'以教國子。'注:'教之者,使識舊事也。'《禮記·學記》:'教也者,長善而救其失者也。'〔聲訓〕《釋名》:'教,效也,下所法效也。'《春秋元命苞》:'教之爲言傚也。'"《廣雅·釋詁三》:"教,效也。"

效 仿效。《説文·攴部》:"效,象也。"段注:"'象'當作'像'。"清朱駿聲《通訓定聲》:

"效,像也……《墨子·小取》:'效者,爲之法也。'"《易·繫辭上》:"知崇禮卑,崇效天,卑法地。"漢曹操《内誡令》:"前於江陵得雜綵絲履,以與家,約當著盡此履,不得效作也。"

〔推源〕 此二詞俱有仿效義,其音亦相近且相通,語源當同。

敎:見紐宵部;

效:匣紐宵部。

疊韻,見匣旁紐。其"敎"字乃以孝聲載仿效義。聲符字"孝"《説文·子部》云:"放也,从子,爻聲。"清朱駿聲《通訓定聲》:"疑即'學'之古文。"清段玉裁注:"'放''仿'古通用。"

337　寽聲

(924) 犝毨(斑駁義)

犝　牛之毛色斑駁。《説文·牛部》:"犝,牛白脊也。从牛,寽聲。"按,既云白脊,則其牛當有他色。《廣韻·薛韻》:"犝,牛白脊。出《字林》。"又《末韻》:"犝,駁犝。"《集韻·末韻》:"犝,駁也。"按,脊白而其色斑駁之牛亦稱"犡"。許書同部:"犡,牛白脊也。"《廣韻》記"犝"字之音"力輟切",其上古音爲來紐月部。"牛"字"力制切",其上古音與"犝"同。

毨　毛色斑駁。《廣韻·薛韻》:"毨,毛色斑也。"清阮葵生《茶餘客話》卷二十:"猞猁猻,大曰馬猞猁,小曰羊猞猁。毲而筆,内黄毧而外毨。"

〔推源〕 此二詞俱有斑駁義,爲寽聲所載之公共義。聲符字"寽"所記録語謂以五指持物。《説文·爪部》:"寽,五指持也。"清朱駿聲《通訓定聲》:"疑即'捋'之古文。"《廣韻·術韻》:"寽,持取。今寽禾是。"然則與斑駁義不相涉,其斑駁義乃寽聲所載之語源義。寽聲可載斑駁義,利聲字"鵹""棃""犁"可相證,此三詞俱有雜色義(見本典第四卷"327. 利聲"第897條),所謂斑駁,即色雜不一義。寽聲、利聲本相近且相通。

寽:來紐月部;

利:來紐質部。

雙聲,月質旁轉。

(925) 埒畤(界限義)

埒　圍墻,分界者。《説文·土部》:"埒,卑垣也。从土,寽聲。"《廣韻·薛韻》:"埒,等庫垣也。"南朝宋劉義慶《世説新語·汰侈》:"於時人多地貴,濟好馬射,買地作埒,編錢匝地,竟埒,時人號曰'金溝'。"引申爲界限義。《廣韻·薛韻》:"埒,亦厓也。"清朱駿聲《説文通訓定聲·泰部》:"埒,《(廣雅)釋丘》:'埒,厓也。'〔假借〕又爲'列'。《淮南·本經》:'含氣化物以成埒類。'"按,非假借,乃引申。《淮南子·精神訓》:"休息於無委曲之隅,而遊敖於無形埒之野。"

畤 田埂,田之分界物。《正字通·田部》:"畤,俗埒字。畤即田界義。"清朱駿聲《說文通訓定聲·泰部》:"埒,字亦作'畤'。"北魏賈思勰《齊民要術·水稻》:"畦畤大小無定,須量地宜,取水均而已。"按,指田埂,亦以"埒"爲之。明徐光啓《農政全書·種植》:"或就平地種,或作埒。"然"埒""畤"非異體字。"埒"之本義爲圍牆,圍牆爲分界物,故引申爲界限義;指田埂,亦爲其引申義,"畤"字即爲記錄此義而造之專字,"畤"亦爲田埂義正字。

〔推源〕 此二詞俱有界限義,爲孚聲所載之公共義。聲符字"孚"所記錄語詞與界限義不相涉,其界限義乃孚聲所載之語源義。孚聲可載界限義,"際"可證之。

孚:來紐月部;

際:精紐月部。

來精鄰紐,月部疊韻。"際",合縫處。《説文·阜部》:"際,壁會也。"《後漢書·張衡傳》:"其牙機巧制,皆隱在尊中,覆蓋周密無際。"引申爲邊際、界限義。《廣韻·祭韻》:"際,邊也,畔也。"《韓非子·難一》:"君臣之際,非父子之親也。"宋蘇軾《應制舉上兩制書》:"古者有貴賤之際,有聖賢之分,二者相勝而不可以相參。"

338　孚聲

(926) 莩筟桴郛稃浮殍琈蜉蓲醔(外表、外層義)

莩 植物莖稈裏的白膜,亦指種子的外皮。《廣韻·虞韻》:"莩,《漢書》云:'非有葭莩之親。'張晏云:'莩者,葭中白皮。'"清朱駿聲《説文通訓定聲·孚部》:"莩,〔假借〕爲'稃'。《六書故》引《説文》唐本:'一曰葭中白皮。'《後漢·章帝紀》:'萬物莩甲。'注:'葉裏白皮也。'……《淮南·俶真》:'蘆符之厚。'注:'蘆中之白莩也。'"按,"莩"之本義,《説文》訓"草",然指莖稈白皮爲套用字,非假借。唐李商隱《百果嘲櫻桃》:"朱實雖先熟,瓊莩縱早開。"

筟 竹腔中的白色薄膜。《正字通·竹部》:"筟,竹中衣。"按,"筟"之本義《説文》訓"筳",謂織具,亦稱"筦",蓋其物爲竹製者。"筟"指竹中衣則爲套用字,以其孚聲表外皮義。

桴 本謂屋梁,又指小竹木筏、樹之粗皮,皆爲套用字。竹木筏爲漂浮水面之物。清朱駿聲《説文通訓定聲·孚部》:"桴,《論語》:'乘桴浮於海。'馬注:'編竹木也,大者曰筏,小者曰桴。'《齊語》:'乘桴濟河。'注:'小泭曰桴。'《吳都賦》:'浮石若桴。'……《詩·角弓》箋:'附,木桴也。'疏:'謂木表之麤皮也。'"按,"桴"指小筏、木粗皮,出諸同一語源。

郛 外城。《説文·邑部》:"郛,郭也。从邑,孚聲。"清朱駿聲《通訓定聲》:"字亦作'垺'。《左僖十二傳》:'城衛楚丘之郛。'《襄十五傳》:'城成郛。'《定八傳》:'攻廩丘之郛。'"

《公羊文十五傳》：'郛者何？恢郭也。'《周書·作雒》：'及將致政，乃作大邑，成周於土中，城方千七百二十丈，郛方七百里，南繫於洛水，地因於郟山，以爲天下之大湊。'《廣韻·虞韻》："郛，郭郛。"《玉篇·土部》："垺，郭也。正作'郛'。"

稃 稻穀的外殼。《説文·禾部》："稃，䄎也。从禾，孚聲。柎，稃或从米，付聲。"南唐徐鍇《繫傳》："即米殼也。"清朱駿聲《通訓定聲》："《爾雅·釋草》：'秠一稃二米。'按，稃者，外皮，今蘇俗謂之蕾穰者是。"按，所引《爾雅》文宋邢昺疏："稃，皮也。"許書同部："䄎，穰也。"宋范成大《上元紀吴中節物》："撚粉團欒意，熬稃膈膊聲。"自注："抄糯殼以卜。"亦指草籽的外殼。北魏賈思勰《齊民要術·種紫草》："九月中子熟，刈之。候稃燥載聚，打取子。"

浮 漂浮於水面。《説文·水部》："浮，氾也。从水，孚聲。"清朱駿聲《通訓定聲》："《文選》注引《説文》：'汎也'，是。《廣雅·釋言》：'浮，漂也。''浮，游也。'《書·禹貢》：'浮於濟漯。'傳：'順流曰浮。'《詩·菁莪》：'載沈載浮。'箋：'沈物亦載，浮物亦載。'《楚辭·哀郢》：'過夏首而西浮兮。'"《廣韻·尤韻》："浮，汎也。"《舊唐書·高駢傳》："蝗自西來，行而不飛，浮水緣城而入府第。"

殍 餓死。按，凡人死皆掩埋殯葬，唯餓死於中野者浮於地面，此當即"殍"之構詞理據。《玉篇·歹部》："殍，餓死也。"《廣韻·虞韻》："殍，餓死。"《資治通鑒·晉愍帝建興四年》："河東平陽大蝗，民流殍者什五六。"元胡三省注："餓死於中野者曰殍。"唐張廷珪《請河北遭旱澇州準式折免表》："天災所降，年穀莫登，在於貧弱，或至殍殫。"

琈 顯現於玉表面的色彩。《玉篇·玉部》："琈，琈筍，玉采色。《禮記》云：'琈尹旁達。'漢鄭玄曰：'讀如浮筠也。'"按，所引《禮記·聘義》文漢鄭玄注云："浮筠，謂玉采色也。"又，所謂"琈筍"亦指新竹之色，顯於表面者。

蜉 蜉蝣，浮游於水面之蟲。《爾雅·釋蟲》："蜉蝣，渠略。"清朱駿聲《説文通訓定聲·孚部》："《漢書·王褒傳》：'蜉蝤出以陰。'注：'渠略也，甲蟲。'《方言》十一：'蜉蟓，秦晉間謂之蟓螓。'《夏小正》：'浮游有殷。'《詩》：'蜉蝣之羽。'《荀子·大略》：'不飲不食者，蜉蝣也。'"

麩 麥的外皮。字或作"麩"。《玉篇·麥部》："麰，俗麩字。"《説文·麥部》："麩，小麥屑皮也。"漢焦贛《易林·横·泰》："夏麥麰麷，霜擊其芒，病君敗國，使年大傷。"明吴應箕《大旱歌》："寒者可使長無襦，其如飢者食無麩。"

醰 漂浮於酒。明李時珍《本草綱目·石部·綠礬》："當歸四兩，酒醰浸七日焙。"又，醉酒亦稱"醰"，即人醉如浮之謂，其義亦相通。唐張説《祭崔侍郎文》："歲初置酒，春中醰酶。"

〔推源〕 諸詞俱有外表、外層義，爲孚聲所載之公共義。聲符字"孚"爲"俘"之初文，从爪、从子（人）會意，謂捕獲戰俘。然則與外表、外層義不相涉，其外表、外層義乃孚聲所載之語源義。孚聲可載外表、外層義，"膚"可證之。

孚：滂紐幽部；

膚：幫紐魚部。

滂幫旁紐，幽魚旁轉。"膚"，皮膚，人體之表層物。《説文·肉部》："臚，皮也。从肉，盧聲。膚，籀文臚。"《詩·衛風·碩人》："手如柔荑，膚如凝脂。"《荀子·榮辱》："骨體膚理，辨寒暑疾養。"唐楊倞注："膚理，肌膚之理。"

(927) 孵罦栟(覆蓋、遮擋義)

孵 孵化，禽鳥以身體覆蓋其卵蛋。《廣韻·虞韻》："孵，卵化。"按，古者借"孚"爲之，"孵"乃在借字基礎上添加構件而成之本字。《説文·爪部》："孚，卵孚也。"《集韻·遇韻》："孚，育也。《方言》：'雞伏卵而未孚。'或从卵。"《淮南子·人間訓》："夫鴻鵠之未孚於卵也。"按，今"孵"爲正字。

罦 覆車網，引申爲覆蓋義。字亦作"罞"。《説文·網部》："罞，覆車也。从網，包聲。《詩》曰：'雉離於罞。'罦，罞或从孚。"清朱駿聲《通訓定聲》："或从孚聲……按《兔爰》毛本作或體'罦'。《爾雅》：'罬謂之罦。'注：'今之翻車也，有兩轅，中施罥以捕鳥。'〔轉注〕《太玄·迎》：'罦於牆屋。'注：'覆也。'"按，朱氏所稱"轉注"即引申，"罦"之名本寓覆蓋義。《廣韻·虞韻》："罦，車上網，以捕鳥。"又《尤韻》："罦，覆車網也。罞，上同。"《淮南子·主術訓》："豺未祭獸，罝罦不得布於野。"

栟 屏風，遮擋之物。《禮記·明堂位》"疏屏，天子之廟飾也"漢鄭玄注："屏謂之樹，今栟思也。"按，"栟思"亦作"罘罳"。宋洪邁《夷堅三志壬·吳仲權郎中》："明日，索浴治具於房，婢以罘罳圍之。"清朱駿聲氏《説文通訓定聲》及梁紹壬《兩般秋雨盦隨筆》皆以爲"栟"爲"罘"之假借，實非。"罘罳"二字皆从網，其遮擋義乃由網、覆蓋義所衍生。"栟"可指樹表粗皮，本與遮擋義相通。

〔推源〕上述諸詞或有覆蓋義，或有遮擋義。遮擋即橫向之覆蓋，覆蓋則即縱向之遮擋，二義本相通；俱以孚聲載之，語源則同。聲符字"孚"所記録語詞之本義、引申義系列與覆蓋、遮擋義不相涉，其覆蓋、遮擋義乃孚聲所載之語源義。孚聲可載此義，"覆"可證之。

孚：滂紐幽部；

覆：滂紐覺部。

雙聲，幽覺對轉。"覆"，覆蓋。《説文·襾部》："覆，蓋也。"《詩·大雅·生民》："誕寘之寒冰，鳥覆翼之。"宋朱熹《集傳》："覆，蓋。"《晉書·列女傳·羊耽妻辛氏》："祜嘗送錦被，憲英嫌其華，反而覆之，其明鑒儉約如此。"

(928) 粰脬(圓義)

粰 粰粻，又名"環餅""膏環"，圓形物。《廣韻·尤韻》："粰，粰粻。"明李時珍《本草綱目·穀部·寒具》：“寒具冬春可留數月，及寒食禁煙用之，故名寒具。捻頭，捻其頭也。環餅，象環釧形也。馓，易消散也。服虔《通俗文》謂之餲，張揖《廣雅》謂之秬粔。《雜字解詁》謂之膏環。賈思勰《要術》云：'環餅一名寒具，以水搜，入牛羊脂和作之，入口即碎。'”

脬 膀胱，不規則圓形物。《説文·肉部》：“脬，膀光也。从肉，孚聲。”清朱駿聲《通訓定聲》：“《三蒼》：'盛尿處曰脬。'按，脬者，肺之府也。《史記·扁倉傳》：'風癉客脬。'《正義》：'膀胱也。'”《廣韻·肴韻》：“脬，腹中水府。”宋蘇軾《奉酬公素學士見招之作》：“賓從傾頽尚未猒，直恐潰爛腸與脬。”

〔推源〕　此二詞俱有圓義，爲孚聲所載之公共義。聲符字“孚”所記錄語詞之本義、引申義系列與圓義不相涉，其圓義乃孚聲所載之語源義。孚聲可載圓義，包聲字所記錄語詞“匏”“泡”“窌”皆可相證。“匏”，小瓜，圓形物。“泡”，水泡，形圓者。“窌”，地窖、窟窿，亦形圓者（詳見本典第二卷“174. 包聲”第496條）。孚聲、包聲本相近且相通。

孚：滂紐幽部；
包：幫紐幽部。

疊韻，滂幫旁紐。

(929) 桴鵻艀垺（小義）

桴 小竹木筏（見前第926條），本寓小義。

鵻 小鳩。《爾雅·釋鳥》“隹其，鳺鴀”晉郭璞注：“今鵻鳩。”《廣韻·尤韻》：“鵻，鵻鳩。”《詩·小雅·四牡》“翩翩者鵻”三國吳陸璣疏：“鵻其，今小鳩也，一名鵻鳩，幽州人或謂之鶻鵃，梁宋之間謂之隹，揚州人亦然。”今按，稱“鵻”，亦寓小義。隹聲字所記錄語詞“稚”謂幼小之禾，“雀”爲小鳥，“魋”，似熊而小之獸，又“騅”亦可載小義。

艀 小舟。《玉篇·舟部》：“艀，小䑠也。”漢揚雄《方言》卷九：“（艇）短而深者謂之䑠。”晉郭璞注：“今江東呼艖䑠者。”又同卷：“南楚、江、湘，凡船大者名謂之舸，小舸謂之艖。”《集韻·尤韻》：“艀，舟短小者。”

垺 小土丘。《集韻·厚韻》：“培，《博雅》：'培塿，冢也。'或作'垺'。”漢揚雄《方言》卷十三：“冢，秦晉之間謂之墳，或謂之培。”按，“垺”當爲“培”之轉注字。“培”之上古音並紐之部，“垺”者並紐侯部，雙聲，之侯旁轉。《篇海類編·地理類·土部》：“垺，亦作培。培塿，小阜。”

〔推源〕　諸詞俱有小義，爲孚聲所載之公共義。聲符字“孚”所記錄語詞之本義、引申義系列與小義不相涉，其小義乃孚聲所載之語源義。孚聲可載小義，“秒”可證之。

孚：滂紐幽部；
秒：明紐宵部。

滂明旁紐,幽宵旁轉。"秒",禾芒,極小之物,故引申爲微小義。《說文·禾部》:"秒,禾芒也。"南唐徐鍇《繫傳》:"秒之言妙也,微妙也。"《新唐書·蔣欽緒傳》:"欽緒精治道,馭吏整嚴,雖銖秒罪不貸。"又,古代稱一寸的萬分之一爲"秒",亦小義。

339　妥聲

(930) 峢骽(長義)

峢　山長貌。《廣韻·果韻》:"峢,山長皃。"又《賄韻》:"峢,峢崣,山高皃。"按,所訓二義相通,縱曰高,橫曰長;"峢崣"爲複音詞,然與"峢"亦相涉。《文選·揚雄〈甘泉賦〉》:"駢交錯而曼衍兮,峢嶉隗乎相嬰。"唐李善注:"峢,《埤蒼》曰:'山長貌。'"

骽　古"腿"字。腿則爲形長之物,"骽"之名寓長義。《廣韻·賄韻》:"骽,骽股也。腿,俗。"《集韻·賄韻》:"骽,股也。或作'腿'。"《說郛》卷二引唐張鷟《朝野僉載》:"(諸葛昂)先令愛妾行酒,妾無故笑,昂叱下。須臾蒸此妾……遂擘骽肉以啖。"清范寅《越諺》卷中:"火骽肉。豬骽醃臘,色紅如火,出金華。"

〔推源〕　此二詞俱有長義,爲妥聲所載之公共義。聲符字"妥"所記錄語詞謂安(見前第778條推源欄),與長義不相涉,其長義乃妥聲所載之語源義。妥聲可載長義,則"長"可證之。

妥:透紐歌部;
長:定紐陽部。

透定旁紐,歌陽通轉。"長",長短字。《說文·長部》:"長,久遠也。"按,後世以時日之長爲"久",而以空間之長爲"遠"。《楚辭·九歌·國殤》:"帶長劍兮挾秦弓,首身離兮心不懲。"《左傳·僖公十一年》:"不敬則禮不行,禮不行則上下昏,何以長世?"

(931) 脮餒㼐(腐敗義)

脮　魚肉腐敗。字亦作"鮾"。《廣韻·賄韻》:"鮾,魚敗。脮,上同。"《玉篇·魚部》:"鮾,魚敗也。"《集韻·賄韻》:"鮾,魚敗也。或作'鯘''脮'。"按,典籍多以"餒"爲之。《論語·鄉黨》:"魚餒而肉敗,不食。"

餒　飢餓,亦指食物腐敗,則爲套用字。清黃叔璥《臺海使槎錄》卷七:"食物餒敗,生蟲,欣然食之。"清戴名世《吳弘表稿·序》:"餒敗之胔,臭腐之物,甘之而不厭。"

㼐　傷瓜。《玉篇·瓜部》:"㼐,傷熱瓜。"《廣韻·賄韻》:"㼐,傷瓜。"按,瓜傷則敗壞。

〔推源〕　諸詞俱有腐敗義,爲妥聲所載之公共義。聲符字"妥"所記錄語詞與腐敗義不相涉,乃妥聲所載之語源義。妥聲可載腐敗義,"坍"可證之。

妥：透紐歌部；
坍：透紐談部。

雙聲，歌談通轉。"坍"，倒坍，敗壞。字亦作"坤""圳"。《玉篇·土部》："坤，水衝岸壞也。"《篇海類編·地理類·土部》："坍，水打岸坍。一曰崩坍。"按，所訓二義本相通。元孟漢卿《魔合羅》第一折："元來是這屋宇坍塌，所以這般漏。"《紅樓夢》第一〇三回："只見村旁有一座小廟，墻壁坍頹。"

(932) 錗綏(平、安義)

錗 平木器，字亦作"鐁"。《玉篇·金部》："錗，平木器。"《廣韻·脂韻》："錗，平木器也。亦作'鐁'。"又《支韻》："鐁，平木器名。"《釋名·釋用器》："鐁，鐁彌也，斤有高下之跡，以此鐁彌其上而平之也。"清王先謙《疏證》："此為平木之器，亦取義於'析'。"

綏 登車時用以拉手的繩索，引申爲安定、安撫義。《說文·糸部》："綏，車中把也。從糸，從妥。"清朱駿聲《通訓定聲》："《儀禮·士昏禮》：'授綏。'注：'所引以升車者。'〔假借〕爲'妥'。《爾雅·釋詁》：'綏，安也。'《廣雅·釋言》：'綏，撫也。'《書·禹貢》：'五百里綏服。'《詩·樛木》：'福履綏之。'《夏小正》：'綏多女士。'"按，所引《書·禹貢》文僞孔傳："綏，安也。侯服外之五百里安服王者之政教。""綏"表安定、安撫義無煩假借，乃引申。登車有繩供抓持則安穩，此與安定、安撫義相通。又，"綏"字初文無"糸"之構件，乃從妥得聲者。"綏"之上古音心紐微部，"妥"者透紐歌部，心透鄰紐，微歌旁轉，足可證之。

〔推源〕 此二詞或有平義，或有安義，凡太平即安寧，二義相通，俱以妥聲載之，則出諸同一語源。聲符字"妥"所記錄語詞本有安定、安穩、安坐等義。清段玉裁《說文解字注·女部》："妥，安也。從爪、女。妥與安同意。《說文》失此字。偏旁用之，今補。"清朱駿聲《說文通訓定聲·隨部》："妥，安也。從爪、從女會意。飲食男女，人之大欲存焉，故'盋'從皿，'安''晏'皆從女。此字許書奪佚，今據偏旁補。《詩·楚茨》：'以妥以侑。'《爾雅·釋詁》：'妥，止也。'又：'妥，安坐也。'《禮記·郊特牲》：'詔妥尸。'《儀禮·士相見禮》：'妥而後傳言。'注：'古文妥爲綏。'《漢書·燕刺王旦傳》：'北州以妥。'"《廣韻·果韻》："妥，安也。"《新唐書·劉昌傳》："昌在邊凡十五年，身率士墾田，三年而軍有羨食，兵械銳新，邊障妥寧。"然則本條二詞之義爲其聲符"妥"所載之顯性語義。

340 含聲

(933) 琀荅鋡唅莟浛唅歛岭(銜含、容納義)

琀 字從玉，本指死人口中所含玉，引申之，亦指死人口中銜含他物如珠、貝等。《說文·玉部》："琀，送死口中玉也。從玉，從含，含亦聲。"清朱駿聲《通訓定聲》："《春秋說題辭》：'天子以珠，諸侯以玉，大夫以璧，士以貝。'《白虎通》作'天子飯以玉，諸侯以珠。'互異。"《漢劉寬碑》："賜琀、珥、禭。"宋張端玉《貴耳集》卷上："章聖講《周禮》，至《典瑞》有'琀玉'，問之何義？講官答曰：'人臣卒，給之琀玉，欲使骨不朽耳。'"按，徽歙風俗，有以茶葉置死人口中者，而以硬幣墊其背。

笿 實心竹，内中不虛，如有銜含，故稱"笿"，其字亦作"箘"。《玉篇·竹部》："笿，笿隋，竹實中。"《廣韻·覃韻》："笿，同'箘'。""箘，實中竹名。"晉戴凱之《竹譜》："肅肅箘篔，翼翼攢植；擢筍於秋，冬乃成竹。"自注："箘篔竹，大如脚指，堅厚脩直，腹中白幕闌隔，狀如濕麪生衣，將成竹而筍皮未落，輒有細蟲齧之。隕籜之後，蟲齧處往往成赤文，頗似繡畫可愛。"按，"箘"字从函得聲，"函"謂舌，含於口中之物，故引申而指匣，匣爲容物之物。然則"笿""箘"構詞理據同。

鎯 容納。漢揚雄《方言》卷六："鎯，受也。齊、楚曰鎯，楊、越曰龕。受，盛也，猶秦、晉言容盛也。"《廣韻·覃韻》："鎯，受也。"清朱駿聲《說文通訓定聲·臨部·附〈說文〉不録之字》："鎯，《廣雅·釋詁三》：'鎯，盛也。'"按，《方言》所云"龕"可爲名詞，指房屋、藏神位之石室、塔下室等，皆容納物之物。

磕 字亦作"瓵"，謂瓦器，中空而可容物者。《廣韻·覃韻》："磕，似瓶有耳。"《集韻·覃韻》："磕，器斂口者。"《字彙·瓦部》："瓵，似瓶有耳。"

荅 菡荅，其形如有所包含，故名。字亦作"萏"。《玉篇·艸部》："荅，同'萏'。"《爾雅·釋草》："荷，芙蕖……其華菡荅。"宋歐陽修《送張屯田歸洛歌》："紅房紫荅處處有，騎馬欲尋無故人。"南朝齊謝朓《詠蒲》："間廁秋菡荅，出入春鳧雛。"按，稱"萏"亦寓包含義，猶"笿"一作"箘"。

浛 物含水。《廣韻·勘韻》："浛，水和物。"北周庾信《贈别》："誰言畜衫袖，長代手中浛。"清倪璠注："浛，言濕衫袖若水和物也。"亦指物沉浸於水中，實亦水含物義。晉王嘉《拾遺記·少昊》："浛天蕩蕩望滄滄，乘桴輕漾着日旁。"按，此義之記録文字亦作"涵"，則其包含義益顯，"浛"一作"涵"，猶"笿""荅"亦作"箘""萏"。

唅 以口含物，進食。《廣雅·釋言》："唅，唵也。"《玉篇·口部》："唵，含也。"《廣韻·勘韻》："唅，哺唅。"《漢書·貨殖傳·序》："貧者裋褐不完，唅菽飲水。"唐顔師古注："唅，亦含字也。"引申爲以口含物義。《舊唐書·李大亮傳》："死之日，家無珠玉可以爲唅，唯有米五石、布三十端。"

欿 《廣韻·覃韻》云："含笑兒。"《玉篇·欠部》訓"含笑"，又訓"貪慾"，則即容納量大之義，亦相通。

崄 大山谷，字亦作"谽""硈"。按，大山谷則如張開之口，可以容物者。《廣韻·覃韻》："崄，大谷也。""谽，谽谺，谷空。"又《麻韻》："谺，《字統》云：'谽谺，谷中大空皃。'"清朱駿聲《說文通訓定聲·臨部·附〈說文〉不録之字》："谽，《史記·司馬相如傳》：'谽谺豁閜。'

《索隱》：'大皃。'"宋歐陽修《廬山高贈同年劉凝之歸南康》："試往造乎其間兮，攀緣石磴窺空谽。"明徐弘祖《徐霞客遊記·粵西遊日記一》："岩後穿穴爲門，其内峆岈，分而爲三。"《金山志·周忱〈妙空巖記〉》："金山之東麓有巖焉，硶砑洞谽，縱廣數丈許。"

〔推源〕 諸詞俱有銜含、容納義，爲含聲所載之公共義。聲符字"含"从口，所記録語詞謂以口含物，亦指死人口中銜含珠玉等物，則爲"琀"之初文。《説文·口部》："含，嗛也。从口，今聲。"清朱駿聲《通訓定聲》："鍇本：'銜也。'與左形右聲之'吟'别。《法言·孝至》：'子有含菽緼絮。'注：'食也。'《吕覽·仲夏》：'羞以含桃。'注：'鸎桃也，鸎鳥所含食，故言貪桃。'……《吕覽·節喪》：'含珠鱗施。'《釋名·釋喪制》：'含，以珠具含口中也。'"按，"含"又有寬容、容納之衍義。《廣雅·釋詁三》："含，寬也。"《易·坤》："含萬物而化光。"唐劉禹錫《請赴行營表》："以忠義感脅從之伍，以含弘安反側之徒。"然則本條諸詞之銜含、容納義爲其聲符"含"所載之顯性語義。又，含聲可載銜含、容納義，則"嗛"可證之。

含：匣紐侵部；

嗛：匣紐談部。

雙聲，侵談旁轉。"嗛"，銜含。《説文·口部》："嗛，口有所銜也。"《晏子春秋·外篇上一》："嗛酒嘗膳，再拜，告饜而出。"《史記·大宛列傳》："昆莫生，棄於野。烏嗛肉蜚其上，狼往乳之。"

341 昏聲

（934）佸髻括（會合義）

佸 人相會合。《説文·人部》："佸，會也。从人，昏聲。《詩》曰：'曷其有佸。'"清朱駿聲《通訓定聲》："《韓傳》：'至也。'"按，漢許慎所引《詩·王風·君子于役》文漢毛亨傳："佸，會也。"漢鄭玄箋："何時而有來會期。"《廣韻·末韻》："佸，佸會。"按，"佸"字之聲符本作"昏"，訛作"舌"，又變爲"舌"，與口舌之"舌"同形。

髻 束髮，即會合其髮。《説文·髟部》："髻，絜髮也。从髟，昏聲。"清朱駿聲《通訓定聲》："《御覽》引《説文》：'結髮也'……字亦作'䯰'。《儀禮·士喪禮》：'主人髻髮袒。'注：'髻髮者，去笄纚而紒。'又'髻用組'。又'髻笄用桑，長四雨，纓中'。按，婦人之髻。"《廣韻·末韻》："髻，結髻。"按，《説文》同部"髽"訓"喪結"，即喪髻。《玉篇·髟部》："䯰，同髻。"《荀子·禮論》："設掩面儇目，髻而不冠笄矣。"

括 捆綁成束，會合其物。《説文·手部》："捪，絜也。从手，昏聲。"清朱駿聲《通訓定聲》："《六書故》又引：'結也。'……絜者，束也。字亦作'擖'。《廣雅·釋詁三》：'擖，收也。'《易·坤》：'括囊。'虞注：'結也。'《韓詩章句》：'括，約束也。'……《周書·文傳》：'括柱茅茨。'《淮南·齊俗》:'羌人括領。'"《廣韻·末韻》:"括,結也。"《莊子·寓言》:"向也括,而今也被髮。"

〔推源〕 諸詞俱有會合義,爲昏聲所載之公共義。聲符字"昏"漢許慎訓"塞口",與會合義不相涉,其會合義乃昏聲所載之語源義。昏聲可載會合義,"會"可相證。

昏:見紐月部;

會:匣紐月部。

叠韻,見匣旁紐。"會",物之蓋。《儀禮·士虞禮》:"命佐食啓會。"漢鄭玄注:"會,合也,謂敦蓋也。"引申爲會合義。《爾雅·釋詁上》:"會,合也。"《説文·會部》:"會,合也。"《書·洪範》:"會其有極,歸其有極。"唐孔穎達疏:"集會其有中之道而行之。"按,唯"會"有合義,故有"會合"之同義聯合式合成詞。三國魏曹植《七哀》:"君若清路塵,妾若濁水泥。浮沉各異勢,會合何時諧?"

(935) 刮括(搜求義)

刮 以刀刮物。《廣韻·鎋韻》:"刮,刮削。"清朱駿聲《説文通訓定聲·泰部》:"《廣雅·釋詁二》:'刮,減也。'《禮記·明堂位》:'刮楹達鄉。'注:'刮,刮摩也。'"按,朱氏所引《廣雅》文清王念孫《疏證》:"刮者,摩之減也。""刮"又有搜刮、搜求義,當爲比喻引申義。《新唐書·程日華傳》:"(李)固烈請還桓州。既治裝,悉帑以行,軍中怒曰:'馬瘠,士飢死,刺史不棄豪髮卹吾急,今刮地以去,吾等何望?'《醒世姻緣傳》第三十二回:"虧了這四個人都有良心,能體貼晁夫人的好意,不肯在這裏邊刮削東西。"

括 捆綁成束(見前條),引申爲聚斂、搜求義。《北史·孫搴傳》:"時大括人爲軍士,逃隱者,身及主人、三長、守、令,罪以大辟,没其家。"《續資治通鑑·元武宗至大元年》:"郇王徹圖南人户散失,詔有司括索。"

〔推源〕 此二詞俱有搜求義,爲昏聲所載之公共義。聲符字"昏"所記録語詞與搜求義不相涉,其搜求義乃昏聲所載之語源義。昏聲可載搜求義,"干"可證之。

昏:見紐月部;

干:見紐元部。

雙聲,月元對轉。"干",求取。《爾雅·釋言》:"干,求也。"《書·大禹謨》:"罔違道以干百姓之譽。"僞孔傳:"干,求也。"《論語·爲政》:"子張學干禄。"三國魏何晏《集解》:"干,求也。"

342 奐聲

(936) 渙焕奂(盛義)

渙 水盛。《玉篇·水部》:"渙,水盛貌。"清朱駿聲《説文通訓定聲·乾部》:"《詩·溱洰》：'方涣涣兮。'傳：'盛也。'《韓詩》作'洹洹'，《漢書·地理志》作'灌灌'，亦重言形況字。〔轉注〕《劉熊碑》：'涣乎成功。'《戚伯著碑》：'功德涣彰。'"按，鮮明、顯著義與盛義相通，朱氏所稱"轉注"即引申。唐柳宗元《道州文宣王廟碑》："昀昀其原，既夷且大。涣涣其流，實環於外。"宋呂同老《丹泉》："清音應空谷，潛波涣寒塘。"按，"涣"又有涣散義，表水盛義，蓋爲套用字。

焕 火盛，光盛。《廣韻·換韻》："焕，火光。"《集韻·換韻》："焕，明也。"清朱駿聲《說文通訓定聲·乾部》："《論語》：'焕乎其有文章。'《集解》：'明也。'"晉葛洪《抱朴子·知止》："吾聞無熾不滅，靡溢不損，焕赫有委灰之兆，春草爲秋瘁之端。"南朝梁陶弘景《冥通記》卷一："北斗有九星，今星七見，二隱不出，常以二十七日月生三日伺之，其形焕耀異餘者。"

晚 光盛。清朱駿聲《說文通訓定聲·乾部》："《魯峻碑》：'晚矣昣昣。'亦皆單言形況字。"按朱氏所引文宋洪适《隸釋》："銘《詩》'焕矣昣昣'，俱易'火'以'日'。"朱氏亦云"涣"又作"焕""晚"，實則三詞俱有盛之公共義，亦有相殊異之義素，其字爲分別文，其詞則爲同源詞。

〔推源〕 諸詞俱有盛義，爲奐聲所載之公共義。聲符字"奐"單用本可表盛、大義。《說文·廾部》："奐，一曰大也。"清朱駿聲《通訓定聲》："〔假借〕爲'涣'。《禮記·檀弓》：'美哉奐焉。'注：'言衆多也。'《漢書·韋玄成傳》注：'奐，盛也。'……《詩·卷阿》：'伴奐爾游矣。'傳：'廣大有文章也。'"《廣韻·換韻》"奐"亦訓"文彩明皃"。《大戴禮記·四代》："可以知古，可以察今，奐然而興民壹始。"清王聘珍《解詁》："奐然，盛貌。"清劉獻廷《廣陽雜記》卷四："而後得其道基，竭力恢復，今已輪焉奐焉，儼然一祖庭矣。"按，"奐"表盛義未必爲"涣"字之借，其字從廾，爲"換"之初文，其盛義非其顯性語義，乃奐聲所載之語源義。奐聲可載盛義，"彊"可證之。

奐：曉紐元部；

彊：群紐陽部。

曉群旁紐，元陽通轉。"彊"，硬弓，強有力者，引申爲堅強、強盛義。《說文·弓部》："彊，弓有力也。"《後漢書·第五倫傳》："倫乃依險固築營壁，有賊，輒奮厲其衆，引彊持滿以拒之。"唐李賢注："引彊，謂弓弩之多力者引控之。持滿，不發也。"清朱駿聲《說文通訓定聲·壯部》："彊，〔假借〕爲'勍'。《詩·載芟》：'侯彊侯以。'傳：'彊，彊力也。'……《吕覽·審時》：'其米多沃而食之彊。'注：'有勢力也。'"按，當爲引申，非假借。《史記·老子韓非列傳》："終申子之身，國治兵彊，無侵韓者。"唯"彊"有盛義，故有"彊盛"之同義聯合式合成詞。《史記·匈奴列傳》："冒頓既立，是時東胡彊盛，聞冒頓殺父自立，乃使使謂冒頓，欲得頭曼時有千里馬。"後世強盛字作"強"，"強"本蟲名，乃假借字。

(937) 涣瘓(散義)

涣 流散，引申爲離散。《說文·水部》："涣，流散也。从水，奐聲。"清朱駿聲《通訓定聲》:"《詩·訪落》:'繼猶判渙。'傳:'判,分也;渙,散也。'《易·序卦傳》:'渙者,離也。'《漢書·刑法志》:'則渙然離矣。'注:'散皃。'《老子》:'渙兮。'注:'渙者,解散。'"南朝陳徐陵《陳文皇帝哀册文》:"九夷百越,雷隨風渙,北俘昆邪,西戡伊軒。"唯"渙"之義爲散,故有"渙散"之同義聯合義合成詞。漢焦贛《易林·歸妹之離》:"絶世無嗣,福禄無存;精神渙散,離其躬身。"

瘓 癱瘓。按即散義,凡人疲憊俗云癱倒、散架,可爲證。《廣韻·緩韻》:"瘓,癱瘓皃。"《元典章新集·吏部·職官》:"年邁之人精神衰憊,手足癱瘓。"明佚名《金貂記·北詐風》:"一交跌倒在地,衆人扶我起來,我就裝成這麽一個左癱右瘓的疾病。"

〔推源〕 此二詞俱有散義,爲奂聲所載之公共義。聲符字"奂"單用本可表散義。清朱駿聲《説文通訓定聲·乾部》:"奂,《琴賦》注引《蒼頡篇》:'奂,散皃。'"《詩·大雅·卷阿》:"伴奂爾游矣,優游爾休矣。"漢鄭玄箋:"伴奂,自縱閒之意也。"按即渙散、悠閒義。"奂"之散義非其顯性語義,乃奂聲所載之語源義。奂聲可載散義,則"潰"可證之。

奂:曉紐元部;
潰:匣紐物部。

曉匣旁紐,元物旁對轉。"潰",潰散。《説文·水部》:"潰,漏也。"清朱駿聲《通訓定聲》:"鍇本亦'決也'。《蒼頡篇》:'潰,旁決也。'《水經·河水注》:'不遵其道曰洚,亦曰潰。'〔轉注〕《荀子·議兵》:'兵當之者潰。'注:'壞散也。'《左文三傳》:'凡民逃其上曰潰。'"按,"潰"之潰散義由流散義所衍生。《集韻·灰韻》:"潰,溢也,散也。"《舊唐書·竇建德傳》:"守兵既少,聞士達敗,衆皆潰散。"按"潰散"爲同義聯合式合成詞。

(938) 奐/環(環繞義)

奐 圍墙,院落。《説文·宀部》:"奐,周垣也。从宀,奐聲。"清朱駿聲《通訓定聲》:"或从宀,阮聲……今所謂圍墙也。《廣雅·釋室》:'院,垣也。'《墨子·大取》:'其類在院下之鼠。'"《廣韻·桓韻》:"奐,周垣。院,上同。"又《線韻》:"院,垣院。"睡虎地秦墓竹簡《法律答問》:"巷相值爲院,宇相直者不爲院。"按,墻環繞則成院。

環 玉環,引申爲環繞義。《説文·玉部》:"環,璧也。肉好若一謂之環。"清朱駿聲《通訓定聲》:"《荀子·大略》:'問士以璧,召人以瑗,反絶以環。'《禮記·經解》:'行步則有環珮之聲。'〔假借〕又爲'繯'。《齊語》:'環山于有牢。'注:'繞也。'《西京賦》:'譬衆星之環極。'《漢書·韋賢傳》:'我徒我環。'注:'還也。'《周禮·秋官》'環人'注:'圍也'。《左昭十六傳》:'環而塹之及泉。'注:'周也。'"按"環"本環繞而成之物,表環繞義無煩假借,乃引申。"環"本有繞訓。《玉篇·玉部》:"環,繞也。"唯"環"有繞義,故有"環繞"之同義聯合式合成詞。宋蘇軾《勝相院經藏記》:"有大天龍,背負而出,及諸小龍,糾結環繞。"

〔推源〕 此二詞俱有環繞義,其音亦相同,匣紐雙聲,元部疊韻。則其語源當同。

(939) 唤/嘑(呼唤義)

唤 呼唤。《廣韻·換韻》:"唤,呼也。嚾,上同,出《説文》。"《説文·昍部》:"嚾,呼也。从昍,萈聲。讀若讙。"清朱駿聲《通訓定聲》:"字今作'唤'。《聲類》:'嚾,呼召也。'《廣雅·釋詁二》:'嚾,鳴也。'"漢王褒《洞簫賦》:"哮呷呟唤,躋躓連絶,淈殄沌兮。"宋蘇軾《東坡志林·夢中作祭春牛文》:"吏微笑曰:'此兩句復當有怒者。'旁一吏云:'不妨,此是唤醒他。'"

嘑 呼唤。《説文·口部》:"嘑,號也。"清朱駿聲《通訓定聲》:"與呼吸字別。《廣雅·釋詁二》:'嘑,鳴也。'《周禮·雞人》:'夜嘑旦,以嚻百官。'"《新唐書·酷吏傳·姚紹之》:"囚嘑曰:'宰相有附三思者!'"宋陸游《十月二十六日夜夢行南鄭道中》:"我聞投袂起,大嘑聞百步。"按,後世皆以呼吸字"呼"爲之。

〔推源〕 此二詞義同,其音亦極相近且相通。

唤:曉紐元部;
嘑:曉紐魚部。

雙聲,元魚通轉。則其語源當同。

(940) 换/化(變易義)

换 交换。凡物交换則變易其主。《説文·手部》:"换,易也。从手,奂聲。"清朱駿聲《通訓定聲》:"疑即'奂'之別體。《穀梁桓元》注:'擅相换易。'……《漢書·地理志》:'轅田。'以'轅'爲之,《公羊》何注正作'换'。"《廣韻·換韻》:"换,易也。"《漢書·薛宣傳》:"宣即以令奏賞與恭换縣。二人視事數月,而兩縣皆治。"引申爲變易。《墨子·備城門》:"寇在城下,時换吏卒署,而毋换其養。"

化 教化,移風易俗,引申爲變易。《説文·匕部》:"化,教行也。"清朱駿聲《通訓定聲》:"諸葛穎《桂苑珠叢》云:'教成于上而俗易于下,謂之化。'《荀子·七法篇》:'漸也,順也,靡也,久也,服也,習也,謂之化。'〔假借〕爲'匕'。《易·繫辭》傳:'知變化之道者。'虞注:'在陽稱變,在陰稱化。''四時變化。'荀注:'春夏爲變,秋冬爲化。'……《荀子·正名》:'狀變而實無別而爲異者,謂之化。'注:'化者,改舊形之名。'"按,非假借,乃引申。《玉篇·匕部》:"化,易也。"《廣韻·禡韻》:"化,變化。"《淮南子·氾論訓》:"法與時變,禮與俗化。"漢高誘注:"化,易。"

〔推源〕 此二詞俱有變易義,其音亦相近且相通。

换:匣紐元部;
化:曉紐歌部。

匣曉旁紐,元歌對轉。則其語源當同。其"换"字从奂得聲,聲符字"奂"本爲"换"之初文。《説文·廾部》:"奂,取奂也。从廾,夐省。"南唐徐鉉等注:"夐,營求也,取之義也。"清朱駿聲《通訓定聲》："从廾,叟省聲。疑即'換'之古文。"按,亦爲亦聲字。

343　免聲

(941) 輓絻挽(牽引義)

輓　引車以運行。《説文·車部》："輓,引之也。从車,免聲。"南唐徐鍇《繫傳》："引車也。"清朱駿聲《通訓定聲》："引車也……《廣雅·釋詁一》：'輓,引也。'《史記·婁敬傳》：'脱輓輅。'《索隱》：'牽也。'《漢書·韓安國傳》：'轉粟輓輸。'《主父偃傳》：'飛芻輓粟。'"《廣韻·阮韻》："挽,引也。輓,上同。"按,"挽""輓"二者非異體字,二者本義有别。"挽"謂以手牽引,"輓"指車運,古者車運多以馬牽引之,故有牽引義。

絻　弔喪時牽引棺柩的繩索。清朱駿聲《説文通訓定聲·屯部》："絻,〔假借〕爲'輓'。《公羊昭廿五傳》注：'弔所執紼曰絻。'"按,"絻"字从糸,指繩索,何煩假借？"絻"之本義爲冠冕,即"冕"之或體。《説文·冃部》："冕,大夫以上冠也,邃延垂瑬紞纊。从冃,免聲。古者黄帝初作冕。絻,冕或从糸。"然則冕本有垂帶,故其字亦从糸作"絻"。下垂義、牽引義當相通,縱曰垂,橫曰引。按,"絻"又指引舟之繩索。《廣韻·願韻》："䋟,挽舟繩也。"《集韻·願韻》："䋟,引舟綍。或省。"《路史·因提紀·辰放氏》："以至爲網罟,爲耒耜,爲杵臼,爲弧矢,爲緄絻。"

挽　牽引。《小爾雅·廣詁》："挽,引也。"《廣韻·阮韻》："挽,引也。"《新唐書·逆臣傳上·安禄山》："晚益肥,腹綏及膝,奮兩肩若挽牽者乃能行。"宋蘇軾《壬寅二月有詔减决囚禁記所經歷寄子由》："入谷驚蒙密,登坡費挽摟。"

〔推源〕　諸詞俱有牽引義,爲免聲所載之公共義。聲符字"免"所記録語詞謂脱落。《廣雅·釋詁四》："免,脱也。"或以爲即"冕"之初文,郭沫若説,見《兩周金文辭大系考釋》。冕則有垂帶者,與牽引義相通。免聲可載牽引義,則"緜"可相證。"免""緜"同音,明紐雙聲,元部疊韻。"緜",相連,引申爲牽屬、牽引義。《説文·系部》："緜,聯微也。"清朱駿聲《通訓定聲》："《廣雅·釋詁四》：'緜,連也。'《詩》：'緜緜瓜瓞。''緜緜葛藟。'傳：'長不絶之貌。'……《思玄賦》：'毋緜攣以幸己兮。'注：'係貌。'《漢書》注：'猶牽制也。'"按,"緜"又指用來牽引的繩索,則其牽引義益顯。《史記·叔孫通列傳》："遂與所征三十人西,及上左右爲學者與其弟子百餘人爲緜蕞野外。"唐司馬貞《索隱》："引繩爲緜,立表爲蕞。"

(942) 娩㛰(蕃殖義)

娩　字本作"㜪",亦作"孂",謂分娩、生殖。《説文·女部》："㜪,生子齊均也。从女,从生,免聲。"《廣韻·問韻》："娩,生也。"其"㜪"字則作"嬎",在《願韻》,訓"息也。"沈兼士《聲系》："《集韻》：'嬎,或省作娩。'"《説文·子部》："孂,生子免身也。从子,免聲。"清朱駿聲《通訓定聲》："字亦作'娩'。《纂要》云：'齊人謂生子曰娩。'"《北史·尒朱榮傳》："榮乃暫來向京,言看皇后娩難。"《資治通鑒·梁武帝中大通二年》:"會榮請入朝,欲視皇后㜷乳。"引申爲蕃殖義。唐張説《大唐隴右監校頌德碑》:"畜有娩息,人無乏匱。"《新唐書·王毛仲傳》:"於牧事尤力,娩息不訾。"

莬 新生草,蕃殖者,其字亦以"䏛"爲之。"莬""䏛"俱从免聲,乃以免聲表蕃殖義。《玉篇·艸部》:"莬,草木新生者。"《廣韻·問韻》:"莬,新生草也。"《集韻·問韻》:"莬,草新生。或作'䏛'。"《詩·小雅·采薇》"薇亦柔止"漢鄭玄箋:"柔謂脆䏛之時。"按,"䏛"字从肉,謂色肥澤,新生草如之,故又指新生草。

〔**推源**〕 此二詞俱有蕃殖義,爲免聲所載之公共義。聲符字"免"所記録語詞與蕃殖義不相涉,其蕃殖義乃免聲所載之語源義。免聲可載蕃殖義,"蕃"可證之。

免:明紐元部;

蕃:並紐元部。

疊韻,明並旁紐。"蕃",蕃殖。《玉篇·艸部》:"蕃,滋也,息也。"清朱駿聲《説文通訓定聲·乾部》:"蕃,《書·洪範》:'庶草蕃廡。'傳:'滋也。'《詩·騶虞·序》:'庶類蕃殖。'《椒聊》:'蕃衍盈升。'"《周禮·地官·大司徒》:"以阜人民,以蕃鳥獸,以毓草木。"漢鄭玄注:"蕃,蕃息也。"

344　角聲

(943) 桷确捔斛(角義)

桷 方形椽,有四棱角。《説文·木部》:"桷,榱也,椽方曰桷。从木,角聲。《春秋傳》曰:'刻桓宫之桷。'"清朱駿聲《通訓定聲》:"按,圓曰椽。《易·漸》:'或得其桷。'……《詩·閟宫》:'松桷有舄。'"按,所引《易》之"桷"謂長直可爲桷之枝。三國魏嵇康《與山巨源絶交書》:"足下見直木必不可以爲輪,曲者不可爲桷。"

确 土地多石,石則有角,故稱"确"。其字亦作"埆""㲋"而俱从角聲。《説文·石部》:"确,磐石也。从石,角聲。"清朱駿聲《通訓定聲》:"字亦作'埆',土之多石瘠薄者,謂之墝埆。《吴都賦》:'同年而議豐确乎。'注:'薄也。'"《廣韻·覺韻》:"确,磽确。"《淮南子·人間訓》:"有寢丘者,其地确石而名醜。"北魏楊衒之《洛陽伽藍記·聞義里》:"土田墝㲋,民多貧困。"按,"确"指土地多石,當非謂浮石,乃謂地板多石而土薄,動輒露其石之一角。

捔 抓住獸角搏鬭。《廣雅·釋言》:"捔,掎也。"《廣韻·覺韻》:"捔,掎捔。"《説文·手部》:"捔,偏引也。"按,又有抓持、牽制義。"捔"又謂角逐、較量。凡有角動物相搏以角,故此義當爲"捔"之聲符所載者。《淮南子·氾論訓》:"夫户牖者,風氣之所從往來;而風氣者,陰陽相捔者也。"《法苑珠林》卷十六:"如《因果經》云:'太子至年十歲,與兄弟捔力。'"按,

"捔"又有刺入義,亦當爲"角"之衍義,凡動物相搏常以角刺入敵方。《廣韻·覺韻》:"捔,攙捔。"《文選·張衡〈西京賦〉》:"叉蔟之所攙捔,徒搏之所撞拯。"唐李善注:"攙捔,貫刺之。"

斛 量器。蓋亦聲符"角"之義。凡獸角,有實心者,亦有中空者,中空者則可爲器。《説文·斗部》:"斛,十斗也。从斗,角聲。"清朱駿聲《通訓定聲》:"容黍二百四十萬。……《莊子·田子方》:'鈇斛不敢入於四竟。'"《廣韻·屋韻》:"斛,十斗。"《儀禮·聘禮》:"十斗曰斛。"《莊子·胠篋》:"爲之斗斛以量之,則並與斗斛而竊之。"

〔推源〕 諸詞俱有角義,爲角聲所載之公共義。聲符字"角"所記録語詞謂獸角,引申之,則有抓持獸角、搏鬭、量器、觸刺等義。《説文·角部》:"角,獸角也。象形。"清朱駿聲《通訓定聲》:"《廣雅·釋言》:'角,觡也。'《史記·樂書》:'角觡生。'注:'牛羊有觸曰角。'〔轉注〕《左襄十四傳》:'晉人角之。'疏:'謂執其角也。'……《漢書·天文志》:'動摇角,大兵起。'傅會觸鬭之義也。又《特牲饋食禮》記'一角一散',注:'角四升。'疑古酒器之始以角爲之,故'觚''觶''觴''觥'等字多从角。〔假借〕爲'觸'。《漢書·武帝紀》:'作角抵戲。'又爲'校',實爲'覈'。《吕覽·孟冬》:'肄射御角力。'注:'猶試力。'《舞鶴賦》:'角睐分形。'注:'猶競也。'"按,"角"表抵觸、角鬭義無煩假借,乃引申。要言之,本條諸詞之角義爲其聲符"角"所載之顯性語義。

345　夆聲

(944) 峯鋒桻烽鏠 (高而尖義)

峯 山頂,形尖。字亦作"峰"。《説文·山部》:"峯,山耑也。从山,夆聲。"《廣韻·鍾韻》:"峯,山峯也。"《集韻·鍾韻》:"峯,或書作'峰'。"晉左思《蜀都賦》:"楩柟幽藹於谷底,松柏蓊鬱於山峯。"南朝宋宗炳《畫山水序》:"峰岫嶤嶷,雲林森渺。"

鋒 刀劍的尖端。《説文·金部》:"鏠,兵耑也。从金,逢聲。"清朱駿聲《通訓定聲》:"字亦作'鋒'。《漢書·王褒傳》:'清水焠其鋒。'注:'刃芒端也。'《蕭望之傳》:'底厲鋒鍔。'注:'刃端也。'《陳項傳贊》:'銷鋒鏑。'注:'戈戟刃也。'"《廣韻·鍾韻》:"鋒,劍刃鋒也。"唐盧照鄰《西使兼送孟學士南遊》:"唯餘劍鋒在,耿耿氣成虹。"

桻 樹之頂端。《廣韻·鍾韻》:"桻,木上。"清朱駿聲《説文通訓定聲·豐部》:"《廣雅·釋詁一》:'桻,末也。'按,謂木杪。"

烽 報警的煙火。按,煙火上升,形如劍,尖鋭者。其字亦作"燧"。《説文·火部》:"燧,燧,候表也。邊有警則舉火。从火,逢聲。"清朱駿聲《通訓定聲》:"字亦作'烽'。……《後漢·光武紀》注:'邊方備警急,作高土臺,臺上作桔皋。桔皋頭有兜鈴,以薪草置其中,常低之。有寇,即燃火舉之以相告,曰烽。'"《廣韻·鍾韻》:"燧,燧火。夜曰燧,晝曰燧。烽,上同。"《墨子·號令》:"與城上烽燧相望。晝則舉烽,夜則舉火。"唐杜甫《春望》:"烽火連三月,家書抵萬金。"

犎 犎牛,背有突起如山峰者。《廣韻·鍾韻》:"犎,犎牛。"《集韻·鍾韻》:"犎,牛名,領上肉犦胅起如橐駝。或从夆。"《爾雅·釋畜》"犦牛"晉郭璞注:"即犎牛也。領上肉犦胅起,高二尺許,狀如橐駝。"

〔推源〕 諸詞俱有高而尖義,爲夆聲所載之公共義。聲符字"夆"爲"逢"之初文,《說文》訓"牾",即相遇義,與高而尖義不相涉,其高而尖義爲夆聲所載之語源義。夆聲可載高而尖義,"杪"可證之。

夆:並紐東部;

杪:明紐宵部。

並明旁紐,東宵旁對轉。"杪",樹梢,高而上尖者。《說文·木部》:"杪,木標末也。"清朱駿聲《通訓定聲》:"《通俗文》:'樹鋒曰杪。'《方言》二:'木細枝謂之杪。'《漢書·司馬相如傳》:'偃蹇杪顛。'注:'枝上顛也。'按,高遠之木枝曰標、曰杪,纖鋭之禾芒曰秒,誼各不相同。"按,"杪""秒"正爲分别文,亦爲同源詞。《後漢書·馬融傳》:"杪標端,尾蒼蜺。"唐李賢注:"杪、標並木末也。"

(945) 鬇蓬(散亂義)

鬇 頭髮散亂貌。字亦作"髼"。《玉篇·髟部》:"鬇,髮亂皃。"《廣韻·東韻》:"鬇,鬇鬆,髮亂皃。"《五燈會元·泐潭祥法師法嗣·寶峰景淳知藏》:"怕寒懶剃鬇鬆髮,愛煖頻添榾柮柴。"宋柴望《念奴嬌》:"鬇鬆雲鬢,不忺鸞鏡梳洗。"

蓬 蒿草,故有散亂之衍義。字亦作"蓬"。《說文·艸部》:"蓬,蒿也。从艸,逢聲。莑,籀文蓬省。"清朱駿聲《通訓定聲》:"《楚辭·沉江》:'若縱火於秋蓬。'注:'蒿也。'〔轉注〕《詩·伯兮》:'首如飛蓬。'《莊子·說劍》:'蓬頭突鬢。'《西山經·玉山》:'王母蓬髮。'"按,朱氏所稱"轉注"實爲引申。三字格派生詞"亂蓬蓬",詞根、詞綴同義,"蓬"亦亂義。

〔推源〕 此二詞俱有散亂義,爲夆聲所載之公共義。聲符字"夆"所記録語詞之本義、引申義系列與散亂義不相涉,其散亂義乃夆聲所載之語源義。夆聲可載散亂義,"駁"可證之。

夆:並紐東部;

駁:幫紐藥部。

並幫旁紐,東藥(沃)旁對轉。"駁",馬之毛色斑駁不純。按,即同一顔色散佈於不同處,他色相間而雜亂義。《說文·馬部》:"駁,馬色不純也。"《詩·豳風·東山》:"之子于歸,皇駁其馬。"漢毛亨傳:"騧白曰駁。"按,謂赤白色相混雜。《洪武正韻·藥韻》:"駁,今俗謂厖雜爲駁。"唐柳宗元《辯〈文子〉》:"《文子》書十二篇,其傳曰老子弟子,其辭時有若可取,其指意皆本老子,然考其書,蓋駁書也,其渾而類者少,竊取他書以合之者多。"然則"駁"有"雜亂"之衍義。又,"駁"字从爻得聲,"爻"謂卦爻,古者占卜或以草,本有散亂、交錯之義。

(946) 逢縫（相合義）

逢 相逢,遇合。《説文·辵部》:"逢,遇也。从辵,峯省聲。"清段玉裁注:"从辵,夆聲。"清朱駿聲《通訓定聲》:"从辵,夆聲。《爾雅·釋詁》:'逢,遻也。''逢,見也。'《方言》一:'逢,迎也。'《左宣三傳》:'魑魅罔兩,莫能逢之。'《周語》:'道而得神,是謂逢福。'"《廣韻·鍾韻》:"逢,值也。"《素問·離合真邪論》:"卒然逢之。"唐王冰注:"逢謂逢遇。"

縫 縫合,字亦作"縫"。《集韻·鍾韻》:"縫,《説文》:'以鍼紩衣也。'或省。"清朱駿聲《説文通訓定聲·豐部》:"《廣雅·釋詁二》:'縫,合也。'《禮記·玉藻》:'縫齊倍要。'注:'紩也。'"元徐再思《閱金經·閨情》:"歌扇泥金縷,舞裙裁縫綃。"

〔推源〕此二詞俱有相合義,爲夆聲所載之公共義。聲符字"夆"本訓"悟",即相遇合義。《説文·夂部》:"夆,悟也。"南唐徐鍇《説文繫傳·午部》:"悟,相逢也。"章炳麟《新方言·釋言》:"今人謂相悟曰夆,相遇曰逢,皆音普用切。"夆聲可載相合義,則"符"可證之。

夆：並紐東部；

符：並紐侯部。

雙聲,東侯對轉。"符",信物,一分爲二,各持其半而可相合以驗證之物。《説文·竹部》:"符,信也。漢制以竹,長六寸,分而相合。"《漢書·文帝紀》:"九月,初與郡守爲銅虎符、竹使符。"唐顏師古注:"應劭曰:'銅虎符,第一至第五,國家當發兵,遣使者至郡合符,符合乃聽受之。'……師古曰:與郡守爲符者,謂各分其半,右留京師,左以與之。"虛化引申爲相合義。《洪武正韻·模韻》:"符,合也。"漢王粲《公宴》:"克符周公業,奕世不可追。"按,唯"符"有合義,故有"符合"之同義聯合式合成詞。宋司馬光《論夜開宫門狀》:"自監門衛大將軍以下,俱詣閤覆奏,御注聽,即請合符門鑰。監門官司先嚴門仗,所開之門,内外並立隊燃炬火,對勘符合,然後開之。"

(947) 筹／棚（棚義）

筹 車篷,中空可容人,如棚。其字繁化則作"篷"。《廣韻·東韻》:"筹,車筹。"《集韻·混韻》:"筹,車上篷。"又《東韻》:"篷,《方言》:'車簍,南楚之外謂之篷。'或省。"《字彙·竹部》:"篷,編竹夾箬覆舟車者。"《南史·宋本紀下·後廢帝》:"(劉昱)製露車一乘,施筹,乘以出入,從數十人,羽儀追之,恒不相及。"又《宋本紀中》:"車府令嘗以輦筹故,請改易之。"

棚 樓閣,引申爲棚房義。《説文·木部》:"棚,棧也。"清朱駿聲《通訓定聲》:"編木横豎爲之,皆曰棧、曰棚,今謂架於上以蔽下者曰棚。《廣雅·釋詁三》:'棚,栰也。'按,庋閣也。《釋室》:'棚,閣也。'……《九章算術·商功章》:'負米往來七十步,其二十步,上下棚除。'三國魏劉徽注：'棚，閣也。'"按，架於上而蔽於下稱"棚"，爲其引申義。元王惲《洛中吟》："棚車載酒都人賞，名教傳家習俗同。"明陶宗儀《輟耕錄》卷八："回至中途，夜黑，不良於行，暫憩一露棚下。"

〔推源〕 此二語俱有棚義，其音亦相近且相通。

笰：並紐東部；
棚：並紐蒸部。

雙聲，東蒸旁轉。然則語源同。

346 言聲

(948) 唁誾狺筶（聲、言義）

唁 以言語慰問遭遇非常變故者。渾言爲"弔唁"。析言之，"弔"謂悼念死者，"唁"指慰問不幸中之生存者。《説文·口部》："唁，弔生也。从口，言聲。"清朱駿聲《通訓定聲》："字亦作'喭'。《詩·載馳》：'歸唁衛侯。'傳：'弔失國曰唁。'《何人斯》：'不入唁我。'《左襄十七傳》：'齊侯使夙沙衛唁之。'注：'弔生曰唁。'《昭廿五傳》：'齊侯唁公於野井。'"《廣韻·線韻》："唁，弔失國。喭，上同。"《集韻·綫韻》："唁，或作'喭'。"晉何劭《荀粲傳》："（粲）婦病亡，未殯，傅嘏往唁粲，粲不哭而神傷。"

誾 和悦地爭辯。爭辯則以言，"誾"寓言語義。《説文·言部》："誾，和説而諍也。从言，門聲。"《論語·鄉黨》："朝，與下大夫言，侃侃如也；與上大夫言，誾誾如也。"宋朱熹《集注》："誾誾，和悦而諍也。"宋劉弇《走筆答郭子隆句稽》："賴君不吾靳，懇懇接誾侃。"按，許慎"誾"字之結構"从言，門聲"説不確。張文虎《舒藝室隨筆》："誾，从門會意，从言省亦聲，非从門聲也。"按，从門，言聲。知者，"誾"之上古音疑紐真部，"言"字疑紐元部，雙聲，真元旁轉。又，典籍亦以"訔"爲之。《字彙補·言部》："訔，訔訔，爭辯貌。"漢揚雄《法言·問神》："聖人之作事，不能昭若日月乎？何後世之訔訔也！"按，《廣韻》"誾""訔"二字同音，語巾切，則"訔"亦言聲字，《字彙補》乃入《言部》，失之。

狺 犬相爭鬥。按，凡犬相爭則必伴以吠聲，犬吠則如人以言語相吵駡。《廣韻·欣韻》："狺，犬爭。"宋蘇洵《審敵》："投骨於地，狺然而爭者，犬之常也。"按，亦移以言人，爲貶義詞。《後漢書·文苑傳下·趙壹》："雖欲竭誠而盡忠，路絶嶮而靡緣。九重既不可啓，又群吠之狺狺。"

筶 大簫，發聲者。《廣韻·元韻》："筶，大簫。"《宋書·樂志一》："（簫）編二十三管，長尺四寸者曰筶；十六管，長尺二寸者笭。"按，"筶"本亦作"言"。《爾雅·釋樂》："大簫謂之言，小簫謂之筊。""言"者，人發言語，簫發聲響，如人之發言，爲比喻引申義。"筶"則爲記錄此義之專字。又,呼嘯字作"嘯",從肅得聲,與"簫"同,然則"簫"之名本亦寓發聲義;"哮""笑"皆聲義相近者。

〔推源〕 諸詞俱有聲、言義,爲言聲所載之公共義。聲符字"言"所記錄語詞之本義即人發聲爲言語。《説文·言部》:"言,直言曰言,論難曰語。从口,辛聲。"清朱駿聲《通訓定聲》:"《左襄廿七傳》:'志以發言。'《昭九傳》:'志以定言。'《周語》:'氣在口爲言。'《莊子·外物》:'言者,所以在意。'《法言·問神》:'言,心聲也。'"然則本條諸詞之聲、言義爲其聲符"言"所載之顯性語義。言聲可載聲、言義,則"語"可相證。

言:疑紐元部;
語:疑紐魚部。

雙聲,元魚通轉。"語",議論,對講。《説文·言部》:"語,論也。"上引許書同部"言"字條朱駿聲《通訓定聲》:"《藝文類聚》十九、《太平御覽》三百九十皆引作'論議'"。《詩·大雅·公劉》:"于時言言,于時語語。"漢毛亨傳:"直言曰言,論難曰語。"《論語·鄉黨》:"食不語,寢不言。"宋朱熹《集注》:"答述曰語,自言曰言。"

347 吝聲

(949) 悋/嗇(吝嗇義)

悋 吝嗇。漢揚雄《方言》卷十:"凡貪而不施謂之亃……或謂之悋。"《玉篇·壹部》:"亃,貪也。"《廣韻·震韻》:"悋,鄙悋。"晉釋道恒《釋駁論》:"商也慳悋,賜也貨殖。"按,"慳""悋"爲同義連文。《廣韻·山韻》:"慳,悋也。"唐元稹《臺中鞫獄憶開元觀舊事》:"漸大官漸貴,漸富心漸慳。"宋曾鞏《東軒小飲呈坐中》:"高情坐使鄙悋去,病體頓覺神明還。"

嗇 愛惜。過分愛惜則即吝嗇,故引申爲吝嗇義。《説文·嗇部》:"嗇,愛濇也。"清朱駿聲《通訓定聲》:"此字本訓當爲收穀,即'穡'之古文也,轉注爲愛濇之義……《易·説卦》:'坤爲吝嗇。'……《史記·五宗世家》:'晚節嗇。'《正義》:'貪悋也。'《漢書·貨殖傳》:'瘉於纖嗇。'注:'愛丟也。'《管子·五輔》:'纖嗇省用。'注:'悋也。'"《戰國策·韓策一》:"仲嗇於財,率曰散施。"按,許慎以"愛濇"訓"嗇",《水部》"濇"篆訓"不滑",義同"澀"。所謂不滑,猶今語言人之於財之施"不爽快"。

〔推源〕 此二詞俱有吝嗇義,其音亦相近且相通。

悋:來紐文部;
嗇:山紐職部。

來山鄰紐,文職通轉。然則出諸同一語源。其"悋"字乃以吝聲載吝嗇義,聲符字"吝"本爲"悋"之初文。《説文·口部》:"吝,恨惜也。从口,文聲。"清朱駿聲《通訓定聲》:"《文選・琴賦》注引《說文》：'貪惜也。'……字亦作'悋'，俗作'吝'、作'怪'。……《論語》：'出納之吝。'皇疏：'難惜之也。'《家語・致思》：'商甚怪於財。'注：'嗇也。'"《廣韻・震韻》："悋，本亦作'吝'。"《論語・泰伯》："如有周公之才之美，使驕且吝，其餘不足觀也已。"按，唯"吝"與"嗇"之義同，故有"吝嗇"之同義聯合式合成詞。又，"吝""嗇"二詞根原本同源，則"吝嗇"實爲同源詞根相聯合之複音詞，此爲漢語詞彙之一大通例。

348　辛聲

(950) 莘亲辫莘（衆多義）

莘　衆多。《玉篇・艸部》："莘，衆也。"《國語・晉語四》："《周詩》曰：'莘莘征夫，每懷靡及。'"三國吳韋昭注："《詩・小雅・皇皇者華》之首章。莘莘，衆多。"按，其"莘莘"《毛詩》作"駪駪"，"駪"字從先得聲，先聲字所記錄語詞"詵""侁""甡"俱有衆多義（見本典第三卷"241．先聲"第671條），可互證。漢班固《東都賦》："獻酬交錯，俎豆莘莘。"

亲　草木衆多而整齊。《廣韻・隱韻》："亲，草木衆齊。"《集韻・准韻》："亲，木衆齊曰亲。"按，"亲"本爲木名，指草木衆多整齊，爲套用字。

辫　羽毛多。《玉篇・羽部》："辫，羽多兒。"按，亦疊用，如"莘莘"。《集韻・臻韻》："辫辫，羽多。"

莘　衆多。清王玉樹《〈說文〉拈字・辛部》："莘，衆多也。從多，辛聲。"按，"辛聲"說可從，《廣韻》"莘""莘"二字同音，俱爲所臻切，然則此字不當入《辛部》。清朱駿聲《說文通訓定聲》"亲""疢""莘"皆隸於坤部辛聲，"莘"字下云："《詩・螽斯》：'羽詵詵兮。'《釋文》引《說文》作'莘莘'，始附於此。按，即'甡'字，亦重言形況字。《廣雅・釋詁三》：'莘，多也。'"

〔推源〕　諸詞俱有衆多義，爲辛聲所載之公共義。聲符字"辛"之甲骨文、金文形郭沫若《甲骨文字研究》云象曲刀刑，用於戰俘者，故有刑罪義。《說文・辛部》："辛，從𢆉，𢆉，辠也。"然則與衆多義不相涉，其衆多義乃辛聲所載之語源義。上述"莘莘"異文作"駪駪"，俱有多義之"駪""詵""侁""甡"皆從先聲。辛聲、先聲本相近且相通，前者心紐真部，後者心紐文部，雙聲，真文旁轉。又，"星"亦可證辛聲、衆多義之關聯。

辛：心紐真部；

星：心紐耕部。

雙聲，真耕通轉。"星"，天上之星，衆多之物。其字本作"曐"，其衆多義益顯。《說文・晶部》："曐，萬物之精，上爲列星……星，曐或省。"《詩・大雅・雲漢》："瞻卬昊天，有嘒其星。"引申之，則有衆多散佈之義。《文選・張協〈七命〉》："乃有荊南烏程，豫北竹葉，浮蟻星沸，飛華荓接。"唐張銑注："星沸，言多亂也。"東魏《中岳嵩陽寺碑》："塔殿宮堂，星羅棋佈。"

(951) 亲 毦（細小義）

亲 結小果之木。《説文·木部》："亲，果實如小栗。从木，辛聲。《春秋傳》曰：'女摯不過亲栗。'"清朱駿聲《通訓定聲》："字亦作'榛'。《廣雅·釋木》：'亲，栗也。'《詩·定之方中》：'樹之亲栗。'……《禮記·曲禮》：'婦人之摯椇榛、脯脩、棗栗。'……按，此字即'榛'之古文。"按，所引《廣雅》文清王念孫《疏證》："亲之言辛，物小之稱也。若《方言》蕪菁小者謂之辛芥矣。字通作'榛'。"《廣韻·臻韻》："亲，亲栗。榛，上同。樲，亦同。"

毦 細毛所織物。《廣韻·仙韻》："毦，毦毸，罽也。"清朱駿聲《説文通訓定聲·坤部·附〈説文〉不録之字》："毦，《廣雅·釋器》：'毦毸，罽也。'《通俗文》：'細葛謂之毦翅。'"按，所引《廣雅》文清王念孫《疏證》："毦毸猶氍毹也。按氍毹，罽之細者也。"

〔推源〕 此二詞分別有細義、小義，凡物細則小，二義相通。又，方言多有稱小爲細者，如安徽徽語、湖南株洲語。細義、小義俱以辛聲載之，語源則同。聲符字"辛"所記録語詞與細小義不相涉，其細小義乃辛聲所載之語源義。辛聲可載細小義，"細"可證之。

辛：心紐真部；

細：心紐脂部。

雙聲，真脂通轉。"細"，細微，微小。《説文·糸部》："細，微也。"《廣雅·釋詁三》："細，小也。"《左傳·襄公四年》："吾子舍其大而重拜其細，敢問何禮也？"《淮南子·墜形訓》："壚土人大，沙土人細。"漢高誘注："細，小也。"按，上述"細"皆與"大"相對待，唯"細"有小義，故有"細小"之同義聯合式合成詞。"細"亦與"粗"相對待。《墨子·兼愛中》："昔者，楚靈王好士細要，故靈王之臣皆以一飯爲節。"

(952) 騂牸埣（赤色義）

騂 赤色馬。《廣韻·清韻》："騂，馬赤色。"漢焦贛《易林·隨之頤》："亡羊補牢，張氏失牛，騂駠奔走，鶡盜我魚。"晉王嘉《拾遺記·周穆王》："騂駱麗乎坰野，皎質耀乎空谷。"虛化引申爲赤色義。《論語·雍也》："子謂仲弓曰：'犁牛之子騂且角，雖欲勿用，山川其舍諸？'"三國魏何晏《集解》："騂，赤也；角者，角方正。"

牸 赤色牛。牛馬同類，古籍中多以"騂"爲之。《玉篇·牛部》："牸，赤牛。"明李時珍《本草綱目·獸部·牛》："黑曰㹼，白曰㹔，赤曰牸。"《左傳·襄公十年》："王賴之，而賜之騂旄之盟。"晉杜預注："騂旄，赤牛也。"按，當以"牸"爲字。析言之，"騂"爲赤色馬，"牸"謂赤色牛，渾言則不別，故《廣韻》云"騂""牸"同，《集韻·清韻》云："騂，牲赤色。或从牛。"

埣 赤色堅硬的土。《玉篇·土部》："埣，赤堅土也。"《廣韻·清韻》："埣，赤土。"按，未見此字實用例，然二書所訓非無據，"埣"所記録之語詞客觀存在，唯借"騂"字爲之，"埣""騂"同从辛聲，乃以辛聲載赤色堅硬義。《周禮·地官·草人》："凡糞種，騂剛用牛。"漢鄭玄注："騂剛，謂地色赤而土剛强也。"清王夫之《南岳賦》："折柔埴，束騂剛。"

〔推源〕 諸詞俱有赤色義,爲辛聲所載之公共義。聲符字"辛"所記録語詞與赤色義不相涉,其赤色義乃辛聲所載之語源義。辛聲可載赤色義,"紫"可證之。

辛：心紐真部；

紫：精紐支部。

心精旁紐,真支通轉。"紫",赤、藍相合之色,本有赤色義。《説文·糸部》："紫,帛青赤色。"漢焦贛《易林·履之漸》："黄帝紫雲,聖且神明,光見福祥,告我無殃。"唐白居易《秦中吟·歌舞》："雪中退朝者,朱紫盡公侯。"

(953) 莘鮢(長義)

莘 長貌。《詩·小雅·魚藻》："魚在在藻,有莘其尾。"漢毛亨傳："莘,長貌。"按,皖省徽州人稱草木及人之頭髮長爲"莘",當即此"莘"字。"莘"字之結構當爲从草,辛聲。《廣韻》載其音爲所臻切,推其上古音爲山紐真部,"辛"者心紐真部,疊韻,山心準雙聲。然則"莘"字从辛得聲,乃以辛聲載長義。

鮢 魚尾長。《玉篇·魚部》："鮢,魚尾長。"《廣韻·臻韻》："鮢,魚尾長也。"《集韻·臻韻》："鮢,魚名,長尾兒。或省作'鮢'。"清蒲松齡《日用俗字·鱗介章》："黄鱒紅鱗爲小品,海鮢蝮魚作嘉肴。"按,"蝮"本指大蛇,體長者,"鮢""蝮"當爲同類,長尾之魚。

〔推源〕 此二詞俱有長義,爲辛聲所載之公共義。聲符字"辛"所記録語詞與長義不相涉,其長義乃辛聲所載之語源義。辛聲可載長義,"虵"可證之。

辛：心紐真部；

虵：船紐歌部。

心船(牀三)準旁紐,真歌旁對轉。"虵",蛇,體長之物。其字从也得聲,也聲字所記録語詞"鉈"謂矛,形長之物。詳見本典第一卷"50. 也聲"第 162 條。

(954) 垶屖(堅硬義)

垶 赤色堅硬之土(見前第 952 條),本有堅硬義。

屖 堅硬。《玉篇·屍部》："屖,今作'栖',亦作'犀'。"《字彙·屍部》："屖,堅也。《漢(書)·馮奉世傳》：'器不屖利。'"《玉篇·牛部》："犀,堅也。"《資治通鑑·唐高祖武德七年》："刀槊犀利。"元胡三省注："犀,堅也。"

〔推源〕 此二詞俱有堅硬義,爲辛聲所載之公共義。聲符字"辛"所記録語詞與堅硬義不相涉,其堅硬義乃辛聲所載之語源義。辛聲可載堅硬義,粦(舜)聲字所記録語詞"橉""甐""獜"等可相證。"橉",質地堅硬之木。"甐",器堅。"獜",堅實[見殷寄明《漢語同源字詞叢考》(東方出版中心,2007 年)第 247 條及本典第九卷"818. 粦(舜)聲"]。辛聲、粦(舜)聲本相近且相通。

辛：心紐真部；
粦：來紐真部。

疊韻，心來鄰紐。

349　兌聲

(955) 挩蛻脫毻侻妭（脫離義）

挩　解脫，使分離。《說文·手部》："挩，解挩也。从手，兌聲。"清桂馥《義證》："《廣雅》：'彖，挩也。'本典：'彖，豕走也。'《方言》：'解、輸，挩也。'通作'脫'。《老子》：'善抱者不挩。'范應元注：'挩，一作脫。'"《廣韻·末韻》："挩，解挩。或作脫。"按，解脫以手，"挩"字从手，故爲正字。"脫"表解脫義，乃引申義。

蛻　蛇、蟬等動物脫皮，即皮脫離其身體。亦指所脫之皮。《說文·虫部》："蛻，蛇、蟬所解皮也。从虫，挩省。"清段玉裁注本作"从虫，兌聲"，並注云："各本作稅省聲，淺人改耳。今正。"清朱駿聲《通訓定聲》："蛻，从虫，兌聲。《廣雅·釋詁一》：'蛻，解也。'《史記·屈賈傳》：'蟬蛻於濁穢。'"《廣韻·過韻》："蛻，蛇去皮。"又《泰韻》："蛻，蛇易皮。"《淮南子·說林訓》："蟬飽而不食，三十日而蛻。"《晉書·張華傳》："華曰：'此必蛇化爲雉也。'開視，雉側果有蛇蛻焉。"

脫　字从肉，謂消瘦，猶言肉脫離其軀體。亦指去其肉之皮、骨，則即肉與皮、骨相脫離之義。《說文·肉部》："脫，消肉臞也。从肉，兌聲。"清段玉裁注："今俗語謂瘦太甚者曰脫形，言其形象如解蛻也。"清朱駿聲《通訓定聲》："〔轉注〕《禮記·內則》：'肉曰脫之。'皇注：'治肉除其筋膜。'《爾雅·釋器》李注：'肉去其骨曰脫。'《列子·天瑞》：'其狀若脫。'《釋文》：'謂剝皮也。'〔假借〕爲'挩'。《方言》十二：'解、輸，脫也。'《廣雅·釋詁三》：'脫，離也。'《公羊昭十九傳》：'則脫然愈。'注：'疾除皃也。'《齊語》：'脫衣就功。'注：'解也。'《家語·辨樂》：'虎賁之士脫劍。'注：'解劍也。'"按，"脫"表脫離義無煩假借，乃引申。唯"脫"有離義，故有"脫離"之同義聯合式合成詞。

毻　禽類動物落毛，即毛脫離其體。《廣韻·過韻》："毻，落毛。"《管子·輕重甲》："管子對曰：'吳越不朝，珠象而以爲幣乎？發、朝鮮不朝，請文皮毻服而以爲幣乎？'"唐尹知章注："毻，落毛也。"按，此"毻"謂脫落之毛。按，"毻"之或體作"毹"。《集韻·過韻》："毹，鳥易毛也。或作毻。"漢揚雄《方言》卷十三："毹，易也。"清錢繹《箋疏》："今俗語猶謂鳥獸易毛爲毻毛，即蛻聲之轉也。"《文選·郭璞〈江賦〉》："集若霞布，散如雲豁，產毻積羽，往來勃碣。"唐李善注："字書曰：'毻，落毛也。'毻與毹同。"按，稱"毻"，寓墮落義。墮落字初文作"隋"，从肯得聲，與"毻"同。

侻　灑脫，謂人脫離常情之拘束。《廣韻·末韻》："侻，輕。"按，即輕率、輕佻。《新唐書・李百藥傳》："乃性疏侻，喜劇飲。"引申爲脫離義。《老子》第三十六章："魚不可侻於淵。"

皷 皮脫落。《玉篇・皮部》："皷，皮剝也。"《廣雅・釋詁三》："剝，落也。"又《釋詁四》："剝，脫也。"《廣韻・薛韻》："皷，皮破。"北魏賈思勰《齊民要術・種蒜》："早出者，皮赤科堅，可以遠行，晚則皮皷而易碎。"

〔推源〕 諸詞俱有脫離義，爲兌聲所載之公共義。兌聲字"稅""說"亦可以假借字形式表脫離義，亦爲兌聲、脫離義相關聯之證。清朱駿聲《說文通訓定聲・泰部》："稅，〔假借〕爲'挩'。《爾雅・釋詁》：'稅，舍也。'《方言》七：'稅，舍車也。'《史記・李斯傳》：'吾未知所稅駕也。'《索隱》：'猶解駕，言休息也。'《吕覽・慎大》：'稅牛於桃林。'注：'釋也。'《禮記・檀弓》：'稅驂於舊館。'《文王世子》：'不稅冠帶。'"按，"稅"字從禾，其本義《說文》訓"租"，即田賦義。解脫、脫離義乃兌聲所載之假借義。"說"，字從言，謂講述，以其從兌得聲借作"脫"。《詩・大雅・瞻卬》："此宜無罪，女反收之；彼宜有罪，女覆說之。"《國語・魯說下》："求說其侮，而亟於前之人，其饎不滋大乎。"按，聲符字"兌"從人、從口、從八，爲"悅"之初文，人喜悅則笑口開，構件"八"表分義。《莊子・德充符》："使之和豫，通而不失於兌。"唐陸德明《經典釋文》："兌，悅也。"然則與脫離義不相涉，其脫離義乃兌聲所載之語源義。兌聲可載脫離義，"離"可證之。

兌：定紐月部；

離：來紐歌部。

定來旁紐，月歌對轉。"離"，字從隹，《說文》訓"離黃，倉庚也"，爲禽名。然可以其聲韻載離去、避離、脫離義，並與"脫"組成雙音詞。漢揚雄《方言》卷六："參、蠡，分也。齊曰參，楚曰蠡，秦晉曰離。"《廣雅・釋詁二》："離，去也。"《廣韻・寘韻》："離，去也。"又《支韻》："離，近曰離，遠曰別。"《書・胤征》："沉亂於酒，畔官離次。"唐孔穎達疏："離其所居位次。"《後漢書・劉盆子傳》："必欲殺盆子以塞責者，無所離死。"唐李賢注："離，避也。"按，即逃脫義。元馬致遠《任風子》第三折："脫離了酒色財氣，人我是非，倒大來好幽哉快活也啊！"

（956）銳頯捝鈗梲（小義）

銳 鋒芒，下大上小者，引申之，則有細小義。《說文・金部》："銳，芒也。從金，兌聲。厹，籀文銳從厂、剡。"清王筠《句讀》："從剡，厂聲。《刀部》：'剡，銳利也。'"清朱駿聲《通訓定聲》："字亦作'莌'。《廣雅・釋詁二》：'銳，利也。'《四》：'剡，傷也。'……《漢書・天文志》：'有三星，銳，曰罰。'注：'上小下大，故曰銳。'〔轉注〕《左昭十六傳》：'不亦銳乎？'注：'細小也。'"按，漢許慎以"芒"訓"銳"爲喻訓。"芒"謂草芒，"莌"之義同，"銳"者鋒芒，形似之，故有"尖銳"之雙音詞。

頯 字從頁，謂頭小，亦指臉面短小。《集韻・鎋韻》："頯，頯頡，小頭。"按，"頯頡"當可分訓。《説文》謂"頗"爲短面,《切韻》《廣韻》皆訓"小頭"。《集韻》同部又云:"頒,頒頗,面短兒。"

綐 細綢。《玉篇·糸部》:"綐,紬細也。"《廣韻·泰韻》:"綐,細紬。"按,小義、細義相通。今徽歙及湖南株洲方言猶稱爲"細",徽歙方言稱大小爲"大細"。

鮵 小鳥鱧魚。《爾雅·釋魚》:"鰹,大鮦,小者鮵。"晉郭璞注:"今青州呼小鱺爲鮵。"宋邢昺疏:"此即上云鱧也。其大者名鰹,小者名鮵。……鱺與鱧音義同。"清郝懿行《義疏》:"此申釋鱧大小之異名也。大者名鰹,小者名鮵,然則中者名鱧。"

梲 梁上的短小木柱。《爾雅·釋宮》:"宋廟謂之梁,其上楹謂之梲。"晉郭璞注:"梲,侏儒柱也。"《廣韻·薛韻》:"梲,梁上楹。"清朱駿聲《説文通訓定聲·泰部》:"梲,〔轉注〕《禮記·禮器》:'山節藻梲。'注:'梁上楹謂之梲。'《襍記》:'山節而藻梲。'注:'侏儒柱畫之爲藻文。'……《管子·侈靡》:'是梲傅革。'注:'柱也。'《魯靈光殿賦》:'靈梁藻梲。'《王命論》:'築梲之材。'"按,"梲"之本義漢許慎訓"木杖",故梁上短小木柱義朱氏云"轉注",凡朱稱"轉注"實即引申。

〔推源〕 諸詞俱有小義,爲兑聲所載之公共義。聲符字"兑"所記錄語詞之本義、引申義系列與小義不相涉,其小義乃兑聲所載之語源義。兑聲可載小義,佳聲字所記錄語詞"稚""堆""雛""雀""魋"等可相證之。"稚",幼小之禾;"堆",土堆,下大而上尖小者;"雛",小鳩;"雀",小鳥;"魋",似熊而小之獸(詳見本典第五卷"410. 佳聲")。兑聲、佳聲本相近且相通。

兑:定紐月部;

佳:章紐微部。

定章(照)準旁紐,月微旁對轉。

(957) 挩帨(拭義)

挩 揩拭。《集韻·祭韻》:"挩,拭也。"按,"挩"之本義爲解挩(見本典第四卷第955條),解挩、揩拭俱以手,然則揩拭義爲其別義,其字則爲套用式本字。《儀禮·鄉飲酒禮》:"坐挩手,遂祭酒。"漢鄭玄注:"挩,拭也。"又《鄉射禮》:"坐挩手執爵,遂祭酒興席,末座啐酒。"漢鄭玄注:"挩,拭也。"

帨 佩巾,引申爲以巾揩拭。或體作"帥"。《説文·巾部》:"帥,佩巾也。从巾、自。帨,帥或从兑。"清朱駿聲《通訓定聲》:"或从兑聲。字亦誤作'帥'。《詩·野有死麕》:'無感我帨兮。'《儀禮·士昏禮》:'毋施衿結帨。'〔假借〕爲'敓'。《儀禮·有司徹》:'坐帨手。'"按,"帨"既爲佩巾,則揩拭義當爲其衍義,何煩假借。《禮記·內則》"盥卒授巾"漢鄭玄注:"巾以帨手。"宋孔平仲《孔氏談苑·宣醫喪命敕葬破家》:"敕葬之家,使副洗手帨巾,每人白羅三疋,他物可知也。"

〔推源〕 此二詞俱有拭義,爲兑聲所載之公共義。聲符字"兑"所記錄語詞之本義、引申義系列與拭義不相涉，其拭義當爲兑聲另載之語源義。兑聲可載拭義，"擦"可證之。

兑：定紐月部；
擦：初紐質部。

定初鄰紐，月質旁轉。"擦"，揩拭。《紅樓夢》第四十回："李紈清晨起來，看着老婆子丫頭們掃那些落葉，並擦抹桌椅，預備茶酒器皿。"清吴敬梓《儒林外史》第四十二回："姑娘們拿出汗巾子來揩，他又奪去擦夾肢窩。"

(958) 靰帨（蒙覆義）

靰 補靰。《廣韻·泰韻》："靰，補靰。"清蒲松齡《日用俗字·皮匠》："裁得正斜隨大小，靰來曲折成方圓。"按，"靰"字从革，其本義蓋即以皮革補靰。引申爲蒙覆義。明郭勛輯《雍熙樂府·寨兒令·風月檐兒》："熬表兼鏝底苫，一千層樺皮靰做臉。"

帨 佩巾（見前條），引申之，亦泛指巾帕。《廣雅·釋器》："帨，巾也。"宋司馬光《上皇太后疏》："今既正位中宫，得復奉膳羞盥帨以事殿下。"按，巾帕則可覆物。上引《廣雅》文清王念孫《疏證》："巾者，所以覆物。"故引申爲蒙覆義。清張岱《陶庵夢憶·龍山放燈》："父叔輩張燈龍山，剡木爲架者百，塗以丹臒，帨以文錦，一燈三之。"

〔**推源**〕 此二詞俱有蒙覆義，爲兑聲所載之公共義。聲符字"兑"所記録語詞之本義、引申義系列與蒙覆義不相涉，其蒙覆義乃兑聲所載之語源義。兑聲可載蒙覆義，"遮"可證之。

兑：定紐月部；
遮：章紐魚部。

定章（照）準旁紐，月魚通轉。"遮"，阻止，擋遮。《說文·辵部》："遮，遏也。"《廣韻·麻韻》："遮，斷也。"《史記·楚世家》："楚懷王亡逃歸，秦覺之，遮楚道，懷王恐，乃從間道走趙以求歸。"又《高祖本紀》："新城三老董公遮說漢王，以義帝死故。"唐張守節《正義》："樂產云：'橫道自言曰遮。'"按，"遮"字从辵，本義正爲行而遮擋；引申爲縱向之遮擋，則即蒙覆義。《玉篇·辵部》："遮，冒也。蓋也。"前蜀韋莊《春日》："紅塵遮斷長安陌，芳草王孫暮不歸。"唐杜甫《季秋蘇五弟纓江樓夜宴》："明月生長好，浮雲薄漸遮。"

(959) 悦／懌（愉悦義）

悦 愉悦。《爾雅·釋詁上》："悦，樂也。"《廣韻·祭韻》："悦，喜也，樂也。"《孫子·火攻》："怒可以復喜，愠可以復悦。"《莊子·徐無鬼》："武侯大悦而笑。"

懌 愉悦。《說文新附·心部》："懌，說也。"按，"說"爲"悦"字之借。《廣韻·薛韻》："說，喜也，樂也。"《書·康誥》："我維有及，則予一人以懌。"唐柳宗元《憂箴》："憂不可常，常則誰懌？"

〔推源〕 此二詞義同,其音亦相近且相通,語源當同。

悦:余紐月部;

懌:余紐鐸部。

雙聲,月鐸通轉。其"悦"字乃以兑聲載愉悦義。聲符字"兑"本爲"悦"之初文。林義光《文源》:"兑即悦之本字……从人、口、八。八,分也,人笑故口分開。"清朱駿聲《説文通訓定聲·泰部》:"兑,《釋名·釋天》:'兑,説也,物得備足皆喜悦也。'《荀子·脩身》:'佞兑而不曲。'注:'兑,悦也。'《不苟》:'見由則兑而倨。'"然則"悦"之喜悦、愉悦義爲其聲符"兑"所載之顯性語義。

350　　敝聲

(960) 敝/敗(破敗義)

敝　敗衣,引申爲破敗義。《説文·攴部》:"敝,敗衣。从攴,从㡀,㡀亦聲。"《玉篇·㡀部》:"敝,壞也。"《史記·萬石張叔列傳》:"仁爲人陰重不泄,常衣敝補衣溺袴,期爲不絜清,以是得幸。"宋辛棄疾《水調歌頭·落日古城角》:"長安路遠,何事風雪敝貂裘?"

敗　毁壞,破壞,引申爲破敗義。《説文·攴部》:"敗,毁也。"清朱駿聲《通訓定聲》:"《詩·民勞》:'無俾正敗。'箋:'壞也。'〔轉注〕《素問·診要經終論》:'此十二經之所敗也。'注:'敗謂氣終盡而敗壞也。'"《字彙·攴部》:"敗,頽也。"南朝梁宗懍《荆楚歲時記》:"平原孟氏嘗以此日迎之,遂穿屋而去。自爾,著以敗衣,蓋爲此也。"

〔推源〕 此二詞俱有破敗義,其音亦同,並紐雙聲,月部疊韻,語源當同。其"敝"字从㡀得聲,聲符字"㡀"所記録語詞本指敗巾。《説文·㡀部》:"㡀,敗衣也。从巾,象敗之形。"清朱駿聲《通訓定聲》:"本訓爲敗巾,轉注爲敗衣,又爲凡敗之偁。《廣雅·釋詁三》:'㡀,敗也。'"然則"敝"之破敗義爲其聲符"㡀"所載之顯性語義。

351　　沙聲

(961) 魦痧(沙義)

魦　吹沙小魚。字亦作"鯊",亦省作"魦"。《廣韻·麻韻》:"鯊,魚名,今之吹鯊小魚是也。魦,上同。"清朱駿聲《説文通訓定聲·隨部》:"魦,〔別義〕《詩·魚麗》:'鱨鯊。'傳:'鮀也。'陸疏:'吹沙也,一名重唇鱎魦。'《爾雅·釋魚》:'鯊鮀。'注:'今吹沙小魚,體圓有點文。'《蜀都賦》:'鯩鱧魦鱨。'注:'魦似鮒,字亦作鯊。"明李時珍《本草綱目·鱗部·鯊部》:"此非海中沙魚,乃南方溪澗中小魚也。居沙溝中,吹沙而游,嗑沙而食。"

痧　麻疹,形如沙點,故稱"痧"。複音詞"麻痧"則寓斑點如麻子之義。《醫宗金鑒·傷寒心法要訣·疹斑》:"傷寒疹斑失汗下,感而即出時氣然。表邪腹鬱榮衛分,外泛皮脉痧疹瘢。痧白疹紅如膚粟,斑紅如豆片連連。"明王肯堂《幼科證治準繩·麻疹》:"麻疹浮小而有頭粒,隨出即收,不結濃瘡,北人謂之糖瘡,南人謂之麩瘡,吴人謂之痧,越人謂之瘄,古所謂麻,閩人氏所謂膚疹是也。"

〔推源〕　此二詞俱有沙義,爲沙聲所載之公共義。聲符字"沙"所記録語詞謂水散石。《説文·水部》:"沙,水散石也。"清朱駿聲《通訓定聲》:"《易·需》:'於沙。'荀注:'水中之剛,故曰沙。'《詩》:'鳧鷖在沙。'傳:'水旁也。'《管子·地員》:'剽土之次曰五沙,五沙之狀,粟焉如屑塵厲。'"按,所引《詩·大雅·鳧鷖》之"沙"即沙灘義,亦相通。然則本條二詞之沙義爲其聲符"沙"所載之顯性語義。

(962) 挲䄔(動義)

挲　撫摩,摩動。字亦作"抄"。《廣韻·歌韻》:"抄,摩抄。挲,上同。"宋辛棄疾《水調歌頭·我志在寥闊》:"摩挲素月,人世俛仰已千年。"清蒲松齡《聊齋志異·黎氏》:"謝四望無人,近身側,遽挲其腕。"沙汀《淘金記》二:"她沉默下來,欣賞地摩抄着手裏的茶壺。"

䄔　行走、走動,亦指舞動。《廣韻·歌韻》:"䄔,行也。又舞不止。"清胡元煇《原道篇》:"由是而䄔焉徙焉之皆道。"按,表舞動義字亦作"傞"。《集韻·戈韻》:"傞,《説文》:'醉舞皃。'或从沙。"《詩·小雅·賓之初筵》:"側弁之俄,屢舞傞傞。"漢毛亨傳:"傞傞,不止也。"

〔推源〕　此二詞俱有動義,爲沙聲所載之公共義。聲符字"沙"所記録語詞之本義、引申義系列與動義不相涉,其動義乃沙聲所載之語源義。沙聲可載動義,"掣"可證之。

沙:山紐歌部;

掣:昌紐月部。

山昌(三等即穿)鄰紐,歌月對轉。"掣",牽動。《爾雅·釋訓》:"甹夆,掣曳也。"晉郭璞注:"謂牽拕。"《吕氏春秋·具備》:"吏方將書,宓子賤從旁時掣摇其肘。吏書之不善,則宓子賤爲之怒。"唐岑參《白雪歌送武判官歸京》:"紛紛暮雪下轅門,風掣紅旗凍不翻。"

(963) 魦鈔鯊(小義)

魦　吹沙小魚(見前第961條),本有小義。《後漢書·馬融傳》:"鱮鯉鱣魦,樂我純德,騰踴相隨。"唐李賢注:"'魦'或作'鯊'。郭義恭《廣志》曰:'吹沙魚,大如指,沙中行。'"清徐珂《清稗類鈔·動物·鯊》:"鯊,小魚也,産溪澗中,長五寸許。"馮德培、談家楨等《簡明生物學詞典·鯊》:"②某些淡水小型魚類,亦稱'鮀''鯊鮀'。"按,《爾雅》正以"鮀"釋"鯊"。字亦作"魦"。

鈔　鈔鑼,小鑼。亦作"沙鑼"。《廣韻·歌韻》:"鈔,鈔鑼,銅器。"《正字通·金部》:"今馬上急遞所繫者,似鑼而小,俗呼篩鑼,即鈔鑼也。"《宋史·蠻夷傳一·西南溪峒諸蠻上》:"雍熙元年,黔南言溪峒夷獠疾病,擊銅鼓、沙鑼以祀神鬼,詔釋其銅禁。"

縿 紗,細小之物。《篇海類編·衣服類·糸部》:"縿,絹屬。"《字彙·糸部》:"紗,亦作'縿'。"《廣韻·麻韻》:"紗,絹屬。"《漢書·元帝紀》"齊三服官"唐顏師古注:"輕綃,今之輕縿也。"又《江充傳》:"充衣紗縠禪衣。"顏注:"輕者爲紗,緅者爲縠。"引申之,則有微小之義。《廣雅·釋詁四》:"紗,微也。"《篇海類編·衣服類·糸部》:"紗,小也。亦作'縿'。"漢揚雄《太玄·堅》:"載蠕紗紗,縣於九州。"晉范望注:"載德者德輕如毛,民鮮能舉之,故言紗紗也。"宋司馬光《集注》引王涯:"紗,與'眇'同。"

〔推源〕 諸詞俱有小義,爲沙聲所載之公共義。聲符字"沙"象水邊小沙石形,《説文》訓其本義爲"水散石"(見前第961條),本爲微小之物。本條諸詞之小義爲其聲符"沙"所載之顯性語義。至沙聲可載小義,則"細"可證之。

　　沙:山紐歌部;

　　細:心紐脂部。

山心準雙聲,歌脂旁轉。"細",細微,不粗,引申爲小義。《説文·糸部》:"細,微也。"清朱駿聲《通訓定聲》:"細者,絲之散也。〔轉注〕《廣雅·釋詁二》:'細,小也。'《禮記·檀弓》:'細人之愛人也,以姑息。'《吕覽·去宥》:'細人也。'注:'小人。'《周語》:'細鈞有鍾無鏄。'注:'細聲謂角、徵、羽也。'"《淮南子·墬形訓》:"壚土人大,沙土人細。"漢高誘注:"細,小也。"按,今徽歙方言、湖南株洲方言尚稱小爲"細";徽歙人又稱大大小小衆兒女爲"大細"。

352　完聲

(964) 梡俒䴷(完全義)

梡 未劈之柴,完全者。亦指祭祀之俎,斷木爲四足而成,其木亦不析,寓完全義。《説文·木部》:"梡,梡木薪也。从木,完聲。"南唐徐鍇《繫傳》:"梡,混也,不破之木也。"清朱駿聲《通訓定聲》:"〔假借〕爲'案'。《廣雅·釋器》:'梡,几也。'《禮記·明堂位》:'俎,有虞氏以梡。'注:'斷木爲四足。'《三禮圖》:'梡長二尺四寸,廣尺二寸,高一尺。'"按,非假借,乃引申。王國維《説俎上》:"有虞氏之梡,梡者完也;嶡者具也,皆全烝之俎。"

俒 完全。《説文·人部》:"俒,完也。《逸周書》曰:'朕寶不明,以俒伯父。'从人,完聲。"《廣韻·魂韻》及《慁韻》:"俒,全也。"按,許慎所引《逸周書·大戒》文清朱右曾《校釋》:"俒,完也。言伯父之訓非不明顯,朕愚不知所以完守之者。"

䴷 完整的麥粒,亦指以整顆麥粒製成的酒麴。《廣韻·魂韻》:"䴷,不破麥也。"又《慁韻》:"䴷,䴷子,麥麴類。"《集韻·潸韻》:"䴷,全麥爲麴。或从完。"明李時珍《本草綱目·穀部・女麴》：" [釋名]麲子、黃子。時珍曰：此乃女人以完麥罨成黃子，故有諸名。"《初學記》卷二十六引宋朱肱《酒經》：" 烏梅女麲，聒醅九投，澄清百品，酒之終也。"

〔推源〕　諸詞俱有完全義，爲完聲所載之公共義。聲符字"完"所記録語詞之本義即完全。《説文・宀部》："完，全也。"清朱駿聲《通訓定聲》："王粲詩：'許歷爲完士。'注：'謂全具也。'"《廣韻・桓韻》："完，全也。"《戰國策・齊策四》："夫玉生於山，制則破焉。非弗寶貴矣，然夫璞不完。"漢焦贛《易林・升之大有》："缺破不完，殘瘵側偏。"然則本條諸詞之完全義爲其聲符"完"所載之顯性語義。完聲可載完全義，則"皆"可證之。

完：匣紐元部；

皆：見紐脂部。

匣見旁紐，元脂旁對轉。"皆"，全，俱。《説文・白部》："皆，俱詞也。"《論語・顔淵》："四海之内，皆兄弟也。"《百喻經・人謂故屋中有惡鬼喻》："昔有故屋，人謂此屋常有惡鬼，皆悉怖畏。"

(965) 脘筦鯇綄捖睕(圓義)

脘　胃脘，俗稱"胃袋"，形圓者。《説文・肉部》："脘，胃府也。从肉，完聲。"清朱駿聲《通訓定聲》："《素問・通評論》：'胃之募也。'注：'中脘胃募也。'"《廣韻・緩韻》："脘，胃府。"《靈樞經・四時氣》："飲食不下，膈塞不通，邪在胃脘。"宋王袞《博濟方・香蘇散》："調順中脘，平和胃氣。"

筦　絡絲的竹管，引申之，亦指管樂器，所指稱者，皆圓形物。《説文・竹部》："筦，筟也。从竹，完聲。"清朱駿聲《通訓定聲》："一名'筳'，蘇俗謂之篗頭，列梴如栅而圓，所以縮絲於其上者。《楚辭・天問》：'筦維焉繫。'〔假借〕爲'管'。《詩・執競》：'磬筦將將。'《穆天子傳》：'狄筦。'注：'如併兩管笛。'《漢書・張禹傳》：'後堂理絲竹筦弦。'《賈誼傳》：'以筦窺天。'"按，非假借，乃引申。許書同部"筟"篆訓"筳"。元戴侗《六書故・工事六》："筟車，紡車也。著絲於筳，著筳於車，踏而轉之，所謂紡也。"

鯇　草魚，呈亞圓筒形，故稱"鯇"；食草，故稱草魚。《説文・魚部》："鯇，魚名。从魚，完聲。"清朱駿聲《通訓定聲》："《爾雅・釋魚》'鯇'注：'今鱓魚，似鱒而大。'按，今俗謂之緄子魚，亦曰草魚。"明李時珍《本草綱目・鱗部・鯇魚》："俗名草魚，因其食草也。"馮德培、談家楨等《簡明生物學詞典・草魚》："亦稱'鯇''鱓'。魚綱，鯉科。體延長，亞圓筒形，長達一米餘，重達35公斤以上。"

綄　纏繞，沿圓周方向繫扎。《廣雅・釋詁四》："綄，纏也。"清王念孫《疏證》："綄之言綰也。"《廣韻・潸韻》："綰，繫也。"《集韻・諫韻》："綰，繫也。或作綄。"清徐珂《清稗類鈔・服飾類・布魯特人之服飾》："阿渾之帽，上鋭而簷高，以白布綄之。"按"綰"亦指纏繞、盤結。唐李賀《大堤曲》："青雲教綰頭上髻，明月與作耳邊璫。"按，"綄"本亦指測風儀，以鷄毛五兩繫於竿頂，其義或相通。

捖 搏圓，刮摩。《玉篇·手部》："捖，搏圓。"《廣韻·桓韻》："捖，揳刮，摩也。"《周禮·考工記·總序》"刮摩之工五"漢鄭玄注："故書'刮'作'捖'，鄭司農云：捖摩之工謂玉工也。捖讀爲刮，其事亦是也。"按，玉工治玉，凡有棱角不平處則刮摩，使光滑、圓滑，故稱"捖"。

睆 眼睛突出貌。按，眼睛突出則人見其圓形眼球，本寓圓義。《玉篇·目部》："睆，出目兒。"《新唐書·祝欽明傳》："帝與群臣宴，欽明自言能《八風舞》，帝許之。欽明體肥醜，據地搖頭睆目，左右顧眄，帝大笑。"按，《廣韻》"睆"訓"大目"，凡眼睛突出則顯大，義亦相通。"睆"又有渾圓義，當爲其本義之比喻引申。《詩·小雅·杕杜》："有杕之杜，有睆其實。"高亨《今注》："睆，果實渾圓貌。"唐劉師服、侯喜《石鼎聯句》："睆睆無刃迹，團團類天成。"按，"睆睆""團團"對文同義。

〔**推源**〕諸詞俱有圓義，爲完聲所載之公共義。完聲字"輐""㡛"亦可以假借字形式表圓義，則亦完聲、圓義相關聯之一證。《集韻·緩韻》："輐，輐斷，刑截所用也。一曰圜兒。"清朱駿聲《說文通訓定聲·乾部》："梡，字亦作'輐'。《莊子·天下》：'椎拍輐斷。'"按，"梡"謂未析之材，已斷離木幹而尚完整者，"輐"字从車，非或體，乃假借字。朱氏所引《莊子》文郭慶藩《集釋》："輐斷即下文'刓斷'。郭象云：'刓斷，無圭角也。'"《正字通·車部》："輐，圜貌，刓去圭角也。"按，"刓""䖪"皆从元聲，"輐"字之聲符"完"亦从元聲，故可表刓去其角使圓義。"㡛"，以漆和灰而漆物，有"圓轉"之假借義。清朱駿聲《說文通訓定聲·乾部》："㡛，〔假借〕爲'丸'。《淮南·時則》：'員而不㡛。'注：'轉也。'或曰：借爲'旋'。"《列子·黃帝》："纍㡛二而不墜。"其"㡛"字異文作"丸"。按，本條"脘""筦""䖪"等之聲符"完"所記錄語詞之本義謂完全，完全即完滿，完滿亦曰"圓滿"，然則其義本相通。至完聲可載圓義，則宛聲字所記錄語詞可相爲證。"豌""腕""婉""琬""涴""踠""諉"等皆有圓、圓轉、彎曲義（見本典第五卷"440. 宛聲"第1190條），完聲、宛聲本相近且相通。

完：匣紐元部；

宛：影紐元部。

疊韻，匣影鄰紐。

353 弟聲

(966) 第梯娣悌（次第義）

第 次第。《廣雅·釋詁三》："第，次也。"《廣韻·霽韻》："第，次第。《說文》本作'弟'。"清朱駿聲《說文通訓定聲·履部》："第，《毛詩·周南》正義、楊士勛《穀梁·隱公》疏引《說文》有'第'字，从竹，弟聲。按，即'弟'之或體，姑附於此。《小爾雅·廣詁》：'第，次也。'《釋名·釋書契》：'書稱題亦言第，因其第次也。'按，用爲書册次弟字，故又加'竹'。又，《左哀十六傳》：'楚國第。'《釋文》：'次第也。'又，《漢書·高帝紀》：'賜大第室。'注：'有甲乙次第，故曰第。'"《吕氏春秋·原亂》："亂必有第。大亂五，小亂三，訕亂三。"漢高誘注："第，次也。"按，"第"爲"弟"之分化字，其形體結構爲从竹，弟省聲。其爲詞，則"弟"之同源派生者。

梯 木梯，有次第者。《説文·木部》："梯，木階也。从木，弟聲。"清朱駿聲《通訓定聲》："《史記·孟荀傳》注：'爲雲梯之械。'《索隱》：'構木瞰高也。'"《孫子·九地》："帥與之期，如登高而去其梯。"《後漢書·公孫瓚傳》："袁氏之攻，狀若鬼神，梯衝舞吾樓上，鼓角鳴於地中。"

娣 女弟，二女同嫁一夫，其小者稱"娣"，謂次於年長者，寓次第義。亦指同胞之妹，妹則如弟，妹、弟即次於姐與兄者。《説文·女部》："娣，女弟也。从女，从弟，弟亦聲。"清朱駿聲《通訓定聲》："《爾雅·釋親》：'女子同出謂後生爲娣。'《易》：'歸妹以娣。'……《晉語》：'其娣生卓子。'《禮記·曲禮》：'大夫不名世臣姪娣。'注：'妻之妹也。'〔轉注〕《爾雅·釋親》：'長婦謂稚婦爲娣婦。'《廣雅·釋親》：'娣姒，先後也。'《釋名》：'娣，弟也，已後來也。或曰，先後以來先後弟之也。'……按，女子同適一夫則以己之年分娣姒。《爾雅》'後生爲娣'是也。各事一夫，則以夫之齒分娣姒，《爾雅》'稚婦爲娣'是也。〔聲訓〕《公羊莊十九傳》：'娣者何？弟也。'"《廣韻·霽韻》及《薺韻》："娣，娣姒。"

悌 敬愛兄長。按，即爲弟之道，謂人倫有次第。《廣韻·霽韻》："悌，孝悌。"《説文新附·心部》："悌，善兄弟也。从心，弟聲。"《孟子·滕文公下》："於此有人焉，入則孝，出則悌。"唐白居易《和陽城驛》："上言陽公行，友悌無等夷。"

〔推源〕 諸詞俱有次第義，爲弟聲所載之公共義。聲符字"弟"所記録語詞之本義即次第。《説文·弟部》："弟，韋束之次弟也。从古文之象。"清朱駿聲《通訓定聲》："《吕覽·原亂》：'亂必有弟。'注：'弟，次也。'〔轉注〕《爾雅·釋親》：'男子先生爲兄，後生爲弟。'《釋名》：'弟，弟也，相次弟而生也。'"按，朱氏所稱"轉注"實爲引申。"弟"之兄弟義爲其直接引申義，亦爲其基本義。其本義即次第，漢許慎所云"韋束"乃形體造意。《墨子·迎敵祠》："舉屠酤者，置厨給事，弟之。"清畢沅注："言次第居之，古次第字只作'弟'。"《後漢書·朱景王杜馬劉傅堅馬列傳·論》："故依其本弟係之篇末，以志功臣之次云爾。"然則本條諸詞之次第義爲其聲符"弟"所載之顯性語義。弟聲可載次第義，則"次"可證之。

弟：定紐脂部；

次：清紐脂部。

叠韻，定清鄰紐。"次"，按次第叙事。《説文·欠部》："次，不前不精也。"清朱駿聲《通訓定聲》："本訓當爲叙詞也。《左宣十二傳》：'内官序當其次。'《楚辭·思古》：'宗鬼神之無次。'注：'第也。'"按，所引《楚辭》之"次"即次第義，爲引申義。《廣韻·至韻》："次，次第也。"《國語·周語中》："吾曰：'子則賢矣。抑晉國之舉也，不失其次，吾懼政之未及子也。'"《史記·蕭相國世家》："上已橈功臣，多封蕭何，至位次未有以復難之，然心欲何第一。"

(967) 荑稊睇梯娣蜻（小義）

荑 初生茅草的嫩芽，幼小之物。字亦作"黄"。《玉篇·艸部》："荑，《説文》：'草也。'"《集韻·齊韻》："黄，或作荑。"《玉篇·艸部》："黄，茅始生也。"清朱駿聲《説文通訓定聲·履部》："黄，茅之初生也……《詩·静女》：'自牧歸黄。'《風俗通》：'黄者，茅始熟中穰也，既白且滑。'"《詩·衛風·碩人》："手如柔荑，膚如凝脂。"漢毛亨傳："如荑之新生。"清汪熷《〈長生殿〉序》："是以歸荑贈芍，每託諭於美人。"

稊 楊柳的新生葉，幼小之物。《廣韻·齊韻》："稊，《易》曰：'枯楊生稊。'稊，楊之秀也。"按，所引《易·大過》文三國吳虞翻注："稊，穉也。楊葉未舒稱稊。"唐崔珏《門前柳》："如今宛轉稊著地，常向綠陰勞夢思。"唐李白《雉朝飛》："枯楊枯楊爾生稊，我獨七十而孤棲。"

睇 小視，微眄。《説文·目部》："睇，目小視也。从目，弟聲。"清朱駿聲《通訓定聲》："《楚辭·山鬼》：'既含睇兮又宜笑。'注：'微眄兒也。'《史記·屈賈傳》：'離婁微睇。'《正義》：'眄也。'《幽通賦》：'養流睇而猿號。'……又《易·明夷》鄭本：'睇於左股。'注：'旁視曰睇。'"按，流睇、旁視皆與小視義通。《廣韻·齊韻》"睇"訓"視"，又《霽韻》訓"睇視"，亦當爲小視義。《漢書·司馬相如傳》："長眉連娟，微睇緜藐，色授魂與，心愉於側。"

梯 柳之嫩芽，幼小之物。《洪武正韻》："梯，木稚。"按，"梯"本指木梯（見前條），指木之嫩芽，則爲套用字。《大戴禮記·夏小正》："柳梯。梯也者，發孚也。"

娣 妹妹，又指同嫁一夫女子之年幼者（見前條），本有小義。又指同夫諸妾，即俗云"小老婆"。《詩·大雅·韓奕》："諸娣從之，祁祁如雲。"漢毛亨傳："諸娣，衆妾也。"

蜻 螗蜻，蟬之小者。《廣韻·齊韻》："蜻，螗蜻，小蟬。"《爾雅·釋蟲》："螗蜩。"清郝懿行《義疏》："螗蜩小於馬蜩，背青綠色，頭有花冠，喜鳴，其聲清圓。"按，晉郭璞注云："江南謂之螗蜻"。

〔推源〕 諸詞俱有小義，爲弟聲所載之公共義。聲符字"弟"所記錄語詞謂次第，與先後、大小義或相通。弟聲可載小義，則令聲字所記錄語詞"鈴""軨""舲""鴒""瓴""閶""呤""嶺""羚""霝""虦"俱可爲證，此組詞俱有小義（見本典第二卷第479條），弟聲、令聲本相近且相通。

弟：定紐脂部；
令：來紐耕部。

定來鄰紐，脂耕通轉。又，徽歙方言稱物小爲"弟弟大"，蓋亦古語。

(968) 髯剃掃（除去義）

髯 剃去小兒頭髮。《說文·髟部》：“髯，鬀髮也。从髟，弟聲。大人曰髡，小人曰髯，盡及身毛曰鬍。”清朱駿聲《通訓定聲》：“小兒曰髯。”清桂馥《義證》：“‘小兒曰髯’者，鄭注《周禮·薙氏》云：‘薙讀如髯小兒頭之髯。’”引申之則泛指剃髮。《大方廣佛華嚴經·净品行》：“髯除鬚髮，當願衆生，永離煩惱。”

剃 剃頭除髮。《玉篇·刀部》：“剃，除髮也。”《淮南子·齊俗訓》：“屠牛吐一朝解九牛而刀以剃毛。”漢高誘注：“剃，剗髮也。”漢劉珍等輯《東觀漢記·馬援傳》：“因出小黄門，頭有蝨者皆剃之。”按，《廣韻》《集韻》及《說文通訓定聲》皆云“髯”“剃”同，實則二者本義有别，非或體。

掃 除去眼泪或灰塵。《廣韻·薺韻》：“掃，去泪。”《集韻·霽韻》：“掃，物拭也。”

〔推源〕 諸詞俱有除去義，爲弟聲所載之公共義。聲符字“弟”所記録語詞之本義、引申義系列與除去義不相涉，除去義乃弟聲所載之語源義。弟聲可載除去義，“剔”可證之。

　　　　　弟：定紐脂部；
　　　　　剔：透紐錫部。

定透旁紐，脂錫通轉。“剔”，分解骨肉，取其肉而去其骨。唐玄應《一切經音義》卷十一引漢服虔《通俗文》：“去骨曰剔。”《晉書·吴隱之傳》：“帳下人進魚，每剔去骨存肉。”引申爲除去義。《詩·大雅·皇矣》：“攘之剔之，其檿其柘。”《南史·齊紀》下：“三月壬午，詔車府乘輿有金銀校飾者，皆剔除之。”

354　良聲

(969) 琅朗硠俍娘烺（良好義）

琅 石之似玉者。《說文·玉部》：“琅，琅玕，似珠者。从玉，良聲。”清朱駿聲《通訓定聲》：“《書·禹貢》：‘厥貢惟球琳琅玕。’傳：‘石似玉。’鄭注：‘珠也。’《爾雅·釋地》：‘西北之美者，有崑崙虛之璆琳琅玕焉。’《西山經》：‘槐江之山，其上多琅玕。’”按，“琅”亦單用，“琅”即良好精美之石。漢桓寬《鹽鐵論·散不足》：“今富者鞴耳銀鑷鞶、黄金琅勒。”

朗 明亮，天氣狀況良好。字亦作“烺”。《說文·月部》：“朗，明也。从月，良聲。”清朱駿聲《通訓定聲》：“左形右聲，今字作右形左聲。《詩·既醉》：‘高朗令終。’”《廣韻·蕩韻》：“朗，明也。烺、誏，並上同。”晉王羲之《蘭亭集序》：“天朗氣清，惠風和暢。”元劉因《往平定書所見》：“何人爲我起六丁，嵯峨盡墮天宇朗。”

硠 字从石，石之性堅，故有“堅”訓。《廣雅·釋訓》：“硠硠，堅也。”按，今語謂體格堅强爲“硬朗”，借“朗”字爲之，實則當以此“硠”字爲本字。古者多以“硠”表性格堅强義，堅强即性格良好。《文選·潘岳〈馬汧督誄〉》:"慨慨馬生,硍硍高致。"唐張銑注:"硍硍,堅也。"清馮桂芬《按察司銜署安徽廬鳳穎道天津剛愍金公墓誌銘》:"硍硍金公,傲若有餘。指揮料量,苗薅髮梳。"

俍 善於做某事,為事良好。《集韻·陽韻》:"俍,良工。"按"良工"當爲同義聯合式合成詞。《莊子·庚桑楚》:"聖人工乎天而拙乎人。夫工乎天而俍乎人者,唯全人能之。"唐成玄英疏:"俍,善也。全人,神人也。夫巧合天然,善能晦迹,澤及萬世而日用不知者,其神人之謂乎!"唐陸德明《經典釋文》:"俍,良工也。"

娘 少女,即女性之良好者。《玉篇·女部》:"娘,少女之號。"《廣韻·陽韻》:"娘,少女之號。"《樂府詩集·清商曲辭·子夜歌》:"見娘喜容媚,願得結金蘭。"宋陸游《吳娘曲》:"吳娘十四未知愁,羅衣已覺傷春瘦。"按,後世亦以"娘"爲爺娘字,古者別有"孃"字指母親。

烺 明亮,天光良好。《正字通·火部》:"烺,明也。"明徐弘祖《徐霞客遊記·滇遊日記三》:"聞隔户夜起者言明星烺烺,鷄鳴起飯,仍濃陰也。"引申之,則有文章多文彩即文章良好義。唐柳宗元《答韋中立論師道書》:"及長,乃知文者以明道,是固不苟爲炳炳烺烺,務彩色、夸聲音而以爲能也。"

〔推源〕 諸詞俱有良好義,為良聲所載之公共義。聲符字"良"所記錄語詞本有精良、美好義。《説文·富部》:"良,善也。"清朱駿聲《通訓定聲》:"《易·歸妹》:'不如其娣之袂良。'《月令》:'莫不質良。'《周禮·玉府》:'凡良貨賄之藏。'《司裘》:'中秋獻良裘。'《圉人》:'良馬匹一人。'《魯語》:'是良罟也。'《吳語》:'夫吳,良國也。'《楚語》:'子尚良食。'《莊子·齊物論》:'良庖歲更刀。'"良聲可載良好義,則"精"可證之。

良:來紐陽部;

精:精紐耕部。

來精鄰紐,陽耕旁轉。"精",優質米。《説文·米部》:"精,擇也。"清朱駿聲《通訓定聲》:"按,簸米使純潔也。《論語》:'食不厭精。'《莊子·人間世》:'鼓筴播精。'司馬注:'簡米曰精。'"引申之,則有精良、美好義。《廣韻·清韻》:"精,善也,好也。"《戰國策·趙策二》:"今富非有齊威、宣之餘也,精兵非有富韓勁魏之庫也,而將非有田單、司馬之慮也。"宋蘇洵《衡論·重遠》:"士之所產,又極富夥,明珠大貝,紈錦布帛,皆極精好。"

(970)閬桹朗浪稂踉䭲俍埌艆罳銀(長、高、大義)

閬 門高大。《説文·門部》:"閬,門高也。从門,良聲。"《廣韻·唐韻》:"閬,高門。"唐許敬宗《奉和執契静三邊應詔》:"熏風交閬闕,就日泛濛漪。"虛化引申爲高大義。清朱駿聲《説文通訓定聲·壯部》:"閬,《後漢·張衡傳》注:'閬閬,明大也。'"唐白居易《和送劉道士遊天台》:"閬宮縹緲間,鈞樂依稀聞。"

桹 《説文·木部》云:"高木也。从木,良聲。"按,古者"桹"指敲擊船舷以驅魚入網的長木棒,則"桹"之名寓長義。《文選·潘岳〈西征賦〉》:"纖經連白,鳴桹厲響。"唐李善注:"以長木扣舷爲聲,言曳纖經於前,鳴長桹於後,所以驚魚令入網也。"宋文瑩《玉壺清話》卷九:"先是數載前,一漁者持蓑笠綸竿,擊短版,唱《漁家傲》,其舌爲鳴桹之聲以參之,自號'回同客'。"

朗 明朗,明亮(見前條),引申之則有高潔、高明義。漢蔡邕《漢太尉楊公碑》:"文以典籍,尋道入奧,操清行朗,潛晦幽閑。"晉袁宏《三國名臣序贊》:"公達潛朗,思同蓍蔡。"又,大聲誦讀稱"朗讀",其"朗"即聲高響亮義,亦由明亮義所衍生。

浪 波浪,即水往高處涌起。《玉篇·水部》:"浪,波浪也。"《廣韻·宕韻》:"浪,波浪。"晉左思《魏都賦》:"溫泉毖涌而自浪,華清蕩邪而難老。"《晉書·張華傳》:"須臾光彩照水,波浪驚沸,於是失劍。"南朝宋劉義慶《世說新語·雅量》:"風起浪涌,孫、王諸人色並遽,便唱使還。"

粮 矛類兵器,形長之物。《説文·矛部》:"粮,矛屬。从矛,良聲。"清朱駿聲《通訓定聲》:"《廣雅·釋器》:'粮,鈹也。'《方言》:'錟謂之鈹。'注:'今江東呼大矛爲鈹。'"

踉 跳躍,高蹈。《廣韻·陽韻》:"踉,跳踉也。"元戴侗《六書故·人九》:"踉,跳踉,高蹈也。"《淮南子·精神訓》"是養形之人也"漢高誘注:"若此養形之人,導引其神,屈伸跳踉,是非真人之道也。"唐柳宗元《三戒·黔之驢》:"虎因喜,計之曰:'技止此耳!'因跳踉大㘎,斷其喉,盡其肉,乃去。"清王廣心《大梁行送林平子》:"宮闕崩頹半深澤,狐狸踉跳空荒煙。"

躴 身材高。《廣韻·唐韻》:"躴,躴躿,身長皃。"明焦竑《俗書刊誤·俗用雜字》:"呼長人曰躴躿。"

俍 身長貌。《廣韻·蕩韻》:"俍,俍傷,長貌。"按,"俍傷"可分訓。《廣韻》同韻:"傷,長貌。""俍"亦訓"良工"(見前條),長表義,當爲套用字。

埌 墳堆。按,墳堆高於地面,"埌"之名寓高義。《廣雅·釋邱》:"埌,冢也。"清朱駿聲《説文通訓定聲·壯部·附〈説文〉不録之字》:"埌,《方言》十三:'冢或謂之埌。'《莊子·列御寇》:'闞胡嘗視其良。'以'良'爲之。"

䑠 海中大船。《廣韻·唐韻》:"䑠,海中大船。"清朱駿聲《説文通訓定聲·壯部·附〈説文〉不録之字》:"䑠,《廣雅·釋水》:'䑠,舟也。'《埤蒼》:'海中船曰䑠艫。'"按,"䑠"與"艫"可分訓。《正字通·舟部》:"艫,海舟。"唐元結《説楚何荒王賦》:"駭鯨之䑠,飛龍之舫。"清毛奇齡《蠻司合志》:"所制䑠艫或八櫓,或十櫓,不用榜人,諸蛋自操濯。"

罠 廣大貌。漢揚雄《太玄·應》:"一縱一橫,天網罠罠。"晉范望注:"罠罠,廣大貌。"

鋃 長鏈。《説文·金部》:"鋃,鋃鐺,瑣也。从金,良聲。"清朱駿聲《通訓定聲》:"蘇俗謂之鍊條……《後漢·崔寔傳》注:'鋃鐺,鎖也。'"元戴侗《六書故·地理一》:"鋃,鋃鐺,長鎖也。"明陳裝之《夏内史》:"獄吏加鋃鐺,傳呼出圜扉。"清采蘅子《蟲鳴漫録》卷二:"過文德橋,恍惚見石欄繫重囚纍纍,鐵鎖鋃鐺。"

〔推源〕 上述諸詞或有長義,或有高義,或有大義,亦或兼有二義。諸義皆相通,俱以良聲載之,語源當同。聲符字"良"單用,本可表長、高、大義。《荀子·成相》:"隱諱疾賢,良有姦詐鮮無灾。"唐楊倞注:"隱諱過惡,疾害賢良,長用姦詐少無灾。"按,此"良"即長久義。《詩·小雅·鶴鳴》"魚潛在淵,或在於渚"漢毛亨傳:"良魚在淵,小魚在渚。"宋郭若虛《圖畫見聞誌》卷三:"李用及、李象坤並工畫佛道人馬,尤精鬼神,嘗與高文進、王道真同畫相國寺壁,並爲良手。"按,"良手"猶"高手"。良聲可載長、高、大義,則"長"可相證。

良:來紐陽部;

長:定紐陽部。

叠韻,來定旁紐。甲骨文"長"字象人髮長形,人老則髮長,故"長"有長久義,長久即時間距離大。《説文·長部》:"長,久遠也。"《廣雅·釋詁三》:"長,久也。"《左傳·僖公十一年》:"不敬則禮不行,禮不行則上下昏,何以長世?"引申之,則指空間距離大,横向距離大即長,縱向距離大則即高。《墨子·公輸》:"荆有長松文梓,梗枏豫章,宋無長木,此猶錦繡之與短褐也。"《楚辭·九歌·國殤》:"帶長劍兮挾秦弓,首身離兮心不懲。"

(971) 㝗閬崀(空義)

㝗 屋空。《説文·宀部》:"㝗,康也。从宀,良聲。"南唐徐鍇《繫傳》引漢司馬相如《長門賦》:"委參差以康㝗。"清朱駿聲《通訓定聲》:"'康'篆説解:'屋康㝗也。'"《廣韻·唐韻》:"㝗,康㝗,宫室空皃。"按,《説文》同部"康"字條南唐徐鍇《繫傳》:"屋虚大也。"按,徽歙方言有"㝗康"一詞,謂物大而空。

閬 有空義。清朱駿聲《説文通訓定聲·壯部》:"閬,〔假借〕爲'陲'、爲'壙'。《管子·度地》:'郭外爲之土閬。'注:'空曠也。'《莊子·外物》:'胞有重閬。'"按,所引《管子》之"閬"謂無水城壕,有空義。所引《莊子》文唐成玄英疏:"閬,空也。言人腹内空虚,故容藏胃,藏胃空虚,故通氣液。"按,"閬"表空義無煩假借,乃引申。"閬"本指門高(見前條),故引申爲空闊明亮義。《後漢書·張衡傳》:"出紫宫之肅肅兮,集太微之閬閬。"唐李賢注:"閬閬,明大也。"又引申爲空虚義。《漢書·揚雄傳》上:"閌閬閬其寥廓兮,似紫宫之峥嶸。"唐顔師古注:"閬閬,空虚也。"

崀 山空。字亦作"崀"。《廣韻·蕩韻》:"崀,崀崀,山空。"《字彙·山部》:"崀,嶸崀,山空貌。"明方以智《通雅·釋詁》:"'崀'之爲空,因'寶康瓠'之注也。《廣韻》分'康㝗'爲宫室空,'崀崀'爲山谷空。"

〔推源〕 諸詞俱有空義,爲良聲所載之公共義。聲符字"良"所記録語詞之本義、引申義系列與空義不相涉,其空義爲良聲所載之語源義。良聲可載空義,"洞"可證之。

良:來紐陽部;

洞:定紐東部。

來定旁紐,陽東旁轉。"洞",洞穴,中空者。清朱駿聲《説文通訓定聲·豐部》:"洞,《水經》:'湘水與沅水合於湖中。'注:'即洞庭湖也。'按,在今湖南岳州府巴陵縣西南。'《海內東經》:'湘水之洞庭。'下注:'洞庭,地穴也。今吳縣南太湖中有包山,下有洞庭穴道,潛行水底,無所不通。"漢張衡《西京賦》:"赴洞穴,探封狐。"《廣韻·送韻》:"洞,空也。"清李漁《閑情偶寄·飲饌·蔬菜》:"乃既生口腹,又復多其嗜欲,使如溪壑之不可厭;多其嗜欲,又復洞其底里,使如江海之不可填。"

(972) 浪誏(放浪義)

浪 水涌起(見本典第四卷第853條),故有放浪、放縱之衍義。《廣韻·宕韻》:"浪,謔浪。"清朱駿聲《説文通訓定聲·壯部》:"浪,〔聲訓〕《爾雅》:'謔浪笑敖,戲謔也。'舍人注:'浪,意萌也。'"《詩·邶風·終風》:"謔浪笑敖,中心是悼。"漢毛亨傳:"言戲謔不敬。"《金瓶梅詞話》第九回:"轎內坐着一個浪淫婦,後邊跟着老牽頭。"

誏 戲謔,放浪。《集韻·宕韻》:"誏,謔也。"《説文·言部》:"謔,戲也。"清姜紹書《韻石齋筆談·石壁題名》:"臺閣山林半相雜,一時謔誏皆文章。"按,"謔誏"與上述《詩》之"謔浪"同。"浪"之放浪義爲其引申義。"誏"字從言,其所記錄語詞之本義即言不嚴肅、戲謔。晉陸機《七徵》:"《關雎》以瘖瘝爲憾,《溱洧》以謔浪爲歡。"

〔推源〕 此二詞俱有放浪義,爲良聲所載之公共義。聲符字"良"所記錄語詞之本義、引申義系列與放浪義不相涉,其放浪義乃良聲所載之語源義。良聲可載放浪義,"蕩"可證之。

良:來紐陽部;

荡:定紐陽部。

叠韻,來定旁紐。"蕩",放蕩,放浪。《廣雅·釋詁四》:"蕩、逸、放、恣,置也。"按,《史記·吳王濞列傳》"無有所置"唐張守節《正義》:"置,放釋也。"《廣韻·宕韻》:"蕩,菠蕩。"按,"菠"字從艸,蓋爲偏旁同化。漢枚乘《七發》:"列坐縱酒,蕩樂娛心。"南朝梁簡文帝蕭綱《執筆戲書》:"舞女及燕姬,倡樓復蕩婦。"

355 君聲

(973) 群宭帬輑崐(相連義)

群 羊群,羊衆多而相連成群,引申爲相連、會合義。字亦作"羣"。《説文·羊部》:"羣,輩也。从羊,君聲。"清朱駿聲《通訓定聲》:"《周語》:'獸三爲羣。'《詩·無羊》:'三百維羣。'〔轉注〕《呂覽·召類》:'羣者,衆也。'《易·繫辭》:'物以羣分。'"《荀子·非十二子》:"若夫總方略,齊言行,壹統類,而群天下之英杰而告之以大古。"唐楊倞注:"群,會合也。"

宭 群居，人衆多而相連。《説文・宀部》："宭，群居也。从宀，君聲。"清桂馥《義證》："'群居也'者，宭、群聲相近。《論語》：'群居終日。'《檀弓》：'吾離群而索居。'《漢・食貨志》：'孟春之月，群居者將散。'"《廣韻・文韻》："宭，群居。"按，"宭"字从宀，爲群居義本字；以"群"爲之，則取引申義。

帬 裙子，下幅衆多而相連之衣物。字亦作"裙"。《説文・巾部》："帬，下裳也。从巾，君聲。"清朱駿聲《通訓定聲》："或从衣。《釋名》：'裙，下裳也。裙，群也，聯接群幅也。'"《後漢書・明德馬皇后紀》："常衣大練，裙不加緣。"《樂府詩集・相和歌辭三・陌上桑》："緗綺爲下帬，紫綺爲上襦。"

輑 車前横木，連接車兩側之物，虚化引申爲相連義。《説文・車部》："輑，軺車前横木也。从車，君聲。"清朱駿聲《通訓定聲》："小車之軾也。〔假借〕爲'群'。《南都賦》：'隈塍相輑。'注：'相連之貌。'"按，"輑"表相連義非假借，乃引申。清魏源《香港島觀海市歌》："矗矗鱗鱗，隱隱輑輑，若非天風漸蕩吞，不知逞奇角怪何時泯。"按，古者車軸亦稱"輑"，見諸《方言》《玉篇》，車軸爲連接車輪之物，其名亦寓相連義。

峮 山相連。字亦作"岩"。《廣韻・真韻》："峮，嶙峮，山相連兒。"按，所謂"嶙峮"即山相比鄰連接之意，比鄰字作"鄰"，从粦得聲，與"嶙"同，庶可爲證。《集韻・諄韻》："峮，或書作'岩'。"漢張衡《南都賦》："或岩嶙而纚連，或豁爾而中絶。"唐元結《説楚何荒王賦》："則有峮峒峻束，噴漬觸沃。"

〔推源〕 諸詞俱有相連義，爲君聲所載之公共義。聲符字"君"所記録語詞謂尊者。《説文・口部》："君，尊也。从尹。發號，故从口。"《儀禮・喪服》："君，至尊也。"漢鄭玄注："天子、諸侯及卿大夫有地者皆曰君。"然則與相連義不相涉，其相連義乃君聲所載之語源義。君聲可載相連義，兼聲字"嵰""霖""燷""獫"等所記録語詞可相證。"嵰"，山崖層叠、相連接；"霖"，連續下雨；"燷"，連續烘烤；"獫"，犬連續叫（見本典第七卷"622. 兼聲"）。君聲、兼聲本相近且相通。

君：見紐文部；

兼：見紐談部。

雙聲。文〔ən〕談〔am〕二部，王力先生《同源字典》云："雖不同元音，但是韻尾同屬塞音或同屬鼻音者，也算通轉。"

(974) 莙䅵(大義)

莙 牛藻，藻之大者。《説文・艸部》："莙，牛藻也。从艸，君聲。"清朱駿聲《通訓定聲》："《爾雅》：'莙，牛藻。'注：'似藻，葉大，江東呼爲馬藻。'按，凡物之大者曰牛、曰馬或曰王。此藻之大者有二種。《齊民要術》曰：一種葉如雞蘇，莖大如箸，長可四五尺。一種葉大如釵股，葉如蓬，謂之聚藻。皆可食。顔黄門以爲聚藻即牛藻也。《左隱三傳》：'蘋藻之菜。'以'蘊'爲之。"《廣韻·文韻》:"莙,牛藻,菜也。"又《軫韻》:"莙,牛藻也。"

頵 頭大貌。《說文·頁部》:"頵,頭頵頵大也。从頁,君聲。"《廣韻·真韻》:"頵,大頭。"《文選·馬融〈長笛賦〉》:"夫其面旁則重巘增石,簡積頵砡。"唐李善注:"《說文》曰:'頵,頭頵也。'"

〔推源〕 此二詞俱有大義,爲君聲所載之公共義。聲符字"君"所記録語詞之本義、引申義系列與大義不相涉,其大義乃君聲所載之語源義。君聲可載大義,昆聲字所記録語詞"鯤""鵾""焜""混"等可相證。"鯤",大魚;"鵾",大鳥;"焜",火勢盛大;"混",水勢盛大(見本典第四卷"396. 昆聲"第1082條)。"君""昆"音同,見紐雙聲,文部疊韻。

356　即聲

(975) 節蝍櫛(多而次比義)

節 竹節,多而次比者。《說文·竹部》:"節,竹約也。从竹,即聲。"清朱駿聲《通訓定聲》:"《易·說卦》傳:'艮爲堅多節。'《吴都賦》:'苞筍抽節。'"唐劉禹錫《酬元九侍御贈壁竹鞭》:"多節本懷端直性,露青猶有歲寒心。"按,"節"有次比之義,故有"節次"之複音詞。宋朱熹《勸農文》之一:"其塍畔斜生茅草之屬,亦須節次芟削,取令浄盡,免得分耗土力。"

蝍 蜈蚣,足多而次比之物。《廣雅·釋蟲》:"蝍蛆,吴公也。"清王念孫《疏證》:"'吴公'一作'蜈蚣'。"《廣韻·屑韻》:"蝍,蝍蛆,蜈蚣。"《龍龕手鑒·虫部》:"蜈蚣,蝍蛆蚰蜒類也。能制虵。"《莊子·齊物論》:"民食芻豢,麋鹿食薦,蝍且甘帶,鴟鴉耆鼠,四者孰知正味?"唐陸德明《釋文》:"李云:蝍且,蟲名也……帶,崔云:蛇也。司馬云:小蛇也。蝍蛆好食其眼。"明祁彪佳《越中園亭記·笑丸莊》:"向有異僧住此説法,兩蝍蛆聽法而化,因瘞焉,稱'蜈蚣塚'。"

櫛 梳、篦,齒多而次比之物。《廣韻·櫛韻》:"櫛,同'櫛'。見《周禮》。"又:"櫛,梳也。櫛,上同。見《周禮》。"《集韻·櫛韻》:"櫛,或作'櫛'。"《説文·木部》:"櫛,梳比之總名。"清朱駿聲《通訓定聲》:"字亦作'櫛',又作'扻',蓋从手、次省。疏曰:'比密曰櫛,尤密者曰笓。'《儀禮·士冠禮》:'奠纚笄櫛于筵南端。'《喪服》傳:'惡笄者,櫛笄也。'……《禮則·内則》:'櫛縰笄總。'《考工記》:'玉櫛雕矢,磬櫛人閵。'……《詩·良耜》:'其比如櫛。'《吴都賦》:'屯營櫛比。'"

〔推源〕 諸詞俱有多而次比義,爲即聲所載之公共義。聲符字"即"所記録語詞之本義爲就食。《說文·皀部》:"即,即食也。从皀,卪聲。"清朱駿聲《通訓定聲》:"《方言》十二:'即,就也。'"《易·鼎》:"鼎有實,我仇有疾,不我能即。"其引申義系列亦與多而次比義不相涉。本條諸詞之多而次比義乃即聲所載之語源義。即聲可載多而次比義,"次"可證之。

即：精紐質部；

次：清紐脂部。

精清旁紐，質脂對轉。"次"，依次行事。《説文·欠部》："次，不前不精也。"清段玉裁注："皆居次之意也。"清朱駿聲《通訓定聲》："《左宣十二傳》：'内官序當其次。'《楚辭·思古》：'宗鬼神之無次。'注：'第也。'……《吕覽·季冬》：'次諸侯之列。'注：'列也。'《東京賦》：'次和樹表。'注：'比也。'"按，凡事物衆多有次第，即多而次比義。唯"次"有並比之義，故有"次比""比次"之複音詞，皆同義聯合式合成詞。《禮記·經解》"屬辭比事"唐孔穎達疏："比次褒貶之事，是比事也。"《晉書·樂廣傳》："廣乃作二百句語，述己之志。岳因取次比，便成名筆。"

(976) 膌瀆（光澤、滑溜義）

膌 膏澤，光澤。《玉篇·肉部》："膌，膌臢，膏澤也。"《廣韻·職韻》："膌，膏澤。"《集韻·昔韻》："膌臢，光澤皃。"

瀆 瀆溜，漂亮，即有光澤義，猶俗言所云"水靈"，又有靈活義，則亦與膏澤、光澤義相通。凡物光滑則靈活。張相《詩詞曲語辭匯釋》卷五："唧嚠，有伶俐義，有漂亮義，有精細義。唧亦作瀆或鯽或即，嚠亦作溜或留。"金董解元《西廂記諸宮調》卷七："把箇瀆溜麗兒，爲他瘦損，減盡從來，稔膩風韻。"《後西遊記》第三十三回："小行者看見婆婆手脚瀆溜，也自歡喜。"《水滸後傳》第二十二回："在此留宿却不妨，晚間只要自己即溜些。"

〔推源〕 此二詞俱有光澤、滑溜義，爲即聲所載之公共義。聲符字"即"所記録語詞與光澤、滑溜義不相涉，此義乃即聲所載之語源義。即聲可載光澤、滑溜義，"脂"可證之。

即：精紐質部；

脂：章紐脂部。

精章（照）準雙聲，質脂對轉。"脂"，油脂。其性滑溜。又，油脂可以塗物，塗之則有光澤，有光澤則美，故有美、漂亮之衍義。《説文·肉部》："脂，戴角者脂，無角者膏。"清朱駿聲《通訓定聲》："《大戴·易本命》：'有羽者脂。'《廣蒼》：'脂，肪也。'《禮記·内則》：'脂膏以膏之。'疏：'凝者爲脂，釋者爲膏。'……按，對文則别，散文亦通名耳。〔轉注〕《太玄·童》：'出泥入脂。'注：'脂，美也，謂榮禄也。'〔聲訓〕《釋名·釋首飾》：'脂，砥也，著面柔滑如砥石也。'"

357 尾聲

(977) 糜粔（碎小義）

糜 粥。按，粥成，則米碎爛。字亦作"粱""粔""餵"。《廣雅·釋器》："糜，饘也。"清王念孫《疏證》:"粇之言微,粖之言末也。"《玉篇·米部》:"粿,粥粖也。"《廣韻·未韻》:"粇,饖也。亦作'粿'。"又《尾韻》:"粇,饖也。""餩,微也。"又《仙韻》:"饖,厚粥也。"《集韻·未韻》:"粇,或从禾。"

䐈 碎豆秆。《玉篇·豆部》:"䐈,碎萁也。"《說文·艸部》:"萁,豆莖也。"《廣韻·賄韻》:"䐈,豆碎萁也。"

〔推源〕 此二詞俱有碎小義,爲尾聲所載之公共義。聲符字"尾"所記錄語詞謂動物之尾,身體之微小部分,其名本寓小義。《說文·尾部》:"尾,微也。从到毛在尸後。"清朱駿聲《通訓定聲》:"《易·履》:'履虎尾。'《未濟》:'濡其尾。'〔聲訓〕《釋名》:'尾,微也,承脊之末梢微殺也。'"然則本條二詞之碎小義爲其聲符"尾"所載之顯性語義。又,此二詞未見文獻實用例,皆出諸中古而未見於《說文》,或爲方言。其語源則前已有之,乃由源詞"尾"所衍生。又,尾聲可載小義,則"微"可相證。"尾""微"同音,明紐雙聲,微部疊韻。"微",微小,細小。《廣雅·釋詁二》:"微,小也。"《廣韻·微韻》:"微,細也,少也。"《孟子·公孫丑上》:"子夏、子游、子張皆有聖人之一體,冉牛、閔子、顏淵則具體而微。"漢趙岐注:"微,小也。"《詩·豳風·七月》:"女執懿筐,遵彼微行,爰求柔桑。"漢毛亨傳:"微行,墻下徑也。"按,即細小之路。

358 局聲

(978) 梮踘(曲義)

梮 棋盤,一稱"曲道","梮"之名本寓曲義。其字本亦作"局"。漢揚雄《方言》卷五:"行棊謂之局,或謂之曲道。"《說文·口部》:"局,一曰博所以行棊。"《廣雅·釋器》:"曲道,栻,梮也。"按,"梮"當爲本字。按,"栻"爲星盤,占卜時日之具。《集韻·職韻》:"栻,木局也。有天地,所以推陰陽,占吉凶。"其物之形圓,"梮"亦相類。所謂"曲道",蓋棋子之行常不循直道,曲迂而進。

踘 踡踘不伸,卷曲。《廣韻·燭韻》:"踘,踡踘。又曲也。"王重民等編《敦煌變文集》之《醜女緣起》:"醜陋世間人總有,未見今朝惡相儀。穹崇踘蹐如龜鱉,渾身又似野猪皮。"唐元稹《上門下裴相公書》:"今天下能不有萬一於閣下之才略,而猶踘足帖脅,私自憐愛其志力哉?"

〔推源〕 此二詞俱有曲義,爲局聲所載之公共義。聲符字"局"所記錄語詞本有曲義。《說文·口部》:"局,促也。从口在尺下,復局之。"按,局促、狹小義與卷曲義相通。凡物卷曲則小,物入於狹小處則卷曲。《玉篇·口部》:"局,曲也。"《詩·小雅·采綠》:"予髮曲局,薄言歸沐。"漢毛亨傳:"局,卷也。"明方以智《通雅·器用》:"如今方案,橢長局足。"局聲可載曲義,則句聲字所記錄語詞"跔""笱""鉤""翑""雊""朐""刨""疴""鞠"(見本典第一卷

"169. 句聲"第483條)可相證。局聲、句聲本相近且相通。

> 局：群紐屋部；
> 句：見紐侯部。

群見旁紐，屋侯對轉。

(979) 挶鋦(執、持義)

挶 執，持。《說文·手部》："挶，戟持也。从手，局聲。"清朱駿聲《通訓定聲》："《左傳》：'褚師出，公戟其手。'謂垂其肱肘，翹其臂腕，如戟形也。"《廣韻·燭韻》："挶，持也。"《詩·豳風·鴟鴞》"予手拮据"漢毛亨傳："拮据，撠挶也。"唐孔穎達疏："謂以手爪挶持草也。"唐韓愈、孟郊《城南聯句》："乾糙紛拄地，化蟲枯挶莖。"

鋦 抓釘，直而兩腳直折，以鉤連物，如人手之執持物。《廣韻·燭韻》："鋦，以鐵縛物。"唐玄奘《大唐西域記·羯霜那國·鐵門》："既設門扉，又以鐵鋦。"清和邦額《夜譚隨錄·鋦人》："但見遍身骨節及節皮當取絡處，有肉鋦子，長二寸，闊五分。"

〔推源〕 此二詞俱有執、持義，爲局聲所載之公共義。聲符字"局"所記錄語詞與執、持義不相涉，其執、持義乃局聲所載之語源義。局聲可載執、持義，"拘"可相證。

> 局：群紐屋部；
> 拘：見紐侯部。

群見旁紐，屋侯對轉。"拘"，拘捕，即執而持之之義。《廣韻·虞韻》："拘，執也。"《說文·幸部》："執，捕罪人也。"《書·酒誥》："群飲，汝勿佚，盡執拘以歸於周，予其殺。"《史記·李斯列傳》："李斯拘執束縛，居囹圄中。"

359　壯聲

(980) 莊奘奬浝(盛、大義)

莊 草盛。《說文·艸部》："莊，上諱。㙓，古文莊。"南唐徐鍇《繫傳》："从艸，壯聲。"清朱駿聲《通訓定聲》："漢明帝名'莊'，漢世多以'嚴'字爲之……此字从艸，壯聲。許不箸説解，其義失傳。《唐韻》：'草盛皃。'是謂草之壯，亦望文生訓也。《易》《書》《詩》三經俱不見此字，疑草整齊皃，故轉注爲嚴敬之訓，或曰借爲'妝'也。儼者，飾之皃；敬者，所以飾之心。〔假借〕爲'壯'。《周書·謚法》：'兵甲亟作曰莊，勝敵志强曰莊，屢征殺伐曰莊。'《獨斷》：'好勇致力曰莊。'"按，强義、盛義本相通；所謂"嚴敬"即莊重義，重義、盛義亦相通。其本義《玉篇》亦訓"草盛皃"。"莊"有盛飾義，當爲直接引申義。《古今韻會舉要·陽韻》："莊，《說文》：'盛飾也，从艸、壯。'壯亦盛也。"北魏楊衒之《洛陽伽藍記·景明寺》："莊飾華麗，侔於

758

永寧。""莊"又有大義,"康莊大道"之"莊"即是。大義、盛義亦相通。

奘 犬狂猛,實即强、盛義。《説文·犬部》:"奘,妄彊犬也。从犬,從壯,壯亦聲。"《廣韻·陽部》:"奘,妄强犬也。"《字彙·犬部》:"奘,大也,盛也。"或以爲與"獎"相混。按,"奘"亦从壯得聲。

奘 粗大,健壯。《説文·大部》:"奘,駔大也。从大,从壯,壯亦聲。"清朱駿聲《通訓定聲》:"《爾雅·釋言》:'奘,駔也。'注:'猶麤也。'……《方言》一:'奘,大也,秦晉之間凡人之大謂之奘。'按,與'臕'不同,'臕'爲肥盛,此爲健壯。"《玉篇·大部》:"奘,大也。"《廣韻·蕩韻》:"奘,大也。"《西遊記》第九十五回:"見那短棍兒一頭奘,一頭細,却似舂碓臼的杵頭模樣。"又,方言謂粗話爲"奘"。

泩 水勢盛大。《篇海類編·地理類·水部》:"泩,水大盛也。"按,"泩"之言"漲"。《廣韻》記"泩"之音爲側亮切,其上古音爲莊紐陽部。"漲"字知亮切,其上古音爲端紐陽部。二者疊韻,莊端準雙聲。《廣韻·漾韻》:"漲,大水。"《文選·郭璞〈江賦〉》:"衝巫峽以迅激,躋江津而起漲。"唐李善注:"漲,水大之貌。"則"泩"蓋爲"漲"之轉注字。

〔推源〕 諸詞俱有盛、大義,爲壯聲所載之公共義。聲符字"壯"所記録語詞謂人體高大,虚化引申爲盛、大義。《説文·士部》:"壯,大也。从士,爿聲。"南唐徐鍇《繫傳》:"'爿'則'牀'字之省。"清朱駿聲《通訓定聲》:"《廣雅·釋詁二》:'壯,健也。'《方言》一:'秦晉之間凡人之大謂之奘,或謂之壯。'……《月令》:'養壯狡。'《吕覽》注:'多力之士。'……《楚辭·天問》:'何壯武厲。'《易·大壯》王肅注:'盛也。'《老子》:'物壯則老。'王注:'武力暴興。'"《廣韻·漾韻》:"壯,大也。"《篇海類編·人物類·士部》:"壯,盛也。"《續漢書·律曆志下》:"巍巍乎若道天地之綱紀,帝王之壯事。"然則本條諸詞之盛、大義爲其聲符"壯"所載之顯性語義。壯聲可載大義,則"張"可證之。

壯:莊紐陽部;

張:端紐陽部。

疊韻,莊端準雙聲。"張",拉開弓弦。《説文·弓部》:"張,施弓弦也。"《詩·小雅·吉日》:"既張我弓,既挾我矢。"引申爲擴大、大義。《廣雅·釋詁一》:"張,大也。"《史記·陳涉世家》:"陳涉乃立爲王,號爲張楚。"唐司馬貞《索隱》:"欲張大楚國,故稱張楚也。"又,口開大曰"張口",宣揚輿論擴大影響曰"張揚"。"張"又有强盛之衍義。《詩·大雅·韓奕》:"四牡奕奕,孔修且張。"漢毛亨傳:"張,大。"按,"張"字从長得聲,"長"謂修長,亦引申爲大義。

(981) 裝泩(包裝義)

裝 包裹,行囊,引申爲包裝義。《説文·衣部》:"裝,裹也。从衣,壯聲。"清朱駿聲《通訓定聲》:"《史記·酈生陸賈傳》:'橐中裝。'《思玄賦》:'簡元辰而俶裝。'注:'束也。'《詩·出車》箋:'裝載物而往。'"《廣韻·陽韻》:"裝,裝束。"唐韓愈《詠雪贈張籍》:"城寒裝睥睨,樹凍裹苺苔。"按,"裝""裹"對文同義。

泚 裝米入甑。《玉篇·水部》:"泚,泚米入甑也。"《廣韻·漾韻》:"泚,泚米入甑。"《集韻·漾韻》:"泚,實米於甑也。"今按,"泚"字從水,有水勢浩大義,以其壯聲載大義。指裝米入甑,則爲套用字。蓋米粒如水點,米漸入甑,則如水流。

〔推源〕 此二詞俱有包裝義,爲壯聲所載之公共義。聲符字"壯"所記錄語詞之本義、引申義與包裝義不相涉,其包裝義蓋爲壯聲所載之語源義。壯聲可載包裝義,"盛"可證之。

壯:莊紐陽部;

盛:禪紐耕部。

莊禪鄰紐,陽耕旁轉。"盛",以器裝物。《廣韻·清韻》:"盛,盛受也。"《漢書·東方朔傳》:"壺者,所以盛也。"唐顏師古注:"盛,受物也。"《水滸傳》第三十一回:"兩個是本府公人,兩個自有苦主,各備棺木盛殮了屍首。"

(982) 裝粧輂莊(裝飾義)

裝 字從衣,有衣裝、服裝義。清朱駿聲《說文通訓定聲·壯部》:"裝,〔假借〕爲'妝'。《廣雅·釋言》:'裝,褗也。'《舞賦》:'顧形影自整裝。'"按,《廣雅》釋"裝"之"褗"《說文·衣部》訓"飾",即裝飾義。朱氏所引傅毅《舞賦》文唐李善注:"裝,服也。"詞彙系統有"服裝"之複音詞。衣以飾人,"裝"表裝飾義無煩假借,乃引申。戰國楚宋玉《登徒子好色賦》:"體美容冶,不待飾裝。"《後漢書·章帝八王傳·清河孝王慶》:"每朝謁陵廟,常夜分嚴裝,衣冠待明。"

粧 化妝,修飾面容。古者飾容常以米粉,故其字從米,亦作"粧""妝"。《廣韻·陽韻》:"粧,粉飾也。"《集韻·陽韻》:"妝,或作'粧'。"《說文·女部》:"妝,飾也。"《古今韻會舉要·陽韻》:"妝,今俗作'粧'。"按,"粧"乃"粧"之簡體。漢司馬相如《上林賦》:"靚粧刻飾,便嬛綽約。"南朝宋鮑照《擬行路難》之十三:"形容憔悴,非昔悅,蓬鬢衰顏不復妝。"《南史·后妃上·元帝徐妃》:"妃以帝眇一目,每知帝將至,必爲半面粧以俟,帝見則大怒而出。"

輂 修車,使完善,實即裝飾義。《廣韻·宕韻》:"輂,修車。"《正字通·車部》:"輂,俗字。舊注:'修車泥。'"按,"修車泥"說似有悖情理,或即去除車泥以修飾之。

莊 草盛貌(見前第980條),草盛則可觀,人修飾之亦可觀,故引申爲修飾、裝飾義。漢荀悅《漢紀·武帝紀五》:"王太后皆莊嚴,將入朝。"引申之,亦指以物飾物。晉法顯《佛國記》:"然後彩畫作諸天形像,以金銀琉璃莊校其上。"

〔推源〕 諸詞俱有裝飾義,爲壯聲所載之公共義。聲符字"壯"所記錄語詞之本義、引申義系列與裝飾義不相涉,其裝飾義乃壯聲所載之語源義。壯聲可載裝飾義,"飾"可證之。

壯:莊紐陽部;

飾:書紐職部。

莊書(審三)鄰紐,陽職旁對轉。"飾",修飾,裝飾。《説文·食部》:"飾,㵼飾。"按,"㵼飾"爲同義連文。許書《衣部》:"㵼,飾也。"《國語·越語上》:"越人飾美女八人,納之太宰嚭。"宋蘇軾《王安石贈太傅》:"瑰瑋之交,足以藻飾萬物。"

360 忍聲

(983) 荵𢂻(承受義)

荵 荵冬,經冬不凋者。"荵"之名寓忍受、承受義。《説文·艸部》:"荵,荵冬艸。从艸,忍聲。"清朱駿聲《通訓定聲》:"今蘇俗謂之金銀花藤。"清桂馥《義證》:"《本草》'忍冬'陶注云:'今處處皆有,藤生。凌冬不凋,故名忍冬。'"馮德培、談家楨等《簡明生物學詞典·忍冬》:"亦稱'金銀花''二花'。忍冬科……中醫學上以花(稱'金銀花')和莖(稱'忍冬藤')入藥。"

𢂻 枕巾,承受人首者。字亦作"帉"。《玉篇·巾部》:"𢂻,枕巾也。"《集韻·震韻》:"帉,或从忍。"《廣韻·震韻》:"𢂻,枕巾。"又《質韻》:"帉,枕巾也。"《説文·巾部》:"帉,枕巾也。"清朱駿聲《通訓定聲》:"字亦作'𢂻'。謂加枕以藉首者。今俗蘇謂之枕衣。"

〔推源〕 此二詞俱有承受義,爲忍聲所載之公共義。聲符字"忍"所記錄語詞之本義即容忍、承受。《説文·心部》:"忍,能也。"清王筠《句讀》:"'能'讀爲'耐'。"清朱駿聲《通訓定聲》:"《廣雅·釋言》:'忍,耐也。'《論語》:'是可忍也。'皇疏:'猶容耐也。'《東京賦》:'百姓弗能忍。'注:'堪也。'《管子·地員》:'以慈忍。'注:'耐也。'"然則本條二詞之承受義爲其聲符"忍"所載之顯性語義。至忍聲可載承受義,則"任"可證之。

忍:日紐文部;

任:日紐侵部。

雙聲,文侵通轉。"任",擔當,承受。《廣韻·侵韻》:"任,當也。"《正字通·人部》:"任,負也,擔也。"清朱駿聲《説文通訓定聲·臨部》:"《禮記·祭義》:'班白者不以其任行乎道路。'注:'所擔持也。'又《魯語》:'家欲任兩國。'注:'負荷也。'《晉語》:'任大惡三。'注:'荷也。'《楚辭·悲回風》:'任重石之何益。'注:'負也。'"

(984) 認/識(認識義)

認 認識。《玉篇·言部》:"認,識認也。"《廣韻·震韻》:"認,識也。"《後漢書·卓茂傳》:"時嘗出行,有人認其馬,解與之。"《宋書·隱逸傳·劉凝之》:"有人嘗認其所著屐。笑曰:'僕著之已敗,令家中覓新者備君也。'此人後田中得所失屐,送還之,不肯復取。"

識 知道,引申爲認識義。《説文·言部》:"識,知也。"清朱駿聲《通訓定聲》:"《詩·瞻卬》:'君子是識。'箋:'知也。'〔轉注〕《周禮·保章氏》注:'識,記也。'"《玉篇·言部》:"識,認識也。"《史記·刺客列傳》:"(豫讓)行乞於市,其妻不識也。"《宋書·孝義傳·郭原平》:"每出市賣物,人問幾錢,裁言其半,邑人皆共識悉,輒加本價與之。"

〔推源〕 此二詞俱有認識義,故詞彙系統有"認識"之同義聯合式合成詞。此二詞之音亦相近且相通。

認:日紐文部;

識:書紐職部。

日書(審三)旁紐,文職通轉。語源當同。然則"認識"之複音詞實爲同源詞根相合成者。

361 甬聲

(985) 箽桶瓶捅衖桶通(中空義)

箽 竹筒,中空之物。《説文·竹部》:"箽,斷竹也。从竹,甬聲。"清朱駿聲《通訓定聲》:"《漢書·李廣傳》:'教吏爲䛇箽。'注:'竹箽也,如今官受密事箽也。'《律曆志》:'伶倫制十二箽,以聽鳳鳴。'按,黄鐘之宫,名曰'含少',其長三寸九分,準此箽之長短上生下生。又制十二箽,即六律六同也。"《廣韻·東韻》:"箽,竹箽。"《韓非子·説疑》:"不能飲者以箽灌其口。"

桶 方形斛,引申之亦指木桶。其所指稱者,皆中空之物。《説文·木部》:"桶,木方,受六升。从木,甬聲。"清段玉裁注:"疑當作'方斛,受六斗。'"清朱駿聲《通訓定聲》:"按,'六升'當作'六斗'。《廣雅·釋器》:'方斛謂之桶。'《吕覽·仲春》:'角斗桶。'《史記·商君傳》:'平斗桶。'〔轉注〕《通俗文》:'受桼者曰桶。'"按,朱氏所云"轉注"即引申。《廣韻·董韻》:"桶,木桶。"宋釋普濟編《五燈會元·饒州薦福退庵禪師》:"此土與西天,一隊黑漆桶,誑惑世間人,看看滅胡種。"

瓶 筒瓦,中空者。字亦作"㼧"。《玉篇·瓦部》:"瓶,牡瓦也。"《廣韻·東韻》:"瓶,瓶瓦。㼧,上同。"元戴侗《六書故·工事四》:"瓶,小牡瓦如筒者也。"宋葉夢得《石林燕語》卷三:"郭進守雄州,太祖令有司造第於御街之東,欲以賜之,使盡用㼧瓦。"清李斗《揚州畫舫録·工段營造録》:"瓦垂檐際,㼨瓶有霤……安㼨加瓶,厭七露三,以得露明,俗謂'陰陽瓦'。"

捅 刺擊。使有窟窿而空,故稱"捅"。字或作"敁"。《廣雅·釋詁三》:"敁,擊也。"《集韻·董韻》:"敁,或從手。"葛振林《狼牙山跳崖記》:"子彈打完就和敵人拼刺刀,刺刀捅彎了就用槍托子打。"按,今又有"捅漏子"語,即捅而使有漏洞,實亦空義。

衖 巷道,中空可容人行走者。《廣韻·腫韻》:"衖,巷道。出《倉頡篇》。"按,古時亦稱樓房之間有頂棚的通道及兩旁有墻的通道爲"衝道",其字多以"甬"爲之。《篇海類編·人事類·行部》:"衝,衝道,正堦,亦作甬。"《淮南子·本經訓》:"魏闕之高,上際青雲,大廈曾加,擬於崑崙。修爲墻垣,甬道相連。"《史記·秦始皇本紀》:"自極廟道通酈山,作甘泉前殿。築甬道,自咸陽屬之。"按,《篇海類編》所訓"正堦"乃謂庭中之路,其義亦相通。

鏞 打擊樂器,中空、擊之可發音之物。字亦作"鐘"。《說文·金部》:"鐘,樂鐘也。秋分之音,物穜成。从金,童聲。古者垂作鐘。鏞,鐘或从甬。"清朱駿聲《通訓定聲》:"或从甬聲。《左昭二十一傳》:'鐘,音之器也。'《淮南·本經》:'大鐘鼎。'注:'鐘,音之君也。'《周語》:'細鈞有鐘無鏄,大鈞有鏄無鐘。'按,大鐘曰庸……〔聲訓〕《釋名》:'鐘,空也,内空受氣多,故聲大也。'"《廣韻·鍾韻》:"鏞,同鏞。"《爾雅·釋樂》:"鏞,大鐘謂之鏞。"

通 字从辵,謂到達。《說文·辵部》:"通,達也。从辵,甬聲。"《列子·湯問》:"吾與汝畢力平險,指通豫南,達於漢陰,可乎?"《三國志·蜀志·諸葛亮傳》:"荆州北據漢、沔,利盡南海,東連吴會,西通巴蜀。"今按,空無阻礙則可到達,"通"本寓空義。故中空之草稱"通草"。明李時珍《本草綱目·草部·通草》:"有細細孔,兩頭皆通,故名通草。"又,漢許慎以"達"訓"通",二者可構成"通達"之同義聯合式合成詞,亦可構成"通情達理"之離合詞。通情達理即聰明。聰明字作"聰",从悤得聲,而"悤"从囱聲。"囱"爲古"窗"字。窗爲空而透光者。然則"聰"亦寓空義。不聰明謂之"不開竅""一竅不通"。此皆可證"通"之構詞理據。

〔推源〕 諸詞俱有中空義,爲甬聲所載之公共義。聲符字"甬"本爲"鏞"之初文。楊樹達《積微居小學述林·文字初義不屬初屬後起字考》:"甬字形上象鐘懸,下象鐘體,中橫畫象鍾帶。"元柳貫《三月十日觀南安趙使君所藏書畫古器物》:"雜詩流麗滿一卷,銅甬篆法無能踰。"然則本條諸詞之中空義爲其聲符"甬"所載之顯性語義。甬聲可載中空義,則"峒"可相證。

甬:余紐東部;
峒:定紐東部。

叠韻,余(喻四)定準旁紐。"峒",山洞,中空者。《集韻·送韻》:"峒,山穴。通作洞。"唐朱慶餘《題娥皇廟》:"夜深寒峒響,秋近碧蘿鮮。"明田汝成《炎徼紀聞·斷藤峽》:"峽以北,巢峒屋列,不可殫名。"

(986) 踊涌(上義)

踊 往上跳,引申爲登上、物價上漲義。《說文·足部》:"踊,跳也。从足,甬聲。"清朱駿聲《通訓定聲》:"《廣雅·釋詁一》:'踊,上也。'《左僖二十八傳》:'曲踊三百。'《哀八傳》:'三踊於幕庭。'《公羊成二傳》:'踊於棓而窺客。'〔假借〕爲'涌'。《史記·平準書》:'物踊騰糶。'《索隱》:'踊騰猶低昂也。'"按,"踊"表物價上漲義,無煩假借,乃引申。所引《左傳》之"曲踊"晉杜預注:"跳踊也。"漢許慎以"跳"訓"踊",二者爲近義詞。元戴侗《六書故·人九》:"躍,跳也。去爲躍,小爲踊。躍去其所,踊不離其所。"

涌 水上涌。《說文·水部》:"涌,滕也。从水,甬聲。"清朱駿聲《通訓定聲》:"字亦作'湧'、作'恿'。《廣雅·釋詁一》:'涌,出也。'《爾雅·釋水》:'濫泉正出,正出,涌出也。'《公羊昭五傳》:'濆泉者何?直泉也。直泉者何?涌泉也。'《釋名·釋水》:'水上出曰涌泉。'《論衡·狀留》:'泉暴出者曰涌。'"《廣韻·腫韻》:"涌,涌泉。"漢司馬相如《上林賦》:"醴泉涌於清室,通川過於中庭。"

〔推源〕 此二詞俱有上義,爲甬聲所載之公共義。朱駿聲氏以爲"涌"亦作"恿"。漢揚雄《方言》卷六:"恿,滿也。凡以器盛而滿謂之恿。"《廣韻·腫韻》:"恿,心喜也。又出也。"按,"恿"字从心,當爲心理動詞之記錄文字。以其从甬得聲,可假借而表上溢義。至方言詞,其語源則與雅言相統一。"恿"亦爲甬聲、上義相關聯之一證。聲符字"甬"謂鐘,與上義不相涉,其上義乃甬聲所載之語源義。甬聲可載上義,"溢"可相證。

甬:余紐東部;

溢:余紐錫部。

雙聲,東錫旁對轉。"溢",器中水滿往上溢出。《說文·水部》:"溢,器滿也。从水,益聲。"按,"溢"字之結構當爲从水、从益,益亦聲。聲符字"益"本爲"溢"之初文。晉郭璞《井賦》:"挹之不損,停之不溢。"按,此"溢"謂溢於井,爲直接引申義。北魏酈道元《水經注·渭水一》:"山下石穴廣四尺,高七尺,水溢石空,懸波側注,淜濟震蕩,發源成川。"

362 矣聲

(987) 埃/灰(灰塵義)

埃 塵埃,灰塵。《說文·土部》:"埃,塵也。从土,矣聲。"清朱駿聲《通訓定聲》:"《蒼頡篇》:'埃謂風揚塵也。'《通俗文》:'灰塵曰埃。'《莊子·逍遙遊》:'野馬也,塵埃也,生物之以息相吹也。'《列子·黃帝》:'埃不漫。'《離騷》:'濫埃風余上征。'"《廣韻·咍韻》:"埃,塵埃。"南朝宋鮑照《蕪城賦》:"直視千里外,唯見起黃埃。"

灰 灰燼。《說文·火部》:"灰,死火餘烖也。"《廣韻·灰韻》:"灰,《說文》曰:'死火也。'《淮南子》云:'女媧積蘆灰而止淫水。'"《周禮·地官·掌炭》:"掌灰物炭物之徵令,以時入之,以權量受之,以共邦之用。"《晉書·藝術傳·鳩摩羅什》:"乃以五色絲作繩結之,燒爲灰末投水中。"

〔推源〕 此二詞義同,其音亦極相近且相通。

埃:影紐之部;

灰:曉紐之部。

疊韻,影曉鄰紐。語源當同。

(988) 竢/待(等待義)

竢 等待。《説文·立部》:"竢,待也。从立,矣聲。"清朱駿聲《通訓定聲》:"《爾雅·釋詁》:'竢,待也。'《左哀元傳》:'日可竢矣。'《漢書·地理志》:'竢我於著乎而。'《賈誼傳》:'竢罪長沙。'《蕭望之傳》:'竢見二子。'經傳多以'俟'爲之。"按,"俟"之本義,《説文》訓"大",未見其實用例,"俟"字之用同"竢"。《廣韻·止韻》:"俟,待也。竢,上同。"唐韓愈《唐故江南西道觀察使王公神道碑》:"虛位而竢,奄忽滔滔。"

待 《説文·彳部》:"待,竢也。"清朱駿聲《通訓定聲》:"《廣雅·釋詁三》:'待,逗也。'《易·歸妹》:'有待而行也。'《左隱元傳》:'子姑待之。'《莊子·漁父》:'竊待於下風。'"《廣韻·海韻》:"待,俟也。"《左傳·襄公三十年》:"甲午,宋大災。宋伯姬卒,待姆也。君子謂宋共姬女而不婦,女待人,婦義事也。"晉杜預注:"待人而行。"五代李珣《南鄉子》:"行客待潮天欲暮,送青浦,愁聽猩猩啼瘴雨。"

〔推源〕 此二詞義同,其音亦相近且相通。

竢:崇紐之部;
待:定紐之部。

疊韻,崇(牀)定準雙聲。其語源同。《説文》以"竢""待"互訓,實以同源詞相訓釋。

363 夋聲

(989) 逡竣踆朘(退却、收縮義)

逡 退却,退讓。《玉篇·辵部》:"逡,卻也。"《廣韻·諄韻》:"逡,退也。"清朱駿聲《説文通訓定聲·屯部》:"逡,字亦作'俊'。《爾雅·釋言》:'逡,退也。'……《漢書·公孫弘傳》:'有功者上,無功者下,則群臣逡。'《鄭固碑》:'逡遁退讓。'亦疊韻連語。《史記·遊俠傳》:'逡逡有退讓,君子之風。'"按,所引《漢書》文清王先謙《補注》:"逡,退也。"《明書·亂賊傳一·鄧茂七》:"楷乃分兵會德新,取道趨建甯。蓋楷怯懦,故逡縮如此。"

竣 退伏。《説文·立部》:"竣,偓竣也。从立,夋聲。《國語》曰:'有司已事而竣。'"清段玉裁注改解釋文爲"居也。"清朱駿聲《通訓定聲》:"按'偓'者'倨'之誤字,'倨'者'踞'之借字,實與'蹲'同字……《廣雅·釋詁三》:'竣,伏也。'〔假借〕爲'逡'。《東京賦》:'已事而竣。'注:'退也。'"按,許慎所引《國語·齊語》文三國吳韋昭注:"竣,退伏也。"又,"竣"表退伏義無煩假借,乃引申。"竣"有蹲踞義,即伏而不動義,相通者。《玉篇·立部》:"竣,退伏也。"

踆 人及禽獸行走貌,引申爲退伏義。表退伏義,用同"竣"。《廣韻·諄韻》:"踆,退也。"《篇海類編·身體類·足部》:"踆,退也,伏也。亦作'竣'。"按,非異體字。宋宋祁《圓丘賦》:"踆乎已事,罔有不恭。"《明史·鄒文盛傳》:"文盛爲人廉謹,踆踆若無能。與孫交、秦金、趙璜咸稱長者。"

朘 《説文新附》訓"赤子陰",其字從肉,肉可收縮,故又有收縮義,其字則爲套用字。《廣韻·仙韻》:"朘,縮朒。"《篇海類編·天文類·月部》:"朘,縮也,縮朒爲朘。"按,從肉、從月之字多相混。《新唐書·沙陀傳》:"是時無年,文楚朘損用度,下皆怨。"《明史·劉定之傳》:"守令朘民,猶將帥之剝兵也。"

〔推源〕 諸詞俱有退却、收縮義,爲夋聲所載之公共義。聲符字"夋"《説文》訓"行夋夋也",其義相類。夋聲可載退却、收縮義,則"退"可證之。

夋:清紐文部;

退:透紐物部。

清透準雙聲,文物對轉。"退",退却。《玉篇·辵部》:"退,卻也。"其字本作"遂"。《儀禮·士昏禮》:"匕者逆遂,復位於門東,北面西上。"《左傳·哀公二年》:"吾救主於車,退敵於下,我右之上也。"按,退却即往後縮,故又有畏縮、退縮之衍義。《論語·先進》:"求也退,故進之。"清劉寶楠《正義》:"但慮其逡巡退縮,而爲之不勇耳,夫子所以進之。"唯"退"有縮義,故有"退縮"之同義聯合式合成詞。宋司馬光《九月十一日夜雨宿南園韓秉國寄酒兼見招以詩謝之》:"吾廬奧且曲,退縮如晴蝸。"

(990) 俊駿畯(傑出義)

俊 俊傑,才能超衆、傑出之人。《説文·人部》:"俊,材千人也。从人,夋聲。"清朱駿聲《通訓定聲》:"字亦作'儁'。《春秋繁露·爵國》:'十人者曰豪,百人者曰傑,千人者曰俊,萬人者曰英。'又《鶡冠子·能天》:'德萬人者謂之俊。'《白虎通·聖人》引《禮别名記》:'百人曰俊。'《月令》疏引蔡氏《辨名記》:'十人曰選,倍選曰俊。'《書·堯典》:'克明俊德。'《洪範》:'俊民用章。'《禮記·王制》:'俊士。'《月令》:'贊傑俊。'"按,"俊民用章"之"俊"爲出色、傑出義,爲直接引申義。唐韓愈《司徒兼侍中中書令贈太尉許國公神道碑銘》:"今見在人,莫如韓甥,且其功最大,而材又俊,即柄授之而請之於天子。"

駿 良馬,即馬之優良傑出者。《説文·馬部》:"駿,馬之良材者。从馬,夋聲。"清朱駿聲《通訓定聲》:"《齊詩》'駿驪馬也。'《穆天子傳一》:'天子八駿:赤驥、盜驪、白義、踰輪、山子、渠黄、華騮、緑耳。'又《傳五》:'天子賜許男駿馬十六。'"《楚辭·七諫·謬諫》:"駕駿雜而不分兮,服罷牛而驂驥。"漢王逸注:"良馬爲駿。"

畯 農官,農夫之傑出者。《説文·田部》:"畯,農夫也。从田,夋聲。"清朱駿聲《通訓定聲》:"田畯,農官也。亦稱'農大夫'。《周語》:'命農大夫,咸戒農用。'亦稱'農正'。《周語》:'農正再之。'亦稱'農父'。《書·酒誥》:'農父若保。'亦稱'農'。《夏小正》:'農率均田。'《禮記·郊特牲》:'饗農及郵表畷禽獸。'亦稱'田'。《月令》:'命田舍東郊。'亦稱'田大夫'。《詩·七月》:'田畯至喜。'傳:'田大夫也。'亦稱'嗇人'。《夏小正》:'嗇人不從。'亦稱'嗇夫'。《儀禮·覲禮》:'嗇夫承命。'……《周禮·籥章》:'以樂田畯。'司農注:'古之先教田者,即《郊特牲》之司嗇與饗農之農也。'按,畯之爲言俊也,逢眾農者也。'夫也'者,以知帥人者也。故亦曰農夫。"按,畯善農事,其名寓俊傑、傑出義。

〔推源〕 諸詞俱有傑出義,爲夋聲所載之公共義。聲符字"夋"所記錄語詞與傑出義不相涉,其傑出義乃夋聲所載之語源義。夋聲可載傑出義,"出"可證之。

夋:清紐文部;
出:昌紐物部。

清昌(三等即穿)準雙聲,文物對轉。"出",本義爲自內至外,且爲其基本義。引申之,物外突亦稱"出",故有"突出"之雙音詞。人才能突出,超越他人亦得稱"出",即傑出義。《正字通·凵部》:"出,特也,過人之稱。"宋蘇軾《上神宗皇帝書》:"則所謂智出天下,而聽於至愚;威加四海,而屈於匹夫。"清方薰《山靜居畫論》:"陳章侯、崔子中皆出群手筆,落墨賦色,精意毫髮,僻古爭奇。"按,今語有"出挑"一詞,其義同。

(991) 俊駿陵(高大義)

俊 俊傑,高於他人者;高義、大義相通,故"俊"有大、高之衍義。清朱駿聲《説文通訓定聲·屯部》:"俊,〔假借〕爲'陵'。《夏小正》:'時有俊風。'傳:'大也。''初俊羔。'傳:'大也。'"按,"俊"表大義,無煩假借。"陵"字從阜,非大風義本字。"俊羔"謂始長、較大之幼羊,"陵"亦非其本字。"俊風""俊羔"之"俊",要皆本義之引申。"俊"又有高明、高雅義,皆與其本義及大義同條共貫。宋朱熹《游畫寒分韻得竹字》:"後生更亹亹,俊語非碌碌。"明沈璟《義俠記·失霸》:"英姿俊骨誇身世,少年時方逞狂遊。"

駿 駿馬,引申爲高大義。清朱駿聲《説文通訓定聲·屯部》:"駿,〔假借〕爲'陵'。《爾雅·釋詁》:'駿,大也。''駿,長也。'《詩·文王》:'駿命不易。'《文王有聲》:'遹駿有聲。'《崧高》:'駿極于天。'《長發》:'爲下國駿厖。'《雨無正》:'不駿其德。'"今按,長義、高義本相通,然"駿"假借爲"陵"說不可從。蓋駿馬身體高大有力,高大義爲其衍義。《南齊書·張融傳》:"振駿氣以擺雷,飛雄光以倒電。"宋岳珂《金陀粹編》卷二十七:"幾年兇禍結,八日駿功成。"

陵 山高而陡,引申爲高大義。字亦作"峻""埈"。《説文·阜部》:"陵,階高也。從阜,夋聲。"清朱駿聲《通訓定聲》:"按,'陵''峻'皆此字之或體。《小爾雅·廣詁》:'峻,高也。'《晉語》:'高山峻原。'注:'峻,峭也。'《西京賦》:'脩路陵險。'注:'陵,陡也。'《禮記·孔子閒居》:'峻極於天。'注:'高大也。'〔轉注〕《禮記·大學》:'克明峻德。''峻命不易。'注:'大也。'《左傳》:'垂不峻。'注:'高也。'"按,朱云"轉注"實即引申。

〔推源〕 諸詞俱有高大義,爲夋聲所載之公共義。聲符字"夋"所記録語詞與高大義不相涉,其高大義乃夋聲所載之語源義。夋聲可載高大義,大聲字所記録語詞"杕""夶"可相證(見本典第一卷"26. 大聲"第76條),夋聲、大聲本相近且相通。

夋:清紐文部;

大:定紐月部。

清定鄰紐,文月旁對轉。

(992) 酸痠(酸義)

酸 醋,酸味物,故引申爲酸味義。《説文·酉部》:"酸,酢也。从酉,夋聲。"清朱駿聲《通訓定聲》:"《書·洪範》:'曲直作酸。'《周禮·瘍醫》:'以酸養骨。'注:'木味也。'《吕覽·本味》:'酸而不酷。'〔轉注〕《高唐賦》:'寒心酸鼻。'注:'鼻辛酸涙欲出也。'又《廣雅·釋草》:'酸木,狐桃也。'疑即《開寶本草》之狝猴桃,藤生。"按,所引《書·洪範》文唐孔穎達疏:"木生子實,其味多酸,五果之味雖殊,其爲酸一也,是木實之性然也。"

痠 酸痛。《廣雅·釋詁二》:"痠,痛也。"《廣韻·桓韻》:"痠,痠疼。"《靈樞經·癲狂病》:"骨痠體重,懈惰不能動。"清俞正燮《癸巳類稿》卷六:"濇甚嘔血,微濇鼠瘻,在頸支腋之間,下不勝其上,其應善痠。"

〔推源〕 此二詞俱有酸義,爲夋聲所載之公共義。聲符字"夋"所記録語詞謂行走,與酸義不相涉,其酸義乃"夋"字聲韻另載之義。"酸"謂醋,爲實物,其味酸;人之骨肉感覺時或如之,則稱"痠"。然則"酸"爲源詞而"痠"爲同源派生者。

(993) 趡睃駿逡(迅速義)

趡 行走急速貌。《説文·走部》:"趡,行趡趡也。从走,夋聲。"清朱駿聲《通訓定聲》:"疑即'夋'之或體。鈔本《説文繫傳》作'行速趡趡也。'《廣雅·釋室》:'趡,犇也。'"《廣韻·宥韻》:"趡,進也。"元袁桷《挽詩·成都何德之處士》:"極知情惘惘,徒憶走趡趡。"

睃 掃視,迅速地看。《玉篇·目部》:"睃,視也。"元王實甫《西廂記》第一本第二折:"卻怎睃趁着你頭上放毫光,打扮的特來晃。"王季思《校注》:"睃趁連用,有注目搜尋之意。"按,"睃"亦指急速一瞥。茅盾《子夜》一:"林佩珊佯嗔地睃了她表哥一眼。"

駿 駿馬,力大行速者,故有迅速之衍義。清朱駿聲《説文通訓定聲·屯部》:"駿,〔假借〕又爲'迅'。《爾雅·釋詁》:'駿,速也。'《詩·清廟》:'駿奔走在廟。'《噫嘻》:'駿發爾私。'箋:'疾也。'"按,"駿"表迅速義無煩假借,乃本義之引申。《管子·弟子職》:"若有賓客,弟子駿作。"唐尹知章注:"迅起也。"南朝梁劉勰《文心雕龍·總術》:"驥足雖駿,纆牽忌長。"

逡 迅速。清朱駿聲《説文通訓定聲·屯部》:"逡,〔假借〕爲'迅'。《禮記·大傳》:'逡奔走。'注:'疾也。'"今按,後世辭書多從朱説,以爲"逡"借爲"迅"或借爲"駿"而表迅速義,實非。"逡"字從辵,其所記語詞之本義《説文》訓"復",與迅速義不相貫。然表行速義,義類同,語源則不一,實爲套用式本字。唯"逡"有速義,故有"逡速"之同義聯合式合成詞。王重民等編《敦煌變文集》之《歡喜國王緣》:"浮生逡速,不可不留,可惜心神,以求延受(壽)法。"

〔推源〕 諸詞俱有迅速義,爲夋聲所載之公共義。聲符字"夋"《説文·夊部》訓"行夋夋也"。南唐徐鍇以爲舒遲之意,然則與迅速義相反。清朱駿聲疑"夋"爲"趀"之初文,其説甚可參,蓋同源詞有義相反之類型。至夋聲可載迅速義,則"迅"可證之。

夋:清紐文部;

迅:心紐真部。

清心旁紐,文真旁轉。"迅",迅速字。《説文·辵部》:"迅,疾也。"《廣韻·質韻》:"疾,急也。"《論語·鄉黨》:"迅雷風烈必變。"宋邢昺疏:"迅,急疾也。"《楚辭·遠遊》:"軼迅風於清源兮,從顓頊乎增冰。"

(994) 逡梭(往復義)

逡 行走往復。《説文·辵部》:"逡,復也。从辵,夋聲。"清徐灝《注箋》:"'復'訓'往來',往來即逡巡意。"清朱駿聲《通訓定聲》:"《方言》十二:'逡,循也。日運爲躔,月運爲逡。'"按,漢揚雄《方言》所訓即日、月、星、辰運行循環往復之義。又解釋詞"循"唐玄應《一切經音義》卷一云:"循亦巡也。巡,歷也。"按,"逡"與"巡"可組成複音詞。《廣韻·諄韻》:"逡,逡巡,退也。"("逡"有退却義,見前第989條,退却即逆行,往而復回,亦與往復義通。)漢王逸《九思·憫上》:"逡巡兮圃藪,率彼兮畛陌。"

梭 木製織具,織布時往復穿行之物。《太平御覽》卷八二五引漢服虔《通俗文》:"梭,織具也,所以行緯之筱。"《廣韻·戈韻》:"梭,織具。《晉書》:'陶侃少時漁於雷澤,嘗網得一梭,以掛於壁上,須臾雷雨暴至,乃化爲龍而去。'筱,上同。"唐李咸用《夜吟》:"落筆思成虎,懸梭待化龍。"唐白居易《朱陳村》:"機梭聲札札,牛驢走紛紛。"引申爲往復義。清平步青《霞外攟屑·時事·省會歲事》:"彼此如獵者交錯於道,梭織中衢,日昃不反。"按,"梭"本爲木名,指織具,爲套用字。

〔推源〕 此二詞俱有往復義,爲夋聲所載之公共義。聲符字"夋"所記錄語詞義涉行走,相類,然無往復義。夋聲可載往復義,則"轉"可相證。

夋:清紐文部;

轉:端紐元部。

清端鄰紐,文元旁轉。"轉",回轉,前往而復回。《説文·車部》:"轉,運也。"清朱駿聲《通訓定聲》:"鍇本'還也'。"清段玉裁注:"轉,還……還者,復也。"《詩·邶風·柏舟》:"我心匪石,不可轉也。"宋馬子嚴《賀聖朝·春遊》:"遊人拾翠不知遠,被子規呼轉。"按,"轉"又有轉動義,爲其常義,轉動即循環往復。

(995) 悛竣(停止義)

悛 停止。《説文·心部》:"悛,止也。从心,夋聲。"清朱駿聲《通訓定聲》:"《方言》六:'悛,改也。'《左隱六傳》:'長惡不悛。'……《昭九傳》:'是悛而止。'"按,悔改、停止二義同條共貫。《廣韻·仙韻》:"悛,改也,止也。"朱氏所引《左傳·隱公六年》文晉杜預注:"悛,止也。"《國語·周語下》:"夫周,高山廣川大藪也,故能生是良材,而幽王蕩以爲魁陵糞土溝瀆,其有悛乎?"三國吳韋昭注:"悛,止也。"

竣 完畢,停止。《玉篇·立部》:"竣,止也。"《廣韻·諄韻》:"竣,止也。"《正字通·立部》:"竣,事畢也。"清朱駿聲《説文通訓定聲·屯部》:"竣,〔假借〕又爲'悛'。《廣雅·釋詁三》:'竣,止也。'"按,"竣"有退却義(見前第989條),停止義與之相通,故"竣"表停止義非假借,乃引申。宋周密《齊東野語·楊府水渠》:"三晝夜即竣事。"《明史·湯和傳》:"閩中並海城工竣,和還報命,中都新第亦成。"按,今語猶有"竣工"一詞,竣工即完工、停工。

〔推源〕 此二語俱有停止義,爲夋聲所載之公共義。聲符字"夋"所記録語詞與停止義不相涉,其停止義乃夋聲所載之語源義。夋聲可載停止義,"止"可證之。

夋:清紐文部;

止:章紐之部。

清章(照)鄰紐,文之通轉。"止",甲骨文形體象人足,本義即脚、足,後起字作"趾"。《廣韻·止韻》:"止,足也。"《漢書·刑法志》:"當斬左止者,笞五百。"唐顏師古注:"止,足也。"按,足以行,行則時止之,故又有"停止"之衍義。《廣韻·止韵》:"止,停也。"《史記·項羽本紀》:"漢王乃追項王至陽夏南,止軍。"唯"止"有停義,故有"停止"之同義聯合式合成詞。《梁書·武帝紀》:"屬車之間,是譏前世,便可至今停止。"

364 奉聲

(996) 捧唪埲棒犇(高揚義)

捧 兩手承托,引申爲高舉、揚起。《廣韻·腫韻》:"捧,兩手承也。"清朱駿聲《説文通訓定聲·豐部》:"捧,奉也……當爲'奉'之或體,今繫于此。《禮記·曲禮》:'凡奉者當心。'《釋文》:'本作捧。'《穆天子傳》六:'捧饋而哭。'注:'兩手持也。'《射雉賦》:'捧黃間以密彀。'注:'舉也。'〔聲訓〕《釋名·釋姿容》:'捧,逢也,兩手相逢以執之也。'"《列子·湯問》:"捧其手,則舞應節。"其"捧"亦舉起、揚起義。"捧"又有奉承、吹噓義,實亦高擡、宣揚義。

唪 大笑,即笑聲高揚之謂。《説文·口部》:"唪,大笑也。从口,奉聲。"《廣韻·董韻》:"唪,大笑也。"明吕天成《齊東絶倒》第一出:"文明濬哲人皆誦,温恭允塞言非諷,海晏河清歡唪。"引申爲高聲唸誦。清富察敦崇《燕京歲時記·盂蘭會》:"中元日各寺院設盂蘭會,燃燈唪經,以度幽冥之沉淪者。"《清朝野史大觀·清代述異·三教增爲五教》:"留其徒在京師曰喇嘛者,祝釐唪經。"按,《廣韻·腫韻》又云:"唪,口高皃。出《埤蒼》。"或即口翹、高揚義。

埲 塵土往高處揚起。《廣韻·董韻》:"埲,塕埲,塵起。"按"塕""埲"二者可分訓,《玉篇·土部》"塕"、《集韻·董韻》"埲"皆訓"塵"。宋王禹偁《寄題陝府南溪兼簡孫何兄弟》:"常風有鹽南,日夕塵塕埲。"清曹寅《答顧培山見嘲》:"黃塵埲塕馬蹄劙,五月誰披白苧衫。"

棒 棍棒,形長之物。長義、高義本相通,豎立則高,橫之則長。《廣韻·講韻》:"棒,同'棓'。"《玉篇·木部》:"棓,棒也。棒,同棓。"《三國志·魏志·武帝紀》"除洛陽北部尉,遷頓丘令"南朝宋裴松之注:"造五色棒,縣門左右各十餘枚。"晉葛洪《抱朴子·酒誡》:"於是白刃抽而忘思難之慮,棒杖奮而罔顧乎前後。"

䉬 以風車揚穀物。《玉篇·黍部》:"䉬,颺麥也。"清唐訓方《里語徵實》:"風車曰䉬車。"

〔推源〕諸詞俱有高揚義,爲奉聲所載之公共義。聲符字"奉"清朱駿聲以爲乃"捧"之或體,實則爲"捧"之初文,所記録語詞本有上舉、高揚義。《説文·廾部》:"奉,承也。从手,从廾,丰聲。"清朱駿聲《通訓定聲》:"《廣雅·釋詁二》:'奉,進也。'《三》:'持也。'……《禮記·內則》:'少者奉槃,長者奉水。'"《史記·刺客列傳》:"荊軻奉樊於期頭函,而秦舞陽奉地圖柙,以次進。"複音詞"奉仰"謂仰慕,即高視義,又"奉承"即高擡義。然則本條諸詞之高揚義爲其聲符"奉"所載之顯性語義。奉聲可載高揚義,則"烽"可證之。

奉:並紐東部;
烽:滂紐東部。

疊韻,並滂旁紐。"烽",烽火,高揚者。《説文·火部》:"㷭,燧,候表也,邊有警,則舉火。从火,逢聲。"清朱駿聲《通訓定聲》:"字亦作'烽'。……《後漢·光武紀》注:'邊方備警急,作高土臺,臺上作桔皋,桔皋頭有兜零,以薪草置其中,常低之。有寇,即燃火舉之以相告,曰烽。'《方言》十二:'㷭,虞望也。'"《墨子·號令》:"與城上烽燧相望。晝則舉烽,夜則舉火。"

365 青聲

(997) 菁精倩靚婧睛晴腈(精良義)

菁 韭菜花,即韭之精華,故引申爲精華義。《説文·艸部》:"菁,韭華也。从艸,青聲。"清朱駿聲《通訓定聲》:"《廣雅·釋草》:'韭薍蕎其華謂之菁。'〔轉注〕《廣雅·釋草》:'菁,華也。'《西京賦》:'麗服颺菁。'注:'華英也。'"《尚書大傳》卷一下:"菁華已竭,褰裳去之。"

精 優質米,引申爲精美、精良義。《說文·米部》:"精,擇也。从米,青聲。"清朱駿聲《通訓定聲》:"《論語》:'食不厭精。'〔轉注〕《楚語》:'王帛爲二精。'注:'明潔爲精。'《後漢·張衡傳》注:'精粹,美也。'"《廣韻·清韻》:"精,善也,好也。《易》曰:'純粹精也。'"

倩 男子之美稱,引申爲美好義。《說文·人部》:"倩,人字。从人,青聲。"清段玉裁注:"人美字。"清朱駿聲《通訓定聲》:"《漢書·朱邑傳》注:'倩,士之美稱。'〔假借〕爲'頒',或爲'彰'、爲'婧'。《詩·碩人》:'巧笑倩兮。'傳:'好口輔。'……《晉書音義》:'倩,美也。'"按,非假借,乃引申。元劉壎《隱居通議·詩歌四》:"(趙崇嶓)爲人倩俊灑落,富有文采。"

靚 妝飾艷麗,美觀。《廣韻·勁韻》:"靚,裝飾也。"清朱駿聲《說文通訓定聲·鼎部》:"《上林賦》:'靚糚刻飾。'注:'粉白黛黑也。'《蜀都賦》:'袨服靚糚。'"《後漢書·南匈奴傳》:"昭君豐容靚飾,光明漢宮。"

婧 女性身材苗條美好,亦指美女。《正字通·女部》:"婧,纖弱貌。"《後漢書·張衡傳》:"舒妙婧之纖腰兮,揚雜錯之袿徽。"明沈鯨《雙珠記·遺珠入宮》:"我兒蘭情蕙性,怎能伍三千宮婧?"

睛 目瞳,目之精華。《廣韻·清韻》:"睛,目珠子也。"唐薛昭蘊《幻影傳·費雞師》:"長慶初,蜀有費雞師,目赤無黑睛,爲人解疾。"清蒲松齡《聊齋志異·瞳人語》:"倩人啓瞼撥視,則睛上生小翳。"

晴 無雨雪,天氣良好。《廣韻·清韻》:"晴,天晴。"唐韓愈《祖席》:"野晴山簇簇,霜曉菊鮮鮮。"宋周必大《次韻沈世得撫幹川泳軒》:"江山倏晴麗,雲月助色澤。"

腈 精肉,肉之精良者。《玉篇·肉部》:"腈,腈肉。"《集韻·清韻》:"腈,肉之粹者。"按,"腈"字所記之詞存乎語言,唯書面多以"精"爲之,"腈"爲專字,"精"表此義則爲其引申義。北魏賈思勰《齊民要術·脯臘》:"作度夏白脯法……用牛、羊、麇、鹿肉之精者。"

〔推源〕 諸詞俱有精良義,爲青聲所載之公共義。聲符字"青"《說文·青部》訓"東方色"。東方屬木,青爲木之正色,木茂盛則其色青,故人之年輕強盛者稱"青年"。本條諸詞之精良義蓋爲聲符"青"所載之顯性語義。青聲可載精良義,則"良"可證之。

青:清紐耕部;

良:來紐陽部。

清來鄰紐,耕陽旁轉。"良",精良。《說文·富部》:"良,善也。"《山海經·西山經》:"瑾瑜之玉爲良。"晉郭璞注:"良,言最善也。"按,"精""良"可組成同義聯合式合成詞。《呂氏春秋·簡選》:"簡選精良,兵械銛利。"

(998) 靚彰靖精(凈、靜義)

靚 嫻靜。《集韻·勁韻》:"靚,女容徐靚。"宋楊澤民《側犯》:"九衢艷質,看來怎比他閑靚。"清錢謙益《南京國子監祭酒馮公墓誌銘》："翰林官婉娩靚閑,如好弱女子。"

彭 妝飾素净,引申爲清净義。《説文·彡部》:"彭,清飾也。从彡,青聲。"《廣韻·静韻》:"彭,清飾。"《晉書·涼武昭王李玄盛傳》:"時弗獲彭,心往形留。"

靖 安静,安定。《説文·立部》:"靖,立竫也。从立,青聲。"清朱駿聲《通訓定聲》:"《廣雅·釋詁一》:'靖,安也。'《周語》:'自后稷之始基靖民。'《思玄賦》:'既防溢而靖志兮。'"《左傳·昭公二十五年》:"靖以待命猶可,動必憂。"楊伯峻注:"靖,安也,静也。"

精 精米(見前條),引申之則有純净義。清朱駿聲《説文通訓定聲·鼎部》:"精,〔轉注〕《周語》:'祓除其心,精也。'注:'潔也。'"漢桓寬《鹽鐵論·訟賢》:"懷精白之心,行忠正之道。"

〔**推源**〕 上述諸詞或有净義,或有静義,二義本相通,凡物無雜質則即純净、清净,無聲則即安静。俱以青聲載之,語源當同。聲符字"青"所記録語詞謂青色,物之色有純色、雜色之殊,青爲純色,此與净義或相通。青色可載净、静義,則"朗""静"可相證。

青:清紐耕部;

朗:來紐陽部;

静:從紐耕部。

清來鄰紐,清從旁紐,來從鄰紐,耕陽旁轉。"朗",清净無雲,明朗。《説文·月部》:"朗,明也。"三國魏曹丕《與朝歌令吴質書》:"白日既匿,繼以朗月。"按,"朗"有清澈、高潔之衍義,實皆清净義。"静",安静。《廣韻·静韻》:"静,安也。"《楚辭·九章·懷沙》:"眴兮杳杳,孔静幽默。"唐白居易《續座右銘》:"修外以及内,静養和與真。"

366 表聲

(999) 裱婊錶(外義)

裱 領巾,置於衣服外表之物。漢揚雄《方言》卷四:"帍裱謂之被巾。"清錢繹《箋疏》:"帍裱所以護領,與'襮'同,故謂之被巾。"《廣韻·笑韻》:"裱,領巾也。"清朱駿聲《説文通訓定聲·小部·附〈説文〉不録之字》:"裱,《廣雅·釋器》:'裱,被巾也。'"按,"裱"亦指裝裱書籍、字畫,即於書籍、字畫外表添加薄紙、絲織品等裝飾物。宋陸游《跋漢隸》:"友人蒲陽方士繇伯謨,親視裝裱,故無一字差謬者。"清吴敬梓《儒林外史》第三十三回:"我裱了個手卷在此,願捐的寫在上面。"

婊 外室。《金瓶梅詞話》第十五回:"老身又不曾怠慢了姐夫,如何一向不進來看看姐姐兒,想必别處另叙了新婊子來。"明馮夢龍編《警世通言》之《金令史美婢酬秀童》:"盧智高道:'在婊子劉丑姐家裏。'"

錶 計時者,顯時於外之器。清劉鶚《老殘遊記》第十六回:"人瑞腰里摸出錶來一看,説:'四下鐘了!'"蔣子龍《燕趙悲歌》第二章第八節:"熊丙嵐看一眼手錶,叫苦不迭!哎呀,都一點多了。"

〔推源〕 諸詞俱有外義,爲表聲所載之公共義。聲符字"表"所記録語詞之本義爲外衣。《説文·衣部》:"表,上衣也。从衣,从毛,古者衣裘,以毛爲表。"清朱駿聲《通訓定聲》:"《論語》:'必表而出之。'皇疏:'謂加上衣也。'〔轉注〕《漢逝賦》:'忽在世表。'注:'外也。'"按,朱氏所稱"轉注"實即引申,外義爲"表"之虛化引申義。《莊子·天下》:"以濡弱謙下爲表,以空虛不毁萬物爲實。"《左傳·僖公二十八年》:"若其不捷,表裏山河,必無害也。"晉杜預注:"晉國外河而內山。"然則本條諸詞之外義爲其聲符"表"所載之顯性語義。表聲可載外義,則"膚"可證之。

表:幫紐宵部;

膚:幫紐魚部。

雙聲,宵魚旁轉。"膚",人及動物身體外表之物。《説文·肉部》:"臚,皮也。从肉,盧聲。膚,籒文臚。"清朱駿聲《通訓定聲》:"《禮記·禮運》:'膚革充盈。'疏:'革外之薄皮。'《論語》:'膚受之愬。'皇疏:'人肉皮上之薄縐者。'《易》:'臀無膚。'《荀子·性惡》:'骨體膚理好愉佚。'"《廣韻·虞韻》:"膚,皮膚。"按後世簡作"肤"。

(1000) 俵/孚(散發義)

俵 散發。《廣韻·笑韻》:"俵,俵散。"《集韻·笑韻》:"俵,分與也。"《舊唐書·哀帝紀》:"今於內庫方圓銀二千一百七十二兩,充見任文武常參官救接,委御史臺依品秩分俵。"宋蘇軾《奏浙西災傷第一狀》:"巡門俵米,攔街散粥,終不能救。"

孚 散發,給予。《説文·孚部》:"孚,物落;上下相付也。从爪,从又。讀若《詩》'摽有梅'。"按,徽歙人稱以物散發於衆人爲"孚",如"孚喜糖""孚香煙",其義正與"孚"之形體相符。"孚"字从爪、从又,爪、又均指手,然非一人之手,乃謂施予者與其接納者之手。故文獻所見"孚"有付予義。《格伯毁》:"隹正月,初吉,癸巳,王在成周,格伯孚良馬乘于倗生,厥貯卅田,則析。"

〔推源〕 此二詞俱有散發義,其音亦相近且相通。

俵:幫紐宵部;

孚:並紐宵部。

疊韻,幫並旁紐。則其語源當同。其"俵"乃以表聲載散發義。表聲字"脿"亦可以假借字形式,以其表聲載此義。清顧炎武《天下郡國利病書·江南十三·馬政》:"舊種馬脿養於民,計歲科駒,擇其充者解京,給散軍士。"

367　長聲

(1001) 張脹(擴大義)

張　開弓,引申爲擴大義。《說文·弓部》:"張,施弓弦也。从弓,長聲。"清朱駿聲《通訓定聲》:"《廣雅·釋詁二》:'張,開也。'《詩·吉日》:'既張我弓。'〔轉注〕《廣雅·釋詁一》:'張,大也。'《昭十四傳》:'臣欲張公室也。'"《史記·陳涉世家》:"陳涉乃立爲王,號爲張楚。"唐司馬貞《索隱》:"欲張大楚國,故稱張楚也。"

脹　腫起,變大,亦指膨脹,脹滿。字亦作"痮"。《廣韻·漾韻》:"脹,脹滿。痮,上同。"清朱駿聲《說文通訓定聲·壯部》:"《廣雅·釋詁一》:'痮,病也。'俗字亦作'脹'。"《晉書·韓友傳》:"斯須之間,見囊大脹如吹。"宋梅堯臣《雍丘遇雨》:"飲水徒脹滿,渴喉殊非蠲。"

〔**推源**〕　此二詞俱有擴大義,爲長聲所載之公共義。聲符字"長"象人髮長形,故爲長短字。凡物增長則長,故有增加、擴大之衍義。《書·立政》:"式敬爾由獄,以長我王。"然則本條二詞之擴大義爲其聲符"長"所載之顯性語義。長聲可載擴大義,則"增"可證之。

長:端紐陽部;
增:精紐蒸部。

端精準雙聲,陽蒸旁轉。"增",增加,擴大。《說文·土部》:"增,益也。"唐韓愈《爲人求薦書》:"伯樂一顧,價增三倍。"按"增"與"大"可組成同義聯合式合成詞。《魏書·張彝傳》:"洞庭淵湛,猶藉衆流以增大。"

(1002) 悵偵(失意義)

悵　惆悵,失意。《說文·心部》:"悵,望恨也。从心,長聲。"清朱駿聲《通訓定聲》:"《漢書·外戚傳》:'涔沫悵兮。'注:'惆悵也。'"《廣韻·漾韻》:"悵,失志。"《楚辭·九歌·山鬼》:"怨公子兮悵忘歸,君思我兮不得閑。"

偵　失意,不知所措,無所適從。《廣韻·映韻》:"偵,佁偵,失道。"又《陽韻》:"偵,失道兒。"清朱駿聲《說文通訓定聲·壯部》:"偵,《禮記·仲尼燕居》:'偵偵乎其何之?'《釋文》:'無見兒。'《荀子·修身》:'人無法則偵偵然。'注:'無所適兒,言不知所措履。'"

〔**推源**〕　此二詞俱有失意義,爲長聲所載之公共義。長聲字"眕"《玉篇》《廣韻》皆訓"失志",亦此義,唯未見其實用例。聲符字"長"所記錄語詞與失意義不相涉,其失意義乃長聲所載之語源義。長聲可載失意義,"怊"可證之。

長:定紐陽部;
怊:透紐宵部。

定透旁紐,陽宵旁對轉。"怊",惆悵,失意。《廣韻·宵韻》:"怊,悵恨。"《集韻·宵韻》:"怊,怊悵,失意。"《楚辭·遠遊》:"步徙倚而遙思兮,怊惝怳而乖懷。"漢王逸注:"惆悵失望,志乖錯也。"按,"怊惝怳"皆失意義。唐皎然《奉送陸中丞長源詔徵入朝》:"歸心復何奈,怊悵在江濱。"

(1003) 韔/藏(藏義)

韔 弓袋,藏弓之物,故引申爲藏義。字亦作"韔"。《說文·韋部》:"韔,弓衣也,從韋,長聲。《詩》曰:'交韔二弓。'"清朱駿聲《通訓定聲》:"《采綠》:'言韔其弓。'《釋文》:'弢也。'《禮記·檀弓》:'赴車不載橐韔。'字亦作'韔'。《廣雅·釋器》:'韔,弓藏也。'"唐韓愈《送幽州李端公序》:"弓韔服,矢插房,俯立迎道左。"宋朱熹校:"此'弓韔服',請納弓於服耳。"

藏 隱藏,藏匿。《廣韻·唐韻》:"藏,隱也,匿也。"《易·繫辭上》:"顯諸仁,藏諸用,鼓萬物而不與聖人同憂。"《史記·秦始皇本紀》:"天下敢有藏《詩》《書》、百家語者,悉詣守、尉雜燒之。"

〔推源〕 此二詞俱有藏義,其音亦極相近且相通。

韔:透紐陽部;

藏:從紐陽部。

疊韻,透從鄰紐。其語源當同。

368 者聲

(1004) 書箸(附著義)

書 書寫,文字附著於載體。《說文·聿部》:"書,箸也。從聿,者聲。"清邵瑛《群經正字》:"《五經文字》云《說文》作'書',《石經》作'書'。"清朱駿聲《通訓定聲》:"《說文·序》云:'箸于竹帛謂之書。'……上古以刀錄于竹若木,中古以漆畫于帛,後世以墨寫於紙……《尚書·序》疏:'書者,以筆畫記之辭。'〔聲訓〕《廣雅·釋言》:'書,著也。'"《廣韻·魚韻》:"書,《釋名》曰:'庶也,紀庶物也。亦言著也,著之簡紙,求不滅也。'"

箸 字從竹,指筷子。竹亦爲文字載體,故亦指書寫文字。《史記·劉敬叔孫通列傳》:"及稍定漢諸儀法,皆叔孫生爲太常所論箸也。"又指穿着,穿着則即衣物附着於人體。《集韻·藥韻》:"箸,被服也。"南朝宋劉義慶《世說新語·德行》:"太傅時年七八歲,箸青布絝,在兄郤邊坐。"又虛化引申爲附着義。《戰國策·趙策一》:"兵箸晉陽三年矣,且暮當拔之而饗其利,乃有他心?"宋鮑彪注:"箸,言附其城。"按,"箸"表上述諸義,爲套用字。

〔推源〕 此二詞俱有附著義,爲者聲所載之公共義。者聲字"著"亦可以假借字形式表此義,則亦爲者聲與附著義相關聯之一證。《廣韻·御韻》:"著,補也。"又《藥韻》:"著,服衣於身。"又"著,附也"。清朱駿聲《說文通訓定聲·豫部》:"箸,〔假借〕爲'睹',今字作'曙'。《小爾雅·廣詁》:'著,明也。'字變作'著',从艸。又爲'書'。《(漢書)張湯傳》:'受而著讞法。'注:'謂明書之也。'《張良傳》:'故不著。'注:'謂書之于史。'……《一切經音義》引《廣雅》:'著,補也。'引《字書》:'著,相附著也。'字俗作'着'。"按,"補"即打補丁,以布塊附著於衣。著衣則即衣物附著於身。《禮記·曲禮上》:"就屨,跪而舉之。"漢鄭玄注:"就,猶着也。"按,後世著述、著作字皆作"著",其字从艸,古文字"艸""竹"相近,朱駿聲"箸"變作"著"字說極可參。"書""箸"之聲符"者"《說文》訓"別事詞",乃虛詞之記錄文字,與附著義不相涉,其附著義乃者聲所載之語源義。者聲可載附著義,"從"可相證。

者:章紐魚部;
從:從紐東部。

章(照)從鄰紐,魚東旁對轉。"從",隨行,跟從。《說文·从部》:"從,隨行也。从辵、从,从亦聲。"《論語·公冶長》:"道不行,乘桴浮于海,從我者其由與?"按,隨從本寓依附義,故有"附從"之同義聯合式合成詞。《漢書·杜周傳》:"師丹行能無異,及光祿勳許商被病殘人,皆但以附從方進,嘗獲尊官。"

(1005) 觰都奢(大義)

觰 動物角的根部大,亦指兩角張開、張大,又虛化引申爲大義。《說文·角部》:"觰,一曰下大者也。"清朱駿聲《通訓定聲》:"〔轉注〕《廣雅·釋詁一》:'觰,大也。'"《廣韻·麻韻》:"觰,角上廣也。"明楊慎《俗言·觰》:"觰,張貌。俗云觰開。"亦引申他物張開、張大。唐韓愈《月蝕詩效玉川子作》:"赤鳥司南方,尾秃翅觰沙。"

都 有先君宗廟之大邑,引申爲大。《說文·邑部》:"都,有先君之舊宗廟曰都。从邑,者聲。"清朱駿聲《通訓定聲》:"《周禮·大司徒》:'凡造都鄙。'〔轉注〕《尚書大傳》:'十邑爲都。'……《廣雅·釋詁一》:'都,大也。'"《漢書·王莽傳下》:"賜治廟者司徒、大司空錢各千萬,侍中、中常侍以下皆封。封都匠仇延爲邯淡里附城。"唐顏師古注:"都匠,大匠也。"《文選·宋玉〈九辯〉》:"竊悲夫蕙華之曾敷兮,紛旖旎乎都房。"唐劉良注:"都,大也。房,花房也。"

奢 奢侈,鋪張,開支、花費大。《說文·大部》:"奢,張也。从大,者聲。"清朱駿聲《通訓定聲》:"《太平御覽》引《說文》:'反儉曰奢。'言誇大于人也。……《左隱三傳》:'驕奢淫佚。'疏:'奢謂夸矜僭上。'"引申爲廣大義。《續漢書·五行志四》:"是時順帝崩,梁太后攝政,欲爲順帝作陵,制度奢廣,多壞吏民冢。"

〔推源〕 諸詞俱有大義,爲者聲所載之公共義。聲符字"者"所記錄語詞與大義不相涉,其大義乃者聲所載之語源義。者聲可載大義,"大"可證之。

者：章紐魚部；

大：定紐月部。

章(照)定準旁紐，魚月通轉。"大"，本義、基本義即大，與"小"相對待。《說文·大部》："大，天大、地大、人亦大，故大象人形。"按，"大"爲抽象性語義，借人之形象以顯之，人伸展雙臂則擴大。《書·武成》："大邦畏其力，小邦懷其德。"《三國志·吳志·是儀傳》："鄰家有起大宅者，權出望見，問起大室者誰。"

(1006) 都褚渚 𧴪 (貯藏義)

都 大邑(見前條)，爲人、物匯聚之地，故有匯聚、貯藏之衍義。清朱駿聲《說文通訓定聲·豫部》："都，〔轉注〕《穀梁僖十六傳》：'民所聚曰都。'……《廣雅·釋詁三》：'都，聚也。'"按，"都"亦指水匯聚、貯積。《廣雅·釋詁四》："都，藏也。"《管子·輕重甲》："請以令隱三川，立員都，立大舟之都。"馬非百《新詮》："安井衡云：'員、圓、都、瀦，皆通。瀦，水所聚也。'此說是也。蓋築堤壅水，立爲圓池，猶今之游泳池也。"《文選·木華〈海賦〉》："弘往納來，以宗以都。"唐李善注："《山海經》曰：'和山，實惟河之九都。'郭璞云：'九水所潛，故曰九都。'"

褚 將絲綿裝入衣中，因引申爲貯藏義。漢史游《急就篇》第二章"襜褕袷複褶袴襌"唐顏師古注："褚之以綿曰複。"《說文·衣部》："褚，一曰製衣。"清王筠《句讀》："'製'，《玉篇》《廣韻》皆作'裝'。"清朱駿聲《通訓定聲》："〔假借〕爲'絮'。《說文》：'一曰裝衣。'《左成三傳》：'置荀罃褚中。'……《漢書·南粵王傳》注：'以綿裝衣曰褚寧。'又爲'儲'。《左襄三十傳》：'取我衣冠而褚之。'注：'畜也。'"按，"褚"表貯藏義無煩假借，乃引申。《新唐書·儒學傳·序》："祿山之禍，兩京所藏，一爲炎埃。官勝私褚，喪脫幾盡。"

渚 水中小洲，泥土受衝擊淤積而成，"渚"之名當寓積義。《說文·水部》："渚，水。在常山中丘逢山，東入湡。从水，者聲。《爾雅》曰：'小洲曰渚。'"清朱駿聲《通訓定聲》："〔假借〕爲'陼'。《詩》：'江有渚。'傳：'小洲也。'〔聲訓〕《廣雅·釋水》：'渚，處也。'"按，"渚"雖爲水名，然其字从水，指水中小洲，非假借，乃套用字。又，所引《廣雅》之訓"處"當即停止、貯藏義，同書《釋詁三》："處，止也。"《管子·五服》："導水潦，利陂溝，決潘渚。"漢賈誼《新書·大政》："渚澤有枯水，而國無枯士矣。"其"渚"皆謂水之貯藏處。或以爲"渚"借爲"瀦"方表此義，失之。

𧴪 "貯"之或體，"貯"則爲貯藏字。《廣韻·語韻》："𧴪，同貯。"《周禮·地官·賈師》"凡天患，禁貴儥者"漢鄭玄注："謂若𧴪米穀棺木而睹久雨疫病者貴賣之。"《說文·貝部》："貯，積也。"《玉篇·貝部》："貯，藏也。"《漢書·食貨志下》："諸賈人末作貰貸賣買，居邑貯積諸物，及商以取利者，雖無市籍，各以其物自占。"

〔推源〕 諸詞俱有貯藏義，爲者所載之公共義。聲符字"者"所記錄語詞與貯藏義不相涉,其貯藏義乃者聲所載之語源義。者聲可載貯藏義,"儲"可證之。"者"之上古音章紐魚部,"儲"者定紐魚部,疊韻,章(照)定準旁紐。"儲",儲蓄字,其字从人、諸聲,而聲符字"諸"从言、者聲,然則"儲"之儲蓄、貯藏義實亦爲者聲所載。又,者聲可載貯藏義,"積"亦可相證。

者:章紐魚部;
積:精紐錫部。

章(照)精準雙聲,魚錫旁對轉。"積",積聚,貯藏。《説文·禾部》:"積,聚也。"《廣韻·昔韻》:"積,聚也。"又《寘韻》:"積,委積也。"《管子·牧民》:"錯國於不傾之地,積於不涸之倉,藏於不竭之府,下令於流水之原。"按,第二、三分句相儷偶,"積"與"藏"同義。《左傳·僖公三十三年》:"居則具一日之積,行則備一夕之衛。"

(1007) 褚赭(赤色義)

褚 士兵所服赤色衣。《説文·衣部》:"褚,卒也。从衣,者聲。"清朱駿聲《通訓定聲》:"《方言》三:'卒或謂之褚'。注:'衣赤也。'按,今兵役民壯以絳緣衣,有題識勇壯字樣,此其遺制。"明徐渭《聞記》:"始麛裘,繼袞衣,始病褚伍,繼羨誨殖,下之難調,蓋自古而已然矣。"按,"褚伍"即行伍,蓋士兵著赤色衣而有此稱。

赭 赤土。《説文·赤部》:"赭,赤土也。从赤,者聲。"清朱駿聲《通訓定聲》:"《中山經》:'若山多赭。'《西山經》:'灌水,其中有流赭。'《管子》:'上有赭,下有鐵。'《子虛賦》:'其土則丹青赭堊。'《漢書·張敞傳》:'偷長以赭汙其衣裾。'《詩·簡兮》:'赫如渥赭。'《釋文》:'丹也。'《列子·周穆王》:'赭堊之色。'《西山經》:'竹山,有草焉,名曰黄藿,赤實,其狀如赭。'"按,徽歙地方有石,色赤而軟於常石,如粉團,鄉人稱"紅石藥,蓋亦此類"。

〔推源〕 此二詞俱有赤色義,爲者聲所載之公共義。聲符字"者"所記録語詞與赤色義不相涉,其赤色義乃者聲所載之語源義。者聲可載赤色義,"朱"可證之。

者:章紐魚部;
朱:章紐侯部。

雙聲,魚侯旁轉。"朱",赤心木。《説文·木部》:"朱,赤心木,松柏屬。从木,一在其中。"按,"朱"爲指事字,"一"爲指點符號,所指處爲木心。引申爲赤色義,且爲基本義。《廣雅·釋器》:"朱,赤也。"《詩·豳風·七月》:"我朱孔陽,爲公子裳。"《國語·吳語》:"左軍亦如之,皆赤裳、赤旗、丹甲、朱羽之矰,望之如火。"三國吳韋昭注:"朱羽,染爲朱也。"

(1008) 帾堵(遮擋義)

帾 遮蓋棺木的帳幔,亦以"褚"爲之。"帾"爲正字,"褚"表此義則爲其引申義。《荀子·禮論》:"無帾、絲麗、縷翣,其貌以象菲帷幬尉也。"清王先謙《集解》:"帾,與褚同。"《禮記・檀弓上》:"子張之喪,公明儀爲志焉。褚幕丹質,蟻結于四隅。"唐孔穎達疏:"褚謂覆棺之物,若大夫以上,其形似幄,士則無褚。今公明儀尊敬其師,故特爲褚,不得爲幄,但形似幕,故云褚幕以丹質之布而爲之也。"

堵 墻壁,遮擋風雨及外人之物。《説文・土部》:"堵,垣也。五版爲一堵。从土,者聲。"清朱駿聲《通訓定聲》:"廣二尺,積高一丈曰堵。"按,許慎所訓有二義,本義當爲垣,作量詞,爲引申而來。《史記・高祖本紀》:"諸吏人皆案堵如故。"南朝宋裴駰《集解》:"堵,墻堵也。"所謂"五版爲一堵"疑非磚砌墻而爲土墻,凡土墻先置板,如盒而無蓋,填土而築之。引申爲阻擋、遮擋義。明唐順之《海賊分道侵突疏》:"及游擊丘陞等斬獲堵截,俱經總督及撫按諸臣節次具。"明許進《平番始末》:"如今小列禿人馬都在這邊堵着路坐里。"

〔推源〕 此二詞俱有遮擋義,爲者聲所載之公共義。聲符字"者"所記録語詞與遮擋義不相涉,其遮擋義乃者聲所載之語源義。者聲可載遮擋義,"遮"可證之。"者""遮"同音,章紐雙聲,魚部疊韻。《説文・辵部》:"遮,遏也。"《玉篇・辵部》:"遮,冒也,蓋也。"按,"遏"即阻止、阻擋,横曰擋,縱曰蓋,實爲一義。《史記・楚世家》:"楚懷王亡逃歸,秦覺之,遮楚道,懷王恐,乃从間道走趙以求歸。"唐杜甫《季秋蘇五弟纓江樓夜宴》:"明月生長好,浮雲薄漸遮。"

369 圥聲

(1009) 陸鵱䮐(高大義)

陸 高平地,大陸,亦指大土山。《説文・阜部》:"陸,高平也。从阜,从圥,圥亦聲。"清朱駿聲《通訓定聲》:"《爾雅・釋地》:'晉有大陸。'《易》:'鴻漸于陸。'《左定元傳》:'而田于大陸。'《齊語》:'陸阜陵墐。'《史記・孝武紀》:'河溢皋陸。'注:'廣平曰陸。'《楚辭・憂苦》:'巡陸夷之曲衍兮。'注:'大阜曰陸。'"《廣韻・屋韻》:"陸,高平曰陸。又高也。"《詩・衛風・考槃》:"考槃在陸,碩人之軸。"唐孔穎達疏:"陸與阜類。"

鵱 大雁,其字亦作左形右聲。《説文・鳥部》:"䮐,蔞鵝也。从鳥,圥聲。"清朱駿聲《通訓定聲》:"《爾雅》注:'今之野鵝。'"按,今本《爾雅・釋鳥》作"鵱",云:"鵱鷜,鵝。"《廣韻・屋韻》:"鵱,鵱鷜,野鵝。"《集韻・屋韻》:"鵱,亦書作'䮐'。"明李時珍《本草綱目・禽部・雁》:"雁狀似鵝,亦有蒼、白二色。今人以白而小者爲雁,大者爲鴻,蒼者爲野鵝,亦曰駒鵝,《爾雅》謂之鵱鷜也。"

䮐 駿馬。凡駿馬多爲體形高大者。《玉篇・馬部》:"䮐,健馬。"《廣韻・屋韻》:"䮐,䮐良,健馬。"清朱駿聲《説文通訓定聲・需部・附〈説文〉不録之字》:"䮐,《莊子・馬蹄》:'翹足而陸。'《釋文》引《字書》作'䮐':'馬健也。'"

〔推源〕 諸詞俱有高大義,爲圥聲所載之公共義。聲符字"圥"所記録語詞本有大義,高義則與大義相通,故許慎以"陸"爲亦聲字。《説文·土部》:"坴,土塊坴坴也。从土,夫聲。讀若逐。"《廣韻·屋韻》:"坴,大塊。"然則本條諸詞之高大義爲其聲符"坴"所載之顯性語義。至坴聲可載高大義,則亦有可相證者。良聲字所記録語詞"閬""根""朗""浪""粮""䕍""䑗""俍""埌""䑗""羀""鋃"俱有長、高、大義(參本典第四卷"354. 良聲"第970條),坴聲、良聲本相近且相通。

坴:來紐覺部;

良:來紐陽部。

雙聲,覺陽旁對轉。

370　夌聲

(1010) 棱菱(棱角義)

棱　方形有四角的木頭。字亦作"楞"。《説文·木部》:"棱,柧也。从木,夌聲。"清朱駿聲《通訓定聲》:"俗亦作'稜',又作'楞'。按,四隅曰棱,八隅曰柧。《通俗文》:'木四方爲棱。'《西都賦》:'上觚稜而棲金爵。'"《廣韻·登韻》:"棱,同楞。又柧棱,木也。"又:"楞,四方木也。"《禮記·儒行》"毀方而瓦合"唐孔穎達疏:"圭角,謂圭之鋒鋩有楞角。"《後漢書·班彪傳附班固》:"設壁門之鳳闕,上柧棱而棲金雀。"按,"楞"字晚出,其結構當爲从木、四、方會意,其棱角義益顯。

菱　水草之果實有角者,俗稱"菱角",其字本亦作"蓤"。《廣韻·蒸韻》:"菱,同蔆。""蔆,同蓤。""蓤,芰也。"《説文·艸部》:"蓤,芰也。从艸,凌聲。楚謂之芰,秦謂之薢茩。"《吕氏春秋·恃君》:"夏日則食菱芡,冬日則食橡栗。"漢高誘注:"菱,芰也。"《周禮·天官·籩人》:"加籩之實,蔆、芡、栗、脯。"按,《説文·艸部》"芰"篆訓"蔆",乃互訓。《國語·楚語上》:"屈到嗜芰。有疾,召其宗老而屬之曰:'祭我必以芰。'"三國吴韋昭注:"芰,蔆也。"

〔**推源**〕　此二詞俱有棱角義,爲夌聲所載之公共義。凡物有棱角,即高出、不平之意,聲符字"夌"所記録語詞本有高義。《説文·夂部》:"夌,越也。从夂,从㚔。㚔,高也。"按,所訓"越"即超越義,超越即高於同類。又,夌聲可載棱角、高出義,"隆"可證之。

夌:來紐蒸部;

隆:來紐冬部。

雙聲,蒸冬(東)旁轉。"隆",隆起,高出。《爾雅·釋山》:"宛中,隆。"清郝懿行《義疏》:"謂中央下而四邊高,因其高處名之爲隆。"《後漢書·張衡傳》:"造候風地動儀,以精銅鑄成,圓徑八尺,合蓋隆起,形似酒尊。"宋郭彖《睽車志》卷五:"堂後地形隆高,夏夜納涼,忽聞絲竹之聲。"按,本條之"棱"謂方形有四角之木,引申之亦指田埂,田埂則爲高出田平面而呈條狀者；又，人之眉骨亦略高出顏面，稱之爲"眉棱"，此皆足證棱角義、高出義之相通。

(1011) 陵崚（高大義）

陵 高大的土山。《説文·阜部》："陵，大阜也。从阜，夌聲。"清朱駿聲《通訓定聲》："《爾雅·釋地》：'大阜曰陵。'……《易·同人》：'升其高陵。'虞注：'震爲陵。'《書·禹貢》：'至于東陵。'《詩·天保》：'如岡如陵。'《周禮·大司徒》：'辨其山林川澤丘陵墳衍原隰之名物。'"按，所引《詩·小雅·天保》文毛傳："大阜曰陵。"引申之則有凌駕義，凌駕即高高在上之謂。《廣雅·釋詁四》："陵，桀也。"《左傳·襄公十年》："篳門閨竇之人而皆陵其上，其難爲上矣。"按，"陵"當爲凌駕義之正字，後世以"凌"爲之，乃借字。

崚 山勢高峻。《廣韻·蒸部》："崚，崚嶒，山皃。"南朝齊謝朓《遊山》："堅崿既崚嶒，迴流復宛澶。"明袁中道《信陽道中即事》："橋上山崚崚，橋邊石齒齒。"

〔推源〕此二詞俱有高大義，爲夌聲所載之公共義。聲符字"夌"所記録語詞《説文》訓"越"（見前條"推源"），段玉裁以爲即後世之"陵"，又"夌"之構件"兴"有高義。然則本條二詞之高大義爲其聲符"夌"所載之顯性語義。又夌聲可載高大義，"隆"可證之。其語音通轉關係前條已述。"隆"有高義（見前條），亦有大義。《説文·阜部》："隆，豐大也。"《文選·左思〈蜀都賦〉》："侈侈隆富，卓、鄭埒名。"唐吕延濟注："隆，大也。"晉潘岳《景獻皇后哀策文》："整武駕之隆牡，結龍輈之縞駟。"

371　亞聲

(1012) 椏婭迓岈侤（相連義）

椏 草木分枝處，即二枝相連處。《玉篇·木部》："椏，木椏杈。"《廣韻·麻韻》："椏，《方言》云：'江東言樹枝爲椏杈也。'"唐皮日休《寂上人院聯句》："經笥安巖匼，缾囊挂樹椏。"宋阮閲《詩話總龜·幼敏》："蔣堂侍御郎方六歲，父令作梔子花詩曰：'庭前梔子樹，四畔有椏杈。'"

婭 連襟，姐妹兩人之丈夫，猶一木之兩枝相連者。清朱駿聲《説文通訓定聲·豫部》："亞，《爾雅》：'兩壻相謂爲亞。'《詩·節南山》：'瑣瑣姻亞。'《釋文》：'本作婭。'"晉庾亮《讓中書令表》："臣於陛下，后之兄也，姻婭之嫌，實與骨肉中表不同。"《新唐書·李傑傳》："尚衣奉御長孫昕素惡傑，遇于道，內恃玄宗婭婿，與所親楊仙玉共毆辱之。"清和邦額《夜譚隨録·孿生》："宰曰：'職詰其婭，力言實出戲言，緣己妻乳間有瘢，故聊以爲戲，初不料其亦然也。'"

迓 字从辵，《廣韻·禡韻》云："次第行也"，則即行者相連屬之義。"迓"又有"次"訓。《玉篇·辵部》："迓，次也。"按《宋史·宗室世系表三》有人名"趙孟迓"，"迓"即相次義，亦即與"孟"者相連之義。

崨 兩山相連處。字亦作"埡"。《明末農民起義史料·兵部題爲塘報"湖廣等處"賊情事》："二月間,八大柱之賊又犯鄖縣之雷峰崨。"按,凡地名之"崨"皆指兩山相連處。清顧祖禹《讀史方輿紀要·四川四·夔州府》："官軍分六哨,由大崨、小崨、月崨關並進。"

俹 倚,靠。凡人倚靠於他人,則兩人相連。《玉篇·人部》："俹,俹倚也。"《廣韻·禡韻》："俹,倚俹。"按,蓋即同素逆序詞,亦爲同義聯合式合成詞。

〔推源〕諸詞俱有相連義,爲亞聲所載之公共義。聲符字"亞"所記録語詞本有次、倚、匹配義,皆與相連義相通。《爾雅·釋言》："亞,次也。"《説文·亞部》："亞,賈侍中説以爲次弟也。"清朱駿聲《通訓定聲》："《易·繫辭》荀本:'言天下之至賾而不可亞也。'注:'次也。'……《書·牧誓》:'亞旅。'《詩·載芟》:'侯亞侯旅。'《儀禮·士虞禮》:'魚亞之。'"《廣韻·禡韻》："亞,次也,就也。"漢袁康《越絶書·外傳紀策考》："吳越爲鄰……兩邦同城,相亞門户。"《南史·顏協傳》："時吳郡顧協亦在藩邸,與協同名,才學相亞,府中稱爲'二協'。"按,"亞"字之形體結構及所記録語詞之本義迄無定論。亞聲可載相連義,則"貫"可證之。

亞:影紐鐸部;

貫:見紐元部。

影見鄰紐,鐸元通轉。"貫",貫穿錢貝的繩索。《説文·毌部》："貫,錢貝之貫。从毌、貝。"清朱駿聲《通訓定聲》："从毌、貝,會意,毌亦聲。按,此字實即'毌'之小篆。《倉頡篇》:'以繩穿物曰貫。'《廣雅·釋詁四》:'貫,累也。'《釋言》:'貫,穿也。'《易·剥》:'貫魚以宫人寵。'"按,他物之貫穿爲其引申義,用本義之例亦有之。《史記·平準書》："京師之錢累巨萬,貫朽而不可校。"引申爲相連義。《荀子·王霸》："若夫貫日而治詳,一日而曲列之。"《漢書·谷永傳》："以次貫行,固執無違。"唐顏師古注："貫,聯續也。"唯"貫"有連義,故有"連貫"之同義聯合式合成詞。

(1013) 惡虺譅(惡毒義)

惡 凶惡,惡毒。《説文·心部》："惡,過也。从心,亞聲。"清朱駿聲《通訓定聲》："《周禮·司救》:'掌萬民之衺惡過失。'《左定五傳》:'吾以志前惡。'《易·象》傳:'君子以遏惡揚善。'又'不惡而嚴'。《法言·脩身》:'脩其惡則爲惡人。'"《廣韻·鐸韻》："惡,不善也。"《禮記·祭義》):是故惡言不出於口,忿言不反於身。"《漢書·王尊傳》："(楊輔)素行陰賊,惡口不信,好以刀筆陷人於法。"按,唯"惡"有毒義,故有"惡毒"之同義聯合式合成詞。

虺 毒蛇,惡毒之物。《説文·虫部》："虺,虵也。从虫,亞聲。"清朱駿聲《通訓定聲》："虺,虺屬……一名蚨,大眼,最有毒,淮南人呼'惡子'。"《廣韻·鐸韻》："虺,蛇名。"按,許書同部"蚨"篆訓"蛇惡毒長也"。《玉篇·長部》："蚨,虺也,蛇毒長也。"《漢司隸校尉楊涣石門頌》："虺蟲蔽狩,虺蛭毒蠻。"明劉基《郁離子·玄豹》："客喜,侑主人以文蚨之脩,主人吐舌而走。"又《瞽瞶》："夫天下之至毒莫如蛇,而蛇之毒者又莫如虺。虺噬木則木斃,齧人獸則人獸斃,其烈猶火也。"

誣 詆毁。凡詆毁言必惡。《説文·言部》:"誣,相毁也。从言,亞聲。"《玉篇·言部》:"誣,《左氏傳》'兩相誣'是也。"《廣韻·姥韻》:"誣,相毁兒。"

〔推源〕 諸詞俱有惡毒義,爲亞聲所載之公共義。聲符字"亞"所記録語詞本有醜惡義。《説文·亞部》:"亞,醜也。"清朱駿聲《通訓定聲》:"《孟子》:'雖有惡人。'以'惡'爲之。"《廣韻·禡韻》:"亞,醜也。"馬王堆漢墓帛書《十六經·果童》:"夫地有山有澤,有黑有白,有美有亞。"又《經法·四度》:"美亞有名,逆順有刑。"醜、惡、毒,諸義皆相通。亞聲可載毒義,則"蠍"可證之。

亞:影紐鐸部;
蠍:曉紐月部。

影曉鄰紐,鐸月通轉。"蠍",毒蝎,字亦作"蝎"。《廣韻·月韻》:"蠍,螫人蟲。"《篇海類編·鱗介類·虫部》:"蠍,或作'蝎'。"晉干寶《搜神記》卷十八:"(書生)乃握劍至昨夜應處,果得老蝎,大如琵琶,毒長數尺。"《北齊書·南陽王綽傳》:"(後主)問在州何者最樂。對曰:'多取蠍,將蛆混,看極樂。'"宋邵雍《感事吟》:"蛇頭蝎尾不相同,毒殺人多始是功。"

(1014) 唸啞(閉義)

唸 門戶掩閉。《全元散曲·普天樂》:"繡幕垂,朱扉唸。"元白樸《套數·寄生草》:"下危樓強把金蓮撒,深沉院宇朱扉唸。"

啞 不能言,即閉口之義。字亦作"瘂"。《玉篇·口部》:"啞,不言也。"《廣韻·馬韻》:"啞,不言也。瘂、歑,並上同。"清朱駿聲《説文通訓定聲·豫部》:"《史記·刺客傳》:'吞炭爲啞。'《索隱》:'謂瘖病。'當爲此字本訓。《埤蒼》:'瘂,瘖也。'字亦作'瘂'。"元鄭廷玉《後庭花》第一折:"有個孩兒唤做福童,是個啞子,不會説話。"《太平御覽》卷九百三十四引《廣五行記》:"日暮還家,楷病口瘂,不復得語。"宋釋道原《景德傳燈録》卷十四:"盲者依前盲,瘂者依前瘂。"

〔推源〕 此二詞俱有閉義,爲亞聲所載之公共義。亞聲字"椏"亦可以假借字形式表掩閉義,則亦亞聲、閉義相關聯之一證。元李子昌《梁州令》套曲:"春晝永,朱扉半椏;東風静,湘簾低挂。"聲符字"亞"單用本可表掩閉義。宋蔡伸《醜奴兒慢》:"花籠淡月,重門深亞。"元楊梓《豫讓吞炭》第三折:"見箇矮闊闊堦基,將板門兒亞。"亞聲可載閉義,則"掩"可證之。

亞:影紐鐸部;
掩:影紐談部。

雙聲,鐸談通轉。"掩",遮蔽。《説文·手部》:"掩,斂也。"《書·盤庚上》:"世選爾勞,予不掩爾善。"僞孔傳:"言我世世選汝功勤,不掩蔽汝善。"引申爲關閉、閉合。南朝梁沈約

《直學省愁臥詩一首》："愁人掩軒卧,高牖時動扉。"唐王駕《社日》："鵝湖山下稻粱肥,豚栅雞棲半掩扉。"

(1015) 穲䅏(搖動義)

穲 稻搖動。《正字通·禾部》："穲,穲䅏,稻搖動貌。"按,所謂"穲䅏"即禾穲搖,搖擺字作"擺",从罷得聲,"穲"與之同。"穲䅏"亦作"罷亞"。唐杜牧《郡齋獨酌》："罷亞百頃稻,西風吹半黄。"宋裘萬頃《雨後》："新香浮穲䅏,餘潤溢潺湲。"元薩都刺《鼎湖哀》："五年晏然草不動,百穀穲䅏風雨前。"

䅏 搖動。《玉篇·手部》："䅏,搋搖,搖也。"《集韻·哿韻》："搖,搋搖,搖也。"宋普濟《五燈會元·韶山寰普禪師》："闍黎按劍上來,老僧搋鎗相待。"《水滸全傳》第十三回："左陣上急先鋒索超兜住馬,搋着金蘸斧,立馬在陣前。"

〔推源〕 此二詞俱有搖動義,爲亞聲所載之公共義。聲符字"亞"所記録語詞與搖動義不相涉,其搖動義乃亞聲所載之語源義。亞聲可載搖動義,"晃"可證之。

亞：影紐鐸部；
晃：匣紐陽部。

影匣鄰紐,鐸陽對轉。"晃",日光閃耀。字亦作"晄"。《廣韻·蕩韻》："晃,光也。亦作'晄'。"《説文·日部》："晄,明也。"清朱駿聲《通訓定聲》："《廣雅·釋言》：'晃,暉也。'《釋訓》：'晃晃,明也。'……《秋興賦》：'天晃朗以彌高兮。'"引申爲晃動、搖動義。宋蘇轍《次韻王適〈春雪〉》："中夜窗扉初晃漾,平明草木半低斜。"元王子一《誤入桃源》第二折："似這般花月神仙,晃動了文章鉅公。"

372 其聲

(1016) 諅惎(忌義)

諅 《説文·言部》："諅,忌也。从言,其聲。《周書》曰：'上不諅于凶德。'"清朱駿聲《通訓定聲》云許慎所引之"諅"今作"忌"。按,即妒嫉義。北齊劉晝《新論·傷讒》："讒嫉之人,必好聞人惡,惡聞人善,妒才智之在己前,諅富貴之在己上。"按,"妒""諅"對文同義。

惎 忌恨,妒嫉。清朱駿聲《説文通訓定聲·頤部》："惎,〔假借〕爲'忌'。《小爾雅·廣言》：'惎,忌也。'《左哀元傳》：'惎澆能戒之。'《廿七傳》：'由是惎智伯。'按,憎惡也。"按,"惎"之本義《説文》訓"毒",即毒害義,此與忌恨、妒嫉義本相通,故"惎"表忌恨、妒嫉義無煩假借。

〔推源〕 此二詞俱有忌義,爲其聲所載之公共義。聲符字"其"象簸箕形,爲"箕"之初文,謂簸箕,與忌義不相涉,其忌義乃其聲所載之語源義。"其""忌"上古音同,群紐雙聲,之部疊韻。"忌"之本義即忌恨。《説文·心部》:"忌,憎惡也。"《國語·晉語三》:"晉君大失其衆,背君賂,殺里克,而忌處者,衆固不説。"三國吴韋昭注:"忌,憎也。"引申爲妒嫉義。《荀子·致士》:"隱忌雍蔽之人,君子不近。"唐楊倞注:"忌,謂妒賢。"

373　取聲

(1017) 諏掫娶(取義)

諏　諮詢,謀求(見下條),因引申爲擇取義。清朱駿聲《説文通訓定聲·需部》:"諏,《儀禮·特牲饋食禮》:'不諏日。'"《新唐書·信安王禕傳》:"既到屯,諏日進師。"徐珂《清稗類鈔·獄訟類》:"吴女乃笄,諏吉入門成婚禮。"

掫　以手取物。《廣雅·釋詁三》:"掫,持也。"《廣韻·有韻》:"掫,持物相著。"《集韻·尤韻》:"掫,手取物也。"

娶　男子取得妻子。《説文·女部》:"娶,取婦也。从女,从取,取亦聲。"清朱駿聲《通訓定聲》:"《易·姤》:'勿用娶女。'《左襄廿六傳》:'椒舉娶于申公牟。'《論語》:'君娶于吴。'《孟子》:'娶妻如之何?'〔聲訓〕《白虎通》:'娶者,取也。'"

〔推源〕　諸詞俱有取義,爲取聲所載之公共義。聲符字"取"爲會意字,从又,从耳,其所記録語詞之本義爲割取戰俘、獵物之耳,虛化引申爲取得。《説文·又部》:"取,捕取也。从又,从耳。《周禮》:'獲者取左耳。'《司馬法》:'載獻聝。'聝者,耳也。"《周禮·夏官·大司馬》:"大獸公之,小禽私之,獲者取左耳。"《左傳·僖公二十年》:"且今之勍者,皆吾敵也,雖及胡耇,獲則取之。"《廣韻·麌韻》:"取,收也,受也。"按,收取、受取即取得。《荀子·王制》:"成侯、嗣公聚斂計數之君也,未及取民也;子産取民者也,未及爲政也。"所謂"取民"即取得民心義。取得義爲"取"之基本義。又娶妻之"娶"本作"取",清朱駿聲以爲"取"借作"娶",後世辭書亦有从其説者。按,娶妻即取得妻子,"取"亦爲本字,"娶"乃專記此義之後起本字。綜觀之,本條諸詞之取義爲其聲符"取"所載之顯性語義。

(1018) 聚壆冣菆諏掫(聚集義)

聚　會合,聚集。《説文·㐺部》:"聚,會也。从㐺,取聲。邑落雲聚。"清朱駿聲《通訓定聲》:"今曰邨,曰鎮,北方曰集,皆是。《廣雅·釋詁二》:'尻也。'《史記·五帝紀》:'一年而所居成聚。'〔轉注〕《方言》三:'萃、襍,集也,東齊曰聚。'"《廣韻·麌韻》:"聚,衆也,共也,斂也。"《易·繫辭上》:"方以類聚,物以群分。"《莊子·則陽》:"安危相易,禍福相生,緩急相摩,聚散以成。"按,《説文》所訓實爲二義,"邑落"當爲本義,邑落爲衆人所聚集處,因引申爲會合、聚集義。

壆　聚積之土。《説文·土部》:"壆,土積也。从土,从聚省。"南唐徐鍇《繫傳》:"聚省聲。"清朱駿聲《通訓定聲》:"按,取聲。《纂文》:'吳人以積土爲垜,垜,堅也。'《白虎通》:'琮之言堅也,象萬物之宗堅也。'"《廣韻·遇韻》:"堅,垜也。"唐玄應《一切經音義》卷十二引《通俗文》:"積土曰垜。"按,"垜""堆"義同、聲相近。

冣 聚集。《說文·一部》:"冣,積也。从一,从取,取亦聲。"清朱駿聲《通訓定聲》:"《史記》:'大冣樂戲于沙丘。'《公羊傳》:'會猶冣也。'凡冣目、冣括、殿冣字皆當作此。"按,所引《史記·殷本紀》之"最"異文作"冣"。《墨子·號令》:"嚴令吏民無敢讙囂、三冣、並行。"岑仲勉注:"三冣,三人相聚。冣與聚通。"按,"冣"與"聚"用法同,然其本義有別。《隸釋·漢槀長蔡湛頌》:"三載勳冣,功蹬王府。"

叢 其本義《說文》訓"麻蒸",謂麻秆;亦可指草叢生,則爲套用字。草叢生即草相聚集,"叢"字乃以取聲載聚集義。《玉篇·艸部》:"叢,草也,叢生也。"《廣韻·東韻》:"叢,聚也。藂,俗。"羅振玉《讀碑小箋》:"漢《開母闕銘》有'叢'字,即'叢'之別體。"漢楊孚《異物志》:"葭蒲,藤類,蔓延他樹,以自長養,子如蓮,叢著枝葛間。"虛化引申爲聚集義。《禮記·檀弓上》:"天子之殯也,叢塗龍輴以椁。"唐孔穎達疏:"叢,叢也,謂用木叢棺而四面塗之,故云叢塗也。"

諏 人相聚集而諮詢、商議。《說文·言部》:"諏,聚謀也。从言,取聲。"清朱駿聲《通訓定聲》:"《爾雅·釋詁》:'謀也。'《詩·皇皇者華》:'周爰諮諏。'《左襄四傳》:'諮事爲諏。'《魯語》:'咨才爲諏。'"《玉篇·言部》:"諏,問正(政)事也。"按,凡君王諮詢政事必聚集衆臣。三國蜀諸葛亮《出師表》:"陛下亦宜自謀,以諮諏善道,察納雅言。"清劍華道人《記日本議院論中國創設海軍事》:"日本聞而大懼,乃開議院集衆諏諮。"

掫 聚集。明趙南星《夫頭說》:"趙貴等非有官爵權勢也,掫聚多人而盡其力以衣食之,使無捐瘠爲亂。"按,"掫聚"同義連文,"掫"字从手,有以手取物義,與聚集義通。

〔推源〕 諸詞俱有聚集義,爲取聲所載之公共義。聲符字"取"單用本可表聚集義。清朱駿聲《說文通訓定聲·需部》:"取,〔假借〕又爲'聚'。《左昭二十傳》:'取人于萑苻之澤。'"按,"取"表聚集義無煩假借,乃引申。"取"之本義爲割取左耳,引申爲獲取、取得義。連續獲得則所獲者聚集,義本相通。《東周列國志》第四十二回:"晉文公以朝王之舉,播告諸侯,俱約冬十月朔,於溫地取齊。"取聲可載聚集義,則"積"可相證。

取:清紐侯部;
積:精紐錫部。

清精旁紐,侯錫旁對轉。"積",聚積穀類物,虛化引申爲聚集義。《說文·禾部》:"積,聚也。"清朱駿聲《通訓定聲》:"禾穀之聚曰積……《左僖三十三傳》:'居則具一日之積。'注:'芻米禾薪。'〔轉注〕《小爾雅·廣詁》:'積,叢也。'《楚語》:'無一日之積。'注:'積,儲也。'《列子·湯問》:'聚柴積而禁之。'《大戴·子張問》:'入官源泉不竭,故天下積也。'注:'謂歸湊也。'"

(1019) 鯫豰（小義）

鯫 小魚，移以言人，謂愚陋渺小者。《説文·魚部》："鯫，白魚也。从魚，取聲。"清朱駿聲《通訓定聲》："按，白小魚。《史記·貨殖傳》：'鯫千石，鮑千鈞。'〔轉注〕《史記·項羽紀》：'鯫生説我。'服虔曰：'鯫，小人兒也。'《高祖紀》索隱：'小生也。'"《廣韻·厚韻》："鯫，淺鯫，小人。"又《侯韻》："鯫，小人之兒也。"又《虞韻》："鯫，淺鯫，小人不耐事兒。"唐李邕《葉有道碑》："粵惟博物君子，豈伊小説鯫生乎！"明王夫之《宋論·太宗》："師鯫儒之章程，殉小生之矩步。"

豰 小豬。《玉篇·豕部》："豰，小母豬。豰，同豰。"《廣韻·麌韻》："豰，同豰。""豰，小母豬也。"清朱駿聲《説文通訓定聲·需部·附〈説文〉不録之字》："豰，《廣雅·釋獸》：'豰，豕牝也。'"《初學記》卷二十九引南朝宋何承天《纂文》："齊、徐以小豬爲豰。"按，即所謂豬仔。按，小豬亦稱"豵"。《説文·豕部》："豵，生六月豚。""豰"字之音《廣韻》載雛禹切，其上古音爲崇紐魚部；"豵"字子紅切，其上古音爲精紐東部。崇精旁紐，魚東旁對轉。然則出諸同一語源者。

〔推源〕 此二詞俱有小義，爲取聲所載之公共義。聲符字"取"所記録語詞之本義、引申義系列與小義不相涉，其小義乃取聲所載之語源義。聲符字"取"爲清紐侯部字，"小"字心紐宵部，清心旁紐，侯宵旁轉。故取聲可載小義。

(1020) 趣/趨（趨向義）

趣 字从走，謂行走，行走則有朝向，故引申爲趨向義。《説文·走部》："趣，疾也。从走，取聲。"清朱駿聲《通訓定聲》："《廣雅·釋詁一》：'遽也'……《周禮·縣正》：'趣其稼事。'〔假借〕爲'趨'。《詩·棫樸》：'左右趣之。'《縣》：'來朝趣馬。'又《列子·湯問》：'汝先觀吾趣。'注：'行也。'《淮南·原道》：'秉其要歸之趣。'按，向也。《琴賦序》：'覽其旨趣。'注：'意也。'"按，"趣"表趨向、行爲義，皆非假借，乃引申。至旨意、志趣，即人所趨向、傾向者，諸義皆同條共貫。《廣韻·遇韻》："趣，趣向。"三國魏嵇康《釋私論》："論其用心，定其所趣。"《文選·謝惠連〈西陵遇風獻康樂一首〉》："趣途遠有期，念離情無歇。"唐李善注："趣，向也。"

趨 疾行，引申爲奔赴、趨向義。《説文·走部》："趨，走也。"清朱駿聲《通訓定聲》："疾行曰趨、曰走。《禮記·玉藻》：'走而不趨。'〔轉注〕《史記·商君傳》：'秦人皆趨令。'《索隱》：'向也，附也。'《孟子》：'其趨一也。'《漢書·藝文志》：'苟趨省易。'"《漢書·欒布傳》："上召布罵曰：'若與彭越反邪？吾禁人勿收，若獨祠而哭之，與反明矣。趣亨之。'方提趨湯，顧曰：'願一言而死。'"唐顏師古注："趨，向也。"

〔推源〕 此二詞俱有趨向義，其音亦同，清紐雙聲，侯部疊韻，則其語源當同。

374　昔聲

（1021）逪齰錯碏鯌縒（交錯、錯雜義）

逪　交錯。《說文·辵部》："逪，迹逪也。从辵，昔聲。"清朱駿聲《通訓定聲》："迊逪也……《廣雅·釋詁二》：'逪，佝也。'《釋言》：'迊也。'按，東西爲迊，衺行曰逪。《詩·楚茨》：'獻酬交錯。'以'錯'爲之。"清段玉裁注亦改其解釋文爲"迊逪"。《廣韻·鐸韻》："逪，《說文》云：'迊逪也。'"清孫詒讓《名原·古章原象》："盤屈丩互，迊逪滿體。"清李慈銘《越縵堂讀書記·歷史·資治通鑑》："紛拏迊逪，尤苦雜糅。"

齰　牙齒不齊，即相交而錯位義。《廣韻·禡韻》："齰，齰齖。"又"齖，齰齖，不相得也"。《集韻·禡韻》："齖，齰齖，齒不相值。"

錯　有銼刀義，銼刀乃銼磨工具，凡銼磨往而復，故引申爲交錯義、錯雜義。《廣韻·鐸韻》："錯，雜也。《詩》傳云：'東西爲交，邪行爲錯。'"清朱駿聲《說文通訓定聲·豫部》："錯，〔假借〕爲'逪'。《賈子·道術》：'動靜攝次謂之比，反比爲錯。'《小爾雅·廣訓》：'錯，襍也。'《易·繫辭》傳：'錯綜其數。'《書·禹貢》：'厥賦惟上，上錯。'《詩·漢廣》：'翹翹錯薪。'《儀禮·特牲禮》：'交錯以辯。'注：'猶言東西。'《穆天子傳》：'士女錯踴。'注：'互也。'《楚辭·國殤》：'車錯轂兮短兵接。'注：'交也。'《吳都賦》：'襂襹錯繆。'"按，"錯"表交錯、錯雜義非假借，乃引申。"錯"之本義《說文》訓"金塗"，即以金塗飾義，此與銼磨、交錯、錯雜義皆相通。

碏　石頭多種顏色相交錯。《集韻·藥韻》："碏，石雜色。"唐褚載《移石》："浪浸多年苔色在，洗來今日碏痕深。"

鯌　鯊魚，以其鱗皮之色斑駁錯雜而稱"鯌"。《廣韻·鐸韻》："鯌，魚名。"又《藥韻》："鯌，魚名。出東海。"明李時珍《本草綱目·鱗部·鮫魚》："〔釋名〕鮫魚，沙魚。時珍曰：鮫皮有沙，其文交錯鵲駮，故有諸名。古曰鮫，今曰沙，其實一也。"北魏酈道元《水經注·浪水》："浪水又東逕懷化縣，入於海，水有鯌魚。裴淵《廣州記》曰：鯌魚長二丈，大數圍，皮皆鑢物。"明楊慎《異魚圖讚》卷二："南越勁鯌，揚鬐排流，鱗皮斑駁，可飾剸緱。"

縒　竹索，以篾交糾而成者。《玉篇·糸部》："縒，亦'筰'字，竹繩。"《廣韻·鐸韻》："筰，竹索，西南夷尋之以渡水。"按，謂竹索橋。《集韻·昔韻》："筰，引舟篊。或作縒。"按，"筰"《說文》訓"笮"，謂竹索，作"笮"則其糾絞、交錯義益顯。《廣韻·鐸韻》"縒"訓"草繩"，草繩亦由多股糾絞、交錯而成者。

〔**推源**〕　諸詞俱有交錯、錯雜義，爲昔聲所載之公共義。聲符字"昔"所記錄語詞之基本義爲往昔，或以爲其字从日、从水會意，謂遠古洪荒、洪水滔天之時。《廣韻·昔韻》："昔，往也，始也。"《書·堯典》："昔在帝堯，聰明文思，光宅天下。"然則與交錯、錯雜義不相涉，其交錯、錯雜義乃昔聲所載之語源義。昔聲可載交錯、錯雜義，"攙"可證之。

昔：心紐鐸部；

攙：初紐談部。

心初準旁紐，鐸談通轉。"攙"，其本義《説文新附》訓"刺"，即刺入、插入義，引申爲摻入義，摻雜字後世以"摻"爲之。摻入則即二物相交錯而錯雜。唐劉禹錫《和汴州令狐相公到鎮改月偶書所懷二十二韻》："旌旗遥一簇，烏履近相攙。"明湯顯祖《牡丹亭·淮泊》："多攙白水江湖酒，少賺黃邊風月錢。"

(1022) 錯皵（粗義）

錯 粗礪石。清朱駿聲《説文通訓定聲·豫部》："《列女傳·仁智》：'錯者，所以治鋸。'……《書·禹貢》：'錫貢磬錯。'《詩·鶴鳴》：'可以爲錯。'"按，所引《書》文僞孔傳："治玉石曰錯。"按，"錯"爲粗礪石，本謂"粗"之義素，故引申爲粗糙義。《集韻·藥韻》："錯，物理麤也。"宋郭茂倩編《樂府詩集》之《相和歌辭十三·孤兒行》："手爲錯，足下無菲。"按"菲"謂草鞋，無鞋則足下膚粗，"手爲錯"則謂手之膚粗如銼刀。漢張仲景《金匱要略·血痹虛勞》："肌膚甲錯，兩目黯黑。"

皵 樹皮粗。字亦作"棤"。《爾雅·釋木》："棤，皵。"宋邢昺疏："木皮甲麤錯者名棤，亦名皵。"又："槐小葉而楰；大而皵，楸；小而皵，榎。"晉郭璞注："皵，老乃皮麤皵者爲楸，小而皮麤皵者爲榎。"《廣韻·藥韻》："皵，皮皴。"唐李咸用《覽友生古風》："皴皵老松根，晃朗驪龍窟。"按，"皵"亦指人之皮膚粗糙而皴裂。《集韻·鐸韻》："皵，皻也。"宋李綱《淵聖皇帝賜寶劍生鐵花感而賦詩》："霜寒冰滑無皵皵，指揮尚可清妖氛。"

〔推源〕 此二詞俱有粗義，爲昔聲所載之公共義。聲符字"昔"所記録語詞與粗義不相涉，其粗義乃昔聲所載之語源義。昔聲可載粗義，"粗"可證之。

昔：心紐鐸部；

粗：清紐魚部。

心清旁紐，鐸魚對轉。"粗"，粗糙之米，粗糧，引申爲粗大、粗糙等義。《説文·米部》："粗，疏也。"清朱駿聲《通訓定聲》："糲米也。禾、黍、粟十六斗大半斗舂爲米一斛。《詩》：'彼疏斯粺。'《論語》：'飯疏食。'以'疏'爲之。稷米粒大，亦謂之疏。〔轉注〕《廣雅·釋詁一》：'粗，大也。'凡不精者皆曰粗。《禮記·月令》：'其器高以粗。'《樂記》：'其聲粗以厲。'"

(1023) 厝錯踖（磨義）

厝 磨刀石。《説文·厂部》："厝，厲石也。从厂，昔聲。"清朱駿聲《通訓定聲》："如今金剛鑽之類。字亦作'磋'。《詩·鶴鳴》：'佗山之石，可以爲厝。'今本以'錯'爲之。漢石經《公羊傳》以'踖'爲之。"按，"厝"所記録語詞存乎語言，"厝"爲本字；"磋"爲套用字，其本義謂石雜色,見前第 1021 條;作"錯",則取其引申義;"厝"爲假借字而已。《廣韻·鐸韻》:"厝,礪石。"

錯 粗礪石(見前第 1021 條),引申爲磨義。清朱駿聲《説文通訓定聲·豫部》:"錯,〔假借〕又爲'厝'。《廣雅·釋詁三》:'錯,磨也。'《釋器》:'鋁謂之錯。'……《易·説卦》傳:'八卦相錯。'虞注:'摩也。'"按,非假借,乃引申。《集韻·御韻》:"鑢,《説文》:'錯銅鐵也。'或从吕。"漢王符《潛夫論·讚學》:"不琢不錯,不離礫石。"

䃺 磨碎的豆子。《廣韻·陌韻》:"䃺,磨豆。"《新唐書·張孝忠傳》:"貞元二年,河北蝗,民餓死如積。孝忠與其下同粗淡,日膳裁豆䃺而已。"

〔推源〕 諸詞俱有磨義,爲昔聲所載之公共義。聲符字"昔"所記録語詞與磨義不相涉,其磨義乃昔聲所載之語源義。昔聲可載磨義,"磋"可證之。

昔:心紐鐸部;
磋:清紐歌部。

心清旁紐,鐸歌通轉。"磋",磨磋,治象牙以成器。《爾雅·釋器》:"象謂之磋。"《廣韻·歌韻》:"治象牙曰磋。"又《過韻》:"磋,磨磋,治象牙。"漢馬融《樗蒲賦》:"馬則玄犀象牙,是磋是礲。"引申爲磨義。《廣雅·釋詁三》:"磋,磨也。"宋蘇軾《書若逵所書經後》:"如海上沙,是誰磋磨,自然匀平,無有麁細;如空中雨,是誰揮灑,自然蕭散,無有疎密。"徐珂《清稗類鈔·鑒賞類》:"石初剖時,須以琉球礪石磋之。"

(1024)醋䄍譜(相酬義)

醋 客人以酒回敬、酬報主人。《説文·酉部》:"醋,客酌主人也。从酉,昔聲。"清朱駿聲《通訓定聲》:"今以爲酢醶字,二字互訛。如'稙''種'之比。凡進酒于客曰獻,客答主人曰醋,主人又導飲以酌客曰酬,凡酌而無酬醋者謂之醮。《易·繫詞》京本:'可與酬醋。'《儀禮·特牲禮》:'尸以醋主人。'《有司徹》:'尸以醋主婦。'又《爾雅·釋詁》:'酢,報也。'"按,所引《儀禮·特牲饋食禮》文漢鄭玄注:"醋,報也……古文醋作'酢'。"《玉篇·酉部》:"醋,報也。進酒於客曰獻,客答主人曰醋。"

䄍 年終酬報諸神之大祭。筆者尚於幼時見之。徽歙人置肉、年糕、豆腐等物於地,報祭諸神已祐一年之平安,稱之爲"謝大神"。其字亦以"蠟"爲之。《玉篇·示部》:"䄍,報祭也。古之臘曰䄍。"《廣韻·禡韻》:"䄍,年終祭名,或作'蜡'。《廣雅》曰'夏曰清祀,殷曰嘉平,周曰大䄍,秦曰臘'也。"清朱駿聲《説文通訓定聲·豫部》:"蜡,《周禮·羅氏》:'蜡則作羅襦。'司農注:'謂十二月大祭萬物也。'《家語·觀鄉射》:'子貢觀于蜡。'注:'歲十有二月,索群神而祀之,今之臘也。'……字亦作'䄍'。《廣雅·釋天》:'䄍,祭也。'"唐柳宗元《䄍説》:"將䄍,進有司以問䄍之説,則曰:'合百神於南郊,以爲歲報者也。'"

譜 其本義《説文·言部》訓"大聲",猶今言之"咋呼",又有酬言義,則爲套用字,乃以昔聲表酬義。《集韻·鐸韻》："諎，酬言也。"唐玄奘《大唐西域記》卷二："於是如意詰諎外道，九十九人已退飛矣。"按，"詰"謂詰問，其"諎"則正爲酬答義。清朱駿聲《說文通訓定聲·豫部》："《爾雅》：'行扈唶唶。'李注：'唶唶嘖嘖，鳥聲兒也。'"按，"唶"爲"諎"之或體，許慎已言之，構件"言""口"及"欠"所表義類多同。疑"唶唶"爲鳥和鳴義，鳥和鳴則如人酬言。

〔推源〕 諸詞俱有相酬義，爲昔聲所載之公共義。聲符字"昔"所記錄語詞之本義、引申義系列與相酬義不相涉，其相酬義乃昔聲所載之語源義。昔聲可載相酬義，"酬"可證之。

昔：心紐鐸部；

酬：禪紐幽部。

心禪鄰紐，鐸幽旁對轉。"酬"，宴飲時主人酬謝客人，引申爲酬報義。《說文·酉部》："醻，主人進客也。从酉，壽聲。酬，醻或从州。"清朱駿聲《通訓定聲》："凡主人酌賓曰獻，賓還酌主人曰酢，主人又自飲以酌賓曰酬。《爾雅·釋詁》：'酬，報也。'……《周語》：'交酬好貨者皆厚。'注：'交酬，相酬之幣也。'又《左昭廿七傳》：'吾無以酬之。'注：'報獻也。'又《吳語》：'自剄于客前以酬客。'注：'扱也。'〔聲訓〕《詩·彤弓》傳：'酬，報也。'"

(1025) 渚/遮（遮攔義）

渚 攔水的土壩。《說文·水部》："渚，所以攦水也。从水，昔聲。《漢律》曰：'及其門首灑渚。'"清朱駿聲《通訓定聲》："《廣雅·釋宮》：'渚，隁也。'"《廣韻·暮韻》："渚，壅水。"黃侃《蘄春語》："吾鄉謂池塘通水溝，可隨時以泥閉塞者，曰澑溝，其塞之者曰渚塘溝。"

遮 遮攔，遏止。《說文·辵部》："遮，遏也。"清朱駿聲《通訓定聲》："《呂覽·應同》：'子不遮乎親。'注：'遮，後遏也。'《通俗文》：'天子出，虎賁伺非常，謂之遮迾。'"《篇海類編·人事類·辵部》："遮，攔也。"《史記·楚世家》："楚懷王亡逃歸，秦覺之，遮楚道，懷王恐，乃從間道走趙以求歸。"

〔推源〕 此二詞俱有遮攔義，其音亦相近且相通。

渚：莊紐鐸部；

遮：章紐魚部。

莊章(照)準雙聲，鐸魚對轉。其語源當同。

(1026) 斮/斫（斬義）

斮 斬。《說文·斤部》："斮，斬也。从斤，昔聲。"清朱駿聲《通訓定聲》："裹斬曰斫，正斬曰斮。《爾雅·釋器》：'魚曰斮之。'《廣雅·釋詁一》：'斮，斷也。'《羽獵賦》：'斮巨狿。'《東京賦》：'斮獝狂。'注：'擊也。'又，《公羊成二傳》：'曰法斮。'《楚詞·怨世》：'羌兩足以畢斮。'《後漢·董卓傳》：'刳肝斮趾之性。'"按，所引《後漢書》之"斮"異文作："剫"，爲或體。《南史·宋本紀下》："左右失旨，往往有刳剔斷截，禁中懍懍，若踐刀劍。"

斫 砍,斬。清朱駿聲"衺斬曰斫"説可從,徽歙方言稱砍樹、砍柴爲"斫樹""斫柴",即以刀斧斜斬。《説文·斤部》:"斫,擊也。"漢枚乘《七發》:"龍門之桐,高百尺而無枝……使琴摯斫斬以爲琴。"按,"斫斬"蓋爲同義連文。《北史·楊㩙傳》:"及齊神武圍玉壁,別令侯景趣齊子嶺。㩙恐入寇邵郡,率騎禦之。景遠聞㩙至,斫木斷路者六十餘里。"

〔推源〕 此二詞俱有斬義,其音亦相近且相通。

斬:莊紐鐸部;

斫:章紐鐸部。

疊韻,莊章(照)準雙聲。其語源當同。

375　若聲

(1027) 惹蠚(觸犯義)

惹 招惹。《廣韻·馬韻》:"惹,亂也。"按招惹是非則亂。宋陳師道《後山談叢》卷二:"六一爲布衣,客相之曰:'耳白於面,名則遠聞;唇不貼齒,一生惹謗。'"引申爲觸犯。《清平山堂話本·快嘴李翠蓮記》:"大伯説話不知禮,我又不曾惹着你。"按,今北方方言有"招誰惹誰"語,即招惹而觸犯義。

蠚 蟲行毒,即蟲犯人之義。字亦作"蜡""蠚",亦省作"䖔"。《説文·虫部》:"蠚,螫也。从蟲,若省聲。"清朱駿聲《通訓定聲》:"字亦作'蠚',作'䖔'。《字林》:'蠚,蟲行毒也。'《廣雅·釋詁二》:'蠚,痛也。'《漢書·蒯通傳》:'蠚,毒也。'《廣韻·鐸韻》:"蠚,螫也。亦作'䖔'。"又《藥韻》:"蠚,蟲行毒。亦作'䖔'。"沈兼士《聲系》:"案'䖔',《説文》作'蠚'。《集韻》'䖔'注:'蠚、䖔同。'"《山海經·西山經》:"(崑崙之丘)有鳥焉,其狀如蜂,大如鴛鴦,名曰欽原,蠚鳥獸則死,蠚木則枯。"《楚辭·天問》"蠚蛾微命"漢王逸注:"蜂蛾,有蜡毒之蟲。"晉葛洪《抱朴子·内篇·登涉》:"今吳楚之野,暑濕鬱蒸,雖衡霍正岳,猶多毒蠚也。"

〔推源〕 此二詞俱有觸犯義,爲若聲所載之公共義。聲符字"若"所記録語詞謂選擇。《説文·艸部》:"若,擇菜也。从艸、右。右,手也。"清朱駿聲《通訓定聲》:"〔韓注〕《晉語》:'吾誰使先若夫二公子而立之。'按,擇也。"清段玉裁注:"擇菜,引伸之義也。"按,朱氏所云"轉注"即引申,"若"之本義以許、朱之説爲長,草可爲菜。"若"之引申義系列亦與觸犯義不相涉,其觸犯義乃若聲所載之語源義。若聲可載觸犯義,則"觸"可證之。

若:日紐鐸部;

觸:昌紐屋部。

日昌(三等即穿)旁紐,鐸屋旁轉。"觸",動物以角相抵觸。《説文·角部》:"觸,抵也。"清朱駿聲《通訓定聲》:"《新序·雜事》:'獸窮則觸。'"引申爲觸犯義。《篇海類編·鳥獸類·角部》:"觸,犯也。"《漢書·元帝紀》:"重以周秦之弊,民漸薄俗,去禮儀,觸刑法,豈不哀哉!"又《東方朔傳》:"糞土愚臣,忘生觸死。"唐顏師古注:"忽忘其生而觸死罪也。"唯"觸"有犯義,故有"觸犯"之同義聯合式合成詞。漢王充《論衡·難歲》:"豈獨抱器載物,去宅徙居觸犯之者而乃責之哉!"

(1028) 惹閣搦(引義)

惹 招惹,引起。唐段成式《柳枝》:"只向江南並塞北,酒旗相伴惹行人。"宋戴復古《釣臺》:"平生誤識劉文叔,惹起虛名滿世間。"

閣 牽引。《廣韻·藥韻》:"閣,閛閣,牽引也。"按,"閛閣"可分訓。《集韻·藥韻》:"閣,牽引也。"又《有韻》:"閛,門關也。"按,門有轉樞,故門可牽引而開合。樞紐字"紐"从丑得聲,正與"閛"同。

搦 挑戰,引誘其敵。《水滸傳》第八十三回:"只見宋江陣中猛將搖旗吶喊,耀武揚威,搦戰厮殺。"又第一百一十四回:"王仁却搦花榮出戰。"按,"搦"又有握持、拿捏義,表引義,爲其套用字。

〔推源〕 諸詞俱有引義,爲若聲所載之公共義。聲符字"若"謂選擇,即引取,其義當相通。若聲可載引義,則"延"可證之。

若:日紐鐸部;

延:余紐元部。

日余(喻四)旁紐,鐸元通轉。"延",長,遠,時空之長遠即延伸、前引之意。故引申爲在前引導、接引義。《説文·延部》:"延,長行也。"清朱駿聲《通訓定聲》:"《爾雅·釋詁》:'延,長也。'《離騷》:'延佇乎吾將反。'……《洛神賦》:'延頸秀項。'〔假借〕爲'引',實爲'辶'。《爾雅·釋詁》:'延,進也。'《儀禮·覲禮》:'擯者延之曰升。'注:'從後詔禮曰延。'《禮記·曲禮》:'主人延客祭。'"按,非假借,乃引申。《書·顧命》:"太保命仲桓、南宮髦,俾爰齊侯吕伋以二干戈、虎賁百人,迎子釗於南門之外,延入翼室。"按"延"又有引誘義。《史記·孫子吴起列傳》:"試延以公主,起有留心則必受之,無留心則必辭矣。"

(1029) 偌/如(如義)

偌 如此。元王實甫《西廂記》第一本第二折:"老僧偌大年紀,焉肯作此等之態。"清吳敬梓《儒林外史》第四十二回:"現放着偌大的十二樓,二老爺爲甚麽不去頑耍。"

如 順從。《説文·女部》:"如,从隨也。从女,从口。"清朱駿聲《通訓定聲》:"女子從人者也。"《公羊傳·桓公元年》:"繼弑君不言即位,此其言即位何,如其意也。"引申爲如同義。《廣雅·釋言》:"如,若也。"《廣韻·魚韻》:"如,似也。"《詩·王風·采葛》:"一日不見,如三秋兮。"宋洪邁《夷堅甲志·永康倡女》:"家人強挽以歸,如有所失,意忽忽不樂。"

〔推源〕 此二詞俱有如義,其音亦相近且相通。

偌：日紐鐸部；

如：日紐魚部。

雙聲,鐸魚對轉。則其語源當同。其"偌"字从若得聲,聲符字"若"單用本可表如義。《廣韻·藥韻》："若,如也。"清朱駿聲《説文通訓定聲·豫部》："《爾雅·釋言》：'猶,若也。'《考工·梓人》：'毋或若女不寧侯。'注：'如也。'"《書·盤庚上》："若網在綱,有條而不紊;若農服田力穡,乃亦有秋。"《孟子·梁惠王上》："以若所爲,求若所欲,猶緣木而求魚也。"按,"若"之如義非其顯性語義,乃若聲所載之語源義。

376　苗聲

(1030) 緢媌（細義）

緢　犛牛尾之細毛。《説文·糸部》："緢,旄絲也。从糸,苗聲。《周書》曰：'惟緢有稽。'"清朱駿聲《通訓定聲》："氂牛尾之細如絲者。《賈子·容經》：'跰旋之容,旄如濯絲。'以'旄'爲之。"陳瑑《引經考證》："《周書》……今本'緢'作'貌',僞傳云：'惟察其貌。'許所據作'緢',訓爲旄絲,謂絲之至細者,引申爲細密之義,則'唯緢有稽謂纖細之必察耳。'"《廣韻·巧韻》："緢,旄也。又絲名。"又《效韻》："緢,旄雜絲也。"

媌　女性身材細,苗條。漢揚雄《方言》卷一："秦晉之間,凡好而輕者謂之娥,自關而東,河濟之間,謂之媌。"唐韓愈、孟郊《城南聯句》："海岳錯口腹,趙燕錫媌娙。"按,"媌娙"當爲同義聯合式合成詞。《説文·女部》："娙,長好也。"又,"媌娙"亦作"娙媌",則爲同素逆序詞。清厲鶚《宣德窑青花脂粉箱歌》："底處重將脂粉調,吴王苑内買娙媌。"

〔推源〕此二詞俱有細義,爲苗聲所載之公共義。聲符字"苗"所記録語詞謂穀類作物之幼苗,細小者。《説文·艸部》："苗,艸生於田者。从艸,从田。"清朱駿聲《通訓定聲》："《詩·碩鼠》：'無食我苗。'傳：'嘉穀也。'《公羊莊七傳》：'無苗。'注：'苗者,禾也。生曰苗,秀曰禾。'"《廣韻·宵韻》："苗,田苗。禾秀也。"《詩·王風·黍離》："彼黍離離,彼稷之苗。"唐孔穎達疏："苗謂禾未秀。"引申之即有細義,細長枝條稱"苗條"。宋史達祖《臨江仙》："草脚春回細膩,柳梢綠轉苗條。"又女性身材細長亦稱"苗條",今語猶然,其義略同"媌"。然則本條二詞之細義爲其聲符"苗"所載之顯性語義。苗聲可載細義,則"杪"可證之。"苗""杪"同音,明紐雙聲,宵部疊韻。"杪",樹梢,樹木之細小部分。《説文·木部》："杪,木標末也。"清朱駿聲《通訓定聲》："與'朴'略同。《通俗文》：'樹鋒曰杪。'《方言》二：'木細枝謂之杪。'《漢書·司馬相如傳》：'偃蹇杪顛。'注：'枝上顛也。'"《後漢書·馬融傳》："杪標端,尾蒼蜼。"唐李賢注："杪、標並木末也。"虛化引申爲細小義。漢馮衍《自論》："常務道德之實,而不求當世之名。闊略杪小之禮,蕩佚人間之事。"

(1031) 描/摹(描摹義)

描 描畫,描摹。《廣韻·宵韻》:"描,描畫也。"宋梅堯臣《金山寺·序》:"向使善工描畫,不能盡其美。"明湯顯祖《牡丹亭·寫真》:"三分春色描來易,一段傷心畫出難。"

摹 描摹。《説文·手部》:"摹,規也。"《玉篇·手部》:"摹,規摹也。"《後漢書·蔡邕傳》:"及碑始立,其觀視及摹寫者,車乘日千餘兩,填塞街陌。"元佚名《梧桐葉》第一折:"這書學宗秦、漢,摹唐、晉;這筆陣流三峽,掃三軍。"

〔推源〕 此二詞俱有描摹義,其音亦相近且相通。

描:明紐宵部;
摹:明紐魚部。

雙聲,宵魚旁轉。則其語源當同。又"描摹"亦爲複音詞,乃單音節同源詞相聯合而成者。

377　英聲

(1032) 韺瑛媖(精英義)

韺 樂名。其名寓精英義。《玉篇零卷·音部》:"韺,《字書》:'五英也。'野王案:《白虎通》:'帝嚳樂曰五韺也,言能調五聲以養萬物,調其華英也。'"《廣韻·庚韻》:"韺,五韺,高陽氏樂。亦作'英'。"清朱駿聲《説文通訓定聲·壯部》:"《吕覽·古樂》:'其音英英。'注:'和盛之皃。'又託名幖識字。《獨斷》:'帝嚳曰五音。'《漢書·禮樂志》:'五英,英華茂也。'"晉張華《正德五歌》:"軼《武》超《濩》,取節《六韺》。"宋陸游《感興》:"豈惟配《詩》《書》,自足齊《韺》《韶》。"

瑛 似玉之石,即石之精英義,亦指美玉。《玉篇·玉部》:"瑛,美石,似玉……水精謂之玉瑛也。"清朱駿聲《説文通訓定聲·壯部》:"瑛,此字後出,即'英'之轉注,古只用'英'。"清王筠《説文句讀·玉部》:"'瑛'蓋'英'之分別文。"按,朱氏所稱"轉注"即引申。《魏書·陽尼傳》:"採鍾山之玉瑛兮,收珠澤之珂琲。"亦引申而指英雄,英雄即人之精英。《隸釋·漢綏民校尉熊君碑》:"攬瑛雄之跡兮。"洪适《隸釋》:"瑛雄爲英雄。"

媖 女性之精英。《廣韻·庚韻》:"媖,女人稱美。"明葉憲祖《鸞鎞記·合鎞》:"一個多情的長卿,一個能文的女媖。"按,相傳堯之女長曰"娥皇",次曰"女英",亦精英義,"女媖""女英"義略同。"媖"又有美好義,亦與精英義相通。《紅樓夢》第七十八回:"姊娣悉慕媖嫻,嫗媪咸仰慧德。"按,"媖嫻"即文静而美好義。封建社會,男尊而女卑,故女性賢淑、文静、温婉,則以爲其德性美。

〔推源〕 諸詞俱有精英義,爲英聲所載之公共義。聲符字"英"所記録語詞謂植物之花,花則爲精華,故引申爲精英、美好義。《説文·艸部》:"英,艸榮而不實者。"清朱駿聲《通訓定聲》:"《詩·有女同車》:'顔如舜英。'傳:'猶華也。'《離騷》:'夕餐秋菊之落英。'注:'華也。'《月賦》:'嗣若英於西冥。'注:'若木之英也。'〔轉注〕《汾沮》:'洵美如英。'傳:'萬人爲英。'《淮南·泰族》:'智過萬人者謂之英。'《禮辨名記》:'德過千人曰英。'《鶡冠子·博選》:'德百人者謂之英。'《禮記·禮運》:'與三代之英。'注:'俊選之尤者。'……《廣雅·釋詁一》:'英,美也。'"按,唯"英"有精華義,故有"精英"之同義聯合式合成詞。本條諸詞之精英義爲其聲符"英"所載之顯性語義。英聲可載精英義,則"華"可證之。

英:影紐陽部;
華:匣紐魚部。

影匣鄰紐,陽魚對轉。"華",亦指花,即植物之精華、精英。"英"與"華"相類,渾言之無別,析言之則"英"特指華而無實。《説文·華部》:"華,榮也。从艸,从𠌶。"清朱駿聲《通訓定聲》:"𠌶亦聲。開花謂之華,與花朵之𠌶微別。《爾雅·釋艸》:'木謂之華,草謂之榮。'……'華'雖从艸,亦艸木之通名矣。《禮記·月令》:'桃始華。''桐始華。'"引申爲精華、精英義。《素問·脈要精微論》:"夫精明五色者,氣之華也。"唐王勃《秋日登洪府滕王閣餞別序》:"物華天寶,龍光射牛斗之墟。"

378 直聲

(1033) 植稙置(豎直義)

植 户植,門外閉時用以加鎖的中立直木,引申之則指木柱,又引申爲樹立義。《説文·木部》:"植,户植也。从木,直聲。櫃,或从置。"清朱駿聲《通訓定聲》:"按,古門外閉,中豎直木,以鐵了鳥關之,可加鎖者。《爾雅·釋宫》:'植謂之傳,傳謂之突。'《墨子·非儒》:'争門關抉植。'〔轉注〕《考工·匠人》注:'於四角立植而縣。'疏:'即柱也。'……《方言》十二:'植,立也。'《周禮·田僕》:'令獲者植旌。'注:'樹也。'《左定十傳》:'皆至而立如植。'注:'立也。'……《漢書·韓延壽傳》:'植羽葆。'注:'亦立也。'又《荀子·非相》:'傅説之狀,身如植鰭。'注:'立也。'"按,朱氏所稱"轉注"實即引申。

稙 種植。《説文·禾部》:"稙,早種也。从禾,直聲。《詩》曰:'稙稚尗麥。'"清朱駿聲《通訓定聲》:"《韓詩》:'稙、長,稼也。'"元司農司《農桑輯要》卷二:"古農語云:'彭祖壽年八百,不可忘了稙䕸稙麥。'"按種植即使禾稼直立於地之意,故"稙"有豎立之衍義,猶"植樹"即豎立樹苗於地。《戰國策·燕策三》:"楚王使景陽將而救之。暮舍,使左右司馬各營壁地,已,稙表。景陽怒曰:'女所營者,水皆至滅表,此焉可以舍!'乃令徙。"

置 豎立。《説文·网部》:"置,赦也。从网、直。"南唐徐鍇《繫傳》:"从网,直聲。"清段玉裁注:"直亦聲。"清朱駿聲《通訓定聲》:"直亦聲。〔假借〕又爲'植'。《廣雅·釋詁四》:'置,立也。'《禮記·雜記》:'無子則爲之置後。'注:'猶立也。'《晉語》:'置茅蕝。'注:'立也。'……《(吕覽)孝行》:'父母置之,子弗敢廢。'注:'立也。'《考工·廬人》:'置而摇之。'注:'猶尌也。'《詩·那》:'置我鞀鼓。'箋:'讀曰植。'"今按,"置"之本義爲赦免,引申之則有舍棄、閑置義,又引申爲安置、設立、豎立義,非假借。

〔推源〕 諸詞俱有豎直義,爲直聲所載之公共義。直聲字"歱"所記録語詞《廣韻·職韻》訓"山直",又云"拄杖曰歱","歱"亦直聲字。唯未見其文獻實用例。按"植""稙""置"之聲符"直"所記録語詞本有豎直義,與豎立義相通。《説文·乚部》:"直,正見也。从乚,从十,从目。"《廣韻·職韻》:"直,正也。"《山海經·大荒北經》:"(章尾山)有神,人面蛇身而赤,直目正乘……是謂燭龍。"晉郭璞注:"直目,目從也。"《墨子·魯問》:"斧鉞鉤要,直兵當心。"然則本條諸詞之豎直義爲其聲符"直"所載之顯性語義。直聲可載豎直義,則"豎"可證之。

直:定紐職部;
豎:禪紐侯部。

定禪準旁紐,職侯旁對轉。"竖",本作"豎",《廣韻·虞韻》云爲"豎"之俗體。《説文·臤部》:"豎,豎立也。"按即直立義。《廣雅·釋詁四》:"豎,立也。"《後漢書·靈帝紀》:"冬十月壬午,御殿後槐樹自拔倒豎。"五代花蕊夫人《述國亡》:"君王城上豎降旗,妾在深宫那得知。"

(1034) 埴膱(黏義)

埴 黏土。《説文·土部》:"埴,黏土也。从土,直聲。"清朱駿聲《通訓定聲》:"字亦作'墥'。《書·禹貢》:'厥土赤埴墳。'鄭本以'戠'爲之。《考工記》:'搏埴之工二。'故書以'植'爲之。《周禮·草人》:'埴壚用豕。'《老子》:'埏埴以爲器。'《莊子·馬蹄》:'我善治埴。'《淮南·齊俗》:'若璽之抑埴。'注:'泥也。'〔聲訓〕《釋名·釋地》:'土黄而細密曰埴。埴,膱也,黏胒如脂之膱也。'"《廣韻·職韻》:"埴,黏土。墊,古文。"

膱 黏。《玉篇·肉部》:"膱,黏。"《廣韻·職韻》:"膱,肥腸。"按腸肥則多油脂而黏膩,其義亦相通。《周禮·考工記·弓人》"凡昵之類不能方"清鄭玄注:"鄭司農云:'謂膠善戾。故書昵,或作樴。'……玄謂樴,脂膏膱敗之膱。膱,亦黏也。"按"膱"亦引申而指人行事黏糊、不果斷。明顧起元《客座贅語·方言》:"南都方言……作事之不果決曰摸捼,曰膱膩。"

〔推源〕 此二詞俱有黏義,爲直聲所載之公共義。聲符字"直"所記録語詞與黏義不相涉,其黏義乃直聲所載之語源義。直聲可載黏義,"糯"可證之。

直:定紐職部;
糯:泥紐侯部。

定泥旁紐,職侯旁對轉。"糯",黏性稻,字亦作"稬""稴",而後世以"糯"爲正字。《廣韻·換韻》:"稴,稻稴也。"《集韻·換韻》:"稴,或作'糯'。"《字彙·禾部》:"稬,與稴同。"明李時珍《本草綱目·穀部·稻》:"糯稻,南方水田多種之,其性黏,可以釀酒,可以爲粢,可以蒸饎。"睡虎地秦墓竹簡《秦律十八種·倉律》:"已獲上數,別粲、穤秙稻。別粲,穤之襄(釀)。"清吴敬梓《儒林外史》第三十一回:"這酒是二斗糯米做出來的二十斤釀,又對了二十斤燒酒,一點水也不攙。"

(1035) 值惪(恰當義)

值 恰當,相當。《廣韻·志韻》:"值,當也。"清朱駿聲《説文通訓定聲·頤部》:"值,或曰,'當'者,田相值也,'值'者,人相當也。'措'爲'置'之轉注,存參。〔假借〕又爲'直'。《文選·皇太子〈釋奠會詩〉》:'規周矩值。'此'直'字之本誼,注'當也',失之。又《儀禮·喪服記》注:'欲其文相值。'疏:'當也。'《孟子題辭》:'值炎劉之未奮。'丁音正作'直'。此'直'字之轉注。"按,"措"者,許慎所訓,即措置義,與合宜、恰當義相通,故"值"表恰當義非假借,乃引申。南朝梁鍾嶸《詩品·序》:"昔九品論人,七略裁士,校以賓實,誠多未值。"按"值"又有價值義,價值即價格恰當之謂。

惪 行爲恰當。其字後世作"德"。《説文·心部》:"惪,外得於人,内得於己也。从直,从心。"清朱駿聲《通訓定聲》:"按,从心,直聲。外得於人者,恩惪之惪;内得於己者,道惪之惪。經傳皆以'德'爲之。《顏氏家訓·書證》:'《春秋》説以人十四心爲德。'乖繆不經。《左襄七傳》:'恤民爲德。'……《成三傳》:'然則德我乎?'此皆外得于人之惪也。《禮記·樂記》:'德者,性之端也。'……《詩·烝民》:'好是懿德。'此皆内得于己之惪也。《漢書·地理志》:'平原郡安惪。'《賈誼傳》:'惪至渥也。'正作'惪'。〔聲訓〕《禮記·樂記》:'德者,得也。'《鄉飲酒義》:'德也者,得于身也。'……《釋名·釋言語》:'德,得也,得事宜也。'"

〔推源〕 此二詞俱有恰當義,爲直聲所載之公共義。其"惪"字,漢許慎以爲從心、從直會意,清朱駿聲則云從心,直聲,其説可從。"直"之上古音定紐職部,"惪"者端紐職部,疊韻,定端旁紐,"惪"从直聲無疑。"值""惪"之聲符"直"所記録語詞本有合宜、相當、恰當義。清徐灝《説文解字注箋·乚部》:"直,又爲相當之義。"《管子·輕重》:"民之能明於農事者,置之黄金一斤,直食八石。"馬非百《新詮》:"謂設立獎金,定爲黄金一斤或給以相當於黄金一斤之穀凡八石也。"唐杜甫《秋雨嘆》:"城中斗米换衾裯,相許寧論兩相直。"然則本條二詞之恰當義爲其聲符"直"所載之顯性語義。直聲可載恰當義,則"當"可證之。

直:定紐職部;

當:端紐陽部。

定端旁紐,職陽旁對轉。"當",相當,恰當。《玉篇·田部》:"當,直也。"《正字通·田部》:"當,事理合宜也。"《呂氏春秋·義賞》:"令張孟談踰城潛行,與魏桓、韓康期而擊智伯,斷其頭以爲觴,遂定三家,豈非用賞罰當邪?"宋歐陽修《賞以春夏賦》:"誠以賞當則民協,澤流而德深。"

(1036) 拸值(持義)

拸 執持。《集韻·止韻》:"拸,持也。"馬王堆漢墓帛書甲本《老子·道經》:"拸而盈之。"其"拸"字異文作"持"。《廣韻·職韻》"拸"訓"拄杖曰拸",則即以手持杖之義。

值 執持。《廣韻·志韻》:"值,持也。"清朱駿聲《説文通訓定聲·頤部》:"值,〔假借〕爲'持'。《詩·宛丘》:'值其鷺羽。'傳:'持也。'"按,"值"有措置義,執持義與之相通,故非假借,乃引申。朱氏所引《詩·陳風·宛丘》文唐孔穎達疏:"鷺羽,執持之物,故以'值'爲持。"按,人持物即人與物相值之意。"值"又有主持之義,凡今語"值班""值日"等皆此義。清洪昇《長生殿·刺逆》:"外廂值宿軍士快來。"

〔推源〕 此二詞俱有持義,爲直聲所載之公共義。聲符字"直"所記録語詞本有輪值、主持之義。《玉篇·乚部》:"直,侍也。"《晉書·羊祜傳》:"遷中領軍,悉統宿衛,入直殿中,執兵之要,事兼内外。"南朝梁簡文帝蕭衍《與蕭臨川書》:"八區内侍,厭直御史之廬;九棘外府,且息官曹之務。"直聲可載持義,則"持"可證之。

直:定紐職部;
持:定紐之部。

雙聲,職之對轉。"持",字從手,所記録語詞之本義爲執持。《説文·手部》:"持,握也。"清朱駿聲《通訓定聲》:"《音義指歸》:'持者,執也。'《禮記·射義》:'持弓矢審固。'……《詩·鳧鷖序》:'能持盈守成。'疏:'執而不釋謂之持。'"按,許慎所訓"握"有具體性語義,亦有抽象性語義,即掌握、主持義,"持"與之同,有"主持"之衍義。漢王充《論衡·骨相》:"君後三歲而入將相,持國秉。"《新唐書·蕭遘傳》:"令孜持禁軍,權寵可炙,公卿無不附順,唯遘未嘗少下。"

379 林聲

(1037) 婪惏(貪婪義)

婪 貪食,引申爲貪婪義。《説文·女部》:"婪,貪也。從女,林聲。"清朱駿聲《通訓定聲》:"字亦作'惏'。《離騷》:'衆皆競進而貪婪兮。'注:'愛食曰婪。'"《玉篇·口部》:"啉,貪也。"按,字從口,則其貪食義益顯;從女,或即女性較男性貪食之意。唐韓愈《月蝕詩效玉川子作》:"婪酣大肚遭一飽。"《廣韻·覃韻》:"婪,貪也。"《文選·潘岳〈馬汧督誄〉》:"婪婪群狄,豺虎競逐。"唐吕向注:"婪婪,貪盛貌。"

惏 貪婪。《説文·心部》:"惏,河内之北謂貪曰惏。從心,林聲。"清朱駿聲《通訓定聲》："與'婪'略同,字亦作'惏'。《左昭二十八傳》:'貪惏無厭。'賈注:'惏者也。'……《大戴·保傅》:'飢而惏。'注:'貪殘也。'"清段玉裁注:"'惏'與《女部》'婪'音義同。"按,《廣韻》亦云"惏"同"婪"。實則二者非異體字。"惏"之本義即貪婪,"婪"之本義謂貪食,引申爲貪婪。《新唐書·南蠻傳上·南詔上》:"中國有禮義,少求責,非若吐蕃惏刻無極也。"

〔推源〕 此二詞俱有貪婪義,爲林聲所載之公共義。聲符字"林"所記錄語詞謂樹林,寓木多義,貪婪即求多得,其義或相通。林聲可載貪婪義,則"貪"可證之。

林:來紐侵部;

貪:透紐侵部。

疊韻,來透旁紐。"貪",字从貝,本謂貪財,引申爲貪婪義。《説文·貝部》:"貪,欲物也。"《集韻·勘韻》:"貪,多欲也。"《荀子·強國》:"女主亂之宫,詐臣亂之朝,貪吏亂之官,衆庶百姓皆以貪利争奪爲俗,曷若是而可以持國乎?"唐姚合《新昌里》:"近貧日益廉,近富日益貪。"

(1038) 淋霖(連續義)

淋 山水奔流連續不斷。《説文·水部》:"淋,以水茨也。从水,林聲。一曰淋淋,山下水皃。"清朱駿聲《通訓定聲》:"《七發》:'洪淋淋焉,若白鷺之下翔。'……《洞簫賦》:'被淋灑其靡靡兮。'注:'不絶皃。'"引申之,亦指水連續下滴。唐柳宗元《晉問》:"浩浩弈弈,淋淋滌滌,煢煢的的,若雪山冰谷之積。"

霖 連續下雨。《説文·雨部》:"霖,雨三日已往。从雨,林聲。"清朱駿聲《通訓定聲》:"《爾雅·釋天》:'淫謂之霖。'《左隱九傳》:'凡雨自三日以往爲霖。'《楚語》:'用汝作霖雨。'《漢書·高帝紀》:'七月大霖雨。'《後漢·安帝紀》:'霖雨者,人怨之所致。'"《廣韻·侵韻》:"霖,久雨。"

〔推源〕 此二詞俱有連續義,爲林聲所載之公共義。聲符字"林"所記錄語詞謂樹林,衆多樹木相連,此當與連續義相通。引申之,"林"又有衆多義,即同類物多而相連義。《説文·林部》:"林,平土有叢木曰林。"清朱駿聲《通訓定聲》:"《詩·車舝》:'依彼平林。'《周禮·地官·序官·林衡》:'每大林麓。'注:'竹木生平地曰林。'〔轉注〕《廣雅·釋詁三》:'林,衆也。''林,聚也。'《周語》:'四間林鐘。'"清王筠《釋例》:"林,取木與木連屬不絶之意也。"

(1039) 崊/崚(高峻義)

崊 山石高峻貌。其字亦作左形右聲。《字彙·山部》:"崊,山石也。"《南齊書·張融傳》:"重彰岌岌,攢嶺聚立。硉礚崊嶔,架石相陰。"

崚 高峻而重疊。《廣韻·蒸韻》:"崚,崚嶒,山皃。"南朝陳徐陵《太極殿銘序》:"千櫨赫奕,萬拱崚層。"唐杜甫《望岳》:"西岳崚嶒竦處尊,諸峰羅立似兒孫。"

〔推源〕 此二詞俱有高峻義,其音亦極相近且相通。

綝：來紐侵部；

崚：來紐蒸部。

雙聲,侵蒸通轉。則其語源當同。

(1040) 琳／惀(欲知義)

琳 欲知。清朱駿聲《説文通訓定聲・臨部・附〈説文〉不録之字》：" 琳,《淮南・俶真》：'昧昧琳琳。'注：'欲所知之皃。'謂與'惀'同也。" 按,"昧昧" 與 "琳琳" 義當相反,前者謂昏闇不明,後者則謂明朗,所謂欲所知,即欲明白事之真相之意。

惀 欲知。《説文・心部》："惀,欲知之皃。"《廣韻・混韻》："惀,心思,求曉事。" 又《諄韻》："惀,欲曉知也。"《楚辭・九章・哀郢》："憎愠惀之修兮,好夫人之忼慨。" 宋洪興祖《補注》："愠,心所愠積也。惀,思求曉知謂之惀。"

〔推源〕 此二詞義同,其音亦相近且相通。

琳：來紐侵部；

惀：來紐文部。

雙聲,侵文通轉。其語源當同。

380 析聲

(1041) 晳晰(白義)

晳 膚色白,引申之亦泛指白。《説文・白部》："晳,人色白也。从白,析聲。" 清朱駿聲《通訓定聲》："與从日、折聲之'晳'迥別。《詩・君子偕老》：'揚且之晳也。'《周禮・大司徒》：'其民晳而瘠。'……《定九傳》：'晳幘而衣貍製。'《漢書・霍光傳》：'白晳疏眉目。'"《廣韻・錫韻》："晳,人白色也。"《新唐書・回鶻傳・黠戛斯》："黠戛斯,古堅昆國也……人皆長大、赤髮、晳面、緑瞳,以黑髮爲不祥。"

晰 明白。《集韻・錫韻》："晰,明也。"《後漢書・張衡傳》："死生錯而不齊兮,雖司命其不晰。" 唐李賢注："晰,明也。" 南朝梁劉勰《文心雕龍・明詩》："造懷指事,不求纖密之巧;驅辭逐貌,唯取昭晰之能。"《紅樓夢》第九十六回："黛玉走到賈母門口,心里似覺明晰。"

〔推源〕 此二詞俱有白義,爲析聲所載之公共義。聲符字 "析" 單用本可表白義。睡虎地秦墓竹簡《封診式・賊死》："男子丁壯,析色,長七尺一寸,髮長二尺。" 雖然,"析" 字從斤、從木會意,所記録語詞之本義爲剖木,白義非其顯性語義。《説文・木部》："析,破木也。从木,从斤。" 清朱駿聲《通訓定聲》："字亦作'桁'。《廣雅・釋詁一》：'析,分也。'《聲類》：'析,劈也。'《詩·南山》：'析薪如之何。'……〔假借〕爲'晢'。"按，白義爲析聲所載者。析聲可載白義，"皪"可證之。

析：心紐錫部；
皪：來紐藥部。

心來鄰紐，錫藥（沃）旁轉。"皪"，《廣韻·錫韻》："皪，的皪，白狀。"《集韻·鐸韻》："皪，白色。"南朝齊王融《善友獎勸篇頌》："丹青有必渝，絲皪豈常皓。"宋梅堯臣《刑部廳海棠見贈依韻答永叔》："高枝笑粲粲，低枝明皪皪。"

(1042) 淅/濯（洗義）

淅 淘米，洗米。《說文·水部》："淅，汏米也。从水，析聲。"清朱駿聲《通訓定聲》："《廣雅·釋詁二》：'淅，灑也。'《儀禮·士喪禮》：'祝淅米于堂。'《孟子》：'接淅而行。'丁音'漬米也'。《淮南·兵略》：'淅米而儲之。'注：'漬也。'"《廣韻·錫韻》："淅，淅米。"南朝宋劉義慶《世語新語·排調》："桓南郡與殷荆州語次……復作危語。桓曰：'矛頭淅米劍頭炊。'殷曰：'百歲老人攀枯枝。'"

濯 洗滌。《說文·水部》："濯，澣也。"清朱駿聲《通訓定聲》："《廣雅·釋詁二》：'濯，灑也。'《詩·泂酌》：'可以濯罍。'傳：'滌也。'……《周語》：'王乃淳濯饗醴。'注：'洗也。'"《孟子·滕文公上》："江漢以濯之，秋陽以暴之，皜皜乎不可尚已。"按，《說文》以"澣"訓"濯"，同部"澣"篆下則云"濯衣垢也。浣，澣或从完"。

〔推源〕 此二詞俱有洗義，其音亦相近且相通。

淅：心紐錫部；
濯：定紐藥部。

心定鄰紐，錫藥（沃）旁轉。則其語源當同。

381 來聲

(1043) 倈／徠（到來義）

倈 到來。字亦作"逨"。《玉篇·辵部》："逨，來也，至也。"《集韻·之韻》："來，至也。或作'倈'。"又《咍韻》："來，或从辵。"《廣韻·咍韻》："逨，至也。"漢嚴忌《哀時命》："往者不可扳援兮，倈者不可與期。"《漢書·董仲舒傳》："自古以倈，未嘗有以亂濟亂，大敗天下之民如秦者也。"

徠 到來。《玉篇·彳部》："徠，還也。"《廣韻·咍韻》："徠，還也。"《楚辭·大招》："魂魄歸徠，無遠遙只。"《漢書·董仲舒傳》："天地之間，被潤澤而大豐美；四海之內，聞盛德而皆徠臣。"按"徠"又有招來義，且爲其基本義，招來即招而使來。《商君書·徠民》："今以茅草之地,倈三晉之民。"

〔推源〕 此二詞俱有到來義,爲來聲所載之公共義。聲符字"來"象小麥形,即"秾""麳"之初文,所記錄語詞之本義即小麥。以其聲韻另載到來之假借義,且爲其基本義,以故此字爲借義所奪,後世乃另製"秾""麳"以記錄小麥義。《説文·來部》:"來,周所受瑞麥來麰,一來二縫。象芒束之形。天所來也,故爲行來之來。"按許慎蓋以假借爲引申,清朱駿聲亦從其説,以行來義爲"轉注"之義,凡朱云"轉注"即謂引申。"來"有到來義則不誤。《爾雅·釋詁上》:"來,至也。"《廣韻·咍韻》:"來,至也,還也。"《易·復》:"出入無疾,朋來无咎。"《論語·學而》:"有朋自遠方來,不亦樂乎!"來聲可載到來義,則"到"可證之。

倈:來紐之部;
到:端紐宵部。

來端旁紐,之宵旁轉。"到",到達,到來。唐李白《普照寺》:"天台國清寺,天下爲四絶。今到普照游,到來復何別?"按,唯"到"有來義,故有"到來"之同義聯合式合成詞。清魏源《烏龍潭夜坐》:"近水月先到,矮窗山四來。"按"到""來"對文同義。

（1044）倈/勞(慰勞義)

倈 慰勞。字亦作"勑""俫"。《玉篇·亻部》:"倈,勞也。"《廣韻·代韻》:"倈,勞也。勑,上同。"《説文·力部》:"勑,勞也。从力,來聲。"清朱駿聲《通訓定聲》:"字亦作'俫'。《漢書·平當傳》:'勞倈有意者。'"清段玉裁注:"此當云'勞勑也',淺人删一字耳……《孟子》:'放勳曰:勞之來之。'《詩·序》曰:'萬民離散,不安其居,宣王能勞來還定安集之。''來'皆'勑'之省,俗作'倈'。"《晉書·劉琨傳》:"琨撫循勞倈,甚得物情。"《隋書·律曆志中》:"於是高祖引孝孫、胄玄等,親自勞倈。"

勞 字从力,所記錄語詞之本義《説文》訓"劇",即辛勞義,引申之則有功勞義,又引申爲慰勞義。《廣韻·號韻》:"勞,勞慰。"《詩·魏風·碩鼠》:"三歲貫女,莫我肯勞。"《宋史·岳飛傳》:"諸將遠戍,遣妻問勞其家。"

〔推源〕 此二詞俱有慰勞義,其音亦相近且相通。

倈:來紐之部;
勞:來紐宵部。

雙聲,之宵旁轉。則其語源當同。

382 東聲

（1045）凍重(厚義)

凍 厚冰。《説文·仌部》:"凍,仌也。从仌,東聲。"清段玉裁注:"初凝曰仌,仌壯曰凍。"清朱駿聲《通訓定聲》:"《風俗通》:'壯冰曰凍。'"《廣韻·送韻》:"凍,冰凍。"又《東韻》:"凍,凍凌。"按"凌"亦厚冰之謂。朱氏所引漢應劭《風俗通》語之上文爲"積冰曰凌"。《管子·五行》:"然則冰解而凍釋,草木區萌。"北魏賈思勰《齊民要術·造神麴並酒等》:"隆冬寒厲,雖曰茹甕,麴汁猶凍;臨下釀時,宜漉出凍凌,於釜中融之。"

重 本義即厚。《說文·重部》:"重,厚也。从壬,東聲。"清朱駿聲《通訓定聲》:"安土不遷之意。《易·繫辭》:'引重致遠。'虞注:'坤爲重。'"按"坤"爲大地,至厚者。《廣韻·腫韻》:"重,厚也。"《淮南子·俶真訓》:"九鼎重味。"漢高誘注:"重,厚也。"晉夏侯湛《薺賦》:"鑽重冰而挺茂,蒙嚴霜以發鮮。"按,唯"重"有厚義,故有"重厚""厚重"之同義聯合式合成詞。上述朱氏書引《漢書·律曆志》:"其聲重厚,如君之德。"漢荀悅《漢紀·高祖紀》:"周勃厚重少文,然安劉氏者,必勃也。"

〔推源〕 此二詞俱有厚義,爲東聲所載之公共義。聲符字"東"象囊橐結束之形,蓋爲"橐"之初文,借爲東西字,皆與厚義不相涉,其厚義乃東聲所載之語源義。東聲可載厚義,"篤"可證之。

東:端紐東部;
篤:端紐覺部。

雙聲,東覺旁對轉。"篤",《說文·馬部》云:"馬行頓遲。从馬,竹聲。"按,馬負重則行遲,本寓重義。故病勢沉重亦稱"篤"。《後漢書·方術傳下·華佗》:"又有一郡守篤病久,佗以爲盛怒則差。"重義、厚義相通,故引申爲厚義。《爾雅·釋詁下》:"篤,厚也。"《書·洛誥》:"公功棐迪篤,罔不若時。"其"篤"即豐厚義。又有深厚義。《漢書·賈山路溫舒等傳·贊》:"路溫舒辭順而意篤,遂爲世家,宜哉!"

(1046) 棟蝀(長義)

棟 棟梁,形長之物。《說文·木部》:"棟,極也。从木,東聲。"清朱駿聲《通訓定聲》:"屋内至中至高之處亦曰阿,俗謂之正梁,其屋表之鎮瓦爲甍。《爾雅·釋宮》:'棟謂之桴。'注:'屋檼也。'按,屋大梁東西者曰棟,南北者曰梁,上下者曰楹,次棟一架,前後皆曰楣,次楣一架,前後皆曰庪。《易·大過》:'棟隆。'虞注:'巽爲長木稱棟。'……《儀禮·鄉射禮記》:'序則物當棟。'"《廣韻·送韻》:"棟,屋棟。"《莊子·人間世》:"仰而視其細枝,即拳曲而不可爲棟梁。"

蝀 彩虹,形長之物。複音詞爲"蝃蝀",即如帶而長之意。《說文·虫部》:"蝀,蝃蝀也。从虫,東聲。"清朱駿聲《通訓定聲》:"按,狀似長蛇,故从虫。《爾雅·釋天》:'蝃蝀謂之雩,蝃蝀,虹也。蜺爲挈貳。'注:'俗名爲美人虹。蜺,雌虹也。'按蝃蝀者,雨與太陽相薄而成,俗亦呼青絳,采明者爲雄,白闇者爲雌……《詩·鄘風》:'蝃蝀在東,莫之敢指。'……蝃蝀雙聲連語,短言之曰蝀,長言之曰蝃蝀。"《廣韻·東韻》:"蝀,蝃蝀,虹也。"《晉書·夏統傳》:"蝃蝀之氣見,君子尚不敢指。"按,稱"蝀"、稱"虹"皆寓長義。"虹"从工聲,工聲字所記錄語詞"江""杠""豇""舡""項"等俱有長義(詳見本典第一卷"21. 工聲"第64條)。虹爲形長之物,故冠以修飾詞"長"而稱"長虹"。猶"江"爲第一長河,故冠以修飾詞而稱"長江"。"蝃蝀"之"蝃"猶"長虹"之"長"。

〔推源〕 此二詞俱有長義,爲東聲所載之公共義。聲符字"東"所記錄語詞與長義不相涉,其長義乃東聲所載之語源義。東聲可載長義,"長"可證之。

東:端紐東部;
長:定紐陽部。

端定旁紐,東陽旁轉。"長",長短字。其字象人髮長形。古者人老則髮長,年老即時間長久。故《説文·長部》訓"久遠"。《詩·齊風·猗嗟》:"猗嗟昌兮,頎而長兮。"《楚辭·九歌·國殤》:"帶長劍兮挾秦弓,首身離兮心不懲。"

(1047) 棟崠(極端義)

棟 棟梁(見前條),處屋之頂端,高之極至處。《説文·木部》以"棟""極"互訓,"極"有極至、極端之衍義。《爾雅·釋詁上》:"極,至也。"南朝宋劉義慶《世説新語·文學》:"不知便可登峰造極。"蓋爲力證。"棟"亦可引申而指山之嶺,嶺則爲山之最高處、最上端,實亦極至、極端義。《正字通·木部》:"棟,李膺《益州記》:蜀人謂嶺爲棟。"《革命民歌集·四川民歌》:"白狗子上山棟,棟上開滿映山紅。"

崠 山脊,山之頂端,至高處。福建民歌《郎當紅軍不會差》:"高山崠上一兜茶,郎當紅軍唔會差。"按,"崠"亦爲山名,其名似寓極高峻義。清顧祖禹《讀史方輿紀要·江西六·贛州府》:"湖陂巡司,在縣東北,防鵝公崠、黄竹嶺之險。"

〔推源〕 此二詞俱有極端義,爲東聲所載之公共義。聲符字"東"所記錄語詞與極端義不相涉,其極端義乃東聲所載之語源義。東聲可載極端義,"頂"可證之。

東:端紐東部;
頂:端紐耕部。

雙聲,東耕旁轉。"頂",頭頂,人體之最高處,故引申爲最上端義。《説文·頁部》:"頂,顛也。"清朱駿聲《通訓定聲》:"《方言》六:'頂,上也。'《易·大過》:'過涉滅頂。'虞注:'首也。'"按,漢揚雄《方言》所訓爲其引申義。《淮南子·脩務訓》:"今不稱九天之頂,則言黄泉之底,是兩末之端議,何可以公論乎?"唐秦系《宿雲門上方》:"禪室遥看峰頂頭,白雲東去水長流。"按,"頂"可虚化引申爲最、極義,爲副詞,今語"頂好""頂大"等皆是,又有"頂尖"之複音詞,即極端義。

383　或聲

(1048) 國域(地域義)

國　邦國,亦指都城、王侯封地,質言之,皆一圍之地義,故其字從囗。《説文·囗部》:"國,邦也。从囗,从或。"南唐徐鍇《繫傳》:"从囗,或聲。"清朱駿聲《通訓定聲》:"从囗、从或,會意,或亦聲。按,'或'者竟内之封,'國'者郊内之都也。《考工·匠人》:'國中九經九緯。'注:'城内也。'《周禮·士師》:'三曰國禁。'注:'城中也。'《大司馬》:'方千里曰國畿。'《詛祝》:'以叙國之信用,以質邦國之劑信。'注:'國謂王之國;邦國,謂諸侯國也。'《太宰》:'以佐王治邦國。'注:'大曰邦,小曰國,邦之所居亦曰國。'《孟子》:'在國曰市井之臣。'注:'都邑也。'"引申之則泛指地域。《史記·留侯世家》:"雒陽雖有此固,其中小,不過數百里,田地薄,四面受敵,此非用武之國也。"唐王維《相思》:"紅豆生南國,春來發幾枝?"

域　邦國,引申爲地域。《説文·戈部》:"或,邦也。从囗,从戈以守一。一,地也。域,或又从土。"清朱駿聲《通訓定聲》:"或者,封也;國者,邦也。天子諸侯所守土爲域,所建都爲邦。字亦作'堿',見《孫根碑》。《詩·烈祖》:'正域彼四方。'傳:'有也。'《韓詩·玄鳥》:'奄有九有。'傳:'九域,九州也。'《周禮·小司徒》:'乃分地域而辨其守。'故書域爲邦,按邦亦'封'之誤。《孟子》:'域民不以封疆之界。'注:'居民也。'《老子》:'域中有四大。'"

〔**推源**〕　此二詞俱有地域義,爲或聲所載之公共義。"國""域"皆爲"或"之分化字,其爲詞則爲同源派生詞。孫海波《卜辭文字小記》:"或,囗象城形,从戈以守之,國之義也。"然則本條二詞之地域義爲其聲符"或"所載之顯性語義。

(1049) 閾緎域(界限義)

閾　門檻,屋内、屋外之界限。《説文·門部》:"閾,門榍也。从門,或聲。《論語》曰:'行不履閾。'閾,古文閾从洫。"清朱駿聲《通訓定聲》:"《爾雅·釋宫》:'柣謂之閾。'《論語》……孔注:'門限也。'《儀禮·士冠禮》《士喪禮》《特牲禮》:'闑西閾外。'注:'閫也。'"按,所引《儀禮·士冠禮》文唐賈公彦疏:"閾,門限,與'閫'爲一也。"《廣韻·職韻》:"閾,門限。閾,古文。"唐裴鉶《傳奇·薛昭》:"昭持其衣,超然而去,初覺門户至微,及經閾,亦無所妨。"引申之則有界限、限制義。唐賈至《虎牢關銘序》:"宜其咽喉九州,閫閾中夏。"

緎　羔裘的接縫,即兩幅之界限。其字亦作"黬"。《説文·黑部》:"黬,羔裘之縫。从黑,或聲。"清朱駿聲《通訓定聲》:"字亦作'緎'、作'繘'。《詩·羔裘》:'素絲五緎。'《爾雅·釋詁》:'緎,羔裘之縫也。'《廣雅·釋詁二》:'繘,合也。繘,縫也。'〔聲訓〕《爾雅·釋訓》孫注:'緎,縫之界域也。'"《廣韻·職韻》:"黬,羔裘之縫。""緎,縫也。亦同上。"按,朱氏所引《詩》當爲《召南·羔羊》文,所稱"《羔裘》"當爲《羔羊》之誤。其漢毛亨傳云:"緎,縫也。"引申之,亦指衣縫。宋叶適《蔡知閣墓誌銘》:"急還内,袴緎爲裂。"

域 地域(見前條),有界限者,故有界限、範圍、境界之衍義。清朱駿聲《説文通訓定聲‧頤部》:"《漢書‧賈誼傳》:'故其在大譴大何之域者。'注:'界局也。'《家語‧入官》:'大域之中,而公治之。'"《漢書‧禮樂志》:"驅一世之民,濟之仁壽之域。"唐顔師古注:"域,界也。"明方孝孺《張彦輝文集序》:"明其道而不求其異者,道之域也。"

〔推源〕 諸詞俱有界限義,爲或聲所載之公共義。聲符字"或"爲"國""域"之初文,所記録語詞有地域義,地域則有其界限者,其義相通。本條諸詞之界限義爲其聲符"或"所載之顯性語義。或聲可載界限義,則"限"可證之。

或:匣紐職部;

限:匣紐文部。

雙聲,職文通轉。"限",門檻,屋内外之界限,故引申爲界限義。《説文‧阜部》:"限,門榍。"清朱駿聲《通訓定聲》:"《小爾雅‧廣詁》:'限,界也。'"按,"限"有門限義不誣。《後漢書‧臧宫傳》:"會屬縣送委輸車數百乘至,宫夜使鋸斷城門限,令車聲回轉,出入至旦。"其界限則當爲其引申義。《史記‧梁孝王世家》:"十九年,漢廣關,以常山爲限,而徙代王王清河。"唐劉禹錫《喜徑松成陰》:"江長天作限,山固壤無朽。"

(1050) 棫薂緎(叢聚義)

棫 白桵。叢生者,故稱"棫"。《説文‧木部》:"棫,白桵也。从木,或聲。"清朱駿聲《通訓定聲》:"《爾雅‧釋木》注:'小木叢生有刺,實如耳璫,紫赤可食。'……《詩‧緜》:'柞棫拔矣。'《棫樸》:'芃芃棫樸。'《西山經》:'羭次之山,其上多棫檀。'《西京賦》:'梓棫梗楓。'注:'白蕤也。'"宋龐元英《文昌雜録》卷一:"今關中有白蕤,棫樸也,芃芃叢生,民多採作薪。"嚴復《救亡決論》:"棫樸叢生,人文盛極。"

薂 草木叢生。《廣韻‧職韻》:"薂,叢也。"《集韻‧職韻》:"薂,草木叢生。"按,《廣韻》"薂"之音爲雨逼切,其上古音爲匣紐職部,與"鬱"相近且相通。"鬱"者紆物切,其上古音爲影紐物部。匣影鄰紐,職物通轉。《説文‧林部》:"鬱,木叢生者。"後世多借"郁"作"鬱",稱草木茂盛、叢聚爲"郁郁葱葱"。

緎 絲二十縷爲緎,即絲之聚集者。清朱駿聲《説文通訓定聲‧頤部》:"宋陸佃《埤雅‧釋羔》引《西京雜記》:'五絲爲䌈,倍䌈爲升,倍升爲緎,倍緎爲紀,倍紀爲緵。'"漢鄒長倩《遺公孫弘書》:"五絲爲䌈,倍䌈爲升,倍升爲緎。"按,"緎"本指羔裘之接縫,絲二十縷亦稱"緎",則爲套用字。

〔推源〕 諸詞俱有叢聚義,爲或聲所載之公共義。聲符字"或"所記録語詞之本義、引申義系列與叢聚義不相涉,其叢聚義乃或聲所載之語源義。或聲可載叢聚義,"匯"可證之。

或:匣紐職部;

匯:匣紐微部。

雙聲,職微通轉。"匯",字从匚,所記録語詞之本義《説文·匚部》訓"器",容器則爲聚物之物,故有聚集、匯合義。《廣韻·賄韻》:"匯,回也。"《集韻·隊韻》:"匯,水回合也。"唐柳宗元《柳州山水近治可遊者記》:"(柳州)南北東西皆水匯。"宋孫汝聽注:"匯,水回合也。"宋蘇轍《遊太山·岳下》:"喧闐六師合,洶湧衆流匯。"按,亦指他物之聚集。清魏源《國朝古文類鈔叙》:"在當日夫子自視,則亦一代詩文之匯選。"張相《詩詞曲語辭匯釋·叙言》:"然詞爲詩餘,詩詞曲三者各爲分流,仍屬同源,竊意匯而釋之,事或較便。"

(1051) 淢𣶒(迅速義)

淢 急流,水流迅速。《説文·水部》:"淢,疾流也。从水,或聲。"清朱駿聲《通訓定聲》:"《淮南·本經》:'淌游瀷淢。'又:'抑淢怒瀨,以揚激波。'注:'怒水也。'《江賦》:'㴒淢濜溳。'"《廣韻·職韻》:"淢,疾流。"又:"淢,㴒淢,波勢。"《文選·張衡〈南都賦〉》:"長輸遠逝,漻淚淢汨。"唐張銑注:"淢汨,疾流貌。"

𣶒 迅速。《集韻·職韻》:"𣶒,疾皃。"清朱駿聲《説文通訓定聲·頤部》:"㶐,水流也。从川,或聲。《思玄賦》:'𣶒汩飂淚。'注:'皆疾貌。'以'𣶒'爲之。"沈兼士《廣韻聲系·匣類》:"𣶒,《説文》作'㶐',从有,惑聲。"

〔推源〕 此二詞俱有迅速義,爲或聲所載之公共義。聲符字"或"所記録語詞之本義、引申義系列與迅速義不相涉,其迅速義乃或聲所載之語源義。或聲可載迅速義,"霍"可證之。

或:匣紐職部;

霍:曉紐鐸部。

匣曉旁紐,職鐸旁轉。"霍",本作"靃",簡作"雘",又簡作"霍"。謂鳥疾飛,引申爲迅速義。《説文·隹部》:"靃,飛聲也。"南唐徐鍇《繫傳》:"其飛霍忽疾也。"清朱駿聲《通訓定聲》:"俗省作'霍'。〔轉注〕《荀子·議兵》:'霍焉離耳。'注:'猶渙焉也。'《七發》:'霍然病已。'注:'疾皃也。'《甘泉賦》:'翕赫罥霍。'注:'罥霍,疾皃。'"

(1052) 蜮虺颮㘯欿䆟(風氣義)

蜮 以氣害人之物。《説文·虫部》:"蜮,短狐也。似鱉,三足,以氣𣦹害人。从虫,或聲。蟈,蜮又从國。"清朱駿聲《通訓定聲》:"字亦作'魊'。《詩·何人斯》:'爲鬼爲蜮。'傳:'短狐也。'陸疏:'一名射影,江淮水皆有之,人在岸上,影見水中,投人影,則殺之。'《釋文》:'狀如鱉,三足,一名射工,俗呼之水弩,在水中含沙射人。'《左莊十八年》:'秋有蜮。'服注:'短尾狐,南方盛暑所生,其狀如鱉,古無今有,含沙射人,入皮肉中,其瘡如疥,徧身濩濩蜮蜮。'《楚辭·大招》:'蜮傷躬只。'"晉葛洪《抱朴子·登涉篇》:"又有短狐,一名蜮,一名射工,一名射影,其實水蟲也。狀如鳴蜩,狀似三合盃,有翼能飛,無目而利耳,口中有横物角弩,如聞人聲,緣口中物如角弩,以氣爲矢,則因水而射人,中人身者即發瘡。"

䰙 字亦作"魊",謂旋風,亦指鬼物因風伺人。《廣韻‧德韻》:"䰙,鬼䰙,旋風。"《集韻‧德韻》:"䰙,鬼䰙,迴風。一説鬼因風伺人也。"按,亦以"蜮"爲之,"鬼䰙"亦作"鬼蜮"。清朱駿聲《説文通訓定聲‧頤部》:"蜮,《東京賦》:'況魃蜮與畢方。'注:'魃、蜮通。'"《類篇‧鬼部》:"䰙,或書作'魊'。"宋蘇軾《孔北海贊‧序》:"而曹操陰賊險狠,特鬼蜮之雄者耳。"

颰 赤氣熱風之怪。《玉篇‧風部》:"颰,颰飈,赤氣熱風之怪。"按,"颰"與"飈"可分訓。《廣韻‧麥韻》:"颰,颰飈,赤氣熱風之怪。"又:"飈,熱飈。"《集韻‧職韻》:"颰,風皃。"又《陌韻》:"飈,風熱皃。"

幗 或作"幒",巾帛被風吹。《玉篇‧巾部》:"幗,巾被風也。"《廣韻‧德韻》:"幒,巾帛從風聲。"《集韻‧德韻》:"幒,或書作'幗'。"

欨 吹氣。《説文‧欠部》:"欨,吹氣也。从欠,或聲。"《廣韻‧職韻》:"欨,欨聲,吹皃。"又《燭韻》及《屋韻》:"欨,吹氣也。"

窢 逆風聲。清朱駿聲《説文通訓定聲‧頤部‧附〈説文〉不録之字》:"窢,《莊子‧天下》:'其風窢然。'向注:'窢,逆風聲。'"按,晉郭象注亦云"逆風所動之聲"。

〔推源〕 諸詞俱有風氣義,爲或聲所載之公共義。聲符字"或"所記録語詞之本義、引申義系列與風氣義不相涉,其風氣義乃或聲所載之語源義。或聲可載風氣義,"气"可證之。

或:匣紐職部;

气:溪紐物部。

匣溪旁紐,職物通轉。"气",象形字,所記録語詞爲雲氣,雲氣行動即成風。《説文‧气部》:"气,雲气也。象形。"清朱駿聲《通訓定聲》:"雲者,地面之气。濕熱之气,升而爲雨,其色白;乾熱之气,散而爲風,其色黑……經傳皆以稟氣字爲之,字亦作'氞'。《周禮‧眡祲》注:'煇,謂日光氞也。'《禮記‧月令》:'天氣下降,地氣上騰。'《考工記總目》:'地有氣。'注:'剛柔也。'《左昭元傳》:'天有六氣,曰陰、陽、風、雨、晦、明也。'"按,"氣"字從米,其本義《説文‧米部》云"饋客芻米也",即饋人以糧之義。以"氣"爲雲气字,乃棄本字而用借字現象,猶公私字以"私"爲之。唯"氣(气)"有風義,故有"風氣"之同義聯合式合成詞。北魏酈道元《水經注‧河水四》:"西四十里有風山,上有穴如輪,風氣蕭瑟,習不常止。"

(1053) 聝/獲(獲取義)

聝 割取戰俘的左耳,字亦作"馘"。《説文‧耳部》:"聝,軍戰斷耳也。《春秋傳》曰:'以爲俘聝。'从耳,或聲。馘,聝或从首。"清朱駿聲《通訓定聲》:"《爾雅‧釋詁》:'馘,獲也。'《詩‧皇矣》:'攸馘安安。'傳:'不服者殺而獻其左耳曰馘。'《泮水》:'在泮獻馘。'箋:'所格者之左耳。'《禮記‧王制》:'以訊馘告。'《釋文》:'截耳。'《左僖廿二傳》:'師縉示之俘馘。'《釋文》:'戰所獲。'"《廣韻‧麥韻》:"馘,截耳。又獲也。"王闓運《桂陽州志‧序》:"降寇伾儴，職首讓功。"

獲 獲取獵物，虛化引申爲獲得、獲取義。《說文·犬部》："獲，獵所獲也。"清朱駿聲《通訓定聲》："《易·巽》：'田獲三狐。'《詩·小弁》：'遇犬獲之。'《周禮·大司馬》：'獲者取左耳。'〔轉注〕《小爾雅·廣言》：'獲，得也。'《禮記·檀弓》：'不獲二毛。'注：'係虜之。'……《定九傳》：'獲寶玉大弓。'"《廣雅·釋詁三》："獲，得也。"北齊顏之推《顏氏家訓·名實》："勸其立名，則獲其實。"

〔**推源**〕 此二詞俱有獲取義，其音亦相近且相通。

職：見紐職部；
獲：匣紐鐸部。

見匣旁紐，職鐸旁轉。則其語源當同。

384 臤聲

(1054) 緊堅掔鏗賢掔（堅勁、優良義）

緊 拉緊，引申爲堅強、結實義。《說文·臤部》："緊，纏絲急也。从臤，从絲省。"清朱駿聲《通訓定聲》："从系，从臤，會意，臤亦聲……《廣雅·釋詁一》：'緊，急也。'《釋言》：'緊，糾也。'《楚辭·疾世》：'心緊絭兮傷懷。'注：'糾繚也。'南州桓公《九井詩》：'風物自淒緊。'注：'猶實也。'〔假借〕爲'鏗'。《管子·問》：'戈戟之緊。'注：'謂其堅彊者。'"按，"緊"字之結構當依朱說。《說文》一書皆據形係聯文字，唯《臤部》《句部》據聲繫聯。沈兼士《廣韻聲系·禪類》："緊，从《說文句讀》臤亦聲。"至堅強義，非假借，乃引申者。唐杜牧《冬至日寄小姪阿宜》："頭圓筋骨緊，兩臉明且光。"宋黎清德編《朱子語類》卷三十八："無是非之心，非知也。知得是是非非之正，緊固確守，不可移易，故曰知。"

堅 土堅硬，引申爲堅固、堅強等義。《說文·臤部》："堅，剛也。从臤，从土。"清朱駿聲《通訓定聲》："从土，臤聲。剛土也。《廣雅·釋地》：'堅土也。'《九章算術》：'穿地四爲壤五，爲堅三。'〔轉注〕《爾雅·釋詁》：'堅，固也。'《廣雅·釋詁一》：'堅，強也。'……《呂覽·審分》：'堅窮廉直。'《貴信》：'其穀不堅。'……《淮南·時則》：'堅致爲上。'注：'功牢也。'《素問·腹中論》：'其氣急疾堅勁。'注：'定也，固也。'"《廣韻·先韻》："堅，固也，強也。"沈兼士《聲系》："从《讀文句讀》臤亦聲。"

掔 加固，使堅固。《說文·手部》："掔，固也。从手，臤聲。"清朱駿聲《通訓定聲》："與'臤'略同。《爾雅·釋詁》：'掔，厚也。'"《廣韻·先韻》："掔，固也，厚也。"《墨子·迎敵祠》："令命昏緯狗、纂馬、掔緯。"按，朱氏所引《爾雅》文清郝懿行《義疏》："掔者，上文云固也，又訓厚者，掔之爲言堅也。又言腆也，腆訓豐滿，堅訓密緻，皆有厚意，故又訓厚矣。"然則即厚實、堅實之義。

鋻 刀劍焠火使之堅硬。《説文·金部》：“鋻，剛也。从金，臤聲。”清桂馥《義證》：“‘剛也’者，徐鍇曰：‘鋻，焠刀劍刃使堅也。’《三蒼解詁》：‘鋻，焠刀作鋻也。’本典‘焠’下云：‘堅刀刃也。’”《廣韻·霰韻》：“鋻，堅鐵。”又《先韻》：“鋻，剛也。”《集韻·先韻》：“鋻，剛鐵也。”《文選·王褒〈聖主得賢臣頌〉》“清水焠其鋒”唐李善注：“焠，作刀鋻也。”

賢 多財，引申之則指多才德之人，即優良義。《説文·貝部》：“賢，多才也。从貝，臤聲。”清朱駿聲《通訓定聲》：“《莊子·徐無鬼》：‘以財分人之謂賢。’〔轉注〕《小爾雅·廣詁》：‘賢，多也。’《廣雅·釋詁一》：‘賢，大也。’《白虎通·聖人》引《禮別名記》：‘倍英曰賢。’《賈子·道術》：‘行道者謂之賢。’《周禮·太宰》：‘三曰進賢。’注：‘有善行也。’《鄉大夫》：‘而興賢者能者。’注：‘有德行者。’……《儀禮·鄉射禮》：‘右賢於左。’注：‘猶勝也。’〔聲訓〕《廣雅·釋詁一》：‘賢，鞏也。’”《廣韻·先韻》：“賢，善也，能也，大也。”

䅼 穀之優良者。一稱“稺”，又稱“䊷”。《廣韻·霰韻》：“䅼，稺也。”又《銑韻》：“䅼，稺別名也。”《説文·禾部》：“稺，䊷也。”清朱駿聲《通訓定聲》：“《蒼頡篇》：‘稺，大秠也。’《穆天子傳》五：‘稺麥百載。’《吕覽·本味》：‘飯之美者，陽山之稺。’注：‘關西謂之䊷，冀州謂之䅼。’”《宋史·食貨志上》：“穀之品七：一曰粟，二曰稻，三曰麥，四曰黍，五曰稺，六曰菽，七曰雜子。”

〔推源〕 諸詞俱有堅勁、優良義，爲臤聲所載之公共義。臤聲字“掔”“犟”“菣”“嫯”所記錄語詞亦有此類義，雖未見其文獻實用例，亦不失爲臤聲與堅勁、優良義相關聯之證。清朱駿聲《説文通訓定聲·坤部》：“《廣雅·釋詁一》：‘固、牢，掔也。’”《説文·牛部》：“犟，牛很不从引也。从牛，从臤，臤亦聲。”清朱駿聲《通訓定聲》：“《廣雅·釋詁三》：‘犟，佷也。’”按，即狠戾、倔犟、堅強義。《説文·草部》：“菣，香蒿也。从草，臤聲。”清朱駿聲《通訓定聲》：“《爾雅》：‘蒿，菣。’注：‘今人呼青蒿香中炙啖者爲菣。’”按，疑“菣”即蒿之優良者之謂，姑附於此。《説文·女部》：“嫯，美也。从女，臤聲。”按，聲符字“臤”所記錄語詞訓堅，又爲“賢”之初文，然則本有堅勁、優良義。《説文·臤部》：“臤，堅也。从又，臣聲。”清朱駿聲《通訓定聲》：“持之固也，與‘掔’略同。”《廣韻·震韻》：“臤，堅也。”又《先韻》：“臤，古文‘賢’。”《隸釋·國三老袁良碑》：“優臤之寵，於斯盛矣。”宋洪适注：“臤即‘賢’字。”臤聲可載堅勁義，則吉聲可相證。

臤：溪紐文部；

吉：見紐質部。

溪見旁紐，文質旁對轉。吉聲字所記錄語詞“硈”“點”“佶”“鮚”“結”俱有堅、健義，見本典第三卷“212. 吉聲”第606條。臤聲可載優良義，則加聲可相證。

臤：溪紐文部；

加：見紐歌部。

溪見旁紐,文歌旁對轉。加聲字所記録語詞"嘉""哿"俱有贊許義,見本典第二卷"199. 加聲"第562條。凡人、事、物優良者則獲贊許,優良、贊許二義本相通。又"嘉"本有美好義,實即優良義。

385　兩聲

(1055) 緉輛䐋倆裲(雙義)

緉　鞋兩隻成一雙,亦指雙股繩帶絞合。其字亦作"輛"。《説文·糸部》:"緉,履兩枚也。一曰絞也。从糸,从兩,兩亦聲。"清朱駿聲《通訓定聲》:"《方言》四:'緉、䋺,絞也。'按,繩單曰紉,兩股曰緄,亦曰緉,三合曰糾……《詩》:'葛屨五兩。'只作'兩'。"《廣韻·養韻》:"緉,雙履。"又《漾韻》:"緉,履屨雙也。"三國魏曹植《冬至獻履韤頌表》:"拜表奉賀,並獻文履七緉,韤百副。"唐陸龜蒙《和醉中即席贈潤卿博士韻》:"登山凡著幾緉屐,破浪欲乘千里船。"《太平廣記》卷二百四十三引唐温庭筠《乾𦠆子》:"又買内鄉新麻鞋數百緉。"

輛　車輛,以其轅、輪成雙,故稱"輛"。《正字通·車部》:"輛,通作'兩'。《漢書》注:車一乘曰一兩。言轅、輪兩兩而耦也。"《元史·百官志六》:"器物局,秩從五品。掌……帳房車輛,金寶器物。"明徐元杰《準齋先生吳公行狀》:"車輛盈門,先生莫能拒。"清吳敬梓《儒林外史》第三十四回:"莊紹光從水路過了黄河,雇了一輛車,曉行夜宿,一路來到山東地方。"又,成雙之物亦稱"輛"。宋周密《浩然齋視聽抄》:"平生能著幾輛屐,長日惟消一局棋。"

䐋　夾脊肉,成雙行者。《正字通·肉部》:"䐋,或曰當是夾脊肉。"按,"䐋"字《説文·肉部》訓"膄肉",同部"膄"篆訓"脯"。《廣韻·養韻》:"䐋,膄䐋。"則謂乾肉,指夾脊肉,則爲套用字。二詞之語源不一,"䐋"指夾脊肉,乃以兩聲載雙義。

倆　古之伎倆字,亦指兩人,成雙者,爲套用字。清劉鶚《老殘遊記》第十五回:"叫他們姐兒倆打開鋪蓋捲睡當中,好不好?"老舍《黑白李》:"倆人都是我的同學。"

裲　裲襠,前後兩幅成雙者。清朱駿聲《説文通訓定聲·壯部·附〈説文〉不録之字》:"裲襠,即兩當。《釋名·釋衣服》:'裲襠,其一當胸,其一當背也。'"《南史·柳元景傳》:"安都怒甚,乃脱兜鍪,解所帶鎧,唯著絳衲兩當衫,馬亦去具裝,馳入賊陣。"南朝梁王筠《行路難》:"裲襠雙心共一襪,衵複兩邊作八襈。"宋郭彖《睽車志》卷三:"有一婦人,青衫素裲襠,日以二錢市粥。"

〔推源〕諸詞俱有雙義,爲兩聲所載之公共義。聲符字"兩"所記録語詞本有二、雙義。《説文·网部》:"兩,二十四銖爲一兩。从一;兩,平分,亦聲。"清朱駿聲《通訓定聲》:"十二黍爲一分,十二分爲一銖。按,《周語》'律度量衡'注:'龠二爲合,合重一兩。'〔假借〕爲'网'。《廣雅·釋詁四》:'兩,二也。'《周書·武順》:'無中曰兩。'《小爾雅·度》:'倍丈謂之端,倍端謂之兩,倍兩謂之匹。'《周禮‧媒氏》:'純帛無過五兩。'注:'十端也,必言兩者,欲得其配合之名。'《禮記‧雜記》:'兩五尋。'注:'兩兩者合其卷五。'《左閔二傳》:'重錦三十兩。'注:'以二丈雙行故曰兩。'……《風俗通》:'車有兩輪故稱爲兩,猶履有兩隻,亦稱爲兩。'"按,假借説難從。朱芳圃《殷周文字釋叢》:"兩,即一网之合文,結構與一白爲百相同。《廣雅‧釋詁》:'兩,二也。'此本義也。"然則本條諸詞之雙義爲其聲符"兩"所載之顯性語義。兩聲可載雙義,則"雙"可證之。

兩:來紐陽部;

雙:山紐東部。

來山鄰紐,陽東旁轉。"雙",禽鳥二隻,成雙。《説文‧雔部》:"雙,隹二枚也。"清朱駿聲《通訓定聲》:"《方言》六:'飛鳥曰雙。'《廣雅‧釋詁四》:'雙,二也。'《禮記‧少儀》:'加于一雙。'疏:'二隻曰雙。'〔轉注〕《楚辭‧守志》:'嗟英俊兮未爲雙。'注:'匹也。'《吳仲山碑》:'節度無雙。'"按,所稱"轉注"實即引申。凡"雙"之相偶、偶數、成雙、匹敵、成雙等義,皆其本義之引申。

386 厓聲

(1056) 涯捱(邊義)

涯 水邊。《廣韻‧佳韻》:"涯,水際。"又《支韻》:"涯,水畔也。"《説文新附‧水部》:"涯,水邊也。从水,从厓,厓亦聲。"漢王粲《游海賦》:"吐星出日,天與水際,其深不測,其廣無臬,尋之冥地,不見涯泄。"《文選‧郭璞〈江賦〉》:"或頲彩輕漣,或炯曜涯鄰。"唐呂向注:"涯、鄰,皆畔也。"

捱 靠近,沾邊。元谷子敬《醉花陰‧豪俠》套曲:"聽韻悠悠樂聲一派,搖紈扇玉體相捱。"《平妖傳》第五回:"亦有輕薄子弟,故意盤問搭話,捱捱擠擠。"

〔推源〕 此二詞俱有邊義,爲厓聲所載之公共義。厓聲字"睚"《廣韻》《説文新附》俱訓"目際",然未見其文獻實用例。聲符字"厓"所記録語詞謂山邊。《説文‧厂部》:"厓,山邊也。从厂,圭聲。"清朱駿聲《通訓定聲》:"《廣雅‧釋詁一》:'厓,方也。'按,猶旁也。《西京賦》:'設切厓隒。'"《廣韻‧佳韻》:"厓,山邊。"南朝宋謝朓《遊山》:"凌厓必千仞,尋谿將萬轉。"然則本條二詞之邊義爲其聲符"厓"所載之顯性語義。

387 奄聲

(1057) 腌淹醃(浸漬義)

腌 腌肉,以鹽浸漬之肉。《説文‧肉部》:"腌,漬肉也。从肉,奄聲。"清朱駿聲《通訓定聲》:"《蒼頡篇》:'腌,酢,淹肉也。'"引申之,則泛指腌製食品。《廣韻·叶韻》:"腌,鹽腌魚。"又《業韻》:"腌,鹽漬魚也。"《紅樓夢》第六十二回:"一碟腌的胭脂鵝脯,還有一碟四個奶油松瓤捲酥。"

淹 浸漬,淹没。《廣韻·合韻》:"淹,没也。"清朱駿聲《通訓定聲·謙部》:"淹,〔假借〕爲'瀸'。《禮記·儒行》:'淹之以樂好。'注:'謂浸漬之。'《楚辭·離世》:'淹芳芷于腐井兮。'注:'漬也。'《方言》十三:'漫、淹,敗也,水敝爲淹。'注:'漫、淹皆謂水潦漫澇壞物也。'《淮南·脩務》:'淹浸漬漸,靡使然也。'"按,"淹"雖亦爲水名,然表浸漬、淹没之義非假借,乃套用字。

醃 以鹽、糖等調味品浸漬食物。《廣雅·釋器》:"醃,菹也。"清王念孫《疏證》:"醃之言淹,漬也。"《集韻·魚韻》:"菹,或作'葅'。"《説文·艸部》:"葅,酢菜也。"南唐徐鍇《繫傳》:"以米粒和酢以漬菜也。"《廣韻·嚴韻》:"醃,鹽漬魚也。"北魏賈思勰《齊民要術·作魚鮓》:"《食經》作蒲鮓法:取鯉魚二尺以上,削凈治之。用米三合、鹽二合,醃一宿,厚與糝。"宋朱敦儒《樵歌·朝中措》:"自種畦中白菜,醃成甕里黄齏。"

〔推源〕 諸詞俱有浸漬義,爲奄聲所載之公共義。聲符字"奄"所記録語詞謂覆蓋,其引申義系列與浸漬義亦不相涉。浸漬義乃奄聲所載之語源義。奄聲可載浸漬義,"洽"可證之。

奄:影紐談部;
洽:匣紐緝部。

影匣鄰紐,談緝旁對轉。"洽",浸漬,浸潤。"洽"即水與物合之意,亦水浸漬他物之意。《説文·水部》:"洽,霑也。"《雨部》:"霑,雨𩃬也。"漢王充《論衡·自然》:"霈然而雨,物之莖葉根垓莫不洽濡。"唐段成式《酉陽雜俎續集·金剛經鳩異》:"(韓宏)在中書,盛暑,有諫官因事謁見,韓方洽汗寫經。"

(1058) 晻罨闇掩霠㬩(遮蔽義)

晻 昏闇。雲遮日則暗,故引申爲遮蔽、覆蓋義。《説文·日部》:"晻,不明也。从日,奄聲。"清朱駿聲《通訓定聲》:"與'暗'音義略同。《廣雅·釋詁一》:'晻,障也。'《四》:'晻,冥也。'……《漢書·五行志》:'日光晻。'《元帝紀》:'三光晻昧。'……《離騷》:'揚雲霓之晻藹兮。'注:'猶蓊鬱也,蔭兒。'"《文選·左思〈吳都賦〉》:"攢柯挐莖,重葩晻葉。"唐吕向注:"花葉重疊以相掩覆。"南朝宋鮑照《與謝尚書莊三連句》:"晻映晨物綵,連綿夕羽興。"

罨 覆蓋式捕鳥、捕魚網。《説文·網部》:"罨,罕也。从网,奄聲。"南唐徐鍇《繫傳》:"網從上掩之也。"清朱駿聲《通訓定聲》:"从网、奄,會意,奄亦聲。《蜀都賦》:'罨翡翠。'〔聲訓〕《風土記》:'罨如籪而小,斂口,从水上掩而取之也。'按,罨亦以捕魚。"《廣韻·合韻》:"罨,網。"又《琰韻》:"罨,鳥網。"又《業韻》:"罨,魚網。"引申爲覆蓋、遮蔽義。宋吳潛《隔浦蓮·和葉編修士則韻》:"天際濃雲罨,水周帀。"

閹 被閹割、看守宫門之人。凡宫門常閉,"閹"之名寓閉合、遮蔽義。《説文·門部》:"閹,豎也。宫中奄閹閉門者。从門,奄聲。"《國語·晉語二》:"公令閹楚刺重耳,重耳逃于狄。"三國吴韋昭注:"閹,閹士也。楚,謂伯楚,寺人披之字也。"引申爲遮蔽、掩蓋義。清朱駿聲《説文通訓定聲·謙部》:"閹,〔假借〕託名標識字。《爾雅·釋天》:'太歲在戌曰閹茂。'李注:'言萬物皆蔽冒,故曰閹茂。閹,蔽也;茂,冒也。'此以'奄'爲訓。孫注:'霜閹茂物,使俱落也。'此以'淹'爲訓。《淮南·天文》及《漢書·五行志》皆作'掩'。"按,非假借,乃引申。《管子·幼官》:"春行冬政,肅;行秋政,雷;行夏政,閹。"唐尹知章注:"春既陽,夏又陽,陽氣偎併,故掩閉也。"

掩 遮蔽,隱蔽。《説文·手部》:"掩,斂也,小上曰掩。从手,奄聲。"清朱駿聲《通訓定聲》:"掩,〔假借〕又爲'弇'、爲'弇'。《東京賦》:'軌塵掩迒。'注:'覆也。'又《方言》六:'掩,薆也。'《禮記·月令》:'處必掩身。'注:'猶隱翳也。'《史記·司馬相如傳》:'掩薄草渚。'《正義》:'覆也。'又《周髀算經》:'空正掩日。'注:'猶覆也。'又《晉語》:'爾童子何知?而三掩人于朝。'注:'蓋也。'《左昭二十七傳》:'吴公子掩餘。'《史記·刺客傳》作'蓋餘'。"徐灝《注箋》:"《淮南·天文訓》注:'掩,蔽也。'此掩斂之本義也。"按,徐説是,非假借。

罨 雲遮日。《廣韻·琰韻》:"罨,雲狀。"唐白居易《傷遠行賦》:"雲罨作而風雨晦,忽罨靄兮不見晹。"按,"罨"有天色昏黑義,源與流可互證。清史震林《西青散記》卷二:"鳩婦哭溟濛,山村罨難識。"又《玉篇·水部》云《説文》之"渰"即《廣蒼》之"罨"字。《説文·水部》:"渰,雲雨皃。"《詩·小雅·大田》:"有渰萋萋,興雨祈祈。"漢毛亨傳:"渰,雲興皃。"

晻 閉目。《廣韻·業韻》:"晻,閉目。"《正字通·目部》引《六書故》:"晻,眸子陷壞,目闔不開也。"按,"晻"有遮蔽、隱蔽義,當與之相通。明歸有光《上趙閣老書》:"使士之有志不負朝廷爲生民計者,徒以不能詭隨趨附,横被中傷,乃令晻蔽歿世而不見。"清黄景仁《雜詠》:"遠目易晻薆,懷人信流連。"

〔推源〕 諸詞俱有遮蔽義,爲奄聲所載之公共義。聲符字"奄"所記録語詞之本義爲覆蓋,覆蓋、遮蔽實即一義。横曰覆,縱曰遮。《説文·大部》:"奄,覆也。"清朱駿聲《通訓定聲》:"《閟宫》:'奄有下國。'箋:'猶覆也。'《淮南·脩務》:'而知不足以奄之。'注:'蓋之也。'"引申之,則有遮蔽、掩藏之義。《晏子春秋·諫上八》:"隱情奄惡,蔽諂其上。"然則本條諸詞之遮蔽義爲其聲符"奄"所載之顯性語義。奄聲可載遮蔽義,則"蓋"可證之。

奄:影紐談部;
蓋:見紐月部。

影見鄰紐,談月通轉。"蓋",覆蓋屋舍之茅苫,其字本亦作"葢"。《説文·艸部》:"葢,苫也。"清邵瑛《群經正字》:"今經典多作'蓋'。"《左傳·襄公十四年》:"乃祖吾離被苫蓋,蒙荆棘,以來歸我先君。"晉杜預注:"蓋,苫之别名。"引申爲遮蓋、遮蔽義。《玉篇·皿部》:"蓋,掩也,覆也。"《淮南子·説林訓》:"日月欲明而浮雲蓋之。"漢高誘注:"蓋,猶蔽也。"唐元稹《酬鄭從事四年九月宴望海亭》:"憶年十五學構廈,有意蓋覆天下窮。"

388　豖聲

(1059) 琢啄柭涿諑(擊義)

琢　加工玉石,即以刀具擊其玉石之義。《説文·玉部》:"琢,治玉也。从玉,豖聲。"清朱駿聲《通訓定聲》:"鐫鏨之使有疕彰也。石曰磨。《爾雅·釋器》:'雕謂之琢。'《詩·淇奧》:'如琢如磨。'《棫樸》:'追琢其章。'《禮記·學記》:'玉不琢,不成器。'"引申爲椎擊義。《文選·班昭〈東征賦〉》:"諒不登巢而琢蠡兮,得不陳力而相追。"其"琢"字異文作"柭",或以爲"琢"假借爲"柭"而表擊義,實則爲引申。"琢"又有剌、砍義,實亦擊義,同爲本義之引申。

啄　鳥啄食。《説文·口部》:"啄,鳥食也。从口,豖聲。"《廣韻·覺韻》:"啄,鳥啄也。"《詩·小雅·黃鳥》:"無集于穀,無啄我粟。"宋劉克莊《吊錦雞一首呈葉任道》:"置諸後園中,小奴司啄飲。"按,鳥啄食即以鳥喙擊而取食之義,故引申爲叩擊義。唐韓愈《送僧澄觀》:"洛陽窮秋厭窮獨,丁丁啄門疑啄木。"

柭　椎擊,打擊。字亦作"敊""毄""捑"而皆从豖聲。引申之,亦有詆毁、攻擊之義。《説文·木部》:"柭,擊也。从木,豖聲。"清朱駿聲《通訓定聲》:"《廣雅·釋詁一》:'椎也。'《詩·兔罝》:'柭之丁丁。'《斯干》:'柭之橐橐。'〔轉注〕哀十七傳:'太子又使柭之。'《釋文》:'訴也。'字亦作'諑'。"《南齊書·劉瓛傳》:"王氏柭壁挂履,土落孔氏牀上,孔氏不悦,瓛即出其妻。"按,《説文·攴部》"敊"亦訓"擊",《殳部》"毄"訓"椎擊物",段玉裁、朱駿聲皆謂此二字爲"柭"之或體。《廣韻·覺韻》:"捑,擊也。"《集韻·屋韻》:"毄,或从手。"則"捑"亦爲或體。

涿　水下滴,如點擊,故稱"涿"。引申之,則有敲擊之義。《説文·水部》:"涿,流下滴也。从水,豖聲。"清段玉裁注:"今俗謂一滴曰一涿,音如篤。"清朱駿聲《通訓定聲》:"俗字作'泘'。崔寔《四民月令》:'上火不落,下火滴泘。'……今蘇俗語如篤……《廣雅·釋言》:'泘,磓也。'按,《周禮》'壺涿氏'是本字本義。"按,朱氏所引《周禮·秋官·序官》文漢鄭玄注:"壺,謂瓦鼓;涿,擊之也。""涿"爲敲擊義不誤,然其字从水,當由水下滴擊地義所衍生。朱氏"泘"爲"涿"字俗體説則極可參。《集韻·鐸韻》:"泘,滴也。"至《廣雅》所訓"磓"即墜落義,亦相通。

諑　以言攻擊。《廣韻·覺韻》:"諑,訴也。王逸注《楚詞》云:'諑猶譖也。'"清朱駿聲《説文通訓定聲·需聲》:"《離騷》:'謡諑謂余以善淫。'《楚辭·逢尤》:'諑譖兮虚獲尤。'《廣雅·釋詁一》：'諑，責也。'《三》：'諲也。'《釋言》：'譖也。'《方言》十：'諑，愬也。'《楚辭》注：'諑，毀也。'"按，"諑"即進讒言、詆毀亦即以言相攻擊義。《廣韻》以"訴"訓"諑"，《説文》云"訴"之或體作"愬"。唐韓愈等《納涼聯句》："直道敗邪徑，拙謀傷巧諑。"《清史稿·選舉志二》："適留日學生迭起風潮，諑謡繁興，黨争日甚。"

〔推源〕 諸詞俱有擊義，為豖聲所載之公共義。聲符字"豖"所記錄語詞謂豖絆足行。《説文·豖部》："豖，豖絆足行豖豖。从豖繫二足。"即豖足點擊地面義，或與上述諸詞之擊義相通。豖聲可載擊義，則"斫"可相證。

豖：透紐屋部；

斫：章紐鐸部。

透章（照）準旁紐，屋鐸旁轉。"斫"，砍，即以刀具擊物。《説文·斤部》："斫，擊也。从斤，石聲。"《韓非子·奸劫弑臣》："賈舉射公，中其股，公墜，崔子之徒以戈斫公而死之。"唐杜荀鶴《山中寡婦》："時挑野菜和根煮，旋斫生柴帶葉燒。"

389　妻聲

(1060) 淒悽（涼義）

淒　雲雨起，引申為寒涼義，又引申為悲涼義。字亦作"凄"。《説文·水部》："淒，雲雨起也。从水，妻聲。《詩》曰：'有渰淒淒。'"清朱駿聲《通訓定聲》："《(詩)四月》：'秋日淒淒。'傳：'涼風也。'《風雨》：'風雨淒淒。'〔假借〕疊韻連語。《漢書·外戚傳》：'秋氣潛以淒淚兮。'注：'寒涼之意也。'……《素問·氣交變大論》：'其德淒滄。'注：'薄寒也。'《五常政大論》：'淒滄數至。'注：'大涼也。'俗字作'凄'，从仌。《左昭四傳》：'春無淒風。'注：'寒也。'"按，假借説不確，凡形容詞多可以 AA 式重疊而強化其義。

悽　悲痛，悲涼，引申為寒涼義。《説文·心部》："悽，痛也。从心，妻聲。"清朱駿聲《通訓定聲》："《廣雅·釋訓》：'悽悽，悲也。'《淮南·本經》：'悽愴之志。'〔假借〕雙聲連語。《漢書·王褒傳》：'不憂至寒之悽愴。'注：'寒冷也。'"按，非假借。悲痛即心中寒涼，故寒冷義為其衍義。《文選·劉楨〈贈從弟〉》："冰霜正慘悽，終歲常端正。"唐呂延濟注："慘悽，寒兒。"唐元稹《酬樂天書懷見寄》："仍云得詩夜，夢我魂悽涼。"

〔推源〕 此二詞俱有涼義，為妻聲所載之公共義。聲符字"妻"所記錄語詞謂男子之配偶。《説文·女部》："妻，婦與夫齊者也。"《孟子·離婁下》："齊人有一妻一妾而處室者。"然則與涼義不相涉，其涼義乃妻聲所載之語源義。妻聲可載涼義，"清"可證之。

妻：清紐脂部；

清：清紐耕部。

雙聲,脂耕通轉。"清",有寒涼義。清朱駿聲《説文通訓定聲·鼎部》:"清,〔假借〕又爲'凊'、爲'瀞'。《吕覽·有度》:'清有餘也。'注:'寒也。'《素問·五常政大論》:'其候清切。'注:'大涼也。'《莊子·人間世》:'爨無欲清之人。'《釋文》:'涼也。'《風賦》:'清清泠泠。'注:'清涼之皃。'"按,"凊""瀞"有寒涼義不誤,然"清"非借爲"凊""瀞"方得表寒涼義。"清"字從水,水之性固寒涼。又"清"之本義《説文》訓"朖",即純净透明義,引申之,則有清净、冷清義,其寒涼義當由此義所衍生。唯"清"有寒冷、寒涼義,故有"清寒""清涼""冷清"等複音詞。

(1061) 棲霽(止義)

棲 鳥類棲息,止於巢棄。《説文·西部》:"西,鳥在巢上,象形……棲,西或從木、妻。"清朱駿聲《通訓定聲》:"或從木,妻聲……字亦作'栖'。《廣雅·釋詁三》:'棲,歧也。《詩·君子于役》:'鷄棲于塒。'"按,"棲"字之結構,朱説是。從木、妻無所取義。"妻"之上古音清紐脂部,"棲"者心紐脂部,疊韻,清心旁紐,"棲"從妻聲無疑。《廣韻·齊韻》:"棲,鳥棲。栖,上同。"《莊子·至樂》:"夫以鳥養養鳥者,宜栖之深林。"北魏酈道元《水經注·江水》:"江之左岸,絶岸壁立數百丈,飛鳥所不能棲。"

霽 雨止。《説文·雨部》:"霽,霽謂之霽。從雨,妻聲。"《清朝野史大觀·清朝史料·吴省欽選館授職擢侍讀詩》:"文圍宏開曙色霽,羽林雙引翰詹齊。"《説文》同部:"霽,雨止也。"清朱駿聲《通訓定聲》:"《書·洪範》:'曰霽'。鄭注:'兆之光明如雨止。'《淮南·本經》:'霜雨不霽。'注:'止也。'"又:"霽,當爲'霽'之或體。"

〔推源〕 此二詞俱有止義,爲妻聲所載之公共義。聲符字"妻"所記録語詞之本義、引申義系列與止義不相涉,其止義乃妻聲所載之語源義。妻聲可載止義,"停"可證之。

妻:清紐脂部;

停:定紐耕部。

清定鄰紐,脂耕通轉。"停",停止。《説文新附·人部》:"停,止也。"《廣韻·青韻》:"停,息也,定也,止也。"《莊子·德充符》:"平者,水停之盛也。"按,唯"停"之義爲止,故有"停止"之同義聯合式合成詞。《梁書·武帝紀》:"屬車之間,見讒前世,便可自今停止。"

390　戔聲

(1062) 虦棧賤俴淺綫琖(小義)

虦 猫,似虎而小之獸。其字亦作左形右聲。《説文·虎部》:"虦,虎竊毛謂之虦苗。從虎,戔聲。竊,淺也。"清段玉裁注:"苗,今之'猫'字。"清朱駿聲《通訓定聲》:"《詩·韓奕》:'有貓有虎。'《禮·郊特牲》:'迎貓迎虎。'《説文》不收'貓'字。'虦苗'即淺毛也。然則貓曰虦。"《玉篇·虎部》:"虥,猫也。"

栈 小橋。《古今韻會舉要·諫韻》："棧，小橋曰棧。"按，"棧"有棧道義，棧道如橋，故引申而指橋，其小義，戔聲所載者。明徐弘祖《徐霞客遊記·滇遊日記十三》："又隨引水木而束過一棧，觀水所出處。"按"棧"亦指小鐘。清朱駿聲《説文通訓定聲·乾部》："棧，〔假借〕又爲'淺'。《爾雅·釋樂》：'大鐘謂之鏞，小者謂之棧。'"按，非假借，乃引申。《晉書·郭璞傳》："蓋王者之作，必有靈符……觀五鐸啓號於晉陵，棧鍾告成於會稽。"

賤 價格小。《説文·貝部》："賤，賈少也。从貝，戔聲。"清朱駿聲《通訓定聲》："《漢書·食貨志》：'糴甚貴傷民，甚賤傷農。'"《左傳·昭公三年》："國之諸市，屨賤踊貴。"《新唐書·劉晏傳》："議者或譏晏不直賑救，而多賤出以濟民者，則又不然。"

俴 淺，薄，深度、厚度小。《説文·人部》："俴，淺也。从人，戔聲。"清朱駿聲《通訓定聲》："《詩》：'小戎俴收。'傳：'淺也。''俴駟孔群。'《韓詩》：'駟馬不著甲曰俴駟。'《管子·參患》：'甲不堅密，與俴同實。'注：'謂無甲單衣者。'"《廣韻·獮韻》："俴，淺也。"北周庾信《哀江南賦》："俴秦車於暢轂，沓漢鼓於雷門。"

淺 水之深度小。《説文·水部》："淺，不深也。从水，戔聲。"《廣韻·獮韻》："淺，不深也。"《詩·邶風·匏有苦葉》："深則厲，淺則揭。"唐孔穎達疏："若過深水則厲，淺水則褰衣。"又《谷風》："就其淺矣，泳之游之。"宋梅堯臣《和資政湖亭雜詠·稻畦》："淺淺碧水平，青青稻苗長。"

綫 縷，細小之物。《説文·糸部》："綫，縷也。从糸，戔聲。線，古文綫。"清朱駿聲《通訓定聲》："《周禮·縫人》：'掌王宮之縫線之事。'《考工·鮑人》：'察其線。'《禮記·内則》：'線纊。'《公羊僖四傳》：'中國不斷如綫。'注：'縫帛縷。'"《廣韻·綫韻》："綫，細絲。出《文字指歸》。"唐白居易《繡婦嘆》："針頭不解愁眉結，線縷難穿淚臉珠。"唐祖詠《七夕》："向月穿針易，臨風整綫難。"今按，"綫"即小絲之意，以其戔聲表小義。稱"縷"則寓連縷義，"線"則謂延伸如泉水之流。

琖 小杯。字亦作"盞""醆"。《廣韻·產韻》："琖，玉琖，小杯。'盞''醆'，並上同。"《禮記·明堂位》："爵用玉琖仍雕。"唐韓愈《寒食日出遊》："飲酒寧嫌醆底深，題詩尚倚筆鋒勁。"

〔推源〕 諸詞俱有小義，爲戔聲所載之公共義。戔聲字"陵""瘍"亦有"小"訓。《説文·阜部》："陵，水阜也。从阜，戔聲。"苗夔《校勘記》："'水阜'當作'小阜'。戔，小意也。""瘍"，《玉篇·疒部》《廣韻·獮韻》皆訓"小瘍"。按，聲符字"戔"从二戈，爲同體會意字，所記録語詞之本義《説文·戈部》訓"賊"，即傷害義，與小義不相涉。其小義乃戔聲所載之語源義。戔聲可載小義，"點"可證之。

戔：從紐元部；

點：端紐談部。

從端鄰紐，元談通轉。"點"，小黑點。《説文·黑部》："點，小黑也。"引申之則指小點迹。《晉書·文苑傳·袁宏》:"如彼白珪,質無塵點。"元王惲《番禺杖》:"花藤昏玳暈,斑點慘湘娥。"

(1063) 殘賸徯(殘餘義)

殘 傷害,引申爲殘缺、殘餘義。《説文·歹部》:"殘,賊也。从歹,戔聲。"清朱駿聲《通訓定聲》:"《蒼頡篇》:'殘,傷也。'《周禮·大司馬》:'放弑其君則殘之。'注:'殺也。'按,碎割也。《秦策》:'昔智伯瑶殘范中行。'注:'滅也。'〔假借〕爲'殉'。《吕覽·權勳》:'達子又帥其殘卒。'注:'餘也。'"按,非假借,乃引申。《廣韻·寒韻》:"殘,餘也。"唐李白《憶秦娥》:"西風殘照,漢家陵闕。"《資治通鑒·唐武宗會昌二年》:"今回鶻殘兵不滿千人,散投山谷。"

賸 禽獸食餘。字亦作"殄""歺"。《廣韻·寒韻》:"賸,禽獸食餘。歺,上同。"又《翰韻》:"賸,禽獸食餘。殄,同上。"《集韻·换韻》:"殄,禽獸所食餘。"黄侃《禮學略説》:"苓落殄餘,猶堪寶貴。"

徯 蹤迹,殘餘物。字亦作"衡"。《説文·彳部》:"徯,迹也。从彳,戔聲。"又《行部》:"衡,迹也。从行,戔聲。"清朱駿聲《通訓定聲》:"即'徯'之異體。"《廣韻·獮韻》:"徯,跡也。"

〔推源〕 諸詞俱有殘餘義,爲戔聲所載之公共義。聲符字"戔"本爲"殘"之初文,本義爲傷害而有"殘餘"之衍義。《説文·戈部》:"戔,賊也。从二戈。"清段玉裁注:"此與'殘'音義皆同。"清朱駿聲《通訓定聲》:"即'殘'之古文。《廣雅·釋詁四》:'戔,傷也。'〔假借〕爲'殉'。《考工·鮑人》注:'讀爲羊猪戔之戔。'《周禮·稿人》注:'雖其潘瀾戔餘。'"按,"戔"表殘餘義非假借,乃引申。本條諸詞之殘餘義爲其聲符"戔"所載之顯性語義。戔聲可載殘餘義,則"餘"可證之。

戔:從紐元部;

餘:余紐魚部。

從余(喻四)鄰紐,元魚通轉。"餘",豐饒,富足。《説文·食部》:"餘,饒也。"《廣韻·魚韻》:"餘,饒也。"《淮南子·精神訓》:"食足以接氣,衣足以蓋形,適情不求餘。"漢高誘注:"餘,饒也。"引申爲剩餘、多餘義。《廣韻·魚韻》:"餘,賸也。"《集韻·證韻》:"賸,餘也。俗作'剩'。"《詩·秦風·權輿》:"於我乎,夏屋渠渠。今也每食無餘。"又引申爲殘餘義。《廣韻·魚韻》:"餘,殘也。"《左傳·成公二年》:"請收合餘燼,背城借一。"前蜀李珣《臨江仙》:"芰荷經雨半凋疎,拂堤垂柳,蟬噪夕陽餘。"

391 非聲

(1064) 靟斐斐輩馡緋琲霏(繁多義)

靟 毛多。《説文·毳部》:"靟,毛紛紛也。从毳,非聲。"《廣韻·微韻》:"靟,細毛。"

按,《説文》同部"毳"訓"獸細毛",細毛則多,"毳"字三疊成文,其多義已顯諸文字形體結構。清屈大均《禿頌》:"勝於生毦,白屑生皮,所少屋幘,覆此毳毳。"

斐 五彩相錯,色彩多。《説文・文部》:"斐,分別文也。从文,非聲。《易》曰:'君子豹變,其文斐也。'"清朱駿聲《通訓定聲》:"《詩・巷伯》:'萋兮斐兮。'傳:'萋斐,文章相錯也。'亦疊韻連語。《禮記・大學》:'有斐君子。'注:'有文章皃也。'《論語》:'斐然成章。'《太玄・文》:'斐如邠如。'……《天台山賦》:'彤雲斐亹以翼櫺。'注:'文皃。'"《廣韻・尾韻》:"斐,文章貌。"

婔 亦作"婔",往來不停,寓多義。《説文・女部》:"婔,往來婔婔也。从女,非聲。"清朱駿聲《通訓定聲》:"重言形況字。揚雄《反騷》:'婔婔遲遲而周邁。'注:'往來皃。'"《廣韻・微韻》:"婔,婔婔,往來皃。"宋梅堯臣《正仲往靈濟廟觀重臺梅》:"玉盤疊捧溪女歸,魚鱗作室待水婔。"清黄景仁《鼠》:"呼群聲穀穀,隔燭影婔婔。"

輩 車百輛,車多。《説文・車部》:"輩,若軍發車百兩爲一輩。从車,非聲。"引申爲成批、衆多義。《商君書・農戰》:"主好其辯,不求其實。説者得意,道路曲辯,輩輩成群。"漢馬融《廣成頌》:"游雉群驚,晨鳧輩作。"按,"群""輩"對文同義。

馡 香氣多。《廣雅・釋訓》:"馡馡,香也。"《廣韻・微韻》:"馡,香也。"宋陸游《獨坐》:"博山香霧散馡馡,袖手仿妨静掩扉。"宋王之道《朝中措・董令升待制生日》:"當年今日,謫仙初降,庭露馡馡。"按,"馡"即香氣多、紛紛散發不斷之意。知者,"馡""馫"音相近,《集韻》"馫"訓"香氣盛"。

鯡 魚子。按,凡魚子,多而相聚,故稱"鯡"。《玉篇・魚部》:"鯡,魚子也。"《廣韻・未韻》:"鯡,魚子。"按"鯡"本魚名,指魚子,爲套用字。

琲 珠多成串。字亦作"琲"。《廣韻・隊韻》:"琲,貫也。亦作'琲'。"清朱駿聲《説文通訓定聲・履部・附〈説文〉不録之字》:"琲,《吴都賦》:'珠琲闌干。'劉注:'貫也,珠十貫爲一琲。'《新附》云:'琲,珠五百枚也。'見《埤蒼》。《埤蒼》又云:'珠百枚曰琲,孫權貢百琲。琲,貫也。'"《新唐書・后妃傳上・楊貴妃》:"遺鈿墮舄,瑟瑟璣琲,狼籍于道,香聞數十里。"宋歐陽修《減字木蘭花》:"柔潤清圓,百琲明珠一綫穿。"

霏 雨雪多。《説文新附・雨部》:"霏,雨雲皃。从雨,非聲。"《廣韻・微韻》:"霏,雪皃。"《詩・小雅・采薇》:"今我來思,雨雪霏霏。"又《邶風・北風》:"北風其喈,雨雪其霏。"漢毛亨傳:"霏,盛貌。"宋范仲淹《岳陽樓記》:"若夫淫雨霏霏,連月不開。"

〔**推源**〕 諸詞俱有繁多義,爲非聲所載之公共義。聲符字"非"《説文・非部》云:"違也。从飛下翅,取其相背。"所記録語詞有"違"義,基本義爲"不",與繁多義不相涉,其繁多義乃非聲所載之語源義。非聲可載繁多義,"繁"可證之。

非:幫紐微部;

繁:並紐元部。

幫並旁紐,微元旁對轉。"繁",多。《小爾雅·廣詁》:"繁,多也。"《左傳·成公十三年》:"今衆繁而從余三年矣,無傷也。"晉杜預注:"繁,猶多也。"《詩·小雅·正月》:"正月繁霜,我心憂傷。"漢毛亨傳:"繁,多也。"按,唯"繁"之義爲多,故有"繁多"之同義聯合式合成詞。宋司馬光《進〈資治通鑒〉表》:"每患遷、固以來,文字繁多,自布衣之士,讀之不徧,況於人主,日有萬機,何暇周覽。"

(1065) 翡緋(紅色義)

翡 赤羽雀。《説文·羽部》:"翡,赤羽雀也。出鬱林。从羽,非聲。"清朱駿聲《通訓定聲》:"雄赤曰翡,雌青曰翠。《南方異物志》:'翡大于燕,小于烏,腰身通黑,惟胷前、背上、翼後有赤毛也。'……《漢書·賈山傳》:'飾以翡翠。'《淮南·人間》:'翡翠珠璣。'"

緋 紅色。《廣韻·微韻》:"緋,絳色。"《説文新附》:"帛赤色也。从糸,非聲。"《隋書·音樂志中》:"大角工人平巾幘、緋衫,白布大口袴。"宋李彭老《探芳訊·湖上春遊·繼草窗韻》:"正緋桃如火,相看自依舊。"

〔推源〕 此二詞俱有紅色義,爲非聲所載之公共義。聲符字"非"所記錄語詞與紅色義不相涉。清朱駿聲《説文通訓定聲·履部》:"翡,《南方異物志》:'其飛即羽鳴翠翠翡翡,因以名焉。'〔轉注〕字亦作'緋'。"按,朱氏素以"轉注"爲引申。依朱説,則"翡"爲擬音詞,爲源詞;"緋",晚出者,爲其同源派生詞。

(1066) 輫扉厞(蔽義)

輫 車箱,遮蔽之物。漢揚雄《方言》卷九:"箱謂之輫。"《廣韻·灰韻》及《皆韻》:"輫,車箱。"

扉 門扉,遮蔽之物。《説文·户部》:"扉,户扇也。从户,非聲。"清朱駿聲《通訓定聲》:"《爾雅·釋宫》:'闔謂之扉。'《儀禮·士喪禮》:'闔東扉。'《左襄廿八傳》:'子尾抽桷擊扉三。'《思玄賦》:'叫帝閽使闢扉兮。'"按許書同部"闔"訓"門扇",稱"闔"則當寓閉合義。

厞 隱蔽,字亦作"庛""陫""茀"而皆从非聲。《説文·厂部》:"厞,隱也。从厂,非聲。"清朱駿聲《通訓定聲》:"字亦作'陫'。《詩·抑》箋:'厞隱之處。'字亦誤作'庛'。"《廣韻·合韻》:"厞,隱也。""茀,茀隱。"《儀禮·士喪禮》:"徹設于西北隅,如其設也,几在南,厞用席。"漢鄭玄注:"厞,隱也。于厞隱之處,从其幽闇。"《楚辭·九歌·湘君》:"横流涕兮潺湲,隱思君兮陫側。"漢王逸注:"陫,陋也。言已雖見放棄隱伏山野,猶從側陋之中思念君也。"

〔推源〕 諸詞俱有蔽義,爲非聲所載之公共義。聲符字"非"所記錄語詞與此義不相涉,當爲非聲所載之語源義。非聲可載蔽義,"蔽"可證之。

非:幫紐微部;

蔽:幫紐月部。

雙聲,微月旁對轉。"蔽",遮蔽,隱蔽。《廣雅·釋詁四》:"蔽,隱也。"《廣韻·祭韻》:"蔽,掩也。"《楚辭·九歌·國殤》:"旌蔽日兮敵若雲,矢交墜兮士争先。"《管子·内業》:"全心在中,不可蔽匿。"

(1067) 徘悱(猶豫義)

徘 來回走動。《廣雅·釋訓》:"徘徊,便旋也。"《廣韻·灰韻》:"徘,徘徊。"清朱駿聲《説文通訓定聲·履部》:"《漢書·高后紀》:'俳個往來。'俗字作'徘'。"《莊子·盜跖》:"獨成而意,與道徘徊。"引申爲猶豫義。《文選·向秀〈思舊賦〉》:"惟古昔以懷今兮,心徘徊以躊躇。"唐柳宗元《南澗中題》:"索寞竟何事?徘徊祇自知。"

悱 心欲言而言不出,即猶豫義。《廣韻·尾韻》:"悱,口悱悱也。"《集韻·尾韻》:"悱,心欲也。"《論語·述而》:"不憤不啓,不悱不發。"宋朱熹《集注》:"悱者,口欲言而未能之貌。"唐顔真卿《梁吴興太守柳惲西亭記》:"日月滋深,室宇將壞,而文人嘉客,不得極情于兹,憤憤悱悱者久矣。"

〔推源〕 此二詞俱有猶豫義,爲非聲所載之公共義。聲符字"非"所記録語詞與此義不相涉,蓋爲非聲所載之語源。按猶豫即欲前而却之意,"徘徊"之猶豫義由往返義所衍生,足可爲證。又,前行而回謂之"返",其音幫紐元部,"非"者幫紐微部,雙聲,元微旁對轉。則"徘""悱"之語源可明。

(1068) 韭騑(對偶義)

韭 兩牛相向耕。《説文·牛部》:"韭,兩壁耕也。从牛,非聲。一曰覆耕種也。讀若匪。"清朱駿聲《通訓定聲》:"按,兩牛同田,此往彼來,兩邊耕也。"《廣韻·未韻》:"韭,覆耕。"按,覆耕即第二次耕,二則爲偶數,與兩牛相向而耕即相對偶義相通。

騑 駕於兩旁之馬,左右各一,相對偶者。《説文·馬部》:"騑,驂,旁馬。从馬,非聲。"清朱駿聲《通訓定聲》:"駕三馬曰驂,中一馬曰駕,旁兩馬曰騑也。《續漢·輿服志》:'在左驂馬軛上。'注:'馬在中曰服,在外曰騑,騑亦驂。'《陽給事誄》:'如彼騑駉,配服驂衡。'"《廣韻·微韻》:"騑,驂旁馬也。"按稱"驂"則爲參與義。《晉書·輿服志》:"左右騑驂,金爻鏤錫,黄屋左纛,如金根之制,行則從後。"

〔推源〕 此二詞俱有對偶義,爲非聲所載之公共義。非聲字"俳"亦可以假借字形式表對偶,則亦爲非聲與對偶義相關聯之一證。古有文體稱"俳",其詩句爲對偶句。清周亮工《書影》卷二:"蘇、李、十九首,變爲黄初建安,爲選體,流爲齊梁俳句,又變至唐近體,而古詩盡亡。"按"俳"字从人,謂俳優,所表對偶義爲假借義。"韭""騑"之聲符"非"象兩翅相對形,本條二詞之對偶義當爲其聲符所載之顯性語義。

(1069) 桻韭排(排比義)

桻 木排,以木相排比、連接而浮於水,以爲交通工具。《玉篇·木部》:"桻,排筏也。"按"筏"即竹筏,同類物。《廣韻·佳韻》:"桻,排筏。"按,"排"所指稱之物古今皆有之,所記之詞亦存乎語言,唯以"排"字爲之而已,後世亦如是。宋蘇軾《魚蠻子》:"連排入江住,竹瓦三尺廬。"又凡言竹排、木排皆以"排"爲之,實則"棑"爲本字,"排"表此義則爲其引申義。

輩 車百輛,有衆多義(見前第1064條),移以言人,指衆多的同類,又引申爲相比義。《廣韻·對韻》:"輩,等輩。又比也,類也。"清朱駿聲《說文通訓定聲·履部》:"輩,〔轉注〕《蒼頡篇》:'輩,比也。'《太玄·玄攡》:'位各殊輩。'注:'類也。'"按,同類則可比,故有"類比"之語。《後漢書·循吏傳·序》:"邊鳳、延篤先後爲京兆尹,時人以輩前世趙、張。"

排 字从手,所記錄語詞之本義《說文》訓"擠",即推義,故有排斥、排除等衍義;又有排列、次比義,則爲套用字。《字彙·手部》:"排,列也。"南朝梁沈約《注制旨連珠表》:"連珠者,蓋謂辭句連續,互相發明,若珠之結排也。"唯"排"有次比義,故有"排比"之複音詞。唐元稹《唐故工部員外郎杜君墓誌銘序》:"至若鋪陳終始,排比聲韻,大或千言,次猶數百……則李尚不能歷其藩翰,況堂奧乎!"

〔推源〕 諸詞俱有排比義,爲非聲所載之公共義。聲符字"非"象兩翅相對形,此與排比義或相通。非聲可載排比義,則"比"可證之。

非:幫紐微部;

比:幫紐脂部。

雙聲,微脂旁轉。"比",相並列,相次比。《說文·比部》:"比,密也。二人爲从,反从爲比。夶,古文比。"清朱駿聲《通訓定聲》:"《書·費誓》:'比爾干。'兩兩相並,故爲合並叙次之誼……《易·序卦傳》:'比者,比也。'《史記·天官書》:'危東六星兩兩相比曰司空。'《周禮·世婦》:'比其具。'注:'次也。'"

392 叔聲

(1070) 寂俶諔(平、靜義)

寂 寂静,安静。《說文·宀部》:"宋,無人聲。"清朱駿聲《通訓定聲》:"本訓廫也,靜虛之意……字亦作'寂',誤作'家',變作'淑'。《方言》十:'宋,安靜也。'《埤蒼》'寂寥,無人也。'《楚辭·遠遊》:'聲嗸嗸以寂寥兮。'注:'空無人民之皃也。'……《西征賦》:'諒惠聲之寂寞。'注引《韓詩章句》:'無聲之皃也。'《思玄賦》:'經重瘖乎寂寞兮。'注:'靜皃。'《漢書·揚雄傳》:'惟寂寞自投閣。'"《廣韻·錫韻》:"寂,靜也,安也。家,上同。宋,亦同。"

俶 俶嘆,無聲,安靜。《說文·口部》:"俶,嘆也。从口,叔聲。"清朱駿聲《通訓定聲》:"俶,俶嘆也……按,俶嘆,無聲也。古皆以'宋'爲之。《說文》'宋'下或體'諔'。按,當爲'俶'之重文,字亦作'諔'。"按,"宋""寂"謂無人而寂静,"俶""諔"則謂無言、無聲而安静。《玉篇·口部》:"俶,俶嘆而無聲,言安靖也。"《廣韻·錫韻》:"俶,俶嘆,無聲。"

俶 平坦貌。《説文·足部》:"俶,行平易也。从足,叔聲。《詩》曰:'俶俶周道。'"按,所引《詩·小雅·小弁》文漢毛亨傳:"俶俶,平易也。"清陳奐《傳疏》:"周室通達之大道,其平易俶俶然。"清王闓運《上征賦》:"余俶俶此鞠道兮,候視咫而若荒。"

〔推源〕 上述諸詞或有平義,或有静義,二義微殊而相通,故詞彙系統有"平静"之複音詞。平義、静義俱以叔聲載之,語源則同。聲符字"叔"从又(手),所記録語詞之本義《説文》訓"拾",即拾取義。《詩·豳風·七月》:"八月斷壼,九月叔苴。"然則與平、静義不相涉,其平静義乃叔聲所載之語源義。叔聲可載平、静義,"静"可證之。

叔:書紐覺部;
静:从紐耕部。

書(審三)从鄰紐,覺耕旁對轉。"静",有安静義,亦有平静義。《廣韻·静韻》:"静,安也。"《玉篇·青部》:"静,息也。"《吕氏春秋·音律》:"本朝不静,草木早槁。"漢高誘注:"静,安。朝政不寧,故草木變動墮落早枯槁也。"漢韓嬰《韓詩外傳》卷九:"樹欲静而風不止。"

(1071) 諔俶(異義)

諔 奇異。《莊子·德充符》:"彼且蘄以諔詭幻怪之名聞,不知至人之以是爲己桎梏邪?"唐成玄英疏:"諔詭,猶奇譎也。"唐陸德明《釋文》:"諔詭,奇異也。"南朝梁鍾嶸《詩品》卷中:"其源出於二張,善製形狀寫物之詞,得景陽之諔詭,含茂先之靡嫚。"

俶 卓異。清朱駿聲《説文通訓定聲·孚部》:"俶,《廣雅·釋訓》:'俶儻,卓異也。'《子虚賦》:'俶儻瑰瑋。'注:'猶非常也。'《封禪文》:'俶儻窮變。'又《漢書·司馬遷傳》:'扶義俶儻。'"《史記·魯仲連鄒陽列傳》:"魯仲連者,齊人也。好奇偉俶儻之畫策,而不肯仕宦任職,好持高節。"

〔推源〕 此二詞俱有異義,爲叔聲所載之公共義。聲符字"叔"所記録語詞之本義、引申義系列與異義不相涉,其異義乃叔聲所載之語源義。叔聲可載異義,"異"可證之。

叔:書紐覺部;
異:余紐職部。

書(審三)余(喻四)旁紐,覺職旁轉。"異",其字之甲骨文形體象人兩手分開上舉形,所記録語詞之本義《説文·異部》訓"分",即分開義。引申爲相殊異義,凡與情理相異則即奇異,與平庸者相異則即卓異、優異。故"異"有奇異、卓異之衍義。《廣韻·志韻》:"異,奇也。"《公羊傳·隱公三年》:"己巳,日有食之。何以書?記異也。"漢何休注:"異者,非常可怪,先事而至者。"《玉篇·異部》:"異,尤也。"《史記·平津侯主父列傳》:"上方欲用文武,求之如弗及。始以蒲輪迎枚生,見主父而嘆息。群臣慕向,異人並出。"

393　卓聲

(1072) 趠踔䅸（高超義）

趠　遠走。《説文·走部》："趠，遠也。从走，卓聲。"《廣韻·覺韻》："逴，遠也。趠，上同。"《晉書·文苑傳·曹毗》："游不踐綽約之室，趠不希騄駬之蹤。"縱向之遠走即跳躍，故引申爲跳躍義。晉左思《吳都賦》："狖鼯猓然，騰趠飛超。"跳躍即高超於地面，故虛化引申爲高超義。清朱駿聲《説文通訓定聲·小部》："趠，《廣雅·釋詁四》：'趠，絶也。'"元許有壬《文丞相傳序》："丞相文公，少年趠厲，有經濟之志。"按，"逴"爲其或體，亦有超越、高超義。宋梅堯臣《時魚》："四月時魚逴浪花，漁舟出没浪爲家。"

踔　跳躍，高超。《廣韻·效韻》："踔，媛跳。"《集韻·嘯韻》："踔，遠騰貌。"清朱駿聲《説文通訓定聲·小部》："踔，《莊子·秋水》：'吾以一足趻踔而行。'《後漢·馬融傳》注：'踔，跳也。'又《羽獵賦》注：'踔，踰也。'〔假借〕爲'趠'。《史記·貨殖傳》：'地踔遠。'《索隱》：'踔，遠騰兒也。'《吳都賦》：'騰踔飛超。'又爲'卓'。《漢書·孔光傳》：'非有踔絶之能。'"按，非假借，乃引申。《新唐書·劉文静裴寂傳·贊》："觀二子非有踔越之姿，當高祖受命，赫然利見於世，故能或翼或從，尸天之功云。"

䅸　卓然特立，高超。《説文·䅸部》："䅸，特止也。从䅸省，卓聲。"南唐徐鍇《繫傳》："特止者，卓立也。"按，亦以"踔"爲之。漢劉向《説苑·君道》："廓然遠見，踔然獨立。"

〔推源〕諸詞俱有高超義，爲卓聲所載之公共義。聲符字"卓"單用本可表高超義。《説文·匕部》："卓，高也。早匕爲卓，匕卩爲卬，皆同義。卓，古文㫗。"清朱駿聲《通訓定聲》："《論語》：'如有所立卓爾。'皇疏：'高遠貌。'鄭注：'卓爾絶望之辭。'……《莊子·大宗師》：'而况其卓乎。'注：'卓者，獨化之謂也。'"按，高超義非"卓"之顯性語義。甲文"卓"上象鳥形，下爲"畢"。其高超義乃卓聲所載之語源義。"卓"之聲韻可載高超義，"超"可證之。

卓：端紐藥部；

超：透紐宵部。

端透旁紐，藥（沃）宵對轉。"超"，躍上，趨高。《説文·走部》："超，跳也。从走，召聲。"《國語·晉語中》："左右皆免胄而下拜，超乘者三百乘。"引申爲高超義。《後漢書·馮衍傳》："顯忠貞之節，立超世之功。"晉王渙之《蘭亭》："超跡修獨往，真契齊古今。"

(1073) 焯晫（明義）

焯　明顯，明徹。《説文·火部》："焯，明也。从火，卓聲。"清朱駿聲《通訓定聲》："《書·立政》：'焯見三有俊心。'今本以'灼'爲之。《羽獵賦》：'焯爍其陂。'"唐白居易《李愬贈太尉制》："父子之功，書于甲令，俱爲第一，焯輝當時。"元孛術魯羽中《大都路都總管姚公神道碑》:"公至元名臣,勳德焯著。"

晫 明盛貌,又賢明。《廣雅·釋詁四》:"晫,明也。"《玉篇·日部》:"晫,明盛貌。"《廣韻·覺韻》及《效韻》:"晫,明也。"《詩·大雅·韓奕》"有倬其道,韓侯受命"唐陸德明《釋文》:"倬,《韓詩》作'晫'。"按,"倬"蓋爲假借字而同聲者。《雲漢》篇"倬彼雲漢"唐孔穎達疏:"見倬然而明大者,彼天之雲漢。"章炳麟《訄書·序種姓下》:"齊大夫有長孫修,《世本》曰,食邑於唐,其孫仕晉,後號唐孫氏。後世治《孝經》猶曰長孫晫晫自神明出。"

〔推源〕 此二詞俱有明義,爲卓聲所載之公共義。聲符字"卓"所記錄語詞有高超義,與高明義相通。又複音詞"卓著"即明顯義。然明義與"卓"之字形不相符,乃卓聲所載之語源義。卓聲可載明義,"昭"可證之。

卓:端紐藥部;
昭:章紐宵部。

端章(照)準雙聲,藥(沃)宵對轉。"昭",明。《説文·日部》:"昭,日明也。"《廣韻·宵韻》:"昭,明也,光也,著也。"《詩·大雅·抑》:"昊天孔昭,我生靡樂。"三國魏曹操《表糜竺領嬴郡》:"偏將軍糜竺,素履忠貞,文武昭烈。"

394 尚聲

(1074) 歱掌牚當(支撐、執掌義)

歱 支撐。《説文·止部》:"歱,距也。从止,尚聲。"南唐徐鍇《繫傳》改訓釋詞爲"距"。清朱駿聲《通訓定聲》:"歱,距也……以足距也。〔假借〕爲'橕'。《考工·弓人》:'維角歱之。'疏:'正也。'"清段玉裁注:"今俗字'歱'作'撐'。"按,朱氏所引《周禮·考工·弓人》文清孫詒讓《正義》:"弓隈撓曲,恐其力弱,故以角歱距之,以輔其力也。"朱氏"假借"説不確。

掌 手掌,引申爲執持義,又引申爲執掌、主管義。《説文·手部》:"掌,手中也。从手,尚聲。"清朱駿聲《通訓定聲》:"《禮記·中庸》:'治國其如示諸掌乎?'〔轉注〕《小爾雅·廣言》:'掌,主也。'《周禮·掌舍》:'至掌貨賄以掌命官者,凡十九職。'干寶注:'凡言掌者,主其事也。'"《孟子·滕文公上》:"舜使益掌火,益烈山澤而焚之,禽獸逃匿。"漢趙岐注:"掌,主也。"

牚 斜柱,引申爲支撐、抵拒義。其字亦累增爲"橕"。《廣韻·映韻》:"牚,邪柱也。"又《庚韻》:"橕,橕柱也。"沈兼士《聲系》:"《切韻》内府本及敦煌本《王韻》均作'樘'。《集韻》'橕'注:'或作樘'。"《文選·王延壽〈魯靈光殿賦〉》:"芝栭欑羅以戢舂,枝牚杈枒而斜據。"唐李周翰注:"枝牚,梁上交木也。"《資治通鑑·唐則天后垂拱四年》:"中有巨木十圍,上下通貫,柵櫨橕桷藉以爲本。"元胡三省注:"橕,斜柱也。"《詳校篇海·牙部》:"牚,撐住也。或作'撑'。"《後漢書·列女傳·董祀妻》："斬截無孑遺,屍骸相掌拒。"

當 相當、相等,引申爲擔當、擔任義,又引申爲執掌義。《説文·田部》："當,田相值也。从田,尚聲。"清朱駿聲《通訓定聲》："〔轉注〕《廣韻·釋詁三》:'當,直也。'《晉語》:'朱也當御。'注:'值也。''非德不當雍。'注:'猶任也。'〔假借〕爲'掌'。《禮記·樂記》:'鼓無當于五聲。'注:'猶主也。'《荀子·正名》:'天官之當簿其類。'注:'主也。'"按,實非假借,乃引申。《左傳·襄公二十七年》："辛巳,崔明來奔,慶封當國。"晉杜預注:"當國,秉政。"按,即執掌政事。

〔推源〕 上述諸詞或有支撑義,或有執掌義,或兼有此二義。二義當相通,凡執掌之人即支撑者。俱有尚聲載之,語源當同。聲符字"尚"單用本可表執掌義。清朱駿聲《説文通訓定聲·壯部》:"尚,〔假借〕又爲'掌'。《廣雅·釋詁三》:'尚,主也。'《後漢·周榮傳》注:'尚書,王之喉舌官也。'《史記·吕后紀》:'尚符節。'《外戚世家》:'侍尚衣軒中。'《司馬相如傳》:'使尚方。'《淮南·覽冥》:'位賤尚菜。'《漢書·惠帝紀》注:'主天子物曰尚和熹。'《鄧后紀》注:'尚方,掌王作刀劍諸物及刻玉爲器。'按,漢官尚食、尚醫皆是。"按,"尚"之本義《説文》訓"曾",即增益義,其引申義亦與執掌義不相涉。其執掌義乃尚聲另載者。尚聲可載執掌義,"司"可證之。

尚:端紐陽部;
司:心紐之部。

端心鄰紐,陽之旁對轉。"司",執掌,主管。《説文·司部》:"司,臣司事於外者。"《廣雅·釋詁三》:"司,主也。"《書·高宗肜日》:"嗚呼!王司敬民,罔非天胤,典祀無豐于昵。"僞孔傳:"王者主民,當敬民事。"《詩·鄭風·羔裘》:"彼其之子,邦之司直。"漢毛亨傳:"司,主也。"

(1075) 堂敞(寬義)

堂 方形土臺,亦指屋基,引申之則指山上寬闊平坦處。《説文·土部》:"堂,殿也。从土,尚聲。"清朱駿聲《通訓定聲》:"《禮記·檀弓》:'吾見封之若堂者矣。'注:'堂形四方而高。'《考工·匠人》:'室中度以幾,堂上度以筵,宫中度以尋。'〔轉注〕《詩·終南》:'有紀有堂。'傳:'畢道平如堂也。'《爾雅》:'山如堂者密。'"《尸子·綽子》:"松柏之鼠,不知堂密之有美樅。"清林則徐《查勘礦廠情形試行開採疏》:"礦形成片者謂之刷,磄硐寬廣者謂之堂。由成刷而成堂,始爲旺廠。"

敞 字从攴,所記録語詞之本義爲築平臺,引申爲寬敞高朗義。《説文·攴部》:"敞,平治高土,可以望遠也。从攴,尚聲。"清朱駿聲《通訓定聲》:"《蒼頡篇》:'敞,高顯也。'《魯靈光殿賦》:'豐麗博敞。'注:'高平也。'《洞簫賦》:'又足樂乎其敞閑也。'注:'大皃。'"《史記·封禪書》:"泰山東北阯古時有明堂處,處險不敞。"北魏楊衒之《洛陽伽藍記·修梵寺》:"涼州刺史尉成興等六宅,皆高門華屋,齋館敞麗,楸槐蔭途,桐楊夾道,當世名爲貴里。"

〔推源〕 此二詞俱有寬義,亦兼有高義,爲尚聲所載之公共義。聲符字"尚"所記錄語詞謂增益,引申之則有高義,故有"高尚"之複音詞。尚聲可載寬義,則"綽"可相證。

尚:端紐陽部;

綽:昌紐藥部。

端昌(三等即穿)準旁紐,陽藥(沃)旁對轉。"綽",寬緩,寬裕。《玉篇·糸部》:"綽,寬也,緩也。"《莊子·大宗師》:"以刑爲體者,綽乎其殺也。"唐成玄英疏:"綽,寬也。"《詩·小雅·角弓》:"此令兄弟,綽綽有裕。"漢毛亨傳:"綽綽,寬也。"按,唯"綽"之義爲寬,故有"寬綽"之同義聯合式合成詞。《書·無逸》:"不永念厥辟,不寬綽厥心。"

(1076) 當/等(相等義)

當 正對着,引申爲相當、相等義。《説文·田部》:"當,田相值也。从田,尚聲。"清朱駿聲《通訓定聲》:"〔轉注〕《廣雅·釋詁三》:'當,直也。'《漢書·司馬相如傳》:'恐不得其當也。'注:'謂對偶也。'《匈奴傳》:'匈奴終不敢取當。'注:'當者,報其直。'"《廣韻·唐韻》:"當,直也。"《吕氏春秋·孟夏》:"行爵出禄,必當其位。"漢高誘注:"當,直也。"

等 相等,齊等。《説文·竹部》:"等,齊簡也。从竹,从寺。寺,官曹之等平也。"清朱駿聲《通訓定聲》:"《廣雅·釋詁四》:'等,齊也。'〔轉注〕《周禮·大宗伯》:'以等邦國。'注:'猶齊等也。'……《淮南·主術》:'與無法等。'注:'同也。'"《墨子·雜守》:"爲板箱,長與轅等。"

〔推源〕 此二詞俱有相等義,其音亦相近且相通。

當:端紐陽部;

等:端紐蒸部。

雙聲,陽蒸旁轉。則其語源當同。

(1077) 嘗/試(嘗試義)

嘗 嘗試食物之味。《説文·旨部》:"嘗,口味之也。从旨,尚聲。"清朱駿聲《通訓定聲》:"《(禮記)曲禮》:'臣先嘗之。'〔轉注〕《小爾雅·廣言》:'嘗,試也。'"《廣韻·陽韻》:"嘗,試也。《説文》本作'甞'。"《詩·小雅·甫田》:"攘其左右,嘗其旨否。"《周禮·天官·膳夫》:"以樂侑食,膳夫授祭品,嘗食,王乃食。"

試 使用,引申爲嘗試義。《説文·言部》:"試,用也。"清朱駿聲《通訓定聲》:"《虞書》曰:'明試以功。'《爾雅·釋言》:'試,用也。'〔轉注〕《廣雅·釋詁三》:'試,嘗也。'《易·无妄》:'不可試也。'《釋文》:'駖也。'《秦策》:'臣請試之。'注:'猶嘗視也。'"唐杜甫《去矣行》:"未試囊中餐玉法,明朝且入藍田山。"

〔推源〕 此二詞俱有嘗試義,故可組成同義聯合式合成詞"嘗試"。其音亦相近且相通。

嘗:禪紐陽部;

試:書紐職部。

禪書(審三)旁紐,陽職旁對轉。則其語源同。

395 果聲

(1078) 踝稞窠裹顆菓輠蜾裸堁癳碑瓠(圓義)

踝 脚踝骨,形圓而突者。《說文・足部》:"踝,足踝也。从足,果聲。"清朱駿聲《通訓定聲》:"謂足左右隆然圜起者。〔聲訓〕《釋名》:'踝,亦因其形踝踝然也。'"《廣韻・馬韻》:"踝,足骨也。"北魏楊衒之《洛陽伽藍記・法雲寺》:"唯融與陳留侯李崇負絹過任,蹶倒傷踝。"宋陸游《春日》六首之四:"雨來三日泥没踝,過盡梅花渾不知。"

稞 穀之善者,即飽滿而圓者。《說文・禾部》:"稞,穀之善者。从禾,果聲。"清朱駿聲《通訓定聲》:"按,謂顆粒精好。"清段玉裁注:"謂凡穀顆粒俱佳者。"

窠 鳥窩,形圓者。《說文・穴部》:"窠,穴中曰窠,樹上曰巢。从穴,果聲。"清朱駿聲《通訓定聲》:"《小爾雅・廣獸》:'雞、雉所乳謂之窠。'《廣雅・釋宫》:'窠,巢也。'《蜀都賦》:'窠宿異禽。'"《廣韻・戈韻》:"窠,窠窟,又巢。"金周昂《邊俗》:"馬牛雖異域,雞犬竟同窠。"明楊基《廢宅行》:"杏梁風雨丹青濕,時有野鳩來做窠。"

裹 纏繞,作圓周運動;所成者即包裹,圓形物。《說文・衣部》:"裹,纏也。从衣,果聲。"清朱駿聲《通訓定聲》:"《穆天子傳》:'朱三百裹。'《管子・君臣》:'富之以國裹。'注:'謂財貨所苞裹而藏也。'……《江賦》:'濯穎散裹。'注:'謂草實也。'《高唐賦》:'緑葉紫裹。'注:'猶房也。'按,草之子實、花房亦稱"裹",爲比喻引申,其物之形亦皆圓。《廣韻・過韻》:"裹,包也。"又《果韻》:"裹,苞裹。又纏也。"《詩・大雅・公劉》:"迺積迺倉,迺裹餱糧。"漢鄭玄箋:"乃裹糧食於囊橐之中。"

顆 小頭。頭小則呈圓形。人首通稱"頭",从頁,豆聲,即言形如豆,亦寓圓形義。"顆"亦指小而圓之物,又指土塊,土塊則爲不規則圓形物。《說文・頁部》:"顆,小頭。从頁,果聲。"清朱駿聲《通訓定聲》:"〔轉注〕《顏氏家訓》:'北土通呼物一由,改爲一顆。'按,如米粒、珠子皆是,猶一枚也。〔假借〕爲'塊'。《漢書・賈山傳》:'曾不得蓬顆蔽冢而託葬焉。'注:'謂土塊。'"按,"顆"指土塊,無煩假借,乃引申。唐白居易《荔枝》:"燕脂掌中顆,甘露舌頭漿。"唐韓愈《論變鹽法事宜狀》:"及至收穫,悉以還債,又充官税,顆粒不殘。"

菓 果樹之果實,形圓者。其字爲"果"之緟益字。《廣韻・果韻》:"果,木實。俗作

'菓'。"《漢書·叔孫通傳》："古者有春嘗菓。方今櫻桃孰，可獻。"北周庾信《詠畫屏風》："春懷猶雜泛，細菓尚連枝。"《南齊書·劉善明傳》："課民種榆檟雜菓。"

輠 油筒，圓形物。《集韻·果韻》："輠，笴也，車盛膏器。"《史記·孟子荀卿列傳》"炙轂過髡"南朝宋裴駰《集解》："《别録》曰：'過'字作'輠'。輠者，車之盛膏器也。"按，"輠"又有車轉動義，轉動即作圓周運動。《廣韻·馬韻》："輠，轂頭轉皃。"又《賄韻》："輠，車轉之皃。"《禮記·雜記下》："叔孫武叔朝，見輪人以其杖關轂而輠輪者。"唐孔穎達疏："關，穿也。輠，迴也。"

蜾 蜂名，體小而呈圓物。其字亦作"蠃"。《説文·虫部》："蠃，蠃蠃，蒲盧，細要土蠭也。天地之性，細要純雄。《詩》曰：'螟蛉有子，蠃蠃負之。'从虫，羸聲。蜾，蠃或从果。"清朱駿聲《通訓定聲》："或从果聲。《淮南書》曰：'貞蟲之性以毒螫。'按，蜾蠃、蒲盧皆疊韻連語。猶《夏小正傳》'蜃者蒲盧蜃盒蠃'之類。《埤雅》：'瓠細腰者曰蒲盧。'即匏瓠也。又按，一名蟺蝓。"按，清程瑶田《果蠃轉語記》云"蜾蠃""蒲盧"皆圓形物，言之甚詳。又，杭州方言形容人身材小云"同豆兒介一顆"，豆爲圓形物，凡物小則其形圓，"蜾"亦此理。

餜 餅類食物，扁而圓者。字亦作"餜""粿"而皆从果聲。《玉篇·食部》："餜，餅子也。"《廣韻·果韻》："餜，餅餜食。"明李時珍《本草綱目·草部·醉魚草》："痰飲成痟，遇寒便發，取花研末，和米粉作粿，炙熟食之，即效。"清姚燮《兵巡街》："爾無妻與兒，爾身隨我敲梆執火，使爾朝朝飽餅餜。"清翁輝東《潮汕方言·釋食》："俗重祭祀，婦女多制餜品，中裹荳米調餡，曰餜餡。"按，徽歙方言有"塌餜"一詞，謂玉米粉、麪粉餅。又稱物扁爲"塌扁"。知"餜"即扁餅之意。

堁 土堆，形圓者。《集韻·隊韻》："堁，堆土。"《淮南子·説山訓》："泰山之容，巍巍然高，去之千里，不見埵堁，遠之故也。"按，"埵堁"同義連文。唐慧琳《一切經音義》卷二十七："埵，《切韻》作'陏'，小堆。"

瘑 瘰癧，不規則圓形腫塊。《集韻·果韻》："瘑，癧病。"《廣韻·果韻》："瘰，瘰癧，病筋結也。"明李時珍《本草綱目·果部·林檎》："小兒閃癖，頭髮豎黃，瘰瘑瘦弱者，乾林檎脯研末和醋傅之。"

碄 顆粒。上文"顆"字條清朱駿聲引《顔氏家訓·書證》語之下文爲："蒜顆是俗間常語耳……又《道經》云：'合口誦經聲琭琭，眼中泪出珠子碄。'其字雖異，其音與義頗同。"按，"顆""碄"二者之引申義同。"顆"字从頁，本指小頭，引申之則指顆粒，故朱駿聲云"轉注"之義。"碄"字从石，《集韻·果韻》云："碄砢，石皃。"其顆粒義當由此義衍生。"顆""碄"非異體字。以語源學眼光觀之，二者同从果聲，俱以果聲載圓義。

㼌 瓜果，圓形物。《正字通·瓜部》："㼌，或曰：昔人以瓜爲菹，享祖考，燕賓客，謂之瓜果，俗因从瓜作'㼌'。'㼌'與'果'同。"

〔推源〕 諸詞俱有圓義，爲果聲所載之公共義。聲符字"果"所記録語詞謂木本植物之果實,圓形物。《説文·木部》:"果,木實也。象果形在木之上。"清朱駿聲《通訓定聲》:"《易·説卦》:'艮爲果蓏。'《周禮·場人》:'而樹之果蓏、珍異之物。'張晏曰:'有核曰果,無核曰蓏。'臣瓚曰:'在地曰蓏,在樹曰果。'《素問·藏器法時論》:'五果爲助。'注:'謂桃、李、杏、栗、棗也。'"然則本條諸詞之圓義爲其聲符"果"所載之顯性語義。至果聲可載圓義,則"鐶"可證之。

果:見紐歌部;
鐶:匣紐元部。

見匣旁紐,歌元對轉。"鐶",金屬環,圓形物。《集韻·删韻》:"鐶,金鐶也。"《戰國策·齊策五》:"軍之所出,矛戟折,鐶弦絶。"宋姚宏注:"鐶,刀鐶。"《南宋書·東南夷傳·扶南國》:"鍛金鐶鐲銀食器。"按,"鐶"字從睘得聲,"環""圜"與之同。"環"謂玉環,亦圓形物,引申之,泛指環狀物,又"循環""回環"之"環"皆有圓義。"圜"謂天體,古人觀念天圓地方,實亦寓圓義,故"圜""圓"義略同。

(1079) 稞窠裸瘑(空義)

稞 無皮穀,外層空者。《説文·禾部》:"稞,一曰無皮穀。"清段玉裁注:"謂穀中有去稃者也。此義當讀如'裸'。"《廣韻·馬韻》:"稞,浄穀。"《集韻·果韻》:"稞,無皮穀。"

窠 鳥巢(見前條),中空而容鳥者,故有空義。《説文·穴部》:"窠,空也。"清朱駿聲《通訓定聲》:"〔轉注〕《孟子》:'盈科而後進。'以'科'爲之。或曰'科'借爲'坎'。"按,"窠"有官職、任官義,同"科";"窠"本可指坎。宋杜綰《雲林石譜·鼎州石》:"祈閤山出石……間有小如拳者,可貯水爲硯滴,或栽植菖蒲,水窠頗佳。"宋趙汝礪《北苑別録·御園》:"九窠十二隴。"原注:"即土之凹凸處。凹爲窠,凸爲隴。"

裸 赤身露體,空無衣物。字亦作"臝""躶""倮"。《説文·衣部》:"臝,袒也。從衣,嬴聲。裸,或從果。"清朱駿聲《通訓定聲》:"或從果聲。字亦作'倮'。《左僖廿三傳》:'欲觀其裸。'……《吕覽·求人》:'羽人裸民之處。'注:'不衣衣裳也。'"《玉篇·身部》:"躶,赤躰。亦作裸。"又《人部》:"倮,赤體也。"《廣韻·果韻》:"裸,赤體。躶,上同。"《史記·殷本紀》:"(紂王)以酒爲池,縣肉爲林,使男女倮相逐其間,爲長夜之飲。"唐白居易《開龍門八節石灘詩二首·序》:"大寒之月,躶跣水中。"

瘑 禿病,禿則空。《玉篇·疒部》:"瘑,禿瘑病。"《廣韻·過韻》:"瘑,禿瘑。"按,未見其字之實用例,然禿病則有之,即癩頭瘡,患則頭髮脱落而禿。《新五代史·雜傳十三·楊光遠》:"光遠既病禿,其妻又跛其足也。"

〔推源〕 諸詞俱有空義,爲果聲所載之公共義。聲符字"果"所記錄語詞之本義、引申義系列與空義不相涉,其空義乃果聲所載之語源義。果聲可載空義,"康"可證之。

果：見紐歌部；
康：溪紐陽部。

見溪旁紐，歌陽通轉。"康"，米糠，穀之空皮。後起字作"糠"，亦作"穅"，皆緐益字。《説文·禾部》："穅，穀皮也。康，穅或省。"《墨子·備城門》："灰、康、粃、杯、馬矢，皆謹收藏之。"引申爲空義。《詩·小雅·賓之初筵》："酌彼康爵，以奏爾時。"漢鄭玄箋："康，虚也。"《史記·屈原賈生列傳》："斡棄周鼎兮寶康瓠。"按，"康瓠"即空壺。

(1080) 棵愩(斷義)

棵 斷木。《廣韻·緩韻》："棵，斷木。"《集韻·緩韻》："梡，斷木也。或作'棵'。"按，北方方言稱砍削枝條爲"棵"，砍之則斷，其義亦通。《説文·木部》："梡，梡木薪也。"謂未析之木柴，然則爲已斷之木。

愩 果斷，不猶豫，如以斤斷木。唐玄應《一切經音義》卷九："《蒼頡篇》：'愩，憨也。殺敵爲愩。'《爾雅》：'愩，勝也。'孫炎曰：'愩，决之勝也。'今亦作'果'。"《廣韻·果韻》："愩，《蒼頡篇》果敢作此'愩'。"《文選·左思〈魏都賦〉》："風俗以韰愩爲嫿，人物以戕害爲藝。"唐李善注："《方言》曰：'愩，勇也。'果與愩，古字通。"

〔推源〕 此二詞俱有斷義，爲果聲所載之公共義。果聲字"婐"亦可以假借字形式表果敢、果斷義，則亦爲果聲、斷義相關聯之一證。南唐徐鍇《説文繫傳·女部》："婐，果敢也。"按，"婐"之本義《説文》訓"妸"，即柔媚義，其字从女，形與義兩相比附。果敢義與此義相反，乃果聲所載之另一義。唐劉知幾《史通·疑古》："地總百越，山連五嶺，人風婐劃，地氣歊瘴。"又，果斷義以"愩"爲正字，然典籍亦以"果"爲之。《論語·子路》："言必信，行必果。"《書·周官》："惟克果斷，乃罔後艱。"唐孔穎達疏："惟能果敢決斷，乃無有後日艱難。"按，"果"本謂木本植物之果實，已成熟、實現者。果斷即處事毅然，付諸行動實現之。果聲可載斷義，則"敢"可相證。

果：見紐歌部；
敢：見紐談部。

雙聲，歌談通轉。"敢"，有膽氣，果斷。《玉篇·攴部》："敢，敢果也。"《荀子·非十二子》："齊給速通不以先人，剛毅勇敢不以傷人。"南朝梁劉勰《文心雕龍·比興》："擬容取心，斷辭必敢。"

(1081) 祼/灌(澆灌義)

祼 以酒澆灌於地之祭禮。《説文·示部》："祼，灌祭也。从示，果聲。"清朱駿聲《通訓定聲》："謂始獻尸求神時灌以鬱鬯也。君以圭瓚酌鬯授尸灌地爲一獻，夫人以璋瓚酌爲亞獻。《周禮·大宗伯》：'以肆獻祼享先王。'……《書·洛誥》：'王入太室祼。'《詩·文王》：

'祼將于京。'"按，所引《書》文唐孔穎達疏："王以圭瓚酌鬱鬯之酒以獻尸，尸受祭而灌於地。"

灌 澆灌。《廣韻·換韻》："灌，澆也。"《莊子·天地》："鑿隧而入井，抱甕而出灌。"晉葛洪《抱朴子·審舉》："燎火及室，不奔走灌注，而揖讓盤旋，吾未見其焚之自息也。"

〔推源〕 此二詞俱有澆灌義，其音亦同，見紐雙聲，元部疊韻，則其語源當同。

396 昆聲

(1082) 混鯤（大義）

混 水勢盛大。《説文·水部》："混，豐流也。从水，昆聲。"清朱駿聲《通訓定聲》："《子虛賦》：'汩乎混流。'"按，《漢書·司馬相如傳》唐顏師古注："混流，豐流也。"《廣韻·混韻》："混，混流。"北魏酈道元《水經注·漸江水》："其水分納衆流，混波東逝。"

鯤 傳説中的大魚。《廣韻·魂韻》："鯤，北溟大魚。"《莊子·逍遥遊》："北冥有魚，其名爲鯤；鯤之大，不知其幾千里也。"《文選·木華〈海賦〉》："隱鯤鱗，潜靈居。"唐劉良注："鯤，大魚名，大數千里也。"

〔推源〕 此二詞俱有大義，爲昆聲所載之公共義。聲符字"昆"所記録語詞之本義《説文》訓"同"，其引申義系列亦與大義不相涉。其大義乃昆聲所載之語源義。昆聲可載大義，"宏"可證之。

昆：見紐文部；
宏：匣紐蒸部。

見匣旁紐，文蒸通轉。"宏"，宏大。《爾雅·釋詁上》："宏，大也。"晉顧愷之《觀濤賦》："謨兹濤之爲體，亦崇廣而宏浚。"《後漢書·馬融傳》："以臨乎宏池。"唐李賢注："宏，大也。"

(1083) 混餛硱（混沌義）

混 混沌。《廣韻·混韻》："混，混沌，陰陽未分。"清朱駿聲《説文通訓定聲·屯部》："混，〔假借〕又爲'棍'。《荀子·非十二子》：'使天下混然不知是非。'注：'無分别之貌。'《莊子·繕性》：'古之人在混芒之中。'崔注：'混混芒芒未分時也。'"按，非假借，乃引申。

餛 餛飩，囫圇渾一之物，其名寓混沌義。《廣韻·魂韻》："餛，餛飩。"《正字通·食部》："今餛飩即餃餌别名，俗屑米麪爲末，空中裹餡，類彈丸形，大小不一，籠蒸啖之。"清富察敦崇《燕京歲時記·冬至》："夫餛飩之形有如鷄卵，頗似天地渾沌之象。"

硱 鐘聲不響亮，模糊、糊塗，即混沌義。《集韻·混韻》："硱，鐘病聲。"《周禮·春官·典同》："凡聲，高聲硱，正聲緩。"清孫詒讓《正義》："謂其音拳曲盤旋而上，如物苞裹于内也。"

〔推源〕 諸詞俱有混沌義,爲昆聲所載之公共義。昆聲字"倱"《集韻·混韻》云"倱伅,不慧也",當亦此義,唯未見其實用例。聲符字"昆"《説文》訓"同",又爲"混"之初文。漢揚雄《太玄·昆》:"昆于黑,不知白。"昆聲可載混沌義,則"渾"可證之。

昆:見紐文部;

渾:匣紐文部。

疊韻,見匣旁紐。"渾"有渾濁義。《説文·水部》:"渾,洿下皃。"《老子》第十五章:"曠兮其若谷,渾兮其若濁。"引申之,則有渾然及糊塗義,又"混沌"亦作"渾沌"。漢王充《論衡·談天》:"説《易》者曰:'元氣未分,渾沌爲一。'"

(1084) 輥棍硍(圓義)

輥 車轂呈圓形均勻貌。《説文·車部》:"輥,轂齊等皃。从車,昆聲。《周禮》曰:'望其轂,欲其輥。'"清朱駿聲《通訓定聲》:"謂斡木正圓不橈減。"引申爲轉動義,轉動即作圓周運動。元戴侗《六書故·工事三》:"輥,轉之速也。"明陶宗儀《輟耕録·輥各論三卦》:"天地輥而四時行,日月輥而晝夜明。"

棍 木棍,圓而長之物。元紀君祥《趙氏孤兒》第三折:"是那一個實丕丕將着麤棍敲,打的來痛殺殺精皮掉。"引申之,鐵棍亦稱"棍"。《西遊記》第三十六回:"行者將棍子變得盆來粗細,直壁壁的竪在天井裏。"

硍 滚動,即作圓周運動。元戴侗《六書故·地理二》:"硍,石從上輥下也。"《太平廣記》卷四百五十九引五代范資《玉堂閒話·顧遂》:"其家訝其深夜不歸,使人看之,見腰間皎皛而明,來往硍于地上。"

〔推源〕 諸詞俱有圓義,爲昆聲所載之公共義。聲符字"昆"所記録語詞與圓義不相涉,乃昆聲另載之語源義。昆聲可載圓義,"圓"可證之。

昆:見紐文部;

圓:匣紐文部。

疊韻,見匣旁紐。"圓",形圓。《説文·囗部》:"圓,圜。"《墨子·法儀》:"百工爲方以矩,爲圓以規。"宋蘇軾《水調歌頭》:"人有悲歡離合,月有陰晴圓缺。"

397 昌聲

(1085) 唱倡(倡導義)

唱 領唱,領奏。《廣韻·漾韻》:"唱,發歌。"清朱駿聲《説文通訓定聲·壯部》:"《左昭十六傳》注:'取其唱予和女。'《魏都賦》:'昬漠肅唱。'"《韓非子·解老》:"故竽先則鐘瑟皆隨,竽唱則諸樂皆和。"引申爲倡導義。《説文·口部》:"唱,導也。从口,昌聲。"《廣韻·漾韻》:"唱,導也。"《國語·吴語》:"越大夫種乃唱謀曰:'吾謂吴王將遂涉吾地,今罷師而不戒以忘我,我不可以怠。'"三國吴韋昭注:"發始爲唱。"漢荀悦《漢紀·高祖紀一》:"陳王奮臂爲天下唱始,莫不響應。"

倡 倡導。《廣韻·漾韻》:"倡,導引先。"清朱駿聲《説文通訓定聲·壯部》:"倡,〔假借〕爲'唱'。《詩·蘀兮》:'唱予和女。'《禮記·樂記》:'壹倡而三嘆。'注:'發歌句也。'《周禮·樂師》:'遂倡之故。'……《禮記·檀弓》:'婦人倡踊。'注:'先也。'《史記·陳涉世家》:'爲天下倡。'"按,"倡"之本義《説文》訓"樂",謂歌舞樂人,引申之則有領唱、倡導義,無煩假借。《書·周官》:"六卿分職,各率其屬,以倡九牧,阜成兆民。"《漢書·王莽傳中》:"甄豐、劉歆、王舜爲莽腹心,倡導在位,褒揚功德。"

〔推源〕 此二詞俱有倡導義,爲昌聲所載之公共義。昌聲字"閶"亦可以假借字形式表倡導義。《史記·律書》:"閶闔風居西方。閶者,倡也;闔者,藏也。言陽氣道萬物,闔黄泉也。"或以爲非假借,存參。又,"菖"謂菖蒲,或以爲"菖"寓起先、倡導之義。《吕氏春秋·任地》:"冬至後五旬七日菖始生。菖者百草之先生者也,於是始耕。"按,"唱""倡"之聲符"昌"單用本可表倡導義。《廣雅·釋詁一》:"昌,始也。"清憚敬《光孝寺碑銘》:"大鑒之前,皆精微簡直,而大鑒有以昌導之;大鑒之後,皆超峻奧衍,而大鑒有以孕括之。"按"昌"字从日、从曰,其本義《説文》訓"美言",此與倡導義或相通。昌聲可載倡導義,則"導"可相證。

昌:昌紐陽部;
導:定紐幽部。

昌(三等即穿)定準旁紐,陽幽旁對轉。"導",有開啓、導引義,皆與倡導義相近且相通。《説文·寸部》:"導,導引也。"《國語·周語中》:"敵國賓至,關尹以告,行理以節逆之,候人爲導。"《孟子·盡心上》:"導其妻子,使養其老。"

(1086) 焻猖(盛義)

焻 《字彙補·火部》訓"氣",蓋即氣盛義,故有盛行之衍義。明王守仁《傳習録》卷中:"三代之衰,王道熄而霸術焻。"

猖 猖狂,即所謂盛氣淩人之意。《廣韻·陽韻》:"猖,猖狂。"《楚辭·離騷》:"何桀、紂之猖披兮,夫唯捷徑以窘步。"漢賈誼《新書·俗激》:"今世以侈靡相競,而上無制度……其餘猖獗而趨之者,乃豕羊驅而往。"按,或亦借昌聲字"倡"爲之。清朱駿聲《説文通訓定聲·壯部》:"倡,〔假借〕又爲'昌'、爲'賜'。《太玄·去》:'物咸偶倡。'注:'盛也。'"宋蘇軾《策別二十二》:"故西戎得以肆其猖狂。"

〔推源〕 此二詞俱有盛義,爲昌聲所載之公共義。聲符字"昌"所記録語詞本有昌盛義。《廣韻·陽韻》:"昌,盛也。"清朱駿聲《説文通訓定聲·壯部》:"昌,〔别義〕《(廣雅)釋詁二》:'昌,盛也。'……《(詩)閟宮》:'俾爾昌而熾。'《楚辭·大招》:'人阜昌只。'"《書·洪範》:"人之有能有爲,使羞其行,而邦其昌。"僞孔傳:"功能有爲之士,使進其所行,汝國昌盛。"按,唯"昌"有盛義,故有"昌盛"之同義聯合式合成詞。昌聲可載盛義,則"盛"可相證。

昌:昌紐陽部;
盛:禪紐耕部。

昌(三等即穿)禪旁紐,陽耕旁轉。"盛",興盛,盛多。《廣韻·勁韻》:"盛,多也。"清朱駿聲《說文通訓定聲·鼎部》:"盛,〔假借〕又爲'戩'。《廣雅·釋言》:'盛,多也。'《禮記·中庸》:'官盛任使。'疏:'謂官之盛大。'《越語》:'盛而不驕。'注:'元氣廣大時也。'《荀子·臣道》:'而饗其盛。'注:'謂大業王霸。'"《禮記·月令》:"(季春之月)生氣方盛,陽氣發泄。"今按,"盛"字从皿,所記錄語詞之本義謂置於祭器之穀物,其引申義亦與興盛義不相涉,其興盛義乃"盛"字聲韻另載之義,未必爲"戩"之假借。

(1087)裼/敞(敞開義)

裼 披衣不結帶,敞開着。《廣雅·釋訓》:"裼被,不帶也。"《玉篇·衣部》:"裼,披衣不帶。"《廣韻·陽韻》:"裼,衣披不帶。"按,"裼被"一詞有放縱自恣之義,當爲其直接引申義。《楚辭·離騷》:"何桀、紂之猖披兮,夫唯捷徑以窘步。"宋洪興祖《補注》:"《博雅》云:'裼被,不帶也。''被'音披。桀、紂之亂,若衣披不帶者,以不由正道而所行蹙迫耳。"

敞 高敞。《說文·攴部》:"敞,平治高土,可以遠望也。"清朱駿聲《通訓定聲》:"《蒼頡篇》:'敞,高顯也。'《魯靈光殿賦》:'豐麗博敞。'注:'高平也。'"引申爲敞開義。《類篇·攴部》:"敞,開也,露也。"《文選·潘岳〈哀永逝文〉》:"嗟潛隧兮既敞,將送形兮長往。"唐李周翰注:"敞,開也。"清吳敬梓《儒林外史》第四回:"敞着懷,腆着個肚子。"

〔推源〕 此二詞俱有敞開義,其音亦同,昌紐雙聲,陽部疊韻。則其語源當同。

398 易聲

(1088)敡暘傷埸(改變義)

敡 改易,改變。《廣雅·釋詁四》:"敡,轉也。"清王念孫《疏證》:"通作'易'。"宋郭忠恕《佩觿》:"敡,改也。"清朱駿聲《說文通訓定聲·解部》:"敡,經傳皆以'易'爲之。"按,"敡"字所記之詞存乎語言,唯書面多以"易"爲之。"敡"字从攴,"攴"可表事爲之義類,則"敡"爲改易義之專字。

暘 日光忽隱忽現,即常改易義。《說文·日部》:"暘,日覆雲暫見也。从日,易聲。"清王筠《句讀》:"謂日在雲中倏出倏没也。"《廣韻》謂"暘"爲日無光,按日隱則無光,義亦相通。

傷 交換,則即改易、改變。《說文·人部》:"傷,一曰交傷。"清朱駿聲《通訓定聲》:"經

838

傳皆以'易'爲之。"睡虎地秦墓竹簡《法律答問》："可(何)謂瓊？瓊者，玉檢殹也。節(即)亡玉若人貿傷之。"按，"傷"當爲貿易、交易義本字。"傷"又有減輕義，減輕即狀況改變，其義亦同條共貫。以上所引同篇："當論而端弗論，及傷其獄，端令不致，論出之，是謂'縱囚'。"

場 邊界，即所有者改變處。《廣韻·昔韻》："場，疆場。"《說文新附·土部》："場，疆也。从土，易聲。"鄭珍《新附考》："《漢書·食貨志》：'瓜瓠果蓏，植于疆易。'張晏注：'至此易主，故曰易。'此古義也……《易·大壯》：'喪羊于易。'《釋文》：'易，陸作場。'知漢魏間俗加土旁。"《左傳·桓公十七年》："疆場之事，慎守其一，而備其不虞。"唐孔穎達疏："疆場，謂界畔也。"宋王安石《本朝百年無事札子》："兵士雜於疲老，而未嘗申敕訓練，又不爲之擇將，而久其疆場之權。"

〔推源〕 諸詞俱有改變義，爲易聲所載之公共義。聲符字"易"所記錄語詞本有改變義。《玉篇·日部》："易，轉也，變也。"《廣韻·昔韻》："易，變易也，改也。"清朱駿聲《說文通訓定聲·解部》："易，〔別義〕《祕書》説：日月爲易，象陰陽也。〔假借〕爲'傷'。《周禮·簭人》：'五曰巫易。'注：'謂民衆不說筮所改易也。'《大卜》：'三易。'注：'易者，揲蓍變易之數可占者也。'《釋名·釋典藝》：'易，易也，言變易也。'……《儀禮·燕禮》：'易觶洗。'注：'凡爵不相襲者，於尊者言更，自敵以下言易，更作新易有故之辭也。'《書·堯典》：'平在朔易。'《易·繫辭》：'交易而退。'《考工·玉人》：'以易行。'《釋文》：'改也。'《左宣二傳》：'易之戮也。'注：'反也。'《晉語》：'子常易之。'注：'變也。'"按，"易"之本義許慎訓"蜥易""蝘蜓""守宮"，皆與甲骨文形體不相符，郭沫若氏以爲"易"爲"益"字之簡化，似亦未中肯綮。易聲可載改變義，則"徙"可證之。

易：余紐錫部；

徙：心紐支部。

余(喻四)心鄰紐，錫支對轉。"徙"，遷移，遷移則所處之地改變，其義相通。同源詞之語義，本有相通之一大類型。《說文·辵部》："迻，徙也。从辵，止聲。徙，迻或从彳。"清朱駿聲《通訓定聲》："今隸體作'徙'。"《廣雅·釋言》："徙，移也。"……《周禮·比長》："若徙于他。"注：'謂出居異鄉也。'"引申之，則有改變義。《論語·顏淵》："子曰：'主忠信，徙義，崇德也。'"三國魏何晏《集解》："徙義，見義則徙意而從之。"按，所謂"徙意"即改變己意。《淮南子·原道訓》："徙倮國，納肅慎。"漢高誘注："徙，化也。"

(1089) 髡剔（除去義）

髡 剃去頭髮。唐慧琳《一切經音義》卷一百："髡，或从刀作'剠'。"按《說文·髟部》"髡"訓"髮"，即假髮義，剃髮義爲另一詞，以其易聲載除去義，其字則爲套用字。《說文》又有"鬄"字，訓"髲髮"，"鬄"从剔聲，而"剔"从易聲，然則亦以易聲載除去義。《素問·繆刺》："髡其左角之髮方一寸燔治，飲以美酒一杯，不能飲者灌之，立已。"清高世栻注："髡、鬄同，俗作剃。"《漢書·司馬遷傳》:"其次鬄毛髮嬰金鐵受辱。"

剔 取肉去骨。唐玄應《一切經音義》卷十一引《通俗文》:"去骨曰剔。"《廣韻·錫韻》:"剔,解骨。"清朱駿聲《説文通訓定聲·解部》:"剔,此字大徐增入《説文》,爲十九文之一。訓'解骨也'。"《晉書·吴隱之傳》:"帳下人進魚,每剔去骨存肉。"引申爲除去。《淮南子·要略》:"剔河而道九歧,鑿江而通九路。"漢高誘注:"剔,洩去之。"《南史·齊紀下》:"三月壬午,詔車府乘輿有金銀校飾者,皆剔除之。"

〔推源〕 此二詞俱有除去義,爲易聲所載之公共義。聲符字"易"所記録語詞與除去義不相涉,其除去義乃易聲所載之語源義。易聲可載除去義,"除"可證之。

易:余紐錫部;

除:定紐魚部。

余(喻四)定準旁紐,錫魚旁對轉。"除",除去。《廣韻·御韻》:"除,去也。"清朱駿聲《説文通訓定聲·豫部》:"除,〔假借〕爲'袪'。《廣雅·釋詁二》:'除,去也。'《詩·蟋蟀》:'日月其除。'傳:'去也。'《小明》:'日月方除。'傳:'除陳生新也。'……《周禮·典祀》:'則帥其屬而修除。'注:'芟掃之。'《考工·玉人》:'以除慝。'注:'誅惡逆也。'……又《漢書·景帝紀》:'初除之官。'注:'凡言除者,除故官就新官也。'"按,"除"之本義《説文》訓"殿陛",然表除去義未必爲"袪"字之借。殿陛可登升,拾級而上,則身後者已除去之。故日月除陳生新曰"除",除故官就新官亦曰"除"。

(1090) 緆/細(細義)

緆 細麻布。《説文·糸部》:"緆,細布也。从糸,易聲。䘒,緆或从麻。"清朱駿聲《通訓定聲》:"《子虛賦》:'被阿緆。'又《儀禮·燕禮》:'幂用綌若緆。'以'錫'爲之。按,喪服有錫衰,與總同,亦七升有半,治其布,使滑易者爲緆,不治其布者爲總。"亦泛指細布。《廣韻·錫韻》:"緆,細布。"朱氏所引《文選·子虛賦》文唐李善注:"阿,細繒也;緆,細布也。"《淮南子·齊俗訓》:"有詭文繁繡,弱緆羅紈。"漢高誘注:"弱緆,細布。"

細 細微,細小。即不大,不粗。《説文·糸部》:"細,微也。"《廣韻·霽韻》:"細,小也。"《左傳·襄公四年》:"吾子舍其大而重拜其細,敢問何禮也?"《韓非子·二柄》:"楚靈王好細腰,而國中多餓人。"北周庾信《奉和趙王春日》:"細管調歌曲,長衫教舞兒。"

〔推源〕 此二詞俱有細義,其音亦相近且相通。

緆:心紐錫部;

細:心紐脂部。

雙聲,錫脂通轉。則其語源當同。

(1091) 焬/燥(乾燥義)

焬 乾燥貌。《集韻·錫韻》:"焬,乾皃。"按,"焬"又有火光、照耀義,當皆同條共貫。

《集韻·昔韻》："焬，《字林》：'火光也。'亦作'煬'。"《後漢書·馮衍傳下》："光扈扈而煬燿兮，紛鬱鬱而暢美。"唐李賢注："煌煌扈扈，照耀鉅野。"

燥 乾燥。《説文·火部》："燥，乾也。"清朱駿聲《通訓定聲》："《易·文言》傳：'火就燥。'《詩·汝墳》《釋文》：'楚人名火曰燥。'"《左傳·襄公三十一年》："賓至如歸，無寧菑患，不畏寇盗，而亦不患燥濕。"《管子·幼官》："八舉時節，君服青色，味酸味，聽角聲，治燥氣，用八數。"唐尹知章注："春多風而旱，故治燥氣。"漢陸賈《新語·無爲》："故近河之地濕，近山之土燥，以類相及也。"

〔推源〕 此二詞俱有乾燥義，其音亦極相近且相通。

焬：心紐錫部；

燥：心紐宵部。

雙聲，錫宵旁對轉。其語源當同。

(1092) 裼/露（顯露義）

裼 開襟露出中衣，引申爲顯露義。《説文·衣部》："裼，袒也。从衣，易聲。"清朱駿聲《通訓定聲》："凡澤衣之上冬則加裘，裘上必有衣謂之裼衣，裼衣之外又有正服，皆同色。非盛禮則以見美爲敬，開其正服之前衿，見裼衣謂之裼當。盛禮則又以充美爲敬，不露裼衣謂之襲。《禮記·玉藻》：'裘之裼也，見美也，君在則裼盡飾也，不文飾也，不裼。'《内則》：'非敬事不敢袒裼。'〔轉注〕《詩·大叔于田》：'襢裼暴虎。'《爾雅》：'襢裼，肉袒。'《孟子》：'雖袒裼裸裎於我側。'《史記·張儀傳》：'徒裼以趨敵。'《韓非子》：'頓足徒裼。'按，皆謂去衣見體也。"

露 露水。《説文·雨部》："露，潤澤也。"《詩·召南·行露》："豈不夙夜，謂行多露。"引申爲顯露。《玉篇·雨部》："露，見也。"按"見"即"現"之初文。《禮記·月令》"其蟲倮"漢鄭玄箋："象物露見不隱藏。虎豹之屬恒淺毛。"漢王充《論衡·對作》："文露而旨直，辭姦而情實。"

〔推源〕 此二詞俱有顯露義，其音亦相近且相通。

裼：心紐錫部；

露：來紐鐸部。

心來鄰紐，錫鐸旁轉。其語源當同。

399 典聲

(1093) 腆錪簟腆（厚、重、大義）

腆 豐盛，豐厚。《説文·肉部》："腆，設膳腆。腆，多也。从肉，典聲。"清朱駿聲《通訓定聲》："《小爾雅·廣言》：'腆，厚也。'……《書·酒誥》：'自洗腆。'〔轉注〕《左僖三十三傳》：'不腆敝邑。'《文二傳》：'不腆敝器。'《襄十四傳》：'有不腆之田。'《昭七傳》：'鄭雖無腆。'《公羊昭廿五傳》：'有不腆先君之服。'注皆訓'厚'。"《廣韻·銑韻》："腆，厚也。"按，"腆"又有胸大、腹大而凸義。清吳敬梓《儒林外史》第三回："屠戶橫披了衣服，腆着肚子去了。"

錪 釜，引申爲重義。《説文·金部》："錪，朝鮮謂釜曰錪。从金，典聲。"清朱駿聲《通訓定聲》："《方言》五：'鍑，北燕、朝鮮、洌水之間或謂之錪。'〔假借〕爲'腆'。《方言》六：'錪，重也，東齊之間曰錪。'"按，"錪"表重義當爲引申，非假借。明李實《蜀語》："重曰重錪錪。錪，吐本反。揚子《方言》：'錪，重也。'"按，今語有"沉甸甸"之三字格派生詞，其義與"重錪錪"同，"甸"爲假借字而"錪"爲本字。

筻 "典"之縟益字，猶"册"一作"笧"。"筻"謂大册、大典。《説文·丌部》："典，五帝之書也。莊都説：'典，大册也。'筻，古文典从竹。"清朱駿聲《通訓定聲》："《爾雅·釋言》：'典，經也。'《釋詁》：'典，常也。'"《廣韻·銑韻》："典，經也。"《隸釋·漢小黃門譙敏碑》："其先故國師譙贛，深明筻奧、讖録、圖緯，能精徹天意。"按"筻"亦指大篋，則爲套用字。《廣韻·銑韻》："筻，大篋。"

腆 富厚。《玉篇·貝部》："腆，富也。"《廣韻·銑韻》："腆，腆富。"明陳子龍《農政全書·凡例》："採其切於農事者一卷，其濃腆而淫奇者……非野人之所知也。"按"腆"亦指厚賜。明臧懋循《覆李中丞書》："家兄爲邑無狀，辱臺下眄睞，以有今日。又辱瑶緘腆貺，儼然及僕。"

〔推源〕 諸詞俱有厚、重、大義，爲典聲所載之公共義。聲符字"典"本爲"筻"之初文，謂大册、大典。大册、大典則厚重。按"典"又有盛大禮儀之衍義。《國語·魯語上》："夫祀，國之大節也，而節，政之所成也。故慎制祀，以爲國典。今無故而加典，非政之宜也。"《宋書·蔡廓傳》："時中書令傅亮任寄隆重，學冠當時，朝廷儀典，皆取定於亮。"然則本條諸詞之厚、重、大義爲其聲符"典"所載之顯性語義。

〔1094〕惤覥（慚愧義）

惤 慚愧。《説文·心部》："惤，青徐謂慙曰惤。从心，典聲。"清朱駿聲《通訓定聲》："《方言》六：'荊揚青徐之間曰惤。'若梁益之間言心内慙矣。"《文選·左思〈魏都賦〉》："先生之言未卒，吳蜀二客……神恧形茹，弛氣離坐，惤墨而謝。"宋李清臣《免加右光禄大夫表》："夙宵惤赧，形影徬徨。"

覥 臉部顯露慚愧之色。《龍龕手鑒·見部》："覥，面慙也。"按，"覥"字从見，"見"本爲"現"之初文，故可表顯現、顯露義，聲符"典"則載慚愧義。清蒲松齡《聊齋志異·聶小倩》："小倩，姓聶氏，十八夭殂，葬寺側，輒被妖物威脅，歷役賤務。覥顏向人，實非所樂。"清馮偉《宋太祖論》："范蠡謂吳人曰：'吾雖覥然人面哉，吾猶禽也。'"

〔推源〕 此二詞俱有慚愧義，爲典聲所載之公共義。聲符字"典"所記錄語詞之本義、引申義系列與慚愧義不相涉，其慚愧義乃典聲所載之語源義。典聲可載慚愧義，"赧"可證之。

典：端紐文部；
赧：泥紐元部。

端泥旁紐，文元旁轉。"赧"，慚愧而臉紅。《説文·赤部》："赧，面慙赤也。"《孟子·滕文公下》："子路曰：'未同而言，觀其色赧赧然，非由之所知也。'"宋朱熹《集注》："赧赧，慙而面赤之貌。"唐韓愈《答陳商書》："辱惠書，語高而旨深，三四讀尚不能通曉，茫然增愧赧。"

400　固聲

（1095）錮痼冱塸岇姻（固義）

錮　鑄塞，即以金屬熔液填塞空隙，亦即加固之謂。《説文·金部》："錮，鑄塞也。从金，固聲。"清段玉裁注："亦形聲包會意。"清朱駿聲《通訓定聲》："謂銷鐵以窒穿穴。《漢書·賈山傳》：'冶銅錮其内。'注：'謂鑄而合之也。'《劉向傳》：'雖錮南山猶有隙。'〔轉注〕《左成二傳》：'錮樂氏也。'注：'禁錮勿令仕。'"《廣韻·暮韻》："錮，錮鑄。又禁錮也。亦鑄塞也。"按禁錮爲"錮"之直接引申義。所謂禁錮實即固定義。"錮"又有堅固之衍義。《墨子·備城門》："門植關必環錮。"張純一《集解》："此'錮'非鄹義，謂堅固也。"《六韜·武韜》："七曰欲錮其心，必厚賂之。"

痼　頑疾，"痼"之名有頑固義。《廣韻·暮韻》："痼，久病。"《字彙·疒部》："痼，久固之疾。"《東觀漢記·光武帝紀》："是時醴泉出於京師，郡國飲醴泉者，痼疾皆愈，獨眇蹇者不瘥。"《漢書·王子侯表》："東莞侯吉，五年，痼病不任朝，免。"

冱　字从冰，謂因寒而凝固。从仌、从水之字多相混，古籍常以"冱"爲之。《廣韻·暮韻》："冱，凝也。"《字彙·仌部》："冱，寒凝閉也。"《漢書·郊祀志上》："春以脯酒爲歲禱，因泮凍；秋涸凍；冬塞禱祠。"唐顔師古注："涸，讀與冱同。冱，凝也，音下故反。春則解之，秋則凝之。《春秋左氏傳》曰：'固陰冱寒。'《禮記·月令》曰：'孟冬行春令則凍閉不密。'"又《五行志上》："蓋工冶鑄金鐵，金鐵冰滯涸堅，不成者衆。"顔注："涸，讀與冱同。冱，凝也。"清王先謙《補注》："涸，當爲冱。《左傳》省文作'固'。《郊祀志》：'秋涸凍。'《集韻》：'涸，凝也。'冱，固寒也。顔謂涸與冱同，非。"按，王説是。

塸　土堡，土城，"塸"即土之牢固、堅固者。《新唐書·宰相世系表上》："曹州南華劉氏，出自漢楚元王交之後，自彭城避地徙南華，築塸以居，世號'劉塸'。"按"塸"亦指河堤，河堤則爲築土使堅而成者，亦有堅固義。

岇　四周陡峭頂端較平之山。"岇"即險要而牢固之意。唐李白《送族弟凝至晏岇》：

"鳴鷄發晏崓,別雁驚淶溝。"其字亦作上形下聲。明陳沂《海上鼇山記》:"土人以峰名崮,山多崓名。"

姻 貪戀,留戀不去,即頑固義。《説文・女部》:"姻,嫪也。从女,固聲。"清朱駿聲《通訓定聲》:"《聲類》:'姻嫪,戀惜不能去也。'按,今俗謂女所私之人曰孤老,其遺語也……《爾雅》:'鴛澤虞。'注:'今姻澤鳥,似水鴞,蒼黑色,常在澤中,見人輒鳴唤不去,俗呼謂護田鳥。'"《正字通・女部》:"姻,凡嗜好不能割棄者曰姻。"明趙南星《明侍學士復庵吴公傳》:"會其父死,姻權不欲歸。"

〔推源〕 諸詞俱有固義,爲固聲所載之公共義。聲符字"固"所記録語詞本有牢固、堅固義。《説文・口部》:"固,四塞也。从囗,古聲。"清朱駿聲《通訓定聲》:"《周禮・掌固》注:'國所依阻者也,國曰固,野曰險。'《大司馬》:'負固不服。'《秦策》:'東有殽函之固。'注:'牢堅難攻易守也。'《論語》:'固而近於費。'〔轉注〕《左昭四傳》:'固陰冱寒。'疏:'牢也。'《詩・天保》:'亦孔之固。'傳:'堅也。'……《廣雅・釋詁一》:'固,鞏也。'《荀子・儒效》:'萬物莫足以傾之之謂固。'"然則本條諸詞之固義爲其聲符"固"所載之顯性語義。固聲可載固義,則"鞏"可證之。

固:見紐魚部;
鞏:見紐東部。

雙聲,魚東旁對轉。"鞏",以韋束物,即加固義。《説文・革部》:"鞏,以韋束也。《易》曰:'鞏用黃牛之革。'"按,所引《易・革》文高亨注:"鞏,束而縛之也。"引申之則有鞏固、堅固、牢固等義。《爾雅・釋詁上》:"鞏,固也。"《詩・大雅・瞻卬》:"藐藐昊天,無不克鞏。"漢毛亨傳:"鞏,固也。"清王韜《平賊議》:"一切務仿西法,備極鞏堅,築之於平時,用之於臨事,自然有恃而無恐。"

第五卷

第五卷相關數據

　　本卷共考釋同源詞 240 組。

　　本卷收錄聲符字 100 個,據聲符字形體綫索繫聯的形聲字共 731 個。根據聲符的音義綫索繫聯的其他文字即帶"/"符號者 40 個。推源欄所繫聯的即《條文目錄》中帶"△"符號的文字 168 個(俱爲本字形式,假借字未計在内)。《條文目錄》所列即此三數之和,凡 939 單字。

401　困聲

(1096) 菌麕稇腒綑(多而相聚義)

菌　地蕈。今徽歙人猶稱"蕈"，蓋亦古語。其物叢生，"菌"之名寓多而相聚義，引申之則鬱結義。《説文・艸部》："菌，地蕈也。从艸，困聲。"清朱駿聲《通訓定聲》："《爾雅》：'中馗，菌。小者菌。'……按，似釘蓋，亦曰芝菌，有土、木、石三種。《西京賦》：'浸石菌于重涯。'《思玄賦》：'咀石菌之流英。'此生于石者也。《禮記・内則》：'芝栭爲木蕈。'後世亦呼樹鷄，此木耳之類，生于樹者也。《爾雅》'中馗'注：'亦曰馗厨。'孫炎云：'聞雷即生。'此今麻姑之類，生于地者也，即所謂地蕈。三者皆可食。〔假借〕又爲'結'。《莊子》：'蒸成菌。'向注：'結也。'《太玄・夾》：'黄菌不誕。'注：'不申貌。'"按菌本鬱結叢生之物，表鬱結義乃引申，非假借。

麕　獐，亦指成群，即衆多而相聚義，其字則爲套用字。从鹿，謂鹿之性温和而好群處，困聲則載多而相聚義。《説文・鹿部》："麇，麕也。从鹿，困省聲。麕，籒文不省。"清朱駿聲《通訓定聲》："字亦作'麏'。"《廣韻・真韻》："麇、麕，並同麏。"《左傳・昭公五年》："求諸侯而麇至。"明胡應麟《少室山房筆叢・雙樹幻鈔上》："而張無垢師之自宗杲出，而學徒徧天下，縉紳儒流，茅靡麕集。"清黄宗羲《兵部左侍郎蒼水張公墓誌銘》："四面克復，收兵麇至。"按，或以爲獐本群處之物，苟如此，則其多而相聚義爲其引申義。存參。

稇　將衆多的同類物捆扎在一起。《説文・禾部》："稇，絭束也。从禾，困聲。"清朱駿聲《説文通訓定聲・屯部》："稇，或作从囷者誤。《齊語》：'稇載而歸。'注：'絭也。'字亦作'捆'。《孟子》：'捆屨織席以爲食。'……《廣雅・釋詁三》：'稇，束也。'"按，所引《國語・齊語》之"稇"異文作"綑"。"稇"本謂成熟、成就，"綑"謂捆扎無誤。宋梅堯臣《途中寄上尚書晏相公二十韻》："再拜膝前荷勤誨，垂橐稇載歸忘饑。"宋陸游《世事》："借書常稇載，餽酒亦蟬聯。""綑"字之用常同"稇"。

腒　腹中、腸中脂肪多而聚集。《玉篇・肉部》："腒，腹中腒脂也。"《廣韻・軫韻》："腒，腸中脂也。"《靈樞經・壽夭剛柔》："形充而大肉腒堅而有分者肉堅，肉堅則壽矣。"宋史崧

《音釋》:"腞,腹中腸脂。"按"腞"亦指鳥獸脂肪聚集。《集韻·準韻》:"腞,獸脂聚皃。"《太平御覽》卷八百六十四引漢服虔《通俗文》:"獸脂聚曰腞。"

稇 衆多的禾物捆扎成束,字亦作"稐"。《玉篇·耒部》:"稇,稇稐。""稐,稐稇,束禾也。"《廣韻·准韻》:"稇,同稐。""稐,束也。"《集韻·準韻》:"稐,禾束曰稐。或從耒。"按,"稇"從困聲,以其困聲載多而相聚義。"稐"則從侖得聲,"侖"字從亼(集)從册,謂集簡成册,亦寓多而相聚義。

〔推源〕 諸詞俱有多而相聚義,爲困聲所載之公共義。聲符字"困"所記錄語詞謂圓形穀倉,穀倉則爲穀物衆多而相聚集處。《説文·口部》:"困,廩之圜者。从禾在口中。圜謂之困,方謂之京。"清朱駿聲《通訓定聲》:"《考工·匠人》:'困窌倉城。'注:'圜倉。'《詩·伐檀》:'胡取禾三百囷兮。'《禮記·月令》:'脩囷倉。'《吳語》:'而囷鹿空虛。'注:'圜曰囷,方曰鹿。''鹿'字亦作'廄'。"引申之,則有聚集義。明徐弘祖《徐霞客遊記·楚遊日記》:"山高無水,有火不成炊,命導猺砍大木,積焚之,困箐圍火,爲度宵計。"然則本條諸詞之多而相聚義爲其聲符"困"所載之顯性語義。又,"廩"之或體作"㢩",从君得聲,君聲字所記錄語詞"群""宭""帬""䩨""峮"俱有衆多而相連、相聚義(見本典第四卷"355. 君聲"第 973 條),困聲、君聲本相近且相通。

困:溪紐文部;
君:見紐文部。

疊韻,溪見旁紐。然則可相互爲證。

(1097) 䘆/頵(大義)

䘆 大貝。《廣韻·真韻》:"䘆,大貝。"清朱駿聲《説文通訓定聲·屯部·附〈説文〉不録之字》:"䘆,《爾雅·釋魚》:'貝䘆,大而險。'"按,所引《爾雅》文宋邢昺疏:"此辨貝居陸、居水、大小文彩不同之名也……大而污薄者名䘆。"按,蟹之大者亦稱"䘆"。《太平御覽》卷九百四十三《臨海水土物志》:"石䘆大於蟹,八足,殼通赤,狀鴨卵。"

頵 頭大。《説文·頁部》:"頵,頭頵頵大也。从頁,君聲。"《廣韻·真韻》:"頵,大頭。"《文選·馬融〈長笛賦〉》:"夫其面旁則重巘增石,簡積頵砥。"唐李善注:"頵,頭頵頵也。"按,謂石堆積而大,如人之大頭。"頵"從君聲,君聲字"莙"指牛藻,《爾雅》云似藻而葉大,亦以君聲載大義,與"頵"同。

〔推源〕 此二詞俱有大義,其音亦相近且相通。

䘆:群紐文部;
頵:見紐文部。

疊韻,群見旁紐,其語源當同。

402　岡聲

（1098）崗掆槆（高義）

崗　山崗，山之高處。《廣韻·唐韻》："岡，《爾雅》曰：'山脊，岡。'崗，又作堽，並俗。"清朱駿聲《説文通訓定聲·壯部》："岡，俗亦誤作'崗'。"按，"崗"爲"岡"之累增字。漢班彪《北征賦》："乘陵崗以登降，息郁邬之邑鄉。"晉陸雲《答車茂安書》："因民所欲，順時游獵；結罝繞堽，密網彌山。"晉左思《詠史》之五："振衣千仞崗，濯足萬里流。"

掆　高舉。《廣韻·唐韻》："掆，舉也。"《南史·齊本紀上》："疾患困篤者，悉掆移之。"清錢大昕《廿二史考異·南史二·王藻傳》："《南史》多俗語，如……呼乳母爲'妳'，布施爲'儭'，舉移爲'掆'之類。"清朱駿聲《説文通訓定聲·壯部·附〈説文〉不録之字》："掆，《文字集略》：'相對舉物曰掆。'"按，蓋即擡舉義。《廣韻·宕韻》又云："掆，掆捎，舁也。出《字林》。"所訓亦此義。

槆　青槆，即橡樹，一名"櫟"，落葉喬木，高大者。《篇海類編·花木類·木部》："槆，高木。"

〔推源〕　諸詞俱有高義，爲岡聲所載之公共義。聲符字"岡"爲"崗"之初文，所記録語詞謂山崗、山嶺，本有高義。《説文·山部》："岡，山骨也。從山，网聲。"清朱駿聲《通訓定聲》："《廣雅·釋丘》：'岡，阪也。'《詩·卷耳》：'陟彼高岡。'《楚辭·守志》：'覽高岡兮嶢嶢。'注：'山嶺曰岡。'〔聲訓〕《釋名》：'山脊曰岡。岡，亢也，在上之言也。'"《書·胤征》："火炎崑岡，玉石俱焚。"僞孔傳："山脊曰岡。"然則本條諸詞之高義爲其聲符"岡"所載之顯性語義。岡聲可載高義，則"高"可證之。

岡：見紐陽部；

高：見紐宵部。

雙聲，陽宵旁對轉。"高"，本義即高，與"低"相對待。《説文·高部》："高，崇也，象臺觀高之形。"《荀子·勸學》："故不登高山，不知天之高也。"晉陶潛《自祭文》："茫茫大塊，悠悠高旻。是生萬物，余得爲人。"

（1099）剛鋼（堅義）

剛　堅利，引申爲堅强、堅勁、堅硬等義。《説文·刀部》："剛，彊，斷也。從刀，岡聲。"清朱駿聲《通訓定聲》："《左昭六傳》：'斷之以剛。'《荀子·臣道》：'撟然剛折。'按，本訓爲芒刃之堅利。〔轉注〕《廣雅·釋詁一》：'剛，强也。'《書·皋（陶）謨》：'剛而塞。'鄭注：'謂事理剛斷。'《易·繫辭》：'剛柔者。'荀注：'乾爲剛。'《説卦》：'兑爲剛鹵。'《詩·北山》：'旅力方剛。'《烝民》：'剛則吐之。'……《論語》：'吾未見剛者。'鄭注：'謂强志不屈撓。'……《周書·

諡法》：'彊毅果敢曰剛。'"

鋼 鐵之堅韌者。《廣韻·唐韻》："鋼，鋼鐵。"《集韻·唐韻》："鋼，堅鐵。"明李時珍《本草綱目·金石部·鋼鐵》："鋼鐵有三種……有精鐵百煉出鋼者。"《列子·湯問》："其劍長尺有咫，練鋼赤刃，用之切玉如切泥焉。"虛化引申爲堅義。《集韻·宕韻》："鋼，堅也。"《明一統志·四川行都指揮使司》："（鐵石山）有砮石，燒之成鐵，爲劍戟極鋼利。"

〔推源〕 此二詞俱有堅義，爲岡聲所載之公共義。聲符字"岡"所記錄語詞之本義、引申義系列與堅義不相涉，其堅義乃岡聲所載之語源義。岡聲可載堅義，"彊"可證之。

岡：見紐陽部；
彊：群紐陽部。

疊韻，見群旁紐。"彊"，硬弓，弓之堅勁者，故引申爲堅強、強盛等義。《説文·弓部》："彊，弓有力也。"清朱駿聲《通訓定聲》："《史記·絳侯世家》：'材官引彊。'注：'如今挽彊司馬也。'〔轉注〕《管子·地員》：'赤壚歷彊肥。'注：'堅也。'〔假借〕爲'勍'。《詩·載芟》：'侯彊侯以。'傳：'彊，彊力也。'《蕩》：'曾是彊禦。'傳：'彊梁禦善也。'《書·皋（陶）謨》：'彊而義。'傳：'無所屈撓也。'……《吕覽·審時》：'其米多沃而食之彊。'注：'有勢力也。'"按，諸義皆同條共貫，乃引申，非假借。

403 罔聲

（1100）惘誷（失義）

惘 失意。《廣韻·養韻》："惘，惘然，失志兒。"清朱駿聲《説文通訓定聲·壯部·附〈説文〉不録之字》："惘，《西征賦》：'惘輟駕而容與。'注：'猶罔罔失志之兒也。'"南朝宋劉義慶《世説新語·言語》："袁彦伯爲謝安南司馬，都下諸人送至瀨鄉，將别，既自悽惘。"清蒲松齡《聊齋志異·鴉頭》："俄見一少女經門外過，望見王，秋波頻顧，眉目含情，儀度嫻婉，實神仙也。王素方直，至此惘然若失。"

誷 誣誷，即失實義。《廣韻·養韻》："誷，誷誣。"《史記·日者列傳》："初試官時，倍力爲巧詐，飾虚功執空文以誷主人。"《晉書·郗詵傳》："爭競則朋黨，朋黨則誣誷，誣誷則臧否失實，真僞相昌。"按，亦以"罔"爲之。清朱駿聲《説文通訓定聲·壯部》："《論語》：'不可罔也。'皇疏：'謂面相誣也。'……《漢書·王嘉傳》：'臣驕侵罔。'注：'謂誣蔽也。'"《後漢書·馬援傳》："海内不知其過，衆庶未聞其毀，卒遇三夫之言，横被誣罔之讒，家屬杜門，葬不歸墓。"

〔推源〕 此二詞俱有失義，爲罔聲所載之公共義。聲符字"罔"單用本可表誣誷、失實義，上已述之。又，"罔"亦可表失意義。清朱駿聲《説文通訓定聲·壯部》："《東京賦》：'罔然若醒。'注:'猶惘惘然也。'……《神女賦》:'序罔兮不樂。'注:'憂也。'"按,所引《神女賦》文之下文爲"悵然失志",則"罔"之義自顯。"惘""誷"之聲符"罔"爲"網"之緟益字。《說文·网部》:"网,庖犧所結繩以漁。从冂,下象网交文。罔,网或从亡。"按,"亡"乃所增聲符。其引申義系列亦與失義不相涉,其失義乃罔聲所載之語源義。罔聲可載失義,"亡"可證之。"罔""亡"同音,明紐雙聲,陽部疊韻。"亡",本作"亾",所記錄語詞之本義謂逃亡。《說文·亾部》:"亾,逃也。从入,从乚。"清段玉裁注:"謂入於迂曲隱蔽之處也。"《國語·晉語四》:"晉公子生十七年而亡。"三國吳韋昭注:"亡,奔也。"引申爲失去。《增韻·陽韻》:"亡,失也。"《莊子·駢拇》:"臧與穀二人相與牧羊,而俱亡其羊。"《新唐書·房玄齡傳》:"一日去良弼,如亡左右手。"

404 沓聲

(1101) 畓箸帹榙碴諮(重疊、重複義)

畓 物上加物,重疊。《廣韻·合韻》:"畓,積厚。"明岳元聲《方言據》卷下:"以物加于物而纍積之曰畓。"清朱駿聲《說文通訓定聲·臨部·附〈說文〉不錄之字》:"畓,《顏氏家訓·書證》:'畓畓,無所不施、無所不容之意也。'"按所引《顏氏家訓》語下文爲:"顧野王《玉篇》誤爲'黑'旁'沓'。顧雖博物,猶出簡憲、孝元之下,而二人皆云'重'傍。吾所見數本,並無作'黑'者。'重''沓'是多饒積厚之意,从'黑'無義旨。"

箸 《廣韻》云竹名,亦指竹製覆蓋物,則爲套用字。覆蓋物則即重疊於他物之物。宋周煇《清波別志》卷上:"苑中臺殿皆太上時爲之,未嘗有所增益,常用竹箸以護風雨,唯太上到宮即撤之。"

帹 帳上的覆蓋物,則其名寓重疊義。《玉篇·巾部》:"帹,帳上帹。"《宋書·禮志五》:"聽事不得南向坐,施帳並帹。"

榙 柱上支承大梁的方木,其名亦寓重疊義。《爾雅·釋宮》"開謂之㭒"晉郭璞注:"柱上枅也。亦名枅,又曰榙。"《廣韻·合韻》:"榙,柱榙頭。"清朱駿聲《說文通訓定聲·臨部·附〈說文〉不錄之字》:"榙,《蒼頡篇》:'枅,柱上方木也。'一名欂櫨。"

碴 糙米重複舂。《說文·石部》:"碴,舂已復擣之曰碴。从石,沓聲。"清桂馥《義證》:"《玉篇》:'碴,再舂也。'《廣雅》:'碴,舂也。'"《廣韻·合韻》:"碴,舂已復擣之爲碴。"

諮 語多,即重復、反復言之之意。《說文·言部》:"諮,讘諮也。从言,沓聲。"清朱駿聲《通訓定聲》:"謂語相反諮。〔假借〕爲'沓'。《荀子·正名》:'愚者之言,諮諮然而沸。'注:'多言也。'"按,朱氏"語相反諮"說可從,許書同部"讘"篆訓"語相反讘",即語反復、重復義。然所引《荀子》文之"諮"非假借,實即許慎所訓之義。又,"諮"或作"嗒"。晉程曉《嘲熱客》:"所說無一急,嗒嗒吟何多。"

〔推源〕　諸詞俱有重疊、重復義,爲沓聲所載之公共義。聲符字"沓"所記録語詞之本義爲語多,其字从曰、从水,蓋即言多如流水不斷之意。《説文·曰部》:"沓,語多沓沓也。从水,从曰。"清朱駿聲《通訓定聲》:"會意,與左'水'右'曰'之'汩'聲義俱别。《詩·十月之交》:'噂沓背憎。'傳:'沓猶沓沓。'《孟子》:'泄泄猶沓沓也。'"《廣韻·合韻》:"沓,語多沓沓也。"清錢謙益《富貴主人文》:"我有話言,沓口岐舌。"引申之,則有重疊義。《玉篇·曰部》:"沓,重疊也。"《廣韻·合韻》:"沓,重也。"《莊子·田子方》:"適矢復沓,方矢復寓。"唐成玄英疏:"沓,重也。"南朝梁江淹《横吹賦》:"石硜礚而成象,水沓合而爲一。"按,本條"諮"謂語多,其字當爲"沓"之緟益字。《廣韻·合韻》:"諮,謥諮,亦作'沓''嗒'。"本條諸詞之重疊、重復義爲其聲符"沓"所載之顯性語義。至沓聲可載重疊、重復義,則"疊"可相證。

沓:定紐緝部;

疊:定紐葉部。

雙聲,緝葉(盍)旁轉。"疊",重疊。《説文·晶部》:"疊,揚雄説以爲,古理官決罪,三日得其宜,乃行之。从晶,从宜。亡新以爲,疊从三日太盛,改爲三田。"《玉部·畾部》:"疊,重也。"《文選·張衡〈西京賦〉》:"神明崛其特起,井幹疊而百增。"唐吕向注:"疊,謂樓形重疊。"引申爲重復義。宋岳飛《奉詔移僞齊檄》:"驛騎交馳,羽檄疊至。"

(1102)　揸鍣(套義)

揸　指套,引申之亦泛指套子。《説文·手部》:"揸,縫指揸也。一曰韜也。从手,沓聲。讀若眔。"清王筠《句讀》:"揸,今謂之套。"清朱駿聲《通訓定聲》:"以革爲之,其以金者爲'鍣'。今蘇俗謂之鍼裹。〔轉注〕謂劍衣,字亦作'韜'。按,射韝亦曰臂揸。"《廣韻·合韻》:"揸,指揸。"按,所謂"射韝"即護臂之套,《玉篇·手部》"揸,韋韜也",所訓蓋亦此義。

鍣　金屬套。《説文·金部》:"鍣,以金有所冒也。从金,沓聲。"清朱駿聲《通訓定聲》:"《左昭二十五傳》:'郈氏爲之金距。'服注:'以金鍣距也。'《説文》'輨'篆云:'轂耑鍣也。'"《廣韻·合韻》:"鍣,器物鍣頭。"《元史·輿服志二》:"横刀,制如儀刀而曲,鞘以沙魚皮,飾鋒革紛鍣。"

〔推源〕　此二詞俱有套義,爲沓聲所載之公共義。聲符字"沓"所記録語詞謂語多,與套義不相涉,其套義乃沓聲所載之語源義。沓聲可載套義,"袋"可證之。

沓:定紐緝部;

袋:定紐職部。

雙聲,緝職通轉。"袋",囊,空而可容物,其形如套,物入袋中,即如爲袋所套。《玉篇·衣部》:"袋,囊屬。亦作'帒'。"《説文新附·巾部》:"帒,囊也。或从衣。"《南史·羊鴉仁傳》:"後鴉仁兄子海珍知之,掘晷父伯道並祖及所生母合五喪,各分其半骨,共棺焚之,半骨雜他骨,作五袋盛之。"宋陸游《别建安》:"三十年來雲水僧,常挑鉢帒系行縢。"

(1103) 踏鞜(踐踏義)

踏 足踏地。《廣韻·合韻》:"踏,著地。"《漢書·司馬相如傳》:"糾蓼叫奡踏以䟒路兮,蔑蒙踊躍騰而狂趡。"清王先謙《補注》:"踏,著地。"唐段成式《酉陽雜俎·怪術》:"或爲人解災,必用一雞,設祭於庭。又取江石如雞卵,令疾者握之,乃踏步作氣嘘叱,雞旋轉而死,石亦四破。"

鞜 皮鞋,足所踐踏之物。《廣韻·合韻》:"鞜,革履。"漢揚雄《長楊賦》:"綈衣不敝,革鞜不穿,大夏不居,木器無文。"

〔推源〕 此二詞俱有踐踏義,爲沓聲所載之公共義。聲符字"沓"所記録語詞之本義、引申義系列與踐踏義不相涉,其踐踏義乃沓聲所載之語源義。沓聲可載踐踏義,"跴"可證之。

沓:定紐緝部;
跴:清紐之部。

定清鄰紐,緝之通轉。"跴",踐踏,字亦作"跐"。《清史稿·食貨志一》:"凡甲内有盗竊、邪教、賭博、賭具、窩逃、姦拐、私鑄、私銷、私鹽、跐麴、販賣硝磺,並私立名色斂財聚會等事,及面生可疑之徒,責令專司查報。"按,所謂"跐麴"即製麴時以脚踩踏。《紅樓夢》第四十回:"他只顧上頭和人説話,不防脚底下果踩滑了,咕咚一交跌倒。"

405 咼聲

(1104) 楇檛蝸䵷膼渦鍋瘑簻碢䯻䭨窩(圓義)

楇 盛裝軸油的瓶子,圓形物。其字亦作"輠",亦从咼聲;又作"輠",則以果聲表圓義。《説文·木部》:"楇,盛膏器。从木,咼聲。讀若過。"清朱駿聲《通訓定聲》:"今御者繫小瓶于車旁盛油以脂轂,此其具也。古宜以木爲之,故从木……字亦作'輠'。"《廣韻·戈韻》:"輠,車盛膏器。楇,上同。"《集韻·果韻》:"輠,箇也,車盛膏器。或作'楇'。"楊樹達《積微居小學述林·〈説文〉'讀若'探源》:"按'輠'字从車,與車盛膏器之義相會。然《説文·車部》無'輠'字,許以'楇'字爲之。"宋梅堯臣《依韻和永叔子履冬夕小齋聯句見寄》:"敢將蠡測海,有似脂出輠。"

檛 《説文·丸部》云:"鷙鳥,食已吐其皮毛如丸。从丸,咼聲。讀若狟。"當寓圓義。

蝸 蝸牛,有螺旋形扁圓硬殻的動物。《説文·虫部》:"蝸,蝸蠃也。从虫,咼聲。"清朱駿聲《通訓定聲》:"《東京賦》:'供蝸蠃與菱芡。'《江賦》:'鸚螺蜁蝸。'按《禮記·内則》'蝸醢'《周禮》作'蠃',注:'蚹蝓也。'古蝸、蠃同訓,後人别水生可食者爲蠃,陸生不可食者爲蝸牛。《匡謬正俗》云：'蝸者，螺之類耳。'《莊子·則陽》：'有所謂蝸者。'李注：'蝸蟲有兩角，俗謂之蝸牛。'《廣雅·釋魚》：'蝸牛，蝓蝓也。'《三蒼》：'蝸，小牛螺也，俗名黃犢。'"《廣韻·麻韻》及《佳韻》："蝸，蝸牛，小螺。"唐柳宗元《乞巧文》："蟻適于垤，蝸休于殼。"

䯏 額骨，形圓者。《廣韻·麻韻》："䯏，額上骨也。"

腡 手指紋，螺旋形者，"腡"之名寓圓義。《玉篇·肉部》："腡，手理也。"《廣韻·佳韻》："腡，手理也。"又《戈韻》："腡，手指文也。"

渦 回旋的水流，形圓者。《廣韻·戈韻》："渦，水坳。"按，凡回旋水流中間凹下，故稱"水坳"。《文選·郭璞〈江賦〉》："盤渦谷轉，凌濤山頹。"唐李善注："渦，水旋流也。"唐張銑注："盤渦，言水深風壯，流急相衝，盤旋作深渦如谷之轉。"唐宋之問《下桂江縣黎壁》："敧離出漩划，繚繞避渦盤。"宋范成大《刺濆淖詩·序》："濆淖，盤渦之大者，峽江水壯則有之，或大如一間屋。"按，古者亦借聲符相同之字"過"爲之。清朱駿聲《說文通訓定聲·隨部》："過，又託名幖識字。《爾雅·釋水》：'水過辨回川。'字亦作'渦'。"

鍋 飯鍋，圓形物。《廣韻·戈韻》："鍋，溫器。"《南史·孝義傳上·陳遺》："母好食鍋底飯。遺在役，恒帶一囊，每煮食輒錄其焦以貽母。"《西遊記》第六十九回："賢弟莫講，你拿這個盞兒，將鍋臍灰刮半盞過來。"按，古者"鍋"亦指盛裝軸油之器，同"楇""輠"，指飯鍋，則爲引申義。

瘑 瘡，圓形物。其字亦作"疨"，从瓜得聲，瓜爲圓形物，則"疨"字形聲兼會意；作"瘑"，則以咼聲載圓義。《玉篇·疒部》："瘑，疽瘡。""疨，瘡也。"《廣韻·戈韻》："瘑，瘡也。疨，上同。"隋巢元方《巢氏諸病源候論·瘑瘡候》："瘑瘡者，由膚腠虛，風濕之氣折於血氣結聚所生。多著手足間，遞相對，如新生茱萸子，痛癢抓搔成瘡。"清吳謙等《醫宗金鑒·外科心法要訣·瘑瘡》："瘑瘡每發指掌中，兩手對生茱萸形，風濕癢痛津汁水，時好時發久生蟲。"

筁 收絲具，形圓而可轉動者。《廣韻·馬韻》："筁，筂筁，收絲具。"按，"筂"與"筁"可分訓，"筂"一作"篗"。《集韻·藥韻》："筂，或作'篗'。"《說文·竹部》："篗，收絲者也。"清朱駿聲《通訓定聲》："今蘇俗謂之篗頭，有車曳者，有手轉者。"按，"筂筁"當爲同義聯合式合成詞。

碨 碌碨，圓而可轉動之石。字亦作"砣"。《玉篇·石部》："碨，碾輪石。砣，同碨。"《廣韻·戈韻》："碨，碾碨。"《字彙·石部》："砣，碾輪石也。"明徐光啓《農政全書·水利》："輪軸上端，穿其碨幹，水激則碨隨輪轉，循槽轢穀，疾若風雨。"

髻 髮髻，圓形物。宋陳亮《菩薩蠻》："髻髻玉釵風，雲輕綾腳紅。"按，"髻"字晚出，古者多借"綗"字爲之。"髻""綗"俱从咼聲，乃以咼聲載圓義。南唐李煜《長相思》："雲一綗，玉一梭，澹澹衫兒薄薄羅。"元薛惠英《蘇臺竹枝詞》："一綗鳳髻綠如雲，八字牙梳白似銀。"按，"綗"之本義《說文·糸部》訓"綬紫青"，指髮髻，爲其假借字。

餜 窩窩頭,圓形物。續范亭《五百字詩·序》:"爺親,媽親,不如臘月里火親;姐姐親,哥哥親,不如肚子餓了餜餜親。"按,此字當爲窩窩頭義之本字,作"窩",乃取其引申義。

窩 動物之窠臼、巢穴,形圓者。章炳麟《新方言·釋宫》:"凡鳥巢曰窩。"唐張仁溥《題龍窩洞》:"折花攜酒看龍窩,鏤玉長旌俊彦過。"金雷淵《九日登少室絶頂》:"歘如據鰲頭,萬壑俯蜂窩。"

〔推源〕 諸詞俱有圓義,爲咼聲所載之公共義。聲符字"咼"從口,所記録語詞之本義爲口戾,引申之則泛指歪斜。《説文·口部》:"咼,口戾不正也。从口,冎聲。"清朱駿聲《通訓定聲》:"《通俗文》:'斜戾曰咼。'"《廣韻·佳韻》:"咼,口戾也。"宋陳善《捫蝨新話·讀〈法華經〉得相法》:"唇不下垂,亦不褰縮,不麤澀,不瘡疹,亦不缺壞,亦不咼斜。"然則與圓義不相涉,其圓義乃咼聲所載之語源義。咼聲可載圓義,"果"可證之。

咼:溪紐歌部;

果:見紐歌部。

疊韻,溪見旁紐,歌微旁轉。"果",木本植物之果實,圓形物。《説文·木部》:"果,木實也。象果形在木之上。"清朱駿聲《通訓定聲》:"《易·説卦》傳:'艮爲果蓏。'《周禮·坊人》:'而樹之果蓏,珍異之物。'張晏曰:'有核曰果,無核曰蓏。'臣瓚曰:'在地曰蓏,在樹曰果。'《素問·藏器法時論》:'五果爲助。'注:'謂桃、李、杏、栗、棗也。'"

(1105) 喎/歪(歪斜義)

喎 嘴巴歪斜不正。《廣韻·佳韻》:"咼,口戾也。喎,上同。"《三國志·魏志·武帝紀》"故世人未之奇也"南朝宋裴松之注引三國吴無名氏《曹瞞傳》:"太祖少好飛鷹走狗,游蕩無度,其叔父數言之於嵩。太祖患之,後逢叔父於路,乃陽敗面喎口。"引申之亦泛指歪斜。宋宋慈《洗冤録·病死》:"或暗風如發驚搐死者,口眼多喎斜。"

歪 後起會意字,古作"竵"。《説文·立部》:"竵,不正也。从立,䚻聲。"清朱駿聲《通訓定聲》、段玉裁注俱云"俗字作'歪'"。《正字通·止部》:"歪,俗字。《説文》'竵',訓不正。俗合'不正'二字改作'歪'。"元楊暹《劉行首》第三折:"只見他,玉珮狼籍,翠鈿零落,雲髻歪斜。"清吴趼人《二十年目睹之怪現狀》第八回:"然後檢開票子看那來信,上面歪歪斜斜的,寫着兩三行字。"

〔推源〕 此二詞俱有歪斜義,其音亦相近且相通。

喎:溪紐歌部;

歪:影紐微部。

溪影鄰紐,歌微旁轉。其"喎",本爲"咼"之累增字,"咼"謂口戾不正,見前條"推源"欄。則"喎"之歪斜義爲聲符"咼"所載之顯性語義。

406 制聲

(1106) 製䑑（製作義）

製 裁剪製衣，引申爲製作義。《説文·衣部》："製，裁也。从衣，从制。"南唐徐鍇《繫傳》："从衣，制聲。"清朱駿聲《通訓定聲》："从衣、从制，會意，制亦聲。《左襄三十一傳》：'不使人學製焉。'《定九傳》：'晳幘而衣貍製。'《漢書·叔孫通傳》：'服短衣楚製。'《離騷》：'製芰荷以爲衣兮。'"按，所引《定九傳》《漢書》之"製"謂衣服式樣，乃引申義。亦引申爲製作。《廣韻·祭韻》："製，製作。"《後漢書·樊宏傳附樊準》："五穀不登，謂之大侵。大侵之禮，在官備而不製，羣神禱而不祠。"唐李賢注："百官備列，不造作也。"《宋史·職官志四》："又有按協聲律、製撰文字、運譜等官，以京朝官、選人或白衣士人通樂律者爲之。"

䑑 魚醬，以魚肉製作而成者。其字亦作"䐗""䖑""䤃"。《玉篇·肉部》："䑑，魚醬。"《酉部》："䤃，魚子醬也。"《廣韻·祭韻》："䑑，魚醬。亦作'䖑'。"《字彙補·肉部》引《篇韻》："䑑，與'䐗'同。"《改併四聲篇海·肉部》引《川篇》："䐗，魚醬也。"

〔推源〕 此二詞俱有製作義，爲制聲所載之公共義。聲符字"制"所記録語詞本有製作義。《説文·刀部》："制，裁也。从刀，从未。未，物成，有滋味，可裁斷。"清朱駿聲《通訓定聲》："以刀斷木，从未猶从木也……《淮南·主術》：'猶巧工之制木也。'……《孟子》：'可使制梃。'注：'作也。'"按，凡作巧成器多以刀，"制"之製作義爲其直接引申義。《字彙·刀部》："制，造也。"《詩·豳風·東山》："制彼裳衣，勿士行枚。"晉潘岳《西征賦》："摹寫舊豐，製造新邑。"然則本條二詞之製作義爲其聲符"制"所載之顯性語義。制聲可載製作義，則"作"可證之。

制：章紐月部；

作：精紐鐸部。

章（照）精準雙聲，月鐸通轉。"作"，興起。《説文·人部》："作，起也。"《易·繫辭下》："包犧氏没，神農氏作。"引申爲創造、製作義。《廣韻·暮韻》："作，造也。"《左傳·昭公四年》："君子作法於涼，其敝猶貪；作法於貪，敝將若之何？"《周禮·考工記·序》："作車以行陸，作舟以行水。"唯"作"有製義，故有"製作"之同義聯合式合成詞。宋范仲淹《政在順民心賦》："亦猶梓匠任材，因曲直而製作。"

(1107) 惄瘵（驚義）

惄 心驚。字亦作"怛"。《玉篇·心部》："惄，驚也。"《廣韻·曷韻》："惄，驚惄。"《集韻·曷韻》："怛，或作'惄'。"《説文·心部》："怛，憯也。"清朱駿聲《通訓定聲》："字亦作'惄'。……《詩·匪風》：'中心怛兮。'傳：'傷也。'《漢書·王吉傳》作'惄'。"〔假借〕爲

'顫'。《廣雅·釋詁一》：'怛，驚也。'《列子·黃帝》：'怛然內熱。'"按，哀傷、心驚二義相通，故"怛"表驚義非假借。《列子·周穆王》："知其所由然，則無所怛。"晉張湛注："誠識所由，雖譎怪萬端，而心無所駭也。"《莊子·大宗師》："子犁往問之，曰：'叱！避，無怛化。'"唐陸德明《釋文》："怛，驚也。"

瘈 驚病。字亦作"瘛"。《玉篇·疒部》："瘛，小兒瘛瘲病也。瘈，同瘛。"《廣韻·祭韻》："瘈，瘲，上同。"按，實即"瘛"。《說文·疒部》："瘛，小兒瘛瘲病也。从疒，恝聲。"清段玉裁注："今小兒驚病也。"清朱駿聲《通訓定聲》："今謂之驚風，瘛之言掣也，瘲之言縱也。《漢書·藝文志》有金創瘲瘛方。《素問·玉機真藏論》：'筋脉相引而急病，名曰瘛。'"漢張仲景《傷寒論·辨溫病脉》："太陽病……若被火者，微發黃色，劇則如驚癇，時瘛瘲。"

〔推源〕 此二詞俱有驚義，爲制聲所載之公共義。聲符字"制"所記錄語詞之本義、引申義系列與驚義不相涉，其驚義乃制聲所載之語源義。制聲可載驚義，"侘"可證之。

制：章紐月部；

侘：透紐魚部。

章(照)透準旁紐，月魚通轉。"侘"，驚侘。《隸釋·漢相府小史夏堪碑》："古命有之，仲泥何侘。"按，唯"侘"有驚義，故有"驚侘"之同義聯合式合成詞。古籍亦作"驚詫""驚咤"，"侘""詫""咤"俱从宅聲，而當以"侘"爲正字。所記之詞則同。宋葉適《與呂丈書》："大抵以乍出坑谷，忽見天地日月，不覺欣躍驚詫，過於高快。"清汪懋麟《在昔一首贈前廷尉李映碧先生》："在昔莊烈朝，國事足驚咤。"

(1108) 猘瘈（狂義）

猘 狂犬。《廣韻·祭韻》："猘，狂犬。《宋書》云：張收嘗猘犬所傷，食蝦蟆膾而愈。"《呂氏春秋·首時》："鄭子陽之難，猘狗潰之。"陳奇猷《校釋》引楊樹達語："《說文》：'狾，狂犬也。''猘'乃'狾'之一作。古制、折二字音同相通。"明文秉《烈皇小識》卷二："夫猘噬固能傷人，而豹聲亦當自斃。"

瘈 癲狂病。《字彙補·疒部》："瘈，癡病。"《山海經·北山經》："單張之山……有鳥焉，其狀如雉而文首，白翼黃足，名曰白鵺，食之已嗌痛，可以已瘈。"晉郭璞注："瘈，癡病也。"按，"癡"亦謂癲狂。《正字通·疒部》："癡，《方言》借稱顛狂病。"按，"癡"之本義《說文》訓"不慧"，即癡呆義，此與瘋癲、癲狂義相通。《漢書·韋玄成傳》："賢薨，玄成在官聞喪，又言當爲嗣。玄成深知非賢雅意，即陽爲病狂，卧便利，妄笑語昏亂……案事丞相使乃與玄成書曰：'古之辭讓，必有文義可觀，故能垂榮於後。今子獨壞形貌，�恥辱，爲狂癡，光曜暗而不宣。微哉，子之所託名也！'"

〔推源〕 此二詞俱有狂義，爲制聲所載之公共義。聲符字"制"所記錄語詞之本義、引申義系列與狂義不相涉，其狂義乃制聲另載之語源義。制聲可載狂義，"瘨"可證之。

制：章紐月部；

瘨：端紐真部。

章(照)端雙聲，月真旁對轉。"瘨"，癲狂病，其字後世作"癲"。《說文·疒部》："瘨，病也。"清朱駿聲《通訓定聲》："《聲類》：'風病也。'《廣雅·釋詁四》：'瘨，狂也。'《素問·腹中論》：'石藥發瘨。'注：'多喜曰瘨。'"《玉篇·疒部》："瘨，狂也。"按，"瘨"亦謂狂放，乃其衍義。宋梅堯臣《嘗正仲所遺撥醅》："豈乏阮李詩與瘨，淺飲強對春風妍。"《廣韻·先韻》："癲，同瘨。"《集韻·先韻》："癲，狂也。"《太平御覽》卷七百三十九引《莊子》："陽氣獨上，則爲癲病。"唐韓偓《感事三十四韻》："鬱鬱空狂叫，微微幾發癲。"

407　知聲

(1109) 智／識（知曉義）

智　智慧，有知識，知曉事理。其字亦作"䜴""䛇""𢄖。"《說文·白部》："䜴，識詞也。从白，从亏，从知。"清朱駿聲《通訓定聲》："从亏、从知，會意。按，知亦聲……字亦作'智'。《荀子》注引《孟子》：'然後智生於憂患。'是本字。"《廣韻·寘韻》："智，知也。䜴，古文。"漢賈誼《治安策》："凡人之智，能見已然，不能見將然。"《隸釋·漢荊州刺史度尚碑》："䜴含淵藪，仁隆春煖。"《墨子·經說上》："𢄖也者，以其知論物，而其知之也著，若明。"清顧廣圻校："𢄖，即智字。"

識　知曉，瞭解。《說文·言部》："識，知也。"清朱駿聲《通訓定聲》："《詩·瞻卬》：'君子是識。'箋：'知也。'《周禮·司刺》：'壹宥曰不識。'注：'審也。'《文選·〈五君詠〉》：'識密鑒亦洞。'注：'心之別名，湛然不動謂之心，分別是非謂之識。'"《詩·大雅·皇矣》："不識不知，順帝之則。"《韓非子·難二》："晉平公問叔向曰：'昔者齊桓公九合諸侯，一匡天下，不識臣之力也？君之力也？'"

〔**推源**〕　此二詞俱有知曉義，其音亦相近且相通。

智：端紐支部；

識：書紐職部。

端書(審三)準旁紐，支職旁對轉。然則語源當同。其"智"字从知得聲，聲符字"知"所記錄語詞之本義即知曉。《說文·矢部》："知，詞也。从口，从矢。"南唐徐鍇《繫傳》："凡知理之速如矢之疾也。"清段玉裁注："'詞也'之上當有'識'字。"清朱駿聲《通訓定聲》："按，識也，憭于心，故疾于口，'智'則爲識詞。《莊子·外物》：'心徹爲知。'《荀子·王制》：'草木有生而無知。'注：'謂性識。'又《解蔽》：'多能非以脩蕩，是則謂之知。'又《脩身》：'是是非非謂之知。'《周禮·大司徒》：'知仁聖義中和。'注：'明于事。'……《史記·淮陰侯傳》：'知者，決之斷也。'《墨子·經上》：'知，材也。'經典亦以'智'爲之。"按，知曉事理則即爲智者，智慧義爲"知"之衍義，"智"字乃記録此義之專字。

408 垂聲

(1110) 唾睡陲秿硾（下垂義）

唾 口液，一經出口即下垂，故稱"唾"。《説文·口部》："唾，口液也。从口，垂聲。涶，唾或从水。"清朱駿聲《通訓定聲》："《素問·宣明五氣篇》：'腎爲唾。'"漢揚雄《解嘲》："蔡澤，山東之匹夫也。頟頤折頞，涕唾流沫。"南朝梁慧皎《高僧傳》："又聞虵所吞鼠能療瘡疾，即行取涎唾以傅癬上，所傅既遍，鼠已還活，信宿之間，瘡痍頓盡。"

睡 打瞌睡，即眼皮下垂、閉目假寐之意。《説文·目部》："睡，坐寐也。从目、垂。"南唐徐鍇《繫傳》："从目，垂聲。"按，當云从目、从垂，垂亦聲。《戰國策·秦策一》："讀書欲睡，引錐自刺其股，血流至足。"《漢書·賈誼傳》："斥候望烽燧不得卧，將吏被介胄而睡。"

陲 邊疆，邊境。按，先民以爲天圓而地方，視野之中，地之盡頭正爲蒼穹下垂處，故稱"陲"。《廣韻·支韻》："陲，邊也。"《古今韻會舉要·支韻》："陲，遠邊也。《增韻》：'疆也。'"漢桓寬《鹽鐵論·備胡》："今三陲已平，唯北邊未定。"唐李白《代贈遠》："鳴鞭從此去，逐虜蕩邊陲。"

秿 禾垂貌，又指禾穗，穗亦常垂。《集韻·支韻》："秿，禾垂皃。"又《果韻》："秿，禾穗也。"

硾 繫以石塊或他物使下垂。《廣韻·寘韻》："硾，鎮也。《吕氏春秋》云：'硾之以石。'"《續資治通鑒·元順帝至正十一年》："乃以鐵猫于上流硾之水中。"虚化引申爲垂挂、下垂義。唐杜荀鶴《贈友人罷舉赴交趾辟命》："舶載海奴鐶硾耳，象駝蠻女彩纏身。"

〔推源〕 諸詞俱有下垂義，爲垂聲所載之公共義。聲符字"垂"乃"陲"之初文。《説文·土部》："垂，遠邊也。从土，㒸聲。"清朱駿聲《通訓定聲》："《荀子·臣道》：'邊境之臣處，則疆垂不喪。'《書》傳皆以'陲'爲之。"引申爲下垂義。《詩·小雅·都人士》："彼都人士，垂帶而厲。"《莊子·説劍》："皆蓬頭突鬢，垂冠，曼胡之纓，後短之衣，瞋目而語難。"按，"垂"从㒸聲，"㒸"字《説文》云："艸木華葉下垂。象形。"然則本條諸詞之下垂義爲其聲符"垂"所載之顯性語義。

(1111) 厜埵（尖義）

厜 山頂，形尖者。《説文·厂部》："厜，厜㕒，山顛也。从厂，垂聲。"清朱駿聲《通訓定聲》："《爾雅》：'崒者，厜㕒。'《釋文》：'本作碓，又作嵟。'按，疊韻連語，與'嵯峨'同。"按，所引《爾雅·釋山》文晉郭璞注："謂峰頭巉巖。"《廣韻·支韻》："厜，厜㕒，山巔狀。"宋晁補之《披榛亭賦》："厜㕒之巔，翠微之顔。"

埵 土堆。凡土堆下大而上小,其形尖。唐慧琳《一切經音義》卷二十七:"埵,《切韻》作'陊',小堆。"《廣韻·果韻》:"埵,土埵。"清朱駿聲《説文通訓定聲·隨部》:"埵,从土,垂聲,讀若朶。《字林》:'聚土也。'"北魏賈思勰《齊民要術·煮膠》:"取净乾盆,置竈埵上。"石聲漢注:"埵,是一個上面帶圓形的土堆。"

〔推源〕 此二詞俱有尖義,爲垂聲所載之公共義。聲符字"垂"所記録語詞之本義、引申義即顯性語義系列與尖義不相涉,其尖義乃垂聲所載之語源義。按,"堆"亦謂土堆,其字从隹得聲,隹聲字所記詞"錐"指尖錐,"鼪"謂瘦而尖嘴之鼠(見本卷第1117條)。垂聲、隹聲本相近且相通。"垂",禪紐歌部,"隹"者章紐微部,禪章(照)旁紐,歌微旁轉。又,垂聲可載尖義,"尖"亦可相證。

垂:禪紐歌部;
尖:精紐談部。

禪精鄰紐,歌談通轉。"尖",下大上小,上鋭。《廣韻·鹽韻》:"尖,鋭也。"南朝梁江淹《江上之山賦》:"嶤嶷兮尖出,峊崒兮穴鑿。"唐章孝標《僧院小松》:"還似天臺新雨後,小峰雲外碧尖尖。"

409　委聲

(1112) 萎痿(萎縮義)

萎 草木枯萎,萎縮。《廣韻·支韻》:"萎,蔫也。"《説文·艸部》:"蔫,菸也。"清朱駿聲《説文通訓定聲·履部》:"萎,〔假借〕爲'痿'。《詩·谷風》:'無木不萎。'《禮記·檀弓》:'哲人其萎乎。'《離騷》:'雖萎絶亦何傷兮。'《聲類》:'萎,草木菸也。'"按,"萎"之本義《説文》訓"食牛",即餵義,然其字从艸,指草木枯萎非假借,乃套用字。至人死稱"萎"則爲其引申義。

痿 身體某部分萎縮。《説文·疒部》:"痿,痺也。从疒,委聲。"清朱駿聲《通訓定聲》:"《素問·痿論》:'大經空虚發爲肌痺,傳爲脈痿。'注:'謂痿弱無力以運動。'《漢書·哀帝紀·贊》:'即位,痿痺。'注:'病兩足不能相過曰痿。'《韓王信傳》:'如痿人不忘起。'注:'風痺病也。'《吕覽·重己》:'多陰則蹷,多陽則痿。'注:'蹷不能行也。'"按《説文·歺部》有"殘"字,訓"病",實亦"痿"之或體。

〔推源〕 此二詞俱有萎縮義,爲委聲所載之公共義。聲符字"委"單用本可表萎縮義。清朱駿聲《説文通訓定聲·履部》:"委,〔假借〕又爲'痿'。《楚辭·哀時命》:'歘然悴而委惰兮。'……謝元暉:'時菊委秋霜。'注:'猶悴也。'"按,假借説可從,"委"之本義《説文》訓"委隨",引申義系列亦與萎縮義不相涉。委聲可載萎縮義,則"痿"可證之。

委：影紐微部；
瘺：群紐文部。

影群鄰紐，微文對轉。"瘺"，麻痹，萎縮。《廣韻‧刪韻》："瘺，瘺痹。"又《文韻》："瘺，痹也。"《字彙‧疒部》："瘺，手足麻痹也。"唐元稹《臺中鞫狀憶開元觀舊事》："愁吟心骨顫，寒臥支體瘺。"明李時珍《本草綱目‧草部‧獨活》："羌活，治賊風失音不語，多癢，手足不遂，口面喎斜，遍身瘺痹、血癩。"

(1113) 矮颸緌（低義）

矮 低，不高。《廣韻‧蟹韻》："矮，短皃。"按，橫曰短，縱曰低，實爲一義。宋梅堯臣《矮石榴樹子賦》："有矮石榴高倍尺，中訟庭，麗戒石。"《五燈會元‧萬年一禪師法嗣》："報恩室中唯一矮榻，餘無長物。"

颸 風低緩。字亦作"飀"。《廣韻‧灰韻》："飀，風低皃。"《集韻‧灰韻》："颸，低風謂之颸。"《文選‧郭璞〈江賦〉》："徐而不颸，疾而不猛。"唐李善注引《埤蒼》："颸，風遲也。"

緌 帽帶之下垂、低下部分。《說文‧糸部》："緌，繫冠纓也。从糸，委聲。"清段玉裁注："繫冠纓垂者。"清朱駿聲《通訓定聲》："謂纓之垂者。《禮記‧內則》：'冠緌纓。'注：'纓之飾也。'《玉藻》：'有事然後緌。'《檀弓》：'喪冠不緌。'"《廣韻‧脂韻》："緌，緌纓。"按，朱氏所引《禮記‧內則》文唐孔穎達疏："結纓頷下以固冠，結之餘者，散而下垂，謂之緌。"

〔推源〕 諸詞俱有低義，爲委聲所載之公共義。聲符字"委"所記錄語詞有下垂義，下垂即趨低，義當相通。《禮記‧曲禮下》："主佩倚則臣佩垂，主佩垂則臣佩委。"按，"垂""委"對文同義。《呂氏春秋‧察賢》："堯之容若委衣裘，以言少事也。"按，"委"之本義爲委隨、順從，蓋即居低位之義。《說文‧女部》："委，委隨也。"《淮南子‧本經訓》："優柔委從，以養群類。"

(1114) 諉羮捼（推義）

諉 推託，推諉。清朱駿聲《說文通訓定聲‧履部》："諉，《漢書‧賈誼傳》注：'諉者，託也。'"《新唐書‧姚崇傳》："殺蟲救人，禍歸於崇，不以諉公也。"清魏源《聖武記》卷二："朕自少時見三藩勢焰日熾，不可不徹，豈因三桂背叛，遂諉過于人？"按，"諉"之本義《說文》訓"纍"，即煩勞、以事相屬累，故有推託、推諉之衍義。

羮 羊相推擠。《說文‧羊部》："羮，羊相羮也。从羊，委聲。"清朱駿聲《通訓定聲》："字亦作'羳'。《夏小正》：'三月羳羊。'"《廣韻‧紙韻》及《寘韻》："羮，羊相羮羳。"按，《說文》以"羊相羳"訓"羮"，同部"羳"篆訓"羮羳也。"朱氏《通訓定聲》："羮羳猶委積，羊相覆壓也。"按，即羊以身相推擠。

捼 推。《說文‧手部》："捼，推也。从手，委聲。一曰兩手相切摩也。"按，所訓二義微殊而相通，相切摩即兩手相抵觸、相推擠。《禮記‧曲禮上》"共飯不澤手"漢鄭玄注："澤，謂捼莎也。"唐孔穎達疏:"古人禮,飯不用箸但用手。既與人共飯,手宜絜净,不得臨食始捼莎手乃食,恐爲人穢也。"按,"捼"又有按摩義,今語按摩一稱"推拿"。

〔推源〕 諸詞俱有推義,爲委聲所載之公共義。聲符字"委"所記録語詞本有推諉義。《晉書·石季龍載記上》:"季龍曰:'此政之失和,朕之不德,而欲委咎守宰,豈禹、湯罪己之義耶?'"按,"委"之本義爲委隨、順從,引申之,則有附屬、託付、捨棄義,其推諉、推託義亦當與之相通。委聲可載推義,則"掁"可證之。

委:影紐微部;
掁:匣紐文部。

影匣鄰紐,微文對轉。"推"字《説文·手部》訓"排",即往外排擠、排斥義。"掁"即排斥、排擠之謂。《新唐書·裴度傳》:"始,議者謂度無奧援,且久外,爲姦憸掁抑,慮帝未能明其忠。"又《李懷光傳》:"懷光自以徑千里赴難,爲姦臣掁隔不得朝,頗恚悵,去屯咸陽。"

410 隹聲

(1115) 萑雛魋稚(細、小義)

萑 細葦。《廣韻·桓韻》:"萑,萑葦。《易》亦作'萑'。"《儀禮·特牲饋食禮》:"盛兩敦,陳于西堂,藉用萑,幾席陳于西堂,如初。"漢鄭玄注:"萑,細葦。"《詩·豳風·七月》:"七月流火,八月萑葦。"唐孔穎達疏:"初生者爲菼,長大爲薍,成則名爲萑。"按,"萑"即荻屬,雖長成,亦細形之物。又《爾雅·釋草》"萑"訓"蓷",謂益母草,指萑葦,則爲套用字。其字之結構則爲從艸,隹聲,漢許慎説。

雛 小鳩。《説文·鳥部》:"雛,祝鳩也。从鳥,隹聲。"清朱駿聲《通訓定聲》:"《爾雅》:'隹其鳺鴀。'以'隹'爲之。注:'今鵝鳩。'《方言》八:'鳩,其小者,梁、宋之間謂之鶻。'《詩·四牡》:'翩翩者雛。'傳:'夫不也。'……《左昭十七傳》:'祝鳩氏司徒也。'注:'鵻鳩也。''鵻'者'鶻'之誤字。〔別義〕《爾雅》:'鶌鳩鶻鵃。'注:'小黑鳥,名自呼,江東名謂烏鵊,此鳥小于鳥而能逐鳥,亦名雛扎。'"按,朱氏所引《詩·小雅·四牡》文三國吴陸璣疏:"雛其,今小鳩也。一名鵝鳩。"

魋 如熊而形小之獸。《廣韻·灰韻》:"魋,獸似熊而小。"清朱駿聲《説文通訓定聲·履部》:"魋,《爾雅·釋獸》:'魋如小熊,竊毛而黄。'注:'淺赤黄色,俗呼謂赤熊,建平山中有此獸。'此字从鬼,隹聲。大徐補入《説文》,爲十九文之一。按,《説文》有从言、魋聲字。今補附于此。"明李時珍《本草綱目·獸部·熊》:"熊、羆、魋,三種一類也。如豕,色黑色,熊也;大而色黄白者,羆也;小而色黄赤者,魋也。建平人呼魋爲赤熊。"按,大徐本《説文·鬼部》:"魋,神獸也。从鬼,隹聲。"清段玉裁乃移其篆入《隹部》,失之。"隹"之上古音章紐微部,"騅"者定紐微部,二者疊韻,章(照)定準雙聲,"騅"字从隹得聲無疑。"鬼"爲見紐微部字,雖與"騅"疊韻,然定見二紐不相通。"騅"本以隹聲載小義;从鬼,蓋謂其形貌不美觀,今詈言猶有"熊樣""鬼樣"語。

稚 幼禾。字亦作"稺"。《廣韻·至韻》:"稚,幼稚,亦小也。"《集韻·至韻》:"稺,亦作'稚'。"《説文·禾部》:"稺,幼禾也。"清朱駿聲《通訓定聲》:"字亦作'稺'、作'稚'、作'穉'。《詩·閟宮》:'稙稺菽麥。'傳:'復種曰稺。'按,復種者禾小。《韓詩傳》:'幼稼也。'〔轉注〕《廣雅·釋詁三》:'稚,少也。'《方言》:'稺,小也。''稺,年小也。'《書·立政》傳:'言皆以告稚子王。'"按,所謂"轉注",實即引申。北魏酈道元《水經注·汾水》:"泉源導于南麓之下,蓋稚水濛流耳。"明鄭若庸《玉玦記·訪姨》:"嬌香稚蕊,今看玉樹成。"

〔推源〕 諸詞俱有細、小義,爲隹聲所載之公共義。聲符字"隹"象鳥形,所記録語詞之本義《説文·隹部》云"鳥之短尾總名",實則从隹之字所記詞亦有謂長尾鳥者。然則與細、小義不相涉,其細、小義乃隹聲所載之語源義。隹聲可載細、小義,"鴲"可證之。

隹:章紐微部;

鴲:精紐歌部。

章(照)精準雙聲,微歌旁轉。"鴲",小青雀,亦指幼鳥。清朱駿聲《説文通訓定聲·履部》:"鴲,瞑鴲也。《廣韻》:'小青雀也。'"《集韻·脂韻》:"鴲,小鳥未翰者。"

(1116) 赵睢奞脽頠崔陮淮維蜼堆(高、長、大義)

赵 奔跑,大步走。字亦作"跬"。《玉篇·走部》:"赵,走也。"《廣韻·旨韻》:"赵,走也。"《集韻·旨韻》:"跬,狂走。"清朱駿聲《説文通訓定聲·履部》:"赵,字亦作'跬'。《廣雅·釋室》:'赵,犇也。'《史記·司馬相如傳》:'蔑蒙踴躍騰而狂赵。'"明陶宗儀《輟耕録·叙畫》:"鬼神作醜魃馳赵之狀,士女宜秀色婑媠之態。"清王煒《黄山遊記》:"如觀項羽逼章邯,騰蒼赵紫,病骨爲壯,遠峰萬疊,羅拜於前。"

睢 仰目,向高處看,又訓"大視"。《説文·目部》:"睢,仰目也。从目,隹聲。"清朱駿聲《通訓定聲》:"《聲類》:'睢矑,大視也。'《史記·伯夷傳》:'暴戾恣睢。'《正義》:'仰白目怒兒也。'《漢書·五行志》:'萬衆睢睢。'注:'仰目視兒也。'亦重言形況字。"《廣韻·支韻》:"睢,仰目也。"又《脂韻》:"睢,睢盱,視貌。"又《至韻》:"睢,恣睢,暴戾。"按,人傲慢亦常仰目而視。《莊子·寓言》:"老子曰:'而睢睢盱盱,而誰與居?'"晉郭象注:"睢睢盱盱,跋扈之貌。"

奞 鳥張大翅膀待飛。《説文·奞部》:"奞,鳥張毛羽自奮也。从大,从隹。"清朱駿聲《通訓定聲》:"从大,从隹,會意,隹亦聲。讀若睢。"按,"奮"字即从此。許書同部:"奮,翬也。从奞在田上。《詩》曰:'不能奮飛。'"清桂馥《義證》:"鳥之奮迅,即毛起而身大,故字从奞在田上。"

脽　臀部。稱"脽",寓高義。《說文·肉部》:"脽,尻也。从肉,隹聲。"清朱駿聲《通訓定聲》:"鍇本作'尻也。'《廣雅·釋親》:'臀謂之脽。'《漢書·東方朔傳》:'連尻脽。'"《素問·六元正紀大論》:"感于寒,則病人關節禁固,腰脽痛。"按,唯"脽"有高義,故引申而指丘阜。《史記·孝武本紀》:"於是天子遂東,始立后土祠汾陰脽上,如寬舒等議。"唐司馬貞《索隱》:"脽,丘。"

頠　出額,即額部前突,高出顏面。《說文·頁部》:"頠,出額也。从頁,隹聲。"清朱駿聲《通訓定聲》:"謂額胅出向前,蘇俗謂之充額角。"清段玉裁注:"謂額胅出向前也。"按,其字轉注則亦作"頯"。《廣韻·皆韻》:"頯,頭胅也。"《集韻·皆韻》:"頯,額胅兒。"《廣韻》載"頠""頯"之音爲直追切、杜懷切,其上古音同,定紐雙聲,微部疊韻。

崔　高大。《說文·山部》:"崔,大高也。从山,隹聲。"清朱駿聲《通訓定聲》:"《谷風》:'維山崔嵬。'傳:'山巔也。'《南山》:'南山崔崔。'傳:'高大兒。'按,'崔嵬'亦疊韻連語。《楚辭·涉江》:'冠切雲之崔嵬。'《西都賦》:'崔嵬層構。'"《廣韻·灰韻》:"崔,崔嵬。"按,"崔"可單用。《漢書·禮樂志》:"大山崔,百卉殖。"

陮　高而不平。《說文·阜部》:"陮,陮隗,高也。从阜,隹聲。"《廣韻·賄韻》:"陮,陮隗,不平狀。"《集韻·灰韻》:"陮,陮隗,原阜高兒。"又《賄韻》:"陮,或作'隹'。"《晉書·衛瓘傳附衛恒》引晉崔瑗《草書勢》:"是故遠而望之,陮焉若沮岑崩崖;就而察之,一畫不可移。"

淮　大雨。清朱駿聲《說文通訓定聲·履部》:"淮,又爲'淫'之誤字。《尚書大傳》:'淮雨。'注:'暴雨之名也。'"按,"淮"本水名,指大雨,爲套用字,以其隹聲載大義,非"淫"字之誤。漢蔡邕《漢太尉楊公碑》:"欽承奉構,閑于伐柯;別風淮雨,不易其趣。"或以爲"淮"作水名本有匯聚之義,然則與淫雨義通。明謝肇淛《五雜俎·地部一》:"以中國之水論之,淮以北之水,河爲大;淮以南之水,江爲大。而淮界其中,導南北之流,而會之以入於海,故謂之淮。淮者,匯也。"

維　繫物之大繩。《說文·糸部》:"維,車蓋維也。从糸,隹聲。"清朱駿聲《通訓定聲》:"《廣雅·釋詁二》:'維,係也。'《楚辭·天問》:'斡維焉繫?'"《墨子·備蛾傳》:"客則乘隊,燒傳湯,斬維而下之。令勇士隨而擊之,以爲勇士前行。"《淮南子·天文訓》:"天柱折,地維絕。"

蜼　長尾猿。《爾雅·釋獸》:"蜼,卬鼻而長尾。"晉郭璞注:"蜼似彌猴而大,黃黑色,尾長數尺。"《說文·虫部》:"蜼,如母猴,卬鼻長尾。从虫,隹聲。"清朱駿聲《通訓定聲》:"其鼻向上,雨即自縣樹以尾塞鼻,尾長數尺。《中山經》:'鬲山多猨蜼。'《海外南經》:'狄山爰有蜼豹。'《西山經》:'崦嵫之山有鳥焉,蜼身。'或曰一名'狖',即許書之'貁'。《江賦》:'迅蜼臨虛以騁巧。'注:'狖也。'"明李時珍《本草綱目·獸部·果然》:"大者爲然,爲禺;小者爲狖,爲蜼。南人名仙猴,俗作'猱然。'"

堆　小阜,亦指土堆,皆高出地平面者。其初文作"自",爲象形字。"堆"爲後起本字,以其隹聲可高義。《説文·𠂤部》："𠂤，小𨸏也。象形。"清朱駿聲《通訓定聲》："字亦作'堆'。《楚辭·疾世》：'踰隴堆兮渡漠。'《上林賦》：'激堆埼。'《爾雅·釋水》注：'呼水中沙堆爲墠。'"《廣韻·灰韻》："堆，聚土。"三國魏李康《運命論》："堆出於岸，流必湍之。"唐劉崇遠《金華子雜編》："北海縣中前門，有一處地形微高，若小堆𨸏隱起。"

〔推源〕 上述諸詞或有高義，或有長義、大義，諸義相通，同爲隹聲所載，語源當同。聲符字"隹"所記録語詞之本義、引申義系列與高、長、大義不相涉，本條諸詞之義爲隹聲所載之語源義。隹聲可載高、長、大義，"峻""大"可相證。

隹：章紐微部；

峻：心紐文部；

大：定紐月部。

章(照)心鄰紐，章(照)定準旁紐，定心鄰紐。微文對轉，月微旁對轉，月文旁對轉。"峻"，高峻。《説文·山部》："𡾓，高也。从山，陵聲。峻，𡾓或省。"《國語·晉語九》："高山峻原，不生草木。"按，上下距離大即高，橫向距離大即長。故"峻"又引申爲長義。《楚辭·離騷》："冀枝葉之峻茂兮，願竢時乎吾將刈。"漢王逸注："峻，長也。"凡物高、長則大，故又引申爲大義。《禮記·大學》："《詩》云：'殷之未喪師，克配上帝，儀監於殷，峻命不易。'"漢鄭玄注："天之大命，得之誠不易。""大"，本義即大，與"小"相對待。《説文·大部》："大，天大、地大、人亦大，故大象人形。"《禮記·月令》："(孟冬之月)審棺椁之薄厚，塋丘壟之大小。"《史記·高祖本紀》："大風起兮雲飛揚，威加海内兮歸故鄉。"

(1117) 堆錐䶉(尖義)

堆 土堆(見前條)，下大而上小，形尖者。

錐 錐子，尖鋭物，故引申爲尖鋭義。漢史游《急就篇》第十二章："鐵鈇鑽錐釜鍑鍪。"唐顔師古注："錐，所以刺入也。"《説文·金部》："錐，鋭也。从金，隹聲。"清朱駿聲《通訓定聲》："《淮南·兵略》：'疾如錐矢。'注：'金鏃翦羽之矢也。'"《管子·海王》："行服連軺輂者，必有一斤一鋸一錐一鑿，若其事立。"《戰國策·秦策一》："(蘇秦)讀書欲睡，引錐自刺其股。"

䶉 老鼠，其喙尖鋭，故稱"䶉"。《廣韻·脂韻》："䶉，鼠名。"按，古者"鼠"爲穴蟲之總名，漢許慎説，"䶉"爲其中之一。明李時珍《本草綱目·獸部·鼠》："䶉鼠。時珍曰：此即人家常鼠也。以其尖喙善穴，故南陽人謂之䶉鼠。其壽最長，故俗稱老鼠。"

〔推源〕 諸詞俱有尖義，爲隹聲所載之公共義。聲符字"隹"所記録語詞之本義、引申義系列與尖義不相涉，其尖義乃隹聲所載之語源義。隹聲可載尖義，"鋭"可證之。

隹：章紐微部；

鋭：余紐月部。

章(照)余(喻四)旁紐,微月旁對轉。"銳",尖。《爾雅·釋丘》:"再成銳上爲融丘。"晉郭璞注:"纖頂者。"《孫子·行軍》:"塵高而銳者,車來也。"唐杜牧注:"車馬行疾,仍須魚貫,故塵高而尖。"明張升《醫巫閭山賦》:"銳標蔭碣石之顛倒,景浸濡水之洋羌。"

(1118) 推碓椎(擊義)

推 推擊,引申爲刺擊義。《說文·手部》:"推,排也。从手,隹聲。"清朱駿聲《通訓定聲》:"《倉頡篇》:'推,前也。'"《廣韻·脂韻》:"推,排也。"《左傳·襄公十四年》:"夫二子者,或輓之,或推之,欲無入,得乎?"《晏子春秋·內篇雜上》:"曲刃鉤之,直兵推之,嬰不革矣。"于省吾《新證》:"自外向內挽之曰鉤,自內向外刺之曰推。"按,"直兵"即劍及尖刀,鋒刃在頂端,故刺擊則外推。漢王充《論衡·效力》:"干將之刃,人不推頓,苽瓠不能傷;筱簬之箭,機不動發,魯縞不能穿。非無干將、筱簬之才也,無推頓發動之主,苽瓠、魯縞不穿傷,焉望斬旗穿革之功乎?"

碓 舂擊稻穀的工具。《說文·石部》:"碓,舂也。从石,隹聲。"清朱駿聲《通訓定聲》:"舂以手,碓以足。舂,掘地爲臼,木爲杵。碓則以石。後世又有水碓、水磑。《方言》五:'碓機謂之桯。'注:'機梢。'按,碓上主發之機也。"按,徽歙方言稱以足踩動而舂者爲"踏碓",而稱以水衝動者爲"水碓"。《廣韻·隊韻》:"碓,杵臼。《廣雅》曰:'磩,碓也。'《通俗文》云:'水碓曰轓車。'杜預作'連機碓'。孔融論曰:'水碓之巧,勝於聖人之斷木掘地。'"引申之,則有舂擊之義。《文選·馬融〈長笛賦〉》:"頤淡滂流,碓投瀺穴。"唐李善注:"碓投,似碓之所投也。"清董說《西遊補》第九回:"行者叫白麵鬼把秦檜碓成細粉。"

椎 捶擊的工具。引申爲擊義。《說文·木部》:"椎,擊也,齊謂之終葵。从木,隹聲。"清朱駿聲《通訓定聲》:"椎,所以擊也……'終葵'之合音爲'椎'。《考工·玉人》:'杼上終葵首。'疏:'終葵,椎也。'《後漢·禰衡傳》:'漁陽摻檛。'注:'槌及檛並擊鼓杖也。'以'槌'爲之。〔轉注〕《字林》:'椎,擊也。'《三蒼》:'椎,打也。'《史記·張釋之馮唐傳》:'五日一椎牛。'《索隱》:'擊之也。'《爾雅·釋訓》:'辟,拊心也。'注:'謂椎胸。'"《史記·魏公子列傳》:"朱亥袖四十斤鐵椎,椎殺晉鄙。"唐杜甫《黃河》二首之一:"黃河北岸海西軍,椎鼓鳴鐘天下聞。"

〔推源〕 諸詞俱有擊義,爲隹聲所載之公共義。聲符字"隹"所記錄語詞之本義、引申義系列與擊義不相涉,其擊義乃隹聲所載之語源義。隹聲可載擊義,"捶"可證之。

隹:章紐微部;
捶:章紐歌部。

雙聲,微歌旁轉,音僅微殊。"捶",捶擊。《說文·手部》:"捶,以杖擊也。"清朱駿聲《通訓定聲》:"《禮記·內則》:'捶反側之。'注:'搗之也。'《荀子·正論》:'捶笞臏腳。'"《晉書·祖逖傳附祖納》:"持我鈍槌,捶君利錐,皆當摧矣。"

(1119) 娸／媸（醜陋義）

娸 醜陋。字亦作"傂"。《説文·女部》："娸，一曰醜也。"清朱駿聲《通訓定聲》："字實與'傂'同。"《廣韻·至韻》："娸，醜也。"又《脂韻》："傂，仳傂，醜面。"《説文·人部》："傂，仳傂，醜面。从人，佳聲。"清朱駿聲《通訓定聲》："《淮南·脩務》：'嫫母仳傂。'"《廣雅·釋詁二》："仳傂，醜也。"《楚辭·九嘆·思古》："西施斥於北宫兮，仳傂倚於彌楹。"漢王逸注："西施，美女也；仳傂，醜女也。"章炳麟《訄書·辨樂》："優人之舞，悉形象成事爲之，既不比律，其佳醜又相若。"

媸 詆毀，醜化。《説文·女部》："媸，醜也。"《漢書·叙傳下》："安昌貨殖，朱雲作媸。"唐顏師古注："晉灼曰：'媸，醜也。'朱雲廷言欲斬張禹，是爲醜惡之媸。"又《枚皋傳》："故其賦有詆媸東方朔，又自詆媸。"按，"媸"字从其得聲，與"頵"同，"頵"亦有醜義。《説文·頁部》："頵，醜也。从頁，其聲。今逐疫有頵頭。"《淮南子·精神訓》："視毛嬙、西施猶頵醜也。"漢高誘注："頵，頵頭也。方相氏黄金四目衣纈，稀世之頵，貌非生人也，但像其耳目。頵頭言極醜也。"

〔推源〕 此二詞俱有醜陋義，其音亦相近且相通。

　　娸：曉紐微部；
　　媸：溪紐之部。

曉溪旁紐，微之通轉。則其語源當同。

411　臾聲

(1120) 腴庾（豐饒義）

腴 腹下的肥肉。《説文·肉部》："腴，腹下肥也。从肉，臾聲。"清朱駿聲《通訓定聲》："《論衡》：'堯若臘，舜若腒，桀、紂之君，垂腴尺餘。'《禮記·少儀》：'冬右腴。'《七發》：'犓牛之腴。'"引申爲豐饒義。《晉書·周顗傳》："伯仁凝正，處腴能約。"明李東陽《奉謙齋徐先生書》："(貴郡)風土腴厚，文獻華美，爲天下最。"

庾 露天的穀堆，穀所聚積，"庾"之名寓豐饒義。《説文·广部》："庾，水槽倉也。从广，臾聲。一曰倉無屋者。"清朱駿聲《通訓定聲》："《詩·甫田》：'曾孫之庾。'箋：'露積穀也。'《周語》：'野有庾積。'"《廣韻·麌韻》："庾，倉庾。又姓，出潁川、新野二望，本自堯時爲掌庾大夫，因氏焉。"《詩·小雅·楚茨》："我倉既盈，我庾維億。"漢毛亨傳："露積爲庾，萬萬曰億。"

〔推源〕 此二詞俱有豐饒義，爲臾聲所載之公共義。聲符字"臾"單用本可表肥沃義，其義與豐饒義相通。《管子·乘馬數》："郡縣上臾之壤，守之若干。"然"臾"字之形體結構象兩手捽抴一人之形,所記録語詞之本義《説文·申部》訓"束縛捽抴爲臾",與豐饒義不相涉,其豐饒義當爲臾聲所載之語源義。臾聲可載豐饒義,"餘"可證之。

臾:余紐侯部;

餘:余紐魚部。

雙聲,侯魚旁轉。"餘",豐饒,富足。《説文·食部》:"餘,饒也。"《列子·周穆王》:"東極之北隅有國曰阜落之國,其土氣常燠,日月餘光之照,其土不生嘉苗。"《淮南子·精神訓》:"食足以接氣,衣足以蓋形,適情不求餘。"漢高誘注:"餘,饒也。"按,"餘"之基本義爲多餘,即由其豐饒義所衍生,凡物豐饒則用而有餘。

412 兒聲

(1121) 齯倪麛鯢婗蜺堄(小義)

齯 老年人齒落更生之齒,細小者。《説文·齒部》:"齯,老人齒。从齒,兒聲。"清朱駿聲《通訓定聲》:"按,兒亦意。此字後出,只當作'兒'。《詩·閟宮》:'黄髮兒齒。'《爾雅·釋詁》:'齯齒,壽也。'《釋名》:'九十曰鮐背,或曰兒齒,大齒落盡,更生細者,如小兒齒也。'"《廣韻·齊韻》:"齯,老人齒落復生。"唐柳宗元《永州萬石亭記》:"吾儕生是州,蓻是野,眉龐齒齯,未嘗知此。"原注:"齯,齒落更生細者。"清惲敬《與朱卿書》:"家母生齯齒,髮落復生,可喜之至。"按,其字亦以"倪"爲之。《列女傳·魯季敬姜傳》:"所與遊處者,皆黄耄倪齒也。"

倪 小兒。其字當爲"兒"之緟益字。《孟子·梁惠王下》:"反其旄倪。"宋朱熹《集注》:"旄,老人也;倪,小兒也。"按,"旄"蓋"耄"字之借。引申之則有弱小、微小之義。清朱駿聲《説文通訓定聲·解部》:"[假借]又爲'題',實爲'兒'。《莊子·大宗師》:'不知端倪。'按,耑者草之微始,兒者人之微始也。《齊物論》'天倪'亦同。"按,無煩假借,實爲引申。唐陸羽《茶經·五之煮》:"若茶之至嫩者,蒸罷熱搗,葉爛而芽笋存焉……炙之,則其節若倪倪如嬰兒之臂耳。"

麛 幼鹿,弱小者。《玉篇·鹿部》:"麛,鹿子。"清朱駿聲《説文通訓定聲·解部》:"麛,[假借]爲'麑'。《論語》:'素衣麛裘。'《管子·五行》:'不夭麛麑。'《西京賦》:'效獲麛麖。'注皆訓'鹿子'。"按,"麛"字从鹿,以其兒聲表小義,"鹿子"當爲其本義。《説文》訓"狻麑獸",謂獅,非本義。《國語·魯語》:"魚禁鯤鮞,獸長麛麌。"三國吳韋昭注:"鹿子曰麛。"漢班固《白虎通·文質》:"卿大夫贄,古以麛鹿,今以羔鴈。"

鯢 娃娃魚,形如小兒,故稱"鯢"。引申之則指小魚。《説文·魚部》:"鯢,刺魚也。从魚,兒聲。"清段玉裁注:"《史》《漢》謂之人魚。"清朱駿聲《通訓定聲》:"《爾雅·釋魚》:'鯢,大者謂之鰕。'注:'似鮎,四脚,前似獼猴,後似狗,聲如小兒啼。'……《周書·王會》:'穢人前兒。'以'兒'爲之,亦名人魚。《北山經》:'決決之水,其中多人魚,食之無癡疾。'〔假借〕爲'鯢'。《莊子·外物》:'守鯢鮒。'李注:'鯢,小魚也。'"按,"鯢"指小魚非假借,乃引申。戰國楚宋玉《對楚王問》:"夫尺澤之鯢,豈能與之量江海之大哉!"

婗 嬰兒,人之小者。《説文·女部》:"婗,嬰婗也。从女,兒聲。"清朱駿聲《通訓定聲》:"按'嬰婗'雙聲連語,即'嬰兒'之音轉。《廣雅·釋親》:'婗,子也。'"《廣韻·齊韻》:"婗,嬰婗。"唐張諤《三日岐王宅》:"玉女貴妃生,嬰婗始發聲。"按,北方方言稱小女爲"妮",當出諸"婗"之語源。

蜺 寒蟬,蟬之小者。《説文·虫部》:"蜺,寒蜩也。从虫,兒聲。"清朱駿聲《通訓定聲》:"《方言》十一:'蟬黑而赤者謂之蜺。'《夏小正》:'七月寒蟬鳴。'傳:'蜺蟟也。'《爾雅》郭注:'蜺,寒蜇也,似蟬而小,青赤。'"《廣韻·屑韻》:"蜺,寒蜩。"又《齊韻》:"蜺,似蟬而小。"《禮記·月令》"寒蟬鳴"漢鄭玄注:"寒蟬,寒蜩,謂蜺也。"清惲敬《釋蟪蛄》:"蜺、蜇,秋蟬也。"按,朱氏所引《夏小正》傳之"蜺蟟"當即"蜺蟟",即蟬。漢揚雄《方言》卷十一:"蛥蚗,楚謂之蟪蛄……自關而東謂之虭蟟,或謂之蜺蟟。"

埌 小垣,其字亦作"垸"。《玉篇·土部》:"埌,《蒼頡篇》云:'城上小垣。'《廣雅》曰:'女墻也。'"《説文·阜部》:"陴,城上女墻俾倪也。"按,"埤埌""陴埤"爲正字。《墨子·號令》:"置屯道各垣,其兩旁高丈爲埤埌。"清錢謙益《大學士孫公行狀》:"計關城埤埌三千有奇,量埤埌爲信地。"按,"陴""埤"謂其低,"埌""埌"則謂其小。

〔推源〕 諸詞俱有小義,爲兒聲所載之公共義。聲符字"兒"所記録語詞謂嬰兒,本有小義。《説文·兒部》:"兒,孺子也。从儿,象小兒頭囟未合。"清朱駿聲《通訓定聲》:"《蒼頡篇》:'男曰兒,女曰嬰。'《廣雅·釋親》:'兒,子也。'《漢書·張湯傳》:'爲兒守舍。'"《廣韻·支韻》:"兒,嬰兒。"《老子》第十章:"專氣致柔,能如嬰兒乎?"又第二十章:"沌沌兮,如嬰兒之未孩。"按,"未孩"即未解笑。《莊子·庚桑楚》:"能兒子乎?兒子終日嗥而嗌不嗄。"唐成玄英疏:"同於赤子也。"然則本條諸詞之小義爲其聲符"兒"所載之顯性語義。兒聲可載小義,則"子"可證之。

兒:日紐支部;
子:精紐之部。

日精鄰紐,支之旁轉。"子",小孩。《説文·子部》:"子,十一月陽氣動,萬物滋,人以爲偁。象形。孚,古文子。从巛,象髮也。"清朱駿聲《通訓定聲》:"《方言》十:'崽者,子也。'注:'音枲,聲之轉。'《禮記·哀公問》:'子也者,親之後也。'〔轉注〕《釋名·釋形體》:'瞳子,小稱也。'又《後漢·王符傳》:'葛子升越。'注:'子,細稱也。'"按,凡物之小者皆得稱"子"。如,"子雞""石子"等。

(1122) 䛇睨觬晲涜(不正義)

䛇 言不正。《廣韻·佳韻》:"䛇,言不正也。"清朱駿聲《說文通訓定聲·解部》:"䛇,《埤蒼》:'詀䛇,言不正也。'"

睨 斜視。《說文·目部》:"睨,衺視也。从目,兒聲。"清朱駿聲《通訓定聲》:"《禮記·中庸》:'睨而視之。'……《漢書·李廣傳》:'睨其傍有一兒騎善馬。'"按,字亦作"覞"。《說文·見部》《廣韻》《霽韻》"覞"皆訓"旁視",朱駿聲云即"睨"之或體,其說可從。

觬 角彎曲不正。《說文·角部》:"觬,角觬曲也。从角,兒聲。"《玉篇·角部》:"觬,角不正也。"《廣韻·齊韻》:"觬,角曲。"又《齊韻》:"觬,角不正皃。"宋劉昌詩《蘆浦筆記·趙清獻公充御試官日記》"御藥院關奉聖旨看詳定奪觔鑶觬觓蚓五號等事"張榮錚、秦呈瑞《校注》:"'觬'疑'觬'字之訛,音倪,角不正貌。"

晲 日過午西偏而不正。《集韻·齊韻》:"晲,日昳。"《說文新附·日部》:"昳,日昃也。"明劉侗、于奕正《帝京景物略·西山下·功德寺》:"每日西晲,山東陰,肩鍤者,鍤掛畚者,仰笠者,野歌而歸。"

涜 水邊,邊際,非居中、中正處。《集韻·齊韻》:"涜,水際也。"又《佳韻》:"倪,極際也。或作'涜'。"《莊子·大宗師》"反覆始終,不知端倪"唐陸德明《釋文》:"端倪,本作'涜',同。"

〔推源〕諸詞俱有不正義,為兒聲所載之公共義。聲符字"兒"所記録語詞與不正義不相涉,其不正義乃兒聲所載之語源義。兒聲可載不正義,"戾"可證之。

兒:日紐支部;
戾:來紐質部。

日來準旁紐,支質通轉。"戾",彎曲。彎曲則不直,直義、正義相通,故有"正直"之語。"戾"為彎曲不正,猶"觬"謂角彎曲不正。《說文·犬部》:"戾,曲也。从犬出户下。"《楚辭·九嘆·逢紛》:"龍卬脟圈,繚戾宛轉,阻相薄兮。"宋洪興祖《補注》:"戾,曲也。"引申之,則有邪惡義,邪惡則即不正。宋王鞏《甲申雜記》:"一日,邑吏云甘露降。視松竹間光潔如珠。因取一枝視劉貢父。貢父曰:'速棄之,此陰陽之戾氣所成,其名爵錫,飲之令人致疾。'"

(1123) 䛇睨(窺探義)

䛇 刺探,窺探。《說文·言部》:"䛇,言相䛇司也。从言,兒聲。"清朱駿聲《通訓定聲》:"按,言時刺探人意而睨伺。"清段玉裁注:"司之言伺也。"《墨子·經上》:"服執䛇,巧轉則求其故,大益。"清孫詒讓《閒詁》:"'服'謂言相從而不執;'執'謂言相持而不服;'䛇'則不服不執而相伺,若《鬼谷子》所謂抵巇者。"

睨 斜視(見前條),引申為窺伺義。《廣韻·霽韻》:"睨,睥睨。"清朱駿聲《說文通訓定聲·解部》:"《釋名》:'城上垣曰睥睨,言于其孔中睥睨非常也。'"北齊顏之推《顏氏家訓·

誡兵》：" 若承平之世，睥睨宫闈，幸災樂禍，首爲逆亂，詿誤善良。"按，亦單用。清王夫之《讀通鑒論·唐武宗》："蓋當勸亂之日，已挾自私之計，上脅朝廷，下睨其主。"

〔推源〕 此二詞俱有窺探義，爲兒聲所載之公共義。聲符字"兒"所記録語詞與窺探義不相涉，其窺探義乃兒聲所載之語源義。兒聲可載窺探義，"伺"可證之。

兒：日紐支部；
伺：心紐之部。

日心鄰紐，支之旁轉。"伺"，本義即窺探。《廣韻·志韻》："伺，伺候也，察也。"《説文新附·人部》："伺，候望也。"《荀子·王制》："伺彊大之間，承彊大之敝，此彊大之殆時也。"《韓非子·内儲説上》："吾聞數夜有乘輜至李史門者，謹爲我伺之。"

(1124) 鯢霓（雌義）

鯢 雌鯨。《廣韻·齊韻》："鯢，雌鯨。"清朱駿聲《説文通訓定聲·解部》："鯢，〔別義〕《異物志》：'鯢，鯨之雌者也。'《左宣十二傳》：'取其鯨鯢而封之。'注：'大名名。'《吕覽·貴直》：'鮒入而鯢居。'注：'大魚，魚之賊也。'《莊子·應帝王》：'鯢桓之審爲淵。'《吴都賦》：'脩鯢吐浪。'"按，所引《吴都賦》文《文選》本唐李善注："鯨魚長數十里，小者數十丈，雄曰鯨，雌曰鯢。"

霓 副虹，雌虹。《説文·雨部》："霓，屈虹，青赤，或白色，陰氣也。从雨，兒聲。"清朱駿聲《通訓定聲》："按雨與日相薄而成光，有雌雄，鮮者爲雄虹，闇者爲雌霓……《爾雅》：'蝃蝀，虹也，蜺爲挈貳。'經傳多以'蜺'爲之。《孟子》：'若大旱之望雲霓也。'《離騷》：'率雲霓而來御'。"《文選·班固〈西都賦〉》："虹霓迴帶於棼楣。"唐張銑注："雄曰虹，雌曰霓。"

〔推源〕 此二詞俱有雌義，爲兒聲所載之公共義。聲符字"兒"所記録語詞與雌義不相涉，其雌義乃兒聲所載之語源義。兒聲可載雌義，"雌"可證之。

兒：日紐支部；
雌：清紐支部。

疊韻，日清鄰紐。"雌"，雌禽。《説文·隹部》："雌，鳥母也。"《論語·鄉黨》："山梁雌雉，時哉時哉！"《詩·小雅·小弁》："雉之朝雊，尚求其雌。"

(1125) 呢羖鯢（曲義）

呢 强笑曲从貌。《廣韻·支韻》："呢，曲从兒。《楚詞》云：'喔咿嚅唲。'"《集韻·支韻》："呢，嚅呢，强笑。"按，《廣韻》所引《楚辭·卜居》之"嚅呢"異文作"儒兒"，漢王逸注云："强笑噱也。一作'嚅呢'。"

羖 毛卷曲之羊。唐玄應《一切經音義》卷十四引漢服虔《通俗文》："羊卷毛者謂之羖糯。"按，"羖糯"可分訓。三國魏張揖《埤蒼》："糯，胡羊也。"唐寒山《詩三百三首》之一百一十二:"世濁作觘䙆,時清爲䮸駬。"

䚔 角彎曲不正(見前第1122條),本有曲義。

〔推源〕 諸詞俱有曲義,爲兒聲所載之公共義。聲符字"兒"所記錄語詞之本義謂嬰兒,嬰兒常上舉其手而屈曲其雙腿,呈"W"形,此與曲義或相通。至兒聲可載曲義,則"戾"可相證。"戾"之本義即彎曲,"兒""戾"音亦相近且相通,見前第1122條"推源"欄。

413 欣聲

(1126) 掀焮胗俽鍁(高義)

掀 高舉。《說文·手部》:"掀,舉出也。从手,欣聲。《春秋傳》曰:'掀公出於淖。'"清朱駿聲《通訓定聲》:"《左成十六傳》……注:'舉也。'《釋文》:'引也。'"《廣韻·元韻》:"掀,以手高舉。"虛化引申爲高舉、上舉義。唐杜牧《上河陽李尚書書》:"聖主掀擢豪俊,考校古今。"南唐劉崇遠《金華子雜編》卷下:"有一白鳳雛,長三尺許,自棄而墮,未及於地,即掀然出户,望西南衝天而去。"按今語"掀起……高潮"之"掀"實亦高義。

焮 熾盛,高漲。晉郭璞《答賈九州愁》:"亂離方焮,憂虞匪歇。"唐王維《京兆尹張公德政碑》:"火燎將至,焮天鑠地。"按"焮"字从火,《玉篇》訓"炙",即炙燒義,火則炎上,其熾盛、高漲義當爲其衍義。《廣韻·焮韻》:"焮,火氣。炘,上同。"《漢書·揚雄傳》上:"揚光曜之燎燭兮,乘景炎之炘炘。"唐顏師古注:"炘炘,光盛貌。"

胗 創口癒合時肉高起。《集韻·焮韻》:"胗,《說文》:'創肉反出。'或作胗。"《廣韻·焮韻》:"胗,同痂。"《玉篇·肉部》:"痂,創肉又腫起。亦作胗。"余巖《古代疾病名候疏義》:"胗,肉芽組織之過剩再生。"

俽 欣喜,情緒高,即今語所謂"高興"。其字則爲"欣"之緟益字。《集韻·欣韻》:"欣,或作俽。"晉潘岳《射雉賦》:"俽余志之精鋭,擬青顱而點項。"

鍁 掘土工具。凡掘土則往高處掀起,"鍁"之名當寓高義。明魏大中《濬濠工竣疏》:"鍁鑷以歸監督。"按今語"鍁"亦作動詞,即所謂鍁土,鍁土即往上將土掘起。

〔推源〕 諸詞俱有高義,爲欣聲所載之公共義。聲符字"欣"本爲"俽"之初文,所記錄語詞之本義爲欣喜,即高興義。《說文·欠部》:"欣,笑喜也。从欠,斤聲。"清朱駿聲《通訓定聲》:"與'訢'同字。……《爾雅·釋詁》:'欣,樂也。'《晉語》:'是以民能欣之。'注:'欣,欣戴也。'《詩·鳧鷖》:'旨酒欣欣。'傳:'欣欣然樂也。'《楚辭·東皇太一》:'欣欣兮樂康。'注:'喜貌。'"然則本條諸詞之高義可視爲聲符"欣"所載之顯性語義。欣聲可載高義,則"興"可證之。

欣:曉紐文部;

興:曉紐蒸部。

雙聲,文蒸通轉。"興",興起。《説文·舁部》:"興,起也。从舁,从同。同力也。"《詩·大雅·緜》:"百堵皆興,鼛鼓弗勝。"漢鄭玄箋:"興,起也。"引申之,則有升高之義。《禮記·樂記》:"禮樂偩天地之情,達神明之德,降興上下之神,而凝是精粗之體,領父子君臣之節。"唐孔穎達疏:"降興上下之神者,興猶出也,禮樂既與天地相合,用之以祭,故能降出上下之神。謂降上而出下也。"按,"降"與"興"相對待,"降"謂降低、降下,"興"則謂升高。又,凡"興旺""興盛""興奮"等之"興"皆趨高之義。

414　舍聲

(1127) 捨／置（捨棄義）

捨　捨棄。《説文·手部》:"捨,釋也。从手,舍聲。"清朱駿聲《通訓定聲》:"《廣雅·釋詁四》:'捨,置也。'《書·湯誓》《釋文》:'捨,廢也。'《老子》注:'萬物捨此而求全。'經傳皆以'舍'爲之。訓放、訓棄、訓止、訓去、訓除、訓縱,皆是。"《廣韻·馬韻》:"捨,釋也。"《洪武正韻·者韻》:"捨,棄也。"漢張衡《東京賦》:"今捨純懿而論爽德,以《春秋》所諱而爲美談。"晉葛洪《抱朴子·自叙》:"洪禀性尪羸,兼之多疾,貧無車馬,不堪徒行,行亦性所不好。又患弊俗,捨本逐末,交游過差,故遂撫筆閑居,守静蓽門,而無趨從之所。"

置　赦免,捨棄。《説文·网部》:"置,赦也。"清朱駿聲《通訓定聲》:"《華嚴音義》引《廣雅》:'置,捨也。'《史記·吳王濞傳》:'無有所置。'《正義》:'放釋也。'《漢書·尹賞傳》:'見十置一。'注:'放也。'"《篇海類編·器用類·网部》:"置,棄也。"《晏子春秋·諫上十一》:"置大立小,亂之本也。"宋王安石《與祖擇之書》:"甚者置其本,求之末,當後者反先之,無一焉不悖於極。"

〔推源〕　此二詞俱有捨棄義,其音亦相近且相通。

　　捨：書紐魚部；
　　置：端紐職部。

書(審三)端準旁紐,魚職旁對轉。則其語源當同。其"捨"字从舍得聲,聲符字"舍"單用本可表捨棄義。《廣韻·馬韻》:"舍,同捨。"清朱駿聲《説文通訓定聲·豫部》:"舍,〔假借〕爲'捨'。《易·屯》:'不如舍。'虞注:'置也。'……《論語》:'舍之則藏。'《釋文》:'放也。'……《論語》:'山川其舍諸?'《釋文》:'棄也。'《詩·車攻》:'舍矢如破。'《行葦》:'舍矢既均。'箋:'釋也。'"按,假借説可從,"舍"之捨棄義非其顯性語義,乃其聲韻另載之義,"捨"字則爲記録此義而製之專字。"舍",本謂客舍。《説文·亼部》:"舍,市居曰舍。从亼、中,象屋也。口象築也。"《儀禮·覲禮》:"天子賜舍。"漢鄭玄注:"賜舍,猶致館也。"

(1128) 騇/雌(雌性義)

騇 牝馬。《廣韻·馬韻》及《禡韻》："騇,牝馬。"清朱駿聲《說文通訓定聲·豫部·附〈說文〉不録之字》："騇,《爾雅·釋畜》:'牝曰騇。'""㹭,《廣雅·釋獸》:'㹭,雌也。'"按,"㹭"爲"騇"之或體,二字俱從舍聲。《集韻·禡韻》："騇,或從牛。"朱氏所引《爾雅》文晉郭璞注："騇,驛馬名。"《玉篇·馬部》："驛,牝馬也。"北齊顔之推《顔氏家訓·書證》："良馬,天子以駕玉輅,諸侯以充朝聘郊祀,必無驛也。"唐邵昂《岐邠涇寧四州八馬坊碑頌》："驚騇異群,驪騵亦分。"

雌 雌鳥,引申爲雌性義。《説文·鳥部》："雌,鳥母也。"清朱駿聲《通訓定聲》："《爾雅》:'鳥翼,左掩右,雌。'《詩·南山》疏:'對文則飛曰雌雄,走曰牝牡,散文則可以相通。'〔轉注〕《太玄·玄告》:'日月雄雌之序。'注:'月爲雌。'"《莊子·天運》："蟲,雄鳴於上風,雌應於下風而化。"《晉書·五行志中》："惠帝元康中,吳郡婁縣人家聞地中有犬子聲,掘之,得雌雄各一。"

〔推源〕 此二詞俱有雌性義,其音亦相近且相通。

騇：書紐魚部；
雌：清紐支部。

書(審三)清鄰紐,魚支旁轉。則其語源當同。又,古者稱男女性器爲"勢""殺",其字爲假借者,所記之詞則存乎語言[詳見殷寄明《漢語語源義初探》(學林出版社,1998年)第六章],其音亦皆與"騇""雌"相近且相通。

騇：書紐魚部；
雌：清紐支部；
殺：山紐月部。

書(審三)清鄰紐,書(審三)山準雙聲,清山準旁紐。魚支旁轉,魚月通轉。藉此亦可見漢語語源本有有限性特點,同一音節可指女性性器,亦可指雌性動物。

415 金聲

(1129) 唫捦(急義)

唫 口急不能言,引申爲口閉義。《説文·口部》："唫,口急也。從口,金聲。"清朱駿聲《通訓定聲》："誼與'吟'略同。〔假借〕爲'噤'。《吕覽·重言》:'君呿而不唫。'注:'閉也。'《太玄·唫》:'次二,口哄噬唫無辭。'"按,無煩假借,乃引申。

捦 急持,捉住。《説文·手部》："捦,急持衣衿也。從手,金聲。擒,捦或從禁。"清朱駿聲《通訓定聲》："或從禁聲。字亦作'擒'。按,許訓'持衣衿',當云從衿省,而但曰金聲,知説解以聲訓,非專謂此字持衣衿也。《廣雅·釋詁三》:'捡,持也。'《三蒼》:'捡,手捉物也。'"《廣韻·侵韻》:"擒,急持。"《國語·吳語》:"員不忍稱疾辟易,以見王之親爲越之擒也。"宋金盈之《新編醉翁談録·瑣闥異聞》:"開成初,宮中有黄虵,夜自寶庫中出,遊於階庭間,光彩照灼,不可捡捕。"

〔推源〕 此二詞俱有急義,爲金聲所載之公共義。聲符字"金"所記録語詞謂五色金即金屬,與急義不相涉,其急義乃金聲所載之語源義。金聲可載急義,"急"可證之。

金:見紐侵部;

急:見紐緝部。

雙聲,侵緝對轉。"急",疾,迅速。《廣韻·緝韻》:"急,急疾。"《史記·秦始皇本紀》:"項羽急擊秦軍,虜王離,邯等遂以兵降諸侯。"按,"急"與"緩"相對待,爲其基本義。字从心,本義爲褊急、急躁,急疾義爲其直接引申義。《説文·心部》:"急,褊也。"《書·洪範》:"曰急,恒寒若。"漢鄭玄注:"急促自用也。"

(1130) 黅䒷(黄色義)

黅 黄黑色。《説文·黑部》:"黅,黄黑也。从黑,金聲。"清朱駿聲《通訓定聲》:"字亦作'黔'。《廣雅·釋器》:'黔,黄也。'"按,所引《廣雅》文清王念孫《疏證》:"《玉篇》:'黅,黄黑如金也。''黔,黄色也。'音竝與'金'同。《素問·五常政大論》云:'敦阜之紀其色黔。'"《廣韻·侵韻》:"黅,淺黄色。"

䒷 黄芩,其色黄。字亦作"芩"。《説文·艸部》:"䒷,黄䒷也。从艸,金聲。"清朱駿聲《通訓定聲》:"藥艸,今俗以'芩'爲之。"《玉篇·艸部》:"䒷,同芩。"明李時珍《本草綱目·草部·黄芩》:"〔釋名〕芩,《説文》作'䒷',謂其色黄也。"

〔推源〕 此二詞俱有黄色義,爲金聲所載之公共義。聲符字"金"所記録語詞本爲金屬之總稱。《説文·金部》:"金,五色金也。黄爲之長,久薶不生衣,百鍊不輕,從革不違。西方之行,生於土,从土,左右注象金在土中形,今聲。"《書·舜典》:"金作贖刑。"唐孔穎達疏:"古之金、銀、銅、鐵摠號爲金。"按,許慎"黄爲之長"説即以黄金爲金屬代表,今語"金屬"亦寓此意。故"金"可特指黄金,以"金"表黄色義。《詩·小雅·車攻》:"赤芾金舄,會同有繹。"漢鄭玄箋:"金舄,黄朱色也。"按,今語凡言"金色"即指黄色。然則本條二詞之黄色義爲其聲符"金"所載之顯性語義。

416 侖聲

(1131) 論倫淪綸(條理義)

論 分析,即循理議論,故引申爲條理義。《説文·言部》:"論,議也。从言,侖聲。"清段玉裁注：“凡言語循其理得其宜謂之論。”清朱駿聲《通訓定聲》：“《論語·序》集解：'論，理也，次也。'……《文賦》：'論精微而朗暢。'注：'論以評議臧否，以當爲宗。'〔假借〕爲'倫'。《禮記·王制》：'必即天論。'《釋文》：'理也。'《初學記》引《廣雅》：'論，道也。'《吕覽·行論》：'以堯爲失論。'注：'猶理也。'”按，“論”之條理乃由其本義所衍生，非假借。《廣韻·諄韻》：“論，有言理。出字書。”沈兼士《聲系》：“《集韻》作'言有理。'”《荀子·解蔽》：“萬物莫形而不見，莫見而不論，莫論而失位。”清郝懿行注：“論，讀爲倫。倫，理也。”

倫 同類，引申爲倫理、條理義。《説文·人部》：“倫，輩也。从人，侖聲。一曰道也。”清朱駿聲《通訓定聲》：“《禮記·曲禮》：'擬人必於其倫。'注：'猶類也。'〔轉注〕《虞書》：'無相奪倫。'傳：'理也。'《詩·正月》：'有倫有脊。'傳：'道也。'《論語》：'言中倫。'包注：'道也，理也。'《孟子》：'察于人倫。'注：'序也。'”按，所謂“轉注”即引申。《廣韻·諄韻》：“倫，等也，比也，道也，理也。”兼釋其本義、引申義。

淪 水面小波紋，有紋路、條理者。《説文·水部》：“淪，小波爲淪。从水，侖聲。《詩》曰：'河水清且淪漪。'”清朱駿聲《通訓定聲》：“傳：'小風水成文轉如輪也。'《韓詩章句》：'從流而風曰淪。淪，文貌。'”《文選·謝莊〈月賦〉》：“聲林虚籟，淪池滅波。”唐李善注：“淪，文貌。”唐韓愈《送惠師》：“崔崒没雲表，陂陀浸湖淪。”

綸 有條理義。清朱駿聲《説文通訓定聲·屯部》：“綸，〔假借〕爲'倫'。《廣雅·釋詁三》：'綸，道也。'〔聲訓〕《釋名》：'綸，倫也，作之有倫理也。'”按，“綸”之本義《説文》訓“青絲綬”，以青絲製成，不亂，有條理乃得成此物，劉熙説可從，非假借，乃其引申義。《管子·幼官》：“定綸理，勝；定生死，勝。”清王念孫《雜志》：“綸理即倫理。”按“綸”又有紋理義，當亦同條共貫。晉干寶《搜神記》卷十四：“後經數日，得於大樹枝間，女及馬皮，盡化爲繭，而績於樹上。其繭綸理厚大，異於常繭。”

〔推源〕 諸詞俱有條理義，乃侖聲所載之公共義。聲符字“侖”本爲“倫”之初文。《説文·亼部》：“侖，思也。从亼，从册。”清段玉裁注：“思與理義同也。思猶䚡也，凡人之思必依其理。”清徐灝《注箋》：“侖、倫，古今字。倫，理也。”按“倫”之倫理、條理義由輩、同類義所衍生，“侖”亦有同類義。明吕坤《與總河劉晉川論道脉圖》：“聖人得一以立六之侖，所謂既竭耳目之力，繼之以規矩准繩是已。”侖聲可載條理義，則“理”可證之。

侖：來紐文部；
理：來紐之部。

雙聲，文之通轉。“理”，字从玉，所記録語詞之本義《説文·玉部》訓“治玉”，治玉即沿石、玉之紋理取玉，故有道理、條理之衍義。《廣雅·釋詁三》：“理，道也。”《荀子·儒效》：“井井兮其有理也。”唐楊倞注：“理，條理也。”按“理”又爲形容詞，謂有條理。《吕氏春秋·勸學》：“聖人之所在，則天下理焉。”

(1132) 輪睔(圓義)

輪 車輪,圓形物。《説文·車部》:"輪,有輻曰輪,無輻曰輇。从車,侖聲。"清朱駿聲《通訓定聲》:"《考工》有'輪人'。"漢馮衍《車銘》:"乘車必護輪,治國必愛民。"虚化引申爲圓義。五代李煜《昭惠周后誄》:"鏡重輪兮何年?"清龔自珍《乙丙之際塾議第十六》:"請定後王式:曰泉式,其質青銅,其輪周二寸半,其重八銖。"

睔 目圓而大。《説文·目部》:"睔,目大也。从目、侖。"南唐徐鍇《繫傳》:"从目,侖聲。"朱駿聲《通訓定聲》:"从目,侖聲。"按,目大則顯圓。元戴侗《六書故·人部三》:"睔,目圓大也。"唐高邁《鯤化爲鵬賦》:"眼睔睔而明月不没,口呀呀而修舤欲吞。"按,"睔"又有睁大眼睛義,眼睁大則圓,其義亦相通。

〔推源〕 此二詞俱有圓義,爲侖聲所載之公共義。聲符字"侖"所記録語詞與圓義不相涉,其圓義乃侖聲所載之語源義。侖聲可載圓義,"旋"可證之。

侖:來紐文部;
旋:邪紐元部。

來邪鄰紐,文元旁轉。"旋",旋轉,作圓周運動。《説文·㫃部》:"旋,周旋,旌旗之指麾也。"《素問·天元紀大論》:"九星懸朗,七曜周旋。"唐王冰注:"旋謂左循天度而行。"宋王安石《即事》:"日月隨天旋,疾遲與天侔。"

(1133) 淪輪掄(依次義)

淪 水面小波紋(見前第1131條),紋與紋相次比,故有依次相牽屬之衍義。《爾雅·釋言》:"淪,率也。"晉郭璞注:"相率使。"清朱駿聲《説文通訓定聲·屯部》:"淪,〔轉注〕《詩·雨無正》:'淪胥以鋪。'《抑》:'無淪胥以亡。'傳:'率也。'失之。〔聲訓〕《釋名》:'淪,倫也,水文相次有倫理也。'"按,所引《詩》毛亨傳不誤。《文選·馬融〈長笛賦〉》:"波瀾鱗淪。"唐李善注:"鱗淪,相次貌。"

輪 車輪,旋轉而依次碾地者,故有輪流、依次更替之衍義。晉葛洪《神仙傳·張道陵》:"使諸弟子隨事輪出米絹器物、紙筆樵薪什物等。"唐韓愈《論變鹽法事宜狀》:"齊集之後,始得載鹽,及至院監請受,又須待其輪次,不用門户,皆被停留。"又,凡"輪班""輪换""輪流""輪放""輪番"等複音詞之"輪"亦皆此義,今語有"輪到"某人做某事之説法,固源諸古語者。

掄 連貫。清朱駿聲《説文通訓定聲·屯部》:"掄,鍇本:'一曰貫也。'《廣雅·釋言》:'掄,貫也。'按,有條理次叙也。"唐元稹《善歌如貫珠賦》:"吟新章而離離若間,引妙囀而一一皆圓。小大雖掄,離朱視之而不見。"引申爲依次義。《文明小史》第二十五回:"只是家裏有些積蓄,都放在莊上,那幾幾千,那裏一萬,雖然自己曉得,却掄不到作主。"按,"掄"又有扳指推算義,實亦依次排比之義。其本義《説文》訓"擇",即依次對比義。

〔推源〕 諸詞俱有依次義,爲侖聲所載之公共義。第1131條"論""倫""淪""綸"均有條理義,依次義當與之相通。又聲符"侖"爲會意字,從亼、從册,即依次編排之意。

(1134)淪隒(陷義)

淪 沉没,陷入。《説文·水部》:"淪,一曰没也。"清朱駿聲《通訓定聲》:"《書·微子》:'今殷其淪喪。'……《廣雅·釋詁二》:'淪,漬也。'《淮南·精神》:'淪于不測。'注:'入也。'《楚辭·遠逝》:'微霜降而下淪兮。'"《廣韻·諄韻》:"淪,没也。"《莊子·秋水》:"且彼方跐黄泉而登大皇,無南無北,奭然四解,淪於不測。"按,唯"淪"有陷義,故有"淪陷"之同義聯合式合成詞。《南史·齊紀上·高帝》:"而世故相仍,師出已老,角城高壘,指日淪陷。"

隒 山阜下陷。《説文·阜部》:"隒,山阜陷也。从阜,侖聲。"清朱駿聲《通訓定聲》:"疑淪没、淪胥字,借爲此隒。"卷子本《玉篇·阜部》:"隒,《説文》:'山阜陷也。'野王案:此亦淪字也。淪,没也,變也。"按,"隒""淪"非或體,其本義有别。"淪"謂物没於水,故引申爲陷入義。"隒"則謂山阜下陷。《廣韻·諄韻》:"隒,山阜陷也。"亦指坎陷,字亦作"埨"。《集韻·恨韻》:"隒,坎陷也。或从土。"

〔推源〕 此二詞俱有陷義,爲侖聲所載之公共義。聲符字"侖"所記録語詞與陷義不相涉,其陷義乃侖聲所載之語源義。侖聲可載陷義,"鑽"可證之。

侖:來紐文部;

鑽:精紐元部。

來精鄰紐,文元旁轉。"鑽",穿孔工具。《説文·金部》:"鑽,所以穿也。"明羅頎《物原·器原》:"神農作斧,軒轅作鋸、鑿,般作鉋、鑽、鐁括。"按,"鑽"作動詞即鑽入義,實即鑽子陷入他物之義。《史記·孫子吳起列傳》:"龐涓果夜至斫木下,見白書,乃鑽火燭之。"

417 肴聲

(1135)殽淆(混雜義)

殽 混雜。《説文·殳部》:"殽,相雜錯也。从殳,肴聲。"清朱駿聲《通訓定聲》:"按,雜錯之訓,正字當爲'爻'。此字从殳,必有本義,許時已失傳矣。〔假借〕爲'爻'。《廣雅·釋詁三》:'殽,亂也。'《周語》:'重之以不殽。'《莊子·齊物論》:'樊然殽亂。'《漢書·食貨志》:'非殽雜爲巧。'《董仲舒傳》:'賢不肖混殽。'"按,"爻"固有混雜義,然"殽"非借作"爻"而有混雜義。"殽"字从殳,"殳"本可表施事、事爲義。字從肴聲,"肴"則从爻得聲。質言之,"殽"之混雜義源自爻聲。

淆 混淆,混雜。《説文·水部》:"渾,洿下皃。"《玉篇·水部》:"淆,渾也。"按即渾濁義。《廣韻·肴韻》:"淆,混淆,濁水。"清朱駿聲《説文通訓定聲·小部》:"《爾雅·釋水》注:

'衆水潏淆。'"《後漢書·黃憲傳》:"叔度汪汪若千頃陂,澄之不清,淆之不濁,不可量也。"《周書·藝術傳·姚僧垣》:"其時雖寇平大亂,而任用非才,朝政混淆,無復綱紀。"清袁枚《駁〈唐鑒·李德裕論〉》:"若必矯其情而姝姝然曰:'我但恩報不怨報也。'則淆黑白而蔽天良,其所謂報恩者亦僞也。"

〔推源〕 此二詞俱有混雜義,爲肴聲所載之公共義。聲符字"肴"所記録語詞本有混雜義。《説文·肉部》:"肴,啖也。从肉,爻聲。"清朱駿聲《通訓定聲》:"《初學記》廿六引《説文》:'雜肉也。'"《淮南子·原道訓》:"萬物之至,騰踴肴亂,而不失其數。"清沈大成《學福齋雜著·華嚴字母跋》:"是同音之字,前輕後重,以此分别,初不肴溷。"然則本條二詞之混雜義爲其聲符"肴"所載之顯性語義。又,"肴"从爻聲,爻聲字所記録語詞"駁""笅""絞""砍""鮫"俱有交錯、駁雜義,見本典第一卷"90. 爻聲"第268條。

418 采聲

(1136) 菜埰採(採取義)

菜 可食之草,人採取之謂之"菜"。《説文·艸部》:"菜,艸之可食者。从艸,采聲。"清段玉裁注:"舉形聲包會意,古多以'采'爲'菜'。"清朱駿聲《通訓定聲》:"《禮記·學記》:'皮弁祭菜。'注:'謂芹藻之屬。'《月令》:'習舞釋菜。'《周禮·大胥》:'舍采。'注:'即蘋蘩之屬。'《儀禮·士昏禮》:'乃奠菜。'注:'以筐祭菜也,蓋用堇。'《穀梁宣十五傳》:'以種五菜。'疏:'世所謂五辛之菜也。'《素問·藏器法時論》:'五菜爲充。'注:'謂葵、藿、薤、葱、韭也。'〔假借〕爲'采'。《孔耽神祠碑》:'躬菜薐滿。'"按,採摘義當爲其引申義,非假借。《列子·説符》:"臣有所與共擔纆薪菜者。"

埰 卿大夫之食邑,即衣食所由採取之地。《廣韻·代韻》:"埰,古者卿大夫食采地。"《集韻·代韻》:"埰,或省。"清朱駿聲《説文通訓定聲·頤部》:"《法主·重黎》:'西采雍梁。'注:'食税也。'《公羊襄十五傳》注:'所謂采者,不得有其土地、人民,采取其租税耳。'字亦作'寀'。《爾雅·釋詁》:'寀,官也。'注:'官地爲寀。'……《方言》十三:'冢,秦晉之間謂之埰。'注:'古者卿大夫有采地,死葬之,因名也。'字亦作'埰'。"按,采地爲"采"之引申義,"埰"字則爲記録此義之專字,"寀"則爲或體。清金德嘉《居業齋文録·贈王介山序》:"並罪狀嵩子世藩,私人寓寀。"

採 採摘,採取。其字則爲"采"之累增字。《廣韻·海韻》:"採,取也。俗。"《孫子·行軍》:"散而條達者,樵採也。"《後漢書·江革傳》:"革負母逃難,備經阻險,常採拾以爲養。"唐李白《子夜吳歌》四首之一:"秦地羅敷女,採桑緑水邊。"

〔推源〕 諸詞俱有採取義,爲采聲所載之公共義。聲符字"采"爲"採"之初文,所記録語詞本有採摘、採取義。《説文·木部》:"采,捋取也。从木,从爪。"清朱駿聲《通訓定聲》:

"字俗作'採'。《詩·芣苢》:'薄言采之。'傳:'取也。'《卷耳》:'采采卷耳。'傳:'采采,事采之也。'〔轉注〕《儀禮·士昏禮》:'納采。'《禮記·坊記》注:'昏禮始納采,謂采擇其可者也。'……《漢書·魏相傳》:'又數表采易陰陽。'注:'撮取也。'"然則本條諸詞之採取義爲其聲符"采"所載之顯性語義。采聲可載採取義,則"摘"可證之。

采:清紐之部;
摘:端紐錫部。

清端鄰紐,之錫旁對轉。"摘",摘取,採摘。《說文·手部》:"摘,拓果樹實也。"南朝宋謝靈運《擬魏太子鄴中集詩·平原侯植》:"傾柯引弱枝,攀條摘蕙草。"《新唐書·承天皇帝倓傳》:"種瓜黃臺下,瓜熟子離離。一摘使瓜好,再摘令瓜稀。"

(1137) 綵彩(彩色義)

綵 彩色織物。《玉篇·糸部》:"綵,五綵備。"《廣韻·海韻》:"綵,綾綵。"《說文·糸部》:"綾,東齊謂布帛之細曰綾。"《晏子春秋·諫上十四》:"身服不雜綵,首服不鏤刻。"唐陳子昂《爲程處弼辭放流表》:"臣往任郎將之日,陛下特以臣貧賜銀及綵。"引申之亦泛指彩色。唐段成式《酉陽雜俎續集·寺塔記下》:"南北兩門額,上與岐、薛二王親送至寺,綵乘象輿,羽衛四合,街中餘香,數日不歇。"

彩 光彩,色彩。《廣韻·海韻》:"彩,光彩。"按,其字从彡,采聲,光影字作"影",亦从彡,"彡"謂光、色之多。《淮南子·脩務訓》:"若夫堯眉八彩,九竅通達。"漢高誘注:"眉有八彩之色。"唐李白《早發白帝城》:"朝辭白帝彩雲間,千里江陵一日還。"

〔推源〕 此二詞俱有彩色義,爲采聲所載之公共義。聲符字"采"單用本可表彩色義。《玉篇·木部》:"采,色也。"清朱駿聲《說文通訓定聲·頤部》:"采,〔轉注〕《禮記·樂記》:'文采節奏,聲之飾也。'《月令》:'命婦官染采。'注:'五色也。'《虞書》:'以五采彰施於五色。'……《西山經》:'采石。'注:'今雌黃、空青、綠碧之屬。''毛采。'注:'言雄色雞也。'《周禮·夏采》《爾雅·釋鳥》:'素質五彩。'《南都賦》:'金彩玉璞。'注:'金之彩也。'字亦作'彩'。"按,朱氏所稱"轉注",實指引申。"采"之彩色義非其引申義。"采"字从爪、从木會意,謂採摘,引申義系列亦與彩色義不相涉,其彩色義乃采聲另載之假借,後世乃製"彩"字,以避混淆。"采"之彩色義受諸采聲,"錯"可證之。

采:清紐之部;
錯:清紐鐸部。

雙聲,之鐸旁對轉。"錯"字从昔得聲,昔聲字所記錄語詞"遺""齰""碏""鮨""緝"俱有交錯、錯雜義,詳見本卷"374. 昔聲"第1021條。所謂彩色,即多種顏色相錯雜之謂。

(1138) 睬踩(相觸義)

睬 理睬。《字彙補·目部》:"睬,俗言俅睬。"唐張鷟《醉吟》:"下調無人睬,高心又被瞋。"元王實甫《破窰記》第四折:"不是這老泰山爲人忒歹,親女婿昂然不睬。"元關漢卿《救風塵》第二折:"況家鄉隔鄭州,有誰人相睬偢?"按,"偢睬""睬偢"爲同素逆序詞,亦當爲同義聯合式合成詞。宋歐陽修《千秋歲·春恨》:"空自解,誰偢問,夜長春短,人遠天涯近。"其"偢"亦理睬義。其字从秋同聲,與"瞅"同,"瞅"謂以目視之。其字从目,正與"睬"同。綜言之,"睬"即以目視之、以目光相接觸之謂。

踩 以足踐踏、接觸他物或地面。《紅樓夢》第四十回:"他只顧上頭和人説話,不防脚底下果踩滑了,咕咚一交跌倒。"《清史稿·食貨志一》:"凡甲内有盜竊、邪教、賭博、賭具、窩逃、姦拐、私鑄、私銷、私鹽、踩麯、販賣硝磺,並私立名色歛財聚會等事,及面生可疑之徒,責令專司查報。"按,製作酒麯以脚踩,故云"踩麯"。

〔推源〕 此二詞俱有相觸義,爲采聲所載之公共義。聲符字"采"所記録語詞之本義爲採摘,即人手與所採摘之物相接觸,此與本條二詞之相觸義當相通。采聲可載相觸義,則"觸"可證之。

采:清紐之部;

觸:昌紐屋部。

清昌(三等即穿)準雙聲,之屋旁對轉。"觸",動物以角相牴觸,引申爲接觸義。《説文·角部》:"觸,抵也。从角,蜀聲。"清朱駿聲《通訓定聲》:"字亦作'觕'。《新序·雜事》:'獸窮則觸。'〔轉注〕《左傳》:'觸槐而死。'《莊子·養生主》:"手之所觸,肩之所倚,足之所履,膝之所踦,砉然響然。"晉張載《七哀詩》之二:"哀人易感傷,觸物增悲心。"

419 㸒聲

(1139) 婬淫(過多義)

婬 淫蕩,放縱。《説文·女部》:"婬,私逸也。从女,㸒聲。"清朱駿聲《通訓定聲》:"《小爾雅·廣言》:'上淫曰烝,下淫曰報,旁淫曰通。'經傳皆以'淫'爲之。"《廣韻·侵韻》:"婬,婬蕩。"按"婬"即過多之謂,過多則如水之溢蕩。《孔子家語·子路初見》:"陳靈公宣婬于朝,泄冶正諫,君殺之。"《大戴禮記·盛德》:"凡婬亂生於男女無別、夫婦無義。"

淫 雨水過多,引申爲過度、過多義。《説文·水部》:"淫,久雨爲淫。"清朱駿聲《通訓定聲》:"《淮南·覽冥》:'女媧積蘆葦以止淫水。'〔轉注〕《書·無逸》:'無淫于觀于逸。'傳:'浸淫不止也。'《晉語》:'底箸滯淫。'注:'久也。'《楚辭·沉江》:'日浸淫而合同。'注:'多貌也。'……《左昭元傳》:'淫生六疾。'注:'過也。'《襄二十九傳》:'遷而不淫。'注:'過蕩也。'"《廣韻·侵韻》:"淫,久雨曰淫。《書》曰:'罔淫于樂。'傳云:'淫,過也。'"

〔推源〕 此二詞俱有過多義,爲㸒聲所載之公共義。聲符字"㸒"所記録語詞謂貪求、妄取。《說文·壬部》:"壬,近求也。从爪、壬。壬,徼幸也。"清朱駿聲《通訓定聲》:"挺立於此,而欲爪取于彼,故爲近求,爲徼幸。"《玉篇·爪部》:"壬,濫貪也。"按,"壬"之義當與過多義相通。本條二詞之過多義爲其聲符所載之顯性語義。

420　受聲

(1140) 授唉(授予義)

授　授予,給予。《說文·手部》:"授,予也。从手,从受,受亦聲。"清朱駿聲《通訓定聲》:"《周禮·鄉長》:'則从而授之。'注:'猶付也。'《左僖廿八傳》:'獻俘授馘。'注:'數也。'《魯語》:'今日必授。'注:'與也。'"《廣韻·宥韻》:"授,付也。"按,"授"又有教授義,實即授予知識之謂。《三國志·蜀志·王平傳》:"其所識不過十字,而口授作書,皆有意理。"

唉　親口傳授。《廣韻·宥韻》:"唉,口唉。"清李塨《贈衡水劉生序》:"若孔孟爲之親唉,而與張程對難者。"清顔元《存學編·明親》:"以講論性命天人爲唉受,以釋經注傳、纂集書史爲事業。"按,"唉"字晚出,其所記録之詞當爲"授"之同源派生詞。其字亦作"謥",構件"口""言""欠"所表義類多同。《字彙·口部》:"唉,同'謥'。"又《言部》:"謥,口授。《唐(書)盧從使傳》:'使其密號謥諸軍。'"

〔推源〕　此二詞俱有授予義,爲受聲所載之公共義。聲符字"受"本爲"授"之初文,所記録語詞本有相付、授予義。《說文·叒部》:"受,相付也。从叒,舟省聲。"按,"受"謂分發,授人以物。《商君書·定分》:"今先聖人爲書而傳之後世,必師受之,乃知所謂之名。"《史記·秦始皇本紀》:"秦之先伯翳,嘗有勳于唐虞之際,受土賜姓。"按,"受"又有接受、容納之義,此與授予義亦相成相因,後世凡接受、容納義以"受"爲之;授予義則以"授"爲義。然則本條二詞之授予義爲其聲符"受"所載之顯性語義。受聲可載授予義,則"售"可證之。"受""售"同音,禪紐雙聲,幽部疊韻。"售",出售,即授予買者以貨而取其值。《廣韻·宥韻》:"售,賣物出手。"《説文新附·口部》:"售,賣去手也。"《詩·邶風·谷風》:"既阻我德,賈用不售。"唐柳宗元《鈷鉧潭西小丘記》:"問其主,曰:'唐氏之棄地,貨而不售。'"

(1141) 綬/索(繩索義)

綬　綬帶,拴繫印章、玉飾之物。《説文·糸部》:"綬,韍維也。从糸,受聲。"清朱駿聲《通訓定聲》:"《小爾雅·廣服》:'紱謂之綬。'按,綬者組帶之大名。《周禮·幕人》:'掌帷幕幄帟綬之事。'司農注:'組綬所以系帷也。'又《禮記·玉藻》:'天子佩白玉而元組綬。'注:'所以貫佩玉相承受者也。'董巴《輿服志》:'古者君佩玉,尊卑有序。及秦,以采組連結于繼謂之綬。'……《急就篇》注:'綬,受也,所以承受印環也。'《漢書·諸侯王表》之璽紱、璽之組也。……《秋胡詩》:'結綬登王畿。'注:'仕者所佩。'按鄭注《周禮·司几筵》:'紛如綬有文而狹者。'即謂漢時五采有文之綬。"

索 粗繩。《説文·宋部》："索，艸有莖葉可作繩索。"清朱駿聲《通訓定聲》："《小爾雅·廣器》：'大者謂之索。'《大戴記·主言》：'十尋而索。'按，草如薂秆、茅麻之屬，木如櫻梟之屬，竹如筊，皆可爲繩，亦曰綷、曰紼。《楚辭·惜誓》：'並紉茅絲以爲索。'《方言》九注：'車紂今江東通呼索綸。'"《墨子·尚賢中》："傅説被褐帶索，庸築乎傅巖。"《列子·天瑞》："鹿裘帶索，鼓琴而歌。"

〔推源〕 此二詞俱有繩索義，其音亦相近且相通。

緌：禪紐幽部；

索：心紐鐸部。

禪心鄰紐，幽鐸旁對轉。則其語源當同。

421　朋聲

（1142）棚輣捌窆（蔽義）

棚 樓閣，架於上而蔽下者。《説文·木部》："棚，棧也。从木，朋聲。"清朱駿聲《通訓定聲》："按，編木橫豎爲之，皆曰棧曰棚，今謂架于上以蔽下者曰棚。《廣雅·釋詁三》：'棚，竚也。'按，庋閣也。《釋室》：'棚，閣也。'《蒼頡篇》：'棚，樓閣也。'《通俗文》：'連閣曰棚。'"《廣韻·耕韻》："棚，棧也。"又《庚韻》："棚，棧也，閣也。"《隋書·柳彧傳》："高棚跨路，廣幕陵雲。"亦指以竹木等物架成的簡易小屋、蓬架。前蜀貫休《上馮使君山水障子》："柴棚坐逸士，露茗煮紅泉。"

輣 有望樓的戰車，其構詞理據同"棚"。《説文·車部》："輣，兵車也。从車，朋聲。"清朱駿聲《通訓定聲》："《史記·淮南衡山列傳》：'作輣車鏃矢。'《集解》：'戰車也。'《漢書·叙傳》：'衝輣閑閑。'注：'兵車名也。'《後漢·光武紀》：'衝輣撞城。'注引《説文》：'樓車也。'"《廣韻·耕韻》："輣，兵車。"又《耕韻》："輣，兵車。又樓車也。"《陳書·高祖紀上》："百樓不戰，雲梯之所未窺；萬弩齊張，高輣之所非敵。"

捌 箭筒蓋，覆蓋、遮蔽之物。《説文·手部》："捌，所以覆矢也。从手，朋聲。"清朱駿聲《通訓定聲》："《詩·大叔于田》：'抑釋捌忌。'馬注：'櫝丸蓋也。'"按，所引《詩》漢毛亨傳、唐孔穎達疏、唐陸德明《釋文》皆云"捌"，所以覆矢。元袁桷《次韻魯子翬長律五十韻》："陛立齊垂橐，師行陑釋捌。"

窆 下葬時以土遮蔽棺柩。字亦作"堋"。《廣韻·嶝韻》："窆，束棺下之。堋，上同。"《説文·土部》："堋，喪葬下土也。从土，朋聲。《春秋傳》曰：'朝而堋。'《禮》謂之封，《周官》謂之窆。"清朱駿聲《通訓定聲》："字亦作'塴'。《左昭十二傳》：'毁之則朝而塴。'注：'下棺也。'《説文》引作'堋'。"宋王溥《唐會要》卷三十六："若壞其室，即平旦而堋；不壞其室，即日中而堋。"

〔推源〕 諸詞俱有蔽義,爲朋聲所載之公共義。聲符字"朋"所記錄語詞之本義、引申義系列與蔽義不相涉,其蔽義乃朋聲所載之語源義。朋聲可載蔽義,"覆"可證之。

朋:並紐蒸部;
覆:滂紐覺部。

並滂旁紐,蒸覺旁對轉。"覆",覆蓋,遮蔽。《説文·襾部》:"覆,蓋也。"《廣韻·宥韻》:"覆,蓋也。"《詩·大雅·生民》:"誕寘之寒冰,鳥覆翼之。"宋朱熹《集傳》:"覆,蓋。"《晉書·列女傳·羊耽妻辛氏》:"祜嘗送錦被,憲英嫌其華,反而覆之,其明鑒儉約如此。"按,唯"覆"有蔽義,故有"覆蔽"之同義聯合式合成詞。《隋書·天文志上》:"太帝上九星曰華蓋,蓋所以覆蔽太帝之坐也。"

(1143) 嵭溯(迸發義)

嵭 山塌陷。字亦作"崩"。《説文·山部》:"嵭,山壞也。从山,朋聲。"清朱駿聲《通訓定聲》:"《詩·十月之交》:'山冢崒嵭。'《廣雅·釋詁一》:'嵭,壞也。'《漢書·五行志》:'自上下者爲嵭。'"按《廣韻》作"崩"。《集韻·登韻》:"嵭,亦書作'崩'。"按,山崩瞬間之事,"崩"本有猝然發生義,故引申爲迸射義。明徐弘祖《徐霞客遊記·黔遊日記一》:"水由葉上漫頂而下……搗珠崩玉,飛沫反湧,如煙霧騰空。"又凡水急流如迸射亦稱"崩湍"。北魏酈道元《水經注·沔水二》:"自縣以上,山深水急,枉渚崩湍,水陸徑絶。"

溯 其本義《説文》訓"無舟渡河",亦指水迸射,則爲套用字。明楊慎《景川曹侯廟碑記》:"溯濆湯湯,亘以石梁,舟檝妨兮。"清黃叔敬《臺海使槎錄·武備》:"波平浪息,無溯犇激射之勢,其狀如湖,因曰'彭湖'。"

〔推源〕 此二詞俱有迸發義,爲朋聲所載之公共義。聲符字"朋"單用本可表崩壞義,崩壞即猝然迸發。《莊子·大宗師》:"古之真人,其狀義而不朋。"清俞樾《平議》:"朋,讀爲嵭……其狀峨而不嵭者,言其狀峨然高大而不崩壞也。""朋"又可表盛怒義,盛怒即勃然迸發之情緒。《國語·吳語》:"請王勵士,以奮其朋勢。"清王引之《述聞》:"朋,讀爲馮。馮勢,盛怒之勢也。"又,朋聲字"輣"可表迸射義。清張尚瑗《仙霞關》:"淙淙飛泉下幽壑,輣衝百道鳴豐隆。"按,聲符字"朋"象貝相系結形,與迸發義不相涉,其迸發義乃朋聲另載之語源義。朋聲可載迸發義,"迸"可證之。

朋:並紐蒸部;
迸:幫紐耕部。

並幫旁紐,蒸耕旁轉。"迸",字从辵,所記錄語詞之本義謂散走、奔散。《説文·辵部》:"迸,散走也。"《三國志·蜀志·譙周傳》:"而蜀本謂敵不便至,不作城守調度,及聞艾已入陰平,百姓擾擾,皆迸山野,不可禁制。"引申爲迸射義。晉潘岳《寡婦賦》:"嗚咽以失聲兮,泪橫迸而霑衣。"唐孟郊《寄洺州李大夫》:"鳥巢憂迸射,鹿耳駭驚聞。"

(1144) 繃弸掤(緊繃義)

繃 扎緊,繃緊。字亦作"繃"。《集韻·耕韻》:"繃,或作'繃'。"《説文·糸部》:"繃,束也。从糸,崩聲。《墨子》曰:'禹葬會稽,桐棺三寸,葛以繃之。'"清朱駿聲《通訓定聲》:"字亦作'繃'。"《秦併六國平話》卷上:"有那陷馬坑,使麻布繃了,將土撒在上。"《水滸傳》第二十七回:"張青便引武松到人肉作坊裏,看時,見壁上繃着幾張人皮。"

弸 拉滿弓,繃緊,引申爲風吹帷帳鼓起義。《説文·弓部》:"弸,弓彊皃。从弓,朋聲。"清朱駿聲《通訓定聲》:"《廣雅·釋詁一》:'弸,滿也。'〔轉注〕《漢書·揚雄傳》:'帷弸㶾其拂汩兮。'孟康曰:'弸㶾,風吹帷帳鼓皃。'"《廣韻·耕韻》:"弸,弸㶾。"按"弸"又有充滿義,當爲其引申義。漢揚雄《法言·君子》:"或問:'君子言則成文,動則成德,何以也?'曰:'以其弸中而彪外也。'"唐李軌注:"弸,滿也。彪,文也。積行内滿,文辭外發。"清黄宗羲《與陳介眉庶常書》:"夫訒菴之留心人物如此,向若得道弸藝襮之士而與之,則可以爲天下賀矣。"

掤 捆綁,繃緊。宋無名氏《小孫屠》第十一出:"誰知命運遭乖蹇,今朝受刑憲。免教受掤扒,感恩即非淺。"《水滸傳》第五十一回:"兄長,没奈何,且胡亂掤一掤。"按,"掤"本指箭筒蓋(見前第1165條),表捆綁義,爲套用字。

〔推源〕 諸詞俱有緊繃義,爲朋聲所載之公共義。聲符字"朋"所記録語詞之本義、引申義系列與緊繃義不相涉,其緊繃義乃朋聲所載之語源義。朋聲可載緊繃義,"縛"可證之。

朋:並紐蒸部;

縛:並紐鐸部。

雙聲,蒸鐸旁對轉。"縛",捆緊,繃緊。《説文·糸部》:"縛,束也。"《史記·酷吏列傳》:"縛辱郡太守都尉,殺二千石,爲檄告縣趣具食。"《後漢書·鄧訓傳》:"羌胡俗恥病死,每病臨困,輒以刀自刺。訓聞有困疾者,輒拘持縛束,不與刀刃,使醫藥療之。"按,後世稱縛爲"綁",其音幫紐陽部,較以"朋"之聲韻,並幫旁紐,蒸陽旁轉,然則亦出諸同一語源者。

422 周聲

(1145) 稠彫髫蜩綢啁裯(多義)

稠 多,密。《説文·禾部》:"稠,多也。从禾,周聲。"清朱駿聲《通訓定聲》:"按,禾多也。《文選·束皙詩》:'黍發稠華。'注引《蒼頡》:'稠,衆也。'引《廣雅》:'稠,穊也。'〔轉注〕《書·微子》馬本:'用乂稠斂。'按,多也……《禮記·文王世子》注:'歌者稠。'《釋文》:'密也。'《秦策》:'書策稠濁。'注:'多也。'"《廣韻·虞韻》:"稠,概也,多也。"《説文》同部:"概,稠也。"乃互訓。

彫 雕刻,紋路多。引申爲文飾、彩繪,亦寓紋路、色彩繁多之義。《説文·彡部》:"彫,琢文也。从彡,周聲。"清朱駿聲《通訓定聲》:"《三蒼》:'彫,飾也。'《廣雅·釋詁四》:'彫,畫也。'《釋言》:'彫,鏤也。'《左宣二傳》:'厚斂以彫牆。'注:'畫也。'《論語》:'朽木不可彫也。'包注:'彫,彫琢刻畫也。'《荀子·大略》:'天子彫弓。'注:'謂彫畫爲文飾。'《莊子·達生》:'尻乎彫俎之上。'《釋文》:'畫飾之俎也。'"按,"彫"字从彡,"彡"多表鬚毛、色彩多義。"彫"字既以"彡"表多義,復以周聲表其多義。形符、聲符承載同一語義,爲形聲字之一大通例。

髝 頭髮多。《説文·髟部》:"髝,髮多也。从髟,周聲。"清朱駿聲《通訓定聲》:"字亦作'鬛'。《都人士》:'綢直如髮。'以'綢'爲之。"按,朱氏所引《詩·小雅·都人士》之"綢",段玉裁云爲"髝"字之假借。然則"髝"所記之詞存乎語言。《廣韻·宥韻》:"髝,髮多。"《集韻·尤韻》:"髝,《説文》:'髮多也。'或从周。"

蜩 蟬。按,"蜩"當即"多聲之蟲"意。《爾雅·釋蟲》:"蜩,蜋蜩,螗蜩。蚻,蜻蜻。蠽,茅蜩。蟪,馬蜩。蜺,寒蜩。"清郝懿行《義疏》:"蜩爲諸蟬之總名。"《説文·虫部》:"蜩,蟬也。从虫,周聲。《詩》曰:'五月鳴蜩。'"清朱駿聲《通訓定聲》:"《蕩》:'如蜩如螗。'《禮記·内則》:'爵鷃蜩範。'《考工·梓人》:'旁鳴蜩蜺屬。'"按,朱氏所引《詩·大雅·蕩》文漢鄭玄箋:"飲酒號呼之聲,如蜩螗之鳴,其笑語沓沓又如湯之沸。"《水滸傳》第一百零五回:"除此山外,依舊是銷金鑠錢般烈日,蜩蟬亂鳴,鳥雀藏匿。"

翢 多。《玉篇·多部》:"翢,多也。"《廣韻·蕭韻》:"翢,多也。裯,上同。"《玉篇·大部》:"裯,多也。"清俞樾《諸子平議》卷三十一:"'其作始簡者,其終卒必翢。'言始於少而終於多也。"《新唐書·南蠻傳下·兩爨》:"疊甓而居,號'翢舍。'"按,"甓"即磚,所謂"翢舍"即疊壘衆多磚頭而成之舍,不砌而異於常屋者。

啁 語多,亦指聲音多,繁雜。《集韻·豪韻》:"啁,嘐啁,語多。"按,"嘐啁"當爲"嘮叨"之轉語。清蒲松齡《聊齋志異·嬰寧》:"飯熟已久,有何長言,啁嗻乃爾?"《楚辭·九辯》:"鴈廱廱而南游兮,鵾雞啁哳而悲鳴。"宋洪興祖《補注》:"啁哳,聲繁細貌。"

碉 石室,疊壘衆多石塊而成之室。《玉篇·石部》:"碉,石室。"宋李新《答李丞用其韻》:"頑雲垂翼山碉暗,喬麥饒花雪嶺開。"清陸次雲《峒溪纖志·松潘苗》:"松潘,古冉駹地,積雪凝寒,盛夏不解。人居累石爲室,高者至十餘丈,名曰碉房。"

〔推源〕 諸詞俱有多義,爲周聲所載之公共義。聲符字"周"所記錄語詞之本義爲密,凡物多即密集,密義、多義相通。《説文·口部》:"周,密也。"清朱駿聲《通訓定聲》:"《襄廿六傳》:'具車徒以受地必周。'注:'密也。'《考工·函人》:'橐之而約則周也。'注:'密致也。'《管子·入國》:'人主不可不周。'注:'謂謹密也。'"《廣韻·尤韻》:"周,密也。"按,"周""密"可構成同義聯合式合成詞。然則本條諸詞之多義爲其聲符"周"所載之顯性語義。周聲可載多義,則"衆"可證之。

周:章紐幽部;
衆:章紐冬部。

雙聲,幽冬(東)旁對轉。"衆",甲骨文形體从日,從仦,爲會意字,謂衆人勞作於日下。"衆"即殷周時代之農業奴隸。《書・湯誓》:"格!爾衆庶,悉聽朕言。"引申爲衆多義。《説文・仦部》:"衆,多也。"《廣韻・送韻》:"衆,多也。三人爲衆。"《左傳・哀公十一年》:"魯之群室衆於齊之兵車。"《禮記・大學》:"生財有大道,生之者衆,食之者寡。"按,"衆"與"寡"相對待,猶"多"與"少"。

(1146) 雕貁鯛(猛義)

雕 大型猛禽。字亦作"鵰"。《説文・隹部》:"雕,鷻也。从隹,周聲。鵰,籒文雕从鳥。"清朱駿聲《通訓定聲》:"《書・古太誓》:'流之爲鵰。'注:'鷙鳥也。'……《史記》單行本《李將軍傳》:'是必射鵰者也。'《索隱》:'鶚也。引《説文》:似鷲,黑色,多子,一名鷲,以其毛作矢羽。'《南山經》:'其狀如雕而有角。'注:'雕似鷹。'《詩・四月》:'匪鶉匪鳶。'傳:'雕鳶,貪殘鳥也。'"《廣韻・蕭韻》:"雕,鶚屬。"按,"鶚"亦猛禽之稱,凶猛之魚稱"鰐",可互證。明李時珍《本草綱目・禽部・鵰》:"鵰似鷹而大,尾長翅短,土黃色,鷙悍多力,盤旋空中,無細不覩。皁鵰,即鷲也,出北地,色皁青。鵰出遼東,最俊者謂之海東青。羌鷲出西南夷,黃頭赤目,五色皆備。鵰類能搏鴻鵠、獐、鹿、犬、豕。"

貁 傳説中的猛獸。《玉篇・豸部》:"貁,猛獸。"《廣韻・有韻》:"貁,猛獸。"明李時珍《本草綱目・獸部・獼猴》"附錄"欄引《神異經》:"西方有獸,名貁,大如驢,狀如猴,善緣木。純牝無牡,群居要路,執男子合之而孕。此亦玃類也。"按,《説文》"玃"訓"母猴"。

鯛 魚名。顎有堅齒,鰭亦尖利,"鯛"之名當寓猛義。《廣韻・蕭韻》:"鯛,魚名。"徐珂《清稗類鈔・動物・鯛》:"鯛,産近海,體扁圓,兩顎有強齒。鰭亦堅強。鱗鬣淡紅,離水變赤。"

〔推源〕 諸詞俱有猛義,爲周聲所載之公共義。聲符字"周"所記録語詞之本義、引申義系列與猛義不相涉,其猛義乃周聲所載之語源義。周聲可載猛義,"驟"可證之。

周:章紐幽部;
驟:崇紐侯部。

章(照)崇(牀)鄰紐,幽侯旁轉。"驟",馬急奔,即馬行走動作猛烈,故引申爲迅速、猛烈義。《説文・馬部》:"驟,馬疾步也。"清朱駿聲《通訓定聲》:"《廣雅・釋室》:'犇也。'《詩》:'載驟駸駸。'《周禮・大司馬》:'車驟徒趨。'〔轉注〕《老子》:'驟雨不終日。'注:'暴雨也。'"《大唐秦王詞話》第四十回:"驟雨狂風隨地捲,奔雷掣電走天神。"

423　昏聲

(1147) 惛殙偟（昏惑義）

惛　昏惑，不明事理。《説文·心部》："惛，不憭也。从心，昏聲。"清朱駿聲《通訓定聲》："《廣雅·釋詁三》：'惛，癡也。'《秦策》：'皆惛于教。'注：'不明也。'《列子·黄帝》：'以黄金摳者惛。'注：'迷惛也。'……《漢書·劉向傳》：'臣甚惛焉。'注：'謂不了。'"按，《説文》以"不憭"訓"惛"，同部"憭"篆訓"慧"，即聰慧、明瞭義。明瞭字作"瞭"，从尞得聲，與"憭"同。

殙　昏惑，神志不清。《説文·歹部》："殙，瞀也。从歹，昏聲。"清朱駿聲《通訓定聲》："不省人事之謂也。《吕覽·論威》：'死殙之地。'注：'謂絶氣之悶。'"《廣韻·魂韻》："殙，病也。"《莊子·達生》："以黄金注者殙。"唐成玄英疏："用黄金賭者，既是極貴之物，矜而惜之，故心智昏亂而不中也。"

偟　年老健忘，即昏惑義，亦指昏闇，義亦相通。《玉篇·人部》："偟，老忘也。"《集韻·魂韻》："偟，闇也。"唐歐陽詹《送王式東游序》："偟偟貿貿乎泥滓。"

〔推源〕　諸詞俱有昏惑義，爲昏聲所載之公共義。聲符字"昏"所記録語詞之本義爲黄昏，引申之則有昏惑義。《説文·日部》："昏，日冥也。"清朱駿聲《通訓定聲》："《淮南·天文》：'日至于虞淵是爲黄昏，日至于蒙谷是謂定昏。'《儀禮·士昏禮》注：'日入三商爲昏。'〔假借〕爲'惛'。《老子》：'我獨若昏。'注：'如闇昧也。'……《左哀十六傳》：'失志爲昏。'"按，實非假借，乃引申。本條諸詞之昏惑義爲其聲符"昏"所載之顯性語義。

424　匋聲

(1148) 醄/樂（歡樂義）

醄　字从酉，有開懷暢飲義。唐姚合《閑居遣懷》十首之六："遇酒醄醄飲，逢花爛漫看。"引申爲歡樂義。元沈和《賞花時·瀟湘八景》套曲："旋篘新酒釣鮮魚，終日醄醄樂有餘。"按，亦借"陶"字爲之，"醄""陶"俱从匋聲。《詩·王風·君子陽陽》："君子陶陶，左執翿，右招我由敖，其樂只且。"漢毛亨傳："陶陶，和樂貌。"

樂　音樂。《説文·木部》："樂，五聲八音總名。"《漢書·禮樂志》："夫樂本情性，浹肌膚而臧骨髓，雖經乎千載，其遺風餘烈尚猶不絶。"引申爲歡樂。《廣韻·鐸韻》："樂，喜樂。"《楚辭·大招》："魂兮歸來！樂不可言只。五穀六仞，設菰梁兮。"《論語·學而》："有朋自遠方來，不亦樂乎！"

〔推源〕　此二詞俱有歡樂義，其音亦相近且相通。

酮：定紐幽部；

樂：來紐藥部。

定來旁紐，幽藥（沃）旁對轉。則其語源當同。

425　舀聲

(1149) 唅鵮窞悂洽閻陷銛埳掐帢萏餡（陷入、包含義）

唅　吃，食物陷入口中。《說文·口部》：“唅，食也。从口，含聲。讀與含同。”清朱駿聲《通訓定聲》：“《晉語》：‘主孟唅我。’注：‘啖也。’……《趙策》：‘膳唅使之嗛于口。’”《廣韻·敢韻》：“唅，噉也，食也。”唐韓愈《晚秋郾城夜會聯句》：“兇徒更蹈藉，逆族相唅嚼。”按，吃即以口含物，故“唅”又引申爲包含義。漢揚雄《太玄·瑩》：“假哉天地，唅函啓化，罔裕於玄。”晉范望注：“唅，含也。函，容也。大哉天地，包容萬物。”

鵮　鳥啄物，即鳥喙陷入所啄之物中。《廣韻·咸韻》：“鵮，鳥鵮物。”又：“鵮，鳥啄物也。”唐劉孝標《鷹》：“可惜忍飢寒日暮，向人鵮斷碧絲縧。”《西遊記》第六十一回：“（孫行者）跌足高呼道：‘咦！逐年家打雁，今却被小雁兒鵮了眼睛。’”

窞　坑中小坑，則即陷入大坑之中，大坑包含小坑。《說文·穴部》：“窞，坎中小坎也。从穴，从臽，臽亦聲。《易》曰：‘入于坎窞。’”清朱駿聲《通訓定聲》：“《易·坎》：‘習坎，入于坎窞。’干寶注：‘坎之深者也。’王肅注：‘坎底也。’虞注：‘坎中小穴。’《廣雅·釋水》：‘窞，坑也。’”《文選·馬融〈長笛賦〉》：“嶰壑澮岘，峪窞岩窇。”唐李善注：“窞，坎中小坎也。”唐韓愈《守戒》：“知猛獸之危害，則必高其柴援，而外施窞穽以待之。”

悂　憂困，陷入憂愁之中，爲憂所困。《說文·心部》：“悂，憂困也。从心，臽聲。”清朱駿聲《通訓定聲》：“《廣雅·釋詁一》：‘悂，憂也。’”《廣韻·感韻》：“悂，憂困也。”按，亦以“欿”爲之，“欿”爲借字，然其字从臽得聲，與“悂”同，乃以臽聲載陷入義。清朱駿聲《說文通訓定聲·謙部》：“欿，〔假借〕又爲‘悂’。《楚辭·哀時命》：‘欿愁悴而委惰兮。’注：‘愁貌也。’”宋王安石《上凌屯田書》：“俞拊疾醫之良者也。足之所經，耳目之所接，有人于此，狼疾焉而不治，則必欿然以爲己病也。”然則“悂”所記之詞存在於語言機制之中。

洽　泥入於水中。《說文·水部》：“洽，泥水洽洽也。从水，臽聲。”《廣韻·感韻》：“洽，水和泥。”又指水滿而淹沒他物，則即物陷水中之義。《廣韻·琰韻》：“洽，潭洽，水滿。”又《咸韻》：“洽，洽没。”

閻　里中之門，陷於里巷深處者。《說文·門部》：“閻，里中門也。从門，臽聲。”清朱駿聲《通訓定聲》：“《荀子·儒效》：‘隱于窮閻漏屋。’注：‘里門也。’《漢書·循吏傳》注：‘興于閭閻。’《西京賦》：‘便旋閭閻。’按，里外門曰閭，亦曰閈，里中門曰閻。”《廣韻·鹽韻》：“閻，里中門。”《文選·班固〈西都賦〉》：“內則街衢洞達，閭閻且千。”唐李善注引《字林》：“閻，里門也;閻,里中門也。"

陷 陷阱,引申爲陷入義。《説文·𨸏部》:"陷,高下也。从𨸏,从臽,臽亦聲。"清朱駿聲《通訓定聲》:"自高而入于下也……《論語》:'不可陷也。'注:'下也。'《魯語》:'上陷而不振。'注:'墜也。'又《禮記·中庸》:'驅而納諸罟擭陷阱之中。'《周禮·雍氏》:'阱擭。'注:'穿地爲塹,所以禦禽獸,其或超踰,則陷焉,世謂之陷阱。'"按,陷入陷阱則即陷阱包含他物,故"陷"又有包含之衍義。銀雀山漢墓竹簡《孫臏兵法·勢備》:"夫陷齒戴角,前蚤後鋸,喜而合,怒而鬥,天之道也,不可止也。"整理小組注:"陷,借爲'含'。"按,"陷"表"含"義無煩假借,乃引申。

錎 連鐶,一鐶陷入另一鐶中,故稱"錎",又有陷入義。《廣韻·感韻》:"錎,字書云:'瑣連環也。'"《莊子·外物》:"已而大魚食之,牽巨鉤錎没而下。""錎"又指以金銀鑲嵌鐵器,實亦陷入義。明焦竑《俗書刊誤·俗用雜字》:"金銀絲飾鐵曰錎。"

埳 坎,陷入地下而空者。字亦作"臽"。《玉篇·土部》:"埳,陷也,與'坎'同。"《廣韻·感韻》:"埳,埳陷。"《集韻·感韻》:"坎,《説文》:'陷也。'或作'埳'。"《莊子·秋水》:"子獨不聞夫埳井之蛙乎?"北魏賈思勰《齊民要術·作豉法》:"掘地作埳,令足容甕器。"《文選·馬融〈長笛賦〉》:"𡾰壑澮岘,埳窌岩窔。"唐李善注:"埳,即坎也。"

掐 手指甲陷入物中。《廣韻·洽韻》:"掐,爪掐。"《説文新附·手部》:"掐,爪刺也。从手,臽聲。"按,當云从手、从臽,臽亦聲。《晉書·郭舒傳》:"因遣掐其鼻,灸其眉頭。"《北齊書·孝昭帝紀》:"太后常心痛不自堪忍,帝立侍帷前,以爪掐手心,血流出袖。"按,"掐"亦指以兩手緊抓其物,其義略同"含"。元曾瑞卿《留鞋記》第四折:"休拗折並頭蓮,莫掐殺雙飛燕。"

帢 便帽,包裹、包含人首之物。字亦作"𢂷""䶈"。《廣韻·洽韻》:"𢂷,同帢。"又:"帢,亦同䶈。《埤蒼》云:'帽也。'"又:"䶈,士服,狀如弁,缺四角,魏武帝製。"《晉書·輿服志》:"魏武帝以天下凶荒,資財匱乏,擬古皮弁,裁縑帛以爲帢。"又《張軌傳》:"艾乘輜車,冠白帢,鳴鼓而行。"《資治通鑑·晉簡文帝咸安元年》:"帝著白帢單衣,步下西堂。"

菡 菡萏,荷花,未開時如包裹、包含狀。《廣韻·感韻》:"菡,菡萏,荷花未舒。萏,上同。"《説文·艸部》:"藺,菡藺,芙蓉華未發爲菡藺,已發爲芙蓉。从艸,閻聲。"清朱駿聲《通訓定聲》:"字亦作'菡'……《爾雅·釋草》:'荷,芙渠,其莖茄,其葉蕸,其本密,其華菡萏,其實蓮,其根藕,其中的,的中薏。'《楚辭·招魂》:'夫容已發。'焦氏《易林》:'菡萏未華。'義與許合。《詩·澤陂》:'有蒲菡萏。'傳:'荷華也。'"按,"藺"从閻聲,而"閻"亦从臽得聲。南朝齊謝朓《咏蒲》:"間廁秋菡萏,出入春鳧雛。"

餡 點心或麵食中的心子,"餡"即陷入內中者,亦即被包含者。《正字通·食部》:"凡米麵食物坎其中實以雜味曰餡。"唐李濬《松窗雜録》:"上因聯飲三銀船,盡一巨餡,徐乘馬而東去。"按,此"餡"即有餡之食物。清曹雪芹《紅樓夢》第十一回:"昨日老太太賞的那棗泥餡的山藥糕,我吃了兩塊。"

〔推源〕 上述諸詞或有陷入義,或有包含義,又或兼有二義,俱以臽聲載之,語源當同。聲符字"臽"所記録語詞謂坑,亦有陷入義。《説文·臼部》:"臽,小阱也。从人在臼上。"清朱駿聲《通訓定聲》:"古掘地爲臼,臼即坎也。《廣雅·釋水》:'臽,坑也。'《廣韻·感韻》:"臽,小穿名也。"又《陷韻》:"臽,小坑。"漢王充《論衡·譏日》:"《葬曆》曰:葬避九空地臽,及日之剛柔,月之奇耦。"按,"臽"作名詞即陷阱,"窞""埳""陷"皆其分化字;作動詞則即陷入,"陷"亦爲分化字。"臽"字从人、从臼會意,已顯示其陷入義。馬王堆漢墓帛書《春秋事語》:"有絕其幾而臽之深。"臽聲可載陷入、包含義,則"銜"可證之。"臽""銜"上古音同,匣紐雙聲,談部疊韻。"銜",馬嚼子,馬口中金屬小棒。"銜"即陷入馬口之物,亦即馬口所含之物,本寓陷入、包含義,故引申爲"含"義。《説文·金部》:"銜,馬勒口中。"清朱駿聲《通訓定聲》:"《莊子·馬蹄》:'詭銜竊轡。'《釋文》:'口中勒也。'《秦策》:'伏軾撙銜。'注:'勒也。'《史記·司馬相如傳》:'銜橛之變。'《索隱》:'馬勒銜也。'〔轉注〕《漢書·義縱傳》:'上怒曰:縱以我爲不行此道乎?銜之。'注:'苞含在心以爲過也。'"晉袁宏《後漢紀·明帝紀上》:"臣内省視氣力羸劣,日夜寢劇,終不望復見闕庭,奉承帷幄,辜負重恩,銜恨黄泉,言之絕腸。"

(1150) 脂欿啗(貪婪義)

脂 食肉不厭,不滿足。《説文·肉部》:"脂,食肉不厭也。从肉,臽聲。讀若陷。"清桂馥《義證》:"'食肉不厭也'者,通作'啖'。《荀子·王霸篇》注:'啖啖,吞並貌。'"按,桂氏所稱《荀子》原文爲:"不好循正其所以有,啖啖常欲人之有,是傷國。"其"啖啖"即貪婪義。明李贄《答焦漪園》:"真啖名不濟事客。"其"啖名"即貪求虛名。"脂"又有燒肉使熱義,朱駿聲謂字亦作"胅"。"啖""胅"均从炎聲,"脂"从臽聲。二聲符"臽""炎"同音,匣紐雙聲,談部疊韻。

欿 貪慾,不滿足。《説文·欠部》:"欿,欲得也。从欠,臽聲。讀若貪。"清朱駿聲《通訓定聲》:"《廣雅·釋詁一》:'欿,欲也。'《二》:'欿,貪也。'〔假借〕爲'歉'。《孟子》:'如其自視欿然。'"按,所引《孟子·盡心上》文之"欿然"謂不自滿足,此與貪婪義通,非假借。《廣韻·感韻》:"欿,欲得。"宋王安石《答楊忱書》:"某嘗窮觀古之君子所以自爲者,顧而自忖其中則欿然。"明李東陽《送喬生宇歸樂平》:"文場才弱冠,已破萬人敵;而猶不自滿,欿若字未識。"

啗 貪求。清朱駿聲《説文通訓定聲·謙部》:"啗,字亦'噉'。〔假借〕爲'歙'。《淮南·齊俗》:'荆吴芬馨,以噉其口。'注:'貪求也。'"按,形符"欠""口"所表義類同,"啗"之本義謂進食、吃,與貪義通。其貪婪義古者渾言曰"貪婪";析言之,貪財曰"貪",貪食曰"婪"。《廣韻》"噉"訓"食皃",《玉篇》《集韻》訓"貪"。則非假借。

〔推源〕 諸詞俱有貪婪義,爲臽聲所載之公共義。聲符字"臽"所記録語詞與貪婪義不相涉,其貪婪義乃臽聲所載之語源義。臽聲可載貪婪義,"忺"可證之。

臽：匣紐談部；
忨：疑紐元部。

匣疑旁紐，談元通轉。"忨"，貪愛，苟安。《説文·心部》："忨，貪也。从心，元聲。《春秋傳》：'忨歲而潋日。'"清朱駿聲《通訓定聲》："《左昭廿六傳》：'玩求無度。'以'玩'爲之。〔假借〕爲'翫'。《晉語》：'今忨日而潋歲。'注：'偷也。'"清段玉裁注："忨與'玩''翫'義皆略同。"按，朱氏假借説不確。《玉篇·心部》："忨，貪也，愛也。"《廣韻·桓韻》："忨，貪也。"清管同《書李氏三忠事跡考證後》："元人不知治術，無政無教，忨惕數十年，海内土崩瓦解。"按，"忨惕"同上文"忨潋"，作"忨惕"乃偏旁同化之故。其義同上述《晉語》韋昭注之"偷"，苟且偷安之謂。《禮記·表記》："安肆曰偷。"漢鄭玄注："偷，苟且也。"按，"偷"之基本義爲偷盜，偷盜即將他人之物苟且據爲己有，乃引申義。

426　咎聲

（1151）鼛橐（大義）

鼛　大鼓。《説文·鼓部》："鼛，大鼓也。从鼓，咎聲。《詩》曰：'鼛鼓不勝。'"清朱駿聲《通訓定聲》："按，《詩·緜》傳：'長一丈二尺。'《周禮·鼓人》：'以鼛鼓鼓役事。'又《淮南·主術》：'鼛鼓而食。'注：'王者之食樂也。'"《廣韻·豪韻》："鼛，役事車鼓，長丈二尺。《詩》曰：'鼓鍾伐鼛。'傳云：'鼛，大鼓也。'"《宋書·樂志一》："長丈二尺者曰鼛鼓，凡守備及役事則鼓之。"

橐　大囊。《説文·橐部》："橐，車上大橐。从橐省，咎聲。《詩》曰：'載橐弓矢。'"清朱駿聲《通訓定聲》："《左昭元傳》：'請垂橐而入。'"《廣韻·豪韻》："橐，車上囊。"《國語·齊語》："諸侯之使垂橐而入，稛載而歸。"宋王禹偁《監察御史朱府君墓誌銘》："太祖召公詰讓曰：'橐橐如此，非盜于官，即取于民，書生相黨耶！'"

〔推源〕　此二詞俱有大義，爲咎聲所載之公共義。聲符字"咎"所記録語詞謂災禍，其引申義系列與大義亦不相涉，然有"鼛"之假借義。《説文·人部》："咎，災也。从人，从各。各者，相違也。"清朱駿聲《通訓定聲》："《廣雅·釋詁三》：'咎，惡也。'《易·繫辭》：'无咎者，善補過也。'……《吕覽·侈樂》：'棄寶者必離其咎。'注：'殃也。'〔假借〕爲'鼛'。《後漢·馬融傳》：'伐咎鼓。'注：'大鼓也。'"按，咎聲可載大義，"巨"可證之。

咎：群紐幽部；
巨：群紐魚部。

雙聲，幽魚旁轉。"巨"，規矩字之初文，然有"大"之假借義，且爲其基本義。《方言》卷一："巨，大也。"《公羊傳·哀公六年》："於是使力士舉巨囊，而至於中雷。"漢何休注："巨囊，大囊。"唐皮日休《吴中苦雨因書一百韻寄魯望》:"全吴臨巨浸,百里到滬瀆。"

(1152) 晷/規(規範義)

晷 日光,引申而指日晷,日晷則爲確定時刻之標準物,"晷"之名寓規範義。《説文·日部》:"晷,日景也。从日,咎聲。"清朱駿聲《通訓定聲》:"《西京賦》:'白日未及移其晷。'注:'景也。'又《廣雅·釋天》:'晷,柱景也。'按,謂表柱也。《漢書·天文志》:'晷景者,所以知日之南北也。'《周禮·大司徒》:'日至之景尺有五寸,謂之地中。'《易·通卦驗》:'樹八尺之表,日中視其晷。'又'冬至晷長一丈三尺,夏至晷長一尺四寸八分,春秋分晷長七尺二寸四分'。〔聲訓〕《釋名·釋天》:'晷,規也,如規畫也。'"《廣韻·旨韻》:"晷,日影也。又規也。"

規 圓規,畫圓之器,其名亦寓規範義。《玉篇·夫部》:"規,正圓之器也。"清朱駿聲《説文通訓定聲·解部》:"規,《孟子》:'規矩方員之至也。'《詩·沔水·序》箋:'規者,正圓之器也。'"《韓非子·飾邪》:"懸衡而知平,設規而知圓。"《淮南子·俶真訓》:"今夫善射者有儀表之度,如工匠有規矩之數。"

〔推源〕 此二詞俱有規範義,其音亦相近且相通。

晷:見紐幽部;

規:見紐支部。

雙聲,幽支旁轉。則其語源當同。

427　匊聲

(1153) 趜鞠騶麴(曲、圓義)

趜 身體彎曲,伸不直。《廣韻·屋韻》:"趜,趜趀。"《唐韻殘本·屋韻》:"趀,趜趀,體不申。"《集韻·屋韻》:"趀,趜趀,傴僂也。"又《尤韻》:"趜,足不伸也。或作'趜'。"《類篇·走部》:"趜,趜趀,足不伸。"清朱駿聲《説文通訓定聲·孚部》:"趜,《通俗文》:'體不申謂之趜。'"

鞠 皮球,圓形物,字亦作"踘"。《説文·革部》:"鞠,蹋鞠也。从革,匊聲。"清朱駿聲《通訓定聲》:"毛丸可蹴戲者,今謂之毽……賈誼《新書》注:'蹹鞠,黄帝所作,或曰起戰國時。'"《廣韻·屋韻》:"鞠,蹹鞠,以革爲之,今通謂之毱子。"按,球爲圓形物,圓義、曲義相通,故"鞠"又引申爲曲義。《篇海類編·鳥獸類·革部》:"鞠,曲也。"《儀禮·聘禮》:"執圭,入門,鞠躬焉,如恐失之。"明袁宏道《廣莊·養生主》:"夫執軌以範躬,躬之卷鞠者生,而躬之安逸者死矣。"

騶 馬脊曲。《玉篇·馬部》:"騮,馬曲脊。騶,同騮。"《廣韻·屋韻》:"騶,同騮。"《説文·馬部》:"驧,馬曲脊也。"

麴 酒曲,圓形物。其字亦作"麯""籟"。《廣韻·屋韻》:"麴,麴蘖。籟,上同。"《説文·米部》:"籟,酒母也。"清朱駿聲《通訓定聲》:"字亦作'麯'、作'麯'。《列子·楊朱》:'積麯成封。'"明徐光啓《農政全書》卷四十二:"團麴當日使訖,不得隔宿。"按,明李時珍《本草綱目·穀部·麴》推其語源云:"麴以米麥包罨而成,故字从麥、从米、从包省文,會意也。"失之。"匊"乃聲符,"麴"猶"鞠",其形圓。其字皆以匊聲載圓義。

〔推源〕 諸詞俱有曲、圓義,爲匊聲所載之公共義。聲符字"匊"所記録語詞謂以兩手捧物,即雙手撮聚、圍合之意,此當與圓義通。《説文·勹部》:"匊,在手曰匊。从勹、米。"清段玉裁注:"米至散,兩手兜之而聚。"清朱駿聲《通訓定聲》:"字亦作'掬'。《小爾雅·量》:'兩手謂之匊。'《詩·椒聊》:'蕃衍盈匊。'《采緑》:'不盈一匊。'《禮記·曲禮》:'受珠玉者以掬。'《左宣十二傳》:'舟中之指可掬也。'"至匊聲可載曲、圓義,則句聲、于聲字所記録語詞可相證。"句"本訓曲,句聲字記録語詞"跔""笱""鉤""翑""雊""胊""劬""疴""軥"俱有曲義,參本典第二卷"句聲"第483條。于聲字所記録語詞"杅""軒""迂""紆""釪""盂""尪"則俱有圓、曲義,參本典第一卷"于聲"第59條。匊聲、句聲、于聲本相近且相通。

匊:見紐覺部;
句:見紐侯部;
于:匣紐魚部。

見匣旁紐,覺侯旁對轉,覺魚旁對轉,侯魚旁轉。

428 京聲

(1154) 景麠鯨(大義)

景 日光,引申爲大義。《説文·日部》:"景,光也。从日,京聲。"清朱駿聲《通訓定聲》:"《廣雅·釋詁三》:'景,照也。'《周禮·大司徒》:'正日景以求地中。'〔假借〕爲'京'。《爾雅·釋詁》:'景,大也。'《詩·楚茨》:'以介景福。'《車舝》:'景行行止。'《烈祖》:'景員維何。'《定之方中》:'景山與京。'傳:'大山也。'"按,"景"表大義無煩假借,乃引申。其本義爲日光,日光則爲普照大地之物,至大者,故有"大"之衍義。《廣韻·梗韻》:"景,大也。"《國語·晉語二》:"景霍以爲城,而汾、河、涑、澮以爲渠。"三國吳韋昭注:"景,大也。"《後漢書·班彪傳附班固》:"敷洪藻,信景鑠。"唐李賢注:"景,大也。"

麠 大鹿。《説文·鹿部》:"麠,大鹿也。牛尾,一角。从鹿,畺聲。麠,或从京。"清朱駿聲《通訓定聲》:"或从京聲。《爾雅·釋獸》:'麠,大麃。'……《吳都賦》:'頌麋麠。'注:'大麋也。'"《廣韻·庚韻》:"麠,同麞。""麞,獸名。一角,似麋,牛尾。"沈兼士《聲系》:"案'麠',

段校據《爾雅》改作'麃'。"按，許書同部"麃"篆訓"廬屬"。《漢書·地理志八》："民有五畜，山多塵麃。"唐李群玉《薛侍御處乞靴》："越客南來誇桂麃，良工用意巧縫成。"

鯨 海大魚，引申爲大義。《説文·魚部》："鱷，海大魚也。从魚，畺聲。《春秋傳》曰：'取其鱷鯢。'鯨，鱷或从京。"清朱駿聲《通訓定聲》："或从京聲。《左宣十二傳》：'取其鯨鯢而封之。'疏：'雄曰鯨，雌曰鯢。'《淮南·覽冥》：'鯨魚死而彗星出。'注：'大魚，長數里。'許慎注：'魚之王也。'《吳都賦》：'長鯨吞浪。'〔聲訓〕《水經·沔水注》：'鯨，大也。'以'京'爲訓。"按，大義當爲其衍義。晉郭璞《奏請平刑疏》："且濱接鯨猾，密邇姦藪。"南朝梁徐陵《司空章昭達墓志》："公傾其産業，募是驍雄，思報皇儲，累殲鯨寇。"

〔推源〕 諸詞俱有大義，爲京聲所載之公共義。聲符字"京"所記録語詞謂人爲之絶高丘，故有大、高大之衍義。《説文·京部》："京，人所爲絶高丘也。从高省，丨象高形。"清朱駿聲《通訓定聲》："《爾雅·釋丘》：'絶高謂之京。'非人爲之丘。按，對文則人力所作者爲京，地體自然者爲丘，散文則亦通稱也。《左襄二十五傳》：'辨京陵。'《淮南·覽冥》：'築重京。'《吕覽·禁塞》：'爲京丘若山陵。'注：'合土築之以爲京。'觀此言人所爲也。《詩·皇矣》：'依其在京。'傳：'大阜也。'《定之方中》：'景山與京。'傳：'高丘也。'《廣雅》：'四起曰京。'此皆言自然者也。〔轉注〕《爾雅·釋詁》：'京，大也。'《詩·文王》：'祼將于京。'《有聲》：'宅是鎬京。'《公羊桓九傳》：'京師者何？天子之居也。京者何？大也。'《獨斷》：'京大師衆也。'又《思齊》：'京室之婦。'傳：'天室也。'……《大明》：'曰嬪於京。'傳：'大也。'……《左莊二十二傳》：'莫之與京。'注：'大也。'"《廣韻·庚韻》："京，大也。"然則本條諸詞之大義爲其聲符"京"所載之顯性語義。京聲可載大義，則"宏"可證之。

京：見紐陽部；

宏：匣紐蒸部。

見匣旁紐，陽蒸旁轉。"宏"，其字从宀，所記録語詞之本義《説文》訓"屋深響"，即深大之屋聲有響應之意，清朱駿聲説。其基本義即大。《爾雅·釋詁上》："宏，大也。"《廣韻·耕韻》："宏，大也。"《後漢書·馬融傳》："以臨乎宏池。"唐李賢注："宏，大也。"《文選·皇甫謐〈三都賦·序〉》："初極宏侈之辭，終以簡約之制。"唐張銑注："宏，大。"按"宏"與"大"可組成同義聯合式合成詞。漢班固《白虎通·號》："黄帝有天下，號曰有熊，有熊者，獨宏大道德也。"

(1155) 㹁䮽䮲(雜義)

㹁 毛色黑白相雜之牛。《説文·牛部》："㹁，牻牛也。从牛，京聲。《春秋傳》曰：'牻㹁。'"清朱駿聲《通訓定聲》："白黑雜毛牛也。"《廣韻·陽韻》："㹁，牻牛，駁色。"又《漾韻》："㹁，牛色雜也。"許書同部："牻，白黑雜毛牛。"按，許慎所引爲《左傳·閔公二年》文，"牻㹁"今本作"尨涼"。"牻㹁"亦引申而泛指龐雜。章炳麟《訄書·正名雜義》："寧以牻㹁無常之辭,恣其狂舉者乎?"

醇 雜味漿水。《説文·酉部》:"醇,雜味也。从酉,京聲。"清朱駿聲《通訓定聲》:"《廣雅·釋器》:'醇,漿也。'即《周禮·漿人》之'涼',《禮記·内則》之'濫'也。涼者,以糗飯雜水,濫者,以桃梅和水,其事相類。〔轉注〕《廣雅·釋器》又云:'醇,醬也。'醬亦襍和而成。"《廣韻·陽韻》:"醇,漿水。"《周禮·天官·膳夫》"飲用六清"漢鄭玄注:"六清:水、漿、醴、醇、醫、酏。"

鶁 雜色鳥。《廣韻·庚韻》:"鶁,羌鶁鳥。"清朱駿聲《説文通訓定聲·壯部·附〈説文〉不録之字》:"鶁,《吴都賦》:'彈鸑鶁。'注:'晉師曠曰:南方有鳥曰羌鶁,黃頭,赤目,五色備也。'"

〔推源〕 諸詞俱有雜義,爲京聲所載之公共義。聲符字"京"所記録語詞之本義、引申義系列與雜義不相涉,其雜義乃京聲所載之語源義。京聲可載雜義,"殽"可證之。

京:見紐陽部;

殽:匣紐宵部。

見匣旁紐,陽宵旁對轉。"殽",混雜,混淆。《説文·殳部》:"殽,相雜錯也。从殳,肴聲。"清朱駿聲《通訓定聲》:"雜錯之訓,正字當爲'爻',此字从殳,必有本義,許時已失傳矣。〔假借〕爲'爻'。《廣雅·釋詁三》:'殽,亂也。'《周語》:'重之以不殽。'《莊子·齊物論》:'樊然殽亂。'《漢書·食貨志》:'非殽雜爲巧。'《董仲舒傳》:'賢不肖混殽。'《爾雅·釋水》注:'衆水淆殽。'字亦變作'淆'。"按,"殽"表混雜、混淆義非假借,乃本義。其字从殳,"殳"可表施事、事爲之義類。

(1156) 涼飇(寒涼義)

涼 薄寒。字亦作"凉"。《説文·水部》:"涼,薄也。从水,京聲。"清朱駿聲《通訓定聲》:"薄寒也。……《字林》:'涼,微寒也。'按,冰之性爲寒,水之性爲涼。《素問·五常政大論》:'涼雨時降。'注:'金化也。'《五運行大論》:'其性爲涼。'注:'清也。'〔轉注〕《爾雅·釋天》:'北風謂之涼風。'《禮記·月令》:'涼風至。'……據《説文》則借爲'飇'。按'飇'後出字。又《釋名·釋州國》:'涼州,西方所在寒涼也。'"按,北風稱"涼風"爲"涼"之引申義,"飇"則爲其專字。《廣韻·陽韻》:"涼,寒涼也。凉,俗。"三國魏曹丕《燕歌行》:"秋風蕭瑟天氣涼,草木摇落露爲霜。"按,"寒"與"涼"義相近而有輕重之殊,"寒"謂嚴寒,"涼"謂薄寒,猶"溫"謂微熱而"熱"謂炎熱。

飇 北風,寒涼之風。字亦作"颲"。《説文·風部》:"飇,北風謂之飇。从風,涼省聲。"清朱駿聲《通訓定聲》:"按,京聲。此字實即'涼'字之轉注。《詩》:'北風其涼。'《爾雅》《淮南》《春秋考異郵》皆只作'涼'。《廣雅·釋詁四》:'颲,風也。'始見張書。"《玉篇·風部》:"飇,北風也。亦作'颲'。"《廣韻·漾韻》:"颲,北風。"又《陽韻》:"颲,北風也。"按,"飇(颲)"

所記録之詞存乎語言,唯古籍多以"涼"爲之。晉陸機《擬明月何皎皎》:"涼風繞曲房,寒蟬鳴高柳。"唐許敬宗《奉和入潼關》:"是節歲窮紀,關樹動涼飈。"

〔推源〕 此二詞俱有寒涼義,爲京聲所載之公共義。聲符字"京"所記録語詞之本義、引申義系列與寒涼義不相涉,其寒涼義乃京聲所載之語源義。京聲可載寒涼義,"寒"可證之。

京:見紐陽部;

寒:匣紐元部。

見匣旁紐,陽元通轉。"寒",寒冷。《説文·宀部》:"寒,凍也。从人在宀下,以茻薦覆之,下有仌。"《史記·匈奴列傳》:"單于即不能,即南面而臣於漢。何徒遠走,亡匿於幕北寒苦無水草之地,毋爲也。"唐白居易《賣炭翁》:"可憐身上衣正單,心憂炭賤願天寒。"

(1157) 勍/彊(强義)

勍 强勁,强大。《説文·力部》:"勍,彊也。《春秋傳》曰:'勍敵之人。'从力,京聲。"清朱駿聲《通訓定聲》:"《左傳二十二傳》……注:'彊也。'《廣雅·釋訓》:'勍勍,武也。'"《廣韻·庚韻》:"勍,彊力。"三國魏曹丕《與鍾繇書》:"真君侯之勍敵,左右之深憂也。"《宋書·宗室傳論》:"烈武王覽群才,揚盛策,一舉磔勍寇,非曰天時,抑亦人謀也。"按,亦以"倞"爲之。《説文·人部》:"倞,彊也。从人,京聲。"朱駿聲以爲"倞"之本義爲明亮,借作"勍"故有强義。《廣雅·釋詁一》:"倞,彊也。"《廣韻·映韻》:"倞,彊也。"《詩·大雅·抑》"無競維人"及《桑柔》"秉心無競"之"競",唐《開成石經》皆作"倞"。

彊 弓有力,引申之則有堅强、强大、强盛等義。《説文·弓部》:"彊,弓有力也。"清朱駿聲《通訓定聲》:"《史記·絳侯世家》:'材官引彊。'注:'如今挽彊,司馬也。'〔轉注〕《管子·地員》:'赤爐歷彊肥。'注:'堅也。'〔假借〕爲'勍'。《詩·載芟》:'侯彊侯以。'傳:'彊,彊力也。'《蕩》:'曾是彊禦。'傳:'彊梁禦善也。'《書·皋謨》:'彊而義。'傳:'無所屈撓也。'《楚語》:'彊忍不義。'《晉語》:'申生甚好仁而彊。'《吕覽·審時》:'其米多沃而食之彊。'注:'有勢力也。'"按,乃引申,非假借。

〔推源〕 此二詞俱有强義,其音亦同,群紐雙聲,陽部疊韻,則其語源當同。

(1158) 掠/奪(奪義)

掠 掠奪。《廣韻·漾韻》:"掠,奪也。"《説文新附·手部》:"掠,奪取也。从手,京聲。"清朱駿聲《説文通訓定聲·壯部·附〈説文〉不録之字》:"掠,《〈漢書〉高帝紀》:'毋得鹵掠。'注:'謂略奪也。'"《左傳·襄公二十一年》:"欒盈過於周,周西鄙掠之。"晉杜預注:"劫掠財物。"漢陳琳《爲袁紹檄豫州》:"操帥將吏士,親臨發掘,破棺裸尸,掠取金寶。"

奪 强取,掠奪。《廣韻·末韻》:"奪,《左傳》曰:'一與一奪。'夐,上同。"《篇海類編·通用類·大部》:"奪,强取也。"清朱駿聲《説文通訓定聲·泰部》:"奪,《禮記·大學》:'爭民施奪。'注:'施其劫奪之情也。'《荀子·臣道》:'奪然後義。'注:'奪者,不義之名。'《吕覽·慎行》:'無忌勸王奪。'注:'取也。'"《易·繫辭上》:"小人而乘君子之器,盗思奪之矣。"

〔推源〕 此二詞俱有奪義,其音亦相近且相通。

掠:來紐陽部;

奪:定紐月部。

來定旁紐,陽月通轉。其語源當同。

429　卒聲

(1159) 窣猝焠(猝然義)

窣 猝然出於穴中。《説文·穴部》:"窣,从穴中卒出。从穴,卒聲。"《廣韻·没韻》:"窣,勃窣,穴中出也。"按,蓋爲先民穴居生活之遺迹。"窣"有縱躍、猝然義。宋孔平仲《談苑·皇甫僎深刻》:"如閉目窣身入水,傾刻間耳。"《太平廣記》卷三百六十九引唐戴孚《廣異記》:"於是窣然排户,而欲昇其牀。"

猝 猝然字。《説文·犬部》:"猝,犬从艸暴出逐人也。从犬,卒聲。"清朱駿聲《通訓定聲》:"《方言》十二:'慭朴,猝也。'注:'謂急速也。'《漢書·五行志》注:'猝,暴也。'"《廣韻·没韻》:"猝,倉猝,暴疾也。"《資治通鑒·齊明帝永泰元年》:"詢稱'縣丁猝不可集';祖願稱'庫物多未輸入'。"清朱錫《幽夢續影》:"接人不可以猝然改容,持己不可以偶爾改度。"

焠 金屬燒紅猝然入水以增其硬度。《説文·火部》:"焠,堅刀刃也。从火,卒聲。"清朱駿聲《通訓定聲》:"《廣雅·釋言》:'焠,堅也。'《漢書·王褒傳》:'清水焠其鋒。'注:'燒而内水中以堅之也。'"《史記·天官書》:"水與火合爲焠。"按,亦以"淬"爲之,"淬"者貯水焠刃之器,故有淬火之衍義。

〔推源〕 諸詞俱有猝然義,爲卒聲所載之公共義。聲符字"卒"單用本可表此義。《韓非子·存儲》:"今若有卒報之事,韓不可信也。"然"卒"之本形作"𠅱",謂隸役之衣,與猝然義不相涉,其猝然義乃卒聲所載之語源義。卒聲可載猝然義,"突"可證之。

卒:精紐物部;

突:定紐物部。

疊韻,精定鄰紐。"突",猝然。《廣雅·釋詁二》:"突,猝也。"《易·離》:"突如其來如。"唐孔穎達疏:"突然而至。"漢焦贛《易林·謙之中孚》:"禍不成災,突然自來。"

(1160) 䋨綷萃(聚集義)

䋨 繒帛之色五彩聚集。《説文·黹部》:"䋨,會五采繒色。从黹,綷省聲。"清段玉裁

注:"从䒑,卒聲。"清朱駿聲《通訓定聲》:"卒聲。字亦作'綷'。《方言》三:'綷,同也,宋衛之間曰綷。'……《吳都賦》:'孔雀綷羽以翱翔。'〔假借〕爲'萃'。《景福殿賦》:'綷以紫榛。'注:'猶襍也。'"按,非假借,乃引申。

稡 聚集。《正字通·禾部》:"稡,聚也。"《新唐書·鄭澣傳》:"文宗立,入翰林爲侍講學士,帝使稡擷經史爲《要録》。"

萃 薈萃字,基本義即聚集。《説文·艸部》:"萃,艸兒。从艸,卒聲。"清朱駿聲《通訓定聲》:"艸聚兒。〔轉注〕《易·序卦》傳:'萃者,聚也。'《左昭七傳》:'萃淵藪。'……《小爾雅·廣言》:'萃,集也。'《詩·墓門》:'有鴞萃止。'"

〔推源〕 諸詞俱有聚集義,爲卒聲所載之公共義。卒聲字"稡""綷""萃"亦可以假借字形式表此義,足證卒聲、聚集義之相關聯。按,聲符"卒"所記録語詞與聚集義不相涉,其聚集義乃卒聲所載之語源義。卒聲可載聚集義,"集"可證之。

卒:精紐物部;

集:從紐緝部。

精從旁紐,物緝通轉。"集",聚集。《説文·雥部》:"雧,群鳥在木上也。从雥,从木。集,雧或省。"《詩·周南·葛覃》:"黄鳥于飛,集於灌木。"漢焦贛《易林·訟之咸》:"仁聖相遇,伊、吕集聚。"

(1161) 粹睟(純粹義)

粹 純粹不雜。《説文·米部》:"粹,不雜也。从米,卒聲。"清朱駿聲《通訓定聲》:"精米不雜也。〔轉注〕《(廣雅)釋言》:'粹,純也。'《吕覽·用衆》:'天下無粹白之狐。'《淮南·時則》:'視肥臞全粹。'又《易·文言》:'純粹精也。'"

睟 字从目,其本義《玉篇》訓"視",有潤澤、目清明之衍義,又引申爲顔色純粹義。漢揚雄《法言·將》:"將無疵元睟。"晉李軌注:"睟,純也。"又《法言·君子》:"牛玄騂白睟而角。"晉李軌注:"色純曰睟。"

〔推源〕 此二詞俱有純粹義,爲卒聲所載之公共義。聲符字"卒"所記録語詞與純粹義不相涉,此義乃卒聲所載之語源義。卒聲可載純粹義,"純"可證之。

卒:精紐物部;

純:禪紐文部。

精禪鄰紐,物文對轉。"純",純粹。《正字通·糸部》:"純,帛之粹者。"《漢書·五行志中之上》:"服其身,則衣之純。"唐顏師古注:"壹其色。"按亦泛指純粹。《詩·周頌·維天之命》:"文王之德之純。"宋朱熹《集注》:"純,不雜也。"

(1162) 悴瘁顇(憔悴義)

悴 憂愁,引申爲憔悴。《説文·心部》:"悴,憂也。从心,卒聲。"清朱駿聲《通訓定聲》："《蒼頡篇》：'悴，憂也。'《方言》一：'悴，傷也。'按，'顇'者，面容枯槁，'悴'者，心思勞愁。"《廣韻·至韻》："悴，憔悴。"漢劉向《九嘆·遠逝》："中木摇落，時槁悴兮。"《南史·臧燾傳附臧盾》："父卒，居喪五年，不出廬户，形骸枯悴。"

瘁 病困，引申爲憔悴義。《廣韻·至韻》："瘁，病也。"《詩·小雅·雨無正》："曾我暬御，憯憯日瘁。"晉葛洪《抱朴子·暢玄》："與之不榮，奪之不瘁。"

顇 形容憔悴。《説文·頁部》："顇，顛顇也。从頁，卒聲。"清朱駿聲《通訓定聲》："《洞簫賦》：'僬以頓顇。'"《廣韻·至韻》："顇，顛顇。"《荀子·王霸》："必自爲之然後可，則勞苦耗顇莫甚焉。"唐楊倞注："耗，謂精神竭耗；顇，顛顇也。"唐元稹《唐故萬州刺史劉君墓誌銘》："天子思我，明嫉我恩，雖我顇蹙，心我不泯。"

〔推源〕 諸詞俱有憔悴義，爲卒聲所載之公共義。"憔悴"爲複音詞，亦當爲合成詞，故"悴""瘁""顇"皆可單用。其"顛顇"一作"醮顇"。《説文·面部》"醮"訓"面焦枯小"。則"顛""憔"即形容枯槁無潤色之意。"悴""顇"則當爲虛弱義。聲符字"卒"爲精紐物部字，"脆"者清紐月部，精清旁紐，物月旁轉。"脆"則有弱義，故有"脆弱"之同義聯合式複音詞。

430 庚聲

(1163) 康唐（空義）

康 穀皮，中空之物，引申爲空虛義。後起本字作"穅""糠"。《説文·禾部》："穅，穀皮也。从禾，从米，庚聲。康，穅或省。"清朱駿聲《通訓定聲》："今蘇俗穀皮之粗大者曰礱穅，米皮之粉細者曰穅。字亦作'糠'。《莊子·逍遥遊》：'塵垢粃穅。'《天運》：'播康眯目。'《漢書·陳平傳》：'亦食穅覈耳。'〔假借〕爲'稴'。《周書·謚法》：'凶年無穀曰穅。穅，虛也。'《穀梁襄二十四傳》：'四穀不升謂之康。'〔聲訓〕《爾雅》'康瓠'李注：'康，空也。'"按，"康"表空虛義無煩假借，乃引申。《詩·小雅·賓之初筵》："酌彼康爵，以奏爾時。"漢鄭玄箋："康，虛也。"

唐 空洞、荒唐的大話，引申爲空虛。《説文·口部》："唐，大言也。从口，庚聲。"清朱駿聲《通訓定聲》："《莊子·天下》：'荒唐之言。'〔假借〕又爲'溏'。《管子·地員》：'黄唐無宜。'注：'虛脆也。'《莊子·田子方》：'是求馬于唐肆也。'按，空也。馬本以'廣'爲之。又《西方書》：'福不唐捐。'亦空意。"按，非假借，乃引申。宋王安石《再用前韻寄蔡天啓》："昔功恐唐捐，異味今得饁。"清黄遵憲《病中紀夢述寄梁任父》："謂彼牛醫兒，徒一唐名士。"

〔推源〕 此二詞俱有空義，爲庚聲所載之公共義。聲符字"庚"所記録語詞與空義不相涉，其空義乃庚聲所載之語源義。庚聲可載空義，"空"可證之。

庚：見紐陽部；

空：溪紐東部。

見溪旁紐，陽東旁轉。"空"，孔洞，中空者，故引申爲空洞、空虛義。《説文·穴部》："空，竅也。从穴，工聲。"清朱駿聲《通訓定聲》："經傳亦以'孔'爲之。《漢書·溝洫志》注：'空猶穿也。'……《荀子·解蔽》：'空石之中有人焉。'注：'石穴也。'〔轉注〕《論語》：'屢空。'《集解》：'猶虛中也。'"《廣韻·東韻》："空，空虛。"《詩·小雅·白駒》："皎皎白駒，在彼空谷。"

(1164) 賡/更（補償義）

賡 補償。《廣韻·東韻》："賡，償也。"《管子·國蓄》："智者有什倍人之功，愚者有不賡本之事。"唐尹知章注："賡，猶償也。"按，"賡"又有相酬義，相酬猶相補償，其義相通。宋王安石《題正覺相上人籜龍軒》："此地七賢誰笑傲，何時六逸自賡酬。"按"賡""酬"同義。

更 補償。《廣韻·映韻》："更，償也。"清朱駿聲《説文通訓定聲·壯部》："更，〔假借〕爲'庚'。《廣雅·釋言》：'更，償也。'"按，"更"有更替、相繼、增益等義，皆與補償義通，"更"表補償義非假借。《周禮·夏官·馬質》："馬死則旬之内更。"漢鄭玄注："更，謂償也。"《淮南子·詮言訓》："功之成也不足以更責，事之敗也不足以敝身。"漢高誘注："更，償也。"

〔推源〕 此二詞俱有補償義，其音亦同，見紐雙聲，陽部疊韻。然則語源當同。

431　音聲

(1165) 剖部掊脬倍（分義）

剖 剖判，分開。《説文·刀部》："剖，判也。从刀，音聲。"清朱駿聲《通訓定聲》："《廣雅·釋詁一》：'剖，分也。'《四》：'半也。'《蒼頡篇》：'剖，析也。'《左襄十四傳》：'與女剖分而食之。'注：'中分爲剖。'《宋策》：'剖傴之背。'注：'劈也。'《莊子·胠篋》：'比干剖。'……《淮南·齊俗》：'伐梗枏豫樟而剖梨之。'注：'判也。'……《後漢·馮衍傳》：'伯玉擢選剖符。'注：'即分也。'"

部 字从邑，本爲地名。地域可劃分，故又有分義，乃套用字。《玉篇·邑部》："部，分判也。"清朱駿聲《説文通訓定聲·頤部》："部，〔假借〕爲'剖'。《漢書·高帝紀》：'部署諸將。'注：'分部而署置。'《羽獵賦》：'浸淫豎部。'注：'軍之部伍也。'《西山經》：'司天之九部。'注：'九域之部界。'……《素問·陰陽應象大論》：'審清濁而知部分。'注：'部分，謂藏府之位可占候處。'《陰陽類論》：'陽爲遊部。'注：'謂身形部分也。'《荀子·王霸》：'名聲之部，發於天地之間。'"按，"部"非"剖"之假借。凡"部署""部伍""部界""部分"等皆有劃分、區分義。

掊 擊破，寓分離、分開義。《廣韻·厚韻》："掊，擊也。"清朱駿聲《説文通訓定聲·頤部》："掊，《莊子·逍遥遊》：'吾爲其無用而掊之。'司馬注：'擊破也。'"宋蔡絛《鐵圍山叢談》卷四："盡掊土偶五六，擲之河中。"宋徐夢莘《三朝北盟會編》卷三："殺人剽刦者，掊其腦而死之。"

胕 肉醬。《説文·肉部》:"胕,豕肉醬也。从肉,音聲。"清朱駿聲《通訓定聲》:"與'醢'略同。"《廣韻·候韻》:"胕,豕肉醬也。"按,肉醬即被分解之肉,"胕"之名當寓分解義。肉醬稱"胕",正猶米粉稱"粉","粉"即經分解之米。

倍 背叛,即離心離德。"倍"寓相分離義。《説文·人部》:"倍,反也。从人,音聲。"《孟子·滕文公上》:"子之兄弟事之數十年,師死而遂倍之。"《禮記·大學》:"上恤孤而民不倍。"漢鄭玄注:"民不倍,不相倍棄也。"

〔推源〕 諸詞俱有分義,爲音聲所載之公共義。聲符字"音"所記録語詞謂相與語唾而不受。《説文·丶部》:"音,相與語唾而不受也。从丶,从否,否亦聲。"按,猶後世之"呸"。然則與分義不相涉,其分義乃音聲所載之語源義。音聲可載分義,"分"可證之。

音:滂紐之部;

分:幫紐文部。

滂幫旁紐,之文通轉。"分",分開。《説文·八部》:"分,别也。从八,从刀,刀以分别物也。"清朱駿聲《通訓定聲》:"《禮記·月令》:'死生分。'注:'猶半也。'……《論語》:'邦分崩離析。'孔注:'民有異心曰分。'《莊子·漁父》:'遠哉其分乎道也。'司馬注:'離也。'《列子·黄帝》:'用志不分。'注:'猶散也。'"

(1166) 棓餢毰培陪錇倍(大、增大義)

棓 大杖。《説文·木部》:"棓,梲也。从木,音聲。"清朱駿聲《通訓定聲》:"字亦作'梇',俗字作'棒',奉、音雙聲……《廣雅·釋器》:'棓,杖也。'《通俗文》:'大杖曰棓。'《淮南·詮言》:'羿死于桃棓。'注:'棓,大杖,以桃木爲之。'"《廣韻·尤韻》:"棓,杖也。"《新唐書·李嗣業傳》:"常爲先鋒,以巨棓笞鬭,賊值,類崩潰。"按,《説文》以"梲"訓"棓",同部"梲"篆訓"木杖"。

餢 發麵餅,發酵而增大者。字亦作"麮"。《玉篇·麥部》:"麮麩,餅也。"《廣韻·厚韻》:"麮,麮麩,餅。"《集韻·厚韻》:"麮,或从食。"《正字通·食部》:"餢,餢鍮,起麵也,發酵使麵輕高浮起,炊之爲餅。賈公彥以酏食爲起膠餅。膠,即酵也。"北魏賈思勰《齊民要術·餅法》:"餢鍮(起麵如上法)盤水中浸劑,於漆盤背上水作者,省脂。"晉束皙《餅賦》:"劍帶案盛,餢飳髓燭。"

毰 鳥羽張開。《集韻·咍韻》:"毰,毰毸,鳥羽張皃。或从思。"又《灰韻》:"毰,毰毸,毛羽兒。"宋蘇轍《野鷹來》:"野鷹來,雄雉走蒼茫。荒榛下,毰毸大如斗。"清黄景仁《題馬氏齋頭秋鷹圖》:"仰天大笑纓索絕,毰毸斗大盤高城。"按,鳥羽張開則增大。

培 添土,增高,增大。《説文·土部》:"培,培敦,土田山川也。从土,音聲。"清朱駿聲《通訓定聲》:"按,絫土也。《晉語》:'若見壘培。'注:'壘墼曰培。'……《方言》十三:'冢,秦晉之間或謂之培。'注:'培塿,亦堆高之貌。'又《禮記·中庸》:'故栽者培之。'注:'益也。'"《廣韻·灰韻》:"培,益也,重也。"按,《説文》所訓"培墩"謂增大其封地,清段玉裁説。

陪 重疊的土堆,增益而成者,因引申爲增益、增大義。《説文·阜部》:"陪,重土也。从阜,音聲。"清朱駿聲《通訓定聲》:"按,重阜也,所謂再成丘也……《廣雅·釋詁一》:'陪,益也。'"《左傳·僖公三十年》:"若亡鄭而有益於,敢以煩執事。越國以鄙遠,君知其難也,焉用亡鄭以陪鄰?鄰之厚,君之薄也。"晉杜預注:"陪,益也。"按,"陪鄰"即增大鄰國之疆域。唐韓愈《寄崔二十六立之》:"觀名計之利,詎足相陪裨?"錢仲聯《集釋》:"陪,益也。"

錇 大釘。《集韻·尤韻》:"錁,錁鏂,大釘。或作'錇'。"《廣韻·尤韻》:"錁,錁鏂,大釘。"按,其字亦作"浮漚"。《説郛》卷五十七引宋程大昌《演繁露·金鋪》:"《風俗通義》'門户鋪首':昔公輸班見水中蠡引閉其户,終不可開,遂象之立于門户。按,今門上排立而突起者,公輔班所飾之蠡也。《義訓》曰:'門飾,金謂之鋪,鋪謂之鏂,鏂音歐,今俗謂之浮漚釘也。'"

倍 加倍,增大。《廣韻·海韻》:"倍,子本等也。"清朱駿聲《説文通訓定聲·頤部》:"倍,〔假借〕又爲'陪'。"《墨子·經上》:"倍爲二也。"《易·説卦》:"巽爲近利市三部。"《孟子》:"或相倍蓰。"《荀子·治國》:"則民倍貸以給上之徵矣。"注:"謂貸一還二也。"又爲'培'……《莊子·養生主》:"是遯天倍情。"《釋文》:"加也。"按,"倍"非借作"陪""培"而表加倍、增加義,乃由其本義所衍生。"倍"之本義爲違背(見前條)。清段玉裁《説文解字注·人部》:"倍,以反者覆也,覆之則有二面,故二之曰倍。"按,違背即離心離德,彼此不一心而分爲二。《墨子·節用上》:"聖人爲政一國,一國可倍也。"其"倍"則謂益,增大。

〔推源〕 諸詞俱有大、增大義,爲音聲所載之公共義。音聲字"部"亦可以假借字形式表大義,則亦爲音聲與大、增大義相關聯之一證。《淮南子·説山訓》:"羿死,桃部不給射;慶忌死,劍鋒不給縛。"清朱駿聲云此"部"爲"棓"之假借,謂大杖,得之。按,本條"棓""錇""箁"等之聲符"音"所記錄語詞與大、增大義不相涉,其大、增大義乃音聲所載之語源義。音聲可載大、增大義,"龐""膨"可證之。

音:滂紐之部;
龐:並紐東部;
膨:滂紐陽部。

滂並旁紐,之東旁對轉,之陽旁對轉,東陽旁轉。"龐",大。《説文·广部》:"龐,高屋也。从广,龍聲。"清段玉裁注:"引申之爲凡高大之偁。"按,許慎所訓乃爲形體構造意圖,藉"廣"以表達高大義。清代以往,詞義引申之探討,以段玉裁之功爲最巨。然常以造意爲本義、以本義爲引申義,則爲美中不足。"龐"之本義即大。《國語·晉語上》:"敦龐純固,於是乎成。"三國吳韋昭注:"龐,大也。"《樂府詩集·雜歌謠辭一·塗山歌》:"綏綏白狐,九尾龐龐。我家嘉夷,來賓爲王。"按,"龐"字從龍得聲,龍聲字所記録語詞"巄""聾""壟""寵""龓""朧""隴"等俱有高大義(見本典"龍聲"),可相爲證。"膨",膨脹,增大。《廣韻·映韻》:"膨,脹也。"晉張華《博物志》卷二:"俚子弓長數尺,箭長尺餘,以燋銅爲鏑,塗毒藥於鏑鋒,中人即死,不時斂藏,即膨脹沸爛,須臾燋煎都盡,唯骨耳。"清袁枚《新齊諧·蛇含草消木化金》:"張文敏公有族姪寓洞庭之西磧山莊,藏兩雞卵于廚舍。每夜爲蛇所竊,伺之,見一白蛇吞卵而去,頸中膨亨不能遽消。"

(1167) 培陪倍(邊側義)

培 墻壁,處屋之邊側者。墻壁稱"壁"亦邊側義,其字從辟得聲,辟聲字所記録語詞"臂""僻""避"等俱有邊側義(見本典"辟聲")。"培"亦指田之邊側。清朱駿聲《説文通訓定聲·頤部》:"培,《淮南·齊俗》:'鑿培而遁之。'注:'培,屋後墻也。'《吕覽·辨土》:'高培則拔。'注:'培,田側也。'"《國語·晉語九》:"趙簡子使尹鐸爲晉陽。曰:'必墮其壘培,吾將往焉。'"按,"培"本謂爲樹根四邊添土,故有"邊側"之衍義。

陪 陪伴在側。《廣韻·灰韻》:"陪,陪厠也。"清朱駿聲《説文通訓定聲·頤部》:"陪,〔轉注〕鍇本'一曰陪臣,陪,備也。'《廣雅·釋詁一》:'陪,臣也。'《詩·蕩》:'以無陪無卿。'傳:'無陪貳也。'疏:'謂三公。'又《禮記·曲禮》:'自稱曰陪臣某。'注:'重也。'《左傳十二傳》:'陪臣敢辭。'服注:'重也,諸侯之臣於天子,故曰陪臣。'……《魯語》:'士有陪乘。'注:'猶重也。'"漢司馬遷《報任安書》:"鄉者僕常厠下大夫之列,陪外廷末議。"

倍 陪伴在側。《穆天子傳》卷六:"喪主即位,周室父兄子孫倍之。"洪頤煊校:"倍,古陪字。"《清平山堂話本·快嘴李翠蓮記》:"令堂亦當着老妻過去倍伴。"按,"倍"亦指日側之雲氣。清朱駿聲《説文通訓定聲·頤部》:"倍,〔假借〕爲'背'。《吕覽·明理》:'有倍僪。'注:'倍,日旁之危氣也,在兩旁反出爲倍。'"按,"倍"本有背叛、逆反義,依高誘此注説,則日側氣義爲其衍義。又,"倍"有陪伴於側義,日旁危氣實亦陪伴於日側者,故"倍"表此義無煩假借。

〔推源〕 諸詞俱有邊側義,爲音聲所載之公共義。聲符字"咅"所記録語詞與邊側義不相涉,其邊側義乃音聲所載之語源義。音聲可載邊側義,"旁"可證之。

咅:滂紐之部;
旁:並紐陽部。

滂並旁紐,之陽旁對轉。"旁",旁邊,邊側。《玉篇·上部》:"旁,猶側也,邊也。"按,《廣韻》"傍"亦訓"側",其字從旁得聲。《韓非子·内儲説下》:"文王資費仲而遊於紂之旁。"《漢書·循吏傳·黄霸》:"吏出,不敢舍郵亭,食於道旁。"

(1168) 醅/肧(未成形義)

醅 未過濾之酒,即酒之未成形者。《玉篇·酉部》:"醅,未釃之酒。"《廣雅·釋詁二》:

"釋，盝也。"《廣韻·灰韻》："醅，酒未漉也。"清朱駿聲《說文通訓定聲·頤部》："醅，〔別義〕今所用潑醅字，謂酒未沸者。"按，《說文》訓"醅"爲"醉飽"，故朱氏稱其酒未過濾義爲別義。北魏賈思勰《齊民要術·法酒》："合醅飲者，不復封泥。"唐白居易《初冬月夜得長句》："最恨潑醅新熟酒，迎冬不得共君嘗。"《明史·禮志一》："酒齊倣周制，用新舊醅，以備五齊三酒。"

肧 肧胎，人未成形者。其字後世作"胚"。《說文·肉部》："肧，婦孕一月也。"清朱駿聲《通訓定聲》："字亦作'胚'。《爾雅·釋詁》注：'肧，胎未成。'"《廣韻·尤韻》："肧，孕一月。"又《灰韻》："肧，懷胎一月。"《文選·郭璞〈江賦〉》："類肧渾之未凝，象太極之構天。"唐李善注："言雲氣杳冥，似肧胎渾混，尚未凝結。"明李時珍《本草綱目·人部·人胞》："天地之先，陰陽之祖，乾坤之橐籥，鉛汞之匡廓，胚胎將兆，九九數足，我則乘而載之，故謂之河車。"引申之，凡物未成形者皆稱"胚"，如磚之未燒者稱"磚胚"，鋼之未成器者稱"鋼胚"。徽歙方言音轉讀如"潑"，謂猪仔未長成爲"猪潑"。又稱材料爲"胚料"。

〔推源〕 此二詞皆有未成形義，其音亦同，滂紐雙聲，之部疊韻。然則出諸同一語源。

432 妾聲

(1169) 椄接綊跕（接續義）

椄 嫁接果木、花木，亦指梁，連接桎梏兩孔者。《說文·木部》："椄，續木也。从木，妾聲。"清朱駿聲《通訓定聲》："從彼樹移接此樹，後世謂之嫁樹也。〔別義〕《莊子·在宥》：'聖知之不爲桁楊椄槢也。'司馬注：'椄槢，械楔也。'崔注：'椄槢，桎梏梁也。'"按，亦虛化引申爲連接、連接義。睡虎地秦墓竹簡《爲吏之道》："道傷車利，精而勿致，興之必疾，夜以椄日。"

接 交接，引申爲連接、連續義。《說文·手部》："接，交也。从手，妾聲。"清朱駿聲《通訓定聲》："足接爲交，手交爲接。《廣雅·釋詁二》：'接，合也。'《易·晉》：'晝日三接。'鄭讀'捷'。《禮記·表記》：'君子之交如水。'〔假借〕爲'椄'。《廣雅·釋詁二》：'接，續也。'《儀禮·聘禮》：'接聞命。'注：'猶續也。'《秦策》：'故使工人爲木材以接乎。'《楚辭·哀郢》：'憂與愁其相接。'《淮南·精神》：'聖人食足以接氣。'注皆訓'續'。"按，"接"表連續、接續義無煩假借，乃引申。唯"接"有"續"義，故有"接續"之同義聯合式合成詞。宋司馬光《辭接續支俸札子》："聞近有聖旨，特再給臣寬假將治，其俸給等接續支給。"

綊 接續。《玉篇·糸部》："綊，綊續也。"馬王堆漢墓帛書《十六經·五正》："外內交綊，乃正于事之所成。"

跕 步履連續不斷。《廣韻·葉韻》："跕，跕跕，往來皃。"元戴侗《六書故·人九》："跕踥、踥蹀、蹀踥，皆者進連步之貌。"《楚辭·九章·哀郢》："衆踥跕而日進兮，美超遠而逾邁。"清王夫之《通釋》："踥跕，相踵而進。"按即行者相連續。清黃景仁《和容甫》："終朝逐塵鞅,踥踥趨路旁。"

〔推源〕 諸詞俱有接續義,爲妾聲所載之公共義。聲符字"妾"所記録語詞謂女奴,或以爲本有接義。《説文·辛部》:"妾,有辠女子,給事之得接於君者。从辛,从女。"清朱駿聲《通訓定聲》:"女曰妾,男曰童。《書·費誓》:'臣妾逋逃。'傳:'女曰妾。'〔聲訓〕《白虎通·嫁娶》:'妾者,接也,以時接見也。'《釋名·釋親屬》:'妾,接也,以賤見接幸也。'《廣雅·釋親》:'妾,接也。'"妾聲可載接續義,則"連"可相證。

妾:清紐葉部;
連:來紐元部。

清來鄰紐,葉(盍)元通轉。"連",人拉車。《説文·辵部》:"連,員連也。从辵,从車。"清段玉裁注改其解釋文爲"負車也",並注:"連即古文'輦'也。《周禮·鄉師》'輦輦'鄭玄注:故書'輦'作'連'。"清朱駿聲以爲"連"假借爲"輦",失之。按,"連"即人負車以行,人與車相連接,故引申爲連接義。《左傳·襄公十八年》:"夙沙衛連大車以塞隧而殿。"《文選·蘇武〈别從弟詩〉》:"況我連枝樹,與子同一身。"又引申爲連續義。《廣雅·釋詁二》:"連,續也。"《廣韻·仙韻》:"連,續也。"《莊子·讓王》:"民相連而从之,遂成國於岐山之下。"唐成玄英疏:"民相連續,遂有國於岐陽。"

433 於聲

(1170) 瘀淤閼飫(鬱積、阻滯義)

瘀 瘀血,血鬱積。《説文·疒部》:"瘀,積血也。从疒,於聲。"清朱駿聲《通訓定聲》:"《廣雅·釋詁一》:'病也。'《太玄·玄數》:'八爲疾瘀。'《楚辭·九辯》:'形銷鑠而瘀傷。'"《廣韻·御韻》:"瘀,血瘀。"引申爲鬱積、阻滯義。漢張仲景《傷寒論·太陽病中》:"所以然者,以太陽隨經,瘀熱在裏故也。"姚瑩《噶瑪蘭臺異記》:"二氣相薄,梗塞乍通。於是乎有風雷水旱瘀疾之事。"

淤 泥沙鬱積於水中。字亦作"埳"。《説文·水部》:"淤,澱滓濁泥。从水,於聲。"《廣韻·御韻》:"淤,濁水中泥也。"《集韻·御韻》:"淤,或从土。"《管子·水地》:"晉之水枯旱而運,埳滯而雜。"《漢書·溝洫志》:"春夏乾燥,少水時也,故使河流遲,貯淤而稍淺。"引申之,"淤"亦指衝積、鬱積而成之小洲。清朱駿聲《説文通訓定聲·豫部》:"淤,《方言》十二:'水中可居爲洲,三輔謂之淤。'《上林賦》:'行乎洲淤之浦。'"按"淤"又有停滯、阻滯之義。宋歐陽修《論修河第二狀》:"淤澱之勢,常先下流。下流淤高,水行不快,乃自上流低下處決。"

閼 阻擋,使不通行而停滯。《説文·門部》:"閼,遮擁也。从門,於聲。"清朱駿聲《通訓定聲》:"《荀子·禮論》:'以象槾茨番閼也。'注:'謂門户壅閼風塵者。'《漢書·召信臣傳》：'起水門提閼。'注：'閼所以壅水。'《爾雅》：'太歲在甲曰閼逢。'李注：'萬物鋒芒欲出，擁遏未通也。'《莊子·逍遙游》：'而莫之夭閼者。'注：'塞也。'……《呂覽·古樂》：'民氣鬱閼而滯著。'注：'讀遏止之遏。'"《廣韻·曷韻》："閼，止也，塞也。"

饇 食過飽，鬱積於胃腑。字亦作"飫"。《玉篇零卷·食部》："饇，字書亦'飫'字也。""飫，食過多"《廣韻·御韻》："饇，同'飫'。""飫，飽也，厭也。"《左傳·襄公二十六年》："將賞爲之加膳，加膳則飫賜。"晉杜預注："飫，饜也。酒食賜下，無不饜足，所謂加膳也。"按，"飫"本謂君主賜同姓者之私宴，杜氏之説，蓋本於此。宋王禹偁《竹䮾》："飫飽致肥腯，优游恣蕃育。"

〔推源〕 諸詞俱有鬱積、阻滯義，爲於聲所載之公共義。聲符字"於"同"烏"，謂烏，與鬱積、阻滯義不相涉。本條諸詞之公共義乃於聲所載之語源義。於聲可載鬱積、阻滯義，"汙"可相證。"於""汙"同音，影紐雙聲，魚部疊韻。"汙"，鬱積之濁水。《説文·水部》："汙，薉也。一曰小池爲汙。"按清朱駿聲《通訓定聲》引《廣雅·釋詁三》："汙，濁也。"所謂"小池"即小水坑，古人云流水不腐，小坑鬱積之水則必污穢，《説文》所訓二義本相通。《廣韻·模韻》："汙，同洿。""洿，《説文》：'濁水不流者。'"《晉書·周訪傳》："前崗見一牛眠山汙中。"唐柳宗元《閔生賦》："壞汙潦以填洳兮，蒸沸熱而恒昏。"

434　卷聲

(1171) 圈捲菤埢跧痯蜷棬綣䏑港錈䭇（圓、曲義）

圈 關養禽獸處，引申之則指屈木所製圓形器皿及環形物。《説文·囗部》："圈，養畜之閑也。从囗，卷聲。"清朱駿聲《通訓定聲》："字亦作'圏'。《蒼頡篇》：'圈，檻類也。'《漢書·張釋之傳》：'登虎圈。'注：'養獸之所。'〔轉注〕《禮記·玉藻》：'母没而杯圈，不能飲焉。'注：'屈木所爲，謂卮匜之屬。'《莊子·齊物論》：'似圈似臼。'……今所用文章圈點，亦謂形周如圈也。"宋黎靖德編《朱子語類》卷六十五："龜山取一張紙，畫個圈子，用墨塗其半。"按，"圈"有圓義，故有"圓圈"之同義聯合式合成詞。

捲 收卷，所卷之物成圓筒形。《説文·手部》："捲，收也。"清朱駿聲《通訓定聲》："《廣雅·釋詁三》：'捲，治也。'經傳皆以'卷'爲之。"《廣韻·獼韻》："捲，捲衣。"《淮南子·兵略訓》："五指之更彈，不若捲手之一挃。"北周庾信《詠畫屏風》："玉柙珠簾捲，金鈎翠幔懸。"南朝宋劉義慶《世説新語·排調》："明帝問周伯仁：'真長何如人？'答曰：'故是千斤犗特。'王公笑其言。伯仁曰：'不如捲角牸，有盤辟之好。'"

菤 卷耳，其形圓。《爾雅·釋草》："菤耳，苓耳。"晉郭璞注："苓耳形似鼠耳，叢生如盤。"《廣韻·獼韻》："菤，菤耳，苓耳。"按，"菤耳"本亦作"卷耳"，"菤"爲"卷"之緟益字，亦爲指稱卷耳之專字。《詩·周南·卷耳》："采采卷耳，不盈頃筐。"漢毛亨傳："卷耳，苓耳也。"

宋朱熹《集傳》："卷耳,枲耳。葉如鼠耳,叢生如盤。"明李時珍《本草綱目·草部·枲耳》："〔釋名〕詩人謂之卷耳,《爾雅》謂之蒼耳,《廣雅》謂之枲耳。"

埢 《廣韻·獮韻》訓"冢土",蓋謂墳堆,其形圓。《文選·揚雄〈甘泉賦〉》:"登降阢巇,單埢垣兮。"唐李善注:"埢垣,圜貌。"按,"埢垣"當爲同義連文,"垣"本指墻,"埢"亦有彎曲圍墻義,故"埢垣"有"圜"之衍義。《集韻·𤣥韻》:"埢,埢垣,曲墻也。"

踡 卷曲不伸。《廣韻·仙韻》:"踡,踡跼,不行。"《淮南子·精神訓》:"病疵瘕者,捧心抑腹,膝上叩頭,踡跼而諦,通夕不寐。"《古文苑·王延壽〈王孫賦〉》:"踡兔蹲而狗踞,聲歷鹿而喔咿。"宋章樵注:"踡,跼不伸也。"

痯 手屈病。《廣韻·仙韻》:"痯,手屈病也。"清桂馥《札樸·鄉里舊聞·疾病》:"屈手曰痯。"引申爲卷曲義。唐蘇源明《元包經傳·少陰》:"塵冪于巖,石痯于土。"

蜷 蟲形卷曲。《廣韻·仙韻》:"蜷,蟲形詰屈。"《淮南子·說山訓》"蠶無筋骨之強"漢高誘注:"蠶,一名蜷蝡"。引申爲卷曲義。《楚辭·離騷》:"僕夫悲余馬懷兮,蜷局顧而不行。"漢王逸注:"蜷局,詰屈不行貌。"

棬 屈木製成的盂。盂爲圓形物,屈木則即彎曲其木。《廣韻·仙韻》:"棬,器,似升。屈木作。"清朱駿聲《說文通訓定聲·乾部》:"《孟子》:'猶以杞柳爲桮棬。'字又作'䀇'。《方言》五:'盂,或謂之䀇。'"《集韻·𤣥韻》:"棬,屈木盂也。或作'䀇'。"《舊唐書·中宗紀》:"幸臨渭亭修禊飲,賜群官柳棬以辟惡。"按《廣韻·仙韻》"䀇"字訓"盌",謂碗,則亦圓形物。《孔叢子·連叢子下》:"(永初二年)夏,河南四縣雨雹如棬杯,大者如斗。"

綣 字從糸,所記錄語詞之本義爲繾綣,謂眷念、情意纏綿,實即糾纏不相離之意。有形物之纏繞即作圓周運動,故"綣"有卷曲之衍義。《靈樞經·五味論》:"膀胱之胞,薄以懦,得酸則縮綣。"按,"縮綣"亦作"縮踡",即收縮卷曲義。《素問·舉痛論》:"寒氣客於脈外則脈寒,脈寒則縮踡,縮踡則脈紃急,紃急則外引小絡,故卒然而痛。"清韓小窗《得鈔傲妻》:"愁漠漠縮肩綣腿雙合眼。"

腃 筋節卷縮。《廣韻·至韻》:"腃,筋節急也。"按,字亦作"䐲"。《列子·楊朱》:"肌肉麤厚,筋節䐲急。"亦指身體彎曲。王重民等編《敦煌變文集》之《破魔變文》:"身腃項縮,恰似害凍老鴉。"按《集韻》"腃"字訓"吻",謂嘴唇,則有圓義。

港 水回旋貌。水回旋即作圓周運動。《正字通·水部》:"港,水回旋貌。"南朝梁陸倕《感知己賦》:"或欲涉其涯涘,求其界畔,則浩浩港港,彪彪汧汧。"

錈 刀劍刃口卷曲。《呂氏春秋·別類》:"柔則錈,堅則折。劍折且錈,焉得爲利劍?"漢高誘注:"錈,字書無此字,當與'卷'同。"按《集韻·阮韻》"錈"訓"屈金",或即此義。按,"錈"即卷刃,古者或作"卷鈃",則"錈"爲繾益字,亦爲記錄卷刃義之專字。《淮南子·脩務訓》:"今劍或絕側嬴文,齧缺卷鈃,而稱以頃襄之劍,則貴人爭帶之。"漢高誘注:"齧齒卷鈃,鈍弊無刃。"

䭔 卷筒形食物。清蒲松齡《日用俗字·飲食》：" 䭔子擦穰留客飽。"按，滬、杭兩地皆有"花卷"，以麵製。其正字當即"䊆"。《說文·米部》："䊆，粉也。从米，卷聲。"清朱駿聲《通訓定聲》："字亦作'粚'。"《玉篇·米部》："粚，同䊆。"《集韻·桓韻》："粚，粉餌。"按，即米粉餅，扁圓之物。

〔推源〕 諸詞俱有圓、曲義，爲卷聲所載之公共義。聲符字"卷"所記錄語詞謂膝曲，引申之，則有圓、曲義。《說文·卩部》："卷，厀曲也。从卩，𢍏聲。"清朱駿聲《通訓定聲》："《莊子·徐無鬼》：'有卷婁者。'《釋文》：'猶拘攣也。'《逍遥遊》：'卷曲而不中規矩。'《淮南·本經》：'嬴縮卷舒。'注：'屈也。'〔假借〕又爲'捲'。《詩·柏舟》：'不可卷也。'《儀禮·公食禮》：'有司卷三牲之俎。'注：'猶收也。'《考工·鮑人》：'卷而搏之。'注：'讀爲可卷而懷之之卷。'"按，非假借，"捲"字專爲記錄"卷"之引申義即收卷義而造。然則本條諸詞之圓、曲義爲其聲符"卷"所載之顯性語義。卷聲可載圓、曲義，則"拳"可證之。

卷：見紐元部；
拳：群紐元部。

疊韻，見群旁紐。"拳"，拳頭，其形圓。拳者，屈指而成，亦寓屈曲義。《說文·手部》："拳，手也。"清朱駿聲《通訓定聲》："張之爲掌，卷之爲拳。"《廣韻·仙韻》："拳，屈手也。"漢王延壽《夢賦》："乃揮手振拳，雷發電舒。"元李致遠《還牢末·楔子》："誰想拳頭上沒眼，把他打死了。"又，本卷第 880 條肙聲字所記錄語詞"圓""削""蜎""鋗""睊""悁"俱有圓、曲義，卷聲、肙聲本相近且相通。

卷：見紐元部；
肙：影紐真部。

見影鄰紐，元真旁轉。然則亦可相互爲證。

(1172) 睠綣惓（眷念、懇切義）

睠 回顧，引申爲眷念義。字亦作"眷"。《廣韻·線韻》："睠，同眷。"《說文·目部》："眷，顧也。"清朱駿聲《通訓定聲》："字亦作'睠'。《廣雅·釋詁四》：'眷，嚮也。'《詩·皇矣》：'乃眷西顧。'《大東》：'睠言顧之。'《小明》：'睠睠懷顧。'《韓詩》作'眷眷'。《補亡詩》：'眷戀庭闈。'注：'思慕也。'謝靈運詩：'覽物眷彌重。'注：'猶戀也。'"按，唯"睠"之義顧念，故有"睠顧"之同義聯合式合成詞。《史記·屈原賈生列傳》："（屈原）雖放流，睠顧楚國，繫心懷王，不忘欲反。"

綣 繾綣，眷念。《廣韻·願韻》："綣，繾綣，志盟。"《舊唐書·昭宗紀上》："將務乂寧，難申綣慕。"明孫仁孺《東郭記·所識窮乏者得我與》："故交發達還誰綣，抹下了當時面。"引申爲懇切義。明唐順之《祭楊細林文》："祠部君尚友四方之士，而尤綣綣于余。"

惓 疲倦，又有眷念義，則爲套用字，其詞則爲二。宋王安石《奉酬許承叔》："三秋不見每惓惓，握手山林復悵然。"引申爲懇切義。《正字通·心部》："惓，惓惓，懇切也。"戰國楚宋玉《神女賦》："褰餘幬而請禦兮，願盡心之惓惓。"清蒲松齡《聊齋志異·青鳳》："惓惓深情，妾豈不知？"

〔推源〕 上述諸詞或有眷念義，或有懇切義，又或兼有二義，俱以卷聲載之，語源當同。"綣""惓"皆有眷念、懇切義，其懇切義乃由眷念義所衍生。"睠"則有回顧、眷念義，其眷念義由回顧義所衍生。而回顧義當與前條諸詞之圓、曲義相通。回顧即旋轉其身而視之，本寓圓義。猶"轉"謂車行，車輪轉動，有圓義。行至某地回行亦稱"轉"，轉動、回轉二義相通。

(1173) 鬈婘（美好義）

鬈 髮好。《説文·髟部》："鬈，髮好也。从髟，卷聲。《詩》曰：'其人美且鬈。'"按，所引《詩·齊風·盧令》文漢毛亨傳："鬈，好貌。"宋朱熹《集傳》："鬈，鬚鬢好皃。"《廣韻·仙韻》："鬈，髮好也。"又："鬈，髮好皃。"元許有孚《瑞蓮歌次可行叔韻》："就中一茄發挺特，艷妝雙出雲髻鬈。"

婘 美好。《廣雅·釋詁一》："婘，好也。"清王念孫《疏證》："'婘'與下'孌'字同。《玉篇》：'婘，好皃，或作孌。'《齊風·還首》章：'揖我謂我儇兮。'毛傳云：'儇，利也。'《釋文》：'儇，《韓詩》作婘，好貌。'案，二章云：'揖我謂我好兮'，三章云：'揖我謂我臧兮'，屬辭比事，則韓義爲長。《澤陂》二章云：'有美一人，碩大且卷。'毛傳：'卷，好貌。'《釋文》云：'卷，本又作婘。'是其證也。"按，所引《詩·陳風·澤陂》文馬瑞辰《通釋》："卷即'婘'之消借。"《廣韻·仙韻》："婘，美皃。"

〔推源〕 此二詞俱有美好義，爲卷聲所載之公共義。聲符字"卷"所記錄語詞之本義、引申義系列與美好義不相涉，其美好義乃卷聲所載之語源義。卷聲可載美好義，"娟"可證之。

卷：見紐元部；

娟：影紐元部。

疊韻，見影鄰紐。"娟"，美麗，美好。《廣韻·仙韻》："娟，便娟，舞皃。嬋娟，好姿態皃。"《洪武正韻·先韻》："娟，美好貌。"《楚辭·大招》："豐肉微骨，體便娟只。"漢王逸注："便娟，好貌也。"按，謂輕盈而美，《廣韻》所訓"舞皃"當亦此義。《新唐書·叛臣傳下·高駢》："左右姬侍百餘，皆娟秀光麗。"

435 炎聲

(1174) 琰剡惔焱痰（上引義）

琰 美玉，玉光上炎。《説文·玉部》："琰，璧上起美色也。从玉，炎聲。"南唐徐鍇《繫傳》："琰之言炎也，光炎起也。"清朱駿聲《通訓定聲》："《書·顧命》：'宏璧琬琰在西序。'鄭注：'大璧琬琰，皆度尺二寸。'按，琬、琰，二大璧之名，璧與琮相配。……《淮南·説山》：'琬琰之玉。'注：'美玉也。'"晉夏侯湛《雀釵賦》："黛玄眉之琰琰，收紅顔而發色。"明楊珽《龍膏記·觖望》："花明寶鈿，光浮琬琰，是廣寒仙媛，合配風流時彦。"

剡 削尖，尖銳。《説文·刀部》："剡，鋭利也。从刀，炎聲。"清朱駿聲《通訓定聲》："字亦作'掞'。《爾雅·釋詁》：'剡，利也。'《廣雅·釋詁四》：'剡，鋭也。'《易·繫辭》：'掞木爲楫。'又：'掞木爲矢。'釋文：'本作剡。'《禮記·雜記下》：'剡上。'疏：'殺也。'"今按，"剡"字从刀，其本義即以刀削使尖，爲動詞。鋭義、利義則爲其引申義。朱氏所引《禮記》"剡上"爲形容詞，即下粗上細、形尖之義。凡尖鋭物皆斜綫上引。以故"剡"有"上舉"之衍義，上舉則即引而上之謂。《荀子·彊國》："欲剡其脛而以蹈秦之腹。"清王念孫《雜志》："謂起其脛以蹈秦之腹也。""剡"又有舉薦，此即抽象性上引義。《舊唐書·韋雲起傳》："今朝廷之内多山東人，而自作門户，更相剡薦，附下罔上，共爲朋黨。"

惔 憂，憂心如焚，如火之上炎、上引。《説文·心部》："惔，憂也。从心，炎聲。《詩》曰：'憂心如惔。'"清朱駿聲《通訓定聲》："《詩·節南山》：'憂心如惔。'傳：'燔也。'《雲漢》：'如惔如焚。'傳：'燎之也。'《釋文》引《説文》：'一曰炎燎也。'《韓詩》皆作'炎'。按，此字後出，即炎字也。若訓憂，則《詩》兩如字不可通。後人正因《節南山》'憂心'而加心傍耳。"按，心憂稱"惔"，取"炎"之比喻引申義，"惔"字則爲記録此義之專字。《廣韻·談韻》："惔，憂也。"明李東陽《久旱》："憂心劇惔焚，中熱不可制。"明唐寅《和沈石田落花詩》："惻惻悽悽憂自惔，花枝零落鬢絲添。"

菼 荻初生，呈現上長、上引狀態。《説文·艸部》："薍，萑之初生。一曰薍。从艸，剡聲。菼，薍或从炎。"清朱駿聲《通訓定聲》："或从炎聲。音義皆與'蒹'略同。《爾雅·釋草》：'菼，薍。'注：'江東呼爲蘆。'樊注：'初生葭騂色。'……按，蒹、菼實一物，初生曰菼，未秀曰蒹，已成曰萑……《詩·大車》：'毳衣如菼。'傳：'蘆之初生者。'此'蘆'字蓋'萑'字之誤。《碩人》：'葭菼揭揭。'傳：'薍也。'《蒹葭》陸疏：'菼，一名薍，薍或謂之荻。'"

痰 胸上水病。《廣韻·談韻》："痰，胸上水病。"按，中國醫學以爲凡人健康，氣、水皆下行，逆行則病。氣逆，在胃則抱飽噎；在肺，則咳嗽。水逆行在胸則爲痰。"痰"之名寓上升、上引之義。《金匱要略·痰飲咳嗽病脉證》："膈上病痰，滿喘咳吐。"宋王十朋《乞祠不允》："痰瘂每上攻，旋暈勢甚危。"

〔推源〕 諸詞俱有上引義，爲炎聲所載之公共義。聲符字"炎"所記録語詞之本義爲火苗升騰，即上升、上引義。《説文·炎部》："炎，火光上也。从重火。"清朱駿聲《通訓定聲》："與'爓'略同。《書·洪範》：'火曰炎上。'"《尚書大傳》卷三："棄法律，逐功臣，殺太子，以妾爲妻，則火不炎上。"宋黎靖德編《朱子語類·孟子七》："如水之潤下，火之炎上。"然則本條諸詞之上引義爲其聲符"炎"所載之顯性語義。至炎聲可載上引義，則"援"可證之。

炎：匣紐談部；

援：匣紐元部。

雙聲，談元通轉。"援"，上引。《説文・手部》："援，引也。从手，爰聲。"按，"援"爲累增字，其初文作"爰"，《説文・叕部》亦訓"引"。"爰"字从二手，即援引、上引義，以故有"援助"之衍義。"爰"字爲借義所奪，故另製"援"字重記其本義。《孟子・離婁上》："天下溺，援之以道；嫂溺，援之以手。"按，後一"援"字之義爲本義。"援"又攀援之義，攀援則即引體向上。《周書・達奚武傳》："攀藤援枝，然後得上。"

(1175) 覢睒燄惔跷睒(迅速、閃動義)

覢 忽然出現。《説文・見部》："覢，暫見也。从見，炎聲。《春秋公羊傳》曰：'覢然公子陽生。'"清朱駿聲《通訓定聲》："按，《公羊哀六傳》，今本作'闖'，'闖''覢'音隔，疑'闖'爲'閃'之誤字。"按"覢"有閃動義，朱説可從。楊樹達《積微居小學金石論叢・長沙方言續考》："玄應《一切經音義》卷六云：'電，關中名覢。'按，長沙今言電曰扯覢，書作閃。"按，"扯覢"一詞徽歙方言亦有之，讀如"車旋"。然則"覢"有迅速義，亦有閃動義。

睒 暫視，迅速視之之意，亦指窺視，窺視則亦迅速。又引申爲閃爍、閃動義。《説文・目部》："睒，暫視皃。从目，炎聲。讀若白蓋謂之苫相似。"清朱駿聲《通訓定聲》："《太玄・劇次三》：'鬼睒其室。'注：'見也。'《蓍初一》：'蓍復睒天。'注：'窺也。'《江賦》：'獱獺睒瞲乎厱空。'注：'暫視也。'按，此字當爲'覢'之或體。"按，"睒""覢"各有本義，非或體。南朝梁武帝蕭衍《孝思賦》："年揮忽而莫反，時瞬睒其如電。"唐李華《含元殿賦》："蕩晶景而外降，欻睒賜以交輝。"其"睒"皆閃動義。

燄 青黑色絲織品。《玉篇・火部》："燄，青黑繒。"按，所訓可從，然其字入《火部》則失之。其形體結構當爲从帛，炎聲。其音，《廣韻》載吐敢切，與"菼"同；又炎聲字"談"徒甘切，"賧"字吐濫切，足可相證。"燄"字从帛，則可指衣物，有衣衫飄動、閃動義，當爲炎聲所載之義。《廣韻・鹽韻》："燄，燄燄，衣動皃。"宋梅堯臣《李庭老許遺結絲勒帛》："冉冉仍垂紼，燄燄自有薰。"

惔 吐舌貌。按，凡動物吐舌一伸即縮，"惔"有迅速、閃動義。《廣韻・闞韻》："惔，憺惔，舌出。"《篇海類編・身體類・舌部》："憺惔，舌出貌。"按，"惔"當爲"惔"字之訛。"惔"字从炎，舌聲，其本義《説文》訓"火光"。"惔"字从舌，炎聲，義爲吐舌，即以炎聲載迅速、閃動義。《文選・王延壽〈魯靈光殿賦〉》："玄熊舚惔以斷斷，却負載而蹲跠。"唐李善注："舚惔，吐舌貌。"清吴偉業《廿五日偕穆苑先孫浣心葉予聞允文游石公山盤龍石寂光歸雲諸勝》："崎岈舞闞邪，惔舚張饕餮。"清遽廬《童子軍・雪餞》："恨只恨長蛇舚惔，不住把腥風煽。"按，"惔舚""舚惔"爲同素逆序詞，亦爲同義聯合詞式合成詞。徽歙方言稱火苗竄騰觸及他物爲"舚着一下"，其音讀如"南"，當即此"舚"，知者，"楠"字一作"枏"。

跾 疾行。《廣韻・琰韻》：「跾，疾行。」沈兼士《聲系》：「案'庆'，各本均作'疾'。」《正字通・足部》：「跾，疾趨也。」唐元結《演興》四首之四：「躋予身之飄飄，承予步之跾跾。」

晱 電。《篇海類編・天文類・日部》：「晱，電也。」按，電光本爲迅速閃動之物。古籍"晱"字之用皆表閃爍、閃動義。元吳師道《德興開化道中》：「宿雲逗疎雨，晱晱吐晨旭。」按，日光閃動當爲"晱"之本義，形義相比附者。清唐孫華《早春雜興次江位初韻》：「忍窮瘦骨尚崚嶒，晹晱看他鬼可憎。」

〔推源〕 諸詞俱有迅速、閃動義，爲炎聲所載之公共義。炎聲字"欻""掞""頬""剡"亦可以假借字形式表迅速、閃動義，庶可證炎聲與此義相關聯。清朱駿聲《說文通訓定聲・謙部》：「欻，《後漢書》注：'疾兒也。'」《關尹子・四符》：「吾之神一欻，無起滅爾。」《文選・江淹〈雜體詩・效王微"養疾"〉》：「寂歷百草晦，欻吸鵾鷄悲。」唐李善注：「欻吸，疾貌。」按，"欻"字从欠，炎聲，或从猋聲，其本義《說文》訓"有所吹起"，所載上述之義當爲假借義。"掞"，字从手，謂鋪張，以其炎聲載照耀、閃動之假借義。《漢書・禮樂志》：「長麗前掞光耀明。」唐顏師古注引晉灼語：「掞即光炎字也。」"頬"，清桂馥《札樸・鄉里舊聞・鄉言正字附名稱》：「電光曰打頬。」按，此字《龍龕手鑒・頁部》亦訓"光"，然其字从頁，形與義兩不相屬，電光義乃假借義。"剡"，字从刀，謂削，借爲火焰字，火焰則爲迅速升騰者。漢王充《論衡・雷虛》：「火剡之迹，非天所刻畫也。」按，本條"跾""晱""骸"等之公共聲符"炎"所記錄語詞謂火苗上升（見前條"推源"），本有迅速、閃動義，然則本條諸詞之迅速、閃動義爲其聲符"炎"所載之顯性語義。至炎聲可載迅速、閃動義，則"晃"可證之。

炎：匣紐談部；

晃：匣紐陽部。

雙聲，談陽通轉。"晃"有閃耀、閃動義，又有晃動、迅速變動義。《廣韻・蕩韻》：「晃，明也。」《正字通・日部》：「晃，日光耀也。」北周庾信《鏡賦》：「朝光晃眼，早風吹面。」唐柳宗元《晉問》：「日出寒液，當空發耀，英精互繞，晃蕩洞射。」

(1176) 談啖淡鹻醶（清淡義）

談 談論，對講。《說文・言部》：「談，語也。从言，炎聲。」清朱駿聲《通訓定聲》：「字亦作'譚'。《詩・節南山》：'不敢戲談。'《莊子・天運》：'三日不談則陽，夫子何不譚我于王?'李注：'說也。'」引申之，指平淡之語，故又有恬淡、清淡之衍義。清段玉裁《說文解字注・言部》：「談，淡也，平淡之語。」南朝梁陶弘景《題所居壁》：「夷甫任散誕，平叔坐談空。」按，所謂"談空"即清談，魏晉時之風氣。清談則爲平淡之語。南朝宋劉義慶《世說新語・文學》：「何晏爲吏部尚書，有位望，時談客盈坐。」清李漁《窺詞管見》第十五則：「有以談語收濃詞者，別是一法。」其"談"皆清淡義。

啖 吃，引申爲味道清淡義。《說文・口部》：「啖，噍啖也。从口，炎聲。一曰噉。」清朱駿聲《通訓定聲》:"按,'啖'當爲此字之或體……《廣雅·釋詁二》:'啖,食也。'《荀子·王霸》:'啖啖常欲人之有。'注:'並吞之皃。'《太玄·玄瑩》:'啖函啓化。'注:'含也。'〔假借〕爲'淡'。《漢書·叔孫通傳》:'攻苦食啖。'《集注》:'食無菜茹爲啖。'《周禮·廿人》注:'知鹹啖也。'"按,"啖"表味清淡義無煩假借。"啖"既謂吃則口能辨其鹹淡,乃引申。

淡 味清淡。《説文·水部》:"淡,薄味也。从水,炎聲。"清朱駿聲《通訓定聲》:"《禮記·中庸》:'淡而不厭。'注:'其味似薄也。'《表記》:'君子淡以成。'注:'無酸酢少味也。'《管子·水地》:'淡也者,五味之中也。'《漢書·揚雄傳》:'大味必淡。'注:'謂無主味也。'"《廣韻·敢韻》:"淡,薄味也。"按,亦引申而指顔色清淡。宋蘇軾《飲湖上初晴後雨》:"欲把西湖比西子,淡妝濃抹總相宜。"又"淡月""淡季""淡雅"等詞之"淡"皆清淡義。

醶 清淡,無味。《廣韻·闞韻》:"醶,無味。"《集韻·闞韻》:"醶,醶醶,無味也。或从炎。"唐陸羽《茶經·煮》:"初沸,則水合量調之以鹽味,謂棄其啜餘,無迺醶醶而鍾其一味乎!"

酸 字从西,謂酒味清淡。《集韻·㪤韻》:"酸,醨也。"《説文·西部》:"醨,薄酒也。"明李實《蜀語》:"酒醋味薄曰酸。"

〔推源〕 諸詞俱有淡清義,爲炎聲所載之公共義。聲符字"炎"所記録語詞之本義、引申義系列與清淡義不相涉,其清淡義乃炎聲所載之語源義。炎聲可載清淡義,"歇"可證之。

炎:匣紐談部;

歇:曉紐月部。

匣曉旁紐,談月通轉。今杭州方言稱味道清淡爲"歇",考諸文獻,味淡稱"歇",本亦古之雅言。"歇"字从欠,謂人之鼻息時有歇息、間隔。《説文·欠部》:"歇,息也。一曰氣越泄。"按,中醫以一呼一吸爲"息",一息之後有停頓,故"歇"之常義爲歇息、停止。又所謂"氣越泄"謂氣味消散,本與歇息義相通。《楚辭·九章·悲回風》:"蘪蘅槁而節離兮,芳以歇而不比。"消散則清淡,故又引申爲清淡義。北魏賈思勰《齊民要術·造笨麴並酒》:"酒停亦得二十許日,以冷水澆筒飲之。醅出者,歇而不美。"按,"歇"當爲形容詞,"歇而不美"即清淡而無美味。

(1177) 佟憸淡(安義)

佟 安然,安静。《説文·人部》:"佟,安也。从人,炎聲。讀若談。倓,佟或从剡。"清朱駿聲《通訓定聲》:"或从剡聲。與'憺'略同。《廣雅·釋詁四》:'佟,静也。'《蒼頡篇》:'佟,恬也。'《荀子·仲尼》:'佟然見管仲之能足託國也。'注:'安也。'"按,所引《荀子》文唐楊倞注下文爲"安然不疑也"。《廣韻·感韻》:"佟,安也。"又《談韻》:"佟,恬也,安也,静也。"又《闞韻》:"佟,安也,静也,恬也。亦作'憺'。"按,《廣雅·釋詁一》:"憺,安也。"

憸 恬淡,安静。唐玄應《一切經音義》卷十六:"憸,恬也。"《廣韻·敢韻》及《闞韻》:

"惔,同'憺'。"《説文·心部》:"憺,安也。"清朱駿聲《説文通訓定聲·謙部》:"惔,〔假借〕爲'倓'、爲'憺'。《莊子·列禦寇》:'以恬惔爲上者。'"按,"惔"之本義爲憂(見前第1174條),然其字從心,表恬淡、安静義無煩假借,乃套用字。《莊子·刻意》:"平易恬惔,則憂患不能入,邪氣不能襲。"又:"惔而無爲,動而以天行,此養神之道也。"三國魏曹丕《與吳質書》:"而偉長獨懷文抱質,恬惔寡欲,有箕山之志,可謂彬彬君子者矣。"

〔推源〕 諸詞俱有安義,爲炎聲所載之公共義。聲符字"炎"所記録語詞之本義、引申義系列與安義不相涉,其安義乃炎聲所載之語源義。炎聲可載安義,"安"可證之。

炎:匣紐談部;
安:影紐元部。

匣影鄰紐,談元通轉。"安",安静,又有安寧、安定等義。《説文·宀部》:"安,静也。從女在宀下。"清朱駿聲《通訓定聲》:"飲食男女,人之大欲存焉,故'寍'從宀、心、皿,'安'從宀、女。《爾雅·釋詁》:'安,定也。'又:'止也。'《廣雅·釋詁四》:'安,静也。'《莊子·天地》:'共給之爲安。'《周書·諡法》:'好和不争曰安。'《易·繫辭下》:'利用安身。'九家注:'㘅處也。'《左文十一傳》:'自安于夫鍾。'注:'處也。'"

(1178) 錟顂(長義)

錟 長矛。《方言》卷九:"錟謂之鈹。"錢繹《箋疏》:"大矛謂之鈹。"按,"鈹"本指醫家所用長針,引申而指長矛。《説文·金部》:"錟,長矛也。從金,炎聲。"《廣韻·談韻》:"錟,長矛。"清厲鶚《焦山古鼎》:"惟王酬庸錫册命,鑾旂鋈勒兼戈錟。"

顂 字從頁,謂臉長。《玉篇·頁部》:"顂,面長皃。"《篇海類編·身體類·頁部》:"顂,面長皃。"

〔推源〕 此二詞俱有長義,爲炎聲所載之公共義。第1174條"琰""剡""惔"等詞俱有上引義,引之則長,其義或相通。又,聲符字"炎"所記録語詞謂火苗升騰,即火上引而長義。炎聲可載長義,則"延"可證之。

炎:匣紐談部;
延:余紐元部。

余即喻四,有舌面音之一類,亦有舌根音之另一類,参以吳方言"延"字之音讀,殆爲舌根音。然則匣余(喻四)旁紐,談元通轉。"延",長。《爾雅·釋詁上》:"延,長也。"《説文·延部》:"延,長行也。從延,丿聲。"按,所謂"長行"蓋爲造意。《書·召誥》:"我不敢知曰:有夏服天命,惟有歷年;我不敢知曰:不其延。惟不敬厥德,乃早墜厥命。"清孫星衍疏:"延,長也。"《墨子·親士》:"分議者延延。"王樹枏《斠注》:"延延,謂分議者反復辯論而長言也。"按,唯"延"有長義,故有"延長"之同義聯合式合成詞。

436　宗聲

(1179) 賨崇綜粽艐（總義）

賨　秦漢時西南少數民族所繳納賦稅之總稱。《說文·貝部》："賨，南蠻賦也。从貝，宗聲。"南唐徐鍇《繫傳》："賨者，總率其所有而已，不切責之也。"清朱駿聲《通訓定聲》："《廣雅·釋詁二》：'賨，稅也。'按，漢武陵郡，歲令槃瓠之後，大人輸布一匹，小口二丈，謂之賨布。《晉書音義》云：'巴人呼賦爲賨，因謂之賨人。'《魏都賦》：'賨幏積墆。'"《廣韻·冬韻》："賨，戎稅。"《後漢書·南蠻傳·板楯蠻夷》："秦地既定，乃遣還巴中，復其渠帥羅、樸、督、鄂、度、夕、龔七姓，不輸租賦，餘户乃歲入賨錢，口四十。"《新唐書·張柬之傳》："今鹽布之稅不供，珍奇之貢不入，戈戟之用不實於戎行，賨貨之資不輸於大國。"

崇　總聚。《廣韻·東韻》："崇，聚也。"清朱駿聲《說文通訓定聲·部》："崇，〔假借〕又爲'叢'。《廣雅·釋詁一》：'崇，積也。'《三》：'崇，聚也。'《小爾雅·廣詁》：'崇，叢也。'《爾雅·釋宮》：'八達謂之崇期。'孫注：'多也。'《書·酒誥》：'矧曰其敢崇飲。'傳：'聚也。'《左隱六傳》：'芟夷蘊崇之。'"按，"崇"表總聚義非假借，乃引申。"崇"字從山，所記錄語詞之本義謂高山，乃聚土而成者，故有總聚之衍義。漢王符《潛夫論·忠貴》："卒其以敗者，非苦禁忌少而門樞朽也，常若崇財貨而行驕僭，虐百姓而失民心爾。"唐朱敬則《魏武帝論》："趨若百川之崇鉅海，游塵之集高嶽。"

綜　機縷，綜合經、緯者，故有總聚之衍義。《說文·糸部》："綜，機縷也。从糸，宗聲。"清朱駿聲《通訓定聲》："《三蒼》：'綜，理經也。'《列女傳·母儀》：'推而往，引而來者，綜也。'按，謂機縷持絲者，屈繩制經，令得開合。"《易·繫辭上》："錯綜其數。"唐孔穎達疏："錯謂交錯，綜謂總聚。"南朝梁劉勰《文心雕龍·情采》："若乃綜述性靈，敷寫器象，鏤心鳥迹之中，織辭魚網之上，其爲彪炳，縟采名矣。"

粽　包裹、總聚爲一體之物。《廣韻·送韻》："粽，俗（糉）。"《說文新附·米部》："糉，蘆葉裹米也。"南朝梁吳均《續齊諧記》："屈原五月五日投汨羅水，楚人哀之，至此日以竹筒子貯米，投水以祭之……今五月五日作粽，並帶楝葉、五花絲，遺風也。"

艐　船隊，群舟總聚而成者。《雲笈七籤》卷一百一十九："瞿唐水汎溢，波濤甚惡，同艐三船，一已損失，二皆危懼。"《明史·兵志三》："且宜修飭海舟，大小相比，或百或五十聯爲一艐。"

〔推源〕　諸詞俱有總義，爲宗聲所載之公共義。聲符字"宗"所記錄語詞謂祖廟，衆多後人總聚、祭祀處，引申之則有總聚義。《說文·宀部》："宗，尊祖廟也。从宀，从示。"清朱駿聲《通訓定聲》："《虞書》：'汝作秩宗。'傳：'主郊廟之官。'《詩·鳧鷖》：'既燕于宗。'〔假借〕爲'叢'、爲'總'。《廣雅·釋詁三》：'宗，聚也。'又爲'衆'。《廣雅·釋詁三》：'宗，衆也。'《周書·程典》：'王用宗讒。'《楚辭·招魂》：'室家遂宗。'"按，皆引申，非假借。《書·禹貢》："江漢朝宗于海。"其"宗"即歸向義，亦與總聚義通。宗聲可載總義，則"總"可證之。

宗：精紐冬部；
總：精紐東部。

雙聲，上古音冬、東無別，則亦疊韻。"總"，聚束，引申爲總聚義。《説文·糸部》："總，聚束也。"清朱駿聲《通訓定聲》："《廣雅·釋詁四》：'總，結也。'……《氓》：'總角之宴。'傳：'結髮也。'〔轉注〕《管子·侈靡》：'無事而總。'注：'謂收積也。'《淮南·本經》：'德之所總要。'注：'凡也。''故德之所總。'注：'一也。'《史記·禮書》：'功名之所總也。'《正義》：'合也，聚也。'"

(1180) 崇悰騌（高義）

崇 山高大，虛化引申爲高義。《説文·山部》："崇，嵬高也。从山，宗聲。"清朱駿聲《通訓定聲》："字亦作'崈'、作'嵩'、作'崧'。《爾雅·釋詁》：'喬、嵩、崇，高也。'《周語》：'融降于崇山。'注：'崇，崇高山也。'〔轉注〕《漢書·揚雄傳》：'瞰帝唐之嵩高兮。'注：'嵩者，高也。'《西京賦》：'與黃比崇。'……《甘泉賦》：'崇崇圜丘。'《廣韻·東韻》："崇，高也。崈，上同。"按，唯"崇"之義爲高，故有"崇高"之同義聯合式合成詞。北魏酈道元《水經注·淇水》："石壁崇高，昂藏隱天。"

悰 歡樂，情緒、興致高，即今語"高興"。《説文·心部》："悰，樂也。从心，宗聲。"清朱駿聲《通訓定聲》："《漢書·廣陵王胥傳》：'出入無悰爲樂亟。'《文選·遊東田詩》：'戚戚苦無悰。'"《廣韻·冬韻》："悰，樂也。"唐李商隱《樂遊原》："無悰託詩遣，吟罷更無悰。"宋蘇軾《皇帝回大遼賀興龍節書》："惟信睦之交修，識情文之兩至。益深雅好，良極欣悰。"

騌 高髻。字亦作"毶""騣"而皆从宗聲。《玉篇·髟部》："騌，高髻也。"《廣韻·冬韻》："騌，高髻。"沈兼士《聲系》："五代本《切韻》作'騣'。"《雲笈七籤》卷一百零三："泊舟江濱，忽有騌角布衣少年衝暴雨而來，衣履不濕。"按，"騌"亦指馬、猪等頸上長毛，長義、高義本相通。馬騌則有專字，作"騣"，亦从宗聲。

〔推源〕 諸詞俱有高義，爲宗聲所載之公共義。聲符字"宗"所記録語詞與高義不相涉，其高義乃宗聲所載之語源義。宗聲可載同義，"尚"可證之。

宗：精紐冬部；
尚：禪紐陽部。

精禪鄰紐，冬（東）陽旁轉。"尚"，其本義《説文》訓"曾"，即增加義，引申之則有高出、高超義。《廣雅·釋詁四》："尚，高也。"《文選·張衡〈東京賦〉》："得聞先生之餘論，則大庭氏所以尚兹。"唐李善注："尚，高也。"按，唯"尚"有高義，故有"高尚"之同義聯合式合成詞。

《後漢書·黨錮傳·李膺》:"天下士大夫皆高尚其道,而污穢朝廷。"

437　定聲

(1181) 錠碇綻(定義)

錠　有足蒸器。有足則可立定,"錠"之名寓定義。《說文·金部》:"錠,鐙也。从金,定聲。"清朱駿聲《通訓定聲》:"錠从定,亦兼會意。"宋張世南《遊宦紀聞》卷五:"古器之名則有……豆、甗、錠、斝、觚、鬲、鍑。"按,《說文》以"鐙"訓"錠",同部"鐙"篆則訓"錠",乃互訓。《儀禮·公食大夫禮》:"大羹湆不和,實于鐙。宰右執鐙,左執蓋,由門入。"漢鄭玄注:"瓦豆謂之鐙。"

碇　船停泊時用以固定船身的大石,其字亦作"矴"。《廣韻·徑韻》:"矴,矴石。"《集韻·徑韻》:"矴,錘舟石也。或从定。"唐韓愈《唐正議大夫尚書左丞孔公墓誌銘》:"蕃舶之至泊步,有下碇之税,猥禁絶之。"馬其昶注:"碇,錘舟石,與矴同。"《新唐書·楊瑒傳》:"事益於人,書名史氏足矣。若碑頌者,徒遺後人作碇石耳。"引申之,則有停止、固定義。宋蘇軾《東坡志林·記過合浦》:"是日六月晦,無月,碇宿大海中。"按,其字亦以"椗"爲之,亦从定聲;从木,其本義或謂繫舟之木椿。清魏源《道光洋艘征撫記》:"其國貨船,無後起椗揚帆,駛出老萬山者十餘艘。"清林則徐《諭各國夷人呈繳煙土稿》:"此時鴉片禁止不行,人人知爲鴆毒,何苦貯在夷躉,久椗大洋,不獨枉費工資,恐風火更不可測也。"

綻　縫補,固定。字亦作"綻"。《正字通·糸部》:"綻,縫補其裂亦曰綻。"南朝陳徐陵編《玉臺新詠》之《古樂府〈艷歌行〉》:"兄弟兩三人,流蕩在他縣,故衣誰當補?新衣誰當綻?"唐杜牧《感懷》:"茅茨覆宮殿,封章綻帷帳。"《資治通鑒·魏邵陵厲公正始八年》:"今陸遜等已死,孫權年老,内無賢嗣,中無謀主……此不過欲補綻支黨,還自保護耳。"按,"綻"之本義爲開裂,開裂則常縫補之,縫補爲其引申義。"綻"則謂縫補,爲本義。

〔推源〕諸詞俱有定義,爲定聲所載之公共義。聲符字"定"所記録語詞之本義爲安定。《說文·宀部》:"定,安也。从宀,从正。"清朱駿聲《通訓定聲》:"《禮記·曲禮》:'昏定而晨省。'注:'安其牀袵也。'《月令》:'以待陰陽之所定。'"《廣韻·徑韻》:"定,安也。"《易·家人》:"正家而天下定矣。"《西遊記》第二十九回:"那國王見他丑陋,已是心驚;及聽得那獸子說出話來,越發膽顫……國王定性多時,便問:'豬長老、沙長老,是那一位善於降妖?'"引申之,"定"又有固定、穩定、審定、必定等義。然則本條諸詞之定義爲其聲符"定"所載之顯性語義。"碇"字一作"矴",从丁得聲,丁聲字所記録語詞"亭""訂""成"皆有定義,參本典第一卷"丁聲"、第28條。定聲、丁聲本相近且相通。

定:定紐耕部;
丁:端紐耕部。

疊韻,定端旁紐。此蓋可證定聲可載定義,即定聲、定義之相關聯。

(1182) 頿腚淀(頂、底義)

頿 額部,處於頂端者。《爾雅·釋言》:"頿,題也。"《說文·頁部》:"題,額也。"《廣韻·徑韻》:"頿,題頿。"清杜濬《長干阿育王塔》:"銅頿金如口,香臺玉琢蓮。"

腚 臀部。凡人坐則臀即底部。清蒲松齡《聊齋世異·仙人島》:"綠雲告父曰:渠爲姊夫續下句矣。云:'狗腚響珊巴。'"郭澄清《大刀記》開篇五:"光背少年站在邊兒上聽上了癮,於是他找來一塊半頭磚,坐在腚底下,也正經八道地聽起來。"又俗稱行事不周全爲"顧頭不顧腚"。按,臀亦稱"骶",足證"腚"乃以定聲表底義。《玉篇·骨部》:"骶,臀也。"《字彙·骨部》:"骶,臀也,脊尾曰骶。"《素問·刺熱》:"七椎下間主腎熱,榮在骶也。"唐王冰注:"脊節之謂椎,脊窮之謂骶。"

淀 沉澱,沉於底。宋宋敏求《春明退朝錄》卷中:"惟《鄭畋集》載,爲相時,汴河淀塞,請令河陽節度使於汴口開導。"田漢《洪水》第一場:"流的慢,泥沙就容易沉澱下來;泥沙沉澱來,河床就慢慢的高起來了。"

〔推源〕 上述諸詞或有頂義,或有底義。凡長形物縱立之,上端即頂而下端爲底。二義相通,俱以定聲載之,語源當同。聲符字"定"單用可表頂義。清朱駿聲《說文通訓定聲·鼎部》:"定,〔假借〕爲'頂'。《詩·麟趾》:'麟之定。'字亦作'頿'。"按,頂義非"定"之顯性語義,乃其聲韻另載之義。定聲可載頂義及底義,"頂""底"可相證。

定:定紐耕部;
頂:端紐耕部;
底:端紐脂部。

定端旁紐,耕脂通轉。"頂",頭頂。《說文·頁部》:"頂,顛也。"清朱駿聲《通訓定聲》:"《方言》六:'頂,上也。'《易·大過》:'過涉滅頂。'"引申爲頂部義,《方言》所訓實即此義。《淮南子·脩務訓》:"今不稱九天之頂,則言黃泉之底,是兩末之端議,何可以公論乎?"唐秦系《宿雲門上方》:"禪室遙看峰頂頭,白雲東去水長流。""底",底下。《說文·广部》:"底,下也。"清朱駿聲《通訓定聲》:"《列子》:'無底之谷名曰歸墟。'"戰國楚宋玉《高唐賦》:"俯視崝嶸,窐寥窈冥;不見其底,虛聞松聲。"唐劉長卿《送杜越江佐覲省往新安江》:"清流數千丈,底下看白石。"

438 官聲

(1183) 逭管涫綰輨琯裷館(圓義)

逭 周轉,作圓周運動。《廣韻·換韻》:"逭,轉也,周也。"清朱駿聲《說文通訓定聲·

乾部》："逭，字亦作'踡'。……《方言》十二：'逭，轉也。逭，步也。'十三：'逭，周也。'《廣雅·釋詁一》：'逭，行也。'"按，朱氏所引《方言》卷十三文晉郭璞注："謂周轉也。"錢繹《箋疏》："旋轉與周帀同義，故又訓爲周。"《改併四聲篇海·足部》引《餘文》："踡，周也。"又："踡，轉也。"按，"逭"之本義《說文》訓"逃"，凡逃遁多不直行，其義或相通。

管 管樂器，圓形物。引申之，亦指律管、毛筆等，所指稱之物皆圓形。《說文·竹部》："管，如篪，六孔，十二月之音，物開地牙，故謂之管。从竹，官聲。"清朱駿聲《通訓定聲》："《爾雅·釋樂》：'大管謂之簥，其中謂之篞，小者謂之篎。'《廣雅》：'管象篪，長尺，圍寸，六孔，無底。'《周禮·小師》：'簫管弦歌。'注：'管如篴而小，併兩而吹之。'〔轉注〕《周禮·司門》：'掌授管鍵。'司農注：'謂籥也。'……《詩·靜女》：'貽我彤管。'《禮記·內則》：'右佩玦捍管遰。'注：'筆彄也。'"

涫 水沸騰，沸騰則打滾、作圓周運動。《說文·水部》："涫，鬻也。从水，官聲。"清朱駿聲《通訓定聲》："俗字作'滾'，蘇俗音轉如'衮'。《史記·龜策傳》：'腸如涫湯。'"段玉裁注："今江蘇俗語鬻水曰滾水，滾水即涫語之轉也。"《廣韻·換韻》："涫，沸也。"漢董仲舒《春秋繁露·實性》："繭待繰以涫湯而後能爲絲，性待漸於教訓而後能爲善。"《藝文類聚》卷六十一引三國魏劉劭《趙都賦》："湯泉涫沸，洪波漂厲。"按，"涫沸"當爲同義連文。

綰 繫扎，纏繞。《廣韻·潸韻》："綰，繫也。"又《諫韻》："綰，鉤繫。"清朱駿聲《說文通訓定聲·乾部》："綰，〔假借〕爲'毌'、爲'繯'、爲'擐'。《史記·高帝紀》：'盧綰。'《集解》：'音以繩綰結物之綰。'《漢書·周勃傳》：'絳侯綰皇帝璽。'注：'謂引結其組。'"按，"綰"之本義《說文》訓"惡也，絳也"，然其字从糸，表繫扎、纏繞義非假借，乃套用字。"綰"又有卷、盤遶義，皆與圓義相通。唐劉知幾《史通·忤時》："士有附麗之者，起家而綰朱紫。"唐李賀《大堤曲》："青雲教綰頭上髻，明月與作耳邊璫。"

輨 車轂上的金屬套，圓形物。字或作"錧"。《說文·車部》："輨，轂耑沓也。从車，官聲。"清朱駿聲《通訓定聲》："字亦作'錧'。鎋之里轂，內者曰釭，包轂外者曰輨。《方言》九：'輨、軑，鍊錯也，關之東西曰輨，南楚曰軑。'"元戴侗《六書故·地理一》："錧，轂空里金如管也。"《廣韻·緩韻》："輨，車轂端鐵。"又《換韻》："錧，車軸頭鐵。"《周禮·春官·巾車》："安車，彫面鷖總，皆有容蓋。"漢鄭玄注："其施之如鷖總，車衡輨亦宜有焉。"《儀禮·既夕禮》："木錧，約綏約轡。"唐賈公彥疏："其車錧常用金，喪用木，是取少聲也。"

琯 玉管。《廣韻·緩韻》："琯，玉琯。"《大戴禮記·少閒》："西王母來獻其白琯。"《晉書·律曆志上》："黃帝作律，以玉爲管。"南朝梁武帝蕭衍《白紵辭》："朱絲玉柱羅象筵，飛琯促絃舞少年。"

裓 褲管，圓筒狀物。《廣雅·釋器》："袴，其裓謂之襱。"《玉篇·衣部》："裓，袴襱也。"《廣韻·緩韻》："裓，袴襱也。"《說文·衣部》："襱，絝踦也。"清朱駿聲《通訓定聲》："蘇俗曰褲脚管。"

館　面曲貌。《廣韻·諫韻》："館,面曲兒。"按,曲義、圓義本相通,俱以官聲載之,語源則同。

〔推源〕　諸詞俱有圓義,爲官聲所載之公共義。聲符字"官"从宀,所記録語詞之本義爲官舍,然則與圓義不相涉,其圓義乃官聲所載之語源義。官聲可載圓義,"圜"可證之。

官：見紐元部；
圜：匣紐元部。

疊韻,見匣旁紐。"圜",天體。古人以爲天圓而地方,故引申爲圓義。《說文·囗部》："圜,天體也。"清朱駿聲《通訓定聲》："渾圓爲圜,平圓爲圓,圓之規爲圓。《易·說卦》：'乾爲圜。'《呂覽·圜道》注：'圜,天道也。'《序意》：'大圜在上。'注：'天也。'〔轉注〕《考工·輪人》：'取諸圜也。'《凫氏》：'六分其厚,以其一爲之深而圜之。'《禮記·月令》：'其器圜以閎。'"按,朱氏所稱"轉注",實即引申。

(1184) 倌管綰輨 (統轄義)

倌　主管車乘的小臣。《說文·人部》："倌,小臣也。从人,从官。"清朱駿聲《通訓定聲》："从人,从官,會意,官亦聲。《詩·定之方中》：'命彼倌人。'傳：'倌人,主駕者。'蓋掌巾車脂轄之事。"《廣韻·諫韻》："倌,主駕官也。"又《桓韻》："倌,倌人,主駕。"沈兼士《聲系》："案'倌',从《說文》小徐本官聲。"南朝梁江淹《蕭大傅東耕呪》："命彼倌人,稅於青皋。"清孫枝蔚《牛飢紀事二十二韻》："光輝經故路,赫奕掌前倌。"

管　管轄字。《廣韻·緩韻》："管,主當也。"清朱駿聲《說文通訓定聲·乾部》："管,〔假借〕又爲'筦'、爲'貫'。《禮記·樂記》：'管乎人情矣。'注：'猶包也。'《荀子·富國》：'不富不厚之不足以管下也。'《吕覽·用民》：'以信爲管。'……《漢書·食貨志》：'管在縣官。'注：'謂主領也。'《荀子·儒效》：'天下之道管是矣。'注：'樞要也。'或曰'貫''幹'二誼亦本字之轉注。"按,所謂"本字之轉注"即本義之引申,此說是,而非假借。抽象性管轄、主管義乃由具體性管轄義所衍生。"管"本可指車轂端部與車轄相組合之部件,二者合稱"管轄"。《吴子·論將》："車堅管轄,舟利櫓楫。"車之管轄至關重要,故引申爲樞要、關鍵義,又引申爲管理、主管義。

綰　繫扎、纏繞(見前條),聚爲總體,故引申爲樞要、統轄義。《集韻·潸韻》："綰,緄也。"按,"緄"爲射侯上下兩綱之紐襻,故有樞紐、樞要之義。《說文·糸部》："緄,持綱紐也。"清段玉裁注："紐者,結而可解也,大曰糸,小曰紐。綱之系網也,必以小繩毌大繩而結於網,是曰緄。"清朱駿聲《說文通訓定聲·乾部》："綰,〔假借〕又爲'幹'。《史記·貨殖傳》：'東綰穢貉朝鮮真番之利。'《索隱》：'綰,統其要津。'"按,非假借,乃引申。《史記·張儀列傳》："奉陽君專權擅勢,蔽欺先王,獨擅綰事。"《北史·獠傳》："又立隆城鎮,所綰獠二十萬户。"

輨　鞍轡等駕車物之總稱,其名寓統轄義。《說文·車部》："輨,車𨏖具也。从車,官聲。"《廣韻·緩韻》："輨,車𨏖具也。"按,"𨏖"即"輨"之别名。許書同部："𨏖,車駕具也。从革,皮聲。"按,"皮""備"聲近,乃以皮聲載具備義。

〔推源〕 諸詞俱有統轄義,爲官聲所載之公共義。聲符字"官"所記録語詞之本義爲館舍,引申爲官署,又引申官吏,官吏則爲主管者,故又有掌管、統轄之義。《説文·自部》:"官,吏事君也。"清朱駿聲《通訓定聲》:"《禮記·明堂位》:'有虞氏官五十,夏后氏官百,殷二百,周三百。'《王制》:'論定然後官之,任官然後爵之,位定然後禄之。'〔聲訓〕《禮記·王制》疏:'官者,管也。'"《管子·海王》:"桓公曰:'然則吾何以爲國?'管子對曰:'唯官山海爲可耳。'"郭沫若等《校釋》引馬元材語:"'官'即'管'之假借。"按,失之,無煩假借,乃引申。《荀子·天論》:"如是則知其所爲,知其所不爲矣,則天地官而萬物役矣。"然則諸詞之統轄義爲其聲符"官"所載之顯性語義。

(1185) 痯悹(憂義)

痯 憂鬱病。《廣韻·緩韻》:"痯,病也。郭璞云:'賢人失志懷憂病也。'"按,所引晉郭璞語爲《爾雅·釋訓》"痯痯,病也"之注文。元曾瑞《蝶戀花·閨怨》:"無甚病痯,釧鬆冰腕。腹中愁堆垛滿。"

悹 憂慮。其字亦作"悺"。《説文·心部》:"悹,憂也。从心,官聲。"清朱駿聲《通訓定聲》:"疑即'患'之異文。字亦'悺',左形右聲。《後漢·桓帝紀》:'具瑗、左悺。'《廣雅·釋詁一》:'悺,憂也。'"按,所引《後漢書》文唐李賢注:"悺,今作心旁官,即'悹'字也。"《玉篇·心部》:"悺,同'悹'。"《廣韻·换韻》:"悹,憂也。悺,上同。"漢賈誼《新書·匈奴》:"天子不忨,人民悹之。"宋梅堯臣《鴨雛》:"泛然去中流,鷄呼心悹悹。"

〔推源〕 此二詞俱有憂義,爲官聲所載之公共義。聲符字"官"所記録語詞之本義、引申義系列與憂義不相涉,其憂義乃官聲所載之語源義。官聲可載憂義,"患"可證之。

官:見紐元部;

患:匣紐元部。

疊韻,見匣旁紐。"患",憂慮。《説文·心部》:"患,憂也。"《論語·季氏》:"丘也聞有國有家者,不患寡而患不均。"又《學而》:"子曰:'不患人之不己知,患不知人也。'"按,"悹""患"義同、聲相近且相通,故朱駿聲疑爲異文,異文則非,同源而已。

(1186) 婠琯(美好義)

婠 美好。《説文·女部》:"婠,體德好也。从女,官聲。"清朱駿聲《通訓定聲》:"《廣雅·釋詁一》:'婠,好也。'《通俗文》:'容美曰婠。'"按,所引《廣雅》文清王念孫《疏證》:"婠之言娟娟也。"《廣韻·桓韻》:"婠,德好兒。"又《换韻》:"婠,好兒。"

琯 玉管(見前第1183條),本爲美好之物。亦指治玉使晶瑩、美好,又指美石。《集韻·圂韻》:"琯,治金玉使瑩曰琯。"又《桓韻》:"琯,石似玉。"又,有星名"琯朗",其名亦寓美好之義。元伊世珍輯《瑯嬛記》卷下引《實庵紀聞》:"女星傍一小星,名始影。婦女于夏至夜候而祭之,得好顔色。始影南並肩一星,名琯朗,男子于冬至夜候而祭之,得好智慧。"

〔推源〕 此二詞俱有美好義,爲官聲所載之公共義。聲符字"官"所記録語詞之基本義爲官吏,引申之,可爲尊稱,此與美好義或相通。官聲可載美好義,則"婉"可證之。

官:見紐元部;

婉:影紐元部。

疊韻,見影鄰紐。"婉",溫順。古者男尊女卑,女性以陰柔、溫婉爲美,故引申爲美好義。《説文·女部》:"婉,順也。"清朱駿聲《通訓定聲》:"《左襄廿六傳》:'宋棄生佐惡而婉。'《昭廿六傳》:'婦聽而婉。'……《詩·猗嗟》:'清揚婉兮。'傳:'好眉目也。'"晉陸機《贈紀士》:"俊姱協姝麗,華顔婉如玉。"宋趙令時《侯鯖録》卷五:"夫崔之才華婉美,詞彩艷麗,則於所載緘書詩章盡之矣。"

(1187) 捾/挖(挖義)

捾 挖取,摇出。《説文·手部》:"捾,摇捾也。从手,官聲。"清朱駿聲《通訓定聲》:"字亦作'剜'。"清段玉裁注:"'捾'及複舉字,誤移'摇'下耳。義理與'抉'略同。今人'剜'字當作此,大徐附'剜'於《刀部》,非也。"唐玄應《一切經音義》卷七引漢服虔《通俗文》:"今謂取出物曰捾。"又卷二引《字林》:"剜,削也。"《説文·刀部》:"削,挑取也。"清段玉裁注:"抉而取之也。挑,抉也。今俗云'剜'。"《廣雅·釋詁四》:"削,剜也。"唐聶夷中《咏田家》:"醫得眼前瘡,剜卻心頭肉。"徐珂《清稗類鈔·動物類》:"需銀鍼一,予之。乃持向齦齶間,摇捾久之,得大蟲二,小蟲六、七。"

挖 挖掘,掏出。《字彙補·手部》:"挖,挑挖也。"明湯顯祖《牡丹亭·回生》:"敢太歲頭上動土,向小姐腳跟挖窟。"梁啓超《外債平議》:"就財政上以論,外債之宜借者,不過爲苟安目前、挖肉補瘡之計。"按,"挖"字晚出,乃"穵"之累增字。《説文·穴部》:"穵,空大也。"清朱駿聲《通訓定聲》:"今蘇俗謂竊賊穴墻曰穵。"《廣韻·黠韻》:"穵,手穵爲穴。"元高明《琵琶記·拐兒紿誤》:"何用剜墻穵壁,强如黑夜偷兒。"

〔推源〕 此二詞俱有挖義,其音亦相近且相通。

捾:影紐月部;

挖:影紐物部。

雙聲,月物旁轉。則其語源當同。

439　空聲

(1188) 椌崆悾控倥箜腔蛩鞏腔箜(空義)

椌 打擊樂器,中空而可發音響者。《説文·木部》:"椌,柷,樂也。从木,空聲。"清朱駿聲《通訓定聲》:"从木、空會意,空亦聲。《禮記·樂記》:'聖人作爲鞉、鼓、椌、楬、壎、篪。'按,柷曰椌,敔曰楬。椌形如桼桶,方二尺四寸,深尺有八寸,中有椎柄,連底挏之,令左右擊作音,所以止樂者也。"清王筠《句讀》:"兼意,以木合成而中空也。"楊樹達《積微居小學述林·狀名孳乳》:"空,孳乳爲椌,柷樂也,从木,空聲。按柷形如木桶,中空。"《廣韻·江韻》:"椌,椌楬。"《荀子·樂論》:"鼓似天,鐘似地,磬似水,竽、笙、簫、筦、籥似星辰日月,鞉、柷、拊、鞷、椌、楬似萬物。"按,許書同部"柷"篆訓"樂,木空也,所以止音爲節"。按,"椌"亦指塔下宮室,當寓空義。

崆 山洞,中空者。《廣韻·東韻》:"崆,崆峒。"按,所謂"崆峒"即空洞。唐王化清《遊石室新記》:"高要郡北十五里有石室,詭怪萬狀,崆峒其中。"按"崆峒"亦指山谷深,實即空而大義。《集韻·送韻》:"崆,崆峒,山深貌。"明徐弘祖《徐霞客遊記·粵西遊日記一》:"洞門甚崇,其内崆峒宏峻,規模迥異。"按,"崆"亦指空而凹陷,其義皆同條共貫。宋歐陽修《和徐生假山》:"或長隨靡迤,或瘦露崆嵌。"

悾 空虛。元戴侗《六書故·人六》:"悾,中無所有也。"清朱駿聲《說文通訓定聲·豐部》:"空,重言形況字。《論語》:'空空如也。'皇疏:'無識也。'鄭本作'悾悾''悾而不信'。鄭注:'誠愨也。'……《呂覽·下賢》:'空空乎其不爲巧故也。'注:'愨也。'"按,《廣韻·東韻》及《江韻》"悾"亦訓"愨",即誠懇義,凡人誠懇則無所隱瞞,與空義通,故"悾"之空虛義爲其引申義。《太平廣記》卷四百引唐谷神子《博異志·蘇遏》:"有扶風蘇遏,悾悾遽苦貧窮。"

埪 龕,供奉神像者。按"埪"即中空而可容物之物。《玉篇·土部》:"埪,土埪,龕也。"《廣韻·東韻》:"埪,土埪,龕也。"

倥 胸中空虛無知識。《廣韻·東韻》:"倥,倥侗。"《字彙·人部》:"倥,倥侗,顓蒙無知也。"清朱駿聲《說文通訓定聲·豐部·附〈說文〉不錄之字》:"倥,《法言·學行》:'倥侗顓蒙。'注:'倥侗,無知也。'"唐柳宗元《東明張先生墓志》:"倥侗而不實,窮老而無死。"按,"倥""侗"當可分訓,"倥"亦可與其他單音詞相聯合。《莊子·山木》:"侗乎無所識。"唐陸德明《釋文》:"侗乎,無知貌。"宋歐陽修《謝胥學士啓》:"某倥蒙惟舊,操檢弗支。"

箜 空心草。《玉篇·艸部》:"箜,空心草。"《廣韻·東韻》:"箜,空心草也。"

裈 衣袖,亦中空之物。《廣韻·東韻》:"裈,衣袂。"《說文·衣部》:"袂,袖也。"《集韻·東韻》:"裈,袂謂之裈。"

蚣 蟬蛻、蟲蛻,即蟬、蟲之空皮。《玉篇·虫部》:"蚣,蟬脫,蚣皮也。"《廣韻·東韻》:"蚣,蟬脫,蚣皮也。"《類篇·虫部》:"蚣,蟲蛻曰蚣。"

鞚 鼓屬。《新唐書·禮樂志》:"士則附革而爲鞚。"按,"鞚"本指馬籠頭,其物以革製成,鼓之製亦以革,故"鞚"指鼓爲其套用字。引申之則指鼓腔,鼓腔則爲中空者。宋陳師道《後山談叢》卷二:"許安世家有伯成樽,如今羯鼓腔也。"

腔 人及動物體内中空部分。《廣韻·江韻》:"腔,羊腔也。"《說文新附·肉部》:"腔,内空也。从肉,从空,空亦聲。"北魏賈思勰《齊民要術·養牛馬驢騾》:"(相馬)腹欲充,腔欲小。"元王實甫《西廂記》第二本第二折:"腔子裡熱血權消渴,肺腑内生心且解饞。"按,凡顱腔、腹腔、骨腔、胸腔、口腔、鼻腔之"腔"皆此義。

谾 長大山谷。《集韻·東韻》:"豅,或作谾。"《説文·谷部》:"豅,大長谷也。"宋黄庭堅《送彦孚主簿》:"中間眇人物,潛伏老谼谾。"引申爲山谷空深義。《廣韻·東韻》:"谾,谷空兒。出《字林》。"《漢書·司馬相如傳下》:"巖巖深山之谾谾兮,通谷谽乎谼谺。"唐顔師古注:"谾谾,深通貌。"清趙翼《響水塘》:"深山谾谺殷雷鼓,人馬不敢獨行踽。"

〔推源〕 諸詞俱有空義,爲空聲所載之公共義。聲符字"空"所記錄語詞之本義爲孔洞,中空者,虛化引申爲空義。《説文·穴部》:"空,竅也。从穴,工聲。"清段玉裁注:"今俗語所謂孔也。"清朱駿聲《通訓定聲》:"經傳亦以'孔'爲之。《漢書·溝洫志》:'空猶穿也。'……《荀子·解蔽》:'空石之中有人焉。'注:'石穴也。'《淮南·原道》:'空穴之中,足以適情。'注:'巖穴也。'〔轉注〕《爾雅·釋詁》:'空,盡也。'《詩·大東》:'杼柚其空。'《論語》:'屢空。'《集解》:'猶虛中也。'《西京賦》:'察貳廉空。'注:'滅無也。'"然則本條諸詞之空義爲其聲符"空"所載之顯性語義。空聲可載空義,則"孔"可相證。"空""孔"同音,溪紐雙聲,東部疊韻。"孔",通達。《説文·乚部》:"孔,通也。"漢揚雄《太玄·羨》:"孔道夷如,蹊路微如,大輿之憂。"范望注:"大道平易,舍而不從,而從蹊徑,故爲憂也。"引申爲孔洞義,且爲其基本義,洞孔則爲中空者。《爾雅·釋詁下》:"孔,間也。"宋邢昺疏:"孔者,穴也。"《墨子·備城門》:"客至,諸門户皆令鑿而幂孔。"清孫詒讓《閒詁》:"蓋鑿門爲孔竅而以物蒙覆之,使外不得見。孔,竅也。"《列子·仲尼》:"子心六孔流通,一孔不達。"

(1189) 控鞚(控制義)

控 拉開弓弦,引申爲控制義。《説文·手部》:"控,引也。从手,空聲。……匈奴名引弓控弦。"清朱駿聲《通訓定聲》:"《史記·劉敬叔孫通傳》:'控弦三十萬。'《西都賦》:'弦不再控。'又《詩·大叔于田》:'抑磬控忌。'傳:'止馬曰控。'……《史記·賈生傳》:'何足控摶。'《集解》:'玩弄愛生之意。'"清段玉裁注:"引申之爲凡引遠使近之偁。"《文選·左思〈魏都賦〉》:"白藏之藏,富有無隄,同賑大内,控引世資。"唐張銑注:"大内内寶庫,與白藏同豐,控引天下之資財。"

鞚 馬勒,馬籠頭,控制馬之物。《廣韻·送韻》:"鞚,馬鞁。"清朱駿聲《説文通訓定聲·豐部》:"《字林》:'鞚,馬勒也。'"前蜀花蕊夫人《宫詞》之二十一:"上得馬來終欲走,幾回拋鞚抱鞍橋。"引申爲控制義。《初學記》卷二十二:"所以制馬口曰鞚。"又"鞚,控制之義也"。宋洪邁《夷堅甲志·太山府君》:"馭卒鞚大馬,甚神駿。"清蒲松齡《聊齋志異·鳳仙》:"偶在途中,遇女郎騎款段馬,老僕鞚之,摩肩過。"

〔推源〕 此二詞俱有控制義,爲空聲所載之公共義。聲符字"空"所記錄語詞之本義、引申義系列與控制義不相涉,其控制義乃空聲所載之語源義。空聲可載控制義,"拘"可證之。

空：溪紐東部；

拘：見紐侯部。

溪見旁紐，東侯對轉。"拘"，制止，阻止，引申爲制約、控制。《說文·手部》："拘，止也。"清朱駿聲《通訓定聲》："《易·說卦》傳：'艮爲拘隨，拘係之。'〔轉注〕《淮南·氾論》：'而不肖者拘焉。'注：'猶檢也。'《後漢·王霸傳》注：'拘，猶限也。'"漢荀悦《漢紀·宣帝紀四》："望之自奏：'職在總領天下，聞事不得不問，而爲延壽所拘持。'"宋李元膺《鷓鴣天》："薄情風絮難拘束，吹過東墻不肯歸。"

440 宛聲

(1190) 琬婉蜿踠䘾豌碗盌腕掔（圓、曲義）

琬 上端圓而無棱角的圭。《說文·玉部》："琬，圭有琬者。从玉，宛聲。"清朱駿聲《通訓定聲》："《考工·玉人》：'琬圭九寸而繅。'注：'琬猶圓也，王使之瑞節也。'《周禮·典瑞》：'琬圭以治德，以結好。'司農注：'琬圭無鋒芒。'按，謂剡上處不銳而穹然也。"

婉 溫順，屈曲己意而順從他人，引申爲曲、委婉義。《說文·女部》："婉，順也。从女，宛聲。"清朱駿聲《通訓定聲》："《左襄廿六傳》：'宋棄生佐惡而婉。'《昭廿六傳》：'婦聽而婉。'〔假借〕爲'夗'。《左成十四傳》：'婉而成章。'注：'曲也。'"按，非假借，乃引申。"婉""曲"可合爲複音詞。宋謝枋得《文章軌範·小心文》："文勢圓活而婉曲。"

蜿 盤屈，彎曲。《廣韻·合韻》："蜿，蟠蜿，龍皃。"漢張衡《思玄賦》："玄武縮於殼中兮，騰蛇蜿而自糾。"《文選·張衡〈東京賦〉》："龍雀蟠蜿，天馬半漢。"

踠 腳踠，可伸可屈曲者。《玉篇·足部》："踠，曲腳也。"南朝宋劉敬叔《異苑》卷四："晉時長安謠曰：秦川城中血沒踠，惟有涼州倚柱看。"引申爲彎曲義。《廣韻·阮韻》："踠，體屈。"《文選·陸機〈辨亡論下〉》："陸公以偏師三萬，北據東坑，深溝高壘，按甲養威，反虜踠跡待戮，而不敢北窺生路。"唐呂延濟注："踠跡，謂俯伏也。"

䘾 袖管，襪管，皆圓筒狀物。《廣韻·阮韻》："䘾，襪也。"清朱駿聲《說文通訓定聲·乾部·附〈說文〉不錄之字》："䘾，《方言》四：'袖襦謂之袖。'注：'衣䘾，江東呼䘾。'"按，所引《方言》文錢繹《箋疏》："衣䘾謂之䘾，猶袴襱謂之䘾，今人猶謂袖管、襪管矣。"

豌 豌豆，形圓者。《廣韻·桓韻》："豌，豆也。"宋周煇《清波別志》卷上："蘇文忠公，自定武赴嶺表，過湯陰市，亦得豌豆大麥粥。"按，"豌"之得名，明李時珍《本草綱目·穀部·豌豆》云："胡豆，豌豆也。其苗柔弱宛宛，故得豌名。"似未得其肯綮。"豌"謂豆，非指苗。凡豆多橢圓，唯豌豆渾圓如珠，故稱"豌"。

碗 飯碗，圓形物。其字亦作"椀""鋺""盌"，蓋碗有陶製、金製、木製者。《廣韻·緩韻》："椀，器物。盌，上同。"《關尹子·二柱》："若椀，若盂，若瓶，若壺，若甕，若盎，皆能建天地。"北周庾信《春賦》:"芙蓉玉碗,蓮子金杯。"《天啓銅鋺》銘文:"天啓三年七月初三日上節義東支鑄造銅鋺一付。"按,"盌"字《説文》訓"小盂",即碗,其字从夗得聲,夗聲字所記録語詞亦多有曲義、圓義。

腕 手腕,人手之可彎曲部位。字亦作"捥"。《釋名·釋形體》:"腕,宛也,言可宛屈也。"《廣韻·換韻》:"腕,手腕。捥,上同。"《墨子·大取》:"斷指與斷腕,利於天下相若,無擇也。"《史記·刺客列傳》:"樊於期偏袒搤捥而進曰:'此臣之日夜切齒腐心也,乃今得聞教。'"唐司馬貞《索隱》:"捥,古'腕'字。"

髋 膝髋,可彎曲者。《篇海類編·身體類·骨部》:"髋,膝髋。"《字彙·骨部》:"髋,膝髋。"《内經太素》卷十一《骨空》"寒府在膝外解營"唐楊上善注:"寒熱府在膝外解之營穴也,名曰髋關也。"

〔推源〕 諸詞俱有圓、曲義,爲宛聲所載之公共義。聲符字"宛"單用本有曲義。《説文·宀部》:"宛,屈艸自覆也。从宀,夗聲。"清徐灝《注箋》:"蓋謂宫室窈然深曲,引申爲凡圓曲之偁。"清朱駿聲《通訓定聲》:"《考工·弓人》:'宛之無已應。'注:'謂引之也。'按,猶屈也。陶潛詩:'宛轡憩通衢。'注:'屈也。'"按,"宛"从夗聲,夗聲字所記録語詞"蜿""婉""蚖"均有圓、曲義(見本典第一卷"夗聲"第 493 條);又完聲字所記録語詞"睆""筦""鯇""綄""捖""院"俱有圓義(見本卷"完聲"第 965 條)。宛聲、夗聲、完聲本相近且相通,可相爲證。

宛:影紐元部;
夗:影紐元部;
完:匣紐元部。

疊韻,影匣鄰紐。

441 宓聲

(1191) 密窅(細義)

密 山如堂,周密者,引申爲細密義。《説文·山部》:"密,山如堂者。从山,宓聲。"清朱駿聲《通訓定聲》:"《爾雅》注引《尸子》曰:'松柏之鼠不知堂密之有美樅。'〔假借〕爲'比'。《晉語》:'加密石焉。'注:'密,密理。'《太玄·玄衝》:'密不可間。'"按,非假借,乃引申。晉張協《雜詩》之三:"騰雲似涌煙,密雨如散絲。"唯"密"有細義,故有"細密"之同義聯合式合成詞。清叶廷琯《鷗陂漁話·洋布作畫》:"余偶以洋布極細密者……作墨山水。"

窅 細視。《廣韻·職韻》:"窅,細視也。"元吳萊《尚志賦》:"窅瞭目以霧披兮,焱奇脈而風厲。"

〔推源〕 此二詞俱有細義,爲宓聲所載之公共義。聲符字"宓"从宀,所記録語詞之本義爲安寧。《説文・宀部》："宓，安也。从宀，必聲。"清朱駿聲《通訓定聲》："《淮南・覽冥》：'宓穆息於太祖之宇。'注：'寧也。'"然則與細義不相涉，其細義乃宓聲所載之語源義。宓聲可載細義，"比"可證之。

宓：明紐質部；

比：幫紐脂部。

明幫旁紐，質脂對轉。"比"，密必，相近，引申之，則有細密義。《説文・比部》："比，密也。二人爲从，反从爲比。"清朱駿聲《通訓定聲》："《禮記・祭統》：'身比焉。'《釋文》：'次比也。'《景福殿賦》：'綺錯鱗比。'注：'相次也。'……《詩・良耜》：'其比如櫛。'《史記・匈奴傳》：'比余一。'《索隱》：'櫛也。'《蒼頡篇》：'靡者爲比，麁者爲梳。'《釋名》：'梳數言比，比於梳其齒差數也，比言細，相比也。'今字作'篦'，又作'笓'。"《呂氏春秋・達鬱》："肌膚欲其比也，血脉欲其通也，筋骨欲其固也，心志欲其和也，精氣欲其行也。"漢高誘注："比，猶致也。"清畢沅校："謂緻密。"按，即細緻、細密義。

(1192) 㴸泌蜜（溢出義）

㴸 物从器中滿出，即外溢義，滿出字作"滿"，从水，物滿出一如水溢出。《廣韻・東韻》："㴸，器滿。"《集韻・東韻》："䝉，《説文》：'盛器滿皃。'或作'㴸'。"《詩・小雅・大東》："有饛簋飧，有捄棘匕。"漢毛亨傳："饛，滿簋貌。"清王先謙《集疏》："《説文》：'饛，盛器滿皃。'《方言》《廣雅》並曰：'朦，豐也。'義亦與'饛'近。"

泌 水溢出。字亦作"溢""溧"。《廣韻・質韻》："泌，泌溢也。"《集韻・質韻》："溢，溢溢，水皃。或作'溧'，亦省。"《正字通・水部》："泌，水溢。"

蜜 蜂蜜，蜂所分泌，即蜂之溢出者。《説文・䖵部》："䗦，䗣甘飴也……蜜，䗦或从宓。"清朱駿聲《通訓定聲》："或从宓聲。鼏、宓雙聲。《論衡・言毒》：'蜜爲蜂液。'"《楚辭・招魂》："瑶漿蜜勺，實羽觴些。"清李調元《南越筆記・蜂蜜》："又海濱巖穴野蠭窠䗦，曰石䗦，多泛溢於草間石罅，露積日久，必宿蛇虺之毒，不可食也。"

〔推源〕 諸詞俱有溢出義，爲宓聲所載之公共義。聲符字"宓"所記録語詞與溢出義不相涉，其溢出義乃宓聲所載之語源義。宓聲可載溢出義，"泌"可證之。

宓：明紐質部；

泌：幫紐質部。

疊韻，明幫旁紐。音極相近，二者均从必聲。"泌"，水流出，溢出。《説文・水部》："泌，俠流也。从水，必聲。"清朱駿聲《通訓定聲》："《魏都賦》注引《説文》：'水駃流也。'《詩・衡門》：'泌之洋洋。'傳：'泉水也。'"引申爲滲出、溢出。南朝齊褚澄《褚氏遺書》："泌欬血滲入喉，愈滲愈欬，愈欬愈滲。"

442　戾聲

(1193) 茢綟（雜色義）

　　茢　可作染料之草,所染之色或黃緑,或紫。《説文·艸部》:"茢,艸也,可以染留黄。從艸,戾聲。"清朱駿聲《通訓定聲》:"草似艾,所染色黧黑而黄近緑。《漢書·匈奴傳》:'黄金璽盭綬。'注:'茢,艸名也。'以'盭'爲之。〔轉注〕《爾雅》:'藐,茈草。'注:'可以染紫,一名茈茢。'《廣雅》:'茈茢,茈草也。'《周禮》'掌染草'注:'紫茢之屬。'以'茢'爲之。是染紫之草,亦得茢名,今蘇俗所謂紫草子也。"按,所引《爾雅》文清郝懿行《義疏》:"茢兼紫、緑二色,上云'菉,王芻',即緑茢也;此云'藐,茈草',即紫茢也……《史記·司馬相如列傳》云'攢茢莎',徐廣注'草可染紫',是也。"《廣韻·霽韻》:"茢,紫草。"明李時珍《本草綱目·草部·藎草》:"此草緑色,可染黄,故曰黄、曰緑也。茢、盭乃北人呼緑字音轉也。"

　　綟　字從糸,謂織物以茢草所染之色。《説文·糸部》:"綟,帛戾艸染色。從糸,戾聲。"清朱駿聲《通訓定聲》:"《廣雅·釋器》:'緑綟、紫綟,綵也。'《漢書·百官表》:'諸侯王金璽盭綬。'以'盭'爲之《急就篇》:'縹綟緑紈皁紫硟。'《獨斷》:'貴人綟綬金印。綟綬,色似緑。'"《廣韻·霽韻》:"綟,草衣色也。"按,朱氏所引《急就篇》文唐顔師古注:"綟,蒼艾色。東海有草,其名曰茢,以染此色,因名綟云。"唐元稹《臺中鞫獄憶開元觀舊事四十韻》:"坐卧摩綿褥,捧擁綟絲鬟。"《新唐書·王世充傳》:"加黄門印緑綟綬。"

　　〔**推源**〕　此二詞前者爲源詞,而後者爲同源派生詞。"茢"字之結構從艸、戾聲,聲符字"戾"所記録語詞之本義謂彎曲（見後第1196條"推源"）,其引申義系列亦與黄緑、紫色義不相涉,此義當爲戾聲所載之語源義。黄緑色非一色,乃雜色,紫亦紅、藍相雜之色。利聲字所記録語詞"鴽""黧""犁"及"紫"俱有雜色義,詳見本典第四卷"利聲"第897條。戾聲、利聲及"紫"音本相近且相通。

　　　　戾:來紐質部;
　　　　利:來紐質部;
　　　　紫:精紐支部。

來精鄰紐,質支通轉。

(1194) 唳伿浖（勁疾義）

　　唳　鶴鳴,其聲尖戾勁疾。《廣韻·霽韻》:"唳,鶴鳴曰唳。"《説文新附·口部》:"唳,鶴鳴也。從口,戾聲。"清朱駿聲《説文通訓定聲·履部·附〈説文〉不録之字》:"唳,《舞鶴賦》:'唳清響於丹墀。'注:'鶴聲也。'"漢王充《論衡·變動》:"夜及半而鶴唳,晨將旦而雞鳴。"引申之亦泛指鳥類高亢、尖戾勁疾之聲。《廣韻·屑韻》:"唳,嘹唳,鳥聲。"清黄叔璥《臺海使樏録・風信》:"又饑鳶高唳,海雀驚飛,則踰日必風。"《天雨花》第十六回:"只見天邊一群鴻雁,自南而北,唳嘹高飛。"

俫 狠戾,即勁疾義。《廣韻・霽韻》:"俫,很俫,俗。""戾,很戾。"清朱駿聲《說文通訓定聲・履部》:"戾,《廣雅・釋詁三》:'戾,很也。'《二》:'俫,怒也。'……《莊子・天道》:'鏨萬物而不爲戾。'《釋文》:'暴也。'《荀子・修身》:'勇膽猛戾。'注:'忿惡也。'《賈子・道術》:'心兼愛人謂之仁,反仁爲戾。'……《秋興賦》:'勁風戾而吹帷。'注:'勁疾之皃。'"按,"俫"所記録之詞存乎語言,唯文獻書面多以"戾"爲之。"戾"之狠戾、勁疾義非其顯性語義,乃其聲韻另載之義,"俫"則爲記録此義之本字、專字。

淚 水流勁疾。《集韻・霽韻》:"淚,疾流皃。"《文選・張衡〈思玄賦〉》:"有或汨飄淚,沛以罔象兮。"唐李善注:"皆疾貌。"又《南都賦》:"長輸遠逝,漻淚淢汨。"唐李善注引《淮南子》:"水淚破舟。"按,"淚"之本義謂涕淚,指水流勁疾,爲套用字。引申之,"淚"亦指風勁疾。《全晉文》卷三十四引晉盧諶《蟋蟀賦》:"風淚淚而動柯,露零零而隕樹。"

〔推源〕 諸詞俱有勁疾義,爲戾聲所載之公共義。聲符字"戾"單用本可表勁疾義,上已述。然非其顯性語義,乃戾聲另載之語源義。戾聲可載勁疾義,"厲"可證之。

戾:來紐質部;

厲:來紐月部。

雙聲,質月旁轉。"厲","礪"之初文,謂磨刀石。《說文・厂部》:"厲,旱石也。"《詩・大雅・公劉》:"涉渭爲亂,取厲取鍛。"唐陸德明《釋文》:"厲,本又作'礪'。"礪石堅剛,甚於常石,故有勁疾之衍義。《廣韻・祭韻》:"厲,烈也,猛也。"《莊子・齊物論》:"泠風則小和,飄風則大和,厲風濟,則衆竅爲虚。"唐成玄英疏:"厲,大也,烈也。"《荀子・禮論》:"故君子上致其隆,下盡其殺,而中處其中,步驟馳騁厲騖不外是矣。"唐楊倞注:"厲騖,疾騖也。"

(1195) 捩棙(扭轉義)

捩 扭轉。《廣韻・霽韻》:"捩,拗捩。出《玉篇》。"唐陸龜蒙《雜諷》:"人爭捩其臂,羿矢亦不中。"唐韓愈《送窮文》:"捩手覆羹,轉喉觸諱。"明湯顯祖《邯鄲記・度世》:"呀,一道清氣,貫於燕之南,趙之北。不免捩轉雲頭,順風而去。"

棙 轉紐,可扭轉者,故亦引申爲扭轉義。《正字通・木部》:"棙,關棙,機棙也。"晉王嘉《拾遺記・瀛洲》:"於地下爲機棙,以測昏明,不虧弦望。"明馮夢龍編《古今小説》之《宋四公大鬧禁魂張》:"一個紙人,手裏托着個銀毬,底下做個關棙子,踏着關棙子,銀球脱在地下。"清章鐘《放舟》:"放舟惟棙柁,袖手視高低。"

〔推源〕 此二詞俱有扭轉義,爲戾聲所載之公共義。聲符字"戾"所記録語詞之本義爲彎曲。《說文・犬部》:"戾,曲也。从犬出户下。戾者,身曲戾也。"《吕氏春秋・盡數》:"飲必小咽,端直無戾。"按,曲義與扭轉義當相通,凡扭轉即作曲綫運動。戾聲可載扭轉義,則

"㨥"可證之。

戾：來紐質部；
㨥：泥紐耕部。

來泥旁紐，質耕通轉。"㨥"，扭轉。魯迅《吶喊·社戲》："我同時便機械的㨥轉身子，用力往外只一擠，覺得背後便已滿滿的。"徐懷中《西綫軼事》："㨥開壺塞兒，想喝幾口潤潤喉嚨。"

〔1196〕浽悢颲唳（涼義）

浽 寒涼。《篇海類編·地理類·水部》："浽，寒涼之貌。"按，"浽"之本義謂涕浽，其字後世作"泪"，改形聲爲會意。"浽"字从水，指寒涼，爲套用字，以其戾聲載涼義。《漢書·外戚傳上·孝武李夫人》："秋氣潛以凄浽兮，桂枝落而消亡。"唐顏師古注："凄浽，寒涼之意也。"明何景明《織女賦》："迺秋序之甫交兮，氣凄浽而憯惻。"

悢 悲涼，心中凄涼。《集韻·霽韻》："悢，懔悢，悲皃。"清朱駿聲《説文通訓定聲·履部·附〈説文〉不録之字》："悢，《高唐賦》：'悢悢憯悽。'注：'悲傷皃。'"《楚辭·九辯》："靚杪秋之遥夜兮，心繚悢而有哀。"漢趙曄《吴越春秋·夫差内傳》："吴王中心悢然，悔殺子胥。"漢應瑒《愁霖賦》："惕中寤而不效兮，意悽悢而增悲。"

颲 寒涼，凄涼。北魏元宏《弔殷比干墓文》："時坎廪而險隘兮，氣憭颲以飛霜。"按，"憭颲"亦作"憭慄"，"颲""慄"同音，來紐雙聲，質部疊韻。《楚辭·九辯》："憭慄兮若在遠行，登山臨水兮送將歸。"宋洪興祖《補注》："憭慄，猶悽愴也。"清蒲松齡《聊齋志異·章阿端》："家人益懼，勸生他徙。生不聽，而塊然無偶，憭慄自傷。"

唳 聲音悲涼。漢趙曄《吴氏春秋·王僚使公子光傳》："臣聞國君服寵以爲美……不聞以土木之崇高、蟲鏤之刻畫、金石之清音、絲竹之凄唳，以之爲美。"按，"凄唳"亦作"凄戾"，"戾"爲"唳"之聲符，足見戾聲與涼義相關聯。劉師培《南北文學不同論》："惟劉琨之作，善爲凄戾之音，而出以清剛。"

〔推源〕諸詞俱有涼義，爲戾聲所載之公共義。聲符字"戾"所記録語詞之本義、引申義系列與涼義不相涉，其涼義乃戾聲所載之語源義。戾聲可載涼義，"冷"可證之。

戾：來紐質部；
冷：來紐耕部。

雙聲，質耕通轉。"冷"，寒涼。《説文·冫部》："冷，寒也。从冫，令聲。"《莊子·則陽》："夫凍者假衣於春，暍者反冬乎冷風。"唐白居易《府酒五絶·招客》："日午微風旦暮寒，春風冷峭雪乾殘。"《水滸傳》第二十二回："那廊下有一個大漢，因害瘧疾，當不住那寒冷，把一鍬火在那里向。"

(1197) 跛捩(彎曲、迴旋義)

跛 跛足。《集韻·霽韻》:"跛,跛足。"宋普濟《五燈會元·興化存獎禪師》:"跛脚法師,説得行不得。"按,凡跛足者,一足屈曲不直。跛足字一作"尣",構件"尢"之金文形體正象人曲其一足之形。《説文·尢部》:"尢,尪、曲脛也。"跛足稱"跛""尣",即行不平正義,皮聲字所記録語詞"波""陂""頗""詖"等皆有不平、不正義;稱"跛",即腿脚曲戾意。

捩 扭轉(見前第1195條),引申爲迴旋。唐杜甫《義鶻行》:"斗上捩孤影,嗷哮來九天。"清仇兆鰲注:"捩影,張翅迴旋也。"清二石生《十洲春語》卷中:"七年三上燕京道,楚雨吴煙捩孤島。"

〔推源〕 此二詞分别有彎曲、迴旋義,此二義當相通,迴旋即作圓周運動,凡曲綫首尾相接則即圓形。俱以戾聲載之,語源當同。聲符字"戾"所記録語詞之本義即彎曲,"跛""捩"之語源可明。

443　建聲

(1198) 韃楗鍵(藏、閉義)

韃 藏矢弓者。《説文·革部》:"韃,所以戢弓矢。从革,建聲。"清朱駿聲《通訓定聲》:"《方言》九:'所以藏弓謂之韃。'《通俗文》:'弓韔謂之韃。'《左僖廿三傳》:'右屬櫜韃。'注:'弓弢。'《後漢·西羌傳》注:'韃,箭服也。'"虚化引申爲藏閉義。《後漢書·馬融傳》:"臣聞昔命師於韃櫜,侲伯於靈臺。"唐李賢注:"韃以藏箭,櫜以藏弓……謂閉藏之也。"

楗 門閂,關閉門户後的加固物。《説文·木部》:"楗,限門也。从木,建聲。"清段玉裁注:"距門也。"清朱駿聲《通訓定聲》:"距門也。字亦作'揵'。……《老子》:'善閉無關揵。'……今蘇俗謂之木鎖,其牝爲管,爲閉,其牡爲楗。"按,所引《老子》之"揵"異文作"楗"。《廣韻·阮韻》:"楗,關楗。"《文選·宋玉〈風賦〉》:"衝孔動楗,眴焕粲爛。"唐李善注:"楗,拒門也。"

鍵 插門的金屬棍,亦指鎖簧。《廣韻·仙韻》:"鍵,鑰也。"又《獮韻》:"鍵,管籥。"清朱駿聲《説文通訓定聲·乾部》:"鍵,〔假借〕爲'楗'。《方言》五:'户鑰,自關而東,陳楚之間謂之鍵。'字亦作'閘'。《廣雅·釋室》:'鍵,户牡也。'《周禮·司門》:'掌授管鍵。'司農注:'管謂籥也,鍵謂牡。'《禮記·月令》:'修鍵閉。'注:'鍵牡閉牝也。'《太玄·閑》:'關無鍵。'《干》:'葙鍵挈挈。'《玄攡》:'叩其鍵。'"按,"鍵"之本義《説文》訓"鉉",謂鼎上貫通兩耳之横杠,指鐵門閂、鎖簧,當爲比喻引申,非假借。

〔推源〕 諸詞俱有藏閉義,爲建聲所載之公共義。聲符字"建"所記録語詞謂建立,與藏、閉義不相涉,此乃建聲所載之語源義。建聲可載藏、閉義,"關"可證之。"建""關"上古音同,見紐雙聲,元部疊韻。"關",門栓。《説文·門部》:"關,以木横持門户也。"《左傳·襄公二十三年》：" 臧孫斬鹿門之關以出奔邾。"楊伯峻注："關爲橫木,故可枕,今謂之門栓。"引申爲關閉義。《方言》十二："關,閉也。"晉陶潛《歸去來兮辭》："門雖設而常關。"宋文同《晚至村家》："前谿後谷暝煙起,稚子各出關柴扉。"

(1199) 健犍（強義）

健 強健。《說文·人部》："健,伉也。从人,建聲。"清朱駿聲《通訓定聲》："《易·乾》：'天行健。'……《秦策》：'使者多健。'健強也。"《集韻·梗韻》："伉,健力也。"《荀子·王制》："材技股肱、健勇爪牙之士,彼將日日挫頓竭之於讎敵,我將來致之,並閱之,砥礪之於朝廷。"

犍 馬強健。《古文苑·石鼓文三》："左驂旛旛,右驂犍犍。"宋章樵注："郭璞云：'犍,取其壯健兒。'"按,"犍"亦爲馬名,故郭璞有此説。

〔推源〕 此二詞俱有強義,爲建聲所載之公共義。聲符字"建"單用本可表此義。《老子》第四十一章："建德若偷。"清俞樾《平議》："言剛健之德反若偷惰也。"按,"建"之強健義非顯性語義,乃建聲另載之語源義。建聲可載強,"剛"可證之。

建：見紐元部；
剛：見紐陽部。

雙聲,元陽通轉。"剛",堅利,強勁。《說文·刀部》："剛,彊也。"漢揚雄《法言·先知》："甄陶天下者,其在和乎？剛則甈,柔則壞。"唐柳宗元《貞符》："齒利者齧,爪剛者決。"

444　門聲

(1200) 悶/懣（煩悶義）

悶 煩悶。《說文·心部》："悶,懣也。从心,門聲。"清朱駿聲《通訓定聲》："俗字作'悶'。《廣雅·釋詁二》：'悶,懣也。'《楚辭·惜誦》：'中悶瞀之忳忳。'注：'煩也。'《家語·弟子》：'行處賤不悶。'注：'憂也。'《素問·風論》：'悶則熱而悶。'注：'不爽貌。'《廣韻·恩韻》："悶,《說文》曰：'懣也。'《易》曰：'遯世無悶。'"唐白居易《日漸長贈周、殷二判官》："賴得君來勸一杯,愁開悶破心頭好。"

懣 煩悶。《說文·心部》："懣,煩也。从心,从滿。"清朱駿聲《通訓定聲》："从心、从滿,會意,滿亦聲。《楚辭·哀時命》：'惟煩懣而盈匈。'注：'憤也。'《報任少卿書》：'不得舒憤懣。'注：'悶也。'"《資治通鑒·唐懿宗咸通十年》："龐勛憂懣不知所爲,但禱神飯僧而已。"元胡三省注："懣,心煩也。"

〔推源〕 此二詞義同,其音亦極相近且相通。

悶：明紐文部；
懣：明紐元部。

雙聲，文元旁轉。然則出諸同一語源。《説文》以"懣"釋"悶"，實以同源詞相訓。又"悶"字从門得聲，聲符字"門"謂門扇，門扇爲遮閉之物，遮閉則悶，與"悶"之煩悶義當相通。

（1201）誾/温（温和義）

誾 温和地争辯。《説文·言部》："誾，和説而諍也。从言，門聲。"《廣韻·真韻》："誾，和也。"《論語·鄉黨》："朝，與下大夫言，侃侃如也；與上大夫言，誾誾如也。"宋朱熹《集注》："誾誾，和悦而諍也。"宋劉弇《走筆答郭子隆句稽》："賴君不吾靳，慇懃接誾侃。"引申爲温和、中正義。《廣韻·真韻》："誾，誾誾，中正之皃。"清朱駿聲《説文通訓定聲·屯部》："誾，〔假借〕重言形況字。《廣雅·釋訓》：'誾誾，敬也。'……《先進》皇疏：'中正也。'《後漢·袁安傳》注：'誾誾，忠正貌。'"按，無煩假借，乃引申。《廣雅》所訓"敬"即温和恭敬義；所謂"中正"則即温和而不偏激義。《後漢書·張酺傳》："前入侍講，屢有諫正，誾誾惻惻，出於誠心。"

温 温和，柔和。《廣韻·魂韻》："温，和也，暖也，柔也。"清朱駿聲《説文通訓定聲·屯部》："温，〔假借〕爲'煴'。《廣雅·釋詁三》：'温，煖也。'……《月令》：'温風始至。'《論衡·寒温》：'陽氣温。'《穆天子傳》：'爰有温谷樂都。'注：'言冬煖也。'又爲'昷'。《廣雅·釋詁一》：'温，善也。'《詩·小宛》：'飲酒温克。'王肅注：'柔也。'《燕燕》：'終温且惠。'箋：'顔色和也。'……《詩·小宛》：'温温恭人。'傳：'和柔貌。'《抑》：'温温恭人。'傳：'寬柔也。'《賓之初筵》：'温温其恭。'箋：'柔和也。'《爾雅·釋訓》：'温温，柔也。'亦重言形況字。"按，"温"本爲水名，然表温和、柔和義非假借，乃套用字。

〔推源〕 此二詞俱有温和義，其音亦相近且相通。

誾：疑紐真部；
温：影紐文部。

疑影鄰紐，真文旁轉。則其語源當同。

445　录聲

（1202）逯睩（謹慎義）

逯 行步謹慎。《説文·辵部》："逯，行謹逯逯也。从辵，录聲。"清朱駿聲《通訓定聲》："《方言》十二：'逯，行也。'"引申爲謹慎義。《廣韻·燭韻》："逯，謹也。"清吳恒煒《〈知新報〉緣起》："守者逯焉、閔焉，相顧痰痰，相望矤矤，病莫能捄也。"

睩 謹視。《説文·目部》："睩，目睞謹也。从目，录聲。讀若鹿。"清段玉裁注："言注視而又謹畏也。"清朱駿聲《通訓定聲》："《楚詞·招魂》：'蛾眉曼睩目騰光。'注：'視兒。'《憫上》：'哀世兮睩睩。'亦重言形況字。"按，所引《九思·憫上》文宋洪興祖《補注》："睩，目睞謹也。"《集韻·燭韻》："睩，謹視兒。"清史震林《西青散記》："爾有雙目，睩睩而不知新生之犢。"

〔推源〕 此二詞俱有謹慎義，爲录聲所載之公共義。聲符字"录"之甲骨文、金文形體上象轆轤、下象水形，《説文·录部》訓其本義爲"刻木录录"，朱駿聲以爲即"剥"之初文，其説皆未中肯綮。謹慎義蓋非"录"之顯性語義，乃录聲另載之語源義。录聲可載謹慎義，"慺"可證之。

录：來紐屋部；
慺：來紐侯部。

雙聲，屋侯對轉。"慺"，謹慎，恭敬。《玉篇·心部》："慺，謹敬也。"《廣韻·虞韻》："慺，慺慺，謹敬兒。"又《侯韻》："慺，慺慺，謹敬之兒。"晉葛洪《抱朴子·外篇·尚博》："於是以其所不解者爲虛誕，慺誠以爲爾，未必違情以傷物也。"《後漢書·楊賜傳》："老臣過受師傅之任，數蒙寵異之恩，豈敢愛惜垂暮之年，而不盡其慺慺之心哉！"

(1203) 趢碌盝(小義)

趢 小步，引申爲小義。《説文·走部》："趢，趨趢也。从走，錄聲。"清朱駿聲《通訓定聲》："《説文》'趨'篆：'行趨趢也'……《東京賦》：'三王之趢趢。'"按，所引《東京賦》文《文選》亦收錄，唐李善注引薛綜："趢趢，局小貌也。"《廣韻·屋韻》："趢，趢趢，局小。"宋洪邁《容齋隨筆》卷五："答曰：'雲山江水之語，於義甚大，於詞甚博，而'德'字承之，乃似趢趢，擬換作'風'字，如何？'"按，此皆引申義，其本義當爲小步。《集韻·燭韻》："趢，趢趢，小步。"清周正《散粥行》："行如兒始步，趢趢乃屈蹐。"

碌 石小而多。《玉篇·石部》："碌，碌碌，多沙石。"《廣韻·屋韻》："碌，多石兒。"《爾雅·釋丘》"天下有名丘五"晉郭璞注："恐此諸丘碌碌。"宋邢昺疏："碌，小石也。"《漢官儀》卷下引漢馬第伯《封禪儀記》："仰視巖石松樹，鬱鬱蒼蒼，若在雲中。俛視谿谷，碌碌不可見丈尺。"

盝 小匣。《正字通·皿部》："盝，今人以櫝匣小者爲盝。"按，古者亦然，小妝具亦稱"盝"。《舊唐書·李德裕傳》："昭愍皇帝童年纘歷，頗事奢靡，即位之年七月，詔浙西造銀盝子妝具二十事進内。"宋吳自牧《夢粱錄·嫁娶》："先三日，男家送催妝髻、銷金蓋頭、五男二女花扇、花粉盝、洗項畫彩錢果之類。"

〔推源〕 諸詞俱有小義，爲录聲所載之公共義。聲符字"录"之形體結構與小義不相符，其小義乃录聲另載之語源義。录聲可載小義，"簏"可證之。

录：來紐屋部；
篝：來紐侯部。

雙聲，屋侯對轉。"篝"，小籠，小筐。《説文·竹部》："篝，竹籠也。"清朱駿聲《通訓定聲》："《方言》十三：'篝，籈也，小者南楚謂之簍。'"《廣韻·虞韻》："簍，小筐。"唐唐彥謙《蟹》："板罾拖網取賽多，筬篝挑將水邊貨。"按，"篝"字從婁得聲，婁聲字"縷"所記錄語詞謂絲綫，極細小之物。

(1204) 漉盝（過濾義）

漉 過濾。《集韻·屋韻》："漉，滲也。或从錄。"唐司空圖《二十四詩品·含蓄》："如漉滿酒，花時返秋。"《説文·水部》："漉，浚也。从水，鹿聲。淥，漉或从录。"清朱駿聲《通訓定聲》："或从录聲……錯本《説文》：'一曰，水下皃。'《廣雅·釋言》：'漉，滲也。'……《封禪文》：'滋液滲漉。'"唐劉禹錫《浪淘沙》："千淘萬漉雖辛苦，吹盡狂沙始到金。"《新唐書·杜悰傳》："時方旱，道路流亡藉藉，民至漉漕渠遺米自給，呼爲'聖米'。"

盝 過濾。《廣韻·屋韻》："盝，去水也，瀝也。淥，上同。"清朱駿聲《説文通訓定聲·需部》："《考工·幌氏》：'清其灰而盝之。'"《集韻·屋韻》："盝，或从水。"《詩·小雅·伐木》"伐木許許，釃酒有藇"唐陸德明《釋文》："謂以筐盝酒。"明方以智《物理小識·金石類》："日月蒸之，盝之澄之，重者在下，鉛硝煎之，白金出矣。"

〔推源〕 此二詞俱有過濾義，爲彔聲所載之公共義。聲符字"彔"之形體結構與過濾義不相符，非其顯性語義，乃彔聲另載之語源義。彔聲可載過濾義，"濾""瀝"可相證。

彔：來紐屋部；
濾：來紐魚部；
瀝：來紐錫部。

雙聲，屋魚旁對轉，屋錫旁轉，魚錫旁對轉。"濾"，過濾。《玉篇·水部》："濾，濾水也。"《正字通·水部》："濾，漉去滓也。"北魏賈思勰《齊民要術·種紅藍花及梔子》："接取白汁，絹袋濾，著別瓮中。"明楊慎《丹鉛總錄·詩話·濾水羅詩》："僧家戒律，欲全水蟲之命，故濾而飲。"按，"濾"字晚出，所記詞之語源則前已有之，上古或稱濾爲"瀝"。《説文·水部》："瀝，水下滴瀝。"清朱駿聲《通訓定聲》："與'漉'略同。《廣雅·釋器》：'瀝，酒也。'《楚辭·大招》：'和楚瀝只。'注：'清酒也。'"按，凡過濾則水下滴；既濾之酒則爲清酒。《廣韻·錫韻》："瀝，滴瀝。"唐段成式《酉陽雜俎·境異》："阿薩部多獵蟲鹿，剖其肉，重疊之，以石壓瀝汁。"

(1205) 緑錄（綠色義）

緑 綠色。《説文·糸部》："緑，帛青黃色也。从糸，彔聲。"清朱駿聲《通訓定聲》："按，東方間色也。西方白青曰縹,中央黄黑曰綟,北方黑赤曰紫,南方赤白曰紅。《詩》:'綠兮衣兮。'傳:'間色。'……《禮記·玉藻》:'君朱綠。'字亦作'䱉'。《廣雅·釋器》:'䱉,青也。'〔轉注〕《楚辭·橘頌》:'綠葉素榮。'注:'猶青也。'"按,"間色"说可從,凡藍、黄顔料相配即呈綠色,至五色與五方相對應,則爲道家説。草木之色春綠而至秋則轉青蒼。《廣韻·燭韻》:"綠,青黄色。"《文選·沈約〈冬節後至丞相第諧世子車中作〉》:"賓階綠錢滿,客位紫苔生。"唐李善注引晉崔豹《古今注》:"空室無人行,則生苔蘚,或青或紫,一名綠錢。"

録 青淡黄重之間色。《説文·金部》:"録,金色也。从金,录聲。"清朱駿聲《通訓定聲》:"〔假借〕又爲'綠'。《荀子·性惡》:'文王之録。'注:'劍以色名,猶上文葱也。'"清段玉裁注:"金色,在青黄之間也。"按,段説是,朱氏假借説不可從。劍本有青銅者,青銅之色在青黄間。

〔推源〕 此二詞俱有綠色義。蓋"綠"爲源詞而"録"爲其同源派生詞。"綠"之聲符"录"所記録語詞與綠色義不相涉,其綠色義乃録聲所載之語源義。録聲可載綠色義,"青"可證之。

录:來紐屋部;

青:清紐耕部。

來清鄰紐,屋耕旁對轉。"青",深綠色。《説文·青部》:"青,東方色也。"清朱駿聲《通訓定聲》:"《楚辭·大招》:'青春受謝。'注:'青,東方春位。'《洪範·五行傳》:'時則有青眚青祥。'注:'木色也。'《素問·風論》:'其色青。'注:'肝色。'《周禮·職金》:'掌凡金玉錫石丹青之戒令。'注:'青,空青也。'《漢書·司馬相如傳》:'其土則丹青赭堊。'注:'青,青䕸也。'……《淇奥》:'綠竹青青。'《子衿》:'青青子衿。'"按,道家以五行、四方、四季相對應,木旺於春,木色青,東方屬木,故有"東方色""東方春位"之説。又,中國醫學以五行、五臟、五色相對應,肝屬木,木色青,故訓"青"爲肝色。

(1206) 禄醁(美好義)

禄 福,命運之美好者。《説文·示部》:"禄,福也。从示,录聲。"清朱駿聲《通訓定聲》:"《詩·瞻彼洛矣》:'福禄如茨。'《既醉》:'天被爾禄。'《儀禮·少牢饋食禮》:'使女受禄于天。'〔轉注〕《廣雅·釋詁一》:'禄,善也。'"按,"善""美"義極相近。《廣韻·屋韻》:"禄,善也,福也。"《戰國策·趙策二》:"臣無隱忠,君無蔽言,國之禄也。"唐柳宗元《罵尸蟲文》:"尸蟲逐,禍無所伏,下民百禄。"

醁 美酒。《廣韻·燭韻》:"醁,美酒。"南朝梁王僧孺《在王晉安酒席數韻》:"何因送款款,伴飲杯中醁。"宋蘇舜欽《秋宿虎丘寺數夕執中以詩見覬因次元韻》:"白雲已有終身約,醁酒聊驅萬古愁。"按,美酒亦稱"醽",即"醁"之聲轉。"醁"爲來紐屋部字,"醽"者來紐耕部,雙聲,屋耕旁對轉。《集韻·青韻》:"醽,湘東美酒。"晉葛洪《抱朴子·嘉遯》:"藜藿嘉於八珍,寒泉旨於醽醁。"南朝宋劉道薈《晉起居注》:"升平二年,正月朔,朝會,是日賜衆客醁醽酒。"按,"醽"字從霝得聲,霝聲字"靈""酃"所記録語詞亦俱有美義,參殷寄明著《漢語同源字詞叢考》第271條。

〔推源〕 此二詞俱有美好義,爲录聲所載之公共義。聲符字"录"所記録語詞與美好義不相涉,其美好義乃录聲所載之語源義。美酒稱"醁",其字從酉,"酉"可表酒之義類,录聲則載美義。美酒亦稱"酃",其字從令得聲,令聲字所記録語詞"玲""泠"俱有美義(參本典第二卷"令聲"第478條),录聲、令聲本相近且相通。

录:來紐屋部;

令:來紐耕部。

雙聲,屋耕旁對轉。又,录聲可載美好義,"倩"亦可證。"倩"爲男子之美稱,引申爲美義。其字從青得聲,青聲字所記録語詞"菁""精""靚""婧""睛""晴""腈"俱有精良、美好義(參本典第四卷"青聲"第997條),录聲、青聲本相近且相通。

录:來紐屋部;

青:清紐耕部。

來清鄰紐,屋耕旁對轉。

446　隶聲

(1207) 逮埭眔(相及義)

逮 趕上,相及。《説文·辵部》:"逮,唐逮,及也。从辵,隶聲。"清朱駿聲《通訓定聲》:"行相及也,古曰唐逮,雙聲連語。《公羊成二傳》:'逮于袁婁而與之盟。'又《書·吕刑》:'群后之逮在下。'……《史記·始皇紀》:'以罪過連逮。'……《爾雅·釋詁》:'逮、及、暨,與也。'"按,所引《爾雅》文清邵晉涵《正義》:"與,謂相及也。"又,所引《史記》之"逮"爲連及義。《廣韻·代韻》:"逮,及也。"《文選·曹植〈七啓〉》:"縱輕體以迅赴,景追形而不逮。"唐吕延濟注:"景,影;逮,及也。"

埭 臨近,相及。《説文·立部》:"埭,臨也。从立,从隶。"南唐徐鍇《繫傳》:"从立,隶聲。"清朱駿聲《通訓定聲》:"从立,隶聲。字亦作'莅',作'涖'。《爾雅·釋詁》:'涖,視也。'《詩·采薇》:'方叔涖止。'《儀禮·士冠禮》:'吾子將莅之。'"《廣韻·至韻》:"埭,臨也。"沈兼士《聲系》:"從《説文》小徐本隶聲。"清李慈銘《越中三子傳》:"時宣宗崩已逾百日,守令諸官皆吉服埭事,君獨衣青衣。"清王闓運《嚴咸傳》:"埭官清能,天下稱爲名臣。"

眔 目相及。《説文·目部》:"眔,目相及也。从目,从隶省。"清朱駿聲《通訓定聲》:"从目,从隶省,會意,隶亦聲。按,以目尾其後。"《廣韻·合韻》:"眔,目相見。"沈兼士《聲系》:

"从《説文》小徐本隶省聲。"按,青銅器銘文"眔"有連及義。《臣辰盉銘》:"王令士上眔史寅殷于成周。"郭沫若《考釋》:"眔字卜辭及彝銘習見,均用爲接續詞,其義如'及',如'與'。"

〔推源〕 諸詞俱有相及義,爲隶聲所載之公共義。聲符字"隶"所記録語詞本有相及義。《説文·隶部》:"隶,及也。从又,从尾省。又,持尾者,从後及之也。"清朱駿聲《通訓定聲》:"隶者,手相及也。"《廣韻·至韻》:"隶,及也。"按,即"逮"之初文。章炳麟《新方言·釋言》:"隶,从後持尾,謂追及禽獲之。漢時言捕曰逮。《漢書·王莽傳》:'逮治黨與',正此隶字。今謂捕得爲隶住。"然則本條諸詞之相及義爲其聲符"隶"所載之顯性語義。隶聲可載相及義,則"即"可證之。

隶:定紐月部;
即:精紐質部。

定精鄰紐,月質旁轉。"即",其字象人接近食器形,本義爲就食,引申爲接近義,接近則即相及。《説文·皀部》:"即,即食也。"清朱駿聲《通訓定聲》:"〔轉注〕《方言》二:'即,就也。'《易·屯》:'即鹿無。'……《詩·氓》:'來即我謀。'《春秋桓元年》:'公即位。'《禮記·曲禮》:'將即席。'"按,用本義之例亦有之。《易·鼎》:"鼎有實,我仇有疾,不我能即。"

447 居聲

(1208) 踞宧(占據義)

踞 蹲。《説文·足部》:"踞,蹲也。从足,居聲。"《廣韻·御韻》:"踞,蹲,又跂踞,大坐。"漢王延壽《王孫賦》:"踥菟蹲而狗踞,聲歷鹿而喔咿。"按,所謂"跂踞"即盤踞,義亦相通。引申爲占據義。明徐弘祖《徐霞客遊記·黔遊日記一》:"雲南普名勝叛,踞阿米州。段統兵征之,死于難。"清梁廷枏《夷氛聞記》卷一:"十三年,兵敗於越南富良江,駛三船泊十字門,登澳,踞守諸臺。"

宧 房舍,人所占據。其字則爲"居"之緟益字。《玉篇·宀部》:"宧,宧舍也。"《正字通·宀部》:"宧,與'居'同。"按,所記録之詞存乎語言,唯書面多以"居"爲之。

〔推源〕 此二詞俱有占據義,爲居聲所載之公共義。聲符字"居"本爲"踞"之初文,謂蹲。《説文·尸部》:"居,蹲也。从尸,古者居从古。踞,俗居从足。"清朱駿聲《通訓定聲》:"吾蘇俗謂之蹬。凡足底着席,而下其臀,聳其膝,曰蹲踞。若臀着席,而伸其兩足於前,曰箕踞。膝着席,而聳其體曰跪。下其臀,曰坐。經傳皆用'踞'字。"引申爲居住義。《廣韻·魚韻》:"居,處也。"《易·繫辭下》:"上古穴居而野處。"亦引申而指住所,然則"宧"乃爲記録此義所造之專字。《書·盤庚上》:"各長于厥居,勉出乃力。"唐孔穎達疏:"各思長久於其居處。"又引申爲占據義。《廣釋·釋言》:"居,據也。"《廣韻·魚韻》:"居,當也。"《禮記·王制》:"其中有士、下士者,數各居其上之三分。"漢鄭玄注:"居,猶當也。"《遼史·耶律化哥傳》:"聞蕃部逆命居翼只水,化哥徐以兵進。"然則本條二詞之占據義爲其聲符"居"所載之顯性語義。居聲可載占據義,則"據"可證之。"居""據"同音,見紐雙聲,魚部疊韻。"據",憑依。《説文·手部》:"據,杖持也。"清朱駿聲《通訓定聲》:"《詩·柏舟》:'不可以據。'傳:'依也。'"引申爲占據義。《史記·廉頗藺相如列傳》:"先據北山上者勝,後至者敗。"《新五代史·後蜀世家·孟昶》:"昶幸晉漢之際,中國多故,而據險一方,君臣務爲奢侈以自娱,至於溺器,皆以七寶裝之。"按,後世占據字乃借"据"爲之,"据"亦居聲字,亦爲居聲、佔據義相關聯之一證。

(1209) 鋸鮔(鋸義)

鋸 鋸子。《説文·金部》:"鋸,槍唐也。从金,居聲。"清朱駿聲《通訓定聲》:"《列女傳·仁智》:'鋸者所以治木也。'《古史考》曰:'孟莊子作鋸。'"《廣韻·御韻》:"鋸,刀鋸。"元戴侗《六書故·地理一》:"鋸,解器也,以鐵葉爲齟齬,其齒一左一右,以片解木石。"《管子·海王》:"行服連軺輂者,必有一斤、一鋸、一錐、一鑿,若其事立。"

鮔 銀牙鹹,其齒如鋸,故稱"鮔"。《正字通·魚部》:"鮔,形似石首魚,左右三牙如鐵鋸。"清李元《蠕範·物名》:"(魚)曰鮔,狼籍也,左右有三牙如鋸,狀似石首。"晉陸雲《答車茂安書》:"若乃斷遏海浦,隔絶曲隩,隨潮進退,採蜯捕魚,鱣鮪赤尾,鮔齒比目,不可紀名。"

〔推源〕 "鋸"謂鐵鋸,有齒以鋸木者。"鮔"爲魚,其齒如鋸。然則前者爲源詞,後世爲其同源派生詞。

(1210) 賵㝊(儲存義)

賵 儲存。其字从貝,古者貝爲貨幣,貨幣則可儲存。《廣韻·魚韻》:"賵,貯也。"唐明概《決對傅奕廢佛僧事》:"傍此興生,積聚盈庫,因斯番轉,賵貯連倉。"唐元結《五如石銘序》:"石有雙目,一目命爲洞井,井與泉通。一目命爲洞樽,樽可賵酒。"

㝊 房舍,可貯物者,故有儲存之衍義。《廣韻·魚韻》:"㝊,㝊儲。"《集韻·魚韻》:"賵,貯也。或作'㝊'。"按,"賵"與"㝊"非異體字,二者各有本義。"賵"之本義即儲存,"㝊"之儲存義則爲其引申義,其本義乃房舍。《龍龕手鑒·宀部》:"㝊,儲也。"清姚鼐《賞番圖爲李西華侍郎題》:"此圖稽典宜寶㝊,乃知柔遠術不疏。"

〔推源〕 此二詞俱有儲存義,爲居聲所載之公共義。聲符字"居"所記録語詞本有儲存義。清朱駿聲《説文通訓定聲·豫部》:"居,《漢書·張湯傳》:'居物致富。'猶儲蓄也。"《書·益稷》:"懋遷有無化居。"僞孔傳:"居,謂所宜居積者。"按"居"有佔據、安置、留止等義,儲存義與之相通。居聲可載儲存義,則"蓄"可證之。

居:見紐魚部;
蓄:曉紐覺部。

見曉旁紐，魚覺旁對轉。"蓄"，積聚，儲存。《説文·艸部》："蓄，積也。"清朱駿聲《通訓定聲》："《廣雅·釋詁三》：'蓄，聚也。'《賈子·無蓄》：'蓄積者，天下之大命也。'《詩·谷風》：'我有旨蓄。'《禮記·王制》：'無三年之蓄。'《東京賦》：'洪恩素蓄。'"

(1211) 倨／傲（傲慢義）

倨 不遜，傲慢。《説文·人部》："倨，不遜也。从人，居聲。"清朱駿聲《通訓定聲》："《禮記·曲禮》：'游毋倨。'疏：'慢也。'……《秦策》：'嫂何前倨而後恭也？'……《（大戴禮記）修身》：'體倨固而心執詐。'注：'傲也。'"《廣韻·御韻》："倨，倨傲。"《史記·汲鄭列傳》："黯爲人性倨，少禮，面折，不能容人之過。"按，《廣韻》所訓"倨傲"當爲同源詞素聯合式合成詞。《莊子·漁父》："夫子猶有倨傲之容。"

傲 傲慢，驕傲。《説文·人部》："傲，倨也。"清朱駿聲《通訓定聲》："字亦作'慠'、作'嶅'……《莊子·天下》：'圖傲乎救世之士哉。'《江賦》：'冰夷倚浪以傲睨。'《賈子·道術》：'弟敬愛兄謂之悌，反悌爲傲。'又：'思惡勿道謂之戒，反戒爲傲。'"按，許慎以"倨"釋"傲"，乃以同源詞相訓。《廣韻·號韻》："傲，慢也，倨也。"《書·盤庚》："無傲從安。"僞孔傳："無傲慢，從心所安。"《舊唐書·文苑傳上·張昌齡》："昔禰衡、潘岳皆恃才傲物，以至非命。"

〔推源〕 此二詞俱有傲慢義，其音亦相近且相通。

倨：見紐魚部；

傲：疑紐宵部。

見疑旁紐，魚宵旁轉。則其語源當同。"倨"爲居聲字，乃以居聲載傲慢義。聲符字"居"單用本可表傲慢義。《漢書·酷吏傳·郅都》："都遷爲中尉，丞相條侯至貴居也，而都揖丞相。"唐顔師古注："居，怠傲，讀與倨同。"按，傲慢義似與"居"之本義、引申義系列不相涉，乃假借義。又居聲字"踞""據"亦可以假借字形式表傲慢義，亦爲居聲、傲慢義相關聯之一證。漢桓寬《鹽鐵論·結和》："今有帝名而威不信長城，反賂遺而尚踞敖，此五帝所不忍，三王所畢怒也。"《戰國策·齊策四》："據慢驕奢，則兇從之。"宋鮑彪注："倨、據通借。"

448 刷聲

(1212) 唰涮（清理義）

唰 鳥以喙理毛。《玉篇·口部》："唰，鳥治毛衣也。"《廣韻·薛韻》："㕞，鳥理毛也。"《篇海類編·身體類·口部》："㕞，亦作'唰'。"《集韻·薛韻》："唰，鳥治毛也。"《字彙·口部》："唰，鳥治毛也。"

涮 洗滌，即清理污物。《廣韻·諫韻》："涮，涮洗也。"《諧謔語研究·不踐前言》："真是啊，出了澡堂進茶館兒，裏外涮！"楊沫《青春之歌》第二部第三十二章："吃完飯他又幫助道静涮乾净碗筷,收拾着屋子。"

〔推源〕 此二詞俱有清理義,爲刷聲所載之公共義。聲符字"刷"所記錄語詞本有清理義。《説文·刀部》:"刷,刮也。从刀,㕞省聲。《禮》:'布刷巾。'"清朱駿聲《通訓定聲》:"《爾雅》釋文引《廣雅》:'刷,削也。'〔假借〕爲'㕞'。《爾雅·釋詁》:'刷,清也。'《三蒼》:'刷,埽也。'……《周禮·凌人》:'秋㕞。'注:'清也。'……《漢書·貨殖傳》:'刷會稽之恥。'注:'謂拭除之也。'"按,非假借,清理義爲"刷"之引申義,"㕞"之本義則爲拂拭、清理,故典籍中"刷""㕞"用法同。《説文·又部》:"㕞,拭也。从又持巾在尸下。"《廣韻·薛韻》:"㕞,埽也,清也。刷,上同。"《晏子春秋·内篇·諫上》:"公刷涕而顧晏子。"前蜀杜光庭《虬髯客傳》:"公方刷馬,忽有一人,中形,赤髯如虬,乘蹇驢而來。投革囊於爐前,取枕欹卧,看張梳頭。公怒甚,未決,猶親刷馬。"

449　屈聲

(1213) 鶌崛裾(短義)

鶌 短尾小鳩。《説文·鳥部》:"鶌,鶌鳩也。从鳥,屈聲。"清朱駿聲《通訓定聲》:"項有繡文。《爾雅》:'鶌鳩,鶻鵃。'……郭注:'似山鵲而小,短尾,青黑色,多聲。'按,'骨舟'即鳩聲,後人所云鉤輈格磔也,以其善鳴,故又謂之鳴鳩……《東京賦》:'鶻鵃春鳴。'《莊子·逍遥遊》:'鷽鳩笑之。'《廣雅》'鶻鵃、鶻鳩'皆是物。"宋王炎《出郊雜詠》:"草頭蛺蝶自由舞,林下鶌鵃相對鳴。"

崛 山短而高。字亦作"崫",上形下聲。《説文·山部》:"崛,山短高也。从山,屈聲。"清朱駿聲《通訓定聲》:"《埤蒼》:'崫,特立也。'……《史記·司馬相如傳》:'丘虚崫礨。'《正義》:'堆壟,不平皃。'又'崔崣崛崎'。《索隱》:'隆屈,窊折皃。張揖曰:斗絶也。'《西京賦》:'神明崛其特起。'注:'高皃。'《漢書·揚雄傳》:'洪臺崛其獨出兮。'注:'特皃。'"《廣韻·物韻》:"崛,山短而高。"晉左思《蜀都賦》:"鬱葐蒀以翠微,崛巍巍以峨峨。"按,所謂山短而高,謂橫向延伸不長,短而高則顯突兀,"特起""特立"即此義。

裾 短衣。字亦作"髷""䙆"而皆从屈聲。《玉篇·衣部》:"裾,袾裾也。"《廣韻·物韻》:"裾,衣短。"《方言》卷四:"襜褕,其短者謂之裋褕,自關而西謂之袾裾。"《正字通·長部》:"䙆,婦人半臂服也,短衣無袂,或肩有袖至臂臑而止,故曰半臂。"又《彡部》:"髷,與䙆同。"《後漢書·光武帝紀上》:"服婦人衣,諸于繡䙆,莫不笑之。"又《五行志一》:"更始諸將軍過雒陽者數十輩,皆幘而衣婦人衣繡擁髷。"唐皮日休《悲遊》:"荷爲裯兮芰爲襴,荃爲裾兮薜爲袆。"

〔推源〕 諸詞俱有短義,爲屈聲所載之公共義。屈聲字"𤝗"《廣韻·物韻》訓"短尾犬",亦爲屈聲、短義相關聯之一證。聲符字"屈"所記録語詞本有短義。《説文·尾部》:

"屈,無尾也。从尾,出聲。"清朱駿聲《通訓定聲》:"《淮南·原道》:'用不屈兮。'注:'讀如秋雞無尾屈之屈。'《韓非子》:'鳥有周周者,重首而屈尾。'〔轉注〕《淮南·詮言》:'聖人無屈奇之服。'注:'短也。'"清桂馥《義證》:"《埤倉》:'屈,短尾。'《廣韻》:'屈,屈尾鳥。'"按,所謂無尾,乃其觀感,尾短則似無,猶今言稱人肥胖頸短爲"没有脖子"。"屈"又有短虧義。漢王充《論衡·自紀》:"然則辯言必有所屈,通文猶有所黜。"屈聲可載短義,則曷聲字所記録語詞"褐""猲""楬"等相證。"褐",粗布短衣。"猲",短嘴獵犬。"楬",短小木椿(參本典"曷聲")。屈聲、曷聲本相近且相通。

屈:溪紐物部;
曷:匣紐月部。

溪匣旁紐,物月旁轉。

(1214) 窟劀蝠(圓、曲義)

窟 洞穴,形圓者。其字本作"堀",後世以"窟"爲正字。《説文·土部》:"堀,突也。《詩》曰:'蜉蝣堀閲。'从土,屈省聲。"清段玉裁注:"'突'爲犬从穴中暫出,因謂穴中可居曰突,亦曰堀,俗字作'窟'。"《廣韻·没韻》:"窟,窟穴。"清朱駿聲《説文通訓定聲·履部》:"《小爾雅·廣獸》:'兔之所息謂之窟。'《通俗文》:'獸穴曰窟。'按,凡穴土皆曰堀。《左昭廿七傳》:'光伏甲于堀室。'《荀子·法行》:'魚鱉黿鼉猶以淵爲淺而堀其中。'《漢書·鄒陽傳》:'士有伏死堀穴巖藪之中耳。'"

劀 曲刀。《説文·刀部》:"劀,剭劀也。从刀,屈聲。"清朱駿聲《通訓定聲》:"蓋曲刀所以刻鏤者,字亦作'刖'……《淮南·本經》:'無所錯其剞劀削鋸。'注:'劀,鎺尺。'《俶真》:'鏤之以剞劀。'注:'劀者,規度刺畫墨邊綫也,似剞爲曲刀,劀爲畫圓錐規,可開可合者。'"《廣韻·物韻》:"劀,剞劀,曲刀。"《廣雅·釋器》"剞劂,刀也"清王念孫《疏證》:"劀與劂同。"《文選·左思〈魏都賦〉》:"剞劂罔掇。"唐李善注:"剞劂,曲刀也。"

蝠 卷曲之蟲。《廣韻·物韻》:"蝠,蛣蝠也。"清朱駿聲《説文通訓定聲·履部》:"蚰,字亦作'蝠'。《爾雅》:'蝎,蛣蝠。'注:'木中蠹蟲。'蓋桑蠹、蝤蠐之類。"晉葛洪《抱朴子·塞難》:"蛣蝠之滋於污淤,翠蘿之秀於松枝。"

〔推源〕諸詞俱有圓、曲義,爲屈聲所載之公共義。聲符字"屈"所記録語詞本有彎曲、曲折之義。《玉篇·出部》:"屈,曲也。"《廣韻·物韻》:"屈,拗曲。"清朱駿聲《説文通訓定聲·履部》:"屈,疊韻連語。《莊子·駢指》:'屈折禮樂。'"《易·繫辭下》:"尺蠖之屈,以求信也。"唐李群玉《九子坂聞鷓鴣》:"正穿屈曲崎嶇路,又聽鉤輈格磔聲。"按,"屈"本謂鳥尾短,尾短則其體形顯圓。本條諸詞之圓、曲義爲其聲符"屈"所載之顯性語義。至屈聲可載圓、曲義,則昌聲字所記録語詞"圓""䬯""蜎""錈""岪""桐"可相證,此六詞亦俱有圓、曲義(見本卷第833條)。屈聲、昌聲本相近且相通。

屈：溪紐物部；

肙：影紐真部。

溪影鄰紐，物真旁對轉。

(1215) 倔/堅(强義)

倔 倔强，頑强。《廣韻·物韻》："倔，倔强。"漢桓寬《鹽鐵論·論功》："(尉佗)倔强倨傲，自稱老夫。"按，其字亦以"䩎"爲之。《漢書·司馬相如傳上》"微觖受詘"唐顔師古注："詘音䩎强之䩎。"按，字从革，革則有韌性，故亦可表倔强義。"倔"又有强健義。唐韓愈《山南鄭相公樊員外酬答爲詩依賦十四韻以獻》："滎公鼎軸老，烹斡力健倔。"

堅 堅硬。《説文·土部》："堅，剛也。"《吕氏春秋·任地》："凡耕之道……堅者耕之。"引申爲堅强義。《廣雅·釋詁一》："堅，强也。"《孫子·謀攻》："故小敵之堅，大敵之擒也。"《北齊書·崔昂傳》："昂性端直少華，沉深有志略，堅實難傾動。"

〔推源〕 此二詞俱有强義，其音亦相近且相通。

倔：群紐物部；

堅：見紐真部。

群見旁紐，物真旁對轉。其語源當同。其"倔"字乃以屈聲載其"强"之語源義。屈聲字"踞"亦有足力强義。《方言》卷六："踞，力也。東齊曰踞。"晉郭璞注："律踞，多力貌。"《廣韻·物韻》："踞，律踞，多力。"未見其文獻實用例，參之以"倔"，則知所訓不誣，屈聲、强義相關聯。

450 孟聲

(1216) 猛蜢(猝然義)

猛 凶猛，勇猛。字亦作"勐"。《説文·犬部》："猛，健犬也。从犬，孟聲。"清朱駿聲《通訓定聲》："《孟子》：'驅猛獸。'"按，所謂"健犬"乃形體造意。《廣韻·梗韻》："猛，勇猛。又嚴也，害也，惡也。"《五音類聚·力部》："勐，勇猛也。又嚴也，亦害也，惡也。與'猛'義同。"漢枚乘《七發》："毅武孔猛，袒裼身薄。"引申爲猛然、猝然義。宋梅堯臣《宿邵埭聞雨因買藕芡人回呈永叔》："寒屋猛添響，濕窗愁打穿。"明馮夢龍編《醒世恒言》之《灌園叟晚逢仙女》："玉人盡日憨憨地，猛被笙歌驚破睡。"又，凡複音詞、多音詞"猛子""猛丁""猛忽""猛省""猛可里"之"猛"，皆猝然義。

蜢 蚱蜢，其行猝然跳躍，故稱"蚱蜢"。《廣韻·梗韻》："蜢，蚱蜢蟲。"《説文新附·虫部》："蜢，蚱蜢也。从虫，孟聲。""蚱，蚱蜢，草上蟲也。"清王玉樹《説文拈字》："蚱，《六書正訛》作'蚱'。蚱蜢，草上蟲也。"宋楊萬里《題山莊草蟲扇》："風生蚱蜢怒鬚頭，紈扇團圓璧月流。"《水滸全傳》第六十九回："蚱蜢頭尖光眼目,鷺鷥瘦腿全無肉。"按,"蚱蜢"爲複音詞,當爲同義聯合者。"蚱"字从乍得聲,乍聲字所記錄語詞"迮""作""昨""拃""窄""炸""笮"等俱有猝然、緊迫、緊窄義,詳見本典第二卷"乍聲"第454條。

〔推源〕 此二詞俱有猝然義,爲孟聲所載之公共義。聲符字"孟"所記錄語謂兄弟姐妹之長者。《説文·子部》："孟,長也。从子,皿聲。"《左傳·隱公元年》："惠公元妃孟子。"唐孔穎達疏："孟、仲、叔、季,兄弟姊妹長幼之别字也。"其引申義亦與猝然義不相涉,其猝然義乃孟聲所載之語源義。孟聲可載猝然義,"炮"可證之。

孟:明紐陽部;
炮:並紐幽部。

明並旁紐,陽幽旁對轉。"炮",本指帶毛炙肉。《説文·火部》："炮,毛炙肉也。"清朱駿聲《通訓定聲》："《詩·瓠葉》:'炮之燔之。'《閟宫》:'毛炰胾羹。'"按"炰"爲其或體。引申之,則指爆炒,爆炒則有猛烈、猝然受熱義。宋范成大《問天醫賦》："訪和扁以制度,招桐雷使炮炙。"宋洪邁《容齋四筆》卷三："咳逆者,天雄炮過,以酒調一錢匕服。"又,後世亦以"炮"指火藥炮及爆竹,亦寓猛烈、猝然義。

451 亟聲

(1217) 鞕悈(急義)

鞕 急。《説文·革部》："鞕,急也。从革,亟聲。"南唐徐鍇《繫傳》："束物之急莫若革也。"清朱駿聲《通訓定聲》："或謂革之緊。"清徐灝《注箋》："錢曰:'《檀弓》:夫子之病革矣。注:革,急也。應即鞕字。'灝按:古人謂革爲急,其後乃别制'鞕'字。"按"革"有急義不誤。唐元稹《沂國公魏博德政碑》："玄宗抑厄,其否乃革。"

悈 急。《説文·心部》："悈,疾也。从心,亟聲。"清朱駿聲《通訓定聲》："按,與'急'誼同音别。《列子·力命》:'謑悈夌訐。'《釋文》:'急也,吃也。謑悈,謂語急而吃。'又'訥澀貌'。又'疾也'。又'急性相背也'。"《廣韻·職韻》："悈,急性相背。"按,"悈"謂心急,心急則語吃;語急義則有"諏"之專字,亦从亟得聲。《玉篇·言部》《廣韻·職韻》"諏"皆訓"訥言",即語急而拙之義。

〔推源〕 此二詞俱有急義,爲亟聲所載之公共義。聲符字"亟"所記錄語詞本有急義。《説文·二部》："亟,敏疾也。从人,从口,从又,从二。二,天地也。"清朱駿聲《通訓定聲》："人生天地間,手口並作,敏疾成事也。《爾雅·釋詁》:'亟,疾也。亟,速也。'……《廣雅·釋詁一》:'亟,急也。'《詩·七月》:'亟其乘屋。'箋:'急也。'《禮記·少儀》:'小飯而亟之。'注:'疾也。'《宋策》:'欲霸之亟成。'注:'速也。'"《廣韻·職韻》："亟,急也,疾也。"《左傳·

襄公二十四年》:"(張骼、輔躒)皆笑,曰:'公孫之亟也。'"晉杜預注:"亟,急也,言其性急,不能受屈。"按,"亟"之甲骨文形體無"口""又"之構件,乃從人、從二,本義爲極端(見後條"推源"),其急義非顯性語義,乃亟聲所載之語源義。亟聲可載急義,"急"可證之。

亟:見紐職部;
急:見紐緝部。

雙聲,職緝通轉。"急",其字本作"㤺",隸變爲"急",字從心,所記録語詞之本義爲急躁,引申之則有急迫、危急、急速等義。《説文·心部》:"㤺,褊也。"《爾雅·釋言》:"褊,急也。"《書·洪範》:"曰急,恆寒若。"漢鄭玄注:"急促自用也。"唐孔穎達疏:"曰君行急躁,則常寒順之。"北魏賈思勰《齊民要術·養羊》:"若使急性人及小兒者,欄約不得,必有打傷之災。"

(1218)極殛(極端義)

極 棟梁,在屋之最高處,"極"之名寓極端義。《説文·木部》:"極,棟也。從木,亟聲。"清朱駿聲《通訓定聲》:"按,在屋之正中至高處,至者下之極,極者高之至也。《漢書·天文志》:'萬載宫極。'注:'屋梁也。三輔閒名爲極。'〔轉注〕《爾雅·釋詁》:'極,至也。'《詩·崧高》:'駿極于天。'傳:'至也。'《禮記·樂記》:'極乎天而蟠乎地。'注:'至也。'"按,朱氏所稱"轉注"即引申,所引故訓之"至"即極至、極端義。《廣韻·職韻》:"極,至也,窮也。"《墨子·七患》:"故曰,以其極賞,以賜無功。"按,所謂"極賞"即最高、極至之獎賞。

殛 誅殺,極端之刑。《説文·歹部》:"殛,殊也。從歹,亟聲。《虞書》曰:'殛於羽山。'"清朱駿聲《通訓定聲》:"《爾雅·釋言》:'殛,誅也。'《左襄十一傳》:'明神殛之。'注:'誅也。'"《廣韻·職韻》:"殛,誅也。"《書·湯誓》:"有夏多罪,天命殛之。"清孫星衍疏:"夏罪上天,命我誅之。"《逸周書·商誓》:"予既殛紂,承天命,予亦來休命爾百姓里居君子。"

〔推源〕 此二詞俱有極端義,爲亟聲所載之公共義。此義當爲聲符字"亟"所載之顯性語義。于省吾《甲骨文釋林》:"亟,古'極'字……亟字中從人,而上下有二横畫,上極於頂,下極于踵,而極之本義昭然可覩矣。"

452 叕聲

(1219)綴醊裰畷(連義)

綴 縫合,使相連。引申爲連義。《説文·糸部》:"綴,合箸也。從叕,從糸。"南唐徐鍇《繫傳》:"叕亦聲。"清朱駿聲《通訓定聲》:"從糸、從叕,會意,叕亦聲。《廣雅·釋詁四》:'綴,連也。'"《廣韻·祭韻》:"綴,連綴。"《國語·齊語》:"式權以相應,比綴以度。"漢高誘注:"綴,連也。"《晉書·司馬彪傳》:"彪由此不交人事,而專精學習,故得博覽群籍,終其綴集之務。"

醊 連續祭祀，其字亦以"餟""腏"爲之。《廣韻·薛韻》："醊，酹連祭也。"清朱駿聲《説文通訓定聲·泰部》："餟，《封禪書》字亦'醊'……《漢書·郊祀志》：'爲腏食群神从者。'以'腏'爲之。"按《史記·孝武本紀》亦有"爲餟食群神从者及北斗云"語，唐司馬貞《索隱》："餟，謂連續而祭之。"又《史記·封禪書》亦有相同語，唐張守節《正義》："謂繞壇設諸神祭座相聯綴也。"按，祭座相連則祭祀亦連續。朱氏所引《漢書》文唐顏師古注："腏字與'餟'同，謂聯續而祭也。"

罬 機關網，以繩與網相牽連者。《爾雅·釋器》："繴謂之罿。罿，罬也。罬謂之罦。罦，翻車也。"《説文·网部》："罬，捕鳥覆車也。从网，叕聲。"清朱駿聲《通訓定聲》："亦名罿、名罦。按，網有兩轅，中施罥以捕鳥。"清王筠《釋例》："不用網目，以雙繩貫柔條。張之如弓，繩之中央縛兩竹，竹之末箕張，亦以繩貫之……罬特以繩連綴之，故从叕也。"《廣韻·薛韻》："罬，捕鳥覆車網。一曰罦。"清曹雪芹《紅樓夢》第七十八回："孰料鳩鴆惡其高，鷹鷙翻遭罦罬。"

畷 連接兩陌之道。《説文·田部》："畷，兩陌間道也，廣六尺。从田，叕聲。"清朱駿聲《通訓定聲》："言兩百夫之間有洫，洫上有涂謂之畷，廣六尺，故涂容一軌。兩千夫之間有澮，澮上有道則謂之阡也。《説文》只作'千百'。《禮記·郊特牲》：'饗農及郵表畷。'《樂記》注：'爲下國畷郵。'〔聲訓〕《郊特牲》疏：'畷謂井畔相連畷於此田畔相畷之所。'"按，朱氏所云二"畷"，皆連結，爲其引申義。《文選·左思〈吳都賦〉》："其四野則畛畷無數，膏腴兼倍。"唐李善注引《説文》："畷，兩陌間道也。"

〔推源〕 諸詞俱有連義，爲叕聲所載之公共義。叕聲字"禒""裰""輟"於古亦屢有相類似之訓釋。《廣韻·祭韻》："禒，重祭。"《集韻·祭韻》："禒，繹祭謂之禒。"則略同"醊"。《廣韻·末韻》："裰，補綴破衣也。"按與"綴"同義。《説文·車部》："輟，車小缺復合者。从車，叕聲。"依許説則寓連綴意。然此三者皆見其實用例，姑附於此。"綴""醊""罬""畷"之聲符"叕"本爲"綴"之初文。《説文·叕部》："叕，綴聯也。象形。"南唐徐鍇《繫傳》："交絡互綴之象。"清朱駿聲《通訓定聲》："疑'綴'字之古文。""綴，疑實'叕'之或體。"按，"綴"爲緟益字。《廣韻·薛韻》："叕，聯也。"然則本條諸詞之連義爲其聲符"叕"所載之顯性語義。

（1220）劋掇（取義）

劋 字从刀，有割取義。清朱駿聲《説文通訓定聲·泰部》："劋，《漢書·賈誼傳》：'盜者劋寢户之簾。'注：'割取之也。'"《新唐書·盧景亮傳》："劋治道之要，著書上下篇。"按，此"劋"爲截取義，乃抽象性割取義。宋岳珂《桯史·大散論賞書》："王之盡理，仲之補過，絨之服義，要皆可書，故劋取其詳而傳之。"其"劋"謂選取，其義相近而皆同條共貫。

掇 拾取，引申爲獲取、選取等義。《説文·手部》："掇，拾取也。从手，叕聲。"清朱駿聲《通訓定聲》："《小爾雅·廣詁》：'拾也。'《廣雅·釋詁一》：'取也。'《易·訟》：'患至掇也。'《詩·芣苢》:'薄言掇之。'《莊子·達生》:'承蜩猶掇之也。'《淮南·要略》:'覽取撟掇。'《漢書·董仲舒傳》:'掇其切當世施朝廷者。'"

〔推源〕 此二詞俱有取義,爲叕聲所載之公共義。叕聲字"朒"亦有"取"訓。《説文·肉部》:"朒,挑取骨間肉。从肉,叕聲。"又"豖"字《廣韻·問韻》云"豕求食也"。清翟灝《通俗編》卷三十六:"豕食發土謂之豖。"則即求取義。然未見其文獻實用例,參以本條二詞,所訓或不誣。"劣""掇"之聲符"叕"所記録語詞與取義不相涉,其取義當爲叕聲所載之語源義。叕聲可載取義,"奪"可證之。

叕:端紐物部;

奪:定紐月部。

端定旁紐,物月旁轉。"奪",奪取,強取。《篇海類編·通用類·大部》:"奪,強取也。"《易·繫辭上》:"小人而乘君子之器,盗思奪之矣。"唐白居易《紅綫毯》:"地不知寒人要暖,少奪人衣作地衣。"

453　奏聲

(1221) 湊輳(聚集義)

湊　聚集。《説文·水部》:"湊,水上人所會也。从水,奏聲。"清朱駿聲《通訓定聲》:"《周書·作雒》:'以爲天下之大湊。'注:'會也。'《楚辭》:'波湊而下降。'注:'聚也。'"《廣韻·候韻》:"湊,聚也。"唐王建《照鏡》:"萬愁生旅夜,百病湊衰年。"

輳　車之輻輳,即輻條聚集於車轂,故引申爲聚集義。《廣韻·候韻》:"輳,輻輳。"《參同契》卷上:"輻輳而輪轉,出入更卷舒。"《文子·微明》:"志大者,兼包萬國,一齊殊俗,是非輻輳,中爲之轂也。"宋周密《癸辛雜識別集·魚苗》:"江州等處水濱産魚苗,地主至於夏,皆取之出售,以此爲利,販子輳集。"

〔推源〕 此二詞俱有聚集義,爲奏聲所載之公共義。聲符字"奏"單用本可表此義。《漢書·王莽傳上》:"四海輻奏,靡不得所。"然非"奏"之顯性語義,"奏"之本義爲進獻。《説文·本部》:"奏,奏進也。从本,从収,从屮。屮,上進之義。"聚集義乃奏聲另載之語源義。奏聲可載聚集義,"積"可證之。

奏:精紐侯部;

積:精紐錫部。

雙聲,侯錫旁對轉。"積",聚集。《説文·禾部》:"積,聚也。"《詩·大雅·公劉》:"迺積迺倉,迺裹餱糧。"《史記·吳王濞列傳》:"寡人節衣食之用,積金錢,脩兵革,聚穀食。"

454　春聲

(1222) 賰椿䐴（厚義）

賰　富有，財力雄厚。其字亦作"倴"。《説文·人部》："倴，富也。从人，春聲。"《廣韻·準韻》："倴，厚也，富也。"又："賰，賰賰，富有。"《集韻·準韻》："賰，或从人。"《玉篇·貝部》："賰，賰賰，富有也。"《字彙·貝部》："賰，賰賰，富有也。"《篇海類編·珍寶類·貝部》："賰，富有也。又厚也。"

椿　長壽之木，其名寓年祀富厚之義。《廣韻·諄韻》："椿，木名。"《莊子·逍遥遊》："上古有大椿者，以八千歲爲春，八千歲爲秋。"宋黄庭堅《次韻子實題少章寄寂齋》："小大窮鵬鷃，短長見椿槿。"

䐴　肥胖，肉厚。《玉篇·肉部》："䐴，肥也。"《廣韻·準韻》："䐴，肥也。"《集韻·隱韻》："腪，腪䐴，肥也。"按，"腪"可單用，"腪䐴"當爲同義聯合者。《金瓶梅詞話》第二十五回："幾時没見，吃得黑腪了。"

〔推源〕諸詞俱有厚義，爲春聲所載之公共義。聲符字"春"本作"萅"，所記録語詞之本義爲春季。《説文·艸部》："萅，推也。从艸，从日，艸，萅時生也，屯聲。"清朱駿聲《通訓定聲》："《琴賦》注：'一時三月謂之三春，九十日謂之九春。'《公羊隱元傳》：'春者何？歲之始也。'"其引申義系列亦與厚義不相涉，然則其厚義乃春聲另載之語源義。春聲可載厚義，"醇"可證之。

春：昌紐文部；
醇：禪紐文部。

疊韻，昌（三等即穿）禪旁紐。"醇"，酒之特質濃厚，引申爲濃厚、醇厚。《説文·酉部》："醇，不澆酒也。"清朱駿聲《通訓定聲》："《廣雅·釋詁三》：'醇，厚也。'……《漢書·爰盎傳》：'買二石醇醪。'《東京賦》：'春醴惟醇。'〔假借〕爲'惇'。《淮南·氾論》：'古者人醇工龐。'注：'醇厚不虛華也。'《漢書·萬石君傳》：'慶醇謹而已。'注：'專厚也。'《景帝紀·贊》：'黎民醇厚。'"按，無煩假借，實爲引申。

(1223) 鬊憃驦（亂義）

鬊　掉落的頭髮，引申爲紛亂、散亂義。《説文·髟部》："鬊，鬢髮也。从髟，春聲。"南唐徐鍇《繫傳》："鬊，鬊髮也。"清朱駿聲《通訓定聲》："鬊髮也……《儀禮·士喪禮》：'巾柶鬊爪埋于坎。'《禮記·喪大記》：'君大夫鬊爪實于綠中。'注：'亂髮也。'"按，朱氏所引《儀禮》文清胡培翬《正義》："鬊，櫛餘亂髮也。"《漢書·天文志》："元平元年正月庚子，日出時有黑雲，狀如焱風亂鬊。"

惷 騷動，動亂。《說文·心部》：「惷，亂也。从心，春聲。《春秋傳》曰：'王室曰惷惷焉。'」清朱駿聲《通訓定聲》：「《左昭廿三傳》……注：'動擾貌。'今本以'蠢'爲之。」按，「惷」又有雜亂之衍義。清錢謙益《復吳江潘力田書》：「大意尚爲刊削有宋諸人僞注、謬解、煩仍、惷駁之文，冀少存杜陵面目。」又，其字亦以「敊」爲之，亦从春聲。《廣韻·準韻》：「敊，亂也。」《集韻·準韻》：「惷，或从攴。」

騅 馬紋斑駁，因有雜亂義。《玉篇·馬部》：「騅，馬文。」按，凡馬之毛有紋則非一色。宋沈括《奉敕撰奉元曆序進表》：「求騅駁於迎日推策之際，消忽微於連珠合璧之間。」清毛奇齡《曾子問講錄》卷一：「舊儒說經原有騅駁不可道者。」

〔推源〕 諸詞俱有亂義，爲春聲所載之公共義。聲符字「春」所記錄語詞之本義、引申義系列與亂義不相涉，其亂義乃春聲所載之語源義。春聲可載亂義，「襍」可證之。

春：昌紐文部；
襍：從紐緝部。

昌（三等即穿）從鄰紐，文緝通轉。「襍」，本作「襍」，謂五彩聚集，引申爲雜亂義。《說文·衣部》：「襍，五彩相會。从衣，集聲。」清朱駿聲《通訓定聲》：「今隸作'雜'。《廣雅·釋詁三》：'襍，聚也。'《周禮·司常》：'襍帛爲物。'」〔轉注〕《襍卦傳》孟注：「亂也。」《廣雅·釋詁四》：'襍，廁也。'……《淮南·說山》：'貂裘而雜。'注：'猶駁也。'」《墨子·非攻下》：「日月不時，寒暑雜至。」清孫詒讓《閒詁》：「謂寒暑錯亂而至，失其恒節。」唯「雜」有亂義，故有「雜亂」之同義聯合式合成詞。《楚辭·遠游》：「騎膠葛以雜亂兮，斑漫衍而方行。」

（1224）偆惷蠢騅（愚義）

偆 有「癡」訓，即愚蠢義。《篇海類編·人物類·人部》：「偆，癡也。」

惷 愚蠢。清朱駿聲《說文通訓定聲·屯部》：「惷，〔假借〕又爲'鈍'。《淮南·氾論》：'愚夫惷婦。'注：'亦愚無知之貌也。'」按，「惷」之本義《說文》訓「亂」，即騷動、動亂義，然其字从心，表愚蠢義非假借，乃套用字。《漢書·刑法志》：「三赦：一曰幼弱，二曰老眊，三曰惷愚。」唐顏師古注：「惷愚，生而癡騃者。」三國魏曹植《謝妻改封表》：「光耀宣朗，非妾婦惷愚所當蒙被。」

蠢 蟲動。蟲之行動，緩慢、笨拙，遂有愚蠢、笨拙之衍義。《說文·䖵部》：「蠢，蟲動也。从䖵，春聲。」晉傅玄《陽春賦》：「幽蟄蠢動，萬物樂生。」漢王充《論衡·自然》：「時人愚蠢，不知相繩責也。」唐白居易《除程執恭檢校右僕射制》：「朕以恒陽之衆，蠢爾無知，驅彼生人，致之死地。」

騅 馬愚鈍。《篇海類編·鳥獸類·馬部》：「騅，鈍馬也。」

〔推源〕 諸詞俱有愚義，爲春聲所載之公共義。聲符字「春」所記錄語詞之本義、引申義系列與愚義不相涉,其愚義乃春聲所載之語源義。春聲可載愚義,"鈍"可證之。

春:昌紐文部;

鈍:定紐文部。

疊韻,昌(三等即穿)定準旁紐。"鈍",刀劍不鋒利,俗云"不快",人反應不快即遲鈍、不聰明,亦即魯鈍。故"鈍"引申爲愚鈍義。《說文·金部》:"鈍,錭也。"清朱駿聲《通訓定聲》:"《文選·檄吳將校部曲》:'兵不鈍鋒。'〔轉注〕《史記·周勃世家》注:'俗謂愚爲鈍椎。'《廣雅·釋詁四》:'鈍,遲也。'"《廣韻·慁韻》:"鈍,頑也。"按,謂愚頑。三國蜀諸葛亮《出師表》:"庶竭駑鈍,攘除姦凶。"唐白居易《迂叟》:"應須繩墨機關外,安置疏愚鈍滯身。"

455　封聲

(1225) 犎/峰(高義)

犎　領肉高起的野牛。《爾雅·釋畜》"犦牛"晉郭璞注:"即犎牛也。領上肉犦胅起,高二尺許,狀如橐駝,肉鞍一邊,健行者日三百餘里。今交州合浦徐聞縣出此牛。"《廣韻·鍾韻》:"犎,野牛。"清朱駿聲《說文通訓定聲·豐部·附〈說文〉不錄之字》:"犎,《字林》:'犎,野牛也。周成難字。犎,今有此牛,形小,膊上有犎'是也。"《晉書·張軌傳》:"西域諸國獻汗血馬、火浣布、犎牛、孔雀、巨象及諸珍異二百餘品。"

峰　山頂,即山之最高處。其字亦作上形下聲。《說文·山部》:"峯,山耑也。"晉左思《蜀都賦》:"梗枏幽藹於谷底,松柏蓊鬱於山峯。"唐皮日休《傷史拱山人》:"峯頭孤冢爲雲穴,松下靈筵是石林。"清余京《暮春同吳門沈歸愚登蒜山》:"藉草峰巔片刻留,曠觀身世嘆蜉蝣。"

〔推源〕　此二詞俱有高義,其音亦相近且相通。

犎:幫紐東部;

峰:滂紐東部。

疊韻,幫滂旁紐。則其語源當同。又,"犎"字從封得聲,"封"謂堆土植樹以爲界,堆土則高,本寓高義。《說文·土部》:"封,爵諸侯之土也。从之,从土,从寸,守其制度也。公侯百里,伯七十里,子男五十里。"清朱駿聲《通訓定聲》:"惠氏《禮說》謂《周禮》言封疆,《王制》言食采……《小爾雅·廣詁》:'封,界也。'《周禮·大司馬》:'制畿封國。'注:'謂立封于疆爲界。'……《周禮·封人》:'掌設王之社壝。'注:'聚土曰封。'"按,"封"有高之衍義。《漢書·武帝紀》:"登封泰山,降坐明堂。"唐顏師古注:"孟康曰:'封,崇也,助天之高也。'"又有厚義、大義,皆與高義相通。

456　甚聲

(1226)湛黮媅覠戡酖(深義)

湛　沉没,入於深處,故引申爲深義。《説文·水部》:"湛,没也。从水,甚聲。"清朱駿聲《通訓定聲》:"《漢書·鄒陽傳》:'然則荆湛七族。'應劭曰:'没也。'……《淮南·覽冥》:'故東風至而湛溢。'注:'湛酒,清酒也,米物下湛,故曰湛。'《答賓戲》:'浮英華,湛道德。'注:'湛,古沈字。'凡《漢書》志、傳'湛'字,注皆讀曰'沈'。〔轉注〕《難蜀父老》:'湛恩汪濊。'注:'深皃也。'《思玄賦》:'私湛憂而深懷兮。'注:'亦深也。'"《廣韻·豏韻》:"湛,没也。"又《侵韻》:"湛,《漢書》曰:'且從俗浮湛。'"

黮　深黑色。《説文·黑部》:"黮,桑葚之黑也。从黑,甚聲。"清朱駿聲《通訓定聲》:"《聲類》:'黮,深黑也。'《字林》:'黮,黑黃也。'《廣雅·釋器》:'黮,黑也。'"《文選·左思〈魏都賦〉》:"榱題黮䨴,階陊嶙峋。"唐李善注引《聲類》:"黮,深黑色也。"清史震林《題栖霞山疊浪岩》:"怪哉疊浪巖,峭壁色黮黕。"按,桑葚成熟則其色深黑,故許慎所訓實即深黑義。

媅　沉溺,深陷。《説文·女部》:"媅,樂也。从女,甚聲。"清邵瑛《群經正字》:"今經典作'妉'……《華嚴經音義》云:'《聲類》媅作妉。'"清朱駿聲《通訓定聲》:"字又作'妉'。《列子·楊朱》:'方其妉于色也。'"《廣韻·覃韻》:"媅,婬過。""妉,妉樂。"按,即耽於樂之義。"妉""耽"同从冘聲,又沉溺字一作"沈",亦从冘聲。清王闓運《熊氏墓表》:"思媚尊慈,弗妉燕逸。"

覠　深視。字亦作"眈"。《説文·見部》:"覠,内視也。从見,甚聲。"清朱駿聲《通訓定聲》:"〔假借〕爲'眈'。《張壽碑》:'覠覠虎視,不折其節。'"清段玉裁注:"'覠'與'眈'音義皆同。"按,段説是,二者爲或體,非假借。《廣韻·感韻》:"覠,徐視。"按"徐視"即細看、深視。朱氏所引《張壽碑》文《隸釋》本宋洪适釋:"覠覠,即爲眈眈。"唐常衮《故四鎮北庭行營節度使扶風郡王贈司徒馬公神道碑銘並序》:"禦於水硤之衝,蒙輪超乘,縵胡突鬢,眈盻而横奮者,雄毅之將董焉。"

戡　刺,入於深處。字亦作"揕"。《説文·戈部》:"戡,刺也。从戈,甚聲。"清朱駿聲《通訓定聲》:"字亦作'勘'。〔轉注〕《説文新附》:'勘,校也。'蓋引申爲深切攷覈之意。〔假借〕爲'劜'。《爾雅·釋詁》:'戡,克也。'《書序》:'西伯戡黎。'"按,刺入、平定二義當相通,非假借。《廣韻·沁韻》:"揕,擬擊。《史記》曰:'右手揕其胷。'"《集韻·沁韻》:"揕,刺也。"《廣韻》所引《史記·刺客列傳》文唐司馬貞《索隱》:"揕謂以劍刺其胸也。"《明史·劉定之傳》:"韓世忠破兀朮拐子馬,用五百人執長斧,上揕人胸,下斫馬足。"

酖　嗜酒,即沉溺、深陷義。《正字通·酉部》:"酖,與'耽'通。"唐慧琳《一切經音義》卷三十引《攷聲》:"酖,愛酒不已也。"清朱駿聲《説文通訓定聲·臨部》:"嗜色爲媅,嗜酒爲酖。"《大盂鼎》："在于御事,虩酒無敢醲,有柴蒸祀無敢醉。"清魏源《聖武記》卷五："上以厄魯特狙詐,勒拉藏毋恃親疏防,拉藏耄而醲飲,不以爲意。"按,"醲"之義同"酖",猶"媅"一作"妉","湛"一作"沈","覘"一作"眈"。"醲"字从酉,所記録語詞之本義爲熟麴,熟麴爲釀酒之物。故"醲"非通"酖"而有嗜酒義,乃衍義。

〔推源〕 諸詞俱有深義,爲甚聲所載之公共義。聲符字"甚"所記録語詞謂耽於安樂,實即沉溺、深陷義。《説文·甘部》："甚,尤安樂也。从甘;从匹,耦也。昆,古文甚。"清朱駿聲《通訓定聲》："甘者,飲食;匹者,男女,人之大欲存焉。故訓安樂之大。一説甘爲食,匹爲衣,衣食人所大安樂也,存參……《孟子》：'王之好樂甚。'……《老子》：'去甚。'注：'謂貪淫聲色。'〔聲訓〕《吕覽·知士》：'王之不説嬰也甚。'注：'猶深也。'"《廣韻·寝韻》："甚,劇過也。"又《沁韻》："甚,太過。"然則本條諸詞之深義爲其聲符"甚"所載之顯性語義。甚聲可載深義,則"深"可證之。

甚：禪紐侵部；
深：書紐侵部。

叠韻,禪書(審三)旁紐。"深",深淺字。《廣韻·沁韻》："深,不淺也。"《詩·邶風·谷風》："就其深矣,方之舟之。"晉陸機《從軍行》："深谷邈無底,崇山鬱嵯峨。"

（1227）碪椹（墊義）

碪 搗衣石,墊於下者。字亦作"砧"。《廣韻·侵韻》："碪,搗衣也。砧,上同。"《説文新附·石部》："砧,石櫍也。"南朝宋鮑照《登大雷岸與妹書》："田沫冠山,奔濤空谷,碪石爲之摧碎,碕岸爲之鼇落。"金元好問《短日》："短日碪聲急,重雲鴈影深。"

椹 墊板。《爾雅·釋宮》："椹謂之榩。"郭璞注："斫木櫍也。"《廣韻·侵韻》："椹,鈇椹,斫木質。"《戰國策·秦策三》："今臣之胸不足以當椹質,要不足以待斧鉞,豈敢以疑事嘗試於王乎？"宋王禹偁《懷賢詩·王樞密》："馬前拜侯伯,堦下列椹斧。"

〔推源〕 此二詞俱有墊義,爲甚聲所載之公共義。聲符字"甚"所記録語詞之顯性語義與墊義不相涉,其墊義爲甚聲另載之語源義。甚聲可載墊義,則"墊"可證之。

甚：禪紐侵部；
墊：定紐侵部。

叠韻,禪定準旁紐。"墊",下陷。《説文·土部》："墊,下也。《春秋傳》曰：'墊隘。'"清朱駿聲《通訓定聲》："土陷曰墊,猶屋陷曰窦也。《方言》六：'墊,下也,凡屋而下曰墊。《莊子·外物》：'則厠足而墊之。'司馬注：'下也。'"按,下陷則墊於下,故引申爲墊義。元楊暹《劉行首》第一折："我則見柳垂緑線草鋪茵,星撒殘碁月掛輪,石上鹿皮鋪墊的穩。"清曹雪芹《紅樓夢》第七十二回："鳳姐道：'我又不等着銜口墊背,忙什麼呢！'"

457　茸聲

(1228) 鬔鞲（多義）

鬔　頭髮多而亂。字亦作"髶"。《集韻·鍾韻》："鬔，或从耳。"《說文·彡部》："鬔，亂髮也。从彡，茸省聲。"清朱駿聲《通訓定聲》："字亦作'髶'，不省。按，字亦作'髳'、作'𩭾'。《東京賦》：'鬔髳被繡。'注：'髳頭鬔騎也。'"《廣韻·鍾韻》："鬔，髮多亂皃。"沈兼士《聲系》："案'鬔'，內府本《王韻》作'鬡'。"按，朱氏所引《東京賦》之"鬔髳"謂騎兵髮多散亂。唐段成式《酉陽雜俎·禮異》："鐵甲者百餘人，儀仗百餘人，剪綵如衣帶，白羽間爲稍，鬔髮絳袍，帽凡五色，袍隨鬔色，以木爲稍、刃、戟，畫綵爲蝦蟆幡。"其"鬔髮"亦謂頭髮多而散亂。

鞲　覆蓋、裝飾馬鞍的細毛毯，毯之毛細則多，"鞲"之名寓毛多義。其字亦作"氈""毦"。而皆从茸聲，均以茸聲載毛多義。《說文·革部》："鞲，䩭䩞飾也。从革，茸聲。"清朱駿聲《通訓定聲》："字亦作'毦'、作'毧'。《纂文》：'毦，以毛爲飾。'《字林》：'毦，罽也。'《廣雅·釋器》：'毧，罽也。'"按，所引《廣雅》之"毧"異文作"毦"。《廣韻·鍾韻》及《合韻》："鞲，䩭飾。"《字彙補·毛部》："氈，與'毦'同，翠（毳）飾也。"《太平御覽》卷三百五十九引晉傅玄《良馬賦》："金羈在首，發以明珂。鏤鞍采鞲，織防含華。"

〔**推源**〕　此二詞俱有多義，爲茸聲所載之公共義。聲符字"茸"所記錄語詞謂草初生柔軟、纖細，草多叢生，本寓多義。《說文·艸部》："茸，艸茸茸兒。从艸，聰省聲。"清朱駿聲《通訓定聲》："謝靈運詩：'新蒲含紫茸。'注：'謂蒲華也。'"《廣韻·鍾韻》："茸，草生皃。"引申爲細密、繁多義。戰國楚宋玉《小言賦》："纖於毫末之微蔑，陋於茸毛之方生。"明徐弘祖《徐霞客遊記·滇遊日記九》："路由夾崖中曲折上升，兩岸高木蟠空，根糾垂崖外，其上竹樹茸密，覆陰排幙。"然則本條二詞之多義爲其聲符"茸"所載之顯性語義。茸聲可載多義，則"叢"可證之。

茸：日紐東部；

叢：從紐東部。

疊韻，日從鄰紐。"叢"，草木叢生，聚集。《說文·丵部》："叢，聚也。从丵，取聲。"清朱駿聲《通訓定聲》："《爾雅》：'灌木，叢木。'……《楚辭·招魂》：'叢菅是食些。'注：'柴棘爲叢。'《淮南·俶真》：'獸走叢薄之中。'注：'聚木曰叢。'〔轉注〕《漢書·酷吏傳·贊》：'罔密事叢。'注：'謂衆也。'"按，"衆"即衆多，朱氏所云"轉注"即引申。唐柳宗元《唐故朝散大夫永州刺史崔公墓誌》："政令煩拏，貢舉叢沓。"宋王安石《送陳和叔序》："後與和叔皆蒙今上拔用，數會議，語皆憂傷之餘，責厚事叢，無復故情。"按，《說文》以"聚"訓"叢"，"聚"爲聚集字，謂同類物衆多而相湊集，亦有多義。二字俱从取聲，此即所謂以同母之字相訓。聲符字

"取"所記録語詞謂取得,所取者多,則即聚集,其義本亦相通。

(1229) 揟輈(推義)

揟 推。《説文·手部》:"揟,推擣也。从手,茸聲。"清朱駿聲《通訓定聲》:"字亦作'㧱'。《廣雅·釋詁三》:'㧱,推也。'"按,朱説可從,"㧱"即"揟"之轉注字,後出者。"揟"字之音《廣韻》載而容切,其上古音為日紐東部;"㧱"者而隴切,日紐冬部。上古音東、冬無別,則為雙聲兼叠韻。按,典籍亦以"茸"為之,而"揟"為其本字。《漢書·司馬遷傳》:"李陵既生降,隤其家聲,而僕又茸以蠶室,重為天下觀笑。"唐顏師古注:"茸,音人勇反,推也。蠶室,初腐刑所居温密之室也。謂推致蠶室之中也。"

輈 反推車,引申之則泛指推。《集韻·腫韻》:"輈,或从茸。"《説文·車部》:"輈,反推車,令有所付也。从車,付聲。讀若胥。"清朱駿聲《通訓定聲》:"鍇本:'若茸。'按,如今御車者,卸馬解輓,必數人反推其車向後,使軹就兀,令平正也。……《淮南·覽冥》:'輈車奉饟。'注:'推也。讀揖拊之拊。'《氾論》:'太祖輈其肘。'注:'擠也,讀近茸。'……字亦作'輈'。"《逸周書·小開》:"謀有共輈。"朱右曾校釋:"輈,推也,言相推以致遠也。"

〔推源〕 此二詞俱有推義,為茸聲所載之公共義。聲符字"茸"所記録語詞與推義不相涉,其推義乃茸聲所載之語源義。茸聲可載推義,"搡"可證之。

茸:日紐東部;
搡:心紐陽部。

日心鄰紐,東陽旁轉。"搡",推。《集韻·蕩韻》:"搡,搷也。"按,"搷"即推擊之謂。今徽歙方言稱推為"搷",讀如"慎"而平聲。《楚辭·招魂》"搷鳴鼓些"宋朱熹《集注》:"搷,急擊如投擲之勢也。"《字彙·手部》:"搡,投擲之勢。"清曹雪芹《紅樓夢》第一百二十回:"看他竟不像往常,把我混推混搡的,一點情意都没有。"清吴敬梓《儒林外史》第五十五回:"小廝們看見他穿的襤褸,推推搡搡,不許他上前。"

458 枼聲

(1230) 葉牒箑屟鍱鰈蝶堞碟(片狀義)

葉 草木之葉,片狀物。《説文·艸部》:"葉,艸木之葉也。从艸,枼聲。"《廣韻·葉韻》:"葉,枝葉。"《詩·小雅·苕之華》:"苕之華,其葉青青。"唐元稹《種竹》:"失地顏色改,傷根枝葉殘。"引申為片義,為量詞。北魏賈思勰《齊民要術·羹臛法》:"作鴨臛法:用小鴨六頭,羊肉二斤……橘皮三葉。"宋晏殊《清平樂》:"金風細細,葉葉梧桐墜。"

牒 薄肉片。《説文·肉部》:"牒,薄切肉也。从肉,枼聲。"清朱駿聲《通訓定聲》:"《周禮·醢人》注:'皆牒而切之。'按,所謂藿葉切也。"《廣韻·葉韻》:"牒,細切肉也。"《東觀漢記·光武帝記》：“帝至邯鄲，趙王庶兄胡子，進狗䐑馬醢。”按，其字亦作“剿”，亦以枼聲表薄片義；从刀，則謂以刀切肉而成片。《集韻·葉韻》：“䐑，或作‘剿’。”宋孟元老《東京夢華録·立冬》：“時物：薑豉、剿子、紅絲、末臟、鵝梨、榅桲、蛤蜊、螃蠏。”

箑 紙，片狀物。《説文·竹部》：“箑，籥也。从竹，枼聲。”清朱駿聲《通訓定聲》：“《廣雅·釋器》：‘箑，籥也。’按，小兒所書，寫每一笘，謂之一箑。字亦可以‘葉’爲之，俗用‘頁’。按，‘頁’即‘首’字，今音誤同‘葉’，大謬。”按，“箑”爲紙頁義之本字、正字，作“葉”，則取其引申義，“頁”則爲假借字。《廣韻·葉韻》：“箑，篇簿，書箑。”又：“箑，籥箑。”按，《説文》同部“籥”篆訓“書僮竹笘也”，即供寫字之竹片。

屟 鞋墊，片狀物。其字亦繁作“屧”。《説文·尸部》：“屟，履中薦也。从尸，枼聲。”清朱駿聲《通訓定聲》：“字亦作‘屧’。”《廣韻·怗韻》：“屟，履中薦也。屧，上同。”《南齊書·孝義傳·江泌》：“泌少貧，晝日斫屟，夜讀書，隨月光握卷升屋。”其“屟”字異文正作“屧”。

鍱 錘擊而成的金屬薄片。《説文·金部》：“鍱，鏶也。从金，枼聲。齊謂之鍱。”南唐徐鍇《繫傳》：“今言鐵葉也。”清朱駿聲《通訓定聲》：“謂金、銀、銅、鐵之椎薄成葉者也。”《隋書·食貨志》：“或剪鐵鍱，裁皮糊紙以爲錢，相雜用之。”按，銅亦可錘而成鍱。《廣韻·葉韻》：“鍱，銅鍱。”清黄遵憲《錫蘭島卧佛》：“南有獅子王，鑿字赤銅鍱。”

牒 供書寫用的竹木片，引申之亦指牀板。《説文·片部》：“牒，札也。从片，枼聲。”清朱駿聲《通訓定聲》：“从片、枼，會意，枼亦聲。《廣雅·釋器》：‘牒，版也。’按，小簡曰牒，大簡曰册；薄者曰牒，厚者曰牘。《左昭二十五傳》：‘受牒而退。’注：‘札也。’《漢書·路温舒傳》：‘截以爲牒。’《吴都賦》：‘玉牒石記。’〔轉注〕《方言》五：‘牀其上版，趙魏之間謂之牒。’《莊子·在宥》崔本：‘聖知之不爲桁楊椄槢也。’注：‘讀爲牒。’”按，指牀板，字亦作“楪”。《集韻·帖韻》：“楪，牀簀也。或从木。”

蝶 蝴蝶。按，其物常張翼而呈片狀，故稱“蝶”。《玉篇·虫部》：“蝶，胡蝶。”南朝齊謝朓《和王主簿怨情》：“花叢亂數蝶，風簾入雙燕。”唐温庭筠《偶題》：“紅垂果蒂櫻桃重，黄染花叢蝶粉輕。”

堞 城上女墻，扁薄呈片狀者。其字亦作“䵍”。《説文·土部》：“䵍，城上女垣也。从土，枼聲。”清朱駿聲《通訓定聲》：“字亦作‘堞’。古城用土，加以專墻，爲之射孔，以伺非常，曰女垣。凡言王、言馬皆大意，言女皆小意，猶言小墻也……《左襄六傳》：‘傅于堞。’注：‘女墻也。’《二十七傳》：‘崔氏堞其宫而守之。’注：‘短垣也。’《魏都賦》：‘嬰堞帶涘。’注：‘城上女墻也。’”《廣韻·怗韻》：“堞，城上垣。”沈兼士《聲系》：“案‘堞’，《説文》作‘䵍’。”《淮南子·兵略訓》：“莫不設渠壍傅堞而守。”

楪 小盤，其物淺，呈片狀。《水滸傳》第三十七回：“莊客收了碗楪，自入裏面去。”清曹雪芹《紅樓夢》第三十七回：“襲人回至房中，拿楪子盛東西與湘雲送去。”

〔推源〕 諸詞俱有片狀義，爲枼聲所載之公共義。聲符字“枼”所記録語詞本有片狀義。《説文·木部》："枼，楄也；枼，薄也。从木，世聲。"南唐徐鍇《繫傳》：'枼之言葉也。"清段玉裁注："凡木片之薄者謂之枼。"《廣韻·葉韻》："枼，薄也。"然則本條諸詞之片狀義爲其聲符"枼"所載之顯性語義。枼聲可載片狀義，則"楔"可證之。

枼：余紐葉部；

楔：心紐月部。

余（喻四）心鄰紐，葉（盍）月通轉。"楔"，楔子，扁銳而呈片狀可嵌入他物者。《説文·木部》："楔，櫼也。"同部"櫼"篆又訓"楔"，乃互訓。清段玉裁注云："木工於鑿枘相入處，有不固，則斫木札楔入固之，謂之櫼。"《淮南子·主術訓》："大者以爲舟航柱梁，小者以爲楫楔。"《水滸傳》第五十五回："水底下早鑽起三四百水軍，盡把船尾楔子拔了，水都滾入船裏來。"

（1231）渫媟（污義）

渫 除去泥污。《説文·水部》："渫，除去也。从水，枼聲。"清朱駿聲《通訓定聲》："《易·井》：'渫不食。'注：'不停汙之謂也。'荀注：'渫，去穢濁，清潔之意。'向注：'浚治去泥濁也。'〔假借〕爲'媟'。《漢書·王褒傳》：'去卑辱奧渫而升本朝。'注：'狎也，汙也。'"按，朱氏所引《漢書》之"渫"爲污濁義，乃本義之引申，非假借。唐韓愈《唐故江西觀察使韋公墓誌銘》："人去渫污，氣益蘇。"其"渫"亦污義。"渫"又有邪惡義，亦與污義相通。

媟 輕侮，污辱。《説文·女部》："媟，嬻也。从女，枼聲。"清朱駿聲《通訓定聲》："經、傳多以'褻'爲之。《通俗文》：'相狎習謂之媟嬻。'《方言》十三：'媟，狎也。'《漢書·五行志》：'夫妻不嚴茲謂媟。'又：'尊卑不別茲謂媟。'《賈子·道術》：'接遇慎容謂之恭，反恭爲媟。'《漢書·賈山傳》：'古者大臣不媟。'《枚乘傳》：'以故得媟黷貴幸。'注：'狎也。'"引申之，則有玷污、污穢之義。宋洪邁《夷堅甲志·絳州骨堆泉》："農家恃以爲命，歲時祭享甚謹，不敢微有媟汙。"清李重華《貞一齋詩説·詩談雜録》："加以淫媟，更是末俗穢辭。"

〔推源〕 此二詞俱有污義，爲枼聲所載之公共義。聲符字"枼"所記録語詞與污義不相涉，其污義乃枼聲所載之語源義。枼聲可載污義，"點"可證之。

枼：余紐葉部；

點：端紐談部。

余（喻四）端準旁紐，葉（盍）談對轉。"點"，小黑點，引申爲玷污、污辱義。《説文·黑部》："點，小黑也。"清朱駿聲《通訓定聲》："《爾雅·釋器》：'滅謂之點。'注：'以筆滅字爲點。'《廣雅·釋詁三》：'點，污也。'〔轉注〕《楚辭·怨世》：'唐虞點灼而毀議。'注：'污也。'《報任少卿書》：'適足以見笑而自點耳。'注：'辱也。'《補亡詩》：'莫之點辱。'"

（1232）愶愶（恐懼義）

愶 恐懼。《廣韻·怗韻》："愶，思懼皃。"《後漢書·第五倫寒朗等傳·贊》："愶愶楚

957

黎,寒君爲命。"《逸周書·官人》:"導之以利,而心遷移;臨懾以威,而氣愫懼,曰鄙心而假氣者也。"

偞 恐懼而自卑。《廣韻·怙韻》:"偞,偞卑。"《集韻·葉韻》:"偞,畏迫自卑。"《禮記·玉藻》:"惟水漿不祭,若祭,爲已偞卑。"唐陸德明《釋文》:"偞,厭也。"唐孔穎達疏:"若祭水漿,爲大厭降卑微,有所畏迫也。"

〔推源〕 此二詞俱有恐懼義,爲枼聲所載之公共義。聲符字"枼"所記録語詞與恐懼義不相涉,其恐懼義乃枼聲所載之語源義。枼聲可載恐懼義,"惴"可證之。

枼:余紐葉部;
惴:章紐歌部。

余(喻四)章(照)旁紐,葉(盍)歌通轉。"惴",憂懼,恐懼。《説文·心部》:"惴,憂懼也。从心,耑聲。《詩》曰:'惴惴其慄。'"清朱駿聲《通訓定聲》:"《漢書·甯成傳》:'人皆惴恐。'……《爾雅·釋訓》:'惴惴,懼也。'《莊子·齊物論》:'小恐惴惴。'"《孟子·公孫丑上》:"自反而不縮,雖褐寬博,吾不惴焉。"漢趙岐注:"惴,懼也。"

(1233) 揲枼(積聚義)

揲 按定數更迭點查物品。《説文·手部》:"揲,閲持也。从手,枼聲。"清朱駿聲《通訓定聲》:"《廣雅·釋詁一》:'揲,積也。'《易·繫辭》:'揲之以四,以象四時。'鄭注:'取也。'《釋文》:'猶數也。'"按,《廣雅》所訓即積聚義,爲其引申義。《管子·山權數》:"國用相靡而足,相困揲而瘖。"清王念孫《雜志》引王引之:"瘖,當爲澹。澹,古贍字也。……言國用相積而贍也。'相揲而贍'與'相靡而足'對文,'困'蓋衍字也。"《淮南子·俶真訓》:"下揲三泉,上尋九天,橫廓六合,揲貫萬物,此聖人之遊也。"馬宗霍《參正》:"揲貫,猶迭貫。"

枼 草木之葉。草木葉皆叢生,故有積聚之衍義。又,凡物多而相聚集亦得稱"枼"。清朱駿聲《説文通訓定聲·謙部》:"枼,〔轉注〕《方言》三:'枼,聚也。'按,猶叢也。又《釋名·釋用器》:'鏵其板曰枼,象木葉也。'"按,朱氏所稱"轉注"實即引申。《淮南子·俶真訓》:"枝解枼貫,萬物百族,使各有經紀條貫。"又,花瓣亦稱"枼",亦多而積聚者,"百葉窗"之"葉"義亦同。

〔推源〕 此二詞俱有積聚義,爲枼聲所載之公共義。聲符字"枼"所記録語詞有薄片義,則與"葉"之義相通。枼聲可載積聚義,則"集"可證之。

枼:余紐葉部;
集:從紐緝部。

余(喻四)從鄰紐,葉(盍)緝旁轉。"集",本作"雧",所記録語詞之本義爲群鳥聚集於木上,虛化引申爲聚集義,見前第1160條"推源"欄。

459　荅聲

(1234) 踏褡搭（連義）

踏　跋鞋而行。足不入鞋而與鞋相搭連，故稱"踏"。《説文·足部》："踏，跋也。从足，荅聲。""跋，進足有所擷取也。从足，及聲。《爾雅》曰：'跋謂之擷。'"唐杜甫《短歌行贈王郎司直》："西得諸侯棹錦水，欲向何門跋珠履。"按"踏"當爲"跋"之轉注字。"跋"之上古音心紐緝部，"踏"者端紐緝部，則爲疊韻，心端鄰紐。典籍中"踏"字之行用多表跳義，語源非一。其本義則爲跋鞋而行。

褡　橫褡，小被。《廣韻·盍韻》及《合韻》："褡，橫褡，小被。"按，其物不足以覆全身，搭連於身略略覆之，故稱"褡"。又，"褡"亦爲褡褳字，所謂褡褳即二囊相連可搭連於肩之物。《金瓶梅詞話》第二十五回："又舀些水與他洗臉撲塵，收進褡連去。"

搭　相連。清錢泳《履園叢話·笑柄·兩耳太聰》："近日後生家，專人詐人、搭橋、包漕、説訟等事似爲一業者，余不欲聞之耳。"按"搭橋"本謂以橋連接河之兩岸。清曹雪芹《紅樓夢》第四十九回："可巧鳳姐之兄王仁也正進京，兩親家一處搭幫來了。"

〔推源〕　諸詞俱有連義，爲荅聲所載之公共義。聲符字"荅"所記錄語詞謂小豆。《説文·艸部》："荅，小尗也。从艸，合聲。"清朱駿聲《通訓定聲》："《周禮·掌客》注：'秔秫麻荅。'"然則本與連義不相涉，其連義乃荅聲所載之語源義。荅聲可載連義，則"黏"可證之。

　　荅：端紐緝部；
　　黏：泥紐談部。

端泥旁紐，緝談旁對轉。"黏"，粘連，即物與物相連。《説文·黍部》："黏，相箸也。"清朱駿聲《通訓定聲》："字亦作'粘'。《蒼頡篇》：'黏，合也。'《爾雅·釋言》注：'膠黏紉。'《釋文》：'糊也。'"漢王褒《僮約》："黏雀張烏，結網捕魚。"明陶宗儀《輟耕録》卷二十九："古法用楮樹汁、飛麵、白芨末三物調合如糊，以之黏接紙縫，永不脫解，過如膠漆之堅。"按，唯"黏"有連義，故有"黏連"之同義聯合式合成詞。清蔣士銓《第二碑·尋詩》："十載棕鞋桐帽，肩頭事讓與人挑，一切黏連盡丢掉，誰待理歸田剩稿。"按，今多作"粘連"。

460　荒聲

(1235) 穅謊（空無義）

穅　歉收。其字爲"荒"之累增字。《説文·禾部》："穅，虛無食也。从禾，荒聲。"清朱駿聲《通訓定聲》："據許當爲兇荒之正字。"清段玉裁注："《周禮》疏曰：'疏穀皆不孰爲大荒。'按,'荒'字當作'穔'。"按,此字所記録語詞存乎語言,唯其字多以"荒"爲之。《廣韻·唐韻》:"穔,果蓏不熟。"所訓蓋其引申義。

謊 假話,空而無實之言。字亦作"詤"。《龍龕手鑒·言部》:"謊,夢言也。"《正字通·言部》:"詤,俗作'謊'。"《説文·言部》:"詤,夢言也。"清朱駿聲《通訓定聲》:"字亦作'謊'。《吕覽·無由》:'接而言見詤。'按,猶誑也,妄也。"元關漢卿《救風塵》第一折:"有鄭州周舍,與孩兒作伴多年,一個要娶,一個要嫁,只是老身謊徹梢虚,怎麽便肯?"清曹雪芹《紅樓夢》第二十八回:"這也不過是撒謊哄人罷了。"

〔推源〕 此二詞俱有空無義,爲荒聲所載之公共義。聲符字"荒"所記録語詞謂荒蕪,即空而無物,故引申爲空虚、空無義。《説文·艸部》:"荒,蕪也。从艸,巟聲。"清朱駿聲《通訓定聲》:"《廣雅·釋詁二》:'荒,芴也。'《詩·召旻》:'我居圉卒荒。'《周禮·大司馬》:'野荒民散則削之。'《禮記·曲禮》:'地廣大荒而不治。'《周語》:'田疇荒蕪。'〔轉注〕《爾雅·釋天》:'果不熟爲荒。'《韓詩外傳》:'四穀不升謂之荒。'《周禮·大司徒》:'以荒政十有二聚萬民。'注:'凶年也。'〔假借〕又爲'㡿'。《易·泰》:'包荒。'鄭注:'虚也。'《詩·桑柔》:'具贅卒荒。'傳:'虚也。'《吴語》:'荒成不盟。'注:'空也。'"按,非假借,實爲引申。本條二詞之空無義爲聲符"荒"所載之顯性語義,又聲符字本爲"穔"之初文。荒聲可載空無義,則"虚"可證之。

荒:曉紐陽部;

虚:曉紐魚部。

雙聲,魚陽對轉。"虚",空虚、虚無字。《説文·丘部》:"虚,大丘也。崐崘丘謂之崐崘虚,古者九夫爲井,四井爲邑,四邑爲丘,丘謂之虚。从丘,虍聲。"清朱駿聲《通訓定聲》:"《易·升》:'虚邑。'《釋文》:'虚,丘也。'《詩·定之方中》:'升彼虚矣。'〔轉注〕大丘空曠,故《爾雅·釋詁》:'虚,閒也。'《廣雅·釋詁三》:'虚,空也。'《周書·文政》:'無虚不敗。'注:'國無人謂之虚。'《西京賦》:'有憑虚公子者。'注:'虚,無也。'"

(1236) 滉朣慌瞇(不明義)

滉 水廣,不明邊際。《玉篇·水部》:"滉,水廣也。"《廣韻·唐韻》:"滉,同'㴩'。""㴩,《説文》曰:'水廣也。'"沈兼士《聲系》:"北宋本、宋小字本及元泰定本均作'㴩'。"清朱駿聲《説文通訓定聲·壯部》:"㴩,《廣雅·釋詁一》:'㴩,大也。'《易·泰》:'包㴩用馮河。'虞注:'大川也。'……字亦作'汪'、作'茫'。……《淮南·俶真》:'茫茫沈沈。'……揚雄《校獵賦》:'鴻濛沆茫。'"按,字作"汪""茫"則茫然不知邊際之義益顯。前蜀杜光庭《洋州宗夔令公本命醮詞》:"曾無涓露之功,常切滉盈之懼。"其"滉盈"即以水廣大喻恩重。

朣 月不明。《廣韻·蕩韻》:"朣,朣朦,月不明貌。"《字彙·月部》所訓同。

慌 模糊,不明。唐玄應《一切經音義》卷三:"慌忽,謂虚妄見也。惟怳惟忽,似有無有也。《漢書音義》曰:'慌忽,眼亂也。'"按,"慌忽"亦作"慌惚"。《禮記·祭義》:"於是諭其志意,以其慌惚以與神明交,庶或饗之。"《文選·左思〈吳都賦〉》:"芒芒黖黖,慌罔奄欸。"唐劉良注:"慌罔,不明貌。"

䀮 目不明。字亦作"眈"。《廣韻·唐韻》:"䀮,目不明也。"《集韻·唐韻》:"眈,目不明也。或作'䀮'。"《素問·脈解》:"不能久立久坐,起則目䀮䀮無所見者,萬物陰陽不定,未有主也。"宋陸游《雪夕》:"目視䀮䀮左耳聾,吾衰略與昔人同。"按,"䀮"字異文作"眈"。明唐順之《大觀草堂記》:"一旦情隨事以遷,勃焉而有鬥,于是而心逐逐焉,而目䀮䀮焉。"

〔推源〕 諸詞俱有不明義,爲荒聲所載之公共義。聲符字"荒"單用本可表不明義。清朱駿聲《説文通訓定聲·壯部》:"荒,〔假借〕爲'盲'。《長門賦》:'荒亭亭而復明。'注:'欲明兒。'《思玄賦》:'追荒忽于地底兮。'注:'幽昧兒。'按,猶盲瞽也。"今按,"荒"之本義爲荒蕪,與不明義相同,無煩假借。上古之時稱"荒芒",足可爲證。《淮南子·詮言訓》:"故其身治者,可與言道也。自身以上,至於荒芒爾遠矣。"漢高誘注:"荒芒,上古時也。"金王若虛《君事實辨上》:"利一時之貨,而貽後日之悔;知守法於其終,而不知防患於其始,武帝之志荒矣。"其"荒"即昏聵不明之義。荒聲可載不明義,則"怳"可證之。"荒""怳"同音,曉紐雙聲,陽部疊韻。"怳",模糊不明。戰國楚宋玉《登徒子好色賦》:"於是處子怳若有望而不來,忽若有來而不見。"漢王充《論衡·藝增》:"經增非一,略舉較著,令怳惑之人,觀覽采擇,得以開心通意,曉解覺悟。"按,"怳惑"即糊塗而不明事理。

(1237) 慌/惶(驚懼義)

慌 驚慌,恐懼。元無名氏《合同文字》第三折:"我意慌速,心猶豫,若無顯證,怎辯親疎?"明賈仲名《對玉梳》第三折:"賊漢意下慌,楚臣心頭怒。"按,今吳方言猶稱恐懼爲"慌"。

惶 恐懼。《説文·心部》:"惶,恐也。"清朱駿聲《通訓定聲》:"《廣雅·釋詁二》:'惶,懼也。'《釋訓》:'惶惶,遽也。'"按,所謂"遽"即慌張急速義,正與"慌"同。恐懼、慌張二義相通。《戰國策·燕策三》:"秦王方還柱走,卒惶急不知所爲。"《史記·萬石張叔列傳》:"建爲郎中令,書奏事,事下,建讀之,曰:'誤書!馬者與尾五,今乃四,不足一。上譴死矣!'甚惶恐。"

〔推源〕 此二詞俱有驚懼義,其音亦相近且相通。

慌:曉紐陽部;

惶:匣紐陽部。

疊韻,曉匣旁紐。其"慌"字乃以荒聲載驚懼義。

461 胡聲

(1238) 湖葫(大義)

湖 大片積水。《説文·水部》:"湖,大陂也。从水,胡聲。揚州浸有五湖。浸,川澤所仰以灌溉也。"清朱駿聲《通訓定聲》:"按,古言鴻隙大陂,言汪汪千頃陂,皆謂大池也。凡大澤畜水,南方名曰湖……《廣雅·釋地》:'湖,池也。'《越語》:'戰於五湖。'《水經·沔水注》:'五湖,謂長蕩湖、太湖、射湖、貴湖、滆湖也。'"《廣韻·模韻》:"湖,江湖,廣曰湖也。"《書·禹貢》"震澤厎定"唐孔穎達疏:"大澤畜水,南方名之曰湖。"

葫 大瓣蒜。《玉篇·艸部》:"葫,大蒜也。"《廣韻·模韻》:"葫,大蒜也。張騫使大宛所得,食之損人目。"明李時珍《本草綱目·菜部·葫》:"弘景曰:'今人謂葫爲大蒜,蒜爲小蒜,以其氣類相似也。'時珍曰:'按孫愐《唐韻》云:張騫使西域,始得大蒜、胡荽。則小蒜乃中土舊有,而大蒜出胡地,故有胡名。'"按,出自胡地之物固有稱"胡某"之例,然"葫"似以胡聲載大義,謂蒜之瓣大。《急就篇》第九章:"芸蒜、薺芥、茱萸香。"唐顏師古注:"蒜,大小蒜也,皆辛而葷。"

〔推源〕 此二詞俱有大義,爲胡聲所載之公共義。聲符字"胡"單用本可表大、遠大義。清朱駿聲《説文通訓定聲·豫部》:"《左傳廿二傳》:'雖及胡耇。'《儀禮·士冠禮》:'永受胡福。'《周書·諡法》:'彌年壽考曰胡,保民耆艾曰胡。'《廣雅·釋詁一》:'胡,大也。'"《逸周書·諡法》:"胡,大也。"按,"胡"之本義《説文·肉部》訓"牛顄垂",即動物頷部下垂之肉,引申之則有長義、大義。胡聲可載大義,則"宏"可證之。

胡:匣紐魚部;
宏:匣紐蒸部。

雙聲,魚蒸旁對轉。"宏",大。《爾雅·釋詁上》:"宏,大也。"《廣韻·耕韻》:"宏,大也。"《書·盤庚下》:"各非敢違卜,用宏茲賁。"僞孔傳:"宏、賁,皆大也。"《文選·皇甫謐〈三都賦序〉》:"初極宏侈之辭,終以簡約之制。"唐張銑注:"宏,大。"

462 南聲

(1239) 罱/攔(遮攔義)

罱 網類物,遮攔水草、河泥之工具。其字亦作"箳"。《廣韻·敢韻》:"罱,罱網。"《元史·河渠志二》:"練湖、運河此非一事,宜依假山諸湖農民取泥之法,用船千艘,船三人,用竹箳撈取淤泥。"清錢載《罱泥》:"罱如蜆殼閉,張吐船隨盈。"按,"罱"作動詞即撈取,即以網兜物,去其水而遮攔其泥或魚。明張岱《陶庵夢憶·品山堂魚宕》:"魚艓千餘艘,鱗次櫛比,罱者夾之,罩者扣之。"清李斗《揚州畫舫録·虹橋録》:"虹橋碼頭,地名虹橋爪。其下舊爲採菱踏藕、罱撈沉網諸船所泊。"

攔 遮攔。《玉篇·手部》:"攔,摭攔。"唐杜甫《兵車行》:"牽兒頓足攔道哭,哭聲直上干雲霄。"宋楊萬里《雨中入城送趙吉州器之》:"拂溪楊柳縷生金,攔路山礬香殺人。"

〔推源〕 此二詞俱有遮攔義，其音亦極相近且相通。

罱：來紐談部；
攔：來紐元部。

雙聲，談元通轉。則其語源當同。其"罱"字從南得聲，聲符字"南"所記錄語詞之基本義爲南方，然此義與其字之形體結構不相符。郭沫若《甲骨文字研究》："南，由字之形象而言，余以爲殆鐘鎛之類之樂器……鐘鎛皆南陳，故其字孳乳爲東南之南。"按，所謂"孳乳"指義之引申，其説牽强難從；象樂器形之説則可參。綜言之，"南"之南方義、"罱"之遮攔義皆南聲所載之語源義。

463　相聲

(1240) 廂箱（旁邊義）

廂　正屋兩邊的廂房，亦指堂屋的東西墻、東西廊，引申爲旁邊義。其字亦省作"厢"。《爾雅·釋宮》："室有東西廂曰廟。"清郝懿行《義疏》："廟之制，中爲大室，東西序之外爲夾室，夾室之前小堂爲東西廂，亦謂東西堂。"《廣韻·陽韻》："廂，廊也，亦曰東西室。"漢王延壽《魯靈光殿賦》："西廂踟蹰以閒宴，東序重深而奧秘。"北魏賈思勰《齊民要術·種瓜》："其瓜蔓本底，皆令土下四廂高。"宋辛棄疾《卜算子·齒落》："已闕兩邊廂，又豁中間箇。"

箱　車廂。《説文·竹部》："箱，大車牝服也。从竹，相聲。"清朱駿聲《通訓定聲》："《詩·大東》：'不以服箱。'傳：'大車之箱也。'《甫田》：'乃求萬斯箱。'《思玄賦》：'繫躔襄以服箱。'"車廂有四壁，故引申爲旁邊義。北魏酈道元《水經注·洛水》："洛水又東逕一合塢南，城在川北原上，高二十丈，南北東三箱，天險峭絶。"又《河水》："從祠南歷夾嶺，廣裁三尺餘，兩箱懸崖數萬仞，窺不見底。"《北史·西域傳·波斯》："其俗：丈夫翦髮，戴白皮帽，貫頭衫，兩箱近下開之。"

〔推源〕 此二詞俱有旁邊義，爲相聲所載之公共義。聲符字"相"所記錄語詞謂省視，當即人在物側之意，"相"又有輔助義，皆與旁邊義通。《説文·目部》："相，省視也。从目，从木。《易》曰：'地可觀者莫可觀於木。'《詩》曰：'相鼠有皮。'"清朱駿聲《通訓定聲》："《爾雅·釋詁》：'相，視也。'《書·盤庚》：'相時憸民。'……《風俗通》：'相者，助也。'……《周禮·大僕》：'王燕飲則相其法。'注：'左右也。'……《論語》：'固相師之道也。'鄭注：'扶也。'"相聲可載旁邊義，則"鑲"可證之。

相：心紐陽部；
鑲：心紐陽部。

雙聲而兼疊韻。"鑲"，鑄銅鐵器模型之瓢，使模型中空而有其四邊者，其名當寓邊義，故引申而指鑲邊,即以物嵌於他物之邊。《說文·金部》:"鑲,作型中腸也。"南唐徐鍇《繫傳》:"鑄鐘鏞屬使内空者,於型範中更作土模,所以後卻流銅也,又若果實之穰。"《三國演義》第六回:"孝元皇太后將璽打王尋、蘇獻,崩其一角,以金鑲之。"清李伯元《官場現形記》第十四回:"桅杆上都扯着鑲邊的紅旗子,寫着某營、某哨。"

464　疌聲

(1241) 捷倢徣㴂(迅速、敏捷義)

捷　獵取,引申爲迅速、敏捷義。其字今作"捷",凡从疌得聲之字其聲符後世皆作"疌"。《說文·手部》:"捷,獵也,軍獲得也。从手,疌聲。《春秋傳》曰:'齊人來獻戎捷。'"清朱駿聲《通訓定聲》:"《左傳》'調俘'《公羊》注:'戰所獲物曰捷。'《穀梁傳》:'軍得曰捷。'《爾雅·釋詁》:'捷,勝也。'〔假借〕爲'倢'。《小爾雅·廣詁》:'捷,疾也。'《廣雅·釋言》:'捷,亟也。'……《離騷》:'夫唯捷徑以窘步。'注:'疾也。'《荀子·君子》:'則事業捷成,而有所休。'注:'速也。'《淮南·兵略》:'百族之子,捷捽招抒船。'注:'疾取也。'"今按,凡獵取戰利品,行必迅速,故其迅速、敏捷義乃引申義,無煩假借。《廣韻·葉韻》:"捷,伙也,疾也。"《淮南子·主術訓》:"猨得木而捷,魚得水而鶩。"

倢　敏捷。《說文·人部》:"倢,伙也。从人,疌聲。"清朱駿聲《通訓定聲》:"便利之意。字亦作'健'。《廣雅·釋詁一》:'倢,疾也。'《二》:'倢,健也。'《三》:'倢,次也。'《方言》一:'虔、儇,慧也,宋楚之間謂之倢。'《詩·烝民》:'征夫捷捷。'"按,朱氏所引《詩·大雅·烝民》之"捷"《玉篇》引作"倢倢"。"倢"爲正字,作"捷",則取其引申義。《廣韻·葉韻》:"倢,利也,便也。"宋蘇舜欽《送李冀州》:"眼如堅冰腦何月,氣勁倢鷯横清秋。"按,《說文》以"伙"訓"倢",同部"伙"篆則訓"便利",即敏捷義,《廣韻》亦以"伙"訓"捷",又朱氏所引《方言》卷三釋"倢"之"次"義亦當同。

徣　行走迅速、敏捷。字亦作"踕""迚"。《廣韻·怗韻》:"徣,徣行走皃。"明馮夢龍編《古今小説》之《臨安里錢婆留發迹》:"天生婆留身材矯徣,又且有智。"《玉篇·足部》:"踕,足疾也。"《廣韻·葉韻》:"踕,足疾。"《玉篇·辵部》:"迚,急走。"

㴂　水流疾。清朱駿聲《說文通訓定聲·臨部·附〈說文〉不録之字》:"㴂,《洞簫賦》:'泡溲汎㴂。'注:'波急之聲。'"按,波急則有聲。

〔推源〕　諸詞俱有迅速、敏捷義,爲疌聲所載之公共義。疌聲字"寁"亦可以假借字形式表此義,則亦可證疌聲與迅速、敏捷義相關聯。《說文·宀部》:"寁,居之速也。从宀,疌聲。"清朱駿聲《通訓定聲》:"《爾雅·釋詁》:'寁,速也。'舍人注:'意之速也。'《詩·遵大路》:'不寁故也。'傳:'速也。'《易·豫》:'盍簪。'鄭注、王肅注皆訓'速',謂以'簪'爲之。"按,"寁"字从宀,其迅速義乃疌聲所載之假借義,許慎氏"居之速"說有悖情理。聲符字"疌"

本爲"捷"之初文。《説文・止部》:"疌,疾也。从止,从又。又,手也。"錢坫《斠詮》:"此古'捷'字。"按,今徽歙人猶稱手脚敏捷爲"快手快脚"。然則本條諸詞之迅速、敏捷義爲其聲符"疌"所載之顯性語義。疌聲可載迅速、敏捷義,則"疾"可相證。

疌:從紐葉部;

疾:從紐質部。

雙聲,葉(盍)質旁對轉。"疾",疾病。《説文・疒部》:"疾,病也。"《書・金縢》:"既克商二年,王有疾,弗豫。"俗言病來如風,疾病多猝然發作,故引申爲迅速義。清朱駿聲《説文通訓定聲・履部》:"疾,此字當訓急速……《廣雅・釋詁一》:'疾,急也。'《詩・召旻》:'昊天疾威。'《禮記・樂記》:'奮疾而不拔。'《月令》:'征鳥厲疾。'《玉藻》:'疾趨則欲發。'"按,反應、行事迅速即敏捷,故又引申爲敏捷義。《史記・殷本紀》:"帝紂資辨捷疾,聞見甚敏。"清王夫之《説四書大全説・論語・顔淵篇》:"所以儘古今大聰明、大決斷、大疾速的人,到此都不得滋味。"

(1242) 萐箑蜨(散開義)

萐 植物,其葉大而散開如扇形。《説文・艸部》:"萐,萐莆,瑞艸也。堯時生於庖廚,扇暑而涼。从艸,疌聲。"清朱駿聲《通訓定聲》:"《白虎通・封禪》:'萐莆者,樹名也,其葉大于門扇,不摇自扇,於飲食清涼,助供養也,孝道至則生。'《論衡》作'萐脯',謂廚中自生肉脯,薄如箑,揺鼓生風。"《廣韻・葉韻》:"萐,萐莆,瑞草。"又《洽韻》:"萐,萐莆,瑞草,王者孝德至,則萐莆生於廚,其葉大如門,不摇自扇飲食。"唐張九齡《謝賜御書喜雪篇狀》:"雖廚萐每摇,而野芹徒獻,豈云堯、禹之膳,冀達臣子之情。"

箑 扇子,張開、散開之物。《説文・竹部》:"箑,扇也。从竹,疌聲。篓,箑或从妾。"清朱駿聲《通訓定聲》:"或从妾聲。《方言》五:'扇,自關而東謂之箑。'《淮南・精神》:'知冬日之箑。'注:'楚人謂扇爲箑。'《寡婦賦》:'覽巾箑以舒悲。'注:'扇也。'"《廣韻・葉韻》:"箑,扇也。"又《洽韻》:"箑,扇之别名。篓,上同。"晉潘岳《秋興賦》:"於是迺屏輕箑,釋纖絺,藉莞蒻,御袷衣。"宋陸游《舟出下牢關》:"炎曦忽摧破,亭午手忘箑。"按,《説文》同部"篓"篆亦訓"扇"。

蜨 "蝶"之或體,謂蝴蝶,其冀散開如扇,故稱"蜨"。"蝶"字則从枼聲,與"葉"同,"葉"謂草木之葉,亦張開、散開之物。《説文・虫部》:"蜨,蛺蜨也。从虫,疌聲。"清朱駿聲《通訓定聲》:"字亦作'蝶'。《廣雅・釋蟲》:'蛺蜨,蝴蛛也。'《莊子・至樂》:'烏足之根爲蠐螬,其葉爲蝴蝶。蝴蝶,胥也。'"《廣韻・怗韻》:"蜨,蛺蜨。"按,蝴蝶之爲物,雙翼相夾,故有"蛺蜨"之名。漢佚名《蜨蝶行》:"蜨蝶之遨遊東園,奈何卒逢三月養子燕。"南朝梁武帝蕭衍《古意二首》之二:"穿花蛺蝶深深見,點水蜻蜓款款飛。"按,詞牌名"蝶戀花"一稱"蜨戀花",亦爲"蜨"乃"蝶"之或體之證。清萬樹《詞律》卷九:"蜨戀花"又名"一籮金""黃金縷""鵲踏枝"

"鳳棲梧""明月生南浦""卷珠簾""魚水同歡"。

〔推源〕 諸詞俱有散開義,爲戋聲所載之公共義。聲符字"戋"所記錄語詞之顯性語義與散開義不相涉,其散開義乃戋聲所載之語源義。戋聲可載散開義,"扇""散"可相證。

戋:從紐葉部;

扇:書紐元部;

散:心紐元部。

從書(審三)鄰紐,從心旁紐,書(審三)心準雙聲。葉(盍)元通轉。"扇",門扇,亦指扇子,張開者。張開、散開二義相通。《説文·户部》:"扇,扉也。从户,从羽聲。"清朱駿聲《通訓定聲》:"从户、从羽,會意。門兩傍如羽翼也。《禮記·月令》:'乃修闔扇。'注:'用竹葦曰扇。'〔轉注〕《方言》五:'箑,自關而西謂之扇。'按,即翣也。"清段玉裁注:"扇,从户、羽。从羽者,如翼也。"按,許書通例:凡形聲字皆云"从某,某聲","扇"字之結構云"从户,从羽聲"似非原文。朱、段"扇"爲會意説可從。"散",有零散、分散、散開等義。《説文·肉部》:"散,雜肉也。"清朱駿聲《通訓定聲》:"今隸作'散'。〔轉注〕《後漢·華陀傳》:'漆葉青黏散,謂藥石爲屑襍和也。'……《漢書·叙傳》:'師徒彌散。'注:'謂分派也。'……《廣雅·釋詁三》:'散,布也。'《素問·脈要精微論》:'陽氣未散。'注:'謂散佈而出也。'《洞簫賦》:'馳散渙以逯律。'"南朝宋謝靈運《酬從弟惠連》:"淩澗尋我室,散帙問所知。"

(1243) 褋睫梍捷(邊緣、連接義)

褋 衣襟的邊緣,與衣襟相連接者。《説文·衣部》:"褋,袵緣也。从衣,戋聲。"清朱駿聲《通訓定聲》:"古深衣,右自領及衽,左自袼及衽,皆緣之,《禮記·深衣》'純袂緣純邊廣各寸半'是也。《詩》:'青青子衿。'此具父母衣純以青者。"《廣韻·緝韻》:"褋,襟緣。"又:"褋,襟緣。亦作'緁'。"又《葉韻》:"緁,連緁。"明湯顯祖《紫簫記·征途》:"腰錦緁,跨雕鞍。"按,"緁"之本義《説文·糸部》訓"緶衣",即縫衣邊義。《漢書·賈誼傳》:"白穀之表,薄紈之裡,緁以偏諸,美者黼繡,是古天子之服。"唐顏師古注:"謂以偏諸緶著之也。"故引申而有衣邊之義。

睫 眼瞼邊緣之毛,與眼瞼相連接者。《廣韻·葉韻》:"睫,目睫。《釋名》曰:'捷,插也,插於框。'《説文》作'䀹':'目旁毛也。'䀹,上同。"沈兼士《聲系》:"案'睫',五代本《切韻》作'䀹'。《集韻》:'䀹,或作睫、瞸、睞。'又注:'捷,北宋本及古逸本均作睫。'與《釋名》同。"《韓非子·喻老》:"智如目也,能見百步之外而不能自見其睫。"《禮記·內則》:"豕望視而交睫,腥。"唐孔穎達疏:"交睫,謂目毛交。"

梍 相連接。《字彙·木部》:"梍,接也。"宋王明清《揮麈録餘話》卷二:"闕百常兮屋十尋,皆梍爵兮建瓴。"按,"梍爵"即飛檐相連接。

捷 相連接。清朱駿聲《説文通訓定聲·臨部》："捷,〔假借〕又爲'接'。《爾雅·釋詁》：'接,捷也。'《小爾雅·廣詁》：'捷,及也。'《莊子·人間世》：'必將乘人而鬥其捷。'《釋文》：'引續也。'《漢書·揚雄傳》：'豈駕鵝之能捷。'注：'及也。'……《周禮·典瑞》司農注：'馹外有捷盧也。'疏：'若鋸牙然。'按,比次相接也……《景福殿賦》：'獵捷相加。'注：'相接之皃。'《洞簫賦》：'羅鱗捷獵。'"按,"捷"之本義爲獵獲物,引申爲敏捷義(見前第1241條),然其字从手,表連接義非假借,乃套用字。《文選·司馬相如〈上林賦〉》："隃絶梁,騰殊榛,捷垂條,掉希間。"唐李善注："捷持懸垂之條。"又王延壽《魯靈光殿賦》："捷獵鱗集,支離分赴。"唐李善注："捷獵,相接貌。"

〔推源〕 諸詞俱有邊緣、連接義,爲疌聲所載之公共義。聲符字"疌"所記録語詞之顯性語義與此義不相涉,此義當爲疌聲所載之語源義。疌聲可載邊緣、連接義,"緣""接"可相證。

疌：從紐葉部；

緣：余紐元部；

接：精紐葉部。

從余(喻四)鄰紐,從精旁紐,余(喻四)精鄰紐,葉(盍)元通轉。"緣",裝飾衣邊,引申爲邊緣義。《説文·糸部》："緣,衣純也。"清朱駿聲《通訓定聲》："《爾雅·釋器》：'緣謂之純。'注：'衣緣飾也。'《禮記·玉藻》：'緣廣寸半。'注：'飾邊也。'"《玉篇·糸部》："緣,邊緣也。"《後漢書·張奐傳》："寇掠緣邊九郡,殺略百姓。"《周書·王羆傳》："嘗有臺使,羆爲其設食。使乃裂其薄餅緣。""接",交接,連接。《説文·手部》："接,交也。"清朱駿聲《通訓定聲》："《廣雅·釋詁二》：'接,合也。'《易·晉》：'晝日三接。'鄭讀'捷'。《禮記·表記》：'君子之接如水。'注：'或爲交。'〔假借〕爲'椄'。《廣雅·釋詁二》：'接,續也。'《儀禮·聘禮》：'接聞命。'注：'猶續也。'《秦策》：'故使工人爲木材以接乎。'《楚辭·哀郢》：'憂與愁其相接。'《淮南·精神》：'聖人食足以接氣。'注皆訓'續'。"按,"接"表接續、連接義無煩假借,乃引申。"椄"謂樹木嫁接,固有連接義,然"接"字从手,可泛指連接。

465 匽聲

(1244) 偃堰(止義)

偃 仰臥,引申爲倒伏、止息義。《説文·人部》："偃,僵也。从人,匽聲。"清朱駿聲《通訓定聲》："按,伏而覆曰僕,仰而倒曰偃。《廣雅·釋言》：'偃,仰也。'……《吴越春秋》：'迎風則偃,背風則僕。'〔聲訓〕《釋名·釋姿容》：'偃蹇、偃偃,息而臥不執事也。'"《廣韻·阮韻》："偃，息也。"《荀子·儒效》："反而定三革，偃五兵，合天下，立聲樂。"《吕氏春秋·應言》："公孫龍説燕昭王以偃兵。"漢高誘注："偃，止也。"

堰 堤壩，所以止水之物。其字亦作"隁"。《廣韻·線韻》："堰，堰埭。"《集韻·願韻》："堰，障水也。或作'隁'。"北魏酈道元《水經注·河水》："（元城）縣北有沙丘堰。堰，障水也。"引申爲阻止水流義。《廣韻·阮韻》："堰，壅水也。"又《願韻》："堰，堰水也。"《三國志·魏志·董卓傳》："卓僞欲捕魚，堰其還道當所渡水爲池，使水停滿數十里。"唐盧照鄰《行路難》："誰家能驅西山日？誰家能堰東流水？"

〔推源〕 此二詞俱有止義，爲匽聲所載之公共義。聲符字"匽"所記録語詞謂隱匿，其字从匸，與隱匿字"匿"同。隱匿、止息二義相通。"匽"又有倒伏、止息義，則爲"偃"之初文。《説文·匸部》："匽，匿也。从匸，妟聲。"清段玉裁注："匽之言隱也。"清朱駿聲《通訓定聲》："匽，〔假借〕又爲'干'。《漢書·王吉傳》：'冬則爲風寒之所匽薄。'"按，非假借，乃引申。《漢書·禮樂志》："海内安寧，興文匽武。"唐顔師古注："匽，古'偃'字。"又《天文志》："天下匽兵，槷有兵者，所當之國大兇。"然則本條二詞之止義爲其聲符"匽"所載之顯性語義。匽聲可載止義，則"安"可證之。"匽""安"上古音同，影紐雙聲，元部疊韻。"安"，静止、止息。《説文·宀部》："安，静也。从女在宀下。"清段玉裁注改其訓釋詞爲"竫"。清朱駿聲《通訓定聲》："安，竫也。从女在宀中，會意。飲食男女人之大欲存焉，故'寧'从宀、心、皿。'安'从宀、女。《爾雅·釋詁》：'安，定也。'又：'止也。'《廣雅·釋詁四》：'安，静也。'……《周書·謚法》：'好和不争曰安。'《易·繫辭下》：'利用安身。'九家注：'嘿處也。'"《廣韻·寒韻》："安，寧也，止也。"《戰國策·秦策五》："賈願出使四國，必絶其謀而安其兵。"漢高誘注："安，止。"

(1245) 揠襢（上引義）

揠 拔，上引。《説文·手部》："揠，拔也。从手，匽聲。"清朱駿聲《通訓定聲》："《小爾雅·廣物》：'拔心曰揠。'《廣雅·釋詁一》：'揠，出也。'《孟子》：'宋人有閔其苗之不長而揠之者。'注：'挻拔之。'"《廣韻·黠韻》："揠，拔草心也。"《新唐書·李光弼傳》："光弼以范陽本賊巢窟，當先取之，揠賊根本。"宋吕本中《紫微雜説》："學問工夫，全在涵泳涵養藴蓄之久，左右採擇，一旦冰釋理順，自然逢源矣，非如世人强襲取之，揠苗助長，苦心極力，卒無所得也。"

襢 衣領，可執而上引者，凡持衣必挈其領而上引之。"襢"之名寓上引義。《説文·衣部》："襢，袛領也。从衣，匽聲。"清段玉裁注改其訓釋詞爲"襢領也。"清朱駿聲《通訓定聲》："《方言》四：'袛謂之襢。'《廣雅》：'褋袛謂之襢。'即《爾雅》'黼領謂之襮'也。按，以黼文爲領緣襢緣也……《儀禮·士昏禮》注：'鄉大夫之妻刺黼以爲領，如今偃領矣。'按，領之有緣者爲襢，散文則襢亦領也。"《廣韻·願韻》："襢，郭璞云：衣領也。"

〔推源〕 此二詞俱有上引義，爲匽所載之公共義。聲符字"匽"所記録語詞之顯性語義系列與上引義不相涉,其上引義乃匽聲所載之語源義。匽聲可載上引義,"援"可證之。

匽：影紐元部；

援：匣紐元部。

疊韻,影匣鄰紐。"援",上引。《説文·手部》:"援,引也。"清朱駿聲《通訓定聲》:"即'爰'之或體……《爾雅·釋畜》:'猱猿善援。'……《詩·皇矣》:'以爾鉤援。'又,《禮記·儒行》:'上弗援。'注:'猶引也,取也。'《中庸》:'不援上。'注:'謂牽持之也。'《魯語》:'夫爲四鄰之援。'注:'所攀援以爲助也。'"按,"援"即"爰"之累增字,"爰"即以手牽手上引。攀援則即引體向上之義。

466　刺聲

(1246) 瘌辢(辛辣義)

瘌　感覺辛辣。《説文·疒部》:"瘌,楚人謂藥毒曰痛瘌。从疒,剌聲。"清朱駿聲《通訓定聲》:"《方言》三:'瘌,痛也。凡飲藥、傅藥而毒,南楚之外謂之瘌。'《廣雅·釋詁四》:'瘌,傷也。'按,亦曰癆,勞剌一聲之轉……又言蟲螫痛或膚小痛皆曰瘌豁豁。"按許書同部"癆"篆訓"朝鮮謂藥毒曰癆"。

辢　物味辛辣。字亦作"辣"。《廣韻·曷韻》:"辢,辛辢。"《篇海類編·干支類·辛部》:"辢,同辣。"清朱駿聲《説文通訓定聲·泰部》:"今蘇俗言物味辛曰辣……《廣雅·釋言》:'辢,辛也。'《通俗文》:'辛甚曰辣。'《聲類》:'江南曰辣,中國曰辛。'《字苑》作'菽',亦俗字。"《宋史·晏敦復傳》:"況吾薑桂之性,到老愈辣。"宋蘇軾《春菜》:"宿酒初消春睡起,細履幽畦掇芳辣。"按,《廣韻》"剌""辢"同隸《曷韻》,其音俱爲盧達切,則"辢"字之結構爲从辛,剌省聲。

〔推源〕　此二詞俱有辛辣義,爲刺聲所載之公共義。聲符字"剌"所記録語詞謂違戾。《説文·束部》:"剌,戾也。从束,从刀。刀者,剌之也。"清段玉裁注:"戾者,違背之意。"清朱駿聲《通訓定聲》:"韋背故矯之,紕繆故斷之……《周書·謚法》:'愎佷遂過曰剌。'《禮記·禮運》注:'不乖剌'。"按,剛愎、狠戾義與辛辣義當相通,複音詞"潑辣"亦可爲證。剌聲可載辛辣義,則"烈"可證之。"剌""烈"上古音同,來紐雙聲,月部疊韻。"烈",火勢猛烈,引申爲酷烈、濃烈義,物味濃烈即辛辣。《説文·火部》:"烈,火猛也。"清朱駿聲《通訓定聲》:"《方言》十三:'烈,暴也。'……《詩·生民》:'載燔載烈。'……《孟子》:'益烈山澤而焚之。'注:'熾也。'〔轉注〕《上林賦》:'吐芳揚烈。'注:'酷烈。'《漢書·刑法志》:'其使民也,酷烈。'"《吕氏春秋·盡數》:"凡食無彊厚,味無以烈味重酒,是之謂疾首。"漢高誘注:"烈,猶酷也。"按,煙、酒味烈,今俗亦稱"辣"。

467　畐聲

（1247）富愊塥輻（聚積義）

富　富有，財物多。按聚之則富。《説文·宀部》："富，備也。一曰厚也。从宀，畐聲。"清朱駿聲《通訓定聲》："《書·洪範》：'二曰富。'疏：'家豐財貨也。'……《周禮·太宰》：'以富得民。'注：'謂藪中材物。'"《廣韻·宥韻》："富，豐於財。"《論語·學而》："富而無驕。"宋邢昺疏："多財曰富。"

愊　憤怒、悲哀之氣鬱積於胸。字亦作"腷"。《方言》卷十三"臆，滿也"晉郭璞注："愊臆，氣滿之也。"《廣韻·職韻》："腷，腷臆，意不泄也。"清朱駿聲《説文通訓定聲·頤部》："愊，〔假借〕爲'腷'。《漢書·陳湯傳》：'策慮愊億。'注：'憤怒貌。'《後漢·馮衍傳》：'心愊憶而紛紜。'注：'猶鬱結也。'"按，"愊"之本義《説文》訓"誠志"，然其字从心，表胸中鬱積義無煩假借，乃套用字。漢王延壽《夢賦》："於是夢中驚怒，腷臆紛紜。"

塥　土塊，泥土聚積粘着而成者。《説文·土部》："塥，凷也。从土，畐聲。"清朱駿聲《通訓定聲》："《爾雅·釋言》：'塊，塥也。'注：'《外傳》曰：枕凷以塥。'按，《吳語》：'渭人疇枕王以樸。'郭所見本'樸'作'塥'而'王'作'凷'，則傳寫之誤也。"唐韓愈《南山》："茫如試矯首，塥塞生怐愗。"

輻　車輪上湊集於中心轂上的直木，引申爲聚積。《説文·車部》："輻，輪轑也。从車，畐聲。"清朱駿聲《通訓定聲》："《考工·輪人》：'輻也者，以爲直指也。'《老子》：'三十幅（輻）共一轂。'……《漢書·劉向傳》：'衆輻湊于前。'"《廣韻·宥韻》："輻，輻湊，競聚。"《文子·微明》："志大者，兼包萬國，一齊殊俗，是非輻輳，中爲之轂也。"宋岳珂《桯史·望江二翁》："（陳國瑞）嘗爲其母卜地，青烏之徒輻集，莫適其意。"

〔**推源**〕　諸詞俱有聚積義，爲畐聲所載之公共義。畐聲字"饇""稫"所記録語詞訓"飽"、訓"禾密滿"，實皆多而聚積義，此亦爲畐聲與聚積義相關聯之一證。《玉篇·食部》引《埤蒼》："饇，飽也。"《玉篇·禾部》："稫，稫稄，滿兒。"《廣韻·職韻》："饇，飽兒。""稫，稫稄，禾密滿也。"聲符字"畐"象器形，本有"滿"訓，凡物聚積則滿，義相通。《説文·畐部》："畐，滿也。从高省，象高厚之形。"朱芳圃《殷周文字釋叢》："畐爲盛器，充盈於中，因以象徵豐滿。"畐聲可載聚積義，則晶聲可相證。

畐：並紐職部；
晶：來紐微部。

並爲鼻音，來爲邊音，依王力先生《同源字典·同源字論》説，二者亦爲鄰紐；職微通轉。晶聲字所記録語詞"壘""讄""纍""櫑""櫐""纝""羸"俱有相連、積累義，見本卷"晶聲"第2121條。

（1248）葍副偪楅煏（依附、迫近義）

葍 多年生纏繞草本植物。迫近他物而依附之，故稱"葍"。《説文・艸部》："葍，䔰也。从艸，畐聲。"清朱駿聲《通訓定聲》："字亦作'䔰'。《爾雅・釋草》：'葍，䔰。'又：'葍，藑茅。'又：'菳，雀弁。'按，一物。蔓生白華者名葍，赤華者名藑茅，爵頭者名菳，即今之旋復花，其淺紅者亦曰鼓子花也。其根初春烝啖、生食俱美。《詩・我行其野》：'言采其葍。'傳：'惡菜也。'箋：'葍也。'陸疏：'幽州人謂之燕葍，一名爵弁，一名藑。'按，'燕'即'䔰'矣。《説文》：'䕞草，楚謂之葍。'《廣雅・釋草》：'烏麩，葍也。'《玉篇》作'䔰'。"《廣韻・屋韻》："葍，䔰萬。"《太平御覽》卷九百九十八引晉周處《風土記》："葍，蔓生，被樹而生，紫黄色，大如牛角，二三同蔕，長七八尺，味甜如蜜。"

副 字从刀，謂剖分。凡物剖之則分爲二，故引申爲二義，又引申爲副職義。凡副職之人皆迫近正職而依附之。《説文・刀部》："副，判也。从刀，畐聲。《周禮》曰：'副辜祭。'"清朱駿聲《通訓定聲》："《詩・生民》：'不坼不副。'……《禮記・曲禮》：'爲天子削瓜者副之。'注：'析也。'〔轉注〕《漢書・高惠高后文功臣表》：'副在有司。'注：'貳也。'……《後漢・景丹傳》：'遷朔調連率副貳。'注：'屬令也。'"《廣韻・宥韻》："副，貳也，佐也。"《漢書・陳湯傳》："康居副王抱闐將數千騎，寇赤谷城東。"

偪 迫近。《廣韻・職韻》："偪，迫也。"《尉繚子・攻權》："男女數重，各偪地形而攻要塞。"唐陳子昂《度峽口山》："遠望多衆容，偪之無異色。"

楅 附於牛角之木。《説文・木部》："楅，以木有所偪束也。从木，畐聲。《詩》曰：'夏而楅衡。'"清朱駿聲《通訓定聲》："《詩・閟宫》……傳：'楅衡，設牛角以楅之也。'《周禮・封人》：'設其楅衡。'注：'楅設于角，衡設于鼻，如椵狀也。'杜注：'所以持牛，令不得抵觸人。'〔聲訓〕《詩・閟宫》：'楅衡。'《釋文》：'偪也。'"《廣韻・職韻》："楅，束也。"又《屋韻》："楅，束以木，偪於牛角，不令抵觸人。"宋蘇洵《衡論・御將》："蹄者可馭以羈紲，觸者可拘以楅衡。"

煏 以火迫近他物烘烤之。字亦作"㷶""䐑"。《集韻・職韻》："㷶，或作'煏'。"《説文・火部》："䐑，以火乾肉也。从火，䐑省聲。"清朱駿聲《通訓定聲》："籀文不省。字亦作'煏'、作'爆'，俗作'焙'。《方言》七：'爆，火乾也，凡以火而乾五穀之類，關西隴冀以往謂之爆。'今蘇俗或言逼，或言焙。《廣雅・釋詁二》：'㷶，乾也。'"北魏賈思勰《齊民要術・伐木》："凡非時之木，水漚一月，或火煏取乾，蟲則不生。"徐珂《清稗類鈔・飲食類》："底復蕩滌之，文火㷶中乾。"

〔推源〕 諸詞俱有依附、迫近義，爲畐聲所載之公共義。聲符字"畐"象器滿形，物滿則相迫，故其字爲"偪""逼"之古字。清段玉裁《説文解字注・畐部》："畐，偪與塞義同，'畐''偪'正俗字也。"清朱駿聲《説文通訓定聲・頤部》："畐，字亦作'偪'、作'逼'。《方言》六：'偪，滿也，腹滿曰偪。'注：'言勅偪也。'〔轉注〕《爾雅・釋言》：'逼，迫也。'《周語》：'不可偪也.'注:'迫也.'《淮南·兵略》:'入小而不偪.'注:'迫也.'"然則本條諸詞之依附、迫近義爲其聲符"畐"所載之顯性語義。按"畐"本音房六切,表迫義則音芳逼切。畐聲可載依附、迫近義,則"附""迫"可相證。

畐:滂紐職部;

附:並紐侯部;

迫:幫紐鐸部。

滂、並、幫旁紐,職侯旁對轉,職鐸旁轉,侯鐸旁對轉。"附",小土山,依附於大山者,故引申爲依附義。清朱駿聲《說文通訓定聲·需部》:"附,附婁,小土山也。从阜,付聲……《春秋左傳》:'附婁無松柏.'今作'培塿'。〔假借〕爲'坿'。《廣雅·釋詁一》:'附,益也.'《禮記·王制》:'附于諸侯,曰附庸.'注:'小城曰附庸.'《詩·角弓》:'如塗塗附.'傳:'著也.'……《小爾雅·廣詁》:'附,因也.'又:'近也.'《廣雅·釋詁四》:'依也.'《周禮·大司徒》:'其附于刑者歸于士.'注:'麗也.'"按,當爲引申,非假借。"迫",靠近,接近。《說文·辵部》:"迫,近也."《史記·貨殖列傳》:"種代,石北也,地邊胡,數被寇……然迫近北夷,師旅亟往,中國委輸時有奇羨。"三國魏曹植《洛神賦》:"遠而望之,皎若太陽升朝霞;迫而察之,灼若芙蕖出綠波。"

468 垔聲

(1249) 煙禋(煙義)

煙 火氣。《說文·火部》:"煙,火氣也。从火,垔聲。烟,或从因。"清朱駿聲《通訓定聲》:"《三蒼》:'煙,進火也.'《蒼頡篇》:'煙,明也.'《廣雅·釋器》:'煙,臭也.'陸機《連珠》:'火壯則煙微.'《後漢·蔡邕傳》:'煙炎之毀燼.'"《國語·魯語上》:"既其葬也,焚,煙徹於上。"唐王維《使至塞上》:"大漠孤煙直,長河落日圓。"

禋 焚柴升煙以祭天。《說文·示部》:"禋,潔祀也。一曰精意以享爲禋。从示,垔聲。"清朱駿聲《通訓定聲》:"《爾雅·釋詁》:'禋,祭也.'《小爾雅·廣詁》:'潔也.'《虞書》:'禋於六宗.'……《周禮·大宗伯》:'以禋祀祀昊天上帝.'《大祝》:'凡大禋祀,肆享,祭示.'注:'祭天神也.'〔聲訓〕《書·舜典》:'禋之言煙.'《洛誥》鄭注:'芬芳之祭.'《周禮·大宗伯》注:'周人尚臭,煙,氣之臭聞者.'皆以'煙'訓'禋'也。《書大傳》:'煙於六宗.'《史晨奏銘》:'以供煙祀.'則直作'煙'."《詩·大雅·生民》:"克禋克祀,以弗無子。"唐孔穎達疏:"精意以享,宜施燔燎,精誠以徹,煙氣之升,以達其誠故也。"

〔推源〕 此二詞俱有煙義,爲垔聲所載之公共義。聲符字"垔"所記錄語詞謂堵塞。《說文·土部》:"垔,塞也。《尚書》曰:'鯀垔洪水.'从土,西聲。"清朱駿聲《通訓定聲》:"字俗作'煙'、作'陞'。"然則與煙義不相涉，其煙義乃亞聲所載之語源義。亞聲可載煙義，"靄"可證之。

亞：影紐文部；

靄：影紐月部。

雙聲，文月旁對轉。"靄"，雲氣。《廣韻·泰韻》及《曷韻》："靄，雲狀。"《古今韻會舉要·賄韻》："靄，氛也。"晉陸機《挽歌》："悲風徹行軌，傾雲結流靄。"南朝宋謝惠連《雪賦》："於是河海生雲，朔漠飛沙，連氛紊靄，掩日韜霞。"按，"煙"爲火氣，"靄"爲雲氣，二者相似。故二者可組成同義聯合式合成詞"煙靄"，指雲霧，亦可指煙。唐長孫佐輔《幽思》："金爐煙靄微，銀釭殘影滅。"金元好問《五松平》："蒼崖入地底，煙靄青漫漫。"

(1250) 煙羥黫(黑色義)

煙 火氣，其色黑。煙熏所積之灰可製墨，故黑色墨汁稱"煙汁"。唐方干《陳式水墨山水》："立意霜髭出，支頤煙汁乾。"又天將明而尚黑稱"煙曙"。唐崔曙《嵩山尋馮煉師不遇》："青溪訪道凌煙曙，王子仙成已飛去。"又畫眉所用青黑色顏料稱"煙螺"。清袁枚《隨園隨筆·物極必反》："隋文帝清儉而受制于獨孤后，故宮中取胡粉一兩竟不可得。煬帝繼之，宮中一日用煙螺五石。"

羥 黑羊。《説文·羊部》："羥，黑羊。从羊，亞聲。"清朱駿聲《通訓定聲》："《廣雅·釋器》：'羥，黑也。'此以煙熏得訓。"按，"羥"《説文》又訓"群羊相積"，即羊疫義，謂羊病相感染，如煙熏之相染色，其義當相通。《玉篇·羊部》："羥，黑羊也。"《廣韻·齊韻》及《山韻》："羥，黑羊。"

黫 黑色。《廣韻·山韻》："黫，黑色。出《字林》。"《集韻·山韻》："黫，黑也。或作'黫'。"又《軫韻》："黫，黑謂之黫。"《史記·天官書》："以十二月與尾、箕晨出，曰天晧。黫然黑色甚明。"

〔推源〕 諸詞俱有黑色義，爲亞聲所載之公共義。聲符字"亞"所記録語詞與黑色義不相涉，其黑色義乃亞聲所載之語源義。亞聲可載黑色義，"黯"可證之。

亞：影紐文部；

黯：影紐侵部。

雙聲，文侵通轉。"黯"，深黑色。《説文·黑部》："黯，深黑也。"清朱駿聲《通訓定聲》："《廣雅·釋器》：'黯，黑也。'《史記·孔子世家》：'黯然而黑。'《淮南·主術》：'使史黯往觀焉。'注：'史墨也。'"《廣韻·咸韻》："黯，深黑也。"漢韓嬰《韓詩外傳》卷三："陶叔狐謂咎犯曰：'吾從而亡十有一年，顏色黯黑，手足胼胝。'"漢蔡邕《述行賦》："玄雲黯以凝結，集零雨之溱溱。"

(1251) 湮堙（泯滅義）

湮 沉没，泯滅。《説文·水部》：“湮，没也。从水，垔聲。”清朱駿聲《通訓定聲》：“《爾雅·釋詁》：‘湮，落也。’注：‘沈落也。’《封禪文》：‘湮滅而不稱者。’《廣韻·真韻》：‘湮，落也，沈也。’”《史記·游俠列傳》：“自秦以前，匹夫之俠，湮滅不見，余甚恨之。”唐白居易《許昌縣令新廳壁記》：“先是邑居不修，屋壁無紀，前賢姓字湮泯無聞。”

堙 堵塞，引申爲埋没、泯滅義。《廣雅·釋詁三》：“堙，塞也。”《廣韻·真韻》：“垔，塞也。陻、䧜，並上同。堙，亦上同。”清朱駿聲《説文通訓定聲·屯部》：“垔，字俗作‘堙’、作‘陻’。《書·洪範》：‘鯀垔洪水。’今作‘陻’。《左襄廿五傳》：‘井堙木刊。’〔假借〕爲‘湮’。《周語》：‘堙替隸圉。’注：‘没也。’”按，非假借，乃引申。《史記·伯夷列傳》：“巖穴之士，趣舍有時若此，類名堙滅而不稱，悲夫！”《文選·潘岳〈西征賦〉》：“窺秦墟於渭城，冀闕緬其堙盡。”劉良注：“堙，滅也。”

〔推源〕此二詞俱有泯滅義，爲垔聲所載之公共義。聲符字“垔”本爲“堙”之初文，所記録語詞謂堵塞，則與埋没、泯滅義相通。本條二詞之泯滅義爲其聲符“垔”所載之顯性語義。至垔聲可載泯滅義，則“隱”可證之。“垔”“隱”同音，影紐雙聲，文部疊韻。“隱”，隱蔽、隱藏。《説文·阜部》：“隱，蔽也。”清朱駿聲《通訓定聲》：“《廣雅·釋詁一》：‘隱，翳也。’《淮南·墬形》：‘東北薄州曰隱土。’《禮記·檀弓》：‘其高可隱也。’注：‘猶去也。’按，即笎也，俗作‘弅’，猶藏也……《易·説卦》：‘坎爲隱伏。’”按，朱氏所引《淮南子》文漢高誘注：“薄，猶平也。氣所隱藏，故曰隱土也。”隱蔽、隱藏則不見，故“隱”有消失、泯滅之衍義。晉皇甫謐《三都賦·序》：“自夏、殷以前，其文隱没，靡得而詳焉。”《晉書·郭璞傳》：“嚴平澄漠於塵肆，梅真隱淪乎市卒。”按，今徽歙方言猶稱火滅、燈滅爲“隱”。

469 要聲

(1252) 腰䙅蔂（約義）

腰 人之腰部，身軀之收縮部分，細於胸圍、臀圍。如物之收縮約束而細者，故稱“腰”。《玉篇·肉部》：“腰，胯也。本作‘要’。”《廣韻·宵韻》：“腰，亦作‘要’。”《荀子·君道》：“楚莊王好細腰，故朝有餓人。”《素問·痿論》“宗筋主束骨而利機關”唐王冰注：“腰者，身之大關節，所以司屈伸。”南朝梁沈約《少年新婚爲之詠》：“腰肢既軟弱，衣服亦華楚。”

䙅 束腰帶，約束腰部之物。《廣韻·宵韻》：“䙅，䙅襻。”《晉書·五行志上》：“武帝泰始初，衣服上儉下豐，著衣者厭䙅。”《梁書·武帝紀下》：“恒理衣冠，小坐押䙅。”

蔂 草繩，約束他物之物。宋李誡《營造法式·壕寨制度·城》：“每膊椽長三尺，用草蔂一條，木橛子一根。”按，“蔂”之本義《説文》訓“艸”，謂苦蔂，指草繩，爲其套用字。

〔推源〕諸詞俱有約義，爲要聲所載之公共義。聲符字“要”本爲“腰”之初文，所記録語詞本有收縮義,引申之則有約義。《説文·臼部》:"要,身中也,象人要自臼之形。"清朱駿聲《通訓定聲》:"《禮記·玉藻》:'縫齊倍要。'又《爾雅·釋木》:'邊要棗。'注:'子細腰,今謂之鹿盧棗。'〔假借〕爲'約'。《周語》:'蠻夷要服。'注:'要結好信而服從之。'《左文六傳》:'由質要。'注:'契券也。'《魯語》:'夫盟信之要也。'注:'猶結也。'……《公羊莊十三傳》:'要盟可犯。'注:'臣約束君曰要。'《論語》:'久要不忘平生之言。'孔注:'久要,舊約也。'《漢書·高帝紀》:'待諸侯至而定要束耳。'"按,非假借,乃引申。《廣韻·笑韻》:"要,約也。"要聲可載約義,則"約"可證之。

要:影紐宵部;

約:影紐藥部。

雙聲,宵藥(沃)對轉。"約",纏束,約束。《説文·糸部》:"約,纏束也。"《戰國策·齊策六》:"魯連乃書,約之矢以射城中。"引申爲抽象性的約束、制約義。《論語·雍也》:"君子博學於文,約之以禮。"《晉書·謝安傳附謝玄》:"安嘗戒約子姪,因曰:'子弟亦何豫人事,而正欲使其佳?'"按,"約"又有收縮、約定等義,皆相通。

(1253) 瞹鶓(長、遠義)

瞹 遠視。《玉篇·目部》:"瞹,遠視也。"《文選·木華〈海賦〉》:"朱燉綠煙,瞹眇蟬蜎。"唐李周翰注:"瞹眇蟬蜎,遠視兒。"按,"瞹""眇"可分訓。《莊子·庚桑楚》"不厭深眇而已矣"唐成玄英疏:"眇,遠也。"然則"瞹眇"爲同義聯合者。

鶓 鳥名,其尾長,當以此得名。《廣韻·宵韻》:"鶓,鳥名,似山鷄而長尾。"《山海經·中山經》:"(鹿鬼山)有鳥焉,狀如山鷄而長尾,赤如丹火而青喙,名曰鶓鶓,其名自呼,服之不昧。"

〔推源〕 此二詞分別有長義、遠義,二義相通,俱有要聲載之,語源則同。聲符字"要"所記録語詞之本義、引申義系列與長、遠義不相涉,其長、遠義乃要聲所載之語源義。要聲可載長、遠義,則"高"可證之。

要:影紐宵部;

高:見紐宵部。

疊韻,影見鄰紐。"高",上下距離大,與長義相通,縱曰高,橫曰長。《説文·高部》:"高,崇也。"《詩·小雅·十月之交》:"高岸爲谷,深谷爲陵。"《荀子·勸學》:"故不登高山,不知天之高也。"引申爲遠義。《廣韻·豪韻》:"高,遠也。"《左傳·哀公二十一年》:"使我高蹈。"晉杜預注:"高蹈,猶遠行也。"按"高"與"遠"可組成同義聯合式合成詞。漢王充《論衡·説日》:"從平地望泰山之巔,鶴如烏、烏如爵者,泰山高遠,物之大小失其實。"

(1254) 闋/隔(遮蔽義)

闋 遮蔽。《廣韻·小韻》:"闋,隔也。"清胡元暉《原道篇》:"夫乘化生息者,物也,物以無意而爲道之所形。人之至虛靈者,心也,心以有意而爲形之所闋。故物可以觀道,而心不盡可謂道。"按,"闋"字從門,門則爲可掩閉、遮蔽之物,其聲符"要"亦以其聲韻載遮蔽義。"要"字單用有表遮蔽義之例。《漢書·薛宣傳》:"要遮創戮近臣於大道人衆中,欲以鬲塞聰明,杜絶議論之端。"

隔 阻塞,阻礙。《説文·阜部》:"隔,障也。"按,有物相隔則爲障礙。《廣韻·麥韻》:"隔,塞也。"阻塞、遮蔽,實爲一義。漢劉向《新序·雜事二》:"不肖嫉賢,愚者嫉智,是賢者之所以隔蔽也。"其"隔蔽"當爲同義聯合式合成詞。《宋書·范曄傳》:"曄在獄,與綜及熙先異處,乃稱疾求移考堂,欲近綜等。見聽,與綜等果得隔壁。"

〔推源〕 此二詞俱有遮蔽義,其音亦相近且相通。

闋:影紐宵部;

隔:見紐錫部。

影見鄰紐,宵錫旁對轉。則其語源當同。

470 柬聲

(1255) 煉練揀(精義)

煉 冶煉金石而使精。《説文·火部》:"煉,鑠冶金也。从火,柬聲。"清段玉裁注改其解釋文爲"鑠治金也",並注云:"治,毛本作'冶',誤,今依宋本。鑠治者,鑠而治之,愈則愈精。"唐高駢《聞河中王鐸加都統》:"煉汞燒鉛四十年,至今猶在藥爐前。"元薩都剌《游梅仙山和唐人韻》:"歸隱知何日? 分爐學煉砂。"按,字亦作"鍊",構形理據稍異而所記録之詞同。字從火,謂以火煉之;從金,則謂煉其金。《説文·金部》:"鍊,冶金也。从金,柬聲。"清朱駿聲《通訓定聲》:"按,當爲'煉'之重文,今附於此。《華嚴音義》引《珠叢》:'鎔金使精曰鍊。'……江淹詩:'鍊藥矚虛幌。'"晉葛洪《抱朴子·内篇·金丹》:"黄金入火,百鍊不消。"

練 煮其生絲或絲織物使潔白、柔軟,即煮而使精。《説文·糸部》:"練,湅繒也。从糸,柬聲。"清朱駿聲《通訓定聲》:"《華嚴音義》引《珠叢》:'煮絲令熟曰練。'《周禮·染人》:'春暴練。'《淮南·説林》:'墨子見練絲而泣之。'"宋蘇軾《宥老楮》:"黄繒練成素,黝面頳作玉。"引申之則有精義。宋歐陽修《翰林侍讀學士右諫議大夫楊公墓誌銘》:"兵在精,不在衆。衆而不練,則不整而易敗。"按,許慎以"湅繒"訓"練","湅"字實爲"練"之或體。"練"字從糸,謂煮其絲;"湅"字從水,則謂以水煮絲。所指稱之詞則同。《説文·水部》:"湅,瀎也。从水,柬聲。"清段玉裁注:"湅之暴之,而後絲帛之質精,而後染人可加染。湅之以去其瑕,如瀎米之去康粃,其用一也。故許以'瀎'釋'湅'。"《周禮·考工記·㡛氏》:"湅絲以涗水……湅帛以欄爲灰。"清孫詒讓《正義》:"凡治絲治帛,通謂之湅。"

揀 選擇。按,即擇其精者之義,故稱"揀"。《廣雅·釋詁一》:"揀,擇也。"《廣韻·産韻》及《霰韻》:"揀,揀擇。"漢趙曄《吳越春秋·勾踐陰謀外傳》:"越王粟稔,揀擇精粟而蒸還於吳。"《宋史·寧宗紀三》:"淮東揀刺八千餘人以補鎮江大軍及武鋒軍之闕。"

〔推源〕 諸詞俱有精義,爲柬聲所載之公共義。聲符字"柬"本爲"揀"之初文,所記録語詞本有擇其精者之義。《說文·束部》:"柬,分別簡之也。从束,从八。八,分別也。"清朱駿聲《通訓定聲》:"字亦作'揀'。《爾雅·釋詁》:'柬,擇也。'……《荀子·脩身》:'安燕而血氣不惰,柬理也。'注:'柬擇其事理所宜。'"漢王符《潛夫論·賢難》:"彼大聖群賢,功成名遂,或爵侯伯,或位公卿,君據天官,柬在帝心,宿夜侍宴,名達而猶有若此。"然則本條諸詞之精義爲其聲符"柬"所載之顯性語義。柬聲可載精義,則"華"可證之。

柬:見紐元部;
華:匣紐魚部。

見匣旁紐,元魚通轉。"華",草木之花。《說文·艸部》:"華,榮也。从艸,从琴。"清段玉裁注:"'琴'與'華'音義皆同。"按"琴"即"花"之古字。《詩·周南·桃夭》:"桃之夭夭,灼灼其華。"按,花爲草木之精華,故"華"有精華之衍義。唐王勃《秋日登洪府滕王閣餞別序》:"物華天寶,龍光射牛斗之墟。"唯"華"有精義,故有"精華"之同義聯合式合成詞。北齊顔之推《顔氏家訓·文章》:"自古執筆爲文者,何可勝言。然至於宏麗精華,不過數十篇耳。"

471 咸聲

(1256) 感撼(動義)

感 動人心。《說文·心部》:"感,動人心也。从心,咸聲。"清朱駿聲《通訓定聲》:"《易·繫辭》:'感而遂通,天下之故。'虞注:'動也。'……《管子·小稱》:'匠人有以感斤楣。'注:'謂深得其妙,有應于心者也。'"《廣韻·感韻》:"感,動也。"《易·咸》:"聖人感人心而天下和平。"

撼 搖動。字亦繁作"撼",後世以爲正字。《說文·手部》:"撼,搖也。从手,咸聲。"清朱駿聲《通訓定聲》:"字亦作'撼'。《廣雅·釋詁一》:'撼,動也。'"《廣韻·感韻》:"撼,撼動也。"沈兼士《聲系》:"案'撼',《說文》作'撼'。"蘇曼殊《斷鴻零雁記》第七章:"搖山撼城,聲若雷霆。"其"撼"字異文正作"撼"。

〔推源〕 此二詞俱有動義,爲咸聲所載之公共義。聲符字"咸"單用本可表感動義。清朱駿聲《說文通訓定聲·臨部》:"咸,〔假借〕又爲'感'。《易·彖》下傳:'咸,感也。'……《臨》:'咸臨。'虞注:'感也。'"按,"咸"字从戌,當與殺伐相關,《說文》訓"悉""皆",與殺滅義相通。其動義則爲咸聲另載之語源義。咸聲可載動義,則"揪"可證之。

咸：匣紐侵部；

掀：曉紐文部。

匣曉旁紐，侵文通轉。"掀"，掀起，掀動。《説文·手部》："掀，舉出也。"唐白居易《風雨晚泊》："青苔撲地連春雨，白浪掀天盡日風。"宋沈括《夢溪筆談·雜志二》："乃掀衣登陴，抗聲罵之，盡發其私。"

（1257）械緘（封閉義）

械 匣子，容物而封閉者。《説文·木部》："械，篋也。从木，咸聲。"清朱駿聲《通訓定聲》："《廣雅·釋器》：'医謂之械。'〔假借〕爲'含'。《史記·天官書》：'間可械劍。'《索隱》：'械字本有函音，故字从咸，或曰包藏容受之義，械、函、含三字皆得轉注。'亦通。"按，亦引申而指信封，信封則爲封閉之物。宋葉夢得《巖下放言·白紙詩》："細君得之，乃寄一絶云：'碧紗窗下啓械封，尺紙從頭徹尾空。'"

緘 束篋之繩。《説文·糸部》："緘，束篋也。从糸，咸聲。"清朱駿聲《通訓定聲》："《廣雅·釋器》：'緘，索也。'《莊子·胠篋》：'則必攝緘縢。'《釋文》：'繩也。'"引申爲閉藏、封閉義。《廣韻·咸韻》："緘，緘封。"《漢書·外戚傳上·孝宣許皇后》："上官桀謀反時，廣漢部索，其殿中廬有索長數尺可以縛人者數千枚，滿一篋緘封。"《魏書·蕭寶夤傳》："嚴加緘密，不得開視，考績之日，然後對共裁量。"

〔推源〕 此二詞俱有封閉義，爲咸聲所載之公共義。聲符字"咸"所記録語詞與封閉義不相涉，其封閉義乃咸聲所載之語源義。咸聲可載封閉義，"篋"可證之。

咸：匣紐侵部；

篋：溪紐葉部。

匣溪旁紐，侵葉（盍）旁對轉。"篋"，小箱，容物而封閉者。《説文·匚部》："医，藏也。篋，医或从竹。"《禮記·内則》："男女不同椸枷，不敢縣於夫之楎椸，不敢藏於夫之篋笥。"《戰國策·秦策二》："魏文侯令樂羊將，攻中山，三年而拔之。樂羊反而語功，文侯示之謗書一篋。"

（1258）鍼鹹（針義）

鍼 縫衣針。《説文·金部》："鍼，所以縫也。从金，咸聲。"清朱駿聲《通訓定聲》："字亦作'針'。《廣雅·釋詁一》：'鍼，刺也。'"《廣韻·侵韻》："針，針綫。鍼，同。"《左傳·成公二年》："楚侵及陽橋，孟孫請往賂之，以執斲、執鍼、織紝，皆百人，公衡爲質，以請盟。"晉杜預注："執鍼，女工。"北齊顔之推《顔氏家訓·風操》："男則用弓矢紙筆，女則刀尺鍼縷。"

鹹 喙尖如針之魚。其字亦以"箴"爲之。明屠本畯《閩中海錯疏》卷中："鹹，狀如鰷，其喙如針。"明胡世安《異魚圖讚補·箴魚》："《本草》作'鱵'。《臨海志》作'銅哾魚'。《東山經》：'枸狀山，汎水出焉，北注于湖。中多箴魚，狀如鰷。其喙如箴，食之無疫疾。'《寰宇記》：'鱤魚生江湖中,大小、形狀並同繪殘。但喙尖有一細黑骨如針,是異耳。俗云姜太公釣針所化。又名姜公魚。"

〔推源〕 鍼之爲物細而尖,魚之形相似者則稱"鱤","鍼"當爲源詞而"鱤"爲同源派生詞。

(1259) 羬廗喊鱤(強、大義)

羬 大羊。《爾雅·釋畜》："羊六尺爲羬。"晉郭璞注："尸子曰：'大羊爲羬,六尺者。'"按,字亦作"麙""狺"。《說文·鹿部》："麙,山羊而大者,細角。从鹿,咸聲。"清朱駿聲《通訓定聲》："字亦作'羬'、作'狺'。〔別義〕《爾雅·釋獸》：'熊虎醜,其子狗,絶有力,麙。'注：'律曰：捕虎一搆錢五千,狗半之。'《釋文》：'本作狺。'《廣韻·咸韻》："狺,羊有力也。"按,即力強大。漢揚雄《蜀都賦》："獸則麙羊野麋,罷𪋮貘貒。"

廗 熊虎力大。字亦作"虘"。《廣韻·咸韻》："廗,熊虎絶有力也。"沈兼士《聲系》："案'廗',內府本《王韻》《集韻》均作'虘'。"《集韻·咸韻》："虘,雄虎絶有力者。"方成珪《考正》："'雄'疑'熊'之誤。"

喊 大聲呼叫。《廣韻·豏韻》："喊,喊聲。"《集韻·豏韻》："喊,怒聲。或省。"宋陳亮《又甲辰答朱元晦書》："只是口嘮噪,見人說得不切事情,便喊一響。"元無名氏《馬陵道》第二折："甚麽人鳴鑼擊鼓,吶喊搖旗？"

鱤 大青魚。《集韻·咸韻》："鰜,魚名。或從咸。"《說文·魚部》："鰜,魚名。"清朱駿聲《通訓定聲》："鯪也……《類篇》：'鰜魚大而青。'《說文》'鯪'篆說解：'一名鰜。'"按,"鱤"指大青魚,乃以咸聲表大義；又指喙尖如針之魚(見前條),則以咸聲表針義,語源非一,其字則爲套用字。

〔推源〕 諸詞俱有強、大義,爲咸聲所載之公共義。聲符字"咸"所記錄語詞與強、大義不相涉,其強、大義乃咸聲所載之語源義。按,君聲字所記錄語詞"莙""頵"俱有大義,見本典第三卷"君聲"第974條；旱聲字所記錄語詞"駻""悍""捍""誩""婞""趕"俱有強義,見本典第三卷"旱聲"第856條。咸聲、君聲、旱聲本相近且相通。

咸：匣紐侵部；

君：見紐文部；

旱：匣紐元部。

匣見旁紐,侵文通轉,文元旁轉。然則可相爲證。

472　面聲

(1260) 偭婂𦜝(臉面義)

偭 面向,以臉面正對他人。《說文·人部》："偭,鄉也。从人,面聲。"清朱駿聲《通訓定聲》：" 《禮記·少儀》：'尊壺者，偭其鼻。'鄭本以'面'爲之，注：'鼻在面中，言鄉人也。'"《晉書·摯虞傳》：" 偭燭龍而游衍兮，窮大明於北陸。"宋周密《齊東野語·三高亭改本》：" 偭五鼎兮腥腐，羞三泉兮終古。"按，"偭"又有背、違背義，向、背二義正相反，蓋即所謂反向引申義。

嫚 面目姣好。《集韻·仙韻》：" 嫚，目美兒。"按，目美則其臉面亦美。《楚辭·大招》：" 青色直眉，美目嫚只。"宋洪興祖《補注》：" 嫚，美目貌。"

䩄 䩄覥，羞愧，即臉面顯現羞愧之色。宋蘇舜欽《送李冀州》：" 眼如堅冰腼河月，氣勁倢鶻橫清秋。"明徐霖《繡襦記·謀脫金蟬》：" 囊空情減殺，禮貌欠從容，登堂䩄腆，只恐簧言譏諷。"按，字亦作"䩄"，亦从面聲，从目，則謂人之神情皆顯於目。清王夫之《前光禄寺少卿張公暨元配宜人趙氏合葬墓誌銘》：" 䩄彼常山兮，再見真呆。媲美睢陽兮，不獨一巡。"

〔推源〕 諸詞俱有臉面義，爲面聲所載之公共義。聲符字"面"所記録語詞之本義即臉面。《説文·面部》：" 面，顔前也。从𦣻，象人面形。"《墨子·非攻中》：" 君子不鏡於水而鏡於人。鏡於水，見面之容；鏡於人，則知吉與凶。"南朝宋劉義慶《世説新語·容止》：" 何平叔美姿儀，面至白。魏明帝疑其傅粉。正夏月，與熱湯餅。既噉，大汗出，以朱衣自拭，色轉皎然。"然則本條諸詞之臉面義爲其聲符"面"所載之顯性語義。面聲可載臉面義，則"臉"可證之。

面：明紐元部；

臉：來紐談部。

明紐爲鼻音，來紐爲邊音，二者亦爲鄰紐，元談通轉。"臉"，臉面。《集韻·琰韻》：" 臉，頰也。"《説文·頁部》：" 頰，面旁也。"《正字通·肉部》：" 臉，面臉。"南朝梁簡文帝《妾薄命》：" 玉貌歇紅臉，長嚬串翠眉。"元陶宗儀《説郛》卷十九：" 昔日繡閣迎仙客，今日桃源憶故人，休記醜奴兒臉子，便須抖擻好精神。"

(1261) 䩌栴麵(柔軟義)

䩌 馬絡頭上的柔皮。《説文·革部》：" 䩌，勒靼也。从革，面聲。"南唐徐鍇《繫傳》：" 其鐵曰勒，其革曰䩌。"按，許書同部："靼，柔革也。"《集韻·綫韻》：" 䩌，馬轡當面皮。"

栴 木棉，柔軟之物。《廣韻·仙韻》：" 栴，木名。"《集韻·仙韻》：" 棉，或作'栴'。"《廣韻·仙韻》：" 棉，木棉，樹名。《吴録》云：'其實如酒杯，中有綿如蠶綿，可作布，又名曰緤。'《羅浮山記》曰：'正月花如芙蓉，結子方生葉，子内綿至蠶成即熟。'"元成廷珪《夜泊青浦村》：" 薺菜登盤甘似蜜，蘆花紉被暖如棉。"

麵 麥粉，柔軟之物。《廣韻·霰韻》：" 麪，束晳《麪賦》云：'重羅之麪，塵飛雪白。'麵，上同。"明宋應星《天工開物·粹精·攻麥》：" 凡小麥，其質爲麵。蓋精之至者，稻中再舂之米；粹之至者，麥中重羅之麵也。"《南史·夷貊傳下·高昌國》：" 備植九穀，人多噉麵及牛、羊肉。"宋陳元靚《歲時廣記·人日·造麪繭》:"《歲時雜記》:'人日京都貴家造麪繭,以肉或素餡,其實厚皮饅頭餕餡也。名曰探官繭。'"

〔推源〕 諸詞俱有柔軟義,爲面聲所載之公共義。聲符字"面"所記錄語詞之顯性語義系列與柔軟義不相涉,其柔軟義乃面聲所載之語源義。面聲可載柔軟義,"緜"可證之。"面""緜"同音,明紐雙聲,元部疊韻。"緜",絲綿,柔軟之物。其字亦作"綿"。《玉篇·糸部》:"緜,新絮也。"《列子·楊朱》:"宋國有田夫……不知天下之有廣廈隩室,緜纊狐狢。"《戰國策·秦策一》:"(蘇秦)受相印,革車百乘,綿繡千純,白璧百雙,黄金萬溢,以隨其後,約從散横,以抑强秦。"

(1262) 緬/綿(遠義)

緬 遥遠,久遠。《廣韻·獮韻》:"緬,遠也。"清朱駿聲《説文通訓定聲·乾部》:"緬,〔假借〕爲'綿'。《穀梁莊三傳》:'舉下緬也。'《釋文》:'遠也。'"按,"緬"之本義《説文》訓"微絲",然無文獻實用例可證,所訓蓋其形體造意。其字从糸,謂絲類,相連綿者,故可遠義。晉陶潛《感士不遇賦》:"蒼冥遐緬,人事無已。"《文選·陸機〈赴洛詩〉之一》:"肆目眇不及,緬然若雙潛。"唐吕向注:"緬,遠也。"

綿 聯綿不斷,引申爲長遠、久遠等義。《説文·糸部》:"綿,聯微也。"清朱駿聲《通訓定聲》:"《廣雅·釋詁四》:'綿,連也。'《釋訓》:'綿綿,長也。'《詩》:'綿綿瓜瓞。''綿綿葛藟。'傳:'長不絶之貌。'……《上林賦》:'微睇綿藐。'注:'遠視貌。'陸機詩:'去家邈以綿。'注:'遠也。'《吴都賦》:'島嶼綿邈。'注:'廣遠貌。'"唐劉知幾《史通·序傳》:"疆宇修闊,道路綿長。"宋范仲淹《上攻守二策狀》:"歲月綿遠,恐生他患。"

〔推源〕 此二詞俱有遠義,其音亦同,明紐雙聲,元部疊韻,則其語源當同。

(1263) 湎/迷(沉迷義)

湎 沉迷於酒。字亦作"醔"。《説文·水部》:"湎,沈於酒也。从水,面聲。《周書》曰:'罔敢湎于酒。'"清朱駿聲《通訓定聲》:"字亦作'醔'……《詩·蕩》:'天不湎爾以酒。'《韓詩章句》:'飲酒閉門不出客曰湎。'《禮記·樂記》:'流湎以忘本。'《荀子·非十二子》:'多少無法而流湎然,雖辯小人也。'注:'沈也。'"按,所引《禮記》《荀子》文之"湎"爲沈迷義,乃虚化引申義。《墨子·魯問》:"國家熹音湛湎,則語之非樂非命。"《淮南子·脩務訓》:"沈醔耽荒,不可教以道,不可喻以德。"

迷 迷惑。《爾雅·釋言》:"迷,惑也。"《廣韻·齊韻》:"迷,惑也。"《易·坤》:"先迷後得,主利。"唐孔穎達疏:"凡有所爲,若在物之先即迷惑,若在物之後即得。"引申爲沉迷義。漢張衡《思玄賦》:"羨上都之赫戲兮,何迷故而不忘。"金董解元《西廂記諸宫調》卷七:"在上都里貪歡趣,鎮日家耽酒迷花。"

〔推源〕 此二詞俱有沉迷義,其音亦相近且相通。

涵：明紐元部；

迷：明紐脂部。

雙聲，元脂旁對轉。則其語源當同。

(1264) 勔/勉（勤勉義）

勔 勤勉。《廣韻·獮韻》："勔，勉也。"漢張衡《思玄賦》："勔自强而不息兮，蹈玉階之嶢崢。"王毓岱《示和甫》："我再課之讀，講解共勔勉。"

勉 努力，勤勉。《説文·力部》："勉，彊也。"清朱駿聲《通訓定聲》："勥也……《小爾雅·廣詁》：'勉力也。'《禮記·月令》：'勉諸侯。'注：'猶勸也。'《左昭二十傳》：'爾其勉之。'注：'謂努力。'《論語》：'喪事不敢不勉。'皇疏：'强也。'……《詩·十月之交》：'黽勉從事。'"漢王充《論衡·答佞》："知力耕可以得穀，勉貿可以得貨。"按，"力""勉"對文同義，皆謂努力、勤勉。

〔推源〕 此二詞俱有勤勉義，其音亦同，明紐雙聲，元部疊韻，則其語源當同。

473 耎聲

(1265) 蝡腝稬偄㰋㽋㺊輭㑝皽輐楎㚼㛂（柔義）

蝡 木耳，柔軟之物。《説文·艸部》："蝡，木耳也。从艸，耎聲。"清朱駿聲《通訓定聲》："字亦作'檽'、作'檽'。《內則》謂之栭。按，生于桑者良，海藻爲蓴，石髪爲苔，土蕈爲菌，木耳爲蝡。此數者類而不類。"《廣韻·獮韻》："蝡，木耳。"北魏賈思勰《齊民要術·蝡》："蝡，木耳也。案：木耳煮而細切之，和以薑橘，可爲菹，滑美。"《集韻·之韻》："檽，木名。一曰木耳。或从耎。"元王惲《玉堂嘉話》卷四："陶隱居云：'今世用芝，此是樹木枝上所生，狀如木檽。'"

腝 肉類食物熟爛，熟爛則柔軟。《廣韻·之韻》："臑，煮熟。胹、胹，並上同。"按，"栭"之異體亦作"檽"。《集韻·之韻》："胹，《説文》：'爛也。'《方言》：'秦、晉之郊謂熟曰胹。'或作'腝'。"北齊顏之推《顏氏家訓·勉學》："未知養親者，欲其觀古人先意承顏，怡聲下氣，不憚劬勞，以致甘腝，愓然慚懼，起而行之也。"亦指肉柔軟及軟脚病。《廣韻·恩韻》："腝，肉腝。"又《獮韻》："腝，脚疾。"《集韻·㺒韻》："腝，足疾。"

稬 字亦作"稬""糯"。指稻，稻之性較黍稷而軟，又特指糯米，尤柔軟者。《説文·禾部》："稬，沛國謂稻曰稬。从禾，耎聲。"清朱駿聲《通訓定聲》："按，稻比黍稷性和耎，故古謂之稬，今又以稻之黏者爲稬米，其不黏者爲粳米。字俗作'糯'。"《廣韻·換韻》："稬，稻稬也。"《集韻·換韻》："稬，或作'糯'。"明宋應星《天工開物·乃粒·稻》："凡稻種最多……粘者，禾曰稌，米曰糯。"《改併四聲篇海·禾部》引《奚韻》："糯，俗音稬，義同。"睡虎地秦墓竹簡《倉律》:"已獲上數,別粲、穤秸稻。別粲、穤之襄。"

偄 懦弱,即性格柔弱不堅强之謂。其字亦作"愞"。《說文·人部》:"偄,弱也。从人,从耎。"清朱駿聲《通訓定聲》:"从人,从耎,會意,耎亦聲。字亦作'愞'。"清段玉裁注:"偄从人,亦或从心。《左傳》《穀梁傳》皆曰'宮之奇爲人也偄',注皆云'弱也'。……此舉會意包形聲也。"《廣韻·獮韻》及《換韻》:"偄,弱也。"又《獮韻》:"愞,愞弱。"漢王符《潛夫論·救邊》:"今不厲武以誅虜,選材以全境,而云邊不可守,欲先自割,示偄寇敵,不亦惑乎!"《漢書·武帝紀》:"秋,匈奴入鴈門,太守坐畏愞棄市。"唐顔師古注:"軍法:行逗留畏懦者要斬。"

麛 幼鹿,柔弱者。《說文·鹿部》:"麛,鹿麛也。从鹿,耎聲。讀若偄弱之偄。"清朱駿聲《通訓定聲》:"字亦作'麜'。《吳都賦》:'翳薈無麛鷚。'"《廣韻·虞韻》:"麜,鹿子。"按,《說文》同部"麛"篆亦訓"鹿子"。《禮記·內則》:"秋宜犢麛,膳膏腥。"唐陸德明《釋文》:"麛,鹿子也。"

煖 温暖、柔和之熱,與"熱"之爲大熱者相別。其字亦作"煗""暖""暵"。《說文·火部》:"煖,温也。从火,耎聲。"清朱駿聲《通訓定聲》:"疑與'煗'同字。字亦作'暵'。《答賓戲》:'孔席不暵。'"《廣韻·緩韻》:"煖,暖亦同。煗,亦上同。暵,上同。"《墨子·辭過》:"當今之主,其爲衣服,則與此異矣。冬則輕煖,夏則輕清。"《說文》同部"煗"篆亦訓"温"。《禮記·王制》:"七十非帛不煖,八十非人不煖,九十雖得人不煖矣。"《墨子·節用中》:"冬服紺緅之衣,輕且暖。"南朝宋謝靈運《道路憶山中》:"懷故叵新歡,含悲忘春暵。"按,"煖""暖"二字从爰得聲,與"緩""緌"同,"緩""緌"有温和、緩和義,與柔和義相通。

渜 温水,微熱,柔和不燙者。《說文·水部》:"渜,湯也。从水,耎聲。"清朱駿聲《通訓定聲》:"字亦作'㳓'。《儀禮·士喪禮》:'渜濯棄于坎。'注:'古文作㳓。'"按,朱說可從。《正字通·水部》:"㳓,同渜。"《廣韻·緩韻》:"渜,湯也。"又《換韻》:"渜,浴餘汁也。"按,浴餘汁則微熱,性柔和不燙。朱氏所引《儀禮》文唐賈公彥疏:"潘水既經温煮,名之爲渜;已將沐浴,謂之爲濯。已沐浴訖,餘潘水棄于坎。"按,供浴之水,微温即可,無需沸滾,故名"渜"。

媆 柔美,又有柔嫩義。《說文·女部》:"媆,好皃。从女,耎聲。"清朱駿聲《通訓定聲》:"柔弱之貌。字亦誤作'嫚'。《廣雅·釋詁一》:'嫚,弱也。'又:'好也。'〔假借〕爲'耎',俗字。字又變作'嫩'。"按,所引《廣雅》文之"嫚"異文作"媆",文獻實用例有表柔美義者。明朱有燉《元宮詞》之二十八:"簾前三寸宮鞾露,知是媆媆小姐來。"表柔嫩義之例亦有之。朱氏所引《廣雅》文清王念孫《疏證》:"媆者,即今'嫩'字也。"《廣韻·恩韻》:"媆,同'嫩'。"宋莊季裕《雞肋編》卷上:"東坡在儋耳,鄰居有老嫗業此,請詩於公甚勤。戲曰:'纖手搦來玉色勻,碧油煎出媆黃深。'"

蝡 蟲類緩緩蠕動,寓柔和義。其字亦作"蠕"。《說文·虫部》:"蝡,動也。从虫,耎聲。"清朱駿聲《通訓定聲》:"字亦作'蠕'。《通俗文》:'搖動蟲曰蠕。'《鬼谷子·揣篇》:'蜎飛蝡動。'《史記·匈奴傳》：'跂行喙息蝡動之類。'《索隱》：'蝡蝡，動貌。'馬融《廣成頌》：'蝡蝡蟬蟬。'《荀子·勸學》：'蝡而動。'注：'微動也。'"《廣韻·獮韻》：'蝡，蟲動。'又《準韻》：'蝡，《淮南子》曰：'蠉飛蝡動。'或作'蠕'。"明李詡《戒庵老人漫筆·雪蛆冰蛆》："曹方湖爲御史，嘗刷卷四川，言彼處萬山深雪中出雪蛆，官府遣軍士四山高處懸望，雪中蠕蠕而動者，則往取之。"

堧 江河邊衝擊而成的沙地，柔軟疏鬆者。其字亦作"壖""壖""堧"。《廣雅·釋地》："堧，土也。"清王念孫《疏證》："堧之言壖也⋯⋯字亦作'壖'。"《廣韻·仙韻》："壖，江河邊地。"又《過韻》："壖，沙土。"清朱駿聲《說文通訓定聲·乾部》："堧，字亦作'壖'、作'壖'、作'壖'。《史記·河渠書》：'故盡河壖棄地。'《集解》：'謂緣河邊地。'"《太平寰宇記》卷一百三十引《博物志》："海陵縣多麋，千萬爲群，掘食草根，其處成泥，名曰麋堧。民隨而種，不耕而獲，其利所收百倍。"《玉篇·土部》："堧，韋昭曰：河邊地也。俗作'壖'。"宋宋敏求《春明退朝錄》卷中："疏導二十里，以殺水悍，還壖田七百頃於河南，自是滑人無患。"清魏源《吳農備荒議下》："凡齊魯及餘姚海堧之人，種棉皆然。"清顧祖禹《讀史方輿紀要·四川六·潼川州》："唐時曾以涪江逼近郪城，橫溢爲患，乃鑿江東壖地，別爲新江。"

輭 柔軟字，後世作"軟"。《玉篇·車部》："輭，柔也。軟，俗。"《廣韻·獮韻》："輭，柔也。軟，俗。"《三國志·吳志·魯肅傳》："更以安車輭輪徵肅，始當顯耳。"《新唐書·忠義傳序》："彼委靡輭熟，偷生自私者，真畏人也哉！"唐元稹《送嶺南崔侍御》："火布垢塵須火浣，木綿温輭當綿衣。"

㮕 軟棗。字亦作"檽"。《廣韻·獮韻》："㮕，㮕棗也。"《文選·司馬相如〈子虛賦〉》"櫨梨樗栗"唐李善注引《説文》："檽棗，似柿而小，名曰㮕。"明李時珍《本草綱目·果部·君遷子》："君遷子，〔釋名〕㮕棗。"明楊慎《藝林伐山·檽棗》："檽棗，俗作軟棗，一名牛妳柿，一名丁香柿。"

鷬 雛雞，柔弱者，猶鹿子稱"麛"。《廣韻·諄韻》："鷬，鷉雞晚生者。"清朱駿聲《説文通訓定聲·乾部·附〈説文〉不録之字》："鷬，《廣雅·釋言》：'鷬，雛也。'"按《廣韻》之"鷉"當即"鷬"之或體。《説文·隹部》："雛，雞之莫子爲雛。"清王筠《句讀》引《爾雅·釋鳥》晉郭璞注："晚生者，今呼少雞爲鷉。'"

䎡 耳垂，即耳之柔軟部分。《廣韻·怗韻》："䎡，耳垂。"

〔推源〕 諸詞俱有柔義，爲耎聲所載之公共義。聲符字"耎"所記録語詞本有柔弱、柔軟義。《説文·大部》："耎，稍前大也。从大，而聲。讀若畏偄。"清朱駿聲《通訓定聲》："按，當作'稍前大也'⋯⋯所謂本不勝末也，所謂末大必折也。《廣雅·釋詁一》：'耎，弱也。'《通俗文》：'物柔曰耎。'《書·堯典》傳：'耎，毨細毛。'《漢書·司馬遷傳》：'僕雖怯耎。'《太玄·玄文》：'耎有畏。'《考工記》：'馬不契需。''需'者'耎'之誤字。《後漢·明帝紀》：'輭輪。'注：'以蒲裹輪。'字亦作'輭'，俗作'軟'。"然則"耎"字當爲"輭"之初文，本條諸詞之柔義爲其聲符"叒"所載之顯性語義。叒聲可載柔義,則"若"可證之。

叒:日紐元部;

若:日紐鐸部。

雙聲,元鐸通轉。"若",順從,和善。此與柔和、溫和義相通。商承祚《殷虛文字類編》:"若,卜辭諸'若'字象人舉手而跽足,乃象諾時異順之狀,古諾與若爲一字,故若字訓爲順。"清朱駿聲《説文通訓定聲·豫部》:"若,〔假借〕爲'順'、爲'善'。善、順、若,一聲之轉。《爾雅·釋詁》:'若,善也。'《釋言》:'若,順也。'《易·觀》:'有孚禺若。'《書·堯典》:'欽若昊天。'《詩·烝民》:'天子是若。'《左宣三傳》:'不逢不若。'"按,朱氏未睹"若"之初形,故云假借,實非。

474　皆聲

（1266）諧龤偕騇（和諧義）

諧　和諧。《説文·言部》:"諧,詥也。从言,皆聲。"清朱駿聲《通訓定聲》:"《爾雅·釋詁》:'諧,和也。'《廣雅·釋詁四》:'諧,耦也。'《書·堯典》:'克諧以孝。'《周禮·調人》:'掌司萬民之難而諧和之。'《漢書·東方朔傳》'妄爲諧語曰'注:'諧者,和韻之言也。'〔假借〕爲'龤'。《虞書》:'八音克諧。'《禮記·樂記》:'嘽諧慢易。'《左襄十一傳》:'無所不龤。'《列子·周穆王》:'予一人不盈于德而諧于樂。'"按,"諧"謂言相和諧,引申爲和諧、音樂和諧,無煩假借。許書同部"詥"篆訓"諧",則爲同義互訓。"詥"字從合得聲,謂言相合、和諧,合聲字所記録語詞"袷""詥""迨""敆""翕""佮""裕""頜""匌""洽""閤""拾""龕""飴""盒""恰""帢""答""綌""匼"俱有合義,見本典第三卷"合聲"第703條。

龤　樂聲和諧。《説文·龠部》:"龤,樂和龤也。从龠,皆聲。《虞書》曰:'八音克龤。'"清朱駿聲《通訓定聲》:"經傳皆以'諧'爲之。"按,"龤"爲樂聲和諧義之專字;作"諧",則取其引申義。明葉盛《水東日記·謝友規文賦》:"左絲右竹,已龤宮商。"按,"龤"字从龠,《説文·龠部》云:"樂之竹管,三孔,以和衆聲也。"然則所表義類亦和諧義,復以皆聲載和諧義,此爲形聲格局文字之一大通例。

偕　共同,齊等。《説文·人部》:"偕,一曰俱也。"清朱駿聲《通訓定聲》:"《詩·擊鼓》:'與子偕老。'《陟岵》:'夙夜必偕。'《左莊七傳》:'與雨偕也。'《僖廿四傳》:'與女偕隱。'《晉語》:'偕出偕入。'"引申爲和諧義。隋劉善經《四聲論》:"動合宮商。韻偕金石者,蓋以千數,海內莫之比也。"唐賈島《贈友人》:"五字詩成卷,清新韻具偕。"

騇　馬性和善。《説文·馬部》:"騇,馬和也。从馬,皆聲。"清朱駿聲《通訓定聲》:"《荀子》:'六馬不和,則造父不能以致遠。'"《廣韻·皆韻》:"騇,馬性和也。"按,馬性和善則易於馴服,馬爲人所用,人與馬相處和諧。又馬性和善則易合群,馬與馬相處和諧,朱氏所引《荀子》文即此意。

〔推源〕 諸詞俱有和諧義,爲皆聲所載之公共義。聲符字"皆"所記録者爲範圍副詞。《説文·白部》:"皆,俱詞也。从比,从白。"清朱駿聲《通訓定聲》:"會意。《小爾雅·廣言》:'皆,同也。'《詩·豐年》:'降福孔皆。'傳:'徧也。'《儀禮·聘禮》:'皆行至于階讓。'注:'猶並也。'"然則"皆"之義與和諧義相通。皆聲可載和諧義,則"龤"可證之。

皆:見紐脂部;
龤:匣紐歌部。

見匣旁紐,脂歌旁轉。"龤",樂聲和諧。《説文·龠部》:"龤,調也。从龠,禾聲。讀與'和'同。"清朱駿聲《通訓定聲》:"《一切經音義》六引《説文》:'音樂和調也。'《周語》:'聲相應保曰龤。'《洞簫賦》:'與謳謡乎相龤。'《東都賦》:'龤鑾玲瓏。'"《國語·周語下》:"夫政象樂,樂从龤,龤从平,聲以龤樂,律以平聲。"三國吴韋昭注:"龤,八音克諧也。"

(1267) 楷鍇稭偕(堅義)

楷 黄連木,其性堅硬,故稱"楷"。《説文·木部》:"楷,木也。孔子冢蓋樹之者。从木,皆聲。"《清朝野史大觀·清人逸事一·孔東塘出山異數記》:"孔林草木……惟楷木、蓍草二種最著。上問:'楷木何所用之?'尚任奏曰:'其木可爲杖,又可爲棋,其木之癭可瓢,其葉可爲蔬,又可爲茶,其子榨油可爲膏燭。'"引申之,則可指人性格堅强剛直。三國魏劉劭《人物志·體别》:"彊楷堅勁,用在楨幹,失在專固。"按,"楷"又爲字體之名,乃方塊字最終格局,"楷"之名亦寓堅正義。

鍇 精鐵,即鐵之堅硬者,引申爲堅義。《説文·金部》:"鍇,九江謂鐵曰鍇。从金,皆聲。"清朱駿聲《通訓定聲》:"《吴都賦》:'銅鍇之垠。'注:'金屬也。'〔轉注〕《方言》二:'鍇,堅也,自關而西,秦、晉之間曰鍇。'《廣雅·釋詁一》:'鍇,鑿也。'"《廣韻·駭韻》:"鍇,鐵好。"漢張衡《南都賦》:"銅錫鉛鍇,赭堊流黄。"按,朱氏所引《吴都賦》文唐劉良注:"鍇,白鐵也。"《説文》"鍇"字條南唐徐鍇《繫傳》:"夫鐵精則白。"

稭 農作物莖秆,即直而堅硬部分。《説文·禾部》:"稭,禾槀去其皮,祭天以爲席。从禾,皆聲。"清朱駿聲《通訓定聲》:"字亦作'秸'、作'鞂'、作'藆'。《廣雅·釋草》:'稭,槀也。'《書·禹貢》:'三百里納秸。'馬注:'去其穎也。'……《史記·封禪書》:'席用苴稭。'"宋蘇軾《岐亭道上見梅花戲贈季常》:"野店初嘗竹葉酒,江雲欲落豆稭灰。"清查慎行、朱彝尊《坐竹簰入九曲聯句》:"其中塊木類積稭,又類羽鏃抽韔韣。"

偕 堅强壯大。《説文·人部》:"偕,彊也。从人,皆聲。《詩》曰:'偕偕士子。'"按,所引《詩·小雅·北山》文漢毛亨傳:"偕偕,强壯皃。"

〔推源〕 諸詞俱有堅義,爲皆聲所載之公共義。聲符字"皆"所記録語詞之顯性語義與堅義不相涉,其堅義乃皆聲所載之語源義。皆聲可載堅義,"堅"可證之。

皆:見紐脂部;

堅:見紐真部。

雙聲,脂真對轉。"堅",堅硬,引申爲堅固、堅強等義。《説文·土部》:"堅,剛也。"清朱駿聲《通訓定聲》:"剛土也。《廣雅·釋地》:'堅土也。'《九章算術》:'穿地四爲壤五,爲堅三。'〔轉注〕《爾雅·釋詁》:'堅,固也。'《廣雅·釋詁一》:'堅,強也。'……《吕覽·審分》:'堅窮廉直。'注:'剛也。'《貴信》:'其穀不堅。'注:'好也。'《淮南·時則》:'堅致爲上。'注:'功牢也。'"

(1268) 甄鶛(雄性義)

甄 俯蓋的陽瓦。《廣韻·皆韻》:"甄,牡瓦。"明馮夢龍《古今譚概·微詞·夏言》:"夏日夕望入閣,修九廟,甎、甋、瓶、甄不堪者,皆運積東長安街側。"

鶛 雄鷯鶉。《爾雅·釋鳥》:"鷯鶉,其雄鶛,牝庳。"晉郭璞注:"鶉,鶛屬。"《廣韻》所訓同。

〔推源〕 此二詞俱有雄性義,爲皆聲所載之公共義。聲符字"皆"所記錄語詞之顯性語義與雄性義不相涉,其雄性義乃皆聲所載之語源義。凡雄性稱"雄"、稱"公",爲見紐、匣紐字,"皆"亦見紐字,見匣旁紐,所謂聲近義同。

475 韭聲

(1269) 韭/久(長久義)

韭 韭菜,一種而久者,多年生草本,其名寓長久義。其字本亦作"韮"。《廣韻·有韻》:"韮,俗作'韭'。"《説文·韭部》:"韭,菜名。一種而久者,故謂之韭。象形,在一之上。一,地也。此與耑同意。"清朱駿聲《通訓定聲》:"《夏小正·正月》:'囿有見韭。'《詩·七月》:'獻羔祭韭。'按,在四之日,今二月也。《北山經》:'丹熏之山,其草多韭薤。'〔聲訓〕《齊民要術》引《聲類》:'韭者,久長也,一種永生。'"《南齊書·庾杲之傳》:"(杲之)清貧自業,食唯有韭葅、瀹韭、生韭雜菜。或戲之曰:'誰謂庾郎貧,食鮭常有二十七種。'言三九也。"

久 灸灼,後起本字加"火"作"灸"。灸灼則時久,故引申爲長久義。《説文·久部》:"久,以後灸之,象人兩脛後有距也。"清段玉裁注改其解釋文爲"從後灸之也"。睡虎地秦墓竹簡《封診式·賊死》:"男子丁壯,忻色,長七尺一寸,髮長二尺,其腹有久故瘢二所。"《廣韻·有韻》:"久,長久也。"清朱駿聲《說文通訓定聲·頤部》:"久,〔轉注〕《公羊莊八傳》:'爲久也。'注:'稽留之詞。'《孟子》:'可以久則久。'注:'留也。'……《歸田賦》:'游都邑以永久。'注:'滯也。'又《墨子·經上》:'久,彌異時也。'《周書·周祝》:'地爲久。'《論語》:'久要不忘平生之言。'孔注：'久要，舊約也。'……《吕覽·誣徒》：'雖賢者猶不能久。'注：'長也。'"

〔推源〕 此二詞俱有長久義，其音亦極相近且相通。

韭：見紐幽部；

久：見紐之部。

雙聲，幽之旁轉。則其語源當同。

476　貞聲

（1270）禎/徵（徵兆義）

禎　吉兆。《説文·示部》："禎，祥也。从示，貞聲。"清朱駿聲《通訓定聲》："《詩·維清》：'維周之禎。'《禮記·中庸》：'必有禎祥。'《字林》：'禎，福也。'《蒼頡篇》：'禎，善也。'"《廣韻·清韻》："禎，善也，祥也。"按，朱氏所引《禮記》文唐孔穎達疏："禎祥，吉之萌兆。"漢王充《論衡·吉驗》："凡人禀貴命於天，必有吉驗見於地。見於地，故有天命也。驗見非一，或以人物，或以禎祥，或以光氣。"前蜀杜光庭《賀天貞軍進嘉禾表》："雄稜已懾于彼方，禎異先呈于近境。"

徵　徵兆。《廣韻·蒸韻》："徵，明也，證也。"按，所訓即證明、驗證義，與徵兆義近且相通。《左傳·昭公十七年》："申須曰：'彗，所以除舊布新也。天事恒象，今除於火，火出必布焉，諸侯其有火災乎！'梓慎曰：'往年吾見之，是其徵也。'"晉杜預注："徵，始有形象而微也。"漢劉向《説苑·善説》："陛下之身逾盛，天瑞併至，徵祥畢見。"

〔推源〕 此二詞俱有徵兆義，其音亦相近且相通。

禎：端紐耕部；

徵：端紐蒸部。

雙聲，耕蒸旁轉。則其語源當同。其"禎"字从貞得聲，徵兆義乃貞聲所載之義。"貞"所記録語詞謂卜問，其義本與徵兆義相通。《説文·卜部》："貞，卜問也。从卜，貝以爲贄。一曰鼎省聲，京房所説。"清朱駿聲《通訓定聲》："《周禮·大卜》：'凡國大貞。'司農注：'問也。''天府以貞來歲之媺惡。'注：'問事之正曰貞。'"按，金文有借"鼎"爲"貞"之例，添加構件"卜"則作"鼑"，此蓋京房説之所本。綜言之，"禎"之徵兆義爲其聲符"貞"所載之顯性語義。

（1271）赬/橙（淺紅義）

赬　淺紅色。字亦作"䞣""竀"。《廣韻·清韻》："赬，赤色。䞣，上同。"《説文·赤部》：

"經,赤色也。从赤,巠聲。《詩》曰:'魴魚經尾。'䞓,經或从貞。䞓,或从丁。"清朱駿聲《通訓定聲》:"《爾雅·釋器》:'再染謂之䞓。'注:'淺赤。'按,淺于絳,深于紅之色也……《儀禮·士喪禮》:'經裏經末。'《禮記·喪大記》:'大夫以元䞓,緇冒䞓殺。'《吴都賦》:'䞓丹明璣。'《射雉賦》:'鶩綺翼而經撾。'顔延年《曲水詩·序》:'䞓莖素毳。'"

橙 果木名。《説文·木部》:"橙,橘屬。"清朱駿聲《通訓定聲》:"《爾雅·釋木》:'柚條。'注:'似橙。'《史記·司馬相如傳》:'蔵橙若榛。'《索隱》:'柚也。'《上林賦》:'黃甘橙榛。'"按,橙之色含黄、紅二者,爲淺紅色,故有淺紅色之衍義。宋蘇軾《贈劉景文》:"一年好景君須記,最是橙黄橘綠時。"楊朔《黄海日出處》:"這時,東方水天極處,染上一片橙紅色。"

〔推源〕 此二詞俱有淺紅義,其音亦相近且相通。

䞓:透紐耕部;

橙:定紐蒸部。

透定旁紐,耕蒸旁轉。則其語源當同。

477 省聲

(1272) 惺／醒(醒悟義)

惺 醒悟。《廣韻·静韻》:"惺,惺悟兒。俗。"又《青韻》:"惺,惺憶,了慧兒。出《聲類》。"又《静韻》:"惺,惺悟。出《字林》。"《正字通·心部》:"惺,俗'惺'字。"晋葛洪《抱朴子·極言》:"至於問安期以長生之事,安期答之允當,始皇惺悟,信世間之必有仙道。"明沈鯨《雙珠記·師徒傳習》:"雍先持敬,參勤日省,要將心法常惺,模範昭昭如鏡。"

醒 酒醒。《廣韻·青韻》及《徑韻》:"醒,酒醒。"又《迥韻》:"醒,醉歇也。"《左傳·僖公二十三年》:"姜與子犯謀,醉而遣之。醒,以戈逐子犯。"引申爲醒悟義。漢賈誼《新書·先醒》:"故未治也知所以治,未亂也知所以亂,未安也知所以安,未危也知所以危,故昭然先寤乎所以存亡矣,故曰'先醒'。"漢王充《論衡·佚文》:"趙佗王南越,倍主滅使,不從漢制……陸賈說以漢德,懼以帝威,心覺醒悟,蹶然起坐。"

〔推源〕 此二詞俱有醒悟義,其音亦同,心紐雙聲,耕部疊韻。則其語源當同。其"惺"字同"惺",乃以省聲表醒悟義。聲符字"省"所記録語詞謂察看、審視,引申之則有醒悟義。《説文·眉部》:"省,視也。从眉省,从屮。"清朱駿聲《通訓定聲》:"《爾雅·釋詁》:'省,察也。'《禮記·樂記》:'省其文采。'注:'審也。'"《廣韻·静韻》:"省,察也,審也。"《後漢書·陳龜傳》:"冀暴虐日甚,龜上疏言其罪狀,請誅之。帝不省。"元李文蔚《蔣神靈應》第二折:"親書退字參詳去,待教我自省會,莫躊躇。"然則"惺"之醒悟義爲其聲符"省"所載之顯性語義。

（1273）瘖渻（減少義）

瘖 消瘦，肉減少。《廣韻·梗韻》："瘖，瘦瘖。"清王念孫《讀書雜志·管子九》"身之膡勝"："'勝'讀如減省之省，勝亦瘦也。字或作'省'，又作'瘖'，又作'省'……《釋名·釋天》篇曰：'省，瘖也，如病者瘖瘦也。'"《新唐書·李百藥傳》："（百藥）侍父母喪還鄉，徒跣數千里，服雖除，容貌癯瘖者纍年。"

渻 減少。字亦作"婞"。《説文·水部》："渻，少減也。从水，省聲。"清段玉裁注："今減省字當作'渻'，古今字也。"按段説可從，"渻"爲減省、減少義之本字，其字从水，正與"減"同。蓋水之爲物，最易盈益減損者。朱駿聲以爲"渻"爲"婞"字之借，乃有減義，實非。許慎書《女部》："婞，減也。从女，省聲。"清朱駿聲《通訓定聲》："《廣雅·釋詁三》：'婞，少也。'經傳皆以'省'爲之。"清段玉裁注："婞、渻音義皆同。作'省'者，假借字也。"《廣韻·梗韻》："婞，減也。"按，"渻"所記録語詞客觀存在。

〔**推源**〕 此二詞俱有減少義，爲省聲所載之公共義。聲符字"省"所記録語詞之本義、引申義系列與減少義不相涉，然可以其聲韻另載減少義。《篇海類編·身體類·目部》："省，少也。"清朱駿聲《説文通訓定聲·鼎部》："省，〔假借〕又爲'婞'。《禮記·月令》：'省囹圄。'注：'減也。'《淮南·主術》：'省而不煩。'注：'約也。'《漢書·刑法志》：'能省刑。'注：'減除之。'《荀子·仲尼》：'省求多功。'注：'少也。'"省聲可載減少義，則"縮"可證之。

省：山紐耕部；

縮：山紐覺部。

雙聲，耕覺旁對轉。"縮"，以繩捆綁。《爾雅·釋器》："繩之謂之縮之。"晉郭璞注："縮者，約束之。"《太平廣記》卷四百二十五引晉王嘉《拾遺記》："以香金爲鈎，縮絲綸，以舟鯉爲餌，不踰旬日，釣一白蛟，長三四丈。"《廣韻·屋韻》："縮，斂也。"按，凡物經捆綁則收斂、縮小，故有減少之衍義。宋文天祥《己未上皇帝書》："不得不勉自節縮，曲爲通融。"宋陸游《秋穫歌》："我願鄰曲謹蓋藏，縮衣節食勤耕桑。"唯"縮"有減義，故有"縮減"之同義聯合式合成詞。《晉書·律曆志》中："分滿紀法從度，以盈加縮減本夜半度及餘，爲定度。"

478 昊聲

（1274）瞁/瞿（驚視義）

瞁 驚視。《玉篇·目部》："瞁，驚視也。"《廣韻·錫韻》及《昔韻》："瞁，驚視。"《古文苑·王延壽〈王孫賦〉》："突高匡而曲頏、瞁瞁歷而瘳離。"宋章樵注："瞁歷，驚視狀。"宋周邦彥《汴都賦》："觀土木之妙，冠蓋之富，燁爆煥爛，心駴神悸，瞁矎而不敢進。"

瞿 驚視貌。《説文·瞿部》："瞿，鷹隼之視也。从隹，从䀠，䀠亦聲。讀若章句之句。"

南唐徐鍇《繫傳》："驚視也。"按許書《䀠部》"䀠"篆訓"左右視"，即驚視義。《廣韻·虞韻》："瞿，鷹隼視也。"《易·震》："震索索，視瞿瞿。"唐柳宗元《與蕭翰林俛書》："忽遇北風晨起，薄寒中體，則肌革瘮懍，毛髮蕭條，瞿然注視，怵惕以爲異候，意緒殆非中國人。"《資治通鑒·唐高宗上元元年》："上瞿然曰：'卿遠識，非衆人所及也。'"元胡三省注："瞿，驚視貌。"

〔推源〕 此二詞俱有驚視義，其音亦相近且相通。

眓：曉紐錫部；
瞿：群紐魚部。

曉群旁紐，錫魚旁對轉。則其語源當同。其"眓"字从昊得聲，"昊"本爲"眓"之初文。《說文·犬部》："昊，犬視也。从犬、目。"清朱駿聲《通訓定聲》："俗字作'眓'。"〔轉注〕《通俗文》：'驚視曰眓。'"北周衛元嵩《元包經·仲陰》："旅。童竊妻，婦奔自閨，眒之昊，爪之攜。"唐蘇源明傳："眒之昊，驚顧如犬也。"然則"眓"之驚視義爲其聲符"昊"所載之顯性語義。

(1275) 闃/虛（空虛義）

闃 空虛，寂靜。《廣韻·錫韻》："闃，寂靜也。"《易·豐》："闃其戶，闃其無人。"唐陸德明《釋文》引《字林》："闃，靜也。"唐李鼎祚《集解》引三國吳虞翻語："闃，空也。"按，空虛無人則寂靜，二義本相通。唐白居易《記異》："視胤之居，則井湮竈夷，闃然唯環牆在，里人無敢居者。"清鈕琇《觚賸·姜楚蘭》："劉歸視蘭室，麼弦在壁，黼帳闃如，撫膺太息而已。"

虛 穴居之丘，中空者，故引申爲空虛義。《說文·丘部》："虛，大丘也。崑崙丘謂之崑崙虛，古者九夫爲井，四井爲邑，四邑爲丘，丘謂之虛。从丘，虍聲。"清朱駿聲《通訓定聲》："字亦作'墟'。《易·升》：'虛邑。'《釋文》：'虛，丘也。'《詩·定之方中》：'升彼虛矣。'〔轉注〕大丘空曠，故《爾雅·釋詁》：'虛，閑也。'《廣雅·釋詁三》：'虛，空也。'《周書·文政》：'無虛不敗。'注：'國無人謂之虛。'《西京賦》：'有憑虛公子者。'注：'虛，無也。'"《易·歸妹》："上六無實，承虛筐也。"按，空虛爲"虛"之基本義。

〔推源〕 此二詞俱有空虛義，其音亦相近且相通。

闃：溪紐錫部；
虛：曉紐魚部。

溪曉旁紐，錫魚旁對轉。則其語源當同。

479　是聲

(1276) 諟睼禔（正義）

諟 正。《說文·言部》："諟，理也。从言，是聲。"清朱駿聲《通訓定聲》："《禮記·大學》：'顧諟天之明命。'注：'猶正也。'《廣雅·釋言》：'諟，是也。'"《廣韻·紙韻》："諟，理也，正也。"按，理之則正，其義相通。"諟"又有訂正義，訂正即理之使正。《陳書·姚察傳》："尤好研覈古今，諟正文字。"

睼　迎視，實即正面視之之義。《説文·目部》："睼，迎視也。从目，是聲。讀若珥瑱之瑱。"清朱駿聲《通訓定聲》："《思玄賦》：'親所睼而弗識兮。'注：'視也。'"《廣韻·霽韻》："睼，迎視。"《文選·班固〈東都賦〉》："由基發射，范氏施御。弦不睼禽，轡不詭遇。"唐張銑注："睼，迎視也。"

禔　衣服端正貌。《説文·衣部》："禔，衣厚禔禔。从衣，是聲。"清段玉裁注："衣服端正皃。"《廣韻·齊韻》："禔，衣服好皃。"又《紙韻》："禔，衣服端下。"沈兼士《聲系》："案《玉篇》作'衣服端正皃。'"按，"禔"有品行端正義，當爲其引申義。漢揚雄《法言·修身》："或問士何如斯可以禔身。"

〔推源〕　諸詞俱有正義，爲是聲所載之公共義。聲符字"是"本作"昰"，所記錄語詞之本義即正。《説文·是部》："是，直也。从日、正。"清朱駿聲《通訓定聲》："《易·未濟》：'有孚失是。'虞注：'正也。'《禮記·玉藻》：'而疑是精麤之體。'疏：'謂正也。'……《荀子·勸學》：'使目非是，無欲見也。'注：'謂正道也。'"然則本條諸詞之正義爲其聲符"是"所載之顯性語義。是聲可載正義，則"正"可證之。

是：禪紐支部；

正：章紐耕部。

禪章(照)旁紐，支耕對轉。"正"，不偏，故有正中、正直、平正、端正、糾正等義。《説文·正部》："正，是也。从止，一以止。"清朱駿聲《通訓定聲》："《東京賦》：'農祥晨正。'薛注：'中也。'《鬼谷子·磨篇》：'正者，直也。'《左襄七傳》：'正直爲正。'……《離騷》：'名余曰正則兮。'注：'平也。'……《周禮·小宰》：'四曰廉正。'注：'行無傾邪也。'"

(1277)禔堤媞隄（安義）

禔　平安而有福祉。《説文·示部》："禔，安福也。从示，是聲。《易》曰：'禔既平。'"清朱駿聲《通訓定聲》："《方言》十三：'禔，福也。'又'喜也。'《漢書·司馬相如傳》：'中外禔福。'"《廣韻·齊韻》："禔，福也。"又《支韻》："禔，福也，亦安也，喜也。"南朝梁陸倕《石闕銘》："翼百神，禔萬福。"隋江總《上毛龜啓》："静海澄波，鱗介禔福。"

堤　瓶甌之底座，使安穩者。《淮南子·詮言訓》："蓼菜成行，瓶甌有堤。"漢高誘注："堤，瓶甌下安也。"

媞　安詳。《廣韻·齊韻》："媞，好人安詳之容皃。"清朱駿聲《説文通訓定聲·解部》："媞，〔假借〕又爲'禔'。《廣雅·釋詁一》：'媞，安也。'……又重言形況字。《爾雅·釋訓》：'媞媞，安也。'《楚辭·怨世》：'西施媞媞而不得見兮。'注：'好皃。'"按，安詳、美好二義本相通,故《廣韻》合二義爲訓。朱氏所引《爾雅》文晉郭璞注:"皆好人安詳之容。"晉傅玄《有女篇艷歌行》:"有女懷芬芳,媞媞步東廂。"按,"媞"之本義《説文》訓"諦",即諦義,表安詳義,爲套用字,未必爲"禔"字之借。

隄 堤壩,防水保安之物。《説文·阜部》:"隄,唐也。从阜,是聲。"南唐徐鍇《繫傳》:"塘也。"清朱駿聲《通訓定聲》:"《禮記·月令》:'完隄防。'《周書·作雒》:'隄唐。'注:'隄謂高爲之也。'《荀子·王制》:'脩隄梁。'注:'隄所以防水。'《爾雅·釋宫》:'隄謂之梁。'李注:'防也,障也。'《蜀都賦》注:'大曰隄,小曰塍。'"按,《説文》無"塘"字,訓"隄"之"唐"即"塘"。《説文新附》"塘"正訓"隄"。南朝宋謝靈運《登池上樓》:"池塘生春草,園柳變鳴禽。"其"塘"謂池邊之堤。

〔推源〕 諸詞俱有安義,爲是聲所載之公共義。聲符字"是"所記錄語詞之本義、引申義系列與安義不相涉,其安義乃是聲所載之語源義。是聲可載安義,"静"可證之。

是:禪紐支部;

静:從紐耕部。

禪從鄰紐,支耕對轉。"静",安静。《廣韻·静韻》:"静,安也。"《詩·邶風·柏舟》:"静言思之,寤辟有摽。"漢毛亨傳:"静,安也。"《吕氏春秋·音律》:"本朝不静,草木早槁。"漢高誘注:"静,安。朝政不寧,故草木變動墮落早枯槁也。"唯"静"有安義,故有"安静"之同義聯合式合成詞。《後漢書·橋玄傳》:"玄至鎮,休兵養士,然後督諸將守討擊胡虜及伯固等,皆破散退走。在職三年,邊境安静。"

(1278) 題湜(明顯義)

題 明顯。《説文·見部》:"題,顯也。从見,是聲。"明趙宦光《長箋》:"凡題名、題詩、題柱、題額,當並用'題'。"按,明顯、標識二義相通。《爾雅·釋詁下》:"顯,見也。"《玉篇·頁部》:"顯,著也。"《廣韻·齊韻》:"題,現也。"

湜 水清見底,即明顯義。《説文·水部》:"湜,水清底見也。从水,是聲。《詩》曰:'湜湜其止。'"按,所引《詩·邶風·谷風》文之"止"異文作"沚",宋朱熹《集傳》:"湜湜,清貌。"清馮桂芬《榮禄大夫贈太常寺卿鹽運使會稽秦公神道碑銘》:"種山巖巖,鑑湖湜湜,鍾德美兮。"

〔推源〕 此二詞俱有明顯義,爲是聲所載之公共義。聲符字"是"所記錄語詞之本義、引申義系列與明顯義不相涉,其明顯義乃是聲所載之語源義。是聲可載明顯義,"露"可證之。

是:禪紐支部;

露:來紐鐸部。

禪來準旁紐,支鐸旁對轉。"露",露水。《説文·水部》:"露,潤澤也。"《詩·小雅·湛露》:"湛湛露斯,匪陽不晞。"露水爲露天之水,顯露者,故引申爲顯露、明顯義。《廣韻·暮韻》:"露,見也。"《集韻·莫韻》:"露,彰也。"《漢書·揚雄傳》:"今樂遠出,以露威靈。"唐顔師古注:"露謂顯暴不深固。"唐沈亞之《歌者葉記》:"葢沉浮長安數十年,葉之價益露。"

480　眇聲

(1279) 篎緲莎(細小義)

篎　竹製樂管之細小者。《爾雅·釋樂》:"大管謂之簥,其中謂之篞,小者謂之篎。"《説文·竹部》:"篎,小管謂之篎。从竹,眇聲。"清朱駿聲《通訓定聲》:"《爾雅》舍人注:'篎小者,聲音清妙也。'"《廣韻·小韻》:"篎,笙管。"又《笑韻》:"篎,《爾雅》云:小管也。"《宋書·樂志一》:"(管)大者曰簥,簥音驕;中者曰篞,小者曰篎,篎音妙。"

緲　細小,微小。《古今韻會舉要·篠韻》:"緲,微也。本作'紗',今作'緲'。"《玉篇·糸部》:"紗,紗縠也。"按即絲、麻織物之細者。唐陳陶《懷仙吟》:"十洲隔八海,浩緲不可期。"按,"浩緲"爲反義聯合式合成詞。

莎　草細小。《玉篇·艸部》:"莎,小草細也。"《廣韻·小韻》:"莎,草細。"

〔推源〕　諸詞俱有細小義,爲眇聲所載之公共義。聲符字"眇"所記錄語詞本有小義。《説文·目部》:"眇,一目小也。从目,从少,少亦聲。"清段玉裁注依《易》陸德明《釋文》改其解釋文爲"小目也"。清朱駿聲《通訓定聲》:"〔假借〕爲'秒'。《方言》十三:'眇,小也。'……《(漢書)賈誼傳》:'起教于微眇。'注:'細小也。'《外戚傳》:'輕細微眇之漸。'注:'眇,亦細也。'"按,非假借,乃引申。目小則細如縫,故有細小之衍義。按,"眇"字从少得聲,少聲字所記錄語詞"杪""秒""紗""蚿""吵""麨""秒""仯""魦""魦"俱有細小義,見本典第一卷"少聲"第223條。

481　則聲

(1280) 側/昃(偏義)

側　旁邊,邊側,偏離中正處。《説文·人部》:"側,旁也。从人,則聲。"清朱駿聲《通訓定聲》:"按,不正曰仄,不中曰側。《書·顧命》:'立于側階。'傍階也。《詩·伐檀》:'置之河之側兮。'傳:'猶厓也。'《禮記·内則》:'居側室。'注:'謂夾之室次燕寢也。'《楚辭·思古》:'傾容幸而侍側。'注:'旁也。'〔轉注〕《史記·平準書》:'鑄鐘官赤側。'《索隱》:'邊也。'"《廣韻·職韻》:"側,傍側。"引申之則有偏頗、不正義。《書·洪範》:"無反無側,王道正直。"

昃　日偏西。《説文·日部》:"昃,日在西方時,側也。"清朱駿聲《通訓定聲》:"《易·

離》：'日昃之離。'……《書・無逸》：'自朝至于日中昃。'疏：'亦名昳，言日蹉跌而下，謂未時也。'《周禮・司市》：'大市日旲而市。'注：'昳中也。'《公羊定十五年》：'日下昃。'注：'日西也，下昃蓋晡時。'"

〔推源〕 此二詞俱有偏義，其音亦同，莊紐雙聲，職部疊韻，則其語源當同。

(1281) 廁／雜（雜義）

廁 厠所。《説文・广部》："廁，清也。从广，則聲。"清朱駿聲《通訓定聲》："按，行清也。亦曰圂、曰屏、曰廈、曰溷，字誤作'厠'。《釋名・釋宮室》：'廁，雜也，言人雜厠在上非一也。'〔假借〕又爲'雜'。《廣雅・釋言》：'廁，間也。'《秋興賦》：'猥廁朝列。'注引《蒼頡篇》：'廁，次也，雜也。'"按，"廁"有雜義不誤，然非假借，當爲引申。劉熙之推源亦難信從。凡厠所非正室，如物之摻雜者，其所處，間雜於屋室之隅，其雜義當由此衍生。《史記・樂毅列傳》："先王過舉，廁之賓客之間，立之群臣之上。"唐玄奘《大唐西域記・摩揭陀國上》："金銀彫鏤以飾之，珠玉廁錯以填之。"

雜 色彩雜。《説文・衣部》："雜，五彩相會。从衣，集聲。"《周禮・考工記・畫繢》："畫繢之事，雜五色，東方謂之青，南方謂之赤，西方謂之白，北方謂之黑，天謂之玄，地謂之黃。"引申爲混雜、參雜義。《廣雅・釋詁四》："雜，廁也。"《莊子・刻意》："純粹而不雜，静一而不變，惔而無爲，動以天行，此養神之道也。"《漢書・元帝紀》："漢家自有制度，本以霸王道雜之，奈何純任德教，用周政乎！"

〔推源〕 此二詞俱有雜義，其音亦相近且相通。

廁：初紐職部；
雜：從紐緝部。

初從準旁紐，職緝通轉。其語源當同。

(1282) 則／障（障礙義）

則 土築的障礙物。《説文・土部》："則，遏遮也。从土，則聲。"清朱駿聲《通訓定聲》："《左襄廿五傳》：'側葬莊公。'以'側'爲之。"清錢大昭《新補新附考證》："《管子・勢篇》：'獸厭走而有伏網罟，一偃一則，不然不得。'……則，同則，遏遮也，以土壅而成之。"《廣韻・職韻》："則，遏遮也。"章炳麟《徐錫麟等哀辭》："祠服千夫，列人爲則，坐席未温，倒戈在側。"

障 障礙，阻隔。《説文・阜部》："障，隔也。"清朱駿聲《通訓定聲》："《爾雅・釋言》：'障，畛也。'《釋文》：'界也，蔽也。'……《通俗文》：'蕃隔曰障。'……《周語》：'陂障九澤。'注：'防也。'《左昭元傳》：'障大澤。'服注：'陂障其水也。'"《禮記・月令》："（季春之月）時雨將降，下水上騰，循行國邑，周視原野，修利隄防，道達溝瀆，開通道路，毋有障塞。"《管子・法法》："令而不行，謂之障。"

〔推源〕 此二詞俱有障礙義，其音亦相近且相通。

圳：初紐職部；

障：章紐陽部。

初章（照）鄰紐，職陽旁對轉。則其語源當同。

482　易聲

(1283) 暘陽煬湯暢簜楊揚颺喝傷颺禓崵（强、大、高、長義）

暘　太陽，光最强者。引申爲明亮，明亮即光强義。《説文·日部》："暘，日出也。从日，易聲。"清朱駿聲《通訓定聲》："按，此實'易'字之別體。《書·堯典》：'暘谷。'傳：'明也。'《淮南·墜形》：'暘谷、搏桑在東方。'注：'日之所出也。'"按，朱氏所引《書》文僞孔傳又云："日出於谷而天下明，故稱暘谷。"按，"暘"當爲太陽義之本字，後世作"陽"，乃取其引申義。唐韓愈《訟風伯》："暘烏之仁兮，念此下民，悶其光兮，不鬭其神。""暘"又謂光强。三國魏曹丕《愁霖賦》："仰皇天而太息，悲白日之不暘。"

陽　山之南、水之北，光强處，引申爲明亮、光强義。《説文·阜部》："陽，高明也。从阜，易聲。"清朱駿聲《通訓定聲》："按，从阜，从易，會意，易亦聲。《穀梁僖二十八傳》：'山南爲陽，水北爲陽。'……《釋名》：'隨日所照而名之也。'《書·禹貢》：'至于岳陽。'《詩·殷其靁》：'在南山之陽。'"《詩·豳風·七月》："載玄載黃，我朱孔陽，爲公子裳。"漢毛亨傳："陽，明也。"《楚辭·九哥·大司命》："壹陰兮壹陽，衆莫知兮余所爲。"漢王逸注："陽，明也。"按，"陽"又有强大義。《戰國策·秦策一》："臣聞天下陰燕陽魏，連荆固齊，收韓成從，將西南以與秦爲難。"漢高誘注："陰，小；陽，大。"

煬　火勢强大。清朱駿聲《説文通訓定聲·壯部》："煬，《方言》十三：'煬，炙也。煬，暴也。'注：'今江東火熾猛爲煬。'……《一切經音義》引《字略》：'煬，釋金也。'"漢東方朔《七諫·自悲》："觀天火之炎煬兮，聽大壑之波聲。"唐張彦遠《法書要録》卷七引唐張懷瓘《書斷上》："觀其騰煙煬火，則迴禄喪精。"按，"煬"之本義《説文》訓"炙燥"，即烘烤令乾燥，與火勢强大義亦相通。所謂"釋金"則即熔化金屬，今俗猶有稱冰雪溶化爲"煬"者。熔化金屬則其火力必强大，其義亦同條共貫。

湯　水勢强大。《玉篇·水部》："湯湯，水盛。"《廣韻·陽韻》："湯，湯湯流皃。"清朱駿聲《説文通訓定聲·壯部》："湯，〔假借〕又爲'宕'。《逍遥遊》：'湯之問棘也是已。'簡文注：'湯，廣大也。'……又重言形況字。《廣雅·釋訓》：'湯湯，流也。'《書·堯典》：'湯湯洪水方割。'傳：'流皃。'《詩·氓》：'淇水湯湯。'傳：'水盛皃。'《載驅》：'汶水湯湯。'傳：'大皃。'《沔水》：'其流湯湯。'箋：'波流盛皃。'"按，"湯"之本義《説文》訓"熱水"，雖然，其字从水，表水勢盛大義，無煩假借，乃套用字。三國魏曹丕《善哉行》："湯湯川流，中有行舟。"清薛福成《論俄羅斯立國之勢》："大江洪河出三峽，下底柱，奔騰衝突於平原之地，浩浩湯湯，莫之能禦矣。"

暢 其字从申,所記録語詞有伸展義,凡物伸展則長,故又有"長"之衍義。《集韻·漾韻》:"暢,長也。"清朱駿聲《説文通訓定聲·壯部》:"《神女賦》:'不可盡暢。'注:'申也。'……《詩·小戎》:'文茵暢轂。'注:'長轂也。'"《文選·王融〈三月三日曲水詩序〉》:"暢轂埋轔轔之轍,綏旂卷悠悠之斾。"唐劉良注:"暢,長也。長轂,兵車也。"按,"暢"又有強盛義。《孟子·滕文公上》:"草木暢茂,禽獸繁殖。"明許贊《華山賦》:"禾稼不得過時而暢鬱,草木不得蹇候而妍英。"

簜 大竹筒,亦指大竹。《説文·竹部》:"簜,大竹筩也。从竹,昜聲。"《廣韻·蕩韻》:"簜,大竹筩。"又:"蕩,大竹。"《正字通·竹部》:"簜,同'蕩'。"按,"蕩"當爲"簜"之累增字。《説文》同部:"蕩,大竹也。从竹,湯聲。《夏書》曰:'瑶琨筱蕩。'蕩可爲幹,筱可爲矢。"清朱駿聲《通訓定聲》:"《爾雅·釋草》:'蕩,竹。'孫注:'竹闊節者曰蕩。'李注:'竹節相去一丈。'"按,故截之則爲大竹筒。"蕩"从湯聲,而"湯"从昜,"簜""蕩"皆以昜聲載大義。《書·禹貢》:"篠蕩既敷,厥草惟夭,厥木惟喬。"僞孔傳:"篠,竹箭。蕩,大竹。"南朝梁江淹《靈丘竹賦》:"朱簾開而留風,被箘簵之窈蔚,結篠蕩之溟濛。"

楊 楊樹。其形高,故稱"楊"。《説文·木部》:"楊,木也。从木,昜聲。"清朱駿聲《通訓定聲》:"《爾雅·釋木》:'楊,蒲柳。'注:'可以爲箭。《左傳》所謂董澤之蒲。'《易·大過》:'枯楊生稊。'按,楊與柳別,楊枝勁脆而短,葉圓闊而尖;柳葉長而狹,枝軟而韌。《夏小正》:'正月柳梯,三月萎楊。'散文則楊、柳亦通稱耳。《詩·采薇》:'楊柳依依。'傳:'蒲柳也。'《有菀者柳》:'東門之楊。'亦未必兩物。〔聲訓〕《廣雅·釋言》:'楊,揚也。'"按,《廣雅》所訓蓋即上揚之義。又,高義、長義本相通,縱曰高,橫曰長。楊樹形高,故有"長楊"之稱。《文選·潘岳〈閑居賦〉》:"長楊映沼,芳枳樹籬。"

揚 上揚,高舉。《説文·手部》:"揚,飛舉也。从手,昜聲。敭,古文。"清朱駿聲《通訓定聲》:"《小爾雅·廣言》:'揚,舉也'。《方言》十二:'抍、撪,揚也。'按,舉者本義,飛者假借。《禮記·檀弓》:'杜蕢洗而揚觶。'《鄉飲酒義》:'盥洗揚觶。'《儀禮·鄉射禮》:'南揚弓。'注:'猶舉也。'……《樂記》:'弦歌干揚。'皇氏注:'舉也,舉干以舞也。'"按,"揚"又有張大之衍義。《漢書·五行志上》:"又多兄弟親戚骨肉之連,驕揚奢侈,恣睢者衆,所謂重難之時者也。"唐顔師古注:"揚,謂振揚張大也。"

颺 飛揚,引申爲上揚、大聲、大力宣揚等義。《説文·風部》:"颺,風所飛揚也。从風,昜聲。"清朱駿聲《通訓定聲》:"《漢書·叙傳》:'風颺電激。'《東京賦》:'颺槱燎之炎煬。'〔轉注〕《漢書·叙傳》:'雄朔野以颺聲。'〔假借〕爲'揚'。《虞書·皋陶》:'拜手稽首颺言曰。'傳:'大言而疾曰颺。'"按,當爲引申,非假借。南朝梁劉勰《文心雕龍·頌贊》:"並颺言以明事,嗟嘆以助辭也。"又《聲律》:"沈則響發而斷,飛則聲颺不還。"

喝 大言。其字後世作"唐"。《説文·口部》:"唐,大言也。从口,庚聲。喝,古文唐,从口、易。"清朱駿聲《通訓定聲》:"古文从易聲。《莊子·天下》:'荒唐之言。'〔聲訓〕《白虎通·號》:'唐,蕩蕩也。'《道德》:'至大之兒也。'《太玄·唐》:'初一唐于内。'注:'盪盪無所拘限也。'"《廣韻·宕韻》:"𠽾,古文唐。"按,"唐"有廣大之衍義。漢嚴遵《道德指歸論·江海》:"上配道德,下及神明,淪唐唐,含冥冥,馳天地,騁陰陽。"《漢書·揚雄傳》上:"平原唐其壇曼兮,列新雉於林薄。"清王念孫《雜志》:"唐者,廣大之貌。"

傷 有"長"訓。《廣韻·蕩韻》:"傷,長貌。"《字彙·人部》:"傷,傷傷,長貌。"

䫉 瓜長、大。《廣韻·蕩韻》:"䫉,大瓜名。又䫉䫉,長兒。"《正字通·瓜部》:"䫉,䫉䫉,瓜長貌。"

禓 强鬼,亦指逐强鬼之祭。《説文·示部》:"禓,道上祭。从示,易聲。"清朱駿聲《通訓定聲》:"按,犯軷之類也。《急就篇》:'謁禓塞。'〔假借〕爲'祥',或爲'禳'。《禮記·郊特牲》:'鄉人禓。'注:'謂時儺索室驅疫逐强鬼也。''禓'或爲'獻',或爲'儺'。"按,當爲引申,非假借。《玉篇·示部》:"禓,强鬼也。"朱氏所引《禮記》文唐孔穎達疏:"禓是强鬼之名。謂鄉人驅逐此强鬼。"按,所謂强鬼即遭橫死之鬼,今徽歙風俗:凡人自縊,其屋必鳴鑼以桃樹枝搜驅之,蓋古之遺制。

崵 首陽山,光强之地。《説文·山部》:"崵,崵山。在遼西。从山,易聲。一曰嵎鐵崵谷也。"清朱駿聲《通訓定聲》:"《玉篇》引《説文》作'首崵山。'"清段玉裁注:"崵,首崵山……此即《堯典》之'嵎夷暘谷'也。《土部》引《書》'宅嵎夷'、《日部》引《書》'暘谷',皆謂古文《尚書》也,此云'嵎鐵崵谷',則今文《尚書》也。"按,首陽山與暘谷皆光强處。

〔推源〕 諸詞俱有强、大、高、長義,爲易聲所載之公共義。易聲字"碭""暘"亦可以假借字形式表此義,則亦爲易聲與强、大、高、長義相關聯之一證。清朱駿聲《説文通訓定聲·壯部》:"碭,〔假借〕爲'宕'。《淮南·本經》:'玄元至碭而運照。'注:'大也。'"宋王安石《和王微之登高齋》:"蕭條中原碭無水,崛强又欲憑江淮。"《廣雅·釋詁二》:"暘,長也。"清王念孫《疏證》:"'暘''長'聲相近。"按,聲符字"易"爲"暘""陽"之初文,本有光强義,光如綫,故又有"長"之引申義。《説文·勿部》:"易,開也。一曰飛揚,一曰長也,一曰彊者衆皃。"清朱駿聲《通訓定聲》:"按,此即古'暘',爲会易字。会者,見雲不見日也;易者雲開而見日也。从日、一者,雲也,蔽翳之象;勿者旗也,展開之象。會意兼指事……經傳皆以山南水北之'陽'爲之。《詩·湛露》:'匪陽不晞。'傳:'日也。'《書·禹貢》:'陽鳥攸居。'鄭注:'鴻雁之屬,隨陽氣南北。'《易·繫辭》:'一陰一陽謂之道。'皆此'易'字。"然則本條諸詞之義爲其聲符"易"所載之顯性語義。易聲可載强、大、高、長義,則"長"可證之。

易:余紐陽部;

長:定紐陽部。

余(喻四)定準旁紐,疊韻。"長",時間、空間距離大,引申爲高、大義。《説文·長部》:

"長,久遠也。从兀,从匕。兀者,高遠意也。久則變化。亾聲。兀者倒亾也。"清朱駿聲《通訓定聲》:"字當訓髮、人毛之最長者。兀象長髮縣延之形。〔轉注〕爲長短。《易·説卦》:'巽爲長、爲高。'《詩·泮水》:'順彼長道。'箋:'遠也。'……《吕覽·任數》:'則亂愈長矣。'注:'大也。'……《廣雅·釋詁三》:'長,久也。'《詩·長發》:'幅幀既長。'箋:'猶久也。'……《孟子》:'不挾長。'注:'年長也。'"按,"長"字之形體結構象人老而毛髮長形,示其人年祀長,引申爲空間之長。凡人年長稱"大齡",亦稱"高齡",大義、高義本相通。"長"又有强之衍義。《吕氏春秋·知度》:"此神農之所以長,而堯、舜之所以章也。"漢高誘注:"長,猶盛也。"又,人擅長任某事亦稱"長",與今語"强項"之義略同。《晏子春秋·問上》:"任人之長,不强其短,任人之工,不强其拙。"

(1284) 痬瘍(傷害義)

痬 受傷。《説文·矢部》:"痬,傷也。从矢,易聲。"清朱駿聲《通訓定聲》:"與'傷'略同。此謂傷於矢。"清段玉裁注:"謂矢之所傷。引申爲凡傷之偁。"《廣韻·陽韻》:"痬,傷也。"沈兼士《聲系》:"案'痬',《説文》作'痬'。"其音七羊切,又音式羊切,亦訓"傷",沈氏《聲系》云:"敦煌本《王韻》作'痬'。"《正字通·矢部》:"痬,同'痬'。"

瘍 破損潰爛,即受傷害義。亦指受創傷。《説文·疒部》:"瘍,頭創也。从疒,易聲。"清朱駿聲《通訓定聲》:"《釋名》:'頭有創曰瘍。'又《周禮·醫師》:'疕瘍者造焉。'注:'身傷曰瘍。''瘍醫。'注:'創癰也。'又《爾雅·釋訓》:'骭瘍爲微。'注:'創也。'《素問·風論》:'故使肌肉憤膜而有瘍。'"《廣韻·陽韻》:"瘍,傷也。"《素問·風論》:"癘者,有榮氣熱胕,其氣不清,故使其鼻柱壞而色敗,皮膚瘍潰。"唐王冰注:"皮膚破而潰爛也。"

〔**推源**〕此二詞俱有傷害義,爲易聲所載之公共義。聲符字"易"所記録語詞與傷害義不相涉,其傷害義乃易聲所載之語源義。易聲可載傷害義,"傷"可證之。

易:余紐陽部;
傷:書紐陽部。

余(喻四)書(審三)旁紐,疊韻。"傷",創傷。《説文·人部》:"傷,創也。"清朱駿聲《通訓定聲》:"《禮記·月令》:'命理瞻傷。'注:'創之淺者曰傷。'《左襄十七傳》:'以杙抉其傷。'《哀元傳》:'無面傷。'"引申爲傷損、傷害義。《廣韻·陽韻》:"傷,傷損。"《字彙·人部》:"傷,戕也。害也。"《論語·鄉黨》:"厩焚,子退朝曰:'傷人乎?'不問馬。"《莊子·讓王》:"君固愁身傷生,以憂感不得也。"

(1285) 腸暢(通義)

腸 大小腸,中空而暢通者。《説文·肉部》:"腸,大小腸也。从肉,易聲。"清朱駿聲《通訓定聲》:"《素問·靈蘭秘典論》:'大腸者,傳道之官,變化出焉。小腸者,受盛之官,化物出焉。'〔聲訓〕《釋名》:'腸,暢也,通暢胃氣去滓濊也。'"漢司馬遷《報任少卿書》:"是以腸一日而九迴,居則忽忽若有所亡,出則不知其所往。"《淮南子·泰族訓》:"肥肌膚,充腸腹,供嗜慾,養生之末也。"

暢 暢通,通達。《廣韻·漾韻》:"暢,通暢。又達也。"《易·坤》:"美在其中,而暢於四支。"唐孔穎達疏:"有美在於中,必通暢於外。"《隋書·薛道衡傳》:"玄功暢洽,不局於形器,懿業遠大,豈盡於揄揚。"

〔推源〕 此二詞俱有通義,爲易聲所載之公共義。聲符字"易"所記錄語詞與通義不相涉,其通義乃易聲所載之語源義。易聲可載通義,"通"可證之。

易:余紐陽部;

通:透紐東部。

余(喻四)透準旁紐,陽東旁轉。"通",通達,暢通。《説文·辵部》:"通,達也。从辵,甬聲。"清朱駿聲《通訓定聲》:"《易·繫辭》:'往來不窮謂之通。'又:'推而行之謂之通。'《説卦》:'坎爲通。'《晉語》:'道遠難通。'注:'至也。'《吕覽·達鬱》:'血脈欲其通也。'注:'利也。'又《禮記·儒行》:'上通而不困。'注:'謂仕道達于君也。'《漢書·高帝紀》:'通侯諸將。'注:'亦徹也。'按,本曰徹侯,避武帝諱,改爲通侯。"按,"通"字從甬得聲,甬聲字所記錄語詞"筩""桶""瓺""捅""俑""銿"俱有中空義(見本典第三卷"甬聲"第985條),中空義與暢通義本相通。

(1286) 䵝鍚(赤色義)

䵝 赤黑色。《説文·黑部》:"䵝,赤黑也。从黑,易聲。讀若煬。"清桂馥《義證》:"昭十五年《左傳》:'吾見赤黑之祲。'"按,《廣韻》云"祲"爲日旁雲氣,日色紅,日旁氣則或黑。

鍚 赤鱲。《廣雅·釋魚》:"鍚,鮦也。"清王念孫《疏證》:"鍚之言陽,赤色箸明之貌。"《廣韻·陽韻》:"鍚,赤鱲。"

〔推源〕 此二詞俱有赤色義,爲易聲所載之公共義。聲符字"易"本爲"暘""陽"之初文,謂日,日色紅,古今皆有"紅日"之語。本條二詞之赤色義爲其聲符"易"所載之顯性語義。

483 咠聲

(1287) 咠揖葺緝輯戢穳輶(聚集義)

咠 聚集。《説文·十部》:"咠,詞之咠矣。从十,咠聲。"清朱駿聲《通訓定聲》:"按,協和也,與'濈'略同。《毛詩·板》:'辭之輯矣。'以'輯'爲之。"按,其字从十,古者十爲數之極,聚集而成者。又,協和、聚集二義本相通。

揖 拱手作揖。兩手相聚,故稱"揖"。《説文·手部》:"揖,攘也。从手,咠聲。"清朱駿聲《通訓定聲》:"推其手使前曰揖,若今之長揖,則古所謂肅也……《周禮·司儀》'士揖庶姓'。注:'推手小下之。''天揖同姓'注:'推手小舉之。''時揖異姓'注:'平推手也。'……《書·大傳》:'八十者杖于朝,見君揖杖。'注:'挾也。'"按,"挾"即兩手相夾,爲其引申義,兩手相夾實亦兩手相聚。"揖"又虛化引申爲聚集義。《詩·周南·螽斯》:"螽斯羽,揖揖兮,宜爾子孫,蟄蟄兮。"漢毛亨傳:"揖揖,會聚也。"《逸周書·大聚解》:"揖其民力,相更爲師,因其土宜,以爲民資。"

葺 用茅草蓋屋,引申爲重疊、聚集義。《說文·艸部》:"葺,茨也。从艸,咠聲。"清朱駿聲《通訓定聲》:"《廣雅·釋詁二》:'葺,覆也。'《考工·匠人》:'葺屋參分。'《左襄三十一傳》:'繕完葺牆。'〔假借〕爲'緝'、爲'集'。《楚辭·悲回風》:'魚葺鱗以自別兮。'《吳都賦》:'葺鱗鏤甲。'注:'累也。'又疊韻連語。《笙賦》:'渙衍葺襲。'注:'重兒。'"按,"葺"表重疊、聚集義無煩假借,乃本義之引申。宋梅堯臣《還吳長文舍人詩卷》:"葺書成大軸,許我觀琮璧。"

緝 搓麻縷成綫,引申爲聚集義。《說文·糸部》:"緝,績也。从糸,咠聲。"清朱駿聲《通訓定聲》:"凡麻,先分其莖與皮,曰木。而漚之,而撚之,而劙之,然後續之爲縷,曰緝。《詩·東門之池》箋:'緝績作衣服。'《釋文》:'西州謂績爲緝。'〔假借〕又爲'集'。《陽給事誄》:'以緝華裔之衆。'注:'會聚也。'"按,非假借,乃引申。北魏酈道元《水經注·桓水》:"余考校諸書,以具聞見,今略緝綜川流沿注之緒,雖今古異容,本其流俗,粗陳所由。"唐元稹《唐故工部員外郎杜君墓誌銘》:"始堯舜時君臣以賡歌相和,是後詩人繼作,歷夏、殷、周千餘年,仲尼緝拾,選練其干預教化之尤者三百,其餘無聞焉。"

輯 車輿,合材而成者,故引申爲聚合、聚集義。《說文·車部》:"輯,車和輯也。从車,咠聲。"清朱駿聲《通訓定聲》:"此字段氏玉裁據許書列字次弟訂訓'車輿',當从之。《列子·湯問》:'齊輯乎轡銜之際。'《釋文》引《說文》:'輯,車輿也。'〔假借〕又爲'集'。《虞書》:'輯五端。'王注:'合也。'……《周語》:'和協輯睦,于是乎興。'注:'聚也。'……《上林賦》:'襃襲縁輯。'注:'與集同。'"按,元戴侗《六書故·工事三》云:"合材爲車,咸相得謂之輯",以故"輯"有"聚集"之常義,乃由本義所衍生,非假借。《韓非子·說林下》:"左史倚相謂子期曰:'雨十日,甲輯而兵聚,吳人必至,不如備之。'"陳奇猷《集釋》:"輯、集同。謂因雨不戰,甲冑不衣,兵器不執,皆集聚而置之。"宋朱熹《中庸章句·序》:"而凡石氏之所輯錄,僅出於其門人之所記,是以大義雖明,而微言未析。"

戢 收藏、聚集兵器。《說文·戈部》:"戢,藏兵也。从戈,咠聲。《詩》曰:'載戢干戈。'"清朱駿聲《通訓定聲》:"《詩·時邁》……傳:'聚也。'《左宣十二傳》:'載戢干戈。'注:'藏也。'《周語》:'夫兵戢而時動。'注:'聚也。'〔假借〕又爲'集'。《爾雅·釋詁》:'戢,聚也。'《詩·桑扈》:'不戢不難。'傳:'聚也。'"按,"戢"之聚集義爲其虛化引申義,非假借。《文選·王延壽〈魯靈光殿賦〉》:"芝栭欑羅以戢孴,枝掌杈枒而斜據。"唐李善注:"戢孴,衆貌。"按,謂衆多而聚集。唐于鵠《過凌霄洞天謁張先生祠》:"戢戢亂峰裏,一峰獨凌天。"

稸 禾衆多而聚集。《玉篇·禾部》:"稸,稠稸也。"按,"稠"爲稠密字。《說文·禾部》:"稠,多也。"《玉篇》同部:"稠,密也。"又"稠稸"亦作"稠概"。《說文》同部"概"篆訓"稸",則"稠概"爲同義聯合式合成詞。《隋書·天文志上》:"蓋以古制局小,以布星辰,相去稠概,不得了察。"《集韻·緝韻》:"稸,稸稸,禾衆兒。"

觶 角多而聚集。字亦作"觿"。《廣韻·緝韻》:"觶,角多兒。觿,上同。"《詩·小雅·無羊》"爾羊來思,其角濈濈"宋朱熹《集傳》:"羊以善觸爲患,故言其和,謂聚而不相觸也。"按,"濈"爲其假借字,"觶""觿"皆爲本字。上引《詩》文唐陸德明《釋文》云"濈,本又作'觶'"。"觿"則爲"觶"之累增字。引申之,亦指他物衆多而相聚集。清胡文英《吳下方言考》卷十二:"盧仝《月蝕詩》:'天高日走沃不見,但見萬國赤子觿觿生魚頭。'案觿觿,頭簇聚也。吳諺謂人聚曰觿觿然也。"

〔推源〕 諸詞俱有聚集義,爲聶聲所載之公共義。聲符字"聶"从口、从耳會意,所記錄語詞之本義爲附耳私語。《說文·口部》:"聶,聶語也。从口,从耳。《詩》曰:'聶聶幡幡。'"按,所引《詩·小雅·巷伯》文毛詩作"緝緝幡幡",漢毛亨傳云:"緝緝,口舌聲。"則"緝"爲"聶"字之借。以是觀之,"聶"之顯性語義與聚集義不相涉,其聚集義乃聶聲所載之語源義。聶聲可載聚集義,"集"可證之。

聶:清紐緝部;
集:從紐緝部。

疊韻,清從旁紐。"集",本作"雧",謂群鳥聚集於木,虛化引申爲聚集義。《說文·雥部》:"雧,群鳥在木上也。从雥,从木。集,雧或省。"清朱駿聲《通訓定聲》:"《爾雅·釋言》:'集,會也。'《廣雅·釋詁三》:'集,聚也。'……《詩·鴇羽》:'集于苞栩。'傳:'止也。'《小旻》:'予又集于蓼。'箋:'會也。'《晉語》:'人皆集于苑,己獨集于枯。'〔假借〕爲'就'。《漢書·東方朔傳》:'集上書囊以爲殿帷。'注:'謂合聚也。'"按,引申而已,無煩假借。

484 冒聲

(1288) 瑁帽(冒蒙義)

瑁 天子所執覆於諸侯圭上之玉,其名寓冒蒙義。《說文·玉部》:"瑁,諸侯執圭朝天子,天子執玉以冒之,似犂冠。《周禮》曰:'天子執瑁,四寸。'从玉、冒,冒亦聲。"清朱駿聲《通訓定聲》:"瑁者上下方,似犛冠,犛冠即犂錧耜也,如耜刃之方四寸,此以小爲貴者。《書大傳》:'古者圭必有冒,不敢專達也。天子執冒,以朝諸侯,見則覆之,所以與諸侯爲瑞也。諸侯朝,執命圭。'《書·顧命》:'上宗奉同瑁。'《考工·玉人》:'天子執冒四寸。'以'冒'爲之。"《廣韻·號韻》:"瑁,圭名,天子所執。"宋文彥博《省試諸侯春入貢賦》:"帝容執瑁以端拱,臣節奉璋而告猷。"

帽 頭衣,蒙覆人首之物。《玉篇·巾部》:"帽,頭帽也。"《廣韻·號韻》:"帽,頭帽。"《字彙·巾部》:"帽,頭衣。"《晉書·輿服志》:"帽名猶冠也,義取於蒙覆其首,其本纚也。古者冠無幘,冠下有纚,以繒爲之。後世施幘於冠,因復裁纚爲帽,自乘輿宴居下至庶人無爵者皆服之。"明陶宗儀《輟耕錄·回回石頭》:"大德間,本土巨商中賣紅剌石一塊於官,重一兩三錢,估直中統鈔一十四萬定,用嵌帽頂上。自後纍朝皇帝,相承寶重。"

〔推源〕 此二詞俱有冒蒙義,爲冒聲所載之公共義。聲符字"冒"本爲"帽"之初文,所記錄語詞謂頭衣,本有冒蒙之衍義。《說文·冃部》:"冒,冡而前也。从冃,从目。"清徐灝《注箋》:"即古'帽'字。'冃'之形略,故从目作'冒'。引申爲冡冒之義後,爲引申義所專,又从巾作'帽',皆相承增偏旁也。"清朱駿聲《通訓定聲》:"冒,〔假借〕爲'冂'。《小爾雅·廣詁》:'冒,覆也。'《漢書·王商傳》:'水猶不冒城郭。'注:'蒙覆也。'《翟方進傳》:'善惡相冒。'注:'覆蔽也。'……《禮記·喪大記》:'君錦冒黼殺。'《褖記》:'冒者何也?所以掩形也。'《釋名》:'以囊韜其形曰冒。'……又爲'冃'。《書大傳》:'古之人衣上有冒而句領者。'"按,皆非假借,徐灝說可信從。本條二詞之冒蒙義爲其聲符"冒"所載之顯性語義。冒聲可載冒蒙義,則"冡"可證之。

冒:明紐幽部;
冡:明紐東部。

雙聲,幽東旁對轉。"冡",覆蓋,冒蒙。《說文·冂部》:"冡,覆也。从冂、豖。"清朱駿聲《通訓定聲》:"經傳皆以'蒙'爲之。"清段玉裁注:"凡蒙覆、童蒙之字,今字皆作'蒙',依古當作'冡'。'蒙'行而'冡'廢矣。"按,《說文·艸部》有"蒙"篆,訓"王女",指菟絲,爲纏繞寄生草本植物,故其詞有冒蒙之衍義。《方言》卷十二:"蒙,覆也。"《左傳·昭公十三年》:"晉人執季孫意如,以幕蒙之。"《楚辭·九嘆·憂苦》:"韓信蒙於介胄兮,行夫將而攻城。"

485 禺聲

(1289)偶耦遇喁齵(相對義)

偶 成雙,相對。《廣韻·厚韻》:"偶,二也,對也。"清朱駿聲《說文通訓定聲·需部》:"偶,〔假借〕爲'耦'。《禮記·曲禮》:'偶坐不辭。'《釋文》:'副貳也。'《史記·高帝紀》:'偶語者棄市。'《集解》:'對也。'《荀子·脩身》:'偶視而先俯。'注:'對視也。'《北山移文》:'偶吹草堂。'注:'匹對之名。'……《白虎通·嫁娶》:'陰數偶。'《風俗通》:'偶兩雙。'"按,未必爲"耦"字之借。"偶"字从人,所記錄語詞之本義爲人像,即木偶、土偶,人像與人則成雙而相對。其義當相通。

耦 耕具，二伐者。引申爲二人共耕及相對義。《説文·耒部》："耦，耒廣五寸爲伐，二伐爲耦。从耒，禺聲。"清朱駿聲《通訓定聲》："耒謂柫也……《詩·噫嘻》：'十千維耦。'《論語》：'長沮桀溺耦而耕。'……古者兩人兩柫並耕。〔轉注〕《左襄廿九傳》：'射者三耦。'……《方言》：'敵，耦也。'《廣雅·釋詁四》：'二也。'〔聲訓〕《釋名·釋親屬》：'耦，遇也，二人相對遇也。'"

遇 相遇，雙方相對。《説文·辵部》："遇，逢也。从辵，禺聲。"清朱駿聲《通訓定聲》："《易·暌》：'遇主于巷。'崔注：'遇者，不期而會。'《書序》：'乃遇汝鳩汝方。'……《爾雅·釋詁》：'見也。'又'遘也。'《釋言》：'偶也。'"引申之則有相對抗義。《荀子·大略》："無用吾之所短，遇人之所長。"唐楊倞注："遇，當也。"

喁 聲相和，相對應。《集韻·厚韻》："喁，于喁，聲相和也。"《莊子·齊物論》："前者唱于而隨者唱喁。"明夏完淳《湘巫賦》："靈命余以喁唱兮，青雲衣以徘徊。"按，"喁"之本義《説文》訓"魚口上見"，表聲相和義爲套用字。

髃 肩頭，左右各一，成雙而相對稱者。其字亦作"腢"。《説文·骨部》："髃，肩前也。从骨，禺聲。"清朱駿聲《通訓定聲》："字亦作'腢'。凡肩後統于背，其前曰髃。《字林》：'肩前兩乳骨也。'《儀禮·既夕記》："即牀而奠當腢。"《詩·車攻》："達于右腢。"《廣韻·厚韻》："髃，肩前髃也。"清沈彤《釋骨》："骷骨之起者曰髃骨，曰肩前。髃微起者曰小髃骨，小髃骨之前岐出者曰肩端。"《醫宗金鑒·正骨心法要旨·四肢部》："髃骨者，肩端之骨，即肩胛骨臼端之上稜骨也。"

〔推源〕 諸詞俱有相對義，爲禺聲所載之公共義。聲符字"禺"單用本可表此義。清朱駿聲《説文通訓定聲·需部》："禺，又借爲'耦'。《管子·海王》：'禺筴之商曰二百萬。'注：'偶對也。'"按，假借説可從。"禺"之本義《説文》云"母猴屬"。《山海經·南山經》："(招摇之山)有獸焉，其狀如禺而白耳，伏行人走，其名曰狌狌。"晉郭璞注："禺似獼猴而大。"按，"狌狌"即"猩猩"。然則相對義非"禺"之顯性語義，乃禺聲另載之義。禺聲可載相對義，則"抗"可證之。

禺：疑紐侯部；

抗：溪紐陽部。

疑溪旁紐，侯陽旁對轉。"抗"，相對抗。《説文·手部》："抗，扞也。"清朱駿聲《通訓定聲》："《荀子·臣道》：'有能抗君之命。'注：'拒也。'〔假借〕又爲'伉'。《後漢·班彪傳》注：'抗，猶敵也。'《史記·酈生陸賈傳》：'與天子抗衡。'《索隱》：'對也。'《列子·黃帝》：'而以道與世抗。'"按，非假借，乃引申。

(1290) 隅/區 (曲義)

隅 山水之彎曲邊角處。《説文·阜部》："隅，陬也。从阜，禺聲。"清朱駿聲《通訓定聲》:"《廣雅·釋丘》:'隈也。'《詩·緜蠻》:'止于丘隅。'"《廣韻·虞韻》:"隅,角也,陬也。"《書·益稷》:"帝光天之下,至于海隅蒼生。"漢揚雄《長楊賦》:"羅千乘於林莽,列萬騎於山隅。"

區 隱藏。《說文·匸部》:"區,踦區,藏匿也。从品在匸中。品,眾也。"清朱駿聲《通訓定聲》:"《左昭七傳》:'作僕區之法。'服注:'匿也。'《荀子·大略》:'言之信者,在乎區蓋之間。'注:'區,藏物處。'……《蜀都賦》:'茂八區而菴藹焉。'注:'四方四隅也。'〔假借〕又爲'句'。《禮記·樂記》:'區萌達。'注:'屈生曰區。'"按,朱氏"區"借爲"句"説後世多信從之,實則非假借,乃引申。藏匿義與迂曲義本相通。故"區"有區域之常義。凡一區域,有四邊四角,邊角義則同"隅"。《管子·五行》:"冰解而凍釋,草木區萌。"清王念孫《雜志》:"區萌,即句芒。"

〔推源〕 此二詞俱有曲義,其音亦極相近且相通。

隅:疑紐侯部;

區:溪紐侯部。

疊韻,疑溪旁紐。則其語源當同。

486 昷聲

(1291) 煴溫昷(溫暖義)

煴 鬱煙,引申爲溫暖義。《說文·火部》:"煴,鬱煙也。从火,昷聲。"清朱駿聲《通訓定聲》:"《漢書·蘇武傳》:'置煴火。'注:'謂聚火無焱者也。'《賈子·道術》:'欣熏可安謂之煴。'按,溫煖、溫和字經傳皆以'溫'爲之。"《玉篇·火部》:"煴,煖也。"漢牟融《理惑論》:"狐貉雖煴,不能熱無氣之人。"明湯顯祖《邯鄲夢·織恨》:"機絲潤看雨暄風煴。"

溫 溫暖。《廣韻·魂韻》:"溫,暖也。"清朱駿聲《說文通訓定聲·屯部》:"溫,〔假借〕爲'煴'。《廣雅·釋詁三》:'溫,煖也。'……《月令》:'溫風始至。'《論衡·寒溫》:'陽氣溫。'《穆天子傳》:'爰有溫谷樂都。'注:'言冬煖也。'《大荒東經》:'有谷曰溫泉谷。'注:'即湯谷也。'"按,"溫"亦爲古水名,然表溫暖義非假借,乃套用字。水本有溫暖微熱而不燙者,今人猶稱"溫水"。

昷 日出而溫暖。《集韻·魂韻》:"昷,日出而溫。"《易緯乾鑿度》卷上:"燭龍行東時肅清,行西時昷燠。"

〔推源〕 諸詞俱有溫暖義,爲昷聲所載之公共義。聲符字"昷"本作"𥁕",爲"溫"之初文,本有溫和、溫暖義。《說文·皿部》:"𥁕,仁也。从皿,以食囚也。官溥説。"清朱駿聲《通訓定聲》:"凡溫良、溫柔字,經傳皆以'溫'爲之。方氏以智曰:字當從日,訓煖。存疑。"清段玉裁注："凡云温和、温柔、温暖者,皆當作此字。'温'行而'昷'廢矣。"然則本條諸詞之温暖義爲其聲符"昷"所載之顯性語義。昷聲可載温暖義,則"晏"可證之。

昷：影紐文部；

晏：影紐元部。

雙聲,文元旁轉。"晏",晴朗,引申爲温和、柔和義。其義與温暖義極相近且相通。《説文·日部》："晏,天清也。"清朱駿聲《通訓定聲》："《小爾雅·廣言》：'晏,明也。'揚雄《羽獵賦》：'于是天清日晏。'注：'無雲之處也。'〔假借〕爲'安',爲'旦'。《法言·孝至》：'粲也,晏也。'注：'和柔也。'"按,非假借,乃引申。《後漢書·何敞傳》："今國家秉聰明之弘道,明公履晏晏之純德。"唐李賢注："晏晏,温和也。"按,"晏"又有温暖義。《正字通·日部》："晏,日氣温也。"《隸釋·漢司隸校尉楊孟文〈石門頌〉》："平阿涼泥,常蔭鮮晏。"清王念孫《雜志》："晏,温也。言平阿之地,水泉泥濘,常寒少温也。"

（1292）醖慍搵韞褞氳（藏義）

醖 釀酒,即藏而使發酵成酒之義。《説文·酉部》："醖,釀也。从酉,昷聲。"《廣韻·晧韻》："醖,醖釀。"又《吻韻》："醖,釀也。"漢張衡《南都賦》："酒則九醖甘醴,十旬兼清。"《北史·列女傳·胡長命妻張氏》："太安中,京師禁酒。張以姑老且患,私爲醖之,爲有司所糾。"引申之則有蘊藉、積藏之義。清朱駿聲《説文通訓定聲·屯部》："醖,〔轉注〕《漢書·薛廣德傳》：'温雅有醖藉。'注：'言如醖釀也。'按,藉亦厚而不薄之謂。又爲裹藏之義。"

慍 鬱結,積藏。《集韻·隱韻》："慍,心所藴積也。"又《迄韻》："慍,心所鬱積也。"清朱駿聲《説文通訓定聲·屯部》："慍,〔假借〕爲'藴'。《檀弓》釋文引庾皇注：'慍,積也。'"按,"慍"之本義《説文》訓"怒",然其字从心,表鬱結、積藏義非假借,乃引申。《楚辭·九章·哀郢》："憎慍惀之修美兮,好夫人之忼慨。"宋洪興祖《補注》："慍,紆粉切,心所慍積也。惀,力允切,思求曉知謂之惀。"《素問·玉機真藏論》："太過則令人逆氣而背病,慍慍然。"清張志聰《集注》："慍慍,憂鬱不舒之貌。"

搵 浸没,即物藏於水中。《説文·手部》："搵,没也。从手,昷聲。"清朱駿聲《通訓定聲》："《字林》：'搵抐,没也。'《廣韻》：'搵抐,按物水中也。'"按,《廣韻·吻韻》"搵"亦訓"没"。唐李肇《唐國史補》卷上："旭飲酒輒草書,揮筆而大叫,以頭搵水墨中而書之,天下呼爲張顛。"清黄六鴻《福惠全書·刑名·驗各種死傷上》："此被人倒提入水搵死者也。"

韞 包藏。《廣韻·吻韻》："韞,韞櫝。"按,謂藏之於櫝。《集韻·隱韻》："韞,藏也。"清朱駿聲《説文通訓定聲·屯部》："《廣雅·釋詁四》：'韞,裹也。'《論語》：'韞匵而藏諸。'馬注：'韞,藏也。'《漢書·叙傳》：'韞於荆石。'"漢陳琳《答東阿王箋》："載歡載笑,欲罷不能,謹韞櫝玩耽,以爲吟頌。"宋史浩《清平樂·勸王樞使》："經綸素韞胸中,籌帷小試成功。"

褞 以破絮、亂麻藏於内中之袍。《廣韻·吻韻》："褞,褞袌。"按"袌"爲長袍之稱。《釋名·釋衣服》：" 婦人上服曰袿，其下垂者，上廣下狹，如刀圭也。"漢陸賈《新語·本行》：" 二三子布弊福袍，不足以避寒。"《晉書·文苑傳·王沈》：" 袞龍出于福褐，卿相起于匹夫。"按，亦借聲符相同之字"緼"爲之。清朱駿聲《説文通訓定聲·屯部》：《論語》：'衣敝緼袍。'孔注：'枲著也。'《禮記·玉藻》：'緼爲袍。'注：'謂今纊及舊絮也。'《列子·楊朱》：'常衣緼黂。'《釋文》：'謂紛弊麻絮之衣也。'"

饂 《廣韻·晧韻》云"藏骨"，姑附於此。

〔推源〕 諸詞俱有藏義，爲昷聲所載之公共義。聲符字"昷"所記録語詞與藏義不相涉，其藏義乃昷聲所載之語源義。昷聲可載藏義，"蘊"可證之。"蘊"爲蘊藉字，謂積聚包藏。其字从緼得聲，"緼"則爲昷聲字。又其字本作"薀"，从温得聲，"温"亦爲昷聲字。"昷""蘊"同音，影紐雙聲，文部疊韻。此足證昷聲與藏義相關聯。《説文·艸部》："薀，積也。从艸，温聲。"清朱駿聲《通訓定聲》："字亦作'蘊'……《廣雅·釋詁三》：'薀，聚也。'……《昭廿五傳》：'畜而弗治將薀。'《昭十傳》：'薀利生孽。'注：'畜也。'"《廣韻·吻韻》："薀，藏也。"又《問韻》："薀，俗作'蘊'。""蘊，蘊積也。"《莊子·齊物論》："萬物盡然，而以是相蘊。"《後漢書·宦者傳·周榮》："蘊匵古今，博物多聞。"唐李賢注："蘊，藏也。"

487 星聲

(1293) 腥鯹（腥義）

腥 腥臭。《廣韻·青韻》："腥，豕臭肉。"清朱駿聲《説文通訓定聲·鼎部》："腥，〔假借〕爲'胜。'《楚辭·涉江》：'腥臊並御。'注：'臭也。'"按，"腥"之本義謂豕之息肉，然其字从肉，表腥臭義非假借，乃套用字。《荀子·榮辱》："鼻辨芬芳腥臊，骨體膚理辨寒暑疾養。"《三國志·吳志·諸葛恪傳》："恪將見之夜，精爽擾動，通夕不寐。明將盥漱，聞水腥臭。"其字亦作"羳"，从羊，蓋羊之爲物亦多腥臊之氣。唐沈亞之《祝枸木神文》："其形甚穢，長股短胸，薄頂無尻，禿眉獰吻，嗜痔而饕，瞪視睒睒，嚛氣羳臊。"

鯹 魚腥氣，引申之則泛指腥臭氣。其字亦作"鮏"。《廣韻·青韻》："鯹，同'鮏'。"《説文·魚部》："鮏，魚臭也。"清朱駿聲《通訓定聲》："字亦作'鯹'。《廣雅·釋器》：'鯹，臭也。'"唐薛能《秋雨》："醉樓思蜀客，鯹市想淮魚。"宋蘇軾《客俎經旬無肉又子由勸不讀書》："病怯鯹鹹不買魚，爾來心腹一時虛。"明李時珍《本草綱目·鱗部·魚鱠》："凡諸魚之鮮活者，薄切，洗净血鮏，沃以蒜、韭、薑、醋五味食之。"清屈大均《廣東新語·鱗語·魚生》："鯇又以白鯇爲上，以初出水潑剌者，去其皮劍，洗其血鮏，細鱠之爲片。"

〔推源〕 此二詞俱有腥義，其腥義當爲生義所衍生。凡魚、肉生則腥。"鯹"字一作"鮏"，即爲生魚而腥氣重，此爲一證。"腥"亦有生肉義，又爲一證。《洪武正韻·庚韻》："腥，生肉曰腥。"清朱駿聲《説文通訓定聲·鼎部》："腥，《(禮記)内則》：'麋腥。'疏：'生肉也。'"《儀禮·聘禮》:"腥一牢,在東鼎七。"按,植物亦有生而有腥氣者,黄荳、緑荳尤甚。漢王充《論衡·量知》:"粟未爲米,米未成飯,氣腥未熟,食之傷人。"按,徽歙方言稱腥氣爲"生腥",蓋古語,亦可證生義、腥氣義相通。又,《論衡》所云"粟未爲米"謂粟實未成熟而有腥氣,凡黄荳、緑荳未成熟而顆粒小、堅硬腥氣重者,徽歙人稱之爲"腥豆。"本條二詞"腥""鯹"記録文字之聲符"星"謂天星,與腥義不相涉,其腥義乃星聲所載之語源義。星聲可載腥義,"臊"可證之。

星:心紐耕部;
臊:心紐宵部。

雙聲,耕宵旁對轉。"臊",腥臊。《廣韻·豪韻》:"臊,腥臊。"《周禮·天官·内饔》:"辨腥臊羶香之不可食者……犬赤股而躁,臊。"唐元稹《古詩》:"狐惑意顛倒,臊腥不復聞。"

(1294)醒悇(醒悟義)

醒　酒醒,引申爲醒悟。悇,醒悟,其字亦作"悎"。見前"省聲",第1380條。

(1295)瞠珵煋暒(光明義)

瞠　目光明亮。《廣韻·徑韻》:"瞠,目瞠。"又《静韻》:"瞠,瞠瞠,照視。"《集韻·青韻》:"瞠,目睛照也。"

珵　玉光。《集韻·青韻》:"珵,玉光。"

煋　火光明亮、閃爍。《正字通·火部》:"煋,火光散見四出者。"明無名氏《霞箋記·和韻題箋》:"出自冰蠶,炬金睛,煋白眼。"

暒　晴朗,明亮。《玉篇·日部》:"暒,同'晴'。"《廣韻·清韻》:"晴,天晴。"《漢書·天文志》:"元延元年四月丁酉日餔時,天暒晏,殷殷如雷聲,有流星頭大如缶,長十餘丈,皎然赤白色,從日下東南去。"清龔自珍《阮尚書年譜第一叙》:"天暒地堁,日穆月燿。"

〔推源〕諸詞俱有光明義,爲星聲所載之公共義。聲符字"星"所記録語詞謂天上星,夜見而光明者。《說文·晶部》:"曐,萬物之精,上爲列星。从晶,生聲。一曰象形,从口,古口復注中,故與日同。曐,古文星。星,曐或省。"清朱駿聲《通訓定聲》:"經星七百八十三座,大小一千八百七十八;緯星土、木、火、金、水五。散文則統謂之星,對文則五緯爲星,二十八宿爲辰。《書·堯典》:'日月星辰。'鄭注:'星,五緯也。'《洪範》:'四曰星辰。'鄭注:'星,五星也。'〔假借〕爲'姓'。《詩·定之方中》:'星言夙駕。'《韓詩説》:'星,晴也。'"按,"星"表晴朗、光明義無煩假借,乃引申。宋郭茂倩編《樂府詩集》之《郊廟歌辭十二·漢宗廟樂舞辭》:"雲軿臨降久,星俎薦陳豐。"南朝宋王韶之《太清記·華岳夫人》:"華岳三夫人媚。李湜云:'笑開星眼,花媚玉顔。'"其"星"即明麗、明亮義。本條諸詞之光明義爲其聲符"星"所載之顯性語義。星聲可載光明義,則"晢"可證之。

星：心紐耕部；

晳：心紐錫部。

雙聲，耕錫對轉。"晳"，明亮。字亦作"晰"。《集韻·錫韻》："晰，明也"。《正字通·日部》："晰，同'晳'。"又"晳，明也"。南朝宋謝靈運《廬山慧遠法師誄》："日月沈輝，三光寢晰。"唐楊炯《庭菊賦》："其在夕也，言庭燎之晳晳；其向晨也，謂明星之煌煌。"按，"晳晳"與"煌煌"對文同義。

（1296）腥／瘜（增生義）

腥 病猪瘜肉，增生者。《說文·肉部》："腥，星見食豕，令肉中生小息肉也。从肉，从星，星亦聲。"清朱駿聲《通訓定聲》："按，瘜點亦似星也。《周禮·內饔》：'豕盲眡而交睫腥。'注：'當爲星。'《禮記·內則》注同。"《廣韻·徑韻》："腥，豕息肉，肉中似米。"

瘜 瘜肉，增生者。《說文·疒部》："瘜，寄肉也。从疒，息聲。"清朱駿聲《通訓定聲》："《三蒼》：'瘜，惡肉也。'……字亦作'膇'。《方言》十三：'膴，膇也。'注：'謂息肉也。'"《靈樞經·水脹》："寒氣客于腸外，與衛氣相搏，氣不得營，因有所繫，癖而內著，惡氣乃起，瘜肉乃生。"明唐順之《山海關陳職方邀登觀海亭作》："鷗蹲蛆食安可長，瘜肉不剪成懸疣。"

〔推源〕 此二詞俱有增生義，其音亦極相近且相通。

腥：心紐耕部；

瘜：心紐職部。

雙聲，耕職旁對轉。則其語源當同。

488 曷聲

（1297）遏羯鶡歇竭愒渴堨鬍（止、盡義）

遏 阻止。《說文·辵部》："遏，微止也。从辵，曷聲。讀若桑蟲之蝎。"清朱駿聲《通訓定聲》："《（爾雅）釋詁》：'遏，止也。'《蒼頡篇》：'遏，遮也。'《易·大有》：'君子以遏惡揚善。'虞注：'絕也。'《虞書》：'四海遏密八音。'《詩·民勞》：'式遏寇虐。'箋：'止也。'《周禮》：'禁殺戮，遏訟者。'司農注：'遏止欲訟者也。'京房《易傳》：'臣進善，君不試，茲謂遏。'"《廣韻·曷韻》："遏，遮也，絕也，止也。"按，"遮"謂遮攔，爲阻止義之引申，"絕"謂斷絕，即盡義。《楚辭·天問》："永遏在羽山，夫何三年不施？"漢王逸注："遏，絕也。"《漢書·翟義傳》："遏絕繼嗣，變剝適庶。"

羯 閹割過的羊，生殖功能殆盡者，閹割則即止其生育。《說文·羊部》："羯，羊羖犗也。从羊，曷聲。"清朱駿聲《通訓定聲》："亦曰羠。《廣雅·釋獸》：'羯，犍也。'"《廣韻·月韻》："羯，羳羯。"明李時珍《本草綱目·獸部·羊》："去勢曰羯羊。"漢蔡琰《胡笳十八拍》：

"羯羶爲味兮,枉遏我情。"唐釋道世《法苑珠林》卷三十一:"譬如羯羊鬥,將前而更却。"

鶡 鳥,其性好鬥,至死乃已。"鶡"之名寓盡力義。《説文·鳥部》:"鶡,似雉,出上黨。从鳥,曷聲。"清朱駿聲《通訓定聲》:"《方言》八:'鴠鶡,或謂之倒縣,秦隴之内謂之鶡鴠。'注:'似雞,五色,冬無毛,赤倮,晝夜鳴。'按,黄黑色,勇于鬥,一死乃止,故趙武靈王表武士以鶡尾,豎左右爲鶡冠。《禮記·月令》:'鶡旦不鳴。'《坊記》:'相彼曷旦。'注:'盍旦夜鳴,求旦之鳥也。'"三國魏曹操《鶡雞賦序》:"鶡雞猛氣,其鬥終無負,期於必死。"宋高承《事物紀原·蟲魚禽獸·鶡》:"上黨諸山中多鶡,似雉而大,青色,頂有毛角,健鬥,至死而止。古之爲將士者,取其毛尾插于冑上。今軍士插雉尾,即此也。"

歇 休息,停止。《説文·欠部》:"歇,息也。从欠,曷聲。"《廣韻·月韻》:"歇,休息也。"前蜀韋莊《秦婦吟》:"路旁忽見如花人,獨向緑楊陰下歇。"唐白居易《賣炭翁》:"牛困人飢日已高,市南門外泥中歇。"引申爲盡義。《廣韻·月韻》:"歇,竭也。"清朱駿聲《説文通訓定聲·泰部》:"歇,〔假借〕爲'渴'。《爾雅·釋詁》:'歇,竭也。'按,謂渴也。《方言》十二:'歇,涸也。'《左宣十二傳》:'憂未歇也。'《襄廿九傳》:'難未歇也。'注皆訓'盡'。"按,實非假借,乃引申。《楚辭·九章·悲回風》:"藐蘅槁而節離兮,芳以歇而不比。"唐李賀《傷心行》:"燈青蘭膏歇,落照飛蛾舞。"

竭 負舉,引申爲竭盡全力及窮盡義。《説文·立部》:"竭,負舉也。从立,曷聲。"清朱駿聲《通訓定聲》:"《禮記·禮運》:'五行之動迭相竭也。'注:'猶負戴也。'〔假借〕爲'渴'。《禮記》大傳:'人道竭矣。'注:'盡也。'《周語》:'伊洛竭而夏亡。'注:'涸也。'《荀子·脩身》:'齊明而不竭。'注:'不窮也。'《淮南·説林》:'淵泉不能竭。'《本經》:'竭澤而漁。'《晉語》:'竭力以從事。'"按,凡負舉必竭盡其力,故竭力義當爲衍義,非假借;朱氏所引《國語·周語》《淮南子》文之"竭",以"渴"爲之,固爲本字,然作"竭",亦取其引申義。"竭"又有止義。漢桓寬《鹽鐵論·疾貪》:"猶水之赴下,不竭不止。"按,"不竭"與"不止"爲同義聯合結構。

愒 休息,停止。《説文·心部》:"愒,息也。从心,曷聲。"清朱駿聲《通訓定聲》:"字亦作'憩',作'偈',《蒼頡篇》作'屑'。《詩·菀柳》:'不尚愒焉。'《民勞》:'汔可小愒。'又《甘棠》:'召伯所憩。'……《爾雅·釋詁》:'憩,息也。'舊注:'止之息也。'《舍人》注:'卧之息也。'"清段玉裁注:"憩者,'愒'之俗體。"《廣韻·薛韻》:"愒,息也。"南朝宋劉義慶《世説新語·假譎》:"未至十餘里,有一客姥居店賣食,帝過愒之。"元周伯琦《懷禿腦兒作》:"解鞍愒前邨,伏枕念當代。"

渴 水盡,乾涸。《説文·水部》:"渴,盡也。从水,曷聲。"清朱駿聲《通訓定聲》:"《爾雅·釋詁》:'涸,渴也。'《周禮·草人》:'渴澤用鹿。'注:'渴澤,故水處也。'按,謂涸水處。"《廣韻·薛韻》:"渴,水盡也。"馬王堆漢墓帛書甲本《老子·德經》:"胄(謂)浴(谷)毋已盈,將恐渴。"引申爲窮盡義。《吕氏春秋·任地》:"利器皆時至而作,渴時而止。"漢高誘注:"利用之器,有其時而爲之,無其時而止之。"清王念孫《雜志》:"渴,盡也。"唐錢起《廣德初鑾駕出關後登高愁望》：“渴日候河清，沈憂催暮齒。”所謂“渴日”即盡日、終日。又，凡人口乾思飲亦稱“渴”，實亦水盡義。

堨 堤堰，止水者。《集韻·祭韻》：“堨，堰也。”清朱駿聲《說文通訓定聲·泰部》：“堨，〔別義〕今義訓堰。”按，《說文·土部》“堨”篆訓“壁間隙”，故朱氏以“堨”之堤堰義爲別義。《三國志·魏志·劉馥傳》：“興治芍陂及茹陂、七門、吳塘諸堨以溉稻田。”宋王安石《詔獎諭知唐州光祿卿高賦》：“卿招懷饑流，墾辟荒梗，繕修陂堨，績效具昭。”引申爲阻止義。《廣韻·曷韻》：“堨，擁堨。”北魏酈道元《水經注·涑水》：“惟山水暴至，雨澍潢潦奔洩，則鹽池用耗，故公私共堨水徑，防其淫濫。”《晉書·食貨志》：“修守戰之具，堨汝水，造新陂。”

鬝 秃，髮脫殆盡。《廣韻·鎋韻》：“鬝，鬝髮，秃皃。”又：“髽，秃皃。”然則可分訓。《集韻·牽韻》：“鬝，《博雅》：‘秃也。’或作‘鬝’。”

〔推源〕 諸詞俱有止、盡義，爲曷聲所載之公共義。曷聲字“偈”亦可以假借字形式表休息、停止義，則亦爲曷聲與止、盡義相關聯之一證。《文選·揚雄〈甘泉賦〉》：“度三巒兮偈棠黎。”唐李善注：“偈，息也。音憩。”按，聲符字“曷”單用可表遏止義。清朱駿聲《說文通訓定聲·泰部》：“曷，〔假借〕爲‘遏’。《爾雅·釋詁》：‘曷，止也。’”按，朱說可從，“曷”字從曰，其本義《說文》訓“何”，則其字爲代詞之書面符號。然則本條諸詞之止、盡義乃曷聲所載之語源義。曷聲可載止、盡義，“竟”可證之。

曷：匣紐月部；

竟：見紐陽部。

匣見旁紐，月陽通轉。“竟”，樂曲終止。《說文·音部》：“竟，樂曲盡爲竟。從音，從人。”清段玉裁注：“從音、十會意。”按，許書同部“章”篆訓“樂竟爲一章，從音，從十。十，數之終也。”其章亦謂樂章。“竟”或從音、從八會意。《周禮·春官·樂師》“凡樂成則告備”漢鄭玄注：“成，謂所奏一竟。”唐賈公彦疏：“竟則終也，所奏八音俱作一曲，終則爲一成。”虛化引申爲終止、窮盡義。清朱駿聲《說文通訓定聲·壯部》：“竟，《廣雅·釋詁四》：‘竟，窮也。’〔轉注〕《詩·瞻卬》：‘譖始竟背。’箋：‘猶終也。’《禮記·儒行》：‘竟信其志。’……《(漢書)元帝紀》：‘竟寧元年。’注：‘竟者，終極之言。’《莊子·齊物論》：‘振于無竟。’《釋文》：‘極也。’”

(1298) 餲鶡暍緆竭(敗壞義)

餲 食物變質敗壞。其字亦作“飯”“鶡”“鶃”。《説文·食部》：“餲，飯餲也。從食，曷聲。《論語》曰：‘食饐而餲。’”清朱駿聲《通訓定聲》：“今蘇俗謂之餿。《爾雅·釋器》：‘食饐謂之餲。’注：‘飯饐臭。’《論語》……孔注：‘饐餲臭味變也。’皇疏：‘經久而味惡也。’”《廣韻·夬韻》：“餲，飯臭。”又《曷韻》：“餲，食傷臭。”《墨子·辭過》：“冬則凍冰，夏則餲饐。”清黃叔璥《臺海使槎錄》卷七：“又有香米，倍長大，味醇氣馥爲飯，逾二三日香美不餲。”《廣韻·泰韻》：“鶡，同餲，食臭。”《集韻·月韻》：“鶃，物敗氣也。”

䫻 色變壞。《集韻·月韻》："䫻,色變也。或作'䫻'。"《雲溪友議》卷下引唐李日新《題仙娥驛》："商山食店大悠悠,陳䫻餿饠古餂頭。"清蒲松齡《聊齋志異·聶小倩》："又一媼,衣䫻緋,插蓬沓,鮐背龍鍾,偶語月下。"《廣韻·月韻》："䫻,色壞也。"北魏賈思勰《齊民要術·種紅藍花梔子》："七月中摘,深色鮮明,耐久不䫻,勝春種者。"晉周處《風土記》："夏至之雨,名爲黃梅雨,霑衣服,皆敗䫻。"

暍 中暑,實即敗壞義,故口語云"熱壞"。《説文·日部》："暍,傷暑也。从日,曷聲。"清朱駿聲《通訓定聲》："《字林》:'傷熱也。'……《大戴·千乘》:'夏服君事不及暍。'《淮南·人間》:'武王蔭暍人于樾下。'《素問·刺瘧論》:'熇熇暍暍然。'《荀子·富國》:'使民夏不宛暍。'《漢書·武帝紀》:'民多暍死。'《北山經》:'北囂之山有鳥焉,名鶯鶋,食之已暍。'今蘇俗戒人衣被過暖曰勿太暍熱。"《廣韻·月韻》："暍,傷熱。亦作'煂''瘀'。"又《曷韻》："瘀,內熱病也。"《廣雅·釋詁一》："瘀,病也。"清王念孫《疏證》："傷暑也。"

緆 繒敗壞,亦泛指敗壞、不成。《廣韻·祭韻》："緆,不成也。"《集韻·月韻》："緆,繒壞也。"按,"緆"當即《説文》之"緆"字,《弦部》"緆"篆云："不成遂,急戾也。从弦省,曷聲。讀若瘞葬。"清朱駿聲《通訓定聲》："字亦作'緆'。"

竭 敗壞。《玉篇·立部》："竭,敗也。"清朱駿聲《説文通訓定聲·泰部》："竭,〔假借〕爲'渴'。《左宣十二傳》:'且律竭也,盈而以竭。'注:'敗也。'"按,"竭"之敗壞義當由其窮盡義所衍生,非假借。《逸周書·銓法》："有如忠言,竭親以爲信。"朱右曾《校釋》："竭,敗也。敗其所親近者以取信於君。"按,"竭"有止、盡義,故又有衰弱、衰敗義,複音詞即"衰竭"。《漢書·貢禹傳》："血氣衰竭,耳目不聰明。"

〔推源〕 諸詞俱有敗壞義,爲曷聲所載之公共義。聲符字"曷"所記録語詞與敗壞義不相涉,其敗壞義乃曷聲所載之語源義。曷聲可載敗壞義,"菸"可證之。

曷:匣紐月部;

菸:影紐魚部。

匣影鄰紐,月魚通轉。"菸",植物枯萎、敗壞。《説文·艸部》："菸,矮也。"按,清朱駿聲《通訓定聲》本《説文》無"菸"字,此字隸《豫部·附〈説文〉不録之字》,云:"《廣雅·釋詁四》:'菸,蔫也。'《釋器》:'菸,臭也。'"《玉篇·艸部》："蔫,敗也,萎蔫也。"《楚辭·九辯》："葉菸邑而無色兮,枝煩挐而交橫。"漢王逸注："菸邑,顏容變易而蒼黑也。"宋司馬光《論張堯佐除宣徽史狀》："盛夏日方中而灌之,瓜不旋踵而菸敗。"

(1299) 楬褐獦鬳蝎鷠(短小義)

楬 短小木椿。《説文·木部》："楬,楬櫫也。从木,曷聲。《春秋傳》曰:'楬而書之。'"清朱駿聲《通訓定聲》："《一切經音義》十四引《説文》:'楬,橜杙也。'按,楬櫫疊韻連語。《封氏聞見記》:'物有標榜皆謂之楬。'《廣雅·釋室》:'楬,杙也。'按,即《爾雅》'樴謂之杙'、《説文》'弋,橜也'。凡木之直而短者之稱,即《爾雅》'雞棲于弋爲榤',榤猶楬也。《周禮·蜡氏》:'若有死于道路者,則令埋而置楬焉。'鄭衆注:'楬,欲令其識取之,今時楬橥是也。'……又《漢書·尹賞傳》:'楬著其姓名。'注:'楬,弋也。'凡皆謂以小木有所幖識耳。"按,《廣韻·薛韻》"楬"字正訓"有所表識",即標志物之義。

褐 粗布短衣。《說文·衣部》:"褐,一曰粗衣。从衣,曷聲。"清朱駿聲《通訓定聲》:"《孟子》:'不受于褐寬博。'注:'獨夫被褐者。''許子衣褐。'注:'以毳織之,若今馬衣也,或曰枲衣也,一曰粗布衣也。'《漢書·貢禹傳》:'裋褐不完。'《史記·始皇紀》:'寒者利裋褐。'《家語》三:'怨被褐而懷玉。'《王命論》:'思有短褐之襲。'《素問·異法方宜論》:'其民不衣而褐薦。'又《穀梁昭八》注:'葛或爲褐。'《淮南·覽冥》許注:'楚人謂袍爲短褐。'"按,朱氏所引《孟子·滕文公上》文清焦循《正義》:"任氏大椿《深衣釋例》云:'……凡此言褐者,必曰短褐。'"

猲 短喙犬。《說文·犬部》:"猲,短喙犬也。从犬,曷聲。《詩》曰:'載獫猲獢。'《爾雅》曰:'短喙犬謂之猲獢。'"清朱駿聲《通訓定聲》:"字亦作'歇'。《詩·駟鐵》……傳:'田犬也。長喙曰獫,短喙曰歇驕。'"《廣韻·曷韻》:"猲,短喙犬。"又《月韻》:"猲,猲獢,短喙犬也。歇,上同。"三國魏賈岱宗《大狗賦》:"論百代之名狗,敢餘犬之能俱;絕四鐵之猲獢,云何盧令之足書!"晉傅玄《走狗賦》:"聆輶車之鸞鑣兮,逸猲獢而盤桓。"《玉篇·犬部》:"歇,歇獢,犬短喙也。亦作'猲'。"

𢼊 房屋狹窄,寬度小。《說文·广部》:"𢼊,屋迫也。从广,曷聲。"南唐徐鍇《繫傳》:"猶言擁遏也。"《廣韻·曷韻》:"𢼊,屋迫。"

蝎 木中蛀蟲,短小之物。《說文·虫部》:"蝎,蝤蠐也。从虫,曷聲。"清朱駿聲《通訓定聲》:"《爾雅》:'蝤蠐,蝎。'又:'蝎,蛣䗐。'又:'蝎,桑蠹。'按,三者一物,木中蠹也,白色,身長,足短,口黑,至春羽化爲天牛。《方言》十一:'蠰蟦,梁益之間或謂之蝎。'按,蠰蟦即蝤蠐,倒言之耳,在糞土之蟦名蟦蠐者也。《魯語》:'雖蝎譖之。'《晉語》:'雖蝎焉避之。'"按,稱"蛣䗐"蓋謂其身常卷曲不伸。漢王充《論衡·商蟲篇》:"柱有蠹,桑有蝎。"清秦篤輝《平書·文藝上》:"然儒中邪僻貪婪者亦多,今謂之蝗蟲,其蝎蠹之流與。"

鼠曷 小鼠。《廣韻·泰韻》:"鼠曷,鼴鼠曷,小鼠,相銜而行。"明彭大翼《山堂肆考·銜尾而進》:"鼴鼠曷一名土鼠。無目黑色,穿土而行。天將雨則鳴,行必成群,啣尾魚貫而進,以目瞀,懼顛也。"明李時珍《本草綱目·獸部·鼠》:"鼴鼠曷,音離艾。孫愐云:小鼠也,相銜而行。按《秦州記》及《草木子》皆載群鼠數萬,相銜而行,以爲鼠妖者,即此也。"

〔推源〕 諸詞俱有短小義,爲曷聲所載之公共義。聲符字"曷"所記錄語詞與短小義不相涉,其短小義乃曷聲所載之語源義。干聲字所記錄語詞"夭""鼾""罕""虷"亦俱有短小義,參本典第一卷"干聲"第54條,曷聲、干聲本相近且相通。

· 1013 ·

曷：匣紐月部；
干：見紐元部。

匣見旁紐，月元對轉。然則可相互爲證。

(1300) 揭秸嵑齃碣(高、長義)

揭 高舉。《說文·手部》："揭，高舉也。从手，曷聲。"清朱駿聲《通訓定聲》："字亦作'撅'……賈誼《過秦論》：'揭竿爲旗。'《思玄賦》：'修劍揭以低昂。'"《廣韻·薛韻》："揭，高舉也。"又《月韻》："揭，同'撅'。"《詩·小雅·大東》："維北有斗，西柄之揭。"高亨注："揭，高舉。"《莊子·庚桑楚》："若規規然，若喪父母，揭竿而求諸海也。"

秸 莊稼出穗，長高。《說文·禾部》："秸，禾舉出苗也。从禾，曷聲。"清朱駿聲《通訓定聲》："穗初出莖如揭而未垂也。"亦指長禾。《玉篇·禾部》："秸，長禾也。"《廣韻·曷韻》："秸，禾長也。"又《薛韻》："秸，長禾。"

嵑 山高峻。《廣韻·曷韻》："嵑，嵑崒，山皃。"《正字通·山部》："嵑，山特立也。"《文選·張衡〈南都賦〉》："其山則崆峒嶩嵑，嶚嵂嶚嶙。"唐李善注："崆峒嶩嵑，山石高峻之貌。"《古文苑·揚雄〈蜀都賦〉》："岬嵯嵑岢，方彼碑池，岷岫輵嶰，礫乎嶽嶽。"宋章樵注："總言衆山森列爭高峻之狀。"

齃 鼻梁，高出顔面者。字亦作"頞"。《廣韻·曷韻》："齃，鼻齃。頞，上同。"《說文·頁部》："頞，鼻莖也。从頁，安聲。齃，或从鼻、曷。"清朱駿聲《通訓定聲》："或从鼻，曷聲。《廣雅·釋親》：'頞，顏也。'《急就篇》：'頭額頞頿眉目耳。'按，鼻中直莖謂之准，言高平中直也。"《史記·范雎蔡澤列傳》："唐舉孰視而笑曰：'先生曷鼻，巨肩，魋顏，蹙齃，膝攣，吾聞聖人不相，殆先生乎？'"唐司馬貞《索隱》："蹙齃謂鼻蹙眉。"清陳維崧《菩薩蠻·燕市贈相者》："齃鼻與魁肩，何嘗直一錢。"按，"蹙齃"亦作"蹙頞"。《孟子·梁惠王下》："(百姓)舉疾首蹙頞而相告。"

碣 高聳獨立之石，引申爲高高聳立義。《說文·石部》："碣，特立之石。東海有碣石山。从石，曷聲。"清朱駿聲《通訓定聲》："《書·禹貢》：'夾右碣石。'傳：'海畔山。'按，今山東濟南府海豐縣馬谷山是也。《魏都賦》：'恒碣磑碏於青霄。'……又《封燕然山銘》：'封神邱兮建隆碣。'《後漢·竇憲傳》注：'圓者謂之碣。'又《漢書·揚雄傳》：'碣以崇山。'注：'山特立兒。'《文選·羽獵賦》注：'猶表也。'《景福殿賦》：'碣以高昌崇觀。'"

〔推源〕 諸詞俱有高、長義，爲曷聲所載之公共義。聲符字"曷"所記錄語詞與高、長義不相涉，其高、長義乃曷聲所載之語源義。干聲字所記錄語詞"竿""岸""軒""罕""骭""仟""杆"亦俱有高、長義，詳見本典第一卷"干聲"第49條。曷聲、干聲本相近且相通(見前條推源欄)，然則亦可相互爲證。

(1301) 遏堨(相及義)

遏 相及。《爾雅·釋言》："遏、遾，逮也。"晉郭璞注："東齊曰遏，北燕曰遾，皆相及逮。"按,《爾雅》同篇:"逮,及也。"則爲互訓。《說文·辵部》:"逮,唐逮,及也。"《方言》卷七:"蝎、噬,逮也。"清戴震《疏證》:"蝎、噬,亦作'遏''遾'。"按,後者爲本字。"遏"之本義爲阻止,引申爲遮攔,故又有"相及"之衍義。

堨 墻壁縫隙,相及者。《說文·土部》:"堨,壁間隙也。从土,曷聲。"按,"堨"亦指堤堰(見前第1297條),當爲比喻引申,源流可相互證。

〔推源〕 此二詞俱有相及義,爲曷聲所載之公共義。聲符字"曷"所記録語詞與相及義不相涉,其相及義乃曷聲所載之語源義。曷聲可載相及義,"界"可證之。

曷:匣紐月部;
界:見紐月部。

疊韻,匣見旁紐。"界",地界,二地相及處。《說文·田部》:"界,境也。"《孟子·公孫丑下》:"域民不以封疆之界,固國不以山谿之險。"元袁桷《松林行》:"陰陰松林八百里,相傳昔日爲界址。"

(1302) 餲遏(遮義)

餲 香氣濃郁。《廣韻·泰韻》:"餲,香也。"《改併四聲篇海·香部》引《玉篇》:"餲,香甚也。"唐韓愈、孟郊《秋雨聯句》:"援菊茂新芳,徑蘭稍晚餲。"清龔自珍《爲龍泉寺募造藏經樓啓》:"永樂北藏全千函而不缺者,今兹僅矣。京師九門,不滿三十分。宣武門西南龍泉寺,古刹也,實有一分,完不蝕,望之櫛然,觸之餲然。"按,香氣濃郁則瀰漫而遮掩空氣,故有遮掩之衍義。清朱駿聲《説文通訓定聲·泰部》:"餲,《上林賦》:'晻薆咇茀。'注:'餲、薆音義同。'引《説文》有此字,姑附于此。按,晻餲雙聲連語,無煩制字。"

遏 阻止,引申爲遮攔、遮掩、遮蔽等義。《玉篇·辵部》:"遏,遮也。"《廣韻·曷韻》:"遏,遮也。"清朱駿聲《説文通訓定聲·泰部》:"遏,《蒼頡篇》:'遏,遮也。'《易·大有》:'君子以遏惡揚善。'"按,所引《易》文唐孔穎達疏:"君子以遏惡揚善者,大有包容之義,故君子象之,亦當包含遏匿其惡,褒揚其善。"《吕氏春秋·安死》:"君之不令民,父之不孝子,兄之不悌弟……智巧窮屈,無以爲之,於是乎聚群多之徒,以深山廣澤林藪,撲擊遮奪。"陳奇猷《校釋》:"遏奪者,遮人之路而奪人之財也。"晉嵇含《羽扇賦·序》:"吴楚之士多執鶴翼以爲扇,雖曰出至南鄙,而可以遏陽隔暑。"

〔推源〕 此二詞俱有遮義,爲曷聲所載之公共義。聲符字"曷"所記録語詞與遮義不相涉,其遮義乃曷聲所載之語源義。曷聲可載遮義,"奄"可證之。

曷:匣紐月部;
奄:影紐談部。

匣影鄰紐,月談通轉。"奄",覆蓋,遮掩。《説文·大部》:"奄,覆也。"清朱駿聲《通訓定聲》："《(詩)閟宫》：'奄有下國。'箋：'猶覆也。'《淮南·脩務》：'而知不足以奄之。'注：'蓋之也。'〔轉注〕《周禮·序官》：'酒人奄十人。'注：'精氣閉藏者，今謂之宦人。'"按，後起本字作"掩"。《晏子春秋·内篇諫上八》："民愁苦約病，而姦驅尤佚，隱情奄惡，蔽諂其上。"張純一《校注》引盧文弨語："奄、掩同。"清龔自珍《孝琪手抄詞·導引曲》："無情緒，無情緒，寂寞奄重門。"

(1303) 偈驕趨（迅速義）

偈 迅速奔馳，奔走。《廣雅·釋詁一》："偈，疾也。"《詩·檜風·匪風》："匪風發兮，匪車偈兮。"唐陸德明《釋文》："偈，疾也。"蘇曼殊《絳紗記》："忽有偈偈疾驅而來者，視之，麥翁也。"

驕 馬疾行。字亦作"駶"。《集韻·曷韻》："駶，《説文》：'馬疾走也。'或从曷。"按，清朱駿聲《説文通訓定聲》"駶"字隸《泰部》，與"葛""喝""遏"等曷聲字同列。

趨 怒走，即迅速奔跑義。《説文·走部》："趨，趌趨也。从走，曷聲。"清朱駿聲《通訓定聲》："趌趨，怒走也。"按，許書同部"趌"篆正訓"趌趨，怒走也"。"趌"與"趨"可分訓。《明史·外國六·浡泥》："稽古遠臣，順來怒趌。"《廣韻·月韻》："趨，走皃。"按，古者"走"謂迅速奔跑、逃跑。"趨"又有超越義，凡同行，迅速者則超越他人，其義相成相因。《古文苑·班固〈車騎將軍竇北征頌〉》："轔幽山，趨凶河，臨安候。"宋章樵注："趨，起遏反。幽山即陰山，車轔轢而過，凶河水超而越之。"

〔推源〕 諸詞俱有迅速義，爲曷聲所載之公共義。曷聲字"揭"亦可以假借字形式表迅速義，然則亦爲曷聲、迅速義相關聯之一證。清朱駿聲《説文通訓定聲·泰部》："揭，又重言形況字。《漢書·王吉傳》：'揭揭。'注：'疾驅皃。'"漢焦贛《易林·需之小過》："焱風忽起，車馳揭揭。"曷聲可載迅速義，則"快"可證之。

曷：匣紐月部；
快：溪紐月部。

疊韻，匣溪旁紐。"快"，愉快，喜悦。《説文·心部》："快，喜也。"《廣韻·夬韻》："快，稱心也，喜也，可也。"《孟子·梁惠王上》："抑王興甲兵，危士臣，構怨於諸侯，然後快於心與？"按，凡快感猝然生於心，故"快"有迅速之衍義，與"慢"相對待。《正字通·心部》："快，俗謂急捷曰快。"《史記·項羽本紀》："今日固決死，願爲諸君快戰。"宋葉夢得《石林燕語》卷五："宰執每歲有内侍省例賜新火冰之類，將命者曰'快行家'。"按，"快"字从夬得聲，與"駃"同，"駃"謂日行千里之快馬，庶可相互爲證。

489　昱聲

(1304) 喔煜（盛義）

喔 聲音盛大。《説文·口部》："喔，音聲喔喔然。从口，昱聲。"《廣韻·屋韻》："喔，音聲。"《集韻·緝韻》:"唈,唈唈,衆聲。"

煜 火盛,光盛。《説文·火部》:"煜,熠也。从火,昱聲。"南唐徐鍇《繫傳》:"煜,燿也。"清朱駿聲《通訓定聲》:"煜,燿也……《埤蒼》:'煜,盛皃也。'《廣雅·釋詁三》:'煜,熾也。'《漢書·叙傳》:'煜霅其閒者。'注:'光皃也。'……《東都賦》:'管弦曄煜。'注:'聲之盛也。'"按,聲盛義當以"唈"爲正字。南朝梁簡文帝蕭綱《詠朝日》:"團團出天外,煜煜上層峰。"

〔推源〕 此二詞俱有盛義,爲昱聲所載之公共義。聲符字"昱"本爲"煜"之初文。《説文·日部》:"昱,明日也。从日,立聲。"清朱駿聲《通訓定聲》:"《廣雅·釋詁四》:'昱,明也。'《太玄·玄告》:'日以昱乎晝,月以昱乎夜。'《爾雅·釋言》:'翌,明也。'以'翌'爲之……翌日者,昨夜言來日之辭也。"按,"翌"爲其假借字。"昱"之本義爲日光盛,指明天,即日再明之義,二者同條共貫。《廣韻·屋韻》:"昱,日光。"《正字通·日部》:"昱,明也。別作'煜'。"《淮南子·本經訓》:"焜昱錯眩,照耀輝煌。"南朝宋謝靈運《長歌行》:"倏爍夕星流,昱奕朝露團。"然則本條二詞之盛義爲其聲符"昱"所載之顯性語義。昱聲可載盛義,則"焞"可證之。

昱:余紐職部;
焞:禪紐文部。

余(喻四)禪旁紐,職文通轉。"焞",光明,光盛,亦引申而泛指盛。《説文·火部》:"焞,明也。"清朱駿聲《通訓定聲》:"《鄭語》:'以焞燿惇大,天明地德,光昭四海。'……《詩·采芑》:'嘽嘽焞焞。'傳:'盛也。'"《類篇·火部》:"焞,盛也。"明宋濂《梅府君墓誌銘》:"惟宣之梅,族望焞焞。世多顯才,有盛無衰。"

490 畏聲

(1305) 觗棍渨隈嵔(曲義)

觗 角中部彎曲處。《説文·角部》:"觗,角曲中也。从角,畏聲。"清朱駿聲《通訓定聲》:"《考弓·弓人》:'夫角之中,恒當弓之畏。'許意謂角之觗恒,傅于弓之隈也。按,此字後出,角曲處、弓曲處皆當引申于隈。制此字者,直以當《考工》'畏'字耳,謂弓之中曲處。"《廣韻·灰韻》:"觗,角曲中也。"

棍 承托門軸的門臼,凹而曲者。《説文·木部》:"棍,門樞謂之棍。从木,畏聲。"清朱駿聲《通訓定聲》:"淵中以居樞,蘇俗謂之門印子。"《廣韻·灰韻》:"棍,户樞。"唐韓愈《進學解》:"夫大木爲杗,細木爲桷,欂櫨侏儒,椳闑扂楔,各得其宜,施以成室者,匠氏之工也。"

渨 水彎曲處。《説文·水部》:"渨,没也。从水,畏聲。"清朱駿聲《通訓定聲》:"按,此字當訓水曲澳也。山曲曰隈，水曲曰渨。渨義他書無所見，唯見《廣雅·釋詁》，張氏亦述許耳。"明陸采《懷香記·青瑣相窺》："青山洞，碧水渨，人間到處有天台。"

隈 山之彎曲處。《說文·阜部》："隈，水曲隩也。从阜，畏聲。"清朱駿聲《通訓定聲》："按，字从阜，當訓山曲隩也；'渨'篆當訓水曲澳也；'隩'篆訓隈厓也；'澳'篆當訓渨厓也。《爾雅·釋丘》：'隩，隈厓，內爲隩，外爲隈。'……《管子·形勢》：'大山之隈。'注：'山曲也。'《西征賦》：'憑高望之陽隈。'注：'厓也。'《琴賦》：'觸巖觝隈'。〔轉注〕《列子·黃帝》：'指河曲之淫隈。'《釋文》：'水曲也。'《淮南·覽冥》：'漁者不爭隈。'注：'曲深處，魚所聚也。'按，此義實當作'渨'。又江淹詩：'採藥白雲隈。'注：'曲也。'《魏都賦》：'考之四隈。'注：'猶隅也。'"

嵔 山盤曲。字亦作"崣"。《廣韻·尾韻》："崣，崣崔，山高曲下。"《字彙·山部》："嵔，山高下盤曲也。"漢王充《論衡·雷虛》："刻尊爲雷之形，一出一入，一屈一伸，爲相校軫則鳴。校軫之狀，鬱律嵔壘之類也。"南朝梁沈約《芳樹》："發萼九華嵔，開跗露寒側。"

〔推源〕 諸詞俱有曲義，爲畏聲所載之公共義。聲符字"畏"所記錄語詞謂畏懼。《說文·由部》："畏，惡也。从甶，虎省。鬼頭而虎爪，可畏也。"《老子》第七十四章："民不畏惡，奈何以死懼之？"然則與曲義不相涉，其曲義乃畏聲所載之語源義。畏聲可載曲義，"彎"可證之。

畏：影紐微部；

彎：影紐元部。

雙聲，微元旁對轉。"彎"，開弓。《說文·弓部》："彎，持弓關矢也。从弓。䜌聲。"清朱駿聲《通訓定聲》："《小爾雅·廣詁》：'彎，引也。'《淮南·原道》：'彎棊衛之箭。'《西京賦》：'彎弓射乎西羌。'注：'挽弓也。'"按，挽弓則弓彎曲，故引申爲彎曲義，且爲其基本義。《字彙·弓部》："彎，曲也。"唐張籍《樵客吟》："日西待伴同下山，竹擔彎彎向身曲。"元鄭光祖《三戰呂布》第一折："袋內弓彎如皓月，壺中箭插似寒星。"

（1306）煨偎（隱義）

煨 隱埋食物於火中。元戴侗《六書故·天文下》："煨，灰火中孰物也。"清朱駿聲《說文通訓定聲·履部》："煨，義與'衷'略同。《廣雅·釋詁四》：'㶿、熄、煨、燉，煴也。'《通俗文》：'熱灰謂之塘煨，謂埋物熱灰中令熟。'《秦策》：'蹈煨炭。'"宋陸游《初夏野興》："糠火就林煨苦筍，密甖沉井漬青梅。"宋呂祖謙《臥遊錄》："芋當去皮，濕紙包煨之。"

偎 隱蔽，躲藏。《廣韻·灰韻》："偎，愛也。"按，"愛"即"僾"之借字。《字林考逸·人部》："偎，仿佛貌，不審也。"《列子·黃帝》："列姑射山在海河洲中，山上有神人焉……心如淵泉，形如處女，不偎不愛，仙聖爲之臣。"唐殷敬順《釋文》："偎，愛也。不偎不愛，謂或隱或現。"

〔推源〕 此二詞俱有隱義，爲畏聲所載之公共義。聲符字"畏"所記錄語詞之顯性語義與隱義不相涉，其隱義乃畏聲所載之語源義。畏聲可載隱義，"隱"可證之。

畏：影紐微部；

隱：影紐文部。

雙聲，微文對轉。"隱"，隱蔽，隱藏。《説文·阜部》："隱，蔽也。"清朱駿聲《通訓定聲》："《廣雅·釋詁一》：'隱，翳也。'《禮記·檀弓》：'其高可隱也。'注：'猶去也。'按，即筶也，俗作弄，猶藏也。……《楚辭·悲回風》：'隱岷山以清江。'注：'伏也。'《齊策》：'趙之于燕、齊隱蔽也。'注：'蕃也。'……《易·説卦》：'坎爲隱伏。'"

491　胃聲

(1307) 喟颶焜菁（大、盛義）

喟　嘆息，即出大氣之意，杭州方言所謂"透大氣"。《説文·口部》："喟，大息也。从口，胃聲。噴，喟或从貴。"清朱駿聲《通訓定聲》："《論語》：'顏淵喟然嘆曰。'《集解》：'嘆聲也。'《漢書·高帝紀》：'喟然大息曰。'注：'嘆息兒。'……《楚辭·懷沙》：'永嘆喟兮。'《離騷》：'喟憑心而歷茲。'《惜命》：'行唫纍欷聲喟喟兮。'亦重言形況字。又《方言》十：'噴，憐也。'《字林》：'噴，息憐也。'《舞賦》：'噴息激昂。'"《廣韻·怪韻》："喟，嘆也。"又《至韻》："喟，大息也。"金董解元《西廂記諸宮調》卷七："一聲長喟，兩行血淚落紛紛。"

颶　大風。《説文·風部》："颶，大風也。从風，胃聲。"《廣雅·釋詁四》："颶，風也。"《廣韻·禾韻》："颶，大風。"

焜　火光盛。《玉篇·火部》："焜，光兒。"清朱駿聲《説文通訓定聲·履部·附〈説文〉不録之字》："焜，《詩·斯干》箋：'噦噦，猶焜焜也。'《廣雅·釋訓》：'焜焜，光也。'"引申爲昌盛、興盛義。《新唐書·儒學傳序》："四方秀艾，挾策負素，坌集京師，文治焜然敷興。"《金史·食貨志一》："章宗彌文焜興，邊費亦廣，食貨之議，不容不急。"

菁　草木茂盛。《集韻·未韻》："菋，《説文》：'草木菋孛之兒。'或作'菁'。"清段玉裁《説文解字注·宋部》："菋，《周易》：'拔茅茹以其彙，征吉。'《釋文》云：'彙，古文作菁。'按，菁即菋字之異者。彙則假借字也。"按，段説可從，"彙"爲刺猬字，後世作"猬"。

〔**推源**〕　諸詞俱有大、盛義，爲胃聲所載之公共義。聲符字"胃"本作"𦞦"，所記錄語詞謂胃腑。《説文·肉部》："胃，穀府也。从肉，囱，象形。"清朱駿聲《通訓定聲》："《白虎通·情性》：'胃者，脾之府也。'《續漢·五行志》：'胃，供養之官也。'"然則與大、盛義不相涉，其大、盛義乃胃聲所載之語源義。胃聲可載大、盛義，則"偉"可證之。

胃：匣紐物部；

偉：匣紐微部。

雙聲,物微對轉。"偉",大,盛大。《集韻·未韻》:"偉,大也。"清朱駿聲《說文通訓定聲·履部》:"偉,《史記·荆燕世家》:'不爲偉乎。'《索隱》:'盛也。'《漢武賢良詔》:'猗歟偉歟。'注:'大也。'"《三國志·魏志·董卓傳》"立靈帝少子陳留王"南朝宋裴松之注:"陳留王協,聖德偉茂,規矩逸然,豐下兌上,有堯圖之表。"唐王勃《滕王閣序》:"臨別贈言,幸承恩於偉餞。登高作賦,是所望於群公。"

492 思聲

(1308) 諰諰𢡕(恐懼不安義)

諰 恐懼。《說文·言部》:"諰,思之意。从言,从思。"南唐徐鍇《繫傳》:"从言,思聲。"清朱駿聲《通訓定聲》:"从言,从思,會意,思亦聲。按,言且思之意,心有所懼也……《荀子·强國》:'雖然,則有其諰矣。'注:'懼也。'《議兵》:'諰諰然常恐天下之一合而軋己也。'注:'懼貌。'"按,人恐懼不安則溢於言表,故其字从言。睡虎地秦墓竹簡《爲吏之道》:"疾而毋諰,簡而毋鄙。"宋王安石《上皇帝萬言書》:"四方有志之士,諰諰然常恐天下之久不安。"

禗 不安欲去之貌。《廣韻·之韻》:"禗,不安欲去。"清朱駿聲《說文通訓定聲·頤部·附〈說文〉不録之字》:"禗,《漢書·禮樂志》:'靈禗禗。'注:'神不安欲去也。'"《舊唐書·音樂志》:"靈具醉,杳熙熙;靈將往,眇禗禗。"《金史·樂志下》:"禮成於終,神心禗禗。"

𢡕 恐懼不安。《廣韻·止韻》:"𢡕,不安兒。"清朱駿聲《說文通訓定聲·頤部》:"《魏都賦》:'誰勁捷而無𢡕。'《魯靈光殿賦》:'心𢡕𢡕而發悸。'注:'懼貌。'"

〔推源〕 諸詞俱有恐懼不安義,爲思聲所載之公共義。思聲字"䰠"亦可以假借字形式表此義。漢揚雄《太玄·密》:"密有口,小䰠。"范望注:"䰠,難也。"《漢書·刑法志》:"(秦)故雖地廣兵强,䰠䰠常恐天下之一合而共軋己也。"唐顏師古注:"䰠,懼貌也。"又,畏葸字作"葸",亦从思聲,然其字从艸,亦爲假借字。《廣韻·止韻》:"葸,畏懼也。"《論語·泰伯》:"恭而無禮則勞,慎而無禮則葸。"三國魏何晏注:"葸,畏懼之貌。"《清史稿·高宗紀二》:"(乾隆十八年九月)丁卯,以扈從行圍畏葸不前,褫豐安公爵、田國思侯爵,阿里衮罷領侍衛內大臣。"按,聲符字"思"本作"恖",所記録語詞謂思考。《說文·心部》:"恖,容也。从心,囟聲。"清朱駿聲《通訓定聲》:"从心、从囟,會意。思者心神通于囟,故从囟。《書·洪範》:'思曰容。'言心之所慮,無不包也。"按,人思則"七情"——喜、怒、憂、思(慮)、悲、恐、驚生焉,此與恐懼不安義本相通。

(1309) 顋䰠(雙義)

顋 雙頰之下半部。其字亦作"腮",亦从思聲,以其思聲載雙義。稱"頰",則謂兩兩對夾,亦寓雙義。《玉篇·頁部》:"顋,頰顋。"《廣韻·咍韻》:"顋,顋頷。俗又作'腮'。"《孔子家語·本命》:"八月生齒,然後能食;三年顋合,然後能言。"南朝梁蕭統《錦帶書·十二月啓蕤賓五月》:"蓮水泛水,艷如越女之顋;蘋葉漂風,影亂秦臺之鏡。"唐李賀《南園》:"花枝草蔓眼中開,小白長紅越女腮。"

鰓 魚頰,成雙者。《玉篇·魚部》:"鰓,魚頰。"《廣韻·咍韻》:"鰓,魚頰。"晉郭璞《江賦》:"或爆采以晃淵,或嚇鰓乎巖間。"唐李白《酬中都吏攜斗酒雙魚于逆旅見贈》:"雙鰓呀呷鰭鬣張,蹳剌銀盤欲飛去。"元黄庚《江景》:"寒生雁背天將雪,冷人魚鰓水欲冰。"

〔推源〕 此二詞俱有雙義,爲思聲所載之公共義。聲符字"思"所記錄語詞之本義、引申義系列與雙義不相涉,其雙義乃思聲所載之語源義。思聲可載雙義,"雙"可證之。

思:心紐之部;
雙:山紐東部。

心山準雙聲,之東旁對轉。"雙",禽鳥二隻,成雙。《説文·雔部》:"雙,隹二枚也。从雔,又持之。"清朱駿聲《通訓定聲》:"《方言》六:'飛鳥曰雙。'《廣雅·釋詁四》:'雙,二也。'《禮記·少儀》:'加於一雙。'疏:'二隻曰雙。'〔轉注〕《楚辭·守志》:'嗟英俊兮未爲雙。'注:'匹也。'《吳仲山碑》:'節度無雙。'"按,朱氏所引《方言》文周祖謨《校勘記》:"慧琳《音義》卷七引《方言》:'二飛鳥曰雙。'""雙"之匹敵、成雙義爲其直接引申義。

(1310) 緦崽(細小義)

緦 細麻布。《説文·糸部》:"緦,十五升布也。从糸,思聲。"清朱駿聲《通訓定聲》:"《儀禮·喪服》:'緦者十五升。'注:'謂之緦者,治其縷細如絲也。'又'緦麻三月者。'注:'緦麻,布衰裳而麻絰帶也。'《喪服傳》:'緦者,十五升抽其半,有事其縷,無事其布,曰緦。'又:'外親之服皆緦也。'《周禮·典枲》:'掌布緦縷紵之麻草之物。'注:'緦,十五升抽其半者。'按,朝服用十五升布,縷細如絲,布廣二尺二寸,其縷一千二百。今用縷六百,其縷甚細,其布甚疏也。〔聲訓〕《釋名·釋喪制》:'三月曰緦麻。緦,絲也,績麻細如絲也。'"《廣韻·之韻》:"緦,緦麻。"按,制喪服所用者。

崽 小孩,又爲詈言,猶今語"小子""兔崽子"。《廣韻·皆韻》:"崽,《方言》云:'江湘間凡言是子謂之崽。'自高而侮人也。"按,字从山,正爲自高之意。北魏酈道元《水經注·溠水》:"至若變婉丱童及弱年崽子,或單舟採菱,或疊舸折芰。"清高士奇《天禄識餘·孌童》:"今北人罵頑童曰崽子。"清曹雪芹《紅樓夢》第五十八回:"這一點小崽子,也挑幺挑六,鹹嘴淡舌,咬群的騾子似的!"引申之亦指幼小鳥獸。又,其字後世亦作"仔"。

〔推源〕 此二詞或有細義,或有小義,二義本相通,凡物細則小。徽歙方言、湘方言皆稱小爲"細",則"細"亦與"大"相對待。徽歙方言稱大小不等之衆兒女爲"大細",足證細義、小義相通。本條二詞之細義、小義俱以思聲載之,其語源當同。聲符字"思"所記錄語詞之本義、引申義系列與細、小義不相涉,其細、小義乃思聲所載之語源義。思聲可載細、小義,"絲""小"可證之。

思：心紐之部；

絲：心紐之部；

小：心紐宵部。

三者皆雙聲，之宵旁轉，音極相近。"絲"，蠶絲，極細之物。其字本作"絲"。《説文・絲部》："絲，蠶所吐也。从二糸。"《書・禹貢》："厥貢漆絲，厥篚織文。"引申爲細義。《禮記・緇衣》："王言如絲，其出如綸。"唐孔穎達疏："王言初出，微細如絲。"唐司空圖《燈花》："蜀柳絲絲幂畫樓，窗塵滿鏡不梳頭。""小"，大小字。《説文・小部》："小，物之微也。"《漢書・昌邑哀王劉髆傳》："故王年二十六七，爲人青黑色，小目，鼻未鋭卑，少鬚眉。"唐李賀《金銅仙人辭漢歌》："攜盤獨出月荒涼，渭城已遠波聲小。"

(1311) 偲鬗（多義）

偲 多才。《説文・人部》："偲，彊力也。从人，思聲。《詩》曰：'其人美且偲。'"清朱駿聲《通訓定聲》："《詩・盧令》……傳：'才也。'《廣雅・釋言》：'偲，佅也。'按，佅亦才也。"《廣韻・咍韻》："偲，多才能也。"

鬗 多鬚貌。《集韻・至韻》："鬗，鬚鬗，多鬚。"按，"鬗"亦單用。《侯鯖録》卷二引唐賀知章《回鄉偶書》："幼小離家老大回，鄉音難改鬢毛鬗。"清沈濤《瑟榭叢談》卷上："渠潰而注，繼以摶風，冰如霧，鬚如繁纓，又擬鬚鬗老人曰冰鬚云云。"

〔推源〕 此二詞俱有多義，爲思聲所載之公共義。聲符字"思"所記録語詞之本義爲思考，有無所不包容意，此或與多義相通。思聲可載多義，則"衆"可證之。

思：心紐之部；

衆：章紐冬部。

心章（照）鄰紐，之冬（東）旁對轉。"衆"，殷周時代的農業奴隸，引申爲衆人、衆多義。《説文・似部》："衆，多也。从似目衆意。"清朱駿聲《通訓定聲》："《周語》：'三人爲衆。'《易・説卦》：'坤爲衆'。《周禮・大宗伯》：'大師之禮，用衆也；大均之禮，恤衆也；大田之禮，簡衆也；大役之禮，任衆也；大封之禮，合衆也。'《後漢・楊終傳》：'安土重居，謂之衆庶。'"按，"衆"字之結構，从日、从似會意，本謂日下操作之人衆。《左傳・哀公十一年》："魯之群室衆於齊之兵車。"唯"衆"有多義，故有"衆多"之同義聯合式合成詞。漢王充《論衡・四諱》："若夫曲俗微小之諱，衆多非一，咸勸人爲善，使人重慎。"

(1312) 摁/塞（塞入義）

摁 塞入。《篇海類編・身體類・手部》："摁，手摁也。"清曹雪芹《紅樓夢》第四十九回："寶釵笑道：'你回來若做的不好了，把那肉掏出來，就把這雪壓的蘆葦子摁上些，以完此劫。'"

塞 填塞,塞入。《説文·土部》:"塞,隔也。"《廣韻·德韻》:"塞,窒也,隔也。"《左傳·襄公二十六年》:"塞井夷竈,成陳以當之。"《史記·李斯列傳》:"是以明君獨斷,故權不在臣也。然後能滅仁義之塗,掩馳説之口,困烈士之行,塞聰揜明,内獨視聽,故外不可傾以仁義烈士之行,而内不可奪以諫説忿争之辯。"

〔推源〕 此二詞俱有塞入義,其音亦相近且相通。

    摋:心紐之部;
    塞:心紐職部。

雙聲,之職對轉。則其語源當同。

493　咢聲

(1313) 愕遌(驚義)

愕 驚訝。《廣雅·釋詁一》:"愕,驚也。"《廣韻·鐸韻》:"愕,驚也。"戰國楚宋玉《高唐賦》:"卒愕異物,不知所出。"《漢書·張良傳》:"良愕然,欲毆之。"唐顔師古注:"愕,驚貌也。"

遌 意外相遇而驚訝。《説文·辵部》:"遌,相遇驚也。从辵,咢聲。"清朱駿聲《通訓定聲》:"《爾雅·釋詁》:'遌,見也。'舊注:'心不欲見而見曰遌。'……《楚辭·懷沙》:'重華不可遌兮。'注:'逢也。'《幽通賦》:'乘高而遌神兮。'注:'遇也。'《列子·黄帝》:'遌物而不慴。'"《廣韻·鐸韻》:"遌,心不欲見而見曰遌。"

〔推源〕 此二詞俱有驚義,爲咢聲所載之公共義。聲符字"咢"《説文·吅部》訓"譁訟",即争辯義。争辯聲大,聲大則驚人,義相通。"咢"故爲"愕"之初文。《玉篇·吅部》:"咢,驚咢也。"《新唐書·逆臣傳·朱泚》:"或説泚迎天子,泚顧望咢然。"然則本條二詞之驚義爲其聲符"咢"所載之顯性語義。咢聲可載驚義,則"訝"可證之。

    咢:疑紐鐸部;
    訝:疑紐魚部。

雙聲,鐸魚對轉。"訝",驚訝。《廣韻·禡韻》:"訝,嗟訝。"清朱駿聲《説文通訓定聲·豫部》:"訝,今用訝爲相驚之辭。"王重民等編《敦煌變文集》之《醜女緣起》:"終生三日,進與大王。終見之,非常驚訝。世間醜陋,生於貧下。"《新唐書·李勣傳》:"使至,高祖訝無表,使者以意聞。"

(1314) 鶚鰐(凶猛義)

鶚 魚鷹,凶猛者。《廣韻·鐸韻》:"鶚,鳥名。"明李時珍《本草綱目·禽部·鶚》:"鶚,雕類也。似鷹而土黄色,深目好峙。雄雌相得,鷙而有別,交則雙翔,別則異處。能翱翔水上捕魚食,江表人呼爲食魚鷹。亦唼蛇。"《漢書·鄒陽傳》:"臣聞鷙鳥絫百,不如一鶚。"

鰐 鱷魚,凶猛者。字亦作"蝁"。《説文·虫部》:"蝁,似蜥易,長一丈,水潜,吞人即浮,出日南。"清朱駿聲《通訓定聲》:"字亦作'鰐'、作'鱷'、作'鱷',大魚也。《吴都賦》:'黿鼉鯖鰐。'注:'長二丈餘,喙長三尺,齒利甚,虎鹿渡水鰐擊之皆中斷,其卵如鴨子,亦有黄白,可食。"徐珂《清稗類鈔·動物·鰐》:"'鱷'亦作'鰐',爬蟲中之體大而猛惡者。"

〔推源〕 此二詞俱有凶猛義,爲咢聲所載之公共義。聲符字"咢"所記錄語詞謂爭辯,其義或相通。咢聲可載凶猛義,則"惡"可證之。"咢""惡"同音,影紐雙聲,鐸部疊韻。"惡",凶惡,凶猛。《廣韻·鐸韻》:"惡,不善也。"《史記·秦始皇本紀》:"臨浙江,水波惡,乃西百二十里從狹中渡。"唐韓愈《猛虎行》:"誰云猛虎惡,中路正悲啼。"

494 耑聲

(1315) 稔剬𩪋端(端部義)

稔 禾穗下垂,即端部趨下之意。《説文·禾部》:"稔,禾垂兒。从禾,耑聲。讀若端。"《廣韻·桓韻》及《果韻》:"稔,禾垂兒。"亦指禾穎之末端。清程瑶田《九穀考·粱》:"稔,穎之端也。"

剬 以刀斷物,端部整齊。《説文·刀部》:"剬,斷齊也。从刀,耑聲。"按,"剬"有剪滅、削删義,皆與端部整齊義相通。漢袁康《越絶書·外傳記越地傳》:"此越未戰而服,天以賜吴,其逆天乎?臣唯君急剬之。"清陳確《答查石丈書》:"則古人所謂《墳》《典》之書,已盡剬削,三代之文从删者益不少。"

𩪋 獸名,角生於鼻者,鼻爲體之端,故名"𩪋"。《説文·角部》:"𩪋,角𩪋,獸也。狀似豕,角善爲弓。出胡休多國。从角,耑聲。"清朱駿聲《通訓定聲》:"《御覽》引《説文》:'出胡尸國,一曰出休尸國。'……按,一角在鼻上。《上林賦》:'麒麟角𩪋。'"《廣韻·桓韻》:"𩪋,角𩪋,獸名,狀如豕,角善爲弓,李陵以此遺蘇武。"《史記·司馬相如列傳》:"獸則麒麟、角𩪋。"南朝宋裴駰《集解》:"郭璞曰:'角𩪋,音端,似豬,角在鼻上,堪作弓。'"按,其字亦作"角端""角猯"。《宋書·符瑞志下》:"角端者,日行萬八千里,又曉四夷之語,明君聖主在位,明達外方幽遠之事,則捧書而至。"宋周密《癸辛雜識續集·西征異聞》:"耶律楚材隨進云:'此名角猯,能日馳萬里,靈異如神鬼,不可犯也。'"

端 立容直,端正,引申爲頂端、端緒等義。《説文·立部》:"端,直也。从立,耑聲。"清朱駿聲《通訓定聲》:"立容直也。《廣雅·釋詁一》:'端,正也。'《禮記·玉藻》:'端行頤霤如矢。'〔假借〕爲'耑'。《墨子·經》:'端體之無序,而最前者也。'《禮記·禮器》:'居天下之大端矣。'注:'本也。'《家語·禮運》:'五行之端。'注:'始也。'《中庸》:'執其兩端。'疏:'頭緒也。'《孟子》:'仁之端也。'注:'首也。'"按,皆引申,非假借。

〔推源〕 諸詞俱有端部義,爲耑聲所載之公共義。聲符字"耑"本爲"端"之初文,所記録語詞本有端部義。《說文·耑部》:"耑,物初生之題也。上象生形,下象其根也。"清朱駿聲《通訓定聲》:"《廣雅·釋詁一》:'耑,末也。'《考工·磬氏》:'已下則摩其耑。'《漢書·天文志》:'隋北耑兌。'經傳皆以'端'爲之。《漢書·藝文志》:"感物造耑,材知深美。"唐顏師古注:"耑,古'端'字也。"耑聲可載端部義,則"顛""底"可相證。

耑:端紐元部;
顛:端紐真部;
底:端紐脂部。

三字皆雙聲,元真旁轉,元脂旁對轉,真脂對轉。"顛",頭頂,人體之頂端,引申之則泛指頂端。《說文·頁部》:"顛,頂也。"清朱駿聲《通訓定聲》:"《小爾雅·廣服》:'顛,額也。'《方言》六:'顛,上也。'《廣雅·釋詁一》:'顛,末也。'《齊語》:'班序顛毛。'〔轉注〕《詩·車鄰》:'有馬白顛。'《爾雅·釋畜》:'駒額白顛。'又《采苓》:'首陽之顛。'俗作'巔'字本此。又《周髀算經》:'以繩繫表顛。'注:'首也。'"元戴侗《六書故·人部三》:"頭之上爲顛,引之則山有顛,木亦有顛,凡高之所極皆曰顛。""底",物之下端。《說文·广部》:"底,山居也。一曰下也。"清朱駿聲《通訓定聲》:"止居也……《宣三傳》:'有所底止。'〔假借〕爲'氏'。《列子》:'無底之谷名曰歸墟。'"清段玉裁注:"底,止凥也。"按,朱氏假借說不可從,止即到底之義,乃引申。戰國楚宋玉《高唐賦》:"俯視崝嶸,窐寥窈冥;不見其底,虛聞松聲。"唐劉長卿《送杜越江佐覲省往新安江》:"清流數千丈,底下看白石。"

(1316) 喘遄湍(急義)

喘 呼吸急促。《說文·口部》:"喘,疾息也。从口,耑聲。"清朱駿聲《通訓定聲》:"《素問·五常政大論》:'其發欬喘。'注:'喘肺藏氣也。'又《五藏生成篇》:'赤脉之至也,喘而堅。'注:'謂脉至如猝,喘狀也。'又《漢書·丙吉傳》:'牛喘吐舌。'注:'急也。'《荀子·臣道》:'喘而言,臑而動。'注:'微言微動也。'按,暫而言也。……《莊子·大宗師》:'喘喘然將死。'亦重言形況字。"《廣韻·獮韻》:"喘,喘息。"按,字亦作"歂",構件"口""欠"所表義類同,故常互換。《說文·欠部》:"歂,口氣引也。从欠,耑聲。"《集韻·𤲿韻》:"喘,或从欠。"

遄 行急,引申爲急速義。《說文·辵部》:"遄,往來數也。从辵,耑聲。《易》曰:'目事遄往。'"清朱駿聲《通訓定聲》:"《爾雅·釋詁》:'遄,速也。'又'疾也。'……《詩·相鼠》:'胡不遄死?'《泉水》:'遄臻于衛。'《巧言》:'亂庶遄沮。'《烝民》:'式遄其歸。'"《廣韻·仙韻》:"遄,速也,疾也。"《文選·謝靈運〈初去郡〉》:"負心二十載,於今廢將迎。理棹遄還期,遵渚鶩修坰。"唐李善注:"遄,速也。"宋蘇轍《祭忠獻韓公文》:"自公云亡,日月遄邁,蒼然墓木,過者垂涕。"

湍　水流急。《説文·水部》："湍,疾瀨也。从水,耑聲。"清朱駿聲《通訓定聲》："《孟子》:'性猶湍水也。'陸注:'湍,波流也。'《史記·河渠書》:'水湍悍。'《集解》:'疾也。'《楚辭·抽思》:'長瀨湍流。'《淮南·説山》:'稻生于水,而不能生于湍瀨之流。'"《廣韻·桓韻》:"湍,急瀨也。"《文選·張衡〈南都賦〉》:"流湍投濈,砏汃輣軋。"唐李善注引許慎《淮南子注》:"湍,水行疾也。"宋孔平仲《孔氏談苑·錦繡屏風》:"議者謂英公文譬如泉水,迅急湍悍。"

〔推源〕　諸詞俱有急義,爲耑聲所載之公共義。聲符字"耑"所記録語詞與急義不相涉,其急義乃耑聲另載之語源義。耑聲可載急義,"疾"可證之。

耑:端紐元部;
疾:從紐質部。

端從鄰紐,元質旁對轉。"疾",病。《説文·疒部》:"疾,病也。从疒,矢聲。"按,俗言病來如箭,病去如綫,凡患病多有猝然發作者,如矢之突如其來。故"疾"又有疾急、迅速之義。《廣韻·質韻》:"疾,急也。"清朱駿聲《説文通訓定聲·履部》:"疾,《爾雅·釋言》:'疾,壯也。'《廣雅·釋詁一》:'疾,急也。'《詩·召旻》:'昊天疾威。'《禮記·樂記》:'奮疾而不拔。'《月令》:'征鳥厲疾。'《玉藻》:'疾趨則欲發。'《左襄五傳》:'而疾討陳。'"

(1317) 甎鍴偳賘(小義)

甎　小盛酒器。《説文·卮部》:"甎,小卮也。从卮,耑聲。讀若捶擊之捶。"清朱駿聲《通訓定聲》:"疑與'膊'同字。"按,朱説似可從,耑聲字"剬"之或體作"劃"。許書同部"膊"篆訓"小卮有耳蓋者"。《廣韻·獮韻》及《紙韻》"甎"皆訓"小卮"。

鍴　小矛,鑽,亦尖小之物。《方言》卷九:"鑽謂之鍴。"清錢繹《箋疏》:"此釋矛之小者也。"《廣韻·桓韻》:"鍴,鑽也。"《史記·禮書》:"宛之鉅鐵施,鑽如蜂蠆。"唐司馬貞《索隱》:"鑽謂矛刃及矢鏃也。"

偳　小。《廣韻·桓韻》:"偳,沙偳。"按,二者可分訓。其《效韻》云:"沙,沙沙,小子。"《集韻·巧韻》:"沙,小也。"《字彙·人部》:"偳,沙偳,小也。"

賘　小富。《玉篇·貝部》:"賘,腕賘,小財兒。"《廣韻·緩韻》:"賘,腕賘,小有財也。"按,"腕賘"可分訓。《字彙·貝部》:"腕,小有財貌。"

〔推源〕　諸詞俱有小義,爲耑聲所載之公共義。聲符字"耑"所記録語詞謂端部,物之端多有尖小者,所謂"尖端",此與本條諸詞之小義當相通。耑聲可載小義,則"點"可證之。

耑:端紐元部;
點:端紐談部。

雙聲,元談通轉。"點",小黑點,本有"小"之義素。《説文·黑部》:"點,小黑也。"《晉書·文苑傳·袁宏》："如彼白珪,質無塵點。"元戴善夫《風光好》第四折："我自離了鶯花市,無半星兒點污,一抹兒瑕疵。"按,今語猶稱物之數量小爲"一點點"。

(1318) 端瑞(徵兆義)

端 端部,引申爲頭緒、起始,又引申爲徵兆義。漢王充《論衡·超奇》："陳平割肉,丞相之端見;孫叔敖決期思,令尹之兆著。"按,"端""兆"對文同義。《史記·黥布列傳》："赫至,上變,言布謀反有端,可先未發誅也。"明侯方域《鄭氏東園記》："或曰,凡妖祥之端,必其大者先見,而後小者應之。"

瑞 玉製信物,引申爲吉祥、徵兆義。《説文·玉部》："瑞,以玉爲信也。從玉、耑。"清王筠《句讀》："從玉,耑聲。"按,王説可從,"從玉、耑"無所取義。《廣韻·寘韻》："瑞,祥瑞也,符也,應也。"沈兼士《聲系》："案'瑞',從慧琳《一切經音義》卷二十四'嘉瑞'條引《説文》:'耑聲'。"清朱駿聲《説文通訓定聲·履部》："瑞,《周禮·典瑞》:'掌玉瑞、玉器之藏。'注:'符信也,人執以見曰瑞。'〔轉注〕《蒼頡篇》:'瑞,應也,信也。'……《論衡·指瑞》:'異物見則謂之瑞。'《東京賦》:'總集瑞命。'"《墨子·非攻下》："昔者三苗大亂,天命殛之,日妖宵出……禹親把天之瑞令,以征有苗。"《三國志·蜀志·先主傳》："時時有錦雲祥風,從璿璣下來應之,此爲異瑞。"

〔推源〕此二詞俱有徵兆義,爲耑聲所載之公共義。聲符字"耑"本爲"端"之初文,本條二詞之徵兆義爲其聲符"耑"所載之顯性語義。耑聲可載徵兆義,則"示"可證之。

耑:端紐元部;
示:船紐脂部。

端船(牀三)鄰紐,元脂旁對轉。"示",顯示徵兆。《説文·示部》："示,天垂象,見吉凶,所以示人也。從二;三垂,日、月、星也。觀乎天文以察時變,示,神事也。"清朱駿聲《通訓定聲》:"《蒼頡篇》:'示,現也。'"漢揚雄《太玄·度》:"于天示象,垂其范。"清薛福成《庸盦筆記·軼聞·鬼神默護吉壤》:"尤氏之興訟者既死,示夢其子曰:'吾將絕嗣矣。'"《三國演義》第八十回:"此是上天示瑞,魏當代漢之象也。"

(1319) 揣團(聚積義)

揣 抓,持。《漢書·賈誼傳》:"忽然爲人,何足控揣。"唐顏師古注:"孟康曰:'揣,持也。'"《文選·馬融〈長笛賦〉》:"秋潦漱其下趾兮,冬雪揣封乎其枝。"唐李善注:"鄭玄《毛詩箋》曰:'團,聚貌。'揣與團古字通。"按,"團"有聚義不誤,複音詞有所謂"團聚",爲同義聯合式合成詞。然"揣"非借作"團"而有聚積義。"揣"之本義《説文》訓"量",即揣度義,然其字從手,表抓持義非假借,聚積義則與抓持義相通。"揣"又有藏義,亦與聚積義通。元王實甫《西廂記》第四本第一折:"燈下偷晴覷,胸前着肉揣。"王季思《校注》:"謂藏手帕於胸前也。"明李開先《寶劍記》第三十七齣:"懷揣着雪刃刀。"

囤 屯糧器,聚積糧食之物。字亦作"簞",亦从㕆聲,皆以㕆聲載聚積。《玉篇·口部》:"囤,或作'簞'。"《抱朴子·外篇·守塉》:"稗穭曠於囷廩,薪爨廢於庖廚。"《藝文類聚》卷八十五引南朝宋劉義慶《幽明錄》:"穀在囤中。"《説文·竹部》:"簞,以判竹,圜以盛穀也。从竹,㕆聲。"清朱駿聲《通訓定聲》:"字亦作'囤'。《廣雅·釋詁三》:'簞,圓也。'《釋器》:'笔謂之簞。'《蒼頡篇》:'簞,圓倉也。'《急就篇》:'笔簞筤筥篋筭籆。'按,大其下,殺其上,高至于屋,下有小户可出穀,蘇俗有編草爲之者,亦謂之米囤。《淮南·精神》:'守其簞笔。'"北魏賈思勰《齊民要術·水稻》:"經五宿,漉出,内草簞中裹之。"石聲漢注:"簞,盛穀的圓形容器,用草編織成。"

〔推源〕 此二詞俱有聚積義,爲㕆聲所載之公共義。聲符字"㕆"所記録語詞與聚積義不相涉,其聚積義乃㕆聲所載之語源義。按,"簞""笔"同義,"笔"字从屯得聲,屯聲字所記録語詞"肫""邨""庉""軘""坉""囤""熯""炖""馼"俱有聚積義,詳見本典第一卷"屯聲"第211條。㕆聲、屯聲本相近且相通。

㕆:端紐元部;

屯:定紐文部。

端定旁紐,元文旁轉。然則可相互爲證。

495 骨聲

(1320) 滑猾鰨硈(滑義)

滑 滑溜,流利。《説文·水部》:"滑,利也。从水,骨聲。"清朱駿聲《通訓定聲》:"《周禮·瘍醫》:'以滑養竅。'注:'凡諸滑物通利往來似竅。'《儀禮·公食禮記》:'皆有滑。'注:'葷荁之屬。'又《素問·六節藏象論》:'夫脈之小大滑濇浮沉。'注:'滑者,往來流利。'〔轉注〕《史記·酷吏傳》:'滑賊任威。'《漢書》作'猾'。"按,朱氏所云"轉注"實即引申,所引《史記》文之"滑"即狡猾義,今言或稱狡猾爲"滑頭"。

猾 狡黠,圓滑。《廣韻·黠韻》:"猾,狡猾。"清朱駿聲《説文通訓定聲·履部》:"《晉語》:'齒牙爲猾。'注:'弄也。'……《(史記)劉敬叔孫通傳》:'專言大猾何也?'《索隱》:'狡也。'《東京賦》:'巨猾閒釁。'《方言》十:'婚,娗也,或謂之猾。'《三蒼》:'猾,黠惡也。'"《韓非子·揚權》:"猾民愈衆,姦邪滿側。"清王先慎《集解》:"謂狡猾之民則益多,而姦邪之臣盈於左右矣。"

鰨 飛魚,行動滑利,故稱"鰨",得名之由可明。《廣韻·黠韻》:"鰨,魚名,鳥翼,出入有光,音如鴛鴦,見則天下大旱。出《山海經》。"按,《山海經·東山經》云:"子桐之山,子桐之水出焉,而西流注于餘如之澤。其中多鰨魚,其狀如魚而鳥翼,出入有光,其音如鴛鴦。"

清李元《蠕範·物名》:"(魚)曰鮹,贏魚也,鳥翼能飛。"

硝 硝石,其物性滑,故稱"硝石",其字亦作"滑石"。可爲藥。《廣韻·黠韻》:"硝,硝石,藥。"《集韻·黠韻》:"硝,硝石,藥名。"《藥性賦·寒性藥賦》:"滑石利六腑之澀結。"則其功用即使六腑滑利不澀。其字作"滑",取"滑"之引申義,"硝"則爲正字。"硝"所記録之詞存乎語言。明李時珍《本草綱目·石部·滑石》:"滑石性滑利竅,其質又滑膩,故以名之。"

〔推源〕 諸詞俱有滑義,爲骨聲所載之公共義。聲符字"骨"爲骨肉字。《説文·骨部》:"骨,肉之覈也。从冎,有肉。"清朱駿聲《通訓定聲》:"生人之骨也……人身三百六十五骨,男骨白,女骨黑。《太玄·劇》:'骨纍其肉。'注:'幹也。'"然則與滑義不相涉,其滑義乃骨聲所載之語源義。骨聲可載滑義,則"巜"可證之。

骨:見紐物部;

巜:見紐月部。

雙聲,物月旁轉。"巜",水滑行貌。《説文·巜部》:"巜,水流澮澮也。方百里爲巜,廣二尋,深二仞。"清朱駿聲《通訓定聲》:"經傳皆以'澮'爲之。《虞書》:'濬巜巜距川。'今本《益稷》作'澮'。"按,"巜"爲初文,爲象形字,"澮"則爲形聲格局後起本字。"巜(澮)"亦謂田間小溝,小溝之水流不急疾,緩緩滑行,故稱"巜"。

(1321)搰縎榾滑愲(亂義)

搰 擾亂。清朱駿聲《説文通訓定聲·履部》:"搰,〔假借〕爲'淈'。《吕覽·本生》:'物者扫之。'注:'亂也。'"又云"搰,字亦作'扫'。"今按,"搰"之本義《説文》訓"掘",即發掘義,然其字从手,表擾亂義無煩假借,當爲套用字。南朝梁宗懔《荆楚歲時記》引漢應劭《風俗通》:"黄帝書稱:上古之時兄弟二人曰荼與鬱住度朔山上桃樹下,簡百鬼,鬼妄搰人,援以葦索,執以食虎。"朱氏所引《吕覽》文漢高誘注:"扫,亂也,亂之使夭折也。"

縎 打結,紛亂。《説文·糸部》:"縎,結也。从糸,骨聲。"清朱駿聲《通訓定聲》:"《楚辭·九思》:'心結縎兮折摧。'《廣雅·釋訓》:'結縎,不解也。'字亦作'愲'。《漢·息夫躬傳》:'心結愲兮傷肝。'"《廣韻·没韻》:"縎,縎結。"按,謂紛亂如繩之結而不解。南朝梁江淹《傷愛子賦》:"惟秋色之顥顥,心結縎兮悲起。"

榾 木名,亦指樹根疙瘩。前蜀貫休《深山逢老僧》:"衲衣線粗心似月,自把短鋤鋤榾柮。"引申爲紛亂義。唐李華《言毉》:"初疑可及,忽似無際,旋眩迴榾,溯泊兊宕。"

滑 滑溜,引申之則有狡猾義,又引申爲亂、擾亂義。《廣韻·没韻》:"滑,滑亂也,出《列子》。"清朱駿聲《説文通訓定聲·履部》:"滑,〔假借〕爲'汨',實爲'淈'。《小爾雅·廣言》:'滑,亂也。'《周語》:'滑夫二川之神。'……《虞書》:'蠻夷猾夏。'鄭注:'侵亂中國也。'

《潛夫論》正作'淈'。"按,當爲引申,非假借。《列子·黄帝》:"雲霧不硋其視,雷霆不亂其聽,美惡不淈其心。"按,"亂"與"淈"對文同義。唯"淈"有亂義,故有"淈亂"之同義聯合式合成詞。唐柳宗元《送楊凝郎中使還汴宋詩後序》:"談者謂大梁多悍將勁卒,亟就淈亂,而未嘗底寧。"

惛 心亂。朱駿聲所引《漢書·息夫躬傳》文即一例。《廣韻·沒韻》:"惛,心亂。"明王世貞《張幼于廬墓》:"惛結令中耗,安能延子賢。"

〔推源〕 諸詞俱有亂義,爲骨聲所載之公共義。聲符字"骨"所記録語詞之本義、引申義系列與亂義不相涉,其亂義乃骨聲所載之語源義。骨聲可載亂義,"昏"可證之。

骨:見紐物部;
昏:曉紐文部。

見曉旁紐,物文對轉。"昏",日昏闇,引申之則有昏憒、迷亂義。《説文·日部》:"昏,日冥也。"清朱駿聲《通訓定聲》:"《淮南·天文》:'日至于虞淵是爲黄昏,至于蒙谷是謂定昏。'〔假借〕爲'惛'。《老子》:'我獨若昏。'注:'如闇昧也。'《晉語》:'僮昏不可使謀。'注:'闇亂也。'……又爲'怋'。《書·牧誓》:'昏棄厥肆祀弗答。'傳:'亂也。'……又爲'敯'。《左昭十四傳》:'已惡而掠美爲昏。'注:'亂也。'"按,皆爲引申,非假借。

(1322) 鶻蝟(小義)

鶻 小鳩。《説文·鳥部》:"鶻,鶻鵃也。从鳥,骨聲。"清朱駿聲《通訓定聲》:"《爾雅》:'鶌鳩,鶻鳩。'孫注:'一名鳴鳩。'《左昭十七傳》:'鶻鳩氏。'注:'鶻鵃也。'《詩·草木》疏:'鶻鳩,斑鳩也,桂陽人謂之斑隹。'《廣雅》:'鶻鳩,鶌鳩也。'按,經傳凡單言鳩或鳴鳩,皆此也。"按,朱氏所引《爾雅》文晉郭璞注:"似山鵲而小,短尾,青黑色,多聲。今江東亦呼爲鶻鵃。"《廣韻·沒韻》:"鶻,鶻鳩。"漢張衡《東京賦》:"鶻鴠秋棲,鶻鵃春鳴。"

蝟 小蟹。《爾雅·釋魚》:"蝟蟧,小者蟧。"晉郭璞注:"即彭蝟也,似蟹而小。"《廣韻·黠韻》:"蝟,彭蝟,似蟹而小。"明楊慎《異魚圖讚》卷四:"蟛蝟:《爾雅》蟛蝟,《玄經》郭索,均爲蟹謚,蝟訛以越。"唐韓愈等《征蜀聯句》:"岩鉤踔狙猿,水漉雜鱸蝟。"引申之,亦指小飛蟲。唐司空圖《偶題》:"永日無人新睡覺,小窗晴暖蝟蟲飛。"

〔推源〕 此二詞俱有小義,爲骨聲所載之公共義。聲符字"骨"所記録語詞之本義、引申義系列與小義不相涉,其小義乃骨聲所載之語源義。按,肙聲字所記録語詞"蜎""涓""銷"俱有小義,見本典第四卷"肙聲"第878條,骨聲、肙聲本相近且相通。

骨:見紐物部;
肙:影紐元部。

見影鄰紐,物元旁對轉。然則可相互爲證。

(1323) 勏捊（努力義）

勏 努力。《廣韻·沒韻》："勏,力作。"又《黠韻》："勏,力作也。"清朱駿聲《說文通訓定聲·履部·附〈說文〉不録之字》："勏,《埤蒼》：'力作也。'《廣雅·釋詁四》：'勏,仂也。'《一切經音義》引《廣雅》：'勤也。'"《大方等大集經·日藏分送使品》："如是一相在於前心,勏勏專念不起亂想,然後誦此陀羅尼呪。"

捊 用力,努力。《集韻·沒韻》："捊,捊捊,用力貌。"清朱駿聲《說文通訓定聲·履部》："捊,《莊子·天地》：'捊捊然用力甚多而見功。'《釋文》：'用力皃。'"宋范成大《偶書》："已甘捊捊勤爲圃,休向滔滔苦問津。"

〔推源〕 此二詞俱有努力義,爲骨聲所載之公共義。骨聲字"榾"亦可以假借字形式表努力義,則亦爲骨聲與努力義相關聯之一證。唐杜甫《鹽井》："汲井歲榾榾,出車日連連。"按,聲符"骨"爲筋骨字,人賴其筋骨而有力,其義當相通。本條二詞之努力義當爲聲符"骨"所載之顯性語義。

496　舀聲

(1324) 插鍤（插入義）

插 插入。《說文·手部》："插,刺肉也。从手,从舀。"南唐徐鍇《繫傳》、清段玉裁注皆云"刺内也。"清朱駿聲《通訓定聲》："刺内也。从手,舀聲。"《廣韻·洽韻》："插,刺入。"《吕氏春秋·貴卒》："（吴起）拔矢而走,伏尸插矢而疾言曰：'群臣亂王。'"唐高適《廣陵别鄭處士》："溪水堪垂釣,江田耐插秧。"

鍤 長針,可插入衣物者,引申之亦指鍬,插地起土之工具。《說文·金部》："鍤,郭衣鍼也。从金,舀聲。"清朱駿聲《通訓定聲》："《廣雅·釋器》：'鍤,鍼也。'按,今製衣裘用之,蘇俗謂之弱針。〔假借〕爲'插'或爲'銚'。《漢書·王莽傳》：'負籠荷鍤。'注：'鍫也。'"按,非假借,乃引申。

〔推源〕 此二詞俱有插入義,爲舀聲所載之公共義。聲符字"舀"所記録語詞謂以杵插入臼中舂去穀物之皮,本有插入義。《說文·臼部》："舀,舂去麥皮也。从臼,干,所以舀之。"清吴景旭《歷代詩話·唐詩·紅蓮》："主客聯句。仲瑛云：白鬣魚乍刲。廉夫云：紅蓮米新舀。"舀聲可載插入義,則"扎"可證之。

舀：初紐葉部；
扎：莊紐月部。

初莊旁紐,葉（盍）月通轉。"扎",刺入,插入。清曹雪芹《紅樓夢》第六十五回："三姑娘的混名叫'玫瑰花兒',又紅又香,無人不愛,只是有刺扎手。"《兒女英雄傳》第三回："只是這時候可那裡去找會扎針的代服(大夫)去呢?"

497 秋聲

(1325) 愁愀(憂義)

愁 憂愁字。《説文·心部》:"愁,憂也。从心,秋聲。"清朱駿聲《通訓定聲》:"《廣雅·釋詁三》:'愁,悲也。'《釋訓》:'愁愁,憂也。'《易·晉》:'晉如愁如。'"《廣韻·尤韻》:"愁,憂也。悲也。"《左傳·襄公二十九年》:"哀而不愁,樂而不荒。"《楚辭·九章·涉江》:"吾不能變心而從俗兮,固將愁苦而終窮。"按,唯"愁"之義爲憂,故有"憂愁"之同義聯合式合成詞。《史記·屈原賈生列傳》:"屈平疾王聽之不聰也,讒諂之蔽明也,邪曲之害公也,方正之不容也,故憂愁幽思而作《離騷》。"

愀 臉色改變貌,引申爲憂愁。《廣韻·有韻》:"愀,變色也。"又《小韻》:"愀,容色變也。"清朱駿聲《説文通訓定聲·孚部》:"《禮記·哀公問》:'孔子愀然作色而對。'注:'變動兒。'《楚語》:'子木愀然。'注:'愁兒。'《荀子·脩身》:'見善愀然。'注:'憂懼兒。'《上林賦》:'愀然改容。'注:'變色兒。'"《荀子·富國》:"故墨術誠行,則天下尚儉而彌貧……愀然憂慼,非樂而日不和。"宋王安石《日出堂上飲》:"主人笑而歌,客子嘆以愀。"

〔推源〕 此二詞俱有憂義,爲秋聲所載之公共義。聲符字"秋"所記録語詞謂禾穀成熟。《説文·禾部》:"秋,禾穀孰也。从禾,𤎅省聲。"清朱駿聲《通訓定聲》:"《月令章句》:'百穀各以其初生爲春,熟爲秋。'〔聲訓〕《禮記·鄉飲酒義》:'秋之爲言愁也。'"按,秋季萬物肅殺、凋零,氣候寒涼,人多有悲秋者。此或與憂愁義相通。《廣雅·釋詁四》:"秋,愁也。"宋蘇轍《次韻徐正權謝示閔子廟記及惠紙》:"西溪秋思日盈牋,幕府拘愁學久騫。"宋吳文英《唐多令》:"何處合成愁? 離人心上秋。"秋聲可載憂義,則"悄"可證之。

秋:清紐幽部;

悄:清紐宵部。

雙聲,幽宵旁轉。"悄",憂愁。《説文·心部》:"悄,憂也。从心,肖聲。《詩》曰:'憂心悄悄'。"清朱駿聲《通訓定聲》:"《詩·柏舟》……傳:'憂貌。'……《月出》:'勞心悄兮。'傳:'憂也。'《文選·〈笙賦〉》:'訣厲悄切。'注:'悄切,憂兒。'"

(1326) 湫𤄷揫(聚集義)

湫 低窪。凡水多聚於低窪處,故有聚集之衍義。《説文·水部》:"湫,隘下也。从水,秋聲。"清朱駿聲《通訓定聲》:"按,當訓下溼也。《左昭三傳》:'湫隘囂塵。'注:'下也。'《吕覽·審分》:'此之謂定性于大湫。'注:'猶大寶。'〔假借〕又爲'𤄷'。《左昭元傳》:'勿使有所壅閉湫底。'注:'集也。'疏:'謂氣聚。'"按,無煩假借,乃引申。"湫底"謂積滯不暢,即聚集而不流通義。《集韻·尤韻》：" 揪，集也。"明李東陽《九日束敷五》："林壑費躋厲，城市多揪淤。"

摶 收集，聚集。《爾雅·釋詁下》："摶，聚也。"《說文·手部》："摶，束也。从手，秋聲。"按，"束"即聚物成捆之義。《廣韻·尤韻》："摶，束也，聚也。"《慎子·外篇》："氣之摶斂而有質者爲陰，舒散而有氣者爲陽。"宋葉適《戴夫人墓誌銘》："雖然，陽疏而陰密，一於張施而無以摶聚，則家亦或不成，未可盡非也。"清趙艮甫《樂潛堂詩叙》："予讀《宛陵集》，古淡蕭寂，有摶斂而無發舒，宜其窮也。"

揪 聚斂，聚集。《新唐書·孫佺傳》："佺揪聚軍中幣萬餘匹，悉袍帶並與之。"按，"揪"又有抓扯義，實亦聚物于手中之意，今猶有"一把抓"語。《字彙·手部》："揪，手揪。"元李行道《灰闌記》第三折："早早早又被揪捋了頭髮。"

〔推源〕 諸詞俱有聚集義，爲秋聲所載之公共義。秋聲字"愁"亦可以假借字形式表聚集義，則亦爲秋聲與聚集義相關聯之一證。《集韻·尤韻》："樵，《說文》：'聚也。'或作'愁'。"清朱駿聲《說文通訓定聲·孚部》："愁，〔假借〕爲'摶'。《禮記·鄉飲酒義》：'秋之爲言愁也。'《尚書大傳》：'秋者愁也，萬物愁而入也。'"按，朱氏所引《禮記》文漢鄭玄注："愁，讀爲摶。摶，斂也。"《漢書·王莽傳下》："又坐鄰伍鑄錢挾銅，姦吏因以愁民。民窮，悉起爲盜賊。"清王先謙《補注》："愁讀爲摶。摶，歛也。言民坐鄰伍鑄錢挾銅，姦吏遂借此以斂取民財，故下句云'民窮，悉起爲盜賊'也。"按，聲符字"秋"所記錄語詞之本義、引申義系列與聚集義不相涉，其聚集義乃秋聲所載之語源義。秋聲可載聚集義，"湊"可證之。

秋：清紐幽部；

湊：清紐侯部。

雙聲，幽侯旁轉。"湊"，聚集，俗云"湊在一起"。《玉篇·水部》："湊，聚也。"《楚辭·九歎·逢紛》："赴江湘之湍流兮，順波湊而下降。"漢王逸注："湊，聚也。"漢桓寬《鹽鐵論·力耕》："雖有湊會之要，陶宛之術，無所施其巧。"

(1327) 鶖瘶摶(小義)

鶖 小雞。《方言》卷八："雞雛，徐魯之間謂之鶖子。"《玉篇·隹部》："鶖，雞雛。"《廣韻·尤韻》："鶖，雞雛。"

瘶 縮小。《廣韻·宥韻》："瘶，縮小。"清朱駿聲《說文通訓定聲·孚部》："《廣雅·釋詁三》：'瘶，縮也。'《通俗文》：'縮小曰瘶皺，不申曰縮肭。'"章炳麟《新方言·釋言》："湖北謂縮小爲瘶。"唐段成式《酉陽雜俎·鱗介篇》："蚌當雷聲則瘶。"

摶 斂物而細小。清朱駿聲《說文通訓定聲·孚部》："摶，《方言》二：'摶，細也，斂物而細謂之摶。'《廣雅·釋詁二》：'摶，小也。'"清厲鶚《東城雜記》卷下："菊之爲物，發於卉木凋落之後，時雖摶斂，而幽姿雅艷。"章炳麟《訄書·訂文》："且夫文因於言，其末則摶廹而因於文。何者？文之瑣細，所以爲簡也；詞之苛碎，所以爲樸也。"

〔推源〕 諸詞俱有小義，爲秋聲所載之公共義。聲符字"秋"所記録語詞之本義、引申義系列與小義不相涉，其小義乃秋聲所載之語源義。秋聲可載小義，"小"可證之。

秋：清紐幽部；
小：心紐宵部。

清心旁紐，幽宵旁轉。"小"，大小字。《説文·小部》："小，物之微也。"《左傳·莊公十年》："小大之獄，雖不能察，必以情。"明張居正《遵諭自陳不職疏》："然臣愚，竊以爲官有崇卑，則稱有難易；任有大小，則責有重輕。"

(1328) 篍甃䐓鰌 (圓義)

篍 吹筒，圓筒狀物。《説文·竹部》："篍，吹筩也。从竹，秋聲。"清朱駿聲《通訓定聲》："《急就篇》：'箛篍起居課後先。'"按，朱氏所引文唐顔師古注："言督作之司吹鞭及竹箭爲起居之節度。"《廣韻·尤韻》："篍，《玉篇》云：'吹簫也。'"又《笑韻》："篍，竹簫，洛陽亭長所吹。"漢王充《論衡·順鼓》："事大而急者用鍾鼓，小而緩者用鈴篍。"清祝德麟《淞江水》："箛篍鼖鼓紛轇轕，百肩挑荷千指握。"

甃 井壁，形圓者。《説文·瓦部》："甃，井壁也。从瓦，秋聲。"清朱駿聲《通訓定聲》："《易·井》：'甃無咎。'干注：'以甎壘井曰甃。'《莊子·秋水》：'入休乎缺甃之崖。'馬注：'井底闌也。'"《廣韻·宥韻》："甃，井甃。"宋王安石《酬王濬賢良〈松〉〈泉〉二詩·泉》："東泉土梗久蔽塞，穿治乃見甃甑完。"引申之則有圓義。宋王讜《唐語林·識鑒》："（駱浚）於春明門外築臺榭，食客皆名人，盧申州題詩云：'地甃如拳石，溪横似葉舟。'"

䐓 膝蓋彎，可屈曲者。曲義、圓義相通，凡曲綫首尾相接即成圓形。俱以秋聲載之，語源當同。其字亦作"𦡁"。《集韻·尤韻》："䐓，股脛間。或从酋。"《玉篇·肉部》："𦡁，曲𦡁。"王重民等編《敦煌變文集》之《舜子變》："把舜子頭髮懸在中庭樹地，從項決到脚䐓，鮮血遍流灑地。"

鰌 泥鰌、沙鰌等同類魚總名，其體皆爲圓筒形，此即"鰌"得名之由。《廣韻·尤韻》："鰌，魚屬。亦作'鰍'。"《説文·魚部》："鰌，鰼也。"清朱駿聲《通訓定聲》："字亦作'鰍'。《爾雅·釋魚》：'鰼，鰌。'注：'今泥鰌。'……《莊子·齊物論》：'鰌與魚游。'"宋辛棄疾《鵲橋仙·鷺鷥》："白沙遠浦，青泥別渚，剩有鰕跳鰌舞。"徐珂《清稗類鈔·動物·鰌》："鰌，一作'鰍'，可食，形似鰻，長三四寸，體圓尾扁，色清黑，無鱗而有黏質。常潛居淡水之泥中，故又稱'泥鰌'。"

〔推源〕 諸詞俱有圓義，爲秋聲所載之公共義。聲符字"秋"所記録語詞之本義、引申義系列與圓義不相涉，其圓義乃秋聲所載之語源義。秋聲可載圓義，"褱"可證之。

秋：清紐幽部；
褎：邪紐幽部。

疊韻，清邪旁紐。"褎"，衣袖，圓筒形之物。其字亦作"袖"。《説文·衣部》："褎，袂也。从衣，采聲。袖，俗褎從由。"清朱駿聲《通訓定聲》："《方言》四：'複襦謂之袖。'注：'衣褾，江東呼䘼。'《詩·羔裘》：'羔裘豹褎。'傳：'猶袪也。'《文選·曹子建〈樂府〉》：'攘袖見素手。'注：'攘袖，卷袂也。'"按，衣袖稱"䘼"，其字從宛得聲，宛聲字所記録語詞亦多曲、圓義。

498　重聲

（1329）緟褈䎧腫踵（緟益、重複義）

緟　緟益。《説文·糸部》："緟，增益也。从糸，重聲。"清段玉裁注："增益之則加重，故其字從重。許書重文若干皆當作'緟文'。"按，"重文"有或體，有添加構件者，後者即"緟益字"，或稱"累增字"。《玉篇·糸部》："緟，增也，疊也，益也，複也。"清平步青《霞外攟屑·斠書·西雲札記》："蓋《日知録》之流别，原本十數册，趙之謙訂其踳訛，去其緟複。"清李慈銘《越縵堂讀書記·白虎通》："閲盧抱經、莊葆琛所校《白虎通》，是書性繆緟貤，幾於難讀。"

褈　增益，重複。《玉篇·衣部》："褈，增益也，複也。"《廣韻·鍾韻》："褈，複也。"清平步青《霞外攟屑·詩話上·重韻》："皋陶字本作'咎繇'，四豪韻中本有'咎'字，與有韻无咎之'咎'異，香山原本必作'咎'，不作'皋'，傳寫偶誤，遂褈複耳。"

䎧　懷孕，即人之身增益一人，亦如物之重疊、重複。《廣韻·用韻》："䎧，婦人娠也。"按，"䎧"所記録之詞客觀存在，唯其字常以"重"爲之。《詩·大雅·大明》"大任有身，生此文王"漢毛亨傳："身，重也。"漢鄭玄箋："重，謂懷孕也。"唐孔穎達疏："以身中復有一身，故言重。"

腫　瘡，增生之物，引申之則指腫脹，腫脹即增大，亦如物之重疊。《説文·肉部》："腫，癰也。从肉，重聲。"清朱駿聲《通訓定聲》："字亦作'瘇'。《論衡·狀留》：'肉暴長曰腫。'……《素問·大奇論》：'肝滿、腎滿、肺滿皆實爲腫。'"《左傳·宣公十年》："公閉門而泣之，目盡腫。"

踵　追隨，即人身後增益他人之義。《説文·足部》："踵，追也。从足，重聲。一曰往來皃。"《六韜·均兵》："騎者，軍之司候也，所以踵敗軍，絶糧道，擊便寇也。"《漢書·武帝紀》："步兵踵軍後數十萬人。"按，所謂"往來皃"即行動重複義，與追隨義同條共貫。元陳旅《瓊茸賦》："彼婦子之踵踵兮，持頃筐以取盈。"

〔推源〕　諸詞俱有緟益、重複義，爲重聲所載之公共義。聲符字"重"所記録語詞本有增益、重複義。《廣韻·鍾韻》："重，複也，疊也。"《楚辭·離騷》："紛吾既有此内美兮，又重之以脩能。"宋陸游《游山西村》："山重水複疑無路，柳暗花明又一村。"按，"重"之本義《説文》訓"厚",凡物增益、重疊之則厚,故其義亦相通。然則本條諸詞之緄益、重複義爲其聲符"重"所載之顯性語義。重聲可載緄益、重複義,則"增"可證之。

重:定紐東部;
增:精紐蒸部。

定精鄰紐,東蒸旁轉。"增",增益,引申爲重疊、重複義。《說文·土部》:"增,益也。"清朱駿聲《通訓定聲》:"《廣雅·釋詁二》:'增,加也。'《四》:'增,累也。'《太玄·玄錯》:'增日益。'《淮南·本經》:'殘高增下。'〔假借〕爲'層'。《廣雅·釋詁》:'增,重也。'……《魏大饗碑》:'蔭九增之華蓋。'"按,"增"表重疊義無煩假借,乃引申。

(1330) 種憧僮(遲緩義)

種 禾類早種晚熟。《說文·禾部》:"種,先穜後孰也。从禾,重聲。"清朱駿聲《通訓定聲》:"《詩·七月》《閟宮》:'黍稷種稑。'毛本皆以'重'爲之。《周禮·內宰》:'而生穜稑之種。'以'穜'爲之。經傳種稑字與穜藝字多互借。"清段玉裁注:"此謂凡穀有如此者。《邠風》傳曰:'後孰曰重。'《周禮·內宰》注:'鄭司農云:先種後孰謂之穜。'按,《毛詩》作'重',假借字也。《周禮》作'穜',轉寫以今字易之也。"然則"種"所記錄之詞實有之。

憧 遲重,遲緩。《說文·心部》:"憧,遲也。从心,重聲。"清朱駿聲《通訓定聲》:"經傳皆以'重'爲之。〔假借〕又爲'憧',實爲'徸'。《易·咸》京房本:'憧憧往來。'馬注:'行皃。'"按,"憧憧"謂徐行,即行動遲緩,非假借。《廣韻·腫韻》:"憧,遲也。"

僮 儱僮,老態。《玉篇·人部》:"儱,儱僮,行不正也。"按,凡人老,步履蹣跚,行動遲緩且左右搖擺,故云"行不正"。其字亦作"龍鍾"。北齊杜弼《檄梁文》:"委慈母似脫屣,棄寵弟如遺芥,龍鍾稚子,痛苦成行。"唐蘇頲《早發方騫驛》:"傳置遠山蹊,龍鍾蹴爛泥。"

〔推源〕 諸詞俱有遲緩義,爲重聲所載之公共義。聲符字"重"所記錄語詞有沉重義,與"輕"相對待,且此義爲其基本義,引申之,則有拖累、遲緩義。《玉篇·重部》:"重,不輕也。"清朱駿聲《說文通訓定聲·豐部》:"重,《禮記·儒行》:'引重鼎不程其力。'注:'大鼎也。'《孟子》:'權然後知輕重。'……《詩·無將大車》:'祇自重兮。'箋:'猶累也。'《荀子·修身》:'卑濕重遲貪利。'注:'寬緩也。'"《禮記·玉藻》:"足容重。"漢鄭玄注:"舉欲遲也。"然則本條諸詞之遲緩義爲其聲符"重"所載之顯性語義。

499 复聲

(1331) 複榎鰒瘦(重複義)

複 袷衣,重複者,因引申爲重複義。《說文·衣部》:"複,重衣也。从衣,复聲。"清朱駿聲《通訓定聲》:"《釋名》:'有裏曰複,謂即袷也。'又《方言》四:'履中有木者,謂之複舄。'

《周禮·屨人》注：'複下曰舄。'疏：'重底也。'又《漢書·高帝紀》：'從複道上。'注：'上下有道，故謂之複。'《廣雅·釋詁四》：'複，重也。'"《廣韻·屋韻》：'複，重衣。'又《宥韻》：'複，重複。'《文選·張衡〈東京賦〉》："複廟重屋，八達九房。"唐李善注："複廟，重覆也。"

榎 織布機之卷布軸，作圓周運動者。"榎"之名本寓循環往復、周而復始之義。《說文·木部》："榎，機持繒者。从木，复聲。"清朱駿聲《通訓定聲》："持經與緯之會者，所以緊之也。"《廣韻·宥韻》："榎，機持繒者。"又《屋韻》："榎，織榎，卷繒者。"清厲鶚《機神廟碑》："予惟機神，不載祀典，觀其爲器，則有杼，有軸，有𨏢，有滕，有榎，有樓……蓋一器而工聚焉。"

鰒 海魚，其殼吸水孔密集，其名當寓繁複、重複義。《說文·魚部》："鰒，海魚名。从魚，复聲。"清朱駿聲《通訓定聲》："《漢書·王莽傳》：'莽飲酒啗鰒魚。'《後漢·伏隆傳》：'獻鰒魚。'注：'鰒似蛤，偏著石。'引《廣志》：無鱗有殼，一面附石，細孔雜雜，或七或九。又引《本草》：石決明，一名鰒魚。"晉陸雲《答車茂安書》："鱠鰡鰒，炙鱉鰶，烝石首，臛𩶤鰲，真東海之俊味，肴膳之至妙也。"徐珂《清稗類鈔·動物·鰒》："鰒，亦稱鮑魚，殼爲橢圓狀，長二寸許，小於石決明，有吸水孔八九個，殼薄，外爲淡褐色，內帶真珠色，附著海底巖石間。"

瘦 疾病重複發作。《玉篇·疒部》："瘦，再病也。"《廣韻·宥韻》："瘦，再病。"又："瘦，病重發也。"

〔推源〕 諸詞俱有重複義，爲复聲所載之公共義。聲符字"复"本作"夏"，从夊，所記錄語詞謂行故道，即同一道重複行走之義。《說文·夊部》："夏，行故道也。从夊，畐省聲。"清朱駿聲《通訓定聲》："凡重再意爲此字之轉注。今皆以'復'爲之。"《玉篇·夊部》："夏，今作復。"然則本條諸詞之重複義爲其聲符"复"所載之顯性語義。复聲可載重複義，則"秠"可證之。

复：並紐覺部；
秠：滂紐之部。

並滂旁紐，覺之旁對轉。"秠"，一殼二米，寓重疊、重複義。《說文·禾部》："秠，一稃二米。从禾，丕聲。《詩》曰：'誕降嘉穀，惟秬惟秠。'天賜后稷之嘉穀也。"清朱駿聲《通訓定聲》："一稃之內有兩米……《爾雅·釋草》：'秠，一稃二米。'注：'亦黑黍，但中米異耳。'"唐柳宗元《武功縣丞廳壁記》："其植物豐暢茂遂，有秬秠、藿蔆之宜。"

(1332) 復愎（反義）

復 返回，反其方向而行來。《說文·彳部》："復，往來也。从彳，复聲。"清朱駿聲《通訓定聲》："《易·復》：'反復其道。'〔假借〕爲'复'。《易·襟卦》：'復，反也。'《易·泰》：'無往不復。'……《爾雅·釋言》：'復，返也。'《小爾雅·廣言》：'復，還也。'《左昭十六傳》：'弗敢復也。'"按，"复"本"復"之初文，非假借。唯"復"有反義，故有"反復"之同義聯合式合成詞。《易·乾》:"終日乾乾,反復道也。"

愎　乖戾,與情理相反。《廣雅·釋詁三》:"愎,很也。"《説文·彳部》:"很,不聽從也。"唐玄應《一切經音義》卷三:"很,違也。"唐杜牧《原十六衛》:"百城千里,一朝得之,其強傑愎勃者,則撓削法制,不使縛己,斬族忠良,不使違己,力壹勢便,罔不爲寇。"宋王禹偁《並詁》:"汝率我化,從我教,我其賞;愎我政,違我道,我其刑。"

〔推源〕此二詞俱有反義,爲复聲所載之公共義。聲符字"复"所記錄語詞謂行故道,有重複義,與反復、反義本相通。則本條二詞之反義爲其聲符"复"所載之顯性語義。复聲可載反義,則"背"可證之。

复:並紐覺部;

背:帮紐職部。

並帮旁紐,覺職旁轉。"背",背脊。人之背在反面,故引申爲違反義。《説文·肉部》:"背,脊也。从肉,北聲。"清朱駿聲《通訓定聲》:"《素問·脈要精微論》:'背者,胸中之府。'〔假借〕爲'北'。《楚辭·惜誦》:'忘儇媚以背衆兮。'注:'違也。'《吕覽·尊師》:'聽從不盡力,命之曰背。'注:'戾也。'"按,非假借,乃引申。《廣韻·隊韻》:"背,棄背。"《楚辭·離騷》:"背繩墨以追曲兮,競周容以爲度。"宋洪興祖《補注》:"背,違也。"

(1333) 輹/縛(縛義)

輹　綁縛車之伏兔與車軸之繩。《説文·車部》:"輹,車軸縛也。从車,复聲。《易》曰:'輿脱輹。'"清朱駿聲《通訓定聲》:"《廣雅·釋詁三》:'輹,束也。'按,此非軸之束,亦非伏兔,乃軸與伏兔相聯之縛也。凡軸束曰䡆,輈束曰楘,衡束曰帠,轂束曰約,軼束曰輹。樸,伏兔也……《左僖十五傳》:'車脱其輹。'"《廣韻·屋韻》:"輹,車軸縛也。"《舊唐書·劉晏傳》:"牛必羸角,輿必説輹,棧車輓漕,亦不易求。"章炳麟《訄書·分鎮匡謬》:"若其檢式群下,和齊縣內,微革更官制,則猶篆車之無輹,而丁時者或未意是也。"

縛　以繩束縛,捆綁。《説文·糸部》:"縛,束也。"《左傳·文公二年》:"晉襄公縛秦囚,使萊駒以戈斬之。"按,許慎以"束"釋"縛",乃以同義詞相訓,"束""縛"可組成同義聯合式合成詞,又作"縛束",則爲同素逆序詞。《國語·齊語》:"莊公將殺管仲。齊使者請曰:'寡君欲以親爲戮……'於是莊公使束縛以予齊使,齊使受之而退。"《後漢書·鄧訓傳》:"羌胡俗恥病死,每病臨困,輒以刀自刺。訓聞有困疾者,輒拘持縛束,不與刀刃,使醫藥療之。"

〔推源〕此二詞俱有縛義,其音亦相近且相通。

輹:幫紐覺部;

縛:並紐鐸部。

幫並旁紐,覺鐸旁轉。則其語源當同。

500　段聲

(1334) 韇破鍛腶（壓義）

韇　履後帖，承壓之物。其字亦作"緞""䩞"。《說文·韋部》："韇，履後帖也。从韋，段聲。緞，韇或从糸。"清朱駿聲《通訓定聲》："履跟箸以韋，使堅厚也。"《廣韻·緩韻》："韇，履後帖也。緞，上同。"《急就篇》第二章："履舃鞜裒緘緞紃。"唐顏師古注："緞，履跟之帖也。"《集韻·緩韻》："䩞，履後帖。或从革。"方成珪《考正》："'䩞'訛'䩞'。"

破　鍛打所用之石，鍛打即下壓。《說文·石部》："破，厲石也。从石，段聲。"清朱駿聲《通訓定聲》："《廣雅·釋器》：'破，礪也。'堅石可爲椎物之椹質者……《孫子·勢篇》：'以破投卵。'"《廣韻·換韻》："破，礪石。"

鍛　鍛打，即下壓。《說文·金部》："鍛，小冶也。从金，段聲。"清朱駿聲《通訓定聲》："鎔鑄金爲冶，以金入火焠而椎之爲小冶，晉嵇康'鍛竈'是也。"《書·費誓》："備乃弓矢，鍛乃戈矛，礪乃鋒刃，無敢不善。"唐白居易《詠慵》："彈琴復鍛鐵，比我未爲慵。"

腶　搥冶而成之乾肉，搥冶即下壓。《廣韻·換韻》："腶，籤脯。"《集韻·換韻》："腶，腶脩，搥脯施薑桂也。"《儀禮·有司》："入于房，取糗與腶脩，執以出。"漢鄭玄注："腶脩，擣肉之脯。"唐陸德明《釋文》："加薑桂於脯而鍛之曰腶脩。"《左傳·哀公十一年》："道渴，其族轅咺進稻醴、粱糗、腶脯焉。"

〔推源〕　諸詞俱有壓義，爲段聲所載之公共義。聲符字"段"所記錄語詞謂搥擊，搥擊則即下壓。《說文·殳部》："段，椎物也。"清朱駿聲《通訓定聲》："《考工記》：'攻金之工，築冶、鳧栗、段、桃。'〔轉注〕《儀禮·士昏禮》：'受笲段脩。'《禮記·昏義》：'棗栗段脩。'按，搥脯而施薑桂曰段脩，字亦作'腶'。"按，"段"即"鍛""腶"之初文。本條諸詞之壓義爲其聲符"段"所載之顯性語義。段聲可載壓義，則"椎"可證之。

段：定紐元部；

椎：定紐微部。

雙聲，元微旁對轉。"椎"，搥擊工具。《莊子·外物》："儒以金椎控其頤。"引申爲搥擊義，搥擊則即下壓。《漢書·匈奴傳下》："既得而復失之，辱命莫大焉。不如椎破故印，以絕禍根。"清袁枚《新齊諧·染坊椎》："隣有開染坊婦在河中椎衣，見小兒泛泛然隨流來。"

(1335) 椴𣂪（解散義）

椴　樹段，樹木之經分解而散離者。清朱駿聲《說文通訓定聲·乾部·附〈說文〉不錄之字》："椴，《方言》五：'橛，謂之椴。'《廣雅·釋室》：'椴，杙也。'則借爲'斷'字。"按，"椴"亦爲木名，然表木段、木樁義非假借，乃套用字，所記者爲另一詞。朱氏所引《廣雅》文清王念孫《疏證》:"椴之言段也。今人言木一段兩段是也。"

毈 卵壞散。《説文·卵部》:"毈,卵不孚也。从卵,段聲。"清朱駿聲《通訓定聲》:"謂中敗散不成也。《吕覽》:'雞卵多毈。'《淮南·原道》:'鳥卵不毈。'《法言·先知》:'其卵毈矣。'"按,字亦作"殿",亦从段聲。《集韻·换韻》:"毈,或作'殿'。"《北史·蕭寶夤傳》:"謡言:'鸞生十子九子殿,一子不殿關中亂。'"

〔推源〕 此二詞俱有解散義,爲段聲所載之公共義。聲符字"段"所記録語詞謂捶擊,凡物經捶擊則多分解,故有分解、分散之衍義,亦爲"毈"之初文。《廣韻·换韻》:"段,分段也。"清朱駿聲《説文通訓定聲·乾部》:"段,〔假借〕爲'毈'。《管子·五行》:'羽卵者不段。'注:'謂離散不成。'又爲'斷',今所用大段、分段字。"按,無煩假借,乃引申。銀雀山漢墓竹簡《孫臏兵法·擒龐涓》:"於是段齊城、高唐爲兩,直將蟻傅平陵。"然則本條二詞之解散義爲其聲符"段"所載之顯性語義。段聲可載解散義,則"散"可證之。

段:定紐元部;
散:心紐元部。

疊韻,定心鄰紐。"散",分散,分解。其字本作"散"。《説文·肉部》:"散,雜肉也。从肉,㪔聲。"按,"雜肉"義無文獻實用例,肉可分解,所訓蓋爲造意,其本義即分散、分解。《史記·淮陰侯列傳》:"至彭城,漢兵敗散而還。"南朝梁簡文帝蕭綱《應令詩》:"遠煙生兮含山勢,風散花兮傳馨香。"

第 六 卷

第六卷相關數據

　　本卷共考釋同源詞 246 組。
　　本卷收錄聲符字 100 個,據聲符字形體綫索繫聯的形聲字共 722 個。根據聲符的音義綫索繫聯的其他文字即帶"/"符號者 47 個。推源欄所繫聯的即《條文目錄》中帶"△"符號的文字 173 個(俱爲本字形式,假借字未計在内)。《條文目錄》所列即此三數之和,凡 942 單字。

501 便聲

(1336) 緶/編（編織義）

緶 編織辮狀物，亦指縫合。《說文·糸部》："緶，交枲也。一曰緁衣也。从糸，便聲。"清朱駿聲《通訓定聲》："以枲兩股交辮之。按，此與'綼'略同。〔別義〕《漢書·賈誼傳》：'緁以偏諸。'注：'謂以偏諸緶箸之也。'按，縫緝其邊曰緶。"《廣韻·仙韻》："緶，縫也。"按，編織義、縫合義同條共貫。唐王建《宫詞》："緶得紅羅手帕子，中心細畫一雙蟬。"

編 編竹簡使成册，引申爲編織義。《說文·糸部》："編，次簡也。"清朱駿聲《通訓定聲》："'册'字二横畫象編之形。《聲類》：'以繩次物曰編。'《漢書·儒林傳》：'讀之韋編三絶。'《張良傳》：'出一編書。'〔轉注〕《周禮·追師》：'爲副編次追衡笄。'注：'編列髮爲之其遺象，若今假紒矣。'《四子講德論》：'編結沮。'顏注：'謂編髮也。'……又《廣雅·釋器》：'編，繚也。'《蒼頡篇》：'編，文織也。'又《漢書·東方朔傳》：'齒若編貝。'又《西京賦》：'編町成篁。'注：'連也。'"《玉篇·糸部》："編，編織也。"《莊子·大宗師》："子桑户死未葬。孔子聞之，使子貢往侍事焉。或編曲，或鼓琴，相和而歌。"唐成玄英疏："曲，薄也。或編薄織簾，或鼓瑟歌詠。"

〔推源〕 此二詞俱有編織義，其音亦相近且相通。

緶：並紐元部；

編：幫紐真部。

並幫旁紐，元真旁轉。則其語源當同。其"緶"字乃以便聲載編織義。聲符字"便"所記錄語詞之本義《說文·人部》訓"安"，即安適義。《戰國策·秦策三》："食不甘味，卧不便席。"其引申義系列亦與編織義不相涉，其編織義乃便聲所載之語源義。

(1337) 箯/翩（輕便、輕巧義）

箯 竹製便轎，輕便之物。《說文·竹部》："箯，竹輿也。从竹，便聲。"清朱駿聲《通訓定聲》："《漢書·陳餘傳》：'箯輿前。'……人舁以行者，今人謂之轎。"按，轎多爲木製者，較沉重，竹製便轎，則輕便。《廣韻·仙韻》："箯，竹輿。"清黄遵憲《放歸》："此地可能容複壁？無人肯就問篋輿。"清邵長蘅《五人墓行》："篋輿就考備五毒，尸蟲嚙肌不得葬。"

翩 迅速、輕巧地飛。《說文·羽部》："翩，疾飛也。"清朱駿聲《通訓定聲》："《詩·泮水》：'翩彼飛鴞。'……《舞賦》：'鶣䫤燕居。'注：'輕貌。'〔轉注〕《思玄賦》：'鷙翩飄而不禁。'注：'疾貌。'"按，輕巧，故其飛迅速。"翩"字從扁得聲，扁聲字"諞"所記錄語詞之本義《說文》訓"便巧言"，可爲一證。引申之，"翩"亦指人行動輕巧迅速。三國魏曹植《芙蓉池》："逍遙芙蓉池，翩翩戲輕舟。"

〔推源〕 此二詞俱有輕便、輕巧義，其音亦相近且相通。

篋：並紐元部；
翩：滂紐真部。

並滂旁紐，元真旁轉。則其語源當同。其"篋"字乃以便聲載輕便、輕巧義，聲符字"便"所記錄語詞本有此義。《荀子·性惡》："齊給便敏而無類。"唐楊倞注："便，謂輕巧敏速也。"唯"便"有輕巧義，故有"輕便"之同義聯合式合成詞。《後漢書·方術傳下·華佗》："體有不快，起作一禽之戲，怡而汗出，因以著粉，身體輕便而欲食。"

502　保聲

(1338) 緥堡(保護義)

緥 小兒抱被，保護物。其字亦作"褓"。《說文·糸部》："緥，小兒衣也。從糸，保聲。"清朱駿聲《通訓定聲》："字亦作'褓'，一名繃，蘇俗所謂抱被也……《史記·魏將軍驃騎傳》：'在繈緥中。'《漢書·宣帝紀》：'曾孫雖在褓緥。'李奇曰：'小兒大藉也。'《呂覽·明理》：'道多褓緥。'《直諫》：'不穀免衣繈緥。'《廣韻·晧韻》："褓，襁褓。"《集韻·晧韻》："緥，或從衣。""

堡 小城，防禦、保護之物。字亦作"塓"。《廣韻·晧韻》："塓，塓障，小城。堡，上同。"《新唐書·裴識傳》："識至，治堡障，整戎器，開屯田。"《資治通鑑·陳長城公至德二年》："帝以隴西頻被寇掠，而俗不設村塢，命子幹勒民爲堡，仍營田積穀。"元胡三省注："堡，小城也。"

〔推源〕 此二詞俱有保護義，爲保聲所載之公共義。聲符字"保"所記錄語詞本有保養、保護義。《說文·人部》："保，養也。從人，從采省，采，古文孚。"清朱駿聲《通訓定聲》："《周禮·大司徒》：'以保息六養萬民。'注：'謂安之使蕃息也。'《周語》：'事神保民。'注：'養也。'《鄭語》：'以保於百姓者也。'注：'養也。'"然則本條二詞之保護義爲其聲符"保"所載之顯性語義。

503 皇聲

（1339）艎煌鰉（强、大義）

艎 大船。《廣韻·唐韻》："艎，餘艎，吳王舟名。"《集韻·唐韻》："艎，餘艎，吳大舟名。"《新唐書·韋思謙傳附韋承慶》："夫構大廈，濟巨川，必擇文梓、餘艎。"按，"艎"亦單用。南朝齊謝朓《拜中軍記室辭隋王箋》："唯待青江可望，候歸艎於春渚。"

煌 光强。《説文·火部》："煌，煌煇也。从火，皇聲。"清朱駿聲《通訓定聲》："《蒼頡篇》：'煌，光也。'《東京賦》：'煌光馳而星流。'《詩·大明》：'檀車煌煌。'傳：'明也。'《莊子·駢拇》：'青黄黼黻之煌煌。'《景福殿賦》：'丹彩煌煌。'注：'盛皃。'"《詩·陳風·東門之楊》："昏以爲期，明星煌煌。"宋朱熹《集傳》："煌煌，大明貌。"

鰉 大魚。《正字通·魚部》："鰉，鱣也。今俗名鰉魚。"《爾雅·釋魚》"鱣"晉郭璞注："大魚……大者長二三丈。"馮德培、談家楨等《簡明生物學詞典·鰉》："古稱'鱣'。魚綱，鱘科。體形和鱘相似，唯左右鰓膜相連。長幾達5米，重達2000斤。"清屈大均《廣東新語·鱗語·黄雀魚》："有海鰉者亦能化，歲二八月群至沙洲，移時化而爲鳥，是爲火鳩。"清王士禛《西陵竹枝》四首之三："江上夕陽歸去晚，白蘋花老賣鱘鰉。"

〔推源〕 上述諸詞或有强義，或有大義，此二義本相通，俱以皇聲載之，語源則同。聲符字"皇"所記錄語詞之本義即大。《説文·王部》："皇，大也。从自，自，始也，始皇者，三皇大君也。自，讀若鼻，今俗以始生子爲鼻子。"清朱駿聲《通訓定聲》："《廣雅·釋詁一》：'皇，大也。'《書·洪範》：'建用皇極。'《詩》：'皇矣上帝。'"按，所引《書》文僞孔傳："皇，大。"《文選·張衡〈東京賦〉》："紆皇組，要干將。"唐李善注："皇，大也。"然則本條諸詞之强、大義爲其聲符"皇"所載之顯性語義。皇聲可載强、大義，則"彊""洪"可證之。

皇：匣紐陽部；
彊：群紐陽部；
洪：匣紐東部。

匣群旁紐，陽東旁轉。"彊"，弓有力，引申之則有堅强、勢大强大義。《説文·弓部》："彊，弓有力。"清朱駿聲《通訓定聲》："《史記·絳侯世家》：'材官引彊。'注：'如今挽彊司馬。'〔轉注〕《管子·地員》：'赤壚歷彊肥。'注：'堅也。'〔假借〕爲'勍'。《詩·載芟》：'侯彊侯以。'傳：'彊，彊力也。'……《吕覽·審時》：'其米多沃而食之彊。'注：'有勢力也。'""洪"，大水。《説文·水部》："洪，洚水也。"按，大水混濁，其色微紅不清，故云"洚水"。《書·堯典》："湯湯洪水方割。"虛化引申爲大義。《爾雅·釋詁上》："洪，大也。"《楚辭·天問》："洪泉極深，何以窴之？"《北史·高允傳》："夫喜怒者，有生所不能無也。而前史載卓公寬中，文饒洪量,褊心者或之弗信。"

(1340) 惶/恐(恐懼義)

惶 恐懼。《說文·心部》:"惶,恐也。从心,皇聲。"清朱駿聲《通訓定聲》:"《廣雅·釋詁二》:'惶,懼也。'"《廣韻·唐韻》:"惶,懼也,恐也。"《戰國策·燕策三》:"秦王方還柱走,卒惶急不知所爲。"《史記·萬石張叔列傳》:"建爲郎中令,書奏事,事下,建讀之,曰:'誤書!馬者與尾當五,今乃四,不足一。上譴死矣!'甚惶恐。"

恐 恐懼。《說文·心部》:"恐,懼也。"《戰國策·秦策一》:"犀首戰勝威王,魏罷弊,恐畏,果獻西河以外。"漢司馬遷《報任少卿書》:"猛虎在深山,百獸震恐。"

〔**推源**〕 此二詞義同,其音亦相近且相通。

惶:匣紐陽部;
恐:溪紐東部。

匣溪旁紐,陽東旁轉。則其語源當同。其"惶"字乃以皇聲載恐懼義,聲符字"皇"所記録語詞之顯性語義與恐懼義不相涉,其恐懼義乃皇聲所載之語源義。

504 舁聲

(1341) 輿/擧(舉義)

輿 車箱。引申之則指轎,轎爲擡舉而行之物;又引申爲扛、舉義。《說文·車部》:"輿,車輿也。从車,舁聲。"清朱駿聲《通訓定聲》:"《孟子》:'今乘輿矣。'〔假借〕爲'舁'。《禮記·曾子問》:'遂輿機而往。'疏:'猶抗也。'《漢書·嚴昉傳》:'輿轎而隃嶺。'〔聲訓〕《釋名》:'輿,舉也。'"按,"輿"表舉義,無煩假借。車箱形方,轎似之,故引申而指轎。南朝宋劉義慶《世説新語·簡傲》:"王(子猷)肩輿徑造竹下,諷嘯良久。"轎者舉之而行之物,故"輿"又有舉義。

擧 上舉。其字後世與"舉"混。《說文·手部》:"擧,對舉也。从手,輿聲。"清朱駿聲《通訓定聲》:"謂兩人舉之。"《廣韻·語韻》:"舉,擎也。"《孟子·告子下》:"今曰舉百鈞,則爲有力人矣。"《戰國策·魏策二》:"梁王魏嬰觴諸侯於范臺。酒酣,請魯君舉觴。"

〔**推源**〕 此二詞俱有舉義,其音亦相近且相通。

輿:余紐魚部;
擧:見紐魚部。

疊韻,余(喻四)本有舌根音一類,則與見紐爲旁紐。又,"擧"從輿聲,而"輿"從舁聲,足證二字之音爲同一音節之分化。"輿"之聲符"舁"《説文》訓"共舉也,从臼,从廾"。

505　泉聲

（1342）綫/細（細義）

綫　細縷。其字亦作"綫"。《説文·糸部》："綫，縷也。綫，古文綫。"清朱駿聲《通訓定聲》："《周禮·縫人》：'掌王宫之縫之事。'《考工·鮑人》：'察其綫。'《禮記·内則》：'綫纊。'"按，字作"綫"，乃以戔聲載細小義。

細　細小，其字本亦"細"。《説文·糸部》："細，微也。"《韓非子·二柄》："楚靈王好細腰，而國中多餓人。"漢劉楨《贈徐幹》："細柳夾道生，方塘含清源。"

〔推源〕　此二詞俱有細義，其音亦相近且相通。

綫：心紐元部；

細：心紐脂部。

雙聲，元脂旁對轉。其語源當同。"綫"字從泉得聲，"泉"謂水源，許慎説。即泉水義，泉水初出本細小。

506　鬼聲

（1343）傀瘣膭頯嵬磈磈磈（高、大義）

傀　高大，魁偉。《説文·人部》："傀，偉也。從人，鬼聲。"清朱駿聲《通訓定聲》："《莊子·列禦寇》：'達生之情者傀。'注：'傀然大解悟之皃。'"《廣韻·灰韻》："傀，大皃。偉也。"清錢謙益《尹長思哀辭序》："方傀俄好食酒，李澹宕善畫，長思温潤而栗，從容獻酬。"清蒲松齡《聊齋志異·司文郎》："有少年游寺中，白服裙帽，望之傀然。"

瘣　腫大。《説文·疒部》："瘣，病也。從疒，鬼聲。《詩》曰：'譬彼瘣木。'一曰腫旁出也。"清朱駿聲《通訓定聲》："《爾雅》：'瘣木符婁。'注：'謂木病尫傴僂癭腫無枝條。'"《三國志·魏志·陳思王植傳》"遂發疾薨，時年四十一"南朝宋裴松之注："且魏之代漢，非積德之由，風澤既微，六合未一，而凋翦枝幹，委權異族，勢同瘣木，危若巢幕。"北魏賈思勰《齊民要術·檳榔》："其顛近上未五六尺間，洪洪腫起，若瘣木焉。"

膭　腫大。《廣韻·賄韻》："膭，臘膭。亦作'胿'。""胿，膭胿，大腫皃。"《玉篇·肉部》："胿，胿膭，大腫皃。"《集韻·賄韻》："膭，腫大也。"

頯　頭大。《廣韻·之韻》及《賄韻》："頯，大頭。"清朱駿聲《説文通訓定聲·履部》："頯，〔假借〕爲'傀'。《廣雅·釋詁一》：'頯，大也。'"按，"頯"之本義《説文》云"頭不正"，然其字從頁，可指頭大，其"大"義則爲虚化引申，非假借。

嵬　高大。《説文·山部》:"嵬,高不平也。从山,鬼聲。"清朱駿聲《通訓定聲》:"字亦作'峞',又誤作'嵬'。《吴都賦》:'嵬嶷嶢兀。'注:'高大皃。'又《詩·谷風》:'維山崔嵬。'《郙閣頌》:'高山崔嵬兮。'《魏都賦》:'或嵬罍而複陸。'……《廣雅·釋訓》:'嵬嵬,高也。'亦重言形況字。"《廣韻·灰韻》:"嵬,崔嵬。"《淮南子·本經訓》"魏闕之高,上際青雲"漢高誘注:"門闕高崇嵬嵬然,故曰魏闕。"《文選·郭璞〈江賦〉》:"衡霍磊落以連鎮,巫廬嵬崛而比嶠。"唐李周翰注:"磊落、嵬崛,皆山高大貌。"

隗　山阜高。《説文·阜部》:"隗,陮隗也。从阜,鬼聲。""陮,陮隗,高也。"《玉篇·阜部》:"隗,高也。"《廣韻·賄韻》:"隗,陮隗,高也。"《集韻·灰韻》:"陮,陮隗,原阜高皃。"

䁏　《廣韻·至韻》云:"大視。"

磈　高峻。《廣韻·尾韻》:"磈,磈硊,危也。"清朱駿聲《説文通訓定聲·履部》:"《江賦》:'元蠣磈碌而碨䃬。'注:'不平皃。'《史記·司馬相如傳》:'崴磈嵬瘣。'《正義》:'高峻皃。'"唐暢當《蒲中道中》:"蒼蒼中條山,厥形極奇磈。"又"磈砢"謂高大。唐唐彦謙《和陶淵明貧士詩》之三:"且起繞其樹,磈砢不計尋。"

〔推源〕　諸詞或有高義,或有大義,或兼有此二義,俱以鬼聲載之,語源當同。鬼聲字"魁""瑰"亦可以假借字形式表高、大義。清朱駿聲《説文通訓定聲·履部》:"瑰,字亦作'璝'。〔假借〕爲'傀'。《莊子·天下》:'其書雖瓌瑋。'司馬注:'大也。'"《韓非子·説疑》:"有務奉下直曲、怪言偉服瑰稱,以眩民耳目者。"《文選·司馬相如〈長門賦〉》:"施瑰木之欂櫨兮,委參差以糠梁。"唐張銑注:"瑰,大。"按"瑰"謂美玉,其大義爲假借義。"魁",字从斗,所記録語詞之本義爲勺,以其鬼聲載高大義,後世遂以爲魁偉、魁梧字。《説文·斗部》:"魁,羹斗也。从斗,鬼聲。"清朱駿聲《通訓定聲》:"《漢書·梅福傳》:'授以魁柄。'〔假借〕爲'傀'。《廣雅·釋詁一》:'魁,大也。'《史記·留侯世家》:'計魁梧奇偉。'《荀子·脩身》:'倚魁之行。'《吴都賦》:'魁岸豪傑。'"按,聲符字"鬼"所記録語詞謂鬼物。《説文·鬼部》:"鬼,人所歸爲鬼。从人,象鬼頭。鬼陰氣賊害,从厶。"《禮記·祭義》:"衆生必死,死必歸土,此之謂鬼。"《説文·由部》:"由,鬼頭也。象形。"按,"鬼"乃虚擬之物,意其首特大,異於人,今吴方言猶有"見大頭鬼"之語,此與鬼聲字所記録語詞之大義或相通。按,干聲字所記録語詞"竿""岸""軒""罕""骭""仠""杆"俱有高、長、大義(參本典第一卷"干聲"第49條),鬼聲、干聲本極相近且相通。

鬼:見紐微部;

干:見紐元部。

雙聲,微元旁對轉。此可證鬼聲可載高、大之義。

(1344) 磈塊瘣膭(塊義)

磈　石塊。《廣韻·賄韻》:"磈,磈碌,石也。"清朱駿聲《説文通訓定聲·履部》:"《吴都賦》：'磈磈磳磳。'劉注：'石在山中皃。'"南朝梁何遜《和劉諮議守風》："蕭條疾帆流,磈礧衝波白。"宋杜綰《雲林石譜》卷上："向山之巔,險峻處兩邊各有列石數十磈,從地生出者。"

塊 土塊。《說文·土部》："凷,墣也。从土,一屈象形。塊,凷或从鬼。"清朱駿聲《通訓定聲》："或从土,鬼聲。《爾雅·釋言》：'塊,堛也。'《儀禮·喪服傳》：'寢苫枕塊。'《釋文》：'土也。'"按,朱氏所引《爾雅》文晉郭璞注："土塊也。"《國語·晉語四》："(重耳)過五鹿,乞食於野人,野人舉塊以與之。"三國吳韋昭注："塊,墣也。"

瘣 病木結塊、腫大,見前條。引申之指腫塊,亦指根節盤結如腫塊。清朱駿聲《說文通訓定聲·履部》："《爾雅》：'枹遒木魁瘣。'注：'謂樹叢生,根枝節目盤結磈磊。'"清王筠《說文句讀·疒部》："瘣,今謂之瘰。"遼李萬《韓楢墓誌銘》："在腹之瘣,倏然破墮。"

膭 腫大,見前條。有腫塊則大,義相通。

〔推源〕諸詞俱有塊義,為鬼聲所載之公共義。聲符字"鬼"所記錄語詞之本義、引申義系列與塊義不相涉,其塊義乃鬼聲所載之語源義。鬼聲可載塊義,"癌"可證之。

鬼：見紐微部；
癌：疑紐侵部。

見疑旁紐,微侵通轉。"癌",腫塊,腫瘤。其字從嵒得聲,"嵒"象山上多石塊形。

(1345) 傀塊(孤獨義)

傀 孤獨,孤立。清朱駿聲《說文通訓定聲·履部》："傀,單辭形況字。《荀子·性惡》：'則傀然獨立天地間而不畏。'注：'偉大皃也。'按,與塊然同,孤立之皃。"今按,二義當相同。"傀"之本義為魁偉,故有卓異義,又有孤獨、孤立之衍義。

塊 孤獨貌,當為其本義之引申。《集韻·灰韻》："塊,獨處貌。"清朱駿聲《說文通訓定聲·履部》："《漢書·陳湯傳》：'使湯塊然。'注：'獨處之皃。'"《莊子·應帝王》："彫琢復樸,塊然獨以其形立。"《楚辭·七諫·初放》："塊兮鞠,當道宿。"漢王逸注："塊,獨處貌。"

〔推源〕此二詞俱有孤獨義,為鬼聲所載之公共義。聲符字"鬼"所記錄語詞之本義、引申義系列與孤獨義不相涉,其孤獨義乃鬼聲所載之語源義。鬼聲可載孤獨義,"鰥"可證之。

鬼：見紐微部；
鰥：見紐文部。

雙聲,微文對轉。"鰥",鱤魚,好獨行,故引申為孤獨義。《說文·魚部》："鰥,魚也。"清朱駿聲《通訓定聲》："〔假借〕為'矜',實為'憐'。《詩·鴻雁》：'爰及矜人,哀此鰥寡。'《書·堯典》：'有鰥在下。'《孝經》鄭注：'丈夫六十無妻曰鰥。'"按,當為引申,非假借。明李時珍《本草綱目·鱗部·鱤魚》："〔釋名〕鮛魚、鰥魚、黃頰魚。鱤,敢也；鮛,胎也。胎,食而無厭也。健而難取,吞啗同類,力敢而胎物也。……其性獨行,故曰鰥。"《廣韻·山韻》："鰥,鰥寡。"《孟子·梁惠王下》："老而無妻曰鰥。"晉葛洪《抱朴子·詰鮑》："內聚曠女,外多鰥男。"

(1346) 瑰傀(奇怪義)

瑰 美玉,引申之則有奇異、珍奇義。《説文·玉部》："瑰,玫瑰。从玉,鬼聲。"清朱駿聲《通訓定聲》："《史記·司馬相如傳》:'赤玉玫瑰。'〔假借〕爲'傀'。《廣雅·釋訓》:'瑰、瑋、琦,玩也。'《埤蒼》:'瑰、瑋,珍奇也。'《西京賦》:'何工巧之瑰瑋。'注:'奇好也。'又《西京賦》:'瑰異日新。'……'紛瑰麗以多靡。'《東京賦》:'瑰異譎詭。'注皆訓'奇也。'"按,乃引申義,無煩假借。《後漢書·班彪傳附班固》："因瑰材而究奇,抗應龍之虹梁。"唐李賢注："瑰瑋,珍奇也。"

傀 怪異。《廣韻·灰韻》："傀,怪異。"清朱駿聲《説文通訓定聲·履部》："傀,〔假借〕爲'怪'。《周禮·大司樂》:'大傀異烖。'"按,"傀"之本義爲魁偉,引申之則有孤獨、孤高義,當與怪異義相通,無煩假借。清李斗《揚州畫舫録·草河録下》："客有遺貂裘者,剪碎以二葛表裏紉之,其傀異如此。""傀"又有珍奇、奇異義,亦皆同條共貫。《文選·郭璞〈江賦〉》："珍怪之所化産,傀奇之所窟宅。"唐張銑注："珍怪、傀奇,謂珠玉龜魚之類也。"

〔**推源**〕 此二詞俱有奇怪義,爲鬼聲所載之公共義。鬼聲字"巋"亦可以假借字形式表奇怪義,則亦可鬼聲與奇怪義相關聯之一證。清朱駿聲《説文通訓定聲·履部》："巋,〔假借〕爲'怪'。《荀子·正論》:'夫是之謂巋説'。注:'狂妄之説。'《非十二子》:'喬宇嵬瑣。'注:'謂爲狂險之行者也。'"又,"巋"亦可表奇異義。明唐順之《西峪草堂記》："夫巋才傑士,其所寄意,必於奔溯洶湧之川,巑屼崔巍之峰,泱漭千里之野。"按,"瑰""傀"之聲符"鬼"所記録語詞謂鬼物,本有奇怪、精靈之衍義。清朱駿聲《説文通訓定聲·履部》："鬼,《論衡·訂鬼》:'鬼者,老物之精也。'"《詩·小雅·何人斯》:"爲鬼爲蜮,則不可得。有靦面目,視人罔極。"然則本條二詞之奇怪義爲其聲符"鬼"所載之顯性語義。鬼聲可載奇怪義,則"詭"可證之。

鬼:見紐微部;

詭:見紐歌部。

雙聲,微歌旁轉。"詭",怪異,奇特。《玉篇·言部》："詭,怪也。"清朱駿聲《説文通訓定聲·解部》："詭,〔假借〕爲'恑'。《莊子·齊物論》:'其名爲弔詭。'《釋文》:'異也。'《淮南·本經》:'詭文回波。'注:'奇異之文也。'……《洞簫賦》:'鷔合沓以詭譎。'注:'猶奇怪也。'"按,"詭"之基本義爲欺詐,奇怪義與之相通,故非假借。

507 禹聲

(1347) 聏瞗(驚義)

聏 有所聽聞而驚。《説文·耳部》："聏,張耳有所聞也。从耳,禹聲。"清朱駿聲《通訓定聲》:"《廣雅·釋詁一》:'䁝,驚也。'"清桂馥《義證》:"《蒼頡篇》:'䁝,驚也。'馥謂聞聲而驚也。"

䁝 驚視貌。《集韻·噓韻》:"䁝,驚視兒。"唐元結《説楚何惑王賦中》:"寵王䁝然復問君史曰:'更有記乎?'"

〔推源〕 此二詞俱有驚義,爲禹聲所載之公共義。聲符字"禹"所記録語詞謂蟲,與驚義不相涉,其驚義乃禹聲所載之語源義。禹聲可載驚,"驚""愕"可相證。

禹:匣紐魚部;

驚:見紐耕部;

愕:疑紐鐸部。

匣見疑旁紐,魚耕旁對轉,魚鐸對轉,耕鐸旁對轉。"驚",馬受驚。《説文·馬部》:"驚,馬駭也。"《左傳·襄公二十八年》:"慶氏之馬善驚。"《史記·袁盎晁錯列傳》:"如有馬驚車敗,陛下縱自輕,奈高廟、太后何?"引申爲驚懼、驚動、驚異等義。《爾雅·釋詁上》:"驚,懼也。"《廣韻·庚韻》:"驚,懼也。"清朱駿聲《説文通訓定聲·鼎部》:"驚,《廣雅·釋言》:'驚,起也。'《楚辭·招魂》:'宮庭震驚。'注:'駭也。'……《西京賦》:'驚蜩蟟。'"按,所謂"起",即驚起義。《莊子·達生》:"今汝飾知以驚愚,脩身以明汙,昭昭乎若揭日月而行也。"唐成玄英疏:"汝光飾心智,驚動愚俗。""愕",則謂驚訝。《廣雅·釋詁一》:"愕,驚也。"《廣韻·鐸韻》:"愕,驚也。"《史記·黥布列傳》:"楚使者在,方急責英布發兵,舍傳舍。隨何直入,坐楚使者上坐,曰:'九江王已歸漢,楚何以得發兵?'布愕然。"晉干寶《搜神記》卷三:"忽有一狐當門向之嗥叫,藻大愕懼。"唯"愕"之義爲驚,故有"驚愕"之同義聯合式合成詞,實亦同源詞素聯合式合成詞。《戰國策·燕策三》:"秦王還柱而走,群臣驚愕,卒起不意,盡失其度。"

(1348) 蝺媀(曲義)

蝺 身體彎曲。《字彙補·虫部》:"蝺,傴僂也。"按,其字从虫,蟲體多屈曲。《文選·宋玉〈登徒子好色賦〉》:"旁行蝺僂,又疥且痔。"唐李善注:"蝺僂,傴僂也。《廣雅》曰:'傴僂,曲貌。'"宋李周翰注:"蝺僂,身曲也。"

媀 嫗媀,身體彎曲。《後漢書·趙壹傳》:"嫗媀名埶,撫拍豪强。"唐李賢注:"嫗媀,猶傴僂也。"按,"嫗"謂老年婦女,凡人老多曲脊。"嫗媀"又有恭順義,當爲身體彎曲義之直接引申。清黄宗羲《移史館熊公雨殷行狀》:"鳳督馬士英,嫗媀名勢;秦撫蔡官治,威恩淺薄。"

〔推源〕 此二詞俱有曲義,爲禹聲所載之公共義。聲符字"禹"所記録語詞《説文》《廣韻》皆訓"蟲",凡蟲之形體多曲,此與本條二詞之曲義或相通。禹聲可載曲義,則"曲"可證之。

禹:匣紐魚部;

曲:溪紐屋部。

匣溪旁紐,魚屋旁對轉。"曲",彎曲。《說文·曲部》:"曲,象器曲受物之形。"清朱駿聲《通訓定聲》:"《廣雅·釋詁一》:'曲,折也。'《書·洪範》:'木曰曲直。'《玉篇·曲部》:"曲,不直也。"《管子·宙合》:"故聖人博聞多見,畜道以待物,物至而對形,曲均存矣。"郭沫若等《集校》:"均者平正也,與曲爲對。故曲均亦猶曲直耳。"《詩·小雅·采綠》:"予髮曲局,薄言歸沐。"漢鄭玄箋:"今曲卷其髮,憂思之甚也。"

(1349) 瑀/玉(美義)

瑀 美石,引申之亦指玉石類佩件,即美觀之物。《説文·玉部》:"瑀,石之似王者。从玉,禹聲。"清朱駿聲《通訓定聲》:"石之次玉者……《詩·女曰雞鳴》'雜佩'箋:'珩璜琚瑀。'按,上珩下璜,衝牙之中用之,與玭珠相間。《大戴記·保傅》:'琚瑀以雜之。'注:'琚瑀總曰玭珠,而白者曰瑀。'"《續漢書·輿服志下》:"至孝明皇帝,乃爲大佩,衝牙雙瑀璜,皆以白玉。"清俞樾《〈詩〉名物考證》:"漢人近古,當有所據。知瑀必以玉爲之,且有雙瑀,朱子謂中組貫大珠曰瑀,未必然也。"按,析言之,"瑀""玉"爲二物;本同類,故渾言則無別。

玉 美玉,引申爲美義。《説文·玉部》:"玉,石之美(者)。有五德:潤澤以溫,仁之方也;䚡理自外,可以知中,義之方也;其聲舒揚,專以遠聞,智之方也;不橈而折,勇之方也;鋭廉而不枝,絜之方也。象三玉之連,丨,其貫也。"清朱駿聲《通訓定聲》:"《禮記·曲禮》:'君無故玉不去身。'疏:'玉,謂佩也。'《虞書》:'五玉。'鄭注:'執之曰瑞,陳列曰玉。'……《書·洪範》:'惟辟玉食。'馬注:'美食。'《易·説卦》傳:'乾爲玉。'《白虎通考·黜》:'玉者,德美之至也。'〔轉注〕《詩·板》:'王欲玉女。'按,美也。《呂覽·貴直》:'身好玉女。'注:'美女也。'"清俞樾《群經平議·爾雅》:"古人之詞,凡所甚美者,則以玉言之。《尚書》之'玉食',《禮記》之'玉女',《儀禮》之'玉飾',皆是也。"

〔**推源**〕 此二詞俱有美義,其音亦相近且相通。

瑀:匣紐魚部;

玉:疑紐屋部。

匣疑旁紐,魚屋旁對轉。則其語源當同。其"瑀"字乃以禹聲載美義,禹聲字"蝸"亦可以其假借字形式表美義。清朱駿聲《説文通訓定聲·豫部》:"淮南書:'然而視之蝸焉。'好皃。"《呂氏春秋·應言》:"市丘之鼎以烹雞,多洎之則淡而不可食,少洎之則焦而不熟,然而視之蝸然美,無所可用。"漢高誘注:"蝸讀齲齒之齲。齲,鼎好貌。"

(1350) 踽/孤(孤獨義)

踽 獨行貌。《説文·足部》:"踽,疏行皃。从足,禹聲。《詩》曰:'獨行踽踽。'"清朱駿聲《通訓定聲》:"字亦作'偊'。"按,許慎所引《詩·唐風·杕杜》文漢毛亨傳:"踽踽,無所親也。"《廣韻·麌韻》:"踽,獨行。"《孟子·盡心下》:"古之人,行何爲踽踽涼涼? 生斯世也,爲斯世也,善斯可矣。"宋朱熹《集注》:"踽踽,獨行不進之貌。"明吾丘瑞《運甓記·手板擊鳳》:"嶠思都督左右,密謀忠告,無一可人。況踽踽獨行,嶠身榮辱未卜,奈何以眼前一命之榮,而負知己數載之遇。"按,朱説可從,"偊"爲"踽"之或體不誤。《正字通·人部》:"偊,偊偊,獨行貌。"《列子·力命》:"汝奚往而反,偊偊而步,有深愧之色邪?"楊伯峻《集釋》引唐陸德明《經典釋文》:"偊,本或作'踽'。"

孤 孤兒,幼年喪父或雙親,孤獨之人。引申爲孤獨義。《説文·子部》:"孤,無父也。"清段玉裁注:"引申之,凡單獨皆曰孤。"清朱駿聲《通訓定聲》:"《禮記·深衣》:'如孤子。'注:'三十以下無父稱孤。'《廣雅·釋詁三》:'孤,獨也。'《周禮·外饔》:'邦饗耆老孤子。'《周語》:'司民協孤終。'《寡婦賦》:'少伶俜而偏孤兮。'"《周禮·春官·大司樂》:"孤竹之管,雲和之琴瑟,雲門之舞,冬日至,於地上圜丘奏之。"漢鄭玄注:"孤竹,竹特生者。"元關漢卿《竇娥冤》第三折:"可憐我孤身支影無親眷,則落的吞聲忍氣空嗟怨。"

〔推源〕 此二詞俱有孤獨義,其上古音亦同,見紐雙聲,魚部疊韻,則其語源當同。

508 追聲

(1351) 縋磓搥(下墜義)

縋 以繩懸物下墜。《説文·糸部》:"縋,以繩有所縣也。《春秋傳》曰:'夜縋納師。'从糸,追聲。"清朱駿聲《通訓定聲》:"《左僖三十傳》:'夜縋而出。'……《昭十九傳》:'子占使師夜縋而登。'"《廣韻·寘韻》:"縋,繩懸也。"《舊唐書·李絳傳》:"絳初登陴,左右請絳縋城,可以避免,絳不從。"虚化引申爲下墜義。唐劉禹錫《酬樂天晚夏閒居欲相訪先以詩見貽》:"林密添新竹,枝低縋晚桃。"

磓 以繩繫石下墜,亦泛指下墜。《廣韻·灰韻》:"磓,落也。"宋蘇軾《東坡志林·遊白水書付過》:"循山而東,少北,有懸水百仞,山八九折,折處輒爲潭,深者磓石五丈,不得其所止。"宋梅堯臣《乙酉六月二十一日》:"南庭葡萄架,萬乳纍將磓。"

搥 捶擊,即其工具向下墜落。《廣韻·灰韻》:"搥,摘也。槌,上同。"《集韻·灰韻》:"搥,落也。或从誰。"按《玉篇·言部》"䜰"訓"謫","謫"即謫貶,謂處罰貶下。其字從商得聲,與"滴"同,"滴"即水落下。故《廣韻》所訓"摘"當爲捶擊義。《字彙·手部》:"搥,擊也。"《後漢書·袁紹傳》"馥自懷猜懼,辭紹索去"唐李賢注引漢王粲《英雄記》:"(朱漢)收得馥大兒,搥折兩脚。"唐孟郊《寒地百姓吟》:"高堂搥鐘飲,到曉聞烹炮。"

〔推源〕 諸詞俱有下墜義,爲追聲所載之公共義。聲符字"追"所記録語詞謂追逐。《説文·辵部》:"追,逐也。从辵,𠂤聲。"清朱駿聲《通訓定聲》:"《周禮·小司徒》:'以比追胥。'注:'逐寇也。'"其引申義系列與下墜義亦不相涉,則下墜義乃追聲所載之語源義。追聲可載下墜義，則"墜"可證之。

追：端紐微部；

墜：定紐物部。

端定旁紐，微物對轉。"墜"，落下，下墜。《説文新附·土部》："墜，陊也。"《説文·阜部》："陊，落也。"《楚辭·離騷》："朝飲木蘭之墜露兮，夕飱秋菊之落英。"《史記·秦始皇本紀》："有墜星下東郡，至地爲石，黔首或刻其石曰：'始皇帝死而地分。'"

(1352) 槌䭔鎚（圓義）

槌 架蠶箔之柱，亦指搥擊工具，皆圓形物。《説文·木部》："槌，關東謂之槌，關西謂之特。从木，追聲。"清朱駿聲《通訓定聲》："懸蠶薄柱也。《方言》五：'槌，宋魏、陳楚、江淮之間謂之植，自關而西謂之槌，齊謂之樣其橫，關西曰桄，齊部謂之特。'許不同者，或誤記耳。〔假借〕爲'椎'。《後漢·禰衡傳》：'爲漁陽參撾。'注：'槌及撾並擊鼓杖也。'"按，實非假借，乃引申。《廣韻·寘韻》："槌，蠶槌。"又《脂韻》："槌，同椎。"北魏賈思勰《齊民要術·種桑柘》："養蠶法……老時值雨者，則壞繭，宜於屋里簇之，薄布薪於箔上，散蠶訖，又薄以薪覆之，一槌得安十箔。"《魏書·李崇傳》："邨置一樓，樓置一鼓，盜發之處，雙槌亂擊。"

䭔 餅類食物，形圓。其字亦作"㮁"。《廣韻·灰韻》："䭔，餅也。"《集韻·灰韻》："䭔，丸餅也。或作'㮁'。"清朱駿聲《説文通訓定聲·履部·附〈説文〉不録之字》："䭔，膏䭔也。"《北史·周本紀上·世宗》："夏四月，帝因食糖䭔遇毒，庚子，大漸。"又《陸法和傳》："梁人入魏，果見䭔餅焉。"宋周密《武林舊事·元夕》："節食所尚，則乳糖、圓子、䭔䬲……十般糖之類，皆用鏤鍮裝花，盤架車兒，簇插飛蛾紅燈彩盝，歌叫喧闐。"

鎚 錘，圓形物。字亦作"錘"。《廣韻·脂韻》："鎚，金鎚。《文字音義》云从垂，亦通。"晉葛洪《抱朴子·內篇·仙藥》："以鐵鎚鍛其頭數十下乃死。"清吳敬梓《儒林外史》第十二回："鞭鐧鎇錘，刀槍劍戟，都還略有些講究。"

〔推源〕諸詞俱有圓義，爲追聲所載之公共義。聲符字"追"所記録語詞之本義、引申義系列與圓義不相涉，其圓義乃追聲所載之語源義。追聲可載圓義，則"囤"可證之。

追：端紐微部；

囤：定紐文部。

端定旁紐，微文對轉。"囤"，盛糧器具，圓圈者。《廣韻·混韻》："囤，小廩也。"元戴侗《六書故·工事二》："囤，囷類，織竹規以貯穀也。"《魏書·高祖紀上》："三月壬午，詔諸倉囤穀麥充積者，出賜貧民。"明范濂《雲間據目抄·記賦役》："於是以官户之糧並之書册，以巨室之糧歸之囤户。"按"囤"字从屯得聲，屯聲字所記録語詞"魨"謂河豚，亞圓筒形之物；"飩"指餅，圓形物。庶可相證。見本典第一卷"屯聲"第210條。

509　盾聲

（1353）循揗陯（遵循義）

循　遵循。《説文·彳部》："循，行順也。从彳，盾聲。"清桂馥《義證》："當爲'順行。'"清朱駿聲《通訓定聲》："順行也……《爾雅·釋詁》：'循，自也。'《文選》注引《廣雅》：'循，從也。'……《楚辭·天問》：'昏微循迹。'注：'遵也。'《淮南·本經》：'五星循軌。'注：'順也。'《原道》：'循天者，與道遊者也。'注：'隨也。'"《淮南子·氾論訓》："大人作而弟子循。"漢高誘注："循，遵也。"《後漢書·仲長統傳》："又中世之選三公也，務於清愨謹慎，循常習故者。"

揗　撫摩，引申爲順從義。《説文·手部》："揗，摩也。从手，盾聲。"《廣韻·准韻》："揗，摩也。"又《諄韻》："揗，手相安慰。"清朱駿聲《説文通訓定聲·屯部》："揗，〔假借〕爲'循'。《廣雅·釋詁一》：'揗，順也。'"按，"揗"有順從義不誤。馬王堆漢墓帛書《經法·稱》："虎狼爲孟可揗，昆弟相居，不能相順。"然非假借，撫摩、順從二義本相通。

陯　臺階，遵循順序而行者，所謂拾級而上。《集韻·准韻》："陯，階也。"《文選·左思〈魏都賦〉》："櫺檻黮䫋，階陯嶙峋。"唐李善注引漢應劭《上林賦》注："陯，闌橫也。"

〔推源〕　諸詞俱有遵循、順從義，爲盾聲所載之公共義。聲符字"盾"所記録語詞謂盾牌。《説文·盾部》："盾，瞂也，所以扞身蔽目。象形。"《周禮·夏官·司戈盾》："及舍，設藩盾，行則斂之。"漢鄭玄注："藩盾，盾可以藩衛者。"然則與遵循、順從義不相涉，其遵循、順從義乃盾聲所載之語源義。盾聲可載遵循、順從義，"遵"可證之。

盾：定紐文部；
遵：精紐文部。

疊韻，定精鄰紐。"遵"，遵循。《説文·辵部》："遵，循也。"清朱駿聲《通訓定聲》："《爾雅·釋詁》：'遵，自也。'《方言》十二：'遵，行也。'《三蒼》：'遵，習也。'《詩》：'遵彼汝墳。''遵大路兮。'《孟子》：'遵海而南。'……《禮記·鄉飲酒義》：'大夫若有遵者。'注：'謂之遵者，方以禮樂化民，欲其遵法之也。'"

510　俞聲

（1354）逾窬窳剱腧輸（空義）

逾　越過，有所空而不踐。《説文·辵部》："逾，迭進也。从辵，俞聲。"清朱駿聲《通訓定聲》："謂超越而進。《書·顧命》：'無敢昏逾。'《秦誓》：'日月逾邁。'"按，其義爲越，凡人跨越亦稱"越"，跨越即乘空而過義，亦即有所空而不踐義。

窬 門邊小洞,中空者,故引申爲空義。《說文·穴部》:"窬,穿木戶也。从穴,俞聲。一曰空中也。"清朱駿聲《通訓定聲》:"《三蒼》:'門邊小竇也,門旁穿壁,以木衺直居之。'《漢書·胡建傳》:'穿窬不繇路。'"《淮南子·氾論訓》:"古者大川名谷,衝絕道路,不通往來也,乃爲窬木方版,以爲舟航。"漢高誘注:"窬,空也。"

匬 容器,中空而可容物者。字亦作"甊"。《說文·匸部》:"匬,甌器也。从匸,俞聲。"清朱駿聲《通訓定聲》:"《荀子·大略》:'流丸止于甌臾。'以'臾'爲之……字亦作'甊'。《方言》五:'罃,陳魏宋楚之間曰甊。'《廣雅·釋器》:'甊,瓶也。'"唐皮日休《九諷·舍慕》:"以大鵬爲爵兮,以康瓠爲甊。"

剜 以刀剫物,使空。《廣雅·釋詁四》:"剜,剫也。"清王念孫《疏證》:"副、剜,皆中空之意。"《廣韻·桓韻》:"剜,刀剫物。"

腧 穴位,中空者。《廣韻·遇韻》:"腧,五藏腧也。"《靈樞經·九針十二原》:"五藏五腧,五五二十五腧;六腑六腧,六六三十六腧。"《明史·方伎傳·滑壽》:"《難經》又本《素問》《靈樞》,其間榮衛藏府與夫經絡腧穴,辨之博矣,而缺誤亦多。"

鞃 刀鞘,中空而可容刀者。《廣韻·遇韻》:"鞃,刀靯。"又《銑韻》:"靯,同鞘。"《改併四聲篇海·革部》:"鞘,刀鞘也。"《古文苑·詛楚文》:"唯是秦邦之羸衆敝賦,鞹鞃棧輿,禮使介老,將之以自救殹。"宋章樵注:"鞹,讀作'鞟',革也,皮去毛曰革。鞃,刀鞘也。言以革飾刀鞘也。"

〔推源〕 諸詞俱有空義,爲俞聲所載之公共義。聲符字"俞"所記錄語詞謂剜空樹木爲舟,本有空義;其字又爲"腧"之初文,亦有空義。《說文·舟部》:"俞,中空木爲舟也。从亼,从舟,从巜。巜,水也。"清朱駿聲《通訓定聲》:"此舟之始,猶椎輪爲大路之始也。〔轉注〕《靈樞經》:'脈之所注曰俞。'《素問·奇病論》:'治之以膽募俞。'注:'背脊曰俞。'按,皆中空之義。"俞聲可載空義,則"洞"可證之。

俞:余紐侯部;

洞:定紐東部。

余(喻四)定準旁紐,侯東對轉。"洞",洞穴,中空者。漢張衡《西京賦》:"赴洞穴,探封狐。"南朝宋鮑照《山行見孤桐》:"上倚崩峰勢,下帶洞阿深。"引申之則有空虛義。《素問·四氣調神大論》:"逆夏氣則太陽不長,心氣內洞。"按,"洞"字从同得聲,同聲字所記錄語詞"衕""迵""筒""峒""瓯""挏""衕""挏"俱有空義,參本典第三卷"同聲"第660條。

(1355) 瑜褕愉媮(美好義)

瑜 美玉,引申爲美好義。《說文·玉部》:"瑜,瑾瑜,美玉也。从玉,俞聲。"清朱駿聲《通訓定聲》:"《禮記·玉藻》:'世子佩瑜玉。'《聘義》:'瑕不揜瑜。'〔轉注〕《漢書·禮樂志》:'象載瑜。'注:'美貌也。'"南朝宋鮑照《芙蓉賦》:"抽我衿之桂蘭,點子吻之瑜辭。"唐韓愈

《殿中少監馬君墓志》:"幼子娟好靜秀,瑤環瑜珥,蘭茁其牙,稱其家兒也。"

褕 畫有雉尾的王后祭服,引申之則指衣服華美。《說文·衣部》:"褕,翟羽飾衣。從衣,俞聲。"清朱駿聲《通訓定聲》:"《周禮·內司服》:'褕狄。'鄭仲師謂畫羽飾,鄭康成謂即《爾雅》之'搖雉',刻繒爲之形,而采畫之,箸于衣。解小異。〔假借〕爲'揄'。《史記·淮陰侯傳》:'褕衣甘食。'《索隱》:'美也。'按,《左僖四傳》疏:'美善之字皆從羊,故褕爲美也。'"按,假借說不可從,乃引申。"揄"謂母羊、黑羊,以其從俞得聲,載美好之假借義。《集韻·虞韻》:"褕,衣美也。"清管同《禁用洋貨議》:"今鄉有人焉,其家資累數百萬,率其家婦子,甘食褕衣,經數十年不盡。"

愉 愉悅,心情好,今言猶云"心裏美滋滋"。《說文·心部》:"愉,薄也。從心,俞聲。《論》曰:'私覿愉愉如也。'"清朱駿聲《通訓定聲》:"樂也……《廣雅·釋詁一》:'喜也。'《三》:'說也。'……《詩·山有樞》:'他人是愉。'"清段玉裁注:"此'薄也'當作'薄樂也',轉寫奪'樂'字。"《廣韻·虞韻》:"愉,悅也,樂也。"《荀子·王制》:"功名之所就,存亡安危之所墮,必將於愉殷赤心之所。"清王先謙《集解》:"愉殷者,當殷盛之時而愉樂。"

緰 上等細布,即布之精美者。《說文·糸部》:"緰,緰貲,布也。從糸,俞聲。"清朱駿聲《通訓定聲》:"《急就章》:'服瑣緰帶與繒連。'顏師古注:'緰貲,緆布之尤精者。'"漢王符《潛夫論·浮侈》:"衣必細緻,履必麛麚,組必文采,飾襪必緰此。"汪繼培箋:"'此'當作'貲'。"

〔推源〕 諸詞俱有美好義,爲俞聲所載之公共義。聲符字"俞"所記錄語詞與美好義不相涉,其美好義乃俞聲所載之語源義。俞聲可載美好義,"俏"可證之。

俞:余紐侯部;
俏:清紐宵部。

余(喻四)清鄰紐,侯宵旁轉。"俏",美好。《集韻·笑韻》:"俏,好貌。"唐白行簡《三夢記》:"鬟梳嫽俏學宮妝,獨立閑庭納夜涼。"明無心子《金雀記·擲果》:"自家生得美容姿,俏麗;衝天學問與山齊,得意。"

(1356) 羭犑(黑色義)

羭 黑色母羊。《說文·羊部》:"羭,夏羊牡曰羭。從羊,俞聲。"清段玉裁注改解釋文之"牡"爲"牝"。清朱駿聲《通訓定聲》:"按,牡曰羖,牝曰羭……《歸藏》:'齊母曰兩壺兩羭。'《列子·天瑞》:'老羭之爲猨也。'《釋文》:'黑羊也,牝羊也。'"《廣韻·虞韻》:"羭,黑羘。"明李時珍《本草綱目·獸部·羊》:"黑毛羊曰羭。"

犑 黑色牛。《玉篇·牛部》:"犑,黑牛。"明李時珍《本草綱目·獸部·牛》:"純色曰犧,黑曰犑,白曰㹜,赤曰牸,駁曰犁。"

〔推源〕 此二詞俱有黑色義,爲俞聲所載之公共義。聲符字"俞"所記錄語詞與黑色義不相涉,其黑色義乃俞聲所載之語源義。俞聲可載黑色義,"焦"可證之。

俞:余紐侯部;

焦:精紐宵部。

余(喻四)精鄰紐,侯宵旁轉。"焦",字本作"爑",所記錄語詞之本義爲燒焦,燒焦即變黑。《説文·火部》:"爑,火所傷也。从火,雥聲。焦,或省。"清朱駿聲《通訓定聲》:"《月令》:'其臭焦。'《素問》注:'凡氣因火變則爲焦。'"引申爲黑色義。南朝梁陶弘景《真誥》卷二:"心悲則面焦,腦減則髮素。"宋王讜《唐語林·補遺一》:"引鏡視其齒,盡焦且黧。"按,今徽歙方言猶稱物燒焦或物色黑爲"烏焦包公"。

511　弇聲

(1357) 黤滰揜(遮掩義)

黤　果實壞而色發黑,引申爲黑暗義,黑暗即光被遮掩。《説文·黑部》:"黤,果實黤黯,黑也。从黑,弇聲。"清朱駿聲《通訓定聲》:"〔轉注〕《四子講德論》:'鄙人黤淺。'注:'不明也。'《廣韻·感韻》:"黤,黤黮。"唐獨孤授《斬蛟奪寶劍賦》:"衝黤黮以天暝,蹙嵯峨而浪高。"清劉大櫆《度緰雲嶺次跂三韻》:"壁色黤幽如積鐵,細泉下注聲悽咽。"

滰　雲興起將雨,遮掩陽光。《説文·水部》:"滰,雲雨兒。从水,弇聲。"清朱駿聲《通訓定聲》:"《詩·大田》:'有弇淒淒。'傳:'雲興兒。'《漢書·食貨志》注:'陰雲也。'張協《雜詩》:'有滰興南岑。'"按,朱氏所引《詩》之"弇"當爲"滰"之誤,《毛詩》本作"滰"。宋王令《滰滰》:"滰滰輕雲弄落暉,壞檐巢滿燕未歸。"

揜　遮掩。《説文·手部》:"揜,一曰覆也。从手,弇聲。"清朱駿聲《通訓定聲》:"〔假借〕爲'奄'、'弇'。……《禮記·檀弓》:'廣輪揜坎。'《孟子》:'從而揜之。'《荀子·富國》:'出入相揜。'注:'覆蓋也。'……《淮南·氾論》:'而民得以揜形禦寒。'注:'蔽也。'"按,"揜"之另一義爲捕取、覆取。《集韻·感韻》:"揜,覆取也。"則其遮掩義非假借,乃引申。

〔推源〕　諸詞俱有遮掩義,爲弇聲所載之公共義。聲符字"弇"所記錄語詞之本義即遮掩。《説文·廾部》:"弇,蓋也。从廾,从合。"清朱駿聲《通訓定聲》:"《爾雅·釋天》:'弇日爲蔽雲。'……《廣雅·釋詁二》:'弇,覆也。'"《墨子·耕柱》:"曰苟使我和,是猶弇其目而祝於叢社也。"然則本條諸詞之遮掩義爲其聲符"弇"所載之顯性語義。弇聲可載遮掩義,則"曖"可證之。

弇:影紐侵部;

曖:影紐物部。

雙聲,侵物通轉。"曖",日爲雲所遮掩而不明。《廣韻·代韻》:"曖,日不明。"《古文苑·班固〈終南山賦〉》:"曖瞴晻靄,若鬼若神。"宋章樵注:"曖瞴,雲霧吐吞,隱蔽天日,變化殊形。"《後漢書·周燮黃憲等傳·贊》:"韜伏明姿,甘是埋曖。"唐李賢注:"曖,猶翳也。"

512　爰聲

(1358) 援媛蝯褑湲(引義)

援　牽引。引申之,則有攀附援引、引用等義。《說文·手部》:"援,引也。从手,爰聲。"清朱駿聲《通訓定聲》:"《爾雅·釋獸》:'猱猿善援。'……《詩·皇矣》:'以爾鉤援。'《禮記·儒行》:'上弗援。'注:'猶引也,取也。'《中庸》:'不援上。'注:'謂牽持之也。'……又《爾雅·序》:'援據徵之。'《釋文》:'引也。'"《廣韻·元韻》:"援,援引也。"《左傳·襄公二十三年》:"右撫劍,左援帶,命驅之出。"元虞集《題宋誠甫侍郎垂綸亭》:"援虆引梮,至于中沱。"

媛　美女,引申爲引義。《說文·女部》:"媛,美女也,人所援也。从女,从爰。爰,引也。《詩》曰:'邦之媛兮。'"清朱駿聲《通訓定聲》:"《爾雅·釋訓》:'美女爲媛。'《廣雅·釋詁一》:'媛,美也。'……《詩》鄭箋:'媛者,邦人所依倚以爲援助也。'《爾雅》孫注:'媛,君子之援助然。'郭注:'媛,所以結好援。'"按,援助義亦與援引義相通。複音詞"嬋媛"有牽引義。《楚辭·離騷》:"女嬃之嬋媛兮,申申其詈予。"漢王逸注:"嬋媛,猶牽引也。"又有相連、相牽引義。《廣韻·元韻》:"媛,嬋媛,枝相連引。"《文選·張衡〈南都賦〉》:"結根竦本,垂條嬋媛。"唐李善注:"嬋媛,枝相連引也。"按,《廣韻》之"嬋"疑爲"嬋"字之誤。

蝯　猿,善攀援者。攀援即上引,引體向上。其字亦作"猨""猿",俱以爰聲載攀援義;又作"猿",則爲轉注字。《說文·虫部》:"蝯,善援,禺屬。从虫,爰聲。"清朱駿聲《通訓定聲》:"从虫,从爰,會意,爰亦聲。字亦作'猨'、作'猿'。《爾雅·釋獸》:'猱蝯善援。'按,爲謂之獼猴。猴之長尾者謂之猱,老而大者曰玃,其長臂者謂之蝯,登攀尤捷……《南山經》:'堂庭之山多白猿。'《廣韻·元韻》:'蝯,蝯猴。猨,上同。'《漢書·揚雄傳》:'枳棘之榛榛兮,蝯狖擬而不敢下。'唐顏師古注:'蝯,善攀援。'晉劉琨《扶風歌》:'麋鹿游我前,猨猴戲我側。'宋裴相如《遊洞霄宮》:'夜半猨鶴驚人眠。'

褑　佩玉之帶,引而下垂者。《爾雅·釋器》:"佩衿謂之褑。"晉郭璞注:"佩玉之帶上屬。"清郝懿行《義疏》:"褑者,《釋文》引《埤蒼》云:'佩絞也。'《玉篇》云:'佩袩也。'《方言》云:'佩衿謂之褑。'……《說文》:'綖,系綬也。'綎、綖俱褑之異名。"《廣韻·線韻》:"褑,佩帶。"宋盧炳《少年遊》:"繡羅褑子間金絲,打扮好容儀。"

湲　水流不斷,相連引。《廣韻·仙韻》:"湲,潺湲。"又《山韻》:"湲,水流貌。"清朱駿聲《說文通訓定聲·屯部·附〈說文〉不錄之字》:"潺,《漢書·溝洫志》:'河湯湯兮激潺湲。'注:'激流也。'"《楚辭·九歌·湘君》:"橫流涕兮潺湲,隱思君兮陫側。"漢王逸注:"潺湲,流貌。"唐王渙《惆悵》:"仙山目斷無尋處,流水潺湲日漸西。"引申爲連引不絕義。清袁于令

《西樓記·錯夢》:"記西樓按板,至今餘韻潺湲。"

〔推源〕 諸詞俱有引義,爲爰聲所載之公共義。聲符字"爰"本爲"援"之初文。《說文·叒部》:"爰,引也。从爪,从于。"清朱駿聲《通訓定聲》:"即'援'之古文也。"又:"援,即'爰'之或體。"清王筠《句讀》:"'援'者,累增字也。"按,許氏"从于"說不確,上下皆象手形,示相援引意。《廣韻·元韻》:"爰,引也。"《史記·六國年表》"(秦厲共公六年)縣諸乞援"南朝宋裴駰《集解》:"《音義》曰:'援,一作爰。'"按,"爰"亦爲"猨"之初文。清朱駿聲《說文通訓定聲·乾部》:"爰,〔假借〕又爲'猨'。《漢書·李廣傳》:'爲人長爰臂。'"按,以"猨"指猿猴固爲本字,然此字爲"爰"之分化字,爲記錄其引申義而製,故"假借"說不可從。然則本條諸詞之引義爲其聲符"爰"所載之顯性語義。爰聲可載引義,則"牽"可證之。

爰:匣紐元部;
牽:溪紐真部。

匣溪旁紐,元真旁轉。"牽",牽牛,即引牛前行之義,引申之則有牽引、連引等義。《說文·牛部》:"牽,引前也。从牛,象引牛之縻也,玄聲。"清朱駿聲《通訓定聲》:"《廣雅·釋詁一》:'牽,引也。'《四》:'牽,連也。'《釋言》:'牽,挽也。'《周禮·宰夫》:'飧牽。'司農注:'牲牢可牽而行者。'《牛人》:'與共牽傍。'注:'牽傍,在轅外輓牛也。人御之,居其前曰牽,居其傍曰傍。'《左傳三十三傳》:'脯資餼牽竭矣。'《釋文》:'牲生曰牽。'《易·夬》:'牽牛悔亡。'〔轉注〕《易·小畜》:'牽復吉。'疏:'謂牽連。'"

(1359)瑗暖覿鶢(大義)

瑗 大孔璧。《說文·玉部》:"瑗,大孔璧。人君上除陛以相引。从玉,爰聲。《爾雅》曰:'好倍肉謂之瑗,肉倍好謂之璧。'"清朱駿聲《通訓定聲》:"《蒼頡篇》:'瑗,玉佩名。'《荀子》:'聘人以圭,召人以瑗。'……《管子·輕重丁》:'瑗中五百。'"按,許慎所引《爾雅》文晉郭璞注:"瑗,孔大而邊小。"

暖 大目。字亦作"睈"。《說文·目部》:"暖,大目也。从目,爰聲。"清朱駿聲《通訓定聲》:"疑與'睅'同字。"《廣韻·阮韻》及《元韻》:"暖,大目。"《集韻·緩韻》:"暖,大目皃也。"又《旱韻》:"睈,大目。或作'暖'。"唐韓愈《陸渾山火和皇甫湜用其韻》:"齒牙嚼齧舌齶反,電光砰磕赦目暖。"《說文》同部"睅"篆訓"大目"。《左傳·宣公二年》:"睅其目,皤其腹。"晉杜預注:"睅,出目。"唐孔穎達疏:"目大則出見,故云出目也。"

覿 大視。字亦作"𧠟""𧠷"。《說文·見部》:"覿,大視也。从見,爰聲。"《廣韻·阮韻》:"覿,大視。"《集韻·阮韻》:"𧠷,《說文》:'大視也。'"又:"覿,或作'𧠷'。"按,《集韻》所云"𧠷"《說文》作"𧠟"。《廣韻·仙韻》:"𧠟,大視兒。"

鶢 大鳥。《廣韻·元韻》:"鶢,鶢鶋,海鳥。"按,其字本亦作"爰居"。清朱駿聲《說文通訓定聲·乾部》:"爰,《爾雅·釋鳥》:'爰居,雜縣。'樊注:'似鳳皇。'《廣雅》:'䳎居,怪鳥

· 1060 ·

屬也。'《魯語》：'海鳥曰爰居。'《莊子·至樂》司馬彪注：'爰居，舉頭高八尺。'《吳都賦》：'鶢鶋避風。'字亦變作'鶢'。"唐李白《大鵬賦》："精衛殷勤于銜木，鶢鶋悲愁乎薦觴。"清黄鷟來《和陶飲酒》："我智愧鶢鶋，居海知天風。"

〔推源〕 諸詞俱有大義，爲爰聲所載之公共義。聲符字"爰"所記錄語詞之顯性語與大義不相涉，其大義乃爰聲所載之語源義。爰聲可載大義，"元"可證之。

爰：匣紐元部；

元：疑紐元部。

疊韻，匣疑旁紐。"元"，人首。《爾雅·釋詁下》："元，首也。"《孟子·滕文公下》："志士不忘在溝壑，勇士不忘喪其元。"引申爲大義。《廣韻·元韻》："元，大也。"清朱駿聲《說文通訓定聲·乾部》："元，〔轉注〕《詩·六月》：'元戎十乘。'《采芑》：'方叔元老。'傳：'大也。'《書·金縢》：'即命于元龜。'《酒誥》：'惟元祀。'《漢書·董仲舒傳》：'元者，辭之所謂大也。'"按，朱氏所云"轉注"實即引申。

(1360) 鍰鯇（圓義）

鍰 金屬環，圓形物。《正字通·金部》："鍰，與'鐶'同。""鐶，凡圓郭有孔可貫繫者謂之鐶。通作'環'。"清朱駿聲《說文通訓定聲·乾部》："鍰，〔假借〕爲'環'。《漢書·五行志》：'謂宮門銅鍰。'注：'讀與環同。'"按，"鍰"之本義《說文》訓"鋝"，爲量名。雖然，"鍰"指圓環非假借，乃套用字。《漢書·外戚傳·孝成趙皇后》："倉琅根，宮門銅鍰也。"宋歐陽修《〈集古録〉跋尾·秦度量銘》："其一乃銅鍰，不知爲何器，其上有銘，循環刻之。"

鯇 亞圓筒形魚。字亦作"鯶""鱞"。《廣韻·緩韻》："鯇，魚名。"《集韻·緩韻》："鯇，魚名。或作'鯶'。"《說文·魚部》："鯶，魚名。"清朱駿聲《通訓定聲》："《爾雅·釋魚》'鯶'注：'今鰥魚，似鱒而大。'按，今俗謂之䱌子魚，亦曰草魚。"嘉靖年間修《常德府志·物產》："鯶，其形似鯉，青黑色，土人畜於池，飼以草，又名草鯶。"徐珂《清稗類鈔·動物類》："鰥，可食，形長身圓，頗似青魚，而色微灰，江湖中處處有之，食草，亦謂之草魚。又作'鯶'。"

〔推源〕 此二詞俱有圓義，爲爰聲所載之公共義。聲符字"爰"所記錄語詞之顯性語義與圓義不相涉，其圓義乃爰聲所載之語源義。爰聲可載圓義，"圓"可證之。

爰：匣紐元部；

圓：匣紐文部。

雙聲，元文旁轉。"圓"，方圓字，謂形圓。《說文·囗部》："圓，圜。全也。从囗，員聲。讀若員。"清朱駿聲《通訓定聲》："《易·繫辭》：'圓而神。'大戴《曾子·天圓》：'天道曰圓，地道曰方。'《墨子·天志》：'中吾規者謂之圓。'《淮南·墬形》：'水圓折者有珠。'"《呂氏春秋·審時》："疏穖而穗大，其粟圓而薄糠。"按，許慎以"圜"訓"圓"，"圜"亦圓義，其書同部

"圜"篆訓"天體",先民以爲天圓地方,故"天體"即謂圓形物。又"圜"從員聲,實則爲"員"之累增字。

（1361）煖繺（温和、緩和義）

煖 温暖,即温和之熱。其字亦作"暖",二者俱以爰聲載温和義。又作"煗",從耎得聲。"耎"爲柔軟字,温和、柔軟及温柔義皆相通。《説文·火部》:"煖,温也。从火,爰聲。"清朱駿聲《通訓定聲》:"疑與'煗'同字。字亦作'暄'、作'暖'。《廣雅·釋詁三》:'煖,煗也。'《爾雅·釋言》:'煗,煖也。'《禮記·王制》:'七十非帛不煖。'《楚辭·天問》:'何所冬煖?'《素問·至真要大論》:'彼春之暖。'《五運行大論》:'其性爲暄。'注:'温也。'"按,許書同部"煗"篆亦訓"温"。《廣韻·緩韻》:"暖,同'煗'。"又:"煖,亦同'煗'。"又《元韻》:"煖,同'暄'。""暄,温也。"按,四者皆或體。

繺 亦作"緩",舒緩,緩和。《説文·素部》:"繺,繛也。从素,爰聲。緩,繺或省。"清朱駿聲《通訓定聲》:"《周禮·典同》:'正聲緩。'……《管子·法禁》:'莫敢布惠緩行。'注:'從容養民謂之緩行。'《吕覽·任地》:'急者欲緩。'注:'謂沙壊弱土也。''使地肥而土緩。'注:'柔也。'《情欲》:'德義之緩。'注:'猶後也。'《史記·樂書》:'嘽緩慢易。'《正義》:'和也。'"《廣韻·緩韻》:"緩,舒也。"按,舒緩、緩和、緩慢諸義皆同條共貫。

〔**推源**〕此二詞俱有温和、緩和義,爲爰聲所載之公共義。聲符字"爰"所記録語詞之顯性語義與温和、緩和義不相涉,其温和、緩和義乃爰聲所載之語源義。爰聲可載温和、緩和義,"咊"可證之。

爰:匣紐元部；

咊:匣紐歌部。

雙聲,元歌對轉。"咊",相應,和諧,其字後世作"和"。《説文·口部》:"咊,相譍也。从口,禾聲。"清朱駿聲《通訓定聲》:"《詩·蘀兮》:'唱予和女。'《論語》:'而後和之。'《列子·周穆王》:'王和之。'注:'荅也。'〔假借〕爲'龢'。《禮記·郊特牲》:'陰陽和而萬物得。'……《考工·弓人》:'和弓毄摩。'注:'調也。'《素問·五常政大論》:'其候温和。'注:'春之氣也。'"按,調和、温和義皆其衍義,無煩假借。"和"又有平和義,此與緩和義極相近且相通。《書·康誥》:"惟民其勑懋和。"宋蔡沈《集傳》:"民其戒勑,而勉於和順也。"《左傳·文公十八年》:"高辛氏有才子八人……忠肅共懿,宣慈惠和。"唐孔穎達疏:"和者,體度寬簡,物無乖争也。"

513 叜聲

（1362）椶稷嵕猣駿緵（聚義）

椶 棕櫚,棕毛多而聚集之樹。《説文·木部》:"椶,栟櫚也,可作萆。从木,叜聲。"清朱駿聲《通訓定聲》："《御覽》引《説文》：'一名蒲葵。'字亦作'椶'。其樹有葉無枝，椶其皮也，可爲簑御雨，又可爲索。《西山經》：'石脆之山，其木多椶。'《中山經》：'實如椶莢，名曰植楮。'《蜀都賦》：'椶枒楔樅。'"《廣韻·東韻》："椶，椶櫚，一名蒲葵。"宋吳自牧《夢粱録·民俗》："椶，名栟櫚，笋可蒸煨，味微苦，太冷。"按，所謂"栟櫚"，"栟"謂多而相比並；"櫚"則謂多而相連。

稷 禾四十把爲一稷，多而相聚者。《廣韻·東韻》："稷，禾束。"清朱駿聲《説文通訓定聲·豐部》："稷者，禾四十把也。《儀禮·聘禮記》：'四秉曰筥，十筥曰稷，十稷曰秅。'《魯語》：'出稷禾秉刍缶米。'此'秉'與量名之秉十斛迥别。"引申爲群聚義。《莊子·則陽》："孔子之楚，舍於蟻丘之漿，其鄰有夫妻臣妾登極者。子路曰：'是稯稯何爲者邪？'"唐成玄英疏："稯稯，衆聚也。"

嵏 山數峰並峙，即山峰聚集義。《説文·山部》："嵏，九嵏山，在馮翊谷口。从山，夋聲。"清朱駿聲《通訓定聲》："今陝西西安府醴泉縣東北有九峰俱峻。《西都賦》：'冠以九嵏。'《上林賦》：'九嵏巀嶭。'……《漢書》注：'山之高聚者曰嵏。'……又：'淩三嵏之危。'注引《三蒼》：'三嵏山在聞喜。'則在今山西絳州聞喜縣。"

猣 犬生三子，即多而聚集義。《爾雅·釋畜》："犬生三，猣；二，師；一，玂。"《廣韻·董韻》及《東韻》："猣，犬生三子。"

騌 馬鬃毛，多而相聚者。《廣韻·東韻》："騌，馬鬣。鬉，上同。"南朝梁簡文帝蕭綱《艷歌行二首》之一："金鞍隨繫尾，銜璣映纏騌。"清李調元《馬廠大雪》："毳帳人何住，霜騌馬可憐。"《玉篇·髟部》："鬉，馬鬣。"

緵 八十縷，多而相聚者。《廣韻·東韻》："緵，縷也。"按，其字亦以"稷"爲之。《説文·禾部》："稯，布之八十縷爲稯。"所訓正爲"緵"之本義而爲"稷"之引申義。《史記·孝景本紀》："令徒隸衣七緵布。"唐張守節《正義》："緵，八十縷也。"按，"緵"亦指魚網之網眼細密者，即網眼多而聚集義。《廣韻·送韻》："緵，小魚網也。"《詩·豳風·九罭》"九罭之魚"漢毛亨傳："九罭，緵罟，小魚之網也。"

〔推源〕 諸詞俱有聚義，爲夋聲所載之公共義。聲符字"夋"所記録語詞謂鳥飛時收斂腿爪，又有聚義。《説文·夊部》："夋，斂足也。鵲鵙醜，其飛也夋。从夊，兇聲。"清朱駿聲《通訓定聲》："《爾雅·釋鳥》……注：'竦翅上下。'字亦作'翪'。按，鵲鵙之類，不能布翅高翔，竦焉上下而已。〔假借〕爲'總'。《廣雅·釋詁三》：'夋，聚也。'"按，收斂義、聚集義本相通，或非假借。朱氏所引《廣雅》文清王念孫《疏證》："凡言夋者，皆聚之義也。"夋聲可載聚義，則"總"可證之。"夋""總"同音，精紐雙聲，東部疊韻。"總"，聚束。《説文·糸部》："總，聚束也。"《儀禮·喪服禮》："布總箭笄髽，衰三年。"漢鄭玄注："總，束髮。"引申爲聚集義。《淮南子·原道訓》："萬物之總，皆閲一孔。百事之根，皆出一門。"漢高誘注："總，衆聚也。"晉葛洪《抱朴子·省煩》："次其源流，總合其事，類集以相从。"

(1363) 葼鯼(小義)

葼 細小樹枝,引申爲細小義。《說文·艸部》:"葼,青、齊、沇、冀謂木細枝曰葼。從艸,嵏聲。"清朱駿聲《通訓定聲》:"《方言》二:'木細枝謂之杪,青、齊、兖、冀之間謂之葼。故《傳》曰:'慈母之怒子也,雖折葼笞之,其惠存焉。'《魏都賦》:'弱葼係實。'《廣雅·釋詁二》:'葼,小也。'"《金史·刑志》:"金國舊俗,輕罪笞以柳葼。"

鯼 石首魚,以頭中有小石而得名。《廣韻·東韻》:"鯼,石首魚名。"明宋應星《天工開物·弧矢》:"其東海石首魚,浙中以造白鮝者,取其脬爲膠,堅固過於金鐵。"明屠本畯《閩中海錯疏》卷上:"石首,鯼也。頭大尾小。無大小,腦中俱有兩小石如玉,鰾可爲膠。"明黃省曾《魚經·江海諸品》:"石首,鯼也,首有小石,故名。"

〔推源〕 此二詞俱有小義,爲嵏聲所載之公共義。"緵"謂網眼細密之魚網,實則即網眼細小義。聲符字"嵏"所記錄語詞與小義不相涉,其小義乃嵏聲所載之語源義。按,兆聲字所記錄語詞"挑""佻""鮡""銚""駣""穀"俱有小義,見本典第三卷"兆聲"第707條。嵏聲、兆聲本相近且相通。

嵏:精紐東部;
兆:定紐宵部。

精定鄰紐,東宵旁對轉。然則可相互爲證。

514 矦聲

(1364) 候堠鍭(守候義)

候 守候,觀望。《說文·人部》:"矦,伺望也。从人,矢聲。"清朱駿聲《通訓定聲》:"《廣雅·釋詁三》:'覗也。'《詩》:'彼候人兮。'傳:'道路迎送賓客者。'《周禮·遺人》:'市有候館。'注:'樓可以觀望者也。'《左襄廿一傳》:'使候出諸轘轅。'"按,"候""矦"皆"矦"之或體,凡從矦得聲之字,其聲符字形體後世多作"矦"。朱氏所引《詩》《左傳》之"候"皆謂守候於道路以迎賓客之人,其義爲引申義。《廣韻·候韻》:"候,伺候。又姓,《周禮》有'候人',其後氏焉。"《國語·晉語八》:"攀輦即利而舍,候遮扞衛不行。"三國吳韋昭注:"候,候望。"漢袁康《越絕書·外傳記·吳地傳》:"婁北武城,闔廬所以候外越也。"

堠 守候、瞭望敵情的土堡。《字彙·土部》:"堠,斥堠。斥,度也;堠,望也,以望烽火也。"唐姚合《送少府田中丞入西蕃》:"蕭關路絕久,石堠亦爲塵。護塞空兵帳,和戎在使臣。"宋劉克莊《贈防江卒》:"戰地春來血尚流,殘烽缺堠滿淮頭。"按,亦以"候"爲之,當爲"候"之引申義。清朱駿聲《說文通訓定聲·需部》:"候,《荀子·富國》:'其候徼支繚。'注:'斥候也。'"《後漢書·光武帝紀》:"築亭候,修烽燧。"唐李賢注:"亭候,伺候望敵之所。"

蜴 壁虎,一名"守宫",即守候於墻壁者。《廣韻·支韻》:"蜴,守宫别名。"清朱駿聲《説文通訓定聲·解部·附〈説文〉不録之字》:"蜴,《方言》八:'守宫,東齊海岱謂之蜥蜴。'注:'似蜥易,今所在通言蛇醫。'"《漢書·東方朔傳》:"上嘗使諸數家射覆,置守宫盂下,皆不能中。朔自贊曰:'臣嘗受《易》,請射之。'乃别蓍布卦而對曰:'臣以爲龍又無角,謂之爲虵又有足,跂跂脈脈善緣壁,是非守宫即蜥蜴。'上曰:'善。'賜帛十匹。"

〔推源〕 諸詞俱有守候義,爲矣聲所載之公共義。聲符字"矣"所記録語詞之本義爲箭靶,射箭時瞄準之物,瞄準義、守候義當相通,故"矣"又有迎候、守候義。《説文·矢部》:"矣,春饗所躲矣也。从人,从厂,象張布,矢在其下。"清朱駿聲《通訓定聲》:"厌、矣各字。厌,射厌也;矣,五等爵也。〔假借〕又爲'候'。《書·禹貢》:'五百里侯服。'傳:'候也。'《周禮·大司馬》:'矣畿。'《職方氏》:'矣服。'疏:'矣之言候也。'《孝經》疏引舊解:'矣者,候也,言斥候而服事。'《廣雅·釋言》:'侯,候也。'又《周禮·肆師》:'與祝矣禳于壇。'疏:'矣者,候迎。'"按,"厌"即"矣"之古文,非二字。"矣"之迎候、守候義爲其引申義,非假借。本條諸詞之守候義爲其聲符"矣"所載之顯性語義。

515 風聲

(1365) 葻嵐蠭飈颿(風義)

葻 草得風貌。《説文·艸部》:"葻,艸得風皃。从艸、風。讀若婪。"南唐徐鍇《繫傳》:"風亦聲。"清朱駿聲《通訓定聲》:"从艸風,會意,風亦聲。"《玉篇·艸部》:"葻,草動皃。"按,草得風則動,所謂風吹草動。《廣韻·覃韻》:"葻,草得風皃。"

嵐 山中之風氣。《廣韻·覃韻》:"嵐,山氣也。"晉夏侯湛《山路吟》:"冒晨朝兮入大谷,道逶迤兮嵐氣清。"唐劉恂《嶺表録異》卷上:"嶺表山川,盤鬱結聚,不易疏洩,故多嵐霧作瘴,人感之多病,腹脹成蠱。"

蠭 風行木上。《集韻·東韻》:"蠭,風行木上曰蠭。或作'梵'。"《廣韻·東韻》:"梵,木得風皃。"

飈 馬疾行如風,引申爲疾急。《説文·馬部》:"飈,馬疾步也。从馬,風聲。"清朱駿聲《通訓定聲》:"《廣雅·釋訓》:'飈飈,走也。'《吴越春秋·句踐入臣外傳》:'飈飈獨兮西往。'亦重言形況字。"又引申而指疾風。唐韓愈《送鄭尚書序》:"其南州皆岸大海,多洲島,飈風一日踔數千里。"

颿 船帆,所以汎風之物。《集韻·凡韻》:"帆,舟上幔,所以汎風。或作'颿'。"《類篇·巾部》:"帆,舟上幔,所以汎風。"宋曾鞏《祭袁大監文》:"東南之粟,風颿手筰,歲填太倉,萬艘尾錯。"金元好問《雜詩》:"雖有帆與檣,亦須風動天。"

〔推源〕 諸詞俱有風義,爲風聲所載之公共義。聲符字"風"所記録語詞之本義即風。

《説文·風部》:"風,八風也。東方曰明庶風;東南曰清明風;南方曰景風;西南曰涼風;西方曰閶闔風;西北曰不周風;北方曰廣莫風;東北曰融風。風動蟲生,故蟲八日而化。从虫,凡聲。"然則本條諸詞之風義爲其聲符"風"所載之顯性語義。

516 忽聲

(1366)蔥幒聰鏓愡窻(中空通達義)

蔥 蔥類植物,其形如管而中空。其字亦作"蒽",凡从忽得聲之字其聲符多亦作"恩"。《説文·艸部》:"蔥,菜也。从艸,恩聲。"清朱駿聲《通訓定聲》:"《爾雅·釋草》:'茖山蔥。'注:'細莖大葉。'《北山經》:'邊春山,其草多蔥韭。'《管子·伐山戎》:'出戎菽及冬蔥。'按,山蔥,蔥之別。《廣雅·釋草》:'菁,藸蔥也。'《齊民要術》:'蔥有冬春二種,有胡蔥、木蔥、山蔥。二月別小蔥,六月別大蔥。夏蔥曰小,冬蔥曰大。'《水經·河水》:'又南入蔥嶺山。'注:'蔥嶺在敦煌西八千里,其山高大,上生蔥,故曰蔥嶺也。'"《廣韻·東韻》:"蔥,葷菜。"按,蔥之氣味濃,故稱葷菜,"葷"字从艸,所記録語詞之本義《説文》訓"臭菜",即謂蔥、韭、蒜類物。《藥性賦》云:"蔥爲通中發汗之需。"以其中空,故有通氣之功效。

幒 滿襠褲,無縫而中空者。《説文·巾部》:"幒,幝也。从巾,忽聲。𢁥,幒或从松。"清朱駿聲《通訓定聲》:"字亦作'裗'、作'䙀'。《方言》四:'褌,陳楚江淮之間謂之裗。'"《廣韻·腫韻》:"幒,《説文》曰:'幝也。'𢁥,上同。"按,《説文》同部"幝"篆訓"幒",乃互訓,清段玉裁注云:"今之滿襠褲,古之幝也。自其渾合近身言曰幝;自其兩襱孔穴言曰幒。"南朝宋劉義慶《世説新語·德行》:"(韓伯)就車中裂二丈與范云:'人寧可使婦無幝邪?'范笑而受之。"

聰 聰明通達。聲通於耳,耳聾則如堵而不通。又人愚昧至極曰"一竅不通",耳爲七竅之一。此皆可證"聰"寓中空通達義。《説文·耳部》:"聰,察也。从耳,恩聲。"清朱駿聲《通訓定聲》:"《書·洪範》:'聽曰聰。'《管子·宙合》:'聞審謂之聰。'……《春秋繁露·五行五事》:'聰者,能聞事而審其意也。'"《廣韻·東韻》:"聰,明也,察也。"《書·堯典》:"昔在帝堯,聰明文思,光宅天下。"《漢書·淮陽憲王劉欽傳》:"聰達有材,帝甚愛之。"

鏓 大鑿,施於木而使中空者。《説文·金部》:"鏓,大鑿平木也。从金,恩聲。"清朱駿聲《通訓定聲》:"《通俗文》:'大鑿曰鏓。'……《長笛賦》:'鏓硐隤墜。'注:'以木通其中皆曰鏓。'"清段玉裁注:"鑿非平木之器……大鑿入木曰鏓。"《廣韻·東韻》:"鏓,大鑿,平木器。"按,"平木器"説本於許慎。所訓有悖情理。《正字通·金部》:"鏓,俗'鏓'字。"

愡 通達,明事理。《玉篇·心部》:"惺,惺憁,了慧也。"按,"憁"即"愡"之纍增字。宋魏了翁《沁園春·許侍郎奕生日》:"天教百般如願,也應是,天眼惺憁。"明單本《蕉帕記·鬧釵》:"你睡覺欠憁惺,你護短欠瓏玲。"按,"憁"字《廣韻》作"愡"。《字彙·心部》:"愡,俗

'憁'字。"《廣韻·東韻》:"憁,惺憁,了慧人也。"

窻 窗户,中空而通明者。《説文·穴部》:"窻,通孔也。从穴,悤聲。"《廣韻·江韻》:"窻,《釋名》曰:'窗,聰也,於内見外之聰明也。'牎,上同。窓,俗。"《正字通·穴部》:"窓,俗窗字。"《周禮·考工記·匠人》:"四旁兩夾窻。"漢鄭玄注:"窻,助户爲明,每室四户八窻。"晉潘岳《悼亡》:"皎皎窻中月,照我室南端。"唐劉長卿《奉酬辛大夫之作》:"初開窗閤寒光滿,欲掩軍城暮色遲。"

〔**推源**〕 諸詞俱有中空通達義,爲悤聲所載之公共義。聲符字"悤"本作"恖"。《集韻·東韻》:"悤,古作'恖'。"《説文·囪部》:"恖,多遽恖恖也。从心、囪,囪亦聲。"則其義與中空通達義不相涉。然其字从囪得聲,聲符字"囪"本爲"窗""窻"之初文,謂窗户,窗户則爲中空通明者。《説文·囪部》:"囪,在墙曰牖,在屋曰囪。窗,或从穴。"宋蘇軾《柳子玉亦見和因以送之兼寄其兄子璋道人》:"晴囪曬日肝腸暖,古殿朝真屨袖香。"然則本條諸詞之中空通達義爲其悤聲所載之語源義。悤聲可載中空通達義,"洞"可證之。

悤:清紐東部;

洞:定紐東部。

疊韻,清定鄰紐。"洞",山洞,中空而通達者。《廣韻·送韻》:"洞,空也。"《集韻·送韻》:"峒,山穴。通作'洞'。"按,"洞""峒"俱从同聲,古以"峒"爲山洞字,而"洞"謂水疾流,許慎説。蓋有所謂水洞者,水出而疾。後世皆以"洞"爲洞穴字。漢張衡《西京賦》:"赴洞穴,探封狐。"南朝宋鮑照《山行見孤桐》:"上倚崩峰勢,下帶洞阿深。"引申之則有通達義。《集韻·送韻》:"洞,通也。"漢班固《西都賦》:"正殿崔巍,層構厥高,臨乎未央,經駘蕩而出馺娑,洞枍詣以與天梁。"《漢書·司馬相如傳下》:"洞出鬼谷之堀礨崴魁。"唐顔師古注:"洞,通也。"

(1367)廤熜總鬉毼(聚集義)

廤 屋階中央交會處,即屋階相聚集義。《説文·广部》:"廤,屋階中會也。从广,悤聲。"清朱駿聲《通訓定聲》:"檐下中階謂之廤。"清段玉裁注:"謂兩階之中湊也。"《廣韻·東韻》:"廤,屋中會。"又《董韻》:"廤,屋會。"《字彙·广部》:"廤,同'廊'。"

熜 火炬,聚集麻莖而成者。《説文·火部》:"熜,然麻蒸也。从火,悤聲。"清朱駿聲《通訓定聲》:"字亦作'熅'。古燭多用葦,或用麻蒸,其易然者。《廣雅·釋器》:'熜,炬也。'"《玉篇·火部》:"熜,然麻烝也;煴也。"《廣韻·董韻》:"熜,煴也。"《字彙·火部》:"熜,同'熅'。"按,《玉篇》《廣韻》俱以"煴"釋"熜",複音詞"煴熜"有燃燒而煙火盛義,當與火炬義相通。清姚鼐《至華巖寺作詩歸示應宿兼寄朱竹君學士》:"嘗聞此山木,連峰覆鬱蓊。陋僧不知惜,十八橺煴熜。"

總 聚束。《説文·糸部》:"總,聚束也。从糸,悤聲。"清朱駿聲《通訓定聲》:"字亦誤作'緫'、作'捴',又作'緵'。《廣雅·釋詁四》:'總,結也。'《三》:'總,皆也。'《詩·羔羊》:'素絲五總。'傳:'數也。'《氓》:'總角之宴。'傳:'結髮也。'《甫田》:'總角卯兮。'傳:'聚兩髦也。'《禮記·内則》:'櫛縰笄總。'注:'束髮也。'"《廣韻·董韻》:"緫,聚束也。捴,上同。鬉,鬉角。本作'總'。"《字彙·糸部》:"緫,俗'總'字。"虚化引申爲聚集義。《廣韻·董韻》:"總,合也。"《淮南子·原道訓》:"萬物之總,皆閱一孔;百事之根,皆出一門。"漢高誘注:"總,衆聚也。"北魏酈道元《水經注·汾水》:"其水三泉奇發,西北流,總成一川。"

鬉 馬鬃毛,長而聚於項部者。唐慧琳《一切經音義》卷九十二:"鬉,《考聲》:'馬鬣也。'亦从馬作'騣'。"漢焦贛《易林·大壯之謙》:"驄騣黑鬉,東歸高鄉。"按,上述慧琳書卷四十一引漢蔡邕《獨斷》:"騣,馬項上毛也。"南朝梁簡文帝蕭綱《艷歌行》:"金鞍隨繁尾,銜璣映纏騣。"按,"騣"从㚇聲,"鬉"與之同,故馬鬃毛亦稱"鬉"。《晉書·愍懷太子遹傳》:"先是,有童謡曰:'東宮馬子莫襲空,前至臘月纏汝鬉。'"

輚 車輪,輻條聚集而成者。《釋名·釋車》:"輚,言輻輚入轂中也。"《篇海類編·器用類·車部》:"輚,車輪也。"清朱駿聲《説文通訓定聲·豐部·附〈説文〉不録之字》:"輚,《方言》九:'輪,關西謂之輚。'按,亦作'軦'。"元王禎《農書》卷二十一:"觀其微風興於軸端,霧雨散於輚輻。"

〔推源〕 諸詞俱有聚集義,爲忽聲所載之公共義。聲符字"忽(怱)"所記録語詞與聚集義不相涉,其聚集義乃忽聲所載之語源義。忽聲可載聚集義,"叢"可證之。

忽:清紐東部;

叢:從紐東部。

疊韻,清從旁紐,音極相近。"叢",聚集。《説文·丵部》:"叢,聚也。从丵,取聲。"清朱駿聲《通訓定聲》:"《周禮·大司徒》:'其植物宜叢物。'注:'萑葦之屬。'《爾雅》:'灌木,叢木。'《孟子》:'爲叢驅爵者。'《晉書·段灼傳》作'藪'。《楚辭·招魂》:'叢菅是食些。'注:'柴棘爲叢。'《淮南·俶真》:'獸走叢薄之中。'注:'聚木曰叢。'"《吕氏春秋·達鬱》:"國鬱處久,則百惡並起,而萬災叢至矣。"漢高誘注:"叢,聚也。"三國魏嵇康《琴賦》:"珍怪琅玕,瑶瑾翕赩。叢集纍積,奂衍於其側。"

(1368) 蔥樬㮇(尖義)

蔥 蔥類植物,形如管而尖。

樬 尖頭擔。《廣韻·東韻》:"樬,尖頭擔也。"黄侃《蘄春語》:"今蘄州謂擔束薪之器曰樬擔。"按,徽歙人亦稱之爲"樬擔",與扁擔相異。以圓木棍爲之,兩頭削尖。搬運麥捆、黄荳捆,即以樬擔刺入而荷於肩。

㮇 短矛,尖鋭之物。《廣韻·江韻》:"鏦,短矛也。㮇,同鏦。"《説文·金部》:"鏦,矛也。"清朱駿聲《通訓定聲》:"《方言》九:'矛或謂之鏦。'《淮南·兵略》:'修鍛短鏦'。注:'小矛也。'字亦作'穜'。《倉頡篇》：'穜，短矛也。'"《集韻·鍾韻》："縱，稍小者。"

〔推源〕 諸詞俱有尖義，爲怱聲所載之公共義。聲符字"怱"所記録語詞與尖義不相涉，其尖義乃怱聲所載之語源義。怱聲可載尖義，"釘"可證之。

怱：清紐東部；

釘：端紐耕部。

清端鄰紐，東耕旁轉。"釘"，鐵釘，頭部尖銳可釘入他物之物。《篇海類編·珍寶類·金部》："釘，鐵釘。"清朱駿聲《説文通訓定聲·鼎部》："釘，〔假借〕爲'丁'。今俗用爲鐵釘字。《廣雅·釋器》：'栓櫍釘也。'"按，"釘"之本義《説文》訓"鍊餅黄金"，然其字从金，表鐵釘義非假借，乃套用字。《三國志·魏志·牽招傳》："賊欲斫棺取釘，招垂涙請赦。"北魏賈思勰《齊民要術·作醬法》："夏雨，無令水浸甕底。以一鈇鍬鐵釘子，背'歲殺'釘著甕底石下。後雖有妊娠婦人食之，醬亦不壞爛也。"

(1369) 謥傯憁(匆忙義)

謥 言急，説話匆忙。《廣韻·送韻》："謥詷，言急。"《篇海類編·人事類·言部》："謥，同'謥'。"《後漢書·和熹鄧皇后紀》："每覽前代外戚賓客，假借權威，輕薄謥詞。"唐李賢注："謥詷，言怱遽也。"《三國志·魏志·程曉傳》："其選官屬，以謹慎爲粗疏，以謥詷爲賢能。"清何焯《義門讀書記》："然當時實以師方擅朝，不欲有謥詷之人，故曉言得伸。"

傯 忙碌，匆忙。《字彙·人部》："傯，倥傯，不暇也。"《廣韻·董韻》："傯，倥傯。"又"倥，倥傯，事多。"《正字通·人部》："傯，俗'傯'字。"《後漢書·卓茂傳論》："建武之初，雄豪方擾，虓呼者連響，嬰城者相望，斯固倥傯不暇給之日。"唐李賢注："日促事多，不暇給足也。"宋周煇《清波雜志》卷九："凡有行役，雖數日程，道路倥傯之際，亦有日記。"清高阜《〈書影〉序》："跡先生生平，功名多顯於戎馬倥傯時，而文章則盛之乎桁楊禍變之際。"

憁 心急。實即急遽、匆忙義。《類篇·心部》："憁，憁恫，心急。"《廣韻·送韻》："憁，憁恫。"晉葛洪《抱朴子外篇·自叙》："憁恫官府之間，以窺掊尅之益。"按，"憁恫"即匆忙奔走之義。

〔推源〕 諸詞俱有匆忙義，爲怱聲所載之公共義。聲符字"怱"所記録語詞之本義《説文》訓"多遽悤悤"(見前1365條"推源"欄)。《集韻·東韻》："怱，古作'悤'。"《史記·龜策列傳》："陰陽相錯，悤悤疾疾。"《三國志·魏志·華佗傳》："適值陀見收，怱怱不忍從求。"唐杜甫《新婚别》："暮婚晨告别，無乃太怱忙！"然則本條諸詞之匆忙義爲其聲符"怱"所載之顯性語義。又，後世匆忙字作"匆"，音與"怱"同。唐杜甫《雨不絶》："眼邊江舸何匆促，未待安流逆浪歸。"元薩都剌《和王伯循題壁》："廣陵城裏别匆匆，一去三山隔萬重。"

(1370) 葱驄蟌(青色義)

葱 葱類植物，其色青，故有青色之衍義。《爾雅·釋器》："青謂之葱。"清朱駿聲《説文通訓定聲·豐部》:"葱,又疊韻連語。《江賦》:'潛薈蔥蘢。'注:'青盛皃也。'又雙聲連語。《射雉賦》:'停僮葱翠。'注:'翳色也。'"漢王充《論衡·吉驗》:"王莽時,謁者蘇伯阿能望氣,使過舂陵,城郭鬱鬱葱葱。"南朝梁簡文帝蕭綱《和湘東王首夏》:"竹水俱葱翠,花蝶兩飛翔。"

驄 馬之毛色青白相間。《說文·馬部》:"驄,馬青白雜毛也。从馬,悤聲。"《廣韻·東韻》:"驄,馬青白雜色。"《後漢書·桓典傳》:"(桓典)辟司徒袁隗府,舉高第,拜侍御史。是時宦官秉權,典執政無所回避。常乘驄馬,京師畏憚,爲之語曰:'行行且止,避驄馬御史。'"唐杜甫《驄馬行》:"鄧公馬癖人共知,初得花驄大宛種。"宋孫光憲《生查子》:"暖日策花驄,彈鞚垂楊陌。"

蟌 蜻蜓。《玉篇·虫部》:"蟌,蜻蛉。"按"蜻蛉"即蜻蜓之別名。明李時珍《本草綱目·虫部·蜻蛉》:"〔釋名〕蜻蜓。"原注:"亦作'蜓'。"《廣韻·東韻》:"蟌,蜻蜓。"清朱駿聲《說文通訓定聲·豐部·附〈說文〉不錄之字》:"蟌,《淮南·說文訓》:'水蠱爲蟌。'注:'青蜓也。'"《康熙字典·虫部》:"蟌,《唐韻》作'蜓'。"今按,朱氏所引《淮南子》文之"青"異文作"蜻"。蜻蜓之爲物,其色青,單音詞稱"蟌",乃以悤聲表青色義。複音詞稱"蜻蜓",則謂其物之色青而其形直挺。"蜻"本"青"之纍增字。

〔推源〕 諸詞俱有青色義,爲悤聲所載之公共義。聲符字"悤"所記錄語詞之顯性語義與青色義不相涉,其青色義乃悤聲所載之語源義。悤聲可載青色義,"青"可證之。

悤:清紐東部;

青:清紐耕部。

雙聲,東耕旁轉,音極相近。"青",青色。《說文·青部》:"青,東方色也。木生火,从生、丹,丹青之信言象然。"清朱駿聲《通訓定聲》:"《周禮·職方氏》:'正東曰青州。'《考工·畫繪之事》:'東方謂之青。'《楚辭·大招》:'青春受謝。'注:'青,東方春位。'《洪範·五行傳》:'時則有青眚青祥。'注:'木色也。'《素問·風論》:'其色青。'注:'肝色。'……《淇奧》:'綠竹青青。'《子衿》:'青青子衿。'"今按,古者以金、木、水、火、土五行與東、西、南、北、中五方及春、夏、秋、冬四季相對應,東方屬木,木旺于春季,木之正色青。又,中國醫學以五行與心、肝、脾、肺、腎五臟相對應,肝屬木,木之色青,故以"肝色"釋"青"。

517 胤聲

(1371) 胤𦙍(繼義)

𦙍 同"胤",繼承。《改併四聲篇海·彳部》引《川篇》:"𦙍,繼也。"三國魏曹植《神農贊》:"少典之𦙍,火德成木。"清顧炎武《答李子德書》:"梨洲、晚村,一代豪杰之𦙍,朽人不敢比也。"按,"胤"字之結構當爲从彳,胤省聲。

酳 飯後以酒漱口。按"酳"即繼之以酒之義。其字亦省作"酳"。《廣韻·震韻》:"酳,酒漱口也。"《漢書·賈山傳》:"然而養三老於大學,親執醬而餽,執爵而酳。"唐顔師古注:"酳,少少飲酒,謂食已而蕩口也。音胤。"按,《廣韻》記"酳"字之音爲"羊晉切",與"胤"同,"酳"字从胤得聲無疑。

〔推源〕 此二詞俱有繼義,爲胤聲所載之公共義。聲符字"胤"所記録語詞之本義即繼承。《説文·肉部》:"胤,子孫相承續也。从肉,从八,象其長也;从幺,象重累也。"清朱駿聲《通訓定聲》:"《爾雅·釋詁》:'胤,繼也。'《書·堯典》:'胤子朱啓明。'《高宗肜日》:'罔非天胤。'傳:'嗣也。'《左隱十一傳》:'太岳之胤也。'注:'繼也。'"然則本條二詞之繼義爲其聲符"胤"所載之顯性語義。胤聲可載繼義,則"引"可證之。"胤""引"同音,余紐雙聲,真部疊韻。"引",本指開弓,引申之則有延長、延續義,此與繼義極相近且相通。《詩·小雅·楚茨》:"子子孫孫,勿替引之。"漢毛亨傳:"引,長也。"唐韓愈《進學解》:"忘己量之所稱,指前人之瑕疵,是所謂詰匠氏之不以杙爲楹,而訾醫師以昌陽引年,欲進其豨苓也。"

518 亭聲

(1372) 停淳(止義)

停 停止,止息。《廣韻·青韻》:"停,息也。止也。"《莊子·德充符》:"平者,水停之盛也。"清郭慶藩《集釋》:"停,止也。"《晉書·劉聰傳》:"聰怒甚。劉氏時在後堂,聞之密遣中常侍私敕左右停刑,於是手疏切諫,聰乃解。"唯"停"之義爲止,故有"停止"之同義聯合式合成詞。《梁書·武帝紀中》:"屬車之間,見譏前世,便可自今停止。"

淳 水積聚,停止不流。《廣韻·青韻》:"淳,水止。"漢張衡《南都賦》:"貯水淳洿,亘望無涯。"《古文苑·揚雄〈蜀都賦〉》:"禹治其江,淳皋彌望。"章樵注:"淳,水所瀦也。"

〔推源〕 此二詞俱有止義,爲亭聲所載之公共義。聲符字"亭"所記録語詞謂古時道旁供行人停留食宿之處所,其名本寓停止之義,故引申爲停留、停止。按今徽歙鄉間道旁多有亭,鄉人稱之爲"路亭"。異於屋宅,以石塊堆壘而成,供行人歇脚,蓋古之遺制。《説文·高部》:"亭,民所安定也。亭有樓,从高省,丁聲。"清朱駿聲《通訓定聲》:"《漢書·高帝紀》:'爲泗上亭長。'注:'停留行旅宿食之館。'《後漢·臧宫傳》注:'安十里一亭,亭有長,以禁盜賊。'〔轉注〕《風俗通》:'亭,留也。'《釋名·釋宫室》:'亭,停也,亦人所停集也。'……又《埤蒼》:'水止曰淳。'《廣雅·釋詁三》:'淳,止也。'《爾雅·釋山》注:'有淳泉。'《左隱三傳》注:'潢汗淳水。'字亦作'停'、作'淳'。"按,"停""淳"皆爲"亭"之分化字,其詞則"亭"爲源詞而"停""淳"爲其同源派生詞。"亭"表停止義之例亦屢見之。《漢書·西域傳上》:"其水亭居,冬夏不增減。"然則本條二詞之止義爲其聲符"亭"所載之顯性語義。亭聲可載止義,則"止"可證之。

亭：定紐耕部。

止：章紐之部。

定章(照)準旁紐,耕之旁對轉。"止",人足,所以行者,人行則時而駐步,故有停止、止息之衍義。《説文·止部》："止,下基也。象艸木出有址,故以止爲足。"清朱駿聲《通訓定聲》："《止部》文十四,亦無一涉草木者。當以足止爲本義,象形也……字爲借義所專,因加足傍作'趾'。《儀禮·士昏禮》：'北止。'注：'足也。'〔假借〕又爲'峙'。《廣雅·釋詁二》：'止,逗也。'《太玄·玄衝》：'止不行。'……《家語·辯政》：'匪其止共。'注：'息也。'《吕覽·下賢》：'亦可以止矣。'注：'休也。'"今按,"止"爲象形説、"趾"爲後起本字説皆可從。然"止"之基本義停止非假借義,乃引申義。

519　度聲

(1373) 斁塓(堵塞義)

斁　堵塞,關閉。《説文·攴部》："斁,閉也。从攴,度聲。讀若杜。"清段玉裁注："杜門字當作此,'杜'行而'斁'廢矣。"清朱駿聲《通訓定聲》："〔假借〕爲'杜'。《周禮·雍氏》注：'斁乃擭。'"按,段説是。"杜"有堵塞、杜絶義不誤,然其字从木,本指甘棠,許慎説,表堵塞、杜絶義,爲借字。《書·費誓》"杜乃擭"唐陸德明《釋文》："杜,本又作'斁'。"《廣韻·姥韻》："斁,塞也,閉也。"宋陸游《陸郎中墓誌銘》："公斁門絶交遊。"清李慈銘《越縵堂讀書記·中復堂全集》："夫惜抱以郎中告歸不出,誠爲恬漠。然漢學諸賢中,若西莊以閣學左遷光卿時,仕僅五稔,年力方盛,遽爾斁門。"

塓　堵塞,關閉。《廣雅·釋詁三》："塓,塞也。"《廣韻·姥韻》："塓,填也。"清徐珂《清稗類鈔·喪祭類》："頭北而足南,面西向,塓門疊土爲墓。"

〔推源〕　此二詞俱有堵塞義,爲度聲所載之公共義。聲符字"度"單用本可表堵塞義。清朱駿聲《説文通訓定聲·豫部》："度,〔假借〕又爲'投'。《詩·緜》：'度之薨薨。'《韓詩章句》：'度,填也。'"《書·盤庚》："各恭爾事,齊乃位,度乃口。"楊樹達《積微居讀書記》："度,假爲'斁'。"《墨子·小取》："度其所惡。"劉師培注："度,與'斁'同,閉也。斁其所惡,謂塞其所惡也。"按,填塞、堵塞義非"度"之顯性語義。"度"之本義爲度量之法制。《説文·又部》："度,法制也。从又,庶省聲。"清朱駿聲《通訓定聲》："按,五度:分、寸、尺、丈、引也。度起于人手取法,故从又。凡八寸曰咫,七尺曰仞,八尺曰尋,皆同。惟倍尋曰常。常,長也。十丈曰引,引,爻也,亦長也,言度數最長也。《虞書》：'同律度量衡。'"然則堵塞義爲度聲另載之語源義。度聲可載堵塞義,"堵"可證之。

度：定紐鐸部；

堵：端紐魚部。

定端旁紐，鐸魚對轉。"堵"，牆壁。《説文·土部》："堵，垣也。五版爲一堵。"清朱駿聲《通訓定聲》："版廣二尺，積高一丈曰堵……《詩·鴻雁》：'百堵皆作。'"引申爲阻擋、堵塞義。明許進《平番始末》："如今小列禿人馬都在這邊堵着路坐着。"章裕昆《文學社武昌首義紀實》："四十二標三營右、後兩隊堵塞武勝關，前、左兩隊防守花園、祁家灣一帶。"

(1374) 踱䪤（往復義）

踱 忽進忽退，前往而復返。《玉篇·足部》："踱，跮踱。"《廣韻·至韻》："跮，跮踱，乍前乍却。"《史記·司馬相如列傳》："跮踱輵轄容以委麗兮，綢繆偃蹇怵奐以梁倚。"南朝宋裴駰《集解》："跮踱，乍前乍却也。"清蒲松齡《聊齋志異·醫術》："往復跮踱，以手搓體。"按，"往復"與"跮踱"同義，"跮踱"本可分訓。《集韻·至韻》"跮"訓"乍前却"，即前往而復返義。"踱"本可單用。清曹雪芹《紅樓夢》第三十七回："寶玉背着手在迴廊上踱來踱去。"

䪤 轉動，作圓周運動，即循環往復。《廣韻·鐸韻》："䪤，䪤䪣。"《集韻·鐸韻》："䪤，䪤䪣，轉也。"宋釋師明《古尊宿語錄》卷十八："至第三日州始開門，師乃拶入。州便擒住云：'道道。'師擬議。州托開云：'秦時䪤䪣鑽。'師從此悟入。"

〔推源〕 此二詞俱有往復義，爲度聲所載之公共義。聲符字"度"所記錄語詞有測量、度量義。凡測物之長度，則必量其物之前後兩端，測物之寬度，則必量其物之兩側，此與往復義相通。度聲可載往復義，則"掉"可證之。

度：定紐鐸部；

掉：定紐藥部。

雙聲，鐸藥（沃）旁轉。"掉"，掉頭，回轉，即往而復義。前蜀韋莊《觀獵》："直到四郊高鳥盡，掉鞍齊向國門歸。"唐杜甫《送孔巢父謝病歸遊江東》："巢父掉頭不肯住，東將入海隨煙霧。"

(1375) 鍍/涂（涂抹義）

鍍 涂而附之。《廣韻·模韻》："鍍，以金飾物。"又《暮韻》："鍍，金飾物也。"唐李紳《答章孝標》："假金方用真金鍍，若是真金不鍍金。"《水滸傳》第十三回："身披一副鐵葉攢成鎧甲，腰繫一條鍍獸面束帶。"

涂 涂抹，古者亦以"塗"爲之。《説文·木部》："杇，所以涂也。"清段玉裁注："涂者，飾牆也。"《廣韻·麻韻》："塗，塗飾。"沈兼士《聲系》："案'塗'，内府本《王韻》作'涂'。"唐李商隱《韓碑》："點竄《堯典》《舜典》字，塗改《清廟》《生民》詩。"章炳麟《檢論·訂文》附錄《正名雜義》："近世奏牘關移，語本直愨，純出史胥，其病猶少，而庸妄賓僚，謬施涂墍。"

〔推源〕 此二詞俱有涂抹義，其音亦相近且相通。

鍍：定紐鐸部；

涂：定紐魚部。

雙聲,鐸魚對轉。則其語源當同。

520　音聲

(1376) 暗窨黯闇(黑暗、幽深義)

暗　黑暗,引申爲幽深義。《説文·日部》:"暗,日無光也。从日,音聲。"清朱駿聲《通訓定聲》:"與'晻'略同……經傳皆以'闇'爲之……又重言形況字。《甘泉賦》:'稍暗暗而靚深。'注:'聲空之皃。'《漢書》注:'幽隱也。'〔聲訓〕《廣雅·釋詁三》:'暗,深也。'"《韓非子·解老》:"以爲暗乎,其光昭昭;以爲明乎,其物冥冥。"漢王充《論衡·説日》:"日中光明,故小;其出入時光暗,故大。"《廣韻·勘韻》:"暗,深也。"按,"暗"亦指色之幽深。唐温庭筠《寒食日作》:"紅深緑暗徑相交,抱暖含芳被紫袍。"

窨　地窨,地室,幽深而黑暗者。《説文·穴部》:"窨,地室也。从穴,音聲。"清朱駿聲《通訓定聲》:"今蘇俗猶曰地窨子。〔轉注〕今俗以油、酒等物埋藏地中,曰窨。"《廣韻·沁韻》:"窨,地屋。"《後漢書·光武帝紀下》"詔死罪繫囚皆一切募下蠶室"唐李賢注:"蠶室,宫刑獄名。宫刑者畏風,須暖,作窨室蓄火如蠶室,因以名焉。"按,朱氏所云"窨"之深藏義亦見諸文獻。宋張邦基《墨莊漫録》卷二:"令衆香蒸過,入磁器,有油者,地窨窨一月。"

黯　顔色幽深,引申爲黑暗、暗淡義。《説文·黑部》:"黯,深黑也。从黑,音聲。"清朱駿聲《通訓定聲》:"《廣雅·釋器》:'黯,黑也。'《史記·孔子世家》:'黯然而黑。'……《楚辭·遠逝》:'望舊邦之黯黪兮。'注:'不明皃。'又單辭形況字。《别賦》:'黯然銷魂者,惟别而已矣。'注:'失色將敗之皃。'"《廣韻·咸韻》:"黯,深黑也。"又《豏韻》:"黯,黯然,傷别皃。"漢蔡邕《述行賦》:"玄雲黯以凝結,集零雨之溱溱。"南朝梁江淹《齊太祖高皇帝誄》:"日月鬱華,風雲黯色。"

闇　閉門(見後條),故有黑暗、幽深之衍義。《廣韻·勘韻》:"闇,冥也。"清朱駿聲《説文通訓定聲·臨部》:"闇,〔假借〕又爲'暗'。《小爾雅·廣詁》:'闇,冥也。'《廣雅·釋詁四》:'闇,夜也。'《禮記·祭義》:'夏后氏祭其闇。'注:'昏時也。'又《荀子·君道》:'故人主無便嬖左右足信者,謂之闇。'又《後漢書·張衡傳》:'出右密之闇野兮。'注:'幽隱也。'"按,"闇",表黑暗、幽深隱蔽義無煩假借,乃引申。《荀子·議兵》:"善用兵者感忽悠闇,莫知其所從出。"劉師培《補釋》:"闇有深義,悠闇者,即深遠之義也……此言善用兵者,其術隱微而深遠,故下言'莫知其所從出'也。"按,色深黑亦謂之"闇"。北魏賈思勰《齊民要術·雜説》:"凡潢紙滅白便是,不宜太深,深則年久色闇也。"

〔推源〕　諸詞俱有黑暗、幽深義,爲音聲所載之公共義。聲符字"音"所記録語詞謂樂音。《説文·音部》:"音,聲也。生於心有節於外謂之音。宫、商、角、徵、羽聲,絲竹、金石、土、革、木音也。从言含一。"引申之則有樂曲、語音等義,皆與黑暗、幽深義不相涉。本條諸詞之黑暗、幽深義乃音聲另載之語源義。音聲可載黑暗、幽深義,則"陰"可證之。"音""陰"同音,影紐雙聲,侵部疊韻。"陰",山之北,水之南,背光處,故有黑暗義,引申之則幽深隱蔽義。《説文・阜部》:"陰,闇也。水之南,山之北也。"清朱駿聲《通訓定聲》:"《周禮・大司樂》:'陰竹之管。'注:'陰竹,生于山北者。'《柞氏》:'令剥陰木而水之。'注:'生山北爲陰木。'〔假借〕爲'侌',爲'暗'。《周禮・大司徒》:'日西則景朝多陰。'……又《禮記・祭義》:'陰陽長短。'疏:'謂夜也。'《大荒北經》:'赤水之北有神人,是燭九陰,是謂燭龍。'注:'照九州之幽隱也。'"按,實非假借,乃引申。唯"陰"有黑暗義,故有"陰黑""陰暗"之同義聯合式合成詞。唐王建《溫門山》:"洞門晝陰黑,深處惟石壁。"唐元稹《苦雨》:"煩昏一日内,陰暗三四殊。""陰"又有深藏義。《左傳・僖公十五年》:"亂氣狡憤,陰血周作。"唐孔穎達疏:"外爲陽,内爲陰。血在膚内,故稱陰血。"

(1377) 喑瘖罨闇醅揞窨(閉義)

喑 啞,即閉口義。清朱駿聲《説文通訓定聲・臨部》:"喑,〔假借〕爲'瘖'。《説苑・正諫下》:'無言則謂之喑。'"按,實非假借,乃引申。"喑"之本義《説文》訓"宋齊謂兒哭泣不止",《方言》卷一:"平原謂啼極無聲謂之唴哴,楚謂之噭咷,齊宋之間謂之喑。"啼極無聲義與啞義相通。《管子・入國》:"聾盲、喑啞、跛躄、偏枯、握遞不耐自生者,上收而養之,疾。"漢班固《白虎通・考黜》:"諸侯喑聾、跛躄、惡疾不免黜者何? 尊人君也。"

瘖 啞,不能言之病。啞即閉口無言之謂。《説文・疒部》:"瘖,不能言也。从疒,音聲。"清朱駿聲《通訓定聲》:"《史記・扁倉傳》:'使人瘖。'《索隱》:'失音也。'《禮記・王制》:'瘖、聾、跛躃。'《釋文》:'啞也。'〔聲訓〕《釋名・釋疾病》:'瘖,唵然無聲也。'"《廣韻・侵韻》:"瘖,瘖瘂。《文子》曰:'皋陶瘖。'"《新唐書・隱逸傳・王績》:"子光瘖,未嘗交語,與對酌酒懽甚。"按,"瘖"又有緘默義,緘默即閉口不言。《晏子春秋・内篇諫下第二》:"朝居嚴則下無言,下無言則上無聞矣。下無言則吾謂之瘖,上無聞則吾謂之聾。"宋李綱《貼黄》:"臣伏以暴水之災,理不虚發;然在廷之臣,瘖默取容,無肯奏知陛下,以克謹天地告戒之意者,不勝憤懣。"

罨 覆蓋。按,覆蓋、掩閉,實即一義。《説文・网部》:"罨,覆也。从网,音聲。"《廣韻・合韻》:"罨,覆蓋也。"唐元稹《大雲寺》:"果枝低罨罨,花雨澤霏霏。"明李時珍《本草綱目・百病主治藥・跌仆折傷》:"蟹肉:筋骨折傷斷絶,連黄搗泥,微納罨筋即連也。"

闇 閉門。《説文・門部》:"闇,閉門也。从門,音聲。"《梁書・樂藹傳》:"或譖藹廨門如市,巖遣覘之,方見藹闇閤讀書。"按,關閉門户之室稱"闇室",當爲本義之直接引申。《宋書・良吏傳・阮長之》:"在中書省直,夜往鄰省,誤著履出閤,依事自列門下,門下以闇夜人不知,不受列,長之固遣送之,曰:'一生不悔闇室。'"按,"闇"又有遮蔽、掩閉之衍義。北魏酈道元《水經注・江水二》:"淵上橘柚蔽野,桑麻闇日。"按,"蔽""闇"對文同義。

醅 密閉發酵以釀製食品。《正字通・酉部》:"醅與醃音別義通。凡物漬藏揜覆不泄氣者謂之醅,醅猶窨也。"宋呂頤浩《新酒金橘寄李德升》:"稻醅初熟鵝兒色,金橘方包彈子新。"

揞 掩藏,掩閉。《方言》卷六:"揞,藏也。荊楚曰揞。"《廣韻·感韻》:"揞,手覆。"唐盧仝《月蝕詩》:"恐是眶睫間,揞塞所化成。"清唐孫華《石鼓歌》:"蘚斑齧蝕字揞拚,髣髴尚可形模求。"

窨 地窖,地室(見前條),引申之則有深藏義,又有封閉義。宋李誡《營造法式·燒變次序》:"凡燒變塼瓦等之制,素白窯前日裝窯,次日下火燒變,又次日土水窨,更三日開,候冷透,及七日出窯。"又引申為閉義。明沈自徵《鞭歌妓》:"爭奈他穿著套謊勢衣裳,向人前裸袖揎拳,賣弄伶俐,將我大膽廝瞞,朗朗的花白,好教窨口無言。"

〔推源〕 諸詞俱有閉義,為音聲所載之公共義。聲符字"音"所記錄語詞之顯性語義系列與閉義不相涉,其閉義乃音聲所載之語源義。音聲可載閉義,"掩"可證之。

音:影紐侵部;
掩:影紐談部。

雙聲,侵談旁轉。"掩",遮蔽。《方言》卷六:"掩,薆也。"《書·盤庚上》:"世選爾勞,予不掩爾善。"偽孔傳:"言我世世選汝功勤,不掩蔽爾善。"引申為閉義。《南史·袁粲傳》:"席門常掩,三逕裁通。"南朝梁沈約《直學省愁臥詩一首》:"愁人掩軒臥,高艒時動扉。"

521 彥聲

(1378) 齴嶫(長、高義)

齴 齒長而外露。《廣韻·獮韻》:"齴,齒露。"《古文苑·王延壽〈王孫賦〉》:"齒崖崖以齴齴,嚼咋咿而齰呢。"宋章樵注:"齴,露齒貌。"引申之則有高義。唐司空圖《題山賦》:"杜神功之騁奇兮,柱一峰而中擢。齴鼇鼻而噓空兮,湧佛螺而旁絡。"

嶫 山高。《廣韻·獮韻》:"嶫,峻嶫,山形。"按,"峻嶫"可分訓。《玉篇·山部》:"棧,危高也。嶫,同'棧'。"《文選·潘岳〈西征賦〉》:"金墉鬱其萬雉,峻嶫峭以繩直。"唐李善注:"嶫謂棧嶫,險貌也。"《古文苑·揚雄〈蜀都賦〉》:"彭門崛屼,岫嶫碣岢,方彼碑池,岷岬輆崿,礫乎嶽嶽。"宋章樵注:"總言眾山森列,爭高峻之狀。"

〔推源〕 此二詞俱有長、高義,為彥聲所載之公共義。聲符字"彥"所記錄語詞謂賢士、俊才。《說文·彡部》:"彥,美士有文,人所言也。"清朱駿聲《通訓定聲》:"《詩·羔裘》:'邦之彥兮。'傳:'士之美稱。'《爾雅·釋訓》:'美士為彥。'《禮記·大學》:'人之彥聖。'〔聲訓〕《爾雅》注:'彥,人所諺詠。'《舍人》注:'彥,國有美士,為人所言道也。'"按,"彥"為賢士,即有所擅長、高於他人者,此與長、高義當相通。"彥"又有"大"訓,長、高、大,義皆相通。《集韻·桓韻》：" 彥，大也。" 彥聲可載長、高義，則" 岸"可證之。" 彥"" 岸"上古音同，疑紐雙聲，元部疊韻。" 岸"，水邊高地。《說文·屵部》：" 岸，水厓而高者。从屵，干聲。" 清朱駿聲《通訓定聲》：" 《詩·谷風》：'淇則有岸。'《十月之交》：'高岸爲谷。'〔轉注〕《小爾雅·廣詁》：'岸，高也。'《詩·皇矣》：'誕先登于岸。'傳：'高位也。'《漢書·江充傳》：'充爲人魁岸。'"按，高、長實爲一義，縱向距離大爲高，橫向距離大則即長。" 岸"字从干得聲，干聲字所記錄語詞" 竿"" 軒"" 罕"" 骭"" 仟"" 杆"或有高義，或有長義（見本典第一卷" 19. 干聲"第 49 條），俱以干聲載之，足見二義相通。

（1379）僁/僞（假義）

僁 僞物，虛假者。字亦作" 贋"" 贗"。《廣韻·諫韻》：" 僁，同'贋'。"" 贗，僞物。"《南史·戴法興傳》：" 帝嘗使願兒出入市里，察聽風謠，而道路之言謂法興爲真天子，帝爲贗天子。"明唐順之《與賈太守書》：" 後或言此人先造贗書，以誤左右之聽，聞之不勝惶悚。"清蔡雲《癖談》卷二：" 而究以年代荒遠，人反疑爲贗品，斯仍歸於不幸也。"

僞 人爲，引申爲虛假義。清朱駿聲《說文通訓定聲·隨部》：" 僞，作也。經傳皆以母猴之爲爲之。《廣雅·釋詁二》：'僞，爲也。'……《荀子·性惡篇》：'不可學，不可事，而在人者，謂之性；可學而能可事，而成之在人者，謂之僞。'……《莊子·齊物論》：'道惡乎隱而有真僞。'《禮記·曾子問》：'作僞主以行。'注：'猶假也。'"《廣韻·寘韻》：" 僞，假也。"《淮南子·俶真訓》：" 是故神越者其言華，德蕩者其行僞。"

〔推源〕 此二詞俱有假義，其音亦相近且相通。

僁：疑紐元部；

僞：疑紐歌部。

雙聲，元歌對轉。則其語源當同。

522　帝聲

（1380）蒂蹄（底部義）

蒂 花蒂、瓜蒂，即花與瓜底部之物。其字亦作" 蔕"。《說文·艸部》：" 蔕，瓜當也。"清朱駿聲《通訓定聲》：" 《聲類》：'果鼻也。'《吳都賦》：'扤白蔕。'劉注：'花本也。'《老子》：'深根固蔕。'……俗字作'蒂'。"《廣韻·霽韻》：" 蔕，草木綴實。"其音都計切，正與" 蒂"同。唐韓愈《奏汴州得嘉禾嘉瓜狀》：" 或延蔓敷榮，異實併蒂。"唐張九齡《庭梅詠》：" 更憐花蒂弱，不受歲寒移。"

蹄 動物之蹄，即足底義。其字亦作" 蹏"。《釋名·釋形體》：" 蹄，底也，足底也。"《廣韻·齊韻》：" 蹄，同'蹏'。"《說文·足部》：" 蹏，足也。"清朱駿聲《通訓定聲》：" 字亦作'蹄'。

《易·説卦》:'爲薄蹄。'《爾雅·釋畜》:'騉駼枝蹄趼。'《穀梁昭八傳》:'馬候蹄。'《莊子·馬蹄》:'可以踐霜雪。'司馬注:'馬足甲也。'"《孟子·滕文公上》:"獸蹄鳥迹之道,交於中國。"唐韓愈《遊城南·題於賓客莊》:"馬蹄無入朱門跡,縱使春歸可得知?"

〔推源〕 此二詞俱有底義,爲帝聲所載之公共義。聲符字"帝"所記録語詞謂君主。《説文·丄部》:"帝,諦也,王天下之號也。从丄,朿聲。帝,古文帝。古文諸丄字皆从一,篆文皆从二;二古文上字。"清朱駿聲《通訓定聲》:"《詩·烈祖》:'古帝命武湯。'《周禮·小宗伯》:'兆五帝于四郊。'注:'蒼曰靈威仰,大昊食焉;赤曰赤熛怒,炎帝食焉;黄曰含樞紐,黄帝食焉;白曰白招拒,少昊食焉;黑曰汁光紀,顓頊食焉。'"其引申義系列亦與底義不相涉,其底義乃帝聲所載之語源義。帝聲可載底義,"底"可證之。

帝:端紐錫部;

底:端紐脂部。

雙聲,錫脂通轉。"底",物之底。《説文·广部》:"底,下也。"清朱駿聲《通訓定聲》:"《列子》:'無底之谷名曰歸墟。'"戰國楚宋玉《高唐賦》:"不見其底,虚聞松聲。"北周庾信《游山》:"澗底百重花,山根一片雨。"

(1381) 諦／細(仔細義)

諦 細察。《説文·言部》:"諦,審也。从言,帝聲。"清朱駿聲《通訓定聲》:"字亦作'諟'。《方言》六:'諟,審也。'"《廣韻·霽韻》:"諦,審也。"又《寢韻》:"審,詳審也。"《關尹子·九藥》:"諦毫末者不見天地之大,審小者不聞雷霆之聲。"按,"諦""審"對文同義。虚化引申爲仔細義。《三國志·魏志·明帝紀》"宣王頓首流涕"裴松之注引《魏略》:"此是也,君諦視之,勿誤也!"唐白居易《霓裳羽衣歌》:"當時乍見心驚目,凝視諦殊未足。"按,《説文》《廣韻》俱以"審"釋"諦",二者同義,可組成同義聯合式合成詞。宋程大昌《演繁露續集·吴越分境》:"然以後山之博,而於杭、越二州分境亦隨世傳言之,似未諦審也。"

細 微小,細小。《説文·糸部》:"細,微也。"《廣韻·霽韻》:"細,小也。糸,古文。"《左傳·襄公四年》:"吾子舍其大而重拜其細,敢問何禮也?"引申爲仔細義。北魏賈思勰《齊民要術·作豉》:"豉法難好易壞,必須細意人,常一日再看之。"按,"細意"猶今語"細心",謂行事謹慎、仔細。《南史·戴僧静傳》:"署事有卿名,我便不復細覽也。"

〔推源〕 此二詞俱有仔細義,其音亦相近且相通。

諦:端紐錫部;

細:心紐脂部。

端心鄰紐,錫脂通轉。則其語源當同。

(1382) 渧／瀝(滴下義)

渧 水滴下。《廣韻·霽韻》:"渧,《埤蒼》云:'渧,瀓灖也。'"《集韻·霽韻》:"渧,滴水。"《正字通·水部》:"渧,俗'滴'字。"《説文·水部》:"滴,水注也。"《地藏菩薩本願本》:"但於佛法中所爲善事,一毛、一渧、一沙、一塵,或毫髮許,我漸度脱,使獲大利。"

瀝 滴下。《説文·水部》:"瀝,浚也。从水,歷聲。一曰水下滴瀝。"清朱駿聲《通訓定聲》:"與'漉'略同。《廣雅·釋器》:'瀝,酒也。'《楚辭·大招》:'和楚瀝只。'注:'清酒也。'"按,業經過濾之酒,則爲清酒。凡物過濾即液體滴下,《説文》所訓二義本亦同條共貫。《廣韻·錫韻》:"瀝,滴瀝。"《文選·木華〈海賦〉》:"瀝滴滲淫,薈蔚雲霧。"唐李善注:"瀝滴,水下滴瀝也。"唐蘇鶚《杜陽雜編》卷下:"或他人命飲,即百斗不醉,夜則垂髮於盆,其酒瀝瀝而出。"

〔推源〕 此二詞俱有滴下義,其音亦相近且相通。

渧:端紐質部;

瀝:來紐錫部。

端來旁紐,質錫通轉。則其語源當同。

523 斿聲

(1383) 游遊蝣(動義)

游 旗游,隨風飄動者。初文作"斿"。商承祚《殷虛文字》:"斿,从子執旗,全爲象形。从水者,後來所加。"按,添加"水"之構件則亦可表流動義。《説文·水部》:"游,旌旗之流也。从㫃,汓聲。逰,古文游。"清朱駿聲《通訓定聲》:"字亦作'斿'、作'旒'、作'統'。凡旗之正幅曰縿,亦曰繙,亦曰旃,連綴兩旁者曰游。太常十二游,旂九游,旟七游,旗六游,旐四游。《左桓二傳》:'鞶厲游纓。'〔轉注〕《玉藻》:'惰游之士也。'……《荀子·成相》:'臣下職莫游食。'……《穀梁傳序》:'鼓芳風以扇游塵。'皆浮泛無箸,動搖不定之意。"按,許慎氏"游"字从㫃、汓聲説不當,"汓"乃"泅"之初文,"游"之甲骨文初形作"斿",从子、从㫃會意,加水旁作"游",从斿得聲無疑。

遊 遨遊,四處走動。《玉篇·辵部》:"遊,遨游。與'游'同。"《廣韻·尤韻》:"游,浮也。遊,上同。"按,"游""遊"各有本義,二者非異體。《説文》亦以"逰"爲"游"之古文,亦相混。从辵之"遊""逰"本義爲遨游。清王筠《説文釋例》:"游爲旗游……逰爲遨游,俗作'遊'。"清朱駿聲《説文通訓定聲·孚部》:"逰,此字从辵、汓聲,行兒,行也……字亦作'遊'。《詩·有杕之杜》:'噬肯來遊。'傳:'觀也。'《禮記·曲禮》:'遊毋倨'。注:'行也。'《王制》:'膳飲從于遊。'注:'謂出入上觀。'《封禪文》:'厥壤可遊。'注:'遨也。'《書·無逸》:'文王不敢盤于遊田。'疏:'謂遊逸。'……《易·繫辭》傳:'遊魂爲變。'注:'言其遊散也。'"

蝣 蜉蝣,浮泛於水面而游動之蟲。《爾雅·釋蟲》:"蜉蝣,渠略。"晉郭璞注:"似蛣蜣、身狹而長,有角,黃黑色。叢生糞土中,朝生暮死,猪好啖之。"《廣韻·尤韻》:"蟒,蜉蝣,朝生夕死。"《詩·曹風·蜉蝣》:"蜉蝣之羽,衣裳楚楚。"漢毛亨傳:"蜉蝣,渠略也,朝生夕死,猶有羽翼以自脩飾。"按,"蜉蝣"亦指浮於酒表面之泡沫,亦可證"蜉蝣"得名于浮於水面而游動。五代譚用之《貽費道人》:"碧玉蜉蝣迎客酒,黃金轂轆釣魚車。"

〔推源〕 諸詞俱有動義,爲㫃聲所載之公共義。聲符字"㫃"本爲"游"之初文,謂旗游,隨風飄動者。《玉篇·㫃部》:"㫃,旌旗之末垂者。或作'游'。"《周禮·春官·巾車》:"建太常十有二㫃。"漢鄭玄注:"太常、九旗之畫日月者,正幅爲縿,㫃則屬焉。"然則本條諸詞之動義爲其聲符"㫃"所載之顯性語義。㫃聲可載動義,則"流"可證之。

㫃:余紐幽部;

流:來紐幽部。

疊韻,余(喻四)來準雙聲。"流",水流動。《説文·水部》:"流,水行也。"《易·坎》:"水流而不盈,行險而不失其信。"三國魏王弼注:"險陷之釋,故水流而不能盈也。"唐李白《黃鶴樓送孟浩然之廣陵》:"孤帆遠影碧空盡,唯見長江天際流。"

524 施聲

(1384) 椸崺訑(長義)

椸 晾衣竿,其形長。字亦作"杝""橔"。《爾雅·釋器》:"竿謂之椸。"《廣韻·支韻》:"椸,衣架。杝,上同。"沈兼士《聲系》:"案'杝',《切韻》、內府本《王韻》《集韻》均作'橔',與《説文》合。"按,上引《爾雅》文晉郭璞注:"凡以竿爲衣架者曰椸。"按,竹竿、木杆縱橫交錯則爲架。《禮記·曲禮上》:"男女不雜坐,不同椸枷。"宋王安石《兵部員外郎知制誥謝公行狀》:"卒之日,歐陽公入哭其堂,椸無新衣。"

崺 山勢綿延,即長義。《玉篇·山部》:"崺,迆崺,山卑長也。"漢揚雄《法言·吾子》:"觀書者,譬諸觀山及水,升東岳而知衆山之迆崺也。"三國魏阮籍《東平賦》:"其北有連岡,崺巇崎嶇,山陵崔巍。"

訑 話多,話長。《玉篇·言部》:"訑,多言。"《集韻·支韻》所訓同。又《紙韻》:"訑,自得之語。"按,自得之語多長,其義當亦相通。

〔推源〕 諸詞俱有長義,爲施聲所載之公共義。聲符字"施"所記錄語詞謂旗幟飄動,引申之則有旁及、蔓延義,當與長義相通。《説文·㫃部》:"施,旗皃。从㫃,也聲。齊欒施字子旗,知施者旗也。"清朱駿聲《通訓定聲》:"旖施,柔順搖曳之皃,猶木之檹施、枝之猗儺、禾之倚移也。〔假借〕又爲'迤'。《詩·葛覃》:'施于中谷。'……《儀禮》:'絶族無施。'服注:'在旁而及曰施。'"按,非假借,當爲引申。旗幟左右搖曳、飄動則旁及之。《集韻·寘韻》:

"施,及也。"《詩·小雅·頍弁》:"蔦與女蘿,施於松柏。"《淮南子·脩務訓》:"隱處窮巷,聲施千里。"然則本條諸詞之長義爲其聲符"施"所載之顯性語義。施聲可載長義,則"長"可證之。

施:書紐歌部;

長:定紐陽部。

書(審三)定準旁紐,歌陽通轉。"長",長短字,亦爲長久字。《説文·長部》:"長,久遠也。"《廣韻·陽韻》:"長,遠也。"《詩·齊風·猗嗟》:"猗嗟昌兮,頎而長兮。"《左傳·僖公十一年》:"不敬則禮不行,禮不行則上下昏,何以長世?"按,"施"即旗幟飄動、摇曳,亦即左右延伸。延伸、延長字"延"之上古音余紐元部,與"施"之聲韻相較,書(審三)余(喻四)旁紐,歌元對轉。亦足爲證。

(1385) 暆/徐(緩義)

暆 日行緩慢貌。《説文·日部》:"暆,日行暆暆也。从日,施聲。"清朱駿聲《通訓定聲》:"暆暆,重言形況字,當作'施'、作'迆'。此字後出。《史記·屈賈傳》:'庚子日施兮。'借'施'爲'迆'也。"按,"暆"當爲日緩行義之本字。明楊慎《藝林伐山·日斜曰暆》:"《越絶》漁父歌:'日昭昭,浸以暆。'日斜也。"按,即太陽緩緩落山。今語稱日出緩緩上升爲"冉冉",其字之上古音日紐談部,"暆"字余紐歌部,余(喻四)日旁紐,歌談通轉,亦可相證。

徐 緩慢。《説文·彳部》:"徐,安行也。"清朱駿聲《通訓定聲》:"《廣雅·釋詁四》:'遲也。'……《宋策》:'徐其攻而留其日。'注:'緩也。'"《廣韻·魚韻》:"徐,緩也。"按,"徐"字从彳,許慎所訓"安行"當即安然緩行義,引申爲緩慢義。《孫子·軍爭》:"故其疾如風,其徐如林。"唐杜牧注:"言緩行之時,須有行列如樹木也。"《隋書·天文志上》:"案日徐疾盈縮無常,充等以爲祥瑞,大爲議者所貶。"按,"徐疾"爲反義聯合式合成詞。

〔推源〕 此二詞俱有緩義,其音亦相近且相通。

暆:余紐歌部;

徐:邪紐魚部。

余(喻四)邪鄰紐,歌魚通轉。則其語源當同。其"暆"字乃以施聲載緩義,聲符字"施"所記録語詞謂旗幟飄動、摇曳,當與緩義相同。

525 差聲

(1386) 縒嵯鹺篶瑳(紛亂不齊義)

縒 參差不齊,紛亂。《説文·糸部》:"縒,參縒也。从糸,差聲。"清朱駿聲《通訓定聲》："字从糸，當言絲之不齊。《集韻》引《説文》：'謂亂絲兒。'按，參差雙聲連語，此字疑後出。"《廣韻·支韻》："縒，參縒也。"又《鐸韻》："縒，縒綜，亂也。"清段玉裁《重刊明道二年國語序一》："始知外間藏書家《國語》，皆自謂明道二年本，而訛踳奪扇，參縒乖異，皆傳校而失其真者也。"

嵯 山參差不齊。《廣韻·支韻》："嵯，嶒嵯，山不齊。"按，字亦作"嵾嵳"。《集韻·侵韻》："嵾，嵾嵳，山不齊貌。"《楚辭·九嘆·遠逝》："石嵾嵯以翳日。"漢王逸注："嵾嵯，山不齊。"《文選·司馬相如〈上林賦〉》："深林巨木，嶄巖嵾嵳。"唐呂延濟注："嶄巖嵾嵳，險峻不齊貌。"引申之，亦指他物紛亂不齊。《廣韻·侵韻》："嵾，嵾差，不齊兒。"《漢書·揚雄傳》上："增宫嶒嵯，駢嵯峨兮。"明錢士升《滿庭芳》："往事千端，閑愁萬斛，世情無數嵯峨。"

齹 牙齒參差不齊。字亦作"齼"。《説文·齒部》："齹，齒參差。从齒，差聲。"《廣韻·支韻》："齹，齒參差。"又："齼，齒參差。"唐盧肇《海潮賦》："呀偃寒而罍䥽，忽劃礫而齹䪼。"

篸 竹木參差不齊。《説文·竹部》："篸，差也。"清段玉裁注："篸差也……蓋物有長有短，則參差不齊，竹、木皆然。今人作'參差'，古則从竹、从木也。""篸"亦指長短不一、參差不齊的簫。《楚辭·九歌》"望夫君兮未來，吹參差兮誰思"漢王逸注"參差，洞簫也"宋洪興祖《補注》："參差，一作'篸篿'。"又，"篸篿"亦指竹子參差不齊。《集韻·支韻》："篿，篸篿，竹兒。"

䀟 零塊、荒蕪的田，紛亂不齊者。《説文·田部》："䀟，殘田也。《詩》曰：'天方薦䀟。'从田，差聲。"清朱駿聲《通訓定聲》："《類篇》引《説文》作'殘薉田也'。"《廣韻·歌韻》："䀟，殘薉田也。"

〔推源〕諸詞俱有紛亂不齊義，爲差聲所載之公共義。差聲字"睳"亦可以其假借字形式表錯亂義，則亦爲差聲與紛亂不齊義相關聯之一證。《淮南子·原道訓》："所謂天者，純粹樸素，質直皓白，未始有與雜糅者也。所謂人者，偶睳智故，曲巧偽詐，所以俛仰於世人，而與俗交者也。"按，"縒""嵯""齹""篸""䀟"之聲符"差"所記録語詞本有錯亂、不齊義。《説文·左部》："差，貳也，差不相值也。从左，从垂。"清朱駿聲《通訓定聲》："《左文二年》注：'忒，差也。'釋文：'差，二也。'《廣雅·釋詁二》：'差，衺也。'又'僭也。'《三》：'次也。'又《爾雅·釋詁》：'差，擇也。'皆一誼之相生。《禮記·月令》：'毋有差貸。'注：'謂失誤。'《荀子·天論》：'亂生其差。'注：'謬也。'《楚辭·哀時命》：'稱輕重而不差。'注：'失也。'《太玄·廓》：'或生之差。'注：'過差也。'……《詩·燕燕》：'差池其羽。'《左襄廿一傳》：'而何敢差池。'注：'不齊一也。'亦疊韻連語。《荀子·正名》：'差差然而齊。'注：'不齊兒。'亦重言形況字。"然則本條諸詞之紛亂不齊義爲其聲符"差"所載之顯性語義。差聲可載紛亂不齊義，則"亂"可證之。

差：初紐歌部；

亂：來紐元部。

初來鄰紐,歌元對轉。"亂",治理。亂則治之,二義相成相因。故引申爲叛亂、混亂、紊亂等義。《説文·乙部》:"亂,治也。从乙。乙,治之也。从𤔔。"清朱駿聲《通訓定聲》:"《書·皋(陶)謨》:'亂而敬。'《盤庚》:'兹予有亂政同位。'〔假借〕爲'敵'。《左宣十二傳》:'人反物爲亂。'《文七傳》:'兵作于内爲亂。'《宣十五傳》:'民反德爲亂。'《家語·執轡》:'百事失紀曰亂。'……京房《易傳》:'政悖德隱,兹謂亂臣;安禄樂逸兹謂亂。'"按,非假借,皆其引申義。

(1387) 瑳醝(白義)

瑳 玉色鮮白。《説文·玉部》:"瑳,玉色鮮白。从玉,差聲。"《廣韻·哿韻》:"瑳,玉色鮮白。"引申爲潔白義。《詩·鄘風·君子偕老》:"瑳兮瑳兮,其之展也。"漢鄭玄箋:"后妃六服之次,展衣宜白。"明何景明《石磯賦》:"磯之水,白石瑳瑳。"

醝 白酒。《廣韻·歌韻》:"醝,白酒也。"明李時珍《本草綱目·穀部·酒》:"《飲膳標題》云:酒之清者曰釀……紅曰醍,緑曰醽,白曰醝。"清朱駿聲《説文通訓定聲·隨部·附〈説文〉不録之字》:"醝,《通俗文》:'白酒曰醝。'《廣雅·釋器》:'醝,酒也。'"《宋書·王玄謨傳》:"炰醬調秋菜,白醝解冬寒。"

〔推源〕 此二詞俱有白義,爲差聲所載之公共義。聲符字"差"所記録語詞之本義、引申義系列與白義不相涉,其白義乃差聲所載之語源義。差聲可載白義,"皠"可證之。

差:初紐歌部;
皠:清紐微部。

初清準雙聲,歌微旁轉。"皠",潔白。《廣韻·賄韻》:"皠,霜雪白狀。"唐韓愈、孟郊《鬭鷄聯句》:"膒膊戰聲喧,繽翻落羽皠。"宋蘇舜欽《祭舅氏文》:"丹旐的的,素帆皠皠。"按,"皠"字从白,復以崔聲表白義,形聲格局文字本有形符、聲符表同一義之通例。"璀"亦崔聲字,《廣韻》《説文新附》皆訓"璀璨",即玉潔白而有光之義,可爲崔聲、白義相關聯之證。

(1388) 䃺搓磋髊鎈(磨義)

䃺 磨麥。《説文·麥部》:"䃺,䃺麥也。从麥,差聲。"清段玉裁注:"謂以石䃺䃺之,是曰䃺也。"按,"䃺"即"磨"字之古文,許書《石部》"䃺"篆訓"石磑",清段玉裁注云:"今字省作'磨'。引伸之義爲研磨。"

搓 搓磨。《廣韻·歌韻》:"搓,手搓碎也。"宋蘇軾《滿庭芳》:"膩玉圓搓素頸,藕絲嫩、新織仙裳。"元范康《竹葉舟》第四折:"我如今與你拂塵俗將聖手搓挲,便説殺九重天子明光殿,怎如俺三島仙家安樂窩。"《文明小史》第十三回:"今年這個年如何過得去?(制臺)不時搓手盤算。"

磋 治象牙,磨製之。《廣韻·歌韻》:"磋,治象牙曰磋。"又《過韻》:"磋,磨瑳,治象牙。"清朱駿聲《説文通訓定聲·隨部》:"《爾雅·釋器》:'象謂之磋。'《詩·淇奥》:'如切如磋。'《廣雅·釋詁三》:'磋,磨也。'按,治象之器,有齒相錯以爲用,如齒之差錯不平也。"按,朱氏推源之説不可從，"磋"字乃以差聲載磨義，非差錯義。漢馬融《樗蒲賦》："馬則玄犀象牙，是磋是礱。"引申之，則泛指磨製。《廣雅》所訓，當即此義。宋蘇軾《書若逵所書經後》："如海上沙，是誰磋磨，自然匀平，無有麁細；如空中雨，是誰揮灑，自然蕭散，無有疎密。"徐珂《清稗類鈔·鑒賞類》："石初剖時，須以琉球厲石磋之。"

髊 治牙骨，亦磨製義。《集韻·戈韻》："髊，治牙骨也。"

鎈 銼磨。明方以智《物理小識·金石·冷錘》："銅經錘後色成啞白，受鎈復現黄光。"按，"鎈"亦指銼刀，銼刀則爲銼物之物，義亦相通。

〔推源〕 諸詞俱有磨義，爲差聲所載之公共義。聲符字"差"單用本可表磨義。清朱駿聲《説文通訓定聲·隨部》："差，《廣雅·釋詁三》：'差，磨也。'……《禮記·喪大記》：'御者差沐于堂上。'注：'漸也。'疏：'差是差摩。'"按，磨義與"差"字之形體結構不相符，乃差聲另載之義。差聲可載磨義，"擦"可證之。

差：初紐歌部；

擦：初紐質部。

雙聲，歌質旁對轉。"擦"，摩擦。《正字通·手部》："擦，摩之急也。"宋蘇軾《物類相感志·衣服》："油污衣，用炭火熨之，或以滑石擦熨之。"《西遊記》第二十二回："那大聖護了唐僧……見八戒與那怪交戰，就恨得咬牙切齒，擦掌磨拳，忍不住要去打他。"

(1389) 樣瘥劕艖莝(小義)

樣 砍伐樹木，引申之則指短小木椿，亦指莊稼收割後所剩短小椿。《説文·木部》："樣，衺斫也。从木，差聲。《春秋傳》曰：'山不樣。'"清朱駿聲《通訓定聲》："按，《魯語》：'山不樣蘖。'《後漢書·馬融傳》：'樣棘枳。'《射雉賦》：'奮勁骹以角樣。'字亦作'楂'。"《廣韻·馬韻》："樣，逆斫木。"又《麻韻》："樣，同'楂'。"唐張鷟《朝野僉載》卷五："上元中，華容縣有象入莊家中庭卧。其足下有樣，人爲出之，象乃伏，令人騎。"元司農司《農桑輯要》卷三："掘土見根，將横根周圍一遭斧斫斷，掘去中間正根，將周圍根楂細鋸子截成砧盤。"

瘥 小疫，即輕微的流行性傳染病。字亦作"殘"。《廣韻·歌韻》："殘，小疫病也。"又《麻韻》："殘，小疫。"清朱駿聲《説文通訓定聲·隨部》："瘥，字亦作'殘'。《爾雅·釋詁》：'瘥，病也。'《詩·節南山》：'天方薦瘥。'傳：'病也。'《周語》：'無夭昏札瘥之憂。'注：'病也。'《左昭十九傳》：'札瘥夭昏。'賈注：'小疫曰瘥。'"《玉篇·歹部》："殘，小疫也。"唐柳宗元《同劉二十八哭呂衡州兼寄江陵李元二侍御》："渚行狐作孽，林宿鳥爲殘。"

劕 小矛。《廣韻·佳韻》："劕，小矛。又劗劕也。"又《麻韻》："劕，劗物。"按，所謂"劗物"即以小矛刺物之義，二義相通。《集韻·佳韻》："劕，小稍。"

艖 小船。《方言》卷九："南楚江湘，凡船大者謂之舸。小舸謂之艖。"晉郭璞注："今江東呼艖，小底者也。"《廣韻·歌韻》："艖，小舸。"又《麻韻》："艖，同'叙'。"《梁書·羊侃傳》：

"初赴衡州,於兩艖艀起三間通梁水齋。"唐皮日休《太湖詩·銷夏灣》:"小艖或可汎,短策或可支。"《廣雅·釋水》:"舣,舟也。"清王念孫《疏證》:"舣,與上'艖'字同。《玉篇》:'舣,艀也。'《廣韻》云:'小船也。'"《方言》卷九:"(艇)短而深者謂之艀。"《陳書·高祖紀上》:"乃以舣艒貯石,沉塞淮口,緣淮作城。"

荙 薺菜籽,極小之物。《急就篇》第九章"芸蒜薺芥茱萸香"唐顏師古注:"薺,甘菜也,其實名荙。"《廣韻·歌韻》及《麻韻》:"荙,薺實。"清朱駿聲《說文通訓定聲·隨部·附〈說文〉不錄之字》:"荙,《爾雅·釋草》:'荙,薺實。'"

〔推源〕 諸詞俱有小義,爲差聲所載之公共義。聲符字"差"所記錄語詞之本義、引申義系列與小義不相涉,其小義乃差聲所載之語源義。差聲可載小義,"點"可證之。

差:初紐歌部;
點:端紐談部。

初端鄰紐,歌談通轉。"點",小黑點。《說文·黑部》:"點,小黑也。从黑,占聲。"清朱駿聲《通訓定聲》:"《爾雅·釋器》:'滅謂之點。'注:'以筆滅字爲點。'《廣雅·釋詁三》:'點,汙也。'"按《廣雅》所訓蓋即小污點義。唐段成式《酉陽雜俎·黥》:"今婦人面飾用花子,起自昭容上官氏所製,以掩點跡。"唐岑參《衛節度赤驃馬歌》:"草頭一點疾如飛,却使蒼鷹翻向後。"

526　前聲

(1390) 翦剪揃(滅義)

翦 羽初生整齊如剪,引申爲剪、殺、殲滅義。《說文·羽部》:"翦,羽生也。从羽,前聲。"清朱駿聲《通訓定聲》:"〔假借〕爲'剬'。《釋言》:'翦,齊也。'《周禮·翦氏》注:'翦,斷滅之言也。'……《泮水》:'實始翦商。'箋:'斷也。'……《西京賦》:'而翦諸鶉首。'注:'盡也。'"按,非假借,乃引申。《呂氏春秋·制樂》:"此文王之所以止妖翦殃也。"唐李德裕《討回鶻制》:"其回鶻既已破滅,義在翦除,宜令諸道兵馬,並同進討。"

剪 以刀剪,引申爲滅義。《說文·刀部》:"剪,齊斷也。从刀,前聲。"清朱駿聲《通訓定聲》:"字亦作'劗'、作'刬'。《小爾雅·廣詁》:'刬,滅也。'《莊子·人間世》:'不爲社者,且幾有剪乎。'《漢書·嚴助傳》:'劗髮文身之民也。'……經傳多以'翦'爲之。"三國魏曹冏《六代論》:"掃除兇逆,剪滅鯨鯢。"唐元稹《爲嚴司空謝招討使表》:"臣則誓死剪除,俾無遺孽。"按,《玉篇》以爲"剪"爲"翦"之俗體,《廣韻》從其說,實則無據。古者表剪滅義多用"翦"字,取其引申義而已。

揃 剪去,引申爲滅義。《說文·手部》:"揃,搣也。从手,前聲。"清朱駿聲《通訓定聲》:"《急就篇》:'沐浴揃搣寡合同。'顏注:'鬍拔眉髮。'〔假借〕爲'剪'。《字林》:'揃,搣也,亦斷也。'……《莊子·外物》釋文引《三蒼》：'揃，猶翦也。'"按，"揃"表減義無煩假借，引申義而已。《正字通·手部》："揃，滅也。"《陳書·高祖紀上》："公論兵於廟堂之上，決勝於罇俎之間，寇、賈、樊、滕，浮江下瀨，一朝揃撲。"宋王應麟《困學紀聞》卷一："柄臣揃而宦寺恣，寇叛平而方鎮彊，故曰思患而豫防之。"

〔推源〕 諸詞俱有減義，爲前聲所載之公共義。聲符字"前"單用本可表減義。《集韻·獼韻》："前，俗作'剪'。"《吳子·論將》："進道易，退道難，可來而前；進道險，退道易，可薄而擊。"按，此非"前"之顯性語義，"前"之本義爲前進。《説文·刀部》："歬，不行而進謂之歬。从止在舟上。"《吳子·治兵》："前卻有節，左右應麾。"其引申義系列亦與減義不相涉，其減義乃前聲所載之語源義。前聲可載減義，"殲"可證之。

前：從紐元部；

殲：精紐談部。

從精旁紐，元談通轉。"殲"，滅盡。《説文·歹部》："殲，微盡也。"清朱駿聲《通訓定聲》："言孅微悉盡。《爾雅·釋詁》：'殲，盡也。'舍人注：'衆之盡也。'……《春秋莊十七年》：'齊人殲于遂。'《幽通賦》：'東鄰虐而殲仁兮。'《東京賦》：'殪野仲而殲游光。'注：'滅也。'"

(1391) 箭/尖(尖義)

箭 可爲矢之竹，引申爲矢，矢則爲尖鋭之物。《説文·竹部》："箭，矢也。从竹，前聲。"清段玉裁注："矢竹也。"清朱駿聲《通訓定聲》："矢竹也……《廣雅·釋草》：'箭筍，籆也。'……《西山經》：'英山其陽多箭𥳑，竹水其陽多竹箭。'〔轉注〕《方言》九：'自關而東謂之矢，關西曰箭。'"《史記·平津侯主父列傳》："今天下鍛甲砥劍，橋箭累弦，轉輸運糧，未見休時，此天下之所共憂也。"唐杜甫《兵車行》："車轔轔，馬蕭蕭，行人弓箭各在腰。"

尖 尖鋭。《玉篇·小部》："尖，鋭也。"南朝梁江淹《江上之山賦》："嶤巆兮尖出，岊崒兮穴鑿。"宋陳師道《後山詩話》："某守與客行林下，曰：'柏花十字裂，願客對。'其倅晚食菱，方得對，云：'菱角兩頭尖。'"

〔推源〕 此二詞俱有尖義，其音亦相近且相通。

箭：精紐元部；

尖：精紐談部。

雙聲，元談通轉。則其語源當同。

527 酋聲

(1392) 觹鞧(相連義)

觹 惟射收繳具，即角與繩相連之物。《説文·角部》："觹，惟射收繳具。从角，酋聲。

讀若觩。"清朱駿聲《通訓定聲》："以角爲之。一名'觤'。"《廣韻·尤韻》："觓,惟射收繳角也。"按,《說文》同部"觤"篆所訓同"觓",清段玉裁注："蓋以角爲之。"

靭 馬紂,連接車與牲口之物。其字亦作"緧",亦从酋聲。《廣韻·尤韻》："靭,車靭。緅,上同。鞧,亦上同。"又："緧,上同。"《說文·糸部》："緧,馬紂也。从糸,酋聲。"清朱駿聲《通訓定聲》："字亦作'靭'、作'緅'、作'緧'、作'鞧'、作'絢'。《方言》九:'車紂,自關而東謂之緧,或謂之曲絢。'"《周禮·考工記·輈人》："不援其邸,必緧其牛後。此無他故,唯轅直無撓也。"《晉書·潘岳傳》："時尚書僕射山濤領吏部,王濟、裴楷等並爲帝所親遇。岳内非之,乃題閣道爲謡曰:'閣道東,有大牛,王濟鞅,裴楷靭。'"

〔推源〕 此二詞俱有相連義,爲酋聲所載之公共義。聲符字"酋"所記録語詞指久釀之酒。按長久即時日延伸而相連。《説文·酉部》："酋,繹酒也。从酉,水半見於上。《禮》有'大酋',掌酒官也。"清朱駿聲《通訓定聲》："酉亦聲,俗字作'酳'。凡一宿酒疾孰者,曰醴,曰酤,曰畚;其日久者,《周禮》曰昔酒,《禮記》曰舊澤之酒,後世謂之醳酒。'醳'俗字……《周禮·酒正》'昔酒'注:'今之酋久白酒。'《方言》七:'酋,熟也,久熟曰酋。'"然則本條二詞之相連義爲其聲符"酋"所載之顯性語義。酋聲可載相連義,則"繹"可證之。

酋:從紐幽部;
繹:余紐鐸部。

從余(喻四)鄰紐,幽鐸旁對轉。《説文·糸部》："繹,抽絲也。"《廣韻·昔韻》："繹,長也。"按,抽絲即尋其端緒連續抽出,物延伸而相連則長。故"繹"有相連義。《論語·八佾》："樂其可知也:始作,翕如也;從之,純如也,皦如也,繹如也。以成。"宋邢昺疏："'繹如也'者,言其音落繹然,相續不絶也。"《文選·馬融〈長笛賦〉》："繁縟絡繹,范蔡之説也。"唐張銑注："笛聲繁多,相連不絶,如范雎、蔡澤之説辭也。"

528 㒸聲

(1393) 隊繸(落、垂義)

隊 落下。字亦作"磙"。《說文·阜部》："隊,从高隊也。从阜,㒸聲。"清朱駿聲《通訓定聲》："俗字作'墜'。《爾雅·釋詁》:'墜,落也。'《廣雅·釋詁二》:'墜,墮也。'《考工·輪人》:'殷畝而馳不隊。'《禮記·檀弓》:'退人若將隊諸淵。'《公羊文三傳》:'死而墜也。'注:'墮地也。'"按,"墜"當爲累增字。《漢書·枚乘傳》："係絶於天不可復結,隊入深淵難以復出。"《説文·石部》："磙,陊也。从石,㒸聲。"清朱駿聲《通訓定聲》："按,即'隊'之或體,今繫于此。《漢書·天文志》:'星磙至地則石也。'《漢書·叙傳》:'薄姬磙魏。'"

繸 繫佩玉之帶,下垂者。字亦作"繸"。《廣韻·至韻》："繸,佩玉繸也。"沈兼士《聲系》："案'緣'，内府本《王韻》作'繸'。《集韻》：'繸，或省作緣。'"《爾雅·釋器》："繸，綬也。"晉郭璞注："即佩玉之組，所以連繋瑞玉者。"

〔**推源**〕 此二詞俱有落、垂義，爲豖聲所載之公共義。聲符字"豖"所記錄語詞謂順從。《說文·八部》："豖，從意也。从八，豖聲。"清朱駿聲《通訓定聲》："經傳皆以'遂'爲之。"然則與落、垂義不相涉，其落、垂義乃豖聲另載之語源義。豖聲可載落、垂義，"墮""垂"可相證。

豖：邪紐物部；

墮：定紐歌部；

垂：禪紐歌部。

邪定鄰紐，邪禪準雙聲，定禪準旁紐，物歌旁對轉。"墮"，落下。《廣韻·果韻》："墮，落也。"《漢書·宣帝紀》："朕惟耆老之人，髮齒墮落，血氣衰微。"晉葛洪《抱朴子·酒誡》："或登危蹋頹雖墮墜，而不覺以呂梁之淵爲牛跡也。""垂"，邊陲。《說文·土部》："垂，遠邊也。"《荀子·臣道》："邊境之臣處，則疆垂不喪。"唐楊倞注："垂與陲同。"按"陲"爲後起本字。先民以爲天圓地方，天之邊遠處如垂掛，故"垂"有垂下義，且爲其基本義。《詩·小雅·都人士》："彼都人士，垂帶而厲。"南朝梁元帝蕭繹《折楊柳》："巫山巫峽長，垂柳復垂楊。"

529　兹聲

(1394) 滋孳秵（滋生義）

滋　滋生，增長。《說文·水部》："滋，益也。从水，兹聲。"清朱駿聲《通訓定聲》："《左隱元傳》：'無使滋蔓。'服注：'益也。'《呂覽·明理》：'草木庳小不滋。'注：'亦長也。'又《左襄八傳》：'事滋無成。'注：'益也。'《周語》：'故能保世以滋大。'注：'猶益也。'《齊語》：'遂滋民。'注：'長也。'《後漢·張衡傳》：'滋令德于正中兮。'注：'茂也。'……《越語》：'民乃藩滋。'《左桓六傳》：'謂其畜之碩大蕃滋也。'"按，"滋"亦爲水名，故朱氏以爲借作"兹""孳"乃有滋生、增長義，實則爲套用字。"滋"字從水，水則爲可漲溢者，《說文》"滋"篆之訓釋詞"益"本爲"溢"之初文。

孳　生育，增殖。《說文·子部》："孳，汲汲生也。从子，兹聲。"清朱駿聲《通訓定聲》："《廣雅·釋詁三》：'孳，孼也。'《聲類》：'孳，蕃也。'《書·堯典》：'鳥獸孳尾。'傳：'乳化曰孳。'《列子·湯問》：'其民孳阜無數。'《釋文》：'息也。'《漢書·律曆志》：'孳萌萬物。'《蕪城賦》：'孳貨鹽田。'"按，滋長義爲其直接引申義。《廣韻·志韻》："孳，孳尾。乳化曰孳，交接曰尾。"又《之韻》："孳，孳息。"《吳越春秋·越王無余外傳》："鯀娶於有莘氏之女，名曰女嬉，年壯未孳。"

穦 禾滋生。《玉篇·禾部》："穦,益也。"《廣韻·幽韻》："穦,禾生也。"又《之韻》："穦,禾生皃。"

〔推源〕 諸詞俱有滋生義,爲兹聲所載之公共義。聲符字"兹"所記録語詞謂草木滋生而茂盛。《説文·艸部》："兹,艸木多益。从艸,絲省聲。"清朱駿聲《通訓定聲》："《素問·五藏生成論》:'色見青如草兹。'注:'滋也。'〔轉注〕《漢書·匈奴傳》:'前世重之兹甚。'注:'益也。'"按朱氏所云"轉注"即引申。《史記·陳杞世家·論》:"田常得政於齊,卒爲建國,百世不絶,苗裔兹兹,有土者不乏焉。"唐皇甫枚《三水小牘·衛慶》:"自是家産日兹,飯牛四百蹄。"然則本條諸詞之滋生義爲其聲符"兹"所載之顯性語義。兹聲可載滋生義,則"字"可證之。

兹：精紐之部；

字：從紐之部。

疊韻,精從旁紐。"字",生育。《説文·子部》："字,乳也。从子在宀下,子亦聲。"清朱駿聲《通訓定聲》："人生子曰字,鳥曰孚,獸曰㹀。字亦變作'牸'。《廣雅·釋詁一》:'字,生也。'《易·屯》:'女子貞不字。'虞注:'妊娠也。'《中山經》:'服之不字。'注:'生也。'"按,引申之鳥獸生育亦曰字。《漢書·嚴安傳》:"六畜遂字。"唐顔師古注:"字,生也。"又,"字"之基本義爲文字,古者以獨體文爲"文",合體字則稱"字","字"者,文所生。

(1395) 慈黰蟕磁粢麷（相連義）

慈 上對下慈愛,亦指敬愛父母、長輩,實即心心相連之義。《説文·心部》："慈,愛也。从心,兹聲。"清朱駿聲《通訓定聲》："《周禮·大司徒》:'一曰慈幼。'注:'愛幼少也。'《左昭廿八傳》:'慈和徧服曰順服。'注:'上愛下曰慈。'《禮記·内則》:'其次爲慈母。'〔轉注〕《禮記·内則》:'慈以旨甘。'注:'愛敬進之也。'《孟子》:'雖孝子慈孫。'《齊語》:'不慈孝于父母。'《莊子·漁父》:'事親則慈孝。'"

黰 染黑,即與黑色物相連而沾染黑色。《廣韻·之韻》："黰,染黑。"唐陸龜蒙《奉和襲美古杉三十韻》："戰鋒新缺齾,燒岸黑黰䵤。"其"黰"謂黑色,義亦相通。

蟕 蟕蠵,大龜,背之殻分十餘枚而相連,此蓋即得名之由。其字亦省作"兹夷",亦稱"蠵蠵"。唐劉恂《嶺表録異》卷下："蠵蠵者,俗謂之兹夷,乃山龜之巨者。人立其背上,可負而行。産潮循山中,鄉人採之,取殻以貨。"唐光、威、裒《聯句》："偏憐愛數蟕蠵掌,每憶光抽玳瑁簪。"

磁 磁石,俗稱"吸鐵石",逢鐵即吸引而相連者。其字亦作"礠"。《廣韻·之韻》："磁,磁石,可以引針也。"《集韻·之韻》："礠,石名,可以引鍼。或省。"清朱駿聲《説文通訓定聲·頤部·附〈説文〉不録之字》："磁,《北山經》:'匠韓之水,其中多磁石。'注:'磁石可以取鐵。'"《鬼谷子·反應》:"其察言也不失,若磁石之取鍼,舌之取燔骨。"《文選·潘岳〈西征賦〉》：" 門磁石而梁木蘭兮，構阿房之屈奇。" 唐李善注：" 磁石爲門，懷刃者止之。"

餈 餅屬，糯米所製，黏連者。其字亦作 " 餣 "，亦作 " 瓷 "。《周禮·天官·籩人》：" 羞籩之實，糗餌、粉餈。" 漢鄭玄注：" 此二物皆粉稻米，黍米所爲也。合蒸曰餌，餅之曰餈。"《説文·食部》：" 餈，稻餅也。" 清段玉裁注：" 以稬米蒸孰，餅之如麪餅曰餈。" 唐馮贄《雲仙雜記·吳興米》引《品物類聚記》：" 虢國夫人厨吏鄧連，以此米擣爲透花餣。" 宋孟元老《東京夢華録·馬行街鋪席》：" 冬月雖大風雪陰雨，亦有夜市：剩子、薑豉……餈糕、團子、鹽豉湯之類。"

甆 瓷器，以細膩粘連之土製成。字亦作 " 瓷 "。《説文新附·瓦部》：" 瓷，瓷器。"《正字通·瓦部》：" 瓷，俗改作 ' 甆 '。" 漢鄒陽《酒賦》：" 醪醴既成，緑瓷既啓。" 宋洪邁《容齋隨筆·浮梁陶器》：" 浮梁父老言，自來作知縣不買甆器者一人，君是也。" 明陸采《明珠記·雪慶》：" 貧寠愧無可祗承，漫把甆盤薦韭菹。"

〔推源〕 諸詞俱有相連義，爲兹聲所載之公共義。聲符字 " 兹 " 所記録語詞謂草木滋生、滋長，本寓連續義。又，其字从絲省聲，絲則爲綿延、相連之物。本條諸詞之相連義爲其聲符 " 兹 " 所載之顯性語義。兹聲可載相連義，則 " 嗣 " 可證之。

兹：精紐之部；

嗣：邪紐之部。

疊韻，精邪旁紐。" 嗣 "，其本義《説文·册部》訓 " 諸侯嗣國 "，即繼承君位義，引申爲繼續、連續。《爾雅·釋詁上》：" 嗣，續也。" 北魏酈道元《水經注·清水》：" 故東川有清河之稱，相嗣不斷。" 清吳敬梓《儒林外史》第三十回：" 這也爲嗣續大計，無可奈何。"

530 染聲

（1396）霂/霑（沾染義）

霂 沾染。《説文·雨部》：" 霂，濡也。从雨，染聲。" 清朱駿聲《通訓定聲》：" 今霑霂字以 ' 染 ' 爲之。"《廣韻·琰韻》：" 霂，濡也。"《集韻·豔韻》：" 霂，沾也。" 今按，聲符字 " 染 " 所記録語詞之本義爲染色，引申之則有沾染義。沾染則如雨水浸潤他物，故制從雨之 " 霂 " 表沾染義。" 霂 " 所記録之詞客觀存在，唯文獻多以 " 染 " 爲之。《説文·水部》：" 染，以繒染爲色。"《墨子·所染》：" 染於蒼則蒼，染於黃則黃。"《廣雅·釋詁三》：" 染，污也。"《禮記·曲禮下》" 四足曰漬 " 唐孔穎達疏：" 牛馬之屬也，若一箇死，餘者更相染漬而死也。" 唐張籍《江村行》：" 耕坊磷磷在水底，短衣半染蘆中泥。"

霑 沾染，浸潤。《説文·雨部》：" 霑，雨霂也。" 清朱駿聲《通訓定聲》："《詩·信南山》：' 既霑既足。' 疏：' 沾潤。'《齊語》：' 霑體塗足。' 注：' 濡也。'《廣雅·釋詁二》：' 霑，漬也。'《方言》七:'瀧涿謂之霑瀆。'……《離騷》:'霑余襟之浪浪。'注:'濡也。'"

〔推源〕 此二詞俱有沾染義,其音亦相近且相通。

霑:日紐談部;

瀆:端紐談部。

疊韻,日端準旁紐。其語源當同。"霑瀆(沾染)"一詞實爲同源詞根聯合式合成詞。

531 恒聲

(1397) 硊垣(相連義)

硊 《廣韻·嶝韻》:"硊,石連皃。"《正字通·石部》:"硊,石相連貌。"

垣 路,長而相連者。《廣韻·嶝韻》:"垣,路。"清朱駿聲《説文通訓定聲·升部》:"垣,《廣雅·釋室》:'垣,道也。'《儀禮·既夕記》:'唯君命止柩于垣。'《禮記·曾子問》:'葬引至于垣。'《雜記》:'無免于垣。'注皆訓'道'。"按,"垣"字乃以恒聲載其長而相連義。道路字"路"从各得聲,各聲字所記録語詞"骼""答""絡""輅""袼""略""洛"俱有相連義(參本典第三卷"265. 各聲"第621條),可相爲證。

〔推源〕 此二詞俱有相連義,爲恒聲所載之公共義。聲符字"恒"所記録語詞之本義爲長久,長久即時日之相連續,故引申爲綿延、相連義。《説文·二部》:"恒,常也。从心,从舟,在二之間上下,心以舟施恒也。"清朱駿聲《通訓定聲》:"《易·序卦傳》:'恒者,久也。'《繫辭下傳》:'恒,德之固也。'《詩·小明》:'無恒安處。'《爾雅·釋詁》:'恒,常也。'……《穀梁莊七傳》:'恒星者,經星也。'〔假借〕又爲'亙'。《漢書·叙傳》:'恒以年歲。'注:'音亙竟之亙。'"按,無煩假借,乃引申。風連續吹稱"恒風"。《書·洪範》:"曰咎徵:曰狂,恒雨若……曰蒙,恒風若。"本條二詞之相連義爲其聲符"恒"所載之顯性語義。恒聲可載相連義,則"群"可相證。

恒:匣紐蒸部;

群:群紐文部。

匣群旁紐,蒸文通轉。"群",羊衆多而相連。《説文·羊部》:"群,輩也。从羊,君聲。"清段玉裁注:"羊爲群,犬爲獨。"《詩·小雅·無羊》:"誰謂爾無羊,三百維群。"引申之,凡物、人多而相連亦稱"群"。按,"群"字从君得聲,君聲字所記録語詞"宭"謂群居,即人多而相連;"輑",車軸相連;"峮",山衆多而相連;"裙",下幅衆多而相連之衣物(見本典第四卷"355. 君聲"第973條),皆可相互爲證。

(1398) 捆緷(引急義)

捆 引急。《説文·手部》:"捆,引急也。从手,恒聲。"清朱駿聲《通訓定聲》:"字亦作

'揯'。《淮南·繆稱》：'治國譬若張瑟，大弦揯則小弦絕矣。'"《廣雅·釋詁一》："揯，引也。"又"揯，急也"。《廣韻·嶝韻》："揯，急引。"又《登韻》："揯，急也。"

絚 引急。《説文·糸部》："絚，大索也。一曰急也。从糸，恒聲。"清朱駿聲《通訓定聲》："字亦作'緪'。〔假借〕爲'揯'。《楚辭·東君》：'絚瑟兮交鼓。'注：'急張弦也。'《長笛賦》：'若絚瑟促柱。'"按，大索、引急二義本相通，無煩假借；"緪"則爲"絚"之初文。《廣韻·登韻》："絚，大索。緪，上同。"又《嶝韻》："絚，急張。亦作'緪'。"北魏酈道元《水經注·河水一》："躡懸絚過河，河兩岸相去咸八十步。"按，"懸絚"即引急可躡之繩索。唐柳宗元《初秋夜坐贈吳武陵》："若人抱奇音，朱絃絚枯桐。"

〔推源〕 此二詞俱有引急義，爲恒聲所載之公共義。聲符字"恒"所記録語詞之本義、引申義系列與引急義不相涉，其引急義乃恒聲所載之語源義。恒聲可載急義，"急"可相證。

恒：匣紐蒸部；

急：見紐緝部。

匣見旁紐，蒸緝通轉。"急"，其字本作"忞"，从心，及聲，謂急躁，引申爲急速、緊急、急迫等義。《説文·心部》："忞，褊也。"清朱駿聲《通訓定聲》："字亦作'伋'，左形右聲。《書·洪範》：'曰急。'鄭注：'急促自用也。'〔假借〕爲'亟'。《詩·六月》：'我是用急。'"按，非假借，乃引申。"急"無引義，"揯""絚"之引義爲形符所載者。"揯"从手，謂以手引之；"絚"从糸，本有大索義，大索則爲可引之物。

532　宣聲

(1399) 瑄喧煊諠（大義）

瑄 祭天所用大璧。《廣韻·仙韻》："瑄，《爾雅》曰：'璧大六寸謂之瑄。'郭璞曰：'《漢書》所云瑄玉是也'。"《史記·孝武本紀》："皇帝始郊見泰一雲陽，有司奉瑄玉嘉牲薦饗。"南朝宋裴駰《集解》："璧大六寸謂之瑄。"宋楊萬里《代賀郊祀慶成》："鬱金祼鬯周茅屋，瑄玉親郊漢竹宮。"按，其字本亦作"宣"。清朱駿聲《説文通訓定聲·乾部》："宣，〔假借〕又爲'珣'。《爾雅·釋器》：'璧大六寸謂之宣。'字亦作'瑄'。"

喧 聲大而嘈雜。其字之初文本作"叩"，爲同體會意字。又作"諠"，亦从宣聲。《玉篇·口部》："喧，大語也。"《廣韻·元韻》："喧，大語也。諠，諠譁。亦作'喧''讙'。"《集韻·元韻》："叩，《説文》：'驚嘑也。'亦作'喧'。"《尉繚子·治本》："故如有子十人，不加一飯；有子一人，不損一飯，焉爲有喧呼酖酒以敗善類乎？"南朝梁何遜《學古贈丘永嘉征還》："結客葱河返，喧喧動四鄰。"漢王褒《洞簫賦》："惟詳察其素體兮，宜清静而弗諠。"

煊 煊赫，氣勢盛大。字从火，謂如火之盛。《明史·張居正傳》："及秋，魏朝奉居正母行,儀從煊赫,觀者如堵。"明梁辰魚《浣紗記·不允》:"棲越王於會稽之巔,敗齊師於艾陵之上。何等威勢,何等煊赫。"按,"煊"又有温和義,爲其本義,表煊赫義,當爲套用字,以其宣聲表大義。

渲 渲染,以水墨再三淋之,擴大其範圍。宋郭熙《林泉高致·畫訣》:"以鋭筆橫卧惹惹而取之,謂之皴擦;以水墨再三而淋之,謂之渲。"明楊慎《藝林伐山·浮渲梳頭》:"畫家以墨飾美人鬢髮謂之渲染。"

〔推源〕 諸詞俱有大義,爲宣聲所載之公共義。聲符字"宣"所記録語詞謂天子宣室,宣室爲大室,故引申爲大義。《説文·宀部》:"宣,天子宣室也。从宀,亘聲。"清朱駿聲《通訓定聲》:"當訓大室也,與'寬'略同。《淮南·本經》:'武王破紂牧野,殺之於宣室。'注:'宣室,殷宫名。一曰獄也。'《漢書·孝文紀》:'受釐坐宣室。'注:'未央前正室也。'按,猶《月令》'大室'。"漢焦贛《易林·井之恒》:"方喙宣口,聖智仁厚,釋解倒懸,國家大安。"按,"宣"又有散布、周遍之義,周遍即範圍大。然則本條諸詞之大義爲其聲符"宣"所載之顯性語義。宣聲可載大義,則"大"可證之。

宣:心紐元部;

大:定紐月部。

心定鄰紐,元月對轉。"大",大小字。《説文·大部》:"大,天大、地大、人亦大,故大象人形。"清朱駿聲《通訓定聲》:"《易·大有》釋文:'大,有包容豐富之象。'《詩·泮水》:'大賂南金。'箋:'大,猶廣也。'……《莊子·天地》:'不同同之之謂大。'……《漢書·劉向傳》注:'大,巨也。'"

(1400) 愃暄(温和義)

愃 心廣體胖貌,即閒適、心情温和義。《説文·心部》:"愃,寬嫺心腹皃。从心,宣聲。《詩》曰:'赫兮愃兮。'"清王筠《釋例》:"寬閒心腹,猶云心廣體胖。"《廣韻·阮韻》:"愃,寬心。"

暄 温暖,即温和之熱,與炎熱相殊異。其字亦作"煊""煖""暖"。《廣韻·元韻》:"暄,温也。煖,上同。"《集韻·元韻》:"煖,《説文》:'温也。'或作'煊'。"《素問·五運行大論》:"東方生風……其性爲暄,其德爲和。"張介賓注:"暄,温煖也。肝爲陰中之陽,應春之氣,故其性暄。"《莊子·大宗師》:"凄然似秋,煖然似春。"唐陸德明《釋文》:"煖,音暄。"

〔推源〕 此二詞俱有温和義,爲宣聲所載之公共義。聲符字"宣"所記録語詞有"緩"訓,即寬緩義,與温和義相通。《廣韻·仙韻》:"宣,緩也。"清朱駿聲《説文通訓定聲·乾部》:"宣,〔假借〕又爲'瓛'。《爾雅·釋言》:'宣,緩也。'"所引《爾雅》文晉郭璞注:"謂寬緩。"按,未必爲"瓛"字之借,"宣"爲天子大室,大室則寬緩不狹窄,義本相通。又"愃"謂心寬,亦即心情温和,亦足證二義相通。又"煖"謂温暖,或體作"煖",从爰得聲,與"緩"正相同,亦爲一證。至宣聲可載溫和義,則"暖"可證之。

宣:心紐元部;
暖:透紐文部。

心透鄰紐,元文旁轉。"暖",日初升。《玉篇·日部》:"暖,日欲出。"《楚辭·九歌·東君》:"暖將出兮東方,照吾檻兮扶桑。"按,日初升則其光溫和,故有溫和之衍義。唐王建《春來曲》:"光風暖暖蝶宛宛,遶樹氣匝枝柯軟。"唐元稹《酬獨孤二十六送歸通州》:"寧愛寒切烈,不愛煬溫暖。"按,俗謂微熱、溫和之水爲"溫暖水",蓋亦由"暖"之本義所衍生。

(1401) 鶱渲蝖(小義)

鶱 小鳥。《廣韻·仙韻》:"鶱,駒鶱,小鳥。"又《元韻》:"鶱,鶱鴝,鳥名。"沈兼士《聲系》:"此'鴝'字應作'鶱'。"又《諄韻》:"駒,駒鶱,小鳥。出《字統》。"《集韻·諄韻》:"鴝,鴝鶱,鳥名,鷦鷯也。"按,鷦鷯體長僅三寸許,極小之鳥。清程瑤田《果蠃轉語記》謂"鷦鷯"有圓義,按鳥之形體小則呈圓形。

渲 小水。《玉篇·水部》:"渲,小水。"《廣韻·線韻》:"渲,小水。"按,"渲"有渲染義,謂以水墨再三淋之,實即稍稍浸潤、塗抹之義,此與小水義相通。

蝖 金龜子之幼蟲,極小之物。《方言》卷十一:"蠐螬謂之蟦,自關而東⋯⋯或謂之蝖螼。"晉郭璞注:"或呼蟦蝖。"《類篇·虫部》:"蟦,亦書作'蟦'。"《爾雅·釋蟲》:"蟦,蠐螬。"宋邢昺疏:"其在糞土中者名蟦蠐,又名蠐螬。"《廣韻·元韻》:"蝖,蠐螬。"宋梅堯臣《永濟倉書事》:"古梁生菌耳,朽堵出蠐螬。"

〔推源〕 諸詞俱有小義,爲宣聲所載之公共義。聲符字"宣"所記錄語詞之本義,引申義系列與小義不相涉。第1399條宣聲字所記錄諸詞俱有大義,與本條諸詞之義正相反。按同源詞有語義相反之類型,同一聲符亦可承載相反之兩義,皆爲其通例。至宣聲可載小義,則"稺"可證之。

宣:心紐元部;
稺:定紐脂部。

心定鄰紐,元脂旁對轉。"稺",幼禾,弱小之物,故引申爲小義。其字後世多作"稚"。《説文·禾部》:"稺,幼禾也。"清朱駿聲《通訓定聲》:"字亦作'稺'、作'稚'、作'穉'。《詩·閟宫》:'稙稺菽麥。'傳:'後種曰稺。'按,復種者禾小。《韓詩傳》:'幼稼也。'〔轉注〕《方言》二:'稺,小也。稺,年小也。'《書·立政》傳:'言皆以告稺子王。'《儀禮·喪服》傳:'妻稺。'注:'謂未滿五十。'《楚辭·大招》:'稺朱顔只。'注:'幼也。'⋯⋯《列子·天瑞》:'純雄其名稺蜂。'注:'小也。'"《廣韻·至韻》:"稚,亦小也。"

(1402) 愃𡩋揎楦館(空、填空義)

愃 忘記,記憶空。清朱駿聲《説文通訓定聲·乾部》:"愃,〔假借〕爲'諠'。"《平輿令薛君碑》：'永矢不諼。'"按，"萱"爲"蕿"之或體，《說文·艸部》訓"令人忘憂艸也"，古多有此說，"萱"或寓忘義。然"諼"字從心，表忘義無煩假借。朱駿聲所引文洪适注："此則借'諼'爲'諠'也。"說亦未得。"諠"字從言，爲諠譁字。"諠"表忘義之例則有之，乃以假借字形式、以其宣聲表忘義。《禮記·大學》："《詩》云……有斐君子，終不可諠兮。"漢鄭玄注："諠，忘也。"《漢書·敘傳》："猶諠己而遺形。"

喧 虛無之山，即山空。《隋書·地理志中》："趙郡柏鄉，開皇十六年置，有喧崞山。"北魏顏之推《顏氏家訓·書證》："柏人城東北有一孤山，古書無載者。唯闞駰《十三州志》以爲舜納于大麓即謂此山，其上今猶有堯祠焉。世俗或呼爲宣務山，或呼爲虛無山。"

揎 捋袖露臂，即去衣使空義。《玉篇·手部》："揎，捋也。"《廣韻·仙韻》："捋，同'揎'。"沈兼士《聲系》："《集韻》：'揎，或作捋、擐。'又《禮記·王制》：'擐衣。'《釋文》云：'依字作捋。'《字林》云：'捋，捋臂也。'"唐王建《搗衣曲》："婦姑相對神力生，雙揎白腕調杵。"宋蘇軾《四時》："玉腕半揎雲碧袖，樓前知有斷腸人。"引申之又有填塞義，填塞即填入空處。清徐鼒《小腆紀年附考·順治九年七月》："(李如月)又極口罵，乃剝其皮，斷其首及手足，揎草於皮，紉而懸之市。"

楦 鞋楦，填入鞋之空處之物。《廣韻·願韻》："楦，俗楥。"《說文·木部》："楥，履法也。"清朱駿聲《通訓定聲》："字亦作'楦'。蘇俗謂之楦頭，削木如履，置履中使履成如式，平直不皺。"宋吳自牧《夢梁錄·諸色雜貨》："家生動事如桌、櫈、涼牀、交椅……油杆杖，榾轆、鞋楦、棒槌。"舊題宋蘇軾《艾子雜說·木履》："有人獻木履於齊宣王者，無刻斲之跡。王曰：'其美如此，豈非生成？'艾子曰：'鞔楦乃其核也。'"引申之則有填入空處之義。明郎瑛《七修續稿·奇謔類·屍行》："成祖時，都御史景清犯駕伏誅，以屍楦草，懸於長安門。"

餶 喫，填入空腹之謂。今人猶有"填肚子"之語。清蒲松齡《聊齋俚曲集》附路大荒《土語注解》："餶，食。"又《墻頭記》第一回："你看那蕎秋糊突，他還餶五碗有零。"

〔推源〕 諸詞俱有空、填空義，爲宣聲所載之公共義。聲符字"宣"所記錄語詞之本義爲天子大室，大室則其空處多，義相通；又空則可填，其義亦相通。宣聲可載空、填空義，則"盧、填"可相證。

宣：心紐元部；

盧：來紐魚部；

填：定紐真部。

心來鄰紐，心定鄰紐，來定旁紐；元魚通轉，元真旁轉。"盧"，"爐""鑪"之初文，謂火爐，中空之物。于省吾《殷契駢枝續編》："盧，爲'鑪'之象形初文。上象器身，下象欹足……加虍爲聲符，乃由象形孳乳爲形聲。"《漢書·五行志五》："(光和)四年，魏郡男子張博送鐵盧詣太官。"按，"盧"亦"壚"之初文，謂土壇，中空而可盛酒器者。《漢書·司馬相如傳上》："相如與俱之臨邛,盡賣車騎,買酒舍,乃令文君當盧。"唐顏師古注:"賣酒之處纍土爲盧,以居酒甕,四邊隆起,其一面高,形如鍛盧,故名盧耳。"按,盧聲字所記錄語詞多有空義。瓤,葫蘆,中空者;鑪,盛酒瓦器,中空而可納酒之器;簹,飯器,中空而可盛飯者;顱,頭顱,有顱腔者——皆可互證。"填",填塞。有空則可填,"填"即填入空處義。《説文・土部》:"填,塞也。"《國語・吳語》:"王遂出,夫人送王,不出屏,乃闔左闔,填之以土,去笄側席而坐,不掃。"《元史・選舉志》:"(至元)十三年,省議:'行工部令史與六部令史一體,於應補人内挨次填補。'"

533　客聲

(1403) 額/堮(界限義)

額　額部,處於頂端,故引申而指物之頂部,又引申爲界限義。《廣韻・陌韻》:"額,《説文》作'額',顙也。"清朱駿聲《説文通訓定聲・豫部》:"額,字亦作'額'。《漢書・景武昭宣元成功臣表》:'龍額。'《衛青傳》:'封説爲龍額侯。'〔聲訓〕《釋名》:'額,鄂也,有垠鄂也,故幽州人謂之鄂也。'"《舊唐書・崔衍傳》:"舊額賦租,特望蠲減。"《元典章・户部五・官田》:"亡宋各項,係官田土,每歲各有額定子粒。"按,凡"額定""定額""名額"之"額"皆限定、界限義。唯"額"有限義,故有"額限"之同義聯合式合成詞。清袁枚《續新齊諧・打破鬼例》:"汝誤矣。廩有糧,官有俸,皆國家錢糧,不可虛糜,故有額限,不得不然。"又有"限額"一詞,蓋爲同素逆序者。

堮　地面凸起處以爲界限者。《廣韻・鐸韻》:"堮,垠堮。"漢張衡《西京賦》:"在彼靈囿之中,前後無有垠堮。"晉張協《七命》:"旌拂霄堮,軌出蒼垠。"按,"堮""垠"對文同義。宋歐陽修《上胥學士偃啟》:"虹蜺遠映,拂霄堮而垂光;黼黻摛文,絢雲河而發藻。"按,"堮"泛指界限,則爲引申義。

〔推源〕此二詞俱有界限義,其音亦同,疑紐雙聲,鐸部疊韻。則其語源當同。其"額"字从客得聲,聲符字"客"所記錄語詞謂客居、寄居。《説文・宀部》:"客,寄也。"《三國志・魏志・杜畿傳》:"會天下亂,遂棄官客荆州。"然則與界限義不相涉,其界限義乃客聲所載之語源義。

(1404) 喀/欬(嘔吐義)

喀　嘔吐。字亦作"峉",亦从客聲,又作"略"。《集韻・陌韻》:"峉,嘔也。《國語》:'伏弢峉血。'或从口。"按,所引《國語・晉語九》文"峉"字異文作"略"。清王端履《重論文齋筆錄》卷二:"(陳公)遂得喀血疾,未預院試而卒。"清王士禛《答唐濟武檢討》:"悼亡傷逝之後,心脾受傷,頃竟喀血者三。"

欬　咳嗽。咳嗽則時有痰液吐出,故有嘔吐義。《正字通・口部》:"欬,與'欶'同,嗽也。"《説文·欠部》："欬,屰氣也。"清朱駿聲《通訓定聲》："《字林》：'欬,癥也。'《周禮》：'冬時有嗽上氣疾。'"《大戴禮記·保傅》："周旋俯仰視瞻無儀,安顧咳唾趨行不得……凡此其屬太保之任也。"又,人之談吐謂之"咳吐",足證"咳"有吐義。宋周煇《清波雜志》卷三："吾輩每日奉行者,皆其咳吐之餘也。"按,"咳"之本義《説文》訓"小兒笑",構件"口""欠"所表義類同,後世遂以"咳"爲咳嗽字。

〔推源〕 此二詞俱有嘔吐義,其音亦相近且相通。

喀：溪紐鐸部；

咳：溪紐職部。

雙聲,鐸職旁轉。則其語源當同。

(1405) 搚/掐(掐義)

搚 以手掐。《集韻·麻韻》："抲,挖也。或作'搚'。"宋司馬光《乞不貸故斗殺札子》："簡用力去郭昇咽喉上搚一搚,其人當下倒地身死。"明湯顯祖《牡丹亭·圍釋》："把那嚦腥膜的噱子兒生搚殺。"

掐 以指甲掐。《廣韻·洽韻》："掐,爪掐。"《説文新附·手部》："掐,爪刺也。"《晉書·郭舒傳》："因遣掐其鼻,灸其眉頭。"《北齊書·孝昭帝紀》："太后常心痛不自堪忍,帝立侍帷前,以爪掐手心,血流出袖。"

〔推源〕 此二詞俱有掐義,其音亦相近且相通。

搚：溪紐鐸部；

掐：溪紐葉部。

雙聲,鐸葉(盍)通轉。則其語源當同。

534　叜聲

(1406) 搜獀庹(搜索義)

搜 搜索,尋求。《説文·手部》："捜,衆意也。一曰求也。从手,叜聲。"清吳玉搢《引經考》："隸變作'搜'。"清朱駿聲《通訓定聲》："求爲本訓,衆爲假借……《方言》二：'捜,求也,就室曰捜。'《通俗文》：'入室求曰搜。'……《莊子·秋水》：'捜於國中。'《釋文》：'索也。'"《廣韻·尤韻》："捜,索也,求也。搜,上同。凡從叜者作叟同。"《漢書·武帝紀》："冬十一月,發三輔騎士大捜上林,閉長安城門索,十一日乃解。"唐韓愈《進學解》："尋墜緒之茫茫,獨旁捜而遠紹。"

獀 打獵,搜索獵物。《玉篇·犬部》："獀,秋獵。亦作'蒐'。"《集韻·尤韻》："獀,春獵。"清朱駿聲《説文通訓定聲·孚部》:"獀,〔轉注〕《齊語》:'春以獀振旅。'注:'春田曰獀。'《禮記·祭義》:'而弟達乎獀狩矣。'《魏大饗碑》:'周成岐陽之獀。'《韓詩内傳》:'夏曰獀。'《穀梁桓四傳》:'秋曰蒐。'經傳多以'蒐'爲之,蓋以'蓃'而'蓃'形誤爲'蒐'也。"按,朱氏所稱"轉注"謂引申。"獀"之本義《説文》訓"南越名犬獿獀",狩獵以犬,狩獵字亦皆从犬,故朱氏云"轉注"。《禮記·祭義》:"孝弟發諸朝廷,行乎道路,至乎州巷,放乎獀狩,脩乎軍旅,衆以義死之,而弗敢犯也。"

廋 搜索。《玉篇·广部》:"廋,求也,索也……亦作'搜'。"清朱駿聲《説文通訓定聲·孚部》:"搜,字亦作'廋'。……《廣雅·釋詁三》:'廋,求也。'……《漢書·趙廣漢傳》:'廋索私屠沽。'注:'謂入室求之。'《後漢·馬融傳》:'廋疏妻領。'注:'猶搜索也。'"按,"廋""搜"非異體,"廋"字从广,有隱藏、藏匿義,藏匿則搜之,二義相成相因。《新唐書·食貨志四》:"廋索諸坊。"

〔**推源**〕 諸詞俱有搜索義,爲叜聲所載之公共義。聲符字"叜"本爲"搜"之初文。从叜得聲之字隸變乃爲"叟"。《説文·又部》:"叜,老也。从又,从災。闕。宀叜,籀文从寸。"清朱駿聲《通訓定聲》:"按,寸口衰惡之説費解,古文災字爲丙,故偏旁叜多誤更,今俗作'叟',又似'叟'字。然皆非誼。愚按,即'搜'之古文,从又持火屋下索物也,會意。爲長老之稱者,發聲之詞,非本訓。"按,朱説可從,从又、从災,無所取意。然則本條諸詞之搜索義爲其聲符"叜"所載之顯性語義。叜聲可載搜索義,則"索"可證之。

叜:心紐幽部;

索:心紐鐸部。

雙聲,幽鐸旁對轉。"索",搜索,尋求。《説文·宀部》:"索,入家搜也。"清朱駿聲《通訓定聲》:"《廣雅·釋詁三》:'索,求也。'《小爾雅·廣言》:'索,求也。'《方言》六:'索,取也。'《考工·㮚氏》:'時文思索。'釋文:'求也。'《周禮·方相氏》:'以索室毆疫。'注:'廋也。'《禮記·郊特牲》:'索祭祝于祊。'注:'求神也。'《漢書·杜林傳》:'吹毛索疵。'皆以'索'爲之。"聞一多《古典新義·敦煌舊鈔楚辭殘卷跋》:"《楚辭·離騷》:'吾將上下而求索',卷作'素'。案:此求索本字。"

(1407) 廋庾(隱義)

廋 亦作"廈",山水彎曲處,即隱藏處。《集韻·有韻》:"廋,隈也。或从叜。"《説文·阜部》:"隈,水曲隩也。"《管子·形勢》"大山之隈"唐尹知章注:"隈,山曲也。"按,"廋"謂山水彎曲處,典籍亦以"庾"爲之,乃取"廋"之引申義。漢劉向《九歎·憂苦》:"思余俗之流風兮,心紛錯而不受;遵壄莽以呼風兮,步從容於山庾。"漢王逸注:"庾,隈也……一作'廋'。"

庾 隱匿。字亦作"廋"。《玉篇·广部》:"廋,隱匿也。"《廣韻·尤韻》:"廋,匿也。"《字彙·广部》:"廈,與'廋'同。"清朱駿聲《説文通訓定聲·孚部》:"《方言》三:'廋,隱也。'《廣雅·釋言》：'廋，匿也。'《釋丘》：'廋，隈也。'《論語》：'人焉廋哉。'《孟子》：'若是乎從者之廋也。'《晉語》：'有秦客廋辭于朝。'"唐白居易《禮部試策五道·第三道》："而學者苟能研精鈎深，優柔以求之，則壼奥指趣將焉廋哉。"宋沈括《夢溪筆談·人事一》："今但得半斤食，其半爲饕人所廋。"

〔推源〕　此二詞俱有隱義，爲叟聲所載之公共義。聲符字"叟"所記録語詞之本義謂搜索、尋求，隱義與之相通。叟聲可載隱義，則"匿"可證之。

叟：心紐幽部；
匿：泥紐職部。

心泥鄰紐，幽職旁對轉。"匿"，隱藏。《說文·匚部》："匿，亡也。"清朱駿聲《通訓定聲》："《廣雅·釋詁四》：'匿，藏也。'〔轉注〕《左宣十五傳》：'瑾瑜匿瑕。'注：'亦藏也。'《襄廿五傳》：'而知匿其暱。'注：'藏也。'《論語》：'匿怨而友其人。'皇疏：'藏也。'……《廣雅·釋詁四》：'匿，隱也。'《周語》：'文不可匿。'注：'隱也。'……《荀子·天論》：'匿則大惑。'注：'謂隱匿其情。'"

(1408) 瘦溲（小義）

瘦　肌肉少。《說文·疒部》："瘦，臞也。从疒，叟聲。"清朱駿聲《通訓定聲》："字亦作'膄'。《廣雅·釋言》：'膄，瘠也。'《孝經》：'毀瘠羸瘦。'《詩·素冠》箋：'欒欒然腹瘠也。'《周禮·廛人》注：'久則瘦臞腐敗。'"按，形體瘦則小，故引申爲小義。北魏賈思勰《齊民要術·種麻》："截雨脚即種者地濕，麻生瘦。"宋陸游《泛舟》："葉凋山寺出，溪瘦石橋高。"唯"瘦"有小義，故有"瘦小"之同義聯合式合成詞。《北史·叱羅協傳》："協形貌瘦小，舉措褊急，既以任，每含容之。"

溲　小便。《廣韻·尤韻》："溲，小便。"清朱駿聲《說文通訓定聲·孚部》："溲，〔假借〕爲'滫'。《晉語》：'少溲于豕牢，而得文王。'注：'便也。'《莊子·則陽》：'内熱溲膏。'……《史記·酈生陸賈傳》：'溲溺其中。'《索隱》：'即溺也。'《素問·奇病論》：'有癃者一日數十溲。'注：'小便也。'"《後漢書·張湛傳》："湛至朝堂，遺失溲便，因自陳疾篤，不能復任朝事，遂罷之。"唐李賢注："溲，小便也。"按，"溲"之本義《說文》訓"浸沃"，雖然，其字从水，表小便義非假借，乃套用字。

〔推源〕　此二詞俱有小義，爲叟聲所載之公共義。叟聲字"謏"亦可以其假借字形式表小義，則亦爲叟聲、小義相關聯之一證。《廣韻·屋韻》："謏，小也。"《禮記·學記》："發慮憲，求善良，足以謏聞，不足以動衆。"漢鄭玄注："謏之言小也。"前蜀貫休《壽春節進大蜀皇帝》："今以謏才歌睿德，猶如飲海妙難論。"按，"謏"字从言，謂引誘，其小義乃叟聲另載者。聲符字"叟"所記録語詞謂搜索，與小義不相涉，其小義爲叟聲所載之語源義。叟聲可載小義，"小"可證之。

叜：心紐幽部；

小：心紐宵部。

雙聲，幽宵旁轉，音僅微殊。"小"，微小，不大，與"大"相對待。《説文·小部》："小，物之微也。从八，丨見而分之。"按，許慎所依據者爲篆體，業已訛變，甲骨文"小"字象小沙點形。《書·康誥》："怨不在大，亦不在小。"《史記·李將軍列傳》："諺曰：'桃李不言，下自成蹊。'此言雖小，可以諭大也。"明張居正《遵諭自陳不職疏》："然臣愚，竊以爲官有崇卑，則稱有難易；任有大小，則責有重輕。"

（1409）搜蔱（聚集義）

搜 聚集，與其搜索、尋求義相通。《説文·手部》："搜，衆意也。"清朱駿聲《通訓定聲》："又單辭形況字。《説文》引《詩·泮水》：'束矢其搜。'毛傳：'衆意也。'……要皆謂依聲託事之字。許君本毛訓'衆意'。《廣雅·釋詁三》：'捘，衆也。'皆失之。"按，"搜"有衆多聚集義不誤，且無煩假借。《玉篇·手部》："搜，聚也。"《廣韻·尤韻》："搜，聚也。"晉郭璞《山海經圖讚·巫咸》："群有十巫，巫咸所統，經技是搜，術藝是綜，採藥靈山，隨時登峰。"《宋書·志序》："其有漏闕，及何氏後事，備加搜采，隨就補綴焉。"《梁書·武帝紀中》："凡諸郡國舊族，邦内無在朝者，選官搜括，使郡有一人。"

蔱 椒子聚集成房。《類篇·艸部》："蔱，莍蔱，椒子聚生成房皃。"按，"蔱"又爲"藪"之異體，謂淵藪、大湖澤，聚集衆水而成者。《集韻·厚韻》："藪，《説文》：'大澤也，九州之藪。'亦从叜。"《周禮·夏官·職方氏》："其澤藪曰具區。"漢鄭玄注："大澤曰藪。"引申爲聚集義。明馮夢龍《智囊補·兵智·李愬》："妓家果藪盜，正宜留之以爲捕役耳目之徑。"按，凡大澤水草茂密、多而聚集，故"蔱""藪"可指大澤。

〔推源〕 此二詞俱有聚集義，爲叜聲所載之公共義。聲符字"叜"所記錄語詞之本義爲搜索、尋求，聚集義與之相通。本條二詞之聚集義爲其聲符"叜"所載之顯性語義。叜聲可載聚集義，則"積"可證之。

叜：心紐幽部；

積：精紐錫部。

心精旁紐，幽錫旁對轉。"積"，積累，聚集。《説文·禾部》："積，聚也。"清朱駿聲《通訓定聲》："禾穀之聚曰積。《詩·良耜》：'積之栗栗。'〔轉注〕《小爾雅·廣詁》：'積，叢也。'《廣雅·釋詁四》：'積，重也。'《楚語》：'無一日之積。'注：'積，儲也。'《列子·湯問》：'聚眥積而禁之。'大戴《子張問》：'入官源泉不竭，故天下積也。'注：'謂歸湊也。'"

（1410）謏/誘（誘義）

謏 誘導，亦指誘惑。《廣韻·篠韻》："謏，誘爲善也。"又《厚韻》："謏，謏詇，誘辭。"《集韻·厚韻》:"詃,誘辭。"《漢書·武帝紀》"怵於邪説,而造篡弑"唐顔師古注:"如淳曰:'怵音怵惕。見誘怵於邪説也。'作'怵'者非。如説云'見誘怵',其義是也。而音怵惕,又非也。'怵'或體'詶'字耳。詶者,誘也,音如戌亥之戌。《南越傳》曰:'不可怵好語入朝。'諸如此例,音義同耳。今俗猶云相謏詶,而説者或改爲鉥導之鉥,蓋穿鑿也。謏音先誘反。鉥音述。"按,"謏詶"當爲同義聯合式合成詞。《説文·言部》"詶"篆訓"誘",即其本義。明劉基《郁離子·牧豭》:"謏言,人皆知其爲邪,而不能卒不惑。"

誘 誘惑,引申之則有誘導義。《説文·厶部》:"羑,相詶呼也。从厶,从羑。誘,或从言、秀。"清朱駿聲《通訓定聲》:"《廣雅·釋言》:'羑,致也。'《淮南·原道》:'好憎成形而知誘于外。'注:'感也。'……《俶真》:'秦穆公以女樂誘之。'注:'惑也。'〔假借〕爲'羑'。唐釋元應《一切經音義》十六引《説文》:'一曰導也。'釋慧苑《華嚴音義》二引《説文》:'教也。'《爾雅·釋詁》:'誘,進也。'《詩·野有死麕》:'吉士誘之。'傳:'導也。'……《論語》:'循循然善誘人。'皇疏:'進也。'……《家語·正論》:'天誘其衷。'注:'導也。'"按,非假借,乃引申。

〔推源〕 此二詞俱有誘義,其音亦相近且相通。

謏:心紐幽部;

誘:余紐幽部。

疊韻,心余(喻四)鄰紐,則其語源當同。

535 軍聲

(1411) 運翚餫揮旞(動義)

運 移動,運行。《説文·辵部》:"運,移徙也。从辵,軍聲。"清朱駿聲《通訓定聲》:"《廣雅·釋詁四》:'運,轉也。'《易·繫辭》:'日月運行。'……《方言》:'日運爲躔,月運爲逡。'注:'猶行也。'《逸周書·史記》:'民運于下。'孔晁注:'亂移也。'《莊子·逍遥游》:'是鳥也,海運。'簡文注:'徙也。'《淮南·天文》:'運之以斗。'注:'旋也。'〔轉注〕《莊子·山木》:'運物之泄也。'司馬注:'動也。'"按,唯"運"有動義,故有"運動"之同義聯合式合成詞。宋曾鞏《謝熙寧八年曆日表》:"竊以治曆於中,所以察天時之運動,班正於外,所以一王度之推行。"

翚 飛動。《説文·羽部》:"翚,大飛也。从羽,軍聲。"清朱駿聲《通訓定聲》:"《爾雅》:'鷹隼醜,其飛也翚。'馬融《廣成頌》:'翚然雲起。'《廣雅·釋訓》:'翬翬,飛也。'"亦重言形況字。《廣韻·微韻》:"翚,飛兒。"《文選·張衡〈西京賦〉》:"若夫游鷮高翚,絕阬踰斥。"唐薛綜注:"翚,飛也。"

餫 運糧以贈人,本有運動義。《説文·食部》:"餫,野饋曰餫。从食,軍聲。"清朱駿聲

《通訓定聲》："《左成四傳》：'故宣伯輝諸穀。'"《廣韻・問韻》："餫，野餉。"《新唐書・陳子昂傳》："（甘肅）瓜肅以西，皆仰其餫，一句不往，士已枵飢。"《續資治通鑒・宋徽宗政和五年》："誠欲追敵，約齎以往，無事餫饋。"引申爲運輸義，運輸即運動、輸送。宋陸游《常州犇牛閘記》："東有犇牛閘，則隸常州武進縣，以地勢言之，自朔爲餫河時，是三閘已具矣。"

揮 揮動，舞動。《說文・手部》："揮，奮也。从手，軍聲。"清朱駿聲《通訓定聲》："《廣雅・釋詁一》：'揮，動也。'……《考工・慌氏》：'而揮之。'謂振去之也。《禮記・曲禮》：'飲玉爵者，弗揮。'《釋文》：'振去餘酒曰揮。'……《齊策》：'揮汗成雨。'注：'振也。'"《廣韻・微韻》："揮，奮也，振也，動也。"《淮南子・說山訓》："執彈而招鳥，揮梲而呼狗。"漢陳琳《爲曹洪與魏文帝書》："彼有精甲數萬，臨高守要，一人揮戟，萬夫不得進。"

旞 旗幟飄動。《廣韻・微韻》："旞，動旗。"《集韻・微韻》："徽，《說文》：'幟也，以絳徽帛著於背'，引《春秋傳》：'楊徽者公徒。'或作'旞'。"按，此"旞"謂旗幟，旗幟迎風則飄動，其義亦相通。

〔推源〕 諸詞俱有動義，爲軍聲所載之公共義。聲符字"軍"所記錄語詞謂包圍。《說文・車部》："軍，圜圍也。四千人爲軍。从車，从包省。軍，兵車也。"清朱駿聲《通訓定聲》："从車、从勹，會意……包車爲軍……《廣雅・釋言》：'軍，圍也。'"銀雀山漢墓竹簡《孫臏兵法・十陣》："疏而不可蹙，數而不可軍者，在于愼。"然則似與動義不相涉，其動義乃軍聲所載之語源義。尤聲字所記錄語詞"煩"謂頭顫動，"忧"指心動，參本典第一卷"67. 尤聲"第199條，軍聲、尤聲本相近且相通。

軍：見紐文部；

尤：匣紐之部。

見匣旁紐，文之通轉。然則可相互爲證。

(1412) 㖷睴翬鶤渾（大義）

㖷 大口。《說文・口部》："㖷，大口也。从口，軍聲。"《廣韻・吻韻》："㖷，大口。"漢賈誼《新書・匈奴》："以匈奴之飢，飯羹啗膹臇㖷濡，多飲酒，此則亡竭可立待也。"

睴 眼珠大而突出。《說文・目部》："睴，大目出也。从目，軍聲。"元戴侗《六書故・人三》："睴，目急出也。"按，今杭州方言猶稱情急瞪大其眼爲"烏珠突出"。

翬 迅速飛動（見前條），《說文》訓"大飛"，本有大義。

鶤 大雞，亦指大鳥。《說文・鳥部》："鶤，鶤雞也。从鳥，軍聲。讀若運。"清朱駿聲《通訓定聲》："字亦作'鵾'。《爾雅・釋畜》：'雞三尺爲鶤。'注：'陽溝巨鶤，古之名雞。'《楚辭・九辯》：'鵾雞啁哳而悲鳴。'《大招》：'鵾鴻群晨。'〔別義〕《上林賦》注：'似鶴，黃白色。'又《吳都賦》：'鵾雞鸊鷉。'注：'鳥也，好鳴。'《太玄・裝》：'鶤雞朝飛。'注：'水鳥。'《西京賦》：'翔鶤仰而不逮。'"《廣韻・問韻》："鶤，雞三尺曰鶤。"又《魂韻》："鶤，同鵾。"按，朱氏所引《西京賦》文《文選》本唐薛綜注：" 鵾，大鳥也。"漢枚乘《七發》："鵷章白鷺，孔鳥鵾鵠，鶤鶵鵁鶄，翠鬛紫纓。"

渾 大水，虛化引申爲大義。《說文·水部》："渾，混流聲也。从水，軍聲。"清朱駿聲《通訓定聲》："與'混'略同。《方言》二：'渾，盛也。'《廣雅·釋訓》：'渾渾，大也。'《法言·問神》：'渾渾若川。'注：'洪流也。'……《幽通賦》：'渾元運物。'注：'大也。'"唐崔璐《覽皮先輩盛制因作十韻以寄用伸款仰》："渾浩江海廣，葩華桃李敷。"唐秦韜玉《紫騮馬》："臆大宜懸銀壓銙，力渾欺卻玉銜頭。"

〔推源〕 諸詞俱有大義，爲軍聲所載之公共義。聲符字"軍"所記錄語詞之本義、引申義系列與大義不相涉，其大義當爲軍聲所載之語源義。軍聲可載大義，"元"可證之。

軍：見紐文部；

元：疑紐元部。

見疑旁紐，文元旁轉。"元"，其字爲指事字，所記錄語詞之本義謂人首，故有"元首"之同義聯合式合成詞。"元首"指領導人，今口語則稱"頭頭"，封建社會稱地位高者爲"大人"，足證人首義、大義相通。以故"元"有大之衍義。《說文·一部》："元，始也。从一，从兀。"清朱駿聲《通訓定聲》："當訓首也……《左襄九傳》：'元，體之長也。'……《左僖三十三傳》：'狄人歸其元。'〔轉注〕《詩·六月》：'元戎十乘。'《采芑》：'方叔元老。'傳：'大也。'《書·金縢》：'即命于元龜。'馬注：'大龜也。'《酒誥》：'惟元祀。'《漢書·董仲舒傳》：'元者，辭之所謂大也。'"《廣韻·元韻》："元，大也。"《書·大禹謨》："天之曆數在汝躬，汝終陟元後。"僞孔傳："元，大也。"

（1413）餫暈渾緷葷瘒靦（混沌義）

餫 餛飩，囫圇渾一之物，其名寓混沌義。《廣韻·魂韻》："餫，同'餛'。""餛，餛飩。"明李時珍《本草綱目·百病主治藥上·痢》："水穀痢、小兒疳痢，（樗白皮）並水和作餫飩煮食。"清曹寅《題畫·菱》："舟煙一點餫屯熟，不讓諸傖食餅牙。"按，"餫"本指運糧贈人（見前第1245條），指餛飩，其字爲套用字。

暈 日暈，混混沌沌、模糊不清者。《廣韻·問韻》："暈，日月傍氣。"《說文新附·日部》："暈，日月氣也。从日，軍聲。"清朱駿聲《通訓定聲》："日光氣也……《漢書·天文志》：'暈適背穴。'注：'日旁氣也。'《呂覽·明理》：'有暈珥。'注：'氣圍繞日周匝，有似軍營相圍守，故曰暈也。'"按，朱氏所引《呂氏春秋》文漢高誘注爲推源之論，其說不可從，"暈"非圍義，乃混沌義。"暈"有浸潤、擴散、昏暈等衍義，皆由混沌義所衍生。唐陸龜蒙《奉酬襲美先輩吳中苦雨一百韻》："看花雖眼暈，見酒忘肺渴。"明劉基《愁鬼言》："噫氣成城，噓憂爲陣，當之者蒙蒙，中之者暈暈。"

渾 混流（見前條），故有渾濁不清義，又引申爲混沌。《說文·水部》："渾，一曰洿下兒。"清朱駿聲《通訓定聲》："〔假借〕爲'溷'……《切韻》：'渾，濁也。'《老子》：'渾兮其若濁。'……《吕覽·大樂》：'渾渾沌沌。'《江賦》注：'渾渾沌沌，鷄卵未分也。'……《左文十八傳》：'謂之渾敦。'注：'不開通之貌。'"按，"渾"表混沌義無煩假借，乃引申。"渾"亦指人糊塗，即混沌、不明事理義。漢趙壹《刺世疾邪賦》："渾然同惑，孰温孰涼？"

縋 物之大捆。物成捆則相混，彼此混沌不清。《廣韻·混韻》："縋，大束。"清朱駿聲《說文通訓定聲·屯部》："縋，〔假借〕爲'稇'。《字林》：'縋，大束也。'《廣雅·釋詁三》：'縋，束也。'《爾雅·釋器》：'百羽謂之縋。'《穆天子傳三》注：'十縛爲縋。'"按，《周禮·羽人》誤'縋'爲'縛'，又誤'縛'爲'搏'也。惟起數本與《爾雅》異。鄭謂《爾雅》失之。其云：'音相近者謂箴與審異文，非謂搏。縛，縋也。'"按，"縋"之本義《說文》訓"緯"，雖然，表捆義非假借，乃套用字。

㙐 土塊，囫圇渾一之物，其名亦寓混沌義。其字亦作"堚"，左形右聲。《說文·土部》："㙐，土也。洛陽有大㙐里。从土，軍聲。"清段玉裁注："'土'蓋'凷'之誤。《集韻》：'凷，字亦作㙐。'《類篇》：'㙐，亦苦會切。墣也。'"許書同部："凷，墣也。塊，凷或从鬼。""墣，塊也。"《國語·吴語》："王寐，疇枕王以墣而去之。"三國吴韋昭注："墣，塊也。"《漢書·律曆志下》引《左傳》："重耳處狄十二年而行，過衛五鹿，乞食於野人，野人舉凷而與之。"其"凷"異文作"塊"。《集韻·魂韻》："㙐，或書作'堚'。"明胡儼《冰雪軒辭》："積雪以成堚兮。"

瘒 癡，亦指昏迷，皆混沌、不知事義。《廣韻·魂韻》："瘒，癡兒。"《新唐書·沙陀傳》："克用分兵抵遮虜城拒鈞，天大雨，士瘒僕，鈞衆潰，還代州，軍遂亂，鈞死于兵。"

覼 眼花，視物模糊，混沌不清。《廣韻·魂韻》："覼，覼視。"又《問韻》："覼，同'䁹'。"《說文·見部》："䁹，外博衆多視也。"清段玉裁注："衆多之視，所視者衆也。員，物數也；䫉，物數紛䫉，亂也。䫉、䁹同音而義近。"

〔推源〕諸詞俱有混沌義，爲軍聲所載之公共義。聲符字"軍"所記録語詞之本義、引申義系列與混沌義不相涉，其混沌義乃軍聲所載之語源義。軍聲可載混沌義，"混"可證之。

軍：見紐文部；

混：匣紐文部。

疊韻，見匣旁紐。"混"，混流，引申爲混濁、混沌義。《說文·水部》："混，豐流也。"清朱駿聲《通訓定聲》："《子虚賦》：'汩乎混流。'……《孟子》：'原泉混混。'《七發》：'混混庉庉。'亦重言形況字。〔假借〕又爲'稛'。《荀子·非十二子》：'使天下混然不知是非。'注：'無分别之貌。'《莊子·繕性》：'古之人在混芒之中。'崔注：'混混芒芒，未分時也。'"按，"混"表混沌義非假借，乃引申。《廣韻·混韻》："混，混流。一曰混沌，陰陽未分。"《文選·班固〈幽通賦〉》："道混成而自然兮，術同原而分流。"唐李善注："大道神明，混沌而成。"

(1414) 暈揮翬(散義)

暈 日暈，引申爲擴散。明湯顯祖《牡丹亭·禦淮》："血暈幾重圍，孤城怎生料？"陳登科等《徐悲鴻》第二章:"手一鬆,一灘墨落在剛鋪開的宣紙上,暈開了。"

揮 揮動,引申之則有散發義。清朱駿聲《說文通訓定聲·屯部》:"揮,〔轉注〕《易·乾》六爻:'發揮'。王肅注:'散也。'《說卦》:'發揮于剛柔。'鄭注:'揚也。'"按,朱氏所稱"轉注"即引申。《後漢書·荀彧傳》:"權詭時偪,揮金僚朋。"唐李賢注:"揮,散也。"三國魏曹植《七啟》:"揮流芳,燿飛文,歷盤鼓,煥繽紛。"

翬 飛動。鳥類時群處,遇驚則飛散,故有疾飛而分散之義。《後漢書·馬融傳》:"遊雉群驚,晨鳧輩作,翬然雲起,霅爾雹落。"以故,複音詞"翬散"之"翬"亦爲飛散義,"翬散"當爲同義聯合式合成詞。晉左思《吳都賦》:"爭接縣垂,競遊遠枝;驚透沸亂,牢落翬散。"

〔推源〕 諸詞俱有散義,爲軍聲所載之公共義。聲符字"軍"所記錄語詞之本義、引申義系列與散義不相涉,其散義乃軍聲所載之語源義。軍聲可載散義,"涣"可證之。

軍:見紐文部;
涣:曉紐元部。

見曉旁紐,文元旁轉。"涣",流散。《說文·水部》:"涣,流散也。"清朱駿聲《通訓定聲》:"〔轉注〕《詩·訪落》:'繼猶判涣。'傳:'判分涣散也。'《易·序卦》傳:'涣者,離也。'《漢書·刑法志》:'則涣然離矣。'注:'散皃。'《老子》:'涣兮。'注:'涣者,解散。'"按,離散、解散皆其衍義;複音詞"涣散"當爲同義聯合式合成詞。

(1415) 楎輑(曲義)

楎 犁上曲木,亦指三爪犁,其犁刀如爪,卷曲者。《說文·木部》:"楎,六叉犁。一曰犁上曲木,犁轅。从木,軍聲。讀若渾天之渾。"清朱駿聲《通訓定聲》:"按,每犁三叉,二牛,耦耕更用三人,其上爲樓,貯穀下種,亦名三脚樓,今陝甘農家用之。"清段玉裁注:"《集韻》《類篇》皆無'犁轅'二字,似可刪。許云:耕上曲木爲耒,此云犁上曲木爲楎者,正謂耒耑也。故《廣韻》云:'楎,犁頭。'《玉篇》云:'楎,犁轅頭也。'"

輑 套在牲畜頸上的曲木。《說文·車部》:"輑,軶軥也。从車,軍聲。"清桂馥《義證》:"楎,犁上曲木;犁轅、輑,亦曲木也。"按,許書同部"軛"篆訓"轅前",清王筠《句讀》:"謂轅端壓牛馬領者也。"其字亦作"軛",徽歙人稱之爲"牛軛。"

〔推源〕 此二詞俱有曲義,爲軍聲所載之公共義。聲符字"軍"所記錄語詞謂包圍,與曲義當相通。軍聲可載曲義,則"卷"可證之。

軍:見紐文部;
卷:見紐元部。

雙聲,文元旁轉。"卷",卷曲,彎曲。《說文·卩部》:"卷,厀曲也。"清朱駿聲《通訓定聲》:"《莊子·徐無鬼》:'有卷婁者。'《釋文》:'猶拘攣也。'《逍遙遊》:'卷曲而不中規矩。'

《淮南·本經》：'嬴縮卷舒。'注：'屈也。'……《詩》：'有卷者阿。'傳：'曲也。'"《詩·邶風·柏舟》："我心匪席，不可卷也。"《淮南子·原道訓》："幽兮冥兮，應無形兮；遂兮洞兮，不虛動兮。與剛柔卷舒兮，與陰陽俛仰兮。"漢高誘注："卷舒，猶屈伸也。"

(1416) 齫頵褌（空義）

齫 老人無齒，口中空貌。《説文·齒部》："齫，無齒也。从齒，軍聲。"清朱駿聲《通訓定聲》："《韓詩外傳》：'太公年七十二，齫然而齒墮矣。'"《廣韻·吻韻》："齫，無齒。齳，上同。"《荀子·君道》："則夫人行年七十有二，齳然而齒墮矣。"清厲鶚《齒痛》："但憂即漸墮，齫然無復餘。"清汪价《三儂贅人廣自序》："好齮齕剛物，未六十而齫然落其二。"

頵 秃，頭空無髮。《切韻·恩韻》："頵，秃也。"《廣韻·恩韻》："頵，秃也。"又《魂韻》："頵，頹頵，秃無髮也。"又："頵，頹頵，秃也。"《玉篇·頁部》："頹，頹頵，秃。""頹，無髮也。"然則《廣韻》所謂"頹頵"本可分訓。《正字通·頁部》云："頹，本作'頹'。"疑《廣韻》"頹頵"爲"頹頵"之誤。無齒稱"齫"，其字或作"齳"，"齳"从囷聲，則與"頹"同。《説文·頁部》："頹，無髮也。"

褌 褲子，中空者。其字亦作"裈"。《説文·巾部》："帗，幒也。从巾，軍聲。裈，帗或从衣。"清朱駿聲《通訓定聲》："《方言》四：'裈，陳、楚、江淮之間謂之緰。'按，古之裈，今之滿襠褲也；古之絝，今之套褲也。〔聲訓〕《釋名》：'裈，貫也，貫兩脚上繫要中也。'"按，劉熙氏之推源不確，"裈"字乃以軍聲載中空義。"裈"又稱"幒"，其字从怱得聲，與"葱""窗"同，"葱""窗"皆中空者，此亦一證。南朝宋劉義慶《世説新語·德行》："（韓伯）就車中裂二丈與范云：'人寧可使婦無帗邪？'范笑而受之。"《史記·司馬相如列傳》："相如身自著犢鼻褌，與保庸雜作。"

〔推源〕 諸詞俱有空義，爲軍聲所載之公共義。聲符字"軍"所記録語詞之本義、引申義系列不相涉，其空義乃軍聲所載之語源義。軍聲可載空義，"穴"可證之。

軍：見紐文部；

穴：匣紐質部。

見匣旁紐，文質旁對轉。"穴"，洞穴，中空者。《説文·穴部》："穴，土室也。"清朱駿聲《通訓定聲》："象嵌空之形……《詩·緜》：'陶復陶穴。'箋：'鑿地曰穴。'《黄鳥》：'臨其穴。'箋：'冢壙中也。'《周禮·穴氏》注：'蟄獸所藏者。'《夏小正》：'熊羆貉貅鼬鼬則穴。'《高唐賦》：'背穴偃蹠。'注：'孔也。'"

536 扁聲

(1417) 徧篃（周遍義）

徧 周徧。其字後世作"遍"。《説文·彳部》："徧，帀也。从彳，扁聲。"清朱駿聲《通訓定聲》："字亦作'遍'，誤作'湢'。《易·益》：'徧，辭也。'虞注：'周匝也。'《虞書》：'徧于群神。'《詩·北門》：'室人交徧謫我。'《禮記·曲禮》：'殽之序徧祭之。'《公羊傳》：'不崇朝而雨徧天下者，唯泰山耳。'《周語》：'教施而宣則徧。'《爾雅·釋言》：'宣徇，徧也。'"《廣韻·線韻》："徧，周也。遍，俗。"《管子·中匡》："計得地與寶而不計失諸侯，計得財委而不計失百姓，計見親而不計見棄，三者之屬，一足以削，遍而有者，亡矣。"《隋書·李德林傳》："因發熱病，遍體生瘡，而哀泣不絕。"

篇 聯簡而成者。"篇"之名寓周遍義。《說文·竹部》："篇，書也。从竹，扁聲。"清朱駿聲《通訓定聲》："謂書于簡冊可編者也，其書于帛可捲者謂之卷。……《論衡·書說》：'著文爲篇。'《漢書·公孫弘傳》：'著之于篇。'注：'簡也。'〔聲訓〕《詩·關雎》疏：'篇者，徧也，言出情鋪事明而徧者也。'"按，朱氏所引《論衡》之"篇"謂完整詩文，亦寓周遍義。《廣韻·仙韻》："篇，篇什也。"漢王充《論衡·別通》："儒生不博覽，猶爲閉闇，況庸人無篇章之業，不知是非，其爲閉闇甚矣！"按，所謂"篇章"，即聯章而成篇，篇則爲周遍者。唐韓愈《送靈師》："少小涉書史，早能綴文篇。"

〔推源〕 此二詞俱有周遍義，爲扁聲所載之公共義。聲符字"扁"从户、从册，所記錄語詞謂署門户以文。《說文·册部》："扁，署也。从户、册。户册者，署門户之文也。"清朱駿聲《通訓定聲》："秦書八體，六曰署書是也。"《續漢書·百官志五》："皆扁表其門，以興善行。"然則與周遍義不相涉，其周遍義乃扁聲所載之語源義。揆"扁"字之上古音爲幫紐真部，"普"字滂紐魚部，幫滂旁紐，真魚二部雖不相通，然其元音〔en〕、〔a〕極相近。"普"謂陽光普照，有周遍義，故有"普遍"之同義聯合式合成詞。

（1418）蹁瘺偏碥牑（偏義）

蹁 足偏不正。《說文·足部》："蹁，足不正也。从足，扁聲。"《廣韻·先韻》："蹁，行不正兒。"按，足不正則行不正。漢賈誼《新書·容經》："若夫立而跂，坐而蹁，體怠懈，志驕傲……皆禁也。"盧文弨校："蹁，不正也。"宋蘇軾《哭幹兒》："幼子真吾兒，眉角生已似。未期觀所好，蹁躚逐書史。"

瘺 偏癱，半身不遂。《說文·疒部》："瘺，半枯也。从疒，扁聲。"南唐徐鍇《繫傳》："《呂氏春秋》：'王孫綽有瘺枯之藥，將倍之以起死者'是也。"清朱駿聲《通訓定聲》："《尚書大傳》：'禹其跳，湯扁。'以'扁'爲之。"《廣韻·仙韻》："瘺，身枯。"楊樹達《積微居讀書記·聲訓雜記》："瘺，謂其病在一偏也。"

偏 偏斜不正，引申爲偏邪、邊側、偏激等義。《說文·人部》："偏，頗也。从人，扁聲。"清朱駿聲《通訓定聲》："《廣雅·釋詁二》：'偏，衺也。'《四》：'偏，方也。'謂傍也。《書·洪範》：'無偏無頗。'傳：'不平也。'《左閔二傳》：'衣身之偏。'注：'半也。'……《儀禮·覲禮記》：'偏駕不入王門。'注：'在旁與己同曰偏。'又《列子·楊朱》：'殊方偏國。'注：'邊也。'"《廣韻·仙韻》："偏，不正也，衺也。"按，又引申而指偏癱。《莊子·盜跖》："禹偏枯。"唐成玄英疏："治水勤勞，風櫛雨沐，致偏枯之疾，半身不遂也。"

碥 石崖偏斜。《正字通·石部》："碥，水疾崖傾曰碥。蜀江，自嘉州至荆門水路有燕子碥、閻王碥，皆險地。"明朱國楨《涌幢小品·江上險灘》："水疾崖傾曰碥。"

犏 耗牛與封牛所生之雜交牛，偏氣者。《正字通·牛部》："犏，《水東日記》曰：'耗牛與封牛合則生犏牛，狀類耗牛，偏氣使然，故謂之犏。'據此説，犏又耗之遺種，非即耗牛也。"《明史·四川土司傳一·松潘衛》："松潘八積族老虎等寨蠻亂。官兵擊破之，獲馬一百二十，犏牛三百，氂牛五百九十。"

〔推源〕 諸詞俱有偏義，爲扁聲所載之公共義。扁聲字"徧"亦可以假借字形式表偏義，則亦爲扁聲與偏義相關聯之一證。清朱駿聲《説文通訓定聲·坤部》："偏，〔假借〕爲'徧'。《易·益》：'偏，辭也。'孟喜正作'徧'。"按，"徧"又借作"偏"，聲符相同之字相通假，乃爲通例。《文選·司馬相如〈封禪文〉》："非惟雨之，又潤澤之，非惟徧之我，氾布護之。"唐吕向注："潤澤非唯徧我下人而已，蓋君化分散，萬物皆霑也。"王重民等編《敦煌變文集》之《金剛般若波羅密經講經文》："六道身中无欠少，諸仏身上不徧多。"按，聲符字"扁"所記録語詞與偏義不相涉，其偏義乃扁聲所載之語源義。扁聲可載偏義，"頗"可證之。

扁：幫紐真部；

頗：滂紐歌部。

幫滂旁紐，真歌旁對轉。"頗"，偏頗，不正，不平。《説文·頁部》："頗，頭偏也。从頁，皮聲。"清朱駿聲《通訓定聲》："《廣雅·釋詁二》：'衺也。'〔轉注〕《左昭二傳》：'君刑已頗。'注：'不平。'《昭十二傳》：'書辭無頗。'《荀子·臣道》：'正義之臣設，則朝廷不頗。'注：'邪也。'《離騷》：'循繩墨而不頗。'注：'傾也。'《思玄賦》：'行頗僻而獲志兮。'注：'頗僻，邪佞也。'"按，所謂"頭偏"，乃造意，其本義即偏頗。

(1419) 翩媥騗(輕巧義)

翩 翩然疾飛，引申爲輕巧義。《説文·羽部》："翩，疾飛也。从羽，扁聲。"清朱駿聲《通訓定聲》："《詩·泮水》：'翩彼飛鴞。'傳：'飛貌。'……《舞賦》：'鶣䴉燕居。'注：'輕貌。'……《易·泰》：'翩翩不富。'向秀注：'輕舉貌。'……《鷦鷯賦》：'翩翩然有以自樂也。'注：'自得之貌。'"《詩·小雅·四牡》："翩翩者鵻，載飛載下，集于苞栩。"唐韓愈《雜詩》："翩然下大荒，被髮騎騏驎。"

媥 輕盈、輕巧貌。《説文·女部》："媥，輕皃。从女，扁聲。"清朱駿聲《通訓定聲》："《史記·司馬相如傳》集解：'媥姺徼儜，衣服婆娑貌。'"《廣韻·仙韻》："媥，身輕便皃。"

騗 翩然上馬，寓輕巧義。其字亦作"騙"，右形左聲。唐玄應《一切經音義》卷七引《字略》："騗，躍上馬也。"《廣韻·線韻》："騙，躍上馬。"《新唐書·百官志一》："凡反逆相坐，没其家配官曹，長役爲官奴婢，每歲孟春上其籍，仲冬送于都官，條其生息而按比之。樂工、獸醫、騙馬、調馬、群頭、栽接之人皆取焉。"唐張元一《嘲武懿宗》:"長弓短度箭,蜀馬臨階騙。"清洪昇《長生殿·合圍》:"雙手把紫韁輕挽,騙上馬,將盔纓低按。"

〔推源〕 諸詞俱有輕巧義,爲扁聲所載之公共義。聲符字"扁"所記録語詞與輕巧義不相涉,其輕巧義乃扁聲所載之語源義。扁聲可載輕巧義,"便"可證之。

扁:幫紐真部;

便:並紐元部。

幫並旁紐,真元旁轉。"便",便利,輕巧。《廣韻·線韻》:"便,利也。"清朱駿聲《説文通訓定聲·坤部》:"便,〔假借〕又爲'諞'。(《論語》)'友便佞。'鄭注:'辯也。'皇疏:'謂辯而巧也。'《荀子·非十二子》:'齊給便利。'注:'謂言辭敏捷也。'《性惡》:'齊給便敏。'注:'輕巧也。'"按,"便"之本義《説文》訓"安",即安適義,引申之則有便利義,輕巧義亦與之相通,無煩假借。漢劉向《説苑·君道》:"當堯之時,舜爲司徒,契爲司馬……堯體力便巧,不能爲一焉。"唐韓愈《送李願歸盤谷序》:"清聲而便體,秀外而惠中。"

(1420) 萹楄牏匾鯿稨(扁義)

萹 萹蓄,其莖平卧貼地,其形扁。《説文·艸部》:"萹,萹茿也。从艸,扁聲。"清朱駿聲《通訓定聲》:"《爾雅·釋草》:'竹,萹蓄。'注:'似小藜,赤莖節,好生道旁,可食。又殺蟲。'按,生于水傍者曰薄,《詩·淇澳》之'绿竹'是也。《楚辭·思美人》:'解萹薄與雜菜兮。'注:'萹,萹蓄也。'"《廣韻·先韻》:"萹,萹竹草。"明李時珍《本草綱目·艸部》:"萹蓄,〔釋名〕扁竹,扁辯,扁蔓,粉节草,道生草。〔主治〕浸淫疥瘙疽痔,殺三蟲。療女子陰蝕。煮汁飲小兒,療蛔蟲有驗。治霍亂黃疸,利小便,小兒魅病。"按,萹蓄之爲物,形扁,故稱"扁竹";所謂"扁蔓"則謂形扁、貼地蔓延。

楄 木板,形扁者。《説文·木部》:"楄,楄部,方木也。从木,扁聲。《春秋傳》曰:'楄部薦幹。'"清朱駿聲《通訓定聲》:"《左昭廿五傳》:'惟是楄柎,所以藉幹者。'注:'棺中笭牀也。'……《景福殿賦》:'爰有禁楄。'注:'楄柎,陽馬之短桷也。'"《廣韻·先韻》:"楄,棺中露牀也。"按,"楄"又引申而指木屐之底板,亦扁形物。《宋書·五行志一》:"舊爲屐者,齒皆達楄上,名曰'露卯'。"

牏 牀板,形扁者。《説文·片部》:"牏,牀版也。从片,扁聲。讀若邊。"清朱駿聲《通訓定聲》:"《廣雅·釋器》:'牏,版也。'《方言》五:'牀其上版,或曰牏。'"《廣韻·先韻》:"牏,牀上版也。"明王思任《通明亭初記》:"於是乎有納牏排闥之好。"

匾 牌匾,方而扁之形。《正字通·匚部》:"匾,俗扁字。今用爲匾額字。"清曹雪芹《紅樓夢》第二十六回:"上面小小五間抱廈,一色雕鏤新鮮花樣槅扇,上面懸着一個匾,四個大字,題道是:'怡紅快綠。'"按,凡物扁則薄,故《廣韻》訓"薄"。又引申爲扁義。《古今韻會舉要·銑韻》:"匾,不圓貌。"宋普濟《五燈會元·五祖法演禪師》:"你一似個三家村裏賣柴漢子,把個匾擔向你十字街頭立地,問人中書堂今日商量甚麽事。"宋沈括《夢溪筆談·書畫》:"畫工畫佛身,光有匾圓如扇者,身側則光亦側,此大謬也。渠但見雕木佛耳,不知此光常圓也。"

鯿 魚,體側扁者。《廣韻·刪韻》:"鯿,魚名。"又《仙韻》:"鯿,同鯾。"《說文·魚部》:"鯾,魚名。从魚,便聲。鯿,鯾又从扁。"清朱駿聲《通訓定聲》:"或从扁聲。《海內北經》:'大鯾居海中。'注:'即魴也。'按,《爾雅》'魴,魾'注:'江東呼魴爲鯿。'"《詩·小雅·采緑》:"其釣維何,維魴及鱮。"陸璣疏:"魴,今伊洛濟潁魴魚也。廣而薄,肥恬而少力,細鱗,魚之美者。"明屠本畯《閩中海錯疏·鱗上》:"魴,青鯿也,板身銳口,縮項穹脊,博腹細鱗,色青白而味美,不減槎頭。一名貼沙,又名鯿魚。"

稨 扁豆,其形扁。《集韻·先韻》:"稨,籬上豆。亦作'藊'。"又《銑韻》:"稨,或作'藊'。"明李時珍《本草綱目·穀部》:"藊豆,'藊'本作'扁',莢形扁也。沿籬,蔓延也。蛾眉,象豆脊白路之形也。"按,"稨""藊"皆"扁"之累增字,其形扁,故稱"扁豆"。

〔推源〕諸詞俱有扁義,爲扁聲所載之公共義。扁聲字"揙"亦可以假借字形式表扁義,則亦爲扁聲與扁義相關聯之一證。元關漢卿《拜月亭》第一折:"把兩付藤纏兒輕輕得按的揙批。"按,"揙批"即扁瘧義,"揙"字从手,所記録語詞之本義爲搏擊,其扁義乃扁聲另載之假借義。按,聲符字"扁"所記録語詞之本義爲題字於門戶(見前第1417條"推源"欄),引申之則指供題字之牌匾。宋楊萬里《真州重建壯觀亭記》:"米元章嘗官發運司,迨暇則裴回其上,爲之賦,且大書其扁。"牌匾之爲物,形扁,故又引申爲扁義,"扁"遂爲扁圓義。《集韻·銑韻》:"扁,不圓貌。"《詩·小雅·白華》:"有扁斯石,履之卑兮。"清孔尚任《桃花扇·哄丁》:"今日奔逃亦可憐,儒冠打扁,歸家應自焚筆硯。"然則本條諸詞之扁義爲其聲符"扁"所載之顯性語義。扁聲可載扁義,則"瘪"可證之。

扁:幫紐真部;

瘪:並紐月部。

幫並旁紐,真月旁對轉。"瘪",扁瘪。清雷浚《說文外編·補遺·〈玉篇〉》:"《說文》無'瘪'字。《禾部》:'秕,不成粟也。'案,不成粟者,俗語'秕穀'是也。本卑履切,重讀如蹩,別制'瘪'字,俗音俗字也。"清李伯元《官場現形記》第三十回:"兵丁們……把他背朝上,臉朝下,懸空着伏在板凳上,好等他把嘴裡喝進去的水淌出來,淌了半天,水也少了,肚子也瘪了,然後拿他擡到艙裡去睡。"按,凡飢餓肚子空稱"瘪",亦稱"餓扁"。

(1421) 褊甂匾惼編(狹小義)

褊 衣狹小,虚化引申爲小。《説文·衣部》:"褊,衣小也。从衣,扁聲。"清朱駿聲《通訓定聲》:"《小爾雅·廣言》:'褊,狹也。'《廣雅·釋詁一》:'褊,陿也。'《淮南·主術》:'萬人蒙之而不褊。'"《左傳·昭公元年》:"以敝邑褊小,不足以容從者。"晉潘岳《西征賦》:"傷桴楫之褊小,撮舟中而掬指。"

甌 小盆。《說文·瓦部》:"甌,似小瓿,大口而卑,用食。从瓦,扁聲。"清朱駿聲《通訓定聲》:"《方言》五:'題,自關而西謂之甌。'《楚辭·繆諫》:'甌甌登于明堂兮。'注:'瓦器名也。'《淮南書》:'狗彘不擇甌甌而食。'"《廣韻·先韻》:"甌,小盆。"漢劉向《說苑·反質》:"瓦甌,陋器也;煮食,薄膳也。而先生何喜如此乎?"

區 牌區(見前第1420條),其形扁,扁則即厚度小,故有狹小之衍義。元楊景賢《劉行首》第四折:"劉行首,此處敢區窄,不如你高堂大廈麼?"按,又引申而指人之器量小。《水滸傳》第三十九回:"這人雖讀經書,却是阿諛諂佞之徒,心地區窄,只要嫉賢妒能,勝如己者害之。"

惼 器量小,性急。《廣韻·銑韻》:"惼,惼悒,性狹。"《莊子·山木》:"方舟而濟於河,有虛舩來觸舟,雖有惼心之人,不怒。"唐成玄英疏:"惼,狹急也。"唐陸德明《釋文》:"惼心,《爾雅》云:急也。"按,人之性器量小則易急,二義相成相因。

輻 小車。《字彙·車部》:"輻,小車也。"按,《玉篇·車部》但訓"車",蓋其小者。

〔推源〕諸詞俱有狹小義,爲扁聲所載之公共義。聲符字"扁"爲扁圓字,凡物扁則小,故有小之衍義。《廣韻·仙韻》:"扁,小舟。"清朱駿聲《說文通訓定聲·坤部》:"扁,〔假借〕又爲'偏'。《漢書·貨殖傳》:'迺乘扁舟。'……《後漢·隗囂傳》正作'偏'。"按,非假借,乃引申。唐李白《宣州謝朓樓餞別校書叔云》:"人生在世不稱意,明朝散髮弄扁舟。"按,"扁舟"即狹小之舟,"扁"本有狹小之衍義。漢揚雄《太玄·達》:"次四,小利,小達大迷,扁扁不救。"宋司馬光《集注》:"扁扁,狹小皃。"然則本條諸詞之狹小義爲其聲符"扁"所載之顯性語義。扁聲可載狹小義,則"卑"可證之。

扁:幫紐真部;
卑:幫紐支部。

雙聲,真支通轉。"卑",其字爲"椑"之初文,謂酒器,然其聲韻另載"小"之假借義。《說文·大部》:"卑,賤也,執事也。从大、甲。"清朱駿聲《通訓定聲》:"按,許說形、聲、義俱誤。此字即'椑'之古文。圓榼也,酒器,象形,大持之,如今偏提,一手可攜者,其器橢圓有柄,故《考工·廬人》注云:'齊人謂柯斧爲椑。'……或曰卑下之義皆借爲'庳',亦通。《廣雅·釋言》:'卑,庳也。'《易·繫辭》:'天尊地卑。'……《左傳廿二傳》'公卑邾'注:'小也。'"《史記·孝武本紀》:"天子既令設祠具,至東泰山,東泰山卑小,不稱其聲,乃令祠官禮之,而不封禪焉。"唐孫棨《北里志·楊妙兒》:"長妓曰萊兒,字逢仙,貌不甚揚,齒不卑矣。"

(1422) 艑艒(大義)

艑 大船。《廣韻·銑韻》:"艑,吳船。"清朱駿聲《說文通訓定聲·坤部·附〈說文〉不錄之字》:"艑,《廣雅·釋水》:'艑,舟也。'《通俗文》:'吳船曰艑,晉船曰舶,長二十丈,六七百人者是也。'"《宋書·吳喜傳》:"從西還,大艑小艒,爰及草舫,錢米布絹,無船不滿。"唐虞世南《北堂書鈔》卷一百三十八引《荆州風土記》:"湖州七郡,大艑所出,皆受萬斛。"

獱 獺之大者。《説文·犬部》:"獱,獺屬。从犬,扁聲。玂,或从賓。"清朱駿聲《通訓定聲》:"按,如小狗,故从犬。《羽獵賦》:'蹈獱獺。'注:'似狐,青色,居水中,食魚。'《淮南·兵略》:'畜池魚者,必去獱獺。'《鹽鐵論·輕重》:'水有獱獺,而池魚勞。'《博物志》:'玂頭如馬,腰以下似蝙蝠,毛似獺,大可五六十斤。'是獱乃獺之大者。"《廣韻·先韻》:"獱,獺屬。"沈兼士《聲系》:"案'獱',敦煌本《王韻》作'玂'。《集韻》:'獱,或从賓。'"明李時珍《本草綱目·獸部·水獺》:"其形似狗,故字从犬,从賴。大者曰玂,曰獱。"

〔推源〕 此二詞俱有大義,爲扁聲所載之公共義。聲符字"扁"所記録語詞之本義、引申義系列與大義不相涉,其大義乃扁聲所載之語源義。扁聲可載大義,"磐"可證之。

扁:幫紐真部;

磐:並紐元部。

幫並旁紐,真元旁轉。"磐",大石。《玉篇·石部》:"磐,大石也。"《廣韻·桓韻》:"磐,大石。"《韓非子·顯學》:"石非不大,數非不衆也,而不可謂富强者,磐不生粟,象人不可使距敵也。"宋郭茂倩編《玉臺新詠》之《古詩爲焦仲卿妻作》:"君當作磐石,妾當作蒲葦。蒲葦紉如絲,磐石無轉移。"

(1423) 氋編(交織義)

氋 毛相交織,打結。《玉篇·毛部》:"氋,氋氀,毛毧也。"《廣韻·銑韻》:"氋,氋氀,毛領。"《集韻·銑韻》:"氋,氋氀,毛不理。"按,《廣韻》所云之"領"當爲"毧"字之借,其《青韻》云:"毧,毛結不理。"

編 編簡成册,引申爲編織義。《説文·糸部》:"編,次簡也。从糸,扁聲。"清朱駿聲《通訓定聲》:"'册'字二横畫象編之形。《聲類》:'以繩次物曰編。'《漢書·儒林傳》:'讀之韋編三絶。'《張良傳》:'出一編書。'〔轉注〕《周禮·追師》:'爲副編次追衡笄。'注:'編列髮爲之其遺象,若今假紒矣。'《四子講德論》:'編結沮。'顏注:'謂編髮也。'……《廣雅·釋器》:'編,條也。'《蒼頡篇》:'編,文織也。'又《漢書·東方朔傳》:'齒若編貝。'又《西京賦》:'編町成篁。'注:'連也。'"按,朱氏所稱"轉注"即引申。

〔推源〕 此二詞俱有交織義,爲扁聲所載之公共義。聲符字"扁"單用亦可表編織義。清朱駿聲《説文通訓定聲·坤部》:"扁,〔假借〕又爲'編'。《莊子·盗跖》:'扁虎須。'"按,"扁"之編織義非顯性語義,乃扁聲所載之語源義。扁聲可載交織義,"辮"可證之。

扁:幫紐真部;

辮:並紐元部。

幫並旁紐,真元旁轉。"辮",編結,交織。《説文·糸部》:"辮,交也。从糸,辡聲。"清朱駿聲《通訓定聲》:"《後漢·張衡傳》注引《説文》:'交織也。'《通俗文》:'織繩曰辮。'《漢書·終軍傳》:'解辮髪削左衽。'《思玄賦》:'辮貞亮以爲鞶兮。'"按,髪辮稱"辮"爲其引申義,亦爲其基本義,髪辮即編織頭髪而成者。

(1424) 瑀㻞(斑駁義)

瑀 玉紋,斑駁者。《廣韻·真韻》:"瑀,同'璘'。""璘,璘霦,玉光色。"按,玉紋斑駁,則其光色亦斑駁。《集韻·山韻》:"瑀,瑀璘,玉文。"按,"璘"字从粦得聲,與"鱗"同,魚鱗亦多而疊連、色彩斑駁者,"瑀璘"爲同義聯合式合成詞。"瑀璘"即"璘霦",爲同素逆序詞。"璘霦"亦作"璘彬"。《文選·張衡〈西京賦〉》:"珊瑚琳碧,瓀珉璘彬。"唐薛綜注:"璘彬,玉光色雜也。"按,"瑀"亦作"璸",猶"㻞"亦作"獌"。《史記·司馬相如列傳》:"瑀玉旁唐,璸㻞文鱗。"引申之,亦泛指花紋、色彩斑駁。《廣雅·釋詁三》"璘,文也"清王念孫《疏證》:"璘者,揚雄《甘泉賦》'璧馬犀之瞵瑀'李善注引《埤倉》云:'璘瑀,文皃也。'"

㻞 色彩斑駁。《廣韻·删韻》:"㻞,斕㻞。"又《山韻》:"㻞,㻞斕,色不純也。"唐無名氏《石榴》:"玉刻冰壺含露濕,㻞斑似帶湘娥泣。"清全祖望《石鏡舞山雞賦》:"生憎鸜鴝之眼未化,差喜鷓鴣之翥同㻞。"

〔推源〕 此二詞俱有斑駁義,爲扁聲所載之公共義。聲符字"扁"所記録語詞與斑駁義不相涉,其斑駁義乃扁聲所載之語源義。扁聲可載斑駁義,"斑"可證之。

扁:幫紐真部;

斑:幫紐元部。

雙聲,真元旁轉。"斑",斑駁。《玉篇·文部》:"辬,亦作'斑'。"《説文·文部》:"辬,駁文也。从文,辡聲。"清朱駿聲《通訓定聲》:"字亦作'斑'……《蒼頡篇》:'辬,文貌也,襍色爲斑。'《廣雅·釋詁三》:'辬,文也。'……《西京賦》:'上辬華以交紛。'注:'辬華,敷大也。'《禮記·祭義》:'斑白者,不以其任行乎道路。'注:'髪襍色也。'《離騷》:'斑陸離其上下。'注:'亂貌。'《楚辭·憂苦》:'襍斑駁與闐茸。'注:'襍色也。'"

537　既聲

(1425) 慨嘅(感慨義)

慨 憤激,引申爲感慨、感嘆。字簡作"忾"。《説文·心部》:"慨,忼慨,壯志不得志也。从心,既聲。"清朱駿聲《通訓定聲》:"〔假借〕爲'嘅'、爲'愾'。《東京賦》:'慨長思而懷古。'注:'嘆息也。'《思玄賦》:'慨含唏而增愁。'注:'太息也。'《楚辭·怨思》:'情慨慨而長懷兮。'注:'嘆兒。'"按,非假借,乃引申。許慎所訓之本義有其實用例。晉潘岳《馬汧督誄》:

"慨慨馬生,琅琅高致,發憤囹圄,沒而猶眠。"所謂"忼慨"即"慷慨",亦作"慨慷"。晉左思《雜詩》:"壯齒不恆居,歲暮常慨慷。"按"慨慷"即感慨。

嘅 感嘆。有感慨則嘆,實亦感慨義。《說文·口部》:"嘅,嘆也。从口,既聲。"清朱駿聲《通訓定聲》:"《詩·中谷有蓷》:'嘅其嘆矣。'"《廣韻·代韻》:"嘅,嘅嘆。"清和邦額《夜譚隨錄·堪輿》:"觀者靡不惋惜嘅嘆。"清周亮工《書影》卷三:"事有數端,可以嘅發者,聊筆之。"按"嘅發"即感慨而抒發。

〔推源〕 此二詞俱有感嘆義,爲既聲所載之公共義。聲符字"既"所記錄語詞謂盡。《廣雅·釋詁一》:"既,盡也。"《廣韻·未韻》:"既,盡也。"李孝定《甲骨文字集釋》:"既,契文象人食已,顧左右而將去之也,引申之義爲盡。"按,本義即盡,"象人食已"爲其形體造意。《莊子·應帝王》:"吾與汝既其文,未既其實,而固得道與?"唐成玄英疏:"既,盡也。"其引申義系列與感慨義亦不相涉,其感慨義乃既聲所載之語源義。既聲可載感慨義,"感"可證之。

既:見紐物部;

感:見紐侵部。

雙聲,物侵通轉。"感",感動,引申爲感慨。《說文·心部》:"感,動人心也。"清朱駿聲《通訓定聲》:"《易·繫辭》:'感而遂通,天下之故。'虞注:'動也。'"南朝梁江淹《別賦》:"是以行子斷腸,百感悽惻。"漢王逸《九思·哀歲》:"歲忽忽兮惟暮,余感時兮悽愴。"

(1426) 穊蔇(多義)

穊 稠密,衆多。《說文·禾部》:"穊,稠也。从禾,既聲。"清朱駿聲《通訓定聲》:"《漢書·齊悼惠王肥傳》:'深根穊穜,立苗欲疏。'"按,所引《漢書》文唐顏師古注:"穊,稠也。"《廣韻·至韻》:"穊,稠也。"北魏賈思勰《齊民要術·種李》:"大穊連陰,則子細,而味亦不佳。"宋宋祁《題三泉龍洞》:"穊竹森煙纛,飛泉曳玉虹。"

蔇 草多。《說文·艸部》:"蔇,艸多皃。从艸,既聲。"南唐徐鍇《繫傳》:"蔇猶密也。"清朱駿聲《通訓定聲》:"禾多曰'穊'。"清段玉裁注:"《離騷》曰:'薋菉葹以盈室。'王注:'薋,蒺藜也;菉,王芻也,葹,枲耳也。'《詩》:'楚楚者茨。'三者皆惡艸也。據許君説,正謂多積菉葹盈室,'薋'非艸名。《禾部》曰:'穧,積禾也。'音義同。蒺藜之字《說文》作'薺'。今《詩》作'茨',叔師所據《詩》作'薋',皆假借字耳。"

〔推源〕 此二詞俱有多義,爲既聲所載之公共義。聲符字"既"所記錄語詞與多義不相涉,其多義乃既聲所載之語源義。既聲可載多義,"夥"可證之。

既:見紐物部;

夥:曉紐歌部。

見曉旁紐,物歌旁對轉。"夥",多。《方言》卷一:"凡物盛多謂之寇,齊宋之郊,楚魏之際曰夥。"《廣韻·果韻》："夥,楚人云:多也。"又《蟹韻》："夥,多也。"漢司馬相如《上林賦》:"魚鱉讙聲,萬物衆夥。"《新唐書·李全略傳》:"是時,帝絶王廷湊朝貢,且討之,兵須夥繁,調發不時。"

(1427) 溉摡（洗滌義）

溉 洗滌。清朱駿聲《説文通訓定聲·履部》："溉,〔假借〕爲'摡'。《詩·泂酌》:'可以濯溉。'傳:'清也。'《禮記·曲禮》:'器之溉者不寫。'疏:'滌也。'《長笛賦》:'溉盥汙濊。'"按,"溉"之本義《説文》云水名,然其字从水,又有灌溉義,朱氏稱之爲"别義",其説可從;其洗滌義亦當爲别義,其字則爲套用字,非假借。

摡 洗滌。《説文·手部》:"摡,滌也。从手,既聲。《詩》曰:'摡之釜鬵。'"清朱駿聲《通訓定聲》:"《周禮·世婦》:'帥女官而濯摡。'……《楚辭·哀時命》:'摡塵垢之枉攘兮。'"按,所引《楚辭》文漢王逸注:"摡,滌也。"《廣韻·代韻》:"摡,滌也。"《儀禮·少牢饋食禮》:"雍人摡鼎匕俎于雍爨。"

〔推源〕 此二詞俱有洗滌義,爲既聲所載之公共義。聲符字"既"所記録語詞之顯性語義與洗滌義不相涉,其洗滌義乃既聲所載之語源義。既聲可載洗滌義,"盥"可證之。

既:見紐物部;

盥:見紐元部。

雙聲,物元旁對轉。"盥",洗手,引申爲洗滌。《説文·皿部》:"盥,澡手也。从臼、水,臨皿。"清朱駿聲《通訓定聲》:"《儀禮·士冠禮》:'贊者盥升。'《禮記·内則》:'咸盥漱。'《玉藻》:'日五盥。'《左僖二十三傳》:'奉匜沃盥。'《襄十九傳》:'范宣子盥而撫之。'"

538 叚聲

(1428) 瑕騢鰕霞（雜色義）

瑕 夾雜着紅色的玉。《説文·玉部》:"瑕,玉小赤也。从玉,叚聲。"清朱駿聲《通訓定聲》:"《子虛賦》:'赤瑕駁犖。'注:'赤玉也。'《蜀都賦》:'江珠瑕英。'注:'玉屬也。'"按,"駁犖"即斑駁、多色相雜義。《史記·司馬相如列傳》:"赤瑕駁犖,雜臿其間。"唐司馬貞《索隱》:"駁犖,采點也。"按,"瑕"又有小斑、瑕玼義,爲其基本義,當由小赤義所衍生。

騢 毛色赤白相間之馬。《説文·馬部》:"騢,馬赤白雜毛。从馬,叚聲。謂色似鰕魚也。"清朱駿聲《通訓定聲》:"《爾雅·釋畜》:'彤白襍毛,騢。'《詩·駉》:'有駰有騢。'"《廣韻·麻韻》:"騢,馬赤白雜色。"唐張説《大唐開元十三年隴右監牧頌德碑》:"差其毛物,則有蒼白、驪黃……騅、駓、驒、駰、騢、駵、雒。"宋周煇《清波雜志》卷四:"碧玉騢者,廄馬也。莊憲太后臨朝初以賜荆王。王惡其旋毛。"

鰕 斑文魚,雜色者。《説文・魚部》:"鰕,魵也。从魚,叚聲。"清朱駿聲《通訓定聲》:"《爾雅》:'魵,鰕。'注:'出穢邪頭國。'《魏略》:'濊國出斑魚皮,漢時恒獻之。'斑、魵同聲字也。"明楊慎《異魚圖讚・鮋魵鱸鮥鮢》:"異哉鮋魚,鮇有兩乳。魵鱸鮥鮢,各以類聚。漢獻大官,叔重是取。"按,"魵"字从分得聲,分聲字所記録語詞"鳻""豶""份""紛""玢""盼""訜"及"魵"俱有紛繁義,見本典第一卷"分聲"第278條。"魵"爲斑文魚,即斑文紛繁,色亦相雜不一之意。

霞 彩霞。《廣韻・麻韻》:"霞,赤氣騰爲雲。"按,霞赤而間有他色,所謂五彩雲霞。《楚辭・遠游》:"餐六氣而飲沆瀣兮,漱正陽而含朝霞。"漢王逸注:"朝霞者,日始欲出赤黃氣也。"隋薛道衡《重酬楊僕射山亭》:"朝朝散霞彩,暮暮澄秋色。"唐温庭筠《曉仙謡》:"碧簫曲盡彩霞動,下視九州皆悄然。"

〔推源〕 諸詞俱有雜色義,爲叚聲所載之公共義。聲符字"叚"从又,所記録語詞之本義爲借。《説文・又部》:"叚,借也。"《管子・輕重甲》:"然後可以通財交叚也。"然則與雜色義不相涉,其雜色義乃叚聲所載之語源義。爻聲字所記録語詞"肴""駁""筊""絞""砍""鮫"俱有交錯、駁雜義,見本典第一卷"爻聲"第268條,叚聲、爻聲本相近且相通。

叚:見紐魚部;

爻:匣紐宵部。

見匣旁紐,魚宵旁轉。然則可相互爲證。

(1429) 徦嘏蝦煆遐蝦鰕(遠、長、大義)

徦 遠。清朱駿聲《説文通訓定聲・豫部》:"徦,〔假借〕爲'遐'。《漢書・禮樂志》:'徦狄合處。'《華山碑》:'思登徦之道。'《魏孔羨碑》:'洪聲登徦。'《繁陽令楊君碑》:'徦爾僉服。'《武斑碑》:'商周徦邈。'"按,《集韻・麻韻》云:"遐,或从彳。"或以爲"遐""徦"爲異體,實非。"徦"亦非"遐"之借字。其本義《説文》訓"至",其字从彳,行走、到達、遥遠,義本同類而相通,故表遠義無煩假借。《隸釋・漢沛相楊統碑》:"徦爾莫不隕涕。"又"既清且寧,武稜擕貳,文懷徦寡,遠人斯服"。

嘏 大,長,遠。《説文・古部》:"嘏,大,遠也。从古,叚聲。"清朱駿聲《通訓定聲》:"《爾雅・釋詁》:'大也。'《禮記・郊特牲》:'嘏,長也,大也。'《儀禮・特牲禮》:'進聽嘏。'《詩・賓之初筵》:'錫爾純嘏。'《卷阿》:'純嘏爾常矣。'《周書・寶典》:'樂獲純嘏。'《左昭廿傳》:'釀嘏無言。'又《方言》一:'凡物壯大謂之嘏。'……《載見》:'俾緝熙于純嘏。'箋:'天子受福曰大嘏。'"《廣韻・馬韻》:"嘏,大也,福也。"按,"嘏"即大福,亦即運祚長遠之義。《詩・周頌・我將》:"伊嘏文王,既右饗之。"唐陸德明《釋文》引毛亨傳:"嘏,大也。"《逸周書・皇門》:"用能承天嘏命。"

豭 牛力氣大。《爾雅・釋畜》:"絶有力,欣犌。"清郝懿行《義疏》:"疑'欣'字衍。"《廣韻・麻韻》：“猳，牛絶有力。”

煆 火力大。《廣韻・禡韻》：“煆，赫也，熱也。”又《麻韻》：“煆，火氣猛也。”唐柳宗元《同劉二十八院長述舊言懷》：“瘴氛恒積潤，訛火亟生煆。”

遐 遠。《爾雅・釋詁上》：“遐，遠也。”《廣韻・麻韻》：“遐，遠也。”《書・太甲下》：“若升高，必自下；若陟遐，必自邇。”偽孔傳：“言善政有漸，如登高升遠，必用下近爲始，然後終致高遠。”《詩・小雅・天保》：“降爾遐福，維日不足。”漢鄭玄箋：“遐，遠也。天又下予女廣遠之福，使天下溥蒙之。”引申爲長大、遠大義。《文選・何晏〈景福殿賦〉》：“爰有遐狄，鐐質輪菌，坐高門之側堂，彰聖主之威神。”唐李周翰注：“遐狄，長狄也，古之長人，以銀鑄之。”《宋書・南郡王義宣傳》：“魯宗父子，世爲國冤，太祖方弘遐略，故爽等均雍齒之封。”

蝦 長鬚蟲。“蝦”之名寓長義。《篇海類編・鱗介類・虫部》：“蝦，魚名。又，蝦蟲多須而善遊好躍。”清朱駿聲《說文通訓定聲・豫部》：“蝦，〔假借〕爲‘鰕’。《楚辭・通路》：‘从蝦兮游渚。’注：‘小魚也。’”按，魚蝦同類，故其字亦作“鰕”，然蝦亦似蟲，故亦从虫作“蝦”。“蝦”之本義《說文》訓“蝦蟆”，然指長須蟲非假借，乃套用字。《文選・郭璞〈江賦〉》：“水母目蝦。”唐李善注：“《南越志》曰：‘海岸間頗有水母……常有蝦依隨之。蝦見人則驚，此物亦隨之而没。”唐段成式《酉陽雜俎・諾皋記上》：“龍王笑曰：‘客固爲蝦所魅耳。吾雖爲王，所食皆禀天符，不得妄食，今爲客減食。’乃令引客視之，見鐵鑊數十如屋，滿中是蝦。有五六頭色赤，大如臂，見客跳躍，似求救狀。引者曰：‘此蝦王也。’士人不覺悲泣。龍王命放蝦王一鑊，令二使送客歸中國。”按，今字簡作“虾”，亦从虫。

鰕 指蝦，即長鬚蟲，又指大鯢。《玉篇・魚部》：“鰕，長須蟲也。”《廣韻・麻韻》：“鰕，大鯢。”清朱駿聲《說文通訓定聲・豫部》：“《爾雅》：‘鮂，大鰕。’注：‘出海中，長二三丈，鬚長數尺。’按，此長鬚水蟲，小者終寸許，吾蘇以爲常饌。又《爾雅》：‘鯢，大者謂之鰕。’注：‘鯢似鮎，四脚，前似獼猴，後似狗，聲如小兒啼，大者長八九尺。’《海外西經》：‘龍魚陵居，一曰鰕。’按，此即人魚也。”漢焦贛《易林・謙之明夷》：“鱛鰕去海，藏於枯里；街巷褊隘，不得自在。”明楊慎《異魚圖讚・鰕魚》：“鰕實四足，而有魚名。頭尾類鯢，岐岐而行。長生山澗，出入沉浮。云是懶婦，怨懟自投。”然則“鰕”兼有長義、大義。

〔推源〕 諸詞俱有遠、長、大義，爲叚聲所載之公共義。叚聲字“葭”“暇”“假”“霞”亦可以假借字形式表上述之義，足證叚聲與遠、長、大義相關聯。《後漢書・文苑傳・杜篤》：“今天下新定，矢石之勤始瘳，而主上方以邊垂爲憂，忿葭萌之不柔。”唐李賢注：“揚子雲《長楊賦》曰：‘遐萌爲之不安，謂遠人也。’案，篤此賦每取子雲《甘泉》《長楊賦》事，意此‘葭’即‘遐’也。”今按，李說可從。“葭”字从草，其本義《說文》訓“葦之未秀者”，表遠義，爲假借。《方言》卷一：“自關而西，秦晉之間，凡物之壯大者而愛偉之謂之夏，周鄭之間謂之暇。”按，“暇”亦借字，其字从日，本謂閑暇。清朱駿聲《說文通訓定聲・豫部》：“假，〔假借〕又爲‘嘏’。《爾雅・釋詁》：‘假，大也。’《易・萃》：‘王假有廟。’《書》偽《禹謨》：‘不自滿假。’……

《禮記·鄉飲酒義》:'夏之爲言假也。'《禮運》:'是爲大假。'……又爲'遐'。《列子·黃帝》:'而帝登假。'《禮記·曲禮》:'天王登假。'《淮南·齊俗》:'乘雲升假。'《楚辭·遠遊》:"載營魄而登霞兮,掩浮雲而上征。"宋朱熹《集注》:"霞與遐通,謂遠也。"南朝梁沈約《循役朱方道路》:"霞志非易從,旌軀信難收。"按,聲符字"叚"所記錄語詞之顯性語義與遠、長、大義不相涉,其遠、長、大義乃叚聲另載之語源義。叚聲可載遠、長、大義,"高"可證之。

叚:見紐魚部;
高:見紐宵部。

雙聲,魚宵旁轉。"高",上下距離大,與"低"相對待,引申之則有遠、大、長義。《説文·高部》:"高,崇也。象臺觀高之形。从冂、口,與倉、舍同意。"清朱駿聲《通訓定聲》:"《廣雅·釋詁一》:'高,上也。'又:'遠也。'《易·説卦》傳:'巽爲高。'《禮記·樂記》:'窮高極遠而測其深厚。'〔轉注〕《左哀廿一傳》:'使我高蹈。'注:'猶遠行也。'"《廣韻·豪韻》:"高,上也,崇也,遠也。"《戰國策·齊策一》:"家敦而富,志高而揚。"漢高誘注:"高,大也。"《漢書·宣帝紀》:"詔曰:'鰥寡孤獨高年貧乏之民,朕所憐也。'"按,"高年"即大齡,亦即長壽者。

(1430) 瑕暇假(空隙義)

瑕 玉之瑕玼、裂痕,引申爲空隙義。《廣韻·麻韻》:"瑕,玉病也。"清朱駿聲《説文通訓定聲·豫部》:"瑕,〔假借〕爲'疵'。《禮記·聘義》:'瑕不掩瑜。'注:'玉之病也。'……又爲'罅'。《淮南·精神》:'審乎無瑕。'注:'猶釁也。'《廣雅·釋詁二》:'瑕,裂也。'"按,非假借,乃引申。《管子·制分》:"故凡用兵者,攻堅則軔,乘瑕則神。"《宋書·范泰傳》:"近者東寇紛擾,皆欲伺國瑕隙。"

暇 閑暇,時之空隙。《説文·日部》:"暇,閑也。从日,叚聲。"清朱駿聲《通訓定聲》:"《書·無逸》:'不敢自暇自逸。'《左成十六傳》:'好以暇。'《晉語》:'暇豫之吾吾。'《楚語》:'官寮之暇。'"《廣韻·麻韻》:"暇,閑也。"《詩·小雅·何草不黄》:"哀我征夫,朝夕不暇。"唐孔穎達疏:"哀我此征行之夫,朝夕常行而不得閑暇。"按,唯"暇"之義爲時之空隙,故有"暇隙"之同義聯合式合成詞。唐李世民《金鏡》:"楚莊暇隙而懷憂,武侯罷朝而含喜。"

假 非真,與"真"相對待,引申爲休假義,休假即任事之空隙。《説文·人部》:"假,非真也。从人,叚聲。"清朱駿聲《通訓定聲》:"《墨子·經上》:'假,今不然也。'《詩·小弁》:'假寐永嘆。'箋:'不脱冠衣而寐曰假寐。'〔假借〕又爲'暇'。《登樓賦》:'聊假日以銷憂。'《漢書·薛宣朱博傳·贊》注:'假讀休假。'"按,非假借,乃引申。《廣韻·禡韻》:"假,休假也。"晉范寧《啓斷衆公受假故事》:"五月給田假,九月給授衣假,爲兩番各十五日。"《資治通鑒·陳武帝永定二年》:"密令所親中兵參軍裴藻託以私假,間行入關,請降于周。"元胡三省注:"假,居訝翻,休假也。"

〔推源〕 諸詞俱有空隙義,爲叚聲所載之公共義。聲符字"叚"所記錄語詞之顯性語義與空隙義不相涉，其空隙義乃叚聲另載之語源義。叚聲可載空隙義，"隙"可證之。

叚：見紐魚部；
隙：溪紐鐸部。

見溪旁紐，魚鐸對轉。"隙"，墻壁之間的縫隙，引申爲裂縫、孔道、空隙等義。《說文·𨸏部》："隙，壁際孔也。从𨸏，从𡭴，𡭴亦聲。"清朱駿聲《通訓定聲》："《廣雅·釋詁二》：'隙，裂也。'《左傳》：'牆之隙壞，誰之咎也？'《周禮·赤犮氏》：'凡隙屋。'疏：'謂孔穴也。'《禮記·三年問》：'若駟之過隙。'《漢書·魏豹傳》：'如白駒過隙。'〔轉注〕《史記·貨殖傳》：'居雍隙。'《集解》：'間孔也。'又《左哀十二傳》：'宋、鄭之間有隙地焉。'注：'間田也。'《楚語》：'四時之隙。'注：'空閒時也。'"按，許書《白部》"𡭴"篆訓"際見之白也。从白，上下小見"。故"隙"字形聲兼會意。

(1431) 豭麚（雄性義）

豭 公猪。《說文·豕部》："豭，牡豕也。从豕，叚聲。"清朱駿聲《通訓定聲》："《廣雅·釋獸》：'豭，雄也。'《左定十四傳》：'盍歸我艾豭。'《昭四傳》：'深目而豭喙。'《隱十一傳》：'使卒出豭。'《史記·始皇紀》：'夫爲寄豭。'《漢書·翟方進傳》：'與豭猪連繫都亭下。'"按，其字俗亦作"㹠"。《廣韻·麻韻》："豭……㹠，俗。"《吕氏春秋·本味》："湯得伊尹，祓之於廟，爝以爟火，釁以犧豭。"

麚 雄鹿。《說文·鹿部》："麚，牡鹿。从鹿，叚聲。以夏至解角。"清朱駿聲《通訓定聲》："《爾雅·釋獸》：'鹿，牡麚，牝麀，其子麛。'又：'麈麚短脰。'字亦作'麚'、作'豭'。"《廣韻·麻韻》："麚，牡鹿。麚，上同。"《楚辭·招隱士》："白鹿麏麚兮，或騰或倚。"漢王逸注："麚，一本作'麚'。"《遼史·耶律夷腊葛傳》："會秋獵，善爲鹿鳴者呼一麚至，命夷腊葛射，應弦而踣。"

〔推源〕 此二詞俱有雄性義，爲叚聲所載之公共義。聲符字"叚"所記錄語詞之顯性語義與雄性義不相涉，其雄性義乃叚聲所載之語源義。叚聲可載雄性義，"雄"可證之。

叚：見紐魚部；
雄：匣紐蒸部。

見匣旁紐，魚蒸旁對轉。"雄"，公鳥，引申之則泛指雄性。《說文·隹部》："雄，鳥父也。"清朱駿聲《通訓定聲》："《爾雅·釋鳥》：'以翼右掩左，雄；左掩右，雌。'……《詩·正月》：'誰知烏之雌雄。'〔轉注〕《詩·南山》：'雄狐綏綏。'《周禮·庖人》疏：'走亦曰雄。'"《莊子·天運》："蟲，雄鳴於上風，雌應於下風而風化。"

(1432) 瘕/痂（鬱結義）

瘕 婦女腹中結塊病。《說文·疒部》："瘕，女病也。从疒，叚聲。"清朱駿聲《通訓定聲》:"腹積病。《素問·大奇論》:'三陽急爲瘕。'注:'太陽受寒,血疑爲瘕。'《氣厥論》:'爲虛瘕。'"《廣韻·禡韻》:"瘕,腹病。"又《馬韻》:"瘕,久病腹内。"《靈樞經·水脹》:"石瘕生于胞中,寒氣客于子門,子門閉塞,氣不得通,惡血當寫不寫,衃以留止,日以益大,狀如懷子,月事不以時下,皆生于女子,可導而下。"

痂 瘡痂,俗云"結痂",蓋亦鬱結而成者。《說文·疒部》:"痂,疥也。"清朱駿聲《通訓定聲》:"今謂瘡所脱之鱗爲痂。《南史》:'劉邕嗜食痂,謂有鰒魚味。'"清吴謙等編《醫宗金鑒》所收張仲景《正傷寒論·辨脉法》:"脉浮而大……風氣相搏必成癮疹,身體爲癢。癢者名泄風,久久爲痂癩。痂癩,疥癬、癘癩之類也。"清蒲松齡《聊齋志異·畫皮》:"視破處,痂結如錢,尋愈。"

〔推源〕 此二詞俱有鬱結義,其音亦相近且相通。

瘕:見紐魚部;

痂:見紐歌部。

雙聲,魚歌通轉。則其語源當同。

(1433) 鞎/鞵(鞋義)

鞎 鞋子。字亦作"跟"。《說文·韋部》:"鞎,履也。从韋,艮聲。"清朱駿聲《通訓定聲》:"《急就篇》:'履舄沓裹越緞紃。'顏注:'乎加切,又音退。'緞當爲此之或體。"唐李賀《秦宫詩》:"禿衿小袖調鸚鵡,紫繡麻鞎踏哮虎。"《說文·足部》:"跟,足所履也。从足,艮聲。"

鞵 鞋子。《說文·革部》:"鞵,革生鞮也。"清朱駿聲《通訓定聲》:"字亦作'鞋'。"唐慧琳《一切經音義》卷十五引《證俗音》:"鞵,今内國唯以麻作,南土諸夷雜以皮絲及革諸物作之。"《淮南子·齊俗訓》:"帶足以結紐收衽,束牢連固,不亟於爲文句疏短之鞵。"宋鄭獬《觥記注》:"王深輔道有雙鳧杯詩,則知昔日狂客,亦以鞋杯爲戲也。"

〔推源〕 此二詞義同,其音亦相近且相通。

鞎:匣紐魚部;

鞵:匣紐支部。

雙聲,魚支旁轉。則其語源當同。

539 屋聲

(1434) 楃幄(屋義)

楃 木帳,即木製之屋。《說文·木部》:"楃,木帳也。从木,屋聲。"清朱駿聲《通訓定聲》:"《(周禮·春官)巾車》:'翟車有握。'以'握'爲之。"按,所引《周禮》文之"握"異文正作

"楃","握"爲聲符相同之假借字。宋蘇舜欽《水輪聯句》:"旁楃从爲用,垂緼重亦回。"

幄 帳幕,形如屋,爲用亦如屋者。《廣韻·覺韻》:"幄,大帷。《三禮圖》曰:'在上曰帟,四旁及上曰帷,上下四旁悉周曰幄。'"清朱駿聲《説文通訓定聲·需部》:"《周禮·幕人》:'掌帷幕幄帟綬之事。'注:'四合象宫室。'……《小爾雅·廣服》:'幄,幕也,覆帳謂之幄。'《後漢·仲長統傳》注:'在上曰幄。'《左昭十三傳》:'子産以幄幕九張行。'疏:'幕大幄,小幄在幕下張之。'〔聲訓〕《釋名》:'幄,屋也,以帛依板施之,形如屋也。'"

〔推源〕 此二詞俱有屋義,爲屋聲所載之公共義。聲符字"屋"所記録語詞之本義即人居之屋。《説文·尸部》:"屋,居也。从尸,尸,所主也。一曰尸象屋形,从至,至,所至止。"清朱駿聲《通訓定聲》:"《廣雅》:'屋,舍也。'《易》:'豐其屋。'干注:'乾爲屋宇。'"《廣韻·屋韻》:"屋,舍也。"《詩·小雅·正月》:"瞻烏爰止,于誰之屋。"然則本條二詞之屋義爲其聲符"屋"所載之顯性語義。屋聲可載屋義,則"宫"可證之。

屋:影紐屋部;
宫:見紐冬部。

影見鄰紐,屋冬(東)對轉。"宫",本指穴居之土室,後指地上屋宇,秦漢以後特指皇家宫室。《爾雅·釋宫》:"宫謂之室,室謂之宫。"《史記·五帝本紀》:"象乃止舜宫居,鼓其琴。"唐張守節《正義》:"宫即室也。"宋費袞《梁谿漫志·古者居室皆稱宫》:"古者居室貴賤皆通稱宫,初未嘗分别也。"

(1435) 渥腥(厚義)

渥 有濃厚、深厚、豐厚等義。《廣雅·釋詁三》:"渥,厚也。"清朱駿聲《説文通訓定聲·需部》:"渥,《易》九家注:'渥者,厚大。'"《韓非子·説難》:"夫曠日離久,而周澤既渥,深計而不疑,引争而不罪,則明割利害以致其功,直指是非以飾其身,以此相持,此説之成也。"《楚辭·九嘆·惜賢》:"揚精華以眩燿兮,芳鬱渥而純美。"漢王逸注:"渥,厚。"

腥 脂肪厚。《廣韻·覺韻》:"腥,厚脂。"《周禮·考工記·鮑人》:"欲其柔滑而腥脂之,則需。"漢鄭玄注引鄭司農語:"謂厚脂之,韋革柔需。"按"柔需"謂柔軟。

〔推源〕 此二詞俱有厚義,爲屋聲所載之公共義。聲符字"屋"所記録語詞之顯性語義系列與厚義不相涉,其厚義乃屋聲所載之語源義。屋聲可載厚義,"厚"可證之。

屋:影紐屋部;
厚:匣紐侯部。

影匣鄰紐,屋侯對轉。"厚",厚薄字,與"薄"相對待。《説文·𠂤部》:"厚,山陵之厚也。从𠂤,从厂。"按,所謂"山陵之厚"乃造意,其義即厚。《吕氏春秋·辯土》:"厚土則孽不通,薄土則蕃轤而不發。"唐白居易《自詠》:"老遣寬裁襪,寒教厚絮衣。"

540　屏聲

(1436) 偋塀（偏義）

偋　偏僻無人處。《說文·人部》："偋，僻寠也。从人，屏聲。"清桂馥《義證》："或作'偋'。《集韻》：'偋，旁側也。'"清朱駿聲《通訓定聲》："經籍皆以'屛'、以'屏'爲之。《荀子·榮辱》注引《說文》：'偋，偋寠也。'"《廣韻·勁韻》："偋，隱僻也，無人處。屛，上同。"《文選·王褒〈洞簫賦〉》："處幽隱而奧屛兮，密漠泊以猭獢。"

塀　行不正，即行而偏於左、偏於右之謂。《廣韻·青韻》："塀，竛塀。"又"塀，竛塀，行不正。亦作'伶俜'。"宋蘇軾《芙蓉城》："遶樓飛步高竛塀，仙風鏘然韻流鈴。"元黃溍《陪仇仁父先生登石頭城》："薄游成汗漫，高步覺竛塀。"

〔推源〕　此二詞俱有偏義，爲屛聲所載之公共義。聲符字"屛"所記錄語詞謂照壁，即當門小牆，處屋之邊側，此與偏義相通。《說文·尸部》："屛，蔽也。从尸，并聲。"清朱駿聲《通訓定聲》："蔽也……从尸者，从屋省，非坐人之尸也……《爾雅·釋宮》：'屛謂之樹。'注：'小牆，當門中。'亦謂之塞門，亦謂之蕭牆，如今之照牆也。"屛聲可載偏義，則"僻"可證之。

屛：並紐耕部；

僻：滂紐錫部。

並滂旁紐，耕錫對轉。"僻"，偏僻字，《說文》訓"避"，即不正對、趨於邊側，其義亦相通。《尸子·勸學》："此所以國甚僻小，身至穢污，而爲政於天下也。"晉袁宏《後漢紀·桓帝紀》："今君逾江湖，越五嶺，僻在海邊，風俗雖陋，然多珍玩。"

541　韋聲

(1437) 圍樟幃湋緯（包圍義）

圍　包圍。《說文·囗部》："圍，守也。从囗，韋聲。"清朱駿聲《通訓定聲》："《左襄廿五傳》注：'奕圍棋。'疏：'棋者，所執之子，以子圍而相殺，故謂之圍。'〔假借〕爲'囗'。《詩·長發》：'帝命式于九圍。'傳：'九州也。'……《廬人》：'而圍之。'注：'圜之也。'《易·繫辭傳》：'範圍天地之化。'九家注：'周也。'《莊子·人間世》：'三圍四圍。'注：'環八尺爲一圍。'"按，守衛、包圍二義相通，非假借，乃引申。《廣韻·未韻》："圍，繞也。"又《微韻》："圍，圜也，遶也。"《左傳·僖公五年》："八月甲午，晉侯圍上陽。"《史記·李將軍列傳》："陵既至期還，而單于以兵八萬圍擊陵軍。"

樟　木名，可屈曲爲器者。屈曲、包圍實爲一義。《說文·木部》："樟，木也。可屈爲杅者。从木，韋聲。"清朱駿聲《通訓定聲》："或曰：其木皮柔如韋。"清段玉裁注："'杆'，當作'盂'。盂，飲器也。《玉篇》曰：'樟木皮如韋，可屈以爲盂。'"《廣韻·尾韻》："樟，木名，可屈爲盂。"唐元結《訟木魅》："櫑橈橈兮未堅，樟根根兮可屈。"

幃 香囊，圍裹香料之物。《説文·巾部》："幃，囊也。从巾，韋聲。"清朱駿聲《通訓定聲》："《離騷》：'椒又欲充夫佩幃。'注：'盛香之囊。'又：'蘇糞壤以充幃兮。'注：'幃謂之縢。'"按，"縢"字亦從巾，與"幃"同。朱氏所引《離騷》文漢王逸注之下文云："縢，香囊也。"《玉篇·巾部》："幃，香囊也。"《廣韻·微韻》："幃，香囊也。"按引申之亦泛指囊。唐皎然《七言酬秦山人出山見尋》："手攜酒榼共書幃，迴語長松我即歸。"

潿 水流回旋，如包圍。《説文·水部》："潿，回也。从水，韋聲。"清朱駿聲《通訓定聲》："《廣雅·釋水》：'潿，淵也。'"按，《説文》同部"淵"篆訓"回水也。"《字彙·水部》："潿，水回曰潿。"

緯 織物之横綫，引申爲纏束、包圍義。《説文·糸部》："緯，織横絲也。从糸，韋聲。"清朱駿聲《通訓定聲》："從曰經，經在軸；緯在杼。《廣雅·釋言》：'緯，横也。'《莊子·列禦寇》：'恃緯蕭而食者。'〔轉注〕《夏小正》：'農緯厥耒。'傳：'束也。'〔聲訓〕《釋名·釋典藝》：'緯，圍也，反覆圍繞以成經也。'"《墨子·迎敵祠》："令命昏緯狗、纂馬、掔緯，静夜聞鼓聲而譟。"清孫詒讓《閒詁》："緯，束也。"

〔推源〕諸詞俱有包圍義，爲韋聲所載之公共義。聲符字"韋"之甲骨文形體象衆足相隨圍繞行走之形，本爲"圍"之初文。《字彙補·韋部》："韋，與'圍'同。"清朱駿聲《説文通訓定聲·履部》："韋，〔假借〕爲'囗'。《漢書·成帝紀》：'大木十韋以上。'"按，非假借。北魏酈道元《水經注·淮水》："《釋名》曰：'淮，韋也，韋繞揚州北界，東至于海也。'"然則本條諸詞之包圍義爲其聲符"韋"所載之顯性語義。韋聲可載包圍義，則"回"可證之。"韋""回"上古音同，匣紐雙聲，微部疊韻。今吴方言猶讀"回"如"韋"。"回"，回繞、回旋，此與包圍義通。同源詞之語義本有相通之一大類型。《説文·囗部》："回，轉也。从囗，中象回轉形。"《楚辭·九懷·昭世》："魂悽愴兮感哀，腸回回兮盤紆。"漢王逸注："心紆屈也。"引申爲包圍義。馬王堆漢墓帛書《戰國縱横家書·蘇秦謂陳軫章》："齊、宋攻魏，楚回雍氏，秦敗屈匄。"銀雀山漢墓竹簡《孫臏兵法·五名五恭》："出則擊之，不出則回之。"

（1438）違諱敦（違反義）

違 離别，引申爲違反、違背義。《説文·辵部》："違，離也。从辵，韋聲。"清朱駿聲《通訓定聲》："《爾雅·釋詁》：'遠也。'《詩·谷風》：'中心有違。'傳：'離也。'《殷其靁》：'何斯違斯。'傳：'去也。'〔假借〕爲'韋'。《廣雅·釋詁二》：'違，俏也。'《書·堯典》：'静言庸違。'……《哀十四傳》：'且其違者不過數人。'注：'不從也。'《禮記·大學》：'而違之俾不通。'注：'猶戾也。'《周書·芮良》：'夫無道，左右臣妾乃違。'注：'畔也。'"按，離别則人相違背、違反，乃引申義，無煩假借。猶"北"謂二人相背，引申爲背叛、違反義。

諱 避忌,即違反真名而稱之之義。《説文·言部》:"諱,誋也。从言,韋聲。"清朱駿聲《通訓定聲》:"按,謂誡而不道者。《廣雅·釋詁三》:'諱,避也。'《禮記·曲禮》:'卒哭乃諱。'又'入門而問諱。'《檀弓》:'舍故而諱新。'"按,朱氏所引《禮記》文漢鄭玄注:"諱,辟也。生者不相辟名。"又所引《檀弓》文之"諱"謂忌諱,爲直接引申義。

敱 乖戾,違反常情常理。《説文·攴部》:"敱,戾也。从攴,韋聲。"清朱駿聲《通訓定聲》:"《(廣雅)釋訓》:'敱愇,乖刺也。'按,當爲'韋'之或體,因'韋'爲皮革義所專,復制此字。"《廣韻·微韻》:"敱,戾敱。"劉師培《與人論文書》:"數以爲紀,隸典乖敱。"

〔推源〕 諸詞俱有違反義,爲韋聲所載之公共義。聲符字"韋"象衆人相隨圍繞而行之形,人與人相背,亦爲"違"之初文,"圍""違"皆"韋"之分化字。《説文·韋部》:"韋,相背也。从舛,囗聲。"清朱駿聲《通訓定聲》:"經傳多以'違'爲之。"按,"韋"字之結構从二止,甲骨文、金文形體或从三止、四止。楊樹達《積微居小學述林·釋正韋》:"按形求義,'韋'即'違'之初文。"《漢書·禮樂志》:"五音六律,依韋饗昭。"唐顔師古注:"依韋,諧和不相乖離也。"清王先謙《補注》:"依韋,即依違也。"韋聲可載違反義,則"暌"可證之。

韋:匣紐微部;
暌:溪紐脂部。

匣溪旁紐,微脂旁轉。"暌",相違背,違反。《古今韻會舉要·齊韻》:"暌,《玉篇》:違也,日月相違也。"南朝梁劉勰《文心雕龍·雜文》:"或文麗而義暌,或理粹而辭駁。"唐歐陽詹《棧道銘·序》:"擘坼地脈,暌離物理,豈造化之意乎!"

(1439) 韡偉煒暐韍(盛、大義)

韡 明盛貌。字亦作"韠"。《説文·韝部》:"韡,盛也。从韝,韋聲。《詩》曰:'萼不韡韡。'"清邵瑛《群經正字》:"今經典作'韡'。"清朱駿聲《通訓定聲》:"《詩·常棣》……傳:'光明也。'《藝文類聚》引作'煒'。〔假借〕爲'煒'。《西京賦》:'流景曜之韡曄'。注:'明盛也'。《琴賦》:'翕韡曄而繁縟'。《方言》十二:'焜韠,盛也。'注:'韡韠焜燿,盛皃也。'"按,當爲引申,非假借。《廣韻·尾韻》:"韡,華盛皃。"《文選·潘岳〈笙賦〉》:"虓韡煜熠。"唐李善注:"韡、熠,盛多也。"《説文·束部》:"韠,束也。从束,韋聲。"朱氏《通訓定聲》:"疑即'韡'之或體,花盛也。"

偉 偉大,高大。《説文·人部》:"偉,奇也。从人,韋聲。"清朱駿聲《通訓定聲》:"《史記·荆燕世家》:'不爲偉乎!'《索隱》:'盛也。'《漢武賢良詔》:'猗歟偉歟。'注:'大也。'"按,許慎所訓爲奇異義,亦相通。《廣韻·尾韻》:"偉,大也。"三國魏曹丕《柳賦》:"伊中域之偉木兮,瑰姿妙其可珍。"《三國志·魏志·董卓傳》"立靈子少子陳留王"裴松之注引《獻帝起居注》:"陳留王協,聖德偉茂,規矩邈然,豐下兑上,有堯圖之表。"唯"偉"有大義,故有"偉大"之同義聯合式合成詞。

煒 光盛。《説文·火部》:"煒,盛赤也。从火,韋聲。"清朱駿聲《通訓定聲》:"《一切經音義》引《説文》:'盛明皃,一曰赤也。'凡三見。《三蒼》:'煒,光華也'。《廣雅·釋訓》:'煒煒,盛也。'《詩·静女》:'彤管有煒。'傳:'赤皃。'"按,所引《詩》文高亨注:"煒,紅而發亮。"即色赤而盛義。引申爲華盛義。晉夏侯湛《朝華賦》:"灼煌煌以煒煒,獨崇朝而達暮。"唐温庭筠《鴻臚寺四十韻》:"錫宴得佳致,車從真煒煌。"

暐 光盛貌。《廣韻·尾韻》:"暐,暐曄。"《集韻·尾韻》:"暐,光盛皃。"漢應瑒《文質論》:"火龍黼黻,暐韡於廊廟;衮冕旂旐,烏奕乎朝廷。"《文選·左思〈吴都賦〉》:"崇臨海之崔嵬,飾赤烏之暐曄。"唐吕向注:"暐曄,光盛貌。"

颹 大風貌。其字亦作右形左聲。《廣韻·尾韻》:"颹,大風皃。"《龍龕手鑒·風部》:"颹,大風皃也。"清朱駿聲《説文通訓定聲·履部·附〈説文〉不録之字》:"颹,《江賦》:'長風颹以增扇。'注:'大風皃。'"

〔推源〕 諸詞俱有盛、大義,爲韋聲所載之公共義。聲符字"韋"所記録語詞與盛、大義不相涉,其盛、大義乃韋聲所載之語源義。韋聲可載盛、大義,"恢""興"可相證。

韋:匣紐微部;

恢:溪紐之部;

興:曉紐蒸部。

匣溪曉旁紐,微之通轉,微蒸通轉,之蒸對轉。"恢",弘大。《説文·心部》:"恢,大也。"清朱駿聲《通訓定聲》:"《左襄四傳》:'用不恢于夏家。'《公羊文十五傳》:'恢郭也。'"《廣韻·灰韻》:"恢,大也。"《史記·滑稽列傳·序》:"天道恢恢,豈不大哉!"唯"恢"之義爲弘大,故有"恢大""恢弘"之同義聯合式合成詞。《荀子·非十二子》"欺惑愚衆,喬宇嵬瑣"唐楊倞注:"宇,大也,放蕩恢大也。"《晉書·卞壼傳》:"諸君以道德恢弘,風流相尚,執鄙吝者,非壼而誰?""興",興起。《説文·舁部》:"興,起也。从舁,从同。同力也。"《詩·秦風·無衣》:"王于興師,脩我戈矛,與子同仇。"引申爲昌盛義。《玉篇·舁部》:"興,盛也。"《詩·小雅·天保》:"天保定爾,以莫不興。"漢鄭玄箋:"興,盛也。"三國蜀諸葛亮《前出師表》:"親賢臣,遠小人,此先漢所以興隆也。"

(1440) 圍衛闈(護衛義)

圍 包圍而防守,即護衛。《説文·囗部》:"圍,守也。从囗,韋聲。"清朱駿聲《通訓定聲》:"《公羊莊十傳》:'圍而不言戰。'注:'以兵守城曰圍。'"《廣韻·微韻》:"圍,守也,繞也。"《逸周書·大武》:"四聚:一酌之以仁,二懷之以樂,三旁聚封人,四設圍以信。"朱右曾注:"圍,守也,守國以信。"《三國志·吴志·周泰傳》:"(孫權)意尚忽略,不治圍落,而山賊數千人卒至。"

衛 保衛,護衛。其字亦作"衞",初文作"韋"。《説文·行部》:"衞,宿衞也。从韋、帀,从行。行,列衛也。"清朱駿聲《通訓定聲》:"按,韋者,相背也。凡守禦護衛之舍與禦侮之人,必向外背内,故从韋。或曰从圍省,或曰韋聲,亦通。《報任少卿書》:'出入周衛之中。'注:'言宿衛周密也。'《後漢·安帝紀》注:'衛尉,秦官掌宮門衛屯兵也。'《易·大畜》:'日閑輿衛。'注:'護也。'《左文七傳》:'文公之入也,無衛。'服注:'从兵也。'"按,"衞"字从韋得聲。《篇海類編·人事類·行部》:"衞,俗作'衛'。"《正字通·行部》:"衛,同'衞',俗省。"按,作"衛",省"帀"之構件;作"衛",則為省聲字。《穀梁傳·僖公十年》:"麗姬欲為亂,故謂君曰:'吾夜者夢夫人趨而來。'曰:'吾苦畏,胡不使大夫將衛士而衛冢乎!'"

闈 宮中小門,引申之則泛指門。門則為護衛之物,稱"闈",乃以韋聲表護衛義。《説文·門部》:"闈,宮中之門也。从門,韋聲。"清朱駿聲《通訓定聲》:"《爾雅·釋宮》孫注:'闈者,宮中相通小門也。'《周禮·保氏》:'使其屬守王闈。'注:'宮中之巷門。'《儀禮·士虞禮記》注:'闈門,如今東西掖門。'《禮記·襍記》:'夫人至入自闈門。'疏:'旁側之門。'《左閔二傳》:'賊公于武闈。'《哀十四傳》:'攻闈與大門。'"

〔推源〕諸詞俱有護衛義,為韋聲所載之公共義。聲符字"韋"有包圍之形體造意,與護衛義相通。韋聲可載護衛義,則"揜"可證之。

韋:匣紐微部;
揜:影紐侵部。

匣影鄰紐,微侵通轉。"揜",遮掩。《説文·手部》:"揜,覆也。"清朱駿聲《通訓定聲》:"《荀子·富國》:'出入相揜。'注:'覆蓋也。'……《淮南·氾論》:'而民得以揜形禦寒。'注:'蔽也。'"按,以衣掩體,本寓護衛之義。唐韓愈《雪後寄崔二十六丞公》:"歸來殞涕揜關臥,心之紛亂誰能刪?"其"揜關"亦有護衛義。唯"揜"有護義,故有"揜護"之同義聯合式合成詞。明黄綰《明道編》卷一:"夫子之心,如青天之日月,或有過誤,無小揜護,亦如日月之食於上,故人人皆得而見之。"

(1441) 韙褘嫿瑋韡偉煒(美義)

韙 是,對,引申為贊美義。《説文·是部》:"韙,是也。从是,韋聲。《春秋傳》曰:'犯五不韙。'"清朱駿聲《通訓定聲》:"《昭廿傳》:'君子韙之。'《東京賦》:'罔有不韙。'注:'善也。'"按,所引《東京賦》文唐李周翰注:"韙,美也。"稱善即贊美。《古今韻會舉要·尾韻》引《增韻》:"韙,美之之意。"引申為美義。晉張協《七命》:"皇風載韙,時聖道渞。"宋曾鞏《南齊書·目錄序》:"故雖有殊功韙德,非常之迹,將暗而不章,鬱而不發。"郭紹虞注:"韙德,猶言美德。"

褘 王后之祭服,有野鷄圖紋者。《説文·衣部》:"褘,《周禮》曰:'王后之服褘衣。'謂畫袍。"清朱駿聲《通訓定聲》:"〔假借〕為'翬'。《周禮·内司服》:'褘衣。'注:'畫翬者。'《禮記·玉藻》:'王后褘衣。'注:'讀為翬。'《明堂位》:'夫人副褘立于房中。'注:'王后之上服。'翬、褘雙聲。"按,"褘"有另一義,《説文》訓"蔽枲",然其字从衣,指王后之祭服,非假借,乃套用字。王后之祭服有野鷄圖紋,美觀者,故"褘"有"美"之衍義。《文選·張衡〈東京賦〉》:"漢帝之德,侯其褘而。"唐李善注:"褘,美也。"

媁 有美訓。《玉篇·女部》:"媁,美也。"《廣韻·微韻》:"媁,美也。"《集韻·微韻》:"媁,美皃。"

瑋 美玉。《集韻·尾韻》:"瑋,美玉。"引申爲贊美義。《廣雅·釋詁三》:"珍、瑋,重也。"《文選·左思〈吳都賦〉》:"瑋其區域,美其林藪。"唐劉逵注:"瑋,美也。"按,"瑋""美"對文同義。又引申爲美。晉葛洪《抱朴子·交際》:"單絃不能發《韶》《夏》之和音,子色不能成袞龍之瑋燁。"

韡 花類茂盛,故有美之衍義。三國魏曹植《芙蓉賦》:"芙蓉蹇產,菡萏星屬……焜焜韡韡,燦若龍燭。"晉左思《蜀都賦》:"若君平、王褒韡曄而秀發,揚雄含章而挺生。"

偉 高大,偉大(見前第1439條),引申爲美。清朱駿聲《說文通訓定聲·履部》:"偉,《莊子·大宗師》:'偉哉夫!造物者。'向注:'美也。'"《後漢書·楊璇傳》:"兄喬,爲尚書,容儀偉麗。"《三國志·魏志·荀彧傳》"太祖雖征伐在外,軍國事皆與彧籌焉"裴松之注引晉魚豢《魏略》:"彧爲人偉美。"

煒 光盛,引申之則有美盛義。《文選·張協〈七命〉》:"斯人神之所歆羨,觀聽之所煒燁也。"明楊慎《庭中有奇樹》:"春風一披拂,花葉何煒煌。"

〔推源〕 諸詞俱有美義,爲韋聲所載之公共義。聲符字"韋"所記錄語詞之顯性語義系列與美義不相涉,其美義乃韋聲所載之語源義。韋聲可載美義,"瑰"可證之。

> 韋:匣紐微部;
> 瑰:見紐微部。

疊韻,匣見旁紐。"瑰",美玉,虛化引申爲美義。《說文·玉部》:"瑰,玫瑰。"清朱駿聲《通訓定聲》:"如雲母重沓而可開,色黃赤似金,出日南。《史記·司馬相如傳》:'赤玉玫瑰。'〔假借〕爲'傀'。《西京賦》:'何工巧之瑰瑋。'注:'奇好也。'……《舞賦》:'瑰姿譎起。'注:'美也。'"按,當爲引申,無煩假借。晉葛洪《抱朴子·漢過》:"猝突萍騖,驕矜輕俍者,謂之巍峩瑰傑。"晉陸雲《與平原書》:"兄往日文,雖多瑰鑠,至於文體,實不如今日。"

542 眉聲

(1442) 湄楣(邊義)

湄 水邊。《說文·水部》:"湄,水艸交爲湄。从水,眉聲。"清朱駿聲《通訓定聲》:"《詩·蒹葭》:'在水之湄。'傳:'水隒也。'疏:'謂水草交際之處,水之岸也。'〔聲訓〕《釋名》:'湄,眉也,臨水如眉臨目也。'"宋王安石《集句示德逢》:"有菀者柳,在河之湄。"

楣 屋檐邊之横板,引申之亦指門楣,即門上邊之横木。《説文·木部》:"楣,秦名屋櫋聯也。齊謂之檐,楚謂之梠。从木,眉聲。"清朱駿聲《通訓定聲》:"《廣雅·釋室》:'楣,梠也。'〔假借〕爲'㮇'。《爾雅》:'楣謂之梁。'注:'門户上横梁。'《儀禮·喪服》傳:'剪屏柱楣。'注:'柱楣,所謂梁闇。'"按,無煩假借,乃引申。"楣"指屋檐邊横板之實例亦有之。《宋書·謝靈運傳》:"因丹霞以赬楣,附碧雲以翠椽。"

〔推源〕 此二詞俱有邊義,爲眉聲所載之公共義。聲符字"眉"所記録語詞謂眉毛,目上邊之物。《説文·眉部》:"眉,目上毛也。从目,象眉之形。"《莊子·漁父》:"有漁父者,下船而來,鬚眉交白。"然則本條二詞之邊義爲其聲符"眉"所載之顯性語義。眉聲可載邊義,則"邊"可證之。

眉:明紐脂部;

邊:幫紐元部。

明幫旁紐,脂元旁對轉。"邊",旁邊,邊緣。《説文·辵部》:"邊,行垂崖也。"《禮記·深衣》:"續衽鉤邊,要縫半下。"晉陶潛《五柳先生傳》:"宅邊有五柳樹,因以爲號焉。"

543　胥聲

(1443) 醑/濾(過濾義)

醑 濾酒。字亦作"湑"。《廣韻·語韻》:"醑,籭酒。"《古今韻會舉要·語韻》:"醑,本作'湑'。"《説文·水部》:"湑,莤酒也。从水,胥聲。"清朱駿聲《通訓定聲》:"字亦作'醑'。《廣雅·釋詁二》:'湑,盝也。'《詩·伐木》:'有酒湑我。'傳:'以藪曰湑。'《鳧鷖》:'爾酒既湑。'箋:'酒之沛者也。'《儀禮·士冠禮》:'旨酒既湑。'注:'清也。'"按,既濾則清。唐皮日休《九夏歌九篇·昭夏》:"既醑既酢,爰棘爰舞。"

濾 過濾。《玉篇·水部》:"濾,濾水也。"按,即濾去水之意。《正字通·水部》:"濾,漉去滓也。"北魏賈思勰《齊民要術·種紅藍花及梔子》:"接取白汁,絹袋濾,著别瓮中。"明楊慎《丹鉛雜録·濾水羅賦》:"濾水,蓋僧家戒律有此,欲泉水蟲之命,故濾而後飲。今蜀中深山古寺,猶有此規。"

〔推源〕 此二詞俱有過濾義,其音亦相近且相通。

醑:心紐魚部;

濾:來紐魚部。

心來鄰紐,魚部疊韻。然則語源當同。

(1444) 諝/智(才智義)

諝 才智。《説文·言部》:"諝,知也。从言,胥聲。"清朱駿聲《通訓定聲》:"《廣雅·釋詁三》：'智也。'《周禮·大行人》：'屬象胥。'注：'謂謂象之有才知者也。'《漢書·司馬相如傳》：'樂樂胥。'注：'有材智之人也。'經傳皆以'胥'爲之。《淮南·本經》：'設詐諝。'注：'諝，謀也。'"按，計謀爲其直接引申義。《廣韻·語韻》："諝，才智之稱。胥，上同。偦，上同。"漢揚雄《太玄·戾》："女不女，其心予，覆夫諝。"唐王涯注："諝，智也。"《明史·何騰蛟傳》："才諝精敏，所在見稱。"

智 智慧，有才智。其字本作"䂮"。《説文·白部》："䂮，識詞也。"《孟子·公孫丑上》："是非之心，智之端也。"晉葛洪《抱朴子·行品》："量理亂以卷舒，審去就以保身者，智人也。"

〔推源〕 此二詞俱有才智義，其音亦相近且相通。

諝：心紐魚部；

智：端紐支部。

心端鄰紐，魚支旁轉。然則語源當同。

544　盈聲

(1445) 楹/柱（支柱義）

楹 支柱。《説文·木部》："楹，柱也。从木，盈聲。《春秋傳》曰：'丹桓宮楹。'"清朱駿聲《通訓定聲》："《詩·殷武》：'旅楹有閑。'……《禮記·明堂位》：'刮楹達鄉。'〔轉注〕《明堂位》：'殷楹鼓。'注：'楹謂之柱，貫中上出也。'"《廣韻·清韻》："楹，柱也。孔子曰：夢奠於兩楹。"《魏書·源懷傳》："譬如爲屋，但外望高顯，楹棟平正，基壁完牢，風雨不入，足矣。"

柱 支柱。《説文·木部》："柱，楹也。"按，實以同源詞相訓。《莊子·人間世》："散木也，以爲舟，則沈……以爲柱，則蠹。是不材之木也。"《淮南子·主術訓》："是故賢主之用人也，猶巧工之制木也，大者以爲舟航柱梁，小者以爲楫楔。"

〔推源〕 此二詞義同，其音亦相近且相通。

楹：余紐耕部；

柱：定紐侯部。

余（喻四）定準旁紐，耕侯旁對轉。則其語源當同。其"楹"字从盈得聲，"盈"从皿，所記錄語詞之本義爲充滿，"楹"爲圓形物，形圓則完滿不虧，其義或相通。

545　癸聲

(1446) 聧睽（相違義）

聧 耳極聾。聾即耳與聲音相背，故今俗猶稱耳聾爲"耳背"。其字亦作"䏏"。《廣韻・齊韻》："聧,《説文》云:'耳不相聽。'《方言》云:'聾之甚者,秦晉之間謂之聧。'"清朱駿聲《説文通訓定聲・履部》:"聧,耳不相聽也。《玉篇》《廣韻》引《説文》有此字……亦'聧'之或體也。"《説文・耳部》:"聧,吴楚之外,凡無耳者謂之聧,言若斷耳爲盟。"清朱駿聲《通訓定聲》:"《方言》六:'聾之甚者,秦晉之間謂之聧,吴楚之外郊,凡無耳者亦謂之聧。'其言聧者,若秦晉中土謂瑞耳者聣也。《廣雅・釋詁三》:'聧,聾也。'《説文》遺聾一訓,殆以'聇'字當之,'盟'者,'聣'之誤字也。"清段玉裁注説略同。《廣韻・黠韻》:"聧,無耳。吴楚語也。"《集韻・怪韻》:"聧,聾甚。"

睽 二目視綫不一、相違,虛化引申爲乖離、違背義。《説文・目部》:"睽,目不相聽也。从目,癸聲。"清姚文田、嚴可均《校議》:"'聽'當作'視'。"清朱駿聲《通訓定聲》:"目不相視也……《易・序卦》:'睽者,違也。'……《漢書・五行志》:'睽孤見豕負塗。'注:'睽孤,乖刺之意。'《左僖十五傳》:'歸妹之睽。'注:'乖離之象。'《莊子・天運》:'下睽山川之精。'"《廣韻・齊韻》:"睽,異也,乖也。"唯"睽"有相違義,故有"睽違"之同義聯合式合成詞。唐顔師古《上〈漢書注〉序》:"顧召幽仄,俾竭駑駑。匡正睽違,激揚鬱滯。"

〔推源〕此二詞俱有相違義,爲癸聲所載之公共義。聲符字"癸"《説文・癸部》云:"冬時水土平,可揆度也。象水從四方流入地中之形。"清朱駿聲《通訓定聲》:"兵也,象形……三鋒矛也。〔假借〕託名幖識字。《禮記・月令》:'其日壬癸。'〔聲訓〕《史記・律書》:'癸之爲言揆也。'《白虎通》:'癸者,揆度也。'"按,其本義衆説不一,形體則有相違之造意。癸聲可載相違義,則"乖"可證之。

癸:見紐脂部;

乖:見紐微部。

雙聲,脂微旁轉。"乖",相違背。《説文・丱部》:"乖,戾也。从丱而兆。兆,古文别。"清朱駿聲《通訓定聲》:"《廣雅・釋詁二》:'乖,背也。'……《三》:'離也。'……《賈子・道術》:'剛柔得適謂之和,反和爲乖。'《楚辭・怨世》:'吾獨乖剌而無當兮。'《西征賦》:'人度量之乖舛。'"

(1447)驍猤(壯勇義)

驍 馬雄壯貌。《説文・馬部》:"驍,馬行威儀也。从馬,癸聲。《詩》曰:'四牡驍驍。'"清朱駿聲《通訓定聲》:"《詩・采薇》……傳:'彊也。'《桑柔》傳:'不息也。'……《廣雅・釋訓》:'驍驍,盛也。'"《廣韻・脂韻》:"驍,强也,盛也。"晉摯虞《太康頌》:"龍馬驍驍,風于華陽。"唐卻昂《岐邠涇寧四州八馬坊碑頌》:"驍而翔,駃而走,如龍如鬼。"

猤 壯勇貌。《廣韻・合韻》:"猤,壯勇皃。"清朱駿聲《説文通訓定聲・履部》:"《吴都賦》:'狂趭獷猤。'注:'壯勇皃。'"唐顔師古《等慈寺碑》:"獷猤爭先,陸梁競出。"

〔推源〕此二詞俱有壯勇義,爲癸聲所載之公共義。聲符字"癸"所記録語詞苟謂兵器,則與壯勇義相通。癸聲可載壯勇義,則鬼聲可相證。

癸:見紐脂部;

鬼:見紐微部。

雙聲,脂微旁轉。鬼聲字所記録語詞"傀""瘣""膭""魋""嵬""隗""磈""磑"俱有高、大義,見本典第六卷"鬼聲"第1343條,其義與壯勇義相通。又"魁"字從斗,鬼聲,所記録語詞謂羹斗,許慎説,然可以其鬼聲載壯勇義,凡"魁悟""魁健""魁偉""魁昂""魁壯""魁秀"等皆謂壯勇。

546 蚤聲

(1448) 騷慅瘙(動義)

騷 騷動。《説文·馬部》:"騷,擾也。一曰摩馬。从馬,蚤聲。"清朱駿聲《通訓定聲》:"謂馬擾動也。〔轉注〕《爾雅·釋詁》:'騷,動也。'《詩·常武》:'徐方繹騷。'傳:'動也。'《鄭語》:'王室方騷。'注:'擾也。'"按,从蚤得聲之字其聲符後皆簡作"蚤"。《漢書·嚴助傳》:"夫以眇眇之身,託于王侯之上,内有飢寒之民,南夷相攘,使邊騷然不安,朕甚懼焉。"《新唐書·逆臣傳上·安禄山》:"禄山至,怒,乃大索三日,民間財貨盡掠之,府縣因株根牽連,句剥苛急,百姓愈騷。"

慅 憂愁,心動,引申爲騷動。《説文·心部》:"慅,動也。从心,蚤聲。一曰起也。"清朱駿聲《通訓定聲》:"《詩·月出》:'勞心慅兮。'《釋文》:'憂也。'《廣雅·釋詁四》:'慅,愁。'《釋訓》:'慅慅,憂也。'"《魏書·羅播傳》:"城中慅擾,不敢出戰。"《隋書·李德林傳》:"軍中慅慅,人情大異。"

瘙 疥瘡,瘙癢之病,瘙癢則蟲鑽動,故稱"瘙"。《廣韻·號韻》:"瘙,疥瘙。瘶,上同。"明李時珍《本草綱目·果部·慈姑》:"(慈姑葉)調蚌粉,涂瘙痱。"亦指牛、馬蹄瘙癢之病。北魏賈思勰《齊民要術·養牛馬驢騾》:"治馬瘙蹄方:以刀刺馬腕叢毛中,使血出,愈。"

〔推源〕諸詞俱有動義,爲蚤聲所載之公共義。聲符字"蚤"所記録語詞謂跳蚤,好動之物。《説文·蚰部》:"蚤,齧人跳蟲。从蚰,叉聲。叉,古爪字,蚤,蚤或从虫。"清朱駿聲《通訓定聲》:"《莊子·秋水》:'鴟鵂夜撮蚤。'《廣韻·晧韻》:'蚤,齧人跳蟲。《抱朴子》曰:'蚤蝨攻君,卧不獲安。'"明彭大翼《山堂肆考·昆蟲三·蚤》:"蚤,齧人蟲也。黑色,善跳。俗云:蝨生汗垢,蚤生積灰。亦有雌雄,雄小雌大。或曰布穀鳥所吐,如蚊母之吐蚊也。故三月蚤多,至四五月漸衰。"然則本條諸詞之動義爲其聲符"蚤"所載之顯性語義。蚤聲可載動義,則"動"可證之。

蚤：精紐幽部；

動：定紐東部。

精定鄰紐，幽東旁對轉。"動"，動作，行動，引申之則有震動、發動、勞動等義。《説文·力部》："動，作也。"清朱駿聲《通訓定聲》："《易·彖》傳：'動而健。'虞注：'震也。'《繫辭》：'效天下之動者也。'虞注：'發也。''變動不居。'虞注：'行也。'《孟子》：'將終歲勤動。'注：'作也。'《論語》：'動之斯和。'皇疏：'謂勞役之也。'"

(1449) 瑵搔瘙（抓撓義）

瑵 車蓋弓端伸出的爪形部分。《説文·玉部》："瑵，車蓋玉瑵。从玉，蚤聲。"清朱駿聲《通訓定聲》："按，蓋轑末所飾玉也。〔假借〕爲'爪'。《漢書·王莽傳》：'金瑵羽葆。'注：'瑵讀曰爪，謂蓋弓頭爲爪形。'"按，朱氏"假借"説大誤，所引《漢書》之"瑵"，其義與許慎所訓同。又不明"瑵"之語源，"瑵"爲爪形，如抓撓，故稱"瑵"。《文選·張衡〈東京賦〉》："羽蓋威蕤，葩瑵曲莖。"唐薛綜注："蔡雍《獨斷》曰：'凡乘輿車，皆羽蓋金華爪。'"南朝齊王融《三月三日曲水詩序》："重英曲瑵之飾，絶景遺風之騎。"

搔 抓撓。《説文·手部》："搔，括也。从手，蚤聲。"清朱駿聲《通訓定聲》："按，《一切經音義》十二引作'刮'是也。《禮記·内則》：'而敬抑搔之。'注：'摩也。'《漢書·枚乘傳》：'足可搔而絶。'《集注》：'謂抓也。'"《廣韻·豪韻》："搔，爬刮。"《後漢書·李固傳》："順帝時諸所除官，多不以次，及固在事，奏免百餘人。此等既怨，又希望冀旨，遂共作飛章虛誣固罪曰：'……大行在殯，路人掩涕。固獨胡粉飾貌，搔頭弄姿，槃旋偃仰，從容冶步，曾無慘怛傷悴之心。'"唐杜甫《春望》："白頭搔更短，渾欲不勝簪。"

瘙 疥瘡，瘙癢之病，見前條。瘙癢則必抓撓之，故有抓撓之衍義。元無名氏《博望燒屯》第三折："早定了西蜀，我便訪南陽，暢道覷曹操、孫權，似浮雲瘙癢。"

〔推源〕 諸詞俱有抓撓義，爲蚤聲所載之公共義。聲符字"蚤"有"爪"之構件，"蚤"字單用可表爪義。清朱駿聲《説文通訓定聲·孚部》："蚤，〔假借〕又爲'叉'。《儀禮·士喪禮》：'蚤揃如他日。'"按，"叉"即"爪"之古文，"蚤"謂跳蚤，好動者，凡人及鳥類抓撓以爪，爪義、抓撓義本相通，跳蚤之動如抓撓，其義當亦相通。《史記·魯周公世家》："周公乃自揃其蚤沈之河。"蚤聲可載抓撓義，則"抓"可證之。

蚤：精紐幽部；

抓：莊紐宵部。

精莊準雙聲，幽宵旁轉，音極相近。"抓"，抓撓。《廣雅·釋詁二》："抓，搔也。"按，此實亦以同源詞相訓。《廣韻·肴韻》："抓，抓掐。"又《巧韻》："抓，亂搔掐也。"按，"掐"字疑爲"掐"字之誤（見沈兼士《廣韻聲系》本）。唐杜牧《讀韓杜集》："杜詩韓集愁來讀，似倩麻姑癢處抓。"明凌濛初編《二刻拍案驚奇》卷十一："大郎聽罷，氣得抓耳搔腮，没個是處。"

547 柔聲

（1450）鞣煣㽥鍒（柔軟義）

鞣 熟皮，柔軟者。《說文·革部》："鞣，耎也。从革，从柔，柔亦聲。"清朱駿聲《通訓定聲》："謂革之耎也。"《廣韻·尤韻》："鞣，熟皮。"又《宥韻》："鞣，柔皮。"引申之亦指治皮使柔軟。《說文》"鞣"字條清錢坫《斠詮》："今人治皮，俗猶曰鞣。"《人民文學》1978年第10期："夏天，額尼教她鞣皮子，總是把最暖和的鹿崽皮做成衣服讓她穿。"

煣 以火烘烤木條使之柔軟。字亦作"揉"。《說文·火部》："煣，屈申木也。从火、柔，柔亦聲。"按，木柔軟則可屈之。《廣韻·宥韻》："煣，蒸木使曲也。"又《有韻》："揉，屈木。煣，上同。"《漢書·食貨志上》引《易·繫辭下》："斲木爲耜，煣木爲耒。"唐顏師古注："煣，屈也。"《淮南子·氾論訓》："揉輪建輿，駕馬服牛，民以致遠而不勞。"

㽥 泥土柔軟、柔和之田。《說文·田部》："㽥，和田也。从田，柔聲。"南唐徐鍇《繫傳》："从田，从柔，柔亦聲。"清朱駿聲《通訓定聲》："《廣雅·釋地》：'㽥，土也。'按，即《周禮·艸人》之'墳壤'，《考工記》之'柔地'也，此字後出。"按，朱氏所引《廣雅》文清王念孫《疏證》："㽥之言柔也。"《廣韻·尤韻》："㽥，良田。"按，土質柔軟則利稼穡而爲良田。

鍒 熟鐵，鐵之柔軟者。《說文·金部》："鍒，鐵之耎也。从金，从柔，柔亦聲。"《廣韻·尤韻》："鍒，鐵之耎也。"《正字通·金部》："鍒，俗謂軟鐵者，熟鐵者。"晉葛洪《抱朴子·疾謬》："利口者扶強而黨勢，辯給者借鍒以刺戲。"宋唐慎微《政和證類本草·玉石部》引陶弘景語："鋼鐵是雜鍊生鍒作刀鎌者。"

〔推源〕 諸詞俱有柔軟義，爲柔聲所載之公共義。聲符字"柔"所記錄語詞謂木質柔和、柔軟而可曲可直，引申爲柔軟義。《說文·木部》："柔，木曲直也。从木，矛聲。"清朱駿聲《通訓定聲》："《詩·小弁》：'荏染柔木。'〔轉注〕《周語》：'無亦擇其柔嘉。'注：'脆也。'……《易·襍卦》：'乾剛坤柔。'《儀禮·士虞禮》：'用柔日。'"《隋書·隱逸傳·徐則》："身體柔軟，顏色不變，經方所謂屍解地仙者哉！"然則本條諸詞之柔軟義爲其聲符"柔"所載之顯性語義。柔聲可載柔軟義，則"臑"可證之。

柔：日紐幽部；
臑：日紐侯部。

雙聲，幽侯旁轉。"臑"，肉嫩而軟。《廣韻·虞韻》："臑，嫩軟皃。"《楚辭·招魂》："肥牛之腱，臑若芳些。"宋洪興祖《補注》："臑，嫩耎皃。"亦指肉煮爛，肉煮爛則軟，其義亦相通。漢桓寬《鹽鐵論·散不足》："臑鱉膾鯉，麑卵鶉鷃橙枸，鮐鱧醢醯，衆物雜味。"

（1451）揉蹂（搓磨義）

揉 搓磨。《廣韻·尤韻》："揉，捻也。"按，"捻"有捏義，亦有以指搓磨義。北魏賈思勰《齊民要術·種李》："作白李法：用夏李，色黄便摘取，於鹽中挼之。鹽入汁出，然後合鹽曬令萎，手捻之，令褊。"又《脯臘》："細切葱白，擣令熟。椒、薑、橘皮皆末之。以浸脯，手揉令徹。"《醫宗金鑒·正骨心法要旨·顛頂骨》："外用手法推按心胸兩肋腋下腹上，並輕托内腕攢筋，頻頻揉摩。"

蹂 以足搓磨，引申爲搓磨義。《説文·内部》："内，獸足蹂地也。象形，九聲。《爾疋》曰：'狐狸貛貉醜其足，蹯其迹内。'蹂，篆文从足，柔聲。"清朱駿聲《通訓定聲》："《字林》：'蹂，踐也。'……《漢書·司馬相如傳》：'騎之所蹂若。'注：'謂踐躙也。'《杜篤傳》：'蹂轔濊貊。'〔轉注〕《詩·生民》：'或簸或蹂。'"按，朱氏所引《詩》文清馬瑞辰《通釋》："古者蹂米之法，與蹂禾異。蹂禾以足踐之，蹂米蓋以手重擦之。"

〔推源〕此二詞俱有搓磨義，爲柔聲所載之公共義。聲符字"柔"所記録語詞之本義、引申義系列與搓磨義不相涉，其搓磨義乃柔聲所載之語源義。柔聲可載搓磨義，則"拭"可證之。

柔：日紐幽部；

拭：書紐職部。

日書（審三）旁紐，幽職旁對轉。"拭"，擦，反復擦則如搓磨，與搓磨義極相近且相通。《廣韻·職韻》："拭，拭刷。"《儀禮·聘禮》："賈人北面坐，拭圭。"宋彭乘《墨客揮犀》卷三："使僧呼梯取之，拭拂視之，乃魯國顔真卿書。"

548 象聲

（1452）猭颮遬（迅速義）

猭 獸疾走。《廣韻·仙韻》："猭，獌猭，兔走皃。"《集韻·仙韻》："獌，獌猭，獸走皃。"又《綫韻》："猭，走也。"按，古者"走"謂跑、逃跑，即速行義。《後漢書·馬融傳》："獸不得猭，禽不得瞥。"唐李賢注："猭，走也。"《文選·左思〈吳都賦〉》："跇踰竹柏，獌猭杞柟。"唐李善注引《埤蒼》："獌猭，逃也。"

颮 疾風。字亦作"颰"。《廣韻·物韻》："颰，俗颮。"《説文·風部》："颮，疾風也。从風，从忽，忽亦聲。"清朱駿聲《通訓定聲》："《廣雅·釋詁一》：'颮，疾也。'"《玉篇·風部》："颮，疾風皃。"

遬 逃遁。逃遁則其行迅速。唐玄應《一切經音義》卷八："遁，又作'遯''遬'二形。"《廣韻·慁韻》："遁，遁逃。遯，上同。"按，"遯"爲亦聲字，"遁"則爲"遯"之轉注字。《漢書·

叙傳下》:"張、陳之交,遂如父子,攜手遂秦,附翼俱起。"唐顔師古注:"遂,逃也。"《魏書·蕭寶夤傳》:"文榮與其從子天龍、惠連等三人,葉家將寶夤遁匿山澗,賃驢乘之,晝伏宵行。"

〔推源〕 諸詞俱有迅速義,爲彖聲所載之公共義。聲符字"彖"所記錄語詞謂豕逃跑,則當與迅速義相通。《説文·彑部》:"彖,豕走也。从彑,从豕省。"清朱駿聲《通訓定聲》:"故'遯'字亦作'遂'。與'彖'从彑、从豕者音義俱别。《廣雅·釋言》:'彖,挩也。'字亦作'猭'。《後漢·馬融傳》注:'猭,走也。'"彖聲可載迅速義,則"迅"可證之。

彖:透紐元部;

迅:心紐真部。

透心鄰紐,元真旁轉。"迅",迅速。《説文·辵部》:"迅,疾也。"《爾雅·釋言》:"疾,壯也。"晉郭璞注:"壯,壯事,謂速也。"《論語·鄉黨》:"迅雷風烈必變。"宋邢昺疏:"迅,急疾也。"《北史·杜銓傳》:"正藏爲文迅速,有如宿構。"

(1453) 篆琢剶(雕刻、削減義)

篆 以筆書寫,引申之則指書寫篆體字。《説文·竹部》:"篆,引書也。从竹,彖聲。"清朱駿聲《通訓定聲》:"謂引筆而箸之于竹帛,故史籀所作爲大篆,李斯所作爲小篆,又有用以摹印者爲繆篆……《吴都賦》:'烏書篆素。'注:'篆書于素也。'"按,古者官印、私章多以篆體字爲之,故"篆"又爲官印、他人名字之代稱。凡印章之篆體字,雕刻而成,故又有雕刻、銘刻之衍義。宋曾敏行《獨醒雜志》卷三:"時有詔太學篆石經,廷臣復薦之,伯益不得已遂至闕下。篆畢,除將作監簿,伯益固辭。"清曹雪芹《紅樓夢》第五回:"愛美人之容貌兮,香培玉篆。"

琢 玉器雕成之凸紋,引申之則指雕刻爲紋。《説文·玉部》:"琢,圭璧上起兆琢也。从玉,篆省聲。《周禮》曰:'琢圭璧。'"清朱駿聲《通訓定聲》:"《周禮·典瑞》:'琢圭璋璧琮。'司農注:'有圻鄂琢起。'《考工·玉人》:'琢圭璋八寸。'注:'文飾也。'《禮記·禮器》:'大圭不琢。'《列子·黄帝》:'雕琢復樸。'……《漢書·東方朔傳》:'陰奉琱琢刻鏤之好,以納其心。'注:'謂刻爲文也。'《董仲舒傳》:'良玉不琢。'"《新唐書·后妃傳上·楊貴妃》:"凡充錦繡官及冶琢金玉者,大抵千人。"

剶 修剪枝條。按此與雕刻義當相通。凡雕刻有所削除,亦有所留,修剪枝條亦如是。《廣雅·釋詁一》:"剶,剔也。"按,剔肉去骨亦稱"剔",其義可互證。《廣韻·仙韻》:"剶,去木枝也。"按,去木枝即有所削減,故《玉篇》"剶"徑訓"削"。北魏賈思勰《齊民要術·栽樹》:"正月盡,二月可剶樹枝。"宋陸游《戲詠村居》:"歌起陂頭正插秧,梯斜籬外又剶桑。"

〔推源〕 諸詞俱有雕刻、削減義,爲彖聲所載之公共義。聲符字"彖"所記録語詞與此義不相涉,此義當爲彖聲所載之語源義。彖聲可載雕刻、削減義,"豠""剟"可相證。

彖：透紐元部；
琱：精紐魚部；
剃：透紐脂部。

透精鄰紐，元魚通轉，元脂旁對轉。"琱"，琮玉之浮雕花紋，雕刻而成者，其義略同"瑑"。《說文·玉部》："琱，琮玉之瑑。"清朱駿聲《通訓定聲》："《周禮·典瑞》：'駔琮。'以'駔'爲之。"《廣韻·姥韻》："琱，珪上起。"《字彙·玉部》："琱，珪琮之瑑凸起也。"明屠隆《曇花記·群僞會勘》："看珪琱似浮雲，便脫宰臣衣紫。""剃"，剃去毛髮，實即削減之義，凡剃頭有所留，有所去除。《廣韻·霽韻》："髰，《說文》曰：'鬀髮也。'剃，上同。"五代齊己《剃髮》："金刀閃冷光，一剃一清涼。"清潘榮陛《帝京歲時紀勝·宜忌》："五月多不剃頭，恐妨舅氏。"

(1454) 緣褖（邊緣義）

緣 衣之邊緣，引申爲邊緣義。《說文·糸部》："緣，衣純也。从糸，彖聲。"清朱駿聲《通訓定聲》："《爾雅·釋器》：'緣謂之純。'注：'衣緣飾也。'《禮記·玉藻》：'緣廣寸半。'注：'飾邊也。'《方言》四：'褸袺謂之緣。'注：'衣縫緣也。'按，緣衣領袂口曰純，純者楯也；緣裳邊側曰綼，綼者庳也；下曰緆，緆者裔也；緣冠曰紕，紕者楣也。〔轉注〕《爾雅·釋器》：'弓有緣謂之弓，無緣者謂之弭。'注：'緣者，繳纏之，即今宛轉也。'"按：朱云"轉注"即引申，記錄此引申義有專字，《廣韻·線韻》："弮，弓弮。"《玉篇·糸部》："緣，邊緣也。"《周書·王羆傳》："嘗有臺使，羆爲其設食。使乃裂其薄餅緣。"唐白居易《西涼伎》："緣邊空屯十萬卒，飽食溫衣閑過日。"

褖 有邊沿裝飾之衣。《儀禮·士喪禮》："褖衣。"漢鄭玄注："黑衣裳赤緣謂之褖。褖之言緣也，所以表袍者也。"按《廣韻·換韻》"褖"訓"后衣"，謂王后之便服，指有邊飾之衣，乃套用字，以其彖聲載邊緣義。

〔推源〕 諸詞俱有邊緣義，爲彖聲所載之公共義。聲符字"彖"所記錄語詞與邊緣義不相涉，其邊緣義乃彖聲所載之語源義。彖聲可載邊緣義，"檐"可證之。

彖：透紐元部；
檐：余紐談部。

透余(喻四)準旁紐，元談通轉。"檐"，屋檐，屋頂之邊緣。《爾雅·釋宮》："檐謂之樀。"宋邢昺疏："屋之四垂也。"《說文·木部》："檐，㮰也。"清段玉裁注："檐之言隒也，在屋邊也。"漢張衡《西京賦》："反宇業業，飛檐轍轍。"南朝梁江淹《雜體詩·效陶潛〈田居〉》："歸人望煙火，稚子候檐隙。"

(1455) 螨籙隊椽（小義）

螨 蝗子，亦指蟻卵，皆極小之物。《說文·虫部》："螨，復陶也。劉歆說：螨，蚍蜉子；

董仲舒説：蝗子也。从虫，象聲。"清朱駿聲《通訓定聲》："《爾雅·釋蟲》：'蝝，蝮蜪。'注：'蝗子未有翅者。'《左宣十五經》：'冬蝝生。'注：'蟊子也。'公羊注：'蝝即螽也，始生曰蝝，大曰螽。'《魯語》：'蟲舍蚔蝝。'注：'復陶也，可食。'《漢書·貨殖傳》：'蝝魚麕卵。'注：'小蟲也。'"《廣韻·仙韻》："蝝，蝗子。一曰，蟻子。"《文選·張衡〈西京賦〉》："攫胎拾卵，蚔蝝盡取。"唐李周翰注："蝝，蝗子。"

錄 小矛。清朱駿聲《説文通訓定聲·乾部》："錄，小矛也。从金，彖聲。此篆《説文》以爲'鏦'之或體，按从彖聲，隔無通轉法，今從段氏訂爲各字，附於此。《一切經音義》十一引《字詁》：'古文錄、欑二形，今作穳，同，麤亂切，小矛也。'"《廣雅·釋器》："欑謂之鋋。"《説文·金部》："鋋，小矛也。"《集韻·換韻》："欑，鋋也。一曰小矟。"《周書·王思政傳》："思政亦作火欑，因迅風便投之土山。"

隊 矮牆，即牆之矮小者。《説文·阜部》："隊，道邊庳垣也。从阜，彖聲。"《廣雅·釋宮》："隊，垣也。"《廣韻·獮韻》："隊，道邊埤也。"

豫 短小貌。《玉篇·矢部》："豫，矲豫，短小兒。"《廣韻·祭韻》："豫，短兒。"

〔推源〕諸詞俱有小義，爲彖聲所載之公共義。聲符字"彖"所記録語詞與小義不相涉，其小義乃彖聲所載之語源義。彖聲可載小義，"短"可證之。

彖：透紐元部；

短：端紐元部。

疊韻，透端旁紐，音極相近。"短"，不長，即長度小；引申之則有短缺、少義，少即數量小，皆與小義相通。《説文·矢部》："短，有所長短，以矢爲正。从矢，豆聲。"清朱駿聲《通訓定聲》："短，不長也。橫用之器，矢最短；豎用之器，豆最短。故从矢、从豆，會意。長以髮喻，短以豆、矢喻……《素問·至真要大論》：'短而濇。'注：'往來不遠是謂短也。'《吕覽·長見》：'以其長見與短見也。'〔轉注〕《吕覽·先識》：'此治世之所以短。'注：'少也。'又《淮南·脩務》：'知者之所短。'注：'缺也。'"

549 甾聲

(1456) 黸緇鯔（黑色義）

黸 手足皮膚黑。《集韻·之韻》："黸，手足膚黑。"清范寅《越諺》卷中："黑黸黸。"按，此爲三字格派生詞，詞根、詞綴之義同。"黑黸黸"一作"黑緇緇"。清李漁《奈何天·巧怖》："把一個黑緇緇尋常的阿姬，變了個白皎皎可人的姣麗。"其"黑緇緇"謂人之膚色黑，不拘於言手足黑。又作"黑滋滋"。茅盾《故鄉雜記·半個月的印象》："鹽是不可能少的，可是那些黑滋滋像黃沙一樣的鹽却得五百多錢一斤。"按，"黸"字《廣韻·之韻》作"甾"，訓"手足生皮堅",沈兼士《聲系》云:"《集韻》作'艥'。"手足膚黑、多繭皆勞動者特徵,二義當相通。

緇 黑色帛。其字亦作"紂"。《説文·糸部》:"緇,帛黑色也。从糸,甾聲。"清朱駿聲《通訓定聲》:"按,古文从才聲……《考工·鍾氏》:'七入爲緇。'《爾雅·釋天》:'緇廣充幅,長尋,曰旐。'孫注:'黑繒也。'《詩》:'緇衣之宜兮。'傳:'黑色。'箋:'居私朝之服也。'按,《禮記·檀弓》:'爵弁絰紂衣。'〔聲訓〕《釋名·釋采帛》:'緇,滓也,泥之黑者曰滓,此色然也。'"《廣韻·之韻》:"緇,黑色繒也。紂,上同。"按,引申之則泛指黑色。《正字通·糸部》:"緇,本作紂。"按,古籍多以"緇"爲之。《論語·陽貨》:"不曰白乎?涅而不緇。"漢王充《論衡·程材》:"白紗入緇,不染自黑。"

鯔 黑色魚。字亦作"鰦"。《廣韻·之韻》:"鰦,魚名。"明徐光啓《農政全書·牧養·魚》:"鯔魚,松之人於潮泥地鑿池,仲春,潮水中捕盈寸者養之,秋而盈尺。腹背皆腴,爲池魚之最……《閩志》云:'目赤而身圓,口小而鱗黑,吳王論魚,以鯔魚爲上也。'"徐珂《清稗類鈔·動物·鯔》:"鯔,體圓頭扁,狀類青魚而色黑,口小,骨軟如鯧,有黄脂,長者尺許。"

〔推源〕 諸詞俱有黑色義,爲甾聲所載之公共義。聲符字"甾"爲"菑"字之省,所記録語詞謂初耕一年之田,與黑色義不相涉。又,从甾得聲之字或从甾聲,"甾"謂缶,亦與黑色義無涉。本條諸詞之黑色義乃甾聲所載之語源義。弋聲字所記録語詞"黓""黓""袣"亦俱有黑色義,詳見本典第一卷"弋聲"第83條。甾聲、弋聲本相近且相通,庶可互證。

甾:莊紐之部;

弋:余紐職部。

莊余(喻四)鄰紐,之職對轉。又,甾聲可載黑色義,"紫"亦可相證。

甾:莊紐之部;

紫:精紐支部。

莊精準雙聲,之支旁轉。"紫",紅中含黑之色。《説文·糸部》:"紫,帛青赤色。"清段玉裁注:"'青'當作'黑'。"清朱駿聲《通訓定聲》:"帛黑赤色也……《論語》:'惡紫之奪朱也。'孔注:'間色之好者。'《漢書·王莽傳·贊》:'紫色䵷聲。'"按,《説郛》卷六十六引《續竹譜》云"紫竹"一名"黑竹",蓋爲"紫"有黑義之力證。

550 秦聲

(1457) 蓁榛臻揍鬒(眾多、聚集義)

蓁 植物茂盛、眾多,引申爲聚集義。《説文·艸部》:"蓁,艸盛皃。从艸,秦聲。"清朱駿聲《通訓定聲》:"《詩·桃夭》:'其葉蓁蓁。'傳:'至盛貌。'《廣雅·釋訓》:'蓁蓁,茂也。'……《楚辭·招魂》:'蝮蛇蓁蓁。'注:'積聚之貌。'〔假借〕爲'榛'。《莊子·徐無鬼》:

'逃于深蓁。'"按,所引《莊子》文唐成玄英疏:"蓁,棘叢也。"然則本非假借,乃引申。《玉篇·艸部》:"蓁,衆也。"清和邦額《夜譚隨録·汪越》:"越墜落草中,心目眩瞀,而惡獸蝮蛇,蓁蓁來往,殊深畏怖。"

榛 木名,以套用字形式表樹木叢生、聚集義。《説文·木部》:"榛,木也。从木,秦聲。一曰蓛也。"清朱駿聲《通訓定聲》:"《一切經音義》十引《説文》:'叢木也。'《廣雅·釋木》:'木叢生曰榛。'《釋詁三》:'榛,聚也。'《淮南·原道》:'隱於榛薄之中。'注:'藂木曰榛,深草曰薄。'又:'木處榛巢。'《本經》:'菑榛穢聚圬畎。'……《漢書·司馬相如傳》注:'榛榛,盛也。'"《廣韻·臻韻》:"蓁,木叢生。"沈兼士《聲系》:"案'蓁',《切韻》及《集韻》均作'榛'。"漢劉向《説苑·君道》:"吾獵將以求士也,其榛藂刺虎豹者,吾是以知其勇也。"

臻 至。《説文·至部》:"臻,至也。从至,秦聲。"清朱駿聲《通訓定聲》:"《詩·泉水》:'遄臻于衛。'"按,至者衆多則聚集,故有聚集之衍義。其字亦作"𧾷秦"。《玉篇·至部》:"臻,衆也。"《逸周書·商誓》:"今予惟明告爾,予其往追□紂,遂𧾷秦集之于上帝,天王其有命爾。"孔晁注:"𧾷秦與'臻'同。"漢桓寬《鹽鐵論·力耕》:"自京師東西南北,歷山川,經郡國,諸殷富大邦,無非街衢五通,商賈之所臻,萬物之所殖者。"

搸 聚集。《廣韻·臻韻》:"搸,聚也。"宋王觀國《學林·省文》:"《字書》曰:'搸搸,聚也。'"宋歐陽修《戕竹記》:"如是累日,地搸園禿。"

𧣴 角衆多而聚集。《廣韻·隱韻》:"𧣴,角齊多兒。"《集韻》所訓略同。

〔推源〕 諸詞俱有衆多、聚集義,爲秦聲所載之公共義。秦聲字"溱"亦可以假借字形式表此義,亦爲秦聲與衆多、聚集義相關聯之一證。《説文·水部》:"溱水,出桂陽臨武,入匯。从水,秦聲。"清朱駿聲《通訓定聲》:"〔假借〕爲'臻'。《詩·羔羊》:'室家溱溱。'傳:'衆也。'箋:'子孫衆多也。'"《後漢書·班固傳下》:"百穀溱溱,庶卉蕃蕪。"唐李賢注:"溱溱,盛貌。"按,聲符字"秦"从禾,所記録語詞爲地名,或以爲其地宜禾,則與衆多、聚集義或相通。《説文·禾部》:"秦,伯益之後所封國,地宜禾。从禾,舂省。一曰秦,禾名。𥠀,籀文秦从秝。"南唐徐鍇《繫傳》:"舂禾爲秦,會意字也。"清朱駿聲《通訓定聲》:"从禾,从舂省,會意。"按,秦聲可載衆多、聚集義,則"萃"可證之。

秦:從紐真部;

萃:從紐物部。

雙聲,真物旁對轉。"萃",衆多而聚集。《説文·艸部》:"萃,艸皃。"清朱駿聲《通訓定聲》:"按,艸聚皃。〔轉注〕《易·序卦》傳:'萃者,聚也。'《左昭七傳》:'萃淵藪。'……《小爾雅·廣言》:'萃,集也。'《詩·墓門》:'有鴞萃止。'《長門賦》:'翡翠脅翼而來萃兮。'"

(1458) 蟭榛篆(小義)

蟭 小蟬。《爾雅·釋蟲》"蜻,蜻蜻"晉郭璞注:"如蟬而小,《方言》云:'有文者謂之螓。"清郝懿行《義疏》:"今驗此蟬,棲霞人呼桑蠶蟟,順天人呼咨咨。其形短小,方頭廣額,體兼彩文,鳴聲清婉,若咨咨然。"按,郭璞所引爲《方言》卷十一文,其上文云:"(蟬)其小者謂之麥蚻。"則"蚻"與"蜻蜻"及"螓"異名而同物。《廣韻·真韻》:"螓,螓蜻,似蟬而小。"《詩·衛風·碩人》:"螓首蛾眉,巧笑倩兮,美目盼兮。"漢鄭玄箋:"螓謂蜻蜻也。"唐孔穎達疏:"舍人曰:'小蟬也。'青青者,某氏曰:'鳴蚻蚻者。'"

獉 小牛。《廣韻·真韻》:"獉,牛名。"明李時珍《本草綱目·獸部·牛》:"牛有獉牛、水牛二種。獉牛小而水牛大。獉牛有黃、黑、赤、白、駁雜數色。"清朱駿聲《説文通訓定聲·坤部·附〈説文〉不録之字》:"獉,《字略》:'牛名。'"

篆 小竹。元李衎《竹譜詳録·竹品譜·異形品下》:"篆竹,《玉篇》云:'小竹。'"亦指竹制小樂器。宋周密《武林舊事·小樂器》:"嵇琴,曹友聞;簫管,孫福;篆,劉運成;拍,侯諒。"

〔推源〕 諸詞俱有小義,爲秦聲所載之公共義。聲符字"秦"所記録語詞與小義不相涉,其小義乃秦聲所載之語源義。秦聲可載小義,"碎"可證之。

秦:從紐真部;

碎:心紐物部。

從心旁紐,真物旁對轉。"碎",破碎。《説文·石部》:"碎,䃺也。"清朱駿聲《通訓定聲》:"石䃺也。瓦曰瓴。《廣雅·釋詁一》:'碎,壞也。'《三》:'碎,散也。'《列子·黃帝》:'其碎之之怒也。'"按,凡物破碎則離散而變小,故有零碎、細小之衍義。《廣韻·隊韻》:"碎,細破也。"唐白居易《南湖早春》:"亂點碎紅山杏發,平鋪新綠水蘋生。"宋范成大《虎牙灘》:"辛夷碎花縣,瘦木老藤挂。"唯"碎"有小義,故有"碎小"之同義聯合式合成詞。宋馬永卿《嬾真子》卷五:"虔自謂其書雖多,而皆碎小之事也。"

(1459) 轃/襯(襯墊義)

轃 大車箱底板上的襯墊,以竹木製成。《説文·車部》:"轃,大車簀也。从車,秦聲。讀若臻。"清朱駿聲《通訓定聲》:"按,小車所藉者曰茵。"清段玉裁注:"簀者,牀棧也,大車之藉似之。小車謂之茵,車重席也。以虎皮者謂之文茵。大車謂之轃,竹木爲之。"《廣韻·先韻》:"轃,大車簀也。"

襯 襯衣。《玉篇·衣部》:"襯,近身衣。"《廣韻·震韻》:"襯,近身衣。"宋孟元老《東京夢華録·車駕宿大慶殿》:"兵士皆小帽黃繡抹額,黃繡寬衫,青窄襯衫。"引申爲襯墊義。唐李匡文《資暇集·茶托子》:"始建中蜀相崔寧之女,以茶盃無襯,病其熨指,取楪子承之。"《西遊記》第六十九回:"那馬斜伏地下睡哩。呆子一頓脚踢起,襯在肚下,等了半會,全不見撒尿。"

〔推源〕 此二詞俱有襯墊義,其音亦極相近且相通。

轃：莊紐真部；
櫬：初紐真部。

叠韻，莊初旁紐。則其語源當同。

551　敖聲

（1460）嗷傲贅磝駴獒勢鼇驁聱磝（高、大、强義）

嗷　哀號，亦指聲音嘈雜，皆大聲義。其字亦作"嗸"，下形上聲。《說文·口部》："嗷，眾口愁也。从口，敖聲。《詩》曰：'哀鳴嗷嗷。'"清朱駿聲《通訓定聲》："字亦作'嗸'。〔假借〕爲'嚻'。《楚辭·惜賢》：'聲嗸嗸以寂寥兮。'注：'呼聲也。'《漢書·劉向傳》：'讒口嗸嗸。'注：'眾聲也。'亦重言形況字。"按，當爲引申，非假借。《廣韻·豪韻》："嗸，眾口愁也。嗷，上同。"《晉書·外戚傳·王蘊》："今百姓嗷然，路有饑饉。"三國魏曹植《美女篇》："佳人慕高義，求賢良獨難。眾人徒嗷嗷，安知彼所觀？"

傲　高傲，自大。字亦作"慠""嫯"。《說文·人部》："傲，倨也。从人，敖聲。"清朱駿聲《通訓定聲》："與'嫯'微別，字亦作'慠'、作'憉'。《樂記》：'齊音傲僻喬志。'《莊子·天下》：'圖傲乎救世之士哉。'《江賦》：'冰夷倚浪以傲睨。'《賈子·道術》：'弟敬愛兄謂之悌，反悌爲傲。'〔假借〕爲'嫯'。《廣雅·釋詁三》：'傲，傷也。'"按，《說文·女部》"嫯"篆訓"侮易"，清段玉裁注改其解釋文爲"侮傷"，即傲慢義，非"傲"字之借。《集韻·號韻》："傲，或从心。"《吕氏春秋·侈樂》："勇者凌怯，壯者慠幼，從此生矣。"《晉書·王恬傳》："謝萬嘗造恬，既坐，少頃，恬便入內……久之乃沐頭散髮而去，據胡牀於庭中曬髮，神氣慠邁，竟無賓主之禮。"

贅　頭高。其字亦作右形左聲。《說文·頁部》："贅，贅顤，高也。从頁，敖聲。"清段玉裁注："當雲頭高也。"清朱駿聲《通訓定聲》："按，頭高也。字亦作'頶'。《廣雅·釋詁四》：'頶，高也。'"《廣韻·豪韻》："頶，高頭也。"

磝　山高。《集韻·號韻》："磝，山高皃。或書作'嶅'。"又"嶅，嶅嶅，山峻"。《字彙·山部》："嶅，同磝。"晉木華《海賦》："或屑沒於黿鼇之穴，或挂胃於岑嶅之峰。"唐李善注："嶅，《爾雅》曰：'山多小石曰嶅。'"按，"磝"之本義《說文》亦訓"山多小石"，即寓高出地面義。然《海賦》之"岑嶅"當非山多小石義，乃高義。《說文》同部"岑"篆訓"山小而高"，故有高之衍義。《方言》卷十二："岑，高也。""岑嶅"當爲同義聯合者，謂高。山峰陡峭，"山多小石"說有悖情理。

駴　駿馬，形體高大而力强者。《說文·馬部》："駴，駿馬。以壬申日死，乘馬忌之。从馬，敖聲。"清朱駿聲《通訓定聲》："字亦作'驁'。《吕覽·察今》：'良馬不期乎驥驁。'注：'千里馬也。'"《廣韻·豪韻》："驁，駿馬。"《古文苑·周宣王石鼓文》："左驂駴駴。"引申之則有傑出義,傑出即高於衆人。唐韓愈《薦士》:"有窮者孟郊,受材實雄驚。"

獒 形體高大力强之犬。《説文·犬部》:"獒,犬如人心可使者。从犬,敖聲。《春秋傳》曰:'公嗾夫獒。'"清段玉裁注改解釋文之"如"爲知。清朱駿聲《通訓定聲》:"《爾雅》:'狗四尺爲獒。'《釋文》引《説文》:'犬知人心。'《左宣二傳》……注:'猛犬也。'《書·旅獒·序》:'西旅獻獒。'"《廣韻·豪韻》:"獒,犬高四尺。"唐舒元輿《坊州按獄》:"攫搏如猛虎,吞噬若狂獒。"《正字通·犬部》:"獢,同'獒'。"前蜀貫休《送楊秀才》:"玻璃門外仙獢睡,幢節森森絳煙密。"

勢 豪傑字,後世借"豪"字爲之。豪傑即高於衆人者。《説文·力部》:"勢,健也。从力,敖聲。讀若豪。"清段玉裁注:"此豪傑真字,自叚'豪'爲之而'勢'廢矣。"《廣韻·豪韻》:"勢,俊健。"按,豪傑義雖棄其本字而以借字爲之,然其語詞存乎語言。所謂英豪即"英勢",英雄豪傑爲强者,故又有"豪强"之同義聯合式合成詞。

鼇 傳説中的大魚、大龜。字亦作"鰲"。《廣韻·豪韻》:"鼇,海中大鼇"。沈兼士《聲系》:"敦煌本《王韻》作'海中大鼈'。《集韻》同。"唐玄應《一切經音義》卷十九引《字林》:"鼇,海中大龜也,力負蓬、瀛、壺三山是也。"《正字通·魚部》:"鰲,俗'鼇'字。"《楚辭·天問》:"鼇戴山抃,何以安之?"漢王逸注:"《列仙傳》曰:有巨靈之鼇,背負蓬萊之山而抃舞。"宋洪興祖《補注》:"《玄中記》云:即巨龜也。"唐王維《送秘書晁監還日本國》:"鰲身映天黑,魚眼射波紅。"唐黄滔《融結爲河嶽賦》:"豈非斷乎鼇足之時,剖彼雞黄之日,二儀各立以交泰,一氣旁流而洋溢。"

? 長大貌。《玉篇·長部》:"?,長大皃。"《廣韻·豪韻》:"?,長大皃。"按,長與高實爲一義,縱曰高,横曰長。

? 蟹之大足。《廣韻·豪韻》:"?,蟹大脚也。"《正字通·骨部》:"?。蟹大足。亦作'螯'。"《荀子·勸學》:"蟹六跪而二螯,非蛇蟺之穴無可寄託者,用心躁也。"北齊顏之推《顏氏家訓·文章》:"《異物志》云:'擁劍狀如蟹,但一螯偏大爾。'"按,蟹大足亦强有力者。

磝 堅石,亦指土地堅硬。堅硬、堅强義亦相近而通。漢焦贛《易林·巽之蹇》:"磝磝秃白,不生黍稷,無以供祭,祇靈乏祀。"明李攀龍《太華山記》:"人從其隅上,南一里得厓,又盡磝,不可以穿繘自級也。"

〔推源〕 諸詞或有高義,或有大、强義,亦或兼有諸義。高、大、强義本亦通,故詞彙系統有"高大""强大""高强"之複音詞。諸義皆以敖聲載之,語源則同。聲符字"敖"爲"遨"之初文,所記録語詞謂出遊、遨遊,本與高、大、强義不相涉,然可以其聲韻另載大聲、自大、長等義。《説文·放部》:"敖,出游也。从出,从放。"清朱駿聲《通訓定聲》:"俗字作'遨'……《詩·柏舟》:'以敖以游。'《鹿鳴》:'嘉賓式燕以敖。'〔假借〕又爲'嚻'。《荀子·彊國》:'百姓讙敖。'……又爲'傲'。《爾雅·釋言》:'敖,傲也'《管子·宙合》:'若敖之柱棓也。'注:'慢而不恭曰敖。'……又重言形況字。《爾雅》:'仇仇、敖敖,傲也。'《詩·碩人》:'敖敖。'

傳：'長兒。'"敖聲可載高、大、強義，則"高"可證之。

敖：疑紐宵部；
高：見紐宵部。

疊韻，疑見旁紐。"高"，高低字，上下距離大，與"低"相對待。《説文·高部》："高，崇也。象臺觀高之形。"《吕氏春秋·愛類》："河出孟門，大溢逆流，無有丘陵沃衍、平原高阜，盡皆滅之，名曰鴻水。"《淮南子·脩務訓》："於是神農乃始教民播種五穀，相土地，宜燥濕肥墝高下。"漢高誘注："高，陵也；下，隰也。"引申爲大義。《戰國策·齊策一》："家敦而富，志高而揚。"漢高誘注："高，大也。"又，人之歲數大亦稱"高齡""年高"。"高"又有高強、高超義。《漢書·蓋寬饒傳》："寬饒自以行清能高，有益於國。"唯"高"有強義，故有"高強"之同義聯合式合成詞。宋司馬光《乞罷保甲劄子》："若一人闕額，有二人以上爭投者，即委本縣佐揀試武藝高強者充。"

（1461）傲聲驁（不順義）

傲 驕傲自大（見前條），引申爲執拗不順義。《資治通鑒·晉穆帝永和四年》："宣聞之，謂所幸楊杯、牟成、趙生曰：'兇豎傲愎乃敢爾！'"明唐順之《重修宜興縣學記》："故其器之備也，則自簡廉直温，剛塞恭願，至於中和孝友，皆能盡其微妙，而無有粗疏傲戾之氣。"

聲 不聽，不順從他人之意。《廣韻·豪韻》及《肴韻》："聲，不聽也。"唐元結《自釋書》："樊左右皆漁者，少長相戲，更曰聲叟。彼誚以聲者，爲其不相從聽，不相鉤加。"宋麻九疇《贈裕之》："賢人樂古聲猶在，聲叟文高世豈知。"引申之亦指不順利。宋蘇軾《上神宗皇帝書》："選人之改京官，常須十年以上，薦更險阻，計析毫釐，其間一事聲牙，常至終身淪棄。"

驁 馬不馴服。其字亦以"駥"爲之。《集韻·號韻》："駥，驕駥，馬怒。通作'驁'。"《正字通·馬部》："驁，馬驕不馴也。"清朱駿聲《説文通訓定聲·小部》："駥，〔假借〕又爲'傲'、爲'勢'。《匈奴傳·贊》：'其桀驁尚如此。'"按，"驁"當爲馬不馴服義之本字，非假借；作"傲""駥"則乃其引申義。《楚辭·遠遊》："服偃蹇以低昂兮，驂連蜷以驕驁。"漢王逸注："驂騑驕驁，怒顛狂也。"引申之亦指人傲慢不馴，朱氏所引《匈奴傳·贊》之"桀驁"即此義。《新唐書·劉闢傳》："時帝新即位，欲静鎮四方，即拜檢校工部尚書、劍南西川節度使。闢意帝可動，益驁蹇，吐不臣語，求統三川。"

〔推源〕 諸詞俱有不順義，爲敖聲所載之公共義。聲符字"敖"單用本可表傲慢自大義（見前條"推源"欄），當與不順義相通。然傲慢、不順義皆非"敖"之顯性語義，乃敖所載之語源義。敖聲可載不順義，則"拗"可證之。

敖：疑紐宵部；
拗：影紐幽部。

疑影鄰紐,宵幽旁轉。"拗",折,折斷。《廣韻·巧韻》:"拗,手拉。"《尉繚子·制談》:"將已鼓,而士卒相囂,拗矢,折矛,拖戟,利後發,戰自此數者,内自敗也。"按,凡折物,必與物之自然伸展方向相違戾,故"拗"有違戾、不順之衍義。《集韻·爻韻》:"拗,戾也。"元熊忠《古今韻會舉要·效韻》:"拗,心戾也。《玉篇》:拗捩固相違也。"唐元稹《哭女樊四十韻》:"和蠻歌字拗,學妓舞腰輕。"宋陳巖肖《庚溪詩話》卷下:"然近時學其詩者,或未得其妙處,每有所作,必使聲韻拗捩,詞語艱澀,曰'江西格'也。"

552　素聲

(1462) 塑/鑄(定型製造義)

塑　以泥造像,有其像爲參照,兼有定型、製造二義素。其字亦作"塑"。《廣韻·暮韻》:"塑,捏土容。出《古今奇字》。""塑,塑像也。"《集韻·莫韻》:"塑,或从素。"《資治通鑒·後漢隱帝乾祐二年》:"希廣信巫覡語,塑鬼於江上。"元胡三省注:"搏埴爲神鬼之形曰塑。"宋宋敏求《春明退朝錄》卷下:"龍圖閣直學士陳公簡夫留詩曰:'山稱孤獨字,廟塑女郎形。'"

鑄　鑄造。以液態金屬注入模型冷凝成器,亦兼有定型、製造二義素。《說文·金部》:"鑄,銷金也。从金,壽聲。"清朱駿聲《通訓定聲》:"《齊語》:'美金以鑄劍戟。'注:'冶也。'《淮南·俶真》:'冶金之鑄器。'"元戴侗《六書故·地理一》:"鑄,冶金寫之範中目爲器也。"

〔推源〕　此二詞俱有定型製造義,其音亦相近且相通。

塑:心紐魚部;

鑄:章紐幽部。

心章(照)鄰紐,魚幽旁轉。則其語源當同。按"塑"字乃以素聲載定型製造義,聲符字"素"从糸,所記録語詞謂白緻繒,許慎説。本與定型製造義不相涉,此義乃素聲所載之語源義。

(1463) 愫/誠(真誠義)

愫　真誠,感情真實。《正字通·心部》:"愫,情實也。《鄒陽傳》:'披腹心,見情愫。'"宋陳亮《進中興五論札子》:"臣嘗爲陛下有憂於此矣,嘗欲輸肝膽,效情愫,上書於北闕之下。"按,"情愫"本亦作"情素",乃借"素"作"愫"。《戰國策·秦策三》:"夫公孫鞅事孝公,極身毋二,盡公不還私,信賞罰以致治,竭智能,示情素,蒙怨咎,欺舊交。"

誠　真誠。《說文·言部》:"誠,信也。"清朱駿聲《通訓定聲》:"《説苑·反質》:'誠者一也。'《賈子·道術》:'志摻精果謂之誠。'《禮記·郊特牲》:'幣必誠。'注:'信也。'《孟子》:'反身而誠。'注:'實也。'"按,真誠則可信,"誠""信"二詞之義相通;又二者本可組成複音詞

"誠信"。

〔推源〕 此二詞俱有真誠義,其音亦相近且相通。

悇:心紐魚部;

誠:禪紐耕部。

心禪鄰紐,魚耕旁對轉。則其語源當同。

553 冓聲

(1464) 構遘講篝購覯溝媾斠搆(相交義)

構 架屋,即以木材相交接,故引申爲交合、交接義。《説文·木部》:"構,蓋也。从木,冓聲。"清朱駿聲《通訓定聲》:"从木、冓,會意,冓亦聲……《(淮南子)氾論》:'築土構木。'注:'架也。'《魯靈光殿賦》:'觀其結構。'〔轉注〕《詩·青蠅》:'構我二人。'……又《易·繫辭》:'男女構精。'皆交結會合之意。"按,所引《詩·小雅·青蠅》之"構"謂挑撥離間,唐孔穎達疏云:"構者,構合兩端,令二人彼此相嫌。"《廣韻·候韻》:"構,合也。"《韓非子·説疑》:"故爲人臣者破家殘晬,内構黨與,外接巷族以爲譽,從陰約結以相固也,虛相與爵禄以相勸也。"按"構"與"接"對文同義。

遘 相遇,相交接。《説文·辵部》:"遘,遇也。从辵,冓聲。"清朱駿聲《通訓定聲》:"《書·金縢》:'遘厲虐疾。'《詩·柏舟》:'遘閔既多。'《野有蔓艸》:'邂遘相遇。'《釋文》:'本作逅。'《楚辭·哀時命》:'夫何予生之不遘時?'"《廣韻·候韻》:"遘,遇也。"三國魏郭遐叔《贈嵇康》:"每念遘會,惟曰不足。昕往宵歸,常苦其速。"清毛奇齡《李女宗守志紀事》:"暨傲杭州,適遘隣人嚴氏女事而爲之狀。"

講 和解,意相交合、統一。《説文·言部》:"講,和解也。从言,冓聲。"清朱駿聲《通訓定聲》:"《西周策》:'而秦未與魏講也。'《史記·樗里子甘茂傳》:'與魏講罷兵。'"《戰國策·齊策二》:"秦攻趙,趙令樓緩以五城求講於秦,而與之伐齊。"漢高誘注:"講,和。"按,唯"講"之義爲和解,故有"講和"之複音詞。《新唐書·張説傳》:"始爲相時,帝欲事吐蕃,説密請講和以休息鄣塞。"

篝 熏籠,引申之亦指竹籆,皆篾片交結而成之物。《説文·竹部》:"篝,笭也,可熏衣。从竹,冓聲。宋、楚謂竹籆墻以居也。"清朱駿聲《通訓定聲》:"《方言》五:'篝,陳、楚、宋、魏之間謂之墻居。'注:'今熏籠也。'……《(史記)滑稽傳》:'甌窶滿篝。'《集解》:'籠也。'《史記·龜策傳》字作'簻'。……《楚辭·招魂》:'秦篝齊縷。'注:'絡也。'"按所引《楚辭》文宋洪興祖《補注》:"篝,籠也,笭也。"《廣韻·侯韻》:"篝,燻籠。"宋陸游《暮秋》:"甑香新菽粟,篝暖故衣裘。"宋周邦彦《花犯·小石·梅花》:"更可惜,雪中高樹,香篝薰素被。"

購 以重金收買,即交易義。《説文·貝部》:"購,以財有所求也。从貝,冓聲。"清朱駿聲《通訓定聲》:"《廣雅·釋言》:'購,償也。'《漢書·高帝紀》:'乃多以金購豨將。'注:'購,設賞募也。'《項籍傳》:'吾聞漢購我頭千金。'"《舊唐書·褚遂良傳》:"太宗嘗出御府金帛購求王羲之書迹。"引申之亦指以錢財結交他人。《魏書·楊播傳》:"蕭衍豫州刺史裴邃治合肥城,規相掩襲,密購壽春郭人李瓜花、袁建等令爲内應。"

覯 遇見,二人相逢、相交。《説文·見部》:"覯,遇見也。从見,冓聲。"清朱駿聲《通訓定聲》:"《詩·伐柯》:'我覯之子。'〔假借〕爲'遘'。《詩·柏舟》:'覯閔既多。'《綢繆》:'見此邂覯。'"按,當爲引申,非假借。《廣韻·候韻》:"覯,見也。"漢司馬相如《難蜀父老》:"僕常惡聞若説,然斯事體大,固非觀者之所覯也。"晉陶潛《答龐參軍》:"我求良友,實覯懷人。"

溝 水道,相交接而貫通者。《説文·水部》:"溝,水瀆,廣四尺,深四尺。从水,冓聲。"清朱駿聲《通訓定聲》:"《考工·匠人》:'九夫爲井,井間廣四尺,深四尺,謂之溝。'又《周禮·遂人》:'十夫有溝,溝上有畛。'《司險》:'設國之五溝五涂。'按,《匠人》井田之制,《遂人》鄉遂之制,而遂廣深各二尺,溝倍之,洫倍溝,澮廣二尋丈六尺,深二仞丈四尺,則從同。《易·説卦》傳:'坎爲溝瀆。'〔轉注〕《爾雅》:'水注谷曰溝。'此凡水相灌注之名。"

媾 重疊交互爲婚,引申之則有交好義。《説文·女部》:"媾,重婚也。从女,冓聲。《易》曰:'匪寇婚媾。'"清朱駿聲《通訓定聲》:"今所謂重重姻眷也。〔假借〕又爲'講'。《史記·平原君虞卿傳》:'不如發重使而爲媾。'《集解》:'求和曰媾。'"按,求和即交好,當爲本義之引申,非假借。"媾"當爲遠古定族對偶婚之遺制,徽歙人稱之爲"親上親"。《左傳·隱公十一年》:"唯我鄭國之有請謁焉,如舊昏媾,其能降以相從也。"晉杜預注:"婦之父曰昏,重婚曰媾。"又許慎所引《易·屯》文唐孔穎達疏:"馬季長云:'重婚曰媾。'"

斠 量穀物時用器具使穀物與斗斛平齊。《説文·斗部》:"斠,平斗斛也。从斗,冓聲。"南唐徐鍇《繫傳》:"斠,量之。今作'較'。"清朱駿聲《通訓定聲》:"《月令》:'角斗甬。'以'角'爲之……凡較量、校讎、權酤、揚搉字,疑皆當作此爲正文。"唐程晏《蕭何求繼論》:"蕭何爲法,斠若畫一。"其"斠"字《漢書·蕭何傳》異文作"講",唐顏師古注:"講,或作'校'。"其説與徐鍇同。按,"斠"即相齊平、相交之義,其字或以"較"爲之,"較"爲亦聲字,所記録語詞謂車箱旁板上的横木,有相交義。

搆 交接,交結。《孟子·告子下》:"吾聞秦楚搆兵,我將見楚王説而罷之。"《國語·晉語三》:"穆公歸,至于王城,合大夫而謀曰:'殺晉君,與逐出之,與以歸之,與復之,孰利?'公子縶曰:'殺之利,逐之,恐搆諸侯。'"

〔推源〕 諸詞俱有相交義,爲冓聲所載之公共義。冓聲字"顜"亦可以其假借字形式表心相交、相和協義。清魏源《海運全案序》:"僚屬輯力,文武顜心。"亦爲冓聲與相交義相關聯之一證。聲符字"冓"之甲骨文形體結構象兩魚相遘遇,爲"遘"之初文。楊樹達《卜辭求義·侯部》:"《戩壽》十七葉之九云:'△酉卜,遂貞,王賓歲,不冓大雨。'王國維云:'冓,讀爲遘。"按,"冓"亦爲"構"之初文。《説文·冓部》:"冓,交積材也。"清朱駿聲《通訓定聲》:"即結冓、冓造字。〔假借〕爲'篝'。《詩·墻有茨》:'中冓之言。'按,謂房室籠笴之地。"按,許慎"冓"字之形體結構分析不確。"構""遘"俱爲"冓"之分化字。結構、構造字本作"冓"不誤,然非"篝"之假借。朱氏所引《詩》之"中冓"即"中構",謂内室。綜言之,本條諸詞相交義爲其聲符"冓"所承載之顯性語義。冓聲可載相交義,則"交"可證之。

冓:見紐侯部;
交:見紐宵部。

雙聲,侯宵旁轉。"交",交叉。《説文·交部》:"交,交脛也。从大,象交形。"按,象人脛交叉形,所訓"交脛"爲形體造意,其本義即交叉。或以爲"交"之本義即骹,實非。"骹"之古字作"交"不誤,然"骹"謂脛股,"交"指交叉。《詩·秦風·小戎》:"虎韔鏤膺,交韔二弓。"《孟子·滕文公上》:"獸蹄鳥迹之道交於中國。"引申之則有結交、交接、交替、交合等義。

(1465) 膊鏂艚(彎曲義)

膊 足曲處。唐玄應《一切經音義》卷十四:"膊中,相承古侯反,脚曲膊也。"《集韻·侯韻》:"膊,足曲也。"《四分律》卷五十五:"佛言偷蘭遮,在膊中曲脚間,脅邊乳間,腋下耳鼻中。"

鏂 鈎子,彎曲之物。《集韻·侯韻》:"鈎,或作'鏂'。"《説文·金部》:"鈎,曲也。"清段玉裁注改其解釋文爲"曲鈎也。"清朱駿聲《通訓定聲》:"曲鈎也……《晉語》:'申孫之矢,集於桓鈎。'注:'帶鈎也。'"清平步青《霞外攟屑·釋諺·帳鏂》:"帳鏂之鏂,今人多書作'鈎'。"晉葛洪《西京雜記》卷六:"銅帳鏂一具,或在牀上或在地下,似是糜朽而銅鏂墮落。"

艚 艚艘,大舟。字亦作"舳艘""舳艫"。《廣韻·侯韻》:"舳,舳艫,船名。"《集韻·侯韻》:"舳,或从冓。"《三國志·吳志·吕蒙傳》:"蒙至尋陽,盡伏其精兵艚艫中,使白衣摇櫓,作商賈人服,晝夜兼行。"晉楊泉《物理論》:"夫工匠經涉河海,爲舳艫以浮大川。"按,人體屈曲不伸稱"佝僂",大舟稱"艚艘"亦當寓曲義。蓋其舟愈大,凹愈深,側板斜而首尾上翹,船身呈元寶形。

〔推源〕 諸詞俱有彎曲義,爲冓聲所載之公共義。聲符字"冓"所記録語詞與彎曲義不相涉,其彎曲義乃冓聲所載之語源義。冓聲可載彎曲義,"句"可證之。"冓""句"同音,見紐雙聲,侯部疊韻。"句",彎曲。《説文·句部》:"句,曲也。从口,丩聲。"清段玉裁注:"古音總如鈎。後人句曲音鈎,章句音屨。又改句曲字爲'勾'。"清朱駿聲《通訓定聲》:"正當讀如今言'鈎',俗作'勾'……《考工·廬人》:'句兵欲無彈。'《弓人》:'覆之而角至,謂之句弓。'《禮記·月令》:'句者畢出。'《禮·斗威儀》:'山車垂句。'《尚書大傳》:'古之人衣上有冒而句領者。'注:'繞頸也。'《淮南·氾論》:'豈必褒衣博帶句襟委章甫哉!'……《淮南·脩務》:'拘句枉。'注:'曲枝也。'"

(1466) 講構（謀劃義）

講 謀劃。《廣韻·講韻》："講，謀也。"清朱駿聲《説文通訓定聲·需部》："講，《左莊三十二傳》：'雩講于梁氏。'《襄五傳》：'講事不令。'"按，朱氏所引《左傳·襄公五年》文晉杜預注："講，謀也。言謀事不善，當聚致賢人以定之。"《左傳·隱公五年》："故講事以度軌，量謂之軌。"《續資治通鑑·宋理宗淳祐十二年》："癸丑，帝諭輔臣：'方田事，且令近城爲之，游擊軍當招水，步各半。'謝方叔等曰：'容講行之。'"按，"講"字從言，其所記錄語詞之本義爲和解（見前第1450條），和解以言，求和則即謀劃和好，故"講"之謀劃義爲其本義之引申。

構 謀劃。清朱駿聲《説文通訓定聲·需部》："構，〔假借〕又爲'講'。《廣雅·釋詁三》：'成也。'……《淮南·説林》：'文王與諸侯構之。'注：'謀也。'"按，"構"之本義爲架屋，故造成、謀劃義皆其衍義，非假借。《晉書·石季龍載記上》："季龍以其構思精微，賜爵關內侯，賞賜甚厚。"《金史·完顏匡傳》："匡欲專定策功，遂構殺李氏。"

〔推源〕 此二詞俱有謀劃義，爲冓聲所載之公共義。構造字本以其聲符"冓"爲之，構造、圖謀二義相通，上已述。冓聲可載謀劃義，則"畫"可證之。

冓：見紐侯部；

畫：匣紐錫部。

見匣旁紐，侯錫旁對轉。"畫"，劃分界限，引申爲繪畫、圖畫義，又引申爲圖謀、謀劃義。《説文·畫部》："畫，界也。象田四界，聿所以畫之。"清朱駿聲《通訓定聲》："《左襄四傳》：'畫爲九州。'注：'分也。'……《爾雅·釋言》：'畫，形也。'《釋名》：'畫，繪也，以五色繪物象也。'〔轉注〕《史記·屈賈傳》：'章畫職墨。'《索隱》：'計畫也。'《列子·天瑞》：'畫其終。'《釋文》：'計策也。'《漢書·匈奴傳》：'石畫之臣甚衆。'"按，朱氏所稱"轉注"實即引申。唯"畫"有謀義，故有"謀劃"之複音詞。其"劃"字從畫得聲，後世以爲謀劃、計劃、策劃字，本皆以"畫"爲之。

554 馬聲

(1467) 禡瘍䲽（馬義）

禡 師旅停馬祭祀。《説文·示部》："禡，師行所止，恐有慢其神，下而祀之曰禡。從示，馬聲。《周禮》曰：'禡於所征之地。'"清朱駿聲《通訓定聲》："《詩·皇矣》：'是類是禡。'傳：'於野曰禡。'〔聲訓〕《漢書·叙傳》：'禡者，馬也。'"《廣韻·禡韻》："禡，師旅所止地祭名。"《漢書·叙傳下》："類禡厥宗。"唐顔師古注："至所征伐之地，表而祭之謂之禡。禡者，馬也。"《資治通鑑·隋煬帝大業十年》："癸亥，至臨渝宮，禡祭黃帝。"

瘍 牛馬病。《廣韻·諫韻》及《禡韻》："瘍，牛馬病。"《集韻·諫韻》："瘍，畜病。"

鰢 海蝦,善游於水,猶馬善行於陸地,故稱"鰢"。《正字通·魚部》:"鰢,此即海鰕名水馬者。俗作'鰢'。"清李元《蠕範·物匹》:"䰡,鰢也,水馬也,海馬也,水鱉也,水蛆也,水爬蟲也,鰕扒蟲也。馬首鰕身,大腹硬背,背傴僂有竹節文,其尾刺人如蝎。雄者黄,雌者黑,長二三寸。"

〔推源〕 諸詞俱有馬義,爲馬聲所載之公共義。聲符字"馬"所記録語詞本即謂馬。《説文·馬部》:"馬,怒也,武也。象馬頭髦尾四足之形。"《易·屯》:"六二,屯如邅如,乘馬班如。"本條諸詞之馬義爲其聲符"馬"所載之顯性語義。

555 袁聲

(1468) 遠褑猨(長義)

遠 空間距離大、長,引申之亦指時間長。《説文·辵部》:"遠,遼也。从辵,袁聲。"清朱駿聲《通訓定聲》:"《爾雅·釋詁》:'遠,遐也。'……《禮記·王制》:'屏之遠方。'注:'九州之外也。'……《樂記》:'窮高極遠,而測深厚。'注:'高遠三辰也。'《曲禮》:'旬之外曰遠某日。'《儀禮·士冠禮》:'則筮遠日。'"《廣韻·阮韻》:"遠,遥遠也。"按,唯"遠"有長義,故有"長遠"之同義聯合式合成詞,指空間之長,亦指時間之長。漢劉向《九嘆·遠逝》:"日杳杳而西頹兮,路長遠而窘迫。"《新唐書·武平一傳》:"願思抑損之宜、長遠之策,推遠時權,以全親親。"

褑 長衣,亦指佩玉之帶,形長之物。其字亦作"褑"。《篇海類編·衣服類·衣部》:"褑,同'褑'。"《爾雅·釋器》:"佩衿謂之褑。"《集韻·元韻》:"褑,衣也。"宋王栐《燕翼詒謀録》卷五:"中興以後,駐蹕南方,貴賤皆衣黲紫,反以赤紫爲御愛紫,亦無敢以爲衫袍者,獨婦人以爲衫褑爾。"金董解元《西廂記諸宫調》卷七:"青衫忒離俗,裁得暢可體,褑兒是吴綾,件件都受取。"

猨 長臂獸,字亦作"蝯""猿"。《説文·虫部》:"蝯,禺屬。从虫,爰聲。"清朱駿聲《通訓定聲》:"从虫、从爰,會意,爰亦聲。字亦作'猨'、作'猿'。《爾雅·釋獸》:'猱蝯善援。'按,爲謂之獮猴,猴之長尾者謂之猱,老而大者謂之玃,其長臂者謂之蝯,登攀尤捷,能嘯,其聲哀,色黑,蝯之白腰者爲獑胡。《南山經》:'堂庭之山多白猨。'"《玉篇·犬部》:"猨,似獮猴而大,能嘯。猿,同'猨'。"《廣韻·元韻》:"猿,俗(蝯)。"《字彙·犬部》:"猿,禺屬。似猴,長臂,善攀援樹枝。"今按,"蝯""猨""猿"所指稱同,然其構詞理據有别。稱"蝯""猨",謂其善攀援,聲符字"爰"本爲"援"之初文,有援引、攀援義;稱"猿",則謂其臂長,臂長爲其顯著特徵。據特徵以命物,爲其通例。朱氏所引《山海經·南山經》文晉郭璞注:"今猿似獮猴而大,臂脚長,便捷。"漢劉向《説苑·叢談》:"猿猴失木,禽於狐貉者,非其處也。"

〔推源〕 諸詞俱有長義,爲袁聲所載之公共義。聲符字"袁"所記録語詞爲衣長,當爲

"裷"之初文。《説文·衣部》:"袁,長衣兒。从衣,叀省聲。"黃侃《蘄春語》:"袁,俗字作裷、褑,皆見《集韻》。吾鄉或謂長裼(即衫子)爲長褑,讀王眷切。閭里書師所作七言雜字云'絮袴縣襖青長褑'是也。"然則本條諸詞之長義爲其聲符"袁"所載之顯性語義。袁聲可載長義,則"遐"可證之。

袁:匣紐元部;
遐:匣紐魚部。

雙聲,魚元通轉。"遐",與"邇"相對待,謂遠,即空間距離大。《廣韻·麻韻》:"遐,遠也。"漢桓寬《鹽鐵論·備胡》:"故人主得其道,則遐邇潛行而歸之,文王是也。"引申爲長遠義,即時間長。《詩·小雅·鴛鴦》:"君子萬年,宜其遐福。"宋朱熹《集注》:"遐,遠也。"前蜀杜光庭《衆補修三會醮詞》:"制魄拘魂,各遂修生之望;迴凶變吉,咸開遐永之程。"

(1469) 園/淵(匯聚義)

園 園圃。《説文·囗部》:"園,所以樹果也。从囗,袁聲。"清朱駿聲《通訓定聲》:"《三蒼》:'種樹曰園。'《周禮·太宰》:'園圃毓草木。'注:'樹果蓏曰圃,園其樊也。'《載師》:'以場圃任園地。'注:'樊圃謂之園。'《易·賁》:'于丘園。'《詩·將仲子》:'無踰我園。'"《廣韻·元韻》:"園,園圃。"按,園圃爲果、木、菜蔬等物匯聚之地,故引申爲匯聚義。漢司馬相如《上林賦》:"脩容乎《禮》園,翱翔乎《書》圃。"

淵 回水,深淵。《説文·水部》:"淵,回水也。从水,象形,左右岸也,中象水貌。"清朱駿聲《通訓定聲》:"《吳都賦》:'泓澄奫潫。'注:'迴復之貌。'《管子·度地》:'水出地而不流,命曰淵水。'……《論語》:'如臨深淵。'孔注:'潭也。'"引申爲匯聚義。《書·武成》:"(商王)爲天下逋逃主,萃淵藪。"僞孔傳:"淵,府。"宋范成大《吳船録》卷上:"中可數十步,兩溪合爲一以投大壑,淵渟凝湛,散爲餕灘。"

〔推源〕 此二詞俱有匯聚義,其音亦相近且相通。

園:匣紐元部;
淵:影紐真部。

匣影鄰紐,元真旁轉。然則語源當同。

556 殼聲

(1470) 穀榖縠縠(外皮義)

穀 穀類總名。按,穀類皆有堅硬外殼或外皮,故稱"穀"。《説文·禾部》:"穀,續也,百穀之總名。从禾,殼聲。"清朱駿聲《通訓定聲》:"百穀者,稻、粱、菽各二十,蔬、果助穀各二十也。然《國語》百穀百蔬並言，《易》言百穀草木，言百果甲坼，疑蔬果不得並于穀數。謂之百者，多種之詞耳……《管子·山權數》：'穀者，民之司命也。'《書·古太誓》：'五至，以穀俱來。'鄭注：'蓋牟麥也。'"《廣韻·屋韻》：'穀，五穀也。榖，俗。'"按，凡穀類皆中有米而外有皮，故其字又从米。《太平廣記》卷十一引晉葛洪《神仙傳·泰山老父》："臣年八十五時，衰老垂死，頭白齒落，遇有道者教臣絕穀，但服朮飲水。"

骰 皮甲。《五音集韻·覺韻》："骰，皮甲。"按即外皮秤甲之謂。

㲉 物之外皮。《集韻·覺韻》："㲉，卵孚也。一曰物之孚甲。或从皮。"按，"㲉"與"殼"非異體字。"㲉"爲外皮義正字；"殼"表此義，乃引申。

㲉 鳥卵。《廣韻·屋韻》："㲉，卵也。"又《覺韻》："㲉，鳥卵。"晉束皙《近遊賦》："貫雞㲉於歲首。"按，卵有堅硬外殼，故引申爲外殼、外皮義。唐王建《雉將雛》："雉咿喔，雛出㲉。"

〔推源〕 諸詞俱有外皮義，爲殼聲所載之公共義。聲符字"殼"从殳，謂擊，然可以其聲韻另載外皮、外殼義。《説文·殳部》："殼，从上擊下也。从殳，青聲。"清朱珔《假借義證》："俗作'殼'，以爲卵殼，字或作'㲉'。"清朱駿聲《通訓定聲》："《七命》：'剖椰子之殼。'注：'凡物内盛者皆謂之殼。'《思玄賦》：'玄武縮於殼中兮。'舊注：'殼，甲。'"殼聲可載外皮義，則"廓"可證之。

殼：溪紐屋部；

廓：溪紐鐸部。

雙聲，屋鐸旁轉。"廓"，有大義，又有空義，空而大則如物之空殼，故"廓"又有外圍、外層義，此與外皮義通，同源詞之語義關係本有相通者。《晏子春秋·外篇下十一》："婢妾，東廓之野人也。"按"廓"謂外城。隋王度《古鏡記》："辰畜之外，又置二十四字，周遶輪廓，文體似隸。"按，"廓"字从郭得聲，聲符字"郭"所記録語詞謂外城，又郭聲字所記録語詞"椁"謂外棺，皆可爲證。

（1471）榖縠（堅義）

榖 木名，其皮甚堅，故名"榖"。《説文·木部》："榖，楮也。从木，㱿聲。"清朱駿聲《通訓定聲》："惡木，皮可作紙。《詩·鶴鳴》：'其下唯榖。'陸疏：'楮，幽州人謂之榖桑。'《書·咸乂·序》：'桑榖共生于朝。'《南山經》：'祝餘狀如榖而黑理。'注：'亦名構。'"明徐光啓《農政全書》卷三十八："《農桑通訣》曰：南方鄉人以榖皮作衾，甚堅好。"按，榖皮多纖維，其性堅韌，故可爲紙。

縠 酒母，堅築成餅，故名"縠"。《説文·麥部》："縠，餅麴也。从麥，㱿聲。讀若庫。"清朱駿聲《通訓定聲》："謂麴堅築之成餅也。《方言》十三：'縠、䴷、䴬、䴺、䴼、䴷、䴽，麴也。'"清段玉裁注："餅麴者，堅築之成餅也。"《廣韻·屋韻》："縠，餅麴。"

〔推源〕 此二詞俱有堅義,爲㱿聲所載之公共義。前條"殻""㱿""㱿""穀"謂物之堅硬外皮、外殼,本有堅之義素。又聲符字"殳"單用亦可指堅硬外皮,又有堅訓。《字彙補·殳部》引《集韻》:"殳,堅固也。"清朱駿聲《説文通訓定聲·需部》:"殳,字亦作'㱿',卵外堅也。"清桂馥《説文解字義證·殳部》:"殳,《字書》:'殳,外堅也。'"殳聲可載堅義,則"確"可證之。

殳:溪紐屋部;
確:溪紐藥部。

雙聲,屋藥(沃)旁轉。"確",堅固。《玉篇·石部》:"確,堅固也。"《廣韻·覺韻》:"確,靳固也。"《漢書·師丹傳》:"關内侯師丹端誠於國,不顧患難,執忠節,據聖法,分明尊卑之制,確然有柱石之固,臨大節而不可奪,可謂社稷之臣矣。"按,"確"有堅固義,故有"確固"之同義聯合式合成詞。唐柳宗元《與顧十郎書》:"然則當其時而確固自守,蓄力秉志,不爲向者之態,則於勢之異也,固有望焉。"引申之,"確"又有堅定、堅決等義。

(1472) 㝅鷇縠(小義)

㝅 小兒。字亦作"穀""㝅"。清朱駿聲《説文通訓定聲·需部》:"㝅,《廣雅·釋親》:'子也。'……《荀子·禮論》:'君子以倍叛之心接,臧㝅,猶且羞之。'按即《莊子》之'臧穀'也。"按,朱氏所引《廣雅》之"㝅"異文作"㝅",清王念孫《疏證》云:"㝅之言孺,字本作'㝅'。"《集韻·厚韻》:"㝅,或作'穀'。"《莊子·駢拇》:"臧與穀,二人相與牧羊而俱亡其羊。"唐陸德明《釋文》:"穀,崔本作'㝅',云:'孺子曰㝅。'"按,"穀"爲聲符相同之假借字。

鷇 待哺食的小鳥,引申之則亦指小鷄、小雀等。《説文·鳥部》:"鷇,鳥子生哺者。从鳥,㱿聲。"清朱駿聲《通訓定聲》:"生而須母哺者曰鷇,生而能自嚼者曰雛。《廣雅》:'鷇,雛也。'《方言》八:'爵子及雞雛皆謂之鷇。'《魯語》:'鳥翼鷇卵。'《漢書·東方朔傳》:'鳥哺鷇也。'《五行志》:'有二蔵鷇燒死。'《莊子·天地》:'夫聖人鶉居而鷇食。'《列子·湯問》:'視來丹猶雛鷇也。'"《廣韻·候韻》:"鷇,鳥子。"按,朱氏所引《國語·魯語上》文三國吳韋昭注:"翼,成也。生哺曰鷇,未乳曰卵。"

縠 小猪。《説文·豕部》:"縠,小豚也。从豕,㱿聲。"清朱駿聲《通訓定聲》:"《左傳》晉先縠,字彘子,以'縠'爲之。《廣雅·釋獸》:'縠,豰也。'按,豰爲牡豚,其説小異。〔別義〕《爾雅》:'貘,白狐,其子縠。'注:'一名執夷,虎豹之屬。'"清段玉裁注:"豚者,小豕也。《左傳》……縠即縠字。"按,"縠"指貘之幼子當爲引申。《廣韻·屋韻》:"縠,獸名,似豹而小,食獼猴。又名黄腰。案《説文》作'豰',犬屬。"

〔推源〕 諸詞俱有小義,爲㱿聲所載之公共義。聲符字"㱿"所記録語詞之顯性語義系列與小義不相涉,其小義乃㱿聲所載之語源義。按,奚聲字所記録語詞"傒""豯""鼷""騱""溪""騱"俱有小義,參本典第七卷"602. 奚聲"第1585條。㱿聲、奚聲本相近且相通。

殼：溪紐屋部；

奊：匣紐支部。

溪匣旁紐，屋支旁對轉。然則可相互爲證。又，熒聲字所記録語詞"嫈"謂小心態，"濴"爲小水，"蓉"指小瓜，"謍"者小聲，"螢"爲發出微小光亮之蟲，亦俱有小義（參本典第九卷"819. 熒聲"），殼聲、熒聲亦相近且相通。

殼：溪紐屋部；

熒：匣紐耕部。

溪匣旁紐，屋耕旁對轉。然則亦可相互爲證。

(1473) 㲉愨（純樸義）

㲉 未燒的磚瓦、陶器等，其名寓純樸義。《説文·缶部》："㲉，未燒瓦器也。从缶，殼聲。"清朱駿聲《通訓定聲》："《廣雅·釋言》：'㲉，培也。'謂壞也，今本作'穀'，誤。"清王筠《句讀》："《土部》坏，瓦未燒……筠案《集韻》引《廣雅》：'㲉，培也。''培'即'坏'之借字。"《廣韻·屋韻》："㲉，未燒瓦。"又《尤韻》："㲉，未燒瓦器。"

愨 性情忠厚，純樸。《説文·心部》："愨，謹也。从心，殼聲。"清朱駿聲《通訓定聲》："《廣雅·釋詁四》：'懂也。'《周書·諡法》：'行見中外曰愨。'《禮記·祭義》：'其親也愨。'疏：'謂質愨。'《禮器》：'不然則已愨。'注：'愨，慤愿皃。'《檀弓》：'殷已愨。'《淮南·主術》：'其民樸重端愨。'注：'誠也。'"按，"慤"乃俗體。《正字通·心部》："慤，俗'愨'字。"《廣韻·覺韻》："愨，謹也，愿也，誠也。"

〔**推源**〕 此二詞俱有純樸義，爲殼聲所載之公共義。聲符字"殼"所記録語詞本有"素"訓，即樸素、純樸義。《説文·殳部》："殼，一曰素也。"清朱駿聲《通訓定聲》："〔假借〕爲'㲉'……按瓦器未燒爲㲉，猶木石之樸也，即壞。"殼聲可載純樸義，則"厚"可證之。

殼：溪紐屋部；

厚：匣紐侯部。

溪匣旁紐，屋侯對轉。"厚"，厚薄字。《説文·𠩺部》："厚，山陵之厚也。从𠩺，从厂。𠪯，古文厚，从后、土。"清朱駿聲《通訓定聲》："𠩺亦聲……《禮記·樂記》：'窮高極遠，而測深厚。'注：'深厚，山川也。'《左隱元傳》：'厚將崩。'《素問·五常政大論》：'見于厚土。'注：'山也。'"《廣韻·厚韻》及《候韻》："厚，厚薄。"按，引申之則有忠厚義，則其義與"愨"同，即性情純樸之謂。《書·君陳》："惟民生厚，因物有遷。"僞孔傳："言人自然之性敦厚。"《史記·高祖本紀》："周勃重厚少文，然安劉氏者必勃也，可令爲太尉。"

(1474) 㝅穀𪉈𪉈（養育義）

㝅 哺乳，即養育之謂。《説文·子部》："㝅，乳也。从子，殼聲。"清朱駿聲《通訓定聲》："字亦作'唿'。《廣雅·釋詁一》：'生也。'……《左宣四傳》：'楚人謂乳毂。'"清段玉裁注："謂既生而乳哺之也。"《廣韻·厚韻》："毂，乳也。"又《候韻》："毂，乳也。"《集韻·厚韻》："毂，乳子也。或作'㱿'。"又云："或作'唿'。"

穀 穀類之總稱，見前第1470條。穀類爲養民之物，故有養育之衍義。《廣雅·釋詁一》："穀，養也。"清朱駿聲《説文通訓定聲·需部》："穀，〔轉注〕又訓養。《詩·小弁》：'民莫不穀。'《甫田》：'以穀我士女。'《周禮·大宗伯》：'子執穀璧。'注：'穀所以養人。'"三國魏曹植《賞罰令》："穀千駑馬，不如養一驥。"按，"穀""養"對文同義。

毂 哺乳。《集韻·厚韻》："毂，乳子也。"亦指乳，乳則爲養育幼兒者。《正字通·女部》："毂，乳之異名。"

鷇 待哺食的小鳥，見前第1472條，本寓養育之義素。

〔推源〕 諸詞俱有養育義，爲殳聲所載之公共義。聲符字"殳"所記録語詞與養育義不相涉，其養育義乃殳聲所載之語源義。殳聲可載養育義，"育"可證之。

殳：溪紐屋部；

育：余紐覺部。

余(喻四)本有舌根音一類，與溪爲旁紐，屋覺對轉。"育"，生育，生則養之，故又有養育義。《説文·㐬部》："育，養子使作善也。从㐬，肉聲。《虞書》曰：'教育子。'毓，育或从每。"清朱駿聲《通訓定聲》："《爾雅·釋詁》：'育，養也。'又'長也'。《廣雅·釋詁一》：'育，生也。'《易·漸》：'婦孕不育。'《書·盤庚》：'無遺育。'《詩·生民》：'載生載育。'《蓼莪》：'長我育我。'"

557 耆聲

(1475) 鬐鰭蓍(長、久義)

鬐 馬頸上的長毛。《玉篇·髟部》："鬐，鬣也。"《爾雅·釋畜》："青驪繁鬣騥。"清郝懿行《義疏》："鬣，馬髮也。"唐慧琳《一切經音義》卷十四引《考聲》："髮，馬鬣也。"《廣韻·脂韻》："鬐，馬項上鬐也。"明李時珍《本草綱目·獸部·馬》："鬐，即鬣也。一名鬣。"按，"髮"字《説文》正作"鬣"。《尉繚子·制談》："天下諸國助我戰，猶良驥騄駬之駛，彼駑馬鬐興角逐，何能紹吾氣哉？"虛化引申爲長義。唐段成式《酉陽雜俎·夢》："嘗夢大樹，樹忽穴，有小兒青摺鬐髮，自穴而出，語秦曰：'合土尊師。'"

鰭 魚鰭，形長如刺之物。《廣韻·脂韻》："鰭，魚脊上骨。"《文選·郭璞〈江賦〉》："揚鰭掉尾，噴浪飛唌。"唐劉良注："揚舉其鰭鬣，摇掉其尾也。"唐李白《酬中都吏攜斗酒雙魚于逆旅見贈》："雙鰓呀呷鰭鬣張，蹳剌銀盤欲飛去。"按，"鰭"之名當寓長義，故其字亦以"耆"

爲之,言其物長如馬頸之長毛;字亦作"鬐",則其長義益顯。"鰭""鬐""䰽"三者均以者聲載長義。《文選·木華〈海賦〉》:"巨鱗插雲,鬐鬣刺天。"唐李善注:"鬐,魚背上鬣也。"北魏酈道元《水經注·漣水》:"歷石魚山下,多玄石。山高八十餘丈,廣十里,石色黑而理若雲母。開發一重,輒有魚形,鱗䰽首尾,宛若刻畫。"

蓍 蓍草,多年生草本。"蓍"即時間長久之草。大徐本《説文·艸部》:"蓍,蒿屬。生十歲,百莖。《易》以爲數:天子蓍九尺,諸侯七尺,大夫五尺,士三尺。从艸,耆聲。"清段玉裁注本作:"生千歲,三百莖。"清朱駿聲《通訓定聲》:"生千歲,三百莖。宋本《説文》:'生十歲,百莖。'……《尚書大傳》:'蓍百年一本生百莖。'……《詩·下泉》:'浸彼苞蓍。'〔聲訓〕《白虎通》:'蓍之言耆也,蓍陽之老也。'"《廣韻·脂韻》:"蓍,蒿屬。筮者以爲策。《説文》云:'蓍生千歲三百莖。'"按,古者稱人年老爲"耆",年老即歲月長久。唐楊炯《常州刺史伯父東平楊公墓誌銘》:"言旋舊國,保兹蓍艾。"清褚人穫《堅瓠秘集·守龜》:"古人目老成人則曰國之蓍蔡。"

〔推源〕 諸詞俱有長、久義,爲者聲所載之公共義。聲符字"耆"所記録語詞謂六十歲老人,則本有長久之義。《説文·老部》:"耆,老也。从老省,旨聲。"清朱駿聲《通訓定聲》:"《爾雅·釋詁》:'耆,長也。'《禮記·曲禮》:'六十曰耆。'《王制》:'耆老皆朝于庠。'《射義》'耆耋好禮。'〔聲訓〕《禮記·曲禮》'賀瑒'注:'耆,至也,至老境也。'"然則本條諸詞之長、久義爲其聲符"耆"所載之顯性語義。耆聲可載長、久義,則"頎"可證之。

耆:群紐脂部;

頎:群紐文部。

雙聲,脂文旁對轉。"頎",修長。《廣韻·微韻》:"頎,長皃。"清朱駿聲《説文通訓定聲·屯部》:"頎,《説文》徐鍇本有此字,姑附於此。《詩·碩人》:'碩人其頎。''猗嗟':'頎而長兮。'傳:'頎,長貌。'"按,《類篇》引《説文》:"頎,一曰長皃。"《孔子家語·辯樂》:"近黮而黑,頎然長,曠如望羊,奄有四方。"晉王肅注:"頎,長貌。"

(1476) 楮捔(支撐義)

楮 柱脚,支撐柱身者,故引申爲支撐義。《説文·木部》:"楮,柱砥,古用木,今以石。从木,者聲。《易》:'楮恆凶。'"清朱駿聲《通訓定聲》:"蘇俗謂之柱磉石。《易·恆》……按,恆上變爲鼎鉉,宜在上,故大吉楮;宜在下,在上故凶。〔轉注〕《爾雅·釋言》:'楮,柱也。'今支柱字皆以'支'爲之。"按,朱氏所云"轉注"即引申,所引《爾雅》文晉郭璞注:"相楮柱。"晉葛洪《抱朴子·仙藥》:"未得作丹,且可服之,以自楮持耳。"《太平廣記》卷三百七十四引《玉笥山録》:"偶入郁木山下,見兩座青石,楮一條白玉梁於巖下。"

捔 支撐。《洪武正韻·支韻》:"捔,捔搛。"按,"捔搛"當爲同義聯合式合成詞。《玉篇·手部》:"搛,斜拄也。"《新唐書·南蠻傳上·南詔上》:"廣德初,鳳迦異築柘東城,諸葛亮石刻故在,文曰:'碑即僕,蠻爲漢奴。'夷畏誓,常以石揩捂。"唐李賀《春畫》:"越婦揩機,吳蠶作繭。"

〔推源〕 此二詞俱有支撐義,爲者聲所載之公共義。聲符字"者"所記録語詞與支撐義不相涉,其支撐義乃者聲所載之語源義。者聲可載支撐義,"扞"可證之。

者:群紐脂部;

扞:匣紐元部。

群匣旁紐,脂元旁對轉。"扞",抵擋,捍衛,與敵相支撐。《廣韻·翰韻》:"捍,抵捍。"《集韻·翰部》:"扞,衛也。或作'捍'。"清朱駿聲《説文通訓定聲·乾部》:"扞,字亦作'捍'。按,楷柱之意。《莊子·大宗師》釋文引《説文》:'抵也。'《左文六傳》:'親帥扞之。'注:'衛也。'……《西周策》:'而設以國爲王扞秦。'注:'禦也。'"

(1477) 嗜/噬(貪求義)

嗜 嗜好,引申爲貪求義。《説文·口部》:"嗜,嗜慾,喜之也。从口,耆聲。"清朱駿聲《通訓定聲》:"《廣雅·釋詁二》:'嗜,貪也。'《淮南·原道》:'嗜慾者,性之纍也。'《後漢·黨錮傳》:'嗜惡從形。'注:'愛也,猶好也。'《禮記·祭義》:'思其所嗜。'注:'素所慾飲食也。'〔轉注〕《檀弓》:'二三子之嗜學也。'注:'貪也。'"《廣韻·至韻》:"嗜,嗜慾。餙,酷,並上同。"《國語·楚語下》:"吾聞國家將敗,必用姦人,而嗜其疾味。"三國吳韋昭注:"嗜,貪也。"

噬 咬,喫。《説文·口部》:"噬,啗也;喙也。"清朱駿聲《通訓定聲》:"《易·雜卦》:'噬嗑食也。'《左哀十二傳》:'國狗之瘈無不噬也。'注:'齧也。'"《廣韻·祭韻》:"噬,齧噬。"引申之則有侵吞義,與貪求義實即一義。唐狄仁傑《檄告西楚霸王文》:"自祖龍御宇,横噬諸侯。"《新唐書·蕭嵩傳》:"會吐蕃大將悉諾邏恭禄及燭龍莽布支陷瓜州……於時悉諾邏恭禄威憺諸部,吐蕃倚其健噬邊。"

〔推源〕 此二詞俱有貪求義,其音亦相近且相通。

嗜:禪紐脂部;

噬:禪紐月部。

雙聲,脂月旁對轉。則其語源當同。

558 盍聲

(1478) 蓋闔嗑溘盧搕瞌(掩蔽義)

蓋 茅苫。《説文·艸部》:"蓋,苫也。从艸,盇聲。"按,聲符字"盇"隸作"盍",典籍行用皆從之,後世又作"蓋"。《左傳·襄公十四年》:"乃祖吾離被苫蓋,蒙荆棘,以來歸我先君。"晉杜預注:"蓋,苫之別名。"苫爲覆蓋之物,故引申爲覆蓋、掩蓋、遮蓋等義。《廣韻·泰韻》:"蓋,覆也,掩也。"《淮南子·説林訓》:"日月欲明而浮雲蓋之。"漢高誘注:"蓋,猶蔽也。"清王夫之《讀四書大全説·大學·傳第六章六》:"況乎欺之爲義,謂因其弱而陵奪之,非揜蓋和哄之謂。"

闔 門扇,可掩合之物,故引申爲閉合、關閉義。《説文·門部》:"闔,門扇也。一曰閉也。从門,盍聲。"清朱駿聲《通訓定聲》:"《禮記·月令》:'乃脩闔扇。'〔轉注〕《易·繫辭》傳:'闔户謂之坤。'虞注:'閉翕也。'《左襄十七傳》:'皆有闔廬。'注:'謂門户閉塞。'《鬼谷子·捭闔》:'闔之者閉也。'……《淮南·墜形》:'閶闔之門。'注:'大聚萬物而閉之。'……《楚辭·謬諫》:'欲闔口而無言兮。'注:'閉也。'"按朱氏所稱"轉注"即引申,《説文》所訓二義本相通。

嗑 口閉合。清朱駿聲《説文通訓定聲·謙部》:"嗑,〔假借〕爲'欱'。《易·彖上》傳:'頤中有物曰噬嗑。'〔聲訓〕《易·序卦》傳:'嗑者,合也。'"按,"嗑"之本義《説文》訓"多言",其字从口,表口閉合義無煩假借。朱氏所引《易》之"噬嗑"即合其口而咀嚼之義。晉葛洪《抱朴子·外篇·守塉》:"口張而不能嗑,首俛而不能仰。"

溘 掩蓋,遮閉。《廣韻·合韻》:"溘,奄也。"《説文·大部》:"奄,覆也。"《楚辭·離騷》:"駟玉虬以乘鷖兮,溘埃風余上征。"漢王逸注:"溘,猶掩也……言我設往行游,將乘玉虬,駕鳳車,掩塵埃而上征。"按,"溘"字从水,水可淹没、覆蓋他物。其本義《説文新附》訓"奄忽",即忽然義。"淹没"字作"淹",从奄得聲。凡水至淹没、覆蓋他物常在倏忽之間,其義當相通。唐李賀《七月一日曉入太行山》:"一夕繞山秋,香露溘蒙菉。"王琦注:"溘,依也。"按,此"溘"訓掩蓋更切。

盧 山旁穴。《廣韻·盍韻》:"盧,山旁穴。"《文選·張衡〈南都賦〉》:"潛盧洞出,没滑瀎潏。"唐李善注:"盧,山傍穴也。"按,"盧"字从广,所謂山旁穴當與"广"之義相通。《説文·广部》:"广,因廣爲屋,象對剌高屋之形。"按即依山崖建屋。洞穴則可藏物,故"盧"有掩藏之衍義。漢揚雄《太玄·闕》:"輔其折,盧其缺,其人暉且偈。"

搕 掩蓋,覆蓋。《廣韻·合韻》:"搕,以手盍也。"《集韻·盍韻》:"搕,以手覆也。"宋林逋《深居雜興》:"樵褐短長披搕膝,丹爐高下壘懸胎。"

瞌 目閉合。《玉篇·目部》:"瞌,眼瞌。"後蜀歐陽炯《貫休應夢羅漢畫歌》:"瞌睡山童疑有夢,不知夏臘幾多年。"《西遊記》第七十一回:"原來瞌睡蟲到了人臉上,往鼻孔裏爬,爬進孔中,即瞌睡了。"

〔推源〕 諸詞俱有掩蔽義,爲盍聲所載之公共義。聲符字"盍"所記録語詞之本義即覆蓋、掩蔽。《説文·血部》:"盇,覆也。从血、大。"徐鉉等注:"'大'象蓋覆之形。"清朱駿聲《通訓定聲》:"按,从皿从大,大者象覆蓋形,非會人意。从一,一者,皿中物也,指事。今隸作'盍',从去从皿。〔假借〕爲'佮'。《爾雅·釋詁》:'盍,合也。'《易·豫》:'朋盍簪。'注:

'合也。'又爲'闔'。《荀子·宥坐》：'復瞻九盍皆繼。'注：'盍户扇也。'"按，非假借，形義兩相符者。本條諸詞之掩蔽義爲其聲符"盍"所載之顯性語義。盍聲可載掩蔽義，則"合"可證之。

盍：匣紐葉部；

合：匣紐緝部。

雙聲，葉(盍)緝旁轉。"合"，掩合，閉合。《説文·亼部》："合，合口也。从亼，从口。"清朱駿聲《通訓定聲》："三口相同爲合，十口相竝爲葉，十口相傳爲古。按，此即今所用之'答'字。〔假借〕又爲'闔'。《漢書·兒寬傳》：'合袪于天地神祇。'注：'閉也。'《太玄·玄攡》：'一闢一合。'"按，許慎所訓"合口"乃造意。口有雙脣，可集而閉合，故从亼、从口以會其意。朱氏"三口相同爲合"及即"答"字説皆不可從。"合"所表閉合義即本義，非假借。引申之，"合"又有覆蓋義。唐張讀《宣室志》卷七："忽見一缶合於地，(柳)光即啓之，其缶下有泉，周不盡尺。"按覆蓋即遮蔽。

(1479) 豔匌(艷麗義)

豔 艷麗。《説文·豐部》："豔，好而長也。从豐，豐，大也，盍聲。《春秋傳》曰：'美而豔。'"清朱駿聲《通訓定聲》："今本字作'艷'，俗體。《詩·十月之交》：'豔妻煽方處。'傳：'美色曰豔。'……《淮南·精神》：'獻公豔驪姬之美。'注：'好體曰豔。'《楚辭·招魂》：'豔陸離些。'注：'豔，好貌。'《方言》二：'豔，美也。'〔轉注〕《穀梁序》：'左氏豔而富。'疏：'文辭可美之稱。'"

匌 女性髮髻上的花飾，艷麗之物。《廣韻·合韻》："匌，匌彩，婦人髻飾花也。"唐杜甫《麗人行》："頭上何所有？翠微匌葉垂鬢脣。"清仇兆鰲注："翠微匌葉，言翡翠微布於匌綵之葉。"按，"匌"亦引申而指綵繒，綵繒則亦艷麗者。其字或作"韐"，亦从盍聲。《集韻·盍韻》："匌，飾采謂之匌。或作'韐'。"

〔推源〕 此二詞俱有艷麗義，爲盍聲所載之公共義。聲符字"盍"所記録語詞與艷麗義不相涉，其艷麗義乃盍聲所載之語源義。盍聲可載艷麗義，"霞"可證之。

盍：匣紐葉部；

霞：匣紐魚部。

雙聲，葉(盍)魚通轉。"霞"，五彩雲霞，艷麗之物。《廣韻·麻韻》："霞，赤氣騰爲雲。"《楚辭·遠游》："餐六氣而飲沆瀣兮，漱正陽而含朝霞。"漢王逸注："朝霞者，日始欲出赤黄氣也。"晉庾闡《采藥》："霞光焕蘿靡，虹景照参差。"

(1480) 磕嗑盧搕(碰撞義)

磕 碰撞。唐玄應《一切經音義》卷十七："磕，今江南凡言打破物爲磕破。"清朱駿聲

《説文通訓定聲・謙部》：" 磕，今俗用爲磕破字。"宋范仲淹《奏辯陳留移橋》："據案帳上開説，所損舟船五十五支内，五十支因風並相磕撞致損，只有五支因橋致損。"按"磕"又指叩頭，即以首撞地之謂。宋洪邁《夷堅戊志・任道元》："任深悼前非，磕頭謝罪。"

嗑 上下齒相碰撞。元王子一《誤入桃源》第三折："我這裏道姓呼名，他那裏嗑牙料嘴，則道是舖啜之人來撞席。"明袁宏道《與耿中丞叔臺》："如排場嗑瓜，無益音節，大爲發諢之資也。"

厒 崩損，碰撞。《廣韻・盍韻》："厒，崩損也。"按，"厒"字从厂，"厂"謂石崖，崖崩則其石相碰撞，故有碰撞之義。唐段成式《酉陽雜俎・怪術》："余有一伎，可代抃瓦厒珠之歡也。"

搕 敲擊，即以手或手持物碰撞他物。《玉篇・手部》："搕，打也。"《字彙・手部》："搕，擊也。"《西遊記》第五十六回："這大聖把金箍棒幌一幌……搕着的骨折，擦着的皮傷。"

〔推源〕 諸詞俱有碰撞義，爲盍聲所載之公共義。聲符字"盍"所記録語詞謂覆蓋，其字形則象以其蓋覆皿，蓋與皿時或相磕碰，此當與碰撞義相通。本條諸詞之碰撞義爲其聲符所載之顯性語義。

559 華聲

(1481) 鷨驊（華麗義）

鷨 鳥名。《廣韻・麻韻》："鷨，鳥名，似雉。"唐柳宗元《同劉二十八院長述舊言懷》："已看能類鷩，猶訝雉爲鷨。"宋孫奕《履齋示兒編・字説・集字二》："（柳子厚詩）又云'猶訝雉爲鷨'（音華），雉也，即孔安國注《益稷篇》華蟲之義。"按，《書・益稷》"山龍華蟲"僞孔傳："華，象草華；蟲，雉也。"唐孔穎達疏："草木皆有華，而草華爲美……雉五色，象草華也。《月令》五時皆云其蟲，蟲鳥獸之總名也。"按，"鷨"爲雉屬，雉之羽美麗，"鷨"即羽毛華麗之鳥。《急就篇》卷四："鳳爵鴻鵠鴈鶩雉。"唐顔師古注："雉有十四種，其文采皆異焉。"

驊 馬名，色赤如花而華麗，故稱"驊"。《廣雅・釋獸》："驊騮。"清王念孫《疏證》："'驊'或作'華'。《穆天子傳》：'天子之駿華騮。'郭璞注云：'色如華而赤。'"《廣韻・麻韻》："驊，驊騮，周穆王馬。"《荀子・性惡》："驊騮騹驥纖離耳，此皆古之良馬也。"唐楊倞注："皆周穆王八駿名。"《莊子・秋水》："騏驥驊騮，一日而馳千里。"

〔推源〕 此二詞俱有華麗義，爲華聲所載之公共義。聲符字"華"所記録花朵本爲美麗之物，故引申爲美麗義。《説文・華部》："華，榮也。从艸，从芛。"清段玉裁注："'芛'與'華'音義皆同。"清朱駿聲《通訓定聲》："《禮記・月令》：'桃始華。''桐始華。'〔轉注〕《素問・異法方宜論》：'其民華食而脂肥。'注：'謂鮮美。'"《隋書・五行志下》："於仙都苑穿池築山，樓殿間起，窮華極麗。"按，唯"華"有美麗義，故有"華美""華麗"之同義聯合式合成詞。漢董仲舒《春秋繁露·五行順逆》:"恩及草木,則樹木華美,而朱草生。"漢荀悦《申鑒·時事》:"不求無益之物,不蓄難得之貨,節華麗之飾,退利進之路,則民俗清。"然則本條二詞之華麗義爲其聲符"華"所載之顯性語義。華聲可載華麗義,則"姣"可證之。

華:匣紐魚部;
姣:見紐宵部。

匣見旁紐,魚宵旁轉。"姣",容貌美麗。《説文·女部》:"姣,好也。"清朱駿聲《通訓定聲》:"《楚辭·大招》:'姣麗施只。'《吕覽·達鬱》:'公姣且麗。'《荀子·非相》:'古者桀、紂長巨姣美,天下之傑也。'……《漢書·東方朔傳》:'左右言其姣好。'注:'美麗也。'"

(1482) 蟒譁(大義)

蟒 大蛇。《廣韻·麻韻》:"蟒,蟲名。似蛇。"清朱駿聲《説文通訓定聲·豫部·附〈説文〉不録之字》:"蟒,《字林》:'蟒,大蛇也。出魏興。噉小蛇吸蝮。但張口,小蛇自入也。'"

譁 大聲。《説文·言部》:"譁,讙也。从言,華聲。"清朱駿聲《通訓定聲》:"《晉語》:'士卒在陳而譁。'注:'囂也。'《楚語》:'夫譁囂之美。'《吴語》:'三軍皆譁釦以振旅。'注:'讙呼也。'"其字或从口作"嘩"。《集韻·麻韻》:"譁,或从口。"宋宗澤《早發》:"眼中形勢胸中策,緩步徐行静不嘩。"

〔**推源**〕 此二詞俱有大義,爲華聲所載之公共義。聲符字"華"所記録語詞之本義、引申義系列與大義不相涉,其大義乃華聲所載之語源義。華聲可載大義,"元"可證之。

華:匣紐魚部;
元:疑紐元部。

匣疑旁紐,魚元通轉。"元",大。《廣韻·元韻》:"元,大也。"《書·大禹謨》:"天之曆數在汝躬,汝終陟元后。"僞孔傳:"元,大也。"《史記·魯周公世家》:"今我其即命於元龜。"南朝宋裴駰《集解》:"元龜,大龜也。"按,"元"之本義爲人首,引申爲尊長、元首義,封建社會稱尊者爲"大人",其大義乃由人首義所衍生。

560 葡聲

(1483) 備糒糒(備義)

備 防備。引申之則有預備、具備、齊備等義。《説文·人部》:"備,慎也。从人,葡聲。"清朱駿聲《通訓定聲》:"《大戴·小辨》:'事戒不虞曰知備。'《墨子·七患》:'備者國之重也。'〔假借〕爲'葡'。《廣雅·釋詁三》:'備,具也。'……《儀禮·特牲禮》:'宗人舉獸尾告備。'注:'具也。'"按,無煩假借,乃引申。《説文》所訓"慎"當即防備義。《廣韻·至韻》:

"備,備具也,防也,咸也,慎也。"《易·繫辭下》:"廣大悉備。"

犕 套車,預備。《説文·牛部》:"犕,《易》曰:'犕牛乘馬。'从牛,䏌聲。"清段玉裁注:"《玉篇》云:'犕,服也,以鞌裝馬也。'"張舜徽《約注》:"凡以車駕牛馬謂之犕,經傳多借'服'爲之,而'犕'廢矣。"按,"犕"亦指牛具齒,即齊備義。《廣韻·至韻》:"犕,牛具齒。"清朱駿聲《説文通訓定聲·頤部》:"犕,《初學記》引《字林》:'犕,牛齒具也。'"

糒 乾糧,備飢之物。《説文·米部》:"糒,乾也。从米,䏌聲。"清段玉裁注改其解釋文爲"乾飯也"。清朱駿聲《通訓定聲》:"《後漢·明帝紀》注引《説文》:'乾飯也。'《書·費誓》:'糗糧。'傳:'糗糒之糧。'疏:'糒,乾飯也。'《漢書·李廣傳》:'持糒醪遺廣。'《匈奴傳》:'又轉邊穀米糒。'《東觀漢記》:'禹巡行守舍,止大樹下,食糒飲水而已。'注:'糒,借䉤糒也。'乾飯屑,見《後漢·張禹傳》注。"《廣韻·至韻》:"糒,糗也。"《説文》同部"䉤"篆訓"熬米麥也",清桂馥《義證》:"米麥火乾之乃有香氣,故謂之䉤。"

〔推源〕 諸詞俱有備義,爲䏌聲所載之公共義。聲符字"䏌"本作"䒨",甲骨文、金文象盛矢器之形,所記録語詞謂具備、齊備。《説文·用部》:"䒨,具也。"本條諸詞之備義爲其聲符"䏌"所載之顯性語義。䏌聲可載備義,則"份"可證之。

䏌:並紐職部;
份:並紐文部。

雙聲,職文通轉。"份",文質兼備,字亦作"彬"。《説文·人部》:"份,文質備也。从人,分聲。《論語》曰:'文質份份。'彬,古文份,从彡、林。林者,从焚省聲。"南唐徐鍇《繫傳》:"文質備也。"清朱駿聲《通訓定聲》:"《廣雅·釋詁三》:'彬,文也。'"按,許慎所引《論語》之"份"異文正作"彬"。《漢書·叙傳下》:"孝哀彬彬,克擥威神。"唐顔師古注:"彬彬,文質備也。"譚獻《古詩録·序》:"然而大漢初定,日不暇給,孝武立樂府,采歌謡,天馬登歌,汲黯興刺,而其時朝野鄉風,蓋份份矣。"

561 莽聲

(1484) 蟒漭(大義)

蟒 大蛇,一稱"蚺蛇"。《爾雅·釋魚》:"蟒,王蛇。"晉郭璞注:"蟒,蛇最大者,故曰王蛇。"《廣韻·蕩韻》:"蟒,蛇最大者。"《説文·虫部》:"蚺,大蛇。可食。"清朱駿聲《通訓定聲》:"《字林》:'蚺大二圍,長二丈餘。'"晉張華《博物志》卷十:"蟒開口廣丈餘,前後失人,皆此蟒氣所噏上。"明馮夢龍編《古今小説》之《梁武帝累修歸極樂》:"末後到一座大山,山有一穴,穴中伸出一個大蟒蛇的頭來,如一間殿屋相似,對着梁主昂頭而起。"

漭 水廣大貌。唐玄應《一切經音義》卷七引《通俗文》:"水廣大謂之漭沆也。"《廣韻·

蕩韻》:"漭,漭沆,水大。"《文選·張衡〈西京賦〉》:"顧臨太液,滄池漭沆。"三國吳薛綜注:"漭沆猶洸潒,亦寬大也。"《後漢書·明帝紀》:"瀇流東侵,日月益甚,水門故處,皆在河中,漭瀁廣溢,莫測圻岸。"

〔推源〕 此二詞俱有大義,爲莽聲所載之公共義。聲符字"莽"所記錄語詞謂草叢生,故有廣闊、廣大之衍義。《説文·茻部》:"莽,南昌謂犬善逐兔艸中爲莽。从犬,从茻,茻亦聲。"清朱駿聲《通訓定聲》:"〔假借〕爲'茻'。《小爾雅·廣言》:'莽,草也。'……《(漢書)景帝紀》:'地饒廣薦草莽水泉。'注:'草稠曰薦,深曰莽。'又《小爾雅·廣詁》:'莽,大也。'《吕覽·知接》:'何以爲之莽莽也。'注:'長大皃。'……《吴都賦》:'莽眾之野。'注:'廣大皃。'"按,非假借,許慎之本義訓釋亦未得肯綮。唐玄應《一切經音義》卷十一引《説文》:"木叢生曰榛,衆草曰莽也。"然則與朱氏所見之許書當有版本之殊。其廣大義乃由叢草義所衍生。莽聲可載大義,則"龐"可證之。

莽:明紐陽部;
龐:並紐東部。

明並旁紐,陽東旁轉。"龐",龐大字。《説文·广部》:"龐,高屋也。"清朱駿聲《通訓定聲》:"字亦誤作'厖'。……《漢書·司馬相如傳》:'湛恩龐洪。'注:'厚大也。'"清段玉裁注:"引伸之爲凡高大之偁。"《國語·周語上》:"敦龐純固,於是乎成。"三國吳韋昭注:"龐,大也。"清戴名世《丙戌南還日記》:"噫!余之見欺於龐然大者,固已多矣。"按,唯"龐"有大義,故有"龐大"之同義聯合式合成詞,"龐大"則爲今之常語。

(1485) 漭慏(茫然義)

漭 水廣大貌,見前條,廣大則不知其邊際,故有茫然之衍義。宋蘇舜欽《尹子漸哀辭》:"天理漭難問,我意多乖睽。"元吳萊《風雨渡揚子江》:"淒迷豔瀕恍如見,漭涄扶桑杳何所?"

慏 疑惑,茫然。《集韻·姥韻》:"慏,慏悃,心惑。"亦指愚昧,茫然不知事理,與疑惑義相通。明朱鼎《玉鏡臺記·王敦反》:"狂言犯上,對我前輒敢面折強抗……慏戇,管教你滅族身亡。"

〔推源〕 此二詞俱有茫然義,爲莽聲所載之公共義。聲符字"莽"所記錄語詞謂草莽,引申之則有廣大無邊之義,又引申爲迷茫、茫然義。宋葉適《寄題鍾秀才詠歸堂》:"課兒讀《易》夜參五,香爐銷沉燈莽鹵。"元黄縉《即事》:"浮生莽莽吾何計?獨立看雲竟落暉。"然則本條二詞之茫然義亦爲聲符"莽"所載之顯性語義。莽聲可載茫然義,則"茫"可證之。"莽""茫"同音,明紐雙聲,陽部疊韻。"茫",迷茫,茫然。北齊顔之推《顔氏家訓·勉學》:"吾初讀《莊子》'螝二首'……茫然不識此字何音。"金王若虚《四醉圖讚》:"漠乎其如忘其聲,茫乎其如忘其形。"

562 莫聲

(1486) 嘆薨墓瞙暮（無義）

嘆 寂靜，無聲。字亦作"薨"，後世多作"寞"。《説文·口部》："嘆，嗽嘆也。从口，莫聲。"清朱駿聲《通訓定聲》："今字作'寞'。《爾雅·釋詁》：'貉、嘆、安，定也。'"按，所引《爾雅》文郭璞注："嘆，靜定。"《廣韻·鐸韻》："寞，寂寞。《説文》作'嗽嘆。'"《吕氏春秋·首時》："飢馬盈厩，嘆然，未見芻也。"漢高誘注："嘆然，無聲。"《楚辭·九嘆》："巡陸夷之曲衍兮，幽空虛以寂寞。"漢王逸注："寂寞，無人聲也。"又嚴忌《哀時命》："聊竄端而匿跡兮，嘆寂默而無聲。"《説文·夕部》："薨，宋也。从夕，莫聲。"南唐徐鍇《繫傳》："即寂寞之寞。"清朱駿聲《通訓定聲》："聲之靜曰嗽嘆。"《廣韻·陌韻》："薨，靜也。薨，上同。"按"薨"爲假借字。

薨 死亡。死則靜寂無聲。《説文·歹部》："薨，死宋薨也。从歹，莫聲。"《廣韻·鐸韻》："殍，死也。《説文》作'薨'。"清朱駿聲《説文通訓定聲·豫部》："死之靜曰宋殍。"清王鳴盛《蛾術編·説字》："《漢書·揚雄傳》：雄校書天禄閣，治獄使者欲收雄，雄從閣自投下，幾死。京師爲之語曰：'惟寂寞，自投閣。'……《漢書》號稱多古字，乃變'宋薨'爲'寂寞'，恐係唐宋人所改。"

墓 葬而無墳。《説文·土部》："墓，丘也。从土，莫聲。"清朱駿聲《通訓定聲》："《爾雅》釋文引《説文》：'兆域也。'《廣雅·釋丘》：'墓，冢也。'……《檀弓》：'古也墓而不墳。'注：'墓謂兆域。'……《方言》十三：'凡葬而無墳謂之墓。'"按朱氏所引《廣雅》文清王念孫《疏證》："蓋自秦以前，皆謂葬而無墳者爲墓，漢則墳、墓通稱。"《漢書·劉向傳》："孔子葬母於防，稱古墓而不墳。"

瞙 目不明，無視覺。《玉篇·目部》引《字統》："瞙，目不明。"《廣韻·鐸韻》："瞙，《字統》云：目不明。"元袁袠《求志賦》："羌骯髒而寡與兮，若眯瞙以問津。"《中國諺語資料·一般諺語》："揀個揀，揀個破燈盞；尋個尋，尋個瞙瞪人。"

暮 傍晚，無日光。其字即"莫"之縕益者。亦作"嘆"，左形右聲。《説文·茻部》："莫，日且冥也。从日在茻中。"清朱駿聲《通訓定聲》："俗字作'暮'，从二日，不可通。《廣雅·釋詁四》：'莫，夜也。'《詩·東方未明》：'不夙則莫。'"按，"莫"爲衍義所專，乃加"日"作"暮"，亦一通例。《廣韻·暮韻》："暮，日晚也，冥也。"《莊子·齊物論》："狙公賦芧，曰：'朝三而暮四。'衆狙皆怒。曰：'然則朝四而暮三。'衆狙皆悦。名實未虧而喜怒爲用，亦因是也。"唐杜甫《石壕吏》："暮投石壕村，有吏夜捉人。"宋文天祥《回曾連推宗甫書》："吾泰宇以乾坤清氣，晶晶銀河，朝發軔兮咸池，嘆曝鱗於沃焦，以其時可矣。"

〔推源〕 諸詞俱有無義，爲莫聲所載之公共義。莫聲字"廒"《玉篇》訓"空"，即虛無義，亦莫聲與無義相關聯之一證。聲符字"莫"本爲"暮"之初文，故有"無"之衍義。《廣韻·鐸韻》:"莫,無也。"清朱駿聲《説文通訓定聲·豫部》:"莫,〔假借〕爲'橆'。《易·遯》:'莫之勝説。'《詩·抑》:'莫捫朕舌。'《廣言·釋言》:'莫,無也。'……《禮記·禮運》:'是謂合莫。'注:'虛無也。'"按,"莫"表"無"義無煩假借,實爲引申義。莫聲可載無義,則"亡"可證之。

莫:明紐鐸部;
亡:明紐陽部。

雙聲,鐸陽對轉。"亡",逃亡。逃之則無,故引申爲"無"義。《説議·亾部》:"亾,逃也。从入,从乚。"清朱駿聲《通訓定聲》:"會意,乚者,隱也。《廣雅·釋詁三》:'亡,避也。'《晉語》:'公子生十七年而亡。'《楚語》:'子牟有罪而亡。'注:'奔也。'〔假借〕又爲'無'。《易·泰》:'朋亡。'《詩·葛生》:'予美亡此。'《儀禮·士喪禮》:'亡則以緇衣長半幅。'《禮記·檀弓》:'稱家之有亡。'《坊記》:'則亂益亡。'《論語》:'今也則亡,亡而爲有。'《水經·濕水注》:'燕語呼亡爲無。'"清段玉裁注:"亡,亦假借爲有無之無。"按,朱、段二氏假借説皆未得肯綮,不可從。"亡"之"無"義爲引申義無疑。

(1487) 謨募摸摹(求義)

謨 謀劃,謀求。《説文·言部》:"謨,議謀也。从言,莫聲。《虞書》曰:'咎繇謨。'暮,古文謨从口。"清朱駿聲《通訓定聲》:"字亦作'暮'、作'譕'。《〈書〉序》:'皋陶矢厥謨。'《詩·抑》:'訏謨定命。'《左襄廿一傳》:'聖有暮勳。'《孟子》:'謨蓋都君。'《管子·形勢》:'譕臣者。'注:'爲天下計者,謂之譕臣。'"《廣韻·模韻》:"謨,謀也。亦作'暮'。"《集韻·模韻》:"謨,古作'譕'。"

募 廣泛征求。《説文·力部》:"募,廣求也。从力,莫聲。"清朱駿聲《通訓定聲》:"《荀子·議兵》:'招延募選。'《王制》:'謹募選閲材伎之士。'注:'招也。'"《廣韻·暮韻》:"募,召也。"《墨子·號令》:"募民欲財物粟米,以貿易凡器者,卒以賈予。"《吳子·圖國》:"安集吏民,順俗而教,簡募良材,以備不虞。"

摸 探取。《廣韻·模韻》:"摸,以手摸也。"又《鐸韻》:"摸,摸揉。"晉左思《吳都賦》:"相與昧潛險,搜瓌奇,摸蝴蝟,捫黿鼉。"清劉鶚《老殘遊記》第十六回:"那老兒便從懷裏摸出個皮靴頁兒來。"引申爲探求、尋求義。唐劉餗《隋唐嘉話》卷中:"許敬宗性輕傲,見人多忘之。或謂其不聰。曰:'卿自難記。若遇何、劉、沈、謝,暗中摸索著,亦可識之。'"清曹雪芹《紅樓夢》第一百一十九回:"可不是,虧了姥姥這樣一辦! 不然,姑娘也摸不著那好時候。"

摹 探求。《廣韻·模韻》:"摸,亦作'摹'。"按,二者非異體字。"摸"之本義爲摸索,引申爲探求;"摹"之本義爲規制,引申爲仿效,表探求義,乃套用字。清朱駿聲《説文通訓定聲·豫部》:"摹,《太玄·法》:'摹法以中克。'注:'索取也。'《玄圖》:'規生三摹。'注:'索而得之。'《漢書·揚雄傳》:'三摹九據。'音義引《字林》:'廣求也。'"《墨子·小取》:"馬摹略萬物之然,論求群言之比。"張純一《集解》:"言於是即萬物顯然之現相,廣求其極約要之實相。"明睡鄉居士《二刻拍案驚奇序》:"然據其所載師弟四人各一性情,各一動止,試摘取一言一事,遂使暗中摹索,亦知其出自何人。"

〔推源〕 諸詞俱有求義,爲莫聲所載之公共義。聲符字"莫"所記錄語詞之本義、引申義系列與求義不相涉,其求義乃莫聲所載之語源義。莫聲可載求義,"謀"可證之。

莫:明紐鐸部;
謀:明紐之部。

雙聲,鐸之旁對轉。"謀",謀劃,謀求。《説文·言部》:"謀,慮難曰謀。"清朱駿聲《通訓定聲》:"《廣雅·釋詁四》:'謀,議也。'《書·洪範》:'聰作謀。'《左襄四傳》:'咨難爲謀。'……《論語》:'君子謀道不謀食。'皇疏:'猶圖也。'"按,所引《論語》文之"謀"乃營求義。三國魏曹植《鰕䱇篇》:"俯觀上路人,勢利惟是謀。"

(1488) 膜幕(遮擋義)

膜 隔膜,遮擋之物。《説文·肉部》:"膜,肉間胲膜也。从肉,莫聲。"清朱駿聲《通訓定聲》:"《素問·舉痛論》:'膜原之下。'注:'謂鬲間之膜。'《痺論》:'熏於肓膜。'注:'肓膜,五藏之間鬲中膜也。'"《廣韻·鐸韻》:"膜,肉膜。"《禮記·內則》"肉曰脫之"唐孔穎達疏:"皇氏云:治肉除其筋膜取好處。"明高攀龍《文學景耀唐公墓誌銘》:"吾嘗讀旌陽許仙書,見其所云中黄者,人身膈膜也,隔下體穢濁之氣不得上薰心府。"

幕 帷幔,遮擋之物。《説文·巾部》:"幕,帷在上曰幕,覆食案亦曰幕。从巾,莫聲。"清朱駿聲《通訓定聲》:"《廣雅·釋器》:'帳也。'《周禮·幕人》:'掌帷幕幄帟綬之事。'《左昭十三傳》:'以幄幕九張行。'《莊廿八傳》:'楚幕有烏。'《穀梁定十傳》:'舞于魯君之幕下。'《答蘇武書》:'韋韝毳幙。'"按"幙"即"幕"之或體。宋陸游《秋懷》:"偶入戎幙從西征。"

〔推源〕 此二詞俱有遮擋義,爲莫聲所載之公共義。聲符字"莫"所記錄語詞之本義爲日且冥,蓋即日光爲雲所遮擋之意,當與遮擋義相通。故"莫"可用如"膜"字。《禮記·內則》"濯手以摩之,去其皽"漢鄭玄注:"皽謂皮肉之上魄莫也。"唐陸德明《釋文》:"莫,亦作'膜'。"莫聲可載遮擋義,則"幔"可證之。

莫:明紐鐸部;
幔:明紐元部。

雙聲,鐸元通轉。"幔",帷幕,遮擋之物。《説文·巾部》:"幔,幕也。"清朱駿聲《通訓定聲》:"以巾弇蔽在上曰幔,在旁曰帷。《廣雅·釋詁二》:'幔,覆也。'《釋言》:'幔,閽也。'謂奄也。《釋器》:'幔,帳也。'"《廣韻·換韻》:"幔,帷幔。"《墨子·非攻下》:"幔幕帷蓋,三軍之用。"南朝齊謝朓《秋夜》:"北窗輕幔垂,西戶月光入。"按,《廣雅》所訓"覆",即覆蓋、遮擋義。《西遊記》第七十二回:"原來那妖精幔天結網,擄住這七般蟲蛭,却要喫他。"又第六回:"列公將天羅地網,不要幔了頂上,只四圍緊密,讓我賭鬥。"

(1489) 模慕摹(仿效義)

模 模型。《説文·木部》:"模,法也。从木,莫聲。讀若嫫母之嫫。"清朱駿聲《通訓定聲》:"字亦作'橅'。按,水曰法,木曰模,土曰型,金曰鎔,竹曰笵。《書大傳》:'繢乎其猶模繡也。'注:'模,所琢文章之範。'《漢書·劉向傳》:'初陵之橅。'《後漢·杜篤傳》:'橅未央。'"《廣韻·模韻》:"模,法也,形也,規也。橅,上同,出《漢書》。"引申爲仿效義。《列子·周穆王》:"變化之極,徐疾之間,可盡模哉?"《北史·莫含傳》:"後道武欲廣宮室,規度平城四方數十里,將模鄴、洛、長安之制,運材數百萬根。"

慕 仿效。《説文·心部》:"慕,習也。从心,莫聲。"南唐徐鍇《繫傳》:"猶模也。"《三國志·蜀志·董和傳》:"苟能慕元直之十一,幼宰之殷勤,有忠于國,則亮可以少過矣。"按"習"亦仿效義,故有"慕習"之同義聯合式合成詞。《宋書·謝靈運傳論》:"是以一世之士,各相慕習,原其颰流所始,莫不同祖《風》《騷》。"按,"慕"之常義爲思慕,思慕則恒相仿效,其義亦相通。

摹 規制,引申爲仿效義。《説文·手部》:"摹,規也。从手,莫聲。"清朱駿聲《通訓定聲》:"〔假借〕爲'模'。《廣雅·釋詁四》:'摹,刑也。'《太玄·玄攡》:'擱神明而定摹。'注:'數也。'《東京賦》:'規萬世而大摹。'注:'法也。'"按,皆其本義,非假借。《集韻·模韻》:"摹,謂有所規倣。"《後漢書·仲長統傳》:"若是,三代不足摹,聖人未可師也。"唐李賢注:"摹,法也。"按即效法、仿效義。唯"摹"有仿效義,故有"摹倣"之同義聯合式合成詞。宋陸游《跋坡谷帖》:"此當時往來書也……傳授明白,可以不疑,而或者疑其出於摹倣,識真者寡,前輩所嘆。"

〔推源〕 諸詞俱有仿效義,爲莫聲所載之公共義。聲符字"莫"所記録語詞之本義、引申義系列與仿效義不相涉,其仿效義乃莫聲所載之語源義。莫聲可載仿效義,"仿"可證之。

莫:明紐鐸部;

仿:滂紐陽部。

明滂旁紐,鐸陽對轉。"仿",仿效字。清朱駿聲《説文通訓定聲·壯部》:"仿,俗亦作'倣',經傳放效字皆以'放'爲之。"《廣韻·養韻》:"倣,學也。放,上同。"《淮南子·要略》:"故言道而不明終始,則不知所倣依。"元劉壎《隱居通議·新豐建立》:"立爲新豐,並徙舊社,放犬羊雞鴨於通衢,亦競識其家,似此即是仿倣故豐街巷市井民居也。"清昭槤《嘯亭雜録·薩賴爾之叛》:"今達爾札妄自尊大,仿倣漢習。"藉此亦可知複音詞"摹倣"乃同源詞素相聯合而成者。

(1490) 募漠(廣義)

募 其本義《説文》訓"廣求",見前第1487條,所訓即廣泛征求之謂,然則本寓"廣泛"之義素。其字以莫聲載求義,與"謨""摸""摹"同。其字从力,謂盡力,盡力則其征求廣泛。文字構件"力""莫"與廣泛、徵求二義素相對應。

漠 沙漠。《説文·水部》:"漠,北方流沙也。从水,莫聲。"清朱駿聲《通訓定聲》:"《楚辭·疾世》:'踰隴堆兮渡漠。'《封燕然山銘》:'經磧鹵,絶大漠。'"按,沙漠之沙隨風飄移,如水流不定,故其字从水,故訓"流沙"。凡沙漠地多廣闊,故引申爲廣大、廣闊義。《篇海類編·地理類·水部》:"漠,廣也,大也。"唐羅隱《省試秋風生桂枝》:"漠漠看無際,蕭蕭別有聲。"葉聖陶《小銅匠》:"他看那高等小學裏的運動場也十分奇怪,廣漠到難以言説。"

〔推源〕 此二詞俱有廣義,爲莫聲所載之公共義。聲符字"莫"所記録語詞之本義、引申義系列與廣義本不相涉,然"莫"字可以其聲韻另載廣大義。清朱駿聲《説文通訓定聲·豫部》:"莫,〔假借〕又爲'漠'、爲'溥'。《左傳》:'狄之廣莫。'《莊子·逍遥游》:'廣莫之野。'《太玄》注:'坎爲廣莫風。'《小爾雅·廣詁》:'莫,大也。'"莫聲可載廣義,則"漫"可證之。

莫:明紐鐸部;

漫:明紐元部。

雙聲,鐸元通轉。"漫",水域廣大。《玉篇·水部》:"漫,水漫漫平遠貌。"《廣韻·換韻》:"漫,大水。"《集韻·桓韻》:"漫,水廣大皃。"《藝文類聚》卷九引三國吴揚泉《五湖賦》:"邈乎浩浩,漫乎洋洋。西合乎濛汜,東苞乎扶桑。"《文選·張衡〈南都賦〉》:"布濩漫汗,漭沆洋溢。"唐劉良注:"漫汗,言廣大也。"

563 真聲

(1491) 顛驎槇鎮磌(頂、底義)

顛 頭頂。《説文·頁部》:"顛,頂也。从頁,真聲。"清朱駿聲《通訓定聲》:"《小爾雅·廣服》:'顛,額也。'《方言》六:'顛,上也。'《廣雅·釋詁》:'顛,末也。'《齊語》:'班序顛毛。'《儀禮·典瑞》注:'柱左右顛。'《後漢·蔡邕傳》:'誨于顛胡老。'字俗亦作'巔'。〔轉注〕《詩·車鄰》:'有馬白顛。'《爾雅·釋畜》:'駹顙白顛。'又《詩·采苓》:'首陽之顛。'俗作'巔'字本此。"按,"顛"字从頁,所記録語詞之本義爲頭頂,引申之則泛指頂部。《文選·王褒〈洞簫賦〉》:"孤雌寡鶴,娛優乎其下兮,春禽群嬉,翱翔乎其顛。"唐張銑注:"其顛,謂竹上也。"至"巔",本爲山頂義專字,引申之亦泛指頂部,故後世以爲頂巔字。

驎 白顛馬,即頂有白色之馬。《廣韻·先韻》:"驎,馬額白,今戴星馬。"《太平御覽》卷八百四十九引漢應劭《風俗通》:"俗説驎馬啖賓客,宴食已闋,主意未盡,欲後飲酒,餘無施,更出脯、鲊、椒、薑、鹽、豉，言其速疾如駸馬之傳命。"《集韻·先韻》："駸，通作'顛'。"《詩·秦風·車鄰》"有馬白顛"唐孔穎達疏："額有白毛，今之戴星馬也。"

槙 樹頂。《説文·木部》："槙，木頂也。从木，真聲。"清段玉裁注："人頂曰顛，木頂曰槙。"《廣韻·先韻》："槙，木上。"

鎮 壓。《説文·金部》："鎮，博壓也。从金，真聲。"清朱駿聲《通訓定聲》："《周禮·大宗伯》：'王執鎮圭。'注：'鎮圭者，蓋以四鎮之山爲瑑飾。'《考工·玉人》：'鎮圭尺有二寸，天子守之。'……《職方氏》：'鎮服。'《天府》：'凡國之玉鎮大寶器。'凡此不應以博壓之稱施于名山、九畿、瑞玉爲大號，知本義當爲重也，金重可以壓物，故爲博壓，猶今所謂椿子。文書有壓書，亦謂之鎮紙矣。"引申爲基礎義，基礎即底。《國語·晉語五》："麛退，嘆而言曰：'趙孟敬哉！夫不忘恭敬，社稷之鎮也。賊國之鎮不忠，受命而廢之不信，享一名於此，不如死。'觸庭之槐而死。"《靈樞經·玉版》："且夫人者，天地之鎮也。"

磌 柱底之石。《廣韻·真韻》："磌，柱下石也。"《文選·班固〈西都賦〉》"雕玉磌以居楹，裁金璧以飾璫"唐李善注："言彫刻玉磌以居楹柱也……《廣雅》曰：'磌，礩也。'瑱與磌古字通。"按，《西都賦》之"瑱"異文作"磌"。宋李誡《營造法式》卷三："柱礎。"原注："其名有六：一曰礎，二曰礩，三曰磶，四曰磌，五曰礥，六曰磉，今謂之石碇。"《説文新附·石部》："磌，柱下石也。"《太平御覽》卷一百八十八引《戰國策》："臣聞董安于之治晉陽也，公宮之室皆以黃銅爲柱磌，請發而用之，則有餘銅矣。"

〔推源〕 諸詞或有頂義，或有底義，二義相對，俱以真聲載之，出諸同一語源者。同源詞本有語義相反、相對之類型。聲符字"真"所記録語詞謂真人。《説文·匕部》："真，僊人變形而登天也。从匕，从目，从乚。八，所乘載也。"《莊子·大宗師》："古之真人，其寢不夢，其覺無憂，其食不甘，其息深深……古之真人，不知説生，不知惡死，其出不訢，其入不距；翛然而往，翛然而來而已矣。"按，"真"爲《匕部》字，《説文》"匕"篆訓"變也，从到人。""真"之登升義當與頂義相通。真聲可載頂、底義，則"頂""底"可相證。

真：章紐真部；

頂：端紐耕部；

底：端紐脂部。

章（照）端準雙聲，真耕通轉，真脂對轉，耕脂通轉。"頂"，頭頂，引申之則泛指頂端。《説文·頁部》："頂，顛也。"清朱駿聲《通訓定聲》："《方言》六：'頂，上也。'《易·大過》：'過涉滅頂。'虞注：'首也。'《莊子·大宗師》：'肩高于頂。'"按，《方言》所訓爲其引申義。《淮南子·脩務訓》："今不稱九天之頂，則言黃泉之底，是兩末之端議，何可以公論乎！"清和邦額《夜譚隨録·某掌班》："既而隨骰而落，腥血淋漓，相顧錯愕。舉目環睇，瞥見當頭頂隔漬一血痕，大如案，咸大駭。""底"，底下。《説文·广部》："底，下也。"清朱駿聲《通訓定聲》："《列子》：'無底之谷名曰歸墟。'"《廣韻·薺韻》："底，下也。"戰國楚宋玉《高唐賦》："俯視崝嶸，窒寥窈冥；不見其底，虛聞松聲。"唐劉長卿《送杜越江佐覲省往新安江》："清流數千丈，底下看白石。"

(1492) 禛齔(真義)

禛 以真誠感神而獲福。《説文·示部》："禛，以真受福也。从示，真聲。"清段玉裁注："此會意、形聲兩兼之字。"清朱駿聲《通訓定聲》："與'禎'義略同。"《廣韻·真韻》："禛，以真受福。"按，受福則吉祥，《説文》同部"禎"篆訓"祥"，《藝文類聚》卷九十八引《字林》："禎，福也。"《廣韻》記"禎"字之音爲陟盈切，"禛"字職鄰切，極相近。

齔 成年以後所長之牙，稱"真牙""智牙"，俗稱"識事牙"。"齔"即真正曉事之牙意。《廣韻·先韻》："齔、牙齔。《儀禮》曰：'右齔，左齔。'"元戴侗《六書故·人部四》："齔，真牙也。男子二十四歲，女子二十一歲真牙生。"按，《廣韻》所引《儀禮·既夕禮》文唐孔穎達疏："齔，謂牙兩畔最長者。"《北齊書·徐之才傳》："武成生齔牙，問諸醫……後以問之才，拜賀曰：'此是智牙，生智牙者聰明長壽。'"

〔推源〕 此二詞俱有真義，爲真聲所載之公共義。聲符字"真"所記録語詞謂得道真人，引申之則有本真、真實、真誠等義。《廣韻·真韻》："真，真僞也。"清朱駿聲《説文通訓定聲·坤部》："真，《莊子·刻意》：'能體純素謂之真人。'《漁父》：'真者，精誠之至也。'《大宗師》：'有真人而後有真知。'……《田子方》：'其爲人也真。'注：'無假也。'……《荀子·勸學》：'真積力久則入。'注：'誠也。'《淮南·精神》：'所謂真人者，性合于道也。'……《俶真訓》注：'實也。'"然則本條二詞之真義爲其聲符"真"所載之顯性語義。真聲可載真義，則"誠"可證之。

真：章紐真部；
誠：禪紐耕部。

章(照)禪旁紐，真耕通轉。"誠"，真誠。《説文·言部》："誠，信也。"《增韻·清韻》："誠，無僞也，真也。"《易·乾》："脩辭立其誠，所以居業也。"唐孔穎達疏："誠，謂誠實也。"北魏酈道元《水經注·漸江水》："文種誠於越，而伏劍於山陰。越人哀之，葬於重山。"引申之則有真正、真實等義。唯"誠"有真義，故有"真誠"之同義聯合式合成詞。《漢武帝内傳》："至念道臻，寂感真誠。"

(1493) 塡窴(塡入義)

塡 塡入。字亦作"窴"。《説文·土部》："塡，塞也。从土，真聲。"清朱駿聲《通訓定聲》："《一切經音義》引《廣雅》：'塡，滿也。'《漢書·溝洫志》注：'塡閼之水。'注：'謂壅泥也。'《貢禹傳》：'以塡後宮。'注：'與窴同。'"又《穴部》："窴，塞也。从穴，真聲。"朱氏《通訓定聲》："即'塡'之或體。"《廣韻·先韻》："塡，塞也，加也，滿也。窴，上同。"《楚辭·天問》：

"洪泉極深,何以竇之?"漢司馬相如《上林賦》:"佗佗籍籍,塡阬滿谷,掩平彌澤。"

瑱 以玉塡入耳中。字亦作"顚"。《說文·玉部》:"瑱,以玉充耳也。从玉,真聲。《詩》曰:'玉之瑱兮。'顚,瑱或从耳。"清朱駿聲《通訓定聲》:"天子以玉,諸侯以石,字亦作'磌'。《詩·君子偕老》……箋:'塞耳也。'《周禮·弁師》:'玉瑱。'《儀禮·士喪禮》:'瑱用白纊。'《禮記·檀弓》:'角瑱。'《左昭二十八傳》:'縛一如瑱。'《楚語》:'其又以規爲瑱也。'〔假借〕爲'塡'。《江賦》:'金精玉英瑱其裏。'"按,非假借,乃引申義。南朝宋沈攸之《西烏夜飛》:"目作宴瑱飽,腹作宛惱饑。"

〔推源〕 此二詞俱有塡入義,爲真聲所載之公共義。聲符字"真"所記録語詞之本義、引申義系列與塡入義不相涉,其塡入義乃真聲所載之語源義。按,本卷"宣聲"第1402條宣聲字所記録語詞"愃""煊""揎""楦""館"俱有空、塡空義,真聲、宣聲本相近且相通。

真:章紐真部;

宣:心紐元部。

章(照)心鄰紐,真元旁對。然則可相互爲證。

(1494) 嗔謓瞋膶滇闐(盛、大義)

嗔 盛大。《説文·口部》:"嗔,盛氣也。从口,真聲。《詩》曰:'振旅嗔嗔。'"清朱駿聲《通訓定聲》:"《禮記·玉藻》:'盛氣顛實。'以'顛'爲之……重言形況字。《説文》引《詩·采芑》'振旅嗔嗔',毛本作'闐闐',《魏都賦》作'輷輷','輷'即'嗔'字,皆同。《廣雅·釋訓》:'聲也。'又:'盛也。'《爾雅·釋天》注:'羣行聲。'《蒼頡篇》:'輷輷,衆車聲也。'"《玉篇·口部》:"嗔,盛聲也。"按,此當爲本義,引申之則泛指盛大。《資治通鑒·隋煬帝大業五年》:"騎乘嗔咽,周亘數十里,以示中國之盛。"康有爲《大同書》甲部第二章:"其有戲坊盛會,聚人億千,簫鼓嗔咽,燈火照煎,萬頭鱗鱗,其樂且延。"

謓 發怒,即氣盛之義。《説文·言部》:"謓,恚也。从言,真聲。賈侍中説:謓笑。"清朱駿聲《通訓定聲》:"《廣雅·釋詁二》:'謓,怒也。'今人以'嗔'爲之。〔轉注〕謓笑……按猶蘇俗所謂冷笑也,内怒而外笑。"北齊顔之推《顔氏家訓·風操》:"失教之家,閽寺無禮,或以主君寢食謓怒,拒客未通,江南深以爲恥。"按,"謓""嗔"之構件"言""口"所表義類同,故後世多以"嗔"爲嗔怒字。南朝宋劉義慶《世説新語·德行》:"丞相見長豫輒喜,見敬豫則嗔。"

瞋 張大眼睛。《説文·目部》:"瞋,張目也。从目,真聲。"清朱駿聲《通訓定聲》:"《廣雅·釋詁一》:'瞋,張也。'《莊子·秋水》:'晝出瞋目而不見邱山。'司馬注:'張也。'《漢書·項籍傳》:'羽瞋目叱之。'"《史記·項羽本紀》:"噲遂入,披帷西向立,瞋目視項王,頭髮上指,目眥盡裂。"《漢書·張耳傳》:"將軍瞋目張膽,出萬死不顧之計,爲天下除殘。"按,朱氏所引《漢書》之"膶"爲"瞋"字之借,謂發怒而睜大眼睛,《廣韻·真韻》"瞋"訓"怒",即此義。發怒即氣盛,故"瞋"又有盛之衍義。《集韻·真韻》:"瞋,盛皃。"《文選·王褒〈洞簫賦〉》:

· 1170 ·

"形旖旎以順吹兮，瞋呬呭以紆鬱。"唐李善注："言氣之盛而呬呭，類瞋也。"

膜 腫大，腫脹。《説文·肉部》："膜，起也。从肉，真聲。"清朱駿聲《通訓定聲》："《玉篇》：'膜，引起也。'按，肉脹起。《太玄·争》：'股脚膜如。'注：'大也。'"《廣韻·真韻》："膜，肉脹起也。"《素問·風論》："風氣與太陽俱入，行諸脈俞，散於分肉之間，與衞氣相干，其道不利，故使肌肉憤膜而有瘍，衞氣有所凝而不行，故其肉有不仁也。"又《陰陽應象大論》："清氣在下，則生飧泄；濁氣在上，則生膜脹。"

滇 水盛大，引申爲盛大義。《廣韻·先韻》："滇，滇汗，大水皃。"又《霰韻》："滇，滇沔，大水。"《文選·左思〈吴都賦〉》："潰渨泮汗，滇沔淼漫。"清朱駿聲《説文通訓定聲·坤部》："滇，重言形況字。《漢書·禮樂志》：'泛泛滇滇從高斿。'注：'盛皃。'"按，"滇"本爲池名，表水盛大、盛大義，爲其套用字。

闐 《説文·門部》："闐，盛皃。从門，真聲。"即盛大之謂。《廣韻·先韻》："闐，轟轟闐闐，盛皃。"晉左思《蜀都賦》："車馬雷駭，轟轟闐闐，若風流雨散，漫乎數百里間。"唐薛逢《上白相公啓》："飛龍在天，雲雨闐闐。"唐歐陽詹《福州南澗寺上方石像記》："萬物闐闐，各由襲沿。"

〔推源〕 諸詞或有盛義，或有大義，或兼有此二義，俱以真聲載之，語源則同。聲符字"真"所記録語詞與盛、大義不相涉，其盛、大義爲真聲所載之語源義。按，本卷"宣聲"第 1399 條"煊"謂煊赫、聲勢盛大，"喧"指聲大嘈雜，又"瑄""渲"亦有大義，真聲、宣聲本相近且相通(見前條"推源")，可相佐證。

(1495) 趁蹎槙瘨顛(顛倒義)

趁 奔走時僕倒，僕倒則頭朝地，即顛倒義。《説文·走部》："趁，走頓也。从走，真聲。讀若顛。"按"走"謂跑、逃跑，"頓"即頭觸地。北周衞元嵩《元包經·太陰》："頁趾趁，足首出。"李江注："趁音顛，走頓也。"按"趁"亦指跳躍着奔跑，即頭部時高時低，呈僕倒趨勢，其義亦相通。《廣韻·先韻》"趁"亦訓"走頓"，而《霰韻》"趁"則訓"走"，即此義。清蒲松齡《日用俗字·走獸章》："烏騅、赤兔皆神物，黑馬銀鬃獻帝王，舍唎五花趁跑好，騷馬身高尾骶長。"

蹎 僕倒。《説文·足部》："蹎，跋也。从足，真聲。"清朱駿聲《通訓定聲》："《荀子·正論》：'蹎跌碎折。'《漢書·貢禹傳》：'誠恐一旦蹎僕氣竭。'注：'壓蹎也。'"《廣韻·先韻》："蹎，蹎僕。"唐玄奘《大唐西域記·伊爛拏鉢伐多國》："乘車馭象，懼蹎蹶之患。"《明史·樂志二》："皇祖降筵，列聖靈聯，執事恐蹎，樂舞蹁躚。小孫捧盈兮敢弗虔。"按，《説文》以"跋"釋"蹎"，同部"跋"篆則訓"蹎跋"。清段玉裁注云："《大雅》《論語》'顛沛'皆即'蹎跋'也。毛傳：'顛，僕也。'"

槙 樹木僕倒。《説文·木部》："槙，一曰僕木也。"清段玉裁注："人僕曰顛，木僕曰槙，'顛'行而'槙'廢矣。"徐灝《注箋》："人僕則顛頂在地，木僕亦然。"清朱駿聲《通訓定聲》："猶

'顛'之爲倒。"按,諸説皆可從,"槙"另一義爲樹頂。"槙"謂木仆,其詞存乎語言,唯其字多以"顛"爲之,亦或以"蹎"爲之。《楚辭·九嘆·逢紛》:"椒桂羅以顛覆兮,有竭信而歸誠。"唐玄奘《大唐西域記·迦濕彌羅國》:"是時群象相趨奔赴,競吸池水,浸漬樹根,夗共排掘,樹遂蹎僕。"

瘨 癲癇病,有眩暈僕倒義。又有癲狂義,實即神志不清、顛倒錯亂之義。《説文·疒部》:"瘨,病也。从疒,真聲。"清朱駿聲《通訓定聲》:"《聲類》:'風病也。'《廣雅·釋詁四》:'瘨,狂也。'《素問·腹中論》:'石藥發瘨。'注:'多喜曰瘨。'"《廣韻·先韻》:"瘨,病也。癲,上同。"《正字通·疒部》:"癲,狂病也。《方書》癲、狂分二症,癲,喜笑不常,顛倒錯亂也;狂,狂亂不定也。"《戰國策·楚策一》:"七日不得告,水漿無入口,瘨而殫悶,旄不知人。"《難經·第五十九難》:"癲疾始發,意不樂、直視、僵仆。"

顛 頭頂,見前第1491條,引申爲顛倒義。其字亦作"傎""儞"。《廣韻·先韻》:"儞,倒也。傎,上同。"清朱駿聲《説文通訓定聲·坤部》:"顛,〔轉注〕《易》:'鼎顛趾。'《釋文》:'倒也。'《楚辭·惜命》:'顛衣以爲裳。'字亦作'儞'。《廣雅·釋言》:'儞,倒也。'又作'傎'。《儀禮·士喪禮》注:'或傎倒衣裳。'〔假借〕爲'趙'、爲'蹎'。《詩·蕩》:'顛沛之揭。'傳:'仆也。'"按,"顛"表仆倒義非假借,乃引申。《穀梁傳·僖公二十八年》:"以爲晉文公之行事,爲已傎矣。"晉范寧注:"以臣召君,傎倒上下。"唐韓愈《陸渾山火和皇甫湜用其韻》:"天跳地踔顛乾坤,赫赫上照窮崖垠。"

〔推源〕 諸詞俱有顛倒義,爲真聲所載之公共義。聲符字"真"所記録語詞謂真人,得道而登天者,與頂巔義、顛倒義皆相通。又"真"字之構件"七"象人顛倒形。本條諸詞之顛倒義爲其聲符"真"所載之顯性語義。真聲可載顛倒義,則"頓"可證之。

真:章紐真部;
頓:端紐文部。

章(照)端準雙聲,真文旁轉。"頓",以頭叩地,人之身體顛倒,引申之則有仆倒義。《説文·頁部》:"頓,下首也。"清朱駿聲《通訓定聲》:"《周禮·大祝》:'二曰頓首。'注:'拜頭叩地也。'按,拜頭至地而不叩爲稽首,叩者爲頓首。稽首爲吉禮之稱,稽顙爲凶禮之稱,其實一也。頓首則非常之事,如《左傳》'九頓首而坐''頓首于宣子',非恒用之拜,無關于凶禮、吉禮者。秦漢上疏以'頓首'爲請罪之辭是也。今人動輒書'頓首',失之。〔假借〕又爲'趙'。《廣雅·釋詁四》:'頓,僵也'。《荀子·仲尼》:'頓窮則從之。'注:'謂困躓也。'"按,所引《荀子》文之"頓"爲疲極倒躃之義,又"頓"表僕倒義無煩假借,乃引申。漢陸賈《新語·資質》:"僕於嵬崔之山,頓於窅冥之溪。"按"仆"與"頓"對文同義。三國魏曹操《秋胡行》:"牛頓不起,車墮谷間。"又朱氏所引《荀子》"頓窮"一詞又有潦倒、不得志義,實即抽象性仆倒義。又《廣雅·釋詁三》"頓"訓"惑亂",即顛倒錯亂義,朱氏以爲"頓"爲"惷"之借,説亦未

· 1172 ·

得肯綮。

(1496) 稹慎縝鬒槙（密義）

稹 植物叢生而稠密，引申之則亦有細密義。《説文·禾部》："稹，穊穊也。从禾，真聲。《周禮》曰：'稹理而堅。'"清朱駿聲《通訓定聲》："按，稠比之意。《爾雅·釋言》：'苞，稹也。'孫注：'物叢生曰苞，齊人名曰稹。'郭注：'今人呼物叢緻者爲稹。'《詩·鴇羽》箋：'稹者，根相迫迮梱致也。'〔轉注〕《考工·輪人》……注：'致也。'"《文選·郭璞〈江賦〉》："櫨杞稹薄於潯涘，楓楪森嶺而羅峰。"唐李善注："稹，《字林》：'穊穊也。'"唐劉良注："此木叢生羅列於岸。"

慎 謹慎，即心思縝密之義。《説文·心部》："慎，謹也。从心，真聲。"清朱駿聲《通訓定聲》："《廣雅·釋詁四》：'慎，敕也。'《周語》：'慎，德之守也。'……《禮記·表記》：'眘慮而從之。'《儀禮·聘禮記》：'入門主敬，升堂主慎。'《周禮·大司徒》：'則民慎德。'"按，許慎云"慎"之古文作"眘"，朱氏所引《禮記》之"眘"當同。《廣韻·震韻》："慎，謹也。眘，古文。"按，唯"慎"有密義，故有"慎密"之複音詞。明袁宏道《識張幼于箴銘後》："今若強放達者而爲慎密，強慎密者而爲放達，續鳧項，斷鶴頸，不亦大可嘆哉！"

縝 纑縷。《方言》卷四："纑謂之縝。"《廣韻·真韻》："䌆，纑也。縝，上同。"清葆光子《物妖志·猿》："捫蘿引縝而陟其上，則嘉樹列植，間以名花。"引申爲細密、周密，即縝密義。《禮記·聘義》："縝密以栗，知也。"漢鄭玄注："縝，緻也。"元虞集《趙平章加官封制》："方嚴而精明，果毅而詳縝。"

鬒 頭髮稠密。字亦作"㐱"。《説文·彡部》："㐱，稠髮也。从彡，从人。《詩》曰：'㐱髮如雲。'鬒，㐱或从髟，真聲。"清朱駿聲《通訓定聲》："字亦作'顛'、作'縝'。《左昭廿六傳》：'白皙鬒鬚眉。'《釋文》：'黑也。'《廿八傳》：'生女顛黑。'服注：'髮美爲鬒。'"按，頭髮黑而稠密則美。明湯式《一枝花·贈明時秀》："星曆曆花鈿簇翠圓，黑鬒鬒雲髻盤鴉小。"

槙 樹木紋理細密。《玉篇·木部》："槙，木密也。"《廣韻·真韻》："槙，木密。"《類篇·木部》："槙，木理堅密。"按，"槙"本謂樹頂，又有樹木仆倒義，見前第1491、1495條，表木理細密義，爲其套用字。

〔**推源**〕 諸詞俱有密義，爲真聲所載之公共義。聲符字"真"所記録語詞之本義、引申義系列與密義不相涉，其密義乃真聲所載之語源義。真聲可載密義，"芊"可證之。

真：章紐真部；
芊：清紐真部。

疊韻，章（照）清鄰紐。"芊"，草木茂密。《廣雅·釋訓》："芊芊，茂也。"《廣韻·先韻》："芊，草盛。"又《霰韻》："芊，芊薆，草木相雜皃。"《列子·力命》："美哉國乎，鬱鬱芊芊。"南朝梁元帝蕭繹《郢州晉安寺碑銘》："鳳凰之嶺，芊綿映色。"

564 倝聲

(1497) 翰鶾赮輚（赤色義）

翰 赤羽山鷄。《說文·羽部》："翰,天鷄,赤羽也。从羽,倝聲。"清朱駿聲《通訓定聲》："此字本義當訓翼也。〔假借〕爲'鶾'。《逸周書》曰:'文翰若翬雉。'……《爾雅·釋鳥》：'鶾,天鷄。'樊注'一名山雞'是也。"按,《說文》"翰"之本義訓釋不誤,"鶾"指肥鷄,亦指赤羽山鷄,則爲"翰"之或體,非假借。朱氏所引《爾雅》文清郝懿行《義疏》："鶾,當作'翰'。今所謂天鷄,出蜀中者,背文揚赤,膺文五彩,爛如舒錦,一名錦雞。"馮德培、談家楨等《簡明生物學詞典·錦鷄》："鳥綱,雉科,錦鷄屬各種的通稱。本屬僅有兩種。其中紅腹錦鷄亦稱'金鷄'。雄鳥體長約1米。頭部具金黃色絲狀羽,形如披肩。"

鶾 乾鵲。嘴、脚之色赤。《說文·隹部》："鶾,鶾鷽也。从隹,倝聲。"清朱駿聲《通訓定聲》："與'鶾'別。"清段玉裁注："此與《鳥部》'鶾'各物。《鳥部》曰:'鶾鷽,山鵲,知來事鳥也。'"《廣韻·翰韻》："鶾,鶾鵲,鷽別名。"《爾雅·釋鳥》："鷽,山鵲。"晉郭璞注："似鵲而有文彩,長尾,觜、脚赤。"按,"鶾"亦指白鷴,其首、脚亦爲赤色。

赮 赤色。《說文·赤部》："赮,赤色也。从赤,倝聲。"《廣韻·翰韻》："赮,赤色也。"《集韻·翰韻》："赮,大赤也。"按,"赮"字从赤,所表義類即赤色,復以倝聲載赤色義,此爲形聲字之一大通例。

輚 蟲名。其物之頭、翅色赤。《爾雅·釋蟲》："輚,天鷄。"晉郭璞注："小蟲,黑身,赤頭。一名莎雞。又曰樗鷄。"《廣韻·翰韻》："輚,天鷄。"清杭世駿《續方言》卷下："輚如蝗而斑色,毛翅數重,其翅正赤,幽州人謂之蒲錯。"

〔**推源**〕 諸詞俱有赤色義,爲倝聲所載之公共義。聲符字"倝"所記録語詞謂日始出光芒閃耀,此當與赤色義相通。《說文·倝部》："倝,日始出光倝倝也。从旦,㫃聲。"倝聲可載赤色義,則"赮"可證之。

倝：見紐元部；
赮：匣紐魚部。

見匣旁紐,元魚通轉。"赮",赤色。《玉篇·赤部》："赮,東方赤色也。亦作'霞'。"《廣韻·麻韻》："赮,日朝赤色。"《集韻·麻韻》："赮,赤色。"《漢書·天文志》："夫雷電、赮虹、辟歷、夜明者,陽氣之動者也。"蔡東藩《慈禧太后演義》第二十一回："枝上百餘桃纍纍下垂,盡紅赮色。"

(1498) 翰幹翰（長毛義）

翰 赤羽山鷄,見前條,引申之則指鳥長羽。《廣韻·翰韻》："翰,鳥羽也。"清朱駿聲

《説文通訓定聲·乾部》："先儒皆訓'翰'爲'高'。《禮記·曲禮》：'雞曰翰音。'注：'猶長也。'按，鳥羽之長而勁者爲翰，高飛恃之，亦所以衛體……《長楊賦》：'翰林主人。'注：'筆也。'引《説文》：'毛長者曰翰。'"《文選·揚雄〈羽獵賦〉》："鱗羅布烈，欑以龍翰。"唐李善注："翰，毛之長大者。"《舊唐書·馬周傳》："臣謂宜賦以茅土，疇其戶邑，必有材行，隨器方授，則雖其翰翮非强，亦可獲免尤累。"

毤 獸之鬃毛，即獸毛之最長者。《説文·毛部》："毤，獸豪也。从毛，倝聲。"清朱駿聲《通訓定聲》："《爾雅·釋畜》注：'狗子未生毤毛者。'《釋文》：'謂長毛也。'"《廣韻·翰韻》："毤，長毛。"

䮝 長毛馬。《説文·馬部》："䮝，馬毛長也。从馬，倝聲。"《廣韻·翰韻》："䮝，馬毛長也。"按，清朱駿聲氏改《説文》之解釋文爲"馬毛長者"，清段玉裁注略同。宋蘇軾《書韓幹〈牧馬圖〉》："白魚赤兔騂皇䮝，龍顱鳳頸獰且妍。"

〔推源〕 諸詞俱有長毛義，爲倝聲所載之公共義。聲符字"倝"所記録語詞謂日始出而光芒閃耀，猶今語曰"光芒萬丈"，日光自天空照射大地，此當與長毛義相通。然則本條諸詞之長毛義亦爲聲符"倝"所載之顯性語義。

(1499) 韓榦(圓義)

韓 水井之欄圈，圍井者。《説文·韋部》："韓，井垣也。从韋，取其帀也，倝聲。"《廣韻·寒韻》："韓，亦作'韓'，井垣也。"按許書《井部》："丼，八家一井。象構韓形。•，罋之象也。古者伯益初作井。"清段玉裁注："韓，井上木闌也。"高鴻縉《中國字例》："韓，井欄也。"按，所謂"井欄"即水井之圍欄，亦寓圓圈之義；後世又有井蓋，以木板爲之，亦形圓之物。清朱駿聲《説文通訓定聲·乾部》："今《莊子》《漢書》凡井榦字皆作'幹'、作'榦'。"按，"韓"字記録之詞存乎語言，而其字爲正字。《莊子·秋水》："出跳梁乎井榦之上，入休乎缺甃之崖。"唐陸德明《釋文》："井榦，井欄也。"明劉侗、于奕正《帝京景物略·城北内外·滿井》："井面五尺，無收有榦。榦石三尺，井高於地，泉高於井，四時不落。"

榦 瓢把，圓而長之物，亦爲可轉動者，故引申爲榦旋、圓轉義；亦指車轂孔外圍金屬包裹的圓管狀部分，則其名亦寓圓義。《説文·斗部》："榦，蠡柄也。从斗，倝聲。揚雄、杜林説，皆以爲軺車輪榦。"清朱駿聲《通訓定聲》："《楚辭·天問》：'榦維焉系？'張華《勵志詩》：'大儀榦運。'〔轉注〕《廣雅·釋詁四》：'榦，轉也。'……《幽通賦》：'榦流遷其不濟兮。'"清段玉裁注："引伸之，凡執柄樞轉運皆謂之榦。"《廣韻·末韻》："榦，轉也。"後周衛元嵩《元包經·太陽》："介焘榦縈，揭而不懟。介焘榦縈，何謂也？介者言其大，焘者言其溥，榦者言其運，縈者言其周，皆天之象也。"又，《説文》所訓"軺車輪榦"義朱駿聲氏稱之爲"別義"。

〔推源〕 此二詞俱有圓義，爲倝聲所載之公共義。聲符字"倝"所記録語詞與圓義或亦相涉，"倝"謂日出有光，日則爲圓形物。倝聲可載圓義，則"丸"可證之。

丸：見紐元部；
丸：匣紐元部。

叠韻，見匣旁紐，則音僅微殊。"丸"，圓而小之物。《説文・丸部》："丸，圜，傾側而轉者。从反仄。"清朱駿聲《通訓定聲》："《吕覽・本味》：'丹山之南有鳳之丸。'《漢書・地理志》：'燕地北隙烏丸夫餘。'按，烏丸山，象丸之形。〔轉注〕爲彈丸，爲藥丸。"《逸周書・器服》："二丸弇。"朱右曾《校釋》："凡物圓轉者皆曰丸。"晉葛洪《抱朴子・内篇・至理》："今醫家通明腎氣之丸，内補五絡之散。"

565　索聲

(1500) 索捰(求取義)

索　求取。《説文・宀部》："索，入家搜也。从宀，索聲。"清朱駿聲《通訓定聲》："《廣雅・釋詁三》：'索，求也。'《小爾雅・廣言》：'索，求也。'《方言》六：'索，取也。'《考工・梓氏》：'時文思索。'《釋文》：'求也。'《周禮・方相氏》：'以索室敺疫。'注：'廋也。'《禮記・郊特牲》：'索祭祝于祊。'注：'求神也。'《漢書・杜林傳》：'吹毛索疵。'皆以'索'爲之。"清段玉裁注："捰，求也。《顔氏家訓》曰：'《通俗文》云：入室求曰捰。'按：當作'入室求曰索'。今俗語云'捰索'是也。"今按，"索"所記録之語詞存乎語言，唯其字以"索"爲之，古者本有棄本字而用借字之例。《説文》所訓"索"之本義可信從，朱氏所引《周禮》文之"索"即是。

捰　摸索。《廣韻・鐸韻》："捰，摸捰。"清毛奇齡《李氏學樂録》："總之，聲律自然之理，人在暗中摸捰，亦有相著者。"按，摸索字今借"索"爲之，而當以"捰"爲本字、正字。摸索即求取其物，故引申爲求取義。漢揚雄《太玄・數》："參珍晬精以捰數。"范望注："三三而索之以成數。"

〔推源〕　此二詞俱有求取義，爲索聲所載之公共義。聲符字"索"所記録語詞謂大繩，本與求取義不相涉，然可以其聲韻另載求取義。《説文・宋部》："索，艸有莖葉可作繩索。"清朱駿聲《通訓定聲》："《小爾雅・廣器》：'大者謂之索。'……《楚辭・惜誓》：'並紉茅絲以爲索。'〔假借〕又爲'素'。《易・繫辭》傳：'探賾索隱。'疏：'謂求索。'……《左襄二傳》：'以索牛馬。'注：'簡擇好者。'"《小爾雅・廣言》："索，求也。"《楚辭・天問》："穆王巧梅，夫何爲周流？環理天下，夫何索求？"索聲可載求取義，則"搜"可證之。

索：心紐鐸部；
搜：山紐幽部。

心山準雙聲，鐸幽旁對轉。"搜"，搜索，求取。其字本作"捜"，初文作"叜"。《説文・手部》："捜，衆意也。一曰求也。从手，叜聲。"清吴玉搢《引經考》："《魯頌・泮水》隸變作

'搜'。"清朱駿聲《通訓定聲》："疑即'叜'之或體。'求'爲本訓，'衆'爲假借字。字亦作'廋'、作'趡'，又作'鎪'。《方言》二：'挍，求也，就室曰挍。'《通俗文》：'入室求曰搜。'《廣雅·釋詁三》：'庋，求也。'《莊子·秋水》：'挍于國中。'《釋文》：'索也。'《甘泉賦》：'迺搜求索偶。'注：'擇也。'《漢書·趙廣漢傳》：'廋索私屠沽。'注：'謂入室求之。'《後漢·馬融傳》：'廋疏麰領。'注：'猶搜索也。'"

566 連聲

（1501）譠梿㥥漣鏈翻縺㒺褳糫嫤璉（相連義）

譠 話多而相連。字亦作"嘽"。《説文·言部》："譠，譠謾也。从言，連聲。"清朱駿聲《通訓定聲》："辭支離牽引之謂。"《廣韻·先韻》："嘽，嘽嗹，言語繁絮皃。"又《厚韻》："謾，譠謾，小兒語。"《楚辭·王逸〈九思·疾世〉》："嗟此國兮無良，媒女詘兮譠謾。"宋洪興祖《補注》："譠謾，語亂也。"清史震林《西青散記》卷四："西望一峰，（傭者）以兩手交指，嘽嗹曰：'氣老分。'余大驚，問曰：'何？'蓋云'極樂峰'也。"

梿 木名，叢生而相連者，故稱"梿"。《玉篇·木部》："梿，木名。"《廣選·郭璞〈江賦〉》："樧杞稹薄於潯溰，楊梿森嶺而羅峰。"唐劉良注："此木叢生，羅列於岸。"按，"梿"亦指樓閣邊相連的小屋，亦指橫關木，皆有相連義。《廣韻·先韻》："梿，簃也。又橫關柱。"《説文新附·竹部》："簃，閣邊小屋也。"清鈕樹玉《説文解字校録》："梿，橫關柱。"按，"梿"之本義《説文》訓"瑚梿"，謂祭祀時盛黍、稷之器，有玉製者，其字作"璉"；亦有木製者，其字作"梿"。"梿"指木及表閣邊小屋義、橫關木義，皆套用字。

㥥 淚下不斷相連。《説文·心部》："㥥，泣下也。从心，連聲。《易》曰：'泣涕㥥如。'"清朱駿聲《通訓定聲》："今作'泣血漣如。'……《詩·氓》：'泣涕漣漣。'《楚辭·憂苦》：'泣下漣漣。'亦皆作'漣'，疑'㥥'後出字。"按，"漣"之本義爲漣漪，指泣下爲其引申義。"㥥"則爲泣下相連義之本字。"㥥"又有留連義。《集韻·狝韻》："㥥，留意。"

鏈 鏈條，金屬環衆多而相連者。《正字通·金部》引元戴侗《六書故》："鏈，今人以銀鐺之類相連屬者爲鏈。去聲。"明馮夢龍編《醒世恒言》之《張廷秀逃生救父》："楊洪分開衆人，托地跳進店裏，將鏈子望張權頸上便套。"按，頸上之裝飾物則稱"項鏈"。《傳記文學》1990年第5期："而在他們認爲最神聖的地方，則把身上所帶的最珍貴的物品如錢幣、項鏈、首飾等放在瑪尼堆上，以示虔誠。"按，"鏈"字从金，所記録語詞之本義《説文》訓"銅屬"，《廣韻·仙韻》則云"鉛礦"，指鏈條，則爲套用字。

翻 翻翩，衆鳥飛而相連。《廣韻·仙韻》："翻，翻翩，飛相及兒。"按，"翻翩"亦作"連翩"。南朝齊謝朓《贈王主簿》："一遇長相思，願寄連翩翼。"按，"翻"當爲其正字，以"連"爲之，則取其引申義。又詞彙系統有"翩聯"一詞，亦謂飛而相連，"聯""連"義同，"翻翩"與"翩聯"當爲同素逆序詞。唐李咸用《昇天行》："空中龍駕時迴旋,左雲右鶴翔翩聯。"

縺 絲縷糾結相連。《玉篇·糸部》："縺,縷不解。"《廣韻·先韻》："縺,縷縷。"宋范成大《麻綫堆》："雲木蕩胸起,鬱峨一峰危。上有路千折,縺縷如縈絲。"按,"縺"亦指漁網,漁網則繩索縱橫相連之物,網之名甚夥,稱"縺",當寓相連義。清黃叔璥《賦餉》："樹大竹棚於水涯,高二丈許,曰水棚,置罾以漁,縺小於罟䍡,又小於縺網,長可數十丈,廣五六尺,曰牽縺,曰牽䍡,蠔蠣房也。"

僆 孿生,即生而相連。《方言》卷三："陳楚之間,凡人獸乳而雙産謂之釐孳,秦晉之間謂之僆子。"《廣韻·獮韻》："僆,畜雙生子。"《字彙·人部》："僆,僆子,雙生子也。"按,《廣韻》注"僆"字之音爲郎甸切,其上古音爲來紐元部。"孿"字落官切,其上古音與"僆"同。

褳 褡褳,兩口袋相連,故稱"褳";搭之於肩膊,故稱"褡"。亦稱"褡膊"。《金瓶梅》第四十九回："背上他的皮褡褳,褡褳内盛着兩個藥葫蘆兒,下的禪堂,就往外走。"按,此物多以布爲之,故其字从衣。李劼人《死水微瀾》第二部分十一："肩頭上一條土藍布用白絲綫鎖狗牙紋的褡褳,也常是裝的飽鼓鼓的。"元康進之《李逵負荆》第一折："你這老人家,這衣服怎麽破了? 把我這紅絹褡膊與你補這破處。"

槤 槤枷,脱粒工具。其制以四短棍相連,附於長柄之側,使用時持長柄旋轉擊地,徽歙南鄉人稱之爲"豆車"。其字本亦作"連枷","槤"爲"連"之累增字,爲此義之正字。明徐光啓《農政全書》卷二十二："連枷,擊禾器……其制:用木條四莖,以生革編之。長可三尺,闊可四寸。又有以獨梃爲之者。皆於長木柄頭,造爲擐軸,舉而轉之,以撲禾也。"宋范成大《秋日田園雜興》："笑歌聲裏輕雷動,一夜連枷響到明。"馬烽、西戎《吕梁英雄傳》第四十八回："劈里啪啦的打場槤枷聲,從天黑響到天亮。"按,其物亦稱"柫"。《説文·木部》："柫,擊禾連枷也。"按,稱"柫"則寓過擊之義,槤枷使用時間歇性擊禾。"柫"字从弗得聲,與"拂"同,"拂"謂過擊,今徽歙方言猶有"拂著一下"之言,蓋本古語。

嫌 聯姻,即兩親家相連結之義。其字从女,構形理據同"婚"。《資治通鑑·齊明帝建武三年》："隴西李沖以才識見任,當朝貴重,所結姻嫌,莫非清望。"元胡三省注:"嫌,音嫌。《史記·南越傳》:'吕嘉宗室兄弟及蒼梧秦王有連。'《漢書音義》曰:'連,親婚也。'《史記索隱》曰:'有連者,皆親姻也。'後人因以姻連之連,其旁加女,遂爲'嫌'字。"按,其説可從。"嫌"爲"連"之累增字,亦爲記録此義之正字。"連"本有聯姻之衍義。《南齊書·劉悛傳》:"悛歷朝見恩遇。太祖爲鄱陽王鏘納悛妹爲妃。高宗又爲晉安王寶義納悛女爲妃,自此連姻帝室。"

璉 玉相連屬。《集韻·仙韻》:"連,連屬。古作'璉'。"金王喆《解紅》:"自有個祝融來吐耀,射虚外、崐崙列璉璐。"按,"璉璐"亦省作"連璐"。《文選·謝惠連〈雪賦〉》:"於是臺如重壁,逵似連璐。"唐李善注:"劉公幹《清廬賦》曰:蹈琳珉之塗。然即逵也。許慎《淮南子注》曰:璐,美玉也。"按,"逵"爲九達道,"連璐"即相連成串之玉。作"連",爲其本義之引申,"㻬"則爲記録此字之正字。"㻬"亦可泛指相連,則與"連"同。《文選·何晏〈景福殿賦〉》:"既櫛比而橫集,又宏㻬以豐敞。"唐李善注:"宏㻬,大連衆木也。"

〔推源〕 諸詞俱有相連義,爲連聲所載之公共義。連聲字"摙"亦可以假借字形式表相連義,則亦爲連聲、相連義二者相關聯之一證。宋李誡《營造法式·總釋下·門》:"門持關謂之摙。"按,謂門閂,連其門之兩側者。其字則當爲"槤"之假借。"摙"字从手,所記録語詞謂擔、運,亦謂按壓。本條諸詞之相連義當爲聲符"連"所載之顯性語義。"連"本謂人拉車,即人與車相連,引申之則有牽連、連接等義。《説文·辵部》:"連,員連也。从辵,从車。"清段玉裁注改其解釋文爲"負車"。清朱駿聲《通訓定聲》:"《集韻》《類篇》作'負連'……或曰,兩人輓者爲輦,一人輓者爲連。〔假借〕爲'聯'。《廣雅·釋詁二》:'連,續也。'《字林》:'連,縷不解也。'……《禮制·王制》:'十國以爲連。'注:'猶聚也。'《曲禮》:'連步以上。'注:'謂足相隨不相過也。'《孟子》:'連諸侯者次之。'注:'合從者也。'《楚語》:'雲連徒州。'注:'屬也。'《吕覽·期賢》:'民相連而結之。'注:'結也。'……《吴都賦》:'罠蹏連綱。'注:'言不絶也。'"按,皆非假借,乃引申。連聲可載相連義,則"聯"可證之。"連""聯"上古音同,來紐雙聲,元部疊韻。"聯",相連。《説文·耳部》:"聯,連也。从耳,耳連於頰也;从絲,絲連不絶也。"漢張衡《西京賦》:"朝堂承南,温調延北,西有玉臺,聯以昆德。"《新唐書·韋雲起傳》:"啓民可汗以二萬騎受節度。雲起使離爲二十屯,屯相聯絡,四道併引。"

567 尃聲

(1502) 博敷榑溥餺蕁(廣、大義)

博 廣大,廣博。《説文·十部》:"博,大,通也。从十,从尃。尃,布也。"南唐徐鍇《繫傳》:"尃,亦聲。"清朱駿聲《通訓定聲》:"按,尃聲。《詩·泮水》:'戎車孔博。'《左桓六傳》:'博碩肥腯。'"《廣韻·鐸韻》:"博,廣也,大也。"《吕氏春秋·上德》:"被瞻忠於其君,而君免於晉患也;行義於鄭,而見説於文公也。故義之爲利,博矣。"漢高誘注:"博,大也。"《墨子·非攻中》:"土地之博,至有數千里也;人徒之衆,至有數百萬人。"

敷 散布,引申爲廣泛、廣大義。字亦作"敷"。《説文·攴部》:"敷,敂也。从攴,尃聲。《周書》曰:'用敷遺後人。'"清朱駿聲《通訓定聲》:"《小爾雅·廣詁》:'布也。'《書·禹貢》:'禹敷土。'馬注:'分也。'〔假借〕又爲'溥。'《詩·常武》:'鋪敦淮濆。'《韓詩章句》:'敷,大也。'"按,無煩假借,乃引申。《玉篇·攴部》:"敷,布也。亦作'敷'。"《廣韻·虞韻》:"敷,散也。《説文》从尃。"《書·伊訓》:"敷求哲人,俾輔于爾後嗣。"宋蔡沈《集傳》:"敷,廣也。廣求賢哲,使輔爾後嗣也。"

榑 大桑。《説文·木部》:"榑,榑桑,神木,日所出也。从木,尃聲。"清朱駿聲《通訓定聲》:"《吕覽·求人》:'禹東至榑木之地。'《東山經》:'無皋之山,東望榑木。'《淮南·墜形》:

'暘谷榑桑在東方。'注:'在登保之山,東北方也。'《離騷》:'總余轡乎扶桑。'以'扶'爲之。"《廣韻·虞韻》:"榑,榑桑,海外大桑,日所出也。"

溥 廣大。《説文·水部》:"溥,大也。从水,専聲。"清朱駿聲《通訓定聲》:"本義爲水之大,轉注爲凡大之稱。《禮記·祭義》:'溥之而橫乎四海。'《長笛賦》:'氾濫溥漠。'……《詩·北山》:'溥天之下。'《韓奕》:'溥彼韓城。'《公劉》:'瞻彼溥原。'《召旻》:'溥斯害矣。'《禮記·中庸》:'溥博如天。'"《廣韻·姥韻》:"溥,大也,廣也。"《漢書·朱博傳》:"漢家至德溥大,宇内萬里,立置郡縣。"

鏄 懸鐘橫木上塗金的飾物。《説文·金部》:"鏄,鏄鱗也。鐘上橫木上金華也。从金,専聲。"清朱駿聲《通訓定聲》:"謂枸木刻爲龍,以黄金塗之者,《考工記》'鱗屬以爲筍'是也。《淮南·俶真》:'華藻鏄鮮。'"按,所引《淮南子》文之"鏄"爲塗飾義,乃引申義,清俞樾《平議》云:"謂以金敷布其上也。古者以金飾物謂之鏄。"按,塗飾即使周遍,與廣大義通,以専聲載之,語源則同。

蓴 大蘘荷。《廣韻·鐸韻》:"蓴,蓴苴,大蘘荷名。"《楚辭·大招》:"醢豚苦狗,膾苴蓴只。"漢王逸注:"苴蓴,蘘荷也。"

〔推源〕 諸詞或有廣義,或有大義,或兼有此二義,俱以専聲載之,語源當同。聲符字"専"所記録語詞謂散布,本與普遍、廣大義相通。《説文·寸部》:"専,布也。从寸,甫聲。"清朱駿聲《通訓定聲》:"〔轉注〕廣也。〔假借〕爲'敷'。《史記·司馬相如傳》:'雲専霧散。'"按,當爲引申,非假借。本條諸詞之廣、大義爲其聲符"専"所載之顯性語義。専聲可載廣、大義,則"普"可證之。"専""普"上古音同,滂紐雙聲,魚部疊韻。"普",廣博,廣大。《廣韻·姥韻》:"普,博也,大也。"清朱駿聲《説文通訓定聲·豫部》:"暜,今隸作'普'。〔假借〕爲'溥'。《孟子》:'普天之下。'注:'徧也。'《儀禮·士虞禮記》:'普淖。'注:'大也。'……《淮南·本經》:'普氾無私。'《漢書·王襃傳》注:'博也。'"按,"普"之本義當爲日光普照,《説文》乃訓"日無色",朱氏從其説,故以廣博、廣大義爲假借,實非。《説文》所訓未見其文獻實用例。

（1503）博蟷螵（多義）

博 廣大,見前條,引申爲廣博、多義。清朱駿聲《説文通訓定聲·豫部》:"博,《孟子》:'博學而詳説之。'又《荀子·議兵》:'和博而一。'注:'衆也。'《脩身》:'多聞曰博。'《後漢·和帝紀》注:'博士,秦官也。'《新序·雜事》:'博通士也者,國之尊也。'《鬼谷子·權篇》:'繁稱文辭者,博也。'"《荀子·強國》:"小事之至也數,其懸日也博,其爲積也大。"唐楊倞注:"博謂所懸繫時日多也。"

蟷,螳螂的卵塊,多而聚積之物。《廣韻·鐸韻》:"蟷,蟷蟭,螗蜋卵也。"明李時珍《本草綱目·蟲部·螳蜋桑螵蛸》:"螳蜋……其子房名螵蛸。"馮德培、談家楨等《簡明生物學詞典·螵蛸》:"螳螂的卵鞘。産在桑樹上的稱'桑螵蛸'。"

𦍛　獸名。多耳、多尾，故稱"𦍛"。《廣韻·鐸韻》："𦍛，𦍛𧳅，獸名，似羊，九尾、四耳，其目在背。出《山海經》。"按，《山海經·南山經》："(基山)有獸焉，其狀如羊，九尾、四耳，其目在背，其名曰𦍛𧳅。"

〔推源〕　諸詞俱有多義，爲專聲所載之公共義。前條諸詞俱有廣、大義，當與多義相通。專聲可載多義，則"繁"可證之。

專：滂紐魚部；

繁：並紐元部。

滂並旁紐，魚元通轉。"繁"，其字本作"緐"。所記録語詞之本義爲馬髦飾，引申爲多義。《説文·糸部》："緐，馬髦飾也。"清段玉裁注："俗改其字作'繁'。"《廣韻·元韻》："繁，多也。"《詩·小雅·正月》："正月繁霜，我心憂傷。"漢毛亨傳："繁，多也。"《左傳·成公十七年》："今衆繁而從余三年矣，無傷也。"晉杜預注："繁，猶多也。"唯"繁"有多義，故有"繁多"之同義聯合式合成詞。宋司馬光《進〈資治通鑒〉表》："每患遷、固以來，文字繁多，自布衣之士，讀之不徧，況於人主，日有萬機，何暇周覽。"

(1504) 脯煿（乾燥義）

脯　乾肉。《説文·肉部》："脯，薄脯，膊之屋上。从肉，尃聲。"清朱駿聲《通訓定聲》："按，曝之屋上者。《方言》七：'膊，暴也。凡暴肉，發人之私，披牛羊之五藏，謂之膊。'《淮南·繆稱》：'故同味而嗜厚脯者。'"《周禮·天官·醢人》"醓醢"漢鄭玄注："作醢及臡者必先膊乾其肉，乃後莝之。"又虛化引申爲乾燥義。《漢書·貨殖傳》"鯫鮑千鈞"唐顏師古注："鯫，脯魚也，即今不著鹽而乾者也。"

煿　同"爆"，謂烤乾、炒乾。《集韻·鐸韻》："爆，火乾也。或作'煿'。"北魏賈思勰《齊民要術·作酢法》："有薄餅緣諸麵餅，但是燒煿者，皆得投之。"清蒲松齡《聊齋志異·張老相公》："張先渡江，囑家人在舟，勿煿羶腥。"何垠注："煿與'爆'同，火乾物。"

〔推源〕　此二詞俱有乾燥義，爲專聲所載之公共義。聲符字"尃"所記録語詞與乾燥義不相涉，其乾燥義乃專聲所載之語源義。專聲可載乾燥義，"脯"可證之。

專：滂紐魚部；

脯：並紐魚部。

疊韻，滂並旁紐。"脯"，乾肉，即肉之乾燥無水分者。《説文·肉部》："脯，乾肉也。"清朱駿聲《通訓定聲》："亦曰脩。《周禮·臘人》：'凡田獸之脯臘膴胖之事。'注：'薄析曰脯，小物全乾曰臘。'《膳夫》疏：'不加薑桂以鹽乾之者謂之脯。'《禮記·内則》：'牛脩鹿脯。'又'麥食脯羹。'《曲禮》：'脯脩棗栗。'又'脯曰尹祭'。《吕覽·行論》：'殺鬼侯而脯之。'"

(1505) 傅䩋（輔助義）

傅　輔助。《説文·人部》："傅，相也。从人，尃聲。"清朱駿聲《通訓定聲》："《左僖廿八傅》：'鄭伯傅王。'《漢書·陳平傳》：'今日傅教帝。'《大戴·保傅》：'傅傅其德義。'《穀梁隱元傳》：'父猶傅也。'……《禮記·內則》：'出就外傅。'又《詩·南山》箋：'傅姆同處。'"按，所引《禮記》、《詩》之"傅"皆謂輔助之人，爲直接引申義。《廣韻·遇韻》："傅，相也。"按，輔助君王之人稱"丞相""宰相"，"相"亦輔助義。

賻 以財物助人辦喪事。《玉篇·貝部》："賻，以財助喪也。"《廣韻·虞韻》："賻，贈死也，助也。"清朱駿聲《說文通訓定聲·豫部》："《禮記·曲禮》：'弔喪弗能賻。'《周禮·小行人》：'則令賻補之。'"《禮記·檀弓上》："孔子之衛，遇舊館人之喪，入而哭之哀。出，使子貢說驂而賻之。"唯"賻"有輔助義，故有"賻助"之複音詞。《後漢書·王丹傳》："其友人喪親，遵爲護喪事，賻助甚豐。"

〔推源〕此二詞俱有輔助義，爲專聲所載之公共義。聲符字"專"所記錄語詞與輔助義不相涉，其輔助義乃專聲所載之語源義。專聲可載輔助義，"輔"可證之。

專：滂紐魚部；

輔：並紐魚部。

疊韻，滂並旁紐。"輔"，車輪兩旁用以夾轂、增強承載力的直木，起輔助作用者，故引申爲輔助義。《說文·車部》："輔，人頰車也。"清朱駿聲《通訓定聲》："按，當作木夾車也。《說文》'棐'篆訓'輔'，蓋箸車兩傍，以防助者，可繫可解之木……《呂覽·權勳》：'若車之有輔。'〔假借〕爲'俌'。《爾雅》：'輔，俌也。'《廣雅·釋詁二》：'助也。'《易·象傳》：'輔相天地之宜。'《書·湯誓》：'爾尚輔予一人。'又《尚書大傳》：'左曰輔，右曰弼。'"按，"輔"之本義當依朱說，《說文》所訓乃面頰義，爲引申義；然"輔"之輔助義非假借，亦引申。輔助義爲"輔"之基本義。

（1506）縛稃鞤韇（束縛義）

縛 以繩索捆綁、束縛。《說文·糸部》："縛，束也。從糸，專聲。"《廣韻·藥韻》："縛，繫也。"《史記·酷吏列傳》："吏之治以斬殺縛束爲務，閻奉以惡用矣。"唐杜甫《縛雞行》："小奴縛雞向市賣，雞被縛急相喧爭。"

稃 禾捆，束縛而成者。字亦作"𥠑"。《集韻·嘆韻》："𥠑，或從專。"《玉篇·禾部》："𥠑，禾積也。"《廣韻·模韻》："稃，豆稃也。"又："𥠑，刈禾治稃。"《集韻·模韻》："稃，穧也。"按，即豆把、禾把。《說文·禾部》："穧，穫也。"《廣韻·霽韻》："穧，刈禾把數。"明徐光啓《農政全書·農器》："隨手芟稃，取其便也。"

鞤 車下索，所以束縛車者。《說文·革部》："鞤，車下索也。從革，專聲。"清朱駿聲《通訓定聲》："《釋名》：'鞤，縛也，在車下與輿相連縛也。'"《廣韻·鐸韻》："鞤，車下索也。"按，字從革，謂車下索爲革製者，其字或從車作"轉"。《集韻·鐸韻》："鞤，或從車。"

韇 以皮包裹、束縛的車軛。《說文·韋部》："韇，軶裹也。從韋，專聲。"清段玉裁注：

"輴,轅前也,以皮裹之。"《集韻·宥韻》:"轉,皮衣車軛也。"

〔推源〕 諸詞俱有束縛義,爲專聲所載之公共義。聲符字"專"所記録語詞與束縛義不相涉,其束縛義乃專聲所載之語源義。專聲可載束縛義,"綁"可證之。

專:滂紐魚部;
綁:幫紐陽部。

滂幫旁紐,魚陽對轉。"綁",捆綁,束縛。《正字通·糸部》:"綁,俗作綁縛字。"元王實甫《西廂記》第二本第二折:"將軍引卒子騎竹馬調陣,拿綁下。"《水滸傳》第五回:"莊家那廝無禮,要綁縛洒家。"按,"綁縛"當爲同義聯合式合成詞。

(1507) 溥/邊(邊義)

溥 水邊。清朱駿聲《說文通訓定聲·豫部》:"溥,〔假借〕爲'浦'。《漢書·揚雄傳》:'儲與乎大溥。'注:'水厓也。'"按,"溥"之本義爲廣大,見前第1502條,引申之則有普遍、周遍義,周遍則旁及四邊,義本相通;又,"溥"字从水,表水邊義,無煩假借。

邊 旁邊,邊緣,詳卷六第1506條,兹不贅述。

〔推源〕 此二詞俱有邊義,其音亦相近且相通。

溥:滂紐魚部;
邊:幫紐元部。

滂幫旁紐,魚元通轉。則其語源當同。

568　哥聲

(1508) 歌猳玃蒿(長、大義)

歌 詠唱,長引其聲。《說文·欠部》:"歌,詠也。从欠,哥聲。謌,或从言。"南唐徐鍇《繫傳》:"長引其聲以誦之也。"清朱駿聲《通訓定聲》:"《易·離》:'不鼓缶而歌。'《虞書》:'歌永言。'《禮記·樂記》:'歌詠其聲也,故歌之爲言也,長言之也。'《周禮·小師》:'掌教鼓、鼗、柷、敔、塤、簫、管、弦歌。'《詩·行葦》:'或歌或咢。'"按,《說文》以"詠"釋"歌",《言部》"詠"篆則訓"歌",清徐灝《注箋》云:"詠之言永也,長聲而歌之。"許慎實以同源詞相訓,二詞俱有長聲義,"歌"之上古音見紐歌部,"詠"者匣紐陽部,見匣旁紐,歌陽通轉。

猳 大猴。《玉篇·犬部》:"猳,玃也。"《廣韻·麻韻》:"猳,狙玃。"又《藥韻》:"玃,大猨也。"《說文·犬部》:"玃,母猴也。"清朱駿聲《通訓定聲》:"按,大母猴……《抱朴子》:'獼猴八百歲化爲玃,玃壽千歲。'《古今注》:'猨五百歲化爲玃。'"《文選·司馬相如〈上林賦〉》:"玄猨素雌,蜼玃飛鸓。"唐李善注:"玃,似獼猴而大。"

鷞　大雁。《玉篇·鳥部》："鷞，同'鴚'。"《説文·鳥部》："鴚，鴚鵝也。"清朱駿聲《通訓定聲》："按，雁也。字亦作'鷞'、作'駕'。《方言》八：'鴈，或謂之倉鴚。'《太玄·裝》：'鷞鵞慘于冰。'……《西京賦》：'駕鵞鴻鷞。'注：'駕，野鵞。'《集韻·麻韻》："鷞，《廣雅》：'鷞鵞，鴈也。'"明李時珍《本草綱目·禽部·雁》："雁狀似鵝，亦有蒼、白二色。今人以白而小者爲雁，大者爲鴻，蒼者爲野鵝，亦曰鴚鵝。"唐陸龜蒙《雜風九首》之三："鷞鵝慘于冰，陸立懷所適。"

　　蒚　大葉之木。北魏賈思勰《齊民要術·五穀果蓏菜茹非中國物産者》："《廣州記》曰：'蒚，葉廣六七尺，接之以覆屋'。"又"《異物志》云：'蒚母樹，皮有蓋，狀似棕櫚，但脆不中用。'"今按，指稱樹木之字皆从木，爲其通例，"蒚"亦謂木，然其字从艸，當謂葉，"蒚"即大葉之意，以其哥聲載大義。"蒚"之葉大，爲其顯著特徵，別於他木者。

〔推源〕　諸詞或有長義，或有大義，二義相通，則出諸同一語源者。聲符字"哥"本爲"謌""歌"之初文，有聲長義。《説文·可部》："哥，聲也。从二可。古文以爲謌字。"《史記·燕召公世家》："召公卒，而民人思召公之政，懷棠樹不敢伐，哥詠之，作《甘棠》之詩。"《陳書·後主張貴妃傳》："選宫女有容色者以千百數，令習而哥之。"按，"哥"字當从可聲。"可"之上古音溪紐歌部，"哥"者見紐歌部，疊韻，溪見旁紐。"鷞"一作"鴚"或"鳴"，可聲字所記錄語詞"閜""阿""岢""齵""欪""舸""訶"俱有大義，"柯""牁""笴""牁"則俱有長義（見本典第二卷"可聲"第371、372條），此足可證哥聲可載長、大之義。

569　鬲聲

（1509）隔礏䣛膈槅諨嗝（阻隔義）

　　隔　障礙，阻隔。《説文·阜部》："隔，障也。从阜，鬲聲。"清朱駿聲《通訓定聲》："《西京賦》注引《説文》：'塞也。'……《西京賦》：'隴坻之隘，隔閡華戎。'〔轉注〕《漢書·五行志》：'上下皆蔽，茲謂隔。'"《廣韻·麥韻》："隔，塞也。"《戰國策·趙策二》："秦無韓、魏之隔，禍中於趙矣。"《三國志·魏志·郭淮傳》："淮曰：'若亮跨渭登原，連兵北山，隔絕隴道，搖蕩民夷，此非國之利也。'"

　　礏　地多石，即地爲石所阻隔之意。其字亦作"塥"。《説文·石部》："礏，石也，惡也。从石，鬲聲。"清朱駿聲《通訓定聲》："字亦作'塥'。《管子·地員》：'沙土之次曰五塥。'"《廣韻·麥韻》："礏，石地。"《集韻·麥韻》："礏，地多石也。"

　　䣛　濾酒，即阻隔其酒糟而取其酒漿。《説文·酉部》："䣛，酾也。从酉，鬲聲。"清朱駿聲《通訓定聲》："與'瀝''漉'略同。按，實即'隔'字之轉注。"《玉篇·酉部》："䣛，酾也，漉酒也。"按《説文》同部"酾"篆訓"䣛酒"。北魏賈思勰《齊民要術·笨麴並酒》："酒停亦得二十許日。以冷水澆，筒飲之。䣛出者歇而不美。"

腷 隔膜,阻隔胸腔與腹腔者。《廣韻·麥韻》:"腷,臂腷。"《靈樞經·經脈》:"其支者復從肝,別貫腷,上注肺。"明高攀龍《文學景耀唐公墓誌銘》:"吾嘗讀旌陽許仙書,見其所云中黃者,人身腷膜也,隔下體穢濁之氣,不得上薰心府。"

楅 窗格,木條縱橫相阻隔而成方格狀,故稱"楅"。《正字通·木部》:"楅,網戶曰楅。"《金瓶梅詞話》第三十九回:"三間敞廳,名曰松鶴軒,多是朱紅亮楅。"清曹雪芹《紅樓夢》第十七回:"一楅一楅,或貯書,或設鼎,或安置筆硯,或供設瓶花,或安放盆景。"按,此"楅"謂隔板,亦有阻隔義。"楅"之本義《說文》訓"大車挖",指窗格、隔板為其套用字。又,凡云窗格、方格當以"楅"為正字,古籍多以"格"為之,實為借字,"格"乃木長枝之謂,其構詞理據同"路","路"為綫形而長者。

誦 《正字通·言部》云"語不相入",即相阻隔、話不投機義。

嗝 氣逆打嗝。李劼人《死水微瀾》第五部分:"不能咧起嘴笑,不能當着人打呵欠,打飽嗝。"巴金《夜》七:"他端起杯子,喝了一大口……立刻一般熱氣冲上來,他受不住,打了一個嗝。"按,凡打嗝,皆氣受阻隔所致。中醫以為人之氣下行為順,下行受阻則逆而上,則打嗝。故"嗝"有阻隔之義。

〔推源〕 諸詞俱有阻隔義,為鬲聲所載之公共義。聲符字"鬲"所記錄語詞謂炊具,其顯性語義系列與阻隔義不相涉,然可以其鬲聲另載阻隔義。《說文·鬲部》:"鬲,鼎屬,實五觳,斗二升曰觳。象腹交文,三足。"清朱駿聲《通訓定聲》:"《考工·陶人》:'鬲,實五觳,厚半寸,唇寸。'〔假借〕為'隔'。《爾雅·釋水》:'鬲津。'孫注:'水多阨狹可隔以為津而橫渡也。'《漢書·五行志》:'鬲閉門戶。'《薛宣傳》:'陰陽否鬲。'《荀子·大略》:'鬲如也。'《素問·至真要大論》:'鬲咽不通。'注:'謂食飲入而復出也。'"鬲聲可載阻隔義,則"阻"可證之。

鬲:來紐錫部;

阻:莊紐魚部。

來莊鄰紐,錫魚旁對轉。"阻",險要。《說文·阜部》:"阻,險也。"清朱駿聲《通訓定聲》:"《詩·殷武》:'罙入其阻。'"引申為阻隔義。《廣韻·虞韻》:"阻,隔也。"《吕氏春秋·長利》:"昔者太公望封於營丘,之渚海阻山高,險固之地也。"宋沈括《夢溪筆談·權智》:"瓦橋關北與遼人為鄰,素無關河為阻。"

570 栗聲

(1510) 繰䳺(黄色義)

繰 黄色絲織品。《集韻·質韻》:"繰,黄色繒。"引申之則泛指黄色。《廣韻·質韻》:

"縰,蒸栗,色綵。"清朱駿聲《說文通訓定聲·履部·附〈說文〉不錄之字》:"縰,《廣雅·釋器》:'蒸縰,綵也。'"按,所引《廣雅》文清王念孫《疏證》:"蒸縰,本作'烝栗'。《急就篇》:'烝栗絹紺縹紅燃。'《釋名》云:'蒸栗,染紺使黃,色如蒸栗然也。'魏文帝《與鍾大理書》云:'竊見玉書稱美玉赤擬雞冠,黃侔蒸栗。'"

鶨 黃鸝,黃色之鳥。《廣韻·質韻》:"鶨,鶌鶨,流離鳥。"《篇海類編·鳥獸類·鳥部》:"鶨,鶌鶨,黃鸝。"《詩·周南·葛覃》"黃鳥於飛"陸璣疏:"黃鳥,即黃鸝留也,或謂之黃栗留。"宋葉適《次王道夫舟中韻》:"鸚鴿收聲避鶨鶌,田家蠶麥已知秋。"

〔推源〕 此二詞俱有黃色義,爲栗聲所載之公共義。聲符字"栗"所記錄語詞謂板栗。《說文·卤部》:"㮚,木也。从木,其實下垂,故从卤。栗,古文㮚从西、从二卤。"清朱駿聲《通訓定聲》:"今字作'栗'……《詩·定之方中》:'樹之榛栗,椅桐梓漆。'又'東門之栗'。又《公羊文二傳》:'練主用栗。'又《素問·五常政大論》:'其果李栗。'注:'水果也。'"按,"栗"當爲附加式象形字,"木"爲所附加構件。甲骨文、金文"栗"皆象三"卤",从木。栗之實去其殼則顯其肉之黃色,此當與本條二詞之黃色義相通。栗聲可載黃色義,則"贑"可證之。

栗:來紐質部;
贑:透紐文部。

來透旁紐,質文旁對轉。"贑",黃色。《廣韻·桓韻》:"贑,黃色。"又《魂韻》:"贑,亦黃色也。"《亢倉子·農道》:"得時之麥,長稱而頸蔟,二七以爲行,薄翼而贑色,食之使人肥且有力。"清于敏中等《日下舊聞考·形勝二》引黃佐《北京賦》:"其宮室也,闕丹地之焜煌,閱天閬以高驤。垂若華之景曜,儼望舒以相頏,晃贑萬疊,爟炊舒趨。螭旋鱗萃,屹若崇岡。"

(1511) 瑮/列(序列義)

瑮 玉文排列有序。《說文·玉部》:"瑮,玉英華羅列秩秩。从玉,㮚聲。《逸論語》曰:'玉粲之瑮兮,其㻞猛也。'"清段玉裁注:"《爾雅·釋訓》:'秩秩,清也。'漢毛亨傳:'秩秩,有常也。'瑮、列雙聲;瑮、秩疊韻。"《廣韻·質部》:"瑮,玉之英華羅列皃。"

列 割裂,引申爲行列、序列。《說文·刀部》:"列,分解也。"清朱駿聲《通訓定聲》:"《管子·五輔》:'大袂列。'注:'決之也。'〔轉注〕《小爾雅·廣詁》:'列,次也。'《廣言》:'陳也。'《廣雅·釋詁三》:'列,希也。'又'治也。'《禮記·服問》:'上附下附,列也。'注:'等比也。'《喪大記》:'火三列。'疏:'行也。'《長楊賦》:'掉八列之舞。'注:'八佾也。'《太玄·玄攡》:'列敵度宜之謂義。'注:'序也。'"

〔推源〕 此二詞俱有序列義,其音亦相近且相通。

瑮:來紐質部;
列:來紐月部。

雙聲,質月旁轉。則其語源當同。

571　辱聲

(1512) 蓐溽縟(繁密義)

蓐　繁密、深厚。《說文·蓐部》:"蓐,陳艸復生也。从艸,辱聲。一曰蔟也。"南唐徐鍇《繫傳》:"陳根再生繁縟也……言草繁多也。"清朱駿聲《通訓定聲》:"《方言》十二:'厚也。'……《左文七傳》:'秣馬蓐食。'"按,所引《左傳》文清王引之《述聞》:"食之豐厚於常,固謂之蓐食。"

溽　濕熱,濕氣濃厚,引申爲味濃厚。濃厚、繁密,實爲一義。《說文·水部》:"溽,溼暑也。从水,辱聲。"清朱駿聲《通訓定聲》:"《廣雅·釋詁一》:'溼也。'《禮記·月令》:'土潤溽暑。'注:'潤溽謂塗溼也。'〔假借〕爲'縟'。《禮記·儒行》:'其飲食不溽。'注:'恣滋味爲溽。'"按,當爲引申,非假借。明趙南星《明郭處士墓誌銘》:"其作室不高大而秀,其飲食不豐溽而精。"又虛化引申爲濃厚義。南朝宋謝莊《宋孝武帝哀策文》:"溽露飛甘,舒雲結慶。"

縟　彩飾繁密,引申爲繁密義。《說文·糸部》:"縟,繁采色也。从糸,辱聲。"清朱駿聲《通訓定聲》:"《西京賦》注引《說文》:'繁采飾也。'《吳都賦》:'綢繆縟繡。'注:'草木花光似繡文。'《江賦》:'縟組爭映。'注:'繁采也。'〔轉注〕《廣雅·釋詁三》:'數也。'《儀禮·喪服》:'其文縟。'《漢書·王莽傳》注:'繁也。'"

〔推源〕　諸詞俱有繁密義,爲辱聲所載之公共義。聲符字"辱"所記錄語詞之本義爲恥辱,其引申義系列與繁密義亦不相涉。然可以其聲韻另載濕氣濃厚義。清朱駿聲《說文通訓定聲·需部》:"辱,〔假借〕又爲'溽'。《禮記·月令》:'土潤辱暑。'"辱聲可載繁密義,則"濃"可證之。

辱:日紐屋部;
濃:泥紐冬部。

日泥準雙聲,屋冬(東)對轉。"濃",濃厚、濃密。《說文·水部》:"濃,露多也。从水,農聲。《詩》曰:'零露濃濃。'"《廣韻·鍾韻》:"濃,厚也。"南朝梁簡文帝《奉答南平王康賚朱櫻詩》:"花茂蝶爭飛,枝濃鳥相失。"唐楊憑《海榴》:"若許三英隨五馬,便將濃艷斗繁紅。"唯"濃"有密義,故有"濃密"之同義聯合式合成詞。

(1513) 蓐褥(墊義)

蓐　草墊,草席。《廣韻·燭韻》:"蓐,草蓐。又薦也。"清朱駿聲《說文通訓定聲·需部》:"蓐,〔轉注〕《爾雅·釋器》:'蓐謂之茲。'注:'《公羊桓十六傳》:屬負茲。茲者,蓐席也。'《聲類》:'薦也。'……《周禮·囿師》:'春除蓐。'注:'馬茲也。'"《墨子·號令》:"城上日壹發席薅,令相錯發。"

褥 坐卧的墊子。《釋名·釋牀帳》:"褥,辱也,人所坐褻辱也。"《廣韻·燭韻》:"褥,氈褥。"《南史·孝義傳下·殷不害》:"簡文以不害善事親,賜其母蔡氏錦裙襦氈席被褥,單複畢備。"南朝宋劉義慶《世説新語·雅量》:"蔡暫起,謝移就其處。蔡還,見謝在焉,因合褥舉謝擲地,自復坐。"

〔推源〕 此二詞俱有墊義,爲辱聲所載之公共義。聲符字"辱"所記録語詞與墊義不相涉,其墊義乃辱聲所載之語源義。辱聲可載墊義,"藉"可證之。

辱:日紐屋部;
藉:從紐鐸部。

日從鄰紐,屋鐸旁轉。"藉",祭祀時陳列禮品的墊物,引申爲墊義。《説文·艸部》:"藉,祭藉也。"清朱駿聲《通訓定聲》:"藉之言席也。《儀禮·士虞禮》:'藉用葦席。'注:'猶薦也。'《易·大過》:'藉用白茅。'《列子·黄帝》:'藉乃燔林。'《天台山賦》:'藉萋萋之纖草。'注:'以草薦地而坐曰藉。'又《禮記·曲禮》:'執玉其有藉者則裼。'"

(1514) 黼/濁(污義)

黼 黑垢,污點。《廣韻·燭韻》:"黼,黑垢。"《老子》第四十一章:"上德若谷,大白若黼。"朱謙之《校釋》:"所謂以白造緇是矣。"

濁 水名,其水混濁,故稱"濁"。引申爲污濁義。《説文·水部》:"濁,水。出齊郡厲嬀山,東北入鉅定。"清朱駿聲《通訓定聲》:"北流入清水泊。《水經·淄水注》:'濁水一曰溷水。'〔轉注〕《詩·四月》:'載清載濁。'《老子》:'渾兮其若濁。'《荀子·解蔽》:'濁明外景,清明内景。'《離騷》:'世溷濁而不分兮。'"《廣韻·覺韻》:"濁,不清也。"

〔推源〕 此二詞俱有污義,其音亦相近且相通。

黼:日紐屋部;
濁:定紐屋部。

疊韻,日定準旁紐。則其語源當同。其"黼"字从辱得聲,聲符字"辱"所記録語詞之本義爲恥辱,引申之則有污義。《説文·辰部》:"辱,恥也。从寸在辰下。失耕時,於封疆上戮之也。辰者,農之時也。故房星爲辰,田候也。"《荀子·仲尼》:"任重則必廢,擅寵則必辱。"《廣韻·燭韻》:"辱,恥辱。又污也。"清朱駿聲《説文通訓定聲·需部》:"辱,〔假借〕爲'黷'。《廣雅·釋詁三》:'污也。'又'惡也。'《儀禮·士昏禮》:'今吾子辱。'注:'以白造緇曰辱。'《素問·氣交變大論》:'黑氣迺辱。'《左傳》:'大辱國。'《晉語》:'辱之近行。'《荀子·富國》:'是辱國已。'"按,無煩假借,乃引申。然則"黼"之污義爲其聲符"辱"所載之顯性語義。

572　威聲

(1515) 滅搣（消除義）

滅　盡，消除。《説文·水部》：“滅，盡也。从水，威聲。”清朱駿聲《通訓定聲》：“《爾雅·釋詁》：'滅，絶也。'《小爾雅·廣詁》：'滅，没也。'《禮記·内則》：'膏必滅之。'《楚辭·初放》：'賢者滅息。'注：'消也。'《晉語》：'滅其前惡。'注：'除也。'”《戰國策·楚策四》：“李園既入其女弟爲王后，子爲太子，恐春申君語泄而益驕，陰養死士，欲殺春申君以滅口。”《三國志·魏志·陳思王植傳》：“雖未能禽權馘亮，庶將虜其雄率，殲其醜類，必效須臾之捷，以滅終身之愧。”

搣　拔去，消除。《説文·手部》：“搣，批也。从手，威聲。”清朱駿聲《通訓定聲》：“《廣雅·釋詁三》：'搣，捽也。'凡鬚拔眉髮去其不整齊者，謂之揃搣。”清龔自珍《題盆中蘭花》：“小屏風下是何人？剪搣雲鬟换新緑。”按，《廣雅》以“捽”釋“搣”，二者同義。《漢書·貢禹傳》“捽中杞土”唐顔師古注：“捽，拔取也。”

〔推源〕　此二詞俱有消除義，爲威聲所載之公共義。聲符字“威”所記録語詞本有滅亡、消除義。《説文·火部》：“威，滅也。从火、戌。火死于戌，陽氣至戌而盡。《詩》曰：'赫赫宗周，褒姒威之。'”晉潘岳《西征賦》：“赫赫宗周，威爲亡國。”按，《説文》以“滅”釋“威”，爲聲訓，所謂以子釋母，“威”即“滅”之初文。本條二詞之消除義爲其聲符“威”所載之顯性語義。威聲可載消除義，則“没”可證之。“滅”“搣”俱爲明紐月部字，“没”字明紐物部，雙聲，月物旁轉。“没”，潛入水中，沉没，引申爲消失、消除義。其字本作“溲”。《説文·水部》：“溲，沈也。从水，从叟。”清朱駿聲《通訓定聲》：“从水、从叟，會意，叟亦聲。《小爾雅·廣詁》：'没，滅也。'《漢書·匈奴傳·贊》注：'没，溺也。'《左襄廿四傳》：'何没没也。'注：'沈滅之言。'……《小爾雅·廣詁》：'没，無也。'……《詩·漸漸之石》：'曷其没矣。'傳：'盡也。'”

573　夏聲

(1516) 廈/嘏（大義）

廈　大屋。今語有“高樓大廈”。《廣韻·馬韻》：“廈，廈屋。”《集韻·馬韻》：“廈，大屋。”漢盧諶《感交》：“大廈須異材，廊廟非庸器。”唐杜甫《茅屋爲秋風所破歌》：“安得廣廈千萬間，大庇天下寒士俱歡顔。”

嘏　大，長。《説文·古部》：“嘏，大、遠也。从古，叚聲。”清朱駿聲《通訓定聲》：“《爾雅·釋詁》：'大也。'《禮記·郊特牲》：'嘏，長也，大也。'……《方言》一：'凡物壯大謂之嘏。'”《詩·周頌·我將》：“伊嘏文王，既右饗之。”唐孔穎達疏：“維天乃大文王之德，既佑助而歆饗之。"《逸周書·皇門》:"用能承天嘏命。"

〔推源〕 此二詞俱有大義,其音亦相近且相通。

廈:匣紐魚部;
嘏:見紐魚部。

叠韻,匣見旁紐,音極相近。則其語源當同。按,"廈"謂大屋,乃以夏聲載大義。聲符字"夏"所記錄語詞謂華夏,引申爲大義,又指大屋,即"廈"之初文。《説文·夊部》:"夏,中國之人也。从夊,从頁,从臼。臼,兩手;夊,兩足也。"《書·舜典》:"蠻夷猾夏。"僞孔傳:"夏,華夏。"《爾雅·釋詁上》:"夏,大也。"《廣韻·馬韻》:"夏,大也。"清朱駿聲《説文通訓定聲·豫部》:"崔靈恩《三禮義宗》:'夏,大也。'〔轉注〕《方言一》:'凡物之壯大謂之嘏,或曰夏。'又,'凡物之壯大而愛偉之謂之夏。'〔假借〕爲'序'。《楚辭·哀郢》:'曾不知夏之爲丘兮。'注:'大殿也。'《招魂》:'冬有突夏。'注:'大屋也。'又爲'嘏'。《吕覽·求人》:'夏海之窮。'注:'大冥也。'按,大者'夏'字轉注之訓,實'嘏'之本訓也。"按,朱氏所稱"轉注"實即引申,凡引申義與其本義相通,非假借。

574 原聲

(1517) 源嫄(源頭義)

源 水之源頭。《廣韻·元韻》:"源,水原曰源……《説文》本作'厵',篆文省作'原',後人加'水'。"清朱駿聲《説文通訓定聲·乾部》:"《禮記·學記》:'或源也,或委也。'《月令》:'祈祀山川百源。'"引申之亦指其他事物之本源、源頭。《韓非子·主道》:"道者,萬物之始,是非之紀也,是以明君守始以知萬物之源,治紀以知善敗之端。"漢董仲舒《春秋繁露·保位權》:"執一無端,爲國源泉。"

嫄 周族之始祖,即周族人源頭之義。《説文·女部》:"嫄,台國之女,周棄母字也。从女,原聲。"清朱駿聲《通訓定聲》:"姜姓。《詩·生民》:'時維姜嫄。'《閟宫》:'赫赫姜嫄。'《史記》作'原'。"《廣韻·元韻》:"嫄,姜嫄,帝嚳元妃。"《史記·周本紀》:"周后稷,名棄。其母有邰氏女,曰姜原。姜原爲帝嚳元妃。姜原出野,見巨人跡,心忻然説,欲踐之,踐之而身動如孕者。"

〔推源〕 此二詞俱有源頭義,爲原聲所載之公共義。聲符字"原"本爲"源"之初文,《廣韻》已言之。其所記錄語詞之本義即水之源頭。《説文·厵部》:"厵,水泉本也。从厵出厂下。原,篆文从泉。"清朱駿聲《通訓定聲》:"俗字作'源'。《孟子》:'原泉混混。'《淮南·原道》:'原流泉浡。'……《漢書·食貨志》:'猶塞川原爲潢洿也。'"引申之亦其他事物之本源、源頭,其引申軌迹正與"源"同,蓋所謂同步引申。《禮記·孔子閑居》:"必達於禮樂之原。"

漢鄭玄注：“原，猶本也。”《荀子·非十二子》：“佚而不惰，勞而不侵，宗原應變，曲得其宜，如是然後聖人也。”清王先謙《集解》：“宗原者，以本原爲宗也。”然則本條二詞之源頭義爲其聲符“原”所載之顯性語義。原聲可載源頭義，則“淵”可相證。

原：疑紐元部；

淵：影紐真部。

疑影鄰紐，元真旁轉。“淵”，回水，引申之則指人或物匯聚，見本卷“袁聲”、第1513條；又引申爲源頭、淵源義。清朱駿聲《説文通訓定聲·坤部》：“淵，《文選·典引》：‘斟酌道德之淵源。’”《漢書·董仲舒傳·贊》：“仲舒遭漢承秦滅學之後，六經離析，下帷發憤，潜心大業，令後學者有所統壹，爲群儒首，然考其師友淵源所漸，猶未及乎游、夏，而曰筦、晏弗及，伊、吕不加，過矣。”又《成帝紀》：“儒林之官，四海淵原，宜皆明於古今，温故知新，通達國體，故謂之博士。”

(1518) 傆諢(隨和義)

傆 圓滑，表面隨和。《説文·人部》：“傆，黠也。从人，原聲。”清段玉裁注：“黠，《史記》所謂桀黠也。傆，蓋謂鄉原。”清朱駿聲《通訓定聲》：“按‘黠’讀爲‘儇’。”按，“儇”从睘聲，睘聲字所記錄語詞“環”“圜”等俱有圓義，“儇”當謂人圓滑，外表隨和。《方言》卷一：“虔、儇，慧也，自關而東，趙魏之間謂之黠，或謂之鬼。”按，今徽歙方言尚稱人表面隨和、言行不一爲“鬼”。《論語·陽貨》：“子曰：‘鄉原，德之賊也。’”宋朱熹《集注》：“蓋其同流合污，以媚于世，故在鄉人之中獨以愿稱。”按“鄉原”一作“鄉愿”。

諢 言語和緩、隨和。《説文·言部》：“諢，徐語也。从言，原聲。《孟子》曰：‘故諢諢而來。’”《廣韻·仙韻》：“諢，言語和悦。”明趙南星《明故邠州學正王公暨配兩趙孺人墓誌銘》：“邠邑士有冒籍入學者，諸生群毆之，幾死，公諢諢開諭，莫不愧服。”又《李太公傳》：“見人無親疏貴賤，皆與平揖，款款諢諢也。”

〔推源〕此二詞俱有隨和義，爲原聲所載之公共義。聲符字“原”所記錄語詞有原諒義，當與隨和義相通。清朱駿聲《説文通訓定聲·乾部》：“原，〔轉注〕《後漢·羊續傳》注：‘免也。’”《莊子·天道》：“因任已明而原省次之。”唐成玄英疏：“原者，恕免。”《宋書·武帝紀下》：“秋七月丁亥，原放劫賊餘口没在臺府者，諸流徙家並聽還本土。”按，“原”本謂水源，引申之則推尋本源義，其原諒義當由其推源義所衍生，所謂原諒，即爲他人著想，推想他人言行事出有因而不追究、責怪。原聲可載隨和義，則“圓”可證之。

原：疑紐元部；

圓：匣紐文部。

疑匣鄰紐，文元旁轉。“圓”，形圓。《説文·囗部》：“圓，圜。全也。”清朱駿聲《通訓定聲》："《大戴·曾子天圓》：'天道曰圓，地道曰方。'《墨子·天志》：'中吾規者謂之圓。'"引申之則有圓滑、隨和之義。《梁書·處士傳·陶弘景》："弘景爲人，圓通謙謹。"宋王安石《次韻答彥珍》："衆知圓媚難論報，自顧窮通敢角才。"

(1519) 縓騵（赤色義）

縓 帛赤黃色。《説文·糸部》："縓，帛赤黃色。一染謂之縓，再染謂之赬，三染謂之纁。从糸，原聲。"清朱駿聲《通訓定聲》："《爾雅·釋器》……注：'縓，今之紅也。'《儀禮·喪服記》：'麻衣縓緣。'注：'淺絳也。'《既夕記》：'縓綼緆。'《禮記·檀弓》：'練衣黃裏縓緣。'"《廣韻·線韻》："縓，絳色。"《宋書·禮志四》："且麻衣縓緣，革服於元嘉；苫經變除，申情於皇宋。"

騵 赤毛白腹之馬。《爾雅·釋畜》："騵馬白腹，騵。"按"騅"亦赤色馬之稱，其字亦作"騮"。《集韻·尤韻》："騮，《説文》：'赤馬黑毛尾也。'或作'騅'。"《詩·大雅·大明》："牧野洋洋，檀車煌煌，駟騵彭彭。"漢毛亨傳："騮馬白腹曰騵。"金董解元《西廂記諸宮調》卷二："圪地勒住戰騵。"

〔推源〕此二詞俱有赤色義，爲原聲所載之公共義。聲符字"原"所記錄語詞之本義、引申義系列與赤色義不相涉，其赤色義乃原聲所載之語源義。原聲可載赤色義，"玄"可證之。

原：疑紐元部；

玄：匣紐真部。

疑匣旁紐，元真旁轉。"玄"，赤黑色。《説文·玄部》："玄，幽遠也。黑而有赤色者爲玄。"清朱駿聲《通訓定聲》："《考工·鍾氏》：'五入爲緅，七入爲緇。'注：'凡元色者，在緅緇之間，其六入者歟？'……《詩·七月》：'載元載黃。'"按，朱氏書凡"玄"字皆作"元"，凡引漢揚雄《太玄》亦作《太元》，清聖祖名玄燁，避其諱而如斯。朱氏所引《考工記》文清孫詒讓《正義》："玄與緇同色而深淺微別，其染法亦以朱爲質。故毛、許、鄭三君並以爲赤而兼黑。"

(1520) 顒羱（大義）

顒 大頭。《説文·頁部》："顒，大頭也。从頁，原聲。"清朱駿聲《通訓定聲》："宋公孫顒繹字碩父。"按古人名與字所用文字記録之詞多同義。許書同部："碩，頭大也。""顒"字从頁，頁謂頭，原聲則載大義。"顒"亦虚化引申爲大義。《漢書·禮樂志》："今臨政而顒治七十餘歲矣，不如退而更化。"其"顒治"即大治。

羱 大角野羊。《廣韻·桓韻》："羱，野羊，角大。"按，角大爲其顯著特徵，據特徵命名，爲構詞之一大通例。《宋書·謝靈運傳》："山下則熊羆豺虎，羱鹿麋麖。"原注："羱，野羊，大角。"宋蘇軾《甘露寺》："很石卧庭下，穹隆如伏羱。"

〔推源〕此二詞俱有大義，爲原聲所載之公共義。聲符字"原"爲"源"之初文，謂水源，本與大義不相涉,然其字从厂,有原野之別義,又引申爲廣大義。又,"羱"本亦作"原"。《廣韻·元韻》:"原,廣平曰原。"清朱駿聲《説文通訓定聲·乾部》:"原,〔假借〕爲'遼'。《爾雅·釋地》:'廣平曰原。'……《小爾雅·廣器》:'高平謂之太原。'《書·禹貢》:'既修大原。'……《左桓元傳》:'凡平原出水爲大水。'……《左昭元傳》:'敗無終及群狄于太原。'注:'即大鹵也。'……《後漢·鮮卑傳》:'原羊。'注:'似吳羊而大角,出西方。'"按,未必爲假借。原聲可載大義,則"寬"可證之。

原:疑紐元部;
寬:溪紐元部。

疊韻,疑溪旁紐。"寬",寬大,廣大。《説文·宀部》:"寬,屋寬大也。从宀,莧聲。"清朱駿聲《通訓定聲》:"《爾雅·釋言》:'寬,綽也。'《詩·淇奥》:'寬兮綽兮。'傳:'寬能容衆。'"按許慎所訓蓋爲形體造意。其字後世作"寬"。《字彙·宀部》:"寬,廣也。"《漢書·景帝紀》:"其議民欲徙寬大地者,聽之。"宋程大昌《演繁露·洛陽橋》:"或曰洛客有經此橋者,樂其山水寬敞,有似洛陽,故以名。"

575　致聲

(1521) 緻俶闐 (密集義)

緻　細密,密集。《説文·糸部》:"緻,密也。从糸,致聲。"清朱駿聲《通訓定聲》:"此字大徐補入《説文》,爲十九文之一……徐鉉曰:'緻,密也。'《廣雅·釋器》:'緻,練也。'《釋名》:'細緻染縑爲五色,細且緻不漏水也。'"《廣韻·至韻》:"緻,密也。"《素問·異法方宜論》:"其民嗜酸而食胕,故其民皆緻理而赤色,其病攣痺。"清張隱庵《集注》:"緻,密也。"《文選·班固〈西都賦〉》:"碝磩綵緻,琳珉青熒。"唐張銑注:"綵緻,言色密也。"

俶　密集。《廣韻·至韻》:"俶,會物。"清朱駿聲《説文通訓定聲·履部·附〈説文〉不錄之字》:"俶,《方言》一:'俶,會也,凡會物謂之俶。'"《大戴禮記·誥志》:"知仁合則天地成,天地成則庶物時,庶物時則民財俶。"孔廣森《補注》:"俶,聚也。"

闐　密集。《集韻·至韻》:"闐,《太玄》首名,陰氣閉,陽緻密也。"漢揚雄《太玄·闐》:"次二,闐無間。測曰:無間之闐,一其二也。"晉范望注:"二,火也。而在其行,二火合會,闐密如一,故無間也。"又"闐,陰陽交跌,相合成一"。

〔推源〕　諸詞俱有密集義,爲致聲所載之公共義。致聲字"摰"亦可以假借字形式表密集義,則亦爲致聲與密集義相關聯之一證。清朱駿聲《説文通訓定聲·履部》:"摰,《廣雅·釋詁三》:'摰,搏也。'"清梁章鉅《歸田瑣記·胡中藻》:"摰雲揭北斗,怒竅生南風。"按,"摰"字从手,其本義《説文》訓"刺",所表密集義乃假借義。按"緻""俶""闐"之聲符"致"單用本可細緻、細密、精密義,諸義皆與密集義相通。清朱駿聲《説文通訓定聲·履部》:"致,〔假借〕爲'至'。《(禮記)月令》:'必工致爲上。'……《漢書·嚴延年傳》:'皆文致不可得反。'注:'至密也。'"按,"致"之本義《説文》訓"送詣",即送到義,引申之則有招致、納入義,所謂反向引申者。招致者多則密集,義本相通,無煩假借。致聲可載密集義,則"萃"可證之。

致:端紐質部;

萃:從紐物部。

端從鄰紐,質物旁轉。"萃",草叢生而密集。《説文·艸部》:"萃,艸皃。"清朱駿聲《通訓定聲》:"按,艸聚皃。〔轉注〕《易·序卦傳》:'萃者,聚也。'《左昭七傳》:'萃淵藪。'……《小爾雅·廣言》:'萃,集也。'《詩·墓門》:'有鴞萃止。'《長門賦》:'翡翠脅翼而來萃兮。'"按,所謂"轉注"實即引申。

576 晉聲

(1522) 搢/進(進義)

搢 插進。《廣韻·震韻》:"搢,插也。"《儀禮·鄉射禮》:"三耦皆執弓,搢三而挾一個。"漢鄭玄注:"搢,插也。"《穀梁傳·僖公三年》:"陽谷之會,桓公委端搢笏而朝諸侯。"晉范寧注:"搢,插也。"

進 上進,前進。《説文·辵部》:"進,登也。"清朱駿聲《通訓定聲》:"《易·説卦》:'巽爲進退。'《詩·常武》:'進厥虎臣。'箋:'前也。'《周禮·大司馬》:'徒銜枚而進。'注:'行也。'"

〔推源〕 此二詞俱有進義,其音亦同,精紐雙聲,真部疊韻。然則語源當同。其"搢"字乃以晉聲載其進義,聲符字"晉"所記録語詞之本義即進。《説文·日部》:"晉,進也,日出萬物進。从日,从臸。"清段玉裁注:"隸作'晉'。"清朱駿聲《通訓定聲》:"从日,从臸,會意。字亦作'晋',从二日,誤。《易》曰:'明出地上晉。'《序卦》:'晉者,進也。'……《幽通賦》:'盍孟晉以迨群兮。'注:'進也。'〔轉注〕《周禮·田僕》:'王提馬而走諸侯晉。'注:'猶抑也。'按,肅慎以進也。"然則"搢"之進義爲其聲符"晉"所載之顯性語義。

(1523) 戩/剪(滅義)

戩 剪滅,剪除。《説文·戈部》:"戩,滅也。从戈,晉聲。《詩》曰:'實始戩商。'"清朱駿聲《通訓定聲》:"〔轉注〕《方言》:'福禄謂之祇戩。'按,除惡滅兇之義。《爾雅·釋詁》:'戩,福也。'《詩·天保》:'俾爾戩穀。'"按,朱説可從,除惡滅兇則有福祉,義相通。《廣韻·獮韻》:"戩,福祥也。"晉陸雲《張二侯頌》:"神之聽之,俾我戩穀。"

剪 剪除,剪滅。其字本作"翦"。《廣韻·獮韻》:"翦,戩也,殺也。俗作'剪'。"《吕氏春秋·制樂》:"此文之所以止妖翦殃也。"漢高誘注:"翦,除。"南朝梁沈約《奏彈王源》:"此風弗剪,其源遂開。"唐張鷟《朝野僉載》卷四:"箴規切諫,有古人之風;剪伐淫詞,有烈士之操。"

〔推源〕 此二詞俱有滅義,其音亦相近且相通。

戩:精紐真部;
剪:精紐元部。

雙聲,真元旁轉。

577　虍聲

(1524) 越/蹇(行動遲緩義)

越 蹇行貌,即行動遲緩狀。《説文·走部》:"越,蹇行越越也。从走,虍聲。讀若愈。"清錢坫《斠詮》:"今吳人語行走邪遲雲越越。"張舜徽《約注》:"此謂不良於行者步止安定不急躁也,猶虎行皃謂之虍矣。虎步以舒安爲異,故有專字狀之。越从虍聲,兼从得義。"

蹇 跛腳。腳跛則其行動遲緩。《説文·足部》:"蹇,跛也。"清朱駿聲《通訓定聲》:"《素問·骨空論》:'蹇膝伸不屈。'《易·蹇》:'往蹇來連。'《楚辭·謬諫》:'駕蹇驢而無策兮。'"按,所引《楚辭》文漢王逸注:"蹇,跛也。"《漢書·韓安國傳》:"安國行丞相事,引墮車,蹇。"唐顏師古注:"爲天子導引,而墮車跛蹇也。"按,"蹇"又有艱難義,朱氏所引《易》之"蹇"當即此義,又有口吃、出語遲緩義,皆同條共貫。

〔推源〕 此二詞俱有行動遲緩義,其音亦相近且相通。

越:溪紐元部;
蹇:見紐元部。

疊韻,溪見旁紐。則其語源當同。其"越"字从虍得聲,乃以虍聲表遲緩義。聲符字"虍"所記録語詞《説文·卢部》訓"虎行皃",虎行安穩,相面術有所謂"虎步"説,"虎行皃"或與行動遲緩義相通。

(1525) 搋/援(相援義)

搋 相援。《説文·手部》:"搋,相援也。从手,虍聲。"張舜徽《約注》:"鈕樹玉曰:'《玉篇》同。《繫傳》援作授,訛。'舜徽按,湖湘間稱人與物將傾陷,疾以身肩持之曰搋,謂相救援也。"清毛奇齡《誥封恭人湯母氏墓誌銘》:"古稱持門,非健莫搋。"

援 相援引。《説文·手部》:"援,引也。从手,爰聲。"清朱駿聲《通訓定聲》:"即'爰'之或體……《詩·皇矣》:'以爾鉤援。'又《禮記·儒行》:'上弗援。'注:'猶引也。'"《廣韻·元韻》:"援,援引也。"《孟子·離婁上》:"天下溺,援之以道;嫂溺,援之以手。"

〔推源〕 此二詞俱有相援義,其音亦相近且相通。

搚：群紐元部；
援：匣紐元部。

疊韻，群匣旁紐。則其語源當同。

578　肖聲

（1526）䴲瑣磰（碎、小義）

䴲　麥屑，碎而小之物。《説文·麥部》："䴲，小麥屑之覈。从麥，肖聲。"清朱駿聲《通訓定聲》："麪中粗屑如覈，蓋篩之未净者。《廣雅·釋器》：'䴲，糏也。'"《玉篇·麥部》："䴲，麓麥屑。"按，朱氏所引《廣雅》文清王念孫《疏證》："糏，通作'屑'。糏之言屑屑也。《玉篇》：'糏，碎米也。'《廣韻》云：'米麥破也。'……䴲之言瑣瑣也。"

瑣　玉器相觸之細碎聲，引申爲碎、小義。《説文·玉部》："瑣，玉聲也。从玉，肖聲。"清朱駿聲《通訓定聲》："字亦作'璅'。〔假借〕爲'肖'。《太玄·成》：'成魁瑣。'注：'細也。'《後漢·劉梁傳》注：'瑣，碎也。'《班彪傳》注：'小也。'又《易·旅》：'瑣瑣。'鄭注：'猶小小。'……疏：'細小卑賤之兒。'《詩·節南山》：'瑣瑣姻亞。'傳：'小兒。'《爾雅·釋訓》：'佌佌、瑣瑣，小也。'舍人注：'計謀褊淺之兒。'"按，當爲引申，非假借。清桂馥《義證》云："'玉聲也'者，本典：'肖，貝聲也。'馥謂編貝相擊有聲。瑣亦連玉之聲。徐鍇引左思詩'嬌語若連瑣'是也。"

磰　小石。《玉篇·石部》："磰，小石。"《廣韻·果韻》："磰，小石。"

〔推源〕諸詞俱有碎、小義，爲肖聲所載之公共義。聲符字"肖"所記録語詞謂小貝相碰細碎之聲。《説文·貝部》："肖，貝聲也。从小、貝。"南唐徐鍇《繫傳》："象連貫小貝相叩之聲也。"清朱駿聲《通訓定聲》："〔轉注〕爲細碎之辭。經傳皆以'瑣'爲之。"亦指小貝。元戴侗《六書故·動物四》："肖，小貝也。"然則本條諸詞之碎、小義爲其聲符"肖"所載之顯性語義。肖聲可載碎、小義，則"碎"可證之。

肖：心紐歌部；
碎：心紐物部。

雙聲，歌物旁對轉。"碎"，破碎，引申爲小義。見本卷"秦聲"、第1598條。

579　時聲

（1527）蒔榯（豎直義）

蒔　移栽稻秧，即豎立稻秧於田，引申爲直立義。《説文·艸部》："蒔，更別種。从艸，時聲。"清朱駿聲《通訓定聲》："《方言》十二：'蒔，立也。''蒔，更也。'《廣雅·釋地》：'蒔，種也。'按，分秧勻插爲蒔。"《廣韻·志韻》："蒔，種蒔。"北魏賈思勰《齊民要術·種穀楮》："移栽者，二月蒔之。"唐柳宗元《種樹郭橐駝傳》："其蒔也若子，其置也若棄，則其天者全而其性得矣。"

榯 竹木直立貌。《廣韻·之韻》："榯，樹木立也。"清朱駿聲《說文通訓定聲·頤部》："峙，字亦作'榯'……《高唐賦》：'嚁兮若松榯。'注：'直豎貌。'"宋歐陽修《戕竹記》："洛最多竹，樊圃棋錯，包籜榯筍之贏，歲尚十數萬緡。"

〔推源〕 此二詞俱有豎直義，爲時聲所載之公共義。聲符字"時"从日，所記録語詞謂時間。《說文·日部》："時，四時也。"清朱駿聲《通訓定聲》："《管子·山權數》：'時者，所以記歲也。'"然則與豎直義不相涉，其豎直義乃時聲所載之語源義。今吳方言讀"豎"如"時"，可爲一證。時聲可載豎直義，則"豎"可證之。

時：禪紐之部；
豎：禪紐侯部。

雙聲，之侯旁轉。"豎"，直立，其字俗作"竪"。《說文·臤部》："豎，豎立也。"清朱駿聲《通訓定聲》："《廣雅·釋詁四》：'立也。'"《廣韻·麌韻》："豎，立也。竪，俗。"《後漢書·靈帝紀》："冬十月壬午，御殿後槐樹自拔倒豎。"五代花蕊夫人《述國亡》："君王城上豎降旗，妾在深宮那得知。"

580 䀠聲

（1528）悶瞿䀠（驚懼義）

悶 恐懼字"懼"之古文。《說文·心部》："懼，恐也。从心，瞿聲。悶，古文。"清朱駿聲《通訓定聲》："《莊子·天運》釋文引《說文》：古文作'悶'。"《廣韻·藥韻》："懼，驚懼。"又《遇韻》："懼，怖懼。"馬王堆漢墓帛書甲本《老子·德經》："奈何以殺悶之也？"清龔自珍《同年生胡户部培翬爲韻語以詒之》："吾亦姑置之，說長悶衆驚。"

瞿 驚視貌。《說文·瞿部》："瞿，鷹隼之視也。从隹，从䀠，䀠亦聲。讀若章句之句。"清朱駿聲《通訓定聲》："〔假借〕爲'䀠'。《禮記·雜記》：'見似目瞿，聞名心瞿。'《字林》：'瞿，大視皃。'又《檀弓》：'公瞿然失席曰。'《莊子·徐無鬼》：'子綦瞿然喜曰。'"按，鷹隼多疑而易驚，受驚則左右視，"瞿"本有驚視義，無煩假借，移以言人，爲引申。又，受驚則張大雙目而視之，《字林》所訓之義亦同條共貫者。《埤雅·釋鳥》引《禽經》："雀以猜，瞿。"此"瞿"即鳥驚視義。《資治通鑑·唐高宗上元元年》："上瞿然曰：'卿遠識，非衆人所及也。'"胡三省注："瞿，驚視貌。"

䀠 受驚舉目而視。《說文·䀠部》："䀠，舉目驚䀠然也。从䀠，从䀠，䀠亦聲。"《廣韻·梗韻》:"䀏,䀏然舉目也。"又《遇韻》:"䀏,目驚䀏䀏然。出《埤蒼》。"《集韻·梗韻》:"䀏,驚而舉目視。"

〔推源〕 諸詞俱有驚懼義,爲朋聲所載之公共義。聲符字"朋"所記錄語詞謂驚視,本有驚懼義。《説文·朋部》:"朋,左右視也。从二目。讀若拘,又讀若'良士瞿瞿。'"饒炯《部首訂》:"蓋驚恐者目善摇。"按即受驚恐懼而東張西望之義。《廣韻·遇韻》:"朋,左右視也。"唐蘇源明《元包經傳·仲陰》:"朋冏覡視,目之周視也。"然則本條諸詞之驚懼義爲其聲符"朋"所載之顯性語義。朋聲可載驚懼義,則"恐"可證之。

朋:見紐侯部;

恐:溪紐東部。

見溪旁紐,侯東對轉。"恐",恐懼,驚懼。《説文·心部》:"恐,懼也。"漢司馬遷《報任少卿書》:"猛虎在深山,百獸震恐。"唐無名氏《蚍蜉傳》:"是時王子以驚恐入心,厥疾彌甚。"

581 昜聲

(1529) 榻蹋闒傝搨塌(低、下義)

榻 低榻,古代坐卧用具。《廣韻·盍韻》:"榻,牀也。㩉,上同。"《説文·木部》:"牀,安身之坐者。"清朱駿聲《説文通訓定聲·謙部·附〈説文〉不録之字》:"榻,《釋名·釋牀帳》:'人所坐卧曰牀,長狹而卑曰榻,言其榻然近地也。'"《後漢書·徐稺傳》:"(陳)蕃在郡不接賓客,唯稺來特設一榻,去則縣之。"三國魏應璩《與韋仲將書》:"新芻既盡,舊穀亦傾匱,屠蘇發撤,機榻見謀。"唐張籍《祭退之》:"出則連轡馳,寢則對榻牀。"

蹋 踐踏,往下踩。《説文·足部》:"蹋,踐也。从足,昜聲。"清朱駿聲《通訓定聲》:"與'躪'、與'踏'略同,字亦作'踏'、作'蹹'……《廣雅·釋詁一》:'蹋,履也。'《漢書·司馬相如傳》:'糾蓼叫奡,蹋以艐路兮。'注:'下也。'〔聲訓〕《釋名·釋姿容》:'蹋,榻也,榻著地也。'"《廣韻·盍韻》:"蹋,踐也。蹹,上同,見《公羊傳》。"按朱氏所引《漢書》文之"踏"異文作"蹋"。北魏賈思勰《齊民要術·種葵》:"足蹋使堅平。"唐韓愈《山石》:"當流赤足蹋澗石,水聲激激風吹衣。"又引申爲垂下義。唐顧況《剡紙歌》:"手把山中紫羅筆,思量點畫龍蛇出。政是垂頭蹋翼時,不免向君求此物。"

闒 門之小者,引申爲卑下義。《説文·門部》:"闒,樓上户也。从門,昜聲。"清朱駿聲《通訓定聲》:"字亦作'䦺'。達、昜雙聲。《廣雅·釋室》:'闒謂之門。'……《西京賦》:'重闒幽闥。'《王莽傳》:'斧敬法闒。'注皆訓'宮中小門'。……《楚辭·憂苦》:'雜斑駁與闒茸。'注:'駑頓也。'《漢書·賈誼傳》:'闒茸尊顯兮。'注:'下材不肖之人。'《報任少卿書》:'在闒茸之中。'注:'猥賤也。'又獰劣也。《漢書·司馬遷傳》注:'闒,下也。'《漢書·外戚傳·悼李夫人賦》：'嫉妬闟茸。'注：'衆賤之稱也。'"

傝 才智低下,亦指品質卑下。《廣韻·盍韻》："傝,傝儑,不著事也。"《集韻·勘韻》："傝,傝儑,一曰無恥也。"唐韓琬《御史臺記·趙仁獎》："睿宗朝,左授上蔡丞,使於京,訪尋臺中舊例,妄事歡洽。御史倪若水謂楊茂直曰：'此庸漢,妄爲傝茸。'"引申爲低義,爲動詞。清顏元《存治編·序》："士子平居誦詩書,工揣摩,閉戶傝首如婦人女子。"

搨 往下壓。明朱有燉《豹子和尚自還俗》："大沉枷鎖頂上搨,麄麻繩脊背後綁。"按,徽歙南鄉人稱麵粉、玉米粉餅爲"搨餜",又稱揉壓麵粉爲"搨",蓋爲古語。引申之,"搨"又有下垂義。《文選·陳琳〈爲袁紹檄豫州〉》："方畿之內,簡練之臣,皆垂頭搨翼,莫所憑恃。"

塌 坍塌,倒下。清朱駿聲《説文通訓定聲·謙部·附〈説文〉不錄之字》："塌,《廣雅·釋詁二》：'塌,墮也。'今俗曰坍塌。"唐杜甫《蘇端薛復筵簡薛華醉歌》："忽憶雨時秋井塌,古人白骨生青苔,如何不飲令心哀。"元孟漢卿《魔合羅》第一折："元來是這屋宇坍塌,所以這般漏。"引申之,又有下垂義。清王士禛《送吳天章歸中條山》："月始在房群陰終,凍禽塌翅啼酸風。"

〔推源〕 諸詞俱有低、下義,爲昻聲所載之公共義。聲符字"昻"从羽,所記錄語詞之本義《説文·羽部》訓"飛盛兒",與低、下義不相涉,其低、下義乃昻聲所載之語源義。昻聲可載低、下義,"搭"可證之。

昻：透紐葉部；
搭：端紐緝部。

透端旁紐,葉(盍)緝旁轉。"搭",往下按。《清平山堂話本·快嘴李翠蓮記》："張狼因父母做主,只得含淚寫了個休書,兩邊搭了個手印。"又有下垂義。元無名氏《盆兒鬼》第三折："你看這白鬚搭颭的是像個賊。"元朱庭玉《青杏子·歸隱》："拖藜杖芒鞋刺塔,穿布袍麻縧搭撒。"

(1530) 毼譌邋(不精潔義)

毼 粗厚布,不精者,亦指繁雜,即不簡潔義。《玉篇·艸部》："毼,毼布也。"《廣韻·盍韻》："毼,毼布。"清蒲松齡《聊齋志異·賈奉雉》："賈戲於落卷中,集其毼宂泛濫、不可告人之句,連綴成文,俟其來而示之。"

譌 言多繁雜,不精煉、不簡潔。《廣韻·盍韻》："譌,譌譇,多言。"《集韻·盍韻》："譌,或作'謵'。"《説文·言部》："譌,嗑也。"清朱駿聲《通訓定聲》："與'讘'略同。"按,《説文》同部"讘"篆訓"多言",《口部》"嗑"篆亦訓"多言"。

邋 行事不謹、輕薄。《廣韻·盍韻》："邋,邋遢,不謹事。"明劉侗、于奕正《帝京景物略·弘仁橋》："別有麵粉墨,僧尼容,乞丐相,邋伎態。"引申爲骯臟不潔義。《快心編三集》第八回："若像邋遢的婦女,頭毛未必便黃,只因不掠不梳,塵垢蓬鬆。"按,其字亦以"驓"爲之。明李實《蜀語》："不精彩曰驦驓。"

〔推源〕 諸詞俱有不精潔義，爲昜聲所載之公共義。聲符字"昜"所記錄語詞之顯性語義與不精潔義不相涉，其不精潔義乃昜聲所載之語源義。昜聲可載不精潔義，"諮"可證之。

昜：透紐葉部；
諮：定紐緝部。

透定旁紐，葉(盍)緝旁轉。"諮"，語多，繁雜不精潔。《説文·言部》："諮，譅諮也。"清朱駿聲《通訓定聲》："《荀子·正名》：'愚者之言，諮諮然而沸。'注：'多言也。'亦重言形況字。"《廣韻·合韻》："諮，譁諮也。亦作'沓''嗒'。"晉袁宏《後漢紀·章帝紀下》："流言噂嗒，深可嘆息。"

(1531) 餂䑻(大義)

餂 大食。《玉篇·舌部》："餂，同'舔'。""舔，大食也。"唐韓愈《曹成王碑》："舔隋光化，括其州。"宋王伯大《音釋》："舔，大食也。"按《説文》有"舚"字，當爲"舔"之或體。《舌部》："舚，歠也。从舌，沓聲。"清朱駿聲《通訓定聲》："字亦作'噡'。"清王筠《句讀》："胡氏震亨曰：《禮記》：'無噡羹。'噡，大歠也。《説文》作'舚'，若犬之以舌取食。"按，朱、桂説可從。《廣韻·盍韻》云："餂，同'猲'。"《説文·犬部》"猲"篆訓"犬食"。凡犬食則疾急，即大食義。

䑻 大船。《玉篇·舟部》："䑻，大船。"《隋書·食貨志》："又造龍舟鳳䑻，黃龍赤艦，樓船箋舫。"《資治通鑒·陳武帝永定元年》："琳殺鐵虎而囚安都等，總以一長鑠擊之，置琳所坐䑻下。"元胡三省注："䑻，大船也。"

〔推源〕 此二詞俱有大義，爲昜聲所載之公共義。聲符字"昜"所記錄語詞之本義《説文》訓"飛盛皃"，盛義、大義當相通，所謂"飛盛皃"即大幅度飛動之義。又《玉篇·羽部》"昜"訓"高飛皃"，高義、大義亦相通。本條二詞之大義爲聲符"昜"所載之顯性語義。昜聲可載大義，則"大"可證之。

昜：透紐葉部；
大：定紐月部。

透定旁紐，葉(盍)月通轉。"大"，大小字。《説文·大部》："大，天大、地大、人亦大，故大象人形。"《廣韻·泰韻》："大，小大也。"《禮記·月令》："(孟冬之月)審棺椁之薄厚，塋丘壟之大小。"《淮南子·俶真訓》："夫牛蹄之涔，無尺之鯉；塊阜之山，無丈之材，所以然何也？皆其營宇狹小，而不能容巨大也。"

582 員聲

(1532) 圓瘨顛潰實韻塤(圓義)

圓 圓滿，周全，亦指形圓。《説文·囗部》："圓，圜。全也。从囗，員聲。讀若員。"清朱駿聲《通訓定聲》："《易·繫辭》：'圓而神。'《大戴·曾子天圓》：'天道曰圓，地道曰方。'《墨子·天志》：'中吾規者謂之圓。'《淮南·地形》：'水圓折者有珠。'"《廣韻·仙韻》："圓，同圓。"《墨子·法儀》："百工爲方以矩，爲圓以規。"漢蔡邕《明堂月令論》："明堂九室，以茅蓋屋，上圓下方……堂方，百四十四尺；屋圓，徑二百一十六尺。且圓蓋方載，六九之道也。"

瘨 頭暈眩之病。《説文·疒部》："瘨，病也。从疒，員聲。"清桂馥《義證》："頭眩病也。"《廣韻·問韻》及《吻韻》："瘨，病也。"按，頭暈眩即感覺頭如圓轉。"暈"本謂日旁氣，圍繞日者，亦有圓圍義，以指頭暈，理據同"瘨"。所謂"眩"，《説文·目部》訓"目無常主"，即暈旋而目昏花義。《隸續·漢丹楊太守郭旻碑》："年過耳順，寢疾瘨積。"明陶宗儀《輟耕録》卷四《發宋陵寢》："唐出觀燈歸，忍坐瘨，息奄奄若將絶者，良久始蘇。"

顚 頭臉之形圓。《廣韻·混韻》："顚，頭面形顚也。"《集韻·混韻》："顚，一曰面首俱圓謂之顚。"按，頭臉圓爲"顚"之别義，故《集韻》稱"一曰"。其本義爲臉色黃（見後第1535條），指頭臉圓，爲套用字。

溳 水名。其形圓折，故稱"溳"。《説文·水部》："溳水，出南陽縣蔡陽，東入夏水。从水，員聲。"清朱駿聲《通訓定聲》："出今湖北德安府隨州大洪山，至漢陽府漢川縣溳口塘入漢。"清顧祖禹《讀史方輿紀要·湖廣三·德安府》："溳水，在(隨)州西。《水經注》：溳水出大洪山，東北流，折而東南，經隨縣西，又經隨縣南而東南注，下流入安陸縣界，是也。"

霣 雷雨，亦指雲轉起。《説文·雨部》："霣，雨也。齊人謂靁爲霣。从雨，員聲。一曰雲轉起也。霝，古文霣。"清朱駿聲《通訓定聲》："靁也。"按，本義當爲雷雨。《玉篇·雨部》："霣，雷起出雨也。"按，"霣"有落義，見後條，當爲雷雨義之引申。又，"霣"指雷、指雲轉起，皆寓圓義。"靁"从雨，"畾"象雷電圓轉形。"霣"當爲亦聲字。或體从鼎，鼎亦圓形物。

韻 聲音和諧。按即圓潤義，乃抽象性圓義。《廣韻·問韻》："韻，韻和也。"《文選·盧諶〈贈劉琨〉詩》："振厥弛維，光闡遠韻。"唐李善注："韻，謂德音之和也。"唐太宗《飲馬長城窟行》："胡塵清玉塞，羌笛韻金鉦。"

塤 樂器，圓形物。其字亦作"壎"。《廣韻·元韻》："塤，《説文》作'壎'，樂器也，以土爲之，六孔。"《説文·土部》："壎，樂器也。以土爲之，六孔。"清朱駿聲《通訓定聲》："字亦作'塤'。"《爾雅》：'大塤謂之嘂。'注：'燒土爲之，大如鵝子，鋭上平底，形如稱錘，六孔。小者如雞子。'《周禮·小師》：'塤簫管。'注：'大如鴈卵。'《禮記·月令》：'調竽笙、壎篪。'《詩·何人斯》：'伯氏吹壎。'"《荀子·樂論》："竽籥發猛，塤篪翁博。"

〔推源〕 諸詞俱有圓義，爲員聲所載之公共義。聲符字"員"或作"鼎"，見諸甲骨文、金文，簡作"員"。林義光《文源》："口，鼎口也。鼎口，圓象。"《孟子·離婁上》："離婁之明，公輸子之巧，不以規矩，不能成方員。"漢張衡《思玄賦》："俗遷渝而事化兮，泯規矩之員方。"然則本條諸詞之圓義爲其聲符"員"所載之顯性語義。員聲可載圓義，則"圜"可證之。

員：匣紐文部；

圜：匣紐元部。

雙聲，文元旁轉。"圜"，天體。古人以爲天圓地方，"圜"本寓圓義，故引申而指圓形。《説文·囗部》："圜，天體也。从囗，睘聲。"清朱駿聲《通訓定聲》："按，渾圓爲圜，平圓爲圓，圓之規爲圓。《易·説卦》：'乾爲圜。'《吕覽·圜道》注：'圜，天道也。'《序意》：'大圜在上。'注：'天也'。〔轉注〕《考工·輪人》：'取諸圜也。'《鳧氏》：'六分其厚，以其一爲之深而圜。'《禮記·月令》：'其器圜以閎。'《家語·致思》：'圜流九千里。'"

（1533）隕碩霣殞（墜落義）

隕 墜落。《説文·阜部》："隕，从高下也。从阜，員聲。《易》曰：'有隕自天。'"清朱駿聲《通訓定聲》："按，與'碩'同字，亦作'殞'。《爾雅·釋詁》：'隕，墜也。''隕，落也。'……《詩·氓》：'其黄而隕。'《左僖十六傳》：'隕石于宋五，隕星也。'《周語》：'駟見而隕霜。'《夏小正》：'隕麋角。'〔轉注〕《小弁》：'涕既隕之。'……《楚辭·逢紛》：'辭靈脩而隕意兮。'注：'墮也。'《列子·周穆王》：'王若殞虚焉。'注：'墜也。'"按，"隕""碩""殞"非異體字。"隕"謂自高處墜落；"碩"特指隕石，虚化引申爲墜落義；"殞"之本義爲死亡，指墜落則爲比喻引申義。

碩 隕石墜落。《説文·石部》："碩，落也。从石，員聲。《春秋傳》曰：'碩石于宋五。'"清朱駿聲《通訓定聲》："《爾雅·釋詁》：'隕、碩，落也。'別異文耳。"清段玉裁注："'碩'與'隕'音義同。"按，後世隕石、隕落字俱作"隕"，然隕石義當以"碩"爲正字。《廣韻·軫韻》："隕，墜也，落也。""碩，石落。"所訓甚得肯綮。

霣 雷雨，引申爲墜落義。清朱駿聲《説文通訓定聲·屯部》："霣，〔假借〕爲'隕'。《左宣十五傳》：'有死無霣。'注：'廢墜也。'《公羊莊七傳》：'星霣如雨。'"按，無煩假借。《墨子·天志中》："霣降雪霜雨露，以長遂五穀麻絲，使民得而財利之。"漢王充《論衡·是應》："冬月隆寒，霜雪霣零，萬物皆枯。"

殞 字从歹，所記録語詞之本義爲死亡。《玉篇·歹部》："殞，歿也。"《廣韻·軫韻》："殞，歿也。"又《没韻》："歿，死也。《説文》：'終也。'"《左傳·成公十三年》："天誘其衷，成王殞命。"人死如物之凋零、墜落，辭書多以爲通作"隕"字遂有墜落義，實非。《荀子·賦》："天地易位，四時易鄉，列星殞墜，旦暮晦盲。"《淮南子·泰族訓》："趙王遷流於房陵，思故鄉，作爲山水之謳，聞者莫不殞涕。"

〔推源〕 諸詞俱有墜落義，爲員聲所載之公共義。聲符字"員"單用本可表落義。清朱駿聲《説文通訓定聲·屯部》："員，〔假借〕又爲'隕'。《詩·正月》：'員于爾輻。'按，落也。"今按，"落"非"員"之顯性語義，乃員聲另載者。員聲可載墜落義，則"刋"可證之。

員：匣紐文部；

刋：溪紐元部。

匣溪旁紐,文元旁轉。"刊",削除。《説文·刀部》:"刊,剟也。"清朱駿聲《通訓定聲》:"《廣雅·釋詁三》:'刊,削也。'……《周禮·柞氏》:'夏日至,令刊陽木而火之。'注:'謂斫去次地之皮。'……《儀禮·士喪禮》:'重木刊鑿之。'注:'斲治也。'《左襄廿五傳》:'井堙木刊。'注:'除也。'"今按,凡物削除則墜落,二義相通;换言之,削除則使物墜落。故有"刊落"之複音詞。《後漢書·班彪傳上》:"一人之精,文重思煩,故其書刊落不盡,尚有盈辭,多不齊一。"

(1534) 損隕殞(毁壞義)

損 減損,引申爲損失、傷害,又引申爲毁壞。《説文·手部》:"損,減也。从手,員聲。"清朱駿聲《通訓定聲》:"《易·繫辭》傳:'損德之脩也。'《襍卦》傳:'損益,盛衰之始也。'"《廣韻·混韻》:"損,減也,傷也。"張相《詩詞曲語辭彙釋》卷三:"損,猶壞也。"《淮南子·説山訓》:"小人之譽反爲損。"漢高誘注:"損,毁也。"按,唯"損"有毁壞義,故有"損壞""損毁"之同義聯合式合成詞。《後漢書·烏桓傳》:"光武初,烏桓與匈奴連兵爲寇……五郡民庶,家受其辜,至於郡縣損壞,百姓流亡。"《魯迅書信集·致楊霽雲》:"大約郵寄是有小小損毁之慮的。"

隕 墜落,引申爲毁壞義。《詩·豳風·七月》:"八月其穫,十月隕蘀。"漢毛亨傳:"隕,墜;蘀,落。"按,此"隕"最可證墜落、毁壞二義之相通,凡草木墜落則毁壞。《淮南子·覽冥訓》:"庶女叫天,雷電下擊,景公臺隕,支體傷折,海水大出。"漢高誘注:"隕,壞也。"前蜀杜光庭《司徒青城山醮詞》:"雨澤踰旬,泉源坌涌,丹崖翠巘,雖傳隕圮之聲,紺殿彤軒,靡有震驚之變。"

殞 死亡,即人身之毁壞,遂有毁壞、毁滅之衍義。《國語·周語中》:"昔先王之教,懋帥其德也,猶恐殞越。"漢潘勗《册魏公九錫文》:"稜威南厲,(袁)術以殞潰,此又君之功也。"

〔**推源**〕 諸詞俱有毁壞義,爲員聲所載之公共義。聲符字"員"所記録語詞之本義、引申義系列與毁壞義不相涉,其毁壞義乃員聲所載之語源義。員聲可載毁壞義,"毁""壞"可相證。

員:匣紐文部;

毁:曉紐微部;

壞:匣紐微部。

匣曉旁紐,文微對轉。"毁",殘缺,毁壞。《説文·土部》:"毁,缺也。从土,毇省聲。"清朱駿聲《通訓定聲》:"《小爾雅·廣言》:'毁,壞也。'《廣雅·釋言》:'毁,虧也。'《蒼頡篇》:'毁,破也。'《易·説卦》傳:'兑爲毁折。'《禮記·雜記》:'至於廟門不毁牆。'《春秋文十六年》:'毁泉臺。'""壞",敗壞、毁壞。《説文》同部:"壞,敗也。"清段玉裁注:"敗者,毁也。"《左傳·襄公三十一年》:"子産相鄭伯如晉。晉侯以我喪故,未之見也。子産使盡壞其館之垣,而納車馬焉。"《論語·陽貨》:"君子三年不爲禮則禮壞,三年不爲樂則樂崩。"《漢書·王莽傳下》:"壞徹城西苑中建章……儲元宮及平樂、當路、陽禄館,凡十餘所,取其材瓦,以起九廟。"

(1535) 頵焞(黄色義)

頵 面色發黄。字亦作"䪼""䫛"。《説文·頁部》:"頵,面色頵頵皃。从頁,員聲。讀若隕。"《廣韻·吻韻》:"頵,䪼,上同。"《玉篇·黄部》:"䪼,同頵。""䫛,《説文》曰:'面急䫛䫛也。'"

焞 黄色。《集韻·文韻》:"焞,黄兒。"按,"焞"字从火,火色赤,淡則近黄色,復以員聲載黄色義。《漢書·禮樂志》:"星留俞,塞隕光,照紫幄,珠焞黄。"唐顔師古注:"如淳曰:'焞音殞,黄貌也。'……言光照紫幄,故其珠色焞然而黄也。"

〔推源〕此二詞俱有黄色義,爲員聲所載之公共義。聲符字"員"所記録語詞之本義、引申義系列與黄色義不相涉,其黄色義乃員聲所載之語源義。員聲可載黄色義,"金"可證之。

員:匣紐文部;

金:見紐侵部。

匣見旁紐,文侵通轉。"金",五色金,引申之則特指黄金,黄金之色黄,故又有黄色之衍義。《説文·金部》:"金,五色金也。黄爲之長,久薶不生衣,百鍊不輕,从革不違。西方之行,生於土,从土,左右注象金在土中形,今聲。"清朱駿聲《通訓定聲》:"《爾雅·釋器》:'黄金謂之璗,白金謂之銀,鉼金謂之鈑。'《釋地》:'西南之美者,有華山之金石焉。'……《虞書》:'金作贖刑。'馬注:'黄金也。'《廣雅·釋器》:'金,鐵也。'〔轉注〕《詩·車攻》:'赤芾金舄。'箋:'黄朱色也。'"《南史·王摛傳》:"永明八年天忽然黄色照地,衆莫能解。司徒法曹王融上《金天頌》。摛曰:'是非金天,所謂榮光。'"唐白居易《玩迎春花贈楊郎中》:"金英翠萼帶春寒,黄色花中有幾般?"按"金英"即黄色之花。

583 囷聲

(1536) 梱橐涽㥧(混沌、混濁義)

梱 木未析者,囫圇渾一之物。其名當寓混沌義。《説文·木部》:"梱,梡,木未析也。从木,囷聲。"清朱駿聲《通訓定聲》:"《篆文》:'未判爲梱。'《通俗文》:'合薪曰梱。'"《廣韻·混韻》:"梱,木未破也。"又《魂韻》:"梱,大木未剖。"引申爲混沌、含混。章炳麟《新方言·序》:"仁和翟灝爲《通俗編》,雖略及訓詁,亦多本唐、宋以後傳記雜書。於古訓藐然亡麗,俄而攝其一二,又梱不理析也。"按,《説文》以"梡"釋"梱",同部"梡"篆訓"梱木薪也"。清段玉裁注:"梡之言完也。"按,段説可從,木未析則完整,稱"梱"則謂渾然一體,構詞理據不一。

橐 大束,同類物捆綁爲一體,其名亦寓混沌義。《説文·橐部》:"橐,橐也。从束,囷聲。"清桂馥《義證》："徐鍇曰：'杜，束縛囊橐之名。'春秋《國語》曰：'俟使於齊者橐載而歸。'……橐之言溷也，物雜廁其中也……或作'繉'。《廣雅》：'繉，束也。'《玉篇》：'繉，大束也。'《釋器》：'百羽謂之繉。'"按，《廣韻·混韻》《集韻·混韻》"橐"皆訓"大束"。清王闓運《嚴伯受甫哀詞》："橐束收使置側兮，號願遬其不聽。"

溷 混濁，混亂。《説文·水部》："溷，亂也。一曰水濁皃。从水，圂聲。"清朱駿聲《通訓定聲》："《廣雅·釋詁三》：'溷，濁也。'《弔屈原文》：'世謂隨夷爲溷兮。'《爾雅·釋水》：'河所渠並千七百一川，色黄。'注：'衆水溷淆，宜其濁黄。'《離騷》：'世溷濁而不分兮。'注：'亂也。'《漢書·五行志》：'溷淆亡別。'注：'謂雜亂。'《陸賈傳》：'無久溷公爲也。'服注：'辱也。'"按，《説文》所訓混濁、混亂二義同條共貫。

慁 憂慮，引申之則有雜亂、擾亂及玷辱義，玷辱與污濁、混濁義近且相通。《説文·心部》："慁，憂也。从心，圂聲。一曰擾也。"清朱駿聲《通訓定聲》："《小爾雅·廣言》：'慁，患也。'《左昭六傳》：'主不慁賓。'〔假借〕爲'溷'。《廣雅·釋詁》：'慁，亂也。'《禮記·儒行》：'不慁君王。'注：'猶辱也。'《史記·陸賈傳》：'無久慁公爲也。'《集解》：'污辱也。'《范雎傳》：'是天以寡人慁先生。'《索隱》：'猶汩亂之意。'"按，皆引申，無煩假借。又，"慁"字叠用可表糊塗義，糊塗即混沌，不明事理。唐元結《自述·述命》："愚惑者慁慁然，遂忘家國。"

〔推源〕 諸詞俱有混沌、混濁義，爲圂聲所載之公共義。聲符字"圂"所記録語詞謂猪圈，引申之亦指厠所，皆污濁之地，此當與混濁義相通。《説文·口部》："圂，厠也。从口，象豕在口中也。會意。"清朱駿聲《通訓定聲》："亦曰圈。《蒼頡篇》：'圂，豕所居也。'《漢書·五行志》：'豕山圂壞都竈。'注：'養豕牢。'〔轉注〕《廣雅·釋室》：'圂，厠也。'《急就篇》：'屏廁清溷糞土壤。'《淮南·説山》：'譬猶沐浴而抒溷。'"然則本條諸詞之混沌、混濁義爲其聲符"圂"所載之顯性語義。圂聲可載混沌、混濁義，則"混"可證之。"圂""混"同音，匣紐雙聲，文部叠韻。"混"，豐流，引申爲混濁、混沌義。《説文·水部》："混，豐流也。从水，昆聲。"清朱駿聲《通訓定聲》："《子虛賦》：'汩乎混流。'《江賦》：'或混淪乎泥沙。'〔假借〕又爲'溷'。《法言·脩身》：'善惡混。'注：'襍也。'《楚辭·傷時》：'混混兮澆饡。'注：'濁也。'……又爲'棍'。《荀子·非十二子》：'使天下混然不知是非。'注：'無分別之貌。'《莊子·繕性》：'古之人在混芒之中。'崔注：'混混芒芒未分時也。'"按，"混"之混濁、混沌義皆非假借，乃引申。"混"謂豐流，即大水、泥沙俱下者，故與混雜、混濁、混沌諸義相通。《廣韻·混韻》"混"亦訓"混沌，陰陽未分"。

584　豈聲

(1537) 愷顗闓颽（安樂和順義）

愷 安樂。《説文·心部》："愷，樂也。从心，豈聲。"清朱駿聲《通訓定聲》："此字《豈部》重出,从豈、从心會意。按,'豈''愷'實同字,後人加'心'耳,亦作'凱'……《禮·表記》:'凱以强教之。'即以戰勝豈樂爲訓。《周禮·眡瞭》:'鼛獻愷。'疏:'戰勝獻俘之時作愷樂。'……《爾雅·釋詁》:'愷,樂也。'……《左文十八傳》:'八愷。'注:'和也。'《莊子·天道》:'中心勿愷。'"《廣韻·海韻》:"愷,樂也。《左氏傳》云:'八愷'。凱,上同。"按,"凱"爲"豈"之後起本字,謂凱樂,有安樂義,"愷"謂安樂,其義根于"豈"。朱氏所引《莊子》文之"勿愷"異文作"物愷",唐成玄英疏云:"愷,樂也,忠誠之心,願物安樂。"朱氏所引《左傳·文公十八年》之"愷"晉杜預注訓"和",即和順義,當由其安樂義所衍生。《左傳·僖公十二年》:"《詩》曰:'愷悌君子,神所勞矣。'"清姚鼐《聖駕南巡賦》:"歸福慈寧,乾坤愷豫。"其"愷"皆和樂義,即和順安樂之謂。

顗 恭謹莊重,引申爲悠閑安樂。《說文·頁部》:"顗,謹莊兒。从頁,豈聲。"清朱駿聲《通訓定聲》:"《爾雅·釋詁》:'顗,静也。'"《廣韻·尾韻》:"顗,靖也,樂也。"

闓 開門,有安樂之衍義。《說文·門部》:"闓,開也。从門,豈聲。"清朱駿聲《通訓定聲》:"《方言》六:'閻苫,開也,楚謂之闓。'《漢書·兒寬傳》:'發祉闓門。'〔假借〕爲'愷'。《封禪文》:'闓懌。'《漢書》注:'樂也。'"按,"闓"表安樂義無煩假借,本爲引申,安樂即開心,今俗有"開心"之語。宋陸游《皇太子受册賀表》:"國勢奠安,輿情闓懌。"明趙南星《明十二家詩選·序》:"吏逸民闓,邊境静謐。"其"闓"皆和順安樂義。

颽 南風,和順之風。《爾雅·釋天》:"南風謂之凱風。"唐陸德明《釋文》:"凱,又作'颽'。"按,"颽"爲記録此義之正字,以"凱"爲之,則取其引申義。《文選·王褒〈洞簫賦〉》:"故其武聲則若雷霆輘輷,佚豫以沸㥜;其仁聲則若颽風,紛披容與而施惠。"唐李善注:"《吕氏春秋》曰:南方曰颽風。颽風長物,故曰施惠。"今按,"武聲"與"仁聲"對文反義,以颽風譬仁聲,則颽風即柔和、和順之風。南朝梁沈約《南郊恩詔》:"恩霑颽潤,惠兹窮生。"按,唯颽風爲和順之風,故以"颽潤"喻帝澤皇恩之施布。

〔推源〕 諸詞俱有安樂和順義,爲豈聲所載之公共義。聲符字"豈"所記録語詞之本義爲凱樂,有安樂義。《說文·豈部》:"豈,還師振旅樂也……从豆,微省聲。"清朱駿聲《通訓定聲》:"从喜省,散省聲。經傳皆以'愷'爲之。《周禮·大司樂》:'則令奏愷樂。'注:'獻功之樂。'《大司馬》:'愷樂獻于社。'注:'兵樂曰愷。'《左僖廿八傳》:'振旅愷以入于晉。'注:'樂也。'〔假借〕爲'愷'。《詩·魚藻》:'豈樂飲酒。'箋:'豈亦樂也。'"按,非假借,乃引申,"豈樂"即喜樂、和樂。晉阮籍《詠懷》:"豈安通靈臺,游潀去高翔。"其"豈"亦和樂義。然則本條諸詞之安樂和順義爲其聲符"豈"所載之顯性語義。豈聲可載安樂和順義,則"孩"可證之。

豈:溪紐微部;
孩:匣紐之部。

溪匣旁紐，微之通轉。"孩"，字亦作"咳"，謂小兒笑，喜樂則笑，義相通。《説文·口部》："咳，小兒笑也。从口，亥聲。孩，古文咳从子。"《老子》第二十章："我獨泊兮其未兆，如嬰兒之未孩。"《禮記·内則》："父執子之右手，咳而名之。"

(1538) 蘁顗曖膭（美義）

蘁 菜之美者。《説文·艸部》："蘁，菜之美者，雲夢之蘁。从艸，豈聲。"清朱駿聲《通訓定聲》："伊尹曰：'菜之美者，雲夢之蘁。'今《吕覽》作'芹'。"《廣韻·尾韻》："蘁，菜似蕨，生水中。"唐陸龜蒙《中酒賦》："剪雲夢蘁，採泮宫芹。"

顗 美好貌。唐慧琳《一切經音義》卷一百引《字書》："顗，好皃也。"按，"顗"之本義爲恭謹莊重，美好貌之義當與之相通。

曖 美。《廣韻·海韻》："曖，美。"清朱駿聲《説文通訓定聲·履部·附〈説文〉不録之字》："曖，《方言》十三：'曖，照也。'又'美也'。"按，"曖"字从日，《廣雅·釋詁三》亦訓"照"，蓋即陽光普照之義，陽光普照則晴朗，故又有美義。

膭 肉美。《廣韻·灰韻》："膭，肥也。"又《海韻》："膭，肉美。"按，凡牛羊等物肥則美。

〔推源〕 諸詞俱有美義，爲豈聲所載之公共義。聲符字"豈"所記録語詞謂凱樂，與美義或相通。又官聲字"婠""琯"所記録語詞均有美好義，見本典第五卷"438．官聲"第1186條，豈聲、官聲本相近且相通。

豈：溪紐微部；

官：見紐元部。

溪見旁紐，微元旁對轉。二者可相爲證。

(1539) 齸剀磑（摩義）

齸 齒相摩切。《説文·齒部》："齸，齺牙也。从齒，豈聲。"清朱駿聲《通訓定聲》："謂齒相摩切。"許書同部："齺，齒差也。"清段玉裁注："謂齒相摩切也。齒與齒相切，必參差上下之。'差'即今磋磨字也。"

剀 鎌刀，亦有摩義。《説文·刀部》："剀，一曰摩也。从刀，豈聲。"清朱駿聲《通訓定聲》："〔假借〕爲'磑'……《廣雅·釋詁三》：'剀，磨也。'"段玉裁注："刀不利，於瓦石上刉之。'剀''刉'音義皆同也。"按，段玉裁説是，鎌刀、摩二義相通，無煩假借。《廣韻·哈韻》："剀，一曰摩也。"按，複音詞"剀切"謂規諫，實即以言相摩義，當爲其虛化引申義。《新唐書·儒學傳上·孔穎達》："後太子稍不法，穎達争不已，乳夫人曰：'太子既長，不宜數面折之。'對曰：'蒙國厚恩，雖死不恨。'剀切愈至。"

磑 石磨，碾摩穀物之器。《説文·石部》："磑，䃺也。从石，豈聲。古者公輸班作磑。""䃺，石磑也。"清段玉裁注："今字省作'磨'。"《廣韻·灰韻》："磑，磨也。"又《隊韻》："磑，磨也。《世本》曰：'公輸般作之。'"漢王充《論衡·説日》："其喻若蟻行於磑上，日月行遲，天行疾,天持日月轉,故日月實東行,而反西旋也。"引申爲摩義。漢揚雄《太玄·疑》:"陰陽相磑,物咸彫離,若是若非。"漢宋衷注:"物相切磨稱磑。"元趙孟頫《題耕織圖》:"激水轉大輪,磑碾亦易成。"

〔推源〕 諸詞俱有摩義,爲豈聲所載之公共義。聲符字"豈"所記録語詞與摩義不相涉,其摩義乃豈聲所載之語源義。豈聲可載摩義,"揩"可證之。

豈:溪紐微部;
揩:溪紐脂部。

雙聲,微脂旁轉。"揩",摩擦。《廣韻·皆韻》:"揩,摩拭。"《文選·張衡〈西京賦〉》:"揩枳落,突棘藩。"唐李善注:"揩,《字林》:'摩也。'"北魏賈思勰《齊民要術·漆》:"若不揩拭者,地氣蒸熱,徧上生衣,厚潤徹膠,便皺。"

(1540) 皚磑(潔白光亮義)

皚 潔白,字亦作"溰""澃"。《説文·白部》:"皚,霜雪之白也。从白,豈聲。"清朱駿聲《通訓定聲》:"《廣雅·釋器》:'白也。'劉歆《遂初賦》:'漂積雪之皚皚兮。'字亦作'溰'。《七發》:'浩浩溰溰。'注:'高白之皃。'"《廣韻·咍韻》:"皚,霜雪白皃。"又《微韻》:"澃,澃澃,霜皃。"《集韻·微韻》:"澃,《博雅》:'澃澃,霜雪也。或從白、從水。'"漢卓文君《白頭吟》:"皚如山上雪,皎若雲間月。"漢王逸《九思·憫上》:"霜雪兮灌澃,冰凍兮洛澤。"按,"皚"字從白,所表義類即白,復以豈聲表白義,此爲形聲格局文字之一大通例。

磑 有摩義,見前條,凡刀刃及玉石等物摩之則亮,故有潔白光亮之衍義。《文選·枚乘〈七發〉》:"白刃磑磑,矛戟交錯。"其"磑"字異文作"皚",唐吕延濟注云:"皚皚,白色。"按,"皚"本謂霜雪潔白,潔白則光亮,當爲引申義。元朱德潤《居庸雪中》:"雪意似憐天設險,高卑鋪作白磑磑。"

〔推源〕 此二詞俱有潔白光亮義,爲豈聲所載之公共義。聲符字"豈"所記録語詞與此義不相涉,此義當爲豈聲所載之語源義。豈聲可載潔白光亮義,"皔"可證之。

豈:溪紐微部;
皔:匣紐元部。

溪匣旁紐,微元旁對轉。"皔",白。字亦省作"旰"。《廣韻·旱韻》:"皔,白皃。"《集韻·翰韻》:"皔,或省。"晉張協《玄武館賦》:"爛若丹霞,皎如素雪,璀璨皓旰,華璫四垂。"按,"皓旰(皔)"當爲同義聯合式合成詞。南朝宋謝惠連《雪賦》:"至夫繽紛繁騖之貌,皓旰皦絜之儀。"

(1541) 塏剴隑皚磑(高、大、長義)

塏 高地。《説文·土部》:"塏,高燥也。从土,豈聲。"清朱駿聲《通訓定聲》:"按,謂高地。《左昭三傳》：'請更諸爽塏者。'"《廣韻·海韻》："塏,爽塏,高地爽明塏燥也。"按,朱氏所引《左傳》文唐孔穎達疏："塏,高地,故爲燥也。"漢張衡《西京賦》："處甘泉之爽塏,乃隆崇而弘敷。"《新唐書·郭子儀傳附郭鏦》："別墅在都南,尤勝塏,穆宗嘗幸之,置酒極歡。"引申之則有大義。《清史稿·藝文志一》："是時敦煌寫經,殷墟龜甲,異書秘寶,胥見塏壤。"按,"塏壤"即大壤、大地。

剴 大鐮刀。《說文·刀部》："剴,大鐮也。"清朱駿聲《通訓定聲》："切地以芟刈者,亦名鈄。字亦作'鐖'。《史記·淮南衡山傳》：'鐖鑿棘矜也。'"《廣韻·咍韻》："剴,大鐮。"按,朱氏所引《史記》文南朝宋裴駰《集解》："徐廣曰：'大鐮謂之剴',或是鐖乎?"《集韻·微韻》："鐖,大鐮。"

隑 岸曲而長,又指梯,則爲登高之物。又有企立、高立義。《廣韻·咍韻》："隑,企立。"清朱駿聲《說文通訓定聲·履部·附〈說文〉不錄之字》："隑,《方言》七：'隑,企立也。'……又《方言》十三：'隑,埼也。'注：'江南呼梯爲隑。'又《廣雅·釋詁二》：'隑,長也。'"按,"隑"字從阜,所記錄語詞之本義當爲岸曲而長,梯及企立義皆當爲引申義。《漢書·司馬相如列傳下》："臨曲江之隑州兮,望南山之參差。"唐顏師古注："張揖曰：'隑,長也。'苑中有曲江之象,中有長洲也。曲岸頭曰隑。"《古文苑·枚乘〈梁王菟園賦〉》："西山隑隑,岬焉巍巍。"宋章樵注："隑隑,企立貌。"按,"隑隑"與"巍巍"對文同義,皆高高聳立之謂。

軆 身長。《廣韻·咍韻》："軆,長身。"《集韻·咍韻》："軆,𨲠軆,身長也。"按,"𨲠軆"當爲同義聯合式複音詞,本可分訓者。"𨲠"字從良得聲,良聲字所記錄語詞"根""閬"等俱有高義。

磑 高峻。清朱駿聲《說文通訓定聲·履部》："磑,《高唐賦》：'振陳磑磑。'注：'高皃。'《魯靈光殿賦》：'汩磑磑以璀璨。'"按,所引《高唐賦》文唐張銑注："(巑岏)磑磑,皆山之峻大貌。"又,所引《魯靈光殿賦》文李周翰注："磑磑,峻貌。"按"磑"本謂石磨,其字從石,表山高義爲套用字。

〔推源〕 諸詞俱有高、大、長義,爲豈聲所載之公共義。聲符字"豈"所記錄語詞與此義不相涉,此義當爲豈聲所載之語源義。今按干聲字所記錄語詞"竿""岸""軒""䍐""骭""仠""杆"俱有高、長義,見本典第一卷"19. 干聲"第 49 條,凡物高、長則大,大義與之相通。豈聲、干聲本相近且相通轉。

豈：溪紐微部；
干：見紐元部。

溪見旁紐,微元旁對轉。然則庶可相互爲證。

(1542) 覬䁈(企望義)

覬 企圖,希望。《說文·見部》："覬,𫢏幸也。从見,豈聲。"清朱駿聲《通訓定聲》：

"《小爾雅·廣言》：'覬，望也。'《左桓二傳》：'下無覬覦。'《後漢·盧芳傳》：'臣非敢有所貪覬。'經傳多以'冀'爲之，'覬''冀'雙聲。"按"冀"謂企冀，義亦同。《廣韻·咍韻》："覬，覬覦，希望。"朱氏所引《左傳》文晉杜預注："下不冀望上位。"《楚辭·九辯》："事亹亹而覬進兮，蹇淹留而躊躇。"漢王逸注："思想君命，幸復位也。"漢王符《潛夫論·實邊》："衣冠無所覬望，農夫無所貪利。"

騹 企望。《集韻·至韻》："騹，冀及也。"按《廣韻·咍韻》云："騹，同'騏'，"《至韻》："騏，騏驥。"騏驥爲千里馬之稱，此與企圖、希望義當相通。又"騹"字從馬，人於馬上處高而可遠望。《禮記·文王世子》"王乃命公侯伯子男及群吏曰：'反養老幼于東序，終之以仁也。'"漢鄭玄注："諸侯歸，各帥於國，大夫勤於朝，州里騹於邑是也。"唐孔穎達疏："云'州里騹於邑'者，州長里宰之官，希騹慕仰，行之於邑是也。"

〔推源〕 此二詞俱有企望義，爲豈聲所載之公共義。聲符字"豈"所記録語詞與企望義不相涉，其企望義乃豈聲所載之語源義。豈聲可載企望義，"希"可證之。

豈：溪紐微部；

希：曉紐微部。

疊韻，溪曉旁紐，音極相近。"希"，字從巾，或云爲"斋"之古文，然可以其音聲載稀少義，凡有用之物稀少則希冀其多，故又有希望之衍義，且爲其基本義。《廣韻·微韻》："希，望也。"《正字通·巾部》："希，冀也。"清朱駿聲《説文通訓定聲·履部》："希，此'斋'之古文也，從巾、從爻，象絺文，《説文》奪記，今據《書·益稷》鄭注、《周禮·司服》注，知'斋''希'同字，補繫于此……《周禮·司服》：'祭社稷五祀則希冕。'注引《書》曰：'希繡'。〔假借〕爲'稀'。《爾雅·釋詁》：'希，罕也。'《論語》：'怨是用希。'又'十世希不失矣'。孔注：'少也。'……又爲'覬'。《後漢·盧植傳》注：'希，求也。'《趙壹傳》注：'希，慕也。'《吳良傳》注：'希，猶冀望也。'"

585 散聲

(1543) 溦/米（小義）

溦 小雨。《説文·水部》："溦，小雨也。從水，微省聲。"清朱駿聲《通訓定聲》："從水，散聲。字亦作'溦'。"清朱珔《假借義證》："今人詩文凡言'微雨'者，皆當爲'溦'之假借"。《廣韻·微韻》："溦，溕溦，小雨。"沈兼士《聲系》："案'溦'，《説文》作'溦'。《集韻》：'溦，或作溦。'"清厲鶚《雨後南湖晚眺》："新漲夜來平釣磯，田家橋外涼溕溦。"

米 糧食作物之子實，微小之物，故引申爲細小、細碎義。《説文·米部》："米，粟實也。象禾實之形。"清朱駿聲《通訓定聲》："按，四注象米，十，其介者。九穀之分也，《春秋説題辭》:'米出甲謂礶之爲糲米也,舂之則粺米也,㕰之則鑿米也,䈽之則毇米也。'又'㲅擇之,餳嗟之,則爲𥻫米'。《書·益稷》:'粉米。'傳:'若聚米。'〔轉注〕《禮記·明堂位》:'米廩有虞氏之庠也。'又《史記·天官書》:'凌雜米鹽。'《正義》:'細碎也。'《漢書·黃霸傳》:'米鹽靡密。'注:'謂雜而且細。'《咸宣傳》:'其治米鹽。'注:'細雜也。'"

〔推源〕 此二詞俱有小義,其音亦相近且相通。

㲢:明紐微部;

米:明紐脂部。

雙聲,微脂旁轉。則其語源當同。其"㲢"字从散得聲,乃以散聲載其小義。微小字作"微",亦散聲字,可以假借字形式表小、細義。《説文·彳部》:"微,隱行也。从彳,散聲。《春秋傳》曰:'白公其徒微之。'"清朱駿聲《通訓定聲》:"〔假借〕爲'散'。《廣雅·釋詁一》:'微,小也。'《爾雅·釋訓》:'式微。'式微者,微乎微者也。《考工·輪人》:'欲其微至也。'《禮記·祭義》:'雖有奇邪而不治者則微矣。'注:'猶少也。'《周禮·典同》:'微聲韽。'注:'小也。'《楚辭·大招》:'豐肉微骨。'注:'細也。'"按,"㲢""微"之聲符"散"所記録語詞本有小義。《説文·人部》:"散,妙也。从人,从攴,豈省聲。"清朱駿聲《通訓定聲》:"秒也……《六書故》引唐本《説文》:'散,見其岢也。'凡微妙字,經傳皆以'微'爲之。"清段玉裁注:"散,眇也……凡古言散眇者,即今之微妙字。眇者,小也。"

586 罡聲

(1544) 堽掆(高義)

堽 山脊,山之最高處。《廣韻·唐韻》:"岡,《爾雅》曰:'山脊,岡。'崗,又作'堽',並俗。"晉陸雲《答車茂安書》:"結罝繞堽,密網彌山。"《新編五代史平話·梁史上》:"前臨剪徑道,背靠殺人堽。"按,"堽"亦指堤壩,堤壩則爲高出地面之物,當爲引申義。明歸有光《嘉靖庚子科鄉試對策五道·第五問》:"或爲縱浦,或爲横塘,或置沿海堽身。"

掆 高舉。《龍龕手鑒·手部》:"掆,同'掆'。"《玉篇·手部》:"掆,舉。"《廣韻·唐韻》:"掆,舉也。"又《宕韻》:"掆,捎掆,舁也。出《字林》。"《晉書·輿服志》:"中朝大駕鹵簿:先象車……次掆鼓,中道。"唐何超《音義》:"掆,音岡,舉也。"《南史·齊本紀上》:"疾患困篤者,悉掆移之。"

〔推源〕 此二詞俱有高義,爲罡聲所載之公共義。聲符字"罡"本爲"岡"字之誤,"岡"謂山岡,本有高義。《説文·山部》:"岡,山骨也。从山,網聲。"南唐徐鍇《繫傳》:"山脊也。"清朱駿聲《通訓定聲》:"山脊也……俗亦誤作'崗'、作'罡'。……《楚辭·守志》:'覽高岡兮嶢嶢。'注:'山嶺曰岡。'〔聲訓〕《釋名》:'山脊曰岡。岡,亢也,在上之言也。'"《易林·遯·

睽》:"南山高罡,迴隙難登,道里遼遠,行者無功。"北魏酈道元《水經注·浪水》:"裴淵《廣州記》曰:'城北有尉他墓,墓後有大罡,謂之馬鞍罡。'秦時占氣者言南方有天子氣,始皇發民鑿破此罡。"罡聲可載高義,則"高"可證之。

罡:見紐陽部;
高:見紐宵部。

雙聲,陽宵旁對轉。"高",本義即高。《説文·高部》:"高,崇也。"《書·太甲下》:"若升高必自下。"唐韓愈《同竇牟韋執中尋劉尊師不遇》:"院閉青霞入,松高老鶴尋。"按,《説文》以"崇"釋"高","崇"本謂山高,引申之則泛指高,被釋詞與解釋詞本可組成同義聯合式合成詞。《國語·楚語上》:"不聞其以土木之崇高彤鏤爲美,而以金石匏竹之昌大嚻庶爲樂。"

(1545) 剛鋼(堅義)

剛 堅勁,剛強。字亦作"剛"。《廣韻·唐韻》:"剛,強也。剛,俗。"按"剛"當爲"剛"字之訛。《字彙·刀部》:"剛,同'剛'。"《説文·刀部》:"剛,彊斷也。"清朱駿聲《通訓定聲》:"本訓爲芒刃之堅利。〔轉注〕《廣雅·釋詁一》:'剛,強也。'……《易·繫辭》:'剛柔者。'荀注:'乾爲剛。'……《詩·北山》:'旅力方剛。'"晉葛洪《抱朴子·内篇·雜應》:"太清之中,其氣甚剛,能勝人也。"清錢謙益《大風發穀城山》:"驅車穀城山,剛風旋如塊。"

鋼 堅鐵。字亦作"鋼"。《廣韻·唐韻》:"鋼,鋼鐵。"按,鐵之含碳量高而堅韌者即鋼。《集韻·唐韻》:"鋼,堅鐵。"清顧藹吉《隸辨·唐韻》:"鋼即'鋼'字。'鋼'从岡。《六書正訛》云:'岡别爲罡。'"《列子·湯問》:"西戎獻錕鋙之劍……其劍長尺有咫,練鋼赤刃,用之切玉如切泥焉。"虛化引申爲堅義。《集韻·宕韻》:"鋼,堅也。"宋王讜《唐語林·補遺二》:"(曹王皋)見稈曰:'此至寶也!'指鋼匀之狀,賓佐皆莫曉。"《明一統志·四川行都指揮使司》:"(鐵石山)有砮石,燒之成鐵,爲劍戟極鋼利。"

〔推源〕 此二詞俱有堅義,爲罡聲所載之公共義。聲符字"罡"同"岡","岡"所記録語詞之本義、引申義系列與堅義不相涉,其堅義乃罡聲所載之語源義。罡聲可載堅義,"勁"可證之。

罡:見紐陽部;
勁:見紐耕部。

雙聲,陽耕旁轉。"勁",堅勁有力。《説文·力部》:"勁,彊也。"清朱駿聲《通訓定聲》:"《宋策》:'夫梁兵勁而權重。'……《荀子·非相》:'筋力越勁。'注:'勇也。'《素問·腹中論》:'其氣急疾堅勁。'注:'剛也。'……《淮南·説林》:'弓先調而後求勁。'馬注:'強也。'"《廣韻·勁韻》:"勁,勁健也。"按,《説文》以"彊"訓"勁",二詞俱有堅義,故有"堅勁""堅強"之同義聯合式合成詞。

587　眔聲

（1546）遝譶翻（多而聚集義）

遝　趕上，相及。《説文·辵部》：“遝，迨也。从辵，眔聲。”清朱駿聲《通訓定聲》：“按，與‘逮’同字……《爾雅·釋言》：‘逮，遝也。’《方言》三：‘迨、遝，及也。’《廣雅·釋言》：‘遝，逮及也。’……《石經·公羊殘碑》：‘祖之所遝。’……《孝安帝劉寬碑》：‘未遝誅討。’”引申爲多而聚集義。《漢書·劉向傳》：“及至周文，開基西郊，雜遝衆賢，罔不肅和。”唐顔師古注：“雜遝，聚積之皃。”清無名氏《帝城花樣·春珊傳》：“裙屐遝集，觥籌交錯。”

譶　語多而聚集。字亦作“諮”“譅”。《集韻·合韻》：“諮，亦作‘譶’。”清朱駿聲《説文通訓定聲·履部》：“譅，《六書故》引唐本《説文》：‘語相及也。从言，遝聲。’‘諮’下曰：‘譅，諮也。’”《荀子·正名》：“故愚者之言，芴然而粗，嘖然而不類，諮諮然而沸。”唐楊倞注：“諮諮，多言也。”

翻　群鳥飛而相及，即多而聚集義。《廣韻·盍韻》：“翻，擸翻。”《正字通·羽部》：“翻，群飛次相及也。”晉左思《吴都賦》：“鷹瞵鶚視，參譚拉翻，若離若合者，相與騰躍乎莽罠之野。”引申爲多次、不斷。晉摯虞《思遊賦》：“枉矢鑠其在手兮，狼弧翻其斯彎。”

〔推源〕　諸詞俱有多而聚集義，爲眔聲所載之公共義。聲符字“眔”所記録語詞有相及義，此與多而聚集義相通。《説文·目部》：“眔，目相及也。从目，从隶省。”《廣韻·合韻》：“眔，目相見。”《臣辰盉銘》：“王令士上眔史寅殷于成周。”郭沫若《考釋》：“‘眔’字卜辭及彝銘習見，均爲接續詞，其義如‘及’，如‘與’。”眔聲可載多而聚集義，則“集”可證之。

眔：定紐緝部；
集：從紐緝部。

疊韻，定從鄰紐。“集”，衆鳥聚集於木上。《説文·雥部》：“雧，群鳥在木上也。从雥，从木。集，雧或省。”《詩·唐風·鴇羽》：“肅肅鴇羽，集于苞栩。”又《周南·葛覃》：“黄鳥于飛，集于灌木。”宋周必大《入直召對選德殿賜茶而退》：“緑槐夾道集昏鴉，敕使傳宣坐賜茶。”

588　氣聲

（1547）愾鎎齂獥（氣息義）

愾　嘆息，即氣息抒出之義。引申之亦指氣滿胸臆。《説文·心部》：“愾，大息也。从心，从氣，氣亦聲。《詩》曰：‘愾我寤嘆。’”清朱駿聲《通訓定聲》：“《廣雅·釋詁一》：‘愾，滿也。'《禮記·祭義》：'愾然必有聞乎其嘆息之聲。'"按，許慎所引《詩·曹風·下泉》文漢鄭玄箋："愾，嘆息之意。"《廣韻·代韻》及《未韻》："愾，大息。"《陳書·後主紀》："梁季湮微，靈寢忘處，鞠成茂草，三十餘年，敬仰如在，永惟愾息。"清顧炎武《玉田道中》："騁目一遐觀，浩然發深愾。"

鎎 怒戰，即懷怒氣而戰。《説文·金部》："鎎，怒戰也。从金，氣聲。《春秋傳》曰：'諸侯敵王所鎎。'"清朱駿聲《通訓定聲》："金本作'愾'。《詩·彤弓》箋：'愾，很也。'"清段玉裁注："怒則有氣，戰則用兵。故其字从金、氣。"《廣韻·未韻》："鎎，怒戰。"章炳麟《訄書前錄·客帝匡謬》："繇是言之，滿州弗逐，欲士之愛國，民之敵鎎，不可得也。"

靉 靉靆，雲氣盛而視不明。《廣韻·尾韻》："靆，靉靆。"又《未韻》："靉，靉靆，雲狀。"《文選·木華〈海賦〉》："且希世之所聞，惡審其名？故可仿像其色，靉靆其形。"唐李善注："仿像、靉靆，不審之貌。"按，"靉靆"爲複音詞，然與"氣"亦相涉。

豷 豕之氣息。《廣韻·未韻》："豷，豕息。"

〔推源〕 諸詞俱有氣息義，爲氣聲所載之公共義。聲符字"氣"从米，所記錄語詞之本義爲餽客之芻米，本與氣息義不相涉；然其字从氣得聲，故可表雲氣、氣息等假借義。《説文·米部》："氣，餽客芻米也。从米，气聲。《春秋傳》曰：'齊人來氣諸侯。'槩，氣或从既；餼，氣或从食。"清朱駿聲《通訓定聲》："相承以'氣'爲'气'，因又加食傍，此後出字。《小爾雅·廣言》：'餼，饋也。'《考工·玉人》：'以致稍餼。'〔假借〕又爲'气'。《禮記·月令》：'以達秋氣。'《素問·天元紀大論》：'故在天爲氣。'注：'謂風熱溫燥寒。'《禮記·祭義》注：'氣，謂嘘吸出入者也。'"按"氣"之聲符字"气"象雲气形，所記錄語詞之本義即雲气。《説文·气部》："气，雲气也。象形。"則其語源可明。

589 造聲

(1548) 遣/湊（聚集義）

遣 叢集，聚集。《説文·艸部》："遣，艸皃。从艸，造聲。"清朱駿聲《通訓定聲》："按，叢襍皃。誼與'萃'略同……俗字作'簉'，从竹。"按，草與竹同類，"艸""竹"所表義類同。《廣韻·宥韻》："簉，齊也。遣，上同。又草根。"按《玉篇·艸部》"遣"訓"草根雜"，草根雜則其草多而聚集。南朝梁江淹《爲蕭讓劍履殊禮表》："雖英袞簉朝，賢武滿世，蒙此典者，乃曠古時降耳。"明高啓《送徐先生歸嚴陵序》："故待賈山澤者，群然遣庭，如水赴海，而隱者之廬殆空矣。"

湊 會聚，聚集。《説文·水部》："湊，水上人所會也。从水，奏聲。"清朱駿聲《通訓定聲》："按，'上人'二字當爲'辰'字之形訛。《周書·作雒》：'以爲天下之大湊。'注：'會也。'《楚辭》：'波湊而下降。'注：'聚也。'《淮南·原道》：'趨舍指湊。'注：'所合也。'"《史記·貨殖列傳》:"番禺亦其一都會也,珠璣、犀、瑇瑁、果布之湊。"按,許説難從,其字从水,水可匯流,朱説可參,"辰"即斜水,水流由合而分者。"湊"字乃以奏聲載聚義。奏聲字"輳"所記録語詞謂輻條聚集于車轂,則庶可相互爲證。

〔推源〕 此二詞俱有聚集義,其音亦相近且相通。

遘:初紐幽部;

湊:清紐侯部。

初清準旁紐,幽侯旁轉。則其語源當同。其"遘"字从造得聲。"造"所記録語詞謂前往、到達。《説文·辵部》:"造,就也。从辵,告聲。"清朱駿聲《通訓定聲》:"《周禮·司門》:'凡四方之賓客造焉。'《儀禮·士喪禮》:'造于西階下。'傳、注皆訓'至'。"按,到達者多則聚集,其義或相通。

(1549) 糙/粗(粗糙義)

糙 粗糙之米。《玉篇·米部》:"糙,粗米未舂。"《廣韻·號韻》:"糙,同'籹'。"又"籹,米穀雜"。按"籹"字从皮,《玉篇》訓"粟體",即皮膚粗糙之義,引申之則可指米及他物粗糙。《舊唐書·食貨志上》:"儀鳳四年四月,令東都出遠年糙米及粟,就市給糶,斗别納惡錢百文。"宋趙叔向《肯綮録·俚俗字義》:"米不佳曰籹,與'糙'同。"引申之,"糙"亦指皮膚粗糙。清洪昇《長生殿·窺浴》:"春纖十個擂槌,玉體渾身糙漆。"

粗 粗糧,糙米,引申爲粗疏、粗略義。《説文·米部》:"粗,疏也。"清朱駿聲《通訓定聲》:"按,糲米也,禾、黍、粟十六斗大半斗舂爲米一斛。《詩》:'彼疏斯粺。'〔轉注〕《廣雅·釋詁一》:'粗,大也。'凡不精者皆曰粗。《禮記·月令》:'其器高以粗。'《樂記》:'其聲粗以厲。'又'凝是粗精之體。'……《難蜀父老》:'請爲大夫粗陳其略。'《荀子·正名》:'愚者之言,芴然而粗。'注:'疏略也。'"

〔推源〕 此二詞俱有粗糙義,其音亦相近且相通。

糙:清紐幽部;

粗:清紐魚部。

雙聲,幽魚旁轉。則其語源當同。又"粗"與"糙"可組成複音詞,則爲同源詞根聯合而成者。

(1550) 慥/躁(急躁義)

慥 言行急。《廣韻·號韻》:"慥,言行急。"清朱駿聲《説文通訓定聲·孚部·附〈説文〉不録之字》:"慥,《禮記·中庸》:'胡不慥慥爾'……按,重言形況字。"按,此"慥慥"謂篤實貌,然亦有急義。唐柳宗元《祭弟宗直文》:"四房子姓,各爲單子,慥慥早殀,汝又繼終。"按"慥"亦單用。漢袁康《越絶書·内傳陳成恒》:"越王慥然避位,曰:'在子。'"

躁　急躁。其字本亦作"趮",構件"足""走"所表義類同。唐慧琳《一切經音義》卷七引《字書》:"躁,急性也。"《説文·走部》:"趮,疾也。"清朱駿聲《通訓定聲》:"字亦作'躁'。……《禮記·月令》:'處必掩身毋躁。'注:'動也。'《内則》:'狗赤股而躁。'注:'舉動急疾。'《論語》:'言未及之而言謂之躁。'鄭注:'不安静也。'"

〔推源〕　此二詞俱有急躁義,其音亦相近且相通。

懆:清紐幽部;

躁:精紐宵部。

清精旁紐,幽宵旁轉。則其語源當同。

590　乘聲

(1551) 剩騬(殘餘義)

剩　剩餘,殘餘。《廣韻·證韻》:"剩,剩長也。"按,今徽歙南鄉方言正讀"剩"如"長",陰平聲,稱小孩進食不盡碗中有殘餘爲"長飯碗"。《集韻·漾韻》:"長,餘。"《字彙·刀部》:"剩,餘也。"唐杜甫《陪鄭廣文遊何將軍山林》:"剩水滄江破,殘山碣石開。"按,"剩""殘"對文同義。宋辛棄疾《賀新郎》:"剩水殘山無態度,被疏梅,料理成風月。"

騬　去勢之馬。殘廢剩餘之物,故稱"騬"。《説文·馬部》:"騬,犗馬也。从馬,乘聲。"清朱駿聲《通訓定聲》:"《廣雅·釋獸》:'騬,犗也。'按,牛曰犍曰犗,馬曰騬,羊曰羯,豕曰豶,犬曰猗,皆去勢之謂。"《廣韻·蒸韻》:"騬,犗馬。"《資治通鑑·後唐莊宗同光三年》:"郭崇韜素疾宦官,嘗密謂魏王繼岌曰:'大王他日得天下,騬馬亦不可乘,況任宦官! 宜盡去之,專用士人。'"明馮夢龍《古今譚概·鷙忍部》:"大王他日得天下,騬馬亦不可乘之。"

〔推源〕　此二詞俱有殘餘義,爲乘聲所載之公共義。聲符字"乘"從人在木上,所記錄語詞之本義爲登、升。《説文·桀部》:"乘,覆也。从入、桀。桀,黠也。軍法曰乘。"清朱駿聲《通訓定聲》:"凡自下而升曰登,自上而加曰乘。……轉注爲加覆,亦爲登高。"李孝定《甲骨文字集釋》:"乘之本義爲升爲登,引申之爲加其上。許訓覆也,與加其上同意,字象人登木之形。"按,"乘"之引申義系列與殘餘義亦不相涉,其殘餘義乃乘聲所載之語源義。乘聲可載殘餘義,"餘"可證之。

乘:船紐蒸部;

餘:余紐魚部。

船(牀三)余(喻四)鄰紐,蒸魚旁對轉。"餘",豐饒,有餘。《説文·食部》:"餘,饒也。"清朱駿聲《通訓定聲》:"《廣雅·釋詁四》:'盈也。'《秦策》:'不得煖衣餘食。'"按,《廣雅》所訓乃多餘義,爲其引申義。又引申爲殘餘。《玉篇·食部》:"餘,殘也。"《史記·田儋列傳》:

"儋弟田榮收儋餘兵東走東阿。"前蜀李珣《臨江仙》:"荇荷經雨半凋疎。拂堤垂柳,蟬噪夕陽餘。"

591　條聲

(1552) 窱鰷(深、長義)

窱　深邃,深遠。《說文·穴部》:"窱,杳窱也。从穴,條聲。"清朱駿聲《通訓定聲》:"與'窈窕'略同。《廣雅·釋詁三》:'窱,深也。'《釋訓》:'窱窱,深也。'《西京賦》:'望奅窱以徑廷。'注:'奅窱徑廷,過度之意也。'《荀子·賦》:'充盈大宇而不窕。'注:'窱,深貌也。'"《廣韻·篠韻》:"窱,窈窱,深遠貌。"又《嘯韻》:"窱,窅窱,深邃皃。"按,深、長、遠義本皆相通,故"窱"有深邃義,又有深遠義,又有細而長義。唐皇甫松《大隱賦》:"垂蘿窱裊以樛結,連蠻菌蠢而相尋。"清紀昀《閱微草堂筆記·如是我聞四》:"閱年既久,又窱奅閟深,故不免時有變怪。"

鰷　魚名,體長,故名"鰷"。《爾雅翼·釋魚》:"鰷,白鰷也。其形纖長而白,故名白鰷,又謂白儵。"明胡世安《異魚圖讚補》卷上《鰷鮍》:"筍子鰷(音稠)鮍(常作'鮍')者,浮陽之魚也。胠(祛同)于沙而思水,則無逮矣。掛于患而欲謹,則無益矣。《本草》名鰷魚,一名鮆魚,一名鮂魚。條,其狀也;粲,其色也;囚,其性也。"徐珂《清稗類鈔·動物·白鰷》:"即儵魚,產於淡水,大者長尺許,形狹長,背淡黑微青,腹白鱗細,好群游水面。"《詩·周頌·潛》:"潛有多魚,有鱣有鮪,鰷鱨鰋鯉。"漢鄭玄箋:"鰷,白鰷也。"

〔推源〕此二詞俱有深、長義,爲條聲所載之公共義。聲符字"條"所記錄語詞謂樹枝,其形長,本寓長義,故引申爲長、遠義。《說文·木部》:"條,小枝也。从木,攸聲。"清朱駿聲《通訓定聲》:"《爾雅·釋木》:'桑柳醜條。'《詩·汝墳》:'伐其條枚。'傳:'枝曰條。'〔轉注〕《詩·椒聊》:'遠條且。'傳:'長也。'……《太玄·玄圖》:'條暢乎四。'注:'遠也。'"《書·禹貢》:"厥草惟繇,厥木惟條。"僞孔傳:"條,長也。"然則本條二詞之深、長義當爲聲符"條"所載之顯性語義。深義本與長義相通,自下而上曰長、曰高,自上而下則曰深。按,兆聲字所記錄語詞"趒""眺""挑""桃""窕""挑""絩""銚""姚""朓""覜""跳""髦"俱有高、遠、深、長義,見本典第三卷"258. 兆聲"第706條,條聲、兆聲本相近且相通。

條:定紐幽部;
兆:定紐宵部。

雙聲,幽宵旁轉。然則可相爲證。

(1553) 樤篠(小義)

樤　小枝。《玉篇·木部》:"樤,柚樤也。亦作'條'。"《廣韻·蕭韻》:"樤,柚條。或从木。"按,《説文》"條"本訓"小枝","樤"即"條"之後起本字。"條"之衍義多,故又製"樤"字以記本義。《玉篇》《廣韻》所訓"柚樤"蓋即"抽條",謂小枝抽引上長。宋張先《定風波》:"素藕抽條未放蓮,晚蠶將繭不成眠。"又,"柚"爲木名,"柚樤"無所取義,其"柚"蓋爲"抽"字之借,二者同從由聲。

　　篠　小竹。字亦作"筱"。"篠"从條聲,而"條""筱"俱从攸聲。《爾雅·釋草》:"篠,箭。"清郝懿行《義疏》:"篠可爲箭,因名爲箭。"《説文·竹部》:"筱,箭屬,小竹也。从竹,攸聲。"清段玉裁注:"今字作'篠'。"清朱駿聲《通訓定聲》:"字亦作'篠'。……《禹貢》:'篠蕩既敷。'《列子·湯問》:'荆篠爲幹。'"按,所引《書·禹貢》文唐孔穎達疏:"篠爲小竹,蕩爲大竹。"《廣韻·篠韻》:"篠,細竹也。筱,上同。"漢王充《論衡·效力》:"干將之刃,人不推頓,苽瓠不能傷;篠簵之箭,機不發動,魯縞不能穿。非無干將、篠簵之才也,無推頓、發動之主。"南朝齊謝朓《和劉繪入琵琶峽望積布磯》:"巖篠或傍翻,石箘無修幹。"

　　〔推源〕　此二詞俱有小義,爲條聲所載之公共義。聲符字"條"所記録語詞謂樹枝,樹枝較之樹枝則爲小者;其形長,故前條二詞又俱有長義。"篠"爲細小、可爲箭之竹,其形則亦長。故實亦寓長義。兆聲字所記録語詞"珧""挑""魡""銚""駣""髮"俱有小義,見本典第三卷"258. 兆聲"第707條,條聲、兆聲本相近且相通(前條已述),然則亦可相互爲證。

(1554) 滌蓧(除去義)

　　滌　洗滌,引申爲除去義。《説文·水部》:"滌,灑也。从水,條聲。"清朱駿聲《通訓定聲》:"《周禮·太宰》:'眡滌濯。'《儀禮·大射儀》:'射人宿視滌。'……《禮記·曲禮》:'水曰清滌。'〔轉注〕《禮記·郊特牲》:'帝牛必在滌三月。'注:'牢中所搜除處也。'……《東京賦》:'滌饕餮之貪慾。'注:'滌,蕩去也。'"《廣韻·錫韻》:"滌,洗也。除也。"《漢書·路温舒傳》:"滌煩文,除兵疾。"按"滌""除"對文同義。明顧炎武《日知録·街道》:"古之王者,於國中之道路,則有條狼氏滌除道上之狼扈,而使之潔清。"

　　蓧　除草器,其名寓除去義。字亦作"莜"。《論語·微子》:"子路从而後,遇丈人,以杖荷蓧。"宋邢昺疏:"蓧,《説文》作'莜',芸田器也。"《説文·艸部》:"莜,艸田器。从艸,條省聲。《論語》曰:'以杖荷莜。'"清朱駿聲《通訓定聲》:"今作'蓧'……《漢書·蕭望之傳》注:'蓧,草器也。'"《廣韻·嘯韻》:"莜,草田器。"唐李商隱《贈田叟》:"荷蓧衰翁似有情,相逢攜手遶村行。"

　　〔推源〕　此二詞俱有除去義,爲條聲所載之公共義。聲符字"條"所記録語詞之本義、引申義系列與除去義不相涉,然可以其聲韻另載除去義。清朱駿聲《説文通訓定聲·孚部》:"條,〔假借〕又爲'滌'。《周禮》:'條狼氏。'注:'除也。'"按,"條狼氏"爲官名,掌清除道路,"條狼"即上文所引顧炎武《日知録》"滌除道上之狼扈"之意。《易林·未濟之臨》:"拭爵條罍,炊食待之。"其"條"亦洗滌、除去污物義。條聲可載除去義,則"蕩"可證之。

· 1218 ·

條：定紐幽部；

蕩：定紐陽部。

雙聲，幽陽旁對轉。"蕩"，水名，又有"動蕩"之別義，爲套用字。又引申爲除去義。《説文·水部》："蕩，水。出河内蕩陰，東入黄澤。从水，募聲。"清朱駿聲《通訓定聲》："今在湯陰縣城北即入衛河，與古水道異。字今以'湯'爲之。〔假借〕又爲'盪'。《禮記·樂記》：'天地相蕩。'注：'猶動也。'……《昏義》：'蕩天下之陽事。'注：'蕩滌去穢惡也。'〔聲訓〕《釋名·釋言語》：'蕩，盪也，排蕩去穢垢也。'"按，"蕩"字从水，水可動蕩，故表動蕩義無煩假借，蕩滌、除去義則與動蕩義同條共貫。晉張協《雜詩》之一："秋夜涼風起，清氣蕩暄濁。"唯"蕩"有除去義，故有"蕩除"之同義聯合式合成詞。《後漢書·蘇竟傳》："太白、辰星自亡新之末，失行筭度……或盈縮成鉤，或偃蹇不禁，皆大運蕩除之祥，聖帝應符之兆也。"

592　臭聲

(1555) 殠齅糗溴餩（氣息義）

殠　腐臭氣。《説文·歺部》："殠，腐氣也。从歺，臭聲。"清朱駿聲《通訓定聲》："按，臭亦意，香臭字經傳皆以'臭'爲之。"《廣韻·宥韻》："殠，腐臭。"又《有韻》："殠，臭也。"《漢書·楊王孫傳》："昔帝堯之葬也，窾木爲匱，葛藟爲緘，其穿下不亂泉，上不泄殠。"按，"殠"字从歺，"歺"謂人死，人死則有腐臭之氣。引申之則泛指物敗壞之臭氣。《漢書·楊惲傳》："冒頓單于得漢美食好物，謂之殠惡。"

齅　亦作"嗅"，以鼻聞氣息。《説文·鼻部》："齅，以鼻就臭也。从鼻，从臭，臭亦聲。讀若畜牧之畜。"清朱駿聲《通訓定聲》："謂如獸也，字亦作'嗅'。《論語》：'三嗅而作。'皇疏：'謂鼻歆翕其氣也。'"《廣韻·宥韻》："齅，以鼻取氣。亦作'嗅'。"《漢書·叙傳上》："不佳聖人之罔，不齅驕君之餌。"唐顔師古注："齅，古'嗅'字。"宋梅堯臣《詠懷》："維鼻主於嗅，維舌主於嘗。"

糗　炒熟的乾糧，有香氣者。《説文·米部》："糗，熬米麥也。从米，臭聲。"清桂馥《義證》："米麥火乾之乃有香氣，故謂之糗。"清朱駿聲《通訓定聲》："蘇俗謂之炒米粉、炒麥麵。《廣雅·釋器》：'糗，糒也。'《釋言》：'糗，食也。'《周禮·籩人》：'糗餌粉瓷。'《儀禮·有司徹》：'執棗糗坐設之。'又《左哀十一傳》：'進稻醴粱糗腵脯焉。'注：'乾飯也。'《楚語》：'糗一筐。'注：'寒粥也。'王褒《聖主得賢臣頌》：'羹藜啥糗者。'注：'乾食也。'"

溴　水氣。《玉篇·水部》："溴，水氣也。"《改併四聲篇海·水部》引《對韻音訓》："溴，水氣。"按，"溴"今亦指非金屬元素 Br，有刺激性氣味之物。

餩　食物敗壞而有臭氣。《集韻·有韻》："餩，食物爛也。"按，《集韻》一書所載，多方言、俗語詞，常爲《廣韻》所無。明岳元聲《方言據》卷下："飯隔宿臭變，謂之餩。"

〔推源〕 諸詞俱有氣息義,爲臭聲所載之公共義。聲符字"臭"从犬、从自(鼻)會意,所記録語詞謂以鼻聞氣息,記録此義之後起本字作"齅""嗅"。引申之則泛指氣息。《説文·犬部》:"臭,禽走臭而知其跡者,犬也。从犬,从自。"南唐徐鉉等注:"自,古'鼻'字。犬走以鼻知臭,故从自。"《荀子·榮辱》:"彼臭之而無嗛於鼻,嘗之而甘於口,食之而安於體。"又《禮論》:"成事之俎不嘗也,三臭之不食也。"唐楊倞注:"臭謂歆其氣。"《廣韻·宥韻》:"臭,凡氣之摠名。"清朱駿聲《説文通訓定聲·孚部》:"臭,〔轉注〕人通于鼻者謂之臭,臭者,氣也。《書·盤庚》:'無起穢,以自臭。'疏:'古者香氣、穢氣皆名爲臭。《易·繫辭》傳:'其臭如蘭。'《説卦》:'巽爲臭。'《禮記·内則》:'皆佩容臭。'《郊特牲》:'周人尚臭。'《大學》:'如惡惡臭。'……《孟子》:'鼻之於臭也。'"然則本條諸詞之氣息義爲其聲符"臭"所載之顯性語義。臭聲可載氣息義,則"呼"可證之。

臭:曉紐幽部;

呼:曉紐魚部。

雙聲,幽魚旁轉。"呼",氣息自口中、鼻中出。《説文·口部》:"呼,外息也。"清朱駿聲《通訓定聲》:"與叫嘑字别。《書大傳》:'陰盛則呼吸萬物而藏之内也。'《素問·離合真邪論》:'候呼引鍼。'"按,所引《素問》文唐王冰注:"呼謂氣出。"又同書《平人氣象論》:"岐伯對曰:'人一呼,脈再動;一吸,脈亦再動。呼吸定息,脈五動。'"

593 息聲

(1556)瘜媳䐒(滋生義)

瘜 息肉,增生者。字亦作"䐒"。《説文·疒部》:"瘜,寄肉也。从疒,息聲。"清朱駿聲《通訓定聲》:"《三蒼》:'瘜,惡肉也。'許書《肉部》'腥'篆説解:'豕肉中小瘜肉也。'……字亦作'䐒'。《方言》十三:'膴,䐒也。'注:'謂息肉也。'"《玉篇·肉部》:"䐒,䐒肉也。"《廣韻·職韻》:"瘜,惡肉","䐒,䐒肉"。《集韻·職韻》:"瘜,或从肉。"《靈樞經·水脹》:"寒氣客於腸外,與衛氣相搏,氣不得營,因有所繫,癖而内著,惡氣乃起,瘜肉乃生。"明唐順之《山海關陳職方邀登觀海亭作》:"鴟蹲蛆食安可長,瘜肉不剪成懸疣。"

媳 媳婦,子之妻,滋生後代之婦。《字彙·女部》:"媳,俗謂子婦爲媳。"宋孟元老《東京夢華録·娶婦》:"凡娶媳婦,先起草帖子,兩家允許,然後起細帖子。"《紅樓夢》第五十四回:"一家子養了十個兒子,娶了十房媳婦兒。"按,"媳婦"本作"息婦","媳"爲"息"之累增字,或以爲偏旁同化乃作"媳"。《太平廣記》卷一百二十二"陳義郎"條引唐温庭筠《乾䉛子》:"啓姑曰:'新婦七八年温清晨昏,今將隨夫之官……然手自成此衫子,上有剪刀誤傷血痕,不能澣去,大家見之,即不忘息婦。'"

餏　氣息。人食某物則常有物之氣息，或爲其構形理據。《玉篇·食部》："餏，氣息也。"按，氣息不斷則如滋長，故有滋生、滋長之衍義。《廣雅·釋詁四》："餏，長也。"清王念孫《疏證》："餏者，《剥·象》傳云：'君子尚清息盈虛。'消息即消長也。《孟子·告子篇》：'是其日夜之所息。'趙岐注云：'息，長也。''息'與'餏'通。"

　　〔推源〕　諸詞俱有滋生義，爲息聲所載之公共義。聲符字"息"所記錄語詞謂呼吸之氣息，氣息不斷，息息相生，故引申爲滋生義。《説文·心部》："息，喘也。从心，从自，自亦聲。"清段玉裁注："心氣必从鼻出，故从心、自。"清朱駿聲《通訓定聲》："心氣竅於鼻也……《漢書·揚雄傳》：'尚不敢惕息。'注：'出入氣也。'〔假借〕又爲'孳'。《周禮·大司徒》：'以保息六養萬民。'《漢書·宣帝紀》：'刑者不可息。'注：'謂生長。'《五行志》：'災息而禍生。'注：'謂蕃滋也。'"按，非假借，乃引申。本條諸詞之滋生義爲其聲符"息"所載之顯性語義。息聲可載滋生義，則"生"可證之。

　　　　　息：心紐職部；
　　　　　生：山紐耕部。

　　心山準旁紐，職耕旁對轉。"生"，草木滋生。《説文·生部》："生，進也。象艸木生出土上。"清朱駿聲《通訓定聲》："《廣雅·釋詁二》：'生，出也。'劉巘《易義》：'自無出有曰生。'《易·繫辭》：'天地之大德曰生。'《左昭二十五傳》：'生好物也。'《荀子·王制》：'草木有生而無知。'〔轉注〕又爲生養之生。《周禮·大宰》：'生以馭其福。'注：'猶養也。'又爲生財之生。《詩·谷風》：'既生既育。'箋：'謂財業也。'"按，生育稱"生"，即人丁滋生之謂；生財稱"生"則謂財業由少而增多，實亦滋生義。

　　(1557) **熄／消**（滅義）

　　熄　火滅，引申爲消亡、熄滅。《説文·火部》："熄，畜火也。从火，息聲。亦曰滅火。"清朱駿聲《通訓定聲》："〔轉注〕《孟子》：'安居而天下熄。'按，猶寒也。'王者之迹熄。'按，猶已也。《吕覽·本味》：'名號必廢熄。'注：'滅也。'"按，許慎所訓"畜火"義未見其文獻實用例，疑本義即火滅。

　　消　盡，滅絶。《説文·水部》："消，盡也。"清朱駿聲《通訓定聲》："《七發》：'消息陰陽。'注：'滅也。'"《廣雅·釋詁四》："消，滅也。"《詩·衛風·氓·序》："宣公之時，禮儀消亡。"《後漢書·儒林傳·尹敏》："建武二年，上疏陳《洪範》消災之術。"唯"消"之義爲滅，故有"消滅"之同義聯合式合成詞。《後漢書·劉陶傳》："臣敢吐不時之義於諱言之朝，猶冰霜見日，必至消滅。"

　　〔推源〕　此二詞俱有滅義，其音亦相近且相通。

　　　　　熄：心紐職部；
　　　　　消：心紐宵部。

雙聲,職宵旁對轉。則其語源當同。其"熄"字乃以息聲載滅義。聲符字"息"所記録語詞之本義爲氣息,中國醫學以一呼一吸爲息,故"息"有間歇、休止、滅絶之衍義。《廣韻·職韻》:"息,止也。"《字彙·心部》:"息,絶也。"清朱駿聲《説文通訓定聲·頤部》:"息,〔假借〕爲'塞',實爲'已'。《(廣雅)釋言》:'息,休也。'……《詩·殷其靁》:'莫敢遑息。'傳:'止也。'《禮記·樂記》:'著不息者天也。'注:'猶休止也。'"按,當爲引申,非假借。《禮記·中庸》:"其人亡,則其政息。"漢鄭玄注:"息,猶滅也。"然則"熄"之滅義亦爲聲符"息"所載之顯性語義。

594　烏聲

(1558) 鯲/黑(黑義)

鯲　烏賊魚,可分泌黑色墨汁者,一稱墨魚。《玉篇·魚部》:"鯲,鯲鯣魚。本作'烏'。"《廣韻·模韻》:"鯲,鯲鯣魚。《月令》云:'九月有寒烏,入水化爲烏鯣魚。'"《説文·魚部》:"鯣,烏鯣,魚名。"清朱駿聲《通訓定聲》:"《埤蒼》:'鯲鯣,腹中有骨,出南郡,背有一骨,濶二寸許,有鬐甚長,口中有墨,瞋則濺人。'《臨海記》:'烏鯣以其懷板含墨,故號小史魚也。'……此魚或云鶒烏所化。"《藝文類聚》卷八引晉潘岳《滄海賦》:"其魚則有吞舟鯨鯢,鯲鰔龍鬚。"

黑　黑色。《説文·黑部》:"黑,火所熏之色也。从炎上出囪。囪,古窗字。"清朱駿聲《通訓定聲》:"按,謂竈突也,會意。《易·説卦》:'坤爲黑。'《考工》:'畫繢之,事北方謂之黑。'《素問·氣交變大論》:'黑氣迺辱。'注:'水氣也。'《風論》:'其色黑。'注:'腎色也。'……《大荒東經》:'有黑齒之國。'注:'齒如漆也。'《漢書·賈誼傳》:'廑如黑子之著面。'注:'今所謂黶子也。'〔聲訓〕《釋名·釋綵帛》:'黑,晦也,如晦冥時色也。'"按,北方屬水,水色黑。腎屬水,故黑色訓腎色。

〔推源〕　此二詞俱有黑義,其音亦相近且相通。

鯲:影紐魚部;

黑:曉紐職部。

影曉鄰紐,魚職旁對轉。則其語源當同。其"鯲"字从烏得聲,聲符字"烏"所記録語詞謂烏鴉,烏之黑者。《説文·烏部》:"烏,孝鳥也。象形。"清朱駿聲《通訓定聲》:"《小爾雅·廣鳥》:'純黑而反哺者謂之烏,小而腹下白不反哺者謂之雅烏,白項而群飛者謂之燕烏。燕烏,白脰烏也。'"引申爲黑義。《史記·匈奴列傳》:"北方盡烏驪馬,南方盡騂馬。"宋蘇軾《將往終南和子由見寄》:"窮年弄筆衫袖烏,古人有之我願如。"唯"烏"有黑義,故有"烏黑"之同義聯合式合成詞。清和邦額《夜譚隨録·襪襪》:"夜間果見一物,通體烏黑。"

(1559) 鍑隖螐蔦(小義)

鍑 小釜。《玉篇·金部》:"鍑,鍑鋗,小釜也。"《廣韻·屋韻》:"鋗,鍑鋗,温器。"按即湯罐之屬。《太平御覽》卷七百五十七引晉杜預《奏事》:"釜、瓮、銚、槃、鍑鋗,皆民間之急用也。"又引《魏略》:"(徐)晃笑曰:'我槌破汝鍑鋗耶?'"

隖 小城堡。字亦作"塢""碼"而均从烏聲,蓋以烏聲載小義。《説文·阜部》:"隖,小障也。一曰庳城也。从阜,烏聲。"清朱駿聲《通訓定聲》:"字亦作'塢'、作'碼'……《通俗文》:'營居曰隖。'"元周權《意行》:"山寺依巖見,邨春隔隖聞。"《廣韻·姥韻》:"碼,小障也。出《埤蒼》。"又"塢,營居曰塢"。《後漢書·馬援傳》:"援奏爲置長吏,繕城郭,起塢堠。"唐李賢注:"塢,《字林》曰:小障也。一曰小城。字或作'隖'。"又《西羌傳·東號子麻奴》:"又於扶風、漢陽、隴道作塢壁三百所,置屯兵,以保聚百姓。"

螐 蛾蝶之幼蟲。"螐"即小蟲。《廣韻·模韻》:"螐,蚅,螐蠋,蟲也,大如指,白色。"又《麥韻》:"蚅,烏蠋。大如指,似蠶。"明李時珍《本草綱目·蟲部·蠶》:"凡諸草木,皆有蚅蠋之類,食葉吐絲,不如繭絲可以衣被天下,故莫得併稱。"

蔦 初生之荻,幼小者。《廣韻·模韻》:"蔦,蔦葮,荻也。"按,"蔦"即小義,其字本亦作"烏"。《爾雅·釋草》"菼""亂"晉郭璞注:"似葦而小,實中,江東呼爲烏蓲。"唐陸德明《釋文》:"張揖云'未秀曰烏蓲。'"按,陸説可從。初生之荻一稱"菼",其字從炎得聲。炎聲字所記録語詞有載上炎、上升義者。"菼"即荻初生而處上升狀態意。

〔推源〕 諸詞俱有小義,爲烏聲所載之公共義。聲符字"烏"所記録語詞之顯性語義系列與小義不相涉,其小義乃烏聲所載之語源義。烏聲可載小義,"涓"可證之。

烏:影紐魚部;

涓:見紐元部。

影見鄰紐,魚元通轉。"涓",細小的水流。《説文·水部》:"涓,小流也。"《文選·郭璞〈江賦〉》:"網絡群流,商搉涓澮。"唐李善注:"涓澮,小流也。"北魏酈道元《水經注·河水四》:"山上又有微涓細水流入井中,亦不甚沾人。"

(1560) 隖/窪(凹義)

隖(塢),四周高中央低凹處。梁武帝蕭衍《子夜歌》:"花塢蝶雙飛,柳堤鳥百舌。"唐羊士諤《山閣聞笛》:"臨風玉管吹參差,山塢春深日又遲。"宋吴文英《渡江雲三犯·西湖清明》:"千絲怨碧,漸路入、仙塢迷津。"

窪 深池,凹下而聚水者。《説文·水部》:"窪,深池也。"清朱駿聲《通訓定聲》:"《方言》三:'潤、窪,洿也。'《廣雅·釋詁三》:'窪,污也。'《漢書·武帝紀》:'馬生渥窪水中。'《莊子·齊物論》:'似窪者。'《淮南·覽冥》:'澤無窪水。'注:'渟水也。'"按,朱氏所引《漢書》等文之"窪"皆謂低凹之地,爲"窪"之直接引申義,亦爲其基本義。清曹雪芹《紅樓夢》第七十六回:"這山之高處,就叫凸碧;山之低窪近水處,就叫凹晶。"

〔推源〕 此二詞俱有凹義,其音亦相近且相通。

隖:影紐魚部;
窪:影紐支部。

雙聲,魚支旁轉。則其語源當同。

(1561) 䡇㶳摀(藏義)

䡇 車頭中骨,藏於車頭内中者。《玉篇·車部》:"䡇,頭中骨也。"《廣韻·姥韻》:"䡇,車頭中骨。"

㶳 食物藏於水中以低温火長時間地煮。宋吴自牧《夢梁録·夜市》:"杭城大街,買賣晝夜不絶……中瓦子武林園前,煎白腸㶳湯。"按,今吴方言猶稱置食物於鍋中保温爲"㶳",又以布、棉花製鋁飯鍋之套套鍋,稱"㶳鍋"。又徽歙方言凡以微火慢煮皆稱"㶳",如"㶳番薯"。

摀 遮蓋,掩藏。字亦作"捂"。魏巍《戰鬥在漢江南岸》:"兩個人就把炒麵袋子解開,風嗚嗚吹着,吞一口炒麵,就要把口兒連忙摀住。"《中國諺語資料》第一集:"擋住千人手,捂不住百人口。"

〔推源〕 諸詞俱有藏義,爲烏聲所載之公共義。聲符字"烏"所記録語詞之顯性語義系列與藏義不相涉,其藏義乃烏聲所載之語源義。烏聲可載藏義,"蓄"可證之。

烏:影紐魚部;
蓄:曉紐覺部。

影曉鄰紐,魚覺旁對轉。"蓄",儲藏,積聚。《説文·艸部》:"蓄,積也。"清朱駿聲《通訓定聲》:"字亦作'稸'。《廣雅·釋詁三》:'蓄,聚也。'《賈子·無蓄》:'蓄積者,天下之大命也。'《詩·谷風》:'我有旨蓄。'《禮記·王制》:'無三年之蓄。'"引申爲蘊藏義。唐韓愈《上襄陽于相公書》:"閣下負超卓之奇材,蓄雄剛之俊德。"清曹雪芹《紅樓夢》第十七回:"此處蕉棠兩植,其意暗蓄'紅''緑'二字在内。"唯"蓄"有藏義,故有"蓄藏"之同義聯合式合成詞。《荀子·榮辱》:"於是又節用御欲,收斂蓄藏以繼之也。"

(1562) 歍/惡(惡心義)

歍 惡心,作嘔。《説文·欠部》:"歍,心有所惡若吐也。从欠,烏聲。"清朱駿聲《通訓定聲》:"《大荒北經》:'相繇食于九土,其所歍所尼,即爲源澤。'注:'歍,嘔,猶噴吒。'"漢揚雄《太玄·竈》:"次七,脂牛正肪,不濯釜而烹,則歐歍之疾至。"

惡 惡心。隋巢元方《諸病源候論·嘔噦諸病》:"則心里澹澹然,欲吐,名爲惡心也。"明馮悔敏《僧尼共犯》第二折:"但聞着葷酒氣兒,就頭疼惡心。"按,"惡"之本義《説文》訓

"過",即罪惡、罪過義,引申之則有壞、醜陋、污穢等義,惡心義亦與之同條共貫。

〔推源〕 此二詞俱有惡心義,其音亦極相近且相通。

歍:影紐魚部;

惡:影紐鐸部。

雙聲,魚鐸對轉。則其語源當同。

595 毗聲

(1563) 膍㮰媲笓(相比、相連義)

膍 牛肚,皺褶密比而相連,故稱"膍"。《説文·肉部》:"膍,牛百葉也。从肉,毗聲。"清朱駿聲《通訓定聲》:"字亦誤作'脾'。按即胘也。胃之厚處,切而食之謂之脾析。《周禮·醢人》'脾析蠯醢'是也。《莊子·庚桑楚》:'臘者之有膍胲。'《廣雅·釋器》:'百葉謂之膍胵。'"清王筠《句讀》:"羊亦有之,在胃之下,而狀如焚夾,故名百葉。《周禮》謂之脾析。"按,朱氏所引《莊子》《廣雅》文之"膍"異文正作"膍"。《廣韻·脂韻》:"膍,牛百葉也。肶,上同。"按《説文》"膍"之重文亦作"肶"。北魏賈思勰《齊民要術·羹臛法》:"羊節解法:羊肶一枚,以水雜生米三升,葱一虎口,煮之,令半熟。"清黎松門《續板橋雜記·序》:"竊得膍胲一臠,便自詡爲瓣香。"

㮰 屋檐前板,與屋頂相連者。《説文·木部》:"㮰,梠也。从木,毗聲。讀若枇杷之枇。"清朱駿聲《通訓定聲》:"即楣也,檐也。《西京賦》:'鏤檻文㮰。'注:'屋連緜也。'《景福殿賦》:'㮰梠緣邊。'注:'秦名屋綿聯,楚謂之梠也。'"《廣韻·脂韻》:"㮰,楣。"《資治通鑒·則天后垂拱四年》:"柟櫨樽㮰藉以爲本。"胡三省注:"㮰,屋梠也。"

媲 比配,相比。《説文·女部》:"媲,妃也。从女,毗聲。"清朱駿聲《通訓定聲》:"字亦誤作'娘'。《字林》:'媲,配也。'《詩·皇矣》:'天立其配。'傳:'配,媲也。'"《廣韻·霽韻》:"媲,配也。"南朝梁劉孝標《廣絶交論》:"比黔首以鷹鸇,媲人靈於豺虎。"按"比""媲"對文同義。清李漁《閑情偶寄·種植下·芍藥》:"芍藥與牡丹媲美,前人署牡丹以花王,署芍藥以花相,冤哉。"

笓 梳眉、梳髮之器,其齒密比相連故稱"笓",齒稀疏者則稱"梳",二者相對待。其字亦作"枇"。蓋其物有竹制者,亦有木制者。《廣韻·齊韻》:"笓,眉笓。"《字彙·竹部》:"笓,亦竹爲之,去髮垢者。"清朱駿聲《説文通訓定聲·履部》:"枇,《廣雅·釋器》:'枇,櫛也。'今字作'笓'。"《廣韻·至韻》:"枇,細櫛。"唐李賀《秦宮》:"鸞笓奪得不還人,醉睡氍毹滿堂月。"清王琦《彙解》:"笓,所以去髮垢,以竹爲之。"《後漢書·章帝八王傳·濟北惠王壽》:"頭不枇沐,體生瘡腫。"

〔推源〕 諸詞俱有相比、相連義，爲毗聲所載之公共義。聲符字"毗"亦作"毘"，所記錄語詞謂人臍，本與相比、相連義不相涉，然可以其聲韻另載相比、相連之義。《說文·囟部》："毗，人臍也。從囟，囟，取氣通也；從比聲。"清朱駿聲《通訓定聲》："字亦誤作'毘'。"《廣韻·脂韻》："毗，今作'毘'。"《集韻·脂韻》："毗，隸作'毘'。"清昭槤《嘯亭雜錄·木蘭行圍制度》："其地毗連千里，林木葱鬱，水草茂盛，故群獸聚以孳畜。"《東周列國志》第三十回："惠公欲氣糴於他邦，思想惟秦毗鄰地近，且婚姻之國，但先前負約未償，不便開言。"按，"毗（毘）"字從比得聲，其相比、相連之義當爲比聲所載者，"比"謂二人相併比、相連，比聲字所記錄語詞除上述"枇""毗"而外，"肶""毘""坒"亦俱有比次、細密義，見本典第一卷"71. 比聲"第 216 條。

(1564) 貔砒勓（猛義）

貔 猛獸。《說文·豸部》："貔，豹屬，出貉國。從豸，毘聲。《詩》曰：'獻其貔皮。'《周書》曰：'如虎如貔。'貔，猛獸。狉，或從比。"清朱駿聲《通訓定聲》："字亦誤作'貒'。"……《草木》疏：'似虎，或曰似熊，遼東人謂之白羆。'《書·牧誓》……傳：'貔，執夷，虎屬也。'《禮記·曲禮》：'前有摯獸則載貔貅。'"漢司馬相如《上林賦》："生貔豹，搏豺狼。"《北史·隋本紀下》："莫非如豺如貔之勇。"

砒 藥名，其性猛，故稱"砒"。字亦作"砒"。《廣韻·齊韻》："砒，砒霜，石藥，出道書。"《集韻·齊韻》："砒，或作'砒'。"明李時珍《本草綱目·石部·砒石》："生者名砒黃，鍊者名砒霜。砒，性猛如貔，故名。"明宋應星《天工開物·燔石·砒石》："凡燒砒時，立者必於上風十餘丈外。下風所近，草木皆死。"清俞樾《茶香室三鈔·石砒》："夫砒霜，至毒之藥。"

勓 力猛。《廣韻·屑韻》："勓，大力之皃。"《集韻·屑韻》："勓，巨力也。"《舊唐書·酷吏傳下·敬羽》："作大枷，有勓尾榆，著即悶絕。"

〔推源〕 諸詞俱有猛義，爲毗聲所載之公共義。聲符字"毗"所記錄語詞與猛義不相涉，其猛義乃毗聲所載之語源義。毗聲可載猛義，"羆"可證之。

毗：並紐脂部；

羆：幫紐歌部。

並幫旁紐，脂歌旁轉。"羆"，猛獸。《爾雅·釋獸》："羆，如熊，黃白文。"晉郭璞注："似熊而長頭高脚，猛憨多力，能拔樹木。"《說文·能部》："羆，如熊，黃白文。"清朱駿聲《通訓定聲》："《書·禹貢》：'熊羆狐狸織皮。'《牧誓》：'如虎如貔，如熊如羆。'《西山經》：'嶓冢之山，獸多犀兕熊羆。'"

(1565) 幝/幎（遮蔽義）

幝 車帷，所以遮蔽車者。《廣韻·齊韻》："幝，車幝。"《正字通·巾部》："幝，車帷。"清朱駿聲《說文通訓定聲·履部·附〈說文〉不錄之字》："幝，《廣雅·釋器》：'幝，幰也。'"《說文·巾部》："幭，帷也。"按，"幭、帷"謂門簾、窗簾、車幭，皆遮蔽之物。

閟 閉門，即遮蔽房室。《說文·門部》："閟，閉門也。从門，必聲。《春秋傳》曰：'閟門而與之言。'"清朱駿聲《通訓定聲》："與'閉'略同。《詩·載馳》：'我思不閟。'傳：'閉也。'《左莊三十二傳》：'閟而以夫人言。'"虛化引申爲掩蔽、遮蔽義。元戴侗《六書故·工事二》："閟，揜也。"南朝梁江淹《別賦》："春宮閟此青苔色，秋帳含兹明月光。"

〔推源〕 此二詞俱有遮蔽義，其音亦相近且相通。

　　　　　　　幭：幫紐支部；
　　　　　　　閟：幫紐質部。

雙聲，支質通轉。則其語源當同。

596　虒聲

(1566) 觚 襹 頠 㒓 (不正、不齊義)

觚 角傾斜不正。《說文·角部》："觚，角傾也。从角，虒聲。"清桂馥《義證》："徐鍇引《太玄》：'角觟觚終以直之。'"《廣韻·紙韻》："觚，角端不正。"楊樹達《積微居小學述林·釋觚》："今謂觚之爲言迆也。二篇下《辵部》云：'迆，衺行也，从辵，也聲。'按'衺'字經傳通作'邪'。觚訓角傾，迆訓邪行，傾邪義相近。尋虒聲與也聲古多通作……也聲字多有邪義，以'弛'或作'虢'，虒聲字與也聲字多相通例之，觚之从虒，猶之从也也，故訓爲角傾矣。"

襹 衣絮偏。《廣韻·紙韻》："襹，衣絮偏也。"按，"襹"本謂奪衣，表衣絮偏義，爲其套用字。

頠 頭不正。《玉篇·頁部》："頠，頠頿，頭不正。"按，"頠頿"亦作"頿頠"，當爲同素逆序詞。《廣韻·支韻》："頠，頿頠，頭不正也。"又《清韻》："頿，頠頿，頭也。"

㒓 參差不齊。《廣韻·紙韻》："㒓，仳㒓，參差皃。"又《支韻》："㒓，仳㒓，參差也。"按，"仳㒓"亦作"偨㒓"，"偨"字從柴得聲，聲符"柴"字從此得聲。漢揚雄《甘泉賦》："駢羅列布，鱗以雜沓兮，偨㒓參差，魚頡而鳥眄。"按，"偨㒓"與"參差"，同義詞疊用爲賦之特點。"偨㒓"又作"茈虒"，"茈"字亦從此聲，"虒"則爲"㒓"之聲符。《文選·司馬相如〈上林賦〉》："偨池茈虒，旋還乎後宮。"唐李善注："偨池，參差也。"按，"偨池"即差池，"偨池"與"茈虒"義亦相同。

〔推源〕 諸詞俱有不正、不齊義，爲虒聲所載之公共義，聲符字"虒"所記錄語詞謂獸，虎屬。《說文·虍部》："虒，委虒，虎之有角者也。从虎，厂聲。"《廣韻·支韻》："虒，似虎，有角，能行水中。"然則本與不正、不齊義不相涉，其不正、不齊義乃虒聲所載之語源義。按，"齜"謂齒不正，故上下齒不齊、不合。其字從乍得聲，乍聲字所記錄語詞"斥""詐""岞""疜"

俱有不齊、不合義,參本典第二卷"156. 乍聲"第 455 條。虒聲、乍聲本相近且相通。

虒：心紐支部；

乍：崇紐鐸部。

心崇(牀)準旁紐,支鐸旁對轉。然則可相互爲證。

(1567) 謕歋匛(薄義)

謕 輕薄。《說文·走部》："謕,謕鷩,輕薄也。从走,虒聲。讀若池。"張舜徽《約注》："段玉裁曰：'謕鷩,周漢人語。'嚴可均曰：'《說文》無池字,當作讀若沱。'舜徽按,'池'即'沱'之隸變。"《廣韻·支韻》："謕,輕薄兒。"引申爲鄙薄、輕視義。章炳麟《說林下》："其他或謕鷩諸師,吐言陗刻,然能甄擇,無汎愛不忍者。"

歋 輕笑,嘲弄,輕薄行爲。《說文·欠部》："歋,人相笑相歋瘉。从欠,虒聲。"清朱駿聲《通訓定聲》："按,相笑謂之歋瘉,雙聲連語。猶蝸牛之稱蝸蝓、蜥易之稱蝘蜓也。亦作'歋歈'、作'擨撤'、作'擨歈'、作'揶揄'。《後漢·王霸傳》：'市人皆大笑,舉手邪揄之。'注：'歋歈,手相笑也。'《廣韻·支韻》：'歋,歋歈,手相弄人。亦作擨。'《集韻·支韻》：'歋,或作擨。亦省。'"宋梅堯臣《九月六日登舟再和潘歙州紙硯》："拜貺雙珍不可辭,年衰只怕歋歈鬼。"按,後世多作"揶揄",朱說可從。南朝宋劉義慶《世說新語·任誕》"襄陽羅友有大韻",南朝梁劉孝標注引《晉陽秋》："乃是首旦出門,於中途逢一鬼,大見揶揄,云：'我只見汝送人作郡,何以不見人送汝作郡？'"

匛 匾匛,物體扁而薄。亦借"虒"字爲之。《玉篇·匚部》："匛,匾匛,薄也。"《廣韻·齊韻》："匛,匾匛,薄也。"又："虒,一遍。"周祖謨《校勘記》："'一遍'二字乃'匾'字之誤。《廣韻》此注又脫'匛'字,當據補。"《法華經·隨喜功德品》："鼻不匾匛,亦不曲戾,面色不黑,亦不狹長,亦不窊曲,無有一切不可喜相。"唐玄奘《大唐西域記·佉沙國》："其俗生子押頭匾匛,容貌麁鄙。"按,"匛"當爲"匛"字之省。《字彙·匚部》："匛,同'匛'。"

〔推源〕 諸詞俱有薄義,爲虒聲所載之公共義。聲符字"虒"所記錄語詞與薄義不相涉,其薄義乃虒聲所載之語源義。虒聲可載薄義,"紙"可證之。

虒：心紐支部；

紙：章紐支部。

叠韻,心章(照)鄰紐。"紙",紙張,至薄之物,其名本寓薄義。《說文·糸部》："紙,絮一苫也。"清朱駿聲《通訓定聲》："按,潎絮一苫也。造紙昉于漂絮以苫薦而成之。後漢蔡倫造意,用樹膚、麻頭及敝巾、魚網爲之,今亦用竹質、木皮,其細者,有緻密竹簾薦焉。"《後漢書·宦者傳·蔡倫》："自古書契多編以竹簡,其用縑帛者謂之爲紙。縑貴而簡重,並不便於人。倫乃造意,用樹膚、麻頭及敝布、魚網以爲紙。"又《賈逵傳》："令逵自選《公羊》嚴、顏諸生高才者二十人,教以《左氏》,與簡紙經傳各一通。"唐李賢注:"簡紙,竹簡及紙也。"

(1568) 鷈㮿(小義)

鷈 小鳥。其字亦作右形左聲。《説文·鳥部》:"鷈,鸊鷈也。从鳥,虒聲。"清朱駿聲《通訓定聲》:"《爾雅·釋鳥》:'鷈,須鸁。'注:'似鳧而小,膏中瑩刀。'《方言》八:'野鳧其小而好没水中者謂之鸊鷈。'"《廣韻·齊韻》:"鷈,鸊鷈,似鳧而小。"明李時珍《本草綱目·禽部·鸊鷈》:"南方湖溪多有之。似野鴨而小,蒼白文,多脂味美。冬月取之,其類甚多。"《後漢書·馬融傳》:"鷺、鴈、鸊鷈。"唐李賢注:"野鳧也。甚小,好没水中。膏可以瑩刀劍。"

㮿 毛桃。未經嫁接,故其果實小。《廣韻·支韻》:"㮿,㮿桃,山桃。"清朱駿聲《説文通訓定聲·解部》:"㮿,〔別義〕《爾雅》:'㮿桃,山桃。'注:'實如桃而小,不解核。'《夏小正》:'梅杏杝桃則華。'以'杝'爲之。"按,"㮿"之本義《説文》訓"榮",故朱氏稱其毛桃義爲別義。又,从虒得聲之字其聲符常替換作"也"。《廣群芳譜·桃》:"毛桃,即《爾雅》所謂㮿桃,小而多毛。"《文選·左思〈蜀都賦〉》:"㮿桃函列,梅李羅生。"唐李善注《爾雅》:"㮿桃,山桃也。"

〔推源〕 此二詞俱有小義,爲虒聲所載之公共義。聲符字"虒"所記録語詞與小義不相涉,其小義乃虒聲所載之語源義。前條諸詞俱有薄義,薄即厚度小,薄義、小義本相通。虒聲可載小義,則"絲"可證之。

虒:心紐支部;

絲:心紐之部。

雙聲,支之旁轉。"絲",蠶絲,極細小之物。《説文·絲部》:"絲,蠶所吐也。"漢韓嬰《韓詩外傳》卷五:"繭之性爲絲,弗得女工燔以沸湯,抽其統理,則不成爲絲。"《北史·徐遵明傳》:"(遵明)頗好聚斂,與劉獻之、張吾貴皆河北聚徒教授,懸納絲粟,留衣物以待之,名曰影質,有損儒者之風。"

(1569) 遞/替(更替義)

遞 更替。《説文·辵部》:"遞,更易也。从辵,虒聲。"清朱駿聲《通訓定聲》:"《爾雅·釋言》:'迭也。'《小爾雅·廣詁》:'更也。'《廣雅·釋詁三》:'代也。'按,此字本訓當爲遽也,如今言驛遞,故从辵。遞必按程更替,故轉注爲迭代之誼。《齊策》:'六國之遞甚也。'《楚辭·招魂》:'二八侍宿射遞代些。'"《廣韻·齊韻》:"遞,更代也。"《楚辭·九辨》:"四時遞來而卒歲兮,陰陽不可儷偕。"

替 廢除。《説文·竝部》:"暜,廢,一偏下也。"清朱駿聲《通訓定聲》:"俗字作'替'。……《(爾雅)釋言》:'暜,滅也。''暜,廢也。'《詩·楚茨》:'勿替引之。'《楚語》:'唯獨居思念前世之崇替。'"引申爲更替義。《廣韻·霽韻》:"替,代也。暜,上同。"《資治通鑑·後周太祖廣順元年》:"卿但悉力推心,安民體國,事朕之節,如事故君,不惟黎庶獲安,抑亦社稷是賴。但堅表率,未議替移。"《宋書·廬陵王義真傳》:"高祖遣將軍朱齡石替義真鎮關中。"

〔**推源**〕 此二詞俱有更替義,其音亦相近且相通。

遞:定紐支部;

替:透紐質部。

定透旁紐,支質旁轉。則其語源當同。

(1570) 褫/卸(卸下義)

褫 卸下衣物。《說文·衣部》:"褫,奪也。从衣,虒聲。讀若池。"清朱駿聲《通訓定聲》:"敚衣也……《易·訟》:'終朝三褫之。'侯果注:'解也。'鄭本作'拕'。《雪賦》:'念解佩而褫紳。'"《廣韻·紙韻》:"褫,奪衣。"《新唐書·孝友傳·程袁師》:"母病十旬,不褫帶,藥不嘗不進。"《大金國志·太宗文烈皇帝三》:"是日以青袍易二帝衣服,以常婦之服易二后之服。時惟李若水抱持大哭曰:'帝號不可去,龍章不可褫,若水惟有死而已。'"

卸 停車而卸下馬身上物。《說文·卩部》:"卸,舍車解馬也。"《廣韻·禡韻》:"卸,卸馬去鞍。"南朝宋顏延之《秋胡詩》:"嚴駕越風寒,卸鞍犯霜露。"唐岑參《虢州西山亭子送范端公》:"驄馬勸君皆卸卻,使君家醞舊來濃。"引申之,亦泛指卸下。前蜀毛熙震《浣溪沙》:"半醉凝情引繡茵,睡容無力卸羅裙。"

〔**推源**〕 此二詞俱有卸下義,其音亦相近且相通。

褫:透紐支部;

卸:心紐魚部。

透心鄰紐,支魚旁轉。則其語源當同。

597　般聲

(1571) 鞶瞂槃鬆籫磐縏(圓義)

鞶 束衣大帶,引申之亦指車軸上繫靷之皮環,皆有圓義。《說文·革部》:"鞶,大帶也。《易》曰:'或錫之鞶帶。'男子帶鞶,婦人帶絲。从革,般聲。"清朱駿聲《通訓定聲》:"《易·訟》……虞注:'大帶也。'《左桓二傳》:'鞶厲游纓。'服注:'大帶也。'杜注:'紳帶也。'……《白虎通》:'男子所以有革帶者,示有金革之事也。'……鞧內靶亦曰鞶。《廣雅·釋器》'靬謂之鞶'是也。"按,皮環稱"靬"亦寓圓義,其字从于得聲,于聲字所記錄語詞"杅""迂""紆""錞""盂""吁"俱有圓、曲義,參本典第一卷"20. 于聲"第59條。

瞂 轉目視,即眼珠圓轉之謂。《說文·目部》:"瞂,轉目視也。从目,般聲。"清朱駿聲《通訓定聲》:"按,謂目般旋而視,則般亦意。《廣雅·釋訓》:'瞂瞂,視也。'"《廣韻·桓韻》:

"瞥,轉目視也。"

槃 承盤,圓形物,字亦作"鎜",蓋其器有木製者,亦有金製者,又作"盤"。《説文·木部》:"槃,承槃也。从木,般聲。鎜,古文从金。盤,籀文从皿。"清朱駿聲《通訓定聲》:"《廣雅·釋器》:'盂謂之槃。'《禮記·内則》:'少者奉槃。'《大學》:'湯之盤銘。'〔轉注〕《（周禮）玉府》:'共珠槃玉敦。'槃以盛牛耳,敦以盛牛血也。〔假借〕爲'般'。《易·屯》:'盤桓。'馬注:'旋也。'荀注:'動而退也。'《西京賦》:'奎踽盤桓。'注:'便旋也。'……《侯成碑》:'以禮盤桓。'《史記·屈賈傳》:'大專槃物兮。'《索隱》:'猶轉也。'《漢書·谷永傳》:'百官盤互。'注:'盤結而交互也。'《何武傳》:'槃辟雅拜。'注:'猶槃旋也。'《海賦》:'盤猛激而成窟。'注:'旋繞也。'《周髀算經》:'環而共盤。'"按,皆引申,非假借。

鬈 盤髻,即盤結而成之圓形髮髻。《説文·髟部》:"鬈,卧結也。从髟,般聲。讀若槃。"清徐灝《注箋》:"卧,非寢之謂也,但盤結而不爲高髻,斯謂之卧髻耳。"按,亦稱"盤龍髻"。清梁紹壬《兩般秋雨盦隨筆·山歌》:"山歌船唱有極有意義者,如:'南山腳下一缸油,姊妹兩箇合梳頭。大的梳箇盤龍髻,小的梳箇楊爛頭。'"按,"鬈"當爲此義之正字。

籪 捕魚具,圓形物。《廣韻·桓韻》:"籪,捕魚笱,其門可入不可出。"沈兼士《聲系》:"案'捕魚笱',《集韻》作'捕魚笱。'"今按,沈説可從,《玉篇》"籪"亦訓"捕魚笱","笱"謂盛衣物之箱。《説文·竹部》:"笱,曲竹捕魚笱也。"按"笱"爲亦聲字。其物稱"籪"、稱"笱"皆以聲符載圓義。

磐 有盤桓義,盤桓即前行而回轉。又有盤旋義,實皆圓轉義。《易·屯》:"初九,磐桓,利居貞,利建侯。"唐陸德明《釋文》:"磐,本亦作'盤'。"按,作"盤"、作"磐"俱爲本字,辭書或以爲"磐"爲"盤"之借,實非。"磐"本謂大石,凡石多爲不規則圓形,故有圓轉之衍義。《周書·蕭詧傳》:"昔方千而畿甸,今七里而磐縈。"

縏 小囊,亦泛指囊,圓形物。《廣韻·桓韻》"縏"音薄官切,訓"番和,縣名,在涼州"。沈兼士《聲系》:"《元韻》'番'字注'又翻、盤、潘三音',知《桓韻》應有'番'字。又《集韻·桓韻》薄官切'縏'注:'小囊。''番'注:'番和,縣名,在張掖郡。'疑《廣韻·桓韻》奪'縏'注:'小囊'及'番'字,而以'番'注誤繫於'縏'下。"《禮記·内則》:"婦事舅姑……右佩箴、管、線、纊、施縏、袠。"漢鄭玄注:"縏,小囊也。"清戴名世《凌母嚴太夫人壽序》:"如盥漱、櫛縰、笄總、衣紳之飾,箴管、線纊、縏袠、綦屨之珮……要不過爲閨帷内則之常,而君子獨樂爲稱道之。"

〔推源〕 諸詞俱有圓義,爲般聲所載之公共義。聲符字"般"所記錄語詞之本義爲旋轉,即作圓周運動。《説文·舟部》:"般,辟也。象舟之旋,从舟,从殳。殳,所以旋也。"清朱駿聲《通訓定聲》:"《禮記·投壺》:'主人般旋曰辟。'《史記·賈生傳》:'般紛紛其離此尤兮。'《索隱》:'般,槃桓也。'〔假借〕爲'槃'。《爾雅·釋水》:'鉤般。'李注:'河水曲如鉤,屈折如盤也。'又爲'鞶'。《穀梁桓三傳》:'諸母般申之曰。'注:'囊也。'……又爲'擎'。《莊子·田子方》：'則解衣般礴。'司馬注：'謂箕坐也。'"按，皆非假借，乃引申。許慎以"辟"釋"般"，二者可組成複音詞，表旋轉義。晉潘尼《釋奠頌·序》："金石簫管之音，八佾六代之舞，鏗鏘闛閤，般辟俛仰，可以徵神滌欲，移風易俗者，罔不畢奏。"又還師稱"班師"，亦作"般師"，後者當爲本字，"般"即回轉之義。《廣韻·刪韻》："般，還師。亦作'班師'。"《漢書·趙充國傳》："明主般師罷兵。"唐顏師古注："般音班。班，還也。"然則本條諸詞之圓義爲其聲符"般"所載之顯性語義。犮聲字所記録語詞"鈸""妭""盋""骰"俱有圓義，參本典第二卷"135. 犮聲"第396條，般聲、犮聲本相近且相通。

般：幫紐元部；
犮：並紐月部。

幫並旁紐，元月對轉。然則可相爲證。

（1572）鞶幋磐媻（大義）

鞶 束衣大帶，見前條，本有圓圍、大二義素。

幋 覆衣大巾。《説文·巾部》："幋，覆衣大巾。从巾，般聲。"清朱駿聲《通訓定聲》："按，與'帉'略同。〔別義〕《説文》：'或以爲首幋。'《思玄賦》注引作'首飾'。《廣韻·桓韻》：'幋，大巾。'"按，朱説可從，"幋"即"帉"之轉注字。"幋"從般聲，其上古音幫紐元部；"帉"從分聲，其音幫紐文部。二者雙聲，元文旁轉。《説文·同部》："帉，楚謂大巾曰帉。"其字亦作左形右聲。《廣韻·文韻》："帉，亦作'紛'。"宋沈括《夢溪筆談·故事一》："帶衣所垂蹀躞，蓋欲佩帶弓箭、紛帨、算囊、刀礪之類。""紛"即拭物之大巾。至"幋"指頭巾，當爲其引申義。

磐 《廣韻·桓韻》："磐，大石。"《易·漸》："鴻漸于磐。"三國魏王弼注："磐，山石之安者。"按，山石龐大則安然不動，二義相通者。戰國楚宋玉《高唐賦》："磐石險峻，傾崎崖隤。巖嶇參差，從橫相追。"虛化引申爲大義。清龔自珍《擬進上〈蒙古圖志〉表文》："林丹既夷，旁支具安，如鄂承不，雲初磐磐。"

媻 張大，亦指年紀大之女性。《説文·女部》："媻，奢也。从女，般聲。"清朱駿聲《通訓定聲》："〔別義〕《韻會》引《説文》：'一曰老女稱。'按，亦作'婆'。波、般雙聲。"清桂馥《義證》："或作'婆'。"清段玉裁注："奢者，張也。趙注《孟子》《廣雅·釋詁》皆曰：般，大也。媻之从般，亦取大意。"《廣韻·桓韻》："媻，奢也。"《集韻·戈韻》："媻，女老稱。"劉師培《與人論文書》："是猶稱夫侈媻，鬟媙俯娌。"按，《集韻·戈韻》"婆"亦訓"女老稱"，與"媻"同訓。《廣韻·戈韻》："婆，老母稱也。"所訓之義同。《説文》以"奢"訓"媻"，其書之《大部》"奢"篆訓"張"，即張大、鋪張義，謂揮霍無度，猶今言之"大手大腳"。

〔**推源**〕 諸詞俱有大義，爲般聲所載之公共義。聲符字"般"單用本可表大義。清朱駿聲《説文通訓定聲·乾部》："般，〔假借〕爲'伴'。《方言》一：'般，大也。'《孟子》：'般樂怠敖。''般樂飲酒。'注：'大也。'"《漢書·谷永傳》："如人君淫溺後宮，般樂游田，五事失於躬，大中之道不立,則咎徵降而六極至。"按,大義非"般"之顯性語義,然未必爲"伴"字之借。"伴"有大義不誤,以"伴"證般聲可載大義,則可。

般:幫紐元部;

伴:並紐元部。

疊韻,幫並旁紐。"伴",大。《説文·人部》:"伴,大皃。"《詩·大雅·卷阿》:"伴奐爾游矣,優游爾休矣。"漢毛亨傳:"伴奐,廣大有文章也。"按"伴"从半聲,與"胖"同。"胖"亦有大、肥大義。《説文·肉部》:"胖,半體肉也。一曰廣肉。从半,从肉,半亦聲。"《禮記·大學》:"富潤屋,德潤身,心廣體胖。"漢鄭玄注:"胖,猶大也。"按即寬大義。《水滸傳》第六回:"當中坐着一個胖和尚,生的眉如漆刷,臉似墨裝。"按,"半體肉"爲另一詞,語源非一。

(1573) 瘢蝥(斑駁義)

瘢 疤痕。《説文·疒部》:"瘢,痍也。从疒,般聲。"清朱駿聲《通訓定聲》:"《蒼頡篇》:'瘢,痕也。'《漢書·朱博傳》:'視其面果有瘢。'注:'創痕也。'"引申之則指斑點,有斑點則其色不一,即斑駁義。《漢書·王莽傳》:"莽因曰:'誠見君面有瘢,美玉可以滅瘢,欲獻其瑑耳。'"清曹雪芹《紅樓夢》第四十六回:"兩邊腮上微微的幾點雀瘢。"

蝥 蝥螫,鞘翅有斑紋,故有"蝥"稱。《説文·虫部》:"蝥,蝥螫,毒蟲也。从虫,般聲。"清朱駿聲《通訓定聲》:"《廣雅·釋蟲》:'蝥螫,晏青也。'《本草》作'斑貓'。聲之轉。《別録》注云:'二三月在蕪花上呼蕪青,四五月在王不留行上呼王不留行蟲,六七月在葛花上呼葛上亭長,八月在豆花上呼斑貓,九十月蟄呼地膽。'《本草》陶注:'豆花時取之,甲上黄斑,色如巴豆,大鳥腹,尖喙,味辛寒,有毒。'"明李時珍《本草綱目·虫部·斑蝥》:"蝥螫蟲。時珍曰:斑言其色,蝥刺言其毒,如矛刺也。亦作'蝥螫'。"唐元稹《春六十韻》:"池清漉螃蟹,瓜蠹食蝥螫。"

〔推源〕 此二詞俱有斑駁義,爲般聲所載之公共義。聲符字"般"單用本可表斑紋、斑駁義。清朱駿聲《説文通訓定聲·乾部》:"般,〔假借〕又爲'辬'。《周禮·内饔》:'馬黑脊而般臂螻。'注:'臂毛有文。'《内則》注:'前脛般般然也。'《史記·司馬相如傳》:'般般之獸。'《索隱》:'文彩之貌也。'《漢書》字作'斑'。《西京賦》:'奮鬣被般。'"按,"般"之斑駁義非其顯性語義,乃般聲另載者,朱氏借爲"辬"説可從。"辬"一作"斑",即斑駁字。"般""辬(斑)"同音,幫紐雙聲,元部疊韻。《説文·文部》:"辬,駁文也。从文,辡聲。"清朱駿聲《通訓定聲》:"字亦作'斑',作'扁'。《蒼頡篇》:'辬,文貌也,襍色爲斑。'《廣雅·釋詁三》:'辬,文也。'《通俗文》:'文章謂之扁爛。'……《禮記·祭義》:'斑白者,不以其任行乎道路。'注:'髮襍色也。'……《楚辭·憂苦》:'襍斑駁與闒茸。'注:'襍色也。'《上林賦》:'被斑文。'注:'虎豹之皮也。'《七啓》:'拉虎摧斑。'注:'虎文也。'"

(1574) 䀽鬆(白色義)

䀽 眼多白。《集韻·刪韻》："䀺,《說文》:'多白眼也。'或作'䀽'。"《廣韻·潸韻》:"䀺,目中白皃。"又《刪韻》:"䀽,目多白皃。"清范寅《越諺》卷中:"䀽,眼睛䀽白。"

鬆 頭髮半白。《廣韻·刪韻》:"鬆,髮半白。"唐柳宗元《酬韶州裴使君寄道州呂八大使》:"賈傅辭寧切,虞童髮未鬆。"唐童宗說注:"鬆,半白也。"按,"鬆"之本義爲盤髻,或以爲借作"斑"遂有白義,實非。其字从彡,指頭髮半白,爲套用字。

〔推源〕 此二詞俱有白色義,爲般聲所載之公共義。聲符字"般"所記錄語詞之本義、引申義系列與白色義不相涉,其白色義乃般聲所載之語源義。般聲可載白色義,"白"可證之。

般:幫紐元部;

白:並紐鐸部。

幫並旁紐,元鐸通轉。"白",黑白字。《說文·白部》:"白,西方色也。"按,古人以五色、五行、五方相對應,西方屬金,金色白。《論語·陽貨》:"不曰白乎,涅而不緇。"三國魏何晏注:"孔曰:'至白者,染之於涅而不黑。'"《楚辭·九歌·湘夫人》:"白玉兮爲鎮,疏石蘭兮爲芳。"

(1575) 搬/販(遷移義)

搬 移動,遷移。字亦作"扳"。《正字通·手部》:"搬,'扳'字重文,今俗音般,作搬移字。"清朱駿聲《說文通訓定聲·乾部》:"扳,今俗作'搬',訓遷運。"宋沈括《夢溪筆談·官政一》:"陝西顆鹽,舊法官自搬運,置務拘賣。"宋趙叔向《肯綮錄·俚俗字義》:"取棋子曰扳棋。"《元典章·工部二·置庫收繫官物》:"官房舍元有什物……令人專一掌管,依理公用,相沿交割,不得似前搬移時有損壞。"

販 低價買進,高價賣出,即以此地之物遷移於彼處之義。《說文·貝部》:"販,買賤賣貴也。"清朱駿聲《通訓定聲》:"《周禮·司市》:'販夫販婦。'《禮記·曲禮》:'雖負販者,必有尊也。'"《舊唐書·黃巢傳》:"(巢)本以販鹽爲事。"《金史·食貨志四》:"以商旅卒未販運,命山東、河北四路轉運司以各路户口均其袋數,付各司縣鬻之。"

〔推源〕 此二詞俱有遷移義,其上古音亦同,幫紐雙聲,元部疊韻。則其語源當同。其"搬(扳)"字乃以般聲載遷移義。聲符字"般"單用本可表此義。唐白居易《官牛》:"官牛官牛駕官車,滻水岸邊般載沙。"宋樓鑰《北行日録下》:"舊時南畔用兵盡般軍器在南京,今却般向北邊去。"按,"般"之本義爲旋轉,此與搬運、運轉、遷移義當相通。

598 殺聲

(1576) 粲搬(拋撒義)

粲 拋撒,流放。字亦作左形右聲。《說文·米部》:"粲,糂粲,散之也。从米,殺聲。"

清朱駿聲《通訓定聲》："〔轉注〕《左昭元傳》：'周公殺管叔而蔡蔡叔。'注：'蔡，放也。'以'蔡'爲之。《孟子》：'殺三苗于三危。'以'殺'爲之。"清段玉裁注："檠本謂散米，引伸之凡放散皆曰檠……《齊民要術》凡云殺米者皆檠米也。"按《改併四聲篇海·米部》引《龍龕手鑒》："檠，碎米也。"《廣韻·曷韻》："檠，放也，若檠蔡叔是也。"明湯顯祖《紫簫記·巧探》："作人小遭人糅檠，又怕不住京華。"

掇 抛撒，分散。《字彙·手部》："掇，揮散也。"《文選·王褒〈洞簫賦〉》："其仁聲……或雜遝以聚斂兮，或拔掇以奮棄。"唐李善注："拔掇，分散也。"唐杜牧《池州送孟遲先輩》："周鼎列瓶罌，荊璧橫抛掇。"按，"掇"字从手，本謂側手擊。《廣韻·曷韻》："掇，抹掇。《公羊傳》曰：'宋萬臂掇仇牧碎首。'何休云：'側手曰掇。'"表抛撒、分散義，爲其套用字。

〔推源〕 此二詞俱有抛撒義，爲殺聲所載之公共義。聲符字"殺"所記錄語詞謂殺戮。《說文·殺部》："殺，戮也。从殳，殺聲。"《廣韻·黠韻》："殺，殺命。"又《怪韻》："殺，殺害。"《書·大禹謨》："與其殺不辜，寧失不經。"其引申義系列與抛撒義亦不相涉，然可以其聲韻另載抛撒、散布義。《墨子·備城門》："置器備，殺沙礫鐵，皆爲壞斗。"清畢沅校："殺，'檠'省文。"《晏子春秋·諫下六》："晏子作歌曰：'穗乎不得穫，秋風至兮殫零落，風雨之拂殺也，太上之靡弊也。'"張純一《校注》："殺，讀如'檠'。"殺聲可載抛撒義，則"洒"可證之。

殺：山紐月部；

洒：山紐脂部。

雙聲，月脂旁對轉。"洒"，洒水於地。《說文·水部》："洒，滌也。从水，西聲。古文爲灑埽字。"清朱駿聲《通訓定聲》："《隸僕》：'掌五寢之掃除糞洒之事。'《詩·山有樞》：'弗洒弗掃。'《晉語》：'父生不得供備洒埽之臣。'"按，《說文》所訓洗滌、洒掃二義當相通。洒水即抛撒其水於四處。

599 弮聲

(1577) 齤睠觠鬈桊卷叁拳縍益夯（圓、曲義）

齤 曲齒。《說文·齒部》："齤，一曰曲齒。从齒，弮聲。讀若權。"清桂馥《義證》："《玉篇》：齤，胡夾切。'齤齒，一曰曲齒。'……《玉篇》初訛作'齤'，宋人重脩又取本典'齤'字加之，遂增一从夾之字，《廣韻》《集韻》皆沿其誤。"《廣韻·仙韻》："齤，齒曲。"又《洽韻》："齤，齒曲生。"余巖《古代疾病名候疏義》卷三："齤以从卷聲推之，當以曲齒爲本義。又許讀若權，權亦具曲屈義，若曲脊曰軃，曲弓曰彏。"

睠 回視，即回首而視之謂。回首則即人首作圓弧運動。《說文·目部》："睠，顧也。从目，弮聲。《詩》曰：'乃睠西顧。'"清朱駿聲《通訓定聲》："字亦作'睊'。《廣雅·釋詁四》：

'眷,嚮也.'……《大東》:'睠言顧之.'《小明》:'睠睠懷顧.'《韓詩》作'眷眷'."《廣韻·線韻》:"眷,睠,上同."按,朱氏所引《詩·小雅·大東》文漢毛亨傳:"睠,反顧也."唐陸德明《釋文》:"睠,本又作'眷'."漢禰衡《鸚鵡賦》:"眷西路而長懷,望故鄉而延佇."《後漢書·列女傳·董祀妻》:"山谷眇兮路曼曼,眷東顧兮但悲嘆."

觠 獸角卷曲,虛化引申爲卷曲、彎曲義.《説文·角部》:"觠,曲角也.从角,弇聲."清朱駿聲《通訓定聲》:"《爾雅·釋畜》:'角三觠,羷.'舊注:'卷也.'〔轉注〕《廣雅·釋詁一》:'觠,曲也.'《釋訓》:'觠局,甸跧也.'《廣韻·線韻》:'觠,《爾雅》……郭璞云:'觠角三匝.'"《北史·司馬子如傳》:"司馬子如本從夏州策一杖投相王,王給露車一乘,觠牸牛犢.犢在道死,唯觠角存."

鞙 卷曲.《説文·韋部》:"鞙,革中辨謂之鞙.从韋,弇聲."清朱駿聲《通訓定聲》:"《廣雅·釋詁一》:'鞙,曲也.'《四》:'詘也.'王氏引之云:'鞙之言卷曲.《爾雅》革中辨之辨當爲辟,字形相近,又蒙上文辨字而誤.'愚按,古襞積字皆以辟爲之,王説是也.此字郭注時已誤.又'辨'疑'辮'字,上'辨'从刀,下'辮'从糸,相涉而誤,或上爲正字,下爲假借字,郭誤注耳."《廣韻·獮韻》:"鞙,《爾雅》曰:'革中辨謂之鞙.'車上所用皮也."又《願韻》:"鞙,曲也."按,車上所用卷曲皮繩稱"鞙靽".清毛奇齡《仲氏易》卷十五:"則即用此黃牛之革作鞙靽以執遞者,誰曰能脱?"

棬 牛鼻環,圓形物.字亦作"拳".《説文·木部》:"棬,牛鼻中環也.从木,弇聲."清朱駿聲《通訓定聲》:"字亦作'捲'.《埤蒼》:'棬,牛拘也.'《廣雅·釋器》:'棬,枸也.'《吕覽·重己》:'使五尺豎子引其棬而牛,恣所以之.'"清王筠《句讀》:"玄應曰:'今江以北皆呼爲拘,以南皆曰棬.'言環者,以柔木貫牛鼻,而後曲之如環也."《廣韻·線韻》:"棬,牛拘."《玉篇·牛部》:"拳,牛鼻棬."清曹寅《岸上水牯》:"解拳時驅渡,鳴牟各記門."按,朱氏所云"捲",本謂屈木爲盂,有曲、圓義,引申之則指牛鼻環及圓圈.

卷 卷曲,彎曲.《説文·卩部》:"卷,厀曲也.从卩,弇聲."清朱駿聲《通訓定聲》:"《莊子·徐無鬼》:'有卷婁者.'釋文:'猶拘攣也.'《逍遥遊》:'卷曲而不中規矩.'《淮南·本經》:'贏縮卷舒.'注:'屈也.'〔轉注〕《詩》:'有卷者阿.'傳:'曲也.'《方言》十一:'蠦蜰或謂之卷蠿.'"按,許慎所訓"厀(膝)曲"義,未見其文獻實用例.《廣韻·獮韻》:"卷,卷舒."又《仙韻》:"卷,曲也."《淮南子·脩務訓》:"今劒或絶側贏文,鑷缺卷銋,而稱以頃襄之劍,則貴人爭帶之."

豢 設圍欄飼養家畜.寓圓圍義.《説文·豕部》:"豢,以穀圈養豕也.从豕,弇聲."清朱駿聲《通訓定聲》:"《禮記·月令》:'案芻豢.'注:'養牛羊曰芻,犬豕曰豢.'《樂記》:'豢豕爲酒.'《周禮·槁人》:'掌豢祭祀之犬.'"《廣韻·諫韻》:"豢,穀養畜.又牛馬曰芻,犬豕曰豢."引申之亦指獸圈及家畜之圍欄.漢劉向《説苑·修文》:"是以古者必有豢牢."《新五代史·雜傳十四·李守貞》:"晉兵素驕,而守貞、重威爲將皆無節制,行營所至,居民豢圈一空,至於草木皆盡。"

拳 拳頭,屈指而成,形圓者。《玉篇·手部》:"拳,屈手也。"《廣韻·仙韻》:"拳,屈手也。"漢王延壽《夢賦》:"乃揮手振拳,雷發電舒。"《水滸傳》第一百零三回:"將黃達脊背、胸脯、脅肋、臉頰、頭額、四肢,無處不著拳脚。"

絭 纏繞衣袖、腰部的繩索。纏繞即作圓周運動。《說文·糸部》:"絭,攘臂繩也。从糸,弄聲。"清朱駿聲《通訓定聲》:"所以約袖。《史記·滑稽傳》:'帣韝。'以'帣'爲之。《列女傳》:'攘卷操機。'以'卷'爲之。〔轉注〕《太玄·狩》:'全絭其首尾。'"清段玉裁注改其解釋文之"攘"爲"纕",並注云:"'纕',各本作'攘',今正。纕者,援臂也。臂袖易流,以繩約之,是繩謂之絭。絭有假'帣'爲之者……又有假'卷'爲之者……《禾部》曰:'稇,絭束也。'《冖部》曰:'冠,絭也。'是引申爲凡束縛之稱。"《廣韻·線韻》:"絭,臂繩。"又《燭韻》:"絭,纕臂繩也。"又《願韻》:"絭,束腰繩也。"按,"絭"所記録之詞存乎語言。朱氏所稱"轉注"即引申,所引《太玄》文之"絭"爲束縛義。《楚辭·九思·疾世》:"心緊絭兮傷懷。"其"絭"謂糾結,義亦相近且相通。

䀜 盂,圓形器皿。《方言》卷五:"盂,海、岱、東齊、北燕之間或謂之䀜。"清錢繹《箋疏》:"《說文》:'盂,飲器也。'又《木部》云:'棬,木也,可屈爲杅者。''杅'與'盂'同。《史記·滑稽列傳》:'操一豚蹄,酒一盂。'《漢書·東方朔傳》:'置守宫盂下。'顏師古注:'盂,食器也。'"按,"盂"字从于得聲,于聲字所記録語詞"軒""迂""紆""釪""尥"等俱有圓、曲義,參本典第一卷"于聲"第59條。按,"䀜"又指碗,碗亦圓形物。《廣韻·仙韻》:"䀜,盌也。"《說文·皿部》"盌"篆訓"小盂",即指碗。"盌"字从夗得聲,夗聲字所記録語詞"宛""蜿""婑""訑"俱有圓、曲義,參本典第二卷"173. 夗聲"第493條。"碗"字亦作"椀""鋺"而俱从宛聲,宛聲字所記録語詞"琬""婉""蜿""跜""裐""豌""涴""腕""髖"亦俱有圓、曲義(見本典第五卷"440. 宛聲"第1190條),皆可相互爲證。

弮 弩弓,其形彎曲者。《集韻·線韻》:"弮,連弩也。"《漢書·司馬遷傳》:"張空弮,冒白刃,北首争死敵。"清洪昇《長生殿·賄權》:"不隄防番兵夜來圍合轉,臨白刃,剩空弮。"

〔推源〕 諸詞俱有圓、曲義,爲弄聲所載之公共義。聲符字"弄"所記録語詞謂飯糰。《說文·廾部》:"弄,摶飯也。从廾,釆聲。釆,古文辨字。讀若書卷。"清錢坫《斠詮》:"此即《曲禮》'毋摶飯'字,謂以飯作摶,易致飽也。"按,飯糰爲圓形物,本條諸詞之圓、曲義爲其聲符"弄"所載之顯性語義。弄聲可載圓、曲義,則夗聲字所記録語詞可相爲證。"弄"之上古音見紐元部,"夗"者影紐元部,疊韻,見影鄰紐。"宛""蜿""婑""訑"俱有圓、曲義,上文已述。又,肙聲字所記録語詞"圓""削""蜎""鋗""悁"亦俱有圓、曲義,見本典第四卷"321. 肙聲"第880條。聲符字"肙"之上古音影紐元部,正與"夗"同。又方圓字"圓"之上古音爲匣紐文部,與"弄"之音相較,亦相通轉。見匣旁紐,元文旁轉。

600 䍃聲

(1578) 窑謡遥（空義）

窑 燒瓦竈，中空者。其字或作"窯"，亦从䍃聲，又作"窰"，後世多作"窑"。《廣韻·宵韻》："窑，同'窯'。"《説文·穴部》："窯，燒瓦竈也。"清朱駿聲《通訓定聲》："按，燒之曰匋。《通俗文》：'匋竈曰窯。'字亦作'窰'……《廣雅》：'甄，匋窯也。'《管子·七臣七主》：'文采纂組者，燔功之窰也。'"唐吕巖《窯頭坯歌》："窯頭坯，隨雨破，祇是未曾經水火。"宋陸游《老學庵筆記》卷一："官軍乃更作灰礮，用極脆薄瓦罐，置毒藥、石灰、鐵蒺藜於其中，臨陣以擊賊船，灰飛如煙霧，賊兵不能開目。欲效官軍爲之，則賊地無窰户，不能造也，遂大敗。"

謡 歌唱而無樂器伴奏，今言"清唱"，實即空唱之義。《廣韻·宵韻》："謡，謡歌也。《爾雅》云：'徒歌謂之謡。'"《詩·魏風·園有桃》："園有桃，其實之殽，心之憂矣，我歌且謡。"漢毛亨傳："曲合樂曰歌，徒歌曰謡。"引申之則指謡言，謡言則即虚空不實之言。《舊唐書·文苑傳下·唐次》："乃詔掌文之臣令狐楚等，上自周漢，下洎隋朝，求史籍之忠賢，罹讒謗之事蹟，叙瑕釁之本末，紀謡諑之淺深，編次指明，勒成十卷。"《紅樓夢》第一百一十七回："今早聽見一個謡言，説是咱們家又鬧出事來了。"

遥 相距遠，即二者之間大空之義。《廣韻·宵韻》："遥，遠也。"《禮記·王制》："自江至於衡山，千里而遥。"《文選·賈誼〈弔屈原文〉》："見細德之險徵兮，遥曾擊而去之。"唐李善注："遥，遠也。"

〔推源〕 諸詞俱有空義，爲䍃聲所載之公共義。聲符字"䍃"所記錄語詞謂瓦器，乃中空之物。《説文·缶部》："䍃，瓦器也。"清朱駿聲《通訓定聲》："《方言》五：'甖也。'《廣雅·釋器》：'瓶也。'"《廣韻·尤韻》："䍃，瓦器。"然則本條諸詞之空義爲其聲符"䍃"所載之顯性語義。俞聲字所記錄語詞"逾""窬""窳""剜""腧""輸"俱有空義，見本典第六卷"510. 俞聲"第1354條，䍃聲、俞聲本相近且相通。

䍃：余紐幽部；

俞：余紐侯部。

雙聲，幽侯旁轉，音極相近。然則可相互爲證。

(1579) 摇榣颻（動義）

摇 擺動，動摇。《説文·手部》："摇，動也。从手，䍃聲。"清朱駿聲《通訓定聲》："字亦作'搖'。《爾雅·釋詁》：'摇，作也。'《管子·心術》：'摇者不定。'《莊子·則陽》：'復命摇作。'《考工·矢人》：'夾而摇之。'《釋文》：'本作搖。'《史記·賈生傳》：'摇增翮逝而去之。'《正義》：'動也。'"《廣韻·宵韻》："摇，動也，作也。"又《笑韻》："摇，摇動。"

榣 樹動。《説文·木部》:"榣,樹動也。从木,䍃聲。"亦泛指動揺。馬王堆漢墓帛書《戰國縱横家書·靡皮對邯鄲君章》:"邯鄲君榣于楚人之許已兵而不肯和。"按"榣"又有疑慮義,實亦心中動揺之謂。睡虎地秦墓竹簡《爲吏之道》:"令數囚環,百姓榣貳乃難請。"

颻 隨風飄動。其字亦作左形右聲。《廣韻·宵韻》:"颻,飄颻。"《字彙·風部》:"颻,飄颻,風動物。"清朱駿聲《説文通訓定聲·孚部》:"《幽通賦》:'颻颻風而蟬蜕兮。'注:'飄颻也。'"《文選·左思〈吳都賦〉》:"與風颻颺,颮瀏颶颼。"唐李善注:"言木枝葉與風揺蕩作聲。"宋林大正《括清平樂》:"日照新妝明楚楚,香袖風颻輕舉。"

遙 有迅速行走義,即行動義。其本義爲遥遠,速行義當爲其因果引申義;又其字从辵,速行義亦與之相合。《方言》卷六:"遥,疾行也。"《廣韻·宵韻》:"遥,行也。"《楚辭·九章·抽思》:"願遥起而横奔兮,覽民尤以自鎮。"

〔推源〕 諸詞俱有動義,爲䍃聲所載之公共義。䍃聲字"瑶""繇"亦可以假借字形式表動義,則亦爲䍃聲與動義相關聯之一證。《楚辭·九歌·東君》:"絚瑟兮交鼓,簫鍾兮瑶簴,鳴鯱兮吹竽。"清王念孫《雜志》:"瑶讀爲摇。摇,動也。"清朱駿聲《説文通訓定聲·孚部》:"繇,字亦作'繇'。〔假借〕又爲'摇'。《素問·氣交變大論》:'筋骨繇復。'《周禮·追師》注:'若今步繇矣。'《史記·蘇秦傳》:'二日而莫不盡繇。'《索隱》:'動也。'"按,聲符字"䍃"所記録語詞與動義不相涉,其動義乃䍃聲所載之語源義。䍃聲可載動義,"躍"可證之。

䍃:余紐幽部;

躍:余紐藥部。

雙聲,幽藥(沃)旁對轉。"躍",跳動。《廣雅·釋詁一》:"躍,跳也。"《廣韻·藥韻》:"躍,跳躍也。"《荀子·勸學》:"騏驥一躍,不能十步;駑馬十駕,功在不舍。"宋劉斧《青瑣高議別集·大眼師》:"三鬼躍跳,隨一人入於宅。"

(1580) 飈摇鰩歊踏(上升義)

飈 旋轉上升之風。《玉篇·風部》:"飈,風自上下爲之飈飚也。"唐慧琳《一切經音義》卷十七引《考聲》:"飈飚,上行風也。"《文選·江淹〈恨賦〉》"摇風忽起"唐李善注:"《爾雅》曰:'扶摇謂之飈。''飚'與'摇'同。"《説文·風部》:"飈,扶摇風也。"清朱駿聲《通訓定聲》:"迴風暴起,從下而上。《長笛賦》:'感迴飈而將積。'《漢書·揚雄傳》:'風發飈拂。'"按,引申之"飈"亦指向上飄揚。唐《寒山詩》之十二:"不如鴻與鶴,颻飈入雲飛。"

摇 本謂晃動、摇動,引申之則有上升、飄揚之義。清朱駿聲《説文通訓定聲·孚部》:"摇,〔轉注〕《方言》十二:'摇,上也。'《方言》二:'摇,扇,疾也。'……《西京賦》:'風舉雲摇。'《漢書·禮樂志》:'將摇舉誰與期。'"

鰩 飛魚。能飛,上升于水面,故稱"鰩"。《廣韻·宵韻》:"鰩,文鰩魚,鳥翼,能飛,白首,赤喙,常游西海,夜飛向北海。"清李調元《然犀志·海鷂魚》:"海鷂魚生東海,形似鷂。

有肉翅,能飛上石頭……又《嶺表録異》云:'鶏子魚嘴形如鶏,肉翅無鱗,色類鮎魚,尾尖而長。有風濤即乘風飛于海上。'"按,鰩有"飛魚"之稱。明楊慎《異魚圖讚》卷二:"飛魚身圓長丈餘,登雲游波形如鮒,翼如胡蟬翔泳俱。"清李元《蠕範·物候》云小者長尺許,大者長丈。晉左思《吳都賦》:"精衛銜石而遇繳,文鰩夜飛而觸綸。"

歊 氣出貌。按,氣出則上升。《説文·欠部》:"歊,歊歊,氣出皃。从欠,䍃聲。"《廣韻·宵韻》:"歊,氣出皃。"《集韻·小韻》:"歊,出氣也。"

蹈 跳。跳則上升。《説文·足部》:"蹈,跳也。从足,䍃聲。"《方言》卷一:"蹈,跳也。"《廣韻·宵韻》:"蹈,跳蹈。"

〔推源〕 諸詞俱有上升義,爲䍃聲所載之公共義。聲符字"䍃"所記録語詞與上升義不相涉,其上升義乃䍃聲所載之語源義。䍃聲可載上升義,仍可以"躍"證之。"躍"謂跳躍,有上升義。"䍃""躍"之語音通轉關係見前條"推源"欄。

(1581) 瑶嬈瞟(美義)

瑶 玉石之美者,引申之則泛指美。《説文·玉部》:"瑶,玉之美者。从玉,䍃聲。《詩》曰:'報之以瓊瑶。'"清朱駿聲《通訓定聲》:"按,《左昭七傳》:'賂以瑶甕玉櫝斝耳。'疏:'瑶之爲物,在玉石之間,與玉小别,故或以爲石,或以爲玉。'《書·禹貢》'瑶琨'傳、《詩·木瓜》'瓊瑶'傳皆訓'美玉'。……《離騷》'瑶臺'注、《楚辭·東皇太一》'瑶席'注皆訓'石次玉'。〔轉注〕《楚辭·涉江》:'吾與重華游兮瑶之圃。'《招魂》:'瑶漿蜜勺。'《大司命》:'折疏麻兮瑶華。'……《别賦》:'惜瑶草之徒芳。'"

嬈 美好。《廣韻·宵韻》:"嬈,美好。"唐張鷟《遊仙窟》:"數箇袍袴,異種妖嬈;姿質天生有,風流本性饒。"按,"妖嬈"謂艷美,當爲同義聯合式合成詞。又,疑"嬈"即"妖"之轉注字。"妖"之上古音爲影紐宵部,"嬈"者余紐宵部,疊韻,余(喻四)本有舌根音一類,則影余爲鄰紐。"妖"即妖艷、艷美之謂。

瞟 《玉篇·目部》訓"美目",未見其文獻實用例,然參以本條上述諸詞,所訓不爲無據。

〔推源〕 諸詞俱有美義,爲䍃聲所載之公共義。聲符字"䍃"所記録語詞與美義不相涉。其美義乃䍃聲所載之語源義。䍃聲可載美義,"瑜"可證之。

䍃:余紐幽部;

瑜:余紐侯部。

雙聲,幽侯旁轉,音極相近。"瑜",美玉,引申爲美好義。《説文·玉部》:"瑜,瑾瑜,美玉也。"清朱駿聲《通訓定聲》:"《禮記·玉藻》:'世子佩瑜玉。'《聘義》:'瑕不揜瑜。'〔轉注〕《漢書·禮樂志》:'象載瑜。'注:'美貌也。'"南朝宋鮑照《芙蓉賦》:"抽我衿之桂蘭,點子吻之瑜辭。"唐韓愈《殿中少監馬君墓誌》:"幼子娟好静秀,瑶環瑜珥,蘭茁其牙,稱其家兒也。"